BIOGRAPHIE

DES

CÉLÉBRITÉS MILITAIRES

DES ARMÉES DE TERRE ET DE MER

DE 1789 A 1850,

PAR M. C. MULLIÉ,

MEMBRE DE L'UNIVERSITÉ, DE LA SOCIÉTÉ NATIONALE DE LILLE, DE LA COMMISSION DU DÉPARTEMENT
DU NORD, DE L'INSTITUT HISTORIQUE,

ET AUTEUR DES FASTES DE LA FRANCE, ETC.

TOME PREMIER.

PARIS.

POIGNAVANT ET COMP.ie, ÉDITEURS,

RUE NEUVE-DE-L'UNIVERSITÉ, 18.

BIOGRAPHIE
DES
CÉLÉBRITÉS MILITAIRES
DES ARMÉES DE TERRE ET DE MER
DE 1789 A 1850.

A

ABBATUCCI (Charles), fils de Jacques-Pierre Abbatucci, Corse, qui seconda vaillamment Paoli contre l'incapable marquis de Chauvelin et mourut en France, en 1812, avec le grade de général de division.

Charles Abbatucci, élevé à l'école militaire de Metz, en sortit en 1787, à l'âge de 16 ans, avec le grade de lieutenant. Au commencement de la campagne de 1792, il n'était encore que capitaine d'artillerie; mais sa brillante conduite le fit arriver, avant la fin de cette année, au grade de lieutenant-colonel. En 1794, Pichegru le choisit pour aide-de-camp.

Nommé général de brigade après le premier passage du Rhin, où il avait montré le plus grand courage, il fut chargé plus tard par Moreau de préparer le passage du Rhin à Kehl; celui du Lech, qu'il effectua le 27 juin 1796, signala de nouveau son intrépidité; il fallait franchir devant l'ennemi ce fleuve large et rapide : un premier bataillon qu'il envoya fut englouti dans les eaux du fleuve. Aussitôt, se précipitant à la tête d'un second bataillon, il anime les siens de son exemple et de ses paroles, soutient ceux qui chancellent, sauve ceux que le courant entraîne et les conduit enfin sur les bords opposés où il culbute les Autrichiens qu'il avait déjà vaincus une première fois dans cette journée. Ce double succès lui valut les épaulettes de général de division, et bientôt après, l'important commandement de la place d'Huningue. Cette forteresse qui couvrait la haute Alsace devint d'une grande importance, lorsque Moreau eut repassé le Rhin, après les désastres de Jourdan en Franconie; aussi ne voulut-il en confier la défense qu'à des mains habiles, et il plaça Abbatucci dans Huningue, que les Autrichiens vinrent bientôt attaquer, en même temps qu'ils assiégeaient Kehl, cette autre porte de la France où Desaix et Lecourbe s'étaient enfermés.

Moins heureux que ses jeunes frères d'armes, Abbatucci fut tout à coup arrêté dans la carrière qui s'ouvrait si brillante devant lui; il fut tué le 2 décembre dans une sortie qu'il fit pour déblayer les abords de la place; il était alors âgé de 25 ans.

Moreau, juste appréciateur de son courage, lui fit élever un monument aux lieux où il avait succombé. Quand les Autrichiens pénétrèrent, en 1815, sur notre territoire, ils ne voulurent pas laisser subsister ce modeste souvenir; mais, en 1819, le général Rapp ouvrit une souscription pour le rétablir. Ce n'est cependant que depuis la révolution de juillet que le monument d'Abbatucci a été reconstruit. Ce monument remplacera la couronne de chêne qu'il eût reçue à Rome pour avoir sauvé la patrie.

ABBÉ (Louis-Jean-Nicolas, baron), né le 28 août 1764, à Trépail (Marne), entra au service le 14 avril 1784, dans le régiment de Barrois (9e d'infanterie). Sergent-major le 29 avril 1792, il fit la campagne de cette année à l'armée des Alpes.

Envoyé à l'armée d'Italie, il y fit les guerres de 1793 à l'an vii inclusivement. Sous-lieutenant en septembre 1793, il se distingua à l'affaire de Limone, où il fut blessé; lieutenant en l'an iv, il se signala de nouveau au passage du Mincio le 20 thermidor, à la prise de Governolo, au combat de Castellaro où il fut encore même blessé.

Le 16 février an vii, il surprit la ville de Novare, en Piémont, par un coup de main que lui-même avait proposé au général en chef Joubert. Avec quelques grenadiers cachés dans deux voitures, et placé lui-même dans la première, il se fit ouvrir la porte comme envoyé extraordinaire auprès du roi par le général en chef. Arrivé en face du corps-de-garde, il se précipite sur le poste à la tête de ses grenadiers, s'empare des faisceaux d'armes et fait 25 prisonniers. Le général Victor, qui le suivait de près avec des troupes, arrive immédiatement, s'empare de la ville et fait mettre bas les armes à une garnison de 1,200 hommes.

Le Directoire exécutif nomme, le 23 de ce mois, Abbé, capitaine au 8e dragons. Envoyé à Paris pour présenter au gouvernement les drapeaux pris sur l'ennemi, il fut nommé chef d'escadron et reçut un sabre et des pistolets d'honneur.

Devenu aide-de-camp du général Leclerc, il le suivit à l'armée du Rhin en l'an viii, à celle du Midi en l'an ix et à l'expédition de Saint-Domingue où il exerça les fonctions de chef de brigade.

De retour en France, il fut confirmé dans ce grade et commanda en Corse la 23e demi-brigade d'infanterie légère. Membre de la Légion d'honneur le 19 frimaire an xii, et officier, le 27 prairial suivant, il fit en Italie les campagnes de l'an xiv à 1809. Le 4 juillet 1806, à la bataille de Sainte-Euphémie (Calabre), il soutint et protégea la retraite de l'armée. L'Empereur récompensa sa bravoure et ses talents militaires par le grade de général de brigade, le 1er mars 1807.

Le 27 du même mois, le général Abbé battit complétement les Anglo-Siciliens à Milète; il concourut à la prise du fort de Scylla et fut nommé commandant de la Légion d'honneur.

En 1809 il se signala surtout aux batailles de Sacile et de la Piave, au combat de Tarvis, au passage du pont de Karako qu'il emporta de vive force.

Envoyé en Espagne en 1810 et employé au 3e corps sous les ordres de Suchet, il coopéra à la prise de Lérida.

Le 8 juillet, à la tête de 1800 hommes, il battit complétement 3,000 Espagnols commandés par O'Donnel. Après s'être signalé dans toutes les occasions et notamment au siège de Tortose, en décembre 1810, il fut créé baron de l'Empire en janvier 1811.

Au siège de Sarragosse, il se couvrit de gloire au dernier assaut, enleva de vive force le Montserrat, fut nommé général de division le 31 juillet et alla commander en Navarre sous les ordres du général comte Reille.

En août 1812, il fit perdre dans une rencontre plus de 800 hommes à Mina, et pendant près d'un an qu'il combattit ce chef, il lui fit éprouver des pertes considérables.

Rentré en France à la suite de la bataille de Vittoria, il commanda la 3e division sous les ordres du duc de Dalmatie, fit des prodiges de valeur à la bataille de Saint-Pierre d'Irube ; renfermé dans Bayonne avec sa division, il commanda une sortie le 14 avril 1814 et tua 3,000 hommes aux Anglais.

Après l'abdication, il envoya son adhésion au nouveau gouvernement. Louis XVIII le nomma chevalier de Saint-Louis le 19 juillet, et lui confia le 15 janvier 1815 le commandement de la 2e subdivision de la 8e division militaire (Toulon). Informé le 2 mars du débarquement de l'Empereur, il communiqua cette nouvelle au maréchal prince d'Essling, gouverneur de la 8e division qui se trouvait à Marseille, et prit, de concert avec les autres autorités, toutes les mesures commandées par la circonstance. Le duc d'Angoulême, arrivé à Toulon, approuva ce qu'avait fait le général Abbé pour l'ordre et la discipline. Le 4 avril, arrivé à Cannes avec un seul aide-de-camp, il fut arrêté par la population en armes. Mis en liberté peu de jours après, il apprit à Toulon le changement de gouvernement.

Le 25 avril il reçut ordre de l'empereur d'aller prendre à Belfort le commandement de la 18e division militaire, sous les ordres du général Lecourbe.

Le 26 juin, avec une division de 2,600 hommes il repoussa les Autrichiens sur tous les points ; mais se reconnaissant trop inférieur en nombre, il fit une retraite habile et tint constamment les Autrichiens en échec, défendant chaque position, chaque défilé et leur tuant beaucoup de monde.

Le général Abbé, licencié le 2 septembre 1815, fut mis à la retraite le 1er janvier 1816. Rentré dans la vie civile, il vécut de sa modique pension à Châlons-sur-Marne.

En août 1830, il eut le commandement de la garde nationale de Châlons ; mais ses infirmités le forcèrent d'y renoncer.

Placé dans le cadre de réserve de l'état-major général en février 1831, il fut de nouveau admis à la retraite le 1er mai 1832, et mourut à Châlons, le 9 avril 1834.

Son nom est inscrit sur la partie ouest de l'arc de triomphe de l'Étoile.

ABD-EL-KADER, fils de Sidi-Mahi-el-Din, célèbre marabout, et de Zora, la seule femme savante de toute la contrée. — Il naquit à la Zaayah, ou école religieuse de la Guyathnah (*les Tentes*), à quatre lieues de Mascara, à gauche de la route qui va d'Oran à cette ville. La date la plus probable de sa naissance est le 6 mai 1807.

Issu d'une famille de marabouts (*saints*) de la tribu des Hachem-Rherice, située dans les environs de Mascara. Le nom entier de l'ex-émir est : *Hadj Abd-el-Kader Oulid Sidi-el-Hadj Mahi-el-Din ben Sidi Kadah ben Sidi-el-Mokiar ;* ce qui signifie : Pèlerin serviteur du Tout-Puissant, fils du Seigneur Pèlerin qui vérifie la religion, fils du Seigneur Repos, fils du Seigneur le Choisi.

Abd-el-Kader était à peine âgé de huit ans que son père l'emmena avec lui dans un voyage qu'il fit à la Mecque. A leur retour, Achmed-Bilhar, homme lettré et frère de Mahi-el-Din, prit chez lui le jeune pèlerin et se chargea de son éducation, qui consista dans l'étude du Koran, les principes des sciences physiques et morales, de la géométrie et de l'astronomie, la gymnastique, l'exercice du cheval et le maniement des armes.

Mahi-el-Din envoya ensuite son fils à Oran, chez Sidi-Achmed-ben-Kodja, qui le garda dix-huit mois et lui enseigna la politique.

Pendant ce temps, Mahi-el-Din raconta aux chefs des tribus voisines, des visions surnaturelles qu'il avait eues pendant son voyage à la Mecque et depuis son retour, touchant l'avénement de son fils. Ses prédictions obtinrent l'effet qu'il désirait ; il avait conquis à sa cause de nombreux partisans, et les idées de réforme qu'il avait semées étaient prêtes à porter leurs fruits. Pensant que le moment d'agir était venu, il rappela son fils et le présenta aux Arabes comme le libérateur.

Le bruit de cette conspiration s'étant répandu à Oran, le bey Hassan, turc d'origine, et gouverneur de la province, fit mettre en prison le vieux Mahi-el-Din. Celui-ci ayant su intéresser la femme du bey en sa faveur, par l'entremise des amis qu'il avait à Oran, obtint sa liberté à condition qu'il s'exilerait.

Mahi-el-Din fit une seconde fois le voyage de la Mecque avec son fils. C'était en 1820, le capitaine Jovas, commandant *le Castor*, brick du commerce français, prit à son bord le père et le fils, avec un certain nombre d'aspirants au titre de *hadj*, et les transporta à Alexandrie.

Mahi-el-Din et son fils, après avoir visité la Mecque et Médine, allèrent faire leurs dévotions à Bagdad, au tombeau du célèbre marabout Sidi Abd-el-Kader-el-Djelali, qui a des chapelles (*koubbah*) par toute l'Algérie et notamment à Alger. Ils recueillirent précieusement tout ce qui pouvait intéresser les populations du désert, et à leur retour ils racontèrent de vieilles légendes, d'anciennes prophéties, qui annonçaient qu'Abd-el-Kader deviendrait un jour le sultan des Arabes.

Pendant son séjour en Égypte, Abd-el-Kader avait été frappé des changements que Méhémet-Ali venait de faire subir à son armée et des améliorations apportées dans l'administration de ses états; il se sentit un immense désir de le prendre pour modèle, et son père l'encouragea dans ses idées.

Réfugiés tous deux dans leurs tentes, ils passaient leurs journées en prières. La vénération qu'ils s'étaient acquise avait tellement grandi, que les Arabes arrivaient en foule au Douar des Hachem, apportant comme offrandes du grain, du bétail, des chevaux, de l'or, de l'argent et des armes. C'est de cette époque que datent les nombreuses richesses d'Abd-el-Kader et sa haute influence sur toute la contrée.

Hassan-Bey, voulant mettre enfin un terme à ces menées révolutionnaires, prononça la peine de mort contre le père d'Abd-el-Kader; mais il était trop tard.

La prise d'Alger par les Français venait de porter un coup terrible à l'empire des Deys et à la domination turque. Le vieux marabout déchira le voile qu'il n'avait fait qu'entr'ouvrir et se mit à prêcher la guerre sainte. Des milliers d'Arabes accoururent et se rangèrent sous ses ordres; on vit bientôt le puissant gouverneur d'Oran, Hassan, réduit à demander asile à celui dont il avait mis la tête à prix. Le marabout allait lui offrir l'hospitalité et ses services; mais Abd-el-Kader s'y opposa énergiquement, et le bey d'Oran dût se rendre quelques jours après à nos troupes.

Mahi-el-Din, choisi comme chef de l'insurrection arabe, marcha avec ses troupes contre la garnison turque de Mascara, et la massacra sans pitié; plus tard il nous combattit sous les murs d'Oran, et y déploya un grand courage. Le jeune Abd-el-Kader s'y distingua particulièrement; il semblait être à l'abri des balles et des boulets; il eut deux chevaux tués sous lui. Le burnous blanc qu'il y portait, et qui y fut rougi du sang des siens, a été conservé comme une relique.

Depuis la prise d'Alger, le parti arabe semblait avoir recouvré sa liberté, mais il était pour ainsi dire sans chef : Mahi-el-Din, tout influent qu'il était, n'était pas souverain. Quelques tribus ne lui obéissaient pas. D'un autre côté les Arabes voyaient avec inquiétude la conquête française s'étendre. La soumission d'Ibrahim, bey de Mostaganem, acheva de les décourager; il y eut une assemblée générale des chefs de tribus pour procéder à l'élection du sultan des Arabes. Le rendez-vous eut lieu dans la plaine d'Eghris, dans un lieu nommé Ersebia. Il fut question de nommer Mahi-el-Din; mais celui-ci leur dit que le marabout Sidi-el-Arrach était plus digne que lui d'un si grand honneur. Le conseil se retira pour se réunir le lendemain. Ce jour-là, on vit arriver Sidi-el-Arrach : Frères, dit-il, en élevant les mains vers le Ciel, cette nuit, le célèbre marabout Mahi Abd-el-Kader m'est apparu au milieu de sa gloire, et m'a dit : « Sidi-el-Arrach, retiens bien ces paroles d'où dépend le salut de notre race. Je ne connais qu'un seul homme qui, par ses vertus, son courage et son intelligence, soit digne de commander aux Arabes : c'est Abd-el-Kader, troisième fils de Mahi-el-Din. Je t'ordonne donc de répéter demain au conseil ce que tu viens d'entendre. Allah et son prophète s'intéressent à la cause de ses enfants et veulent qu'elle triomphe. »

Mahi-el-Din intervint alors et ajouta : « J'ai entendu les mêmes paroles que Sidi-el-Arrach, et j'ai reçu les mêmes ordres, mais je mourrai dans l'année qui suivra l'avénement de mon fils. Telle est la prophétie de mon aïeul. »

Le titre de sultan fut alors accordé à Abd-el-Kader, les chefs s'inclinèrent et lui présentèrent le burnous violet. Ceci se passait en l'an de l'hégire 1248, de l'ère vulgaire 1832, 28 septembre.

Le nouveau sultan se mit à prêcher la guerre sainte, et il réunit autour de lui une foule d'hommes braves et dévoués. Après que l'affaire de la Macta eut consolidé sa puissance, il songea à se créer une force militaire permanente, déploya une grande habileté, et fit preuve d'une rare observation. Voyant notre armée composée en grande partie d'infanterie, il se forma un corps de cavalerie qui pût attaquer, poursuivre ou éviter un combat inégal. Ce premier corps ne montait d'abord qu'à 400 hommes qui rendirent de grands services au sultan. Pour entretenir des bataillons réguliers, il mit des taxes sur les marchandises, il leva des impôts; puis fit bâtir des magasins de vivres, d'armes et de munitions.

Lorsqu'il commença à nous faire la guerre dans l'ouest de l'Algérie, le général Desmichels était gouverneur de la province d'Oran; comme son prédécesseur, il était indépendant du général en chef. Il crut pouvoir traiter les Arabes comme un peuple intelligent, et devant se laisser influencer par notre supériorité. Il se trompait; au mois de mai 1833 il battit plusieurs fois Abd-el-Kader, et s'empara de Mostaganem. L'émir, indigné de voir les Musulmans venir approvisionner nos marchés, fit enlever le chef d'Arzew qui venait de se soumettre, et le conduisit à Mascara où il fut étranglé. Au mois d'octobre de la même année ses troupes attaquèrent l'escorte de la commission d'Afrique, forte de 1,800 hommes, mais il fut battu près de Aïn-el-Bidha.

Abd-el-Kader, à la mort de son père (1833), se retira quelque temps à Mascara, puis revint se mettre à la tête de ses troupes, fit bloquer la ville d'Oran par la tribu des Rharaba et couper toute communication avec Mostaganem par celle des Hachem. La tactique réussit, les arrivages cessèrent sur nos marchés. Les tribus soumises cherchèrent à se détacher de nous. Abd-el-Kader, profitant de l'état des esprits, nous tendit un piége dans lequel quatre des nôtres furent faits prisonniers et un cinquième tué.

Le général Desmichels lui écrivit pour réclamer les soldats victimes d'une trahison infâme, mais Abd-el-Kader refusa de les rendre et termina sa réponse par un défi.

Le général Desmichels ne fit pas longtemps attendre la réponse. L'affaire de Tamezouat n'avait pas encore intimidé les Arabes. On avait, après le combat, renvoyé les femmes et les enfants des douars qui étaient tombés en notre pouvoir; et les indigènes, ne comprenant nullement le motif de cette mesure, pensaient que nous avions agi, non pas avec générosité, mais avec faiblesse.

Lorsque, après cette sortie, les marchés d'Oran se furent un peu approvisionnés, le général Desmichels écrivit de nouveau à Abd-el-Kader pour lui demander une entrevue. L'émir n'eut garde de se présenter lui-même, il se croyait trop au-dessus de nos généraux par sa position souveraine : il n'a daigné accorder cette faveur qu'au maréchal Bugeaud, à M. de Lamoricière et à M. le duc d'Aumale.

A la lettre du général Desmichels il répondit que sa religion lui défendait de demander la paix, mais qu'elle lui permettait de l'accepter si elle lui était proposée. Abd-el-Kader sentait alors le besoin de cesser les hostilités contre nous, et malgré le léger revers que nous éprouvâmes près d'Oran, dans un lieu nommé Das-el-Bidah (*la Maison blanche*), il continua les négociations entamées, en engageant son Aga, Mouloud-ben-Arrach et le Caïd Ouled-Mahmoud, pour s'entendre en dehors d'Oran, avec le juif Mandoukaï-Amar, sur les bases du traité de paix qui allait être passé entre la France et les Arabes. Abd-el-Kader insistait pour avoir Mostaganem, mais se voyant refuser sur ce point, il demanda Arzew, où il parvint à établir de fait son autorité sans en avoir obtenu le droit.

Lorsqu'il fut question de rédiger ce traité, on vit combien la diplomatie arabe est supérieure à la nôtre. Nous commencions par reconnaître comme prince légitime un marabout qui n'était qu'usurpateur. Nous eûmes à nous en repentir plus tard.

On était d'accord sur les trois dispositions suivantes du traité : 1° soumission des Arabes à la France; 2° liberté du commerce pleine et entière; 3° remise immédiate des prisonniers.

Lorsque les envoyés d'Abd-el-Kader s'occupèrent de la rédaction de cet acte important, conjointement avec les principaux chefs civils et militaires de la province, on y fit régner une telle obscurité, on négligea des points d'une si haute importance, tels, entre autres, que la délimitation du sol administré par Abd-el-Kader, enfin les envoyés de l'émir déployèrent tant de ruse et d'habileté, que les conditions principales posées par nous étaient comme annulées, et que ce traité, que nous leur imposions, semblait être plus favorable aux Arabes qu'à nous.

Ce traité fut signé le 24 février 1834. Abd-el-Kader, satisfait, croyait son repos assuré, lorsque de nouveaux ennemis vinrent l'attaquer dans sa retraite.

Mustapha-ben-Ismael, chef des douars, et qui avait été Aga avant la conquête, ne pouvait se résoudre à se soumettre à un usurpateur, ou, comme il disait, à un pâtre, fils de pâtre. Un autre chef, qui menait depuis longtemps une vie de brigandage, Kadour-ben-el-Morfy, placé à la tête des Bordja, ne pouvant s'accoutumer à la paix qui allait régner dans le pays, se réunit à Mustapha pour soulever les Beni-Amer, une des plus populeuses tribus de la province. Les Arabes de cette tribu se refusèrent à payer l'*achour*, alléguant que la cessation de la guerre rendait cet impôt inutile, et qu'ils ne reconnaissaient pas pour leurs maîtres les infidèles et leurs alliés. Les Douayers et les Zmelas, tribus accoutumées à vivre de pillage, se joignirent aux Beni-Amer et commencèrent les hostilités.

Abd-el-Kader rassemble au plus vite ses cavaliers dans les environs de Mascara, marche contre l'ennemi et surprend plusieurs villes laissées sans défense. Mais il eut l'imprudence d'établir son camp sur la lisière de la forêt de Zétoul, dans le pays des rebelles. Au milieu de la nuit, les Douayers mirent en fuite une partie de ses troupes, enlevèrent son camp au galop, et le forcèrent à rentrer presque seul à Mascara.

A cette nouvelle, Sidi-el-Arubi leva l'étendard de la révolte, les autres chefs des mécontents imitèrent son exemple, et Abd-el-Kader se vit entouré d'ennemis.

Au lieu de profiter de ces divisions qui commençaient à naître parmi les Arabes, et tirer parti du coup terrible qui venait d'être porté à l'émir, par les Beni-Amer, nous intervînmes si maladroitement que nous rendîmes Abd-el-Kader plus puissant après cet échec qu'il ne l'était auparavant.

Mustapha-ben-Ismaël et Kadour-ben-el-Morfy, instigateurs de la révolte, avaient écrit aux généraux Voirol et Desmichels qu'ils s'engageaient au nom des tribus insurgées à se reconnaître sujets de la France, à renverser Abd-el-Kader et à amener la soumission des troupes de l'émir. Mais le général Desmichels, au lieu d'accepter cette proposition, prit Abd-el-Kader sous sa protection. Celui-ci se voyant soutenu par nous et maître de la province d'Oran, c'est-à-dire de cette immense contrée qui s'étend depuis le Chéliff jusqu'à l'empire de Maroc, suivit l'exemple du pacha d'Egypte, dont il avait étudié la politique, et il se constitua le négociant de ses Etats. On apprit qu'un Maure, placé par lui à Arzew, était chargé de lever les taxes sur le blé, l'orge et le sel qui étaient vendus à des taux exorbitants. Il prenait d'abord le droit de son maître, le sien, celui de son khodjah, et enfin celui de son mesureur. Il était défendu aux Arabes de traiter directement avec les Européens, et la libre concurrence était interdite sur les marchés.

Abd-el-Kader ne s'en tint pas là : il s'opposa à ce que nous allassions visiter Tlemcen, sous prétexte que les Arabes n'aimaient pas à voir des étrangers chez eux.

Bientôt il forma le projet de s'emparer de deux provinces de l'est et du centre et de nous chasser du sol algérien. Il prit un moyen détourné pour arriver à son but : il écrivit que, grâce à lui, toute la province d'Oran était maintenant tranquille, que l'est commençait à s'agiter; mais qu'il engageait les généraux français à ne point s'y rendre, qu'il se chargeait de faire rentrer lui-même les tribus insurgées dans la soumission. Le général Voirol ne se laissa pas prendre à ces astucieuses propositions. Il refusa net le concours que l'émir lui offrait.

Une secte de fanatiques vint à se révolter contre Abd-el-Kader. Au lieu de favoriser les révoltés, on prit encore parti contre eux pour Abd-el-Kader.

Cette secte s'était soulevée en préchant la guerre sainte. D'importants personnages étaient à la tête de la ligue, et entre autres, le frère d'Abd-el-Kader, Sidi-Mustapha, ancien kaïd des Flittas.

Grâce à l'énergie de l'émir, grâce surtout à l'appui des Français, cette révolte fut bientôt complétement écrasée, anéantie.

Abd-el-Kader cherchait depuis longtemps à sortir de sa province, un incident lui en donna l'occasion. Un chéliff, nommé Hadji-Mouça, prétendait avoir trouvé le moyen d'empêcher les canons et les fusils des infidèles de partir. Le peuple ajouta foi à ses paroles. Mouça, à la tête des fanatiques, s'empara de Medeah et de Milianah, mais Abd-el-Kader l'attaqua et le défit entièrement. Il lui prit 200 hommes, 95 femmes, et il coupa 50 têtes qu'il envoya à Mascara.

L'émir, en passant le Chéliff, avait violé les conventions. Néanmoins, vu le service qu'il venait de rendre, on lui laissa établir Hadj-el-S'ahit kalifat de Medeah, et réclamer l'*achour* (dîme). Seulement, le comte d'Erlon, gouverneur général, envoya auprès de l'émir un officier d'état-major chargé de le tenir au courant de toutes les entreprises. L'officier ne sachant pas un mot d'arabe, ne faisait guère ombrage à Abd-el-Kader, qui lui donnait facilement le change.

Le remplacement du général Desmichels par le général Trézel fut le commencement des hostilités. Le premier soin du nouveau gouverneur fut de travailler à détacher les tribus les plus puissantes de la cause de l'émir. Les Douayers et les Smela se déclarèrent sujets de la France, sous la condition d'une protection efficace. Le comte d'Erlon refusa de sanctionner cette mesure, et Abd-el-Kader, instruit des dissentiments qui existaient entre les généraux, persécuta les tribus soumises : celles-ci s'adressent au général Trézel, qui leur répond : « la parole d'un général français est sacrée ; dans une heure, je serai au milieu de vous. »

Et sans hésiter, il sort d'Oran à la tête d'une armée, malheureusement trop faible, le 26 juin 1835. Il livre dans la forêt de Mousa-Ismaël un brillant combat, où le colonel Oudinot trouva une mort glorieuse. Pendant plusieurs jours une colonne de deux mille et quelques cents hommes luttèrent contre quinze mille Arabes. Nous perdîmes près de 800 hommes dont 15 officiers. Dans aucun combat l'émir n'avait perdu autant de monde.

A la fin de 1835, le maréchal Clausel marcha sur Mascara à la tête de onze mille hommes. Le duc d'Orléans se distingua par sa bravoure dans cette expédition. Les troupes de l'émir, battues au Sig, à l'Abra, à la Tafna, à Idbar, se dispersèrent et le laissèrent presque seul.

Abd-el-Kader ne tarda pas à se faire de nouveaux partisans et à rappeler à lui les tribus qui l'avaient abandonné. Ayant appris le peu de succès de notre première expédition de Constantine, il crut le moment propice pour commencer les hostilités dans la province d'Oran ; il sut bientôt que le général Bugeaud devait marcher contre lui ; mais ce général, éprouvant quelques difficultés dans les moyens de transport, et voulant restreindre les hostilités à la province de Constantine, qui allait être le théâtre d'une seconde expédition, fit en 1837, avec l'émir, le *traité de la Tafna*, qui nous créa par la suite des difficultés. Les critiques experts dirent que cette convention rendait l'émir maître de l'ancienne régence d'Alger, moins la province de Constantine ; que dans chacun des articles on le traite d'égal à égal, et on reconnaît sa souveraineté indépendante ; que la convention n'a aucune garantie, puisqu'elle repose uniquement sur le *caractère moral* et *religieux* d'Abd-el-Kader, etc., etc.

Après l'échange du traité, le général Bugeaud fit proposer une entrevue à l'émir pour le lendemain. Le rendez-vous était à neuf heures du matin, à trois lieues des bords de la Tafna. Le général y fut à neuf heures, accompagné de six bataillons d'infanterie, de dix escadrons de cavalerie et de quelques pièces de campagne. L'émir n'y vint pas à l'heure convenue. Vers deux heures, des cavaliers arabes annoncèrent qu'il avait été malade et marchait lentement; que si le général s'impatientait, il pouvait pousser en avant. On marche sans défiance plus d'une heure dans le détour d'une gorge étroite, entrecoupée de collines. Enfin le général aperçut l'armée arabe, rangée en bon ordre sur des mamelons épars. La maladie de l'émir était feinte, et le général français avait l'air d'être venu pour lui rendre hommage. Les officiers de l'escorte eurent quelques moments d'hésitation, se croyant dans un guet-apens; Bou-Amedy, chef de la tribu des Oulanahs, qui marchait au milieu d'eux, s'en aperçut et dit au général Bugeaud : « Sois tranquille, n'aie pas peur. — Je n'ai peur de rien, répondit le général, je suis accoutumé à vous voir en face. Seulement je trouve indécent que ton chef m'ait fait venir de si loin et m'ait fait attendre si longtemps. » L'émir était entouré de 150 à 200 chefs, revêtus de riches costumes et montés sur de magnifiques coursiers. Abd-el-Kader les précédait de quelques pas, guidant un beau cheval noir, merveilleusement dressé ; tantôt il l'enlevait des quatre pieds à la fois, tantôt il le faisait marcher sur les deux pieds de derrière. Dès qu'il fut à portée de la voix, le général Bugeaud lance son cheval au galop, et arrive sur l'émir en lui tendant cavalièrement la main ; celui-ci la presse fortement et lui demande des nouvelles de sa santé.

« Très-bonne, et la tienne ? » répondit le général, qui met pied à terre et engage Abd-el-Kader à en faire autant. Après quelques minutes d'un entretien insignifiant : « As-tu ordonné, dit-il, de rétablir les relations commerciales à Alger et autour de toutes nos villes ?

— Non, je le ferai dès que tu m'auras rendu Tlemcen.

— Je ne puis le faire qu'avec l'approbation de mon roi.

— Combien faut-il de temps pour avoir cette approbation ?

— Il faut trois semaines.

— C'est trop long, interrompit Ben-Arrach, lieutenant de l'émir, qui s'était approché : dix à quinze jours suffisent.

— Est-ce que tu commandes à la mer ? répliqua Bugeaud.

— Nous attendrons jusqu'à ce jour, dit l'émir.

— Tu ne fais tort qu'aux tiens, répliqua Bugeaud, en les privant du commerce dont ils ont besoin. Quant à nous, nous pouvons nous en passer, puisque nous recevons par la mer tout ce qui nous est nécessaire. »

Le général, ne voulant pas prolonger cet entretien plus longtemps, se leva brusquement : Abd-el-Kader restait toujours assis, et mettait une espèce d'affectation à échanger quelques paroles avec M. Bugeaud qui était debout devant lui ; mais ce dernier s'apercevant de l'intention, prit vivement l'émir par la main et l'enleva, en lui disant : « Parbleu ! lorsqu'un général français se lève, tu peux bien aussi te lever, toi. »

Ainsi se termina cette entrevue qui fut sans résultat, car elle avait été sans but.

Abd-el-Kader, après avoir pendant deux ans châtié, avec la plus grande rigueur, les Turcs et les Koulouglis, taxé les tribus, pillé les villages et fait décapiter plusieurs kaïds, viola le traité et rompit brusquement avec nous.

Le 5 mai 1839, il demanda et obtint l'appui de l'empereur de Maroc, ainsi que la concession du territoire situé entre Ouchda et la Tafna. Au mois d'octobre, il fait égorger dans l'ouest de la Mitidja le commandant Raffet et 200 de nos soldats; on marche contre lui et l'on reprend Cherchell, Mildah, Milianah, etc. En 1841, sous le gouvernement de M. Bugeaud, Mascara, Tlemcen, Borhan, Thazat, Tekdemt, Saïda et Tafraouts tombèrent en nos mains. L'émir n'ayant plus ni villes, ni magasins, ni trésors, n'était plus qu'un chef de partisans. La prise de la smala par le duc d'Aumale lui porta un coup terrible; et, poursuivi à outrance par le général Bugeaud, il fut forcé de chercher un refuge dans le Maroc. Là, il sut attacher à sa cause l'empereur Abd-er-Rhaman. Comme marabout, il prêcha l'extermination des infidèles et souleva de nombreuses tribus marocaines; il parvint aussi à se faire écouter par les premiers fonctionnaires de la cour de Fez, qui ne cherchaient qu'un prétexte pour nous déclarer la guerre. — La victoire remportée à Isly par M. Bugeaud, créé maréchal après ce beau fait d'armes, ruina complètement son crédit.

Dans le traité de Tanger (10 septembre 1844), il fut convenu qu'Abd-el-Kader serait mis hors la loi dans le Maroc.

On n'a pas oublié l'horrible guet-apens de Sidi-Brahim, où nos soldats, commandés par le colonel Montagnac, furent égorgés sans pitié par les troupes de l'émir.

Depuis plus de six mois les bruits les plus contradictoires circulaient en France sur Abd-el-Kder, mais dans la province d'Oran sa position était mieux connue, car la plus grande surveillance était exercée sur la frontière.

Le général de Lamoricière avait appris qu'Abd-el-Kader, refusant de se rendre à l'empereur de Maroc, s'était entendu avec ses principaux officiers pour tenter une dernière fois la fortune. Le 13 septembre, un ex-brigadier du 2ᵉ chasseurs d'Afrique qui s'était échappé de la Deïra, accourt annoncer au général que l'émir veut livrer encore un combat avant de se retirer vers le Sud avec ceux qui voudront l'y suivre.

Le 21, à cinq heures, la Deïra passe la Kiss et entre sur notre territoire. Abd-el-Kader, seul à cheval, est en tête de l'émigration; le général Lamoricière, prévenu à temps, ordonne à deux détachements de vingt spahis choisis, revêtus de burnous blancs et commandés par les lieutenants Bou-Krauïa et Brahim, de garder le passage que devait prendre la Deïra; pour parer à tout événement, il fait prendre les armes à sa colonne et se porte sur la frontière; il avait à peine fait une lieue et demie que des cavaliers envoyés par Bou-Krauïa le prévinrent qu'il était en présence d'Abd-el-Kader. On vole aussitôt à son secours. Au bout de quelques instants, il rencontre Bou-Krauïa lui-même avec des hommes dévoués à Abd-el-Kader, chargés de porter sa soumission à M. de Lamoricière.

L'émir avait remis à Bou-Krauïa une feuille de papier sur laquelle il n'avait fait qu'apposer son cachet, car le vent, la pluie et la nuit l'avaient empêché d'y rien écrire. Abd-el-Kader demandait une lettre d'aman pour lui et ceux qui l'accompagnaient.

Le général ne pouvait, pour les mêmes causes, répondre à l'émir; mais il remit aux envoyés son sabre et le cachet du commandant Bazaïin, en leur donnant verbalement la promesse de l'aman le plus solennel.

Abd-el-Kader renvoya ses deux officiers et le lieutenant Bou-Krauïa avec une lettre dans laquelle il demandait l'aman, à condition qu'il serait conduit à Alexandrie ou à Saint-Jean-d'Acre. M. de Lamoricière y consentit par écrit.

Le 24 décembre, Abd-el-Kader fut reçu par les généraux Lamoricière et Cavaignac et le colonel Montauban, au marabout de Sidi-Brahim, théâtre de ses triomphes. On l'amena ensuite à Nemours (Dgemma-Ghazouat) devant M. le duc d'Aumale qui l'y attendait. Le prince ratifia la parole donnée par le général Lamoricière, en exprimant l'espoir que le roi lui donnerait sa sanction. Le gouverneur général annonça à l'émir qu'il le ferait embarquer le lendemain pour Oran, avec sa famille; il s'y soumit sans émotion et sans répugnance. Avant de quitter le prince, Abd-el-Kader lui envoya un cheval de soumission, pour consacrer son vasselage et sa reddition.

On rapporte que, lorsqu'Abd-el-Kader remit ses armes au duc d'Aumale, le prince prit le pistolet en disant : « Ceci est pour le roi ! » puis il donna le sabre à M. de Lamoricière : « Ce sabre est pour vous, général, vous l'avez bien gagné. »

L'émir demanda avec instance la faveur de quitter Oran le plus tôt possible. On lui offrit de partir immédiatement sur la frégate à vapeur l'*Asmodée*, ce qu'il accepta. L'*Asmodée* mit à la voile emportant l'émir et sa suite, composée de 64 hommes, de 21 femmes et de 15 enfants des deux sexes, en tout 97 personnes. On y remarquait sa vieille mère, deux de ses beaux-frères, ses trois femmes et ses deux fils, dont le plus jeune avait huit ans. Parmi les femmes se trouvait une jeune française nommée Juliette, née à Arles, qui avait été faite prisonnière avec sa mère.

La traversée fut mauvaise et les captifs arabes furent très-fatigués. Arrivé à Toulon, Abd-el-Kader fut déposé au Lazaret, puis transféré au fort Lamalgue, et enfin au château d'Amboise.

ABOVILLE (Augustin-Gabriel, comte d'), né le 20 mars 1773, à La Fère (Aisne). Sous-lieutenant à la suite, le 22 mai 1789, dans le 7ᵉ régiment d'artillerie à pied, il entra le 1ᵉʳ septembre suivant, en qualité d'élève, à l'école d'artillerie, en sortit le 6 février 1792, en qualité de lieutenant et devint capitaine le 1ᵉʳ novembre même année. Il se trouva à la bataille de Courtrai, aux combats devant Trèves, au passage de la Sarre, et se signala de 1793 à l'an III, au passage du Rhin, à Steisliegen et à Stockach. Sa brillante conduite aux armées du Nord, de la Moselle et de Sambre-et-Meuse, lui valut en l'an VIII le grade de chef de bataillon et la sous-direction d'artillerie de Mayence. Après avoir commandé l'artillerie de la division Oudinot, au passage du mont Saint-Bernard et s'être fait remarquer au passage du Mincio, etc., il vint remplir à Paris les fonctions de sous-directeur et de membre du Comité central d'artillerie. Au commencement de l'an IX, il fut envoyé à Flessingue pour mettre cette île et la Zélande en état de défense.

Major du 2ᵉ régiment d'artillerie à pied, le 3 prairial, il devint membre de la Légion d'honneur le 4 germinal an XII, colonel directeur d'artillerie à Turin, officier de la Légion d'honneur; colonel du 1ᵉʳ régiment d'artillerie à pied en l'an XIII, il resta attaché au 2ᵉ corps de la grande armée jusqu'en 1807.

Envoyé à l'armée de Portugal, il y fit preuve d'une grande valeur au passage du Tage, à la prise d'Evora et à la bataille de Vimeiro.

Rentré en France en 1808, après la capitulation de Cintra, il ne tarda pas à rejoindre l'armée d'Espagne, prit part au combat de Betanzos, à la bataille de la Corogne et à la défense de Tuy, qu'il conserva avec une poignée d'hommes recrutés dans les hôpitaux. Un ordre du jour fit connaître à l'armée qu'elle devait au colonel d'Aboville la conservation de 1,200 malades, du grand parc et de tous les équipages.

Lors de la seconde évacuation du Portugal, il détruisit le pont d'Oporto et fit sauter lui-même, au moment où l'ennemi allait s'en emparer, le parc général et tous les bagages de l'armée.

Général de brigade le 4 mai 1809, il reçut une dotation de 4,000 francs de rente en Westphalie. Son nom se mêle glorieusement aux souvenirs du combat de Santo-Domingo, de la bataille de Talaveyra et du siége de Cadix, pendant lequel il s'empara du fort de Matagorda.

Commandant de la Légion d'honneur le 20 juin 1810, il remplaça, à la tête de l'artillerie du siége de Cadix, le général Senarmont, tué d'un coup de feu qui atteignit aussi d'Aboville. A la bataille de Chiclana, d'Aboville arrêta une division anglaise qui allait s'emparer d'une position et de quatre pièces sans attelage. Au siége de Tarifa, une brèche praticable se montrait à l'ardeur des colonnes d'attaque, lorsque des torrents de pluie inondèrent les tranchées et interrompirent les communications entre la première parallèle et le corps de la place : après des tentatives inutiles pour sauver l'artillerie de la batterie de brèche abandonnée par l'infanterie, le général d'Aboville y rentra précipitamment avec quelques officiers et parvint à mettre hors de service les pièces et les affûts.

Il fut créé général de l'Empire le 20 février 1812, et directeur général de l'artillerie des armées d'Espagne et de Portugal le 24 janvier 1813.

A la fatale journée de Vittoria, il vit avec douleur tomber entre les mains de l'ennemi un parc d'artillerie considérable que son zèle avait conservé à l'armée, 69 canons de bronze furent les seules pièces qui échappèrent aux désastres de cette bataille.

Rentré en France, il fit mettre en état de défense les places fortes situées sur le Rhin et la Meuse et celles du département du Nord, et prit le commandement supérieur de l'artillerie à Lille. Le général d'Aboville faisait partie de la députation du Nord qui alla recevoir Louis XVIII à Calais. Le roi lui dit avec bonté : « Je sais que Monsieur votre père a combattu à Fontenoy et à Lansfeld : c'était un brave ! bon chien chasse de race. Cette expression populaire rend bien ma pensée, et je suis persuadé, général, que vous ne la prendrez pas en mauvaise part. »

M. d'Abovillle reprit à cette époque les fonctions de commissaire près la régie générale des poudres qu'il avait déjà exercées, fut nommé chevalier de Saint-Louis, et, le 1er décembre 1817, succéda à son père dans les titres de comte et de pair de France.

Appelé le 30 mars 1820 au comité spécial et consultatif de l'artillerie, il mourut en activité le 15 août suivant.

Son nom est inscrit sur l'arc de triomphe, côté nord.

ABOVILLE (Augustin-Marie, baron d'), frère du précédent, naquit le 20 avril 1776, à La Fère (Aisne), élève sous-lieutenant à l'école d'artillerie, le 12 mars 1792, il en sortit le 1er septembre suivant avec le grade de lieutenant au 7e régiment d'artillerie. Après la campagne de 1792 à l'an II à l'armée d'Italie, il obtint le grade de capitaine; suspendu de ses fonctions comme noble et réintégré le 5 frimaire an III, il servit aux armées de Rhin-et-Moselle et d'Italie, de l'an VI à l'an IX.

Chef de bataillon le 10 vendémiaire an XI, il devint, le 3 prairial suivant, major du 2ᵉ régiment d'artillerie à cheval, avec lequel il fit les campagnes des ans XII et XIII à l'armée dite d'Angleterre. Il avait obtenu la décoration de la Légion d'honneur en l'an XII.

Il fit partie d'une expédition pour la Martinique sous les ordres de Lauriston, et commandait au retour la batterie de trente-six du *Bucentaure*, dans le combat que l'escadre française engagea avec celle de l'amiral Calder.

Rentré en France en juin, il reçut l'ordre de se rendre à la grande armée, où il reçut successivement le grade de colonel et celui d'officier de la Légion d'honneur (1807) pour avoir sauvé sur les bords de la Passarge, le parc d'artillerie du 6ᵉ corps au moment où il allait être pris par un pulk nombreux de Cosaques.

Nommé major de l'artillerie à cheval de la garde impériale, le 13 septembre 1808, il se fit particulièrement remarquer à Wagram, à la tête d'une compagnie de trente pièces et eut le bras droit emporté par un boulet. L'Empereur le fit général de brigade le 9 juillet 1809, lui confia le commandement de l'école d'artillerie de La Fère et lui donna le titre de baron de l'Empire.

Appelé en 1814 au commandement de l'artillerie destinée à la défense de Paris, il résista vaillamment aux efforts de l'ennemi, et lui fit éprouver des pertes considérables.

Mis en non-activité lors de la première abdication de Napoléon, Louis XVIII lui accorda, le 5 août 1814 la décoration de Saint-Louis et la croix de commandeur.

A l'époque du 20 mars, le général d'Aboville, qui se trouvait à La Flèche au moment où les généraux Lefebvre-Desnouettes et Lallemand s'en approchèrent, les força à se retirer. Il obtint néanmoins une audience de l'Empereur, qui le chargea en avril 1815 d'organiser les gardes-côtes du Havre.

Après la seconde Restauration, le roi lui conféra le titre de commandeur de l'ordre de Saint-Louis, et au moment de son admission à la retraite (6 octobre 1815) lui accorda une pension de 2,000 francs sur sa cassette.

Le général d'Aboville a fait partie du conseil de guerre qui jugea en 1816, le contre-amiral Lenoir et le colonel Boyer.

Compris dans le cadre de réserve le 22 mars 1831, il rentra le 6 novembre suivant dans la position de retraite où il se trouvait avant les événements de Juillet 1830.

Il est mort le 20 juillet 1843.

ACHARD (Michel-Jacques-François, baron), né à Carénage (île Sainte-Lucie) le 14 octobre 1778.

Le 17 avril 1793, M. Achard avait à peine 15 ans que déjà il commençait sa belle carrière militaire et entrait comme soldat dans le 1ᵉʳ bataillon de Sainte-Lucie; deux mois après il était caporal, et sergent le 23 mai 1794. Il passa ensuite au 2ᵉ bataillon de Sainte-Lucie et fut nommé lieutenant le 22 mai 1795. Le 26 mai 1796, il fut fait prisonnier de guerre par les Anglais et rendu le 23 octobre 1797. Le 20 février 1802 il fut blessé au port La Paix (île Saint-Domingue) d'un coup de feu au bras; et le 12 juillet 1803, il était capitaine adjudant-major à la 19ᵉ demi-brigade légère. Le 14 juin 1802, il fut blessé de nouveau au genou; le 11 août suivant il reçut un coup de sabre sur la tête et dix coups de sabre sur le corps dans la plaine du Cul-de-Sac (île Saint-Domingue); fait prisonnier de nouveau du 30 novembre 1803 au 6 juillet 1804, il passa à cette époque au 5ᵉ léger.

M. Achard obtint les épaulettes de chef de bataillon au 26e léger, le 13 février 1809. — Cette année, il eut deux chevaux tués sous lui, l'un à Ebersberg, l'autre à Wagram.

Le 17 février 1811, il était nommé colonel du régiment de l'Ile-de-France, et du 108e de ligne le 23 août suivant.

Le 23 juillet 1812, le vaillant colonel Achard se couvrait de gloire au combat de Mohilow (Russie) et recevait une nouvelle blessure au bras droit en s'opposant, à la tête de son régiment, au passage du prince Bagration. Le 7 septembre 1812, à la bataille de la Moskowa, un boulet lui fit deux plaies larges et profondes, l'une au bras droit, l'autre au dos. Il venait d'exécuter une charge brillante à la baïonnette à la tête du 108e contre les cuirassiers russes et leur avait repris quinze pièces d'artillerie.

Il se distingua particulièrement à la tête du même régiment pendant le blocus de Hambourg, et notamment aux attaques du 20 janvier, 9 et 17 février 1814.

M. Achard fut promu au grade de maréchal de camp le 5 juin 1815; mais cette première nomination fut annulée le 1er août suivant. Il reçut une nouvelle nomination le 23 juin 1823. — Le 3 septembre 1830 il fut nommé lieutenant-général.

Il est aujourd'hui à la retraite.

Le général Achard a fait les campagnes de 1793, ans II, III, IV, à Sainte-Lucie, de l'an VII, à l'armée de l'ouest, des ans VIII et IX, à l'armée d'Italie, des ans X, XI, et XII, à Saint-Domingue; de 1807, 1808, 1809 à la grande armée, de 1812 en Russie, de 1813 et 1814 en Allemagne, de 1823 et 1824 en Espagne, de 1830 et 1831 en Afrique, de 1832 et partie de 1833 à l'armée du nord.

Créé chevalier de la Légion d'honneur le 16 mai 1809, il a été nommé officier le 24 août 1814, commandant le 1er mai 1821, grand officier le 9 janvier 1833 et grand-croix, le 6 mai 1846.

Il est aussi chevalier de l'ordre de Saint-Louis et de Saint-Ferdinand d'Espagne.

ALBERT (Joseph-Jean-Baptiste, baron), lieutenant-général, né le 28 août 1771, à Guillestre, dans les Hautes-Alpes, s'engagea dans le bataillon des volontaires de son département le 1er décembre 1791 et fut nommé lieutenant le 14 du même mois par ses camarades. Sa belle conduite à l'armée des Pyrénées lui valut de l'avancement, un sabre et des pistolets d'honneur. Ce fut lui qui présenta au Directoire les drapeaux pris aux Espagnols pendant les campagnes des ans II et III; plus tard il fit les campagnes d'Austerlitz et d'Iéna, et se couvrit de gloire au combat du Golymin (26 décembre 1806).

Nommé général de brigade le 12 janvier 1807, à la bataille d'Eylau, à la tête de sa brigade d'infanterie (7e corps), il résista un jour entier à des forces quadruples des siennes. Au siège de Dantzig, aux batailles d'Essling, de Wagram, il fut remarqué et récompensé par l'Empereur qui lui remit le 31 mai 1809 la croix de commandant de la Légion d'honneur; le 24 août la décoration de la couronne de fer, et immédiatement après le titre de baron de l'Empire.

Pendant la campagne de Russie, Albert eut les honneurs du combat de Jakobowo (31 juillet), et au passage de la Bérézina, sa brigade fut la première qui passa le pont et repoussa l'ennemi jusqu'à deux lieues. Napoléon le nomma général de division, le 21 novembre, sur le champ de bataille. Après la bataille de Bautzen, l'Empereur, sur le rapport de Ney, lui donna la croix de grand officier de la Légion d'honneur; mais ce fut au combat du 19 août 1813, entre Hainau et Buntzlau qu'Albert se couvrit de gloire. Attaqué par le général russe Saken qui commandait 30,000 hommes dont 5,000 cavaliers, Albert qui n'avait que 5,800 fantassins et 800 chevaux, résista pendant sept heures, ne battit en retraite que l'espace d'une lieue, et sans laisser entamer sa division.

Dans la campagne de 1814, Albert se distingua à Châlons, à la Ferté-sous-Jouarre. Sous la Restauration, on le vit aide-de-camp du duc d'Orléans (Louis-Philippe).

Au retour de Napoléon de l'île d'Elbe, il accompagna le duc jusqu'à Lille et reprit la route de Paris, après que le prince eut remis le commandement en chef au maréchal Mortier.

Le 14 avril 1815, il commanda la 16ᵉ division d'infanterie (8ᵉ corps d'observation de l'armée du Rhin), et le 11 septembre, il reprit ses fonctions d'aide-de-camp auprès du duc d'Orléans.

Compris, le 30 octobre 1818, dans le cadre d'organisation de l'état-major de l'armée, il est mort à Offenbach (Bavière) le 7 septembre 1822.

Son nom figure sur le côté EST de l'arc de triomphe de l'Étoile.

ALLEMAND (Zacharie-Jacques-Théodore, comte), né à Port-Louis le 1ᵉʳ mai 1762, fils d'un lieutenant de vaisseau, vice-amiral. Matelot, pilote, officier auxiliaire, sous-lieutenant de vaisseau, lieutenant, capitaine de haut bord, chef de division, contre-amiral, vice-amiral, tels sont les échelons de sa fortune. Entré au service à l'âge de 12 ans; il se distingua sous le bailli de Suffren. Chargé en 1793 du commandement de la frégate *la Carmagnole*, de 44 canons, il s'empara de la frégate anglaise *la Tamise*, de 32, prit bon nombre de bâtiments et, pendant son commandement dans la Manche, approvisionna les ports par ses prises. En 1794, il commanda *le Duquesne* de 74; puis, devenu chef de division, il commanda une partie de l'escadre du contre-amiral Richeri, destinée à détruire les établissements formés par les Anglais sur la côte du Labrador et s'empara du convoi de Québec. Dans l'espace de dix-huit mois environ, il ramena dans les ports de France 80,000,000 fr. de prises et 1,800 prisonniers, parmi lesquels le gouverneur général du Canada, toute sa famille et beaucoup d'officiers de marque. — En 1801, il fut envoyé par l'amiral Bruix contre Toussaint-Louverture, et l'obligea à lui abandonner les lieux qu'il occupait. En 1803 il se distingua à la Dominique. En 1805, commandant à Rochefort, il fit une campagne sur l'Océan, s'empara du vaisseau de ligne *le Calcutta*, et prit ou détruisit environ cent bâtiments. Cette glorieuse campagne lui valut le grade de contre-amiral le 1ᵉʳ janvier 1806.

En 1808, il commanda l'armée navale de Toulon. Nommé, en 1809, commandant des escadres de Brest et de Rochefort, réunies dans la rade d'Aix, où il restait par ordre, il ne put empêcher que, par suite de mauvaises dispositions prises par plusieurs des officiers sous ses ordres, quatre vaisseaux de l'escadre ne fussent détruits par l'explosion de la machine infernale des Anglais, dirigée par le capitaine Cochram; ce malheur ne fit aucun tort à sa réputation. Le gouvernement approuva hautement sa conduite.

Le 9 mars 1809, il fut nommé vice-amiral et commandant en chef de l'escadre de Toulon qu'il quitta en 1811 pour armer et réunir à l'escadre de Brest celle de Lorient. Dans une nouvelle campagne sur l'Océan, il fit pour 20 millions de prises, dont il coula ou brûla les bâtiments et rentra au port ayant à sa poursuite trente vaisseaux anglais. Appelé le 28 décembre de la même année au commandement de la flotte de Flessingue, il le refusa.

M. Allemand avait été créé comte et grand officier de la Légion d'honneur en 1813. Ayant adhéré à la déchéance de Napoléon, il reçut la croix de Saint-Louis. Il ne servit pas pendant les Cent-Jours, et cessa d'être employé le 31 septembre 1814, quoiqu'il fût plus jeune que les autres amiraux et qu'il jouît d'une santé vigoureuse. On a prétendu que la dureté de son commandement était la cause de sa disgrâce.

Cet amiral qui avait passé 308 mois sous voiles, étranger aux passions politiques, a bien pu se ressentir de leurs attaques dans un temps où elles étaient si vivement excitées.

La France ne se souviendra pas moins qu'il a fait pour elle vingt campagnes en sous ordre, qu'il a commandé sept divisions, cinq escadres et une armée; quand, présent à dix-sept combats, il a reçu trois blessures graves dont il portait les cicatrices.

Il est mort à Toulon le 2 mars 1826.

ALLIX (Jacques-Alexandre-François), lieutenant-général, naquit à Percy, en Normandie, le 21 septembre 1776. Il entra au service à l'âge de 16 ans, comme élève d'artillerie; servait d'abord à l'armée du Nord pendant les premières guerres de la révolution, et se distingua au siége de Luxembourg. A vingt ans il était colonel. Au passage du mont Saint-Bernard, à l'attaque de Vérone qu'il emporta d'assaut, et pendant l'expédition de Saint-Domingue, Allix donna les preuves les plus brillantes de sa valeur et de ses talents; mais l'opposition qu'il fit à la révolution du 18 brumaire retarda son avancement. Il servit de 1808 à 1814, auprès du roi Joseph, et ne revint en France que pour combattre les alliés. Le 18 février 1814, il chassa les Autrichiens et les Cosaques de la forêt de Fontainebleau, et le 26 il sauva la ville de Sens. Après la bataille de Waterloo, il fut chargé de fortifier Saint-Denis, et en fit une position inexpugnable. Exilé en 1815 par l'ordonnance du 24 juillet, le général Allix se retira en Allemagne, où il publia un ouvrage sur le système du monde.

En 1819, il fut rappelé en France et rétabli sur le cadre des lieutenants-généraux.

AMBERT (Jean-Jacques), général de division.

Né le 1er octobre 1766, à Saint-Céré (Lot), s'embarqua en 1780 comme volontaire sur le *Pluton*, et assista à la prise des îles de Tabago et de Sainte-Lucie. — De retour en France, en 1783, il combattit les Prussiens comme chef du 2e bataillon du Lot. — Nommé général de brigade, puis général de division le 28 novembre 1793 aux armées de Rhin-et-Moselle, de Mayence et d'Italie. — Il fut l'ami des généraux Hoche, Kléber, Marceau, Desaix, Moreau, Pichegru, etc.; il partagea la disgrâce des deux derniers et fut envoyé à la Guadeloupe en qualité de gouverneur; mais il trouva sous le tropique tous les feux du climat et de la guerre civile. Destitué en 1808, parce qu'on le supposait coupable d'être resté spectateur volontaire du désordre, il s'échappa de la colonie et revint en France où il demanda à être jugé. Une commission militaire, présidée par un maréchal de l'Empire, l'acquitta à l'unanimité, en 1812.

Chargé, en 1813, de la 17e division militaire en Hollande, il ramena dans ce pays la fortune de nos armes. En 1815 il eut le commandement de la 9e division militaire; consulté lors du débarquement de Napoléon sur les moyens d'arrêter sa marche, il donna des conseils qui ne furent point suivis, fit acte de soumission au nouveau gouvernement impérial et fut chargé de la ligne de défense, le long du canal de l'Ourcq. Après la seconde abdication de Napoléon il suivit l'armée sur la Loire, et après le licenciement de cette armée il rentra dans la vie civile.

Le général Ambert est commandant de la Légion d'honneur.

AMEIL (Auguste-Jean-Joseph-Gilbert, baron), né le 6 janvier 1775, à Paris. Fils d'un avocat au parlement, il entra au service comme simple soldat d'infanterie, le 14 juillet 1789, parcourut successivement tous les grades de l'armée, et les dut à ses actions d'éclat. Chef d'escadron en 1805, à l'armée de Hanovre, sous les ordres de Bernadotte, il fit ensuite les campagnes d'Allemagne, de Pologne et de Russie. Colonel du 24e chasseurs le 12 juin 1809, général de brigade le 21 novembre 1812.

En 1814, il donna son adhésion à l'abdication de Napoléon et sollicita ou accepta les faveurs des Bourbons. Créé chevalier de Saint-Louis, il accompagna le comte d'Artois (Charles X) à Lyon, lorsque ce prince voulut s'opposer à la marche de Napoléon sur Paris, mais la défection générale des troupes obligea le comte d'Artois à retourner à Paris, et le baron Ameil se rangea sous les drapeaux de son ancien chef. Envoyé par Napoléon à Auxerre, il fut arrêté par ordre du roi, et de là transféré à l'Abbaye, à Paris : il y était encore lorsque Napoléon entra aux Tuileries.

Le général Ameil fut employé, au sortir de l'Abbaye, dans l'armée qui se formait alors La journée de Waterloo ayant terminé cette courte campagne, le général Ameil adressa à Louis XVIII une lettre pour justifier sa conduite; il n'en fut pas moins compris dans ceux que l'ordonnance de juillet traduisait devant un conseil de guerre; il quitta aussitôt la France et se réfugia en Angleterre, puis en Hanovre et se disposait à passer en Suède pour se mettre sous la protection de Bernadotte. Il fut arrêté à Lunébourg d'où il fut transféré à Hildesheim et déposé dans une prison d'Etat; mis en jugement comme prévenu de haute trahison, le premier conseil de guerre de la première division le condamna à mort par contumace le 15 novembre 1816. Une ordonnance royale du 25 juin 1821 déclara compris dans l'amnistie, accordée par la loi du 2 janvier 1816, les faits imputés au général Ameil, et il rentra immédiatement dans ses droits, titres, grades et honneurs.

Admis à la retraite le 24 octobre suivant, il mourut à Paris, le 16 septembre 1822. Le même jour, Louis XVIII le nommait commandeur de la Légion d'honneur.

Le baron Ameil avait été nommé chevalier des ordres royaux et militaires de Saint-Hubert de Bavière et de l'Épée de Suède.

AMEY (François-Pierre-Joseph, baron), né à Schelestadt (Bas-Rhin) le 2 octobre 1768, entra comme cadet, le 1er octobre 1783, dans le régiment de Vigier-Suisse. Il obtint un avancement assez rapide.

Sous-lieutenant le 18 juin 1788, il fit ses premières armes dans les rues de Nancy, le 31 août 1790, avec le régiment de Châteauvieux.

Licencié le 7 octobre 1792, il fut fait capitaine de la 1re compagnie de la légion du Rhin, le 10 du même mois. Il passa presque aussitôt à celle des côtes de La Rochelle, puis à celle de l'Ouest, et servit avec distinction sous Duhoux, Menou, Kléber et Marceau. Il se fit plus particulièrement remarquer à la prise du Mans, où il eut un cheval tué sous lui.

Nommé adjudant-général et chef de bataillon, le 23 juin 1793, puis adjudant-général chef de brigade, le 4 brumaire an II, il devint général de brigade le 8 frimaire suivant, il fut employé aux armées des Alpes et du Rhin depuis l'an III jusqu'à l'an VIII.

Au 18 brumaire, Amey se trouvait à Saint-Cloud et fut l'un des témoins actifs de l'audacieux coup de main qui fit sortir le consulat des ruines du Directoire.

Immédiatement après cette journée fameuse, Amey fut attaché à la 17e division et devint ensuite président du conseil de révision.

Le 21 brumaire, an X, il s'embarqua avec le général Leclerc pour l'expédition de Saint-Domingue, et, lors de son retour en France, il fut nommé, en l'an XII, membre de la Légion d'honneur, le 19 frimaire, et commandant de l'ordre le 25 prairial. A cette époque il reçut, dans la 2e division militaire, un commandement qu'il garda jusqu'en 1808.

Créé baron de l'Empire, le 19 mars 1808, il reçut deux dotations de 2,000 fr. chacune en Westphalie.

Détaché du service de l'intérieur pour se rendre en Espagne, il assista au célèbre siége de Girone en novembre 1809.

Les Espagnols manquaient de munitions et tombaient chaque jour victimes d'une maladie épidémique, lorsque le maréchal Augereau donna l'ordre au général Pino d'enlever le faubourg de la marine. Cet ordre fut exécuté avec un plein succès. Cependant les Espagnols ayant tenté une sortie générale pour ressaisir le faubourg, le général Amey, qui occupait une position au-dessous du mont Joui, vint prendre l'ennemi en flanc, le jeta dans une complète déroute et enleva les redoutes du Calvaire et du Cabildo.

En 1812, le général Amey fit la campagne de Moscou sous les ordres du maréchal Gouvion-Saint-Cyr. La part brillante qu'il prit au combat de Polotsk (18 et 19 août), et ses manœuvres habiles pendant la retraite, lui valurent une mention honorable dans les bulletins officiels.

Le 19 novembre, il fut promu au grade de général de division.

Le 8 juin 1814, le baron Amey fut nommé, par Louis XVIII, chevalier de Saint-Louis; il commandait alors la 2e subdivision de la 2e division militaire, sous les ordres du duc de Tarente.

Le 4 mars 1815, il assista à la réception qui fut faite à Limoges par le maréchal au duc et à la duchesse d'Angoulême, démarche que d'ailleurs l'étiquette commandait.

Après le 20 mars, il envoya son adhésion à l'Empereur.

Admis à la retraite le 9 novembre 1815 avec une pension de 6,000 francs, il se tint dès lors éloigné des affaires.

Après 1830 il fut mis dans le cadre des officiers généraux comme disponible (7 février 1831). Il est rentré dans sa position de retraite en 1833.

Son nom figure sur le monument de l'Étoile, côté nord.

ANDRÉ (Antoine-Jean-Marie d'). Le baron d'André est fils d'un ancien député de la noblesse de Provence aux États généraux. Né à Aix (Bouches-du-Rhône), le 20 janvier 1789, le jeune d'André fut conduit, encore enfant, en émigration, et élevé à l'école militaire de Vienne. Il débuta en 1805, comme cadet, dans la cavalerie autrichienne.

Il était lieutenant dans le régiment des chevau-légers de l'Empereur, lorsqu'en 1809, un décret de Napoléon daté de Schœnbrunn, vint rappeler dans les armées françaises les officiers nés Français qui servaient à l'étranger.

M. d'André fut placé dans le 28ᵉ régiment de chasseurs, fit les campagnes de 1810 en Espagne, 1811 et 1812 en Russie, 1813 et 1814 à Hambourg.

Il se distingua par son aptitude, passa rapidement par tous les grades, et fut cité à l'ordre de l'armée par le prince d'Eckmühl, à la suite d'une sortie dans l'île de Wilhemsbourg.

En 1814, M. d'André était capitaine dans la vieille garde ; mais, par suite de la réduction de ce corps, il passa chef d'escadron de la gendarmerie de Paris.

Au 20 mars 1815, il fut chargé d'une mission qui l'attachait à la personne du roi, et suivit Louis XVIII à Gand.

Il reprit son poste dans la gendarmerie de Paris, au retour des Bourbons, et contribua à la réorganisation de ce corps. On l'a vu plusieurs fois y figurer, et même en prendre le commandement dans les troubles de Paris. Dans ces pénibles circonstances, le chef d'escadron d'André a montré une grande modération.

Pendant la campagne d'Espagne, désigné pour organiser la force publique, il fut, bientôt après, nommé grand prévôt de l'armée.

Ces fonctions importantes le firent jouir d'une certaine influence auprès du duc d'Angoulême. On croit qu'il ne fut pas étranger au décret d'Andujar, qui devait soulever tant de dissidences. Ce qui est certain, c'est qu'il se montra partisan des principes constitutionnels que le duc d'Angoulême voulait faire prévaloir en Espagne.

Au retour d'Espagne, le colonel d'André fut pourvu du commandement de la 23ᵉ légion de gendarmerie à Metz, et quelque temps après, nommé colonel de la gendarmerie des chasses. Ce corps, composé d'hommes choisis de la garde, chargés d'un service de confiance auprès de la personne du roi, se distingua aux journées de juillet 1830. La gendarmerie d'élite était en réserve sur la place du Carrousel, et perdit plusieurs hommes ; elle quitta la dernière les positions des Tuileries, de Saint-Cloud et de Rambouillet. Pendant la marche sur Cherbourg, ce régiment couvrit constamment l'arrière-garde, bivouaquant autour du logement royal et ne s'écartant point de la discipline la plus rigoureuse. A Valognes, Charles X voulut lui en témoigner sa reconnaissance et laisser à son colonel une preuve de sa satisfaction ; il accorda des croix et nomma M. d'André maréchal-de-camp. Ce grade devait du reste lui être acquis, comme aux autres colonels de la garde. Après le licenciement de la gendarmerie d'élite, M. d'André se retira dans le département des Ardennes, où il vivait à la campagne, lorsqu'en 1837, il fut rappelé à l'activité et nommé inspecteur de gendarmerie, à la place du lieutenant-général Latour-Maubourg, tombé malade pendant cette mission.

Le général d'André fut ensuite employé au ministère de la guerre et attaché à une commission chargée de la réorganisation de la garde municipale, puis commandant du département du Jura.

ANDRÉOSSY (ANTOINE-FRANÇOIS, comte), issu d'une famille noble de Lucques, dont une branche vint s'établir en France sous Louis XIII, naquit à Castelnaudary (Aude).

Lieutenant en 1781, à l'âge de vingt ans, il fit dans ce grade la guerre de Hollande pendant laquelle il fut prisonnier des Prussiens, puis échangé. Sa naissance, sa position, ses connaissances, ne lui procurèrent pas un avancement très-rapide : en l'an III il n'était encore que chef de bataillon dans l'armée des Alpes où commandait Kellermann; passé à l'armée d'Italie, Bonaparte le choisit, le 30 messidor an IV, pour commander cinq chaloupes canonnières qui, simulant une fausse attaque contre Mantoue, devaient attirer sur elles tout le feu de la place, pendant que Murat et Dallemagne dirigeraient la véritable attaque sur d'autres points. Tout réussit comme on l'avait prévu. Andréossy resta immobile sous le feu de toutes les batteries, et la place fut emportée d'un autre côté. Nommé chef de brigade, il continua à se distinguer de telle manière, que Bonaparte, frappé de son intelligence et de son courage, se l'attacha particulièrement, et lorsqu'après les traités de Campo-Formio et de Rastadt il vint à Paris présenter les drapeaux d'Arcole, il se fit accompagner par Andréossy et Joubert.

Le 24 ventôse an VI, il fit partie de la commission de la marine chargée d'organiser une descente en Angleterre. Mais on sait que ce n'était qu'un projet mis en avant pour cacher le but des armements préparés dans nos ports. On avait résolu la conquête d'Égypte. Andréossy fit partie de cette expédition et dirigea les équipages de pont. Là aussi il se fit remarquer comme savant et comme général. A la bataille de Chebreiss, il mérita d'être mentionné dans un rapport au Directoire.

Andréossy trouvait encore assez de loisir pour s'occuper de science. Il fut nommé membre de l'Institut d'Égypte. Attaché à la section des mathématiques, on le chargea de sonder les rades de Damiette, de Bougafie, du cap Bouger, l'embouchure du Nil, le lac Menzaleh et la vallée de Natron. La relation qu'il fit de cette expédition est une des plus curieuses des mémoires de l'Institut.

Au 18 brumaire, Andréossy aida de tous ses moyens le général Bonaparte, qui le nomma, le 15 nivôse an VIII, général de division, chef de la 3ᵉ division du ministère, commandant de l'artillerie de Strasbourg, et plus tard de celle de Mayence.

Le 22 thermidor an X, le premier Consul lui confia la direction générale du dépôt de la guerre. En l'an XII il fut nommé membre de la Légion d'honneur, ambassadeur en Angleterre, et grand officier de l'ordre.

A son retour d'Angleterre, il fut nommé inspecteur général de l'artillerie et commandeur de la couronne.

Il fit la campagne de 1805, et resta à Vienne jusqu'à la paix comme ministre plénipotentiaire.

En 1806, l'empereur le nomma à la présidence du collège électoral de l'Aude et candidat au Sénat, qui ne l'admit pas dans son sein. Pour le consoler de cet échec, l'Empereur le nomma comte de l'Empire en 1808.

Après la prise de Vienne en 1809, Napoléon l'appela au commandement de cette ville, le nomma grand aigle de la Légion d'honneur, et grand chancelier de l'ordre des trois Toisons-d'Or.

En 1810 il l'appela au conseil d'État et président de la section de la guerre.

En 1812, il fut envoyé comme ambassadeur à Constantinople, et remplacé le 13 août 1814 par le marquis de Rivière. Il avait recueilli de nombreux mémoires qui donnèrent lieu aux mémoires communiqués à l'Institut.

Louis XVIII anoblit le comte Andréossy et le décora de la croix de Saint-Louis.

Au 20 mars, il se rallia à Napoléon. Président du conseil de guerre, membre du conseil d'État, il signa la fameuse délibération du 25 mars, et fut chargé du rapport sur la déclaration du congrès de Vienne. L'Empereur le fit pair de France le 2 juin, et le gouvernement provisoire le nomma commandant de la première division militaire.

Le 26 juin, il fut un des commissaires chargés d'aller proposer un armistice à Wellington, et seul *il demanda le rappel* de Louis XVIII.

Le 23 janvier 1821, le comte Andréossy fut nommé directeur général des subsistances militaires et député de Castelnaudary en 1827.

En 1823, il fut élu académicien libre de l'Académie des Sciences.

Il est mort le 10 septembre 1828 à Montauban, d'une fièvre cérébrale.

Son nom a été inscrit sur le monument de l'Étoile.

ANOUL (Pierre), général, aide-de-camp du roi des Belges, gouverneur militaire de Bruxelles, commandant en chef de la gendarmerie nationale, officier de l'ordre de Léopold et de la Légion d'honneur, chevalier de l'ordre militaire de Guillaume, etc.

Pierre Anoul, né à Bruxelles en 1794, après avoir terminé ses premières études, entra volontairement à l'école militaire de cavalerie, à Saint-Germain-en-Laye. Nommé sous-lieutenant au 14e régiment de cuirassiers, il prit part aux campagnes de l'époque, dans le cours desquelles il reçut trois blessures et eut un cheval tué sous lui, en combattant à l'arrière-garde, à la désastreuse bataille de Leipzig. C'était un des braves officiers de l'Empire.

Quand les événements de 1814 eurent amené la dissolution de l'armée de la Loire, il fit partie, par suite de la réorganisation de l'armée, du 12e régiment de cuirassiers, puis quitta le service de la France avec une démission honorable, le 23 novembre 1814.

Rentré dans sa patrie, il fut, peu après, grièvement blessé sur le champ de bataille de Waterloo, où il combattit dans les rangs des carabiniers belges.

En 1830, après la révolution qui amena la séparation violente de la Belgique d'avec la Hollande, il fut appelé au commandement de Bruxelles, et reçut, vers la fin de l'année suivante, le commandement d'une brigade de cuirassiers, que l'intervention française rendit inactive.

En 1842, il quitta ce commandement pour se voir appeler aux fonctions d'aide-de-camp près de son souverain, et fut investi du commandement militaire de la résidence royale.

ANTHOINE DE SAINT-JOSEPH (François, baron), né à Marseille en 1787, entré en 1804 comme volontaire dans le 1er régiment de dragons, en sortit pour passer comme élève à Fontainebleau, où il reçut le brevet de sous-lieutenant au 23e chasseurs à cheval ; aide-de-camp du maréchal Soult en 1807, il fit la campagne de Friedland, d'où il fut envoyé en mission à Saint-Pétersbourg.

De retour en France, il suivit le maréchal en Espagne et en Portugal, et fut fait prisonnier à l'Alhambra à Grenade. Echangé en 1809 par les soins du maréchal Suchet, son beau-frère, M. de Saint-Joseph se rendit en Hollande, comme capitaine dans le 8e hussards, revint en Espagne, remplit les fonctions d'aide-de-camp auprès de Suchet et fit les campagnes de 1811, 1812 et 1813. Il monta un des premiers à l'assaut de Tarragone et contribua à la prise de cette place. Il assista aux sièges d'Oropeza et de Sagonte, dont il signa la capitulation ; il se distingua à l'investissement de Valence et seconda le maréchal dans la nouvelle organisation de son armée.

Colonel en 1814, et sous Louis XVIII, successivement colonel du corps royal d'état-major, chef d'état-major du baron de Damas en 1820, 1821 et dans la 8e division militaire à Marseille.

Il servit ensuite comme sous-aide major général de la garde royale.

En 1830, il fut d'abord mis en disponibilité, puis rappelé au dépôt de la guerre, où il fut chargé de l'organisation militaire des douaniers et gardes forestiers; il fit souvent partie des commissions d'examen pour les différentes écoles militaires.

Maréchal de camp le 11 octobre 1832, il remplit par intérim les fonctions de directeur du dépôt de la guerre.

En octobre 1833 il fut nommé au commandement de la division active des Pyrénées-Orientales, puis à celle du département. Sa nomination comme général de division est du 14 avril 1844. Il avait reçu en 1838 la croix de commandeur d'Isabelle-la-Catholique. Il est aujourd'hui membre du comité de l'infanterie et commandeur de la Légion d'honneur.

ANTONIO (don MARAGNON), plus connu sous le nom de TRAPPISTE, commandant une division de l'Armée de la foi, est né vers 1778, dans un bourg de la Navarre. Il s'enrôla comme simple volontaire et fit ses premières armes pendant la guerre que les Espagnols soutinrent contre les vainqueurs de l'Europe. Son audace, portée jusqu'à la témérité, l'éleva au grade de capitaine dans le régiment de la Princesse, mais il ne paraissait pas réunir les qualités nécessaires pour se maintenir dans ce grade. Se trouvant en garnison à Lérida, après la paix, son ancienne passion pour le jeu se réveilla avec fureur; il perdit au delà de ce qu'il possédait et joua le prêt de la compagnie, les épaulettes de son grade et son brevet. Cette conduite lui ayant fait perdre l'estime de tous; pour échapper à la honte d'une destitution, il quitta de nuit Lérida et alla s'enfermer dans un couvent de trappistes. Le capitaine Maragnon ne se plut pas longtemps dans sa prison. Lorsque les royalistes de la Péninsule poussèrent un nouveau cri de guerre contre la constitution des Cortès, rétablie en 1820 par suite des événements de l'île de Léon, le Trappiste ne manqua pas de saisir ce prétexte que la religion, qu'il prétendait outragée, lui fournissait pour devenir un personnage. Les principes du couvent favorisaient ses projets, il put conserver son froc et remplacer le capuchon par l'épaulette. Il commença par jouer le rôle d'inspiré, et parvint à réunir sous ses ordres un assez grand nombre de partisans, à la tête desquels il s'empara par un coup de main du fort d'Urgel. C'était au moment où les chefs de l'Armée de la foi venaient d'établir une régence. Maragnon fit hommage de sa conquête et de ses guérillas à ce nouveau gouvernement, lui prêta serment et en reçut le titre de général. La régence s'établit dès ce moment à Urgel dont elle prit le nom. Le Trappiste ne fut pas heureux dans une entreprise qu'il fit sur l'Aragon. Attaqué le 29 août 1822 par le général Zarco-del-Valle, il perdit toutes ses munitions, ses équipages, son drapeau, trente chevaux et le seul canon qu'il possédait. Successivement battu sur d'autres points, il se sauva en France et vint chercher un asile dans un couvent à Toulouse; il rentra en Espagne avec l'armée française et commanda la division royaliste de Biscaye sous les ordres du général Quesada. Ce moine fougueux ne se montrait à ses soldats qu'en tenant dans la main gauche un crucifix qu'il élevait en l'air et un fouet dans la droite. Sa robe était criblée de balles qui, disait-il, n'avaient pu l'atteindre, il portait par-dessus de larges épaulettes de général, une longue carabine en sautoir. Sa taille était d'environ cinq pieds. Sa proclamation aux constitutionnels après le passage de la Bidassoa était ainsi conçue : « Gloire à Dieu, soldats ! Le chant de la tourterelle s'est fait entendre dans notre terre ; c'est une preuve que nous avons passé la mauvaise saison de l'hiver et que nous sommes maintenant dans le beau printemps. Je vous dis que la constitution, cet horrible monstre, conçu par l'enfer dans l'Espagne catholique, va disparaître du sol espagnol. Vous avez vu le saint tribunal de la foi ; vous avez vu exterminer la compagnie de Jésus ; vous avez vu supprimer les monastères. Vous avez vu une pierre de marbre respectée, vénérée, déifiée ! Mes frères, ouvrez, ouvrez les yeux ! venez à moi, ou courez aux royalistes qui sont le plus près de vous ; faites-le sans délai ; votre humble frère, le Trappiste, vous invite. Etc. »

Vittoria, 14 avril 1823.

Maragnon fut un des chefs espagnols qui s'opposèrent avec le plus d'énergie à l'exécution du décret d'Andujar. Rentré dans son couvent, le roi Ferdinand le félicita par une lettre. Mais bientôt il se jeta dans un nouveau parti formé contre le roi, et prit les armes en faveur de Charles V. Il comptait déjà plusieurs mille hommes sous ses ordres ; le roi, furieux de cette défection, promit 25 mille piastres à qui le livrerait. Le Trappiste fut arrêté à Vivana, réclamé par le clergé, et enfermé dans un couvent où il est mort le 9 octobre 1826.

ARBOUVILLE (d'). Voyez LOYRÉ D'ARBOUVILLE.

ARRIGHI (JEAN-TOUSSAINT DE CASANOVA), duc de Padoue.

Le lieutenant-général Arrighi, cousin par alliance de l'empereur Napoléon, est né à Ajaccio (Corse), le 8 mars 1778. Son père, Hyacinthe Arrighi était avocat général. Il fut ensuite député suppléant à la Convention, puis préfet du Liamone. Le jeune Arrighi fut admis, en 1787, à l'École militaire de Rebais, près de Meaux, comme élève du roi ; en 1793, lors de la suppression des écoles militaires, on l'envoya à l'université de Pise. A son retour en Corse ; Joseph Bonaparte l'emmena avec lui à l'armée d'Italie, où il entra dans la 75ᵉ demi-brigade, comme lieutenant d'une des compagnies franches levées en Corse. Après le traité de Leoben, il passa à l'état-major général en qualité d'adjoint aux adjudants-généraux. Attaché ensuite à Joseph Bonaparte en qualité de secrétaire d'ambassade, il le suivit à Parme et de là à Rome, où il se trouva à l'époque de la révolte dans laquelle le général Duphot fut tué à côté de lui.

Arrighi fit partie de l'expédition d'Égypte en qualité d'adjoint à l'état-major. Après la bataille des Pyramides, nommé aide-de-camp du général Berthier, il fut fait capitaine sur le champ de bataille, au combat de Salahieh, où il fut blessé.

Pendant l'expédition de Syrie, il entra un des premiers dans la place de Jaffa prise d'assaut ; il assista aux différents assauts de Saint-Jean-d'Acre, et pénétra dans la ville avec le général Lannes. Blessé grièvement en cette occasion, on le crut perdu sans ressource, (l'artère carotide avait été lésée par une balle) ; mais Larrey parvint à le sauver au grand étonnement des gens de l'art. Le général en chef donna au capitaine Arrighi un sabre d'honneur. Sa blessure l'ayant retenu en Égypte, il ne revint en France que peu avant la campagne de Marengo qu'il fit comme aide-de-camp du général Berthier. Il fut nommé chef d'escadron sur le champ de bataille de Marengo et envoyé dans le 1ᵉʳ régiment de dragons. Nommé colonel de ce régiment deux ans après, il fit la campagne d'Ulm. Au combat de Wertingen, il avait sous ses ordres, outre son régiment, le 2ᵉ dragons et formait la tête de colonne de la division de cavalerie du général Klein. Chargé de tourner la position de l'ennemi, il enleva un village avec ses dragons auxquels il fit mettre pied à terre, arriva sur les derrières de l'ennemi, culbuta deux régiments de cuirassiers, fit mettre bas les armes à un bataillon de grenadiers hongrois, et s'empara de six pièces de canon. Quoique ayant reçu plusieurs blessures graves dans ce combat, il ne quitta le champ de bataille qu'après la déroute de l'ennemi. Les officiers, sous-officiers et dragons lui décernèrent une épée d'honneur où cette brillante action est représentée, avec l'inscription la plus honorable, et l'Empereur le nomma commandant de la Légion d'honneur.

Nommé colonel des dragons de la garde après la campagne d'Austerlitz, il fit la campagne de Prusse. En 1807, il fut nommé général de brigade sur le champ de bataille de Friedland. Au retour de la campagne, l'Empereur le fit duc de Padoue.

Il fit à la tête des dragons de la garde la campagne d'Espagne (1808). A Benavente, malgré la crue des eaux, l'Empereur lui fit traverser le torrent à la nage avec son régiment et le reste de la cavalerie de la garde qui suivait celle de l'armée, pour se mettre à la poursuite de l'armée anglaise.

Revenu en France avec l'Empereur, le général Arrighi prit le commandement de toute la cavalerie de la garde qui se trouvait à Paris, pour se rendre en Autriche. A la bataille d'Essling, l'Empereur le nomma général de division sur le champ de bataille et lui donna le commandement de la 3ᵉ division de cuirassiers dont le chef (le général d'Espagne) venait d'être tué. La nomination officielle est du 25 mai 1809.

A la bataille de Wagram, Napoléon l'ayant chargé de se porter à l'extrême droite, pour aider le prince d'Eckmülh à tourner l'ennemi, le duc de Padoue, après avoir passé sous le feu de la ligne ennemie, arriva au point désigné, déboucha sur le plateau à la tête de sa division, au milieu des tentes des Autrichiens et d'une pluie de mitraille; mais sur ce terrain défavorable il ne put faire que quelques charges partielles qui favorisèrent cependant l'arrivée de l'infanterie et lui permirent de prendre l'offensive, au moment où l'Empereur faisait son attaque décisive sur le centre. Le duc de Padoue dégagea ensuite les divisions Grouchy et Montbrun, qui avaient en tête une cavalerie bien supérieure en nombre. L'Empereur le nomma à cette époque inspecteur général de cavalerie, et lui donna peu après le grand cordon de la Réunion.

A l'époque de la campagne de Russie, l'Empereur chargea le duc de Padoue de l'organisation de 67 cohortes de gardes nationales et de toute l'artillerie attachée aux cent cohortes créées; il lui confia, en partant, le commandement supérieur de toutes les côtes de l'Océan, depuis l'Elbe jusqu'à la Somme, de cinq divisions militaires et de toutes les troupes qui s'y trouvaient, ce qui lui donnait le rang de commandant en chef, avec le soin de faire terminer tous les ouvrages de fortification et d'armement sur toutes les côtes sur lesquelles Napoléon pensait que le gouvernement anglais ferait opérer un débarquement. Toutes les vues de l'Empereur furent remplies. — Dans la campagne de 1813, l'Empereur donna au duc de Padoue le commandement du 3ᵉ corps de cavalerie qu'il organisa à Metz avec les conscrits appartenant à tous les régiments de l'armée; l'Empereur ajouta à ce commandement plusieurs régiments français et étrangers, et le chargea de purger tout le pays entre le Rhin et l'Elbe des divers corps de partisans qui l'infestaient.

Après cette mission, le général Arrighi fut chargé du gouvernement de Leipzig, de l'organisation de tous les corps restés en arrière, de l'approvisionnement de l'armée et de toutes les places mises en état de soutenir un siége. — A cette époque, le général Czernischew tenta avec 15,000 hommes d'élite et une artillerie légère formidable, de s'emparer de Leipzig sans défense, de nos convois, munitions, etc., et d'enlever le duc de Padoue lui-même, et les 6,000 blessés confiés à sa garde; mais ce général sut, par sa bonne contenance, son adresse et sa fermeté, décider l'ennemi à renoncer à ses projets. — A la bataille de Dennewitz, le duc de Padoue, avec le 3ᵉ corps de cavalerie, arrêta les Prussiens et les Suédois et facilita la retraite du maréchal Ney. — Chargé par l'Empereur de protéger Leipzig et de rétablir les communications interceptées, il s'acquitta heureusement de cette mission.

Le duc de Padoue prit part à la bataille de Leipzig, où, entraîné par son ardeur, il engagea trop vivement la première ligne de sa cavalerie qui, s'abandonnant à la poursuite des Cosaques, fut prise en flanc par quatre régiments de hussards de Blücher, et rejetée sur la deuxième ligne qu'elle entraîna jusqu'au faubourg de Leipzig, où le duc de Padoue parvint à rallier sa division, sous la protection de l'infanterie qui arrêta l'ennemi. — A la fin de la campagne de France, en 1814, le 3ᵉ corps de cavalerie, extrêmement réduit, fut dissous; le duc de Padoue prit alors le commandement d'un corps d'infanterie, chargé de protéger les corps des maréchaux Marmont et Trévise.

A la prise de Paris il occupait, sous les ordres du duc de Raguse, les hauteurs de Belleville et de Romainville où il eut un cheval tué sous lui. — Après l'abdication de l'Empereur, il ne sollicita point de commandement. Pendant les Cent-Jours, Napoléon le nomma pair de France et gouverneur de la Corse, avec tous les pouvoirs civils et militaires. Quoiqu'il n'eût pas un seul régiment de ligne, le général Arrighi avait mis tant d'activité à organiser les gardes nationales, que les Corses, sans aucun appui, auraient pu défendre l'Empereur s'il était parvenu, après la bataille de Waterloo, à gagner cette île dont les habitants étaient résolus à se sacrifier pour lui.

A la seconde rentrée des Bourbons, le duc de Padoue se démit de son commandement. Il fut du nombre des proscrits placés sous l'ordonnance du 24 juillet 1815, et se retira en Lombardie ; il a été un des derniers rappelés en 1820; depuis cette époque jusqu'en 1849, il vécut, sans rechercher emploi ni faveur, en dehors des affaires.

M. le duc de Padoue est resté fidèle au malheur, il a gardé pour l'Empereur et pour tous les membres de sa famille une affection sincère qui l'honore.

Son nom figure parmi ceux qui décorent l'arc de triomphe de l'Étoile, côté sud.

ATTHALIN (Louis-Marie-Jean-Baptiste, baron), né à Colmar, Haut-Rhin, le 22 juin 1784, élève de l'École polytechnique, le 1ᵉʳ novembre 1802.

Élève sous-lieutenant du génie, le 23 septembre 1804, il fut nommé lieutenant le 17 novembre 1806, et capitaine le 16 septembre 1808.

L'Empereur ayant eu occasion de remarquer le jeune capitaine, le prit au nombre de ses officiers d'ordonnance, le 14 avril 1811, et le nomma chef de bataillon le 18 novembre 1813, et colonel le 15 mars 1814.

Le 2 juillet de la même année, le duc d'Orléans (Louis-Philippe) le nomma l'un de ses aides-de-camp.

Pendant les Cent-Jours (26 avril 1815)

il fut employé comme commandant du génie à Landau.

Le 12 août 1830, le duc d'Orléans, devenu roi des Français, nomma M. Atthalin maréchal-de-camp, et continua à l'attacher à sa personne en qualité d'aide-de-camp.

Le 16 novembre 1840, il fut promu au grade de lieutenant-général.

Le décret du 17 avril 1848 le mit à la retraite.

Le baron Atthalin a fait les campagnes de 1806 et 1807 à la grande armée, se fit remarquer à la bataille d'Eylau et au siége de Grandentz ; celles de 1808 et 1809 à l'armée de Catalogne, où il se distingua aux affaires de Gardadeu, de Molérès-del-Rey et de Wals, celle de 1810 au Texel ; de 1812, 1813 et 1814 à la grande armée, et celle de 1815 au blocus de Landau.

M. le général Atthalin a été créé chevalier de la Légion d'honneur, le 3 octobre 1812 ; officier, le 24 octobre 1813 ; commandant, le 1er mai 1821 ; grand officier, le 21 mars 1831 ; et grand-croix, le 15 septembre 1846. Il est en outre chevalier de Saint-Louis, grand croix de Saint-Ferdinand d'Espagne depuis le 15 septembre 1846, et décoré de l'ordre du Nichan (Tunis) depuis le 25 septembre 1846.

AUGEREAU (Pierre-François-Charles), maréchal de France et duc de Castiglione, était fils d'un ouvrier maçon et d'une marchande de fruits du faubourg Saint-Marceau ; il naquit à Paris le 11 novembre 1757.

Il s'engagea d'abord dans le régiment de Bourgogne-Cavalerie, puis dans celui des Carabiniers, qu'il quitta à la suite de quelques fredaines, pour passer à Naples, où il vécut jusqu'en 1787, comme maître d'armes ; chassé de Naples comme suspect, il revint en France vers la fin de 1792, et entra aussitôt dans un bataillon de volontaires : il avait alors 35 ans ; mais, plein de courage, il ne tarda pas à se distinguer. Chaque affaire lui valut un nouveau grade, et il était, en 1793, adjudant général à l'armée des Pyrénées. Il avait déjà le grade de général de division lorsqu'il passa à l'armée d'Italie où il contribua à la bataille de Loano. Quand l'immortelle campagne de 1796 commença avec Bonaparte, Augereau se signala à presque toutes les batailles. Au pont de Lodi, ce fut lui qui se mit à la tête des grenadiers qui franchirent sous la mitraille ce terrible passage Il prit la part la plus belle à la bataille de Castiglione, et renouvela à Arcole, mais avec moins de succès, la tentative audacieuse de Lodi. Pour le récompenser de ses services, Bonaparte l'envoya porter à Paris les drapeaux enlevés sur les Autrichiens, et le Directoire lui donna celui avec lequel il s'était élancé, à la suite de Bonaparte, sur le pont d'Arcole.

Éloigné de l'armée, Augereau se livra à toutes les intrigues politiques dont Paris était le théâtre. Il devint, entre les mains des directeurs, un instrument utile pour accomplir la révolution du 18 fructidor qu'ils méditaient. Tant qu'il le put, il s'opposa à l'élévation de Bonaparte ; mais, après le 18 brumaire, il se soumit à son rival qui, devenu premier consul, le nomma général en chef de l'armée de Hollande. L'année suivante il fut remplacé par Victor, et resta sans emploi pendant assez longtemps. Il recommença alors ses attaques contre le gouvernement consulaire ; mais son ardeur républicaine se calma et finit par disparaître, lorsque Napoléon, empereur, l'eût nommé maréchal, grand officier de la Légion d'honneur, duc de Castiglione, et lorsqu'il eût été créé grand-croix de l'ordre de Charles II d'Espagne. Dès lors il suivit la fortune de l'Empereur. Il assistait à Iéna et à Eylau. À cette dernière bataille, le maréchal était malade et avait à peine connaissance ; mais au bruit du canon ; il se fait attacher sur son cheval et vole au galop à la tête de son corps. Augereau déploya dans cette bataille une valeur chevaleresque; le corps qu'il commandait souffrit beaucoup et fut presque entièrement détruit. Augereau fit encore la campagne de Catalogne en 1809, et, pendant l'invasion de la Russie, il commanda le corps d'armée qui occupait la Prusse. À Leipzig, le 18 octobre, il combattit bravement, mais là finit sa carrière de gloire. « Depuis longtemps, chez lui, a dit Napoléon à Sainte-Hélène, le maréchal n'était plus le soldat; son courage, ses vertus premières, l'avaient élevé très-haut hors de la foule : les honneurs, les dignités, la fortune, l'y avaient replongé. Le vainqueur de Castiglione eût pu laisser un nom cher à la France ; mais elle réprouvera la mémoire du défectionnaire de Lyon. »

En effet, chargé en 1814 du corps d'armée de l'Est, il devait occuper les alliés qui s'avançaient par la Suisse et la Bourgogne sur Paris. Au lieu de seconder par d'habiles manœuvres, sur les flancs et les derrières de l'armée autrichienne, l'armée de Champagne, il resta immobile à Lyon, rendit la ville, se retira à Valence, et livra aux ennemis les routes qui devaient les conduire à Paris.

Après la déchéance il abandonna Napoléon et l'injuria dans ses proclamations. On alla jusqu'à dire que l'ayant rencontré se dirigeant sur l'île d'Elbe, il l'insulta.

Louis XVIII le fit pair de France et chevalier de Saint-Louis. Quand Napoléon revint le 20 mars, Augereau publia le 22 un ordre du jour pompeux en sa faveur.

Napoléon, plein de mépris pour tant de bassesse, laissa Augereau sans emploi. Il mourut d'une hydropisie de poitrine le 12 juin 1816, dans sa terre de La Houssaye.

Augereau n'avait point d'instruction. Comme Masséna et Brune, c'était un déprédateur intrépide. — « Il dut sa mauvaise conduite à son peu de lumières et à son mauvais entourage. » (*Mémorial de Sainte-Hélène.*)

AVITABILE (Paolo di Bartolomeo). Lieutenant-général, chevalier de la Légion d'honneur et du Mérite de Saint-Ferdinand, commandeur de l'ordre de Durany et de Rungit-Singh, grand cordon du Lion et Soleil de Perse, des deux Lions et Couronne de Perse et de l'Étoile brillante de Peng-Ab.

Avitabile est né à Agerolo (royaume de Naples), le 25 octobre 1791. Il commença par servir dans les légions provinciales, de 1807 à 1809, lorsque Joseph Bonaparte occupait le trône de Naples ; atteint par la conscription dans cette dernière année, il fut employé dans le corps royal de l'artillerie jusqu'en 1815, et parvint au grade de commandant de la 15ᵉ compagnie.

Il prit une part très-distinguée, sous les ordres de Murat, à plusieurs des grandes campagnes de cette époque. Quand les Bourbons revinrent à Naples, Avitabile rentra dans le même corps d'artillerie avec le même grade, assista au siége de Gaëte, s'y distingua par sa bravoure, et reçut deux blessures. À cette occasion il fut proposé par le général en chef pour le grade de capitaine et pour la décoration, mais ces récompenses ne lui furent pas accordées.

Justement blessé de cette injustice, Avitabile s'embarqua pour Philadelphie sur un bâtiment espagnol qui échoua à l'embouchure du Rhône. Pendant la quarantaine qu'il subit à Marseille, des amis lui donnèrent le conseil de se rendre à

Constantinople, où se trouvait un envoyé de Perse, chargé d'engager des officiers européens pour le service du roi de Perse, Fat-Aly-Scha. Ce conseil fut suivi de point en point. Le souverain de la Perse lui confia la mission d'organiser, sous les ordres de son fils aîné, Mahomet-Aly-Mirza, vice-roi de Kerman-Scia, l'infanterie et l'artillerie, selon la méthode européenne. Pendant dix années, jusqu'à la fin de 1826, Avitabile se consacra avec l'activité la plus intelligente à cette œuvre difficile d'organisation, et se signala par différents faits d'armes. Le souverain lui donna à plusieurs reprises des preuves de sa satisfaction, le décora de plusieurs ordres, et lui accorda le grade de colonel et le titre de Khan de Perse. Vers 1826, les hostilités éclatèrent entre la Perse et la Russie; le vice-roi de Kerman s'empressa de recourir aux avis de son ancien serviteur et à son expérience de la tactique européenne. Le colonel Avitabile s'opposa constamment aux mesures qui furent prises, à tel point qu'il se décida à demander son congé qui lui fut aussitôt accordé.

Du service de Perse, le colonel Avitabile passa, en 1827, à celui de Rungit-Singh, roi de Peng-Ab. Ce souverain lui fit, dans Lahore, sa capitale, un accueil magnifique, et lui confia une division entière, avec mission de l'organiser à l'européenne et de la commander en chef; deux années furent employées à ce service. Le général Avitabile fut élevé ensuite au poste de gouverneur civil et militaire de la vaste province de Visir-Abat; puis, quand le roi Rungit-Singh eut conquis la province de Peshavour, il lui en remit le commandement qu'il conserva jusqu'à la fin d'avril 1843.

Avant lui, cette province était infestée de vagabonds et de brigands; mais, grâce à la justice impitoyable du nouveau gouverneur, elle devint bientôt florissante et tranquille. Avitabile ne pardonnait jamais; il faisait décapiter ou pendre sans merci tous les criminels qui lui tombaient sous la main. Lorsque sa police ne pouvait découvrir l'auteur d'un méfait, il tirait de prison une demi-douzaine de pauvres diables coupables de quelques méfaits analogues, et il ordonnait leur exécution en les déclarant complices. De la sorte, le peuple demeurait convaincu que son démon de gouverneur savait tout ce qui se passait, une douzaine de squelettes enchaînés étaient exposés à la porte de son château, et, selon lui, cette singulière exhibition produisait le meilleur effet.

Un jour quelque grand seigneur de la cour vint lui rendre visite, il exprima le désir de voir disparaître cet affreux spectacle. Avitabile s'y refusa nettement en déclarant que son autorité en dépendait. D'ailleurs les traits du vieux général exprimaient bien ce caractère de fermeté impitoyable.

Dans les campagnes difficiles et souvent sanglantes qui eurent lieu pendant la coopération des armées britanniques dans l'Afghanistan, il déploya de remarquables talents militaires et cette bravoure brillante qui lui acquirent une puissante autorité morale sur les troupes qu'il disciplinait. Il était en congé d'un mois chez sir Georges Clarck, gouverneur de la compagnie des Indes pour les provinces du Nord, lorsqu'il reçut la nouvelle de l'assassinat de Rungit-Singh. Le général Avitabile sollicita de son successeur, Delip-Singh, l'autorisation de retourner dans sa patrie. Il était de retour à Naples au mois de février 1844, après une absence de vingt ans, ayant conquis par de longs et laborieux services, une légitime renommée.

Avitabile a refusé d'entrer dans l'armée du roi de Naples. Il est rentré dans la vie privée et a épousé une jeune femme. L'histoire de son mariage est aussi extraordinaire que celle de sa vie indienne. A peine de retour en Europe, le général, auquel on supposait des richesses fantastiques, se vit environné d'une foule de parents vrais ou faux qu'attirait le désir de partager la fortune du Nabab. Parmi eux se distinguait surtout la mère d'une charmante nièce pour laquelle elle demandait constamment un douaire. — « Je le veux bien, » dit le général; et il donna 20,000 ducats. Les ducats furent refusés. La somme ne paraissait pas sans doute suffisante de la part d'un ex-prince indien. A la fin, Avitabile épousa sa nièce. — « Ma foi, disait-il, j'ai gardé mon argent, et, de plus, j'ai une femme. »

AVRIL (Jean-Jacques, baron), né à Loudun (Vienne), le 11 novembre 1752. Entré de bonne heure au service il devint sous-lieutenant des milices coloniales de l'Ile-de-France le 18 janvier 1775. Le 4 janvier 1789 il devint capitaine d'une compagnie d'hommes de couleur dans cette colonie.

Après le licenciement de ce corps, il revint en France en 1792, et passa dans son grade au 15ᵉ régiment des chasseurs à cheval en 1793, sous les ordres du général révolutionnaire Ronsin. Après l'exécution de ce général et la dissolution de son armée, Avril passa sous les ordres de Hoche, se distingua dans la guerre de Vendée, fut nommé adjudant-général colonel, le 1ᵉʳ octobre, soutint avec succès de nombreux combats contre les Vendéens, fut promu général de brigade le 21 ventôse an III, et envoyé à la suite de l'affaire de Quiberon pour couvrir Lorient menacé par les Anglais et les royalistes; il remporta à Locresto un avantage décisif, et eut pendant quinze mois le commandement de Belle-Isle-en-Mer.

En l'an v, il fut envoyé en Normandie contre les Chouans, servit trois ans dans ce pays, sortit vainqueur de plusieurs affaires, passa, en l'an VIII, à l'armée d'Italie, sous les ordres de Masséna et de Brune, fit mettre bas les armes aux insurgés de l'État de Gênes et pacifia le pays.

De retour en France, il commanda successivement les départements des Bouches-du-Rhône et des Basses-Pyrénées. Il alla ensuite commander en chef, pendant les années 1800 à 1807, la 11ᵉ division militaire. En février 1807 il fut chargé de couvrir Brest avec un corps de 4,000 hommes; il conduisit cette troupe au deuxième corps d'observation de la Gironde et entra en Espagne. En juin 1808 il occupait Estremos et Evora dans l'Alentejo dont il eut peine à contenir les habitants. Forcé d'évacuer Estremos, il fut grièvement blessé par l'explosion d'une mine. Il marcha cependant pour châtier Villa-Viciosa également insurgée; en août 1808, il fut fait commandant du château de Lisbonne.

Rentré en France, après la convention de Cintra, il fut renvoyé en Espagne en novembre suivant et nommé gouverneur de la province de Bilbao. Il se fit remarquer dans ce poste autant par sa prudence et sa modération que par ses succès contre les guérillas; une fausse dénonciation le fit appeler en septembre 1810 par Napoléon qui, ayant reconnu son erreur, lui confia le commandement du Pas-de-Calais.

A la fin de 1812, Avril demanda à partager les périls de la grande armée et entra en février 1813 dans le corps d'observation de l'Elbe, commandé par Lauriston. A la tête de sa brigade, il força le pont de Kœnigsberg, près de Magdebourg, combattit les Russes à Asleben, se trouva à la prise de Hall, où, pendant près de huit heures, il couvrit l'artillerie française avec sa troupe. Il prit part à la bataille de Lutzen et entra des premiers dans Leipzig. Marchant à l'avant-garde de la 1re division du 5e corps, il se trouva aux combats de Waldan, de Norsdorff et de Buntzlaw, et se signala particulièrement au passage de la Reuss.

Pendant l'armistice conclu le 4 juin, il fut envoyé à Hambourg, sous les ordres du maréchal Davout. Il rentra en France en juillet 1814, fut créé par Louis XVIII baron, chevalier de Saint-Louis, puis lieutenant-général le 21 octobre. Il refusa de servir pendant les Cent-Jours, fut mis sous la surveillance du ministre de la guerre et destitué de son grade ; mais il fut réintégré en 1815.

Mis à la retraite le 1er janvier 1817, après plus de quarante ans de service, il est mort dans sa campagne près de Bordeaux le 19 juin 1839, âgé de 87 ans.

AYMARD (Antoine, baron).

Antoine Aymard, né à Lezignan (Aude) le 13 octobre 1773, entra comme volontaire, en 1792, dans le 7e bataillon de l'Aude, depuis 4e régiment d'infanterie de ligne, où il fut nommé sergent-major le 15 février 1793. Le 24 avril, même année, le choix de ses camarades le fit appeler au commandement de la 4e compagnie franche de l'Aude, embrigadée dans la 1re demi-brigade légère, devenue 17e régiment d'infanterie légère.

Distingué par le général Flers, le jeune Aymard fut attaché, le 5 août 1793, à l'état-major général de l'armée des Pyrénées-Orientales, en qualité de capitaine-adjoint ; il y fit les campagnes de 1793, ans ii et iii, et fut blessé au combat de Peyrerstortet.

A la mort du général Laharpe, il rentra dans le 17e léger avec lequel il fit les campagnes des ans iv, v, vi, vii et viii en Italie, et celle de l'an ix à l'armée des Grisons.

Le 21 floréal an iv, après le passage du pont de Lodi, il culbuta, à la tête de sa compagnie, un détachement de hussards ennemis, et s'empara sur l'Adda, de trois barques chargées de provisions. — Le 16 thermidor suivant, à Castiglione, il enleva deux pièces de canon et un obusier. — A Rivoli, étant de garde avec 50 hommes, il fut enveloppé par un ennemi fort supérieur en nombre, il se défendit vigoureusement, à la faveur d'un abatis d'arbres qu'il avait fait disposer pour couvrir son poste, donnant ainsi le temps qu'on vînt le délivrer.

A la Bormida, chargé de tourner, avec deux compagnies, l'aile gauche de l'ennemi, il exécuta cette manœuvre sous la protection d'un détachement de chasseurs et fit 80 prisonniers. — Il combattit huit heures à la bataille de Novi et y reçut un coup de feu qui lui traversa le corps.

Son régiment ayant été appelé à faire partie de l'armée des Côtes de l'Océan, il fit les campagnes de l'an xi et de l'an xii, et fut nommé membre de Légion d'honneur le 26 prairial an xii.

Créé chef de bataillon au 8e de ligne, en août 1804, il fit, en cette qualité et avec distinction, les campagnes de 1804, 1805 et de 1806.

Après la bataille d'Eylau, l'Empereur récompensa ses services en le nommant colonel du 32e de ligne, le 23 février 1807. Son régiment se distingua à la campagne de Pologne et surtout à la bataille de Friedland où le jeune colonel fut nommé officier de la Légion d'honneur.

Après la paix de Tilsitt, le 32e de ligne passa en Espagne et fit les campagnes de 1808 à 1812. Le colonel Aymard fut blessé à la bataille de Talavéra, en chargeant à la tête de son régiment la 2e brigade des gardes anglaises.

Après une action des plus meurtrières, le 32e de ligne, quoique débordé sur son flanc gauche, chassa de sa position la brigade ennemie et resta maître du champ de bataille. A la suite de cette brillante affaire, le roi Joseph remit au colonel Aymard une croix d'honneur enrichie de diamants, et le prévint qu'il avait demandé à l'Empereur l'autorisation de le nommer commandant de l'ordre royal d'Espagne. Le jeune colonel avait été nommé baron de l'Empire, avec une dotation de 4,000 fr. de rente, dès le 20 juillet 1808, et commandant de la Légion d'honneur, le 8 décembre, après la prise de Madrid.

Le 4 novembre 1810, au passage de Rio-Almangora, deux bataillons du 32e de ligne commandés par le colonel Aymard, et trois régiments de cavalerie sous les ordres du général Milhaud culbutèrent et mirent dans une épouvantable déroute l'armée espagnole du général Black. Les Français s'emparèrent d'une partie de l'artillerie ennemie et firent plus de prisonniers qu'ils n'étaient de combattants.

Élevé au grade de général de brigade, le 12 avril 1813, le baron Aymard fit en cette qualité la campagne de 1813 en Saxe; le 6 août de la même année, il fut nommé au commandement de l'une des brigades de la quatrième division de la garde impériale, à la tête de laquelle il se rendit maître, le 10 octobre suivant, du défilé en avant de Naumbourg, malgré la vive résistance de l'ennemi.

Il fit la campagne de 1814 en Belgique et mérita la confiance de Carnot, gouverneur d'Anvers. A la tête de 1,200 hommes de la jeune garde et d'un escadron de lanciers rouges, avec deux pièces de canon, il chassa l'ennemi de tout le pays compris entre l'Escaut et les Polders. Le général Maison s'étant porté sur Gand, fit sortir d'Anvers la division Roguet, dont faisait partie la brigade Aymard. L'ennemi fut mis dans une déroute complète au combat de Courtrai, le jour même où les alliés entraient à Paris.

Lorsque l'Empereur eut abdiqué, le général Aymard se retira près de Carcassonne; mais appelé au commandement du département de l'Hérault, par décision royale du 1er octobre 1814, il se rendit à Montpellier, où il se trouvait le jour du miraculeux retour de l'Empereur, qui le nomma au commandement de l'une des brigades de la garde impériale, par décret du 22 avril 1815.

Le général Aymard était en marche pour rejoindre l'armée avec les régiments qu'il venait d'organiser, lorsqu'il reçut à Soissons la nouvelle de la bataille de Waterloo. Dès la rentrée des Bourbons, il sollicita sa retraite et se retira dans ses foyers, à l'âge de 42 ans, après avoir fait vingt-deux campagnes et reçu quatre blessures.

Après la révolution de 1830, il commanda successivement les départements du Rhône et de Vaucluse, et fut nommé lieutenant-général le 30 septembre 1832. — Il commandait la septième division militaire à l'époque des troubles de Lyon en 1830 et 1834. Peut-être n'eut-il pas, dans ces circonstances difficiles, la prudence et la mesure nécessaires. Les soldats placés sous ses ordres prirent parti pour les mutuellistes et refusèrent d'obéir à leurs chefs. Dès ce moment, le général Aymard s'attacha à préserver les troupes de tout contact avec la population. Le 9 avril, la lutte s'engagea avec plus de violence que jamais; ce ne fut qu'après six jours de carnage que *force resta à la loi*.

Le gouvernement crut devoir récompenser la triste victoire du général Aymard par la pairie et la croix de grand officier de la Légion d'honneur.

B

BACHELU (Gilbert-Désiré-Joseph, baron), général de division, né à Salins, en Franche-Comté, le 9 février 1777, fils d'un conseiller-maître à la Cour des comptes de Dôle; il fut reçu en 1794 à l'école du génie de Metz, en qualité d'élève sous-lieutenant.—Capitaine en 1795, il fit la campagne du Rhin et suivit Moreau dans sa retraite en Égypte; Kléber le fit chef de bataillon au siége du Caire en 1800; en 1801, il fit, comme colonel du génie, la campagne de Saint-Domingue, sous les ordres du général en chef Leclerc qui en fit son aide-de-camp. Il assista au combat de la Crète-à-Pierrot où il dirigea le placement des troupes dans les lignes de circonvallation établies sur la droite de l'Artibouille. Le colonel Bachelu revint de cette malheureuse expédition avec la veuve de son général.

On le vit depuis chef d'état-major, de 1803 à 1805, au camp de Boulogne où il reçut la décoration de légionnaire; colonel du 12e de ligne en 1805, sous les ordres du général Marmont qui commandait l'armée de Hollande, il passa, en 1807, en Dalmatie et attaqua, le 30 mai, à Castel-Nuovo, 5,000 Monténégrins, soutenus par deux bataillons russes, et les culbuta à la baïonnette. Général de brigade le 5 juin 1809; après Essling, il se distingua pendant la première campagne de Cologne et principalement au siége de Dantzig. En 1812, il fit la campagne de Russie, et commanda l'arrière-garde pendant la retraite de Tilsitt, à Dantzig où il fut employé jusqu'au 1er janvier 1814. Le 12 janvier 1813, Bachelu avait chassé les Russes de la position formidable de Stublau, et le 3 mars il avait repoussé l'attaque générale dirigée par Platow sur les faubourgs de la place. Le 26 juin 1813, il fut nommé général de division; pendant les Cent-Jours, le général Bachelu commanda la première division du deuxième corps d'armée et se distingua dans la courte campagne de juin. — De retour à Paris, après le désastre de Waterloo, où il tomba blessé en attaquant le bois d'Hougoumont, il fut emprisonné deux fois comme suspect, exilé de Paris, puis de la France, où il ne rentra qu'en 1817.

Après la révolution de juillet, le général Bachelu fut envoyé à la chambre des députés par les électeurs du Jura; il venait d'obtenir la croix de commandeur de la Légion d'honneur.

Il est mort à Paris le 16 juin 1847, âgé de 72 ans.

Son nom est inscrit sur l'arc de triomphe de l'Étoile, côté sud.

BACLER D'ALBE (Louis-Albert-Guislain, baron), né le 21 octobre 1781, à Saint-Pol (Pas-de-Calais), d'un ancien trésorier du régiment de Toul.

Peintre et ingénieur géographe, il s'occupait de l'étude des arts lorsque la révolution éclata; il en accepta les principes. Il s'enrôla et devint bientôt capitaine d'artillerie pendant le siége de Toulon. Bonaparte, durant les campagnes d'Italie, l'attacha à son état-major en qualité de directeur du bureau topographique, puis de chef des ingénieurs-géographes; il fut chargé, après la paix, de former, de dresser la carte de l'Italie en cinquante-quatre feuilles. Devenu général de brigade, il fut nommé, en 1815, chef du dépôt général de la guerre; mais la Restauration lui enleva cette place, et Bacler se retira à Sèvres, où il se livra de nouveau à la culture des arts; il s'occupa de la lithographie et fit plusieurs publications qui popularisèrent cette précieuse découverte.

Bacler mourut à Sèvres, le 12 septembre 1824, âgé de 44 ans.

Parmi ses œuvres d'art, on doit citer plusieurs ouvrages lithographiques sur la Suisse, l'Espagne, et surtout deux tableaux, la bataille d'Arcole et la veille d'Austerlitz auxquelles il avait assisté. Le premier de ces tableaux se voyait à Trianon et le second dans la galerie de Diane à Paris. Comme cartographe, Bacler d'Albe est au premier rang; il a publié, dans le *Mémorial topographique*, plusieurs dissertations sur la gravure des cartes ; il a formé les artistes du dépôt de la guerre qui ont gravé de si admirables cartes. C'est lui qui a fait prévaloir la projection horizontale sur l'ancienne méthode-perspective.

A tant de titres, on doit ajouter le service que Bacler a rendu à la France, en empêchant les alliés de s'emparer des cuivres de la grande carte de Cassini.

BAILLOD (JEAN-PIERRE, baron), né à Songieu, département de l'Ain, le 20 août 1771. Il entra au service dans le 11e bataillon de l'Ain (22e demi-brigade d'infanterie légère) le 22 septembre 1793; y fut nommé capitaine le 27 du même mois, servit à l'armée des Alpes, et en décembre 1794 à l'armée d'Italie.

En 1796, il fut nommé commissionné-adjoint aux adjudants-généraux.

Le 1er février 1800, il fut promu au grade de chef de bataillon, fut employé au camp de Boulogne en 1804 et créé chevalier de la Légion d'honneur.

A la grande armée, il servit de 1805 à 1810, sous les ordres du général Saint-Hilaire, puis du général Grandjean.

Adjudant commandant en 1807; officier de la Légion d'honneur dans la même année; commandant en 1809, il avait été blessé à la bataille d'Essling, il eut un cheval tué sous lui à Austerlitz et au combat d'Heilsberg.

Rentré en France en février 1810, il fut nommé chef d'état-major de la quatorzième division militaire.

Le 6 août 1811, il fut nommé général de brigade et commanda le département de la Manche.

En 1812, on l'envoya de nouveau au camp de Boulogne, et, en 1813 (janvier) il était sous les ordres de Lauriston, chef d'état-major au corps d'observation de l'Elbe (3e corps). Blessé grièvement à la bataille de Leipzig, il obtint un congé pour se rétablir de ses blessures.

En décembre, il fut désigné comme chef d'état-major au 2e corps commandé par le duc de Bellune; en avril sa blessure le retenant, il fut renvoyé dans le département de la Manche.

Chevalier de l'ordre de la Couronne de Fer en septembre 1813, il fut créé chevalier de Saint-Louis en janvier 1815, et employé comme chef d'état-major du général Lemarois.

Il fut nommé lieutenant-général le 1er novembre 1826.

Candidat aux élections de 1827, il fut envoyé à la chambre des députés en 1830 et 1831, et devint ensuite membre du conseil général de la Manche.

Le général Baillod, commandeur de la Légion d'honneur, a été admis à la retraite le 5 octobre 1833, conformément à l'ordonnance du 5 avril 1832.

BAILLY (CARLES-GASPARD-ELISABETH-JOSEPH de) né en 1765, à Bourneuf-la-Forêt (Mayenne), entra comme sous-lieutenant au régiment d'infanterie du roi, en 1780, et se trouva, le 28 août 1790, à l'affaire de Nancy, où il fut blessé.

Attaché au parti de l'émigration, il commanda le régiment des hussards de Salm, à l'armée de Condé, passa en 1800 au service du Portugal, avec le grade de brigadier, et rentra en France en 1808. Nommé maréchal-de-camp le 18 avril 1816, et commandeur de Saint-Louis, le 23 mai 1825, il est mort au château de Fresnay, dans la Mayenne, le 14 janvier 1850.

BAILLY de MONTHYON (François-Gédéon, comte), né à l'Ile-Bourbon, le 7 janvier 1776, entra comme sous-lieutenant dans le 74e de ligne, le 24 février 1793; servit aux armées de la Moselle et du Nord; quitta le service comme officier noble, y rentra bientôt en qualité d'aide-de-camp du général en chef de l'armée des Pyrénées-Orientales, et fit ensuite partie des armées de l'Ouest, de Sambre-et-Meuse, de Mayenne et d'Italie; il y gagna tous ses grades, jusqu'à celui de chef d'escadron au 9e chasseurs à cheval.

Après la bataille de Marengo, il fut attaché, avec ce grade, à l'état-major du maréchal Berthier, il reçut à Austerlitz le grade de colonel, la croix d'officier et celle du mérite de Bavière; il remplit ensuite des missions diplomatiques près des cours de Bade, de Hesse et de Wurtemberg.

En 1806, et pendant les campagnes de Prusse et de Pologne, il remplit les fonctions d'aide-major-général.

Gouverneur de Tilsitt en 1807, général de brigade en 1808, à la campagne de Portugal, il fut rappelé à la grande armée comme chef d'état-major; puis nommé au commandement de l'aile gauche à la première affaire de Rohr par Napoléon. M. de Monthyon reçut, après les journées d'Eckmühl, d'Essling et de Wagram, où il eut trois chevaux tués sous lui, le titre de comte, avec dotation de 10,000 fr. de rente, la Grand-Croix de Hesse, et celle de commandeur de l'ordre du mérite militaire de Wurtemberg. En 1810, il inspecta les divisions destinées pour l'armée d'Espagne; en 1811, il commanda sous Bayonne une division d'infanterie s'élevant à 20,000 hommes; en 1812, il était à Berlin, chef d'état-major de la grande armée. Après les batailles de Smolensk, de Borodino, de Malojaroslawitz et le passage de la Bérésina auxquels il assista, il fut nommé, le 4 décembre, général de division, et remplaça Berthier comme major-général, après le départ de Napoléon. Le comte de Monthyon se trouva, en 1813, à Lutzen, à Bautzen et à Wurtchen, remplaça de nouveau le major-général depuis le 24 août jusqu'à la fin d'octobre, et fut nommé grand officier de la Légion d'honneur en novembre. En 1814, il fit la campagne de France, reçut la croix de Saint-Louis à la première restauration, fit la campagne de 1815 en Belgique, comme chef de l'état-major général, fut blessé à Mont-Saint-Jean, et, pendant la seconde Restauration, fut employé dans le corps royal d'état-major.

Louis-Philippe le fit pair de France, il est grand cordon de la Légion d'honneur. La république le mit à la retraite.

Son nom figure sur le côté ouest de l'arc de triomphe de l'Étoile.

BARAGUAY D'HILLIERS (A.), général de division, né à Paris le 6 septembre 1795; il est le fils du général sénateur Baraguay-d'Hilliers, qui fut chef d'état-major de Custine, commanda la force armée contre les insurgés du faubourg Saint-Antoine, et se distingua, depuis, dans toutes les grandes batailles de l'Empire.

Napoléon finissait donc lorsque M. Baraguay-d'Hilliers arrivait à l'âge de servir la patrie, mais il avait été à bonne école, et le fils devait marcher glorieusement sur les traces de son père.

En 1832, il fut nommé gouverneur de l'école de Saint-Cyr. Il eut à réprimer, en cette qualité, un complot républicain qui avait pris naissance dans l'école, à l'instigation du *citoyen Guinard*. Ceux qui lui en font un reproche sont très injustes, à notre avis. Il ne fit en cela que ce que l'honneur, d'accord avec le devoir, lui commandait impérieusement.

Il s'est aussi distingué dans les combats de l'occupation d'Afrique. Les succès n'y ont pas toujours répondu à sa bravoure.

Il a été promu au grade de général de division, le 6 août 1843.

A l'époque de la révolution de février, il commandait la place de Besançon, et, en cette qualité, il s'opposa énergiquement à l'invasion de la République *rouge* en la personne des commissaires de M. Ledru-Rollin. Les Francs-Comtois lui en conservèrent de la reconnaissance, et le nommèrent plus tard représentant du peuple à l'Assemblée nationale, et depuis à l'Assemblée législative. Il est grand officier de la Légion d'honneur.

Le prince Louis-Bonaparte, président de la République, l'envoya à Rome en qualité de général en chef de l'armée d'occupation et d'ambassadeur extraordinaire. C'était à lui qu'était réservé l'honneur de réinstaller dans la capitale du monde chrétien le souverain Pontife, que les révolutionnaires en avaient chassé; il s'est acquitté dignement de cette tâche honorable.

Son administration à Rome a été tout à la fois ferme et prudente. Cette ville pourra dire de lui ce que Venise a dit du général Louis Baraguay-d'Hilliers, père du gouverneur de Rome actuel. Chargé par le général Bonaparte de former le blocus de Venise, il agit avec tant d'habileté que la ville ne tarda pas à ouvrir ses portes, et à lui donner le nom flatteur de *Buono Generale*, pour la modération avec laquelle il exerça le pouvoir pendant cinq mois que Venise fut sous sa domination.

Le général Baraguay d'Hilliers de retour en France, a repris sa place à l'Assemblée législative.

BARBANÈGRE (JEAN-BAPTISTE, baron), né le 22 août 1772, à Pontacq (Béarn). D'abord marin, puis capitaine dans le 5e bataillon des Basses-Pyrénées; chef de bataillon dans la garde consulaire, colonel du 48e, avec lequel il se battit en héros à Austerlitz, à Iéna, à Eylau; général de brigade après la paix de Tilsitt, il contribua puissamment au gain des batailles d'Eckmühl, de Ratisbonne et de Wagram, se couvrit de gloire à Krasnoé et au passage du Niémen, défendit vaillamment Stetin en 1813, et Huningue en 1815. Il n'avait dans cette dernière place qu'une centaine d'artilleurs, cinq gendarmes, une quarantaine de soldats de différents régiments, une vingtaine de douaniers, quelques militaires retraités et environ 150 gardes nationaux. Il résista deux mois, du 27 juin au 27 août, aux efforts de 30,000 Autrichiens, soutenus par les Suisses, qu'il châtia en bombardant deux fois la ville de Bâle; lorsqu'il sortit de la ville, après une capitulation honorable, il n'avait pas avec lui 50 *hommes valides*. L'ennemi était stupéfait.

« Que de belles actions, a dit Napoléon, ont été se perdre dans la confusion de nos désastres ou même dans la multiplicité de celles que nous avons produites! » et il mettait au premier rang l'extraordinaire et singulière défense d'Huningue par l'intrépide Barbanègre.

BARBOT (MARIE-ÉTIENNE, baron, puis vicomte de) né à Toulouse en 1770, fit en 1792 la campagne de Savoie, comme chef des volontaires de la Haute-Garonne. En 1793, il assista au siège de Toulon. Il fit ensuite la campagne d'Espagne et prit part à l'affaire du Boulon, au siège de Saint-Elme, aux batailles de la montagne Noire et au siège de Roses. Les talents et la bravoure qu'il déploya dans ces différentes affaires lui valurent le grade de chef de brigade. De retour en France, il servit quelque temps dans la Vendée. Bientôt il partit pour les Antilles en qualité de chef d'état-major du général Lagarde, et se signala par la prise du Roseau, capitale de la Dominique. En 1807, Napoléon, irrité contre la ville de Hersfeld, dont le peuple était accusé d'avoir assassiné un détachement français, ordonna que trente des habitants seraient fusillés, et chargea Barbot de cette exécution. Celui-ci s'étant convaincu de l'innocence des habitants de Hersfeld, crut devoir désobéir aux ordres de l'Empereur; et pour mieux assurer le succès de sa légitime et généreuse désobéissance, il rédigea son rapport comme si les trente victimes désignées avaient été exécutées. En 1808, le baron Barbot retourna en Espagne, prit part aux affaires de Rio-Seco, de Burgos, de la Corogne, de Braga, d'Oporto, de Busaco, de Sabuyal, d'Alméida, à la suite desquelles il fut promu au grade de général de brigade. Il rentra en France avec le maréchal Soult, se trouva à tous les engagements qui eurent lieu près des Pyrénées, et se signala à la bataille de Toulouse.

Quand on apprit le débarquement de Napoléon au golfe Juan, il reçut le commandement supérieur de Bordeaux. A la rentrée du roi, il fut nommé lieutenant-général, chevalier de Saint-Louis et commandeur de la Légion d'honneur.

Admis à la retraite en 1835, il est mort à Toulouse le 16 février 1839.

BARBOU de COURRIÈRES (GABRIEL), né à Abbeville (Somme), le 21 novembre 1761, était de la famille des imprimeurs de ce nom. Engagé comme soldat en 1779, il était lieutenant en 1782. En 1794 il passa avec son régiment à Saint-Domingue, y séjourna seize mois, et à son retour en France, fut employé, avec le grade d'adjudant général aux armées des Ardennes et de Sambre-et-Meuse; il se trouva à la bataille de Fleurus, au blocus du Quesnoy, de Landrecies, de Valenciennes et de Condé, et il s'y distingua par ses talents et son courage. Nommé en 1794 général de brigade, il servit dans la division du général Bernadotte, et fit les deux campagnes de 1795 et 1796.

L'année suivante, Barbou, nommé chef d'état-major de l'armée de Sambre-et-Meuse, eut, au combat d'Ettersdorf, son cheval tué sous lui. En 1798 il fut chargé de faire cesser les troubles que la conscription avait occasionnés dans le Brabant. Sa fermeté et sa modération rétablirent l'ordre dans ce pays et lui concilièrent l'estime générale. En 1799, il combattit dans la Nord-Hollande, sous les ordres du général Brune, et se signala aux batailles de Berghem et de Kastricum, gagnées sur les Russes et sur les Anglais. Il obtint le grade de général de division que lui avaient mérité ses services et ses talents. Il fit la campagne de 1801 sous les ordres du général Augereau, dont l'armée occupait la Franconie. Appelé, à la fin de cette année, au commandement de la 17e division militaire, il parvint à rétablir l'ordre dans les départements du Midi. Plus tard, le général Barbou remplaça en Suisse le maréchal Ney; ensuite il commanda une division au camp de Boulogne, et succéda, en octobre 1805, à Bernadotte dans le commandement de l'armée de Hanovre. Les Russes et les Suédois s'étant portés dans ce pays avec des forces imposantes, Barbou se retira dans la forteresse de Hameln, et s'y maintint jusqu'à la paix de Presbourg. Il remplit à cette époque les fonctions de commissaire de l'Empereur près le gouvernement hanovrien. Revenu en France, il passa à l'armée d'Espagne, et y commanda une division sous les ordres de Dupont. Il eut une grande part aux affaires du pont de l'Alcala et à la prise de Cordoue; mais il partagea aussi la honte de la capitulation de Baylen. Il revint en France après une courte captivité, et fut envoyé en Italie, où il se trouva sous les ordres du prince Eugène à la malheureuse affaire de Sacile. Chargé alors de défendre Venise contre l'archiduc Jean, il parvint à s'y maintenir, malgré les efforts des Autrichiens victorieux. Il fut ensuite envoyé dans le Tyrol, pour y comprimer un soulèvement. Enfin en 1810, il fut appelé au commandement de la place d'Ancône et occupa ce poste jusqu'en 1812. Au 20 mars 1815, il commandait la 13e division militaire et fut admis à la retraite le 8 février 1816. Il est mort à Paris le 6 décembre 1817, Son nom est inscrit sur le monument de la barrière de l'Etoile (côté nord).

BARCLAY DE TOLLY. Feld-maréchal des armées russes, fils d'un pasteur de la Livonie. Il embrassa, à 14 ans, la carrière militaire et obtint un avancement rapide. Sa réputation militaire date de 1807. Général d'infanterie en 1809 ; ministre de la guerre en 1810 ; il commanda, en 1812, la première armée d'Occident, lors de sa belle retraite et de sa jonction avec la seconde armée d'Occident, commandée par Kutusoff. Barclay de Tolly fut chargé, en 1813, du commandement en chef des armées combinées de la Russie et de la Prusse. Il dénonça le 27 juillet la cessation de l'amnistie. Après la bataille de Leipzig, l'empereur Alexandre lui accorda le titre de comte. Ce général dirigea les opérations de l'armée russe pendant l'invasion et y maintint une grande discipline ; après son entrée à Paris, le 21 mars, il fut créé feld-maréchal, se rendit, en juillet, à Varsovie, d'où il se porta sur le Rhin après le 20 mars. Pendant la seconde invasion, il établit son quartier général à Châlons-sur-Marne. Ce fut alors qu'il reçut le titre de Prince. — Mort le 25 mai 1818, à Interbourg, en se rendant aux eaux de Calsbad, en Bohême.

BARDELIN (le général Auguste de), né à Aix en Provence, d'une famille qui doit ses lettres de noblesse au roi Réné, en 1472; en 1782 il entra dans les gardes du corps, compagnie de Villeroy, depuis compagnie de Grammont. Au licenciement de ce corps, il se rendit à Turin auprès des ducs d'Angoulême et de Berry. Il revint peu après en France et fut sur le point d'accompagner le roi à Varennes. Il quitta de nouveau la France et fit avec l'armée de Condé la campagne de 1792. Après le licenciement de cette armée, il alla en Hollande, puis en Angleterre où il s'occupa d'agriculture pendant plusieurs années. Louis XVIII ayant formé une petite cour, M. de Bardelin y reprit son service de garde du corps, sous les ordres du duc de Grammont. En 1814, il accompagna Louis XVIII à Paris, fut nommé porte-étendard avec grade de lieutenant-colonel, escorta le roi dans sa fuite sur Lille et Gand, et continua son service auprès de lui jusqu'au 18 juin ; il fut alors nommé sous-lieutenant, et après la campagne d'Espagne, lieutenant des gardes du corps avec le rang de colonel de cavalerie. Ayant demandé sa retraite quelques années après, il l'obtint comme officier général.

BARDET de MAISON-ROUGE (Martial, baron), né le 27 mai 1764, à la Maison-Rouge, à Périlhac (Haute-Vienne), soldat au 70e régiment d'infanterie, le 5 juin 1781; volontaire au premier bataillon de la Haute-Vienne, le 22 septembre 1794; capitaine à l'élection le 3 octobre suivant, il fit avec ce grade les campagnes de 1792, 1793 et de l'an II, aux armées des Ardennes et du Nord.

Il se signala sous les ordres de Dumouriez, de Custine et de Houchard; il fut nommé, le 1er frimaire an II, chef de bataillon dans la 49e demi-brigade de ligne. Il fit avec ce corps les campagnes de l'an III à l'an IV à l'armée de Sambre-et-Meuse, contribua au succès de l'affaire de Sprimont, où il passa la Roër au gué, gravit sous le feu de l'ennemi la montagne qu'il occupait et lui fit un grand nombre de prisonniers.

Le 12 fructidor an IV, chargé près de Berg-Eberach, d'arrêter la marche des colonnes autrichiennes, qui poursuivaient dans sa retraite la division Bernadotte, il exécuta, avec un bataillon de grenadiers plusieurs charges à la baïonnette et facilita la marche rétrograde qui s'opérait en bon ordre.

Bardet fit avec la même distinction les guerres des ans VII, VIII et IX, à l'armée gallo-batave, et fut nommé chef de sa demi-brigade, le 24 fructidor an VII.

Cette même année, le général Augereau lui confia le soin de s'opposer, avec deux bataillons, au progrès d'une colonne russe qui allait déboucher du village de Berghem (Nord-Hollande). Le brave colonel charge aussitôt l'ennemi avec impétuosité, le renverse et le met en déroute. Le général russe, Hermann, et son état-major, la colonne entière, sept pièces de canon et six drapeaux tombèrent en son pouvoir.

A l'organisation du 12 vendémiaire an XII, la 49e demi-brigade de ligne ayant été incorporée dans le 24e régiment de la même arme, le colonel Bardet alla prendre le commandement du 27e, avec lequel il fit les campagnes des côtes de l'Océan, pendant les années XII et XIII. Membre de la Légion d'honneur, le 19 frimaire an XII, et officier de cet ordre le 25 prairial, même année, il suivit son régiment à la grande armée de l'an XIV à 1807 et se couvrit de gloire à la bataille d'Austerlitz. L'Empereur, satisfait de sa conduite, le nomma commandeur et général de brigade en 1807.

Attaché peu de jours après au 6e corps, il passa avec lui, l'année suivante à l'armée de Portugal, servit sous les ordres de Ney, et se fit remarquer à la prise d'Oviédo. Mis en disponibilité en 1811, il fut employé, le 2 mai 1812, au camp de Boulogne, d'où il passa au 24e corps de la grande armée, fit les campagnes de Russie et d'Allemagne, et se signala à l'affaire d'Interbock, le 6 septembre 1813, où il fut blessé.

Employé en 1814 à l'armée de Lyon, il fut nommé général de division le 3 mars de cette même année, et commandant temporaire de Strasbourg, le 3 mai 1815.

Le général Bardet a été mis à la retraite, le 24 septembre 1815; il est mort le 3 mai 1838. Son nom figure sur l'arc de triomphe de l'Etoile; côté nord.

BARDIN (Étienne-Alexandre), né à Paris en 1774, fut soldat volontaire au commencement de la révolution de 1789. Nommé adjudant-major le 12 septembre 1792, dans le 8e bataillon des volontaires nationaux, il assista à la défense de Bergues, à la bataille de Hondscoote, au déblocus de Dunkerque, au siège d'Ypres. Il fit partie de l'armée de Sambre-et-Meuse, comme commandant une compagnie de la 8e demi-brigade d'infanterie légère. En l'an VI, il était en Italie au siège d'Ancône. En l'an VIII, il était second aide-de-camp de Junot; commandant de Paris, chef de bataillon en l'an XI, et major en 1804; il commandait la cohorte d'Eure-et-Loir dans la campagne de Flessingue contre les Anglais. Après cette expédition, il fut quelque temps attaché au ministère de la guerre, et en 1811, il obtint le grade de colonel dans les pupilles de la garde avec rang de major de la vieille garde impériale. Cette même année il reçut la décoration d'officier de la Légion d'honneur et fut nommé colonel du 9º régiment des tirailleurs de la jeune garde, à la tête duquel il fit la campagne de Saxe. Après la bataille de Dresde où il commandait une brigade, il fut promu au rang de commandeur de la Légion d'honneur, et peu avant celle de Leipzig, il fut nommé baron.

Après le licenciement de l'armée, le duc de Feltre l'attacha au dépôt de la guerre; en 1818, le colonel Bardin fut nommé maréchal-de-camp et mis à la retraite. On lui doit le *Manuel d'infanterie* et plusieurs ouvrages militaires. De plus, il a publié sur la même matière un grand nombre d'articles fort bien traités.

BARRA (Joseph). Barra était un enfant de la commune de Palaiseau, près Versailles. En 92, saisi d'une exaltation précoce, il demanda à entrer dans la division de Bressuire, commandée par Desmares. Il n'avait pas douze ans. Il partagea toutes les fatigues et tous les dangers de la guerre; une fois il lutta seul contre deux ennemis et les fit prisonniers. Au mois de frimaire an II, frappé au front d'un coup de sabre dans la mêlée, il tomba et mourut en pressant la cocarde tricolore sur son cœur. Cette mort qui eût été glorieuse pour tout soldat, parut héroïque dans un enfant qui, à un âge ordinairement insouciant et consacré aux jeux et au bonheur, avait compris et consommé entièrement un si grand sacrifice. Le commandant Desmares en donna avis à la Convention; il terminait ainsi son rapport : « Aussi vertueux que courageux, se bornant à sa nourriture et à son habillement, il faisait passer à sa mère tout ce qu'il pouvait se procurer; il la laisse avec plusieurs filles et son jeune frère infirme, sans aucune espèce de secours. Je supplie la Convention de ne pas laisser cette malheureuse mère dans l'horreur de l'indigence. »

La Convention décida que la patrie adoptait la mère de Barra. Le 10 prairial an II, cette pauvre femme fut admise avec deux de ses enfants dans l'enceinte de l'Assemblée et prit place quelques instants à côté du président, qui était Prieur (de la Côte-d'Or). Des applaudissements unanimes s'élevèrent et se prolongèrent dans toutes les parties de la salle. Un orateur lui adressa quelques paroles de consolation : « Non, tu n'as rien perdu, lui dit-il, ton fils n'est pas mort; il a reçu une nouvelle existence, et il est né à l'immortalité. »

Grétry fit un opéra sur ce sujet; le Théâtre-Français donna aussi l'*Apothéose du jeune Barra*.

Le 8 nivôse suivant, on rendit le décret suivant :

« La Convention nationale décerne les honneurs du Panthéon au jeune Barra. Louis David est chargé de donner ses soins à l'embellissement de cette fête nationale. La gravure qui représentera l'action héroïque de Joseph Barra sera faite aux frais de la République, d'après un tableau de David; un exemplaire, envoyé par la Convention nationale, sera placé dans chaque école primaire. »

Le tableau n'a pas été exécuté; Barra n'a pas eu les honneurs du Panthéon; mais David d'Angers a donné une statue de Joseph Barra à l'exposition de 1839.

BARROIS (Pierre, comte), lieutenant-général, né à Ligny (Meuse), le 30 octobre 1774. Son père était boulanger. Entré au service le 12 août 1793 dans le bataillon des éclaireurs de la Meuse; lieutenant le 12 septembre, même année; commandant le même corps à la bataille de Watignies. Le bataillon de la

Meuse, amalgamé avec les chasseurs des Cévennes, étant devenu le 9e régiment d'infanterie légère, Barrois se trouva aux batailles de Fleurus, de la Roër, etc. Il avait été nommé capitaine adjudant-major pendant le second blocus de Mayence. Son régiment s'étant distingué à Marengo, reçut le nom d'*incomparable*, que le premier consul fit inscrire sur son drapeau. Le jeune Barrois, nommé colonel du 96e de ligne, se rendit au camp de Mont-Cenis, sous les ordres de Ney. Il y fut nommé officier de la Légion d'honneur et eut la croix de commandeur après la campagne d'Austerlitz. Le 14 février 1807, le colonel Barrois fut promu au grade de général de brigade. Ses actions d'éclat se succédèrent, et après la bataille de Friedland, l'Empereur nomma les généraux de Barrois et Labruyère grands officiers de la Légion d'honneur. Un an après la paix de Tilsitt, sa division se rendit en Espagne. Le général Barrois se couvrit de gloire aux affaires d'Espinosa, du Sommo-Sierra, d'Ucler, de Medellin, de Talavera, de Chiclana, etc., et fut nommé général de division le 27 juin 1811. Il quitta le commandement de cette division pour se rendre à Wilna, où il arriva après la campagne; on lui confia alors une division de la jeune garde, avec laquelle il se trouva à la bataille de Bautzen, au combat de Reichenbach et de Gorlitz, et à la bataille de Dresde. Après s'être battu avec courage à Wachau (16 octobre) et à Leipzig, il fut chargé, avec la division Roguet, de faire l'arrière-garde de l'armée jusqu'au Rhin. Lorsque sa division repassa le Rhin, elle était réduite à 2,500 hommes. Il continua la campagne de Belgique avec le comte Maison, et eut une part active à l'affaire de Courtrai, le 31 mars 1814. Après l'abdication, le général Barrois se retira à la campagne. En mars 1815 il fut mis à la tête d'une division de six régiments. A Fleurus et à Waterloo, il commandait une division de la jeune garde, et fut mis à la retraite, le 1er janvier 1825.

Le général Barrois, remis en activité en 1830, fut successivement commandant de la 3e division et inspecteur général d'infanterie. Au mois d'août 1831 il entra en Belgique avec l'armée du Nord, et reprit le service de l'inspection générale des troupes, après la campagne. Il est grand-croix de la Légion d'honneur depuis 1836.

Son nom est inscrit sur l'arc de triomphe de l'Etoile (côté ouest).

BAUDIN (Charles), né à Sedan. C'est le fils du représentant Baudin (des Ardennes).

Enseigne à bord de la frégate *la Piémontaise*, il assista en 1808 à un combat contre les Anglais dans la mer des Indes, et il eut le bras droit emporté par un boulet. Ainsi mutilé, le jeune enseigne ne crut pas devoir abandonner la carrière.

Lieutenant de vaisseau en 1812, il commandait le brick *le Renard*; il reçut l'ordre d'escorter, avec une petite goëlette pour conserve, un convoi de quatorze bâtiments chargés de munitions navales, en destination pour Toulon. Parti de Gênes le 11 juin, le convoi fut constamment harcelé par les nombreux croiseurs ennemis qui infestaient la Méditerranée.

Le 16, se trouvant à la hauteur de Saint-Tropez, poursuivi par un vaisseau de ligne, une frégate et un brick anglais, le commandant du *Renard* manœuvre de façon à assurer le sort de son convoi, qu'il fait entrer dans le port de Saint-Tropez; puis, il vient hardiment offrir le combat au brick ennemi, trop éloigné en ce moment du vaisseau et de la frégate, pour espérer un secours immédiat : arrivé bord à bord, il fait ouvrir le feu, et un combat terrible s'engage entre *le Renard* et l'ennemi qui compte un équipage nombreux, et foudroie nos braves marins du feu de ses vingt-deux caronades.

Pendant trois quarts d'heure *le Renard* fit pleuvoir sur le pont ennemi une grêle de projectiles; on se battait vergue contre vergue; les deux navires étaient littéralement hachés par les boulets; l'avantage était à nous et l'ennemi ne pouvait nous échapper sans l'arrivée de la frégate sous la protection de laquelle il se réfugia et qui le remorqua au large, l'arrachant ainsi à la colère de nos braves.

Sur 94 hommes composant l'équipage du *Renard*, 14 furent tués et 28 blessés dans l'action. Au nombre des derniers, se trouvait le lieutenant Baudin à qui ce combat valut le grade de capitaine de frégate.

La Restauration le mit en non-activité, mais le repos lui pesait; il entra dans la marine marchande, ce fut alors, assure-t-on, qu'avec quelques camarades, il forma le projet abandonné d'aller à Sainte-Hélène délivrer Napoléon.

1830 rendit ses épaulettes au capitaine au long cours. A la fin de 1833, il fut enfin nommé capitaine de vaisseau, et en 1838, trente ans après le jour où il avait perdu un bras au service de son pays, il fut promu au grade de contre-amiral.

A cette époque fut résolue l'expédition contre le Mexique. L'amiral Baudin fut chargé du commandement de l'escadre. Arrivé devant les côtes de la Nouvelle-Espagne avec vingt-trois bâtiments, l'amiral épuisa, pendant un mois, toutes les voies de conciliation. Il fallut recourir à la force, et le 27 novembre 1838, la frégate amirale *la Néréide*, *la Gloire* et *l'Iphigénie*, et les bombardes *le Cyclope* et *le Vulcain*, ouvrirent un feu terrible contre Saint-Jean-d'Ulloa, forteresse regardée imprenable par les Mexicains, et qui commande le port et la ville de la Véra-Cruz. Quelques heures suffirent pour éteindre le feu des Mexicains, et le lendemain matin, la garnison de Saint-Jean-d'Ulloa, qui n'était plus qu'un monceau de ruines, nous livrait cette forteresse et la ville de la Véra-Cruz. L'amiral Baudin permit aux Mexicains de laisser dans cette ville 1,000 hommes de troupes pour y maintenir l'ordre.

Pendant le combat, un boulet tombé sur la dunette où se trouvait l'amiral, avait failli l'emporter ainsi que tout son état-major.

On sait la part brillante que prit à cette expédition le prince de Joinville, commandant la corvette *la Créole*. Le jeune prince y montra un rare courage et le sang-froid d'un vieux marin. Cependant le gouvernement mexicain, loin d'être suffisamment averti par cette rude leçon, se refusa de nouveau à céder. L'amiral et les troupes sous ses ordres eurent à combattre de nouveau, et ce fut toujours victorieusement. Le canot monté par M. Baudin, fut criblé de balles dans le combat du 5 décembre, et plusieurs marins furent tués. Le résultat de cette affaire fut le désarmement de la Véra-Cruz, la déroute complète des Mexicains, dont le général Santa-Anna eut une jambe emportée, et enfin une paix par laquelle la France obtint satisfaction.

M. Baudin fut nommé vice-amiral le 22 janvier 1839. En 1840, il reçut le cordon de commandeur et fut investi d'une mission militaire et diplomatique près de la République de Buénos-Ayres, ainsi que du commandement en chef des forces navales dans les mers de l'Amérique du Sud.

Depuis lors, M. Baudin a eu, pendant quelque temps, le portefeuille de la marine.

BAUDRAND (Marie-Étienne-François-Henri), né le 21 août 1774 à Besançon (Doubs), fils d'un avocat au parlement de Besançon, était destiné à la carrière du barreau ; il préféra celle des armes, entra comme soldat dans le 12ᵉ bataillon du Doubs, et servit à l'armée du Haut-Rhin depuis le mois d'août 1793 jusqu'au 22 ventôse an II.

Admis alors à l'école de Metz en qualité d'élève sous-lieutenant de génie, il obtint le grade de lieutenant à sa sortie de l'école, le 1ᵉʳ germinal an III, et fut employé en sous ordre à Valenciennes. Nommé capitaine le 1ᵉʳ thermidor suivant, il devint chef du service du génie dans la place de Condé le 1ᵉʳ nivôse an IV; désigné pour faire partie de l'armée d'Angleterre le 1ᵉʳ pluviôse an VI, et attaché peu après à l'état-major de celle de Mayence, où il exerça les mêmes fonctions. Employé à l'état-major général de l'armée de Naples, le 1ᵉʳ vendémiaire an VII, il prit part aux différents combats livrés à cette époque et par cette armée. Du 26 floréal au 15 thermidor, il resta dans Gaëte et se trouva à toutes les sorties faites par la garnison. Transporté en France après capitulation de la place, il servit à Toulon pendant l'hiver de l'an VIII, et passa à l'armée d'Italie le 16 ventôse de cette année.

Blessé de deux coups de feu le 3 prairial à la défense de la tête du pont du Var (1), il marcha avec le corps du général Suchet lors de l'occupation de Gênes, se trouva au blocus de Savone du 1ᵉʳ thermidor an XIII au 26 frimaire an IX, et fut chargé de la construction des retranchements du haut Adda jusqu'à Lecco et de la tête de pont et du camp retranché de Brivio. Il assista au siège de Peschiéra, et eut en chef le service de cette place, après sa reddition, le 1ᵉʳ frimaire an IX.

(1) Le Ministre de la guerre adressa à M. Baudrand, le 9 germinal an IX une lettre de félicitation à l'occasion de sa brillante conduite à la défense du port du Var.

Chargé le 15 vendémiaire an XI d'une reconnaissance militaire de la place de Plaisance et des têtes de pont du Pô, il s'acquitta avec succès de cette mission, et au mois de nivôse suivant il passa à la direction de Besançon. Nommé chef du génie à Schelestadt le 20 floréal, il y reçut la décoration de la Légion d'honneur le 25 prairial an XII.

Désigné pour faire partie de la grande armée, et employé à l'état-major du prince Murat, commandant en chef la réserve de cavalerie, il fit en cette qualité la campagne de l'an XIV, et prit part aux combats de Wertingen et de Langeneau. Le 17 janvier 1806, il retourna à l'armée de Naples. Au siège de Gaëte, depuis le 15 avril jusqu'au 18 juillet, jour de la reddition de cette place ; on lui confia plusieurs opérations importantes.

Nommé chef de bataillon le 5 septembre suivant, il reçut le 15 juillet 1807 des lettres de service pour le corps d'armée destinée à l'occupation des îles Ioniennes. Embarqué à Tarente quelques jours après en qualité de commandant du génie de ce corps, il remplit les fonctions de directeur des fortifications à Corfou depuis le 15 octobre 1808 jusqu'au mois de juin 1813. Il fut chargé en cette qualité de reconnaître, créer, entretenir, augmenter ou restreindre les moyens de défense, spécialement à Sainte-Maure, à Paxo, à Parga, sur le continent, aux écueils de Fano, Merlère et Salmatrachi. Cet officier supérieur ne pouvait se rendre dans ces différents postes qu'en passant, à la faveur de la nuit, sous le canon de l'ennemi. Lors du siège de la citadelle de Sainte-Maure par les Anglais, il se rendit d'après les ordres du gouverneur général des îles Ioniennes près du pacha de Janina, et de là, déguisé en Turc et sous l'escorte de quatre cavaliers de cette nation, dans la citadelle de Sainte-Maure. Il traversa à la nage, sous le feu des canonnières des assiégeants, le bras de mer qui sépare l'île de Leucade de l'ancienne Arcananie, entra dans la place assiégée, y remplit sa mission, et retourna par le même chemin à Corfou en traversant, sans escorte, des lieux infestés de brigands.

Nommé major le 8 décembre 1810, et colonel le 31 mars 1812, il fut fait prisonnier par les Anglais le 11 juin 1813 à son retour de Parga et de Paxo, et alors, que les hommes de l'équipage de la chaloupe qu'il montait avaient été tués ou mis hors de combat. Conduit en Sicile, puis à Malte, il fut renvoyé sur parole par le général Maitland le 8 juin 1814.

A sa rentrée en France, une ordonnance royale du 29 juillet le créa officier de la Légion d'honneur, et une autre du 5 octobre chevalier de Saint-Louis.

A son retour de l'île d'Elbe, l'Empereur, par décision du 5 avril 1815, l'attacha au 3e corps d'observation de l'armée du Nord, et lui confia ensuite les fonc- de chef de l'état-major général du génie de la même arme. Il assista à la bataille du mont Saint-Jean, suivit l'armée sur la Loire, et ne s'en sépara qu'après le licenciement. Chargé le 16 décembre de la même année d'une mission relative au cantonnement des troupes anglaises, il reçut l'ordre, le 26 mars 1816, d'établir sa résidence au quartier général du duc de Wellington, où il resta jusqu'à l'époque de l'évacuation du territoire français par les armées étrangères.

Le 5 décembre 1818, le roi de Saxe lui envoya l'ordre de chevalier de Saint-Henri, et le 18 du même mois il reçut celle de chevalier de l'ordre hanovrien des Guelfes. Il exerça ensuite les fonctions de directeur des fortifications de la place de Cambrai jusqu'au 29 avril 1821, époque de sa nomination au grade de maréchal-de-camp ; et chaque année, depuis lors, il fit partie du comité du génie ; de la commission mixte des travaux publics, du jury d'examen de sortie des élèves de l'école de Metz et de la commission créée pour le perfectionnement des cours de l'École polytechnique.

En 1822, il accompagna le ministre de la marine dans l'inspection des ports de l'Océan, pour discuter sur les observations qui intéressaient ce département et celui de la guerre.

Le 30 novembre suivant, le gouvernement le chargea de l'inspection des places de Cadix et de Barcelonne. Employé au mois de janvier 1825 comme chef de bureau et de la division du génie au ministère de la guerre, il reçut, le 23 mai, la décoration de commandeur de la Légion d'honneur, et fut désigné, au mois de décembre, pour inspecter le service du génie à Cayenne, à la Martinique et à la Guadeloupe.

Embarqué pour la Guyane française, dans les premiers mois de 1826, il fut nommé commandeur de l'ordre royal et militaire de Saint-Louis, le 29 octobre de cette même année. Il revint en France, au mois de juin 1827.

Nommé aide-de-camp du duc de Chartres, le 24 août 1828, il accompagna ce jeune prince dans un voyage qu'il fit, en 1829, en Angleterre, en Écosse et en Irlande.

Lors de la révolution de Juillet 1830, le général Baudrand était à Joigny, où le 1er régiment de hussards, dont le prince était colonel, tenait alors garnison. Il marcha avec lui sur Paris et y arriva le 4 août. Le 17 du même mois il quittait Paris pour aller notifier à Georges IV l'avènement de Louis-Philippe au trône des Français, et le 30 août il était de retour. Grand officier de la Légion d'honneur, le 18 octobre, lieutenant-général le 14 décembre de la même année, il prit part, en septembre 1831, à l'expédition de Belgique, où il accompagna le prince royal, et partit de nouveau pour Londres, au mois d'octobre suivant, chargé d'une mission particulière. Lors du mouvement insurrectionnel qui éclata à Lyon, au mois de novembre de la même année, le général Baudrand se rendit dans cette ville avec le prince royal et le suivit également dans le Midi, en mai et juin 1832.

Le roi l'éleva à la pairie, le 11 octobre suivant. Il assista comme aide-de-camp du duc d'Orléans au siége et à la prise d'Anvers, au mois de décembre de la même année, et accompagna le prince dans un voyage qu'il fit à Londres, en 1833.

Nommé grand-croix de la Légion d'honneur, le 30 mai 1837, il a été admis à la 2e section (réserve) du cadre de l'état-major, conformément aux dispositions de la loi du 4 août 1839. Il fut nommé depuis gouverneur de M. le comte de Paris.

On a donné à M. le général Baudrand le titre de chevalier dans l'*Annuaire militaire*, et celui de comte dans l'*Almanach royal* et dans tous les actes relatifs à la Chambre des pairs; d'un autre côté, quelques personnes affirment qu'il a obtenu du roi Charles X des lettres patentes de baron; il y a erreur ou *courtoisie* de toutes parts; M. le général Baudrand n'a jamais été chevalier, baron, ni comte.

BAUDUIN (Pierre-François, baron), né le 25 janvier 1768, à Liancourt (Somme), entra au service le 11 septembre 1792, en qualité de lieutenant dans la 118e demi-brigade, devenue 32e demi-brigade en l'an IV. Quartier-maître le 11 fructidor, an II, lieutenant le 4 ventôse an III, adjoint aux adjudants-généraux le 5 du même mois, et capitaine adjoint le 14 vendémiaire an V, il fit les campagnes de 1792 à l'an II, aux armées des Alpes et d'Italie, et celle de l'an III sur la frégate la *Courageuse*, et celle de l'an IV à l'an VII aux armées des Alpes et d'Italie.

Désigné pour faire partie de la deuxième armée de réserve d'Italie en l'an VIII, il fut appelé comme aide-de-camp auprès du général Herbin, le 15 germinal.

Le 20 prairial, à l'affaire de Montebello, il pénétra un des premiers dans le village de Casteggio, à la tête d'un détachement de la 24e demi-brigade légère, et força l'ennemi à abandonner cette position.

Il rendit d'importants services à la bataille de Marengo, quoique blessé d'un coup de feu à la cuisse dès le commencement de la journée. Une partie de la division Gardanne ayant été forcée et mise en déroute sur la ligne de Grosse-Cassini, Bauduin rallia les grenadiers et les carabiniers et manœuvra avec eux de manière à protéger le flanc de la colonne que commandait le général Herbin. Sur la ligne du village de Marengo, où la brigade de ce général combattit jusqu'à trois heures après midi. Il traversa trois fois le ruisseau qui le séparait de l'ennemi pour le charger, et dans la dernière tentative entraîna à sa suite un bataillon qui hésitait à passer, en jetant son chapeau de l'autre côté du ruisseau et en s'y précipitant le premier.

Promu chef de bataillon sur le champ de bataille en récompense de sa belle action, il passa en cette qualité à la 16e demi-brigade de ligne le 16 pluviôse an XI, fut nommé membre de la Légion d'honneur le 25 prairial an XII, et suivit les opérations de son nouveau corps pendant les ans XIII et XIV, sur mer, avec l'amiral Villeneuve, et en 1807 et 1808 à la grande armée.

Il fit la campagne de 1809 en Allemagne, se distingua à Essling et à Presbourg, fut promu colonel du 93e régiment de ligne, le 2 juillet, et créé officier de de la Légion d'honneur et baron de l'Empire, les 13 et 15 août de la même année.

Envoyé en 1810 au corps d'observation de Hollande, et en 1812 à la grande armée de Russie, il fut grièvement blessé au bras droit pendant la campagne, et reçut la croix de commandeur de la Légion d'honneur le 26 août.

Elevé au grade de général de brigade, le 9 mars 1813, il acquit une nouvelle gloire aux batailles de Lutzen, de Wurtschen et de Bautzen, en Saxe. Il prit le commandement du département des Pyrénées-Orientales, le 11 août de la même année.

Attaché à la 7e division provisoire d'infanterie de jeune garde, le 24 janvier 1814, il fit avec elle la campagne de France.

Mis en non-activité, après l'abdication de l'Empereur, nommé chevalier de Saint-Louis, le 11 septembre, il fut appelé pendant les Cent-Jours au commandement d'une brigade à l'armée du Nord et périt glorieusement à la bataille du mont Saint-Jean.

Son nom est gravé sur les tables de bronze du Musée de Versailles.

BAUX, dit Lebeau (JEAN-LOUIS). Le général Lebeau, né à Carcassonne, en 1780, était entré, comme réquisitionnaire, en 1798, dans la 4e demi-brigade de ligne, et y avait fait ses premières armes sur le Rhin. A la prise de Biberach, le 27 avril 1800, il avait, avec une escouade de tirailleurs, pénétré, la baïonnette en avant, dans le village qui domine la ville, et y avait fait un grand nombre de prisonniers. L'année suivante, à la formation de la garde consulaire, il fut désigné pour faire partie des chasseurs à pied, où il ne tarda pas à être nommé sergent-major. Sous-lieutenant en février 1805, et légionnaire le 1er août en récompense de son fait d'armes de Biberach, il était capitaine aux voltigeurs de la jeune garde à Wagram.

Passé en Espagne avec la division Dorsenne, en 1810, il commandait, le 13 février 1811, une avant-garde de 75 hommes, qui franchit, au pas de course, le pont du village d'Amonelez, défendu, à l'extrémité, par 700 Espagnols qu'il mit en fuite. Le 10 octobre de la même année, il revenait d'escorter le général Bonet, avec un détachement de 200 voltigeurs, lorsqu'il apprit qu'un parti de 400 guérillas faisait un mouvement pour l'envelopper; aussitôt il marche sur eux, les atteint à trois heures du matin au village de Matensa, les combat jusqu'au jour et enlève à la baïonnette le village, où il fait trente-cinq prisonniers.

Au retour de la campagne de Russie qu'il fit avec les fusiliers-chasseurs, il prit comme major le commandement du 5e bataillon du 4e régiment de ligne, et reçut la croix d'officier de la Légion d'honneur le 6 avril 1813.

A la suite de la convention du 30 mars 1814, une grande partie des troupes, ayant reçu l'ordre de s'éloigner de la capitale, le major Baux escortait, avec 1,200 hommes de son dépôt, un parc d'artillerie de la garde composé de 80 pièces de canon, dirigé sur Orléans, lorsque le 4 avril, aux environs de Pithiviers, il se vit attaqué en queue par un parti de 3,000 cosaques irréguliers; en peu d'instants, toute sa troupe fut réunie à l'arrière garde, dans un carré formé par les voitures de bagages, et durant un combat de quatre heures, où il reçut deux coups de sabre sur la tête et un coup de lance au côté; il donna le temps à son convoi de dépasser Neuville et d'atteindre tranquillement Orléans.

Le major Baux commanda le 1er de ligne à mont Saint-Jean, où un coup de feu lui fracassa le bras gauche; il prit sa retraite à la seconde Restauration.

Rappelé à l'activité après la révolution de Juillet, il fut nommé colonel du 57e régiment de ligne en 1831; commandeur de la Légion d'honneur le 30 avril 1835, et maréchal-de-camp le 12 avril 1839. Il avait commandé le département de Vaucluse jusqu'en septembre 1842, époque de son passage dans la section de réserve, et avait été mis à la retraite en avril 1848. Cet officier général est mort à Paris, le 28 mars 1849, âgé de 69 ans.

BEAUHARNAIS (Eugène de), fils adoptif de l'Empereur et vice-roi d'Italie, naquit à Paris, le 3 septembre 1781, du général Alexandre de Beauharnais et de Joséphine Tascher de la Pagerie.

En 1794, après la mort de son père sur l'échafaud révolutionnaire, Joséphine étant en prison, ses deux enfants Eugène et Hortense avaient été livrés à des mains étrangères par les comités des sections; une vieille gouvernante prit soin de la jeune Hortense; Eugène fut mis en service et en apprentissage chez un menuisier. Lorsque sa mère eut épousé le général Bonaparte, il entra dans la carrière militaire en qualité d'aide-de-camp de son beau-père; mais avant de partir pour l'Italie, il compléta son éducation imparfaite. — Il fit partie de l'expédition d'Égypte et se trouva aux actions les plus meurtrières : à l'attaque de Suez, où il entra le premier, à la tête de l'avant-garde, le 8 novembre 1798, et mérita le grade de lieutenant. De retour en France, il fut fait chef d'escadron sur le champ de bataille de Marengo. En 1802, il fut fait colonel; il devint général de brigade au commencement de 1804, et le 4 juin de la même année, jour anniversaire de Marengo, Napoléon, empereur, donna à son beau-fils le titre de Prince français, et l'année suivante celui d'archichancelier d'État et de grand officier de la Légion d'honneur; il n'avait encore que 24 ans. Bientôt après, Eugène fut chargé, en qualité de vice-roi, de l'administration du royaume d'Italie (7 juin 1805). Il se tira avec honneur de cette tâche si difficile.

Après la campagne de 1805, il épousa la princesse Auguste Amélie de Bavière, et Napoléon l'investit du titre de Prince de Venise, le déclara son fils adoptif et l'héritier présomptif de la couronne d'Italie.

En 1809, 100,000 Autrichiens attaquèrent l'Italie. Eugène perdit d'abord la bataille de Sacile, mais il prit sa revanche dans vingt combats brillants qui le conduisirent aux portes de Vienne, et cette marche glorieuse fut couronnée par la bataille de Raab, que Napoléon appelait *une petite fille de Marengo*.

Ce fut pendant la campagne de 1809 qu'Eugène commanda en chef pour la première fois. Parti de Milan le 5 avril, il alla à la rencontre de l'archiduc Jean, qui s'avançait sur l'Isonzo avec des forces considérables, éprouva un échec sur la Piave qui ne le découragea pas. Aidé des généraux Macdonald, Baraguay d'Hilliers, Barbou, Grenier, Broussier, il repoussa bientôt l'ennemi, s'empara de Vicence et de Bassano, battit complétement l'archiduc à la *bataille de la Piave*, et s'empara de toutes les positions sur le revers des montagnes de la Carinthie.

Pendant qu'il poursuivait sa marche victorieuse vers les frontières de la Hongrie, il apprit que le général autrichien, Jellachich, cherchait à se réunir à l'archiduc Jean. Eugène l'attaque et l'oblige à mettre bas les armes avec la totalité des troupes qu'il commandait. Le succès de cette journée décisive lui permit d'opérer sa jonction avec la grande armée sur les hauteurs de Somering.

On remarqua avec étonnement que le vice-roi, depuis le passage de la Piave jusqu'à Somering, fit aux ennemis un plus grand nombre de prisonniers qu'il n'avait de soldats sous les drapeaux. Quand Napoléon le revit, il le tint longtemps pressé sur son cœur, puis le présentant aux maréchaux et à son état-major, il s'écria : « Ce n'est pas seulement le courage qui aurait amené ici Eugène; il n'y a que le cœur qui puisse opérer de pareils prodiges! »

Ce fut à l'occasion de cette marche d'Eugène, si remarquable sous le rapport stratégique, que l'Empereur adressa aux soldats du vice-roi ces paroles célèbres : « Soldats de l'armée d'Italie, vous avez glorieusement atteint le but que je vous avais marqué..... Soyez les bienvenus! Je suis content de vous. »

A l'époque de la répudiation de Joséphine, il vint à Paris, mandé par l'Empereur, et pria Napoléon de lui accorder une explication en présence de l'Impératrice. Dans cette circonstance, où Napoléon ne pouvait motiver sa résolution qu'en faisant valoir l'intérêt de la France, Joséphine sut se taire et se résigner; mais, tremblant de voir l'avenir de son fils compromis, et portant ses yeux remplis de larmes sur Eugène, elle dit à l'Empereur : « Une fois séparés, mes enfants ne seront plus rien pour vous. Faites Eugène roi d'Italie, et votre politique, j'ose le croire, sera approuvée par toutes les puissances de l'Europe. » — Le prince dit alors vivement : « Ma bonne mère, qu'il ne soit nullement question de moi dans cette triste occurrence. Votre fils ne voudrait pas d'une couronne qui semblerait être le prix de votre séparation. »

Napoléon, que la noblesse de ce discours émut profondément, tendit la main au vice-roi, la serra avec force et répondit avec gravité : « Je reconnais Eugène dans ces paroles; il a raison de s'en rapporter à ma tendresse. »

Après le divorce de sa mère, *qui le navra*, il voulut renoncer aux affaires, mais vaincu par les instances de Joséphine et de Napoléon lui-même, il sacrifia ses ressentiments personnels, mais dès lors refusa toute faveur nouvelle qui n'aurait été pour lui que le *prix du divorce* de sa mère.

On sait la part brillante qu'il prit à la campagne et surtout à la retraite de Russie. Il commandait le 4e corps, qui fut entièrement détruit. A la tête de 12,000 hommes dénués de tout, attaqué tous les jours par les armées russes et prussiennes, tous les jours risquant d'être débordé, le prince arriva à Leipzig le 9 mars, et son armée, grossie pendant la marche, comptait alors 50,000 hommes, avec lesquels il put tenir la ligne de l'Elbe, menacée par 150,000 alliés. Cette campagne de 50 jours, depuis Posnau jusqu'à Leipzig, est peut-être l'épisode le plus étonnant de l'expédition de Russie, et tous les militaires s'accordent à le regarder comme un chef-d'œuvre de stratégie qui, seul, place le prince Eugène au rang des plus grands capitaines. « Nous avons tous commis des fautes, dit Napoléon, Eugène est le seul qui n'en ait pas fait. »

En 1813, le vice-roi dut retourner en Italie pour la défendre de l'invasion de 65,000 Autrichiens et de l'armée napolitaine commandée par Murat. Il paralysa leurs efforts pendant cette campagne, l'une des plus remarquables de l'histoire des guerres modernes.

Mais la gloire militaire d'Eugène le recommande moins que son héroïque dévouement à Napoléon. Les alliés lui offrirent la couronne d'Italie, il refusa et se retira en Bavière, auprès du roi son beau-père, qui le nomma prince d'Eichstadt, duc de Leuchtemberg et premier pair du royaume. — Au retour de Napoléon, en 1815, il se trouvait à Vienne et ne prit aucune part à la guerre. Il avait été obligé, pour ne pas être arrêté, de s'engager sur parole à ne pas quitter la Bavière.

Il mourut le 22 février 1824, frappé d'une attaque d'apoplexie, âgé de 44 ans; il a laissé cinq enfants. L'aînée des filles est reine de Suède, la seconde est veuve de l'empereur don Pedro; la dernière a épousé le prince de Hohenzollern. Son fils aîné, le prince Auguste de Leuchtemberg, mort fort jeune, avait épousé la reine de Portugal.

BEAULIEU (JEAN-PIERRE, baron de), général autrichien, né le 26 octobre 1725, à Lathuy, province du Brabant, et mort à Lintz, le 22 décembre 1819. Ce nom appartient à une famille de gentilshommes brabançons, pauvre et sans autre éclat que celui que reflète sur elle la gloire militaire de l'homme de guerre qui fait l'objet de cette notice. Voué aux études mathématiques, Beaulieu embrassa très-jeune la carrière des armes, et servit avec distinction dans la guerre de Sept-Ans, comme aide-de-camp du maréchal autrichien Daun. La croix de Marie-Thérèse et un titre de baron furent la récompense de sa conduite aux batailles de Colln, de Breslau, de Leuthen et de Hochkirchen. Depuis 1763 jusqu'en 1789 Beaulieu, quoique revêtu du titre de colonel d'état-major, se consacra presque exclusivement aux arts, aux sciences, et à l'éducation de son fils. A cette dernière époque, il reçut le grade de général-major et le commandement de quelques troupes destinées à étouffer la révolution brabançonne. C'est dans un combat livré aux insurgés, que, voyant son fils tomber mortellement blessé à ses côtés, et s'adressant à ses soldats: « Mes amis, leur dit-il, ce n'est pas le moment de pleurer, mais de vaincre! » Devenu lieutenant-général et placé, en 1792, sur la frontière des Pays-Bas, Beaulieu se défendit bravement contre les attaques du général Biron, et refoula les Français jusque sous les murs de Valenciennes. Ce fait d'armes, le premier des guerres de la Révolution, fut suivi de divers succès en Flandre et dans la province du Luxembourg, où avec 1,500 hommes, il soutint un jour les efforts de l'armée de la Moselle, guidée par Jourdan.

En 1796, la renommée militaire de Beaulieu lui valut le commandement en chef de l'armée d'Italie. Mais cette faveur fut fatale à sa gloire. Le soldat intrépide, le général consommé, fut constamment battu par le jeune vainqueur de Montenotte. Poursuivi à outrance sur le Pô, sur l'Adda, au pont de Lodi, sur le Mincio, l'expérience et l'audace de Beaulieu ne purent résister nulle part à l'impétuosité de Bonaparte, et il dut céder le commandement à Wurmser, que la fortune traita plus impitoyablement encore. Alors Beaulieu quitta le service, pour vivre dans la solitude où l'accompagnèrent l'estime et les regrets de son armée. Retiré, près de Lintz, dans un château qu'il avait acheté du produit de ses économies et des largesses de Léopold s'y livra à son goût favori pour l'étude et les soins agricoles, mais toujours poursuivi, écrasé, sous le poids des souvenirs de la campagne de 1796.

Il est peu de soldats dont la vie ait été éprouvée par de plus cruels malheurs: son fils tué sous ses yeux, son gendre mortellement frappé à la bataille d'Osterach, ses trois frères aussi morts les armes à la main; sa fortune, sa bibliothèque, son cabinet de médailles et d'antiquités, anéantis par les désastres de la guerre; enfin, cinquante années de glorieux services effacés par deux mois de revers, telles furent les douleurs qui attristèrent la vie d'un général estimable sous tous les rapports. Beaulieu a laissé, dit-on, sur ses campagnes, des mémoires qui sont encore inédits.

BEAUMONT DE LA BONNINIÈRE (Marc-Antoine, comte de), issu d'une ancienne famille de la Touraine, né à Beaumont (Indre-et-Loire), le 23 septembre 1763, il entra dans les pages de Louis XVI, le 31 décembre 1777. Il était premier page lorsque, le 2 juin 1784, on le nomma capitaine au 9ᵉ régiment de dragons. Pourvu d'une compagnie le 5 mars 1788, il reçut le brevet de lieutenant-colonel le 22 juillet 1792, et celui de colonel le 7 août suivant.

Il se trouvait à Lyon, avec son régiment, à l'époque où la terreur pesait de tout son poids sur cette ville, fit des représentations hardies, devint suspect, fut arrêté et condamné à mort. On le conduisait au supplice, quand ses dragons, réunis et en armes, déclarèrent qu'ils useraient de violence pour l'arracher à la mort, les représentants du peuple le leur rendirent, et il les conduisit en Italie, où il servit sous Masséna, sous Schérer et sous Bonaparte.

Fait général de brigade, le 5 germinal an III, il se trouva, en l'an IV, à Lodi, soumit Crémone, concourut à l'enlèvement de la redoute de Medolano, et poursuivit vivement Wurmser pendant sa retraite sur le Mincio. Il partagea les fatigues et les dangers de l'armée en l'an V et en l'an VI.

Au mois de germinal an VII, à la bataille de Magnano, près de Vérone, il fut frappé d'une balle qui lui traversa l'épaule droite. En l'an VIII, il se fit remarquer à Marengo, et en l'an X, au combat de Valeggio, il eut un cheval tué sous lui.

Il fut élevé au grade de général de division en l'an XI, et en l'an XII le premier Consul le nomma membre de la Légion d'honneur le 19 frimaire, puis commandant de l'ordre le 25 prairial suivant.

Il fit, à la grande armée, les campagnes de l'an XIV, de 1806 à 1807, à la tête d'une division de dragons, et se distingua au passage du Rhin près de Kehl, aux combats de Wertingen, d'Ulm, de Ried, de Lambach, à la prise de Steger, aux batailles d'Austerlitz, d'Iéna, d'Eylau, à Zehdenich, à Prentzlow, sur la Bjura et à Cznarnowo.

L'Empereur reconnut ses services : il le nomma grand officier de la Légion d'honneur le 10 février 1806, premier chambellan de Madame-Mère, sénateur le 14 août 1807, et comte de l'Empire au mois de mars 1808 ; à Wagram, en 1809, il commandait une division de cavalerie.

Cet officier général adhéra, en 1814, aux actes du sénat qui prononçait la déchéance de Napoléon et le rappel des Bourbons. Louis XVIII, à son arrivée à Paris, le fit pair de France le 4 juin, et chevalier de Saint-Louis le 27 du même mois. Il ne servit point pendant les Cent-Jours et reprit son siège au Luxembourg après la seconde rentrée du roi ; il commandait alors une division de l'armée de Paris.

Comme général, le comte de Beaumont a donné souvent des preuves de bravoure et d'intelligence ; comme pair, et au milieu des excès qui suivirent la Restauration, il ne cessa point de montrer un esprit plein de sagesse et de modération.

Il est mort le 4 février 1830, et a été inhumé dans la même tombe que le prince d'Eckmühl, dont il avait épousé la sœur, et avec lequel il était lié depuis longtemps de la plus étroite amitié.

Son nom est inscrit sur le monument de la barrière de l'Étoile, côté est.

BEAUMONT (Louis-Chrétien Carrière, baron de), naquit le 24 avril 1771, à Malplaquet (Somme). Soldat au régiment de dragons de la Reine (6ᵉ) le 1ᵉʳ avril 1788, il devint sous-lieutenant au 6ᵉ hussards le 23 novembre 1792, lieutenant et aide-de-camp du général Dumas les

20 avril et 23 septembre 1793, et servit aux armées du Nord et de la Vendée de 1792 à l'an IV ; il avait gagné son premier grade à l'attaque du camp de Maulde. Nommé adjoint à l'état-major général de l'armée d'Italie le 1er vendémiaire an V, et capitaine le 14 du même mois, il fit partie de l'expédition d'Irlande et de celle d'Égypte. A la bataille d'Aboukir, il mérita par sa belle conduite le grade de chef d'escadron provisoire, qui lui fut conféré le 27 thermidor an VII, et il devint le même jour aide-de-camp du général Murat, suivit néanmoins le général Dumas dans la province de Gizeh, et concourut à en chasser les Arabes qu'il poursuivit fort avant dans le désert.

De retour en France, un arrêté du premier consul, du 1er floréal an VIII, le confirma dans le grade de chef d'escadron. Après avoir pris une part glorieuse à la bataille de Marengo, il fut élevé au grade de chef de brigade le 27 germinal an IX. Il obtint la croix d'officier de la Légion d'honneur, et, le 12 pluviôse an XIII, le commandement du 10e régiment de hussards. Il se fit remarquer à la tête de ce corps pendant la campagne de l'an XIV aux combats de Wertingen et d'Amstetten, aux batailles d'Ulm et d'Austerlitz. L'Empereur le nomma général de brigade le 1er nivôse suivant.

A Wertingen, son cheval s'étant élancé au moment d'une charge de cavalerie au milieu d'un régiment de cuirassiers autrichiens, il prit de sa main un capitaine de ce corps et tua plusieurs cavaliers qui cherchaient à dégager leur chef.

Il se trouva aux batailles d'Iéna et d'Eylau. Chargé par Napoléon, le 14 mai 1806, d'arrêter la marche d'un corps ennemi fort de 10,000 hommes qui marchait de Pillau sur Dantzig, il attaqua ce corps, le culbuta, lui enleva son artillerie et lui fit un grand nombre de prisonniers. Le même jour, il reçut sur le champ de bataille la décoration de commandant de la Légion d'honneur. Il commanda à Friedland la cavalerie de réserve du 1er corps et contribua au succès de cette journée.

Envoyé en Espagne en novembre 1808, il prit part à la bataille d'Uclès et à celle de Medelin où il enfonça avec sa brigade la droite de l'ennemi et lui prit 6,000 hommes.

Le 26 juillet 1809, en avant d'Alcabon, il tailla en pièces les dragons de Villa-Viciosa ; le lendemain il poursuivit la colonne anglo-espagnole jusqu'à Tavaleira, et à Ocana il fit 4,000 prisonniers. A Santi-Petri, le 5 mars 1811, il arrêta avec 150 chevaux du 1er régiment de dragons la marche de 2 escadrons anglais.

Rappelé à la grande armée, l'Empereur l'attacha au 2e corps de réserve de cavalerie, avec lequel il combattit à Smolensk et à la Moskowa. Il se signala, le 4 octobre, dans en engagement en avant de Moscou sur la route de cette ville à Kalouga, à l'attaque du 17 du même mois et pendant toute la durée de la retraite jusqu'à Wilna. Général de division le 4 novembre 1812, il commanda, dans la campagne de 1813, une division de cavalerie légère du 3e, puis du 6e corps, et se distingua aux batailles de Lutzen, de Dresde, de Leipzig et de Hanau.

Il est mort à Metz le 16 décembre 1813. Il était baron de l'Empire ; son nom est inscrit sur la partie est de l'arc de triomphe de l'Étoile.

BECKER (Léonard-Nicolas), comte de Mons, né à Obernai ou Oberehnheim (Bas-Rhin) le 18 janvier 1770. Il servait dans un régiment de dragons lorsque la révolution arrivant, lui fit franchir rapidement tous les grades inférieurs.

Successivement adjudant-général et général de brigade, le général Becker a épousé la sœur de Desaix. Il fut promu au grade de général de division sur le champ de bataille d'Austerlitz. Membre de la chambre des représentants dans les Cent-Jours, pair de France en 1819.

Fouché savait que le général Becker avait personnellement à se plaindre de l'Empereur : il lui fit donner la commission, par le gouvernement provisoire, de garder Napoléon à la Malmaison, et de le surveiller. Fouché ne doutait pas de trouver en Becker un cœur aigri et disposé à la vengeance ; on ne pouvait se tromper plus grossièrement. Ce général ne cessa de montrer un respect et un dévouement qui honorent son caractère. Ce fut par lui que l'Empereur envoya offrir au gouvernement provisoire de marcher comme simple citoyen à la tête des troupes pour repousser Blücher et continuer aussitôt sa route.

Napoléon avait comblé Becker de ses faveurs. On ne sait pas positivement la cause des disgrâces qui suivirent de près ces faveurs. On a prétendu qu'il avait blâmé publiquement le système militaire suivi par Napoléon. Quoi qu'il en soit, on l'exila pendant plusieurs années dans le commandement de Belle-Isle en mer.

Le général Becker quitta Rochefort après que Napoléon se fut fatalement embarqué sur le *Bellérophon*. Arrêté à Orléans par les Prussiens et conduit à Paris comme prisonnier de guerre, il fut mis immédiatement en liberté. On lui offrit un commandement qu'il refusa.

Arrêté de nouveau à Poitiers, comme il retournait à son château de Mons, il demeura en surveillance jusqu'à la publication de l'ordonnance du 9 septembre 1816.

Nommé grand-croix de la Légion d'honneur le 21 mars 1831, il mourut à son château de Mons en novembre 1840.

Son nom est inscrit sur l'arc de triomphe de l'Étoile, côté sud.

BEDEAU (Marie-Alphonse), né à Verton (Loire-inférieure), le 19 août 1804. Le général Bedeau entra, à l'âge de 16 ans, à l'école spéciale militaire de Saint-Cyr, et en sortit en 1822, en qualité de sous-lieutenant élève, à l'école d'application d'état-major. Il servit successivement dans le 8e de cuirassiers, dans les lanciers de la garde royale, le 2e régiment d'artillerie à cheval et le 13e de ligne. Il était capitaine au 3e régiment d'infanterie légère, lorsqu'il fut détaché auprès du général Ferrier, dont il devint l'aide-de-camp. — Attaché, en cette qualité, aux généraux Gérard et Schramm, il fit, sous leurs ordres, les campagnes de Belgique de 1831 et 1832. Puis, en 1836, il entra, comme chef de bataillon, dans la légion étrangère, qu'il alla immédiatement rejoindre en Afrique. Là, il ne tarda pas à se distinguer dans toutes les affaires vraiment sérieuses auxquelles son corps prit part. Colonel au 17e léger, il fit partie des deux expéditions de Sétif, 16 et 17 octobre 1838 et mai 1839. Son régiment traversa les Bibans, sous les ordres du duc d'Orléans, et se trouva, un mois après, entre le camp supérieur de Blidah et la Chiffa, au fameux combat à l'arme blanche, contre les réguliers de l'Émir, combat où les caisses des tambours arabes, une pièce de canon, les drapeaux du kalifat d'Abd-el-Kader, quatre cents fusils et trois cents cadavres de fantassins tombèrent en notre pouvoir. Le colonel Bedeau resta momentanément à Cherchell, dont on venait de s'emparer, et repoussa plusieurs fois avec succès les Arabes qui attaquèrent ses lignes. L'expédition sur le Fondouck, celle de Médéah, les combats de l'Affroun, de l'Oued-Ger, de l'Oued-Nador et de Mouzaïa, trouvent le jeune colonel toujours plus invincible ; rien ne lasse son courage ni sa patience. Au retour de Médéah, le 20 mai, pendant que nos cavaliers, escortant le convoi, s'engagent dans le bois des Oliviers, Abd-el-Kader fait attaquer avec vigueur le colonel Bedeau, qui attend l'ennemi de sang-froid et marche ensuite sur lui à la baïonnette. Cette arme, si terrible dans les mains françaises, fait reculer les Arabes, qui jonchent de leurs cadavres le champ de bataille; et nous laissent en toute liberté traverser le défilé. On voit encore le brave colonel, sous les ordres du général Changarnier, qui dirigeait une expédition dans la vallée du Chélif, commander l'arrière-garde aux combats meurtriers de Gontar et de l'Oued-Adélia, et supporter presque seul le poids de la journée. On le retrouve partout où le danger menace, et le grade de maréchal-de-camp, digne récompense de son infatigable activité, vient encore ranimer son zèle. Fier de cette distinction, il s'efforça de la justifier par de nouveaux et continuels succès qui l'ont fait l'émule des Lamoricière, des Changarnier, des Baraguay d'Hilliers, les meilleurs généraux de l'armée d'Afrique. Ses razzias adroites et énergiques aux alentours de Tlemcen n'ont pas peu contribué à ramener le calme dans cette partie de nos possessions. Sa vigilance sut mettre en défaut toutes les ruses des Arabes, et son courage triompha toujours, malgré leur nombre, des ennemis que le fanatisme, la vengeance ou la cupidité lui opposaient. Les dangers qu'il courut à Lella-Marghina, dans sa conférence avec les perfides Marocains, et la manière à la fois prudente et digne dont il échappa à cette infâme trahison, peuvent donner une idée du sang-froid qu'il sait déployer dans les grandes circonstances. Assurément, parmi les réputations que nos campagnes d'Afrique ont fait éclore, celle du général Bedeau se distingue comme une des plus solidement fondées et des plus loyalement acquises.

La fortune militaire du général Bedeau ne pouvait que s'accroître. Nommé successivement gouverneur de la province de Constantine, puis général de division, il était à Paris en février 1848. Le 24, il se mit à la tête des troupes, et parcourut les rues de Paris, s'efforçant d'y rétablir l'ordre. Les premiers régiments qui défilèrent sur les boulevards, la crosse en l'air, étaient guidés par lui. Il commandait les chasseurs d'Orléans au moment de l'attaque du poste de l'allée Gabrielle.

Dangereusement blessé aux fatales journées de Juin, il fut l'objet des plus vives inquiétudes.

M. le général Bedeau a été envoyé à l'Assemblée nationale constituante. Il siége aujourd'hui à l'Assemblée législative.

BELLAVÈNE (JACQUES-NICOLAS, baron), né à Verdun (Meuse), le 20 octobre 1770. Entré comme simple soldat dans le 2ᵉ régiment de cavalerie, le 24 mars 1791, il devint sous-lieutenant, le 10 mai 1792, et officier d'ordonnance de son régiment à l'état-major de l'armée du Rhin. Il fut fait aide-de-camp, le 19 mai 1793; et le même jour, dans une charge exécutée par le 2ᵉ régiment, il enleva à l'ennemi 7 caissons et ramena prisonnier le colonel, comte Klénau.

On le nomma adjoint à l'état-major général, le 29 vendémiaire an II. Dans la nuit du 12 au 13 frimaire, ayant reconnu, pendant une visite aux avant-postes, que l'armée autrichienne, défaite à Niederbronn, évacuait Haguenau, il marcha sur cette place à la tête de 50 dragons, surprit le poste qui gardait la barrière, entra dans la ville, fit cesser le pillage auquel se livrait l'ennemi et lui fit 400 prisonniers.

Nommé en récompense de cette action, adjudant-général chef de bataillon, le 23 germinal suivant, il fut chargé, le 4 prairial, avec 2 escadrons de chasseurs, de tourner les positions de Neuhoffen qu'occupaient 1,500 Bavarois; il les força à se retirer et leur fit 200 prisonniers. Promu adjudant-général colonel provisoire, le 3 messidor de la même année, il passa au blocus de Mayence. Là, dans la nuit du 25 au 26 brumaire an III, il enleva 600 hommes du corps connu sous le nom de Manteaux-Rouges, qui étaient à Weissenau; ce poste ayant été occupé de nouveau le 26, il le surprit pendant la nuit suivante et lui fit 400 prisonniers.

Confirmé dans son grade d'adjudant-général colonel, le 25 prairial an III, il fit partie de la commission créée par le général Moreau pour préparer un projet de passage du Rhin. Ce projet, remis au général au mois de prairial an IV, eut son approbation, et le passage s'effectua le 6 messidor. Le même jour, le général en chef, Moreau, le nomma général de brigade.

Le 17, à la bataille de Rastadt, la division du général Sainte-Suzanne se trouvant compromise, Bellavène s'engagea pour la soutenir avec sa demi-brigade de cavalerie, et fut atteint d'un boulet qui lui emporta une jambe et le renversa de cheval. Le gouvernement confirma le 22 sa nomination provisoire au grade de général de brigade.

Employé au cabinet topographique du gouvernement, il reçut, le 5 pluviôse an V, un commandement dans la 3ᵉ division militaire, et le conserva jusqu'au 1ᵉʳ germinal an VII.

Nommé inspecteur aux revues le 8 pluviôse an VIII, il fut rappelé au commandement de la 4ᵉ division militaire pendant la tenue du congrès de Lunéville.

Le 19 ventôse an XI, le premier Consul lui confia l'organisation, le commandement et la direction des études de l'école de Saint-Cyr, avec la mission d'inspecteur du Prytanée militaire; il le nomma, en l'an XII, membre de la Légion d'honneur, le 19 frimaire, et commandant de l'Ordre le 25 prairial.

L'Empereur le fit général de division, le 4 octobre 1807, lui conféra, en 1808, le titre de baron, et le nomma inspecteur général des écoles militaires, le 1ᵉʳ juillet 1812.

En 1814, le Roi lui donna, le 8 juillet, la croix de Saint-Louis; mais, le 2 août, il lui enleva son inspection et le mit en demi-solde le 1ᵉʳ janvier 1815.

Napoléon, à son retour de l'île d'Elbe, le rétablit dans ses fonctions. Bellavène se montra reconnaissant et fit don au gouvernement d'une somme de 4,000 fr. pour servir à l'équipement des gardes nationales. Le *Dictionnaire des Généraux français* a conservé de lui un trait qui fait honneur à son caractère, et que nous nous empressons de consigner ici:

« Lorsque les troupes alliées arrivèrent dans les environs de Paris, un officier et six soldats prussiens se logèrent à Saint-Cyr; bientôt une troupe nombreuse de fédérés se présenta devant cet établissement, demandant que les Prussiens lui fussent livrés, et voulant aussi enlever les armes et emmener les élèves. Le général Bellavène, après avoir fait mettre les sept étrangers en lieu de sûreté, se présenta seul aux fédérés, et leur déclara que, devant compte des armes au ministre, des élèves à leurs parents, de ses hôtes à l'honneur, il était résolu à ne livrer ni les uns ni les autres. Cette fermeté imposa aux fédérés, qui renoncèrent à leur entreprise. »

Louis XVIII, revenu à Paris, l'admit à la retraite le 27 septembre 1815. Il se retira à Milly, petite ville du département de Seine-et-Oise, où il mourut le 8 février 1826.

Son nom est inscrit sur l'arc de triomphe de l'Étoile, côté est.

BELLEGARDE (Frédéric, comte de),

feld-maréchal autrichien, né en 1753, à Chambéry, en Savoie, mort à Vienne le 4 janvier 1830, descendait d'une des plus anciennes familles de la Savoie. Entré de bonne heure au service d'Autriche, il fit les campagnes de 1793 à 1795 avec une telle distinction, qu'en 1796 on lui conféra le grade de feld-maréchal-lieutenant. L'année suivante, il conclut avec Bonaparte l'armistice de Léoben, et, en 1799, fut investi du commandement du corps d'armée chargé de maintenir les communications entre Souwaroff et l'archiduc Charles. À l'issue de la campagne d'Italie, en 1800, il fut appelé à une des premières places du conseil aulique de guerre, qu'il présida en 1805 après le départ de l'archiduc Charles. Au mois de juillet de la même année il fut nommé commandant général des États vénitiens, et, en 1806, feld-maréchal et gouverneur civil et militaire de la Gallicie, puis gouverneur de l'archiduc, héritier du trône. Pendant la campagne de 1809, il commanda en Bohême le premier et le second corps, et se signala par sa bravoure aux batailles d'Aspern et de Wagram. Lors de la paix de Vienne, il fut de nouveau nommé gouverneur de la Gallicie, fonction qu'il remplit jusqu'en 1813, époque à laquelle il fut appelé encore une fois au conseil aulique de guerre. Peu de temps après, il fut envoyé à l'armée d'Italie, et s'avança jusqu'à Plaisance, où il conclut un armistice, le 16 avril, avec le vice-roi Eugène. Nommé alors gouverneur général des provinces italiennes que le sort des armes avait fait rentrer sous la domination autrichienne, il gagna l'estime des populations par la douceur de son administration. En 1815, il combattit Murat sur les rives du Pô, à Occhiobello et à Ferrare, refusa l'armistice proposé par le chef d'état-major de l'armée napolitaine; et après la défaite de Murat, continua d'administrer le Milanais avec la même sagesse. En 1816 l'archiduc Antoine ayant été nommé vice-roi du royaume lombardo-vénitien, et le comte de Saurau, gouverneur de la Lombardie, le maréchal Bellegarde vint pendant quelque temps habiter Paris. Rappelé plus tard à la présidence du conseil aulique de guerre, il continua de remplir ces fonctions jusqu'en 1825; mais alors la faiblesse de sa vue l'obligea de donner sa démission.

BELLIARD (Augustin-Daniel, comte). Lieutenant-général des armées, pair de France, ambassadeur, etc., né à Fontenay-le-Comte (Vendée), le 25 mars 1769. — Ce nom est un de ceux dont l'illustration appartient tout entière à la révolution de 1789. Issu d'une famille obscure, Belliard faisait ses études dans une petite ville du Poitou, lorsqu'éclatèrent les grands événements qui allaient changer les destinées de la France. L'enfant du peuple s'élança des bans de l'école, courut sous les drapeaux et figura magnifiquement pendant vingt ans sur tous les grands théâtres de notre gloire. Jamais carrière ne s'ouvrit sous de plus beaux auspices. Engagé volontaire en 1791, il s'essaya aux combats dans les grandes journées de Grand-Pré, Sainte-Menehould, Jemmapes et Nerwinde, où il servit comme aide-de-camp de Dumouriez. Placé, à Jemmapes, à la tête des hussards de Berchini, il enleva successivement plusieurs redoutes ennemies, et conquit sur le champ de bataille le grade d'adjudant-général. Mais ce début faillit être fatal à sa fortune militaire. Compromis par la défection de Dumouriez, Belliard fut arrêté après le départ de ce général, transféré à Paris et cassé. Sans doute, les sévérités révolutionnaires ne se seraient pas bornées à une destitution, si le jeune adjudant-général n'eût immédiatement demandé à servir son pays comme volontaire. Il entra, en effet, dans le 3ᵉ régiment de chasseurs, et fit toute une campagne comme simple soldat. Cet acte d'abnégation patriotique le réhabilita dans l'estime du pouvoir ombrageux qui l'avait frappé pour un crime qui n'était pas le sien ; il fut réintégré dans son grade et placé sous les ordres du pacificateur de la Vendée, le célèbre Hoche, qui le compta bientôt au nombre de ses plus braves et plus habiles officiers. Depuis ce moment, sous la République comme sous l'Empire, la vie de Belliard ne fut qu'une succession continuelle des plus brillants faits d'armes. Par une faveur providentielle de sa destinée, il prit part à toutes les grandes guerres, combattit sur tous les champs de bataille, partagea tous les revers et tous les triomphes de la France. En 1776, il fit sous Bonaparte l'immortelle campagne d'Italie, et se couvrit de gloire à Castiglione, à Vérone, à Caldiéro, à Arcole, à Saint-Georges, au passage du Larvis, à New-Marck, à Brixen, à Tramen, etc. A Arcole, il eut deux chevaux tués sous lui et fut nommé général de brigade ; à Tramen, il mit en pleine déroute le corps autrichien de Landon ; partout il déploya une intrépidité et une intelligence qui lui méritèrent les applaudissements de l'armée et les suffrages de Bonaparte. En 1798, il contribua, sous Championnet, à la conquête de Naples, de la Sicile et des États de l'Église. — Ici commence la carrière diplomatique de Belliard. Envoyé extraordinaire près du gouvernement napolitain, il sut, par l'autorité de son nom, maintenir les conquêtes de son épée. Lors de la révolte de Rome contre les troupes françaises, son attitude énergique empêcha Ferdinand de franchir la frontière pour appuyer l'insurrection. — Il accompagna Bonaparte en Égypte, contribua, en passant, à la prise de Malte, décida celle d'Alexandrie, combattit héroïquement aux Pyramides, où, à la tête d'un carré d'infanterie, il eut la gloire de recevoir la première charge des Mamelucks ; à Banou, où, avec cinq cents hommes il détruisit cinq mille Mecquais, Mamelucks ou Arabes ; à Sapht-Rachin, où soutenu par deux bataillons seulement, il défit plusieurs milliers de révoltés, et contraignit Mourad-Bey à demander la paix. C'est Belliard qui, le premier, franchit les limites de l'empire romain, pénétra en Abyssinie, et porta la gloire de nos armes jusqu'en Calafché. Il remporta avec Desaix la victoire d'Héliopolis, et marcha avec douze cents hommes contre l'armée ottomane qu'il chassa de Damiette. — Assiégé dans le Caire par les forces combinées des Anglais, des Turcs et des Mamelucks, assailli par terre et par mer, aux prises avec une population nombreuse et fanatique, il obtint, par son énergie, une capitulation honorable, et ramena en France les troupes placées sous ses ordres. Rentré en Europe, il commanda en Belgique où il laissa une grande réputation de justice et de loyauté. En 1805 et 1806, il prit une large part aux campagnes d'Allemagne et de Prusse, en qualité de chef d'État-major de Murat, contribua puissamment à la victoire d'Ulm, et s'immortalisa à Austerlitz, à Iéna, à Erfurth, à Lubeck, à Heiberg, à Hoff, à Eylau et à Friedland. Employé ensuite à l'armée d'Espagne, il fut nommé gouverneur de Madrid, dont, après la désastreuse bataille de Talavera, il apaisa l'insurrection en se jetant seul au milieu de la population soulevée. Aussi humain que brave, Belliard eut le courage de suspendre, malgré les ordres réitérés de Napoléon, l'exécution du marquis de Saint-Simon, et de laisser à la piété de sa fille le temps d'obtenir la grâce de son père. Devenu major général du roi Joseph, il dirigea toutes les opérations des divers points de l'armée péninsulaire, et commanda ensuite l'armée du centre. En 1812, il fit la mémorable campagne de Russie, et combattit Witepsk, à Smolensk, à Mojaïsk, avec sa valeur accoutumée. C'est lui, qui, après la retraite de Moscou, rallia et réorganisa, en Russie, la cavalerie française. Dangereusement blessé à Leipzig, il continua la lutte, eut deux chevaux tués sous lui à Hanau, et rentra à Mayence avec les glorieux débris de l'armée. — Grandissant au milieu des dangers de la patrie, Belliard combattit en héros sur le sol envahi de la France. Tour à tour major-général de l'armée, et commandant en chef de la cavalerie, il disputa pied à pied le terrain aux alliés, et resta jusqu'au dernier moment fidèle à la France et à l'Empereur : il ne quitta Fontainebleau qu'après le départ de Napoléon pour l'île d'Elbe.

La renommée de Belliard était trop éclatante pour que la Restauration ne crût pas devoir la rattacher à sa cause. Louis XVIII le nomma pair de France, chevalier de Saint-Louis, et, après le débarquement de l'île d'Elbe, major général de l'armée que le duc de Berri devait opposer à Napoléon. Fidèle à ses nouveaux devoirs, Belliard accompagna la famille royale jusqu'à Beauvais, et ne rentra à Paris que sur l'ordre exprès de Louis XVIII.

Affranchi de ses engagements, il accepta de Napoléon une mission auprès de Murat; mais quand il arriva à Naples, la ruine de ce prince était consommée. Rentré à Paris, il prit le commandement de l'armée de la Moselle, et se battit une fois encore pour l'indépendance de son pays. Après la seconde abdication de Napoléon, il fut dépouillé de son titre de pair de France et jeté dans un cachot où il languit six mois, sans pouvoir obtenir des juges. Cependant, en 1822, cet homme dont le sang avait coulé dans cent combats fut réintégré dans ses dignités.

Après la révolution de Juillet, le nouveau gouvernement le chargea d'aller notifier au cabinet de Vienne l'avènement de Louis-Philippe. Il fut ensuite nommé ambassadeur de France en Belgique, et son intervention personnelle sauva Anvers prêt à succomber sous le canon des Hollandais. Le 28 janvier 1832, il tomba frappé d'une attaque d'apoplexie foudroyante, au moment où il sortait du palais de Léopold. Bon, intègre, juste et affable, la mort de Belliard ne fut pas moins un sujet de deuil pour la Belgique que pour la France.

Ses dépouilles mortelles furent transportées à Paris et déposées au cimetière du Père Lachaise, le 14 mars de la même année.

Son nom est inscrit à l'arc de triomphe de l'Étoile, côté sud.

BENCKENDORFF (Alexandre, comte de), général en chef de cavalerie russe, aide-de-camp général de l'Empereur, commandant de son quartier général, sénateur, etc., décoré de tous les ordres.

Issu d'une famille noble et illustre de Livonie, il naquit en 1783, dans l'un des châteaux de la résidence impériale, aux environs de Pétersbourg. Son père, général au service de Russie, et sa mère, née baronne de Schilling, firent sa première éducation. A 15 ans, il entra comme sous-officier dans la garde impériale, devint aide-de-camp de l'empereur Paul Ier; chargé de plusieurs missions, il s'en acquitta avec talent, se battit courageusement contre les Turcs et se distingua aux différentes batailles qui furent livrées aux Français, et notamment à Eylau et à Ostrolenska.

Après la paix de Tilsitt, il alla de nouveau se battre contre les Turcs et battit un corps d'armée avec un seul régiment de lanciers. Dans la campagne de 1812, il commandait, le 8 août, l'avant-garde du général Wintzengerode, et fut promu à cette occasion au grade de général major. Pendant la retraite, il commandait l'arrière-garde.

En 1813, à la tête d'un détachement isolé, entre Francfort-sur-l'Oder et Berlin, il battit un régiment français et lui fit 800 prisonniers dont 48 officiers. Le comte de Benckendorff déploya, dans toutes les affaires qui suivirent, une brillante intrépidité et un véritable talent ; il se distingua surtout à Grosbern, à Leipzig, dans son expédition de Hollande, à Epernay, à Craonne et à Laon.

Après la paix de 1815, il fut nommé au commandement de la deuxième division de dragons; en 1819, chef d'état-major de la garde impériale et aide-de-camp général de l'Empereur; en 1821, il obtint le grade de lieutenant-général et le commandement de la première division de cuirassiers.

Pendant le désastre de Pétersbourg, en 1824, il montra le plus grand dévouement et une abnégation qui lui méritèrent l'estime de la nation russe. — Il se distingua encore lors de l'émeute du 26 décembre 1825; et, pendant la campagne contre la Turquie, il coopéra au siège de la forteresse de Schoumla et de Varna; l'année suivante, il fut nommé général en chef de cavalerie, et en 1831 appelé à siéger au conseil des ministres.

En 1832, l'Empereur lui conféra le titre de comte de l'Empire, et, en 1834, de chevalier de l'ordre de Saint-André, premier ordre de l'empire.

Pendant une cruelle maladie qu'il fit, on entendit l'Empereur répéter plusieurs fois, à son chevet, cette parole honorable : « cet homme ne m'a jamais brouillé avec personne et m'a réconcilié avec bien du monde. »

BENNINGSEN (le comte Bautein-Levin-Auguste-Théophile de) est né dans le pays d'Hanovre, en 1745; il entra de bonne heure au service russe, y fut nommé commandant du régiment de cavalerie légère d'Isuni, brigadier des armées et général de cavalerie; il obtint ensuite le gouvernement du grand duché de Lithuanie. Il servit en 1794, dans la guerre de la Russie contre la Pologne, y acquit de la réputation et reçut, en octobre de la même année, l'ordre de Saint-Georges de troisième classe et une épée. Il fut décoré peu après de l'ordre de Saint-Alexandre de Newski. Tombé dans la disgrâce de Paul Ier, le comte de Benningsen avait été congédié du service; il allait quitter Saint-Pétersbourg, lorsque la mort de ce prince (1801) et l'avènement d'Alexandre, le décidèrent à rentrer dans la carrière. Appelé au gouvernement de la Lithuanie, il vint se fixer à Wilna et y demeura jusqu'au commencement de la campagne contre les Français (1805); chargé d'un commandement, il ne put arriver à temps à Austerlitz, retourna en Russie, fut employé l'année suivante en Pologne, et, après d'inutiles efforts pour couvrir Varsovie, se vit contraint de l'abandonner.

Le général Kamenskoi ayant été rappelé, Benningsen fut nommé général en chef de l'armée russe et dirigea les opérations de cette armée à Pullusk et à Prussich-Eylau; après cette seconde affaire, il reçut l'ordre de Saint-Georges, deuxième classe. Il commandait les troupes russes à la bataille de Friedland, et fut présenté à Napoléon par l'empereur de Russie à la suite de l'entrevue de Tilsitt. Il quitta alors le service.

En 1813, lorsqu'une coalition plus redoutable se réunit contre Napoléon, le commandement de l'armée russe fut confié de nouveau à Benningsen. Le maréchal prince d'Eckmühl s'étant renfermé dans Hambourg, avec des forces considérables, le général russe qui dirigeait les opérations de l'aile droite des alliés, s'approcha de Hambourg et en forma le blocus, mais il lui fut impossible de forcer le général français à capituler. Davoût resta dans Hambourg jusqu'après l'entrée de Louis XVIII à Paris. Benningsen put alors occuper cette ville et fut décoré de l'ordre de Saint-Georges, première classe, en récompense de cette occupation.

Nommé général en chef d'une puissante armée sur les frontières de la Turquie, il fut rappelé en Pologne et à Berlin pendant les Cent-Jours, et retourna ensuite à son gouvernement du sud de la Russie. Il se trouvait à Tulzin, près de Hambourg en mai 1816 et y reçut du roi de France la grand'croix de la Légion d'honneur.

Le comte de Benningsen est mort dans sa terre de Bautein, en Hanovre, le 3 octobre 1826, âgé de 81 ans.

BENOIST DE LOSTENDE (GRÉGOIRE), né le 8 juillet 1786, à Reiguefort, près d'Isle (Haute-Vienne), sortit de l'école militaire de Fontainebleau en mars 1806, pour rejoindre, comme sous-lieutenant, le 75ᵉ de ligne, à l'armée des côtes de l'Océan. Fait prisonnier avec le corps du général Dupont, à la suite de la funeste capitulation de Baylen; en juillet 1808, il fut conduit sur les prisons flottantes, en rade de Cadix.

Dans la nuit du 5 juin 1809, il parvint à s'échapper à la nage du ponton *la Vieille-Castille*, avec un de ses compagnons d'infortune, et à gagner, à l'aide d'un canot, la côte de Tanger, où il se mit sous la protection du consul français.

Quelques mois après, à la nouvelle de la marche du duc de Bellune sur Cadix, le lieutenant Lostende, secondé par quelques Français réfugiés comme lui dans le Maroc, arma un petit bâtiment, traversa en plein jour le détroit de Gibraltar, en vue de la flotte anglaise, débarqua au cap Trafalgar, et alla rejoindre l'armée française.

Après la campagne de Russie, qu'il fit comme capitaine au régiment d'Illyrie, il reçut la croix de légionnaire des mains de l'Empereur, à Dresde, le 22 juillet 1813, et devint aide-de-camp du général Guilleminot. Grièvement blessé d'un coup de baïonnette dans l'aine, à Hocheiu, sous Mayence, pendant la retraite, le 9 novembre, il tomba au pouvoir des Autrichiens, et ne rentra des prisons de Hongrie qu'en juin 1814. A Waterloo, il combattait avec son général dans les rangs du 2ᵉ corps commandé par Jérôme Bonaparte.

A l'ouverture de la campagne de 1823, en Espagne, il suivit le général Guilleminot major général de l'armée et obtint le grade de chef de bataillon avec la croix d'officier.

En 1824, il accompagna le général Guilleminot dans son ambassade à Constantinople.

En 1828, il prit part, comme volontaire, à l'expédition de Morée et rentra en France avec le général Guilleminot, en septembre 1831.

En 1834, il assista aux manœuvres de l'armée sarde, comme chef d'état-major de la 19ᵉ division, et fut envoyé à Londres en 1837, comme membre d'une commission créée pour la révision du Code pénal militaire : il reçut la croix de Commandeur à son retour.

Maréchal de camp de la promotion du 27 février 1841, M. de Lostende fut employé depuis lors à Poitiers, au camp de Compiègne, à Mâcon et à Châlon-sur-Saône. Admis à la retraite en septembre 1848, il mourut à Mâcon, le 12 avril 1849, âgé de 63 ans.

BERGE. (François-Beaudin, baron), né à Collioure (Pyrénées-Orientales), le 11 mars 1779. Entré à l'École polytechnique le 17 brumaire an III, il passa, le 18 brumaire an V, élève sous-lieutenant à celle d'artillerie de Metz, d'où il sortit, le 13 floréal suivant, avec le grade de lieutenant en second, et alla rejoindre la portion du 1ᵉʳ régiment d'artillerie qui faisait partie de l'armée d'Angleterre.

Détaché à l'état-major de l'armée d'Orient, il fit les campagnes d'Égypte et de Syrie, assista à la prise de Malte, à celle d'Alexandrie, au combat de Chebreiss, aux batailles des Pyramides, d'Aboukir et d'Alexandrie, aux siéges de Jaffa, de Saint-Jean-d'Acre et du Caire.

Capitaine de 3ᵉ classe le 4ᵉ jour complémentaire an VII, il fut promu le 27 floréal an VIII à la 2ᵉ classe de son grade dans le 4ᵉ régiment d'artillerie à pied, et remplit les fonctions d'aide-de-camp auprès du général Songis jusqu'au mois de brumaire an X.

Passé dans l'artillerie de la garde consulaire le 15 nivôse de cette année, il continua néanmoins son service d'aide-de-camp auprès de son général, appelé à la même date au commandement de l'artillerie de cette garde.

Le 6 brumaire an XII, le premier Consul le nomma chef de bataillon, sous-directeur d'artillerie à la Guadeloupe; mais sur les instances du général Songis, alors premier inspecteur d'artillerie, il continua de servir sous ses ordres et fit avec lui les campagnes des ans XII et XIII à l'armée des côtes de l'Océan. Il y reçut, le 25 prairial an XII, la décoration de la Légion d'honneur et celle d'officier de l'ordre.

Il fit avec la grande armée les guerres d'Allemagne, de Prusse et de Pologne, de l'an XIV à 1807, et se trouva aux combats livrés sous les murs d'Ulm les 23, 24 et 25 vendémiaire an XIV, aux batailles d'Austerlitz, d'Iéna et d'Eylau.

Major le 21 mars 1806, et colonel le 30 août 1808, il passa à l'armée d'Espagne le 24 novembre comme chef d'état-major de son armée, et prit, le 28 décembre le commandement du 5ᵉ régiment d'artillerie à cheval. Il combattit à Talavera de la Reina, où il fut blessé d'un coup de feu au côté droit, à Almonacid et à Ocaña les 28 juillet, 11 août et 18 novembre 1809, et au passage de la Sierra-Morena le 20 janvier 1810.

Nommé chevalier de l'Empire le 15 août suivant, il eut le bras traversé d'une balle au combat d'Albuféra, le 16 mai 1811, et à celui de Santa-Martha-de-Villalba, le 15 juin même année; il mérita la croix de commandant de la Légion d'honneur, qui lui fut décernée le 6 août suivant.

Placé à la tête de l'artillerie de l'armée du midi de l'Espagne le 3 avril 1813, il reçut le 26 mai le grade de général de brigade, et prit une part glorieuse à toutes les affaires qui précédèrent et suivirent l'évacuation de la Péninsule. A la fin de cette dernière campagne, il reçut le titre de baron de l'Empire; mais il ne prit qu'une faible part aux événements politiques et militaires de 1814.

Chevalier de Saint-Louis le 20 août de cette année, et nommé membre de la commission chargée de déterminer le classement des places de guerre, ainsi que les travaux d'amélioration qu'elles pouvaient exiger, il fut attaché dans le mois de mars 1815 à l'état-major du duc d'Angoulême.

Après le départ de ce prince, il se rendit dans la capitale, où il reçut le 6 juin le commandement de l'artillerie du corps de cavalerie placé sous les ordres du maréchal Grouchy.

En 1816, il commandait l'Ecole royale d'application à Metz. Nommé le 14 décembre 1822 commandant supérieur des troupes et du matériel de l'artillerie, de la direction de Perpignan et du 4ᵉ corps de l'armée des Pyrénées, il fit, en cette qualité, la campagne d'Espagne de 1823. Cette campagne lui valut, le 3 octobre suivant, le brevet de lieutenant-général, et le 23 novembre la plaque de 4ᵉ classe de l'ordre de Saint-Ferdinand d'Espagne.

Nommé membre du comité consultatif de son arme le 22 décembre 1824, et grand officier de la Légion d'honneur le 3 novembre 1827, il fut mis en disponibilité le 8 septembre 1830.

Replacé provisoirement sur le cadre du comité d'artillerie le 1ᵉʳ juillet 1831, il est mort à Paris le 18 avril 1832.

Son nom est inscrit sur le côté de l'arc de triomphe de l'Étoile.

BERNADOTTE (JEAN-BAPTISTE-JULES), fils d'un jurisconsulte, naquit à Pau, en Béarn, le 26 janvier 1764. Après avoir reçu une éducation soignée sous les yeux de son père, il embrassa par goût la carrière militaire en 1780. Lorsque la Révolution éclata, il avait le grade de sergent, mais il ne tarda pas à arriver aux plus hautes dignités militaires à une époque où le courage et le talent étaient les seules conditions d'avancement. En 1794, il était général de division, et se couvrit de gloire à la journée de Fleurus. Le passage qu'il opéra sur le Rhin, près de Weuwied, en 1795, les avantages qu'il remporta sur l'ennemi, près de Lahn, en 1796, le blocus de Mayence, le combat de Neuhoff, le passage de la Rednitz, la prise d'Altorf et de Neumark, la défaite du général Cray sur le Mein, établirent d'une manière inébranlable sa réputation militaire.

En quittant l'armée du Rhin, le général Bernadotte conduisit des renforts à l'armée d'Italie, et fut chargé par Bonaparte du siége de Gradiska. Après la victoire de Rivoli, il reçut la mission de porter au Directoire les trophées de cette brillante journée.

Après le 18 fructidor, Bernadotte obtint le commandement de Marseille ; mais les troubles de cette partie de la France et la répugnance qu'il éprouvait pour les mesures violentes, le firent renoncer à ce poste. Il retourna à l'armée d'Italie.

A la suite du traité de Campo-Formio, Bernadotte fut envoyé à Vienne, en qualité d'ambassadeur ; une émeute provoquée par l'apparition du drapeau tricolore sur l'hôtel de l'ambassade, le détermina à quitter l'Autriche : il se rendit à Rastadt et de là à Paris.

Chargé du commandement de l'armée d'observation, en 1799, il reçut ordre de passer le Rhin pour bloquer Philisbourg ; mais les revers des Français en Italie et en Allemagne le forcèrent à renoncer à ce projet.

Nommé alors ministre de la guerre, il chercha à ranimer le zèle de nos armées par des mesures vigoureuses ; mais à tort ou à raison, on lui attribue plusieurs fautes qui excitèrent le mécontentement et le forcèrent à donner sa démission peu de temps avant le 18 brumaire ; il se retira alors à la campagne, se prononça contre le coup d'État de Bonaparte, et le refroidissement qui s'opéra à cette époque entre ces deux généraux alla toujours en augmentant. Néanmoins Bernadotte entra au conseil d'État et accepta le commandement de l'armée de l'Ouest, où il étouffa les derniers germes de la guerre civile.

Après la paix de Lunéville, il fut nommé ambassadeur aux États-Unis ; mais la reprise des hostilités l'empêcha de se rendre à son poste.

En 1804, on l'envoya en Hanovre comme gouverneur général, et il reçut le bâton de maréchal lors de la première création.

En 1805, Bernadotte contribua puissamment à la reddition d'Ulm en tournant l'armée autrichienne. A Austerlitz, il commanda le centre de l'armée française qui résista au choc désespéré des Russes.

En 1806, le 5 juin, le maréchal Bernadotte fut créé prince de Ponte-Corvo. Cette même année, dans la campagne de Prusse, il commanda le 1er corps; à Iéna, sa conduite fut telle que l'Empereur avait signé l'ordre de le faire traduire devant un conseil de guerre; il avait manqué de faire perdre la bataille. Ce fut lui qui poursuivit Blucher, le força de capituler et s'empara de Lubeck, où le carnage fut horrible malgré les efforts des généraux pour l'arrêter. Bernadotte eut, en cette occasion, les plus grands égards pour ce qui restait d'habitants à Lubeck et surtout pour les prisonniers suédois.

Au commencement de 1807, il livra, le 27 janvier, le sanglant combat de Nohrungen. Une blessure qu'il reçut à Spanden, le 5 juin, l'empêcha de prendre part à la bataille de Friedland.

Après la paix de Tilsitt, il commanda, jusqu'en 1809, l'armée d'occupation de l'Allemagne septentrionale.

A la rupture entre la France et l'Autriche, il prit le commandement de l'armée saxonne. A Wagram, après avoir défendu pendant plus de deux heures le village de ce nom, dévoré par les flammes, il envoya demander du secours au général Dupas; celui-ci refusa, se fondant sur des ordres supérieurs; alors Bernadotte fit tous ses efforts pour sauver le reste de ses braves, et se rendit au quartier général de Napoléon pour se plaindre et donner sa démission. Il se retira à Paris, sortit un instant de son repos pour repousser les Anglais à Walcheren, et reçut, en 1810, la nouvelle de son élévation au rang de prince héréditaire de Suède. La seule condition qu'on lui imposa fut d'abjurer la religion catholique pour la réformée. Eugène s'y était refusé, sa femme, princesse de Bavière, n'aurait pu s'en consoler. Bernadotte abjura le 20 octobre, il débarqua à Helsingborg, et le 31 suivant, il fut présenté aux États; le 5 novembre, adopté par le roi Charles XIII, il prit les noms de Charles-Jean et dès 1811, pendant la maladie de son père adoptif, il commença à diriger les affaires du royaume.

En 1812, il provoqua le décret qui ouvrit les ports de la Suède au commerce de toutes les nations.

Cette même année, il tint un moment en ses mains les destinées du monde : Avant que Napoléon eût atteint Moscou, il pouvait reprendre la Finlande et marcher sur Pétersbourg; mais il céda à des ressentiments personnels; il sacrifia sa nouvelle patrie et l'ancienne, sa propre gloire, la cause des peuples et le sort du monde. En 1813 (juillet), il se joignit à la coalition contre la France, non sans avoir tenté tous les moyens d'éclairer Napoléon sur les dangers de sa situation; il prit le commandement de l'armée alliée du nord de l'Allemagne, se signala aux journées de Gros-Beeren et de Dennewitz, contribua, par une marche savante, à la victoire de Leipzig, puis descendit l'Elbe, s'empara de Lubeck et se dirigea vers le Holstein, où il força le roi de Danemark à signer, le 14 janvier 1814, la paix de Kiel, en vertu de laquelle la Norwège fut cédée à la Suède. Il s'avança ensuite lentement vers la France à la tête de son armée et gagna assez de temps pour que la nouvelle de la paix de Paris le dispensât de passer le Rhin. Il avait protesté hautement contre l'invasion du territoire français, et accusa les alliés de manquer à la foi promise. En 1815, il refusa formellement d'entrer dans la seconde coalition contre Napoléon.

Le 5 février 1818, à la mort de Charles XIII, il monta sur le trône de Suède et gouverna ce pays avec modération et sagesse.

Bernadotte (Charles XIV) est mort le 8 mars 1844.

BERNARD (Simon, baron), général du génie, né à Dôle, le 28 avril 1779, de parents pauvres; il fut élevé par des religieux et admis à l'école d'application d'artillerie, à Metz, à l'âge de 17 ans. Il sortit le second dans la promotion du génie, en 1797. Il fit ses premières armes à l'armée du Rhin et y gagna bientôt les épaulettes de capitaine (22 mars 1800).

L'Empereur parle du général Bernard dans le *Mémorial de Sainte-Hélène* dans les termes suivants:

« Dans un des voyages que Napoléon fit pour inspecter les travaux d'Anvers, il se trouva un jour aux prises sur le métier, avec un capitaine du génie qui, modestement et obscurément, concourait aux fortifications de la place. A quelque temps de là, cet officier reçut inopinément une lettre d'avancement, sa nomination d'aide-de-camp de l'Empereur, et l'ordre de se rendre en service aux Tuileries. Le pauvre officier crut rêver ou ne douta pas qu'on ne se fût trompé. Ses mœurs étaient si innocentes et ses relations si restreintes, qu'il alla confier à M. de Las-Casas toute son ignorance de la cour et son extrême embarras d'y paraître. Mais il était facile de le rassurer; il y entrait par la belle porte et s'y présentait avec un bon fond. Cet officier est le général Bernard, dont cette circonstance mit les talents au grand jour, et qui lors de nos catastrophes, a été recueilli par les États-Unis, qui l'ont placé à la tête de leurs travaux militaires. »

A la nouvelle de la révolution de Juillet, le général Bernard revint en France, devint aide-de-camp du Roi, lieutenant-général du génie (1831). Ministre de la guerre, du 10 novembre 1834 au 18 décembre de la même année; il reprit ce portefeuille du 19 septembre 1836 au 31 mars 1839; fit paraître les ordonnances des 20 et 25 décembre 1837 sur les services de marche, de la solde et des revues, et du 16 mars 1838 sur l'avancement.

Il mourut en 1839, âgé de 60 ans.

Le gouvernement des États-Unis, en apprenant cette mort, ordonna un deuil de 30 jours à tous les officiers de l'armée.

BERRUYER (Jean-François), né à Lyon, le 6 janvier 1737, d'une famille de négociants honorables, s'enrôla comme volontaire dans le régiment d'infanterie d'Aumont, en 1753. Nommé sergent en 1756, il fit la campagne de Minorque, assista au siége de Mahon, et combattit avec distinction en Allemagne pendant la guerre de *Sept-Ans*. Il se signala d'abord en 1761, à la tête d'un détachement de soixante hommes, en arrêtant une colonne ennemie dans un défilé, où il reçut six coups de sabre et un coup de feu. Ce trait de bravoure lui valut le grade de cornette dans les volontaires de Soubise.

L'année suivante, à la retraite de Siguenême, il soutint un combat corps à corps contre le général Bénevel, commandant l'avant-garde prussienne, reçut quatre blessures de la main de cet officier général, le fit ensuite prisonnier, et mérita par ce nouvel exploit d'être élevé au grade de lieutenant.

Devenu capitaine en 1767, Berruyer fit les campagnes de 1768 et 1769 en Corse, et obtint successivement les grades de major en 1783, lieutenant-colonel en 1787, colonel du régiment de Guienne en 1791, colonel-général des carabiniers, maréchal-de-camp, lieutenant-général et de commandant en chef de l'armée de l'intérieur en 1792.

Lorsque l'armée prussienne, victorieuse en Champagne, se disposait à marcher sur Paris, on confia à Berruyer le commandement des troupes rassemblées sous la capitale. Il se montra digne de cette haute marque de confiance par un patriotisme à toute épreuve, et par la fermeté avec laquelle il réclama du gouvernement l'amélioration du sort de ses compagnons d'armes, qu'on osait laisser dans le plus honteux dénûment.

Appelé, la même année, aux fonctions de commandant en second de Paris, il devint ensuite général en chef de l'armée de l'Ouest, et s'empara de Chemillé, où, le 16 août 1793, il remporta une victoire signalée sur les Vendéens.

Malheureusement, le général Ligonnier, qui, avec une autre division, les avait attaqués à Vezin, battit en retraite. Berruyer, dans une lettre à la Convention, accusa de ce revers la lâcheté de quelques corps de volontaires, l'inexpérience de ceux qui les commandaient, la famine et le dénûment absolu d'une armée obligée de combattre dans les taillis et les marécages. Des députés de Maine-et-Loire l'accusèrent alors d'avoir laissé prendre toute l'artillerie par sa lenteur et son refus de communiquer ses plans aux commissaires du département.

Berruyer reçut l'ordre de se rendre aussitôt à Paris, où la Convention le traduisit à sa barre. Une autre accusation vint l'y frapper; le député Chasles lui reprocha sa tenue militaire, comme incompatible avec la simplicité qui devait distinguer les armes d'un républicain. Goupilleaux prit alors la défense du général en chef de l'armée de l'Ouest, puis Chaudieu, représentant du peuple près de l'armée de réserve qui se trouvait à Angers vers le même temps, adressa à la Convention une lettre dans laquelle il faisait justice de la ridicule attaque dont Berruyer avait été l'objet, attaque qui, fort heureusement, n'eut pas plus de succès que la dénonciation.

« Berruyer, disait-il, en terminant cette lettre, a des formes trop républicaines pour des hommes qui ne sont pas encore nés à la liberté; il professe des principes trop austères pour des hommes qui ne se doutent pas qu'on puisse aimer et servir la patrie pour elle-même. Celui qui s'est élevé constamment contre les désorganisateurs, celui qui poursuit avec sévérité tous les genres de brigandages, celui qui veut que le soldat obéisse et se batte, doit compter autant d'ennemis qu'il y a de traîtres et de lâches : voilà les crimes de Berruyer et des généraux qui sont sous ses ordres; nous en avons été les témoins; et, s'ils sont coupables, nous sommes leurs complices. »

Renvoyé à son poste, Berruyer combattit à la prise de Saumur, y fut dangereusement blessé, et revint à Paris, où il fut nommé inspecteur général des armées des Alpes et d'Italie. Lorsque, le 13 vendémiaire an IV, la Convention appela autour de son enceinte les troupes du camp des Sablons pour réprimer l'insurrection des royalistes qui avaient arboré la bannière des sections, Berruyer eut le commandement d'un corps formé spontanément en faveur de l'Assemblée, se distingua dans le combat qu'il livra aux ennemis du gouvernement, y eut un cheval tué sous lui, et mérita les éloges de ceux pour lesquels il avait combattu.

Après avoir été employé par le gouvernement directorial, Berruyer fut nommé gouverneur des Invalides, et mourut le 7 floréal an XII, dans sa soixante-septième année. Il avait été fait membre de la Légion d'honneur le 19 frimaire de la même année.

Son nom figure sur le monument de l'Étoile, côté ouest.

BERTHEZÈNE (Pierre, baron), lieutenant-général, est né à Vendargues (Hérault) le 24 mars 1775. La révolution le força à partir comme soldat au 5ᵉ bataillon de l'Hérault, pour défendre le territoire menacé par les Espagnols. Au bout d'un an, il était déjà sous-lieutenant quand son corps passa à la division Garnier de l'armée d'Italie. Déjà renommé par son courage, Berthezène eut l'insigne honneur d'être nommé capitaine sur le champ de bataille de Saint-Julien, 5 messidor an VIII. A la suite des combats de Sette-Pani, de Ronchi-di-Moglia et de Pouzzole sur le Mincio, il passa chef de bataillon au 72ᵉ régiment de ligne. Compris en 1804 dans la grande promotion de la Légion d'honneur, au camp de Boulogne, il entra comme major au 65ᵉ de ligne et obtint trois ans plus tard le grade de colonel du 10ᵉ d'infanterie légère. L'Empereur, après la bataille d'Heilsberg, le fit officier de la Légion d'honneur et le créa baron de l'Empire, avec une dotation en Westphalie. A peine remis des graves blessures qu'il avait reçues à Eckmühl, puis à Wagram, il prit, en qualité d'adjudant-général, le commandement des grenadiers de la garde impériale, qui devaient faire la campagne de Russie, et rendit à l'armée les plus utiles services. Nommé général de division le 4 août 1813, il fut forcé de capituler à Dresde par le manque de vivres et de munitions; mais les coalisés, violant la capitulation, envoyèrent les Français prisonniers en Bohême et en Hongrie. En 1814 Berthezène, rentré en France, fut mis en disponibilité. Cependant le maréchal Soult l'appela au comité de la guerre, et Louis XVIII le décora de la croix de Saint-Louis; mais après le débarquement de Napoléon, il s'attacha de nouveau à la fortune de son ancien souverain et combattit vaillamment à Fleurus, à Vavres, à Bierges, à Namur et sous les murs de Paris. Au retour des Bourbons, il dut se réfugier en Belgique. Le maréchal Gouvion-Saint-Cyr le fit rentrer en grâce. On le vit successivement membre du comité d'infanterie et inspecteur général. Lors de l'expédition d'Alger, il commanda la 1ʳᵉ division d'infanterie et contribua beaucoup au succès de nos armes aux combats de *Staoueli* et de *Bouzareah*.

Sa belle conduite décida M. de Bourmont, puis le général Clausel, à demander pour lui la pairie, qui lui fut accordée deux ans après. Nommé grand officier de la Légion d'honneur, il remplaça en février 1831, le général Clausel dans le commandement de l'Algérie. L'armée expéditionnaire étant alors réduite à 9,300 hommes, avec ces faibles ressources, le général Berthezène entreprit l'expédition de Médéah. Soulevées par l'intrigue et encouragées par l'affaiblissement de nos forces, les tribus de la plaine se révoltèrent et vinrent nous attaquer au gué de l'Arrach et à la ferme modèle; quelques heures suffirent pour les battre.

Le général Berthezène, pendant tout le temps qu'il fut gouverneur de l'Algérie, eut une administration ferme et sage, il restreignit les dépenses au strict nécessaire, et donna lui-même l'exemple de la plus grande économie. Cette probité excessive souleva de toutes parts d'interminables criailleries; on l'accusa de petitesse, d'avarice; mais le ministère lui rendit pleine justice. Le duc de Rovigo le remplaça en janvier 1840.

BERTHIER (Louis-Alexandre), maréchal de France, né à Versailles le 20 novembre 1753. Destiné à l'état militaire, il reçut une éducation soignée.

Berthier fut d'abord officier dans le corps royal du génie, ensuite capitaine de dragons de Lorraine. Il fit la guerre d'Amérique sous les ordres de Lafayette et en revint colonel. Dès le début de la révolution, il fut nommé major général de la garde nationale de Versailles, puis adjudant-général, chef d'état-major de Luckner; général de brigade en Vendée, général de division à l'armée d'Italie en 1796, commandant en chef de l'armée qui s'empara de Rome en 1798; chef d'état-major général de l'armée d'Égypte; général en chef de l'armée de réserve, après le 18 brumaire; ministre de la guerre; maréchal d'Empire et grand veneur; prince de Neufchâtel et de Valengin (1806); chef de la 1re cohorte de la Légion d'honneur; marié à la fille du prince Guillaume, beau-frère et cousin du roi de Wurtemberg; colonel général d'artillerie, prince de Wagram et vice-connétable de l'Empire. Berthier fit toutes les campagnes de Napoléon comme major général de l'armée. Le 11 avril 1814, il adhéra au décret du sénat qui excluait Napoléon du trône. Pair de France, le 4 juin 1814; capitaine de l'une des compagnies des gardes du corps. Il suivit Louis XVIII à Gand et le quitta pour se rendre en Bavière. Le 1er juin 1815, il se donna la mort en se jetant par la fenêtre du palais de Bamberg, ou plutôt, selon la version la plus probable, il fut précipité dans la rue par six hommes masqués qui s'étaient introduits dans sa chambre. Il avait persécuté les *sociétés secrètes*, dans sa petite principauté de Neufchâtel. Elles s'en vengèrent, comme se vengent les sociétés secrètes.

« Berthier avait une grande activité et il était d'un caractère indécis, peu propre à commander en chef, mais possédant toutes les qualités d'un bon chef d'état-major. Il connaissait bien la carte, était rompu à présenter avec simplicité les mouvements les plus composés d'une armée..... » (*Montholon*, tome III.)

Berthier, faible et sans esprit, était en Égypte à la tête de ceux qu'on appelait la *faction des amoureux*. Quand le général en chef fut sur le point d'appareiller de Toulon, Berthier accourut de Paris en poste, jour et nuit, pour lui dire qu'il était malade et qu'il ne pouvait le suivre, bien qu'il fût son chef d'état-major. Le général en chef n'y fit seulement pas attention. Berthier n'était plus aux pieds de celle qui l'avait dépêché avec excuse: aussi s'embarqua-t-il; mais, arrivé en Égypte, ses souvenirs lui revinrent. Il demanda et obtint de retourner en France; il prit congé de Napoléon, lui fit ses adieux; mais il revint bientôt après, fondant en larmes, disant qu'il ne voulait pas, après tout, se déshonorer, ni séparer sa vie de celle de son général...

L'Empereur croyait bien lui avoir donné 40 millions dans sa vie; mais il pensait que la faiblesse de son esprit, son peu d'ordre et sa ridicule passion en avaient gaspillé une grande partie...

Berthier n'était pas sans talents, mais ses talents, son mérite, étaient spéciaux et techniques.

L'Empereur, dans ses campagnes, avait Berthier dans sa voiture. C'était pendant la route, que l'Empereur, parcourant les livres d'ordres et les états de situation, arrêtait ses plans et ordonnait ses manœuvres. Berthier exécutait les ordres et les différents détails avec une régularité, une précision et une promptitude admirables. (*Las Cases*, tome Ier.)

Tel était Berthier: soldat plein de bravoure et sans courage civil; excellent organisateur et hors d'état de commander 500 hommes.—Comme organisateur, on lui doit: la formation de la garde des consuls (décembre 1799); l'institution des armes d'honneur (1799); la création de la Légion d'honneur (20 mai 1802); la réunion à Metz des écoles d'application de l'artillerie et du génie (1802); l'école militaire spéciale de Fontainebleau (janvier 1803); une loi qui accorde des propriétés territoriales aux vétérans, dans les 26ᵉ et 27ᵉ divisions militaires (avril 1803); la création de dix-huit maréchaux d'Empire (19 mai 1804), etc.

BERTHIER (Joseph-Alexandre, vicomte), né à Paris le 5 mars 1792, était le plus jeune des quatre frères de ce nom, qui figurent avec distinction dans l'histoire de l'Empire, entra à l'école militaire en 1809 et en sortit, en février 1812, sous-lieutenant au 16ᵉ régiment de chasseurs à cheval. Lieutenant, le 9 août 1812 et chevalier de la Légion d'honneur après avoir été blessé deux fois grièvement, il combattit à la Moskowa en qualité d'officier d'ordonnance du roi de Naples, et reçut une commission d'aide-de-camp auprès du général Bruyère et un ordre pour se rendre auprès du général Rapp, gouverneur de Dantzig. Cette dernière mission était d'autant plus difficile qu'il lui fallut parcourir seul une vaste étendue de pays ennemi, en pleine révolte contre les Français. De là, il alla à Altona, par Hambourg, porter des dépêches pour le général Carra Saint-Cyr.

M. Berthier, de retour à son corps d'armée, assista aux batailles de Lutzen, de Bautzen et de Gorlitz, où il se fit remarquer par sa vaillante conduite. Il eut un cheval tué sous lui, pendant que son général avait les deux jambes emportées. Nommé capitaine dans un régiment de hussards, en mai 1813, il fut attaché à son frère, le prince major général, en qualité d'aide-de-camp, et nommé chef d'escadron par l'Empereur, en 1814, pour sa belle conduite à Montereau.

Le 1ᵉʳ juin, même année, M. Berthier fut nommé sous-lieutenant, avec grade de major, dans la garde du corps, compagnie de Wagram, puis officier de la Légion d'honneur, puis lieutenant, au grade de colonel, dans la compagnie de Noailles.

En 1823, il commanda un escadron de guerre des gardes, en Espagne; il fut fait dans cette campagne chevalier de Saint-Louis et de l'ordre de Charles III. Le 11 août 1830, on le nomma maréchal-de-camp, et il fut mis en disponibilité.

En 1836, il rentra en activité et commanda dans les Pyrénées-Orientales et en Corse, puis dans les départements de la Meuse et de Vaucluse; il fut fait commandeur de la Légion d'honneur, le 21 mai 1843. Commandant à Marseille en l'absence du général d'Hautpoul, au moment de la Révolution de février, il y tint une conduite ferme et conciliante, qui lui valut les félicitations et les remerciements de tout le conseil municipal. Obligé de quitter son commandement, il s'était retiré à Paris, attendant que le pays réclamât de nouveau ses services, lorsqu'il mourut presque subitement, le 23 janvier, à peine âgé de 57 ans.

Le général Berthier laisse un fils de 20 ans, officier dans l'armée, héritier d'un beau nom auquel il ne saurait faillir. Noblesse et gloire obligent.

BERTHOIS (Auguste-Marie, baron de), fils d'un colonel du génie, victime des fureurs aveugles de la populace de Lille qui le pendit à un réverbère, en 1792, sous prétexte de trahison, naquit à Calais, en 1787. Il fut reçu, en 1804, à l'Ecole polytechnique, le 13ᵉ sur 134. Lieutenant du génie, le 1ᵉʳ août 1809, il rejoignit le grand quartier général de l'Empereur à Vienne, et fut immédiatement chargé de reconnaître la vallée de la Drave et quelques positions sur la frontière d'Autriche, vers l'Italie et la Turquie; en 1810, il rejoignit en Espagne la brigade de siége, destinée à agir en Aragon, fit avec le 3ᵉ corps, les siéges de Mequinenza, de Sagonte et de Valence, sous le maréchal Suchet, et fut mis à l'ordre de l'armée pour sa belle conduite; il le fut encore, en 1812, après la bataille de Castalla et la reconnaissance d'Alicante.

En 1813, il rejoignit le 6ᵉ corps en Allemagne, et plus tard le grand quartier général, et ne quitta plus l'Empereur jusqu'à son abdication. Dans ce court espace de temps, il concourut aux travaux de défense de Dresde et de Mayence et assista à dix-neuf batailles ou combats.

Nommé capitaine en Espagne, le 31 juillet 1811, et chef de bataillon, après la bataille de Leipzig, il était proposé pour la croix d'Officier depuis la bataille de Dresde. Chevalier de Saint-Louis, le 5 septembre 1814, il suivit le duc de Berri jusqu'à la frontière, fut employé aux travaux de défense de Paris sous le général Haxo, en mai 1815; mis en disponibilité par les Bourbons, envoyé dans les places fortes du Nord, il y resta onze ans et fut nommé lieutenant-colonel, en 1828, et colonel en mars 1831. Il fut alors employé de nouveau aux travaux de défense de Paris, assista au siége d'Anvers, où il reçut la croix de Commandeur; fut promu au grade de maréchal-de-camp, en octobre 1838, et nommé membre du comité des fortifications, et inspecteur général du génie.

Il a siégé plusieurs fois à la Chambre législative.

BERTON (Jean-Baptiste), né à Euilly (Ardennes) près Sedan, en 1774, fut élevé à l'école de Brienne, et en 1793, entra comme sous-lieutenant dans les chasseurs des Ardennes. On lit dans un de ses états de service, délivré à Hanovre le 27 floréal an XII de la République:

« ... A eu un cheval tué sous lui à Nerwinde. Il fit 30 prisonniers dans une escarmouche, à Avesnes, avec un détachement de 25 hommes; eut un second cheval tué sous lui, le 28 fructidor an IV, en chargeant sur deux pièces d'artillerie ennemies, sur les hauteurs de Nassau. Le 30 floréal an V, il chargea l'ennemi à la tête d'une compagnie, dans la plaine de Wisbaden, fit 50 prisonniers, prit une pièce de canon et deux caissons, et fit mettre bas les armes à trois compagnies de Croates. Il a fait toutes les campagnes de la Révolution et les campagnes de Hanovre avec zèle, bravoure et distinction. »

Signé : le général chef d'état-major.

Berthier.

Berton fit, en outre, les campagnes des années VII, VIII et IX aux armées du Rhin et du Danube, celles des ans XIII, XIV, 1806 et 1807 à la grande armée, celles de 1808 à 1813 en Espagne, celle de 1814 à l'armée du Midi, et en 1815 la campagne de Waterloo.

Attaché à l'état-major du maréchal Bernadotte, il le suivit à Austerlitz, à Iéna, etc. Par sa brillante conduite à Lubeck, où fut traqué et pris le général Blücher, il enleva le grade de chef d'escadron, le plus difficile de tous à obtenir en 1807. Le maréchal Victor qui eut occasion d'apprécier Berton à la bataille de Friedland et d'Espinosa, le proposa à l'Empereur, dans une revue, pour le grade de colonel. L'Empereur, n'ayant pas de régiment libre, fit Berton adjudant-commandant. Le nouvel adjudant se fit remarquer à la bataille de Talavera, à Almonacid, où il enleva la haute position de ce double piton sur lequel s'élève la ville; à Osana, où il conduisit à l'ennemi les lanciers polonais avec habileté, sang-froid et intrépidité; à l'affaire de la Sierra-Morena où, à la tête d'un détachement de mille hommes, il se rendit maître de Malaga, vigoureusement défendue par 7 à 8,000 Espagnols. Le maréchal Soult lui donna le gouvernement militaire de l'Andalousie.

En 1813, lorsque l'armée dut évacuer l'Andalousie à la suite de la bataille des Arypyles, Berton rendit de grands services par sa valeur et par son sang-froid. Enfin, le 30 mai 1813, Napoléon lui conféra le titre de général de brigade. Dans ce nouveau grade, Berton ne démentit pas la belle conduite qu'il avait tenue jusqu'alors; il se couvrit de gloire à la bataille de Toulouse.

La première Restauration le mit à la retraite. En 1815 Berton commanda une brigade du corps d'Excelmans et se fit encore remarquer à Waterloo.

Mis une deuxième fois à la demi-solde à la seconde Restauration, il employa ses loisirs à des travaux littéraires.

Le 24 février 1822, trompé par des agents provocateurs, il se mit à la tête de 150 hommes, établit un gouvernement provisoire à Thouars et marcha sur Saumur; mais bientôt les insurgés se débandèrent et Berton se réfugia à Laleu chez un de ses amis, trahi par un nommé Wolfel qui feignait de partager ses projets, il fut arrêté par lui, condamné à mort par la Cour royale de Poitiers et exécuté le 6 octobre 1822.

BERTRAND (Henri-Gratien, comte), naquit à Châteauroux (Indre) le 28 mars 1773, il avait étudié pour entrer dans les ponts et chaussées; il servit d'abord dans la garde nationale de Paris. Le 10 août son bataillon se porta aux Tuileries pour défendre la royauté constitutionnelle. Sous-lieutenant dans la guerre des Pyrénées en 1795 et 1796; l'année suivante il fit partie de l'ambassade envoyée à Constantinople. Employé dans l'expédition d'Égypte, Bertrand y reçut les brevets de lieutenant-colonel, de colonel et de général de brigade. Aide-de-camp de Napoléon après la campagne d'Austerlitz, et général de division, grand maréchal du Palais, à la mort de Duroc; commandant en chef des glorieux débris de l'armée française, après la bataille d'Hanau; aide-major général de la garde nationale en 1814. Bertrand accompagna Napoléon à l'île d'Elbe, revint en France avec lui, et le suivit encore à Sainte-Hélène. Le 7 mai 1816, Bertrand fut condamné à mort par contumace; à son retour en 1821, Louis XVIII annula le jugement et le réintégra dans tous ses grades. Appelé peu après à la Chambre, il siégea à gauche. Chargé de présider à la translation des cendres de l'Empereur, il alla à Sainte-Hélène avec l'escadre; précédemment il avait remis au roi les armes léguées par Napoléon à la France, et qui doivent être déposées sur son tombeau aux Invalides.

Bertrand fit preuve de talent et de courage à Austerlitz, et, après la bataille on le vit, à la tête d'un faible corps, ramener un grand nombre de prisonniers et 19 pièces de canon. Il attaqua et prit la forteresse de Spandau, le 25 octobre 1806. Il se conduisit vaillamment à Friedland, et rendit le service le plus essentiel de la campagne à Essling (1809), par la rapide construction des ponts hardis établis sur le Danube. Sans l'active habileté de Bertrand, l'armée française, renfermée dans Unter-Lobau (île du Danube), ne pouvait se porter sur le champ de bataille de Wagram.

Il rendit des services non moins importants dans les autres campagnes.

Le général Bertrand est mort le 5 février 1844. Sur la proposition de M. de Briqueville ses cendres reposeront aux Invalides auprès de celles de Napoléon. C'est le 15 mai 1847 que le corps du grand maréchal a été déposé dans cette demeure.

BERTRAND DE SIVRAY (Louis, baron), né le 23 août 1766, au Luc (Var). Issu d'une famille noble de la Provence, il entra, le 20 juillet 1782, dans la compagnie des cadets-gentilshommes établis à Lorient ; passa sous-lieutenant le 18 août 1785 dans le régiment de Charles le Bourbon, et fut nommé lieutenant le 1er avril 1788. Ce corps ayant été réincorporé dans le régiment de Pondichéry, le 3 décembre 1785, le jeune Bertrand fut compris dans la nouvelle organisation.

Député à l'Assemblée nationale par les garnisons de l'Inde, le 21 septembre 1791, il se rendit à Paris, et c'est là qu'il apprit par les officiers de son régiment qui étaient de retour en France, sa nomination au grade de capitaine (1792).

Aide-de-camp du général Montredon, le 18 août 1793, il fit avec lui la campagne de cette année à l'armée des Pyrénées-Orientales, et passa successivement avec les mêmes fonctions auprès des généraux Prévost et Pérignon, pendant les campagnes des ans II et III.

Nommé chef de bataillon des chasseurs-éclaireurs de cette même armée, le 6 ventôse an III, il s'y fit remarquer dans toutes les rencontres avec l'ennemi.

Le 28 thermidor, an VII, il passa avec son grade dans la 44e demi-brigade de ligne, et servit à l'armée d'Italie sous les ordres de Moreau.

Colonel du 3e régiment d'infanterie légère, le 13 prairial an VIII, il fit les deux campagnes suivantes en Italie.

Le premier consul le nomma membre de la Légion d'honneur, le 19 frimaire an XII, et officier du même ordre le 25 prairial suivant.

Le colonel Bertrand fit avec une égale distinction les guerres d'Italie des ans XIII et XIV, et celles de Dalmatie de 1806 à 1808. L'ouverture de la campagne d'Autriche en 1808 lui fournit de nouvelles occasions de se signaler. Au mois de mai 1809, il défendit à la tête de son régiment une position devant Licea, vigoureusement attaquée par les Autrichiens.

Napoléon lui conféra le 9 juin suivant le grade de général de brigade, dans lequel il fut employé à l'armée d'Illyrie, jusqu'au 7 décembre 1810 ; peu après il reçut le titre de baron de l'Empire.

Mis en disponibilité par suite de la réduction de cette armée, il ne reprit de l'activité qu'à l'époque de la campagne de Russie.

Rentré en France, le 2 février 1813, il fut appelé, le 6 avril suivant, au commandement du département du Var, et au commandement supérieur des îles d'Hyères. Le 25 novembre de la même année, le gouvernement le désigna pour remplir les fonctions de chef d'état-major du général prince d'Essling, commandant supérieur de la 8e division militaire ; il conserva cette position jusqu'au 9 janvier 1814. Le 18 avril, le maréchal lui donna l'ordre de prendre le commandement du Var, dans lequel il fut remplacé le 10 mai.

Le général Bertrand fut mis à la retraite le 1er août 1815, et y resta jusqu'au 22 mars 1831, époque à laquelle le nouveau gouvernement le plaça dans le cadre de réserve.

Admis de nouveau à faire valoir ses droits à la retraite, il l'obtint le 1er mai 1832, et alla en jouir dans ses foyers, entièrement retiré des affaires.

BESSIÈRES (Jean-Baptiste), maréchal, né à Preissac (Lot), le 6 août 1768. Il entra dans la garde constitutionnelle de Louis XVI en 1791, passa adjudant sous-officier dans les chasseurs à cheval des Pyrénées, capitaine dans le 22e régiment de chasseurs, au combat de Roveredo, avec six de ses chasseurs, il enleva deux canons à l'ennemi. Commandant des guides du général en chef de l'armée d'Italie, et colonel du même corps en Égypte; général de brigade; général de division; maréchal d'Empire en 1804; duc d'Istrie en 1808; ambassadeur près la cour de Wurtemberg. Mort sur le champ de bataille, à l'attaque du défilé de Rippach en Saxe, le 1er mai 1813, veille de la bataille de Lutzen.

Bessières resta constamment attaché à la garde impériale, c'est-à-dire qu'il assista à toutes nos grandes journées. Sa bravoure personnelle était extraordinaire. Il était bon, généreux, d'une loyauté, d'une droiture antique; adoré de la garde au milieu de laquelle il passait sa vie. A Wagram, un boulet le renverse de son cheval sans le blesser. Ce fut un cri de douleur sur toute la ligne. Napoléon accourt au galop et lui dit : « Bessières, voilà un beau boulet! il a fait pleurer ma garde. » (*Napoléon à Saint-Hélène*.)

Le maréchal Bessières avait une réputation de bravoure méritée; il serait impossible de citer tous ses beaux faits d'armes. Il fut remarquable surtout à Roveredo, aux batailles de la Favorite et de Rivoli, à Saint-Jean-d'Acre où il fit des prodiges, à Aboukir, à Marengo où il détermina par une dernière charge la retraite de l'ennemi, pendant toute la campagne d'Austerlitz, à Iéna, aux batailles de Friedland et d'Eylau dont il décida le succès. En Espagne, en 1808, Bessières mit le comble à sa gloire par sa victoire de Médina del Rio Secco. Napoléon, en en recevant la nouvelle, s'écria : *C'est une seconde bataille de Villa Viciosa* (en 1710); *Bessières a mis mon frère Joseph sur le trône d'Espagne.* — Le maréchal duc d'Istrie continua sa glorieuse carrière à Essling et surtout à Wagram, et au moment où il fut tué, en 1813, il commandait en chef toute la cavalerie de l'armée.

BESSIÈRES (BERTRAND, baron), né le 6 janvier 1773, à Preissac (Lot), frère du maréchal duc d'Istrie. Soldat au 17e régiment de cavalerie, le 15 août 1791, le jeune Bessières obtint tous ses grades à la pointe de son sabre. Le 15 brumaire, an II, il était sous-lieutenant, et il passa en cette qualité dans le 22e régiment des chasseurs à cheval. Il fit avec ce corps les campagnes de 1792, 1793 et de l'an II aux armées du centre et du Nord, sous les ordres des généraux Lafayette et Dumouriez.

Nommé lieutenant le 19 messidor an III, Bessières qui avait fait la guerre en Italie pendant les années IV et V, fut incorporé par le général Bonaparte dans la compagnie des guides, le 15 prairial an V, avec le grade de capitaine.

Bessières fut nommé chef d'escadron sur le champ de bataille d'Aboukir, et colonel du 11e régiment de chasseurs à cheval, le 21 nivôse an VIII.

Rentré en France avec le général Menou, il fit les campagnes de l'armée des côtes de l'Océan des ans XII et XIII, et fut employé aux camps de Boulogne et de Saint-Omer.

Membre de la Légion d'honneur le 19 frimaire an XII et officier de cet ordre le 25 prairial suivant, l'Empereur le nomma peu de temps après électeur du département du Lot. Il fit avec la grande armée les campagnes de l'an XIV et de 1806.

Le 3 nivôse an XIV, l'Empereur lui remit le brevet de général de brigade pour sa belle conduite à Austerlitz où il avait été blessé.

Envoyé à l'armée d'Italie en 1806, il y commanda une brigade de chasseurs à cheval jusqu'en 1808, époque à laquelle il fut employé au corps d'observation des Pyrénées-Orientales, devenu armée de Catalogne ou 7e division de l'armée d'Espagne. Il commanda une brigade de dragons, du 7 décembre 1810 au 4 juin 1811, et fut mis, à cette même date, à la disposition du général Kellermann.

Nommé général de division par décret impérial du 31 juillet, il refusa d'accepter ce grade dont l'annulation eut lieu le 30 novembre suivant. A la fin de cette année, il battit un corps de cavalerie qui venait au secours d'Astorga. Appelé le 5 décembre au commandement d'une brigade de cuirassiers de la division Saint-Germain, il fit partie de l'expédition de Russie, se distingua au début de la campagne et fit des prodiges de valeur à la bataille de la Moskowa, où il reçut un coup de mitraille à l'épaule gauche.

En 1813, il assista à la bataille de Leipzig avec la 1re division du 1er corps de cavalerie et reçut au commencement de l'action un coup de sabre à la tête. Napoléon lui conféra le titre de baron de l'Empire, et lui donna la croix de commandeur.

Resté en disponibilité en 1814, il adressa sa soumission à Louis XVIII qui le nomma chevalier de Saint-Louis.

Le 23 janvier 1815, il fut nommé au commandement du département du Doubs, d'où il passa le 15 avril à celui de Lot-et-Garonne.

Le général Bessières était en non-activité depuis le mois de juillet 1815, lorsque le 24 juin 1818, il fut désigné pour remplir la place de lieutenant de Roi de la place de Calais. Il fut réintégré immédiatement dans le cadre d'activité des officiers généraux, et le Ministre de la guerre lui confia le commandement de la 1re subdivision militaire.

Nommé lieutenant général le 15 avril 1821, il fut admis à la retraite le 1er décembre 1824.

BEURMANN (le baron de). Issu d'une famille de l'Alsace, Jean-Ernest de Beurmann est né, le 25 octobre 1775, à Strasbourg. Soldat dès sa plus tendre jeunesse, il devint rapidement sous-lieutenant en 1790, lieutenant en 1791 et capitaine en 1792; il se trouva au siège d'Anvers, à la bataille de Valmy, à celles de Dunkerque, d'Hondschoote, de Nerwinde, et aux sièges de Maëstricht et de Mayence; puis comme adjoint aux adjudants généraux à la bataille de Fleurus où il fut blessé. Après avoir combattu à Dusseldorf et à Wurtzbourg, il fit les campagnes de Suisse et d'Italie en 1798 et 1799, et fut fait prisonnier à l'affaire de Saint-Julien.

Le premier consul lui conféra le grade de chef de bataillon lorsqu'il était encore détenu. Mis en liberté, il devint en l'an XI, adjudant commandant et fut employé à Toulon pendant près de deux années. Il y fut nommé officier de la Légion d'honneur, en récompense de ses services.

Depuis, il se trouva aux grandes journées d'Ulm, d'Austerlitz et d'Iéna; à la prise de Lubeck, à Eylau, à Heilsberg, à Kœnigsberg, et donna partout des preuves de la plus rare intrépidité.

L'Empereur le créa commandant de la Légion d'honneur en 1807 et baron de l'Empire en 1808. Passé en Espagne en 1809, le baron de Beurmann, à la tête d'un corps de troupes westphaliennes, déploya la plus brillante valeur au siège de Girone. Ce fut lui qui enleva le couvent retranché de Saint-Denis; à l'attaque du fort de Mont-Saint-Jean, il monta trois fois à l'assaut. Nommé chef d'état-major, il se signala encore au siège de Figuières.

L'Empereur lui conféra le grade de général de brigade le 23 octobre 1810. Le 7 janvier 1812, il se signala encore en enlevant, à la tête de quatre compagnies, une forte position appelée le Calvaire, défendue par 3,000 Espagnols.

En 1814, le général de Beurmann fut chargé d'aller rejoindre le corps d'Augereau à Lyon. Il sut conserver la position de la Grange-Blanche dont on lui avait confié la défense, repoussa les attaques réitérées de l'ennemi et lui fit éprouver des pertes considérables.

Au retour des Bourbons, il fut nommé chevalier du Mérite militaire et chargé en 1818 du commandement de Toulon. En 1830, la ville de Toulon lui décerna une épée d'honneur, en souvenir de sa noble conduite, pendant les circonstances difficiles de cette époque.

On l'a vu successivement depuis lors commandant du département du Var de 1832 à 1837, époque où il fut placé sur le cadre de réserve, grand officier de la Légion d'honneur et maire de Toulon.

BEURNONVILLE (Pierre-Ruel, marquis de), pair, maréchal de France, etc., né le 10 mars 1762 à Champignoles, près de Bar-sur-Aube, fut destiné par ses parents à l'état ecclésiastique ; mais, entraîné par son goût pour l'état militaire, il fut admis à 14 ans dans la gendarmerie de Lunéville. Sous-lieutenant en 1777 dans le régiment colonial de l'Ile-de-France, il se signala dans les trois campagnes de l'Inde, sous les ordres de Suffren. Commandant des milices de l'île Bourbon en 1789, il fut destitué par le gouvernement ; il se plaignit au ministre, et obtint pour tout dédommagement la croix de Saint-Louis. Aide-de-camp du maréchal Luckner en 1792, il passa maréchal-de-camp dans la même année. Chargé de la défense du camp de Maulde, il résista pendant plusieurs mois à des forces supérieures et fit, à cette occasion, que Dumouriez le surnomma, à cause de sa haute stature et de son courage impétueux, l'*Ajax français*. Beurnouville prit part aux journées de Valmy et de Jemmapes. Chargé de conquérir le Luxembourg, il n'opéra pas cette conquête sans faire quelques pertes qu'il dissimulait dans ses rapports. Il ne craignit pas de dire dans l'un d'eux que l'ennemi avait perdu beaucoup de monde, mais que les Français en avaient été *quittes pour le petit doigt d'un chasseur*.

On fit alors cette épigramme :

Quand d'ennemis tués on compte plus de mille,
Nous ne perdons qu'un doigt, encor le plus petit.
   Holà, Monsieur de Beurnonville,
   Le petit doigt n'a pas tout dit.

En février 1793, Beurnonville fut nommé ministre de la guerre, en remplacement de Pache. Adjoint aux commissaires chargés d'aller arrêter Dumouriez dans son camp, Dumouriez donna ordre d'arrêter ces commissaires eux-mêmes et voulait en excepter Beurnonville qui lui dit tout bas : *Vous me perdez !* Dumouriez le comprit et le fit arrêter comme les autres. Livré aux Autrichiens, il fut incarcéré dans diverses forteresses pendant trente-sept mois. Échangé en novembre 1795 avec les autres contre la fille de Louis XVI, il fut chargé du commandement de l'armée de Sambre-et-Meuse qu'il ne conserva que quelques mois. En 1797, il fut sur le point d'être nommé membre du Directoire au lieu de Barthélemy.

Au 18 fructidor, il reçut le commandement de l'armée de Hollande, fut bientôt remplacé par Joubert et revint à Paris avec le titre d'inspecteur général.

Au 18 brumaire, il favorisa les projets de Bonaparte, et en reçut l'ambassade de Berlin. A son retour, il rapporta une correspondance qui révélait les intrigues du parti royaliste, et qui fut imprimée sous le titre de : *Papiers saisis à Bareuth*. Il fut ensuite envoyé à Madrid, et à son retour, nommé sénateur, grand officier de la Légion d'honneur, comte de l'Empire ; mais de tous les généraux de la Révolution, il fut le seul exclu du titre de maréchal, Napoléon, *dit-on*, ne lui accordant aucune capacité militaire.

Membre du gouvernement provisoire en 1814, Louis XVIII le nomma à son retour pair de France et membre de son conseil privé. Proscrit par un décret pendant les Cent-Jours, il suivit le roi à Gand et lui resta toujours dévoué. En 1816, il fut nommé commandeur de l'ordre de Saint-Louis, marquis, maréchal de France, cordon bleu, etc.

Beurnonville mourut le 23 avril 1821; il était grand dignitaire de l'ordre de la Franc-Maçonnerie.

BEURNONVILLE (Etienne-Martin, baron de), né à la Ferté-sur-Aube (Haute-Marne), le 11 juillet 1789. D'abord destiné à la marine, puis admis à l'École militaire de Fontainebleau, le 15 décembre 1806, en sortit le 27 février 1807, âgé de 16 ans et demi, avec le grade de sous-lieutenant au 27e d'infanterie légère, division Villate, 1er corps, sous les ordres de Bernadotte, et fit la campagne de Prusse.

En 1808, le 1er corps, commandé alors par Victor, passa en Espagne. M. de Beurnonville assista avec le 27e léger, aux combats de Durango, de Balmaseda, et à la bataille d'Espinosa.

Lieutenant le 24 novembre suivant, il assista au combat de Somo-Sierra, à la prise de Madrid, aux batailles d'Uclès et de Medellin.

Aide-de-camp de Macdonald en 1810 et 1811, ce fut lui qui porta à Paris les drapeaux de la garnison de Figuières; il était capitaine aide-de-camp depuis le 26 juin 1810. Il était avec Macdonald à la campagne de Russie, au siége de Riga.

Chef de bataillon le 13 avril 1813, il assista à l'attaque de Mersebourg, à Lutzen et à Bautzen et à tous les combats livrés par le 11e corps. Il prit part, toujours avec Macdonald, aux opérations de l'armée de Silésie, aux batailles du 16 et du 18 octobre devant Leipzig. Le 19, il couvrait la retraite avec les débris des 5e et 11e corps, et faillit périr avec Ponia-towski en traversant la Pleiss. Le 30 octobre, à Hanau, il prit le commandement du 22e léger, dont le colonel venait d'être tué. Il ne fut réellement nommé que le 7 novembre suivant. Le 29 novembre, il combattit avec un courage héroïque contre Bulow, et une balle lui traversa la poitrine.

Après le départ de Napoléon pour l'île d'Elbe, M. de Beurnonville s'attacha sincèrement aux Bourbons, fut fait chevalier de Saint-Louis le 7 août 1814, et baron le 6 décembre suivant. Il avait été nommé colonel du 1er léger le 20 mai 1814.

Le 20 mars 1815, plusieurs régiments de la garnison de Paris concentrés à Ris avaient quitté la cocarde blanche et s'étaient dirigées sur Fontainebleau au-devant de Napoléon; le 1er léger, commandé par Beurnouville demeura calme et immobile. Le colonel Beurnouville fut mis à la retraite le 22 mars.

Au retour de Louis XVIII, il fut nommé colonel du 6e d'infanterie de la garde royale; le 7 novembre, il fut fait maréchal-de-camp, sans perdre son régiment, et commandeur de la Légion d'honneur le 18 mai 1820.

Après la mort du maréchal Beurnonville, le 23 avril 1821, son neveu fut élevé à la dignité de pair. Le 17 juillet 1822, il suivit le duc d'Angoulême en Espagne, en qualité d'aide-de-camp, reçut la croix de 4e classe de l'ordre de Saint-Ferdinand, et deux ans après, fut nommé grand officier de la Légion d'honneur.

Absent de Paris pendant les journées de juillet, il rejoignit le duc d'Angoulême à Saint-Lô, et l'accompagna jusqu'à Cherbourg.

Pair de France, il s'incrivit contre la proposition Baude, relative à l'expulsion des Bourbons de la branche aînée, et, lors de la discussion de l'art. 23 de la Charte qui prononçait l'abolition de l'hérédité de la pairie, il ne voulut pas participer à ce qu'il croyait un suicide politique et donna sa démission.

BIGARRÉ (Auguste Julien, comte de), né à Belle-Isle en mer (Morbihan), le 1er janvier 1775. Son père appartenait à la magistrature. A l'âge de 14 ans, Auguste Bigarré s'embarqua comme marin pour les Antilles, fit quatre voyages à Saint-Domingue et guerroya contre les nègres révoltés. De retour en France, il fut nommé en 1792 sous-lieutenant au 9e régiment d'infanterie, ci-devant *Normandie*, fut blessé à Quiberon sous le général Hoche qui le nomma lieutenant. En l'an v, il était capitaine de carabiniers dans la 1re légion *des crânes* et fit partie de l'expédition d'Irlande. Ce fut à bord du vaisseau *les Droits de l'homme* qu'il combattit pendant douze heures contre un vaisseau anglais et une frégate.

Après cette expédition malheureuse, il fit plusieurs campagnes sous les ordres de Hoche et de Moreau, et se distingua partout. Nommé capitaine dans les chasseurs à pied de la garde des consuls, il arrêta aux Tuileries, un jour de garde, un fou qui voulait assassiner Napoléon. Peu après il eut sa nomination de major au 4e de ligne, commandé par Joseph Bonaparte. Il fit avec ce grade les campagnes d'Ulm et d'Austerlitz. Dans cette dernière bataille, il s'empara d'une batterie formidable; mais il perdit une des aigles de son régiment enlevée au sergent-major Saint-Cyr, neveu du maréchal, après que ce jeune homme eut reçu 14 coups de sabre sur la tête et sur les mains. Pour réparer cet affront, vers la fin de la bataille, le 2e bataillon du 4e de ligne, ayant à sa tête le major Bigarré et le commandant Calez, s'empara du régiment russe de Moscou, de son colonel et de deux drapeaux. L'Empereur fit rendre une nouvelle aigle au régiment et nomma Bigarré officier de la Légion d'honneur.

Joseph Bonaparte, devenu roi de Naples, appela Bigarré comme aide-de-camp auprès de sa personne, et le nomma maréchal-de-camp en 1808. Au départ de Joseph pour l'Espagne, Bigarré le suivit avec le même titre et assista aux diverses batailles commandées par le roi Joseph.

Après la débâcle de Vittoria et la rentrée de l'armée en France, il alla rejoindre l'Empereur qui lui donna le commandement d'une brigade sous les ordres de Macdonald. Il fit avec ce corps la campagne de 1813, fut nommé lieutenant-général et baron après la bataille de Craonne, à l'issue de laquelle le maréchal Ney vint le complimenter de la part de l'Empereur sur la bravoure avec laquelle sa division avait tenu la droite de l'armée russe en échec. Peu de jours après, l'Empereur lui donna le commandement d'une division de la jeune garde sous les ordres du duc de Trévise.

Après la chute de Napoléon, le roi Louis XVIII l'envoya commander le département d'Ille-et-Vilaine, et lui donna la croix de Saint-Louis et celle de commandant de la Légion d'honneur.

Après le débarquement de l'Empereur à Cannes, il reçut le commandement de la 13e division et ne put empêcher l'explosion de la guerre civile dans le Morbihan. Dans une rencontre avec les Chouans, il reçut un coup de feu à travers le corps. Après la bataille de Waterloo on lui ôta son commandement, et il resta en non-activité jusqu'à 1830. A cette époque il prit de son propre mouvement le commandement de la 13e division, et fut maintenu par Louis-Philippe qui le nomma grand officier de la Légion d'honneur et inspecteur général d'infanterie en 1835 et 1836.

BILLARD (Pierre-Joseph, baron), né le 28 décembre 1772, à Paris. Après avoir fait ses études au collége Mazarin, il entra comme aspirant volontaire, le 7 mars 1787, dans la marine royale, et fit, à bord de la gabarre *la Guiane*, du sloop *l'Amitié* et de la corvette *l'Ariel*, les campagnes de 1787-1788 et 1789.

A son retour en France, au mois de février 1790, il fit partie de la garde nationale de Paris jusqu'au 12 janvier 1792, époque de sa nomination au grade de sous-lieutenant dans le 34e régiment d'infanterie, dont le 2e bataillon fut incorporé, en l'an II, dans la 68e demi-brigade d'infanterie, devenue, en l'an IV, 15e demi-brigade de ligne.

Lieutenant, le 28 mai suivant, il fit les guerres de 1792 à l'an V, à l'armée du Nord, et assista à la bataille de Jemmapes, au siége de Maëstricht, aux affaires de Saint-Tron, de Tirlemont, et à la bataille de Nerwinde. L'armée ayant été dissoute au camp sous Tournai, le bataillon auquel il appartenait alla tenir garnison à Lille, et fit ensuite partie du camp de la Madeleine, établi sous les murs de cette place. Le jeune Billard eut alors le commandement d'une compagnie de tirailleurs aux avant-postes. Au mois de germinal an II, l'armée se mit en mouvement, et la 68e demi-brigade prit une part glorieuse aux affaires de Menin, de Courtrai, de Turcoing, d'Ypres, d'Hooglède, de Bois-le-Duc et de Nimègue. Le 29 floréal an II, à la bataille de Turcoing, le lieutenant Billard reprit 2 pièces de canon que les Français avaient abandonnées, et, le 30 prairial suivant, à Hooglède, il contribua à la défaite du régiment de dragons de Latour. Appelé à remplir les fonctions d'adjudant-major le 28 floréal an IV, et nommé capitaine de grenadiers le 5 frimaire an V, il passa, le 22 messidor, en qualité d'aide-de-camp auprès du général Schérer, devint chef de bataillon le 17 pluviôse an VII, et servit en Italie pendant une partie de cette dernière année.

Placé comme adjoint à l'état-major de la 17e division militaire (Paris), le 15 thermidor, il s'y trouvait encore au mois de brumaire an VIII, et il se rendit avec le général Andréossy à Saint-Cloud. La conduite du commandant Billard, pendant les journées des 18 et 19, lui valut un sabre de la manufacture de Versailles, que lui donna le premier consul.

Chargé de plusieurs missions importantes pour l'armée de l'Ouest, et particulièrement d'une reconnaissance des côtes de la Manche, il s'en acquitta avec un plein succès.

Le 13 floréal an XI, il fut mis à la disposition du général Mortier, et resta à l'armée de Hanovre pendant une partie de l'an XI et en l'an XII. Aide-de-camp de cet officier général, alors commandant de l'artillerie consulaire, le 12 frimaire an XII, et créé membre et officier de la Légion d'honneur le 25 prairial, il conserva ses fonctions auprès de son général, lorsque celui-ci fut élevé à la dignité de maréchal de l'Empire. Il l'accompagna au camp de Boulogne et à la grande armée pendant les campagnes de l'an XIV et de 1806 en Autriche.

Après la prise d'Ulm, il suivit les opérations du corps du maréchal Mortier sur la rive gauche du Danube, et prit part au combat de Diernstein, le 20 brumaire an XIV.

Nommé colonel le 10 juillet 1806, il continua ses fonctions d'aide-de-camp jusqu'au 14 août, et alla prendre le commandement du 29e régiment d'infanterie de ligne qui appartenait à l'armée de Naples. C'est à la tête de ce corps qu'il concourut à l'expédition des Calabres en 1807 et 1808.

Chargé de la prise de Crotone, il l'enleva en quarante-huit heures avec deux bataillons de son régiment et trois cents hommes de la garde civique. Quoique les approches de cette place fussent défendues par un grand nombre d'insurgés, et que la place elle-même renfermât une garnison de troupes régulières. L'occupation de Crotone était de la plus grande importance, tant à cause de son port que par la facilité qu'avaient de débarquer sur ce point tous les hommes qu'on envoyait de Sicile. Aussi le roi Joseph lui témoigna-t-il sa satisfaction par une lettre autographe rédigée dans les termes les plus honorables pour le 29° de ligne et pour son chef.

Le 28 mai 1807, le 29° de ligne trouva encore l'occasion de se signaler à l'affaire de Mileto, et le général Régnier cita particulièrement dans son rapport le colonel Billard. Le 29° de ligne eut, dans cette circonstance, vingt-et-un officiers et trois-cent trente sous-officiers et soldats mis hors de combat. A la fin de 1808, le colonel Billard commandait l'île de Procida, et pendant son séjour une escadre anglaise, composée de cinq vaisseaux et de six frégates, se présenta devant l'île. Un parlementaire vint sommer le colonel de rendre la place, mais celui-ci lui répondit que les Français n'avaient pas pour habitude de se rendre à une première invitation. L'officier anglais se retira, et, après quelques démonstrations sans résultat, l'escadre ennemie leva l'ancre et se dirigea sur Ischia, où elle n'obtint pas plus de succès.

En 1809 il fit partie de l'armée sous les ordres du prince Eugène, et se trouva au combat devant Caldiero, au passage de la Piave, à la bataille de Raab, et au combat du 5 juillet au soir, ou l'armée d'Italie éprouva un échec en voulant s'emparer du plateau de Wagram. Le 29° de ligne eut, dans cette affaire, soixante-dix officiers tués ou blessés, et le colonel y perdit un cheval tué sous lui.

Le soir, le prince dit au colonel en le voyant : « On m'avait annoncé la triste « nouvelle que votre régiment était en- « tièrement détruit, et que vous étiez au « nombre des blessés. — Non, » répondit le colonel, « et j'espère que demain « les faibles débris du 29° et moi nous « prendrons notre revanche. » En effet, les deux divisions Broussier et Lamarque se couvrirent de gloire. Les colonels des 13° et 9° régiment furent tués, le colonel Billard eut la moitié de son chapeau emporté par un boulet, et son cheval blessé sous lui. Le général commandant la brigade, mis hors de combat dès le commencement de l'action, avait laissé le commandement au colonel Billard, qui l'avait conservé pendant toute la journée.

L'Empereur, par décret du 15 août 1809, lui accorda le titre de baron de l'Empire, avec une dotation de 6,000 fr. de rente. Le prince plaça le 29° de ligne dans la division du général Barbou, qui, réunie au corps du général Baraguay d'Hilliers, était chargée de pacifier le Tyrol. La prise du malheureux Hoffer, chef des insurgés, fut le résultat des habiles dispositions du colonel Billard.

Au commencement de 1810, les Tyroliens s'étant soumis, le 29° se rendit à Livourne, où il tint garnison jusqu'en 1811, époque à laquelle il fut envoyé à Toulon. En arrivant dans cette place, le colonel Billard reçut sa nomination au grade de général de brigade, auquel il avait été élevé le 6 août 1811. Il demeura chargé du commandement du département du Var et spécialement des troupes en garnison à Toulon.

Le 29 mars 1812, il reçut l'ordre de se rendre à Wesel pour y prendre le commandement de la 3° brigade de la 12° division d'infanterie, faisant partie du 9° corps de la grande armée. C'est à la tête de ces troupes qu'il fit la mémorable campagne de Russie. Le 9ᵉ corps chargé de l'arrière-garde de l'armée, n'eut jusqu'à son arrivée à Smolensk que des engagements de peu d'importance.

Cependant le duc de Bellune ayant réuni à son commandement celui du corps du duc de Reggio, qui avait été mis hors de combat, crut devoir faire une reconnaissance des forces de l'ennemi. C'était la première fois que le 9ᵉ corps se trouvait en ligne. Cette reconnaissance, par l'acharnement qui eut lieu de part et d'autre, devint un véritable combat dans lequel le 9ᵉ corps, qui était en tête, perdit du monde sans obtenir de résultat décisif. La brigade Billard qui tenait la gauche, eut ordre de se porter dans cette direction pour rétablir la communication de la route, ce qu'elle exécuta en faisant 200 prisonniers.

L'aide-de-camp russe Boutourlin a prétendu dans son ouvrage sur la guerre de 1812 (tome II, page 359) que, dans une des affaires qui eurent lieu, la brigade Billard, à l'approche de l'artillerie russe, n'attendit pas l'ennemi et se retira. C'est une erreur qu'il importe de rectifier. Le général Billard, commandant l'avant-garde, renforcé par les lanciers de Berg, ne fut point attaqué et passa la nuit dans sa position, appuyé au village de Batoury. Il y eut à la vérité un bataillon de la 1ʳᵉ brigade qui fut fait prisonnier. Il avait été envoyé le matin avec les lanciers de Berg pour faire une reconnaissance dont le résultat fut la retraite des lanciers et la prise du bataillon. Le général Billard voyant revenir les lanciers, qui étaient vivement pressés par une quantité innombrable de Cosaques, se porta en avant et arrêta la cavalerie ennemie. Il envoya demander au général Patournaux deux pièces de canon pour aller au secours du bataillon compromis, mais ces pièces n'arrivèrent pas à temps. Le 9ᵉ corps ayant reçu l'ordre quelque temps après de se tenir en mesure de pouvoir faire face à Wittgenstein et à Tchitchakow, et cependant de ne pas compromettre des troupes sur lesquelles l'Empereur comptait pour protéger son mouvement rétrograde sur Smolensk, il lui devenait impossible d'entreprendre quelque chose de sérieux ; ainsi ce corps se fondit sans avoir rendu les services qu'on pouvait attendre de lui. Les marches et les contre-marches, plus que les combats, l'avaient réduit de moitié au moment où il fut chargé du commandement de l'arrière-garde. La 12ᵉ division qui, en entrant en campagne, était forte de 12,500 hommes, en comptait alors à peine 3,000.

Le 28 novembre, le général Billard, avec sa brigade, dont l'effectif ne dépassait pas 1,000 combattants, eut mission de rejeter de l'autre côté de la Bérésina les troupes de Tchitchakow, qui s'étaient introduites dans Borisowen passant un à un sur les débris du pont brûlé. Les dispositions qu'il prit eurent tout le succès qu'on pouvait en espérer. Un bataillon du 44ᵉ de ligne ayant chargé à la baïonnette tandis que le 126ᵉ se portait au point de retraite de l'ennemi, un grand nombre de Russes trouvèrent la mort ou se noyèrent en voulant passer trop précipitamment le fleuve. Le général Billard, relevé par la brigade du général Blanmont, alla rejoindre le général de division Patournaux, qui se trouvait arrêté avec la 1ʳᵉ brigade par le corps du comte de Wittgenstein. Le général Patournaux à la tête des troupes du général Billard, réduites à 430 combattants, prit une direction à droite dans l'intention de chercher un gué où il pût faire passer sa division. Il envoya des officiers pour prévenir les deux autres brigades de ce mouvement, mais cet avis ne parvint pas aux généraux Camus et Blanmont qui, ne recevant pas d'ordres, se retirèrent sur le plateau de Borisow, après avoir vainement essayé de se frayer un passage. Cette malheureuse division, après des efforts inouïs, exténuée par le froid, la fatigue et les privations, fut obligée de mettre bas les armes. Le général Billard, conduit à Witepsk, ne rentra en France qu'au mois de juillet 1814.

Chevalier de Saint-Louis et commandeur de la Légion d'honneur, les 13 et 23 août suivant, le général Billard fut mis en non-activité le 1er septembre, et nommé inspecteur d'infanterie adjoint dans la 6e division militaire le 16 janvier 1815; il exerçait encore ces fonctions lorsque Napoléon revint de l'île d'Elbe.

Dès le 31 mars, un décret lui donna le commandement d'une brigade à la 4e division du corps d'armée du comte Reille, mais il passa ensuite à la 1re brigade de la 8e division du 3e corps de l'armée du Nord, avec lequel il fit la campagne des Cent-Jours. Son cheval s'étant renversé sur lui, le 15 juin, en combattant dans le village de Saint-Amand, il fut obligé de se rendre à Paris pour y soigner sa santé, et fut mis en non-activité vers la fin de l'année.

De 1816 à 1821, il exerça les fonctions d'inspecteur général des troupes d'infanterie dans différentes divisions militaires. Appelé à faire partie du comité consultatif d'inspection, il y montra les connaissances d'un officier habitué au maniement des troupes, et passa, le 26 décembre 1821, au commandement de la 1re subdivision de la 5e division militaire.

Promu au grade de lieutenant-général et mis en disponibilité le 30 juillet 1823, il remplit les fonctions d'inspecteur général d'infanterie dans les 2e et 16e divisions militaires le 29 juin 1825, commanda la 1re division du camp de Saint-Omer en 1827, fut en même temps chargé de l'inspection des troupes de cette division, et reçut le 15 septembre la décoration de commandeur de Saint-Louis.

Il continua ses fonctions d'inspecteur général pendant les années suivantes, devint gentilhomme honoraire de la chambre du roi, et fut compris comme disponible dans le cadre d'activité de l'état-major général le 7 février 1831.

Envoyé à Bruxelles, pour l'organisation et l'inspection des troupes de l'armée belge le 4 septembre suivant, il ne voulut point accepter les offres que lui fit le roi Léopold de prendre du service en Belgique et rentra en France le 14 janvier 1832.

Chargé le 25 mai 1833 de l'inspection générale des troupes d'infanterie de la 13e division militaire, il passa au commandement de la sixième (Besançon) le 16 novembre 1835. Grand officier de la Légion d'honneur le 16 février 1837, et commandeur de l'ordre de Léopold de Belgique le 10 octobre suivant, il fut admis à la pension de retraite le 24 janvier 1838, et se retira à Paris pour y résider.

BISMARK (le comte de), lieutenant-général, commandant en chef de la cavalerie du royaume de Wurtemberg, etc.

Frédéric-Guillaume, comte de Bismark, descendant d'une ancienne famille noble, d'origine slave, naquit à Windheim, en Westphalie, le 28 juillet 1783. En 1796, il entra comme enseigne dans l'armée hanovrienne.

En 1803, lors de l'occupation du Hanovre par l'armée française, il prit du service dans les troupes du duc de Nassau. En 1804, il se retira en Angleterre, où il entra dans la légion anglo-hanovrienne. En 1805, il prit part à l'expédition des Anglais dans le nord de l'Allemagne.

En 1807, il entra, comme capitaine,

dans l'armée wurtembergeoise. Dans la campagne de 1809 contre l'Autriche, il se signala surtout au combat de Riedau, où sa conduite le fit remarquer par l'empereur Napoléon, qui lui donna la croix. — Il fit la campagne de Russie dans le 3ᵉ corps de la grande armée, commandé par le maréchal Ney, et fit preuve d'une grande intrépidité unie à une habileté remarquable. A la bataille de la Moskowa, il eut trois chevaux tués sous lui ; le comte de Bismark, alors chef d'escadron, dut prendre le commandement du régiment, réduit à 75 hommes. — Après le passage de la Bérésina, il fut chargé de ramener en Wurtemberg les faibles restes du contingent de ce royaume. — En 1813, il rentra en ligne à la tête du 1ᵉʳ régiment de chevau-légers, et se couvrit de gloire à Bautzen et à Seiffersdorf, où il fut promu au grade d'officier de la Légion d'honneur. A Leipzig, il fut fait prisonnier.

Après la réunion du Wurtemberg à la coalition, le comte de Bismark fut nommé colonel, chef d'état-major du prince Adam, qui commandait la cavalerie wurtembergeoise ; il fit en cette qualité les deux campagnes de France et se distingua sous les murs de Strasbourg, en 1815.

Après la paix, il fut nommé aide-de-camp général du roi de Wurtemberg, major général de la cavalerie en 1819, puis successivement membre à vie de la première chambre de Wurtemberg, ambassadeur à Carlsruhe, à Berlin, à Dresde, à Hanovre, et enfin en 1830, lieutenant-général commandant en chef de la cavalerie du royaume de Wurtemberg.

Le comte de Bismark a écrit un grand nombre d'ouvrages estimés sur l'art militaire.

BISSON (Pierre – François - Joseph, comte), enfant de troupe, né à Montpellier, le 16 février 1767, passa par les grades inférieurs et ne devint officier qu'après la Révolution. Il fut nommé en l'an II, chef de bataillon à l'armée de Sambre-et-Meuse. Chargé de la défense du Catelet, le 23 mai 1793, et enfermé dans cette place avec 60 grenadiers et 50 dragons, il se vit investi par 6,000 hommes de troupes ennemies. Bisson, pour leur cacher la faiblesse de la garnison, plaça ses grenadiers en tirailleurs devant les gués principaux, en avant d'un pont qu'il fit couper, puis il partagea sa cavalerie en trois pelotons, ayant l'ordre de se tenir constamment en mouvement, tandis que dans la place, deux tambours battaient continuellement la générale sur différents points, ce qui fit supposer aux assiégeants la présence de nombreux défenseurs. Ils se préparèrent donc à former le siège en règle du Catelet ; mais ils se retirèrent dès qu'ils apprirent que le général Legrand amenait des secours à la garnison.

A l'affaire de Messenheim, le commandant Bisson, à la tête d'un bataillon de 417 hommes seulement, soutint le choc de 3,000 fantassins et 1,200 cavaliers ennemis. Après avoir perdu, dans ce combat opiniâtre, le tiers de ses soldats, ce qui rendait sa position on ne peut plus critique, il sut se tirer d'embarras par un admirable coup d'audace. Il précipita son cheval au milieu de la colonne ennemie, sabra, culbuta tout ce qui barrait le passage, traversa la Naw à la nage, courut prendre position à Kirn, occupa tous les défilés et arrêta les progrès de l'ennemi.

Nommé, le 17 messidor an VII, chef de la 43ᵉ demi-brigade, il se conduisit avec tant de bravoure et d'intelligence à la bataille de Marengo, le 25 prairial an XIII, que le premier consul le fit général de brigade le 16 messidor suivant.

Le 5 nivôse an IX, il contribua puissamment au passage du Mincio, et le même jour, il se rendit maître de la forteresse de Monzambano après un combat sanglant. Il commanda ensuite la 6e division militaire, et quand, le 19 frimaire an XII, la croix de la Légion d'honneur lui fut décernée, il était attaché à la première division du camp de Saint-Omer.

Nommé commandant de l'ordre le 25 prairial suivant et général de division le 12 pluviôse an XIII, il fit la campagne d'Allemagne sous le prince d'Eckmühl. Blessé dangereusement au passage de la Traun, l'Empereur récompensa ses longs services en lui décernant, le 4 nivôse an XIV, le titre de grand officier de la Légion d'honneur et en lui conférant le gouvernement général des États de Brunswick, des principautés de Hildesheim, d'Alberstadt, d'Eichsfeld, ainsi que des villes de Goslar et de Mulhausen ; il fut aussi gouverneur de Frioul et du comté de Gorezzia.

En 1807, il fit avec Ney la campagne de Prusse et de Pologne, et prit une honorable part à la fameuse bataille de Friedland, livrée le 13 juin.

Créé comte de l'Empire en 1808, l'Empereur lui accorda une dotation de 30,000 francs sur les domaines de Neuhans et de Lauenbourg, situés en Hanovre.

Le général Bisson avait une haute stature, mais il était devenu d'une obésité extrême. Ce fut sans doute à cause de cette corpulence extraordinaire qu'il cessa, quoique jeune encore, de coopérer activement aux luttes de l'Empire. Depuis 1807 jusqu'au 26 juillet 1811, époque où il mourut à Mantoue : il resta étranger aux victoires de l'armée française. Il ne jouissait pas seulement d'une grande réputation de bravoure, il passait aussi pour un gourmand de distinction. Son appétit était tel, qu'il recevait de l'Empereur un traitement supplémentaire et spécial pour y pourvoir. Brillat-Savarin lui a consacré les lignes suivantes dans sa *Physiologie du goût :* « C'est ainsi, dit-il, que le général Bisson, qui buvait chaque jour huit bouteilles de vin à son déjeuner, n'avait pas l'air d'y toucher. Il avait un plus grand verre que les autres, et le vidait plus souvent ; mais on eût dit qu'il n'y faisait pas attention ; et tout en humant ainsi seize litres de liquide, il n'était pas plus empêché de plaisanter et de donner ses ordres que s'il n'eût dû boire qu'un carafon. »

Son nom figure sur le monument de l'Etoile, côté est.

BIZANNET (N.), simple soldat, passa par tous les grades, et parvint, par son seul courage, à celui de général. Il défendit Monaco en 1793, il commanda ensuite Toulon en 1814 ; il fut chargé de la défense de Berg-op-Zoom, ayant sous ses ordres les marins de la garde. Bizannet commanda Marseille pendant les Cent-Jours sous les ordres de Brune.

A Berg-op-Zoom, Bizannet avait 2,700 combattants ; un général anglais, à la faveur de la nuit et d'intelligences avec les habitants, s'y introduit avec 4,800 hommes d'élite. Ils sont dans la place ; la population est pour eux ; on se bat dans toutes les rues, et la presque totalité de la troupe anglaise est tuée ou demeure prisonnière.

BLANIAC (Guillaume-Joseph-Lafon), né à Villeneuve-d'Agen, entra au service en 1792, comme sous-lieutenant au 5e régiment de chasseurs à cheval, fit la campagne de l'armée du Nord, et se trouva à la bataille de Hondschoote et à la prise de Furnes. Il se distingua ensuite en Italie où il gagna les épaulettes de capitaine. Après la paix de Campo-Formio, il fit partie de l'expédition d'Égypte en qualité d'aide-de-camp de Berthier, se trouva à la prise d'Alexandrie, au combat de Damanhour et fut nommé chef d'escadron au 20ᵉ dragons.

Sa conduite dans plusieurs affaires lui valut le grade d'adjudant-général. Chef de l'état-major de la cavalerie à la bataille d'Alexandrie contre les Anglais, cet officier, enveloppé de toutes parts, blessé d'un coup de fusil reçu à bout portant, percé de coups de baïonnette, refusa de se rendre et se fit jour à coups de sabre. Nommé alors colonel du 14ᵉ dragons, il fit la campagne de 1805 avec ce corps et assista à la conquête du royaume de Naples.

Devenu général de brigade, il apaisa les soulèvements de la Calabre et devint gouverneur de Naples, puis de Madrid, en 1810. Depuis cette année jusqu'à la bataille de Vittoria, en 1813, et pendant toute la guerre d'Espagne, il fit preuve de grands talents militaires, qui lui valurent enfin le grade de général de division. Il abandonna le service en 1815.

BLEIN (ANGE-FRANÇOIS-ALEXANDRE, baron), né le 25 novembre 1767, à Bourg-lès-Valence (Drôme). Élève à l'école des ponts et chaussées le 1ᵉʳ janvier 1785, il en sortit le 1ᵉʳ janvier 1789 avec le grade d'ingénieur ordinaire. Après avoir été employé comme élève et comme ingénieur aux travaux du Tréport et de Cherbourg, il alla rejoindre l'armée du Var en 1793, et s'occupa de la construction du pont de ce nom et des retranchements du mont Gros.

Capitaine au corps du génie militaire, le 3 messidor an II, il passa à l'armée de Sambre-et-Meuse, où il prit part à plusieurs affaires d'avant-garde, au blocus et aux préparatifs du siége de Valenciennes, et, à la fin de cette campagne, au siége de Maëstricht.

Employé dans le mois de thermidor, an III, aux travaux du canal de Sambre-et-Oise, à Landrecies, et envoyé dans le mois de messidor, an VI, à l'armée de Mayence, il fit la campagne suivante aux armées du Danube et d'Helvétie, servit au siége de Philisbourg, et mit les places de Manheim et de Cassel en état de défense.

Nommé chef de bataillon, le 17 thermidor an VII, il se trouva, en l'an VIII, au passage du Rhin, à l'affaire de Neresheim, le 5 messidor, et au blocus d'Ulm. Il suivit, en l'an IX, le général Moreau à l'armée du Rhin, et se trouva à l'affaire de Haag, à la bataille de Hohenlinden, aux passages de l'Inn et de la Saale, les 10, 12, 18 et 22 frimaire.

Après la paix de Lunéville, le gouvernement lui confia la direction des fortifications de Saint-Quentin.

Attaché à l'état-major général de Berthier, il fit les guerres des ans XII et XIII à l'armée des côtes de l'Océan, où il reçut, le 25 prairial an XII, la décoration de la Légion d'honneur.

Attaché au grand quartier général pendant la campagne de l'an XIV en Autriche, il prit part aux batailles de Wertingen et d'Austerlitz, et devint colonel le 5 nivôse. Détaché, après la bataille d'Iéna, au 9ᵉ corps en Silésie, il servit au siége de Breslau, et contribua, l'année suivante, à la reddition des places de Brieg, de Schweinitz, de Kosel, de Reiss et de Silberberg. Sa conduite distinguée à l'affaire qui eut lieu en avant de Glatz et à la prise du camp retranché devant cette place, lui mérita, le 5 juillet 1807, la décoration d'officier de la Légion d'honneur.

Il partit pour l'armée d'Espagne en 1808, en qualité de commandant du génie du quartier général, et il se signala cette même année à la bataille de Somo-Sierra, à la prise de Madrid, et pendant toute la campagne dite d'*Astorga*.

Envoyé en mission près le maréchal duc de Dalmatie, il assista, le 30 janvier 1809, à la prise du Férolle. Rappelé à la grande armée d'Allemagne peu de temps après, il prit part, en qualité de chef d'état-major général du génie, aux batailles de Thann, de Landshutt, d'Eckmühl, à la prise de Ratisbonne et de Vienne, à la bataille d'Essling, au passage du Danube, à la bataille de Wagram et au combat de Znaïm; il fut blessé à Landshutt et à Ratisbonne.

Diversement employé, de 1810 à 1811, il fit partie de la grande armée de 1812 à 1814. L'Empereur l'avait nommé général de brigade le 22 juillet 1813, et commandant de la Légion d'honneur le 3 avril 1814. Louis XVIII le créa chevalier de Saint-Louis le 8 juillet suivant, et prononça son admission à la retraite le 1er août 1815.

Compris comme disponible le 22 mars 1831 dans le cadre d'activité de l'état-major général de l'armée, une décision du 30 avril 1832 le remit en jouissance de sa pension de retraite.

Grièvement blessé à la revue du 28 juillet 1835 par les projectiles de la machine Fieschi, il reçut une seconde pension conformément à la loi du 4 septembre de la même année, et le roi le nomma grand officier de la Légion d'honneur, le 29 avril 1837.

Le général Blein est décoré de la croix de chevalier de l'ordre de Wurtemberg. Son nom figure sur la partie nord de l'arc de triomphe de l'Étoile.

BLUCHER (W.), prince de Wahlstadt, feld-maréchal prussien, né en 1742 à Rostock, dans le duché de Mecklembourg-Schwerin.

Porte-enseigne d'un régiment suédois pendant la guerre de Sept-Ans, Blücher fut fait prisonnier par les Prussiens, et incorporé, avec une sorte de violence, dans les troupes de Frédéric. Devenu capitaine, il se fit remarquer par son courage et donna sa démission à l'occasion d'un passe-droit. Frédéric le Grand signa cette démission en ces termes : « Le capitaine Blücher est autorisé à quitter son poste, et il peut aller au diable si cela lui convient. »

Blücher, rappelé au service 15 ans après par Frédéric-Guillaume, alla combattre sur le Rhin, où ses brillantes qualités militaires le firent bientôt nommer général-major, puis lieutenant-général. Il était chef d'avant-garde à Auerstaedt; commandant d'un corps d'armée en 1813, à la bataille de Lutzen où il se distingua, général en chef de l'armée de Silésie à Katzbach où il battit les généraux Macdonald et Sébastiani, et à la bataille de Leipzig au gain de laquelle il contribua. Nommé alors feld-maréchal, il pénétra en France jusqu'à Brienne où Napoléon le battit complétement. A la Rothière et à Laon, il eut le rare honneur de résister au choc de 36 mille hommes commandés par Napoléon : à la vérité, il en avait 90 mille sous ses ordres. L'année suivante (1815), il se porta entre la Moselle et la Meuse et fut battu à Ligny et à Sombref, mais il causa du mal aux Français à Waterloo. Peu de jours après, sous les murs de Paris, le pont du Pecq lui fut livré, et cette trahison lui assura une marche tranquille vers Paris; il se montra difficile sur la capitulation de cette ville et voulait faire sauter le pont d'Iéna.

Blücher est mort en 1819.

La tactique de ce général était uniforme : assaillir l'ennemi avec impétuosité, se retirer lorsqu'il faisait une résistance trop opiniâtre, se rallier à quelque distance, suivre après ses mouvements, saisir la moindre faute, fondre sur lui, le culbuter, lui enlever des prisonniers, se retirer rapidement; telle fut celle qu'il employa presque toujours.

La bonne foi n'était pas sa vertu favorite, il était d'un caractère haineux et vindicatif.

BOINOD (Jean-Daniel-Mathieu), né le 29 octobre 1756 à Vevay, canton de Vaud (Suisse), fut d'abord imprimeur-libraire, entra au service le 13 août 1792, comme quartier-maître trésorier dans la légion des Allobroges. Commissaire des guerres provisoire, le 25 brumaire an II, et employé à l'armée de siège de Toulon au service de l'artillerie. C'est là que commencèrent ses relations avec Napoléon et que s'établit entre eux cette intimité qui résista à toutes les épreuves. Boinod ne fut pas compris dans l'organisation du 25 prairial an III. Le général Bonaparte lui écrivait à ce sujet :

« Je ne vous ai pas écrit, mon ami, parce que je n'avais aucune nouvelle agréable à vous donner. Vous n'êtes pas conservé commissaire des guerres; mais il est possible que cela change avant mon départ de Paris, qui ne sera pas encore d'ici à quelques décades. Donnez-moi de vos nouvelles. L'on est ici tranquille. Je vous envoie quelques numéros de *la Sentinelle* de Louvet. Les nouvelles du Midi sont toutes affligeantes; l'escadre perd un vaisseau; l'armée d'Italie évacue les positions, les places intéressantes et perd son artillerie. Le magasin à poudre de Nice saute; les terroristes nouveaux ont le dessus; on égorge de tous côtés. Il faut espérer que bientôt un gouvernement ferme et mieux organisé fera cesser tout cela. Adieu, mon ami, écrivez-moi.

« Bonaparte. »

Au bas de cette lettre, le général indiquait ainsi son adresse :

« Au général Bonaparte, sous l'enveloppe du citoyen Casabianca, représentant du peuple, rue de la Michodière, n° 6. »

Boinod fut nommé enfin commissaire des guerres titulaire, le 17 vendémiaire an IV, à l'armée d'Italie, où il déploya tant d'intelligence, de probité et d'activité que le général en chef lui envoya une gratification de cent mille francs, Boinod lui écrivit : « Je ne te reconnais pas, citoyen général, le droit de disposer ainsi des deniers de la République. L'armée souffre; je viens d'employer cette somme à ses besoins. »

Napoléon se souvint de ce refus à Sainte-Hélène, et légua à Boinod une somme de 100,000 fr., par son troisième codicille du 24 avril 1821.

A cette même armée d'Italie, Boinod signe un marché; mais il s'aperçoit que le fournisseur a trop d'avantage. Il lui dit : « Je vais faire casser le marché par le ministre, si tu ne me donnes un pot-de-vin ! — Comment, vous, citoyen Boinod, un pot-de-vin ! — Oui, moi, et je veux 30,000 francs. » Le fournisseur en prend l'engagement par écrit, et, sur le premier bordereau ordonnancé à son profit, Boinod écrit : « A déduire 30,000 francs que le fournisseur a promis de me donner, et qui appartiennent à la République. »

Boinod fit partie de l'expédition d'Égypte. Le 23 nivôse an VIII, en signant sa commission de commissaire ordonnateur, le premier consul ajouta de sa main, en marge du mémoire de proposition : « Il sera écrit au citoyen Boinod une lettre de satisfaction sur le zèle qu'il a toujours montré, sur son exacte probité, sur sa sévérité à empêcher les dilapidations, et cette lettre sera imprimée au journal officiel. »

Nommé inspecteur aux revues le 18 pluviôse suivant, il se rendit à Bourg pour la levée et l'organisation des bataillons du train d'artillerie. Il alla ensuite dans le Valais, afin de préparer à assurer les subsistances et les transports pour le passage du Saint-Bernard.

Il fit la campagne de l'an VIII, à l'armée d'Italie, en qualité d'ordonnateur en chef. Le 25 nivôse an X, il fut nommé inspecteur aux revues, attaché à la place de Besançon.

Boinod, dans l'inflexibilité de ses principes, fut le seul de la vieille armée d'Italie qui protesta par un vote négatif contre le consulat à vie. Le premier consul ne s'en montra point offensé, et le 12 vendémiaire an XII, il l'employa près la cavalerie des camps établis sur les côtes de l'Océan.

Quelque temps après, quand le peuple dut se prononcer au sujet de l'érection de l'Empire, Murat remit au premier consul le vote des corps de cavalerie et lui dit qu'il y avait un seul opposant. « Quel est-il ? demanda-t-il vivement. —C'est l'inspecteur Boinod. — Je le reconnais bien là ; c'est un quaker. »

Le 4 germinal an XII, l'Empereur comprit l'intègre Boinod sur la liste des membres de la Légion d'honneur. Boinod fit les campagnes de l'an XIV à la grande armée, et eut, le 21 juin 1806, l'inspection du 2ᵉ corps dans le Frioul.

Le 17 septembre suivant, l'Empereur l'attacha au ministère de la guerre du royaume d'Italie et écrivit au vice-roi : « Je vous envoie Boinod, laissez-le faire. »

Nommé chevalier de la Couronne de Fer et officier de la Légion d'honneur, il reçut en 1808 une mission importante en Dalmatie et s'en acquitta avec le plus grand succès. Présenté pour le titre de baron lors de la création de la noblesse impériale : « Vous ne le connaissez pas, dit Napoléon en le rayant ; mais moi je le connais ; il refuserait. »

Nommé inspecteur aux revues de l'armée d'Italie, le prince vice-roi lui confia (15 mai 1809) l'intendance générale de ladite armée en Allemagne.

Inspecteur en chef, par décret impérial du 20 janvier 1810, il continua de servir à l'armée d'Italie.

Vers cette époque, l'armée vivait encore au moyen de réquisitions. Plusieurs des principaux habitants du pays ayant cru nécessaire de demander un abonnement, nommèrent une députation qui devait se rendre auprès de l'Empereur à l'insu de Boinod ; mais celui-ci, en ayant eu connaissance, prit la poste et arriva à Paris un jour après les députés ; ceux-ci déjà reçus par l'Empereur, lui avaient proposé un abonnement de 17 millions auquel il paraissait disposé à consentir. Le lendemain, Boinod accourut : « Je viens, dit-il, empêcher Votre Majesté de commettre une grande faute. » Et il expose ses projets.

« Je connais les ressources du pays ; chargez-moi de cette négociation et vous obtiendrez près du double. — J'ai confiance en vos lumières et en votre probité, M. Boinod ; je vous donne mes pouvoirs, » lui dit l'Empereur. Le même jour, Boinod va trouver les députés qui se croyaient sûrs du succès ; il les détrompe en leur disant : « L'Empereur n'a point donné son consentement. J'ai ses pleins pouvoirs ; vous ne traiterez qu'avec moi et sur les lieux. » De retour à Milan, il obtint trente-deux millions.

Comme premier administrateur de l'Italie, il lui était alloué 12 mille francs par mois pour frais de bureaux. Après quelques mois de service, il reconnut que 6 mille francs lui suffisaient, et il remboursa le surplus au trésor.

Pendant qu'il était au ministère de la guerre du royaume d'Italie, l'Empereur mit à sa disposition des fonds qui ne furent pas tous employés ; le reliquat se montait à une somme d'environ cent mille francs dont il voulut faire le versement au trésor ; mais l'Empereur s'y opposant, Boinod insista, affirmant que son traitement lui suffisait, et il réintégra les fonds dans la caisse publique.

Après le départ de Napoléon pour l'île d'Elbe, Boinod qui avait protesté contre l'Empire, courut se ranger à côté de son bienfaiteur, de son ami. Abandonnant sa position, compromettant son avenir, il se rend en Suisse, y installe sa femme et ses enfants, et après avoir traversé l'Italie, il s'embarqua incognito à Piombino sur une petite barque qui conduisait des ouvriers tanneurs à l'île d'Elbe. Il débarqua, au mois d'août, à Porto-Longone; l'Empereur s'y trouvait alors et fit à Boinod l'accueil le plus bienveillant. Le lendemain, un ordre du jour apprit aux troupes que M. Boinod était chargé en chef des services administratifs de l'île d'Elbe. L'Empereur le laissa maître de fixer lui-même ses appointements; et celui qui aurait pu avoir des millions, ne voulut accepter que 3,000 francs, dont 900 francs furent consacrés à son secrétaire, et 600 à son domestique.

Rayé des contrôles du corps des inspecteurs aux revues, Boinod revint en France avec l'Empereur, et fut nommé inspecteur en chef aux revues de la garde impériale. On lui alloua 40,000 francs pour frais d'installation; mais la caisse d'un des régiments soumis à sa surveillance se trouvant à découvert d'une pareille somme, il envoya au chef du corps ces 40,000 francs en l'invitant à combler un déficit qu'il serait obligé de signaler.

Rayé de nouveau des contrôles après la seconde abdication, il fut admis à la retraite le 16 avril 1817, et se vit bientôt obligé d'accepter pour soutenir sa famille, le modeste emploi d'agent spécial de la Manutention des vivres de Paris, emploi qu'il exerça pendant douze ans. Il apporta dans ce service d'immenses améliorations qui produisirent d'importantes économies pour l'État, et une nourriture infiniment supérieure pour le soldat.

Après la révolution de juillet, nommé président de la commission des anciens fonctionnaires militaires, il donna sa démission de directeur des subsistances. Il reprit son rang comme intendant militaire dans le cadre d'activité et fut nommé commandeur de la Légion d'honneur.

Admis de nouveau à la retraite le 27 mai 1832, il avait alors quarante ans de services effectifs, et pour toute fortune sa pension de retraite, son traitement d'officier de la Légion d'honneur, et les 50,000 francs auxquels se réduisit en réalité le legs que lui avait fait l'Empereur.

Boinod était au nombre de ceux do le captif de Sainte-Hélène disait : « Si je n'avais eu que des serviteurs de cette trempe, j'aurais porté aussi haut que possible l'honneur du nom français. J'en aurais fait l'objet du respect du monde entier. »

Cet homme, taillé à l'antique, mourut à Paris le 28 mai 1842. Le corps de l'intendance lui fit élever un modeste tombeau au cimetière du Mont-Parnasse, et lui consacra une médaille en bronze représentant ses traits avec cette inscription latine : *Purè acta œtas*. Portant en exergue, sur le revers, les mots suivants : *Il eut l'insigne honneur de figurer sur le testament de Napoléon*, et au milieu :

A Boinod,
Inspecteur en chef aux revues,
Le Corps de l'intendance militaire.
Siége de Toulon,
Italie,
Égypte,
Allemagne,
Ile d'Elbe.

BOISSEROLLE-BOISVILLIERS (Jean-Aurèle de), né à Paris, le 3 septembre

1764, était fils du comte de Boisserolle, conseiller au parlement de Montpellier. Sa mère était la nièce du célèbre financier Law. Le jeune de Boisserolle reçut une éducation soignée au collège des Écossais. A seize ans, ses études étant terminées, il entra au service le 1er avril 1782 comme sous-lieutenant dans la légion dite de Luxembourg, avec laquelle il fit les guerres de 1782 et 1783 aux Indes-Orientales, ayant pour compagnon et ami le savant orientaliste Foucher. De retour en France, en février 1784, il fut présenté à Madame, tante du roi, et le 2 avril 1785, il fit partie de la Maison du roi, en qualité de lieutenant des gardes du corps. Quand vint la Révolution et après le licenciement de la Maison du roi, le 12 septembre 1791, il émigra; mais sa mère fut alors obligée de se cacher et ses sœurs furent emprisonnées. Cédant aux instances de son vieux père et tremblant pour le sort de sa famille, M. de Boisserolle fit taire les craintes que pouvait lui donner son titre d'émigré, rentra en France et se retira auprès de son père, dans le département du Gard, où il courut d'abord quelques dangers, au milieu de cette population exaltée. Un jour, une douzaine de paysans tirèrent sur lui en même temps, et, par une circonstance inouïe, il ne fut pas même blessé. Soit que ces hommes fanatisés aient cru à un miracle, ou pour un autre motif, leur rage se changea en enthousiasme, et quand la garde nationale du pays fut appelée à la défense des frontières des Pyrénées, ce fut M. de Boisserolle, celui-là même qu'ils avaient voulu tuer qu'ils élurent pour commandant du 8e bataillon des volontaires du Gard (1er novembre 1793).

Arrivé en Catalogne, les connaissances supérieures qu'il possédait dans les mathématiques et le dessin, le firent naturellement choisir pour faire partie du corps du génie. Il fut nommé tout d'abord adjudant à l'état-major général de l'armée des Pyrénées-Orientales.

De retour à Paris, en 1797, il entra dans l'état-major, où il resta jusqu'au moment où il partit pour l'expédition d'Égypte, avec le général Bonaparte, en qualité de lieutenant du génie; il en revint avec le grade de capitaine.

Lors de l'organisation de la gendarmerie, M. de Boisserolle fut nommé chef d'escadron dans la 24e légion du département des Bouches-du-Rhône (Marseille), poste pénible et périlleux dans ces temps, où des bandes armées infestaient les routes, dévalisaient les courriers et livraient souvent des combats acharnés à la gendarmerie.

Peu après il fut appelé à Paris pour assister au couronnement de l'Empereur. C'est à cette époque, 25 prairial an XII, qu'il fut nommé chevalier de la Légion d'honneur. Il fut ensuite envoyé à Gênes, pour y organiser la gendarmerie; il rentra ensuite dans l'armée active, fit les campagnes d'Italie, d'Allemagne, de Prusse et de Pologne, et enfin fit partie de l'expédition de Russie. Il venait d'être promu au grade de général de brigade, 4 juillet 1813, après une affaire dans laquelle il s'était particulièrement distingué. Chargé de s'emparer d'un village et de le brûler, s'il ne pouvait s'y maintenir, il s'en empara, bien qu'il n'eût sous ses ordres que peu de monde et ne perdit pas un seul homme. En récompense de ce fait d'armes, l'Empereur le nomma officier de la Légion d'honneur, le 31 juillet 1813.

A Moscou, il reçut le titre de baron de l'Empire, titre dont, par modestie, jamais il ne se para. Pendant la retraite, il fut abandonné au pied d'un arbre, où il serait mort sans l'humanité d'un grenadier qui lui desserra les dents avec la lame de son couteau, et fit couler sur ses lèvres la dernière goutte d'eau-de-vie qu'il possédait. Ses yeux s'étant entr'ouverts, le brave grenadier courut au bivouac, y prit une brouette, l'y coucha en travers et le rapporta au camp. Ce fut un regret de tous les instants de la vie du général de Boisserolle de n'avoir pu retrouver l'homme qui lui avait sauvé la vie. Malheureusement cette vie devait être désormais bien douloureuse, puisqu'il avait eu les pieds gelés. Aussi ne put-il assister à la désastreuse journée de Waterloo, où la gloire française sembla rendre le dernier soupir; et quand Louis XVIII, en lui envoyant la croix de Saint-Louis, voulut lui confier le commandement du dépôt du Calvados, auquel Napoléon l'avait précédemment appelé, il dut répondre à cette haute faveur par la demande de sa retraite, qu'il obtint le 9 septembre 1815.

De 1815 au 1er février 1829, époque de sa mort, le général de Boisserolle se livra avec une ardeur juvénile à l'étude d'une langue qui avait été la passion constante de sa vie, pendant les courts loisirs que lui laissèrent toutes les campagnes auxquelles il prit part. Il fit une grammaire et un dictionnaire *sanscrit*. Ce travail fabuleux fut le résultat de la connaissance approfondie qu'il avait, non-seulement des langues européennes vivantes, mais de toutes les langues mortes. Un secrétaire infidèle fit disparaître, à la mort du général, un ouvrage auquel il ne semblait pas que la vie d'un homme pût suffire. Les deux ouvrages ont été publiés à l'étranger, sous un autre nom que celui de l'auteur.

M. le général de Boisserolle tenait, par sa famille, à toutes les illustrations de l'époque; on y comptait les Lauriston, Boncelot, La Fare, Genestons, etc., etc. Il ne s'en prévalut jamais que pour rendre service à ses amis à qui sa bourse fut toujours ouverte. Aussi, tandis que tant d'autres généraux achetaient des domaines, où ils allaient se reposer des fatigues de la guerre, il était réduit à traduire les ouvrages des économistes anglais, pour améliorer sa modique retraite; il ne lui restait rien d'un beau patrimoine.

Très-spirituel et penseur profond, M. de Boisserolle possédait surtout cette amabilité que l'on a qualifiée d'amabilité française; il cherchait toujours à s'effacer. Son goût pour la poésie et sa facilité à faire des vers ne l'empêchèrent pas d'avoir des connaissances très-étendues en mathématiques. Il avait inventé une voiture qui marchait avec rapidité, au moyen d'un mécanisme ingénieux qu'un enfant pouvait faire mouvoir. Il avait l'intention d'offrir à l'Empereur ce chef-d'œuvre; mais c'était à l'époque de la machine infernale; la politique absorbait tous les esprits, les inventeurs étaient considérés comme des utopistes. Fulton lui-même fut repoussé et dut porter aux Etats-Unis ses admirables secrets. Les amis de M. de Boisserolle, parmi lesquels était le prince Eugène, l'engagèrent d'attendre des circonstances plus favorables.

Imbu dans sa jeunesse des doctrines de d'Alembert, Diderot, Rousseau, Voltaire, etc., l'expérience des hommes et des choses le conduisit, sur la fin de sa vie, à revenir sincèrement aux sentiments d'un philosophe chrétien.

BON (Louis-André), né à Romans en Dauphiné, le 25 octobre 1758, s'enrôla fort jeune dans le régiment Royal-Infanterie, et fit une partie de la guerre d'Amérique. — Commandant d'un bataillon de volontaires nationaux en 1792, il alla rejoindre Dugommier sur les frontières d'Espagne, fut bientôt chef de brigade, donna des preuves d'un grand courage au siège de Bellegarde et y fut nommé général de brigade. Il était en Italie à tous les combats où commandèrent Bonaparte et Augereau. Après la paix de Campo-Formio, il commanda la 8ᵉ division militaire (Marseille), y fit cesser les désordres causés par la réaction thermidorienne, et rendit les mêmes services à Avignon. Nommé général de division, il partit pour l'Egypte, se distingua devant Alexandrie; détermina la prise du Caire par l'attaque d'un poste important et contribua au triomphe inespéré de Mont-Thabor, en tournant l'ennemi attaqué de front par Kléber. Il se distingua également à la prise d'El-Arich, enleva Gaza, força Jaffa et alla périr devant les murs de Saint-Jean-d'Acre. Il se trouvait, le 10 mai 1799, à la tête de ses grenadiers, au pied de la brèche, dans le dernier assaut livré au corps de la place, lorsqu'il reçut une blessure mortelle qui l'enleva à sa division. — Le général Bon avait toutes les qualités qui font les grands généraux.

Quatorze ans après, l'Empereur, visitant l'école militaire de Saint-Germain, demanda le nom de l'un des élèves qu'il passait en revue : c'était le fils du général Bon. — « Où est votre mère, dit Napoléon. — A Paris, à un quatrième étage, où elle meurt de faim. »

Ce long et involontaire oubli fut réparé à l'instant même; la veuve du général illustre reçut une dotation, et le fils fut créé baron de l'Empire avec une autre dotation.

BONAMY (CHARLES-AUGUSTE-JEAN-BAPTISTE-LOUIS-JOSEPH), né à Fontenay-le-Comte en 1764. Il s'enrôla en 1791 dans le premier bataillon des volontaires de la Vendée; fut nommé en 1792 sous-lieutenant de cavalerie, et fit en cette qualité les campagnes de Belgique et de Champagne, sous Dumouriez. Après la défection de ce général, il passa en Vendée, d'où il revint en 1794, avec le général Marceau. Bientôt après, Kléber le fit son chef d'état-major, et il se distingua dans plusieurs occasions, notamment au siége de Mayence (octobre 1795). Accusé en 1796, d'avoir favorisé les approvisionnements de la garnison autrichienne d'Ehrenbreitstein, que les Français tenaient bloquée, il parvint à se disculper, mais il cessa d'être employé pendant deux ans. Cependant, en 1798, il suivit à Rome le général Championnet, qui le choisit pour son chef d'état-major; nommé alors général de brigade, il se distingua dans la rapide invasion du royaume de Naples; mais, accusé de nouveau d'avoir pris part aux abus qui causèrent la disgrâce du général en chef, il fut arrêté et ne dut sa liberté qu'à la Révolution qui renversa une partie des Directeurs. Ce fut à cette époque qu'il publia, sous le titre de *Coup d'œil rapide sur les opérations de la campagne de Naples jusqu'à l'entrée des Français dans cette ville*, un ouvrage, dont le but principal était sa justification, mais qui offre cependant quelques renseignements utiles pour l'histoire. Il était encore en Italie en 1800, et il eut quelque part au triomphe de Marengo.

Le général Bonamy fit partie de l'expédition de Russie et s'y distingua dans plusieurs occasions; mais ce fut surtout à la bataille de la Moskowa qu'il s'illustra par l'un des plus beaux faits d'armes de cette guerre. Ayant reçu l'ordre d'attaquer, au centre de l'armée russe, la terrible redoute où quarante pièces de canon vomissaient incessamment la mort; il se mit à la tête du 30ᵉ régiment, essuya de nombreuses décharges de mitraille, perdit la moitié de sa troupe, et devint, avec le reste, maître du redoutable retranchement. Mais, attaqué aussitôt par d'innombrables masses d'infanterie, il voulut encore résister, vit tomber à ses côtés le dernier de ses soldats, fut lui-même percé de vingt coups de baïonnette et laissé pour mort sur le champ de bataille. Il tomba au pouvoir des Russes, qui le gardèrent vingt-deux mois prisonnier. Il revint en France en 1814.

Après le retour de Napoléon, le général Bonamy fut nommé député au Champ de Mai, et lorsque l'armée se retira derrière la Loire, il fut chargé d'y conduire tous les dépôts et magasins, qu'il réussit ainsi à conserver à la France.

Resté sans fonctions après le licenciement, il rentra dans la vie privée et mourut en septembre 1830.

BONAPARTE (NAPOLÉON), né à Ajaccio (Corse) de Charles-Marie Bonaparte et de Maria-Lætitia Ramolino.

Leurs enfants sont nés dans l'ordre suivant :

1° Joseph-Napoléon Bonaparte, né à Corte, le 7 janvier 1768, roi de Naples, d'Espagne, comte de Survilliers ;

2° Napoléon Bonaparte, empereur des Français, roi d'Italie, né le 15 août 1769 ;

3° Lucien Bonaparte né à Ajaccio en 1775, prince de Canino ;

4° Marie-Anne-Lætitia Bonaparte, née à Ajaccio, le 3 janvier 1777, princesse de Lucques et de Piombino, grande duchesse de Toscane ;

5° Louis Bonaparte, né à Ajaccio, le 2 septembre 1778, roi de Hollande ;

6° Marie-Pauline Bonaparte, née à Ajaccio, le 20 octobre 1780, princesse et duchesse de Guastalla. — Princesse de Borghèse ;

7° Marie-Annonciade-Caroline Bonaparte, née à Ajaccio, le 25 mars 1782, reine de Naples, comtesse de Lipona ;

8° Jérôme Bonaparte, né à Ajaccio, le 15 décembre 1784, roi de Westphalie, prince de Montfort.

Nous donnerons ailleurs la liste des membres de la famille Bonaparte avec leurs alliances. Les détails qu'on va lire sont empruntés aux fastes de la Légion d'honneur.

Un mot sur Charles-Marie Bonaparte et sur madame Letitia Ramolino, sa femme.

Charles-Marie était grand, beau, bien fait. Son éducation avait été soignée à Rome et à Pise, où il avait étudié la jurisprudence. Plein de chaleur, d'énergie, de patriotisme, de dévouement, on le vit combattre avec courage, dans la guerre qu'il avait contribué à allumer contre les Gênois, oppresseurs de son pays; aussi était-il aimé de Paoli, estimé de ses compatriotes. C'est lui qui, à la consulte extraordinaire de Corse, où l'on proposait de se soumettre à la France, prononça un discours qui enflamma tous les esprits : « Si pour être libres il ne s'agissait que de le vouloir, disait-il, tous les peuples le seraient ; cependant l'histoire nous apprend que peu sont arrivés au bienfait de la liberté, parce que peu ont eu le courage, l'énergie et les vertus nécessaires. »

Né le 29 mars 1746, Charles-Marie mourut le 24 février 1785, à Montpellier, où des causes de santé l'avaient conduit, et fut inhumé dans un des caveaux des PP. Cordeliers. — Il avait été député par la noblesse de Corse auprès du roi de France.

Marie-Lætitia Ramolino, née le 24 août 1750, était une des plus belles femmes de son temps; sa beauté était connue dans l'île. Paoli, aux jours de sa puissance, ayant reçu une ambassade de Tunis, et voulant donner aux Barbaresques une idée des attraits de la Corse, en rassembla toutes les beautés : Mme Bonaparte y tenait le premier rang. — Sa famille était originaire d'Italie, et issue des comtes de Colalto ; le premier qui s'établit à Ajaccio avait épousé la fille du doge de Gênes, et reçut de cette République de grandes distinctions.

Mme Bonaparte, lors de la guerre de l'indépendance, partagea souvent les périls de son mari. Elle le suivit à cheval dans ses expéditions, même pendant sa grossesse de Napoléon. Elle avait un grand caractère, de la force d'âme, beaucoup d'élévation et de fierté.

Cette dame qui, après l'échec décisif de Ponte-Novo, s'était retirée avec son mari sur le sommet *del Monte Rotondo*, avait reçu de M. le comte de Vaux des passeports pour se rendre à Ajaccio. Ses larmes et les supplications de Lucien Bonaparte, archidiacre d'Ajaccio, oncle de son mari, firent renoncer celui-ci au dessein qu'il avait formé de suivre Paoli dans son exil.

Elle est morte en exil, à Rome, depuis plusieurs années.

I

Acte de baptême de Napoléon.

L'an 1771, et le 21 juillet, ont été administrées les saintes cérémonies et les prières, par moi, soussigné, économe, sur Napoléon, fils né du légitime mariage de M. Charles Bonaparte, fils de feu M. Joseph, et de Mme. Marie Letizia, sa femme, auquel on a donné l'eau dans la maison du très-révérend Lucien Bonaparte, avec permission, et né le 15 août 1769, et ont assisté à la cérémonie sacrée; pour parrain, l'illustrissime Laurent Giubega de Calvi (1), procureur du roi, et pour marraine, Mme Marie Geltrude, femme de M. Nicolas Paravicino. Présent le père; lesquels, unis à moi, ont signé ci-dessous :

JEAN-BAPTISTE DIAMANTÈ, écon. d'Ajaccio
LAURENT GIUBEGA,
GELTRUDE PARAVICINO,
CHARLES BONAPARTE.

(1) Et non Paoli, comme plusieurs auteurs l'ont écrit.

Est-il besoin de dire que cette pièce est littéralement traduite de l'italien? On le voit assez. — Elle offre une preuve sans réplique que Napoléon naquit le 15 août 1769, et qu'il ne faut point, à cet égard, s'en rapporter à son acte de mariage, qui le fait naître le 5 février 1768.

II

Naissance et enfance de Napoléon.

Le 15 août 1769, Mme Bonaparte, encore souffrante des fatigues qu'elle avait éprouvées en suivant son mari dans la guerre que les insulaires faisaient aux Génois, touchait au terme de sa grossesse; elle assistait à la solennité de la fête de l'Assomption lorsque les douleurs de l'enfantement l'obligèrent de retourner chez elle en toute hâte. C'est là qu'elle déposa, sur un vieux tapis à grands dessins étendu sur son lit, un enfant qu'on appela Napoléon : un antique usage consacré dans la famille Bonaparte voulait que le second des fils portât ce nom, en mémoire d'un Napoléon des Ursins, célèbre dans les fastes militaires de l'Italie.

La maison dans laquelle cet enfant vint au monde, forme un des côtés d'une cour qui s'ouvre sur la rue Saint-Charles, à Ajaccio. Elle avait appartenu à la famille Ramolino. M. Napoléon Levic, qui en a hérité, l'a tellement modifiée, en la faisant restaurer, qu'on n'y reconnaît plus la chambre dans laquelle naquit le grand homme.

M. le prince de Joinville, se trouvant à Ajaccio, acquit du propriétaire quelques meubles antiques que celui-ci avait relégués dans les combles, et les fit transporter à Paris.

D'après M. de Coston, la nourrice de Napoléon fut une certaine Mammuccia-Caterina, femme entêtée, querelleuse, toujours en dispute avec ceux qui vivaient autour d'elle. Suivant d'autres rapports,

Napoléon aurait été allaité par Camilla Ilari, à laquelle, se trouvant à Ajaccio après son retour d'Egypte, il donna une maison et d'autres biens-fonds de la valeur de 120,000 francs. Camilla, apprenant son arrivée, accourut à sa rencontre, tenant une bouteille de lait à la main. Après l'avoir embrassé, elle lui dit : *Mon fils, je vous ai donné le lait de mon sein, il est tari ; je vous offre celui de ma chèvre.* Plus tard, Camilla reçut de son nourrisson devenu Empereur, une pension de 3,600 francs.

Napoléon fut baptisé le 21 juillet 1771. C'était l'usage en Corse de différer ainsi la cérémonie du baptême.

En 1777, Charles Bonaparte fit partie de la députation que l'Assemblée générale des États de la Corse envoyait à Versailles auprès du roi Louis XVI. C'est à cette occasion, et par l'influence de M. de Marbeuf, évêque d'Autun, neveu du lieutenant-général du même nom, lequel avait des obligations à la famille Bonaparte, que Charles obtint pour son fils Napoléon une bourse à l'École royale militaire de Brienne-le-Château (Aube).

En janvier 1778, Napoléon fut déposé provisoirement par son père dans le collége d'Autun ; il avait alors neuf ans et demi : « ...... Il y apporta (au collége) un caractère sombre et pensif ; il ne s'amusait avec personne et se promenait ordinairement seul, ayant, pour ainsi dire, l'air de calculer déjà l'avenir, du moins je le suppose d'après une petite conversation auprès du poêle....... Il répondit aux pensionnaires qui le contrariaient sur la prise de la Corse : *Si on n'avait été que quatre contre un, on n'y eût point réussi ; mais on était dix.....* J'étais à côté de Napoléon et je lui dis : *Cependant vous aviez un bon général dans Paoli.* Il me répondit avec un air peiné : *Oui, Monsieur, et je voudrais bien lui ressembler.* — Il avait beaucoup de dispositions, comprenait et apprenait facilement. Quand je lui donnais une leçon, il fixait sur moi ses regards, bouche béante ; cherchais-je à récapituler ce que je venais de lui dire, il n'écoutait plus, et si je lui en faisais des reproches, il me répondait avec un air froid, on pourrait même dire impérieux : *Monsieur, je le sais.*

« Je ne l'ai eu que trois mois. Pendant ce temps, il a appris le français de manière à faire librement la conversation, et même de petits thèmes et de petites versions (1). »

Charles Bonaparte ayant fourni les preuves de noblesse exigées par les règlements pour l'admission des élèves à l'École de Brienne, Napoléon y entra le 23 avril 1779.

Cette école ne comptait guère que 110 élèves. Elle était desservie par des Minimes, dont les revenus ne s'élevaient pas au delà de 10,000 francs ; aussi les professeurs de Brienne étaient-ils des sujets fort médiocres, les ressources du collége ne permettant pas d'en faire venir d'un mérite supérieur. Aussi, passé 15 ans, un élève savait-il tout ce qu'on pouvait lui enseigner. Napoléon eut pour professeur de mathématiques un père Patrault, dont il fit son secrétaire lorsqu'il eut le commandement en chef de l'armée d'Italie. Le père Charles, aumônier de l'établissement, enseigna le catéchisme au jeune Bonaparte et lui fit faire sa première communion. En 1790, Napoléon, lieutenant d'artillerie, était en garnison à Auxonne. Toutes les fois qu'il allait à Dôle, il ne manquait jamais de rendre visite au bon père Charles, qui s'était retiré dans cette dernière ville. Devenu consul, il lui fit une pension de 1,000 francs en lui disant dans une lettre autographe :

(1) Lettre de l'abbé Ch..... à l'abbé F..... Recueil des Testaments remarquables.

« Je n'ai point oublié que c'est à votre vertueux exemple et à vos sages leçons que je dois la haute fortune à laquelle je suis arrivé. Sans la religion, il n'est point de bonheur possible...... Je me recommande à vos prières. » Traversant Dôle pour aller en Italie, il fit appeler le père Charles. Au moment de le quitter, celui-ci s'écria, les larmes aux yeux et d'une voix prophétique : *Vale, prosper, et regna* (Allez, heureux mortel, et régnez).

Il y avait aussi à Brienne un maître d'écriture qui donna des leçons de son art à Napoléon. Quand celui-ci fut parvenu à l'Empire, un homme déjà vieux et assez mal vêtu, se présente au palais de Saint-Cloud et demande la faveur d'être présenté à Sa Majesté. Introduit dans le cabinet du monarque : *Qui êtes-vous, et que me voulez-vous ?* lui demande sèchement Napoléon. — *Sire*, répond en balbutiant le solliciteur, *c'est moi qui ai eu l'honneur de donner des leçons d'écriture à Votre Majesté pendant quinze mois.* — *Vous avez fait là un bel élève*, répond vivement l'Empereur ; *je vous en fais mon compliment.* Puis se prenant à rire, il lui adressa quelques paroles bienveillantes et lui dit, en le congédiant : *J'aurai soin de mon maître d'écriture.*

Peu de jours après, le pauvre calligraphe reçut le brevet d'une pension de 1,200 francs. Dabobal, maître d'escrime à Brienne, et qui avait donné des leçons au jeune Bonaparte, devint sous-officier de gendarmerie, grâce sans doute à la protection de son élève.

Enfin, les portiers de Brienne, Hauté et sa femme, vinrent finir leurs jours à la Malmaison, en qualité de concierges. On le voit, Napoléon n'était pas ingrat, il se souvenait de tout le monde.

La manière dont il prononçait *Napoilloné*, lui fit donner par ses camarades le sobriquet de *la Paille-au-nez*.

Napoléon n'avait de goût que pour les connaissances solides ; aussi se livrait-il avec ardeur à l'étude des mathématiques, la seule de toutes les sciences qui soit vraiment digne de ce nom. Il eût probablement étudié avec le même empressement la physique, la chimie, l'astronomie, si l'école de Brienne lui en eût fourni l'occasion et les moyens. Quant aux arts d'agrément, à la littérature et mêmes aux langues étrangères, il en a toujours fait peu de cas : c'était pour lui de vains amusements de l'esprit, et voilà pourquoi il n'a jamais su écrire et parler correctement le français, la langue la plus usuelle de son empire ; cependant on assure qu'à l'âge de treize ans, il composa la fable suivante :

Le Chien, le Lapin et le Chasseur.

César, chien d'arrêt renommé,
Mais trop enflé de son mérite,
Tenait arrêté dans son gîte
Un malheureux lapin de peur inanimé.
« Rends-toi ! lui cria-t-il d'une voix de tonnerre, »
Qui fit au loin trembler les peuplades des bois :
« Je suis César, connu par ses exploits,
« Et dont le nom remplit toute la terre. »
A ce grand nom, Jeannot-Lapin,
Recommandant à Dieu son âme pénitente,
Demande d'une voix tremblante :
« Très-sérénissime Mâtin,
« Si je me rends, quel sera mon destin ?
« — Tu mourras. — Je mourrai ! dit la bête innocente ;
« Et si je fuis ? — Ton trépas est certain.
« — Quoi ! reprit l'animal qui se nourrit de thym,
« Des deux côtés je dois perdre la vie ?
« Que votre auguste seigneurie
« Veuille me pardonner, puisqu'il me faut mourir,
« Si j'ose tenter de m'enfuir. »
Il dit et fuit en héros de garenne.
Caton l'auraît blâmé : je dis qu'il n'eut pas tort ;
Car le Chasseur le voit à peine
Qu'il l'ajuste, le tire..., et le Chien tombe mort.
Que dirait de ceci notre bon Lafontaine ?
Aide-toi, le Ciel t'aidera.
J'approuve fort cette méthode-là.

Cette pièce est assez correcte, elle promettait. On l'a tirée du cabinet de M. le comte de Weymars.

Le 15 ou le 16 septembre 1783, le chevalier de Kéralio, maréchal-de-camp et sous-inspecteur général des écoles royales militaires de France, arriva à Brienne. Après avoir examiné les élèves de cette école, il désigna le jeune Napoléon pour celle de Paris. Les moines lui firent observer que cet enfant n'était fort que sur les mathématiques; qu'il serait mieux d'attendre à l'année suivante pour lui laisser le temps de se fortifier dans la langue latine : *Je sais ce que je fais*, reprit l'examinateur, *si je passe sur la règle, ce n'est point une faveur de famille; je ne connais point celle de cet enfant; c'est tout à cause de lui-même. J'aperçois ici une étincelle qu'on ne saurait trop cultiver.* Et puis M. de Kéralio rédigea la note suivante :

« M. de Bonaparte (Napoléon), né le 15 août 1769 : taille de 4 pieds 10 pouces 10 lignes; de bonne constitution, d'excellente santé; caractère soumis. Il a fait sa quatrième. Honnête et reconnaissant, sa conduite est très-régulière. Il s'est toujours distingué par son application aux mathématiques; il sait passablement l'histoire et la géographie; il est faible dans les exercices d'agrément. Ce sera un excellent marin. Mérite de passer à l'école de Paris. »

Une brochure de 45 pages, publiée en anglais, en l'an VI, et traduite en français par Bourgoing, ayant pour titre : *Quelques notices sur les premières années de Bonaparte, par un de ses condisciples* (Phélipeaux, à ce qu'on croit), se termine ainsi :

« ..... Tel l'homme dont j'ai vu les talents et les vertus au berceau. Je ne serai point taxé de partialité à son égard; dans sa première jeunesse je le considérais, je l'admirais même quelquefois, mais je ne l'aimais pas, et lui, très-peu liant, ne faisait pas d'exception en ma faveur. Depuis, je l'ai perdu de vue. Je n'attends ni ne crains rien de lui. Peut-être ne serai-je jamais son concitoyen, mais je m'honorerai d'avoir été son condisciple. »

Le 19 octobre 1784, Napoléon arriva à l'école de Paris accompagné d'un minime chargé de veiller sur lui.

A cette école, il eut pour maîtres de mathématiques le célèbre Monge et M. l'Abbey.

M. de l'Éguille, professeur d'histoire, dans un compte qu'il rendit sur les progrès de ses élèves, nota ainsi le jeune Napoléon : « Corse de nation et de caractère, il ira loin si les circonstances le favorisent. » Ce professeur y voyait de loin !

M. Domairon, qui enseignait les belles-lettres dans le même établissement, disait qu'il avait toujours été frappé de la bizarrerie des amplifications de Napoléon : il les comparait à du *granit chauffé à un volcan.*

Bauër, le professeur d'allemand, n'en était pas aussi satisfait; son élève ne faisait aucun progrès dans cette langue. Ce bon Germain entendant dire un jour que le petit Bonaparte était le meilleur mathématicien de l'école. *Cela ne me surprend point*, s'écria-t-il, *j'ai toujours entendu dire que les mathématiques ne sont faciles qu'aux ânes.* — Pauvre Bauër !

Le 15 mai 1785, Bonaparte fut confirmé par Leclerc de Juigné, archevêque de Paris, qui lui demanda son nom de baptême : Napoléon. — *Mais ce saint ne figure pas dans le calendrier.* — *Il n'y a rien là de surprenant, Monseigneur, le nombre des saints est bien plus grand que celui des jours de l'année.*

Deux mois plus tard il eut à répondre aux questions que lui fit Laplace, examinateur des aspirants au corps royal d'artillerie, sur l'arithmétique, la géométrie, la trigonométrie rectiligne, les éléments d'algèbre, la mécanique et l'hydrostatique, du cours de Bezout. Un mois après (1er septembre 1785), il fut nommé lieutenant en second d'artillerie, et vers le commencement du mois suivant, il reçut ordre d'aller joindre à Valence, en Dauphiné, le régiment d'artillerie de La Fère, qui était en garnison dans cette ville ; à son arrivée, on le plaça dans une des compagnies de la brigade des bombardiers.

III

Premières armes.

Napoléon fréquentait la meilleure société de la ville ; il prit même des leçons de danse afin de mieux figurer dans les réunions. Mais son maître, Dautel, aurait justement mérité plus tard la réponse qu'il fit à son professeur de calligraphie.

Se trouvant un jour chez monseigneur de Grave, évêque de Valence, qu'il allait visiter quelquefois, Napoléon lui dit qu'un de ses ancêtres avait été canonisé à Bologne : *Mon enfant, voilà un bel exemple à suivre*, répondit le prélat, *songez-y : un trône dans le ciel ! — Ah ! Monseigneur, si, en attendant, je pouvais passer capitaine !*

C'est dans cette garnison qu'il commença son *Histoire politique, civile et militaire de la Corse*. Il en soumit les deux premiers chapitres à l'approbation de l'abbé Raynal, qui, à ce qu'il paraît l'engagea à continuer, s'il faut en juger d'après une lettre que Bonaparte écrivait, le 29 juillet 1786, au libraire Barde, de Genève. Il mit la dernière main à cette histoire pendant son séjour en Corse (1787) ; elle devait former 2 volumes in-12.

Le 1er juin 1790, Napoléon, accompagné de son frère Louis, alla rejoindre son régiment, alors en garnison à Auxonne. Il dit à ses camarades, en leur présentant son frère : *Voilà un jeune homme qui vient observer une nation qui tend à se détruire ou à se régénérer.* Les deux frères logèrent à la caserne.

Bonaparte, mentor et précepteur de Louis, lui faisait réciter son catéchisme, mettait lui-même le pot-au-feu, et tous les jours, à deux heures après midi, il allait faire une prière dans la chapelle du couvent des Ursulines.

A cette époque, Napoléon se coiffait déjà de son petit chapeau ; il tenait souvent les mains croisées derrière le dos ; était réfléchi, sombre parfois ; il fréquentait de préférence les personnes plus âgées que lui. A Auxonne, on attribuait son éloignement pour le monde à son peu de fortune. — Voici ce qu'on lisait, écrit de la main de Bonaparte, sur le registre d'un tailleur, Biaute, établi dans cette ville :

1er feuillet, doit M. Bonaparte :

Fait culotte de drap. . . . 2 liv.
2 caleçons. 1   4
                          ─────────
                          3 liv. 4 s.

2e feuillet, doit M. Bonaparte :

Fait anglaise bleue . . . . 4 liv.
Bordure. 1
                          ─────────
                          5 liv.

3e feuillet, doit M. Bonaparte :

Fait culotte . . . . 2 liv.
2 caleçons. 1
                          ─────────
                          3 liv.

Le 1er janvier 1791, la femme qui avait soin de sa chambre lui dit pour compliment de bonne année : *Je désire vous voir un jour général. — Ma pauvre Thérèse*, lui répondit-il, *je me contenterais bien de* devenir commandant ; je n'en demanderais pas davantage.

En 1791, le lieutenant d'artillerie, se trouvant dans l'église de Saint-Jean de Valence, fut accosté par une pauvre femme, qui lui demanda l'aumône ; il lui donna un écu de trois livres : « Merci, mon officier, je vous souhaite une couronne. — C'est possible, repartit Napoléon. »

En octobre 1791, il obtint un congé de trois mois et il partit pour la Corse. En janvier 1792, il fut nommé adjudant-major du 2e bataillon de volontaires nationaux qui s'était formé dans cette île, à Ajaccio. Le 27 février de la même année, ses compatriotes lui donnèrent le grade de lieutenant-colonel. Au mois de mai suivant, il se rendit à Paris pour s'y justifier d'une accusation portée contre lui par Mario-Paraldi, membre de l'Assemblée nationale législative. On l'accusait d'avoir, dans une émeute, donné l'ordre de faire feu sur ses concitoyens.

Le 20 juin 1792 il vit, de la terrasse du bord de l'eau (Tuileries), l'infortuné Louis XVI à une fenêtre du palais, que la populace des faubourgs avait contraint de se coiffer du bonnet rouge. A cet aspect, son indignation ne put se contenir, et il s'écria d'un ton assez haut : *Comment a-t-on pu laisser entrer cette canaille ? Il fallait en balayer quatre ou cinq cents avec du canon, et le reste courrait encore.* Puis il blâma la pusillanimité des conseillers et des défenseurs du monarque.

Le 11 août 1792, Napoléon écrit à son oncle Paravicini ; après lui avoir dépeint les scènes affreuses de la veille, il ajoute : « Ne soyez pas inquiet de vos neveux, ils sauront se faire place. » C'était déjà prédire sa haute destinée et la chute du trône.

S'étant facilement justifié des imputations dont il était l'objet, il reçut l'ordre d'aller reprendre son commandement en Corse. Il partit vers le milieu de septembre (même année), emmenant avec lui sa sœur Marie-Anne (Élisa).

A son retour dans sa patrie, il fut profondément affecté de découvrir dans Paoli, nommé lieutenant-général en Corse, au service de France, l'intention de rendre à cette île toute son indépendance. Paoli avait été l'ami, le compagnon d'armes de son père, et il le considérait comme son protecteur. Dès lors le jeune admirateur des exploits de Paoli ne vit plus en lui qu'un traître dont il devait se méfier. Néanmoins il continua de servir sous ses ordres, mais avec la réserve que lui commandaient les circonstances.

Une escadre, sous les ordres du vice-amiral Truguet, chargée d'une expédition contre la Sardaigne, arrive dans le port d'Ajaccio en janvier 1793. Paoli, lieutenant-général, commandant de la 23e division militaire, mit 2,000 hommes de troupes de ligne sous les ordres du vice-amiral qui alla jeter l'ancre dans la rade de Cagliari : 4 à 500 Marseillais indisciplinés faisaient partie de l'expédition. Truguet échoua dans son entreprise sur Cagliari, et retourna avec son escadre à Toulon.

A cette époque, une autre expédition, sous les ordres de Colonna Césari, commandant en second des gardes nationales de Corse, se préparait dans cette île contre les îles de la Madeleine : elle se composait de quatre détachements de 200 hommes chacun. Bonaparte commandait l'artillerie, et le capitaine Mogdié le génie.

L'indiscipline que l'on reprochait avec raison à la phalange marseillaise s'était propagée dans l'armée navale. A Bonifacio, sur la place Doria, des matelots français, prenant Bonaparte pour un aristocrate, voulurent le pendre à la lanterne ; il eût infailliblement péri sans le sergent Brignoli de Bastilica, dit Marinano, qui lui fit un rempart de son corps et tua d'un coup de poignard un des brigands qui se montraient le plus acharnés.

L'attaque contre les îles de la Madeleine n'eut aucun succès. On prétend que Paoli ne fut point étranger à l'insuccès de l'expédition de Sardaigne ; car il aurait dit à son neveu Césari Roca, commandant l'attaque contre la Madeleine : *Souviens-toi, César, que la Sardaigne est l'amie naturelle de la Corse, et que les rois de Piémont ont de tout temps été nos alliés ; fais donc en sorte que cette expédition s'en aille en fumée.*

Après la malheureuse expédition de Sardaigne, Napoléon alla rejoindre son bataillon de volontaires à Corté.

Le 8 mars 1793, il fut nommé capitaine-commandant au 4e régiment d'artillerie.

Paoli, ayant formé le projet d'abandonner la cause de la France, en fit part à Napoléon, et, pour lui faire partager son opinion, il lui fit un magnifique éloge de l'heureuse constitution et des belles récompenses qui l'attendaient en Angleterre, s'il voulait prendre du service dans les armées de ce pays. Il lui dépeignit en même temps l'affreuse anarchie qui désolait la France, et les malheurs inévitables dont elle était menacée. Napoléon lui répondit :

« Eh quoi ! se séparer de la France ? cela ne sera jamais. Nos plus chers intérêts, nos habitudes, nos coutumes, l'honneur, la gloire, les serments solennels, tout exige que la Corse reste éternellement française. L'anarchie actuelle, fille des grandes révolutions, ne sera qu'éphémère. Tout doit changer : l'ordre renaîtra infailliblement, les lois se régleront sur les idées du siècle, et la France ne tardera pas à s'élever grande et majestueuse, jusqu'au faîte de la gloire ! — Vous, général, vous avez parlé de l'Angleterre, protectrice des peuples libres ! — Quelle erreur ! — Eh puis ! l'immense éloignement, la langue, notre caractère, les dépenses énormes, incalculables, tout ne s'oppose-t-il pas impérieusement à l'union avec le tyran des mers et des pays qui ne sont point l'Angleterre (1) ! »

Paoli, déconcerté et tout hors de lui-même, hausse les épaules, entre dans son cabinet, en ferme brusquement la porte et laisse Napoléon seul dans sa chambre. Celui-ci connaissait le caractère irritable et vindicatif du vieux général, il ne perdit donc pas de temps : il monta à cheval et se rendit par des sentiers détournés chez un certain Bagaglino qui gardait les troupeaux de la famille Bonaparte. Après s'être reposé pendant un jour, il envoya un homme sûr à Ajaccio, qu'il chargea de remettre un billet à sa mère, dans lequel il l'engageait à aller se mettre en sûreté avec sa famille à Calvi, où il irait de son côté les rejoindre ; n'ayant ni encre, ni papier, il avait écrit ce billet sur une lettre qu'il trouva dans sa poche, avec de la suie et une branche d'arbousier qu'il aiguisa à cet effet.

Son émissaire (Marmotta) fut rencontré près d'Ajaccio par des soldats qui lui firent subir un interrogatoire minutieux sur le lieu d'où il venait, sur les motifs qui l'amenaient à Ajaccio.... Il fut assez heureux pour leur faire prendre le change : il continua sa route et il remit sa lettre à madame Lætitia qu'il trouva dans des transes mortelles ; elle savait déjà que son fils était parti de Corté, car le commandant d'Ajaccio, créature de Paoli, avait envoyé chez elle des gendarmes pour l'arrêter s'ils l'y trouvaient.

Madame Lætitia et sa famille s'embarquèrent pendant la nuit et se rendirent à Calvi. Dans une consulte de toutes les communes de la Corse, qui se tenait à Corté, dont Paoli était président, et Pozzo di Borgo (depuis ambassadeur de Russie en France) procureur général, on

(1) Storia di Corsica, da F.-O. Renucci, 1833, t. I, p. 474 et 475.

signala les familles Bonaparte et Arena comme perturbatrices du repos public.

Le séjour dans l'île devenant dangereux, Bonaparte et sa famille se réfugièrent à Marseille, pendant que leur maison était pillée, leurs campagnes dévastées, leurs troupeaux décimés.... De Marseille, Napoléon alla seul à Nice; où se trouvait une partie du 4e régiment d'artillerie.

Après plusieurs voyages sans importance dans le Midi, Bonaparte, malade, se rendit à Avignon, et descendit chez M. Bouchet, négociant. Il profita de ce temps de repos pour consigner dans une brochure qu'il intitula *le souper de Beaucaire*, l'état des opinions qui divisaient les habitants du Midi. Cet écrit est remarquable par la sagacité des vues militaires et politiques que l'auteur y développe; il donne de sages conseils aux insurgés, et leur prédit les malheurs qui fondront sur leur pays s'ils persistent dans leur aveuglement.

Cette brochure, imprimée aux frais du Trésor, par Sabin-Tournal, rédacteur du *Courrier d'Avignon*, fit d'abord peu de sensation.

Dans les premiers jours de septembre 1793, Napoléon, apprenant la trahison qui venait de livrer Toulon aux Anglais, partit en toute hâte pour Paris, demanda et obtint du comité de salut public de servir au siége de Toulon, et se rendit à Ollioules, quartier général de l'armée de siége, commandée par Carteaux, homme vain et sans talents. Bonaparte, que les représentants du peuple Salicetti, Albette et Barras, avaient nommé chef de bataillon, commandant l'artillerie de siége, était sans cesse contrarié dans ses opérations par le général en chef, qui cherchait à le distraire du plan arrêté au conseil, pour lui faire pointer ses canons dans une direction opposée, soit pour battre des forts sans résultats probables, soit pour essayer de jeter quelques bombes dans la ville.

Dès son arrivée au siége, Bonaparte avait fait établir les batteries de la *Montagne* et des *Sans-Culottes*. Ces batteries répandaient la terreur et la mort parmi les assiégés. Plusieurs chaloupes anglaises furent coulées bas, quelques frégates furent démâtées, et quatre vaisseaux de ligne ennemis rentrèrent dans le bassin pour s'y réparer des dommages que les batteries leur avaient faits.

Il n'y avait point au siége d'officier du génie; Napoléon fit pendant quelque temps le service des deux armes. Son activité était infatigable; on le voyait, on le trouvait partout. Un jour, un canonnier d'une batterie ayant été tué, le commandant d'artillerie prit le refouloir et aida à charger dix à douze coups.

Quelques jours après, il fut couvert d'une gale très-maligne; son adjoint Muiron découvrit que le canonnier mort, qu'il avait momentanément remplacé, en était infecté. Cette maladie cutanée, traitée d'abord très-légèrement, affecta longtemps la santé de Napoléon, et faillit lui coûter la vie.

Les canonniers d'une batterie que les Anglais foudroyaient étaient sur le point de l'abandonner. Bonaparte, qui connaissait l'importance de cette position, s'avisa, pour encourager et retenir les artilleurs à leur poste, d'un moyen qui prouve qu'il connaissait bien le caractère du soldat français : il fit dresser un poteau en avant de la batterie, portant cet écriteau : *Batterie des hommes sans peur*; tous les canonniers de l'armée voulurent servir cette batterie.

A la prise du fort Margrave, Napoléon eut un cheval tué sous lui et fut légèrement blessé au mollet par un coup de lance que lui porta un canonnier anglais.

Le 18 décembre 1793, l'armée assiégeante bombarda Toulon et s'empara du fort Malbosquet, ce qui fit dire à Bonaparte, parlant aux généraux : *Demain ou après-demain vous souperez dans Toulon.* Il devina juste, l'armée républicaine entra dans la place le lendemain.

Le 20 du même mois (30 frimaire an II), les représentants du peuple nommèrent provisoirement le chef de bataillon d'artillerie, Bonaparte, au grade de général de brigade d'artillerie.

Dans le rapport que le général en chef Dugommier envoya à la Convention, à la suite de la prise de Toulon, il est dit au sujet de Bonaparte : « Récompensez et avancez ce jeune homme ; car si on était ingrat envers lui, il s'avancerait tout seul. »

Le 30 décembre 1793, Bonaparte, accompagné de son aide-de-camp Junot, se rendit à Marseille, où il trouva sa famille. Pendant son séjour dans cette ville, il eut occasion de consulter une diseuse de bonne aventure. La sorcière, qui ignorait son grade, lui dit mot à mot et avec assurance : *Vous passerez les mers; vous serez victorieux, vous reviendrez, et vous serez plus grand que jamais.*

Vers la fin de janvier 1794, Napoléon inspecta les côtes de la mer que baigne le territoire de Marseille pour reconnaître les positions où il serait convenable d'établir des batteries.

Le 16 février de la même année, le représentant du peuple Maignet aurait écrit de Marseille, au comité de salut public, une lettre dans laquelle il lui dénonçait le général Bonaparte, l'accusant de lui avoir proposé, à lui Maignet, de faire réparer les forts Saint-Nicolas et Saint-Jean, que, d'après les ordres de Louis XIV, on avait autrefois élevés autour de Marseille, dans l'intention de les mettre à l'abri d'un coup de main de la population de la ville : ces forts, démolis en partie en 89, contenaient des poudres et des armes de guerre.

A quelque temps de là, Bonaparte fut mandé à la barre de la Convention, mais il était déjà à l'armée ; et les représentants du peuple qui se trouvaient sur les lieux accueillirent favorablement sa justification : le mandat d'amener fut suspendu, sauf à le faire valoir plus tard.

Au printemps de 1794, Napoléon fit venir sa famille au château de Sallé, à un quart de lieue d'Antibes. Un jour il s'y rendit de Nice ; plus préoccupé que de coutume, et se promenant entre ses frères Joseph et Lucien, il leur dit qu'il ne dépendait que de lui de les établir tous avantageusement à Paris. *On m'offre*, ajouta-t-il, *le commandement de la force armée de cette ville, qui est aujourd'hui sous les ordres de Henriot. Qu'en pensez-vous?* Les deux frères gardaient le silence. *Cela vaut bien la peine d'y penser. Il n'est pas si facile de sauver sa tête à Paris que dans ce pays-ci. Moi, servir Robespierre! jamais. Il n'y a de place honorable pour moi qu'à l'armée..... Prenez patience, je commanderai à Paris plus tard.*

Après le 9 thermidor (27 juillet 1794), les représentants du peuple Albitte, Salicetti et La Porte, écrivent au comité de salut public qu'ils vont s'assurer du général Bonaparte; qu'ils l'enverront à Paris avec ses papiers....

On prétend que ces proconsuls accusaient le général d'avoir eu les rapports les plus intimes avec les frères Robespierre.

Le 12 août, Bonaparte est arrêté à Nice et mis d'abord au secret. Le 24 du même mois, Salicetti et Albitte informent le comité de salut public qu'ils ont fait remettre Bonaparte en liberté, sans cependant l'avoir réintégré.

Il ne tarda pas à l'être, puisqu'on le revoit en septembre, exerçant les fonctions de commandant en chef de l'artillerie à l'armée d'Italie.

La prise d'Oneille et du col de Tende, le combat de Cairo, furent les premiers succès que les Français obtinrent en Piémont. L'armée d'Italie, d'après l'exécution des plans du général Bonaparte, était maîtresse de toute la chaîne supérieure des Alpes maritimes, et communiquait avec le poste d'Argentière : 4,000 prisonniers, 70 pièces de canon, l'occupation de deux places fortes, Oneille et Saorgio, furent le résultat de ces belles opérations.

Le général en chef Dumerbion écrivait aux représentants du peuple en mission : « C'est aux talents du général Bonaparte que je dois les savantes combinaisons qui ont assuré notre victoire. »

Napoléon voulait que l'on profitât de ces divers avantages pour prendre le camp retranché de Cera, qui était comme le centre des forces piémontaises ; il proposa en même temps un plan d'invasion en Italie après qu'on aurait soumis le Piémont. Les représentants, satisfaits des résultats qu'ils venaient d'obtenir, ne voulurent point seconder les projets du général de l'artillerie, et ils retardèrent ainsi d'un an la conquête de l'Italie, dont la gloire était réservée à Bonaparte.

En mars 1795, se trouvant à Toulon, où commandait le général de brigade Bizannet, il eut la satisfaction de soustraire à la rage de la populace une vingtaine d'émigrés français, dont quelques-uns de la famille Chabrillant, qu'un corsaire avait trouvés sur un vaisseau espagnol et qu'il avait conduits dans ce port.

Le général Bizannet, désespérant de conjurer la fureur des assassins altérés du sang des victimes commises à sa garde, s'adresse à Bonaparte et lui demande ses conseils... Tous deux courent chez les représentants du peuple, dont ils obtiennent un arrêté, rédigé et écrit par Bonaparte, par lequel il était ordonné de traduire les prisonniers par-devant le tribunal criminel du Var.

Les brigands se promettaient bien qu'à leur départ de Toulon les émigrés tomberaient infailliblement sous leurs coups. Ils furent heureusement trompés : Bonaparte fit partir pendant la nuit un nombre suffisant de caissons, avec attelages doubles, qui étaient censés contenir des munitions pour l'armée d'Italie, mais qui, en réalité, étaient chargés d'émigrés.

Le 22 avril 1795, il part de Marseille pour Paris, dans sa voiture, avec ses aides-de-camp Junot et Louis ; ils arrivent dans cette capitale en mai.

Aubry consentit à l'entendre une seule fois, et coupant court à de plus longues explications, il lui dit qu'il était encore trop jeune pour commander en chef l'artillerie d'une armée. « On vieillit vite sur le champ de bataille, et j'en arrive. » Cette réponse déplut au proconsul, qui, malgré les instances de Marbot, Fréron, Barras, La Réveillère-Lépeaux, ne voulut plus entendre parler de ce sollicitant.

Le 2 août 1795, le représentant Doulcet de Pontécoulant remplaça son collègue Aubry au comité de la guerre ; peu après son installation, il proposa au général Bonaparte le commandement d'une brigade dans l'armée de l'Ouest (Vendée). Le général refusa : « Je n'accepte pas, » dit-il, dans une lettre à son ami de Sucy ; « beaucoup de militaires dirigeront mieux que moi une brigade, et peu ont commandé avec plus de succès l'artillerie.... » On prétend qu'il postulait alors le commandement de l'artillerie de l'armée de Hollande.

Enfin, le représentant Doulcet de Pontécoulant, alarmé des nouvelles sinistres qui lui arrivaient tous les jours de l'armée d'Italie, et se rappelant qu'après l'affaire de Cairo, Bonaparte avait adressé au Comité de salut public un mémoire dans lequel il discutait les plans qu'il serait prudent de suivre dans une campagne en Italie, le fit appeler dans un comité où il eut plusieurs conférences avec Sieyès, Letourneur, Jean Debry, après quoi il l'attacha au bureau de la guerre dans lequel on arrêtait les plans de campagne et les mouvements des armées.

Plusieurs biographes ont avancé que Napoléon, mécontent de Letourneur qui avait succédé à Doulcet de Pontécoulant, avait pris la résolution d'aller offrir ses services au Grand-Turc; cette assertion est mal fondée; voici la vérité : Vers cette époque la guerre avait éclaté entre la Russie et la Porte, et celle-ci paraissait disposée à prendre à son service quelques officiers d'artillerie français. Bonaparte, ennuyé de vivre obscur et inoccupé à Paris, s'était sérieusement décidé à prendre le chemin de Constantinople. A cet effet il eut plusieurs conférences avec M. Reinhard, archiviste des relations extérieures auprès du Comité de salut public, pour obtenir communication des papiers qui avaient pour objet les affaires de Turquie.

IV

13 Vendémiaire. — Mariage. — Armée d'Italie.

La Convention nationale avait décrété la constitution de l'an III, par laquelle le pouvoir exécutif était confié à cinq directeurs, et la législature à deux conseils, dits des *Anciens* et des *Cinq-Cents*. Les auteurs de cette constitution avaient prescrit, dans deux lois additionnelles, que les deux tiers des membres de la nouvelle législature seraient pris dans la Convention, de sorte que les Assemblées électorales, ne pourraient nommer pour la première fois que l'autre tiers.

Ces conditions excitèrent l'indignation parmi les quarante-huit sections de la capitale, aigries déjà, exaltées, conduites par des factieux, des hommes inconsidérés, des ambitieux, des royalistes; il y eut des rassemblements nombreux, et dans plusieurs on se préparait à résister vigoureusement aux prétentions de la Convention. Cette Assemblée ne voyant de salut que dans la force des armes, se déclara en permanence, et le matin du 4 octobre 1795, elle nomma le général de brigade Barras, représentant du peuple, chef de la force armée de Paris et de l'intérieur.

Barras, prévoyant les difficultés qu'il aurait à vaincre, et l'immense responsabilité qui allait peser sur sa tête, se rappelle l'artilleur qui avait tant contribué à la prise de Toulon, fait appeler Bonaparte et se l'adjoint en qualité de général de division. En acceptant cette position, Bonaparte dit au représentant : *Je vous préviens que si je tire l'épée, elle ne rentrera dans le fourreau que quand l'ordre sera rétabli..... Ne perdons pas de temps, les minutes en ce moment sont des heures.*

Le 5 octobre 1795, à six heures du matin, il fit ses dispositions d'attaque contre les sectionnaires; en même temps, il expédia le chef d'escadron Murat, avec 300 cavaliers, pour ramener de la plaine des Sablons dans le jardin des Tuileries, un parc de 40 bouches à feu. Murat réussit complétement, grâce à cette *politesse de sabre*, qui, suivant Napoléon, manque rarement son effet sur des hommes civils.

Tout fut balayé par le canon chargé à poudre et par la baïonnette; le soir du lendemain, Paris était parfaitement tranquille. Le 10 du même mois, la Convention, sur la proposition de Barras, confirma la nomination de Bonaparte au grade de général en second de l'armée de l'intérieur; six jours après, il fut nommé général de division.

Le 26 octobre, Barras ayant donné sa démission de général en chef de l'armée de l'intérieur, le Comité de salut public nomma Bonaparte pour le remplacer.

Le 26 février 1796, sur la proposition de Carnot, le Directoire, dont il était membre, nomma le général en chef de l'armée de l'intérieur commandant en chef de celle d'Italie. Le bruit à longtemps couru, et il court encore, qu'il dut principalement cette faveur à l'influence du directeur Barras. Une lettre qu'on attribue à Mme veuve de Beauharnais (Joséphine), et qu'elle écrivait à une de ses amies peu de temps avant son mariage avec Bonaparte, donne à entendre que Barras, en effet, était disposé à faire obtenir à son futur époux le commandement en chef de l'armée d'Italie.

Quand il apprit sa nomination de la bouche de Joséphine, à qui Barras avait eu la galanterie de l'annoncer, il s'écria, dit-on : *J'y perdrai la tête ou l'on me reverra plus haut qu'on ne s'y attend.*

Cependant il faisait assidûment sa cour à Joséphine, qu'il voyait souvent dans les maisons qu'il fréquentait, et notamment chez le directeur Barras, qui faisait en grand seigneur, à Chaillot, les honneurs de la République.

Le 9 mars 1796, l'acte de mariage de Napoléon et de Marie-Joséphine-Rose de Tascher fut passé à dix heures du soir par le maire du deuxième arrondissement. Ce magistrat sommeillait quand le futur époux entra dans la salle; le général alla droit à lui, et le frappant vivement sur l'épaule, il lui dit avec impatience : *Allons donc, monsieur le maire, réveillez-vous, et venez vite nous marier.* C'était bien là les procédés d'un homme né pour commander aux autres et qui voulait être obéi tout de suite.

Il n'y eut pas de cérémonie religieuse. En sortant de la municipalité, les nouveaux mariés allèrent loger chez madame Fanny, comtesse de Bauharnais, tante de Joséphine, qui habitait un hôtel situé rue Chantereine, 6.

Deux jours après, le général partit en poste de Paris avec son aide-de-camp Junot et l'ordonnateur en chef Chauvet, pour le quartier général de l'armée d'Italie, dont il était encore peu connu, et dans laquelle il avait fait, un an auparavant, sa première campagne sous des officiers supérieurs qui devaient maintenant obéir à ses ordres. En arrivant à Nice, il remplaça le général en chef Schérer qui venait de s'illustrer par sa victoire de Vado, et les commandants supérieurs Augereau, Masséna, Laharpe, devinrent ses lieutenants.

Le moral de l'armée française était excellent; elle avait déjà remporté des victoires, mais elle manquait de tout, d'argent, de vivres, d'artillerie, d'habits; la discipline s'était relâchée sous une administration mal organisée et sans vigueur. L'armée ennemie, au contraire, avait en sa faveur le nombre, l'abondance, l'avantage des positions. Bonaparte qui connaît fort bien le caractère des soldats qu'il va commander, leur parle ainsi : *Camarades, voilà bientôt quatre ans que vous pâtissez dans les gorges stériles de la Ligurie. Jetez les yeux sur les campagnes fertiles qui se développent à vos pieds, elles seront bientôt à vous : la victoire vous les promet ; allons en prendre possession, et l'abondance succédera aux misères qui vous affligent.* Ces paroles prophétiques électrisent les soldats, et leur inspirent pour leur nouveau chef une confiance sans bornes.

V

Campagne d'Italie. — Rastadt. — Dispositions militaires.

La principale difficulté de la campagne consistait dans la disjonction des armées piémontaise et autrichienne ; la première, commandée par Provera et Colli, et l'autre par Beaulieu et Argentan. Ce but fut atteint par une manœuvre savante et inattendue : Bonaparte fond d'abord avec toutes ses forces sur Argentan qui commandait le centre de l'armée ennemie situé à Montenotte, et le rejette sur Dégo et Sacello. Beaulieu, apprenant les désastres du centre, se retire avec précipitation sur Acqui. Provera est fait prisonnier à Cosséria ; les Piémontais, défaits à Monte-Ramoro et à Mondovi, chassés de Cera, fuient sur la route de Turin.

Ces divers combats qui durèrent six jours, eurent pour résultats la prise de quarante pièces de canon, la mise hors de combat de 12,000 Autrichiens, la possession des forteresses de Coni, de Céva, de Tortone, d'Alexandrie : l'occupation presque totale du Piémont, évacué par les Autrichiens ; ce qui mit le roi de Sardaigne dans la nécessité de demander la paix au gouvernement de la République.

Dans la campagne suivante, le général victorieux, maître de son armée, conçoit le projet de faire la conquête de la Lombardie : il est si certain des suites de cette expédition qu'il écrit de Chérasco au Directoire : « Demain je marche sur Beaulieu ; je l'oblige à repasser le Pô ; je le passe immédiatement après ; je m'empare de toute la Lombardie, et, avant un mois, j'espère être sur les montagnes du Tyrol ; de là j'irai joindre l'armée du Rhin, et nous porterons de concert la guerre dans la Bavière... »

Par le traité de paix conclu à Turin avec la cour de Sardaigne, le général français avait eu la précaution de se faire céder le pont de Valence, prévoyant que l'occupation de ce poste attirerait l'attention de l'ennemi et lui ferait prendre le change, tandis qu'il irait de son côté forcer le passage du Pô sur un autre point, ce qu'il exécuta heureusement à Plaisance. De là, il marche rapidement sur Lodi : un pont long et étroit jeté sur l'Adda, qui baigne les murs de la place, est franchi malgré le feu meurtrier de la mitraille des Autrichiens qui défendaient ce passage difficile et dangereux.

Lodi est enlevé, et l'occupation de cette place assure à l'armée victorieuse la conquête de la haute Italie.

Mais le projet de porter la guerre en Allemagne par le Tyrol, qui est toujours l'idée dominante de Bonaparte ne peut s'effectuer avec sécurité tant que la forteresse redoutable de Mantoue sera au pouvoir de l'ennemi. Le général fait ses dispositions pour exécuter les plans qu'il a combinés, et dont la réussite lui paraît si certaine qu'il écrit au directeur Carnot : « Si l'action des deux armées françaises qui combattent sur le Rhin n'est point arrêtée par un armistice, il serait digne de la République d'aller signer le traité de paix avec les trois armées réunies au cœur de la Bavière ou de l'Autriche étonnée. »

Cependant le Directoire, surpris autant peut-être de l'audace de son général que jaloux de ses victoires, et prévoyant la haute destinée que ses succès semblaient lui promettre, prit la détermination de ne plus le laisser seul arbitre de la guerre et de la paix : ainsi donc, tout en le félicitant sur sa conquête du Piémont, il le remerciait avec affectation d'avoir abandonné au commissaire civil, Salicetti, le soin de traiter des préliminaires pour la paix, laissant entrevoir le mécontentement que lui avaient causé les armistices qu'il s'était permis de conclure lui-même avec les généraux piémontais et le duc de Parme.

Bonaparte apprit en même temps qu'on avait le projet de diviser le commandement de l'armée d'Italie entre lui et le général Kellermann. Cette nouvelle l'affecta singulièrement. Il écrivit confidentiellement au directeur Carnot :

« Je crois que réunir Kellermann et moi en Italie, c'est vouloir tout perdre : je ne puis servir volontiers avec un homme qui se croit le premier général de l'Europe ; et, d'ailleurs, je crois qu'un mauvais général vaut mieux que deux bons. La guerre est comme le gouvernement, c'est une affaire de tact. »

Il écrit au Directoire : « J'ai fait la campagne sans consulter personne ; je n'eusse fait rien de bon s'il eût fallu me concilier avec la manière de voir d'un autre. Si vous m'imposez des entraves de toute espèce, s'il faut que je réfère de tous mes pas aux commissaires du gouvernement, s'ils ont le droit de changer mes mouvements, de m'ôter ou de m'envoyer des troupes, n'attendez plus rien de bon. Si vous affaiblissez vos moyens en partageant vos forces, *si vous rompez en Italie la pensée militaire*, je vous le dis avec douleur, vous aurez perdu la plus belle occasion d'imposer des lois en Italie. Chacun a sa manière de faire la guerre : le général Kellermann a plus d'expérience et la fera mieux que moi ; mais tous les deux ensemble, nous la ferons fort mal. Je sens qu'il faut beaucoup de courage pour vous écrire cette lettre ; il serait si facile de m'accuser d'ambition et d'orgueil..... »

Sur ces entrefaites, Masséna s'empare de Milan, et Bonaparte y fait son entrée solennelle le lendemain ; et ce jour même, est signé à Paris, un traité de paix par lequel la Savoie, Tende, Nice et autres places, sont enlevées au roi de Sardaigne et passent sous la domination de la France.

Peu de jours après, le Directoire, cédant aux raisons et aux instances de Bonaparte, lui abandonne sans partage la conduite des affaires d'Italie.

De ce moment date la haute influence que cet homme extraordinaire va exercer sur les affaires, tant civiles que militaires de Milan, qu'il occupe en souverain. Il poursuit l'exécution des clauses qui sont convenues avec le Piémont, conclut des traités avec Rome, Naples et le duché de Parme ; il comprime en personne les mouvements de la Lombardie, qui vient de se révolter et il contient dans leur neutralité les états de Gênes et de Venise. Il sait bien que ces républiques sont fort mal disposées pour la France, mais il juge sagement que le temps de les faire s'expliquer plus ouvertement n'est pas encore venu.

Enfin le château de Milan, qui avait résisté jusque-là, tombe en notre pouvoir, et le vainqueur en tire 150 pièces de canon qu'il fait diriger sur Mantoue. D'autres équipages de siége pris à Bologne, Ferrare, le fort d'Urbin, sont conduits par ses ordres vers le même point. Beaulieu, avant de quitter l'Italie, avait eu le temps de jeter 13,000 hommes dans la place, et 30,000 Autrichiens, détachés de l'armée du Rhin, accouraient pour la secourir.

Enfin, Wurmser est à la tête de 60,000 hommes pour faire lever le siége, et Bonaparte n'en a pas 40,000 à lui opposer ; sa position était fort embarrassante, ayant à combattre, d'un côté, contre une armée d'un tiers plus forte que la sienne ; et, de l'autre, à contenir une forte garnison, et garder en outre, tous les passages du fleuve, depuis Brescia jusqu'à Vérone et Legnano.

Fort heureusement, le général en chef autrichien commet la faute grave de diviser ses forces en deux corps : 35,000 hommes sous ses ordres marchent droit sur Mantoue par la vallée de l'Adige, tandis que Quasdanowich marche avec 25,000 hommes sur Brescia.

Bonaparte profite habilement de la

faute de ses adversaires : il quitte brusquement le siége de Mantoue, et laisse devant la place sa grosse artillerie, concentre ses troupes à Roverbello, tombe sur Quasdanowich, le bat successivement à Salo et Lonato, et le force à se réfugier dans les montagnes du Tyrol. Cet heureux succès obtenu, il court sur Wurmser, le bat complétement à Castiglione, passe le Mincio en sa présence et le rejette dans le pays de Trente.

Ces divers combats, qui durèrent depuis le 1er jusqu'au 5 août, et que, pour cela, les Français appelèrent *la bataille des cinq jours*, coûtèrent à l'Autriche plus de 20,000 hommes et 50 pièces de canon.

Bonaparte, après ses avantages, se met à la poursuite de Quasdanowich, l'atteint, le bat à Serra-Valla, Ponte-San-Marco. Roveredo, et dans les gorges de Caliano.

Cependant Wurmser avait repris le chemin de Mantoue, et son armée filait par les gorges de Brenta. Bonaparte, qui a prévu ce mouvement, abandonne le Tyrol et va se montrer aux Autrichiens à Bassano, aux gorges de Primolano, au fort de Cavalo. Néanmoins Wurmser, séparé encore une fois du corps de Gnosdanovich, trouve enfin le moyen d'entrer dans Mantoue. Cette place, dont la garnison vient de recevoir un renfort si considérable, semble pouvoir soutenir victorieusement les attaques des assiégeants, d'autant plus qu'une nouvelle armée arrivait pour la secourir. L'Autriche, victorieuse sur le Rhin, résolut de reprendre à tout prix les possessions qu'elle avait perdue en Italie et de faire lever le siége de Mantoue. Alvinzi, général expérimenté, est chargé d'aller faire cette conquête à la tête de 45,000 hommes. Ce général commet la même faute que Wurmser : il partage ses forces : il laisse 15,000 hommes à Davidowich, avec ordre de descendre les vallées de l'Adige, et lui-même se dirige sur Mantoue, par le Véronnais, avec 30,000 hommes.

Dans ce moment, le général français, affaibli par les combats et les garnisons qu'il a dû laisser dans les forteresses qu'il a prises, ne peut disposer que de 33,000 hommes; mais, par la hardiesse de ses mouvements, par les savantes dispositions qu'il sait prendre à propos, il supplée avantageusement à l'insuffisance de ses moyens.

Au moment où l'on s'y attend le moins, il abandonne le blocus, place 3,000 hommes à Vérone, se porte rapidement sur Ronco, jette un pont sur l'Adige, le traverse avec l'armée, et prend le chemin d'Arcole, lieu devenu célèbre à jamais par l'action meurtrière que les deux armées se livrèrent dans ses environs. Une chaussée étroite conduisait au port; Bonaparte ordonne de marcher sur la chaussée et d'aller forcer le passage du pont; mais sa colonne de grenadiers, prise en flanc par le feu de l'ennemi, s'arrête ; Bonaparte descend de cheval, saisit un drapeau et le jette sur le pont en s'écriant: Soldats ! *n'êtes-vous plus les braves de Lodi? suivez-moi!* Le feu des Autrichiens devient si terrible que les troupes refusent d'avancer : l'attaque n'eut point de succès.

Désespérant de réussir sur ce point, il prend la résolution de retourner à Ronco et dérobe sa marche à Alvinzi. Il fait allumer des feux sur la chaussée d'Arcole, et, le lendemain, il se trouve libre de livrer bataille à celui des trois corps autrichiens qu'il lui plaira ; il choisit le plus fort, celui d'Alvinzi, qu'il repousse au delà de Vicence, après lui avoir tué 5,000 hommes, fait 8,000 prisonniers, et pris 30 pièces de canon. Le lendemain, ce fut le tour de Davidowich, qu'il a obligé de se réfugier dans le Tyrol, et Wurmser qui commande le troisième corps, n'a que le temps de rentrer dans Mantoue, où il se voit de nouveau bloqué par Serrurier.

Cependant les Autrichiens, dont on ne saurait trop admirer la contenance ou plutôt l'opiniâtreté, ne désespèrent pas, malgré leurs nombreuses défaites, de faire tourner la fortune en leur faveur. Alvinzi et Provera descendent tout à coup du Tyrol à la tête d'une armée nouvelle et nombreuse. Provera se dirige sur Mantoue avec 12,000 hommes ; Alvinzi, avec le gros de l'armée, se met à la poursuite de Joubert, qui se retire sur Rivoli : Bonaparte, qui n'avait que 20,000 hommes disponibles pour livrer bataille, donne ordre à Joubert de tenir ferme à Rivoli, et il va attendre l'ennemi derrière cette position. Le général autrichien, trop confiant dans la supériorité de son armée, en détache une partie sous les ordres du général Lusignan, et il s'engage avec le gros de ses forces dans les vallées de l'Adige et de la Carona, dont le plateau de Rivoli est le nœud. Il s'empare de ce plateau, sur lequel il place 2,000 hommes ; mais au moment où il se croit maître de la division Joubert, il se voit coupé ; le plateau de Rivoli est pris, et ceux qui le gardaient mettent bas les armes. Enfin la colonne de Lusignan vient attaquer l'armée française sur ses derrières : elle est prise presque en entier par Masséna avec son général. Provera et sa division eurent le même sort. Wurmser est repoussé dans Mantoue, et dix-sept jours après, ayant vu détruire sous ses murs les restes de la quatrième armée autrichienne, il se voit dans la nécessité de capituler.

Les batailles de Rivoli et de la Favorite, et la prise de Mantoue, coûtèrent, en trois jours, à l'Autriche, 45,000 hommes tués ou faits prisonniers et 600 bouches à feu.

Le général en chef, pour punir le pays d'avoir enfreint l'armistice de Bologne, lui impose le traité de Tolentino.

En moins de douze mois, à l'âge de 28 ans, Bonaparte a détruit quatre armées autrichiennes, donné à la France une partie du Piémont, fondé deux républiques en Lombardie, conquis toute l'Italie, depuis le Tyrol jusqu'au Tibre, signé des traités avec les souverains du Piémont, de Parme, de Naples, de Rome. Le grand guerrier et le grand politique marchent de front. Toute la France a les yeux sur Bonaparte et ne regarde que lui ; le Directoire, dont il a éclipsé la considération et le pouvoir, l'invite plutôt qu'il ne lui commande, à poursuivre ses conquêtes et à marcher sur la capitale de l'Autriche.

Cette puissance, atterrée par la chute de Mantoue et se voyant menacée dans ses propres États, ordonne à l'archiduc Charles d'aller, avec l'élite de l'armée qu'il commande, sur le Rhin, s'opposer en Italie aux progrès de Bonaparte.

Celui-ci, apprenant la marche de son noble adversaire, fait mettre en mouvement une armée de 53,000 hommes, à laquelle s'étaient réunies la division Delmas et la division Bernadotte. En arrivant à l'armée de Bonaparte, ce dernier avait dit à ses soldats : « Soldats de l'armée du Rhin, songez que l'armée d'Italie nous regarde. »

Bonaparte, à la tête d'une division de 37,000 hommes, emporte Tarri. Il envoie trois autres divisions forcer le passage du Tagliamento, défendu par l'archiduc en personne : elles obtiennent l'avantage, poursuivent ce prince sur l'Isonzo, et s'emparent de l'importante forteresse de Palma-Nova ; et vingt jours plus tard, l'archiduc, ayant perdu le quart de son armée, est obligé de se retirer sur Saint-Weith et sur la Muhr.

Cependant, Bonaparte avait détaché 16,000 hommes sous la conduite du général Joubert, qui culbute les généraux Laudon et Kerpen et force tous les défilés du Tyrol, pendant que Bernadotte marchait sur Leybach.

Enfin, le 31 mars, un an après son départ de Nice, le vainqueur, arrivé à Klagenfurth, a la générosité d'offrir la paix à l'Autriche, qui, d'abord, a l'insolence de la refuser. L'armée républicaine se remet en marche. Masséna force les défilés de Neumarch, s'empare de la position d'Hunsdmark. Le moment approchait où une grande bataille allait décider du sort de Bonaparte et de celui de la maison d'Autriche ; mais deux ennemis se rendirent au quartier général français, et le 7 avril un armistice est accordé à Indenburg, et le 15, les préliminaires de la paix sont convenus à Léoben. C'est à cette occasion que Bonaparte dit aux négociateurs autrichiens : « Votre gouvernement a envoyé contre moi quatre armées sans généraux, et cette fois un général sans armée. » Bel éloge des talents militaires du prince Charles.

La dépêche du 19 avril, qui apprend au Directoire la signature des préliminaires, lui révèle aussi toute l'indépendance de son général, et peut lui donner des craintes sur un avenir que sa politique inquiète et jalouse n'a pas deviné. Voici quelques passages de cette importante dépêche :

« Si je me fusse, au commencement de la campagne, obstiné à aller à Turin, je n'aurais jamais passé le Pô ; si je m'étais obstiné à aller à Rome, j'aurais perdu Milan ; si je m'étais obstiné à aller à Vienne, peut-être aurais-je perdu la République. Dans la position des choses, les préliminaires de la paix, même avec l'empereur, sont devenus une opération militaire. Cela sera un monument de la gloire de la République française, et un présage infaillible qu'elle peut, en deux campagnes, soumettre le continent de l'Europe. Je n'ai pas, en Allemagne, levé une seule contribution ; il n'y a pas eu une seule plainte contre nous. J'agirai de même en évacuant ; et, sans être prophète, je sens que le temps viendra où nous tirerons parti de cette sage conduite. Quant à moi, je vous demande du repos. J'ai justifié la confiance dont vous m'avez investi ; je ne me suis jamais considéré, pour ainsi dire, dans toutes mes opérations, et je me suis aujourd'hui lancé sur Vienne, ayant acquis plus de gloire qu'il n'en faut pour être heureux, et ayant derrière moi les superbes plaines d'Italie, comme j'avais fait au commencement de la campagne dernière, en cherchant du pain pour l'armée, que la République ne pouvait plus nourrir. »

Pendant que Bonaparte marchait sur Vienne par les défilés de la Carinthie, les nobles et le clergé vénitiens levaient des troupes pour l'empêcher de rentrer en Italie ; et tandis qu'il stipulait à Léoben la cessation de l'effusion du sang, le meurtre des Français commandé par le Sénat, était prêché dans toutes les églises. La deuxième fête de Pâques, au *son des cloches*, tous les Français qui se trouvaient à Vérone sont égorgés. Ce crime inouï sera à jamais connu sous le nom de *Pâques vénitiennes*.

De tels attentats ne pouvaient rester impunis ; l'aristocratie vénitienne est détruite, et le lion de Saint-Marc renversé, pour toujours, par celui qui mérita réellement alors le nom glorieux de *libérateur de l'Italie*. Le 16 vendémiaire an VI (7 octobre 1797), Bonaparte signa à Campo-Formio ce fameux traité qui donnait à la République la possession des Pays-Bas autrichiens. De cette époque si glorieuse pour la France, date toutefois l'asservissement de Venise, cédée injustement à l'Autriche ; la République française disposa d'un État indépendant et son injustice dure encore.

Après la concession de ce traité, Bonaparte, vainqueur et pacificateur, reçut ordre d'aller présider au congrès de Rastadt la légation française. Il y signa, avec le comte de Cobentzel, la convention militaire relative à l'évacuation respective des deux armées.

Enfin, Bonaparte quitta Rastadt pour venir triompher à Paris; il y fut reçu avec un enthousiasme extraordinaire. Le Directoire fut justement effrayé de cette puissance de gloire qu'il ne pouvait braver, ni récompenser dignement. Cependant, comme il ne pouvait se dispenser de s'associer d'une manière quelconque au triomphe du vainqueur de l'Italie, il se décida à lui donner, dans la cour du palais du Luxembourg, une fête extraordinaire; la pompe qu'il déploya dans cette occasion ne trompa personne, ni celui qui en était l'objet, ni la portion éclairée des spectateurs.

Cette fête eut lieu le 20 frimaire (10 décembre 1797), en présence de presque tous les ambassadeurs des puissances armées. La vaste cour du Luxembourg offrait, entre autres ornements, les drapeaux conquis par l'armée d'Italie, groupés et formant comme un dais au-dessus des cinq directeurs; ils étaient pour eux, ce que justifièrent les événements, l'épée de Damoclès.

Bonaparte, en remettant solennellement au pouvoir exécutif le traité de Campo-Formio, prononça un discours dans lequel on remarqua cette phrase : « Lorsque le peuple français sera assis sur les meilleures lois organiques, l'Europe entière deviendra libre. » Barras, chargé de lui répondre au nom de ses collègues, dit *que la nature* avait épuisé toutes ses *richesses pour créer Bonaparte.* Bonaparte, ajouta-t-il, *a médité ses conquêtes avec la pensée de Socrate: il a réconcilié l'homme avec la guerre.* Etrange galimathias dans la bouche d'un homme qui se disait républicain par excellence.

Quelques jours après, le héros fut fêté avec non moins d'éclat par les Conseils, dans la grande galerie du Musée, et le département donna le nom de *Victoire* à la rue Chantereine, dans laquelle il avait sa maison. L'Institut le choisit pour remplacer Carnot, alors proscrit comme *royaliste.*

Les lettres, les arts s'empressaient autour de lui; le royaliste de Bonald lui offrit un de ses livres, et le républicain David son pinceau. On rapporte une anecdote qui, si elle n'est point complètement vraie, donne du moins une idée de l'influence que pouvait exercer sur l'esprit de Bonaparte l'enthousiasme extrême dont il était l'objet de la part de la nation tout entière; la voici : David voulait le représenter à cheval sur le pont d'Arcole ou de Lodi; *Non,* répondit-il, *j'y serais avec toute l'armée; représentez-moi de sang-froid sur un cheval fougueux.*

L'ivresse exaltait toutes les têtes; aux théâtres et dans tous les lieux publics, on n'entendait que le cri de *Vive Bonaparte!*

Cependant, pour donner de l'aliment à son activité naturelle et un peu de repos à la reconnaissance chagrine du Directoire, Bonaparte partit pour aller inspecter son armée dite d'*Angleterre,* dont il avait été nommé généralissime quelque temps auparavant. Après avoir parcouru les côtes du Nord, de la Normandie et de la Bretagne, il revint à Paris, rempli d'un projet qui devait l'affranchir de la méfiance du Directoire et de la nullité d'un commandement dérisoire qui ne lui avait été donné que pour le tenir éloigné des affaires et dans l'inaction.

Ce projet avait pour but la mémorable expédition d'Égypte; l'idée de cette expédition lui était venue au milieu de ses triomphes en Italie : il s'en était ouvert, assure-t-on, au savant Monge, lors de son séjour à Milan.

Pendant qu'il négociait la paix à Pas-

On prétend que, dans une confé-
-rageuse qu'il eut avec le Direc-
-l menaça de donner sa démission,
le directeur Rewbell, lui présen-
plume, lui dit : *Signez-la, géné-*
-parte partit, et il arriva à Toulon
-i. Dix jours après, au moment de
-quer, s'adressant particulière-
-ses braves de l'armée d'Italie, il
: *Soldats ! vous êtes une des ailes*
-née d'Angleterre. Vous avez fait la
des montagnes, des plaines et des
il vous reste à faire la guerre ma-
Les légions romaines, que vous
-elquefois imitées, mais pas encore
, combattaient Carthage tour à
-r cette même mer et aux plaines
-a. La victoire ne les abandonna
, parce que constamment elles fu-
-aves, patientes à supporter les fati-
-disciplinées et unies entre elles.....
, matelots, vous avez été jusqu'à ce
-ligés ; aujourd'hui, la plus grande
-de, de la République est pour
. Le génie de la liberté, qui a
dès sa naissance, la République,
de l'Europe, veut qu'elle le soit des
des nations les plus lointaines. Le
son arrivée, il leur avait dit : *Je*
-s à chaque soldat qu'au retour de
-pédition, il aura à sa disposition
acheter six arpents de terre.
-née, pleine de confiance dans les
-de son général, s'embarqua avec
-ngt jours après, on était devant
Bonaparte n'avait certainement
raison légitime pour attaquer et
cette île de vive force ; il en allé-
-utiles, et, grâce au peu d'attache-
-ue la population avait conservé
-s chevaliers, il suffit de quelques
-e canon pour faire tomber la re-
-e forteresse de Lavalette au pou-
-s Français ; ce qui fit dire au géné-
-a-Bianca : « Il est fort heureux qu'il se soit trouvé quelqu'un ici pour nous ouvrir les portes de cette place. » Bonaparte s'empara de Malte par la raison du plus fort, et surtout à cause de son importante position dans la Méditerranée.

Avant de quitter cette île, le général en chef fit mettre en liberté les captifs mahométans qui languissaient dans les bagnes de la religion. Il y avait dans cet acte, au moins autant de politique que d'humanité : on allait combattre contre des Musulmans, il fallait, autant que possible, se les rendre favorables par des procédés généreux. Treize jours après le départ de Malte, la flotte était en vue d'Alexandrie. Avant le débarquement, qui se fit immédiatement, le général avait adressé cette proclamation à son armée : « Les peuples avec lesquels nous allons vivre sont mahométans ; leur premier article de foi est celui-ci : *Il n'y a d'autre Dieu que Dieu, et Mahomet est son prophète.* Ne les contredites pas ; agissez avec eux comme vous avez agi avec les Juifs, avec les Italiens ; ayez des égards pour leurs muphtis et pour leurs imans, comme vous en avez eu pour les rabbins et les évêques. Ayez pour les cérémonies que prescrit l'Alcoran, pour les mosquées, la même tolérance que vous avez eue pour les couvents, pour les synagogues, pour la religion de Moïse et celle de Jésus-Christ. Les légions romaines protégeaient toutes les religions. Vous trouverez ici des usages différents de ceux de l'Europe, il faut vous y accoutumer. Les peuples chez lesquels nous allons, traitent les femmes différemment que nous ; mais dans tous les pays celui qui viole est un monstre. Le pillage n'enrichit qu'un petit nombre d'hommes ; il nous déshonore, il détruit nos ressources ; il nous rend ennemis des peuples qu'il est de notre intérêt d'avoir pour amis. La première ville que nous allons rencon-

seriano, il adressa à l'escadre de l'amiral Brueys, stationnée dans l'Adriatique, la proclamation suivante : « Camarades, dès que nous aurons pacifié le continent; nous nous réunirons à vous pour conquérir la liberté des mers. Sans vous, nous ne pouvons porter la gloire du nom français que dans un petit coin du continent: avec vous, nous traverserons les mers, et la gloire nationale verra les régions les plus éloignées. »

A son retour de l'inspection des côtes de l'Océan, bien convaincu de la nullité du commandement qu'on lui avait donné sous le nom de général de l'armée d'Angleterre, et comprenant fort bien qu'il serait presque impossible d'étendre la guerre sur le territoire de cette puissance, entourée qu'elle est de mers de tous côtés, il conseilla au Directoire de l'attaquer dans ses possessions de l'Inde, contre lesquelles il serait long sans doute, mais aisé pourtant de mener une armée par terre. Pour convaincre les Directeurs, il leur cita l'exemple d'Alexandre qui, parti d'une province d'Europe, avait conduit, à travers des peuples redoutables, ses armes victorieuses jusqu'aux bouches du Gange. La France, bien autrement puissante que l'antique Macédoine, n'avait pas, disait-il, à craindre d'être traitée de téméraire en imitant l'exemple d'Alexandre; il lui était très-facile de porter une armée en Égypte, de faire la conquête de ce pays, et de se rendre par l'isthme de Suez en Asie, et de là dans les contrées que les Anglais possèdent dans l'Inde.

VI

Égypte.

Le bruit court tout à coup que 40,000 hommes de troupes de terre et 10,000 marins sont réunis dans les ports de la Méditerranée; qu'un armement immense se prépare à T...
gne, 14 frég...
équipés pour l...
breuse armée...
toujours un m...
va-t-elle? on...
mission des s...
envoyé à Toul...
pris dans chac...
on l'intention...
dans quelque...

Le général...
dres Berthier,...
Lannes, Dama...
liard, Menou e...
ses aides-de-...
frère Louis, D...
le noble polon...

La grande f...
les escadres de...
de Bastia; elle...
ral Brueys et...
neuve, Duchay...

On était sur...
partir, lorsqu'...
portance réell...
tout arrêter : l...
sur le palais d...
de l'Autriche,...
deur de la Ré...
à un tumulte...
l'ambassadeur...
nadotte avait...
ges reconnus...
Formio étaient...
et une paix...
tant de comba...
rompue où l'o...
fermie pour l...

Dans la cr...
l'empereur, l...
homme, Bona...
lui opposer. C...
explications, l...
la paix fut ma...
dre de se rend...

trer a été bâtie par Alexandre. Nous trouverons à chaque pas de grands souvenirs dignes d'exciter l'émulation des Français. »

Menou, qui devait sortir le dernier de l'Égypte, y prend terre le premier. Bonaparte et Kléber débarquent ensemble et le joignent dans la nuit au Marabou, sur lequel fut planté en Afrique le premier drapeau tricolore. Le général en chef, instruit qu'Alexandrie a l'intention de lui opposer de la résistance, se hâte de débarquer, et à deux heures du matin, il se met en marche sur trois colonnes, arrive à l'improviste sous les murs de la place, ordonne l'assaut; l'ennemi cède et fuit. Nos soldats, malgré l'ordre de leur chef, se précipitent dans la ville, qui n'a pas le temps de capituler et se rend à discrétion.

Une fois maître de cette capitale, et avant de pénétrer plus avant sur le sol égyptien, le vainqueur adressa le 1er juillet cette proclamation aux habitants musulmans d'Alexandrie :

« Depuis trop longtemps les beys qui gouvernent l'Égypte insultent à la nation française et couvrent ses négociants d'avanies. L'heure de leur châtiment est arrivée. Depuis trop longtemps ce ramassis d'esclaves, achetés dans le Caucase et la Georgie, tyrannise la plus belle partie du monde ; mais Dieu, de qui dépend tout, a ordonné que leur empire finisse. Peuple de l'Égypte, on vous dira que je viens pour détruire votre religion, ne le croyez pas; répondez que je viens vous restituer vos droits, punir les usurpateurs, et que je respecte Dieu, son prophète et le Coran plus que les Mamelucks. Dites-leur que tous les hommes sont égaux devant Dieu; la sagesse, les talents, les vertus mettent seuls de la différence entre eux..... Y a-t-il une plus belle terre? elle appartient aux Mamelucks. Si l'Égypte est leur ferme, qu'ils montrent le bail que Dieu leur en a fait..... Cadis, cheiks, imans, tchorbadjis, dites au peuple que nous sommes aussi de vrais musulmans. N'est-ce pas nous qui avons détruit les chevaliers de Malte? N'est-ce pas nous qui avons détruit le pape qui disait qu'il fallait faire la guerre aux musulmans ? N'est-ce pas nous qui avons été dans tous les temps les amis du Grand-Seigneur et les ennemis de ses ennemis?..... Trois fois heureux ceux qui seront avec nous! ils prospéreront dans leur fortune et dans leur rang. Heureux ceux qui seront neutres! ils auront le temps de nous connaître, et ils se rangeront avec nous. Mais malheur, trois fois malheur à ceux qui s'armeront pour les Mamelucks et qui combattent contre nous! il n'y aura pas d'espérance pour eux, ils périront. »

Lorsque tout est complètement débarqué, l'amiral Brueys reçoit ordre de conduire la flotte dans le mouillage d'Aboukir. Quant à l'escadre, elle doit ou entrer dans le vieux port d'Alexandrie, si cela se peut, ou bien se rendre à Corfou. L'arrivée indubitable des Anglais, qui déjà s'étaient montrés dans les parages d'Alexandrie vingt-quatre heures avant l'arrivée des Français, rendaient ces précautions nécessaires. Il était de la plus grande prudence d'éviter les chances d'un combat naval : une défaite pouvait avoir les suites les plus désastreuses sous tant de rapports; il était encore du plus grand intérêt de marcher au plus vite sur le Caire, afin d'effrayer les chefs des ennemis et de les surprendre avant qu'ils eussent pris toutes leurs mesures de défense.

Desaix se met en route avec sa division et 2 pièces de campagne ; il arrive, à travers le désert, le 18 messidor, à Demenhour, à quinze lieues d'Alexandrie. Bonaparte, en quittant cette dernière ville, en laisse le commandement à Kléber. Le général Lugua marche sur Rosette ; il a ordre de s'en emparer et de protéger l'entrée dans le port de la flottille française, qui doit suivre la route du Caire, sur la rive gauche de ce fleuve, et rejoindre l'armée par Rahmanié. Le 20 mars, Bonaparte arrive à Demenhour, où il trouve l'armée réunie. Le 22, on se met en marche pour Rahmanié: on s'y repose en attendant la flottille, qui porte les provisoins : elle arrive le 24. L'armée se remet en marche pendant la nuit ; la flottille suit son mouvement.

La violence des vents l'entraîne tout à coup au delà de la gauche de l'armée et la pousse contre la flottille ennemie. Celle-ci est soutenue par le feu de 4,000 Mamelucks, renforcés de paysans et d'Arabes, et cependant, quoique inférieurs en nombre, les Français font perdre à l'ennemi ses chaloupes canonnières. Attiré par le bruit du canon, Bonaparte accourt au pas de charge. Le village de Chebreis est attaqué et emporté après deux heures d'un combat des plus acharnés. L'ennemi fuit en désordre vers le Caire, laissant 600 morts sur le champ de bataille.

Après un jour de repos à Chebreis, l'armée victorieuse se remet à sa poursuite. Le 2 thermidor, on arrive à une demi-lieue du village d'Embabé. La chaleur était insupportable : l'armée, accablée de fatigue, aurait eu besoin de prendre quelque repos ; mais les Mamelucks que l'on voyait se déployer en avant du village, ne lui en donnaient pas le temps. Bonaparte range ses troupes en bataille, et leur montrant les fameuses Pyramides que l'on apercevait en arrière de la gauche de l'ennemi, il s'écria : « Soldats, songez que du haut de ces monuments, quarante siècles vous contemplent. » Et en même temps, il ordonne l'attaque.

La cavalerie des Mamelucks, la plus brave du monde, fit des prodiges de valeur pour essayer de rompre les rangs des Français, disposés en bataillons carrés. Vingt fois ils revinrent à la charge avec la même audace et la même opiniâtreté ; on en vit hacher les canons des fusils de nos soldats à coups de sabre ; d'autres poussaient leurs chevaux à reculons contre ces murailles hérissées de fer, dont l'inébranlable résistance excitait leur fureur et leur désespoir. Après des efforts inouïs, ces braves se retirent, laissant 3,000 des leurs sur le lieu de l'action. Le village d'Embabé est enlevé à la baïonnette ; 40 pièces de canon, 400 chameaux, des armes, des vivres, des richesses de toute espèce furent le fruit de cette victoire qui prit le nom des *Pyramides*.

La brigade Dupuy, qui continue à suivre l'ennemi en déroute, entre pendant la nuit dans le Caire que les beys Mourad et Ibrahim venaient de quitter.

Le 4 thermidor, les grands de cette capitale se rendent à Gizeh, auprès du général en chef, et lui offrent de lui remettre la ville. Trois jours après, il y transporte son quartier général. Desaix reçoit l'ordre de suivre Mourad, qui avait pris le chemin de la haute Égypte. Un corps d'observation est placé à Elkanka pour surveiller les mouvements d'Ibrahim, qui se dirigeait vers la Syrie. Bonaparte en personne se met à sa poursuite, le bat à Salahié et le chasse complétement de l'Égypte, après quoi il revient au Caire. Chemin faisant, il reçoit la triste nouvelle que la flotte française venait d'être détruite presqu'en totalité par les Anglais, à Aboukir. Ce désastreux événement ne le déconcerta point : toujours impénétrable, nul ne s'aperçut de l'émotion qu'il devait éprouver intérieurement. Après avoir lu tranquillement la dépêche qui lui apprenait que lui et son armée étaient dès lors prisonniers en Egypte : « Nous n'avons plus de flotte, dit-il ; eh bien ! il faut rester ici, ou en sortir grands comme les anciens. » L'armée se montra satisfaite de cette courte et si énergique allocution; mais les populations indigènes, considérant la défaite d'Aboukir comme un retour prochain de la fortune en leur faveur, s'occupèrent dès lors des moyens de secouer le joug odieux que des étrangers s'efforçaient de leur imposer, et de les chasser de leur pays. Ce projet eut bientôt un commencement d'exécution.

Cependant Bonaparte, aussi bon politique qu'habile général, se comporte en Égypte comme s'il en était le souverain absolu : placé sous un pavillon, il préside à la fête du Nil; c'est lui qui donne le signal de jeter dans les flots la statue de la fiancée du fleuve, son nom et celui de Mahomet sont confondus dans les mêmes acclamations; par ses ordres, on fait des largesses au peuple, il donne le caftan aux principaux officiers.

Peu de temps après arriva l'anniversaire de la naissance du prophète; cette solennité fut célébrée avec la plus grande pompe. Bonaparte dirigea lui-même les évolutions militaires qui eurent lieu en cette occasion; il parut à la fête et chez le cheik vêtu à l'orientale, le turban en tête ! c'est à cette occasion que le divan le qualifia du titre d'*Ali-Bonaparte*. Vers la même époque, il fit prendre des mesures sévères pour la protection de la caravane des pèlerins qui se rendait à La Mecque; à ce sujet, il écrivit lui-même une lettre au shérif de cette ville.

Néanmoins les populations, nullement convaincues de la sincérité de toutes ces tentatives de conciliation, se révoltaient sans cesse. Le prélèvement des impôts devenus nécessaires pour subvenir aux besoins de l'armée, et surtout le fanatisme religieux, les animaient d'une haine implacable contre les Français. Les attaques imprévues, le poignard, tous les moyens étaient licites pour exterminer ces infidèles venus de l'Occident; les exécutions militaires ne faisaient qu'exaspérer ces fureurs loin de les éteindre; les Français, enfin, n'étaient véritablement les maîtres que du terrain qu'ils avaient sous leurs pieds.

Le 22 septembre 1798 amena l'anniversaire de la fondation de la République. Bonaparte fit célébrer cette fête avec toute la magnificence possible. Par ses ordres, un cirque immense fut construit dans la plus grande place du Caire; 105 colonnes, sur chacune desquelles flottait un drapeau portant le nom d'un département, décoraient cette construction, dont un obélisque colossal, chargé d'inscriptions, occupait le centre; sur sept autels antiques se lisaient les noms des braves morts au champ d'honneur. On entrait dans l'enceinte en passant sous un arc de triomphe, sur lequel était représentée la bataille des Pyramides. Il y avait là un peu de maladresse : si cette peinture flattait l'orgueil de nos soldats, elle devait faire éprouver des sentiments pénibles aux Égyptiens vaincus, et dont on s'efforçait, mais en vain, de faire des alliés fidèles.

Le jour de cette fête, le général en chef adresse une allocution aux soldats, dans laquelle, après avoir fait l'énumération de leurs exploits depuis le siége de Toulon, il leur disait : « Depuis l'Anglais, « célèbre dans les arts et le commerce, « jusqu'au hideux et féroce Bédouin, « vous fixez les regards du monde. Sol- « dats, votre destinée est belle..... Dans « ce jour, 40 millions de citoyens célé- « brent l'ère du gouvernement repré- « sentatif, 40 millions de citoyens pen- « sent à vous. »

Les hommes puissants et que la fortune favorise trouvent des flatteurs partout, même parmi leurs plus cruels ennemis. On chantait dans la grande mosquée du Caire : « Réjouissez-vous, ô fils des hommes! de ce que le grand Allah n'est plus irrité contre nous! Réjouissez-vous de ce que sa miséricorde a amené les braves de l'Occident pour vous délivrer du joug des Mamelucks! Que le grand Allah bénisse le favori de la victoire! que le grand Allah fasse prospérer l'armée des braves de l'Occident.

Cependant les *fils des hommes* tramaient dans l'ombre des complots pour exterminer les *braves de l'Occident*.

Après s'être rendu maître du pays par la force, Bonaparte voulut faire jouir l'Égypte de tous les bienfaits de la civilisation. Par ses soins, le Caire prit bientôt l'aspect d'une ville européenne; son administration fut confiée à un Divan choisi parmi les hommes les plus recommandables de la province. Les autres villes reçurent en même temps des institutions municipales. Un Institut, composé à l'instar de celui de la mère-patrie, fut organisé; le conquérant, devenu législateur le dota d'une bibliothèque, d'un cabinet de physique, d'un laboratoire de chimie, d'un jardin de botanique, d'un observatoire, d'un musée d'antiquités, d'une ménagerie, et au titre d'académicien, il joignit celui de Président de l'Institut d'Égypte.

Par ses ordres, des savants dressèrent un tableau comparatif des poids et mesures égyptiens et français, ils composèrent un vocabulaire français-arabe et ils calculèrent un triple calendrier égyptien, cophte et européen. Deux journaux, l'un de littérature et d'économie politique, sous le titre de *Décade égyptienne*, l'autre de politique, sous celui de *Courrier égyptien*, furent rédigés au Caire.

L'armée, considérablement réduite, autant par les maladies que par le fer de l'ennemi, ne devait plus s'attendre depuis l'incendie de la flotte à recevoir des renforts de la mère-patrie. Pour obvier à cet inconvénient, Bonaparte ordonna une levée parmi les esclaves, depuis l'âge de seize jusqu'à vingt-quatre ans; 3,000 marins, échappés au désastre d'Aboukir, furent enrégimentés et formèrent la *légion nautique*.

Toutes les rues du Caire étaient fermées la nuit par des portes, afin de mettre les habitants à l'abri d'un coup de main de la part des Arabes. Le général en chef fit enlever ces clôtures, derrière lesquelles, en cas de sédition, les Égyptiens pouvaient combattre avec quelque avantage contre les Français; l'événement justifia la prévoyance de Bonaparte.

Le 22 octobre 1798, pendant qu'il était au vieux Caire, la population de la capitale se répand en armes dans les rues, se fortifie sur divers points, et principalement dans la grande mosquée; le chef de brigade Dupuy, commandant de la place, est tué le premier; le brave Salkowski, aide-de-camp chéri de Bonaparte, a le même sort. Excités par les cheicks et les imans, les Égyptiens ont juré par le prophète d'exterminer tous les Français; tous ceux qu'ils rencontrent, soit dans leurs maisons, soit dans les rues, sont impitoyablement égorgés. Des rassemblements se pressent aux portes de la ville pour en défendre l'entrée au général en chef qui, repoussé à la porte du Caire, est obligé de faire un détour pour entrer par celle de Boulack.

La situation de l'armée française était des plus critiques : les Anglais menaçaient les villes maritimes; Mourad-Bey tenait toujours la campagne dans la haute Égypte; les généraux Menou et Dugua contenaient à peine la basse Égypte. Les Arabes réunis aux paysans faisaient cause commune avec les révoltés du Caire; tout le désert était en armes.

Dans un manifeste du Grand Seigneur, répandu avec profusion dans toute l'Égypte, on lisait : « Le peuple français (Dieu veuille détruire son pays de fond en comble!") est une nation d'infidèles obstinés et de scélérats sans frein.... Ils regardent le Coran, l'Ancien Testament et l'Évangile, comme des fables.... Dans peu, des troupes aussi nombreuses que redoutables s'avanceront par terre, en même temps que des vaisseaux aussi hauts que des montagnes couvriront la surface des mers.... Il vous est, s'il plaît à Dieu, réservé de présider à leur entière destruction (des Français); comme la poussière que les vents dispersent, ils ne restera plus aucun vestige de ces infidèles : car la promesse de Dieu est formelle, l'espoir du méchant sera trompé, et les méchants périront. Gloire au Seigneur des mondes ! »

Bonaparte, toujours plus grand que le danger, n'est point déconcerté par l'orage qui le menace de toutes parts ; par ses ordres, les Arabes sont repoussés dans le désert; l'artillerie est braquée tout autour de la ville rebelle; il poursuit lui-même les révoltés de rue en rue, et les oblige à se concentrer dans la grande mosquée; il a la générosité de leur offrir leur pardon, ils le refusent, et persistent dans leur obstination : par bonheur pour les Français, le ciel se couvre de nuages, le tonnerre gronde; ce phénomène est fort rare en Égypte, les Musulmans, ignorants et superstitieux, le considèrent comme un avertissement du ciel, et ils implorent la clémence de leurs ennemis : « Il est trop tard, leur fait répondre Bonaparte; vous avez commencé, c'est à moi de finir. » Et, tout de suite, il ordonne à ses canons de foudroyer la mosquée. Les Français en brisent les portes et s'y introduisent de vive force : animés par la fureur et la vengeance, ils font un carnage affreux des malheureux Égyptiens.

Redevenu le maître absolu de la ville, le général en chef fit rechercher les auteurs et les instigateurs de la révolte. Quelques cheicks, plusieurs Turcs ou Égyptiens, convaincus d'avoir trempé dans le complot, furent exécutés; pour compléter le châtiment, la ville fut frappée d'une forte contribution, et son Divan fut remplacé par une commission militaire.

Afin d'atténuer les effets produits par le firman du Grand Seigneur, on afficha dans toutes les villes de l'Égypte une proclamation qui se terminait ainsi : « Cessez de fonder vos espérances sur Ibrahim et sur Mourad, et mettez votre confiance en celui qui dispose à son gré des empires et qui a créé les humains. » Le plus religieux des prophètes a dit : « La sédition est endormie; maudit soit celui qui la réveillera ! » La révolte en effet ne se réveilla plus tant que Bonaparte resta en Égypte.

Se voyant de nouveau tranquille possesseur de sa conquête, il profita de ce temps de repos pour aller visiter le port de Suez et s'assurer de ses propres yeux de la possibilité d'un canal creusé, disait-on, dans l'antiquité, par ordre des Pharaons, et qui faisait communiquer la mer Rouge avec la Méditerranée. Avant de partir pour cette expédition, il rendit aux habitants du Caire, comme gage de pardon, leur gouvernement national; un nouveau Divan, composé de soixante membres, remplaça la commission militaire.

Puis, accompagné de ses collègues de l'Institut, Berthollet, Monge, le père Dutertre, Costaz, Caffarelli, et suivi d'une escorte de 300 hommes, il prit le chemin de la mer Rouge, et trois jours de marche dans le désert suffirent à cette caravane pour arriver à Suez. Après avoir donné des ordres pour compléter les fortifications de la place, Bonaparte traverse la mer Rouge à cheval, et va reconnaître en Arabie les célèbres fontaines de Moïse. A son retour, surpris par la marée montante, il courut risque de se noyer; mais il était de sa destinée d'être encore longtemps heureux. Arrivé à Suez, il reçoit une députation d'Arabes qui viennent solliciter l'alliance des Français. Cependant, après quelques recherches, on retrouve des traces de l'ancien canal de Sésostris, et le but du voyage est atteint.

Sur ces entrefaites, on apprend que Djezzar, pacha de Syrie, s'est emparé du fort d'El-Arisk, situé dans le désert, à dix lieues de la frontière d'Égypte, qu'il est destiné à défendre. Ne doutant plus de l'imminence d'une guerre avec le Grand-Turc, le général résolut d'en prévenir les événements, et l'expédition de Syrie fut décidée.

De retour au Caire, il donne ordre à 10,000 hommes de se tenir prêts à marcher. Les généraux Bon, Kléber, Lannes et Régnier, commandent l'infanterie, le général Murat la cavalerie, le général Dammartin l'artillerie, et le général Dammartin du Falga l'arme du génie. Le contre-amiral Perrée doit, avec trois frégates, aller croiser devant Jaffa, et apporter l'artillerie de siége : celle de campagne est de 50 bouches à feu.

Régnier, qui commande l'avant-garde, arrive en peu de jours devant El-Arisk, s'empare de la place, détruit une partie de la garnison, et force le reste à se réfugier dans le château; en même temps il met en fuite les Mamelucks d'Ibrahim et se rend maître de leur camp. Sept jours après son départ du Caire, Bonaparte arrive devant El-Arisk, et sur-le-champ il fait canonner une des tours du château. La garnison capitule deux jours après; une partie des soldats prennent du service dans l'armée française.

Après soixante lieues d'une marche pénible dans le désert, l'armée arrive à Gaza; elle s'y rafraîchit et s'y repose pendant deux jours. Trois jours après, on se trouve sous les murs de Jaffa. Cette place est entourée de hautes murailles, flanquées de tours. Djezzar en a confié la défense à des troupes d'élite; l'artillerie est servie par 1,200 canonniers turcs. Il est de toute nécessité de s'en rendre maître avant d'aller plus loin. C'est un des boulevarts de la Syrie; son port offre un abri sûr à l'escadre : de sa chute dépend en grande partie le succès de l'expédition.

Tous les ouvrages extérieurs étaient au pouvoir des assiégeants; la brèche était praticable, lorsque Bonaparte envoya un Turc au commandant de la ville pour le sommer de se rendre. Celui-ci le fait décapiter et ordonne une sortie. Il est repoussé et dès le soir du même jour les boulets des assiégeants font crouler une des tours, et malgré la résistance désespérée de ses défenseurs, Jaffa succombe. Deux jours et deux nuits de carnage suffirent à peine pour assouvir la fureur du soldat; 4,000 prisonniers sans défense furent égorgés par ordre du général! Cette barbare exécution a trouvé des apologistes : « Car, disent-ils, pour maintenir dans la soumission un nombre si considérable de captifs, il eût fallu en confier la garde à une escorte qui eût diminué d'autant les forces de l'armée; que si on leur eût permis de se retirer en toute liberté, il était raisonnable de craindre qu'ils n'allassent grossir les rangs des troupes de Djezzar. »

Avant de quitter Jaffa, Bonaparte y établit un Divan, un grand hôpital, dans lequel furent reçus les soldats atteints de la peste. Des symptômes de cette affreuse maladie s'étaient manifestés parmi les troupes dès le commencement du siége. Un rapport des généraux Bon et Rampon avait donné de vives inquiétudes à Bonaparte sur la propagation de ce fléau. Afin de dissiper les craintes et de tranquilliser les esprits, il parcourut toutes les salles des pestiférés, parla aux malades, les consola, toucha leurs plaies en leur disant : *Vous le voyez, cela n'est rien.* Au sortir de l'hôpital, il répondit à ceux qui l'accusaient d'avoir commis une grande imprudence : *C'était mon devoir, je suis le général en chef.*

De Jaffa, l'armée se dirigea sur Saint-Jean-d'Acre. Chemin faisant, elle prit Kaïffa, où elle trouva des munitions et des approvisionnements de toute espèce. Les châteaux de Jaffet, de Nazareth, la ville de Tyr tombèrent aussi en son pouvoir; mais elle doit trouver le terme ou plutôt la suspension de ses triomphes sous les murs de Saint-Jean-d'Acre. Cette bicoque, située sur le bord de la mer, pouvait recevoir de ce côté des secours de toute espèce; la marine anglaise renforçait celle du Grand Seigneur et lui servait comme de guide et d'exemple.

Après soixante jours d'attaques réitérées, après deux assauts meurtriers et sans résultat, la place tenait toujours ferme. Cependant, outre les renforts qu'elle attendait du côté de la mer, une grande armée se formait en Asie par ordre du Grand Seigneur et s'apprêtait à marcher contre les infidèles, et Djezzar, pour seconder ses mouvements, ordonne une sortie générale contre le camp de Bonaparte. Cette attaque est soutenue par l'artillerie et les équipages des vaisseaux anglais. Le général en chef, avec son impétuosité ordinaire, eut bientôt refoulé les colonnes de Djezzar derrière leurs murailles.

Après ce succès, il vole au secours du brave Kléber qui, retranché dans les ruines, tenait tête, avec 4,000 Français, à 20,000 Turcs. Bonaparte conçoit d'un coup d'œil tous les avantages que lui offrent les positions de l'ennemi : il envoie Murat, avec sa cavalerie, sur le Jourdain pour en défendre le passage; Vial et Rampon marchent sur Naplouze, et lui-même se place entre les Turcs et leurs magasins. Ses dispositions sont couronnées du plus heureux succès. L'armée ennemie, attaquée à l'improviste sur divers points à la fois, est mise en déroute et coupée dans sa retraite; elle laisse 5,000 morts sur le champ de bataille; ses chameaux, ses tentes, ses provisions deviennent le prix de la victoire des vainqueurs. Tels furent les avantages remportés à la célèbre bataille du Mont-Thabor.

De retour devant Saint-Jean-d'Acre, Bonaparte apprend que le contre-amiral Perrée a débarqué à Jaffa sept pièces de siège; il ordonne successivement deux assauts qui sont vigoureusement repoussés. Une flotte est signalée, elle porte pavillon ottoman; il faut se hâter de prendre la ville avant qu'elle n'ait reçu dans son port le secours qui lui arrive. Une cinquième attaque générale est ordonnée; tous les ouvrages extérieurs sont emportés, le drapeau tricolore est planté sur le rempart, les Turcs sont repoussés dans la ville, et leur feu commence à se ralentir : encore un nouvel effort, et Saint-Jean-d'Acre est pris ou va capituler. Mais il se trouvait dans la place un émigré français, Phélippeaux, officier du génie, un des condisciples de Bonaparte à l'École militaire. Par ses ordres, des canons sont placés suivant les directions les plus avantageuses; de nouveaux retranchements s'élèvent comme par enchantement derrière les ruines de ceux que les assiégeants ont emportés. En même temps, Sidney-Smith, qui commande la flotte anglaise, arrive à la tête des équipages de ses vaisseaux. Les assiégés reprennent tout leur courage et se pressent à sa suite. La furie des Français est à son comble; la résistance n'est pas moins opiniâtre. Enfin trois assauts consécutifs et toujours repoussés apprirent à Bonaparte qu'il serait imprudent de s'obstiner plus longtemps à la prise de Saint-Jean-d'Acre. Il en leva le siége, et pour consoler ses soldats, il leur adressa cette proclamation : « Après avoir, avec une poignée d'hommes, nourri la guerre pendant trois mois dans le cœur de la Syrie, pris 40 pièces de campagne, 50 drapeaux, fait 10,000 prisonniers, rasé les fortifications de Gaza, Kaïffa, Jaffa, Acre, nous allons rentrer en Egypte. »

La situation de l'armée est des plus critiques : outre l'ennemi qui pouvait inquiéter ses derrières pendant sa retraite, les fatigues et les privations qui l'attendaient dans le désert, elle avait à sa charge un grand nombre de pestiférés : les laisser en arrière, c'était les livrer à la fureur des Turcs, qui ne manqueraient pas de les égorger en représailles des massacres de Jaffa; les recevoir et les emmener au milieu de ses rangs, c'eût été favoriser les progrès du fléau de gaîté de cœur.

Il y avait deux dépôts de malades: l'un dans le grand hôpital du mont Carmel, et l'autre à Jaffa. Par ordre du général en chef, tous ceux du mont Carmel furent évacués sur cette dernière ville et sur Tentura. Les chevaux d'artillerie dont les pièces furent abandonnées devant Acre, tous ceux des officiers, tous ceux du général en chef furent livrés à l'ordonnateur Daure, pour leur servir de transport; Bonaparte est à pied et donne l'exemple.

L'armée, pour dérober son départ aux assiégés, se mit en marche pendant la nuit. Arrivé à Jaffa, le général ordonne trois évacuations de pestiférés vers trois points différents : l'une par mer, sur Damiette, la seconde et la troisième par terre sur Gaza et sur El-Arisk.

Dans sa retraite, l'armée fait un désert de tous les pays où elle passe : bestiaux, moissons, maisons, tout est détruit par le fer et le feu; la ville de Gaza, restée fidèle, est seule épargnée.

Enfin, après quatre mois d'absence, l'expédition arrive au Caire avec 1,800 blessés; elle a perdu en Syrie 600 hommes morts de la peste et 1,200 qui ont péri dans les combats.

L'échec éprouvé devant Saint-Jean-d'Acre avait eu du retentissement en Egypte; les émissaires turcs et anglais faisaient courir le bruit que l'armée expéditionnaire était en grande partie détruite, que son chef était mort. Bonaparte, en habile politique, détruisit facilement les impressions que ces menées avaient produites sur les esprits, et fit sentir aux Egyptiens combien étaient chimériques les espérances qu'ils avaient fondées sur ses revers. Par ses ordres, les troupes, en entrant en Egypte, prirent l'attitude d'une armée triomphante : les soldats portaient dans leurs mains des branches de palmier, emblèmes de la victoire. Dans sa proclamation aux habitants du Caire, il leur dit : « Il est arrivé au Caire, le *Bien-Gardé*, le chef de l'armée française, le général Bonaparte, qui aime la religion de Mahomet; il est arrivé bien portant et bien sain, remerciant Dieu des faveurs dont il le comble. Il est entré au Caire par la porte de la Victoire. Ce jour est un grand jour; on n'en a jamais vu de pareil; tous les habitants du Caire sont sortis à sa rencontre. Ils ont vu et reconnu que c'était bien le même général en chef Bonaparte en propre personne; ils se sont convaincus que tout ce qui avait été dit sur son compte était faux..... Il fut à Gaza et à Jaffa; il a protégé les habitants de Gaza; mais ceux de Jaffa, égarés, n'ayant pas voulu se rendre, il les livra tous, dans sa colère, au pillage et à la mort. Il a détruit tous les remparts et fait périr tout ce qui s'y trouvait. Il y avait à Jaffa environ 5,000 hommes des troupes de Djezzar : il les a tous détruits. »

L'armée trouva au Caire le repos et tous les approvisionnements dont elle avait besoin pour se refaire de ses fatigues ; mais son séjour dans cette ville ne devait pas être de longue durée. Bonaparte, instruit que Mourad-Bey, déjouant les poursuites des généraux Desaix, Belliard, Donzelot, Davoust, descend de la haute Egypte, se met en marche pour aller l'attaquer aux Pyramides, champ de bataille déjà si funeste aux Mamelucks ; là il apprend qu'une flotte turque de cent voiles est devant Aboukir et menace Alexandrie. Sans perdre de temps et sans rentrer au Caire, il ordonne à ses généraux de se porter en toute hâte au devant de l'armée que commande le pacha de Romélie, Saïd-Mustapha, auquel se sont joints les corps de Mourad-Bey et d'Ibrahim. Avant de quitter Gizeh, où il se trouvait, le général en chef écrivit au Divan du Caire : « Quatre-vingts bâtiments ont osé attaquer Alexandrie ; mais, repoussés par l'artillerie de cette place, ils sont allés mouiller à Aboukir où ils commencent à débarquer. Je les laisse faire, parce que mon intention est de les attaquer, de tuer tous ceux qui ne voudront pas se rendre, et de laisser la vie aux autres pour les mener en triomphe au Caire. Ce sera un beau spectacle pour la ville. »

Bonaparte se rend d'abord à Alexandrie, de là il marche sur Aboukir, dont le fort s'est rendu aux Turcs. Son génie lui fait prendre sur-le-champ des dispositions telles, que Mustapha doit vaincre ou périr avec tous les siens. Son armée, qui compte 18,000 combattants, est soutenue par une nombreuse artillerie ; des retranchements la défendent du côté de la terre, et du côté de la mer, elle communique librement avec la flotte. Le général en chef ordonne l'attaque au lieu de l'attendre ; tout cède à la valeur impétueuse de ses soldats ; en peu d'heures, les retranchements sont enlevés, 10,000 Turcs se noient dans la mer, le reste est pris ou tué. L'intrépide Murat, qui mérita une grande partie de la gloire de cette mémorable journée, fit prisonnier le général ennemi Said-Mustapha, dont le fils, qui commandait dans le fort, dut, avec tous les officiers échappés au carnage, former le cortége triomphal du vainqueur. La population du Caire, voyant revenir Bonaparte avec ses illustres prisonniers, accueillit d'un hommage superstitieux le prophète-guerrier qui avait prédit son triomphe avec une précision si remarquable. La victoire d'Aboukir fut le dernier exploit du général en chef en Egypte ; une autre phase de son étonnante carrière va commencer : considérant qu'il ne lui restait plus rien à faire en Egypte qui fût digne de son ambition, attendu que les forces dont il pouvait disposer encore, n'étaient pas, à beaucoup près, suffisantes pour entreprendre une expédition de quelque importance au delà des frontières de sa conquête, ce qui lui était bien démontré par la non-réussite du siége d'Acre : prévoyant d'ailleurs que son armée, allant toujours s'affaiblissant par les combats, par les maladies, il se verrait, un peu plus tôt, un peu plus tard, dans la triste nécessité de signer une capitulation et de se rendre prisonnier à ses ennemis ; qu'un évènement si déplorable détruirait tout le prestige de ses nombreuses victoires ; par ces diverses raisons, il prit spontanément la résolution de revenir en France. Il avait appris par ses communications avec la flotte anglaise, lors de l'échange des prisonniers d'Aboukir, et notamment par la *Gazette de Francfort*, que Sidney-Smith lui envoya, que depuis son absence, la patrie avait éprouvé des revers, que les ennemis avaient repris ses propres conquêtes, que la nation humiliée, mécontente du gouvernement dictatorial, se rappelait avec douleur la paix glorieuse qu'il avait signée à Campo-Formio; il comprit enfin qu'on avait besoin de lui et qu'il serait bien reçu.

Il ne fit part de son secret qu'à un petit nombre d'amis dont la discrétion et le dévouement lui étaient bien connus. Un voyage dans le Delta fut le prétexte qu'il mit en avant pour sortir du Caire sans éveiller les soupçons; les savants Monge, Berthollet, le peintre Denon, les généraux Berthier, Murat, Lannes, Marmont, l'accompagnaient.

Le 23 août 1799, une proclamation apprit à l'armée que le général en chef Bonaparte venait de transmettre ses pouvoirs au général Kléber; cette nouvelle fut reçue avec quelque mécontentement, mais l'indignation cessa bientôt. Kléber avait fait ses preuves; il méritait à bon droit toute la confiance des troupes, et puis on était facilement porté à croire que Bonaparte était parti pour lever en France de nouveaux renforts avec lesquels il s'empresserait de retourner en Égypte se remettre à la tête de ses anciens compagnons d'armes.

A la nuit tombante, une frégate vint le prendre silencieusement sur le rivage, trois autres bâtiments formèrent son escorte. On s'est demandé souvent par quel miracle il a pu se faire que, pendant une navigation de quarante-et-un jours, il n'ait pas rencontré un seul vaisseau ennemi qui l'ait contrarié dans sa traversée; des relations donnent à entendre que par une convention tacite il avait acheté la neutralité des Anglais; cela n'est guère vraisemblable; autant vaudrait soutenir qu'il avait fait aussi un pacte avec Nelson pour qu'il le laissât aborder sans obstacle au rivage égyptien avec la flotte qui portait sa nombreuse armée.

Au moment du départ, on lui fit remarquer avec inquiétude qu'une corvette anglaise l'observait : « Bah! s'écria Bona-« parte, nous arriverons, la fortune ne « nous a jamais abandonnés, nous arri-« verons, malgré les Anglais. » La flottille entra le 1ᵉʳ octobre dans le port d'Ajaccio, les vents contraires l'y retinrent jusqu'au 8 qu'elle appareilla pour la France. A la vue des côtes, on vit paraître dix voiles anglaises, le contre-amiral Gantheaume voulait virer de bord vers la Corse : « Non, lui dit Bonaparte, cette « manœuvre nous conduirait en Angle-« terre, et je veux arriver en France. » Cet acte de fermeté et de courage le sauva; le 8 octobre 1799 (16 vendémiaire an VIII), les frégates mouillent dans la rade de Fréjus. Comme il n'y avait point de malades à bord et que la peste avait cessé en Égypte, six mois avant son départ, il fut permis au général Bonaparte et à sa suite de prendre terre immédiatement. A six heures du soir, il se mit en route pour Paris, accompagné de Berthier, son chef d'état-major.

VII

Retour à Paris. — Situation de la France. — 18 Brumaire.

Le voyage depuis Fréjus jusqu'à la capitale fut un long triomphe : les populations des campagnes se pressaient sur son passage, les villes se portaient à sa rencontre, lui donnaient des fêtes brillantes et le traitaient avec tous les honneurs et tous les égards que l'on n'accorde ordinairement qu'aux souverains. Il ne se méprit pas sur les motifs de ces ovations bien différentes de l'enthousiasme et des applaudissements qui l'avaient accueilli au retour de ses victoires d'Italie. Tout lui annonçait que le public voyait en lui un libérateur, un sauveur, un restaurateur de la gloire de la patrie.

La guerre civile s'était rallumée dans l'Ouest avec fureur, et menaçait de s'étendre dans le Midi. L'Italie tout entière était retombée au pouvoir de l'Autriche. Joubert, que le Directoire avait chargé de refaire la conquête de ce pays, Joubert avait été tué. Le Directoire, chargé du mépris et de la haine générale, avait, pour remplacer Joubert, jeté les yeux sur Moreau; celui-ci, apprenant l'arrivée de Bonaparte, dit aux directeurs : « Vous n'a-« vez plus besoin de moi, voilà l'homme « qu'il vous faut pour opérer un mouve-« ment, adressez-vous à lui. » Cette réponse prouve que Moreau n'avait pas mieux pénétré les desseins de Bonaparte que le Directoire.

Le conquérant de l'Egypte reprit à Paris son genre de vie laborieuse et solitaire accoutumé; il paraissait peu en public, n'assistait aux spectacles qu'en loge grillée, et ne fréquentait que des savants. Il n'accepta à dîner chez les directeurs qu'en famille. Il ne put cependant refuser le festin que lui offrirent les Conseils dans le temple de la Victoire (l'église Saint-Sulpice); mais il n'y resta qu'une heure, et en sortit en compagnie de Moreau.

Cependant le pouvoir était à l'agonie; des partis nombreux s'agitaient diversement pour le faire passer en d'autres mains; généralement, ils faisaient tous des tentatives auprès de Bonaparte pour le déterminer à embrasser leur système et se mettre à leur tête. Bernadotte et Augereau qui représentaient la faction démagogique du manége, lui promettaient le gouvernement de la République s'il voulait entrer dans leur parti. D'autres lui proposaient de renverser le Directoire et le manége. Les directeurs eux-mêmes intriguaient chacun de leur côté auprès de Bonaparte pour l'engager à détruire leur propre puissance. Sieyès et un grand nombre de membres du conseil des Anciens le sollicitaient de se mettre à la tête d'un parti modéré : Barras, Moulins et Gohier l'engageaient à aller reprendre le commandement de l'armée d'Italie, le premier, pour l'éloigner des affaires, et les deux autres pour en faire l'instrument militaire de leur pouvoir. Tel était le bulletin des conspirations que l'on connaissait déjà. La véritable était ignorée; Bonaparte avait consulté, sur l'état positif des affaires, des hommes éclairés, tels que Cambacérès, Rœderer, Réal, Regnaud de Saint-Jean d'Angely. De tous les directeurs, Sieyès était le seul qui lui eût inspiré de la confiance; le 8 brumaire, de grand matin, il eut une conférence avec lui, et il lui confia les projets de la révolution qu'il voulait opérer; Sieyès les approuva; il fut convenu entre eux que l'exécution en serait tentée du 15 au 20 du même mois; dans une dernière conférence qui eut lieu le 15, il fut arrêté que la tentative aurait lieu le 18.

Le 17, à la pointe du jour, le commandant de Paris, les régiments de la garnison, les adjudants des quarante-huit sections furent invités à se rendre le lendemain à sept heures du matin dans la rue Chantereine, où était la maison qu'habitait Bonaparte. Cette réunion attendue depuis le retour du général en chef n'inspirait aucune méfiance; à la même heure furent également convoqués tous les officiers sur lesquels on pouvait compter. Chacun d'eux, croyant comme le public que le général allait partir pour l'armée d'Italie, trouvait tout simple qu'on les eût convoqués pour leur donner des ordres.

A l'heure fixée arrivèrent tous ceux qu'on avait invités. A huit heures et demie un messager du conseil des Anciens remit à Bonaparte le décret suivant qu'il fit lire à l'Assemblée :

« Le conseil des Anciens, en vertu des

articles 102, 103 et 104 de la Constitution décrète ce qui suit : 1° Le corps législatif est transféré dans la commune de Saint-Cloud, les deux conseils y siégeront dans les deux ailes du palais. 2° Ils y seront rendus demain, 19 brumaire, à midi. Toute continuation de fonctions, de délibérations, est interdite ailleurs et avant ce terme. 3° Le général Bonaparte est chargé de l'exécution du présent décret. Le général commandant la 17ᵉ division militaire, la garde du corps législatif, les gardes nationales sédentaires, les troupes de ligne qui se trouvent dans la commune de Paris et dans toute la 17ᵉ division militaire, sont mises immédiatement sous ses ordres. Tous les citoyens lui prêteront main-forte à la première réquisition. 4° Le général Bonaparte est appelé dans le sein du conseil pour y recevoir une expédition du présent décret et prêter serment. 5° Le présent décret sera imprimé, affiché, promulgué et envoyé dans toutes les communes de la République par des courriers extraordinaires. »

Après cette lecture, qui fut suivie du cri unanime de *vive Bonaparte! vive la République!* Le général en chef harangua les militaires présents. Dans cette proclamation, qui fut envoyée aux armées, il disait : « Soldats, le décret extraordinaire du conseil des Anciens est conforme aux articles 102 et 103 de l'acte constitutionnel ; il m'a remis le commandement de la ville et de l'armée. Je l'ai accepté pour seconder les mesures qu'il va prendre et qui sont toutes en faveur du peuple. La République est mal gouvernée depuis deux ans : vous avez espéré que mon retour mettrait un terme à tant de maux ; vous seconderez votre général avec l'énergie, la fermeté, la confiance que j'ai toujours vues en vous. La liberté, la victoire et la paix replaceront la République française au rang qu'elle occupait en Europe et que l'ineptie ou la trahison a pu seule lui faire perdre. *Vive la République!*

Incontinent, les chefs des quarante-huit sections reçoivent l'ordre de faire battre la générale et de faire proclamer le décret dans tous les quartiers de Paris. Pendant ce temps-là, il se rend à cheval aux Tuileries, suivi d'un nombreux cortége de généraux et de soldats ; admis avec son état-major dans le conseil des Anciens, il leur parle ainsi : « La République périssait ; vous l'avez su et votre décret vient de la sauver ; malheur à ceux qui voudraient le trouble et le désordre ! Je les arrêterai. Qu'on ne cherche pas dans le passé des exemples qui pourraient retarder votre marche. Votre sagesse a rendu ce décret ; nos bras sauront l'exécuter ; nous voulons une république fondée sur la vraie liberté, sur la liberté civile, sur la représentation nationale. Nous l'aurons, je le jure, je le jure en mon nom et en celui de mes camarades d'armes. » Cette allocution, au moins singulière, pour ne pas dire plus, fut accueillie par de nombreux applaudissements, et le nouveau commandant général alla passer la revue des troupes. Par ses ordres 10,000 hommes, commandés par le général Lannes, occupèrent les Tuileries ; les postes du Luxembourg, de l'Ecole-Militaire, du palais des Cinq-Cents (Bourbon), des Invalides, furent confiés à la garde des généraux Milhaud, Murat, Marmont, Berruyer. Le général Lefebvre conserve le commandement de la 17ᵉ division militaire, et Moreau lui-même accompagne Bonaparte en qualité de son aide-de-camp. Ces diverses mesures furent prises avec tant d'adresse et de promptitude que, dès les dix heures du matin, le pouvoir des directeurs s'était évanoui comme une ombre. Sieyès et Roger-Ducos, qui avaient été initiés dans les mystères du complot, se rendirent comme de simples citoyens dans le conseil des Anciens; Barras, Gohier et Moulins voulurent d'abord faire quelque résistance, ils firent appeler le général Lefebvre pour lui donner des ordres. Celui-ci leur répondit, qu'en vertu du décret, il ne connaissait d'autre supérieur que le général Bonaparte. Enfin, Bonaparte, entouré d'une foule de généraux et de soldats, s'adressant indirectement aux membres du pouvoir exécutif, les apostropha dans la salle du Conseil (des Anciens) par ces mots foudroyants : « Qu'avez-vous fait de cette France que je vous ai laissée si florissante? Je vous ai laissé la paix, je retrouve la guerre. Je vous ai laissé des victoires, je retrouve des revers. Je vous ai laissé les millions de l'Italie, et je retrouve partout des lois spoliatrices et la misère. Qu'avez-vous fait de 100,000 Français que je connaissais, tous mes compagnons de gloire? ils sont morts. Cet état de choses ne peut durer; avant trois ans il nous mènerait au despotisme. Mais nous voulons la République, la République assise sur les bases de l'égalité, de la morale, de la liberté civile, de la tolérance politique. Il est temps enfin que l'on rende aux défenseurs de la patrie la confiance à laquelle ils ont tant de droits; à entendre quelques factieux, bientôt nous serions tous des ennemis de la République, nous, qui l'avons affermie par nos travaux et notre courage; nous ne voulons pas de gens plus patriotes que les braves qui ont été mutilés au service de la patrie. »

Le directeur Moulins avait proposé à ses collègues de s'emparer de Bonaparte et de le faire fusiller, mais il apprit bientôt que l'exécution d'un coup si hardi n'était plus en son pouvoir; un détachement envoyé autour du Luxembourg lui fit abandonner son projet. La propre garde du Directoire se mit, de son propre mouvement, à la disposition du héros de l'Italie et de l'Égypte, et les directeurs s'estimèrent heureux qu'on leur permît d'aller finir leurs jours dans l'obscurité et la retraite.

Le lendemain 19, les conseils se réunirent à Saint-Cloud, celui des Anciens, dans la galerie du palais, et celui des Cinq-Cents dans l'Orangerie. Bonaparte, après avoir fait occuper militairement toutes les avenues, entre, suivi de ses aides-de-camp dans le conseil des Anciens où il prononce une harangue véhémente, dont voici quelques traits : « On parle d'un nouvau César, d'un nouveau Cromwel; on répand que je veux établir un gouvernement militaire. Si j'avais voulu usurper l'autorité suprême, je n'aurais pas eu besoin de recevoir cette autorité du Sénat. Le conseil des Anciens est investi d'un grand pouvoir, mais il est encore animé d'une plus grande sagesse; ne consultez qu'elle; prévenez les déchirements. Evitons de perdre ces deux choses, pour lesquelles nous avons fait tant de sacrifices : *la liberté et l'égalité.* »

« — Et *la Constitution?* lui dit en l'interrompant le député Linglet.

« — La Constitution, répliqua Bonaparte avec l'accent de la colère; la constitution! osez-vous l'invoquer? Vous l'avez violée au 18 fructidor, au 22 floréal, au 30 prairial. Vous avez, en son nom, violé tous les droits du peuple. Nous fonderons, malgré vous, la liberté et la République. Aussitôt que les dangers qui m'ont fait conférer des pouvoirs extraordinaires auront cessé, j'abdiquerai ces pouvoirs.»

« — Et quels sont ces dangers? lui cria-t-on.

« — S'il faut s'expliquer tout à fait, je dirai que Barras et Moulins m'ont proposé eux-mêmes de renverser le gouvernement. Je n'ai compté que sur le conseil des Anciens; je n'ai point compté sur le conseil des Cinq-Cents, où se trouvent des hommes qui voudraient nous rendre la Convention, les échafauds, les Comités révolutionnaires Je vais m'y rendre; et si quelque orateur, payé par l'étranger, parlait de me mettre *hors la loi*, qu'il prenne garde de porter cet arrêt contre lui-même. S'il parlait de me mettre *hors la loi*, j'en appelle à vous, mes braves compagnons d'armes, à vous, mes braves soldats que j'ai menés tant de fois à la victoire. Je m'en remettrais, mes vrais amis, à votre courage et à *ma fortune.* »

Cela dit, il se rend dans la salle des Cinq-Cents, accompagné de quelques grenadiers. Au moment où il entrait, l'Assemblée procédait, dans la plus grande agitation, à l'appel nominal, pour que ses membres jurassent de nouveau de défendre la Constitution. A la vue de Bonaparte et de ses grenadiers, les imprécations retentissent de toutes parts : « Ici des sabres ! ici, des hommes armés ! A bas le tyran ! à bas le dictateur ! hors la loi le nouveau Cromwel ! » Le député Destrem lui frappe sur l'épaule, et lui dit : « Voilà donc pourquoi vous avez « remporté tant de victoires ! » Le député Bigonnet le saisissant par les deux bras : « Que faites-vous, lui dit-il, que faites-« vous, téméraire ? vous violez le sanc-« tuaire des lois. » Bonaparte croyant sa vie menacée, sort, entraîné par les grenadiers, sans pouvoir proférer une parole. On a dit dans le temps qu'il y eut des poignards tirés, des soldats blessés. Des personnes qu'on prétend dignes de foi, qui assistaient à cette scène extraordinaire, ont affirmé depuis que Bonaparte et ses amis ne coururent, en cette occasion, aucun danger sérieux ; nous ne le croyons pas.

Cependant, les députés demandent qu'on déclare Bonaparte hors la loi, et ils somment son frère Lucien, président de l'Assemblée, de mettre le décret aux voix ; il s'y refuse et quitte le fauteuil. Sur ces entrefaites, un piquet de grenadiers envoyé par le généralissime entre dans la salle et l'enlève. Le président, n'ayant plus rien à craindre, monte à cheval et harangue les troupes en ces termes : « Vous ne reconnaîtrez pour lé-« gislateurs de la France que ceux qui « vont se rendre auprès de moi. Quant « à ceux qui resteraient dans l'Orange-« rie, que la force les expulse. Ces bri-« gands ne sont plus les représentants « du peuple ; ils sont les représentants « du poignard. » Bonaparte n'a plus qu'un pas à faire et ses desseins sont accomplis : des soldats, par ses ordres, envahissent la salle de l'Orangerie, et en font sortir de gré ou de force tous les députés qui s'y trouvent. Des mesures sont prises par le secrétaire-général de la police Fouché, pour que les députés, en quittant Saint-Cloud, ne puissent immédiatement rentrer dans Paris, précaution qui avait pour but de les empêcher de reformer leur Assemblée dans cette ville populeuse.

Après cette victoire, Lucien propose au conseil des Anciens de réorganiser un nouveau conseil des Cinq-Cents, en éliminant ceux de ses membres qui tenaient opiniâtrément pour l'ancienne constitution. La proposition est prise en considération ; la majorité des Cinq-Cents a lieu dans l'Orangerie, et l'exclusion de soixante et un députés est décrétée. Les deux conseils abolissent d'un commun accord le gouvernement directorial ; une commission pour la révision de la Constitution est formée ; une commission *consulaire exécutive*, composée de Sieyès, Roger-Ducos et Bonaparte, hérite du pouvoir directorial ; les trois Consuls prêtent serment dans les deux conseils d'être fidèles « à la souveraineté du peuple, à la République une et indivisible, à la liberté, à l'égalité et au système représentatif. » La nation accepta ces promesses. Le même jour, les Cinq-Cents déclarèrent que les généraux et les soldats qui, le matin les avaient chassés de l'Orangerie, *avaient bien mérité de la patrie.*

VIII

Consulat.

La commission consulaire alla s'établir au Luxembourg. *Qui de nous présidera?* dit Sieyès à ses collègues. — *Vous voyez bien,* répondit Roger-Ducos, *que c'est le général qui préside.* Et en effet le général s'était emparé du fauteuil du milieu. — En sortant de cette conférence, Sieyès dit à ceux qui l'entouraient : *Maintenant vous avez un maître ; il sait tout, il fait tout et il peut tout.*

La révolution du 18 brumaire, illégale dans ses principes, exécutée au moyen de la violence, et justement répréhensible aux yeux des amis sincères de la liberté, était devenue si nécessaire qu'elle s'accomplit à la satisfaction de la nation. Qu'avait-elle à regretter des divers gouvernements qui s'étaient succédé depuis 92? Pendant la tourmente révolutionnaire, la France ne pouvait véritablement avouer, sans rougir, les exploits de ses armées. Par la force des choses, le pouvoir suprême devait donc, un peu plus tôt, un peu plus tard, tomber dans les mains d'un des plus distingués de ses généraux. Bonaparte, le plus actif, le plus ambitieux, le plus habile de tous, obtint cet avantage. Or, qu'on se persuade bien que quand même il eût été tué, lorsqu'il fit irruption dans la salle des Cinq-Cents, ni le Directoire, ni les deux conseils n'auraient point recouvré leur puissance et leur dignité : le mépris public ne l'eût point souffert ; un autre guerrier eut repris et continué le rôle de Bonaparte.

Une ère nouvelle et bien chère à la France commença avec le Consulat. Les lois odieuses sur les otages et sur l'emprunt forcé furent abrogées; on négocia avec l'Angleterre pour l'échange des prisonniers lâchement oubliés par le Directoire; la Vendée fut pacifiée, la liste des émigrés fut close; 9,000 prêtres, déportés par le Directoire, cessèrent d'être molestés; une foule de prisonniers de diverses catégories recouvrèrent leur liberté. La balance remplace le niveau sur le sceau de l'État; l'ordre administratif, établi sur de nouvelles bases, prend de la consistance et de la régularité ; un nouveau système de finance donne au crédit public une solidité que les événements subséquents n'ont jamais détruite. Bonaparte réunit sous sa direction immédiate une commission composée des des plus habiles jurisconsultes, pris indistinctement dans toutes les opinions pour rédiger ce Code fameux qui, dans la suite, porta le nom de Napoléon.

Poursuivant toujours l'objet favori de ses vœux, le pouvoir suprême et sans partage, il se fait nommer, par la Constitution de l'an VIII, premier consul pour dix ans. Sieyès et Roger-Ducos, remplacés par Cambacérès et Lebrun, prennent leur retraite dans le sénat. La nouvelle Constitution reconnaissait quatre pouvoirs : le consulat, avec l'initiative des lois, le tribunat, le corps législatif et le sénat. Le premier Consul s'entoure d'un conseil privé, révocable par lui seul et dont il se réservait la présidence : en même temps, il fait apposer son nom en tête des actes du gouvernement. Le voilà roi, il abandonne le Luxembourg au sénat et va s'établir dans le palais des Tuileries, qu'il habite, comme aurait fait Louis XIV, en maître absolu. Bientôt il eut des courtisans nombreux : le négligé fut banni du costume, on ne se traita plus de *citoyen* dans les conversations ; la dignité dans le maintien, une mesure couvenable dans le langage, firent oublier les familiarités souvent indécentes, qu'on se permettait dans les réunions du Directoire.

Au milieu d'une multitude de travaux intérieurs, tous utiles et de la plus haute importance, Bonaparte conclut un traité de paix avec les États-Unis d'Amérique. A cette occasion, il ordonna un deuil public en mémoire de Washington, le fondateur de la république américaine, et il fit célébrer en son honneur une cérémonie funèbre dans l'église des Invalides. Vers le même temps, il donna une constitution nouvelle à la Suisse, dont il prit sans obstacle le titre de *médiateur*.

Cependant une coalition redoutable, dont faisaient partie l'Angleterre, l'Autriche, la Bavière, la Porte, armait de nouveau contre la France. Toutes les forces de la République n'excédaient pas 150,000 hommes; elle ne possédait rien en Italie; mais, à la voix du premier Consul, la nation s'émeut, et en peu de temps elle fournit au gouvernement, spontanément et sans contrainte, une nouvelle armée de 100,000 hommes et de 40,000 chevaux, traînant une artillerie des plus formidables. Afin de détourner l'attention générale qui se portait sur le Var, défendu par Masséna avec 25,000 hommes, et que menaçait Mélas, victorieux, à la tête d'une armée de 150,000 combattants, bien approvisionnés de tout, le premier Consul indiqua Dijon pour rendez-vous de l'armée, dite *de réserve*. Cette position, également éloignée de Bâle, Martigny et Chambéry, était bien choisie pour maintenir l'Autriche, et lui faire prendre le change.

Moreau commande l'armée du Rhin, dont l'aile droite occupe la Suisse, ce qui peut faire croire que les Français ont l'intention de se porter d'abord sur l'Allemagne, et de retourner plus tard en Italie, ou pour le moment ils ont des forces nulles ou insignifiantes. Tandis que Moreau, comme il en avait reçu l'ordre, tient en échec le général autrichien Kay, et l'isole tout à coup du général Mélas, en occupant les défilés de la forêt Noire, Bonaparte va prendre le commandement de l'armée dite *de réserve*, qui déjà s'était rendue à Genève. Là, il prend la résolution de porter la guerre sur le Pô, entre Milan, Gênes et Turin. Il était du plus grand intérêt de surprendre Mélas et de tomber sur ses derrières avant qu'il n'eût réuni toutes ses forces sur un même point ; il fallait donc franchir les Alpes à l'improviste et comme à la dérobée. En conséquence, la route de l'armée est ordonnée par des chemins ardus, jusque-là impraticables pour la plupart des hommes. Sous les regards de Bonaparte, tout devient facile : les rochers escarpés, des glaces éternelles, des défilés situés à 2,500 mètres au-dessus du niveau de la mer, livrent passage, par ses conseils et ses soins, aux soldats, à la cavalerie, aux bagages et à l'artillerie. Annibal, dans sa fameuse expédition contre les Romains, n'avait rien tenté de plus hardi.

Mélas était encore sur le Var quand les divisions françaises descendaient les revers du Saint-Gothard, du Simplon, du Saint-Bernard. L'armée était à peine en Italie que la ville d'Aost est enlevée, après une vive résistance, par l'avant-garde. La garnison se réfugia dans le fort de Bard, qui fermait l'unique chemin par où devait passer l'armée : il était de la plus grande importance de prendre ce fort avant que Mélas ne fût instruit de la marche du premier Consul, et afin de s'emparer des débouchés des vallées. Pour le moment, le fort résista ; alors le général français imagina ce stratagème : il fit envelopper de foin les roues des chariots de l'artillerie, et couvrir la route de fumier; puis, la nuit venue, il passa avec toute l'artillerie sous le canon du fort, sans être entendu. Le redoutable défilé était franchi.

En habile politique, le premier Consul se hâte de rétablir la république cisalpine, afin de se rendre les Italiens favorables. C'est par Milan qu'il doit passer pour aller combattre Mélas. Chemin faisant, il pousse son avant-garde sur Pavie, où il trouve 200 pièces de canon; enfin, après quelques combats heureux livrés par ses lieutenants, il entre en libérateur, le 2 juin, dans Milan, où l'on venait seulement d'apprendre l'invasion d'une armée française. Après avoir réorganisé la République, il répand son armée entre le Pô et l'Adda, passe cette dernière rivière et s'empare de Bergame, de Créma, de Crémone, pousse Landon jusqu'à Brescia. Le général en chef, arrivé sur le Pô, prend ses mesures pour en rendre la défense impossible. Loison passe ce fleuve à Crémone, Murat s'empare de la tête de pont de la ville de Plaisance, Lannes force le passage devant Belgiojoso; c'est là que fut établi le pont où devait passer l'ennemi; il livre la bataille de Montebello, tue 3,000 Autrichiens et fait 5,000 prisonniers. Mais ce n'était qu'une affaire d'avantgarde, et il fallait se mesurer avec l'armée de Mélas, réunie entre le Pô et le Tanaro. Le 12 juin, l'armée française, composée des corps de Lannes, Desaix et Victor, borde la Scrivia. La division Lapoype avait ordre de joindre le général Desaix. Le quartier-général était à Voghera. Le 13, le premier Consul traverse, sans éprouver de résistance, contre son attente, les plaines de San-Giulano, fait chasser du village de Marengo 5,000 hommes par le général Gardanne, qui les poursuit jusqu'à la rivière Bormida, et ne peut enlever la tête du pont. Le Consul prend position entre cette rivière et Marengo, à la Pedra-Bona; de là il envoie les deux divisions Desaix à Castelnove di Scrivia et à Rivalta, pour observer les ailes de l'armée ennemie; en même temps, il concentre les corps de Lannes et de Victor entre San-Giulano et Marengo.

Le lendemain 14, à quatre heures du matin, on vit l'armée ennemie déboucher au travers du long défilé du pont de la Bormida. Ce ne fut que cinq heures après qu'elle put se porter en avant sur trois colonnes; elle comptait 40,000 hommes, tous vieux soldats. Au commencement de l'action celle du Consul n'avait que la moitié de ce nombre. Le corps de Victor, qui tenait la gauche, fut vigoureusement attaqué et poussé; celui de Lannes entra en ligne à droite, et, malgré quelques succès, il fut entraîné par la retraite de celui de Victor. Le premier Consul, prévoyant le danger qui le menaçait, fit tout à coup avancer dans la plaine un corps de vieilles troupes, contre lequel allèrent se briser tous les efforts de l'ennemi. Cette héroïque résistance donna le temps à la division Monnier d'arriver; celui-ci jeta une brigade dans Castel-Ceriolo : dès ce moment l'ordre de bataille de l'armée française se trouva presque dans une position inverse de celui qu'on lui avait fait prendre le matin, par échelons; l'aile droite en avant, occupant par sa gauche la route de Tortone : cette position se maintint jusqu'à l'arrivée de la division Boudet, conduite par Desaix. Mélas, au contraire, avait affaibli sa gauche pour fortifier sa droite, qu'il étendait inutilement vers Tortone.

Il était cinq heures, lorsque Desaix vint couvrir la gauche de l'armée; l'apparition subite de ce renfort combla les soldats de joie et d'espérance; sur-le-champ, une attaque générale est ordonnée. Un corps de 5,000 braves grenadiers autrichiens s'avance sur la grande route, Desaix va l'attaquer avec quinze canons, il est frappé d'une balle et il meurt glorieusement, au moment où Kléber, son ami, tombait au Caire sous le poignard d'un assassin. Les soldats de Desaix, irrités par la perte de leur général, se battent comme des lions, et cependant la vaillante colonne autrichienne résistait toujours, lorsque Kellermann, le jeune, fond avec la cavalerie qu'il commande sur son flanc gauche, l'ouvre, la disperse, et les 5,000 grenadiers se rendent prisonniers.

La ligne française se précipite en avant et reprend en moins d'une heure tout le terrain qu'elle avait perdu depuis le commencement de la bataille. La ligne ennemie, prise à revers, presse sa retraite; les vainqueurs la poursuivent jusqu'à dix heures du soir.

5,000 morts, 8,000 blessés, 7,000 prisonniers, 30 canons et 12 drapeaux furent les trophées de la victoire de Marengo.

Le lendemain, à la pointe du jour, Bonaparte fait attaquer la tête de pont de la Bormida; Mélas était certainement bien en état de se défendre, pouvant encore disposer de forces supérieures à celles qui restaient à son adversaire; mais encore tout ému des revers qu'il avait éprouvés la veille, et, désespérant des succès qu'il pouvait attendre d'une chance plus heureuse, il eut la lâcheté, tranchons le mot, de demander à traiter. Quelques heures après, il conclut, avec le général Berthier, cette fameuse convention d'Alexandrie, par laquelle l'armée française recouvrait tout ce qu'elle avait perdu en Italie depuis quinze mois, à l'exception de Mantoue.

Après avoir achevé de réorganiser la prétendue république cisalpine, Bonaparte se hâte de revenir à Paris, où l'appellent des intérêts politiques de la plus haute importance; il y arrive le 3 juillet; le peuple qui, à la première nouvelle de la victoire de Marengo, avait spontanément illuminé ses maisons, le reçoit avec des transports d'allégresse : dès ce moment, il n'y eut plus en France qu'un chef suprême des armées, qu'un législateur, qu'un administrateur. C'est le général, le premier consul Bonaparte, bien plus puissant, bien plus absolu que les rois de l'ancienne monarchie. Cet homme extraordinaire, adoré de la foule, faillit néanmoins être plusieurs fois la victime des complots de conspirateurs professant des doctrines bien différentes : les royalistes et les républicains niveleurs l'abhorraient comme un traître, *comme leur ennemi personnel.* Les niveleurs commencèrent : leur dernière entreprise coûta la vie au sculpteur Ceracchi, au peintre Topino-Lebrun, à l'adjudant-général Aréna. Deux mois après, les ex-chouans Saint-Régent, Carbon, Limoelan, font jouer la fameuse machine infernale.

Diverses autres tentatives d'assassinat, qui, prévenues à temps, restèrent heureusement sans effet, fournirent au gouvernement du premier Consul un prétexte plausible pour établir des tribunaux spéciaux qu'on arma d'une législation spéciale, violente, tyrannique. Ce fut en vain que des tribuns protestèrent contre l'adoption des projets présents : ces projets passèrent à la majorité de huit voix, tant la corruption avait fait de progrès parmi les membres de ce corps, qui devait être essentiellement républicain.

Plusieurs revers éprouvés coup sur coup, tant en Allemagne qu'en Italie, forcèrent l'Autriche à accepter les conditions du congrès de Lunéville; le traité fut signé le 9 février 1801. Cet acte, qui rappelle toutes les clauses de celui de Campo-Formio, donna à la France la Belgique, tous les États de la rive gauche du Rhin, fixa à l'Adige la limite des possessions autrichiennes en Italie, et abandonna au premier Consul la libre disposition de la Toscane. Cette paix de Lunéville produisit en France la plus grande satisfaction; à la nouvelle qui en fut répandue, le peuple de Paris se porta aux Tuileries, aux cris mille fois répétés de *vive Bonaparte!* Il ne se faisait rien alors de grand et d'utile qui ne fût réputé son ouvrage. On lui fit l'honneur d'avoir, de son propre mouvement, décrété des expositions publiques des produits de l'industrie; on assure que ce fut Chaptal qui lui suggéra cette idée.

A travers une multitude de mouvements de guerre et d'intrigues politiques qui ne laisseront aucun souvenir de quelque durée, nous arrivons à l'époque du *Concordat*. Bonaparte, bien certain de tenir en main toutes les forces matérielles du pouvoir suprême, comprit, en politique habile, que la solidité de sa puissance avait besoin d'être corroborée par le prestige des idées et des cérémonies religieuses; la France était alors, et non sans de bonnes raisons, considérée par les étrangers comme la plus impie des nations. Afin de la réconcilier avec le ciel et avec les peuples de l'Europe, le premier Consul commença d'abord par rétablir le pape dans tous ses droits et dignités, après quoi il conclut avec la cour de Rome un *concordat* par lequel l'Église de France fut rétablie, et, tout en conservant ses libertés, reconnut le souverain pontife pour son chef.

Ce traité, conclu à Paris le 13 juillet, devint loi de l'État le 8 du mois d'avril suivant. Le concordat fut, pour la France, une véritable restauration : reçu avec les plus vives démonstrations de joie par tout ce qu'il y avait d'honnête, de religieux, il renfermait implicitement la condamnation des excès révolutionnaires, donnait à la politique extérieure un gage de confiance et de stabilité; il groupait enfin, autour du premier Consul, un grand nombre de familles nobles, qui, malgré ses victoires, auraient continué à renier la révolution.

Tout prospérait, l'industrie, la puissance, la politique. La paix tant désirée avec l'Angleterre fut convenue à Loudun le 1er octobre, et définitivement conclue à Amiens le 25 mars 1802. Si cette paix fut de courte durée, la cause en est due à l'Angleterre. Cette puissance n'ayant point tardé à reconnaître qu'elle avait perdu la prépondérance de son commerce par la concurrence du continent, et, voulant la reconquérir à tout prix, elle souleva des difficultés lorsqu'il s'agit de l'exécution du traité. Elle fit demander, d'abord, la reddition de l'île d'Elbe, du Piémont, des États de Parme, qui venaient d'être réunis à la France, et ensuite, mais plus impérieusement, par lord Vithworth, et comme *ultimatum*, la possession pendant dix ans de l'île de Malte, déclarée indépendante par le traité, la cession de l'île de Lampedouse, l'évacuation de la Hollande par les troupes françaises. Ces propositions furent rejetées. L'ambassadeur quitta Paris le 13 mai 1802, et le 22 l'Angleterre reprit les armes pour ne les déposer qu'après la ruine complète de son rival.

Ce fut sous le consulat qu'eut lieu la funeste expédition de Saint-Domingue, commandée par le général Leclerc, beau-frère de Bonaparte; le rétablissement des solennités religieuses, ordonnées par le gouvernement; l'institution de l'ordre de la Légion d'honneur; le sénatus-consulte, corroboré par le vœu de 3,368,259 voix, qui déclare Bonaparte consul à vie; la vente de la Lousiane aux États-Unis pour la somme de 15 millions de dollars; la conspiration dite de Moreau, l'exil de ce général; la mort du dernier rejeton de la famille des Condés; la réduction des membres du tribunat, de cent à cinquante.

Pendant les quatre années de son consulat, Bonaparte avait réuni dans sa personne toutes les forces civiles et militaires de la République : la plupart des fonctionnaires publics étaient ses créatures; le clergé, par reconnaissance, lui répondait de la fidélité des populations religieuses; les généraux, naguère ses émules, étaient devenus ses lieutenants. Il était donc le maître absolu des armées de terre et de mer; l'anarchie, les conspirateurs, étaient comprimés pour toujours. La nation, accoutumée depuis tant de siècles à vivre sous le régime monarchique, considérait le premier Consul comme le digne successeur de ses rois les plus sages et les plus illustres. Sous sa domination, l'ordre et la sécurité régnèrent partout : le crédit se rétablit; les sciences, les arts et l'industrie furent encouragés; des jurisconsultes éclairés travaillèrent à la rédaction de nouveaux codes : le système, en un mot, du gouvernement consulaire, considéré d'un certain point de vue, paraît irréprochable.

Le 30 avril 1804, un tribun, Curée, fait une motion dont le but est de confier le gouvernement de la République à un empereur, au premier consul Napoléon Bonaparte, et de rendre cette dignité héréditaire dans sa famille.

« C'est, dit Curée, sanctionner par les siècles les institutions politiques, et assurer à jamais les grands résultats qu'elles ont laissés après elles.... Les ennemis de notre patrie se sont effrayés de sa prospérité comme de sa gloire; leurs trames se sont multipliées, et l'on eût dit qu'au lieu d'une nation tout entière, ils n'avaient plus à combattre qu'un homme seul. C'est lui qu'ils ont voulu frapper pour la détruire.... Avec lui, le peuple français sera assuré de conserver sa dignité.... Il ne nous est plus permis de marcher lentement; le temps se hâte; le siècle de Bonaparte est à sa quatrième année, et la nation veut un chef aussi illustre que sa destinée.... »

Le tribunat adopte, presqu'à l'unanimité, la proposition de conférer l'empire à Bonaparte. Le tribun Carnot est le seul qui ose s'opposer ouvertement à la motion de Curée.

« .... Je votai dans le temps, dit-il, contre le consulat à vie; je voterai de même contre le rétablissement de la monarchie en France..... J'observerai d'abord que le gouvernement d'un seul n'est rien moins qu'un gage de stabilité et de tranquillité.... Du moment qu'une nation entière épouse les intérêts particuliers d'une famille, elle est obligée d'intervenir dans une multitude d'événements qui, sans cela, lui seraient de la plus parfaite indifférence.... Après la paix d'Amiens, Bonaparte a pu choisir entre le système républicain et le système monarchique; il eût fait tout ce qu'il eût voulu.... Le dépôt de la liberté lui était confié, il avait juré de la défendre.... Il se fût couvert d'une gloire incomparable.... Aujourd'hui, on propose de lui faire une propriété absolue et héréditaire d'un pouvoir dont il n'avait reçu que l'administration.... Une dictature momentanée est quelquefois nécessaire pour sauver la liberté.... mais parce qu'un remède violent a sauvé un malade, doit-on lui administrer tous les jours un remède violent?.... Il est moins difficile de former une république sans anarchie qu'une monarchie sans despotisme.... On a parlé d'institution.... serait-ce d'une nouvelle noblesse? Mais le remède n'est-il pas pire que le mal? Car le pouvoir absolu n'ôte que la liberté, au lieu que l'institution des corps privilégiés ôte tout à la fois et la liberté et l'égalité. Et quand même, dans les premiers temps, les grandes dignités ne seraient que personnelles, on sait assez qu'elles finiraient toujours comme les grands fiefs d'autrefois, par devenir héréditaires. »

(Il doute que tous les Français puissent donner en toute liberté leur assentiment à la mesure proposée, tant est grande l'influence de l'autorité qui préside; il y aurait de l'inconvénient à manifester une opinion défavorable.)

« .... La liberté de la presse est tellement anéantie, qu'il n'est pas possible de faire insérer dans un journal quelconque la réclamation la plus respectueuse et la plus modérée. »

« ..... La liberté fût-elle donc montrée à l'homme pour qu'il ne pût jamais en jouir? Ainsi la nature, qui nous fait de cette liberté un besoin si pressant, aurait voulu nous traiter en marâtre! Non, je ne puis consentir à regarder ce bien..... comme une simple illusion. Mon cœur me dit que la liberté est possible, que le régime en est facile et plus stable qu'aucun gouvernement arbitraire, qu'aucune oligarchie. »

Il n'y eut que quatre ou cinq tribuns qui furent de l'opinion de Carnot; tout le reste vota en faveur de la mesure.

« ..... C'est moins d'une récompense, dont Bonaparte n'a pas besoin, dit Siméon (pair de France sous la Restauration), que de notre propre dignité et de notre sûreté que nous nous occupons. » (Suit un long raisonnement pour prouver que la dynastie de Bourbon, détrônée, abattue par le malheur, ne saurait convenir à une nation qui s'estime. Il ne saurait y avoir de transaction sur une querelle aussi violemment décidée. Ne pas reconnaître Bonaparte comme empereur, ce serait se replacer sous le joug de la Révolution. Les grands hommes fondent ou rétablissent des empires; ils transmettent à leurs héritiers leur gloire et leur puissance; le gouvernement se perpétue paisiblement dans leur famille tant qu'elle produit des sujets capables..... Lorsque la famille dégénérée ne peut plus soutenir le poids des affaires publiques, une autre famille s'élève. C'est ainsi que l'Empire français a vu les descendants de Mérovée remplacés par ceux de Charlemagne, et ces derniers par ceux de Hugues Capet. C'est ainsi que les mêmes causes et des événements à peu près semblables nous amènent une quatrième dynastie.)

Le président du Corps législatif, Fontanes, s'exprime ainsi en cette occasion :

« ..... Tout gouvernement électif est incertain, violent et faible comme les passions des hommes, tandis que l'hérédité donne en quelque sorte au système social la force, la durée et la contenance des desseins de la nature. La succession non interrompue du pouvoir dans la même famille maintiendra la paix et l'existence de toutes les autres. Il faut, pour que leurs droits soient à jamais assurés, que l'autorité qui les protége soit immortelle..... L'histoire montre partout, à la tête des grandes sociétés, un chef unique et héréditaire..... Les illusions antiques ont disparu; mais en a-t-il besoin, celui qu'appelle notre choix? Il compte à peine trente-quatre ans, et déjà les événements de sa vie sont plus merveilleux que les fables dont on entoura le berceau des anciennes dynasties..... N'en doutons point, une longue carrière de prospérité et de gloire s'ouvre encore pour nos descendants..... On ne verra point le silence de la servitude succéder au tumulte de la démocratie..... Non, citoyen premier Consul, vous ne voulez commander qu'un peuple libre, il le sait, et c'est pour cela qu'il vous obéira toujours. Les corps de l'État se balanceront avec sagesse; ils conserveront tout ce qui peut maintenir la liberté, et rien de ce qui peut la détruire..... »

Enfin, le vœu du Tribunat arrive au Sénat conservateur. Cette assemblée, dès le 27 mars 1804, ayant reçu communication de la conspiration de Georges Cadoudal, avait voté une adresse confidentielle au premier Consul, dans laquelle on trouvait des passages tels que ceux-ci : « ..... En réorganisant notre ordre social, votre génie supérieur a fait un oubli qui augmente peut-être vos dangers et nos craintes..... Vous fondez une ère nouvelle, mais vous devez l'éterniser. L'éclat n'est rien sans la durée..... Vous êtes pressé par le temps, par les événements, par les conspirateurs, par les ambitieux; vous l'êtes dans un autre sens, par une inquiétude qui agite tous les Français : vous pouvez enchaîner le temps..... tranquilliser la France entière en lui donnant des institutions qui cimentent votre édifice et prolongent pour les enfants ce que vous fîtes pour les pères..... »

Le 25 avril suivant, Bonaparte répond : « ..... Votre adresse a été l'objet de mes méditations les plus constantes, vous avez jugé l'hérédité de la suprême magistrature nécessaire pour mettre le peuple français à l'abri des complots de nos ennemis et des agitations qui naîtraient d'ambitions rivales..... Je vous invite donc à me faire connaître votre pensée tout entière. »

Le 4 mai, ses vœux sont exaucés; le Sénat vient l'assurer qu'il est du plus grand intérêt du peuple de confier le gouvernement de la République à Napoléon Bonaparte, empereur héréditaire : « Le pacte social bravera le temps, la République, immuable comme son vaste territoire, verrait s'élever en vain autour d'elle les tempêtes politiques; pour l'ébranler, il faudrait ébranler le monde; et la prospérité, en rappelant les prodiges enfantés par votre génie, verra toujours debout cet immense monument, et tout ce que vous devra la patrie. » C'est ainsi que s'exprimait l'ex-deuxième consul Cambacérès.

Enfin le 18 mai 1804, le premier Consul est intronisé à Saint-Cloud par le Sénat conservateur.

Voici les deux actes constitutifs de l'Empire :

Extrait du Sénatus-consulte organique du 28 floréal an XII (18 mai 1804).

NAPOLÉON, par la grâce de Dieu et les constitutions de la République, Empereur des Français, à tous présents et à venir, salut.

Le Sénat, après avoir entendu les orateurs du conseil d'État, a décrété et nous ordonnons ce qui suit :

Extrait des registres du Sénat conservateur, du 28 floréal an XII de la République.

Le Sénat conservateur, réuni au nombre de membres prescrit par l'art. 90 de la constitution;

Vu le projet de sénatus-consulte rédigé en la forme prescrite par l'art. 57 du sénatus-consulte organique, en date du 16 thermidor an X;

Après avoir entendu, sur les motifs dudit projet, les orateurs du gouvernement, et le rapport de sa commission spéciale, nommée dans la séance du 26 du même mois;

L'adoption ayant été délibérée au nombre de voix prescrit par l'art. 56 du sénatus-consulte organique du 16 thermidor an X;

Décrète ce qui suit :

TITRE PREMIER.

Art. 1er. Le gouvernement de la République est confié à un empereur, qui prend le titre d'*Empereur des François*.

La justice se rend, au nom de l'Empereur, par les officiers qu'il institue.

2. Napoléon Bonaparte, premier Consul actuel de la République, est empereur des Français.

TITRE II.

De l'Hérédité.

3. La dignité impériale est héréditaire dans la descendance directe, naturelle et légitime de Napoléon Bonaparte, de mâle en mâle, par ordre de primogéniture, et à l'exclusion perpétuelle des femmes et de leur descendance.

4. Napoléon Bonaparte peut adopter les enfants ou petits-enfants de ses frères, pourvu qu'ils aient atteint l'âge de dix-huit ans accomplis, et que lui-même n'ait point d'enfants mâles au moment de l'adoption.

Ses fils adoptifs entrent dans la ligne de sa descendance directe.

Si, postérieurement à l'adoption il lui survient des enfants mâles, ses fils adoptifs ne peuvent être appelés qu'après les descendants naturels et légitimes.

L'adoption est interdite aux successeurs de Napoléon Bonaparte et à leurs descendants.

5. A défaut d'héritier naturel et légitime ou d'héritier adoptif de Napoléon Bonaparte, la dignité impériale est dévolue et déférée à Joseph Bonaparte et à ses descendants naturels et légitimes, par ordre de primogéniture, et de mâle en mâle, à l'exclusion perpétuelle des femmes et de leur descendance.

6. A défaut de Joseph Bonaparte et de ses descendants mâles, la dignité impériale est dévolue et déférée à Louis Bonaparte et à ses descendants naturels et légitimes, par ordre de primogéniture, et de mâle en mâle à l'exclusion perpétuelle des femmes et de leur descendance.

7. A défaut d'héritiers naturels et légitimes et d'héritiers adoptifs de Napoléon Bonaparte;

A défaut d'héritiers naturels et légitimes de Joseph Bonaparte et de ses descendants mâles;

De Louis Bonaparte et de ses descendants mâles;

Un sénatus-consulte organique, proposé au Sénat par les titulaires des grandes dignités de l'Empire, et soumis à l'acceptation du peuple, nomme l'Empereur et règle dans sa famille l'ordre de l'hérédité, de mâle en mâle, à l'exclusion perpétuelle des femmes et de leur descendance.

8. Jusqu'au moment où l'élection du nouvel empereur est consommée, les affaires de l'État sont gouvernées par les ministres, qui se forment en conseil de gouvernement, et qui délibèrent à la majorité des voix. Le secrétaire d'État tient les registres des délibérations.

Sénatus-consulte du 15 brumaire an XIII. — 6 novembre 1804, — relatif à l'hérédité de la dignité impériale.

Napoléon, par la grâce de Dieu et les constitutions de la République, empereur des Français, à tous présents et à venir salut.

Le Sénat ayant déclaré ce qui suit :

Extrait des registres du Sénat conservateur, du mardi 15 brumaire an XIII. Sénatus-consulte.

Le Sénat conservateur, réuni au nombre de membres prescrit par l'article 90 de la Constitution, délibérant sur le message de sa majesté impériale, du 1er de ce mois ;

Après avoir entendu le rapport de sa commission spéciale chargée de vérifier les registres des votes émis par le peuple français, en exécution de l'article 142 de l'acte des constitutions de l'Empire, en date du 28 floréal an XII, sur l'acceptation de cette proposition.

« Le peuple français veut l'hérédité de la dignité impériale dans la descendance directe, naturelle, légitime et adoptive de Napoléon Bonaparte, et dans la descendance directe, naturelle et légitime de Joseph Bonaparte et de Louis Bonaparte, ainsi qu'il est réglé par le sénatus-consulte de ce jour (28 floréal an XII).

Vu le procès-verbal fait par la commission spéciale, et qui constate que 3,524,254 citoyens ont donné leurs suffrages, et que 3,521,675 citoyens ont accepté ladite proposition,

Déclare ce qui suit :

La dignité impériale est héréditaire dans la descendance directe, naturelle, légitime et adoptive de Napoléon Bonaparte, et dans la descendance directe, naturelle et légitime de Joseph Bonaparte et de Louis Bonaparte, ainsi qu'il est réglé par l'acte des constitutions de l'Empire, en date du 28 floréal an XII.

Le présent sénatus-consulte sera transmis par un message à Sa Majesté l'Empereur.

Les Président et Secrétaires,

FRANÇOIS (DE NEUFCHATEAU), président;

PORCHER, COLLAUD, secrétaires.

Vu et scellé, le chancelier du Sénat,

LAPLACE.

Mandons et ordonnons que les présentes, revêtues des sceaux de l'État, soient publiées et insérées au *Bulletin des Lois*, et le grand-juge, Ministre de la Justice, chargé d'en surveiller la publication.

Donné au palais de Fontainebleau, le 5 frimaire an XIII.

NAPOLÉON.

Vu par nous, archichancelier de l'Empire,

CAMBACÉRÈS.

Le grand juge, Ministre de la Justice,

REGNIER.

Par l'Empereur,

Le secrétaire d'État,

Hugues B. MARET.

IX

Premières années de l'Empire.

Il est à remarquer que le sénatus-consulte du 28 floréal institue le Conseil d'État comme partie intégrante et autorité supérieure de l'État.

Par décret impérial du 19 mai 1804, Napoléon confère la dignité de maréchal de l'Empire à dix-huit généraux : de ces dix-huit grands capitaines, deux seulement appartenaient à la noblesse; quatre à la classe aisée de la bourgeoisie, et douze étaient sortis de la classe du peuple proprement dite.

Le 27 mai 1804, le Sénat est admis à prêter serment à l'Empereur. François de Neufchâteau lui dit : « Sire, vous n'accepterez l'Empire que pour sauver la « liberté; vous ne consentez à régner « que pour faire régner les lois; vous ne « fîtes jamais la guerre que pour avoir la « paix..... La liberté, les lois, la paix, « ces trois mots de l'oracle semblent avoir « été réunis tout exprès pour composer « votre devise et celle de vos succes- « seurs...... Vous n'aurez point eu de « modèle et vous en servirez toujours... »

Il faut bien croire que le Sénat était, jusqu'à un certain point, le véritable interprète des sentiments de la nation : car sitôt qu'il eut prêté serment de fidélité à l'Empereur, il arriva une multitude d'adresses approbatives de tous les coins de la République impériale; magistrats, fonctionnaires publics, officiers de tous grades, se jetèrent aux pieds de leur nouveau souverain; le clergé se montra le plus empressé des adorateurs du nouveau Dieu : « Un Dieu est un monarque, dit l'archevêque de Turin, comme le Dieu des chrétiens est le seul digne d'être obéi; vous (Napoléon) êtes le seul digne de commander à des Français : par là cesseront toutes les abstractions philosophiques, tout dépècement du pouvoir; — donnons pour garant de notre fidélité à César, notre fidélité à Dieu; — ne cessons de le dire, le doigt de Dieu est ici; — nouveau Mathathias, Bonaparte parut dans l'Assemblée du peuple, envoyé par le Seigneur (au 18 brumaire)..... » Il est étrange, pour ne pas dire plus, de trouver de telles paroles dans la bouche de prélats qui savent et qui doivent apprendre aux hommes combien sont futiles les grandeurs de ce monde.

Louis XVIII, quoique banni et sans appui, protesta contre l'avénement de Bonaparte au trône.

Le 10 juin commence le procès du général Moreau et de ses coaccusés. Dès le 28 février précédent, un sénatus-consulte avait suspendu pour deux ans les fonctions du jury dans les jugements pour crimes d'attentat contre la personne du premier Consul.

Moreau excite le plus vif intérêt dans toutes les classes de la société, tant civiles que militaires. Le public croit voir dans Bonaparte un ennemi mortel du vainqueur de Hohenlinden; c'est un rival dont il veut se défaire à tout prix, répète-t-on de toutes parts: et cependant Moreau avait conspiré !

Moreau est condamné à deux ans de détention; mais le gouvernement, d'après le conseil et les instances de Fouché, convertit la peine en exil, avec la faculté de vendre ses biens, qui furent estimés 800,000 francs. Moreau se retira en Amérique.

Le 14 juillet 1804, jour anniversaire de la prise de la Bastille, a lieu dans l'église des Invalides l'inauguration de l'ordre de la Légion d'honneur. Les dignitaires prêtent serment entre les mains de l'Empereur. Par décret impérial du 16 du même mois, l'Ecole polytechnique reçoit une nouvelle organisation; dorénavant les élèves seront casernés et soumis à la même discipline que les régiments.

L'Empereur reprend avec une ardeur nouvelle ses projets d'invasion en Angleterre et les préparatifs qu'il avait déjà faits pour cette expédition: dans quelques mois une flottille de plus de 2,000 petits vaisseaux, montés par 16,000 marins, sera en état de transporter, sur les côtes de la Grande-Bretagne, une armée de 160,000 fantassins et de 9,000 chevaux. On sait que tous ces armements restèrent sans effet direct.

Napoléon n'avait plus rien à demander aux hommes pour se croire aussi solidement assis sur le trône de France que le prince le plus légitime; mais à l'exemple des rois, ses prédécesseurs, il voulut appeler sur lui la protection du ciel; ainsi donc le pontife de Rome, Pie VII, à la sollicitation du nouvel Empereur, passa les monts et vint à Paris verser l'huile sainte sur sa tête. En 754, le pape Etienne III s'était aussi rendu en France pour y sacrer Pepin le Bref, la reine sa femme et leurs deux enfants, Charles (Charlemagne) et Carloman.

Le couronnement et le sacre de Napoléon et de sa femme Joséphine se fit à Paris dans l'église cathédrale le 2 décembre 1804, rien ne fut épargné pour donner à cette solennité toute la pompe, tout l'éclat dont elle était susceptible, et que réclamait la circonstance. Le splendide appareil déployé dans ce grand jour rappelait les magnificences de l'ancienne cour, s'il ne les surpassait. Napoléon était éblouissant de pierreries; sa voiture, tout en glaces, était surmontée d'une immense couronne, et chargée devant et derrière d'un grand nombre de pages, chamarrés de la livrée impériale.

Le pape fit trois onctions à l'Empereur, une sur la tête et deux sur les mains; en même temps, il récitait une prière dans laquelle il faisait mention d'Hazaël, de Jéhu, de Saül, de David.

Au moment où Pie VII venait de bénir la couronne, Napoléon la prend et se la pose sur la tête. C'est encore lui qui couronne l'Impératrice; ces formalités avaient pour but d'éloigner l'idée qu'il avait été couronné par le Saint-Père.

Le 14 janvier 1805, Napoléon s'adressa directement au roi d'Angleterre, pour l'engager à entamer des négociations pour la conclusion de la paix : « ...... Je n'attache pas de déshonneur à faire le premier pas. J'ai assez, je pense, prouvé au monde que je ne redoute aucune des chances de la guerre. La paix est le vœu de mon cœur..... Je conjure Votre Majesté de donner elle-même la paix au monde. » Le ministre anglais écrivit que Sa Majesté ne pouvait répondre directement à l'ouverture qui lui était faite avant de s'être concertée avec les puissances du continent.

Le 18 mars de la même année, Napoléon apprend au sénat qu'il accepte la couronne d'Italie, que les peuples de la république cisalpine viennent de lui offrir.

Un traité est signé le 8 avril à Pétersbourg, entre l'Angleterre et la Russie, l'Autriche, la Suède, Naples; la Sardaigne entre dans cette coalition. Il est convenu qu'on réunira une armée de 500,000 hommes, outre les secours que fournira l'Angleterre. L'Autriche s'engage à ne poser les armes que du consentement de ses alliés ; elle reçoit de l'Angleterre un subside de 75 millions pour la présente année 1805 ; il lui est promis 100 millions pour chacune des années suivantes.

A ces nouvelles, les troupes du camp de Boulogne se mettent en mouvement vers le Rhin. Les Russes, de leur côté, arrivent en Gallicie. Le général autrichien Mack, enfermé dans Ulm, est forcé de capituler ; il se rend prisonnier avec une garnison de 30,000 hommes, 3,000 chevaux, 60 canons attelés. Les mouvements de Napoléon sont si bien concertés, si rapides, que l'ennemi perd 50,000 prisonniers en moins de quinze jours.

Enfin le 2 décembre 1805, les trois Empereurs se rencontrent avec leurs troupes auprès du village d'Austerlitz, à deux lieues de Brunn, en Moravie. L'armée russe compte 70,000 combattants ; le contingent autrichien est de 25,000 hommes, l'armée française n'excède pas 80,000 soldats. L'artillerie est formidable des deux côtés ; les alliés sont supérieurs en cavalerie.

Le général russe Kutusoff voulait gagner du temps pour attendre l'arrivée d'un troisième renfort qui n'était plus qu'à huit journées de marche ; mais les manœuvres de Napoléon le forcèrent, malgré lui, à accepter le combat, et afin de l'attirer sur un terrain dont il connaît tous les avantages, il fait replier son avant-garde, et affecte de se fortifier. Ce stratagème, habilement conduit, trompe le général russe, qui croit follement que l'empereur des Français craint sérieusement d'en venir aux mains.

L'action s'engage au lever du soleil et se prolonge jusqu'à la nuit. La victoire fut complète. La perte des Russes, en tués, noyés dans un lac dont la glace se brisa, ou en prisonniers et blessés, se monte à 35,000 hommes. Ils perdirent 15 généraux faits prisonniers ou tués sur le champ de bataille. Kutusoff reçut plusieurs blessures, et il abandonna 150 canons, 40 drapeaux. On assure qu'il ne tenait qu'à Napoléon de se rendre maître de la personne d'Alexandre et de l'empereur François, mais que, content de les avoir vaincus, il leur laissa la liberté de s'échapper.

L'empereur d'Allemagne se rend au bivouac de Napoléon, bivouac de bottes de pailles. Le monarque victorieux le fait approcher de son feu et lui dit : « Je « vous reçois dans le seul palais que

« j'habite depuis deux mois. » François lui répond : « Vous tirez si bon parti de « cette habitation qu'elle doit vous plaire. » Puis il lui prend la main et le salue du nom de *frère*.

La victoire d'Austerlitz est une des plus décisives, des plus brillantes des temps modernes. Les vainqueurs n'ont à regretter qu'un général de division, deux colonels et environ 10,000 soldats.

Le ministre prussien Haugwitz se rend au quartier général de Napoléon pour le féliciter de sa victoire. Celui-ci, qui connaît les sentiments cachés du cabinet de Berlin, lui répond : « Voilà un com- « pliment dont la fortune a changé l'a- « dresse. »

L'empereur François, malgré la supériorité de forces qui lui restent, demande humblement la paix. Il obtient d'abord un armistice. Voulant donner à Alexandre une preuve de sa générosité, Napoléon lui renvoie sans échange tous les prisonniers de la garde noble russe.

Le 26 décembre 1805, un traité de paix est signé à Presbourg, entre la France et l'Autriche. Par ce traité, cette dernière puissance perd un territoire de onze cent milles carrés avec une population de 2,600,000 âmes.

Par la grâce de l'Agamemnon français, l'électeur de Bavière et le duc de Wurtemberg acquièrent le titre de rois. Un peu plus tard, François II abandonna le titre fastueux d'*empereur d'Allemagne*, et par le bon vouloir de Napoléon, il se contenta de celui plus modeste d'*empereur d'Autriche*, sous le nom de François Iᵉʳ.

Le roi de Naples, Ferdinand IV, ayant manqué pour la quatrième fois à ses engagements envers la France, Napoléon le détrône et donne ses états à son frère Joseph, qui entre dans Naples le 30 mars 1806.

Les duchés de Clèves et de Berg sont donnés en toute souveraineté au maréchal Murat qui prend le titre de *Grand-duc de Berg*.

La principauté de Guastalla est donnée à Pauline, épouse du prince Borghèse. Un peu plus tard, ses frères Louis et Jérôme seront rois, le premier de Hollande et l'autre de Westphalie.

Le 12 juillet 1806, les princes de la Confédération du Rhin se séparent à perpétuité de l'empire d'Allemagne et s'unissent à Napoléon qui se déclare leur *protecteur*.

Le 6 octobre 1806, une quatrième coalition, dans laquelle entraient la Prusse, la Russie, la Suède, l'Angleterre, se forme sur le continent.

C'est contre la Prusse que Napoléon a résolu de porter les premiers coups. L'armée de cette puissance se compose de 230,000 hommes, d'une excellente cavalerie et d'une artillerie nombreuse et bien servie.

Les premières hostilités entre la France et la Prusse ont lieu à Scheleitz, village de la principauté de Reuss. Le 14 octobre, Napoléon triomphe de nouveau à Iéna. A proprement parler, il y eut en même temps deux batailles bien distinctes, celle d'Auerstaedt et celle d'Iéna, c'est-à-dire que deux corps français séparés et sans contact se battirent contre deux corps ennemis qui se trouvaient respectivement dans une semblable position.

Cette journée coûte aux vaincus, tant en tués, blessés ou prisonniers, plus de 45,000 hommes, 260 canons, d'immenses magasins ; 26 généraux prussiens sont faits prisonniers. L'armée française perd un général de brigade, 3 colonels et compte moins de 12,000 hommes hors de combat.

Après l'échec d'Iéna, l'armée prussienne se débande et n'oppose aucune résistance sérieuse aux progrès des vainqueurs ; les villes ouvrent leurs portes ;

les forteresses capitulent à la première sommation. Toute la monarchie du grand Frédéric est conquise, à peu de chose près, en moins d'un mois. On ne vit jamais en Europe une suite de défaites aussi ignominieuses. Le 9 novembre 1806, Napoléon frappe la Prusse et ses alliés d'une contribution de 150 millions de francs.

Le 11 décembre, un traité de paix est signé à Posen entre Napoléon et l'Électeur de Saxe, qui prend le titre de roi. C'est le troisième prince allemand que Napoléon élève à cette dignité.

Le 8 janvier 1807 se livre la fameuse bataille d'Eylau : des divisions appartenant aux corps des maréchaux Davout, Soult, Ney, le corps entier d'Augereau ont à soutenir les efforts impétueux du général russe Beningsen, qui commande plus de 70,000 hommes. Cette bataille fut une effroyable tuerie dans laquelle les deux partis firent des pertes à peu près égales. Les Russes se retirent en bon ordre sur la fin du jour, ce qui servit de prétexte aux Français pour compter cette action parmi leurs nombreuses victoires. L'affaire d'Eylau semble présager à Napoléon que dorénavant ses succès lui seront vivement disputés.

Le 14 mai 1807, les Français, non sans éprouver des pertes considérables, battent les Russes, à Friedland (huit lieues d'Eylau). Les pertes de l'ennemi s'élèvent à 17,000 morts ou blessés, autant de prisonniers et 70 canons.

Le 21 juin 1807, un armistice est convenu à Tilsitt entre l'armée française et l'armée russe; les deux empereurs se donnent rendez-vous dans un pavillon construit sur un radeau au milieu du fleuve Niémen qui passe près de Tilsitt. Le roi de Prusse est admis aux conférences des empereurs, la paix se conclut, et à la sollicitation d'Alexandre, Napoléon restitue à Frédéric (Guillaume) la moitié de sa monarchie. L'empereur russe reconnaît les royautés des trois frères de Napoléon, la confédération du Rhin. Il s'offre comme médiateur entre la France et l'Angleterre.

De retour à Paris (29 juillet), l'Empereur victorieux reçoit les grands corps de l'État ; le président du Sénat, Lacépède, lui dit dans sa harangue : « On ne peut plus louer dignement Votre Majesté ; votre gloire est trop haute ; il faudrait être placé à la distance de la postérité pour découvrir son immense élévation. »

Le 19 août, le Tribunat est supprimé, et le Corps législatif reçoit de nouvelles modifications; à l'avenir, on ne pourra faire partie de ce corps si l'on n'est âgé de quarante ans au moins.

Le 27 septembre, un décret impérial défend aux libraires de mettre en vente des ouvrages qui n'auraient pas été soumis à la censure préalable d'une commission.

Le 11 mars 1808, un sénatus-consulte porte institution de titres héréditaires honorifiques, sous les dénominations de princes, ducs, comtes, barons, chevaliers. Les titulaires pourront former des majorats ou substitutions en faveur de leurs descendants directs.

Dans l'intention avouée de mettre l'Espagne et le Portugal à couvert des tentatives que pourraient faire les Anglais pour s'établir dans ces pays et introduire leurs marchandises sur le continent, Napoléon a fait occuper ces deux royaumes par ses troupes ; la plupart des forteresses sont en leur pouvoir.

Une révolution éclate à la cour d'Espagne ; l'irritation est à son comble contre le favori de Charles IV et de la reine sa femme, le prince de la paix Godoï. — Ferdinand force son père à lui céder le trône. — Alors Napoléon réunissait une armée sur la frontière et devait la commander. — Charles IV et la Reine le rejoignent à Bayonne, où il invite Ferdinand à se rendre. — Ferdinand remet la couronne à son père, et celui-ci et tous les princes de sa famille renoncent à leurs droits, au trône de leurs ancêtres en faveur de Napoléon, qui pourra en disposer comme il l'entendra, et cela dans l'intérêt de l'Espagne, dont il est nécessaire, dit le ministre Champagny, qu'une main ferme vienne rétablir l'ordre dans son administration et prévienne la ruine vers laquelle elle marche à grands pas. « Il faut qu'un prince ami de la France règne en Espagne; c'est l'ouvrage de Louis XIV qu'il faut recommencer. Ce que la politique conseille, la justice l'autorise ! »

Napoléon, habitué à la docilité des Italiens, crut bien sincèrement qu'il aurait aussi bon marché des Espagnols, il se trompa grandement. Cette nation fière, qui était comme assoupie depuis assez longtemps, indignée de ce que des étrangers se permettaient de régler ses destinées, de changer la dynastie de ses rois sans la consulter, oubliant l'extrême faiblesse de ses moyens, jura l'extermination de tous les Français; toutes les classes, tous les sexes, les prêtres, les moines, les religieuses, les mendiants feront tout ce qui dépendra d'eux pour repousser les armées du conquérant usurpateur de leurs droits. Les Espagnols se battent rarement en bataille rangée, mais ils parviendront à lasser, à détruire leurs ennemis par une guerre d'embuscade, de partisans, d'assassins. Pour atteindre ce but, le poignard, le poison, tous les genres de destruction, de vengeance, leur sembleront légitimes; le sol de la péninsule deviendra pour les Français un véritable cimetière, où ils trouveront la mort sans profit et sans gloire; en effet, en moins de cinq ans, le tout-puissant Napoléon se verra dans la triste nécessité de renvoyer Ferdinand dans ses États. Le commencement de ses malheurs et de sa décadence date du traité de Bayonne.

Le trône de Charles IV est donné à Joseph Napoléon. Celui de Naples, qu'il quitte, devient le partage de Murat, beau-frère de l'Empereur. Le 4 octobre 1808, Napoléon se rend de sa personne en Espagne, à la tête de 80,000 vieux soldats qu'il a tirés d'Allemagne. Il faut, se plaît-il à dire, que la Méditerranée devienne le *lac français*. D'abord il se porte sur la capitale, mais il n'y a plus de gouvernement stable et régulier dans le pays : toutes les villes, tous les bourgs sont autant de centres d'actions; la nation espagnole est devenue, pour son ennemi, une hydre à mille têtes.

Madrid, menacé d'un assaut, ouvre ses portes au conquérant. Le 4 décembre 1808, dans une proclamation qu'il adresse aux habitants, il annonce son dessein de traiter l'Espagne en pays conquis, si elle persiste à ne pas reconnaître Joseph Napoléon pour roi : « Je mettrai alors la couronne d'Espagne sur ma tête, et je saurai la faire respecter des méchants : car Dieu m'a donné la force et le caractère pour surmonter tous les obstacles. » Il dit à une députation de Madrid, qui vient le remercier de la protection qu'il daigne lui accorder : « Vos neveux me béniront comme votre régénérateur; ils placeront au nombre des jours mémorables ceux où j'ai paru parmi vous, et, de ces jours, datera la prospérité de l'Espagne. » Après un séjour de quelques semaines dans la péninsule, de graves événements qui se préparaient dans le nord l'obligent à repasser les Pyrénées, sans avoir rien accompli de décisif. Cette retraite agit en sens divers sur le moral de ses soldats et des populations espagnoles.

Le 9 avril 1809, une cinquième coalition contre la France se forme; l'archiduc Charles, commandant la principale armée autrichienne, déclare au commandant des troupes stationnées en Bavière, qu'il se porte en avant et qu'il traitera comme ennemis tous ceux qui lui résisteront. L'Autriche a sous les armes, y compris la landwehr, 550,000 hommes; les Français ont moins de la moitié de ce nombre à lui opposer.

A la suite de plusieurs combats plus ou moins importants; et tous favorables à leurs armes, les Français entrent à Vienne après un bombardement de trente-six heures (13 mai 1809).

Par un décret impérial daté du 17, les États du pape sont déclarés faire partie de l'Empire français.

Le 21-22 mai a lieu la sanglante bataille d'Esling, que la crue subite des eaux du Danube menaçait de rendre malheureuse pour nos armes. C'est pendant cette bataille, et au plus fort de l'action, que, voyant Napoléon s'exposer avec la témérité d'un soldat, le général Walther, commandant les grenadiers à cheval de la garde, lui cria : « Retirez-vous, Sire, ou je vous fais enlever par mes grenadiers. »

Le 11 juin, Napoléon est excommunié par le pape Pie VII.

Le village de Wagram, situé à cinq lieues de Vienne, est immortalisé par la grande bataille que se livrèrent dans ses environs, le 6 juillet 1809, Napoléon et l'archiduc Charles : les Autrichiens, armés de 500 pièces de canon, mettent en ligne 120,000 hommes; les Français, plus nombreux, sont inférieurs en artillerie.

L'action commence au lever du soleil, dure douze heures, pendant lesquelles 900 bouches à feu ne cessent de vomir la mort dans les rangs des deux armées. Vers la fin du jour, l'archiduc fait replier ses bagages et commence sa retraite : il laisse le champ de bataille jonché d'Autrichiens, perd 10 drapeaux, 40 canons, 18,000 prisonniers, 9,000 blessés, et un grand nombre d'équipages. On élève la perte des Français à 6,000 blessés et 2,600 tués.

Le gain de cette bataille fut longtemps douteux; Napoléon devait en ressentir de tristes pressentiments : il voyait que les adversaires qu'il avait battus tant de fois commençaient à tenir ferme et à se défendre. La victoire de Wagram est la dernière dont Napoléon ait retiré des avantages de quelque durée.

Par un décret impérial, une contribution de 196 millions de francs est frappée sur les provinces conquises de l'Autriche.

Enfin, François Ier vient s'humilier de nouveau et demander la paix à son ennemi; on convient d'un armistice à Znaïm, et la paix est signée à Vienne le 14 octobre.

Le 16 décembre, un sénatus-consulte déclare dissous le mariage de Napoléon avec Joséphine Tascher. Le 7 février 1810, un projet de mariage est signé entre Napoléon et l'archiduchesse Marie-Louise, fille de François Ier. De ce divorce et de ce nouveau mariage commence, d'une manière évidente, la chaîne de malheurs qui, de chute en chute, conduiront Napoléon à Sainte-Hélène.

X

Etendue de l'Empire en 1810. — Naissance du roi de Rome. — Campagne de Russie.

La Hollande, pays essentiellement commerçant, s'accommodait mal des défenses que Napoléon avaient faites aux peuples du continent, ses alliés, ou qui vivaient sous sa domination immédiate, d'avoir des relations commerciales avec l'Angleterre; la Hollande ne peut se soutenir sans négoce; elle fera donc, malgré les prohibitions impériales, des affaires avec les étrangers par tous les moyens possibles. Le roi Louis s'est fait Hollandais; il aime son peuple, veut son bonheur et non sa ruine; il lui permettra donc, en dépit des menaces de son frère tout puissant, d'avoir des rapports d'intérêts avec la Grande-Bretagne. De là des altercations, des reproches amers. Louis, se voyant dans l'impossibilité de gouverner son État suivant les vœux de son cœur, quitte spontanément le trône sur lequel il était monté par complaisance, sinon avec répugnance. Napoléon, dans sa colère, fait rendre un sénatus-consulte dit organique (13 décembre 1810), qui porte que la Hollande, les villes anséatiques, le Lauenbourg, tous les pays situés entre la mer du Nord et une ligne tirée depuis le confluent de la Lippe avec le Rhin, jusqu'à Halteren, etc., etc., font partie intégrante de l'Empire français; lesdits pays formeront dix départements. Un autre sénatus-consulte de la même époque déclare le Valais réuni à l'Empire; ce pays formera un département : « La réunion du Valais, » dit l'Empereur au Sénat, « est une conséquence prévue des travaux que je fais faire depuis dix ans dans cette partie des Alpes. »

Après avoir reçu ces divers accroissements, l'Empire français s'étend de la Baltique au Garigliano, de l'Adriatique à l'Océan; il contient 13 degrés de latitude et 24 de longitude; sa surface équivaut à 36,000 lieues carrées et comprend 130 départements, sur lesquels vit une population d'environ 42 millions d'habitants. On trouve dans le rapport du sénateur Sémonville : « Enfin, après dix ans d'une lutte glorieuse pour la France, le génie le plus extraordinaire qu'ait produit le monde, réunit dans ses mains triomphantes les débris de l'empire de Charlemagne. »

Ces agrégations forcées de peuples si différents de mœurs, de coutumes, de cultes, ne formeront jamais une nation compacte : dans moins de quatre ans, les nouveaux réunis se montreront ouvertement, et les armes à la main, les ennemis de l'Empire et de son fondateur.

Le 20 mars 1811, les vœux de Napoléon sont comblés; Marie-Louise le rend père d'un héritier qu'il a tant désiré : car c'est pour l'obtenir qu'il a divorcé avec Joséphine. Le jeune prince reçoit, dès sa naissance, le titre pompeux de *Roi de Rome*. Le clergé et tous les corps de l'État saluèrent le berceau du nouveau-né par des discours et des harangues dont la flatterie, quoique exagérée, n'avait pourtant rien d'extraordinaire dans cette circonstance.

« L'amour paternel achèvera de révéler tout ce que Dieu a mis de sensibilité et de bonté dans l'âme de Napoléon le Grand. » (Cardinal Maury.)

« Telle est la destinée de notre Empereur, que la Providence, après avoir tant fait pour sa gloire, veut encore tout faire pour son bonheur, et qu'après l'avoir rendu le plus grand des héros, elle veut encore en faire le plus heureux des époux et des pères. » (Évêque de Troyes.)

« Vos peuples saluent par d'unanimes acclamations ce nouvel astre qui vient de se lever sur l'horizon de la France, et dont le premier rayon dissipe jusqu'aux dernières ombres des ténèbres de l'avenir. La Providence, Sire, veut apprendre au monde qu'il naîtra de vous une race de héros non moins durable que la gloire de votre nom et les institutions de votre génie. » (Le Sénat.)

Le 26 janvier 1812, la Catalogne, formée en quatre départements, est réunie à la France.

Le 13 mars suivant, un sénatus-consulte divise en trois *bans* tous les sujets de l'Empire qui sont en état de porter les armes, et qui ne sont pas militaires actifs.

A cette occasion, le sénateur Lacépède s'exprimait ainsi : « Voilà ce que le héros croit devoir faire pour rendre les frontières inviolables, pour tranquilliser les esprits. Voici ce que fait le père de ses sujets pour que ce grand bienfait exige le moins de sacrifices. Les cohortes du premier ban, se renouvelant par sixième chaque année, les jeunes gens qui en feraient partie connaîtraient l'époque précise à laquelle ils doivent revenir sous le toit paternel. Parvenus à l'âge où l'ardeur est réunie à la force, ils trouveront dans leurs exercices des jeux salutaires et des délassements agréables, plutôt que des devoirs sévères et des occupations pénibles ! »

La guerre avec la Russie, l'Angleterre et la Suède est imminente. Napoléon quitte Paris le 9 avril 1812, et se rend en Allemagne. Une réunion solennelle de têtes couronnées a lieu à Dresde ; l'impératrice Marie-Louise, l'empereur et l'impératrice d'Autriche, le roi de Prusse et plusieurs souverains de rang inférieur en font partie. Napoléon est le président, le directeur suprême de cette assemblée. Tous les individus qui la composent sont, de gré ou de force, ses subalternes, ses courtisans ; chacun d'eux se présente à son lever, attend avec patience le moment où il pourra obtenir de lui une parole, un regard favorable. La satisfaction de lui avoir plu rayonne hypocritement sur tous ces visages germaniques, tandis que la haine et la soif de la vengeance sommeillent au fond des cœurs. C'est ce que Napoléon éprouvera au moment du revers, de la part de ces rois qui, maintenant, l'enivrent de tourbillons d'encens.

Cependant le comte de Narbonne avait été envoyé auprès d'Alexandre pour le déterminer, moyennant quelques concessions, à soutenir *le système continental*, moyennant quoi la paix ne serait pas troublée. Le négociateur échoue dans sa mission. Il lui est répondu qu'on préfère la guerre à une paix sans honneur et peu certaine, qu'on ne commettra pas l'imprudence de se mesurer dans une grande bataille avec le monarque français, mais qu'on est résigné à tout sacrifier pour traîner les hostilités en longueur, afin de lasser, de dégoûter les armées qui entreront sur les terres de la domination russe.

Napoléon, méprisant de telles menaces et comptant toujours sur sa fortune, se rend sur le Niémen, bien résolu de marcher en avant, malgré les avis que lui donnaient des personnes réfléchies et expérimentées. Quelqu'un lui disait avec une courageuse franchise que la campagne de Russie pouvait décider du sort de sa dynastie et de sa propre existence, comme de l'avenir de la France. « Napoléon et sa fortune ! » répondit l'Empereur ; « que peuvent contre moi les éléments ? » On assure même que le prince russe Kourakin avait prédit à Paris les désastres qui attendaient Napoléon en Russie. Il se pourrait bien, au reste, que cette prophétie ait été faite après les événements.

Le 22 juin 1812, Napoléon déclare la guerre à la Russie, du quartier général de Wilkowiski : il apprend cette résolution à ses soldats en ces termes.

« Soldats, la seconde guerre de la Pologne est commencée ; la première s'est terminée à Tilsitt. A Tilsitt, la Russie a juré éternelle alliance à la France et guerre à l'Angleterre. Elle viole aujourd'hui ses serments. La Russie est entraînée par sa fatalité ; ses destins doivent s'accomplir. Nous croit-elle donc dégénérés ?.... Marchons donc en avant ; passons le Niémen, portons la guerre sur son territoire. La seconde guerre de la

Pologne sera glorieuse aux armées françaises comme la première. »

L'armée impériale la plus formidable que Napoléon eût mise sur pied, comptait 500,000 combattants et 2,200 bouches à feu. A cette époque, l'Empereur des Français commandait, directement ou par ses alliés, à quatre-vingt cinq millions cinq cent mille Européens; ses ordres s'exécutaient dans un espace qui comprenait 19 degrés de latitude et 30 de longitude. Aucun des empereurs romains n'eut à sa disposition des forces aussi extraordinaires. Sans la rigueur des éléments, la campagne de Russie aurait infailliblement réussi, et, dans ce cas, c'en était fait de la puissance de l'Angleterre.

Le quartier général de l'armée française passe le Niémen vis-à-vis Kowno. L'armée se compose de dix corps commandés, le premier par le maréchal Davoût, le deuxième par le maréchal Oudinot, le troisième par Ney, le quatrième, sous le nom d'*armée d'Italie*, par le prince Eugène, le cinquième par Poniatowski, le sixième par Gouvion-Saint-Cyr, le septième par le général Régnier, le huitième par le général Junot, le neuvième, dont les cadres seuls sont formés, par le maréchal Victor, le dixième par le maréchal Macdonald. La vieille garde est commandée par le maréchal Lefebvre, la jeune par le maréchal Mortier, la réserve de cavalerie par Murat. La cavalerie de la garde agit à part. Un corps auxiliaire de 30,000 Autrichiens marche séparément. Dans cette nombreuse armée, les Français figurent pour 270,000 combattants. L'armée russe est forte, tant infanterie que cavalerie, de 360,000 hommes, sans compter deux corps qui se forment, l'un en Lithuanie et l'autre à Riga.

Les troupes françaises font leur entrée à Wilna, ancienne capitale de la Lithuanie. Les Russes, en se retirant, détruisent tout; ils livrent aux flammes d'immenses magasins, 150,000 quintaux de farine, des fourrages, des habillements; ils jettent dans la Wilna une grande quantité d'armes.

Le 14 juillet, l'empereur Alexandre se montre à Moscou pour exciter le zèle et le courage de ses habitants. A cette occasion, le métropolitain Platow, âgé de cent dix ans, lui fait don de l'image de saint Serge et lui dit : « La ville de Moscou, la première capitale de l'empire, la nouvelle Jérusalem, reçoit son Christ comme une mère dans les bras de ses fils zélés, et à travers le brouillard qui s'élève, prévoyant la gloire brillante de sa puissance, elle chante dans son transport : Hosanna! Béni soit celui qui aime! que l'arrogant, l'effronté Goliath apporte des limites de la France l'effroi mortel aux confins de la Russie! la pacifique religion, cette fronde du David russe, abattra soudain la tête de son sanguinaire orgueil! Cette image de saint Serge, antique défenseur du bonheur de notre patrie, est offerte à votre majesté impériale... »

Le 28 juillet, les Français entrent à Witepsk. Les Russes continuent à se replier. Notre armée les suit sans qu'ils lui offrent l'occasion de combattre. Enfin, on arrive sous les murs de Smolensk, ville russe, entourée de murailles de trois mètres d'épaisseur, flanquée de tours. A ces fortifications fort massives, on venait d'ajouter d'autres ouvrages exécutés avec soin et bien entendus. Barklay de Tolly avait jeté dans la place 30,000 hommes, et il se tenait en bataille sur les deux rives du Dniéper, communiquant avec la ville par des ponts.

Le 17, à une heure de l'après-midi, Napoléon donne le signal de l'attaque. Les faubourgs, retranchés et défendus par la grosse artillerie, sont enlevés; les remparts, ainsi que les masses postées sur la rivière, sont foudroyés. L'ennemi, après des efforts désespérés de résistance, met le feu à la ville et l'abandonne, laissant d'immenses magasins, 12,000 hommes tués, blessés ou prisonniers, et 200 pièces de canon.

A la suite de cette victoire, l'Empereur se mit à la poursuite des Russes, qu'il poussa vivement jusqu'à Volontina, plateau sur lequel leur arrière-garde prit position le 19. Murat et Ney l'attaquèrent et la mirent en fuite après lui avoir fait éprouver de grandes pertes. Volontina donna son nom à une nouvelle victoire française. En même temps, et sur divers points, il y eut plusieurs combats glorieux pour nos armes. Le 6ᵉ corps, commandé par Saint-Cyr, battit Wittgenstein à Pololsk, lui tua 2,000 hommes, en blessa 4,000, lui fit un grand nombre de prisonniers, parmi lesquels 3 généraux, et s'empara de 20 pièces de canon.

Après l'affaire de Volontina, l'armée victorieuse, poursuivant l'ennemi, arriva à Ghjat ; là, il lui fut permis de prendre quelques jours de repos pour se remettre de ses fatigues et se préparer à une grande bataille que l'Empereur jugeait devoir être prochaine.

C'est le 7 septembre 1812, que fut livrée cette fameuse bataille appelée, par les Français, *de la Moscowa*, et par les Russes *de Borodino*, parce que l'action eut lieu sur le plateau qui domine ce village. Le général russe Barklay de Tolly avait été remplacé par Kutusoff ; ce vieux général, vainqueur des Turcs, avait solennellement promis de couvrir Moscou, la ville sainte, et d'anéantir l'armée française. Dans sa proclamation aux soldats, il prophétise la victoire : « Dieu va combattre son ennemi avec l'épée de Michel, et avant que le soleil de demain ait disparu, vous aurez écrit votre foi et votre fidélité dans les champs de votre patrie avec le sang de l'agresseur et de ses légions. » L'armée russe, protégée par des retranchements que son général annonçait comme inexpugnables, était encore animée par les prédications des prêtres et par l'image miraculeuse de la Vierge, qu'on promenait dans ses rangs.

De son côté, Napoléon excitait l'ardeur des siens par cette proclamation : « Soldats ! voilà la bataille que vous avez tant désirée. Désormais la victoire dépend de vous ; elle vous est nécessaire, elle vous donnera l'abondance, de bons quartiers d'hiver et un prompt retour dans la patrie. Conduisez-vous comme à Austerlitz, à Friedland, et que la postérité la plus reculée cite avec orgueil votre conduite dans cette journée ; que l'on dise de vous : *Il était à cette grande bataille livrée sous les murs de Moscou.* »

La veille et pendant la nuit il avait plu ; à cinq heures, le soleil se leva sans nuage : *Soldats !* s'écria Napoléon, *voilà le soleil d'Austerlitz !* Cette exclamation passe de rang en rang et remplit les troupes d'ardeur et d'espérance.

Les deux armées comptent chacune de 120 à 130,000 hommes. Un coup de canon tiré par les Français donne le signal, et l'action s'engage sur toute la ligne. La valeur des soldats, l'intelligence et la bravoure des officiers sont à peu près les mêmes de part et d'autre ; mais on ne saurait comparer entre eux les talents des capitaines qui commandent en chef les deux armées.

Après quatre heures de combats opiniâtres, pendant lesquels 1,200 bouches à feu vomissaient la mort de part et d'autre, trois redoutes sont enlevées par le prince Eugène, les maréchaux Davoût et Ney ; toutes les batteries russes sont successivement assaillies et enlevées ; la plus formidable de leurs redoutes est emportée par nos cuirassiers.

Après avoir détruit par la mitraille la plus grande partie des masses qui résistaient à son entrée, Napoléon fit manœuvrer le 8ᵉ corps et toute la droite pour tourner la dernière position des Russes; il ordonna à la garde et à toute la cavalerie de soutenir ce mouvement. Eugène se porta en avant de la Kalogha, et dès ce moment la victoire se déclara en notre faveur. A la tombée de la nuit, l'ennemi opéra sa retraite en bon ordre vers Mojaïsk, laissant sur le champ de bataille 55,000 hommes hors de combat, dont 50 généraux et 70 pièces de canon. La perte des Français est évaluée à 20,000 hommes tués ou blessés; ils ont, en outre, à regretter 2 généraux de division et 6 généraux de brigade.

Cette bataille de la Moscowa est la plus terrible qui ait été livrée dans les temps modernes. Les deux armées firent également leur devoir. On croit que pendant l'action il fut tiré 120,000 coups de canon! L'Empereur resta sur le champ de bataille, donnant des ordres pour faire transporter les blessés, tant russes que français, dans les hôpitaux établis sur ses lignes de retraite.

L'armée victorieuse se met à la poursuite des Russes. Napoléon transporte son quartier général à Mojaïsk, ville située à vingt-six lieues ouest de Moscou, à laquelle l'ennemi, forcé de l'abandonner précipitamment, avait mis le feu. Le 14 (2 heures après midi), l'Empereur fit son entrée dans l'ancienne capitale de la Moscovie, avec sa garde et le premier corps. Le lendemain il s'établit au Kremlin, palais des czars, situé au milieu de la ville. Le maréchal Mortier fut nommé gouverneur de cette capitale, avec ordre d'employer tous les moyens pour empêcher le pillage. Des secours furent donnés aux blessés russes qui encombraient les hôpitaux, ainsi qu'aux Moscovites qui n'avaient pas voulu suivre l'armée de Kutusoff.

Cependant les Russes, dans leur désespoir, ont formé le dessein de brûler leur antique capitale : les pompes ont été transportées hors de la ville; on fait provision de fusées, de matières inflammables. A un signal donné, le feu éclate dans mille endroits à la fois. C'est en vain que les Français font tous leurs efforts pour éteindre l'incendie : le ravage des flammes ne s'arrête que dans la soirée du 20 septembre, lorsque les neuf dixièmes de la ville sont en cendres : près de 4,000 maisons en pierre et 7,000 en bois, 20,000 malades ou blessés sont victimes de ce désastre.

Un armistice avait été accordé aux Russes, et Napoléon, au milieu de ses triomphes, fit proposer la paix à Alexandre : il en reçut des réponses évasives, qui, néanmoins, faisaient espérer qu'on pourrait tomber d'accord. Mais Napoléon et Alexandre ne voulaient que gagner du temps, Napoléon pour recompléter son armée, Alexandre parce qu'il était persuadé que les grands froids qui approchaient obligeraient les Français à évacuer l'empire. Les événements justifièrent leurs prévisions.

Le 18 octobre, la retraite commença. Napoléon sortit de Moscou le 19, et donna l'ordre à Mortier d'abandonner le Kremlin le 23, après l'avoir fait sauter, lui recommandant surtout de ne laisser en arrière ni blessés, ni malades. Dans sa marche rétrograde, l'armée est vivement harcelée par l'ennemi; on en vient souvent aux mains; mais aucun obstacle ne peut arrêter les Français. Le 7 novembre, ils atteignent Smolensk. C'est alors que commencent ces froids excessifs cent fois plus redoutables que les armes des Russes; le thermomètre centigrade descend jusqu'au 22ᵉ degré; le sol se couvre de neige; les chevaux périssent par milliers au bivouac; bientôt les hommes ont un sort pareil. Cependant, grâce aux bonnes dispositions de Napoléon, l'armée avance toujours. Le courage des soldats semble augmenter avec l'étendue des privations et des dangers. Kutusoff écrivait à Alexandre : « Les Français, loin de se laisser abattre par la cruelle extrémité où ils se voyaient réduits, n'en étaient que plus enragés à courir sur les pièces qui les écrasaient.

On dit encore vulgairement en Russie : « Ce n'est point le général Kutusoff qui a tué ou dispersé les Français, c'est le général Morosow (la gelée). »

Arrivé à Archa, Napoléon, sans prendre un moment de repos, s'occupa de rétablir l'ordre que les combats et l'intempérie de la saison avaient naturellement dérangé. Il fit faire des distributions de vivres, d'armes et de munitions, et lire, dans les corps d'armée, un ordre du jour qui les rappelait à leurs devoirs, engageant les soldats à marcher en corps, et menaçant de punir ceux qui s'obstineraient à rester isolés. Les désirs de Napoléon furent accomplis, officiers et soldats rentrèrent dans leurs rangs, et avec eux, l'ordre et la discipline. Enfin, l'armée avançant à marches forcées, arriva le 25 novembre sur la Bérésina, sur laquelle Napoléon fit jeter des ponts dont il présidait les travaux. Toute l'armée ayant passé la rivière, elle se mit en marche sur Wilna.

Etant à Smorghoni, le 5 décembre, Napoléon tint un grand conseil de guerre, donna ses instructions et le commandement des troupes à Murat, et partit pour Paris. A peine fut-il éloigné, que le découragement s'empara de ces braves qui venaient d'affronter des souffrances plus redoutables que la mort.

Tandis que la France et l'Europe croient Napoléon enseveli dans les neiges du Nord, elles apprennent qu'en moins de quatorze jours il a traversé la Pologne, l'Allemagne, et qu'il a atteint les rives de la Seine (18 décembre 1812).

Le lendemain de son arrivée dans son palais des Tuileries, des salves d'artillerie annoncèrent sa présence dans la capitale. De tous côtés, on s'empressa d'assister à son lever, les harangues accoutumées du Sénat, du conseil d'État, des corps judiciaires, du grand maître de l'Université, reprirent leur cours. En cette occasion, l'Empereur dut être peu sensible à des démonstrations de joie qui auraient dû faire place à des compliments de condoléance; le temps s'était singulièrement rembruni, on n'était plus aux époques brillantes d'Austerlitz, d'Iéna, de Wagram.

Ce qui affligea surtout Napoléon, ce qui l'affecta peut-être plus que le désastre de Moscou, ce fut la conspiration de Mallet (23 octobre 1812), dont il prit une connaissance approfondie.

Cependant son âme, retrempée par les revers, avait redoublé d'énergie et d'activité; il présidait tous les jours plusieurs comités pour régler, conduire les affaires tant extérieures qu'intérieures de son vaste empire. Le 11 janvier 1813, une levée de 250,000 hommes est décrétée par le Sénat. Dans le mois précédent, il avait fait sa paix avec le pape, qu'il tenait prisonnier à Fontainebleau. Il voulait, par cette espèce de nouveau concordat, se rendre les populations catholiques favorables, et laver la tache que, pour des yeux dévots, l'excommunication pontificale avait imprimée sur son front.

Un sénatus-consulte du 5 février détermine la forme de la régence pendant la minorité de l'Empereur; le roi de Rome pourra être sacré et couronné du vivant de son père; en conséquence, le fils de l'Empereur sera sacré le plus tôt possible; sa mère, l'impératrice, a des droits incontestables à la régence. Napoléon n'avait rien tant à cœur que d'assurer à sa postérité l'héritage et la reversion de son immense pouvoir. Par des lettres du 30 mars suivant, l'impératrice

Marie-Louise est déclarée régente de l'Empire.

Le 14 février, l'Empereur fit solennellement l'ouverture du Corps législatif. Après avoir rendu compte des motifs et des calamités de la campagne de Russie, il continue : « J'ai fait de grandes pertes, elles auraient brisé mon âme, si, dans ces grandes circonstances j'avais dû être accessible à d'autres sentiments qu'à l'intérêt, à la gloire, à l'avenir de mes peuples. Les agents de l'Angleterre propagent chez tous nos voisins l'esprit de révolte contre les souverains. L'Angleterre voudrait voir le continent entier en proie à la guerre civile, mais la Providence l'a désignée elle-même pour être la première victime de l'anarchie. Je désire la paix, elle est nécessaire au monde; quatre fois, depuis la rupture qui a suivi le traité d'Amiens; je l'ai proposée dans des démarches solennelles. Je ne ferai qu'une paix honorable, conforme aux intérêts et à la grandeur de mon Empire. Ma politique n'est point mystérieuse. Tant que cette guerre maritime durera, mes peuples doivent se tenir prêts à toute espèce de sacrifices. »

Le 25 du même mois, le ministre de l'intérieur rend compte au Corps législatif de la situation de l'Empire. On voit par cet exposé que depuis 1804 jusqu'au 1ᵉʳ janvier 1813, il a été dépensé 683 millions en travaux divers, tels que ponts, canaux, routes, ports, embellissements de Paris, dépôts de mendicité, palais, églises, etc. Les productions du sol et de l'industrie se sont singulièrement augmentées, et malgré des guerres continuelles, la population de l'ancienne France qui, en 1789, était de 24 à 25 millions, est maintenant de 28 millions 700 mille individus.

Cependant le général prussien York avait passé du côté des Russes avec 20,000 hommes. Les Anglais négociaient secrètement avec le cabinet de Vienne, dont le corps auxiliaire, commandé par Schwartzenberg, s'était mis complètement dans un état de neutralité; Louis XVIII, de son côté, avait lancé du château d'Hartwel, dans les premiers jours de février, une proclamation dans laquelle, après avoir dit : « La divine Providence semble prête à briser l'instrument de sa colère, l'usurpateur du trône de saint Louis, le dévastateur de l'Europe, éprouve à son tour des revers, » il engage les Français à se jeter dans les bras de leur roi légitime : c'est, suivant lui, le seul moyen de mettre un terme aux calamités de la guerre que perpétue la tyrannie, de parvenir aux jouissances d'une liberté et d'une paix solide dont les puissances étrangères ne peuvent trouver la garantie que dans la parole du souverain légitime.

Un ennemi de Napoléon, bien autrement dangereux, travaillait l'Allemagne, c'était la société de l'*Union de la Vertu* (Tugend-Bund). Cette société avait pour but de rendre la guerre nationale, et de délivrer à tout prix la Germanie du joug qui pesait sur elle; ajoutons que le roi Murat, après avoir remis, le 27 janvier, au prince Eugène, le commandement général des troupes stationnées dans le Nord, dont l'Empereur l'avait investi, avait quitté de son propre mouvement et sans le consulter, le quartier général de Posen, et, déguisé en voyageur allemand, avait pris la route de ses États; de là, de vives réprimandes. L'Empereur lui écrivait : « Vous êtes un bon soldat sur le champ de bataille, mais hors de là vous n'avez ni vigueur, ni caractère. Je suppose que vous n'êtes pas de ceux qui pensent que le lion est mort et qu'on peut..... Le titre de roi vous a tourné la tête : Si vous désirez le conserver, conduisez-vous bien. » Irrité par ces réprimandes, qui sont quelque peu injurieuses, Murat comptera bientôt au nombre des ennemis de son bienfaiteur et de son beau-frère.

Napoléon avait donc à combattre, au midi, l'Espagne et le Portugal; à l'ouest, l'Angleterre soutenue par son puissant auxiliaire l'Océan; au nord, la Suède avec Bernadotte, la Russie, la Prusse; à l'est, l'Autriche déjà chancelante, et partout la haine des nombreuses populations qu'il avait foulées. Il avait des ennemis dans le centre même de son Empire; la conscription était devenue insupportable, et la tentative de Malet avait ravivé les espérances des républicains.

L'Empereur partit de Paris le 15 avril, et le 29 il se trouvait à son quartier général d'Eckartzberg. Il avait imprimé sur sa route un mouvement électrique à la jeune armée à laquelle il avait parlé partout où il l'avait rencontrée. Au milieu de ses préparatifs de guerre, il se montrait toujours disposé à faire la paix; le duc de Vicence fut chargé d'en suivre les négociations à Vienne.

Les forces des Français en Allemagne sont de 146,000 fantassins, divisé en 12 corps, plus 16,000 de garde impériale et 4,000 chevaux.

Les ennemis comptent 225,000 hommes, dont 125,000 Russes et 100,000 Prussiens.

A la suite de deux combats qui furent livrés à Weissenfeld et au défilé de Rippach, où les jeunes soldats, soutenus par l'Empereur en personne, firent des merveilles, l'armée s'empara de Lutzen et de tous les débouchés de la Saale.

Le 2 mai, l'Empereur remporta la victoire de Gross-Gœrschen qu'il appela de Lutzen, en mémoire, sans doute, du fameux roi de Suède Gustave-Adolphe, dont le tombeau est dans cette ville. L'armée ennemie, commandée par le général en chef Wittgenstein, combattait sous les yeux d'Alexandre et du roi de Prusse. Napoléon avait sous ses ordres le prince Eugène, les maréchaux Ney, Mortier, Macdonald, Marmont; les généraux Compans, Ricard. Il ne s'attendait pas à être attaqué ce jour-là, ni dans cette position; il était déjà en marche sur Leipzig, lorsqu'il apprit que le maréchal Ney avait devant lui toute l'armée alliée; rebrousser chemin au galop et changer les dispositions qu'il avait arrêtées, fut l'affaire d'un moment; il fait des prodiges pour arrêter la fougue des Prussiens; ses jeunes soldats, animés par sa présence, se battent comme des lions; des deux côtés l'acharnement est le même pendant plus de quatre heures; alors viennent se mettre en ligne le maréchal Macdonald et le général Bertrand, à la tête de leur corps. Napoléon saisit ce moment favorable pour forcer la victoire à se décider en sa faveur. Une batterie de 80 pièces foudroie la position de Kaya, d'où dépend le gain de la bataille, pendant que 16 bataillons de la jeune garde, soutenus par 6 bataillons de leurs aînés, sont lancés en avant et joignent leurs efforts à ceux de l'infanterie de ligne; dès ce moment, le sort de la journée est décidé.

Cette bataille fut extrêmement meurtrière; les villages de Kaya, de Gross-Gœrschen furent pris et repris plusieurs fois à la baïonnette. L'armée française tira 40,000 coups de canon; elle accusa une grande perte en tués ou blessés. On estime celle des alliés de 20 à 25,000 hommes.

Un succès si chèrement acheté fut sans résultats de quelque importance. Faute de cavalerie, le vainqueur se trouva dans la nécessité de laisser l'ennemi opérer tranquillement sa retraite et en bon ordre, protégé qu'il était par son excellente et nombreuse cavalerie, ravageant tout ce qu'il trouvait sur son passage.

L'ennemi, toujours poursuivi par Napoléon, s'arrêta dans les environs de Bautzen. Alexandre commandait en personne l'armée combinée; il avait son quartier général à Wurschen; ses forces présentaient un total de 160,000 hommes. Le centre des coalisés était soutenu par les fortifications qu'on avait élevées dans Bautzen et ses alentours.

L'armée française comptait 150,000 combattants.

Les positions de l'ennemi furent successivement enlevées et Napoléon entra dans Bautzen à trois heures de l'après-midi.

Le 21, à cinq heures du matin, le combat recommença par une vive fusillade. Napoléon annonça que l'attaque générale aurait lieu à une heure, et que la bataille de Wurschen serait gagnée à trois, ce qui arriva.

Le lendemain 22, les alliés furent poursuivis sans relâche par l'avant-garde française, à la tête de laquelle marcha constamment Napoléon; mais ce même jour les Français éprouvèrent un échec à Reichenbach. Le 30 mai, ils reprennent Hambourg. Le 4 juin, un armistice est conclu à Plesswitz, en Silésie, entre Napoléon et ses adversaires; c'est des deux côtés un prétexte pour gagner du temps et recevoir les renforts que l'on attend. Le 30 juin, une convention est signée à Dresde, par laquelle Napoléon accepte la médiation de l'Autriche. Un congrès doit s'ouvrir à Prague le 5 juillet. L'armistice est prolongé jusqu'au 15 août. Le congrès de Prague se dissout sans avoir rien conclu.

Avant la rupture de l'armistice, dans une négociation secrète, le duc de Vicence avait appris de Metternich que la paix serait garantie par l'Autriche, à condition que le duché de Varsovie serait dissous; que les villes de Hambourg et Lubeck recouvreraient leur indépendance; que Napoléon renoncerait au protectorat de la confédération du Rhin; que la Prusse serait rétablie et que l'Illyrie serait cédée à l'Autriche. L'Empire français conservait ainsi à peu près toute sa puissance; mais Napoléon était-il disposé à ces concessions?

Bientôt l'Autriche fit cause commune avec les coalisés et les fureurs de la guerre recommencèrent avec plus de violence que jamais.

Bernadotte, commandant en chef l'armée du nord de l'Allemagne disait dans sa proclamation du 15 août, que l'Europe devait marcher contre la France avec le même sentiment qui avait armé contre elle la France en 92. C'était proclamer la proscription des Français et de Napoléon.

Le 15 août 1813, le prince de Schwartzenberg, généralissime des armées alliées, comptait sous son commandement 603,600 combattants et Napoléon 352,700. De plus, les coalisés se battaient en pays amis et pouvaient réparer leurs pertes, battre en retraite en toute sûreté. Pendant les conférences de Prague, Metternich disait au duc de Vicence : « Votre position et celle de vos adversaires sont bien différentes : des batailles perdues par eux ne leur feraient pas signer une autre paix que celle que l'on peut faire aujourd'hui, tandis qu'une seule bataille perdue par Napoléon change tout à fait la question. »

Le 13 août, les Autrichiens avaient opéré leur jonction avec les Austro-Russes. Ce ne fut que le 20 que Napoléon apprit cette jonction; et, le 21, il reprend l'offensive, fond sur Blücher et le force à reculer. Le 23, la forte position de Goldberg tombe en notre pouvoir. Apprenant que, par les conseils de son ennemi Moreau, que les alliés avaient fait venir d'Amérique, ceux-ci avaient résolu de se rendre maîtres de Dresde, il laisse son armée de Silésie au duc de

Tarente, et marche avec sa garde sur la capitale de la Saxe, dans laquelle il arrive le 26, à dix heures du matin ; il était temps : plusieurs ouvrages venaient d'être enlevés dans les faubourgs, l'ennemi allait donner l'assaut. Napoléon prend l'offensive, l'attaque dans les faubourgs et le rejette au loin avec une perte de 4,000 hommes. Il combattit ce jour-là avec 65,000 hommes contre 180,000. Dans la soirée, il reçut un renfort de 45,000 hommes ; et, le lendemain 27, à la pointe du jour, à la tête de 110,000 hommes, il offre le combat à 180,000 coalisés, les repousse, les désunit et les force à la retraite avec une perte de 15,000 tués et autant de prisonniers, presque tous Autrichiens. C'est dans cette affaire que Moreau eut les deux jambes coupées par un boulet pendant qu'il s'entretenait avec l'empereur Alexandre. La justice de Dieu est quelquefois terrible !

Les revers des alliés sous les murs de Dresde étaient compensés par la victoire qu'ils avaient remportée le 26 à Katzbach sur le maréchal Macdonald. Cette bataille coûta aux Français 15,000 prisonniers. La perte de l'ennemi ne fut guère moins forte ; mais il lui était si facile de la réparer. Le duc de Reggio s'était fait battre par Bernadotte à Grossbeherren et Ahrensdorf, près de Berlin. Le général Vandamme qui avait reçu l'ordre d'occuper et de tenir les défilés de la Bohême, se lança imprudemment à la poursuite d'un corps russe qu'il avait battu à Pirna, descendit sur Culm avec 10 bataillons ; enveloppé tout à coup par 70,000 hommes, fait prisonnier avec 7,000 des siens, il laisse 3,000 morts sur le champ de bataille.

Napoléon, voulant toujours se rendre maître de Berlin, ordonne au maréchal Ney de s'y porter, après avoir réuni à son corps celui du maréchal Oudinot, avec ceux des généraux Régnier et Bertrand. Ney, défait par Bernadotte, perd, avec les deux tiers de son artillerie, ses munitions, ses bagages et plus de 12,000 hommes.

Dès ce moment, les pertes qu'ont éprouvées les deux partis sont à peu près compensées ; les succès de Lutzen, Bautzen, Dresde ne font plus illusion. Néanmoins Napoléon, au lieu de commencer d'opérer sa retraite vers le Rhin, toujours persuadé que sa fortune et son génie le feront triompher de tous les obstacles, s'obstine à rester dans le cœur de la Saxe. Cependant des corps de partisans se forment de tous côtés ; les sociétés secrètes agissent avec zèle et activité, presqu'à découvert. Les États du roi Jérôme sont à la merci des Russes ; des Saxons, des Westphaliens viennent de passer à l'ennemi ; une forte armée bavaroise fait sa jonction à Braunau avec un corps autrichien. Le roi de Wurtemberg apprit cette défection à l'Empereur, et en même temps il lui annonçait la sienne.

Napoléon, las d'une guerre de chicane, et voulant en finir par une grande bataille, se porte sur Leipzig à la rencontre de Schwartzenberg ; il arrive dans cette ville le 15 octobre. Le 18 et le 19 du même mois est livrée cette fameuse bataille de Leipzig. L'armée de Napoléon était de 157,000 hommes, avec 600 pièces de canon. Les coalisés comptaient 348,000 combattants, avec une artillerie de 950 à 1,000 bouches à feu. Un demi-million d'hommes, rassemblés sur un espace de trois à quatre lieues carrées s'attaquent, se repoussent, se mitraillent, s'égorgent de près avec une fureur extrême.

Les soldats français luttaient avec le plus grand courage contre la supériorité numérique de leurs adversaires, lorsque les auxiliaires Saxons et Wurtembergeois passent à l'armée de Bernadotte et tournent aussitôt leurs canons contre les frères d'armes qu'ils viennent de trahir.

Il ne restait plus de munitions dans les caissons de l'artillerie française que pour 10,000 coups de canon; il fallut donc, quoique l'ennemi eût abandonné le champ de bataille se retirer sur Erfurth pour y prendre des munitions. Le mouvement rétrograde commença la nuit; avant le jour les ponts étaient passés; 10,000 hommes environ d'arrière-garde défendaient les faubourgs pour donner à l'artillerie et aux parcs de réserve le temps de passer le grand pont, lorsque le sous-officier qui était chargé de le faire sauter apercevant des Cosaques qui avaient passé l'Elster à gué, croyant que tout était perdu, mit le feu à la mèche et le pont fut détruit. L'arrière-garde n'ayant plus de retraite resta prisonnière avec tous ses bagages et 200 pièces d'artillerie.

Les journées du 16 au 19 furent fatales aux deux armées : les Français perdirent 20,000 hommes tués, 30,000 prisonniers, dont 23,000 malades ou blessés abandonnés dans les hôpitaux de Leipzig, et 350 bouches à feu. Les coalisés laissèrent 47,000 morts sur le champ de bataille. On estime au double le nombre d'hommes mis hors de combat.

L'armée française, réduite à 90,000 hommes, arriva à Erfurth le 23; après s'y être approvisionnée et reposée, elle se remit en marche le 25. Le 26, une armée austro-bavaroise de 60,000 hommes, sous les ordres du général Wrède, se présenta à Hanau pour lui couper la retraite. L'armée de Wrède fut enfoncée et mise en déroute après avoir perdu 12,000 hommes. Le général Bertrand occupa Hanau, ce qui permit à l'armée de se retirer sur Mayence sans être inquiétée. Le 2 novembre, elle avait franchi le Rhin, et tout le sol germanique était délivré.

Cependant une nouvelle réunion de plénipotentiaires eut lieu à Francfort. Là, de nouvelles bases pour la paix furent convenues et communiquées, le 10 novembre, à Napoléon, par son ministre, le baron de Saint-Aignan. Il était arrêté que la France aurait pour limites le Rhin, les Alpes et les Pyrénées; que l'Espagne serait rendue à son ancienne dynastie; que l'Allemagne, l'Italie, la Hollande recouvreraient leur indépendance. Il est probable que les alliés n'avaient consenti à ces engagements que pour gagner du temps et faire croire aux peuples que, si les fléaux de la guerre se prolongeaient encore, ce serait la faute de Napoléon.

XI

Le Corps législatif. — Campagne de France.

L'Empereur, parti de Mayence le 7 novembre, arrive à Saint-Cloud; dès ce moment il avise aux moyens de soustraire la patrie aux dangers qui la menacent : par un décret impérial daté du 11, le prix du sel est augmenté de 20 centimes par kilogrammes, et 30 centimes sont ajoutés aux contributions des portes et fenêtres.

Le 14 il se rend au Sénat et leur parle ainsi : « Toute l'Europe marchait avec nous il y a un an; toute l'Europe marche contre nous aujourd'hui. » Il répond au discours de Lacépède : « ...... La postérité dira que si de grandes et critiques circonstances se sont présentées, elles n'étaient pas au-dessus de la France et de moi. »

Le 15, un sénatus-consulte mit à la disposition du gouvernement 300,000 conscrits des années 1803 et suivantes, jusqu'à 1814 inclusivement. Le même jour un autre sénatus-consulte arrête que le Sénat et le conseil d'État assisteront à l'ouverture du Corps législatif, laquelle eut lieu le 19. L'Empereur y parla en ces termes :

« Sénateurs, Conseillers d'État, Députés des départements au Corps législatif;

« D'éclatantes victoires ont illustré les armes françaises dans cette campagne. Des défections sans exemple ont rendu les victoires inutiles; tout a tourné contre nous. La France même serait en danger sans l'énergie et l'union des Français. Je vous ai appelés près de moi : mon cœur a besoin de la présence et de l'affection de mes sujets. Je n'ai jamais été séduit par la prospérité : l'adversité me trouvera au-dessus de ses atteintes. J'ai plusieurs fois donné la paix aux nations, lorsqu'elles avaient tout perdu. J'ai élevé des trônes pour des rois qui m'ont abandonné. Monarque et père, je sens que la paix ajoute à la sécurité des trônes et à celle des familles.

« Des négociations ont été entamées avec les puissances coalisées. J'ai adhéré aux bases qu'elles ont présentées; j'ai ordonné qu'on vous communiquât toutes les pièces originales qui se trouvent au portefeuille de mon département des affaires étrangères. Rien ne s'oppose de ma part au rétablissement de la paix. C'est à regret que je demande à ce peuple généreux de nouveaux sacrifices; les nations ne traitent qu'en déployant toutes leurs forces. Sénateurs, Conseillers d'État, Députés des départements, vous êtes les organes naturels de ce trône. C'est à vous de donner l'exemple d'une énergie qui recommande cette génération aux générations futures. Qu'elles ne disent pas de nous : « Ils ont sacrifié les « premiers intérêts du pays; ils ont re- « connu les lois que l'Angleterre a cher- « ché en vain pendant quatre siècles à « imposer à la France. » J'ai la confiance que les Français seront dignes d'eux et de moi. »

Ce discours fut écouté avec le plus vif intérêt, mais les esprits ne se montrèrent pas en ce jour aussi obséquieux qu'on les avait vus dans de semblables solennités les années précédentes.

Les communications qu'on avait promises furent faites à la commission du Sénat par le duc de Vicence, et à la commission du Corps législatif par le conseiller d'État d'Hauterive. Cette commission était présidée par le duc de Massa. L'Empereur ne voulut jamais consentir à ce que le rapport de M. de Saint-Aignan fut mis sous les yeux des deux commissions, il ne permit que les communications des bases.

Le 30 décembre, la commission du Sénat fit son rapport à l'Empereur. Cette assemblée approuvait tous les sacrifices que l'on pourrait demander, mais dans le seul but de la paix : « C'est le vœu de la France, Sire, disait la députation, c'est le besoin de l'humanité. Si l'ennemi persiste dans ses refus, eh bien ! nous combattrons pour la patrie entre les tombeaux de nos pères et les berceaux de nos enfants. »

L'Empereur répondit : « Ma vie n'a qu'un but, le bonheur des Français. Paix et délivrance de notre territoire doit être notre cri de ralliement. A l'aspect de tout ce peuple en armes, l'étranger fuira ou signera la paix sur les bases qu'il a lui-même proposées. Il n'est plus question de recouvrer les conquêtes que nous avions faites. »

Le Corps législatif, destiné plus particulièrement à défendre les libertés publiques, saisit cette occasion pour se venger de la nullité dans laquelle il s'était tenu pendant dix ans. Dans sa séance du 28, l'orateur de la commission, M. Renouard, fit le rapport suivant : « S'il s'agissait ici de discuter des conditions flétrissantes, Sa Majesté n'eût daigné répondre qu'en faisant connaître à ses peuples les projets de l'étranger;

mais on ne veut pas nous humilier, mais nous renfermer dans nos limites, et réprimer l'élan d'une activité ambitieuse, si fatale depuis vingt ans à tous les peuples de l'Europe. Ce n'est pas lui (l'étranger) qui assigne des bornes à notre puissance, c'est le monde effrayé qui invoque le droit commun des nations. Les Pyrénées, le Rhin, les Alpes renferment un vaste territoire, dont plusieurs provinces ne relevaient pas de l'empire des lys, et cependant la royale couronne de France était brillante de gloire et de majesté entre tous les diadèmes. » — « Orateur, s'écrie le duc de Massa, ce que vous dites est inconstitutionnel. — « Il n'y a d'inconstitutionnel ici que votre présence, répliqua Renouard, » et il continua ainsi : « Ne dissimulons rien, nos maux sont à leur comble; il n'est point de Français qui n'ait dans sa famille une plaie à guérir. La conscription est devenue pour toute la France un odieux fléau; depuis deux ans on moissonne trois fois l'année; les larmes des mères et les sueurs du peuple sont-elles donc le patrimoine des rois?.... »

Par suite de ce rapport une adresse fut votée et l'impression ordonnée à la majorité de 223 voix contre 31. Le 30 décembre, l'impression est arrêtée, et les portes de la salle des séances sont fermées par ordre de l'autorité supérieure. L'Empereur témoigne à son conseil d'État la douloureuse impression qu'il a ressentie à la lecture du rapport de la commission du Corps législatif, qu'il regarde comme injurieuse à sa personne et attentatoire à son autorité; il le signale comme une œuvre séditieuse, un brandon de discorde, une motion sortie du club des jacobins : « Voudrait-on rétablir la souveraineté du peuple? Eh bien! en ce cas, je me fais peuple, car je prétends être toujours là où se trouve sa souveraineté. » Et tout de suite il décrète l'ajournement du Corps législatif. Ce corps voulait, dans son adresse, que la guerre devînt nationale, et il demandait « des garanties politiques à Napoléon pour engager la nation. » Des garanties quand l'ennemi dépassait la frontière! des garanties au moment d'une invasion étrangère et après dix ans du mutisme le plus incroyable! Napoléon avait dit aux députés : « Il faut suivre l'exemple de l'Alsace, de la Franche-Comté, des Vosges, dont les habitants s'adressent à moi pour avoir des armes. Je vous ai rassemblés pour avoir des consolations : ce n'est pas que je manque de courage, mais j'espérais que le Corps législatif m'en donnerait. Au lieu de cela, il m'a trompé; au lieu du bien que j'attendais, il a fait du mal. Vous cherchez à séparer le souverain de la nation. »

Le 1er janvier 1814, les divers corps constitués se rendirent aux Tuileries pour offrir, suivant la coutume, leurs hommages de l'an au chef de l'État. Quand vient le tour du Corps législatif, l'Empereur, dont les traits sont altérés, le regard farouche, l'apostrophe en ces termes :

« Députés du corps législatif, vous n'êtes pas les représentants du peuple; je le suis plus que vous. Quatre fois j'ai été appelé par l'armée, et quatre fois j'ai eu les votes de cinq millions de citoyens pour moi. J'ai supprimé l'impression de votre adresse : elle était incendiaire. Les onze-douzièmes du Corps législatif sont composés de bons citoyens : je les connais et j'aurai des égards pour eux; mais un nommé Laîné est un méchant homme qui correspond avec le prince-régent d'Angleterre par l'intermédiaire de l'avocat Desèze : je le sais, j'en ai la preuve. Le rapport de votre commission m'a fait bien du mal. J'aimerais mieux avoir perdu deux batailles. A quoi tendait-il? à augmenter les prétentions de l'ennemi. Si je voulais vous croire, je donnerais à l'ennemi plus qu'il ne demande. Si l'on me demandait la Champagne, il faudrait donc encore céder la Brie ? Est-ce en présence de l'ennemi qu'on doit faire des remontrances ? Le but était de m'humilier. On peut me tuer mais on ne me déshonorera point. Je ne suis pas né parmi les rois, je ne tiens pas au trône. Qu'est-ce qu'un trône ? quatre morceaux de bois dorés couverts de velours. — Dans quatre mois, je publierai l'affreux rapport de votre commission. Que prétendiez-vous faire ? Nous reporter à la Constitution de 91 ? Qui êtes-vous pour réformer l'État ? Vous êtes les députés des départements ; moi seul je suis le représentant du peuple. Et qui de vous pourrait se charger d'un pareil fardeau ? Je ne suis à la tête de cette nation que parce que sa Constitution me convient. Si la France en voulait une autre et qu'elle ne me convînt pas, je dirais à la France de choisir un autre souverain. C'est contre moi que les ennemis s'acharnent encore plus que contre les Français. Mais pour cela faut-il qu'il me soit permis de démembrer l'État ? Est-ce que je ne sacrifie pas mon orgueil, ma fierté, pour obtenir la paix ? Oui, je suis fier, parce que je suis courageux ; je suis fier, parce que j'ai fait de grandes choses pour la France. Si j'éprouve encore des revers, j'attendrai les ennemis dans les plaines de la Champagne. Dans trois mois nous aurons la paix ou je serai mort. Retournez dans vos foyers. En supposant même que j'eusse des torts, vous ne deviez pas me faire des reproches publics. Je vous avais indiqué un comité secret. C'est en famille qu'il faut laver son linge sale. M. Renouard dit que le maréchal Masséna a pillé la maison d'un citoyen. M. Renouard a menti. La nature m'a doué d'un caractère fort ; il peut résister à tout. Je suis au-dessus de vos misérables déclamations. Mes victoires écraseront vos criailleries. Nous avons des ressources plus que vous ne pensez. Les ennemis ne nous ont jamais vaincus, ne nous vaincront point, et ils seront chassés plus promptement qu'ils ne sont venus. Au reste, la France a plus besoin de moi que je n'ai besoin de la France. »

Cependant les Autrichiens, au nombre de 120,000 hommes, avaient pénétré en France par la Suisse, dont ils avaient violé ou acheté la neutralité ; les Russes et les Prussiens avaient passé le Rhin ; une armée formidable, commandée par Bernadotte et composée de Suédois, Russes, Prussiens, Anglais, tous ennemis de la France, est destinée à envahir l'Empire par la Belgique. Au 25 janvier, le fort Louis, Montbelliard, Hagueneau, le fort l'Écluse, Saint-Claude, Trèves, Vesoul, Épinal, Bourg-en-Bresse, Cologne, Nancy, Dijon, Toul, Châlons-sur-Saône, Bar-sur-Aube sont au pouvoir des coalisés.

Le 6 janvier 1814, une convention provisoire a été conclue entre Murat, roi de Naples et l'Angleterre : elle établit un armistice dont l'expiration sera ratifiée trois mois à l'avance. Le 11, Murat conclut un traité d'alliance avec l'Autriche, par lequel il s'engage à fournir 30,000 hommes à la coalition, moyennant quoi ses États en Italie lui sont garantis ainsi qu'à ses héritiers.

La défection de Murat paralysait l'action de l'armée d'Italie aux ordres du prince Eugène, qui par là se trouvait placé entre deux feux.

État approximatif des forces que les coalisés menèrent contre la France en 1813-1814.

Grande armée alliée (Schwartzenberg) 190,000

Report...	190,000
Armée de Silésie (Blücher)...	160,000
— du Nord (Bernadotte)..	130,000
Réserves allemandes en formation...	80,000
Corps hollandais...	12,000
— anglais en Belgique...	8,000
Réserves autrichiennes se réunissant sur l'Inn...	50,000
Réserves russes se formant en Pologne...	60,000
Troupes employées aux blocus et aux siéges en Allemagne.	100,000
Armée autrichienne en Italie..	70,000
Armée des Pyrénées, composée d'Anglais, Espagnols, Portugais, Siciliens, commandée par Wellington...	140,000
Total...	1,000,000

Dans cette énumération ne sont point compris les landwehr, les landsturm en Allemagne, les guérillas en Espagne, ni les troupes du traître Murat, ni un corps d'Anglo Siciliens.

Etat des troupes françaises à la fin de 1813.

Garnisons des places au delà du Rhin, en Italie, en Dalmatie, etc.	100,000
Armée des Pyrénées d'Aragon.	90,000
Armée franco-italienne sur l'Adige...	50,000
Grande armée, sous les ordres directs de l'Empereur...	220,000
Total...	360,000

Dans ce nombre ne sont point compris les 160,000 gardes nationaux rendus mobiles par le sénatus-consulte du 3 avril 1813.

En comparant entre eux les deux tableaux ci-dessus, il est facile de présenter quel sera le résultat de la campagne qui va s'ouvrir, si l'on considère surtout que les corps français n'avaient encore reçu qu'une organisation incomplète, et que leurs rangs étaient remplis aux deux tiers par des conscrits à peine adolescents et peu ou point exercés au maniement des armes.

Afin d'en imposer à ses ennemis et de leur faire prendre le change, Napoléon divise fastueusement son armée en huit corps, commandés par autant de maréchaux; mais ces corps sont des squelettes, attendu qu'on n'a pas pu faire des levées dans les parties de l'Empire qui sont déjà au pouvoir de l'ennemi. Les maréchaux ont perdu sur leurs soldats l'ascendant de leur renommée; les renforts qu'on promet chaque jour n'existent nulle part; les troupes mal vêtues, mal vues des habitants, que leur séjour fatigue et désole; privées de distributions régulières, les troupes se laissent aller de jour en jour au découragement.

Après avoir conféré solennellement la régence à l'Impératrice, et confié le roi de Rome et sa mère à la fidélité de la garde nationale, Napoléon part de Paris le 25, et il porte, le 26, son quartier général à Chalons-sur-Marne. L'aile droite de son armée, maréchal Mortier, est dans les environs de Troyes; le centre, maréchaux Marmont et Victor, autour de Vitry; l'aile gauche, maréchal Macdonald, auprès de Mézières. La réserve, formée de la Garde, sous le commande de Ney et Oudinot, se poste à Châlons et Vitry. L'effectif de ces divers corps est évalué à 70,000 hommes.

Les avant-postes français sont à Vitry. Blücher est à Saint-Dizier. Napoléon le chasse de cette ville et s'y établit. L'Empereur veut encore empêcher la jonction de Blücher avec Schwartzenberg en lui coupant la route de Troyes, et pour tromper son ennemi, il se dirige sur Brienne par des chemins réputés impraticables. La ville et le château de Brienne étaient occupés par les corps russes de Sacken et d'Alsufiew, avec lesquels se trouvait Blücher. L'attaque fut des plus vives et des plus acharnées. Blücher faillit être pris avec son état-major ; il échappa parce qu'il ne fut pas reconnu. Napoléon n'abandonna l'attaque qu'à dix heures du soir. La perte fut égale des deux côtés (3,000 tués ou blessés). Pendant la nuit l'ennemi se retira paisiblement sur Bar-sur-Aube, et le 30, Napoléon entre à Brienne. Là il apprend que Blücher et Schwartzenberg ont opéré leur jonction, et qu'ils l'attendent avec 100,000 hommes dans les plaines de l'Aube. Quoique plus faible de moitié, il accepte le combat. Un acharnement égal à celui de la veille anime les deux armées. Napoléon est au centre, au village de la Rothière. L'engagement (1er février) commence à une heure après midi et ne cesse qu'à minuit. Alors Napoléon ordonne la retraite sur Troyes et trompe ainsi Blücher qui espérait l'écraser le lendemain.

L'affaire de la Rothière eut de bien funestes résultats pour la cause de Napoléon : elle apprit aux alliés qu'on pouvait se mesurer avec lui au milieu de ses États. Elle affecta singulièrement le moral de l'armée française, et c'est de ce jour que commença la désertion pour aller toujours croissant. Les Français laissèrent à la Rothière 54 bouches à feu, environ 6,000 hommes dont 2,500 prisonniers. La bataille de la Rothière eut pour nous les conséquences d'une défaite.

Cependant un nouveau congrès s'ouvre à Châtillon (Côte-d'Or), le 5 février, entre les quatre grandes puissances alliées et la France. Il est composé du comte Stadion, baron Humbolt, comte Rasumwsky, pour l'Autriche, la Prusse et la Russie. L'Angleterre y est représentée par les lords Aberdeen, Callicart, le général Charles Stewart ; le ministre Castlereagh est présent. Le duc de Vicence, ministre des relations étrangères, y soutient les intérêts de la France. La malheureuse affaire de la Rothière est traitée sur les bases qu'on a posées à Francfort.

Le 5, Châlons-sur-Marne est occupé par les Prussiens de l'armée de Silésie, conformément au plan que les alliés ont arrêté depuis la bataille de la Rothière. Cette armée doit marcher sur Paris en côtoyant la Marne, tandis que la grande armée s'y rendra par l'une et l'autre rive de la Seine. Le 7, Troyes, évacuée par l'Empereur, est occupée par l'ennemi. C'est dans cette ville que se manifestent, mais en petit nombre, des symptômes de royalisme. L'Empereur, qui s'était mis à la poursuite de Blücher, arrive à Nogent. C'est là qu'il apprit la marche rapide de ce général sur la route de Châlons. Le maréchal Macdonald, chassé de la Belgique avait évacué cette dernière ville le 5, et il se retirait sur la Ferté-sous-Jouarre et sur Meaux. Pendant ces péripéties, Napoléon reçoit l'*ultimatum* des coalisés, par lequel il apprend que les bases de Francfort sont refusées, et que son Empire doit se borner dorénavant aux anciennes limites de la France. Le prince de Neufchâtel et le duc de Bassano, qui se trouvaient auprès de l'Empereur, lui conseillent de se soumettre à ces tristes conditions : Moi ! s'écria-t-il, je laisserais la France plus petite que je ne l'ai reçue ? Jamais.... Vous redoutez la guerre ; je vois d'autres dangers..... La France a besoin de la paix ; mais celle-ci est pire que la guerre la plus acharnée. Que serai-je pour les Français quand j'aurai signé leur humiliation ?.... Je préfère courir les chances les plus rigoureuses de la guerre.

Le 10 février, un corps russe de 6,000 hommes, qui stationnait isolément vers Sézanne pour servir de communication aux deux armées alliées en marche sur Paris, est surpris par Napoléon ; 1,500 Russes à peine parviennent à s'échapper ; le reste est pris ou tué. Tels furent les résultats de la journée de Champ-Aubert.

Le lendemain, l'Empereur atteint le général russe Sacken à Montmirail, au moment où il s'efforça d'opérer sa jonction avec le général prussien York : 900 prisonniers, 25 canons, presque tous les bagages, 3,000 morts ou blessés accusent la perte de ces deux généraux. Celle des Français est évaluée à 2,000 hommes.

Le 12 et le 13 eurent lieu deux autres actions très-avantageuses pour nos armées, aux environs et sous les murs de Château-Thierry, après lesquelles l'Empereur jeta Sacken et York sur la droite de la Marne. Le 13 Blücher reprend l'offensive à Vauchamp, pour venger les affronts essuyés par ses lieutenants; mais l'Empereur, victorieux, fait volte-face et va lui présenter la bataille. Les lignes prussiennes, chargées impétueusement par les généraux Grouchy, Doumerc, Bordesoulle, sont mises en pleine déroute, laissant 18 canons, 3,000 prisonniers; 7,000 Prussiens ou Russes sont mis hors de combat. Les Français ont à peine 600 hommes à regretter.

Pendant ces cinq jours de combat glorieux, on estime que Napoléon fit éprouver aux alliés une perte d'au moins 25,000 hommes, tant tués que blessés, ou faits prisonniers. Il retrouva dans ces périlleuses circonstances toute l'activité, tout le bonheur qui signalèrent ses premiers faits d'armes en Italie. Cependant tant de succès inattendus n'amenèrent aucun résultat avantageux et définitif. Les pertes des alliés sont insignifiantes, eu égard à l'immensité des ressources de toute espèce dont ils peuvent disposer, et aux nombreux renforts qui leur arrivent sans cesse pour grossir leurs rangs ou en remplir les vides, tandis qu'il est presque impossible aux armées françaises de se recruter, l'ennemi occupant une bonne partie du pays, et déjà la plupart des divisions de ces armées que l'on qualifie encore du nom pompeux de *corps*, ne sont plus que de faibles débris.

Cependant, le 17, les Austro-Russes, sous les ordres de Schwartzenberg, en marche sur Paris, sont atteints et mis en déroute près de Nangis, par l'Empereur, qui, parti le 15 de Montmirail, est arrivé la veille à Guignes, près de Meaux, ayant fait avec sa garde 28 lieues en deux jours. Dans cette affaire l'ennemi perdit 12 canons et 10,000 hommes, tant tués que blessés.

Le général autrichien fait demander armistice. Cette démarche et le succès qu'il vient d'obtenir raniment les espérances de Napoléon ; il écrit directement à son beau-père qu'il veut un prompt accommodement basé sur des conditions moins humiliantes que celles qu'on lui a faites à Châtillon; en même temps, il mande à son plénipotentiaire Caulincourt : « La providence a béni nos armes; j'ai fait 30 à 40,000 prisonniers, j'ai pris 200 pièces de canon, j'ai détruit plusieurs armées presque sans coup férir, j'ai entamé hier l'armée de Schwartzenberg, que j'espère détruire avant qu'elle ait repassé nos frontières. Vous devez tout faire pour la paix ; mais mon intention est que vous ne signiez rien sans mon ordre, parce que seul je connais ma position. En général, je ne désire qu'une paix solide et honorable; elle ne peut être telle que sur les bases de Francfort. » Le lendemain, il écrit au prince Eugène : « J'ai détruit l'armée de Silésie, composée de Russes et de Prussiens: j'ai commencé hier à battre Schwartzenberg, il est donc possible que nous puissions conserver l'Italie. » Il était si bien persuadé qu'il parviendrait lui seul à rejeter les étrangers au delà des frontières de l'Empire, qu'il disait après la victoire de Nangis : *Je suis plus près de Vienne que mon beau-père ne l'est de Paris.*

Le 18, a lieu le combat de Montereau, dans lequel le prince royal de Wurtemberg, impétueusement attaqué par les généraux Gérard et Pajol, perd 7,000 hommes; près de 3,000 Français sont mis hors de combat. C'est pendant cette affaire que Napoléon dit à ses soldats étonnés de le voir s'exposer au feu de l'ennemi : *Ne craignez rien, mes amis, le boulet qui me tuera n'est pas encore fondu.*

Le 19, l'armée reçoit l'ordre de chasser les alliés de Troyes, la poursuite continue les jours suivants; 100,000 étrangers fuient devant 40,000 braves de Napoléon, qui le 23 se trouve à Chartres; c'est là qu'il reçut une réponse à la lettre qu'il avait écrite à l'empereur François, après l'affaire de Nangis, dans laquelle l'Autriche ne vit qu'un prétexte pour gagner du temps et non l'expression d'un désir sincère de faire la paix.

Le 24, Napoléon reprend Troyes, le 27 et le 28, les maréchaux Oudinot et Macdonald, cédant à des forces supérieures, sont obligés de se replier de l'Aube sur la Seine.

Le 1er mars, un traité d'alliance est conclu à Chaumont, entre la Russie, l'Autriche et la Prusse, par lequel chacune des puissances continentales s'engage de tenir en campagne une armée active de 150,000 hommes; aucune négociation séparée n'aura lieu avec l'ennemi commun. L'Angleterre fournira annuellement un subside de 120 millions de francs. Le présent traité sera en vigueur pendant vingt ans. Les dernières bases de Châtillon sont conservées.

L'Empereur apprend le 5, à Fisme, ce nouveau pacte qui, pour lui et pour la France est un véritable arrêt de mort; il y répond par des décrets impériaux par lesquels tous les citoyens français sont requis de courir aux armes, de sonner le tocsin sitôt qu'ils entendront le canon de nos troupes s'approcher d'eux, de se rassembler, de fouiller les bois, de couper les ponts, de tomber sur les flancs et les derrières de l'ennemi. Tout citoyen français pris par les ennemis et qui serait mis à mort, sera sur le champ vengé en représailles par la mort d'un prisonnier ennemi. Tous les maires, fonctionnaires publics et habitants qui refroidissent ou dissuadent les citoyens d'une légitime défense, seront considérés comme traîtres, et traités comme tels.

Le 6, l'Empereur qui est en marche sur Laon, trouve une armée russe en position sur les hauteurs de Craonne (trois lieues de Laon). L'attaque est remise au lendemain. L'armée française comptent 30,000 hommes, celle de l'ennemi est de 100,000. L'action, pendant laquelle les Français ont toujours attaqué, se soutient avec opiniâtreté pendant toute la journée; enfin l'ennemi cède sans laisser un seul prisonnier. Cette journée ne fut que sanglante, Napoléon lui-même en fut, dit-on, fatigué.

Le 9 et le 10, l'Empereur essaie en vain de s'emparer de Laon, place servant d'entrepôt aux armées alliées. Marmont, arrivant d'un autre côté, se laisse surprendre, perd 2,500 prisonniers et quarante canons. Ce grand échec a les plus funestes conséquences. Le 11, l'Empereur se retire sur Soissons. Le 13 et le 14, il reprend Reims en personne.

La perte de l'ennemi est de dix canons, cent chariots de munitions, et 4,000 hommes pris, tués ou blessés.

Cependant les négociations de Châtillon continuent : le duc de Vicence, pressé de donner une explication définitive, remet un contre-projet dans lequel l'Empereur consent à restreindre sa domination dans l'étendue de l'ancienne

France avec la Savoie, Nice et l'île d'Elbe, et à condition que la couronne du royaume d'Italie, dont l'Adige formera la frontière du côté de l'Autriche, sera donnée au prince Eugène, et aussi avec la réserve que les principautés de Lucques, de Neufchâtel, le grand duché de Berg retourneront aux titulaires qui en étaient précédemment investis.

Ce contre-projet est rejeté, par la raison que la France possédant une force territoriale infiniment plus grande que ne le comporte l'équilibre de l'Europe, les cessions qu'elle ferait ne seraient qu'apparentes. « L'expérience a démontré que les États intermédiaires, sous la domination de la famille régnante actuellement en France, ne sont indépendants que de nom. L'Europe ne ferait pas la paix, mais elle désarmerait. Les cours alliées, considérant que le contre-projet proposé est essentiellement opposé aux bases de paix proposées par elles, ne peuvent reconnaître dans la marche suivie par le gouvernement français que le désir de traîner en longueur des négociations aussi inutiles que compromettantes. Elles déclarent qu'elles ne font point la guerre à la France, dont les justes dimensions sont une des premières conditions d'un état d'équilibre politique ; mais qu'elles ne poseront les armes qu'autant que leurs principes seront reconnus et admis par le gouvernement français. » Là finit le congrès de Châtillon, dont les fluctuations eurent constamment pour cause les succès ou les revers des armées belligérantes des deux partis.

Le 20, Napoléon est à Arcis, qu'il veut traverser pour se diriger sur Bar-sur-Aube ; mais il apprend que l'ennemi est sur la route de Troyes, il s'y porte avec 30,000 hommes ; l'affaire s'engage avec toute l'armée de Schwartzenberg, forte de 100,000 combattants. Dans cette journée et celle qui suivit, l'Empereur se comporta comme le premier soldat de la France ; souvent il est obligé de se servir de son épée pour se dégager des masses qui l'entourent. L'ennemi fait le feu d'artillerie le plus vif, un obus vient en roulant s'arrêter à côté d'un des carrés de la garde, dans lequel il occasionne un mouvement. L'Empereur qui s'en aperçoit pousse son cheval vers le projectile, et paraît s'étonner que des soldats tant de fois éprouvés fassent attention à pareille chose. L'obus éclate, un nuage de fumée le dérobe à ses troupes ; mais ni lui, ni son cheval, ni personne n'est atteint. Ce trait hardi de courage et de sang-froid rappelle Charles XII. Quelle supériorité de caractère, quelle présence d'esprit ! Le combat continue toute la nuit, un seul pont reste à Napoléon pour échapper, lui et son armée, à la supériorité numériquement prépondérante de l'ennemi ; il ordonne d'en jeter un second. Le 21, au matin, Arcis est évacué, et la retraite s'opère avec le plus grand ordre sur Vitry-le-Français. Le 23, le quartier général de l'Empereur est à Saint-Dizier ; le même jour s'opère dans les plaines de Châlons la réunion des armées de Blücher et de Schwartzenberg.

Le 25, les maréchaux Mortier et Marmont, dans la croyance naturelle que Napoléon se replierait sur eux devant Schwartzenberg, étaient accourus au-devant de lui, sur la route de Fère-Champenoise. Attaqués séparément par des masses énormes de cavalerie, ils sont rejetés sur la route de Paris par Sézanne et Coulommiers. Après avoir essuyé une perte de 9,000 hommes, dont 5,000 tués ou blessés, et de soixante bouches à feu, dans cette malheureuse affaire que les étrangers appellent *la victoire champenoise*, nos soldats eurent à combattre, outre une immense cavalerie, un ouragan qui le frappait de front, et une pluie abondante qui rendit sans effet les ressources de la mousqueterie.

L'armée de Silésie et la grande armée des alliés, ayant surmonté tous les obstacles, se mettent, sur trois colonnes, en pleine marche sur Paris, par la rive droite de la Marne, qu'elles passent à Trilport, Meaux et Lagny. L'Empereur de Russie et le roi de Prusse portent leur quartier général à Bondy. Napoléon a le sien à Troyes, d'où, par les routes détournées qu'il est obligé de prendre, il a cinquante lieues à faire pour arriver sous les murs de la capitale; il fait ses dispositions pour que son armée y soit rendue le 2 avril. Le 30 mars, à dix heures du soir, il n'est, de sa personne, qu'à cinq lieues de cette ville; en peu de temps, il pourrait se trouver à ta tête de ceux qui la défendent; il est trop tard : Paris a capitulé à cinq heures et demie. C'est à pied, sur la route et au relais de Fromenteau, que Napoléon apprend du général Belliard, un des défenseurs de la capitale, cette triste nouvelle. Il fait appeler le maréchal Berthier et le duc de Vicence, et leur dit : « Paris vient de capituler; marchons sur Paris. » Belliard lui représenta qu'il n'y avait plus de troupes dans cette ville. « N'importe, répliqua-t-il, j'y trouverai « la garde nationale; l'armée m'y rejoindra demain ou après, et je rétablirai les affaires. — « Mais, Sire, répond « le général Belliard, Vôtre Majesté s'expose à se faire prendre et à faire saccager Paris : il y a 130,000 hommes « autour de la ville. »

Douloureusement frappé par ces nouvelles, il entra dans l'auberge de la Poste, où il resta pendant deux heures la tête appuyée dans ses deux mains, Enfin, poussé par les instances des généraux qui l'entouraient, il se détermina à retourner en arrière et à faire partir le duc de Vicence pour Paris, en qualité de négociateur. Le duc arriva dans cette ville le 31 mars, à sept heures du matin; les autorités locales étaient absentes, il se rend au quartier général de l'empereur Alexandre, à Bondy. Ce prince, instruit de l'objet de sa mission, lui répondit qu'il remettait après son entrée à Paris, qui allait avoir lieu incessamment, la réponse qu'il jugerait à propos de lui faire. Caulincourt retourne à Paris et Napoléon va attendre à Fontainebleau le résultat de cette négociation.

Dans la soirée, un grand conseil est tenu chez l'empereur Alexandre, dans lequel on discuta vivement la possibilité de faire la paix avec Napoléon, la régence de l'impératrice Marie-Louise et le rétablissement des Bourbons. Lorsque l'abbé de Pradt, archevêque de Malines, qui, avec d'autres Français, faisait partie de cette réunion, eut déclaré que les Français étaient tous royalistes : *Eh bien!* dit alors Alexandre, *je promets que je ne traiterai plus avec Napoléon*. Le lendemain, on lut sur les murs de Paris une proclamation qui exprimait cette pensée. Et cependant, malgré cette déclaration solennelle, le duc de Vicence, bien reçu par Alexandre, avait encore le courage de plaider devant lui la cause de son souverain, qu'il était loin de croire comme perdue.

Dans ces graves circonstances, le Sénat, prenant l'initiative, organisa un gouvernement provisoire; il déclara en outre Napoléon déchu du trône, le droit d'hérédité aboli dans sa famille, le peuple français et l'armée déliés envers lui du serment de fidélité.

Une multitude d'ingrats, civils et militaires, dont la plupart devaient à Napoléon leurs honneurs, s'empressa d'applaudir à la déchéance de leur maître. Les alliés eux-mêmes furent révoltés de tant de lâcheté.

Dans ces conjectures, le duc de Vicence, ayant perdu l'espoir de conserver la couronne impériale sur la tête de Napoléon, conçut le projet de la faire passer sur celle du roi de Rome ; c'est-à-dire de faire agréer une régence par les alliés. Les nombreuses et bonnes raisons qu'il fit valoir pour atteindre son but ébranlèrent les résolutions des principaux chefs de la coalition ; mais avant de se prononcer sur une affaire aussi importante, Alexandre réunit dans un grand conseil tous les personnages influents qui se trouvaient alors dans la capitale, et prenant la parole, il dit : « que chacun devait mettre de côté ses intérêts et ses opinions ; que ses alliés et lui-même étant dépouillés de tout sentiment de vengeance, il n'avait pour but que le bonheur de la France, gage de la tranquillité de l'Europe. Il faut donc décider, continua-t-il, quel est le gouvernement qui convient à la France pour atteindre ce but tant désiré. »

Les étrangers qui assistaient à cette réunion penchaient pour une régence, lorsque le lieutenant-général Dessoles, nommé par le gouvernement provisoire commandant de la garde nationale parisienne, prend la parole : « J'ai combattu, dit-il, pendant vingt ans, non les Bourbons, mais l'étranger. Quand Napoléon se mit à la tête des affaires, la France était non-seulement délivrée, mais agrandie, mais l'esprit de conquête de l'usurpateur des libertés publiques mettant chaque jour en péril l'indépendance de la patrie, j'ai cru de mon devoir d'abandonner une cause qui n'était plus celle de la France, mais celle d'un seul homme. Les événements n'ont que trop bien justifié ma conduite comme citoyen..... » Il ne voit plus de salut pour Napoléon et pour la France que dans la famille royale, le seul gage de la tranquillité de l'Europe ; que si l'empereur Alexandre a l'intention de révoquer la résolution qu'il a prise le 31 mars, il le supplie de faire donner des passeports à tous ceux qui, comme lui, se sont prononcés contre le gouvernement, et de leur accorder un asile dans lequel ils soient à l'abri des vengeances et des calamités qui vont fondre sur la France.

Alexandre, entraîné par l'émotion et par les paroles du général Dessoles, annonça à Caulincourt qu'il persistait dans sa déclaration du 31 et qu'en conséquence Napoléon devait abdiquer purement et simplement. Le duc de Vicence repartit de suite pour Fontainebleau, et rendit compte, pendant la nuit, à l'Empereur, de la décision fatale dont il était chargé. Napoléon voulait qu'il retournât à Paris pour obtenir des conditions moins dures, celui-ci s'y refusa, et, le plus puissant naguère des monarques du monde se vit forcé, après bien des hésitations, de signer la déclaration suivante :

« Les puissances alliées ayant proclamé que l'empereur Napoléon était le seul obstacle au rétablissement de la paix en Europe, l'empereur Napoléon, fidèle à son serment, déclare qu'il est prêt à descendre du trône, à quitter la France et même la vie pour le bien de sa patrie, inséparable des droits de son fils, de la régence de l'Impératrice, et du maintien des lois de l'Empire.

« Fait en notre palais de Fontainebleau, le 4 avril 1814.

« NAPOLÉON. »

Cependant, le maréchal Macdonald était arrivé de Saint-Dizier avec son corps d'armée, et Napoléon se voyait à la tête de 50,000 hommes. Il sentit alors toute la valeur du commandement et de la position de Marmont. « C'est là, » disait-il, « que s'adresseront toutes les intrigues, toutes les trahisons de Paris : il faut que j'aie à ce poste un homme comme Marmont, mon enfant, élevé dans ma tente. » Car Marmont était de ceux qui composaient ce qu'il appelait *sa famille militaire*. — Toujours confiant dans sa fortune et les ressources de son génie, il ne suit les négociations qu'afin de faire prendre le change à ses ennemis sur les projets qu'il médite. Il espère toujours qu'une grande et belle victoire lui redonnera la prépondérance dont il jouissait autrefois. Ainsi donc, en congédiant le duc de Vicence, il lui dit : « Pendant que vous négocierez à Paris, je leur tomberai dessus avec mes braves. Je pars demain. » Son nouveau plan de campagne était, ou de manœuvrer autour de la capitale, ou de se porter au delà de la Loire. Ce dernier projet avait prévalu dans le conseil. Le 3 avril, jour de la déclaration du Sénat, Napoléon avait passé la revue de sa garde et lui avait dit : « L'ennemi nous a dérobé trois marches et s'est rendu maître de Paris : il faut l'en chasser. D'indignes Français, des émigrés, auxquels nous avions pardonné, ont arboré la cocarde blanche, les lâches ! ils recevront le prix de ce nouvel attentat. Jurons de vaincre ou de mourir pour cette cocarde tricolore qui, depuis vingt ans, nous trouve dans le chemin de la gloire et de l'honneur. » Ce serment fut prêté avec enthousiasme. Pendant toute la soirée, les soldats se livrèrent à des danses bruyantes et joyeuses, en criant : « Vive l'Empereur ! marchons à Paris ! » Napoléon, en effet, bien décidé à reprendre cette ville, avait désigné Moulignon pour son nouveau quartier général. Le 4 avril, l'armée se mit en mouvement pour aller occuper cette position. Le même jour, les plénipotentiaires de Napoléon (1) se mettent en route pour Paris, arrivent à Essonne, et descendent chez le maréchal Marmont, qui les retient à dîner. Bientôt Marmont confie à Ney et à Macdonald qu'il a traité avec le prince de Schwartzenberg, mais il leur affirme qu'il n'a point encore signé : c'était un mensonge, car la ratification de sa convention avec le généralissime autrichien avait eu lieu le matin à Chevilly. Cependant il se décide à accompagner les plénipotentiaires à Paris.

Tous les quatre sont admis, à une heure du matin, auprès de l'empereur Alexandre, qui les ajourna à midi.

Ils étaient réunis à onze heures et demie chez le maréchal Ney, attendant le moment de revoir Alexandre, lorsqu'on vint avertir Marmont que son premier aide-de-camp, le colonel Fabvier, demandait à lui parler. Il sortit et rentra presque aussitôt, pâle comme la mort, en s'écriant : « Souham et Bordesoulle ont enlevé mon corps d'armée, Fabvier est venu en toute hâte. » On fit entrer Fabvier afin d'entendre de lui le récit de l'événement.

Cette défection qui, suivant le maréchal Marmont, se fit malgré ses ordres, servit de prétexte à l'empereur Alexandre pour tenir ce discours aux plénipotentiaires : « Messieurs, vous faites sonner bien haut la volonté de l'armée, et vous n'ignorez pas que le corps du duc de Raguse a passé de notre côté ; d'autres sont encore dans les mêmes dispositions. On est las de la guerre. L'empereur Napoléon n'a point voulu la paix. Chacun sait qu'il n'y a point de repos à espérer de lui. Les Souverains ont déclaré qu'ils ne voulaient pas traiter avec lui. Nous ne voulons aujourd'hui que ce que le vœu national a déjà proclamé. Il repousse la régence, comme il a repoussé l'empereur Napoléon. Je vous déclare donc que nous ne pouvons admettre que son abdication absolue. — Les plénipotentiaires indignés de cette détermination, repoussent avec énergie la conséquence que tirait l'empereur Alexandre

---

(1) Les ducs de Vicence, d'Elchingen, de Tarente.

de la défection du corps de Marmont, en disant qu'elle serait suivie de celle d'autres divisions. Tout fut inutile, il fallut reprendre le chemin de Fontainebleau.

Voici ce que disait Napoléon à ceux qui l'entouraient après le départ de ses plénipotentiaires pour Paris.

« On a voulu me faire abdiquer en faveur du roi de Rome, je l'ai fait. Cependant ce n'est pas l'intérêt de la France : mon fils est un enfant, ma femme n'entend rien aux affaires. Vous auriez donc une régence autrichienne pendant douze ou treize ans, et vous verriez M. Schwartzenberg vice-empereur des Français; cela ne peut vous convenir. D'ailleurs, il faut raisonner. Quand même cela entrerait dans les vues de l'Autriche, croit-on que les autres puissances consentent jamais à ce que mon fils règne tant que je vivrai? Non, certainement, car elles auraient trop peur que j'arrachasse le timon des affaires des mains de ma femme; aussi je n'attends rien de bon de la démarche des plénipotentiaires. » Les ennemis de Napoléon les plus clairvoyants n'auraient pas mieux raisonné. Ce grand homme connaissait bien sa position, et, dès longtemps, bien convaincu qu'il n'avait rien d'honorable à espérer du côté des négociations, il voulait encore une fois tenter le sort des armes.

La convention conclue entre Schwartzenberg et le duc de Raguse portait :

Art. 1er. Les troupes françaises qui, par suite du décret du Sénat du 2 avril, quitteront les drapeaux de Napoléon Bonaparte, pourront se retirer en Normandie avec armes, bagages, munitions.

Art. 2. Si, par suite de ce mouvement, les événements de la guerre faisaient tomber entre les mains des puissances alliées la personne de Napoléon Bonaparte, sa vie et sa liberté lui seront garanties dans un espace de terrain et dans un pays circonscrit au choix des puissances alliées et du gouvernement français.

L'aide-de-camp Marmont mesurer la terre ou son général doit être captif : *un espace de terrain!....* un cachot est aussi un espace de terrain !

Mais, dès le 4 avril, par arrêt du gouvernement provisoire, il est permis aux conscrits rassemblés de retourner chez eux; ceux qui sont encore dans leurs foyers sont autorisés à y rester. La même faculté est accordée aux bataillons de nouvelle levée, ainsi qu'à toutes les levées en masse.

Le 7 avril, Napoléon annonça lui-même aux personnes qui se trouvaient autour de lui, la détermination qu'il avait prise de signer son abdication absolue. Et néanmoins il ordonna la revue des 2e et 7e corps. Toujours plein de sa pensée dominante, et confiant dans la fidélité et la bravoure de ses soldats, il dit pendant la revue au maréchal Oudinot : « Puis-je compter sur votre corps d'armée? — Non, Sire », répondit le maréchal; « Votre Majesté a abdiqué. — Oui, mais sous condition. — Il est vrai, Sire, mais le soldat ne connaît point de restrictions. — Eh bien! maréchal, attendons les nouvelles de Paris. »

Après la revue, il y eut une espèce de conseil de guerre, dans lequel Napoléon, énumérant les ressources dont il pouvait disposer, soutenait qu'au lieu de souscrire à une paix honteuse, il y avait avantage et chance de succès de reprendre les hostilités; car, outre les 50,000 braves qui sont sous sa main, il peut compter sur l'armée de Soult, qui est sous Toulouse, sur celle de Suchet, qui vient de Catalogne, sur celle d'Augereau, dans les Cévennes, du prince Eugène, en Italie, sur celle du général Maison, dans la Flandre, ainsi que sur les nombreuses garnisons de nos places frontières. « Pourquoi n'irait-il pas chercher les armées du Midi..... quand il lui reste une belle position de l'autre côté de la Loire ? » Napoléon est d'avis de se mettre en marche tout de suite vers les provinces méridionales. La plupart des assistants gardent le silence, ceux qui osent prendre la parole lui font observer combien sont formidables les armées de ses ennemis ; l'éloignement de l'armée du Nord, et les distances qui séparent d'elles-mêmes les armées du Midi. Il réfute toutes ces objections et persiste dans son projet. On lui fait entendre alors que dans ce cas il pourrait bien se faire qu'il devînt lui-même l'auteur et l'objet d'une guerre civile ; à ces mots de guerre civile il change subitement de résolution : « Eh « bien! dit-il, puisqu'il me faut renoncer « à défendre plus longtemps la France, « l'Italie n'est-elle pas une retraite digne « de moi? Veut-on m'y suivre encore « une fois? Marchons vers les Alpes. »

Cette invitation fut accueillie par un morne silence : « Vous voulez du repos, « s'écria vivement l'Empereur, ayez-en « donc. Hélas! vous ne savez pas com- « bien de chagrins et de douleurs vous « attendent sur vos lits de duvet. Quel- « ques années de cette paix que vous al- « lez payer si cher en moissonneront « entre vous un plus grand nombre que « n'aurait fait la guerre. » L'événement justifia cette prédiction ; en peu d'années la mort enleva douze des maréchaux qui avaient été présents à cette réunion.

Enfin Napoléon, convaincu qu'il ne pouvait plus compter sur le dévouement de ses lieutenants, consentit à signer l'acte d'abdication qui suit :

« Les puissances alliées ayant proclamé que l'empereur Napoléon était le seul obstacle au rétablissement de la paix en Europe, l'empereur Napoléon, fidèle à son serment, déclare qu'il renonce, pour lui et ses héritiers, aux couronnes de France et d'Italie, et qu'il n'est aucun sacrifice personnel, même celui de la vie, qu'il ne soit prêt à faire à l'intérêt de la France.

« Fait au palais de Fontainebleau, le 11 avril 1814.

« Napoléon. »

Cet acte, ainsi rédigé, satisfit les souverains coalisés, et Napoléon annonça de la manière suivante à ceux qui l'entouraient qu'il avait pris son parti.

« Maintenant que tout est terminé, puisque je ne puis rester, ce qui vous convient le mieux, c'est la famille des Bourbons. Moi, je ne pouvais garder la France autre qu'elle était quand je l'ai prise. Louis ne voudra pas attacher son nom à un mauvais règne ; s'il fait bien il se mettra dans mon lit, car il est bon. Le roi aura beaucoup à faire avec le faubourg Saint-Germain. S'il veut régner longtemps, il faut qu'il le tienne en état de blocus. Si j'étais de Louis XVIII je ne conserverais pas ma garde, il n'y a que moi qui puisse la manier. A présent, Messieurs, que vous avez un autre gouvernement, il faut vous y attacher franchement, je vous y engage, je vous l'ordonne même. »

Pourtant il refuse de souscrire au traité de Paris, par lequel ses plénipotentiaires viennent de conclure un armistice avec les alliés. « A quoi bon ce traité, dit-il, puisqu'on ne veut pas régler avec moi ce qui concerne la France ? Du moment qu'il ne s'agit plus que de ma personne, il n'y a plus de traité à faire. Je suis vaincu, je cède au sort des armes. Seulement je demande à n'être pas prisonnier de guerre, et pour me l'accorder un simple cartel doit suffire : d'ailleurs il ne faut pas une grande place pour enterrer un soldat.

La défection des courtisans suivait son cours ; la désertion décimait incessamment l'armée, qui, travaillée par toutes sortes de moyens et d'intrigues, commençait à se persuader que c'en était fait pour toujours de la fortune de Napoléon. Enfin, le 12 avril, Monsieur, comte d'Artois, frère du roi, faisait son entrée solennelle dans Paris. Malgré ces divers événements, Napoléon s'obstinait à refuser son approbation au traité. Il passa la soirée du 12 avec le duc de Vicence et se retira à onze heures.

Ce fut pendant la nuit du 12 au 13 que, suivant quelques relations, ce prince aurait essayé de terminer ses jours par le poison. Voici le récit de M. de Norvins :

« Ayant fait appeler le duc de Vicence à une heure du matin, Napoléon lui dit de prendre dans son cabinet le portefeuille qui contenait le portrait et les lettres de l'Impératrice : « Gardez-les, lui dit-il; vous les remettrez un jour à mon fils. Ne le quittez pas; soyez-lui fidèle comme à moi. Remettez à l'impératrice la lettre que voici; dites-lui que je ne déplore mes malheurs qu'à cause d'elle et du roi de Rome. N'ayant pu faire triompher la France de ses ennemis, je ne regrette point la vie. » L'Empereur lui dicta ses autres volontés et lui fit présent de son portrait sur un camée. Napoléon lui parlait encore quand il fut interrompu par une crise subite qui effraya le duc de Vicence : ses yeux se voilèrent, parfois il paraissait s'assoupir pour ne plus se réveiller, quand une sueur de glace le couvrit, et soudain une sueur violente, qui raidit ses membres, amena des vomissements. Napoléon tenait fortement le duc de Vicence afin qu'il ne lui échappât point, lui répétant que s'il était son ami, il ne devait pas s'opposer à ce qu'il terminât son existence.

Ce combat de la vie contre la mort dura près de trois quarts d'heure.

Enfin, les vomissements ayant débarrassé l'Empereur : « C'en est fait, dit-il, la mort ne veut pas de moi. » Et tout de suite il fit appeler son chirurgien Yvan et lui demanda une potion. Celui-ci, atterré par cette demande, prit la fuite et quitta Fontainebleau. La crise avait été si violente que le 13 l'Empereur ne put se lever avant onze heures. »

Napoléon avait déjà voulu, a-t-on dit, s'asphyxier dans son cabinet de bain par le charbon; mais ses gens, soupçonnant l'usage qu'il se proposait d'en faire, avaient refusé de lui en donner. Alors, il eut recours à ses pistolets, qu'il chargea; mais son mameluck et ses valets de chambre s'en étant aperçus, en ôtèrent l'amorce et la poudre en son absence.

On prétend que le poison par lequel Napoléon aurait voulu se détruire avait été inventé par Cabanis, à l'époque de la terreur, pour son usage et celui de ses amis. C'est de ce poison que Condorcet prit et dont il mourut en prison. Napoléon en portait constamment sur lui depuis le désastre de Moscou.

Nous repoussons, nous, ces différents projets de suicide comme n'ayant pu exister, parce que la vie tout entière de l'Empereur ne semble pas permettre d'y croire : constamment résigné devant l'impossibilité d'événements meilleurs, on l'a toujours vu déterminé, ferme, grand, plein de courage; et puis il avait dans le cœur cette foi religieuse qui soumet l'homme aux volontés de Dieu.

Quoi qu'il en soit, le 13, Napoléon signe à Fontainebleau le traité conclu le 11, à Paris, entre les maréchaux Ney, Macdonald, le général Caulincourt, ses plénipotentiaires, et les ministres d'Autriche, de Russie et de Prusse. En voici un extrait :

Art. 1er. Sa Majesté l'empereur Napoléon renonce, pour lui et les siens, à tout droit de souveraineté et de domination tant sur l'Empire français et sur le royaume d'Italie que sur tout autre pays.

2. Leurs Majestés l'empereur Napoléon et Marie-Louise conserveront leurs titres et rang pour en jouir pendant leur

vie. La mère, les frères, sœurs, neveux et nièces de l'Empereur conserveront aussi, en quelque lieu qu'ils résident, les titres de princes de sa famille.

3. L'île d'Elbe, que l'Empereur a choisie pour le lieu de sa résidence, formera pendant sa vie une principauté séparée qu'il possédera en toute souveraineté et propriété. Il lui sera en outre accordé, en toute propriété, un revenu annuel de 2 millions de francs, qui sera porté comme rente sur le grand-livre, de laquelle un million sera reversible à l'Impératrice (1).

4. Les duchés de Parme, de Plaisance et de Guastalla (2) seront donnés en toute propriété et souveraineté à l'impératrice Marie-Louise. Ils passeront à son fils et à ses descendants en ligne directe.

6. Il sera réservé, dans les territoires auxquels il est par le présent renoncé, à Sa Majesté l'empereur Napoléon, pour lui et sa famille, des domaines ou rentes sur le grand-livre de France produisant un revenu, libre de toute charge ou déduction, de 2 millions 500 mille francs. Ces domaines ou rentes appartiendront en toute propriété aux princes et princesses de sa famille, qui pourront en disposer comme ils le jugeront à propos. Ils seront partagés entre eux de la manière suivante (3).....

8. Il sera formé un établissement convenable au prince Eugène, vice-roi d'Italie.

9. Les propriétés que l'empereur Napoléon possède en France, soit comme domaine extraordinaire, soit comme domaine privé, resteront à la couronne.

(1) Cet article a été violé.
(2) Cet article a été violé. L'impératrice n'a possédé que le duché de Parme.
(3) Cet article a été également violé. Non-seulement les Bonaparte n'ont rien reçu, mais on leur a confisqué leurs biens de France et d'Italie.

Sur les fonds placés par l'empereur Napoléon, soit sur le grand-livre, soit sur la banque de France, soit sur les actions des forêts, soit de toute autre manière, et dont Sa Majesté fait abandon à la couronne, il sera réservé comme un capital qui n'excédera pas deux millions, pour être employé en gratifications en faveur des personnes qui seront portées sur l'état que signera l'empereur Napoléon et qui sera remis au gouvernement français.

(L'auteur du manuscrit de 1814 dit fort à propos : « Il faut tenir note ici, à la honte de la diplomatie européenne, que cette générosité resta sans effet. Les legs que Napoléon a distribués autour de lui, sur la foi du traité, n'ont pas été acquittés, et les légataires n'ont pu trouver dans la signature des plus grands princes cette garantie irrévocable que la simple signature de deux notaires donne entre particuliers aux moindres dispositions de cette nature.)

12. Les dettes de Sa Majesté l'empereur Napoléon, telles qu'elles existaient le jour de la signature du présent traité, seront payées sur l'arriéré dû par le trésor public à la liste civile, d'après l'état.

Il sera fourni une corvette et les bâtiments nécessaires pour transporter Sa Majesté l'empereur Napoléon et sa maison, et la corvette appartiendra en toute propriété à Sa Majesté l'Empereur.

17. L'empereur Napoléon pourra prendre avec lui, et retenir comme sa garde 400 hommes, officiers, sous-officiers et soldats volontaires.

18. Aucun des Français qui auraient suivi l'empereur Napoléon ou sa famille ne pourront être considérés comme ayant perdu leurs droits de Français, en ne retournant pas dans le cours de trois ans.....

20. Les hautes puissances alliées garantissent l'exécution du présent traité

en s'engageant à obtenir qu'il soit garanti par la France.

Le 20 avril, Napoléon n'ayant plus l'espérance qu'on lui avait donnée de revoir sa femme et son fils, se décida à quitter Fontainebleau, pour aller prendre possession de sa souveraineté de l'île d'Elbe. Sa garde, encore sous les armes, se tenait dans la cour du palais, rangée comme pour la parade. Napoléon, à la vue de ces glorieux restes de tant de batailles et de victoire dont il croit se séparer pour toujours, ne peut retenir ses larmes, et d'une voix brisée comme son âme, il leur parle ainsi :

« Officiers, sous-officiers et soldats de la vieille garde je vous fais mes adieux. Depuis vingt ans que je vous commande, je suis content de vous. Je vous ai toujours trouvé sur le chemin de la gloire. Les puissances alliées ont armé toute l'Europe contre moi, une partie de l'armée a trahi ses devoirs, et la France a cédé à des intérêts particuliers.

« Avec vous et les braves qui me sont restés fidèles j'aurais pu entretenir la guerre civile pendant trois ans; mais la France eût été malheureuse, ce qui aurait été contraire au but que je me suis sans cesse proposé. Je devais donc sacrifier mon intérêt personnel à son bonheur; je l'ai fait.

« Mes amis, soyez fidèles à votre nouveau roi, soyez soumis à vos chefs et n'abandonnez pas notre chère patrie. Ne plaignez pas mon sort, je serai toujours heureux lorsque je saurai que vous l'êtes. J'aurais pu mourir, rien ne m'était plus facile; mais je veux suivre encore le chemin de l'honneur. J'écrirai les grandes choses que nous avons faites.

« Je ne puis vous embrasser tous, mais j'embrasse votre général ; venez, général Petit, que je vous presse sur mon cœur! Qu'on m'apporte l'aigle, que je l'embrasse aussi! Ah! chère aigle, puisse le baiser que je te donne retentir dans la postérité ! Adieu, mes enfants, mes braves, mes vœux vous accompagneront toujours : gardez mon souvenir. Entourez-moi encore une fois ! » Cet adieu, devenu si célèbre, fut déchirant pour le héros non moins que pour les braves compagnons de ses victoires.

Napoléon monta en voiture avec le général Bertrand ; une faible escorte le suivit ; des Commissaires délégués par les coalisés devaient leur servir de protecteurs pendant qu'il traversait la France, un pays qui, moins de trois mois auparavant, le reconnaissait comme son dominateur et son maître.

Napoléon fut insulté en traversant quelques villes du Midi; peut-être même y eut-il sérieusement des complots ourdis pour l'assassiner.

Le 28 avril, il s'embarqua à Saint-Rapheau sur une frégate anglaise qui, le 6 mai, le déposa à six heures du soir dans le port de Porto-Ferrajo, où il fut reçu par le général Dalesme, commandant français. Aux compliments qu'il en reçut, l'Empereur répondit :

« Général, j'ai sacrifié mes droits aux intérêts de ma patrie, et je me suis réservé la propriété de la souveraineté de l'île d'Elbe. Faites connaître aux habitants le choix que j'ai fait de leur île pour mon séjour. Dites-leur qu'ils seront pour moi l'objet de mon intérêt le plus vif. »

Le maire de Porto-Ferrajo lui remit les clefs de la ville ; la mairie devint palais impérial. Un *Te Deum* auquel Napoléon assista fut chanté dans la cathédrale. Là finit l'investiture d'exil du ci-devant maître du monde.

Napoléon avait fait arborer sur la frégate anglaise le drapeau Elbois, il le conserva pendant son séjour dans l'île. Le drapeau était fond blanc, traversé diagonalement d'une bange rouge semée de trois abeilles fond d'or. Les Ragusains l'ont appelé depuis *pavillon du roi du monde*.

Pendant les dix mois qu'il passa dans cette île, l'Empereur donna des développements à l'exploitation des mines de fer dont cette terre abonde. Il fit tracer des routes, planter des arbres; il prit, en un mot, toutes les mesures désirables pour faire jouir les Elbois d'une bonne administration.

Pendant le séjour qu'il fit dans cette île, il reçut la visite de sa mère et de sa sœur Pauline, princesse Borghèse, auxquelles il céda l'étage qu'il avait fait construire entre les deux pavillons de son habitation de Porto-Ferrajo. Il passait une partie de ses journées dans un kiosque vitré qu'il avait fait élever sur le sommet d'un rocher; seul il y entrait. Les Elbois donnèrent à ce kiosque le nom de *casa di Socrate*.

« L'Empereur menait à l'île d'Elbe une vie très-active; toujours levé avant le jour, il consacrait au travail les premières heures de la matinée; venait ensuite la revue; elle ne se bornait pas, comme au Carrousel, à un coup d'œil numératif jeté en courant sur des corps nombreux : c'était une inspection minutieuse, dont l'âme toute militaire de Napoléon savourait, pour ainsi dire, les détails. Chaque grenadier était interrogé sur ses occupations, ses habitudes, sa santé et même ses sentiments. Les braves de l'île d'Elbe se plaignaient quelquefois : l'Empereur leur donnait ou leur permettait ce qu'ils demandaient, si l'objet réclamé était en son pouvoir; autrement, il les appelait *grognards*, leur tirait la moustache et s'éloignait en souriant.

« Dans la soirée, Napoléon faisait une promenade à cheval, accompagné de ses principaux officiers. Quelquefois il recevait les visites des étrangers de distinction qui affluaient dans l'île, rien que pour l'apercevoir; mais le plus souvent, il s'égayait, avec son état-major, des injures que lui prodiguaient ceux des journaux français qui l'avaient le plus servilement flatté avant sa chute.

« Ainsi s'écoulaient les jours de l'Empereur, tantôt à Porto-Ferrajo, tantôt à Porto-Longone ou à Rio. Sa garde, à l'exemple des guerriers romains, participait à la plupart des travaux qu'il avait entrepris dans l'île; elle s'augmentait journellement des militaires que le dévouement amenait auprès de sa personne. A peine Napoléon pouvait-il soutenir ce bataillon fidèle; n'importe il se grossissait... Quelques officiers supérieurs y prirent du service comme de simples soldats (1). »

L'Empereur avait choisi l'île d'Elbe, de préférence à la Corse et à Corfou, mais sans arrière-pensée, quoiqu'on ait prétendu le contraire. On en a la preuve dans des faits bien connus aujourd'hui de plusieurs personnages, et dont nous croyons devoir dire quelques mots.

Au mois de mai 1814, les amis de l'indépendance italienne, se réunirent tantôt à Turin, tantôt à Gênes, en congrès constitutif (2). Après avoir mûri leur projet et rédigé leur constitution, ils chargèrent l'un d'eux de se rendre à Porto-Ferrajo et de communiquer le tout à l'Empereur. Cet envoyé était en même temps porteur d'une dépêche particulière, rédigée par quatre commissaires, nommés pour cet objet par le congrès.

(1) *Mémoires de Napoléon*, etc., par madame la veuve du général Durand; Paris, 1828, p. 254 et 255.

(2) Ce congrès était composé de deux Corses, deux Génois, quatre Piémontais, deux Italiens du royaume d'Italie, et quatre des Etats romains et des Deux-Siciles.

Les articles 1, 3 et 5 de la constitution étaient ainsi conçus :

Art. 1er. Le territoire de l'Empire romain sera formé de tout le continent de l'Italie, et ne pourra pas être agrandi.

3. La nation italienne appelle au trône Napoléon Bonaparte, actuellement souverain de l'île d'Elbe, et, après lui, sa descendance masculine, en ligne directe, légitime, aux conditions expresses contenues dans le présent acte constitutif.

5. Le souverain prendra et portera le titre d'*Empereur des Romains et Roi d'Italie, par la volonté du peuple et la grâce de Dieu*.

Napoléon adopta sans restriction les bases constitutionnelles, promit le secret absolu qu'on avait exigé de lui, et fit plusieurs modifications au projet d'exécution. Ces communications parvinrent au congrès par un envoyé de Napoléon, et de son côté, le congrès dépêcha un de ses membres à l'île d'Elbe.

Les conférences se suivirent. Ce fut pendant l'une d'elles que Napoléon témoigna, à plusieurs reprises, ses regrets de n'avoir pas marché de Fontainebleau sur Milan, à la tête de sa belle et brave armée, comme il en avait eu la pensée ; et il attribuait surtout aux conseils pusillanimes de Berthier et de Ney, de lui avoir fait préférer le parti de l'abdication.

Le dessein des conjurés de Turin reposait sur les mêmes bases que celui des *Carbonari*. Que demandaient ces derniers ? L'union en un seul peuple de tous les peuples de l'Italie, depuis les bouches du Cattaro jusqu'aux Alpes. Il n'y avait de différence entre les *Carbonari* et les associés du *Congrès constitutif* que dans les moyens d'action.

Au mois d'octobre suivant, Napoléon disait, entre autres choses, à deux membres du Congrès italien :

« Sous mon règne, l'antique majesté du peuple-roi s'alliera à la civilisation moderne de mon premier empire ; et Rome égalera Paris, sans cesser d'être à la hauteur de ses immenses souvenirs, qu'elle associera à la force d'institution de Lacédémone et à l'atticisme d'Athènes. J'ai été en France le colosse de la guerre, je deviendrai en Italie, le colosse de la paix. »

A la fin de 1814 et encore au mois de janvier 1815, Napoléon était dans cet ordre d'idées ; on n'attendait plus, pour éclater, que la rupture entre les cabinets de Naples et de Paris fût officiellement déclarée, et le moment semblait en être prochain (1). Car si d'un côté, Louis XVIII faisait marcher des régiments français vers la frontière du Piémont, de l'autre côté, Murat faisait répandre le bruit dans son armée qu'il ne tarderait pas à diriger ses troupes sur Paris.

Mais alors, au commencement de 1815, Napoléon apprit qu'on avait, au congrès de Vienne, agité la question de l'enlever de force de l'île d'Elbe, pour le transporter ensuite à Sainte-Hélène ; il apprit aussi que le gouvernement royal commençait à faire des fautes graves, que les émigrés, par leurs prétentions extravagantes, semblaient traiter la France en pays conquis, ce qui avait singulièrement indisposé contre eux la masse de la nation. Il savait fort bien que l'armée ne s'était séparée de lui qu'à regret et par violence, et qu'enfin tous les mécontents étaient disposés à embrasser sa cause à la première occasion qui se présenterait ; il lui

(1) La mésintelligence entre les deux cours était patente ; elle se manifestait jusque dans les plus petites choses. L'Almanach royal de Paris offrait, au tableau des souverains étrangers, à l'article *Naples*, un renvoi à celui de *Sicile*; tandis que le roi Joachim, usant de représailles ou de réciprocité, faisait imprimer à l'article *France*, voyez *Ile d'Elbe*.

était permis de croire que les signataires de la Sainte-Alliance, ayant maintenant des intérêts différents à soutenir, n'étant plus si étroitement unis entre eux, qu'il lui serait probablement facile de déterminer l'Autriche à se séparer de la coalition. Entraîné par ces diverses considérations, il forma le projet hardi de rentrer en France. Par ses ordres, on achète des munitions de guerre à Naples, des armes à Alger, des vaisseaux de transport à Gênes, et le 26 février 1815, à huit heures du soir, il s'embarqua avec 1,100 hommes, dont 600 de sa garde, 200 chasseurs corses, 200 hommes d'infanterie et 100 chevau-légers polonais.

XII

Retour en France. — Mont Saint-Jean. — Seconde abdication.

Généralement on croyait, sur la flottille, que l'Italie était le but de l'expédition ; mais après une heure de navigation, s'adressant aux grenadiers : « Nous allons en France, leur dit-il, nous allons à Paris. » Le cri de *Vive la France ! vive Napoléon !* se fit entendre avec une force inexprimable. Pendant la traversée, le brick que montait Napoléon fut accosté par *le Zéphir*, vaisseau de guerre français qui lui demanda des nouvelles de l'Empereur ; Napoléon lui-même répondit avec le porte-voix qu'il se portait bien. Le 28, la journée fut employée à copier des proclamations ; enfin le 1er mars, à cinq heures du matin, Napoléon et sa troupe mirent pied sur le territoire français, dans le golfe Juan : son bivouac fut établi dans une plantation d'oliviers : *Beau présage*, dit-il ; *puisse-t-il se réaliser.*

A onze heures du soir, la petite armée se mit en marche. Les Polonais, à pied, portaient sur leur dos l'équipement des chevaux qu'ils n'avaient pas. Napoléon coucha le 4 à Digne, le 5 à Gap ; ce fut dans cette dernière ville qu'il fit imprimer les proclamations qu'il avait dictées à bord, le 28 février. Voici le texte du premier de ces actes :

« Français !

« La défection du duc de Castiglione livra Lyon sans défense à nos ennemis ; l'armée dont je lui avais confié le commandement était, par le nombre de ses bataillons, la bravoure et le patriotisme des troupes qui la composaient, à même de battre le corps d'armée autrichien qui lui était opposé, et d'arriver sur les derrières du flanc gauche de l'armée ennemie qui menaçait Paris.

« Les victoires de Champ-Aubert, de Montmirail, de Château-Thierry, de Vauchamp, de Mormans, de Montereau, de Craonne, de Reims, d'Arcis-sur-Aube et de Saint-Dizier, l'insurrection des braves paysans de la Lorraine, de la Champagne, de la Franche-Comté et de la Bourgogne, et la position que j'avais prise sur les derrières de l'armée ennemie en la séparant de ses magasins, de ses parcs de réserve, de ses convois et de tous ses équipages, l'avaient placée dans une situation désespérée. Les Français ne furent jamais sur le point d'être plus puissants, et l'élite de l'armée ennemie était perdue sans ressource ; elle eût trouvé son tombeau dans ces vastes contrées qu'elle avait si impitoyablement saccagées, lorsque la trahison du duc de Raguse livra la capitale et désorganisa l'armée. La conduite inattendue de ces deux généraux qui trahirent à la fois leur patrie, leur prince et leur bienfaiteur, changea le destin de la guerre. La situation désastreuse de l'ennemi était telle qu'à la fin de l'affaire qui eut lieu devant Paris, il était sans munitions, par la séparation de ses parcs de réserve.

« Dans ces nouvelles et grandes circonstances, mon cœur fut déchiré ; mais mon âme resta inébranlable. Je ne consultai que l'intérêt de la patrie ; je m'exilai sur un rocher au milieu des mers : ma vie vous était et devait encore vous être utile, je ne permis pas que le grand nombre de citoyens qui voulaient m'accompagner partageassent mon sort ; je crus leur présence utile à la France, et je n'emmenai avec moi qu'une poignée de braves nécessaires à ma garde.

« Élevé au trône par votre choix, tout ce qui a été fait sans vous est illégitime. Depuis vingt-cinq ans la France a de nouveaux intérêts, de nouvelles institutions, une nouvelle gloire qui ne peuvent être garanties que par un gouvernement national et par une dynastie née dans ces nouvelles circonstances. Un prince qui régnerait sur vous, qui serait assis sur mon trône par la force des mêmes armées qui ont ravagé notre territoire, chercherait en vain à s'étayer des principes du droit féodal ; il ne pourrait assurer l'honneur et les droits que d'un petit nombre d'individus ennemis du peuple, qui depuis vingt-cinq ans les a condamnés dans toutes nos assemblées nationales. Votre tranquillité intérieure et votre considération extérieure seraient perdues à jamais.

« Français ! dans mon exil, j'ai entendu vos plaintes et vos vœux ; vous réclamez ce gouvernement de votre choix qui seul est légitime. Vous accusiez mon long sommeil, vous me reprochiez de sacrifier à mon repos les grands intérêts de la patrie.

« J'ai traversé les mers au milieu des périls de toute espèce, j'arrive parmi vous, reprendre mes droits qui sont les vôtres. Tout ce que des individus ont fait, écrit ou dit depuis la prise de Paris, je l'ignorerai toujours ; cela n'influera en rien sur le souvenir que je conserve des services importants qu'ils ont rendus, car il est des événements d'une telle nature qu'ils sont au-dessus de l'organisation humaine.

« Français ! il n'est aucune nation, quelque petite qu'elle soit, qui n'ait eu le droit de se soustraire et ne se soit soustraite au déshonneur d'obéir à un prince imposé par un ennemi momentanément victorieux. Lorsque Charles VII rentra à Paris et renversa le trône éphémère de Henri VI, il reconnut tenir son trône de la vaillance de ses braves et non d'un prince régent d'Angleterre.

« C'est aussi à vous seuls, et aux braves de l'armée, que je fais et ferai toujours gloire de tout devoir. »

Le 6, Napoléon partit de Gap pour Grenoble ; avant de parvenir aux murs de cette ville, un bataillon de la garnison qu'on envoyait pour le combattre vint à sa rencontre. Napoléon alla le reconnaître, et lui envoya un officier pour parlementer ; celui-ci ne fut pas écouté : « On m'a trompé », dit l'Empereur à Bertrand. « N'importe, en avant ! » Et mettant pied à terre, il découvre sa poitrine : « S'il est parmi vous, dit-il aux soldats « de Grenoble, s'il en est un seul qui « veuille tuer son général, son Empe- « reur, il le peut, le voici. » Les soldats répondirent par des cris de *Vive l'Empereur !* dès ce moment, son triomphe fut assuré. Le lendemain, le colonel Labédoyère lui amena le 7e de ligne, et le soir du même jour, il fit son entrée à Grenoble. Les portes de cette ville étaient fermées par ordre du général Marchand ; les habitants les brisèrent, et dirent à Napoléon : « Tenez, au défaut des clés de « votre bonne ville, en voici les portes. » — « Tout est décidé maintenant, dit Na- « poléon à ses officiers, tout est décidé, « nous allons à Paris. » Le lendemain, 8 mars, il fut complimenté en qualité d'Empereur par toutes les autorités civiles, militaires, ecclésiastiques de la ville. Il leur dit dans ses réponses que ses droits n'étaient autres que ceux du peuple, qu'il venait les reprendre, non pour régner, ne faisant aucun cas du trône, ni pour se venger; qu'il faut oublier que les Français ont été les maîtres du monde, qu'il ne veut régner que pour rendre la France libre, heureuse.

Avant de quitter Grenoble, il passe la garnison en revue, et publie un décret par lequel il ordonne qu'à dater du 15 mars, tous les actes publics seront faits et la justice rendue en son nom.

Le 10, à sept heures du soir, il fit son entrée dans Lyon, amenant avec lui 8,000 hommes de troupes de ligne et 30 canons; il descendit au palais de l'archevêché, que Monsieur (Comte d'Artois), venait de quitter. On sait que ce prince ne fut accompagné dans sa fuite de Lyon que par un seul garde national à cheval. Napoléon voulait être gardé par la milice bourgeoise à pied, et il dit à la garde à cheval qui s'était présentée : « Je vous « remercie de vos services. Nos institu- « tions ne reconnaissent point de gardes « nationales à cheval; et d'ailleurs, vo- « tre conduite envers M. le comte d'Ar- « tois m'apprend ce que vous feriez si la « fortune venait à m'abandonner; je ne « vous soumettrai pas à cette nouvelle « épreuve.» Et immédiatement il fit appeler le cavalier qui avait escorté le prince, et lui dit: « Je n'ai jamais laissé une belle « action sans récompense; je vous donne « la croix de la Légion d'honneur. »

A Lyon, il s'annonce sans détour comme le souverain de la France: « Puis- « que, disait-il, j'ai repris le gouverne- « ment, il ne doit plus y avoir d'autre « autorité que la mienne; il faut qu'on « sache, dès à présent, que c'est *à moi* « *seul* qu'on doit obéir. » Alors, il dicta ces fameux décrets de Lyon, dont voici la substance.

« La Chambre des Pairs est dissoute; les collèges électoraux des départements seront réunis à Paris dans le courant du mois de mai prochain, en assemblée extraordinaire du Champ-de-Mai, afin de prendre les mesures convenables pour corriger, modifier nos institutions selon l'intérêt et la volonté de la nation, et, en même temps, pour assister au couronnement de l'impératrice, notre bien-aimée épouse, et de celui de notre bien-aimé fils. — Tous les émigrés qui n'ont pas été rayés, amnistiés ou éliminés par nous, ou par les gouvernements qui nous ont précédé, et qui sont rentrés en France depuis le 1er janvier 1814, sortiront sur-le-champ du territoire de l'Empire. Les émigrés qui, quinze jours après la publication du présent décret, se trouveront sur le territoire de l'Empire, seront arrêtés et jugés conformément aux lois décrétées par nos assemblées nationales. Le séquestre sera mis sur leurs biens, meubles et immeubles. La noblesse est abolie, et les lois de l'Assemblée constituante seront mises en vigueur. Les titres féodaux seront supprimés. Les lois de nos assemblées seront mises en vigueur. Les individus qui ont obtenu de nous des titres nationaux, comme récompense nationale, et dont les lettres patentes ont été vérifiées au Conseil du sceau des titres, continueront à les porter : nous nous réservons de donner des titres aux descendants des hommes qui ont illustré le nom français dans les différents siècles. Tous les généraux et officiers de terre et de mer, dans quelque grade que ce soit, qui ont été introduits dans nos armées depuis le 1er avril 1814, cesseront sur-le-champ leurs fonctions, quitteront les marques de leur grade et se rendront au lieu de leur domicile. — Tous les changements arbitraires opérés dans nos cours et tribunaux inférieurs sont nuls et non avenus. »

On ne fera pas ici mention des arrêts et proclamations que le gouvernement de Louis XVIII lança contre Napoléon. On sait que toutes ces pièces furent tout à fait impuissantes, même pour retarder d'un jour la marche de l'*usurpateur* qu'on avait mis *hors la loi*, invitant tout le monde à lui *courir sus*.

Le 13, Napoléon fit ses adieux aux Lyonnais : « Au moment de quitter vo-
« tre ville, leur dit-il, pour me rendre
« dans ma capitale, j'éprouve le besoin
« de vous faire connaître les sentiments
« que vous m'avez inspirés ; vous avez
« toujours été au premier rang dans mes
« affections ; dans des moments plus tran-
« quilles, je viendrai pour m'occuper de
« vos manufactures et de votre ville.
« Lyonnais, je vous aime. »

Le même jour, les huit puissances signataires du traité de Paris, réunies au congrès de Vienne font la déclaration suivante :

« En rompant la convention qui l'avait établi à l'île d'Elbe, Bonaparte détruit le seul titre légal auquel son existence se trouvait attachée. En reparaissant en France, avec des projets de trouble et de bouleversement, il s'est privé lui-même de la protection des lois, et a manifesté à la face de l'univers qu'il ne saurait y avoir ni paix ni trêve avec lui. Les puissances déclarent, en conséquence que Napoléon Bonaparte s'est placé hors des relations civiles et sociales, et que, comme ennemi et perturbateur du repos du monde, il s'est livré à la vindicte publique ; elles déclarent en même temps que, fermement résolues de maintenir intact le traité de paix du 30 mai 1814, et les dispositions sanctionnées par ce traité et celles qu'elles ont arrêtées ou arrêteront encore pour le compléter et le consolider, elles emploieront tous les moyens et réuniront tous leurs efforts pour que la paix générale, objet des vœux de l'Europe, et vœu constant de leurs travaux, ne soit pas troublée de nouveau. »

Le 14, Napoléon coucha à Châlons ; le lendemain, il apprit dans cette ville la défection du maréchal Ney, qui venait de passer sous ses drapeaux, après avoir lu la lettre qu'il lui avait fait écrire par Bertrand.

Le 19 mars, à minuit, le roi quitte le château des Tuileries, et le 20, à neuf heures du soir, Napoléon prend possession de ce palais. Le départ de Louis XVIII fut si précipité qu'il n'eut pas le temps d'emporter les papiers qui lui étaient personnels : Napoléon eut un moment la pensée de les faire imprimer ; mais il ordonna à son secrétaire de les brûler. Un de ses valets de chambre ayant osé placer sur la cheminée des caricatures injurieuses aux Bourbons, l'Empereur les jeta au feu, et lui ordonna sévèrement de ne plus se permettre à l'avenir de semblables impertinences.

Le 22, l'Empereur passa en revue le corps d'armée qui avait été sous le commandement du duc de Berri ; au moment où le général Cambronne et le bataillon de l'île d'Elbe, parurent avec leurs aigles, il prit la parole et dit :

« Soldats, voilà les braves qui m'ont accompagné dans mon malheur, ils sont tous mes amis ; toutes les fois que je les voyais, ils me représentaient les différents régiments de l'armée ; en les aimant, c'est vous tous, soldats de l'armée française que j'aimais. Ils vous rapportent ces aigles ; jurez qu'elles se trouveront partout où l'intérêt de la patrie les appellera. Que les traîtres et ceux qui voudraient envahir notre territoire n'en puissent jamais soutenir les regards. »

Les troupes répondirent avec enthousiasme : Nous le jurons !

Madame la duchesse d'Orléans douairière qui s'était cassé la cuisse, et madame la duchesse de Bourbon, sa tante, n'avaient point suivi la famille royale. Napoléon, instruit de l'embarras de leur position, ordonna de payer annuellement, à la première de ces princesses, sur le trésor, une pension de 300,000 fr., et à madame la duchesse de Bourbon, la moitié de cette somme.

Les troupes impériales ayant amené M. le duc d'Angoulême à signer une capitulation par laquelle il licenciait son armée et promettait d'aller s'embarquer à Cette, le général Grouchy ne crut pas devoir exécuter la convention sans consulter l'Empereur ; il en reçut cette réponse :

« M. le comte Grouchy, l'ordonnance du roi, en date du 6 mars, et la déclaration signée à Vienne, le 13, par ses ministres (1), pourraient m'autoriser à traiter le duc d'Angoulême comme cette ordonnance et cette déclaration voulaient qu'on me traitât, moi et ma famille ; mais, constant dans les dispositions qui m'avaient porté à ordonner que les membres de la famille des Bourbons pussent sortir librement de la France, mon intention est que vous donniez des ordres pour que le duc d'Angoulême soit conduit à Cette, où il sera embarqué, et que vous veilliez à sa sûreté et à écarter de sa personne tout mauvais traitement.

Le 25 mars, un traité est signé à Vienne entre la Russie, l'Autriche, la Prusse et l'Angleterre, par lequel sont confirmés les principes de celui de Chaumont. Les puissances contractantes s'engagent à fournir d'abord chacune 150,000 hommes, dont un dixième au moins de cavalerie, et non compris les garnisons des places fortes ; en outre, elles ne poseront les armes, et de concert, qu'après avoir détruit la puissance de Napoléon. Le roi de France adhère à ce traité. La Suède et le Portugal refusent seuls de fournir leur contingent.

Voici la déclaration du conseil d'État qui, le 27 mars, relevait l'Empereur de sa déchéance et annulait son abdication.

« Le conseil d'État, en reprenant ses fonctions, croit devoir faire connaître les principes qui font la règle de ses opinions et de sa conduite.

« La souveraineté réside dans le peuple, il est la seule source du pouvoir.

« En 1789, la nation reconquit ses droits, depuis longtemps usurpés et méconnus.

« L'Assemblée nationale abolit la monarchie féodale, établit une monarchie constitutionnelle et le gouvernement représentatif.

« La résistance des Bourbons aux vœux du peuple amena leur chute et leur bannissement du territoire français.

« Deux fois le peuple consacra par ses actes la nouvelle forme de gouvernement, établie par ses représentants.

« En l'an VIII, Bonaparte, déjà couronné par la victoire, se trouva porté au gouvernement par l'assentiment national ; une constitution créa la magistrature consulaire.

« Le sénatus-consulte du 16 thermidor an X nomma Bonaparte Consul à vie.

« Le sénatus-consulte du 28 floréal an XII conféra à Napoléon la dignité impériale et la rendit héréditaire dans sa famille.

« Ces trois actes solennels furent soumis à l'acceptation du peuple, qui les consacra par près de 4 millions de votes.

« Aussi, pendant vingt-deux ans, les Bourbons avaient cessé de régner en France ; ils y étaient oubliés par leurs contemporains ; étrangers à nos lois, à nos institutions, à nos mœurs, à notre gloire, la génération actuelle ne les connaissait que par le souvenir de la guerre

---

(1) Ces ministres étaient le prince de Talleyrand, le duc de Dalberg, Latour-du-Pin, le comte Alexis de Noailles.

étrangère qu'ils avaient suscitée contre la patrie, et des dissensions intérieures qu'ils avaient allumées.

« En 1814, la France fut envahie par les armées ennemies et la capitale occupée. L'étranger créa un prétendu gouvernement provisoire. Il assembla la minorité des Sénateurs, et les força, contre leur mission et contre leur volonté, à détruire les constitutions existantes, à renverser le trône impérial, et à rappeler la famille des Bourbons.

« Le Sénat qui n'avait été institué que pour conserver les constitutions de l'Empire, reconnut lui-même qu'il n'avait point le pouvoir de les changer. Il décréta que le projet de constitution qu'il avait préparé serait soumis à l'acceptation du peuple, et que Louis-Stanislas-Xavier serait proclamé roi des Français aussitôt qu'il aurait accepté la constitution et juré de l'observer et de la faire observer.

« L'abdication de l'empereur Napoléon ne fut que le résultat de la situation malheureuse où la France et l'Empereur avaient été réduits par les événements de la guerre, par la trahison et par l'occupation de la capitale. L'abdication n'eut pour objet que d'éviter la guerre civile et l'effusion du sang français. Non consacré par le peuple, cet acte ne pouvait détruire le contrat solennel qui s'était formé entre lui et l'Empereur ; et quand Napoléon aurait pu abdiquer personnellement la couronne, il n'aurait pu sacrifier les droits de son fils, appelé à régner après lui.

« Cependant un Bourbon fut nommé lieutenant-général du royaume, et prit les rênes du gouvernement.

« Louis-Stanislas-Xavier arriva en France ; il fit son entrée dans la capitale ; il s'empara du trône d'après l'ordre établi dans l'ancienne monarchie féodale.

« Il n'avait point accepté la constitution dictée par le sénat ; il n'avait pas juré de l'observer et de la faire observer ; elle n'avait point été envoyée à l'acceptation du peuple ; le peuple, subjugué par la présence des armées étrangères, ne pouvait pas même exprimer librement ni valablement son vœu.

« Sous leur protection, après avoir remercié un prince étranger de l'avoir fait monter sur le trône, Louis-Stanislas-Xavier data le premier acte de son autorité de la 19ᵉ année de son règne, déclarant ainsi que les actes émanés de la volonté du peuple n'étaient que le produit d'une longue révolte ; il accorda volontairement, et par le libre arbitre de son autorité royale, une Charte constitutionnelle, appelée ordonnance de réformation ; et pour toute sanction, il la fit lire en présence d'un nouveau corps qu'il venait de créer et d'une réunion de députés qui n'étaient pas libres, qui ne l'accepta point, dont aucun n'avait caractère pour consentir à ce changement, et dont les deux cinquièmes n'avaient même plus le caractère de représentant.

« Tous ces actes sont donc illégaux. Faits en présence des anciens ennemis et sous la domination étrangère, ils ne sont que l'ouvrage de la violence. Ils sont essentiellement nuls et attentatoires à l'honneur, à la liberté et aux droits du peuple.

« Les adhésions, données par des individus et par des fonctionnaires sans mission, n'ont pu ni anéantir, ni suppléer le consentement du peuple, exprimé par des votes solennellement provoqués et légalement émis.

« Si ces adhésions, ainsi que les serments, avaient jamais pu même être obligatoires pour ceux qui les ont faits, ils auraient cessé de l'être dès que le gouvernement qui les a reçus a cessé d'exister.

« La conduite des citoyens qui, sous ce gouvernement, ont servi l'État, ne peut être blâmée; ils sont même dignes d'éloges, ceux qui n'ont profité de leur position que pour défendre les intérêts nationaux, et s'opposer à l'esprit de réaction et de contre-révolution qui désolait la France.

« Les Bourbons eux-mêmes avaient constament violé leurs promesses; ils favorisèrent les prétentions de la noblesse féodale; ils ébranlèrent les ventes des biens nationaux de toutes les origines; ils préparèrent le rétablissement des droits féodaux et des dîmes; ils menacèrent toutes les existences nouvelles; ils déclarèrent la guerre à toutes les opinions libérales; ils attaquèrent toutes les institutions que la France avait acquises au prix de son sang, aimant mieux humilier la nation que de s'unir à sa gloire; ils dépouillèrent la Légion d'honneur de sa dotation et de ses droits politiques; ils en prodiguèrent la décoration pour l'avilir; ils enlevèrent à l'armée, aux braves leur solde, leurs grades et leurs honneurs pour les donner à des émigrés, à des chefs de révolte; ils voulurent enfin, régner et opprimer le peuple par l'émigration.

« Profondément affectée de son humiliation et de ses malheurs, la France appelait de tous ses vœux son gouvernement national, la dynastie liée à ses nouveaux intérêts, à ses nouvelles institutions.

« Lorsque l'Empereur approchait de la capitale, les Bourbons ont en vain voulu réparer, par des lois improvisées et des serments tardifs à leur charte constitutionnelle, les outrages faits à la nation, à l'armée. Le temps des illusions était passé, la confiance était aliénée pour jamais. Aucun bras ne s'est armé pour leur défense; la nation et l'armée ont volé au-devant de leur libérateur.

« L'Empereur, en remontant sur le trône où le peuple l'avait appelé, rétablit donc le peuple dans ses droits les plus sacrés. Il ne fait que rappeler à leur exécution les décrets des assemblées représentatives sanctionnés par la nation; il revient régner par le seul principe de légitimité que la France ait reconnu et consacré depuis vingt-cinq ans, et auquel toutes les autorités s'étaient liées par des serments dont la volonté du peuple aurait pu seule les dégager.

« L'Empereur est appelé à garantir de nouveau, par des institutions (et il en a pris l'engagement dans ses proclamations à la nation et à l'armée), tous les principes libéraux, la liberté individuelle et l'égalité des droits, la liberté de la presse et l'abolition de la censure, la liberté des cultes, le vote des contributions et des lois par les représentants de la nation légalement élus, les propriétés nationales de toute origine, l'indépendance et l'inamovibilité des tribunaux, la responsabilité des ministres et de tous les agents du pouvoir.

« Pour mieux consacrer les droits et les obligations du peuple et du monarque, les institutions nationales doivent être revues dans une grande assemblée de ses représentants, déjà annoncée par l'Empereur.

« Jusqu'à la réunion de cette grande Assemblée représentative, l'Empereur doit exercer et faire exercer, conformément aux constitutions et aux lois existantes, le pouvoir qu'elles lui ont délégué, qui n'a pu lui être enlevé, qu'il n'a pu abdiquer sans l'assentiment de la nation, que le vœu et l'intérêt général du peuple français lui font un devoir de reprendre.

« Comte DEFERMONT, comte REGNAUD DE SAINT-JEAN-D'ANGELY, comte BOULAY, comte ANDRÉOSSI, comte DARU, comte

Thibaudeau, comte Moret, baron de Pommereul, comte Najac, comte Jollivet, comte Berlier, comte Miot, comte Duchatel, comte Dumas, comte Dulauloy, comte Pelet (de la Lozère), comte François, comte de Las-Cases, baron Costaz, baron Marchand, comte Joubert, comte Lavallette, comte Réal, Gilbert de Voisins, baron Quinette, comte Merlin, chevalier Jaubert, baron Belleville, baron d'Alphonse, baron Félix, baron Merlet, Charles Maillard, Gasson, comte Delaborde, baron Finot, baron Janet, baron de Préval, baron Fain, baron Champy, C.-D. Lacuée, baron Freville, baron Pelet, comte de Bondy, chevalier Bruyère.

« Le comte Defermont.
« Le secrétaire général du Conseil d'État,
« Baron Locré. »

Malgré la déclaration de Vienne, du 13 mars, et le traité du 25, Napoléon n'avait pas désespéré d'amener les alliés ou du moins quelques-uns d'entre eux à un accommodement : en conséquence il adressa, le 4 avril, la lettre suivante aux souverains :

« Monsieur mon frère,

« Vous aurez appris, dans le cours du mois dernier, mon retour sur les côtes de France, mon entrée à Paris, et le départ de la famille des Bourbons. La véritable nature de ces événements doit maintenant être connue de Votre Majesté. Ils sont l'ouvrage d'une irrésistible puissance, l'ouvrage de la volonté unanime d'une grande nation qui connaît ses devoirs et ses droits. La dynastie que la force avait rendue au peuple français n'était plus faite pour lui; les Bourbons n'ont voulu s'associer ni à ses sentiments, ni à ses mœurs; la France a dû se séparer d'eux. Sa voix appelait un libérateur. L'attente, qui m'avait décidé au plus grand des sacrifices avait été trompée; je suis venu, et du point où j'ai touché le rivage, l'amour de mes peuples m'a porté jusqu'au sein de ma capitale. Le premier besoin de mon cœur est de payer tant d'affection par le maintien d'une honorable tranquillité. Le rétablissement du trône impérial était nécessaire au bonheur des Français. Ma plus douce pensée est de le rendre en même temps utile au repos de l'Europe. Assez de gloire a illustré tour à tour les drapeaux de diverses nations; les vicissitudes du sort ont assez fait succéder de grands revers à de grands succès. Une plus belle arène est aujourd'hui ouverte aux souverains, et je suis le premier à y descendre. Après avoir présenté au monde le spectacle de grands combats, il sera plus doux de ne connaître désormais d'autre rivalité que celle des avantages de la paix, d'autre lutte que *la lutte sainte de la félicité des peuples*. La France se plaît à proclamer avec franchise ce noble but de tous ses buts. Jalouse de son indépendance, le principe invariable de sa politique sera le respect le plus absolu pour l'indépendance des autres nations. Si tels sont, comme j'en ai l'heureuse confiance, les sentiments personnels de Votre Majesté, le calme général est assuré pour longtemps, et la justice, assise aux confins des divers États, suffira pour en garder les frontières.

« Je saisis avec empressement, etc., etc. »

Les alliés inébranlables dans la résolution qu'ils avaient prise, gardèrent le silence sur cette lettre. Qu'auraient-ils pu répondre à des sentiments si dignement exprimés ?

Napoléon ne dut plus voir d'autre salut pour lui que dans la guerre. Il s'y était déjà préparé. Depuis son retour, huit armées s'étaient formées, sous les noms d'armées du Nord, de la Moselle, du Rhin, du Jura, des Alpes, des Pyrénées, de Paris, de Laon ; 150 batteries étaient disponibles; on organisait des corps francs et des partisans. La levée en masse des sept départements frontières du Nord et de l'Est était résolue et prête; les places fortes étaient bien approvisionnées, les défilés étaient gardés, la France enfin pouvait se croire capable de défier, de soutenir, et même de repousser les efforts de l'Europe coalisée. Napoléon avait restitué aux régiments ces beaux surnoms d'*Invincible*, de *Terrible*, d'*Incomparable*, qu'ils brûlaient de mériter toujours. L'armée comptait 200,000 hommes. La garde nationale, composée de 3,130 bataillons, dont 1,500 compagnies de chasseurs et de grenadiers, formant 180,000 hommes, fut mise à la disposition du ministre de la guerre.

Cependant, le 12 mai, un rapport est publié à Vienne, par ordre du Congrès, dans lequel il est dit que *les puissances ne se croient pas autorisées à imposer un gouvernement à la France;* et elles ne cessent d'armer en faveur des Bourbons.

Le 27 mai, les souverains d'Autriche, de Prusse et de Russie, quittent Vienne pour aller se mettre à la tête de leurs armées, qui sont en pleine marche sur la France.

Le 1er juin eut lieu la réunion dite *du Champ-de-Mai* ; le service divin fut célébré sur un autel immense, élevé au milieu du Champ-de-Mars. On remarqua l'attitude de Napoléon pendant la cérémonie, elle avait toutes les marques de la grandeur et du triomphe. Après avoir répondu au discours de l'orateur de la députation des électeurs des départements, Napoléon prêta serment sur l'Evangile aux constitutions de l'Empire et à leur observation ; il reçut le serment de fidélité du peuple par les électeurs.

Le 7 juin, Napoléon fait l'ouverture des Chambres ; à cette occasion, il prononça un discours, dont voici quelques passages :

« Aujourd'hui s'accomplit le désir le plus pressant de mon cœur : je viens commencer la monarchie constitutionnelle. La monarchie est nécessaire en France pour garantir la liberté, l'indépendance et les droits du peuple. J'ambitionne de voir la France jouir de toutes les libertés possibles ; je dis *possibles*, parce que l'anarchie ramène toujours un gouvernement absolu. L'armée et moi, nous ferons notre devoir. Vous, Pairs et Représentants, donnez à la nation l'exemple de la confiance; de l'énergie et du patriotisme ; et comme le Sénat du grand peuple de l'antiquité, soyez décidés à mourir plutôt que de survivre au déshonneur et à la dégradation de la France. La cause sainte de la patrie triomphera. »

Deux jours après, dans ses réponses aux adresses des deux Chambres, il disait aux Pairs :

« La lutte dans laquelle nous sommes engagés est sérieuse ; l'entraînement de la postérité n'est pas le danger qui nous menace aujourd'hui. C'est sous les fourches Caudines que les étrangers veulent nous faire passer. C'est dans les temps difficiles que les grandes nations, comme les grands hommes, déploient toute l'énergie de leur caractère, et deviennent un objet d'admiration pour la postérité. »

Il dit aux Représentants :

« La constitution est notre point de ralliement; elle doit être notre étoile polaire dans ces moments d'orage. Toute discussion publique qui tendrait directement ou indirectement à diminuer la confiance qu'on doit avoir dans ses dispositions, serait un malheur pour l'Etat N'imitons pas l'exemple du Bas-Empire, qui, pressé de tous côtés par les Barbares, se rendit la risée de la postérité en s'occupant de discussions abstraites au moment où le bélier brisait les portes de la ville. Dans les affaires, ma marche sera toujours droite et ferme. Aidez-moi à sauver la patrie. »

Situation et nombre des puissances liguées contre la France.

Bien des gens ont accusé Napoléon de témérité, lorsqu'en 1815, quittant l'île d'Elbe, il remonta sur son trône avec la ferme espérance de s'y maintenir malgré la coalition, dont les armées réunies pouvaient être le triple ou le quadruple de celles qu'il lui était possible de leur opposer; mais Napoléon avait si bien calculé les distances et les temps, qu'il était certain de rencontrer ses adversaires, presqu'à forces égales, sur tous les champs de bataille. Son habileté doit rétablir partout l'équilibre, et toutes les probabilités de la victoire sont en face des Français.

En effet, dès le mois d'avril 1815, les armées russes repassent le Niémen, celles de la Prusse et de l'Autriche sont en partie sur le pied de paix. La plupart des corps prussiens occupent la rive droite de l'Elbe, et une bonne partie de l'armée autrichienne tient garnison dans le royaume de Naples. Les Anglais ont la moitié de leurs forces en Amérique.

Ainsi, l'on calculait que les armées de la Russie, de l'Autriche, de la Prusse et de l'Angleterre, ne pouvaient être complétées chacune à 150,000 hommes (suivant les conventions faites entre ces puissances), et rendues sur les frontières de la France, que vers la fin du mois de juillet. L'armée anglaise, renforcée de celle de Hanovre, ne pouvait compter que 80,000 hommes. Les contingents de Hollande et Belgique, de Nassau, de Danemarck, des maisons de Saxe, de Bavière, de Hesse, de Bade, de Wurtemberg, devaient se fondre dans les armées des quatre grandes puissances.

Au commencement de juin il n'y avait que les armées des généraux Blücher et Wellington qui fussent en mesure de se battre; elles présentaient une force disponible de 200,000 hommes. Les forces combinées contre la France, d'après les documents officiels, s'élevaient aux chiffres suivants :

Autrichiens en Italie.	159,000
— sur le Haut-Rhin	150,000
Russes en-deçà de l'Oder et en marche sur le Rhin	280,000
Prussiens.	220,000
États d'Allemagne	150,000
Hollande	50,000
Grande-Bretagne.	59,000
Total :	1,068,000

Dans la nuit du 12 juin, l'Empereur partit pour l'armée rassemblée sur la frontière du nord de la France.

Napoléon avait formé trois plans de campagne : il s'arrêta au troisième, d'après lequel il devait, le 15 juin, attaquer les deux armées anglaise et prussienne, les séparer, les battre l'une après l'autre, et en cas de revers se retirer sur Paris et sous Lyon.

Situation des armées françaises en avril, mai, juin. — Préparatifs de défense.

En mai, la France comptait 105 régiments d'infanterie, dont l'effectif, l'un portant l'autre, montait à 900 hommes, dont les deux tiers étaient présents sous les armes; toute l'infanterie présentait donc 80,000 hommes disponibles. Le génie présentait trois régiments chacun de deux mille hommes; l'artillerie avait 8 régiments à pied et 4 à cheval, ces derniers avaient tout au plus 100 canonniers montés. Les bataillons du train ne comptaient pour ainsi dire que des cadres et ne disposaient que d'un très-petit nombre de chevaux de trait. Le personnel de l'artillerie et du génie était encore suffisant pour les plus grandes armées. Le matériel, malgré les pertes éprouvées les années précédentes, pouvait suffire pendant plusieurs campagnes. Les magasins contenaient 150,000 fusils neufs et 300,000 tant en pièces de rechange qu'en fusils à réparer.

La cavalerie était dans le plus mauvais état. Réduite à 57 régiments, dont

    2 de carabiniers,
   12 de cuirassiers,
   30 de dragons et chasseurs,
    6 de lanciers,
    7 de hussards,

elle ne pouvait pas monter 14,000 hommes. Tous les régiments et leurs dépôts formaient au plus 17,000 chevaux.

L'armée était généralement mal vêtue. Il n'y avait pas une aune de drap dans les magasins.

L'Empereur appela sous les drapeaux tous les hommes en congé, tous les anciens militaires et la conscription de 1815. On leva 200 bataillons de garde nationale, ce qui donna une force de 120,000 hommes. L'organisation de 6,000 canonniers garde-côtes, et la création de 20 régiments d'infanterie de marine furent ordonnées ; la cavalerie fut renforcée par 12,000 chevaux pris et payés comptant à la Gendarmerie.

En juin, l'armée de terre comptait :
Infanterie 225,000, dont 120,000 en état d'agir.
Cavalerie 50,000, dont 30,000 en état d'agir.
Artillerie 6 à 700 bouches à feu.

Un grand nombre d'ateliers d'armes, établis dans Paris, fournissaient 1,500 fusils par jour, et, avant le 1er juillet, ils devaient en livrer de 3 à 4,000. Toutes les manufactures d'armes de l'Empire avaient doublé leurs produits.

La défense de toutes les places une fois assurée, Paris et Lyon furent choisis comme grands centres de résistance. On réunit, dans la première de ces villes, 400 pièces de campagne et 300 de gros calibre, et, à Lyon, un équipage de 100 bouches à feu de gros calibre et 100 d'artillerie de campagne.

On ne peut reprocher ni à l'Empereur, ni aux ministres, ni à la nation, aucun retard ; tout se fit comme par enchantement.

Le 14 juin au soir, Napoléon fait publier un ordre du jour dans lequel il emploie tous les moyens oratoires pour exciter l'ardeur et le courage de ses soldats, leur rappelant leurs anciennes victoires, leur supériorité sur des ennemis qu'ils avaient battus tant de fois, les dangers qui menaçaient la patrie.

Ayant calculé, avec sa sagacité ordinaire, qu'il faudrait deux jours aux armées anglaise et prussienne pour opérer leur jonction, la première ayant son quartier général à Bruxelles, et la seconde le sien à Namur, il fit ses dispositions, le 15, à la pointe du jour, pour tomber sur les Prussiens. Attaqué par trois colonnes, Blücher fut vivement repoussé avec perte de quelques milliers d'hommes. Charleroi fut pris, et dans la nuit du 15 au 16, toute l'armée française avait passé la Sambre ; elle bivouaqua entre les deux armées ennemies. Ce succès est d'autant plus remarquable que le lieutenant-général Bourmont, chef d'état-major du 4e corps, aux ordres du général Gérard, avait passé à l'ennemi.

Le 16, le maréchal Ney, qui commandait la gauche, avait reçu ordre d'occuper avec 43,000 hommes, en avant des *Quatre-Bras* (croisement de quatre chemins), une position sur la route de Bruxelles, en conservant en même temps celle de Nivelle et de Namur. L'inexécution de cet ordre empêcha la bataille de Ligny, sous Fleurus, qui se livra dans la journée, d'être décisive. Elle coûta aux Anglais et aux Prussiens une trentaine de mille hommes. L'acharnement fut tel entre les deux armées ennemies que le village de Ligny fut pris et repris jusqu'à cinq fois.

« Il se peut, disait Napoléon pendant « l'action au général Gérard, il se peut, « si Ney exécute bien mes ordres, que le « sort de la guerre soit décidé dans trois « heures. Il ne s'échappera pas un canon « de l'armée prussienne. »

La perte de l'ennemi fut évaluée de 8 à 9,000 hommes.

Le 17, à la pointe du jour, le général Pajol se mit à la poursuite des Prussiens dans la direction de Wavres, et prit beaucoup de bagages. Grouchy et Ney n'ayant pas exécuté les ordres de Napoléon aussi promptement qu'ils le devaient, la journée du 17 se passa sans résultats avantageux pour l'armée française.

Le lendemain eut lieu la fameuse bataille de Waterloo, ainsi appelée du nom du village où les Anglais avaient leur quartier général. A dix heures du matin, l'armée française, forte de 69,000 hommes et de 242 pièces de canons, se trouva rangée sur six lignes. L'armée anglo-hollandaise, qui se déploya devant elle comptait 90,000 combattants et 255 pièces de canon.

Napoléon, qui attendait toujours Grouchy, se décida à tourner la gauche de l'ennemi, afin d'offrir un point de jonction au corps que devait amener ce général. Cependant on apprit par un prisonnier, porteur d'une lettre pour Wellington, qu'un corps d'armée que l'on apercevait à l'horizon, dans la direction de Saint-Lambert, n'était pas celui de Grouchy : c'était l'avant-garde d'un corps de 30,000 hommes, aux ordres du général prussien Bulow. Cette grave circonstance détermina Napoléon à donner 10,000 hommes au comte Lobau pour les opposer à la marche des Prussiens. Il se trouva ainsi réduit à 59,000 hommes sur sa ligne de bataille, tandis que l'armée ennemie recevait un renfort qui la portait à 120,000 combattants, ce qui fit dire par Napoléon au duc de Dalmatie : « Nous avions ce matin quatre-vingt-dix chances pour nous; l'armée de Bulow nous en fait perdre trente. Si Grouchy arrive à propos, il nous en reste encore soixante contre quarante. »

A midi, l'Empereur donne ordre au maréchal Ney de commencer le feu et de s'emparer de la ferme de la Haye-Sainte et du village de la Haye. Les Anglais, qui défendaient ces positions, foudroyés par 80 bouches à feu, en sont chassés au bout de trois heures, et mis en déroute complète sur la chaussée de Bruxelles.

La victoire était certaine si le général Bulow n'avait pas au même instant opéré une fatale diversion avec ses 30,000 hommes, que le comte Lobau ne put contenir avec les 10,000 qu'il commandait : il fallut lui envoyer du renfort pour le soutenir.

Enfin, à sept heures du soir, les Prussiens sont débordés à leur tour et forcés à la retraite. En même temps, du côté de l'aile opposée sur la droite, les Anglais étaient chassés du champ de bataille, et la droite de Wellington se trouvait aussi débordée. Alors des cris de *victoire* se font entendre : *c'est trop tôt d'une heure*, dit Napoléon, *cependant il faut soutenir ce qui est fait*.

Cependant, Blücher, ayant dérobé sa marche au général Grouchy, accourait en toute hâte, à la tête de 30,000 hommes, au secours de ses alliés; il eut le bonheur, pour eux, de rencontrer Bulow, qui déjà était en pleine retraite, et d'opérer sa jonction avec l'armée de Wellington, qu'il trouva dans une position désespérée.

Dès lors les Français eurent à combattre contre 150,000 hommes, étant un contre deux et demi! Le soleil était couché, et néanmoins il fallait livrer une troisième bataille, après avoir combattu sans relâche pendant plus de sept heures consécutives. Blücher, avec quatre divisions, se porte sur le village de la Haye. La seule division française qui le défendait fut culbutée et mise en fuite. C'est, dit-on, à cette occasion, que fut entendu le cri désespérant de *sauve qui peut*. Dès ce moment, le champ de bataille fut envahi par la cavalerie ennemie; l'armée française, disloquée, opéra sa retraite dans le plus affreux désordre, et tout fut consommé.

Napoléon, au désespoir, manifeste hautement la résolution de ne pas survivre à la défaite de son armée; il met l'épée à la main, et, se plaçant avec son état-major au milieu d'un des carrés de sa garde, il commande le feu. *La mort ne veut pas de vous*, lui disent les grenadiers qui le pressent de tous côtés, et en même temps ils l'arrachent de cette scène de carnage, et l'entraînent malgré lui hors du champ de bataille.

Les équipages de Napoléon restèrent au pouvoir de l'ennemi. Dans la suite, les Anglais faisaient voir, à Londres, sa voiture à prix d'argent. Dans la nuit du 18 au 19, une sorte de charrette le transporta à Philippeville. Là, il trouva une calèche dans laquelle il monta avec le général Bertrand.

Ainsi finit la journée de Waterloo, la seule grande bataille que les Français aient totalement perdue depuis Louis XIV : car nous fûmes vaincus en Russie par le froid, et non par les hommes, et les batailles de Leipzig permirent une retraite honorable et laissèrent des espérances; après Waterloo, la puissance de Napoléon ne fut plus qu'une ombre.

« Dans ces combats et les précédents, les soldats français se battirent avec autant de bravoure et de confiance dans la victoire qu'ils en avaient montrées dans les plus belles journées; mais plusieurs généraux, le maréchal Ney lui-même, n'étaient plus les mêmes hommes : ils n'avaient plus cette énergie ni cette brillante audace qu'ils avaient si souvent déployées autrefois. Ils étaient devenus craintifs et circonspects dans toutes leurs opérations; leur bravoure personnelle seule leur était restée. Ainsi, le 15, le général Vandamme arriva à Charleroi quatre heures plus tard qu'il ne le devait; ainsi il s'arrêta avec le maréchal Grouchy à Gilly, au lieu d'attaquer vivement et de se porter sur Fleurus...

« Personne ne peut douter qu'il n'y eût dans l'armée française quelques officiers et quelques hommes éparpillés dans divers régiments qui se plaisaient à exagérer les forces de l'ennemi, à publier à chaque instant qu'on était tourné. On a déjà vu que le 14, le général Bourmont, avec un colonel du génie, avaient passé à l'ennemi, et, pendant la bataille du 16, plusieurs officiers désertèrent. Dans le fort de l'action, Napoléon reçut cinq ou six rapports alarmants. L'un était celui d'un général qui annonçait que Vandamme, avec tout son état-major, était passé à l'ennemi; un autre, qu'il fallait se méfier du maréchal Soult. Un maréchal-des-logis de dragons vint d'un air tout éperdu, demandant à grands cris à parler à l'Empereur, et lui dit : « Sire, je viens prévenir Votre Majesté que le général Hanain harangue en ce moment les officiers de sa division pour les faire passer à l'ennemi.... » (C'était faux. Vandamme était loin d'avoir la pensée de trahir, et le général Hanain, au moment où il était ainsi accusé, avait la cuisse emportée par un boulet.)

« Telle était la situation des esprits que les soldats n'avaient réellement confiance que dans Napoléon ; ils étaient disposés à se croire trahis à chaque instant. Plusieurs bons officiers qui avaient servi dans la maison du roi avaient été replacés dans des régiments. On n'eut aucun reproche à leur faire; mais le soldat nourrissait toujours des soupçons contre eux. » (Gourgaud, *Campagne de* 1815.)

L'Empereur, pendant sa retraite, donna ordre aux troupes de se rallier à Laon. Il entra dans cette ville le 19, et par ses soins on y organisa le service pour une armée de 80,000 hommes. On estime que, sous peu de jours, Napoléon aurait pu reprendre les hostilités avec une armée de 120,000 hommes, soutenue par 350 bouches à feu. « Tout pouvait encore se réparer », disait-il à Sainte-Hélène ; « mais il fallait du caractère, de l'énergie, de la part des officiers, des Chambres, de la nation tout entière. Il fallait qu'elle fixât les yeux sur Rome après la bataille de Cannes, et non sur Carthage après la bataille de Zama. »

Napoléon voulait rester à Laon pour y défendre, ne fût-ce qu'avec 12,000 hommes, les approches de Paris ; mais on lui fit observer que sa présence était nécessaire à Paris pour tranquilliser les esprits et déterminer les habitants de cette ville, sur lesquels il pouvait compter, à prendre les armes. Il se rendit malgré lui à ces raisons : « Puisqu'on le croit, je cède, dit-il. Je suis persuadé qu'on me fait faire une sottise : ma vraie place est ici. »

Un écrivain distingué, M. Victor Maingarnauld, a parfaitement résumé les événements à partir du retour de Napoléon dans la capitale jusqu'au moment de son abdication : nous avons cru devoir adopter ce résumé et le reproduire textuellement ici, parce qu'il comprend le récit exact et complet d'une des périodes les plus intéressantes de la vie de Napoléon.

L'Empereur arriva le 20 juin à Paris. Son intention fut de réunir les Chambres en séance impériale, de leur peindre les malheurs de l'armée, de leur demander les moyens de sauver la patrie, et ensuite de repartir. C'est alors qu'il apprit avec surprise que les Chambres, à la nouvelle des désastres du mont Saint-Jean, augmentés par la malveillance et le rapport inexact du maréchal Ney, avaient montré des dispositions plus hostiles que françaises ; que les esprits, dirigés par la faction des faux républicains, étaient dans une grande agitation ; qu'il était à craindre que les représentants ne répondissent point à l'attente du prince, et qu'il eût mieux valu ne point se séparer de l'armée, qui faisait sa force et sa sûreté. Mais l'Empereur croyait et devait croire que sa présence contiendrait les perturbateurs.

« Quelques instants de repos l'eurent bientôt remis de ses fatigues ; aussitôt il rassembla son conseil : « Nos malheurs « sont grands, lui dit-il, je suis venu pour « les réparer, pour imprimer à la nation « un grand et noble dévouement. Si elle « se lève, l'ennemi sera écrasé ; si au lieu « de levées, de mesures extraordinaires, « on dispute, tout est perdu. L'ennemi « est en France ; j'ai besoin, pour sauver « la patrie, d'être revêtu d'un grand pou- « voir, d'une dictature temporaire. Dans « l'intérêt de la patrie, je pourrais me « saisir de ce pouvoir ; mais il serait plus « utile et plus national qu'il me fût « donné par les Chambres. » Interpellés de dire leur sentiment sur les mesures de salut public qu'exigeaient les circonstances, les ministres baissèrent les yeux et ne répondirent pas.

« L'intègre Carnot, ministre de l'intérieur, guidé par le seul intérêt de la France, fut d'avis qu'il fallait déclarer la patrie en danger, appeler aux armes les fédérés et les gardes nationales, mettre Paris en état de siége, le défendre, se retirer à la dernière extrémité derrière la Loire, s'y retrancher, rappeler l'armée de la Vendée, les corps d'observation du Midi, et tenir l'armée en arrêt jusqu'à ce qu'on eût pu réunir et organiser des forces suffisantes pour reprendre l'offensive et le chasser de France.

« Caulincourt, ministre des affaires étrangères, en rappelant les événements de 1814, soutint que l'occupation de la France par l'ennemi déciderait une seconde fois du sort du trône; qu'il fallait un grand effort de la nation pour sauver l'indépendance; que la question du salut de l'État était dans les Chambres et dans leur union avec l'Empereur.

« Fouché, ministre de la police, et plusieurs de ses collègues, en partageant ce sentiment, dirent qu'en montrant aux Chambres de la confiance et de la bonne foi (et c'était Fouché qui parlait de bonne foi !) on parviendrait à leur faire sentir le devoir de leur réunion à Napoléon, pour sauver ensemble, par des mesures énergiques, l'honneur et l'indépendance de la nation (1).

« Decrès, ministre de la marine, déclara nettement qu'on ne devait pas compter sur les Chambres, dont les membres étaient mal disposés et paraissaient décidés à se porter à de violents excès.

« Régnault ajouta qu'il ne croyait pas que les Représentants voulussent seconder les intentions de l'Empereur, et qu'au contraire il craignait qu'ils ne demandassent son abdication.

« Lucien soutint avec force que plus les crises étaient grandes, plus on devait déployer d'énergie; que si les chambres ne voulaient pas seconder l'Empereur, l'Empereur se passerait de leur assistance; qu'il fallait qu'il se déclarât dictateur, qu'il mît la France en état de siége, et appelât à sa défense tous les patriotes et tous les Français.

« Ce fut le seul bon avis et celui que Carnot adopta en déclarant qu'il lui paraissait indispensable que l'Empereur eût, pendant la durée de la crise, une grande et imposante autorité; mais cela ne suffisait pas : il fallait avant tout dissoudre les Chambres et faire arrêter la faction qui les dominait.

« L'Empereur ne partagea point cependant l'avis de son frère; il croyait toujours que la présence de l'ennemi rendrait aux députés le sentiment de leurs devoirs..... « La nation, dit-il, ne les a point envoyés pour me renverser, mais pour me soutenir. Je ne les crains point. Quelque chose qu'ils fassent, je serais toujours l'idole du peuple et de l'armée. Si je disais un mot, ils seraient tous perdus; mais ne craignant rien pour moi, je crains tout pour la patrie..... Le patriotisme de la nation et son attachement à ma personne nous offrent d'immenses ressources; tout n'est pas désespéré. » Passant ensuite successivement en revue les moyens de réparer les désastres de mont Saint-Jean, il retraça à grands traits le tableau des maux dont une invasion menaçait la patrie, prévenant toutes les objections, indiquant tous les obstacles et toutes les ressources. Son éloquence fit passer la conviction dans l'âme de la plupart des membres du conseil; les opinions jusqu'alors divisées tendaient à se rapprocher; on allait délibérer, quand on fut interrompu par un message de la Chambre des représentants.

« Cette Chambre s'était assemblée à midi et un quart. Lafayette montant à la

---

(1) Pendant que Fouché et ses partisans s'expliquaient ainsi dans le Conseil, ils portaient en sous-main les Chambres à se révolter contre leur souverain.

tribune, avait soumis à l'Assemblée les propositions suivantes :

« La Chambre des représentants déclare que l'indépendance de la nation est menacée.

« La Chambre se déclare en permanence. Toute tentative de la dissoudre est un crime de haute trahison. Quiconque se rendrait coupable de cette tentative sera déclaré traître à la patrie et sur-le-champ jugé comme tel.

« L'armée de ligne et la garde nationale, qui ont combattu et combattent encore pour défendre la liberté, l'indépendance et le territoire français, ont bien mérité de la patrie.

« Les ministres de la guerre, des relations extérieures et de l'intérieur sont invités à se rendre sur-le-champ dans le sein de l'Assemblée. »

Ces propositions ne tendaient rien moins qu'à élever la Chambre au-dessus de tous les pouvoirs constitutionnels, qu'à isoler dans cette circonstance difficile la nation de l'Empereur, qu'à la livrer à l'anarchie ou aux mains avides de l'étranger, enfin à lui ravir tout espoir de salut. Elles n'en furent pas moins accueillies par de nombreux applaudissements et adoptées. On avait arrêté qu'elles seraient transmises à la Chambre des pairs et à l'Empereur; et c'était le message dont la remise avait interrompu le conseil.

L'Empereur, après la lecture de cette déclaration, leva la séance : toutefois, il prescrivit en même temps à Regnauld de se rendre à la Chambre, de lui annoncer qu'il était de retour, qu'il venait de convoquer le conseil des ministres; que l'armée, après une victoire signalée, avait livré une grande bataille, que tout allait bien, et que les Anglais étaient battus lorsque les malveillants avaient causé une terreur panique; que l'armée se ralliait; que lui était venu pour se concerter avec ses ministres et avec les chambres, et qu'il s'occupait en ce moment des mesures de salut public qu'exigeaient les circonstances.

Carnot, par ordre de l'Empereur, porta en même temps la même communication à la Chambre des pairs, et elle y fut reçue avec le calme et le respect convenables; mais Regnauld, moins heureux, ne put modérer l'impatience des représantants qui, par un nouveau message, renouvelèrent impérieusement aux ministres l'invitation de se présenter à la barre.

Napoléon, choqué de voir que la Chambre s'arrogeât des droits qui ne lui appartenaient pas sur ses ministres, leur défendit de s'y rendre; mais, fatigué d'entendre la relation qui était faite du bruit et du tumulte inconvenant qui s'en était suivi à l'Assemblée, il les autorisa à prévenir le président de leur prochaine arrivée; néanmoins, ne voulant pas laisser croire qu'ils obéissaient aux injonctions de la Chambre, il les y députa comme chargés d'un message impérial, et les fit accompagner par Lucien, qui, après avoir déposé sur le bureau les pouvoirs et le message de l'Empereur, demanda un comité secret pour entendre les ministres. Les tribunes étant évacuées, on lut le message de Sa Majesté qui annonçait la perte de la bataille, et nommait Caulincourt, Fouché et Carnot, commissaires pour traiter de la paix avec les alliés.

Cette lecture ne fut point interrompue; mais à peine fut-elle terminée, que, de toutes les parties de la salle, des interpellations aussi absurdes qu'insignifiantes furent adressées aux ministres, et portèrent en un instant la confusion dans les délibérations de l'Assemblée.

Le trouble étant un peu apaisé, Lacoste, l'un des plus emportés, parvint à se faire entendre, et, après s'être efforcé de faire voir que les ministres n'avaient en leur pouvoir aucun moyen de communication : « Vous le savez comme moi, c'est à Napoléon seul que l'Europe a déclaré la guerre. Séparez donc désormais la nation de Napoléon? Pour moi, je le déclare, je ne vois qu'un homme entre la paix et nous : qu'il parte, et la patrie sera sauvée. »

« Jamais proposition ne fut plus intempestive, ou d'une plus insigne mauvaise foi; car on savait bien que dans cet instant, on devait rallier la France et l'armée autour de Napoléon, si on voulait franchement les sauver l'une et l'autre. Lucien s'empressa de répondre, et s'efforça de prouver que la Chambre ne pouvait se séparer de l'Empereur sans perdre l'État, sans manquer à ses serments, sans flétrir à jamais l'honneur national, au moment, surtout, où les ministres des affaires étrangères et de la guerre (Davoust), venaient de donner des explications satisfaisantes. Tout paraissait enfin, pour le bonheur de la France, rallier à la cause de l'Empereur la majorité de l'Assemblée, et présager une issue favorable, lorsque La Fayette, apostrophant le frère de l'Empereur, réussit à rallumer le feu de la discorde qui s'éteignait peu à peu, et tout fut perdu.

« L'Assemblée nomma une commission de cinq membres, composée du président et des vice-présidents, pour se concerter avec le Conseil des ministres et une commission de la Chambre des pairs. Celle-ci nomma effectivement une commission de six membres, et la conférence s'ouvrit le même soir, à onze heures, en présence de Lucien. Il fut décidé, à la majorité de seize voix contre cinq :

« 1° Que le salut de la patrie exigeait que l'Empereur consentît à ce que les deux Chambres nommassent une commission qui serait chargée de négocier directement avec les puissances coalisées, aux conditions de respecter l'indépendance nationale et le droit qu'a tout peuple de se donner les constitutions qu'il juge à propos.

« 2° Qu'il convenait d'appuyer ces résolutions par l'entier développement des forces nationales;

« 3° Que les ministres d'État proposeraient les moyens propres à fournir des hommes, des chevaux, de l'argent, ainsi que les mesures nécessaires pour contenir et réprimer les mouvements de l'intérieur.

« Cette résolution ne remplissait pas le but désiré de l'ambitieuse Chambre : La Fayette la combattit sans ménagements; on n'y parlait pas de l'abdication; et selon lui, le moyen le plus sûr et le plus prompt pour faire cesser l'état inquiétant où se trouvait la France, résidait uniquement et exclusivement dans l'abdication de Napoléon, et qu'il fallait l'inviter, au nom de la patrie, à se démettre de la couronne.

« Lucien déclara que l'Empereur était prêt à faire tous les sacrifices que le salut de la France pouvait exiger; mais que le moment de recourir à cette ressource désespérée n'était point arrivé, et qu'il était convenable d'attendre, dans l'intérêt de la France elle-même, le résultat des ouvertures qui seraient faites aux alliés.

« L'Assemblée partagea cette opinion et se sépara de lassitude à trois heures du matin. Le général Grenier fut chargé par ses collègues de rendre compte à la Chambre du résultat de cette conférence. Ce qu'il fit, en ajoutant, d'après l'avis que les ministres venaient de lui donner, que la Chambre allait recevoir un message par lequel l'Empereur déclarait qu'il trouvait bon que l'Assemblée nommât les ambassadeurs à envoyer aux alliés, et que s'il était un obstacle invincible à ce que la nation fût admise à traiter de son indépendance, il serait toujours prêt à faire le sacrifice qui lui serait demandé.

« Cette généreuse explication eût satisfait des hommes sincèrement attachés au salut de la patrie et à leurs serments de fidélité jurée au prince; mais, loin de calmer les têtes furibondes, elles fermentèrent davantage; les meneurs s'agitaient tellement en tous sens, que déjà il était question de prononcer la déchéance. Quel prestige trompeur ou quelles promesses de nos ennemis fascinaient les yeux de ces hommes qui se croyaient l'élite des citoyens !

« L'Empereur fut averti de ce qui se passait; indigné de la violence qu'on voulait lui faire, il rejeta d'abord toutes les instances qui lui furent renouvelées. Cependant, cédant aux conseils de ses ministres, de ses frères et de quelques-uns de ses serviteurs, il consentit à abdiquer plutôt que de se mettre à la tête de son armée, qui se formait devant Paris, forte déjà de 80,000 hommes, et qui, inquiète de son Empereur, l'appelait à grands cris.

« Fouché eut ordre d'écrire à la Chambre qu'elle allait être satisfaite; et Lucien écrivit, sous la dictée de l'Empereur, la déclaration suivante :

Déclaration au peuple français (1).

« Français! en commençant la guerre
« pour soutenir l'indépendance natio-
« nale, je comptais sur la réunion de
« tous les efforts, de toutes les volontés,
« et le concours de toutes les autorités
« nationales. J'étais fondé à en espérer
« le succès, et j'avais bravé toutes les
« déclarations des puissances contre moi.
« Les circonstances paraissent changées.
« Je m'offre en sacrifice à la haine des
« ennemis de la France; puissent-ils être
« sincères dans leurs déclarations, et n'en

(1) Donnée au palais de l'Elysée, le 22 juin.

« avoir jamais voulu qu'à ma personne!
« Ma vie politique est terminée, et je
« proclame mon fils sous le titre de Na-
« poléon II, empereur des Français. Les
« ministres actuels formeront provisoire-
« ment le conseil de gouvernement. L'in-
« térêt que je porte à mon fils, m'engage
« à inviter les Chambres à organiser sans
« délai la Régence par une loi. Unissez-
« vous tous pour le salut public, et pour
« rester une nation indépendante (1). »

« Cette déclaration fut entendue dans le plus grand calme : il régna ensuite un profond silence : l'Assemblée semblait se recueillir, et rendre par là hommage au prince qui venait de se résigner. La Chambre arrêta à l'unanimité qu'une députation solennelle porterait à l'Empereur, au nom de la nation, l'expression du respect et de la reconnaissance avec lesquels elle acceptait le noble sacrifice qu'il avait fait à l'indépendance et au bonheur du peuple français.

« Napoléon répondit avec dignité :

« Je vous remercie des sentiments que
« vous m'exprimez; je désire que mon
« abdication puisse faire le bonheur de
« la France, mais je ne l'espère pas;
« elle laisse l'Etat sans chef, sans exi-
« stence politique. Le temps perdu à ren-
« verser la monarchie aurait pu être em-
« ployé à mettre la France en état d'é-

(1) « Dans le conseil qui avait été tenu relativement au plus ou moins de nécessité de cette mesure (l'abdication), Carnot seul y montra une vive opposition, disant qu'elle serait le coup de mort de la patrie : il voulait qu'on se défendît jusqu'à extinction; et quand enfin il vit qu'il était seul de son opinion, quand il vit l'abdication résolue, il appuya la tête de ses deux mains et se mit à fondre en larmes. » Chennechot, *Histoire de Napoléon Bonaparte*.

Il est à remarquer que l'ennemi dispersait ses forces sur la frontière, et qu'il ne songea à marcher sur Paris qu'en apprenant la nouvelle de l'abdication.

« craser l'ennemi. Je recommande à la
« Chambre de renforcer promptement
« les armées; qui veut la paix doit se
« préparer à la guerre. Ne mettez pas
« cette grande nation à la merci des
« étrangers; craignez d'être déçus dans
« vos espérances. C'est là qu'est le dan-
« ger. Dans quelque position que je me
« trouve, je serai toujours bien si la
« France est heureuse. »

« La Chambre des pairs s'empressa de suivre l'exemple des députés.

« L'abdication de Napoléon laissa le champ libre à l'ambition des factieux. Partagés d'opinions sur le chef qu'ils se choisiraient, un petit nombre seulement gardaient la neutralité, quoique tous regardassent le trône comme vacant. Après bien des discussions, il fut arrêté qu'on nommerait une commission exécutive de gouvernement, dont les membres furent pris dans le sein des deux Chambres. Cette violation de l'acte d'abdication le rendait nul, puisqu'on ne proclamait pas Napoléon II, en faveur de qui cette abdication avait été donnée. L'Empereur aurait dû alors se remettre à la tête de sa brave armée, combattre les ennemis qui s'avançaient sur Paris, qu'ils savaient plein d'agitation, et dont ils prétendaient tirer un parti avantageux; mais, loyal dans toutes ses actions, l'Empereur partit pour Rochefort, d'où il pensait s'embarquer pour les Etats-Unis d'Amérique.

« L'ignominie de la faction, c'est que, tenant tous les fils de la trame ourdie pour enlacer ce prince, elle les tendait au moment de son départ, afin de le livrer à ses plus cruels ennemis; heureusement qu'il échappa encore une fois à la trahison. Ne voulant point cependant s'éloigner de l'armée sans lui faire ses adieux, il lui adressa cette proclamation, dans laquelle il se montre toujours grand, toujours généreux, et toujours Français.

« Soldats !

« Quand je cède à la nécessité qui me
« force de m'éloigner de la brave armée
« française, j'emporte avec moi l'heu-
« reuse certitude qu'elle justifiera, par
« les services éminents que la patrie at-
« tend d'elle, les éloges que nos enne-
« mis eux-mêmes ne peuvent lui refuser.

« Soldats! je suivrai vos pas, quoique
« absent. Je connais tous les corps, et au-
« cun d'eux ne remportera un avantage
« signalé sur l'ennemi, que je ne rende
« justice au courage qu'il aura déployé.
« Vous et moi nous avons été calomniés.
« Des hommes indignes d'apprécier vos
« travaux ont vu, dans les marques d'at-
« tachement que vous m'avez données,
« un zèle dont j'étais seul l'objet; que
« vos succès futurs leur apprennent que
« c'était la patrie, par-dessus tout, que
« vous serviez en m'obéissant; et que si
« j'ai quelque part à votre affection, je
« le dois à mon ardent amour pour la
« France, notre mère commune.

« Soldats! encore quelques efforts,
« et la coalition est dissoute. Napoléon
« vous reconnaîtra aux coups que vous
« allez porter.

« Sauvez l'honneur, l'indépendance
« des Français; soyez jusqu'à la fin tels
« que je vous ai connus depuis vingt ans,
« et vous serez invincibles (1). »

« L'armée, dont une partie des généraux avait abandonné les rangs ou s'était vendue à prix d'argent, consternée d'avoir perdu sans retour son illustre chef, se retira sur les rives de la Loire, où elle fut sacrifiée et dispersée par ceux qu'elle avait sortis de la poussière. »

Napoléon partit pour la Malmaison, le 25, où il fut reçu par la princesse Hortense. Les souvenirs que lui rappela cette résidence lui causèrent une violente

(1) Cette proclamation est datée de la Malmaison, le 25 juin.

émotion. Joséphine n'existait plus. Là, tout lui rappelait les brillantes années du Consulat, les triomphes gigantesques de l'Empire. Que les temps étaient changés!

Les circonstances devenant de jour en jour plus critiques, on lui donna à entendre qu'il y allait de ses intérêts de s'éloigner et de quitter la France. Il demanda deux frégates pour se rendre aux États-Unis avec sa famille. La veille il avait refusé les offres d'un capitaine américain qui lui proposait de le transporter incognito, sur son vaisseau de l'autre côté de l'Atlantique. Napoléon avait le cœur trop élevé pour sortir en fugitif de cette France, naguère son Empire.

Les deux frégates furent armées; mais le gouvernement jugea convenable d'obtenir de Wellington des sauf-conduits pour la sûreté de ces navires, et le lieutenant-général Becker fut choisi pour devenir auprès de Napoléon le répondant de sa propre sûreté envers le gouvernement.

Cependant les sauf-conduits de Wellington n'arrivaient pas. L'ennemi était à Compiègne; il n'y avait plus de temps à perdre. Napoléon promet enfin de partir sur-le-champ; au même instant, un coup de canon se fait entendre : « Qu'on me fasse général, dit-il vivement au comte Becker, je commanderai l'armée, je vais en faire la demande. Général, vous porterez ma lettre; partez de suite; expliquez-leur que je ne veux pas ressaisir le pouvoir, que je veux écraser l'ennemi, qu'ensuite je poursuivrai ma route. » Ces offres ne furent point agréées par la commission du gouvernement : Fouché, son président, répondit à Becker : « Est-ce qu'il se moque de nous! » — Le jour suivant, après une longue discussion sur le parti qu'il devait prendre, quelqu'un lui proposa de se livrer aux coalisés, et de les désarmer par cet acte courageux de confiance aveugle : « Ce dévouement serait beau, répondit-il, mais une nation de 30 millions d'hommes qui le souffrirait serait à jamais déshonorée. » Belle réponse digne d'un grand homme.

XIII

Rochefort. — Sainte-Hélène. — Mort.

Enfin il fallait se décider à quitter la Malmaison; l'ennemi était déjà aux portes. Le 29 juin au soir, Napoléon se jeta dans une voiture et partit avec sa suite pour Rambouillet. Le lendemain, il prit la route de Rochefort, où l'attendaient les frégates la *Saale* et la *Méduse*, que le gouvernement faisait tenir prêtes pour le transporter en Amérique. Arrivé à Niort, il y fut reçu avec acclamation par le peuple de cette ville. Il fit écrire au gouvernement qu'on s'est trop pressé de l'éloigner, qu'il pourrait encore exercer une grande influence en appuyant les négociations avec une armée. « ... Si, dans cette situation, une croisière anglaise arrête le départ de l'Empereur, *vous pouvez disposer de lui comme soldat.* »

Il arriva à Rochefort, monta, le 8, à bord de la frégate la *Saale*, se fit conduire à l'île d'Aix, où, suivant ses habitudes, il visita les fortifications, fit mettre la garnison sous les armes. Le 10, se présenta une croisière anglaise qui empêcha d'appareiller; alors il fit demander à l'amiral commandant cette croisière s'il lui serait permis de continuer sa route pour l'Amérique? Il fut répondu que l'amiral n'avait aucune instruction à cet égard, mais que, si Napoléon le désirait, il le prendrait sur son bord et le conduirait en Angleterre. Après avoir refusé une seconde fois les offres d'un capitaine américain, l'illustre proscrit se rendit, le 15, au bord de l'amiral anglais. En mettant le pied sur le *Bellérophon*, il dit à son commandant, le capitaine Maitland : *Je viens à votre bord me mettre sous la protection des lois de l'Angleterre.* Au moment d'aborder le vaisseau, il dit au général Becker, qui l'accompagnait : *Retirez-vous, général, je ne veux pas qu'on puisse croire qu'un Français soit venu me livrer à mes ennemis.*

Le 13, il avait écrit de Rochefort, au Prince régent, la lettre que voici :

« Altesse Royale,

« En butte aux factions qui divisent mon pays et à l'inimitié des plus grandes puissances de l'Europe, j'ai terminé ma carrière politique. Je viens, comme Thémistocle, m'asseoir au foyer du peuple britannique. Je me mets sous la protection de ses lois, que je réclame de Votre Altesse Royale, comme du plus puissant, du plus constant et du plus généreux de mes ennemis. »

Le prince régent ne répondit point : la Coalition avait décidé que si l'on parvenait à se saisir de Napoléon, il serait traité comme prisonnier, et conduit en cette qualité à Sainte-Hélène. C'est ce qu'il apprit dans la rade de Plymouth, le 30 juillet, d'un commissaire ministériel, chargé de lui notifier cette décision des puissances.

Plein d'une indignation trop bien justifiée, il dicta la protestation suivante :

« Je proteste solennellement ici, à la face du ciel et des hommes, contre la violence qui m'est faite, contre la violation de mes droits les plus sacrés, en disposant, par la force, de ma personne et de ma liberté. Je suis venu librement à bord du *Bellérophon*; je ne suis pas prisonnier; je suis l'hôte de l'Angleterre. J'y suis venu à l'instigation même du capitaine, qui a dit avoir des ordres du gouvernement de me recevoir et de me conduire en Angleterre avec ma suite, si cela m'était agréable. Je me suis présenté de bonne foi, pour venir me mettre sous la protection des lois de l'Angleterre. Aussitôt assis à bord du *Bellérophon*, je fus sur le foyer du peuple britannique. Si le gouvernement, en donnant des ordres au capitaine du *Bellérophon* de me recevoir avec ma suite, n'a voulu que me tendre une embûche, il a forfait à l'honneur et a flétri son pavillon.

« Si cet acte se consommait, ce serait en vain que les Anglais voudraient parler désormais de leur loyauté, de leurs lois et de leur liberté. La foi britannique se trouvera perdue dans l'hospitalité du *Bellérophon*.

« J'en appelle à l'histoire : elle dira qu'un ennemi, qui fit vingt ans la guerre au peuple anglais, vint librement, dans son infortune, chercher un asile sous ses lois. Quelle plus éclatante preuve pouvait-il lui donner de son estime et de sa confiance ? Mais comment répondit-on en Angleterre à une telle magnanimité ? on feignit (1) de tendre une main hospi-

---

(1) « Ce n'était point au capitaine Maitland (commandant du *Bellérophon*) que s'adressait cette accusation de perfidie, quoique cet officier, abusé par sa propre générosité, eût laissé percer l'opinion que son gouvernement répondrait dignement à la confiance du Souverain déchu qui lui venait demander un asile. En passant de son bord sur celui du *Northumberland*, Napoléon, le voyant triste et comme accablé de ce qu'il s'était si étrangement mépris, lui adressa ces paroles : « La postérité ne peut, en aucune « manière vous accuser de ce qui arrive ; vous « avez été trompé aussi bien que moi. » — Napoléon avait toujours distingué les Anglais de leur ministère. Peu de temps avant que de se déterminer au parti qu'enfin il embrassa, il disait : « Leur gouvernement ne vaut rien, mais

talière à cet ennemi, et quand il se fut livré de bonne foi, on l'immola.

« A bord du *Bellérophon*, à la mer. »

Cette protestation eut le sort de la lettre au Prince régent. Le 7 août, l'illustre prisonnier fut transporté sur le *Northumberland*, commandé par l'amiral Cockburn. Ses effets furent visités, son argent séquestré ; les personnes de sa suite furent désarmées ; l'ordre ministériel portait aussi de lui retirer son épée ; mais l'amiral Keith ne voulut pas le faire exécuter. On mit à la voile. Le 17, passant en vue des côtes de France : « Adieu ! terre des braves, dit Napoléon, « adieu ! chère France ! quelques traî-« tres de moins et tu serais encore la « grande nation et la maîtresse du « monde. » Trois mois après, le 18 octobre, on le déposa dans l'île-prison qu'il ne devait plus quitter avant sa mort.

Les Romains, Tamerlan et autres conquérants barbares, sévissaient lâchement contre les ennemis qu'ils avaient vaincus, ou qui même s'étaient soumis de bonne foi ; telle fut le sort du brave Vercingentorix, ce glorieux chef des Gaulois, de Persée, roi de Macédoine. Mais lorsque l'Europe chrétienne commença à se civiliser, les rois et les guerriers se firent un point d'honneur de traiter avec la plus grande générosité les adversaires que le sort des armes avait fait tomber en leur pouvoir. C'est ainsi qu'en agirent les Anglais envers le roi Jean. Après la malheureuse journée de Pavie, François Ier est conduit en Espagne : un grand personnage de ce pays, jouant avec l'illustre prisonnier, lui manque de respect ; François le tue ; les parents du défunt vont porter plainte à leur souverain : *Un roi est roi partout*, fut la satisfaction qu'ils obtinrent de Charles-Quint. Bertrand Duguesclin est prisonnier à Bordeaux, du prince de Galles ; pour se libérer, il fallait payer une grosse rançon. Quelqu'un ayant dit au prince que généralement on croyait que Son Altesse tenait son captif dans l'inaction par crainte de le retrouver un jour sur quelque champ de bataille, le jeune Anglais, dont la noblesse des sentiments égalait la bravoure, se hâte de faire venir Duguesclin, le laisse le maître de se retirer et de payer ce qu'il voudra. Quel est celui de tous les Rois ligués contre Napoléon qui aurait osé se comparer au prince Noir ? Ils avaient donc réellement bien peur de cet homme, dont un illustre écrivain (Châteaubriand) a dit que ses pas faisaient trembler le monde. Eh bien ! oui, la captivité de Sainte-Hélène fut un événement cent fois plus glorieux pour la mémoire de Napoléon que toutes ses victoires. Quel prestige de puissance incommensurable ! un simple individu, sans armée, sans alliés, tient en échec et trouble la sécurité de vingt rois conjurés contre lui ! L'histoire n'offre rien de pareil : Annibal, il est vrai, fut, tant qu'il vécut, la terreur des Romains, mais Annibal était libre ; mais Annibal avait trouvé asile dans les États de princes disposés à le mettre à la tête de leurs armées.

Que faisait Napoléon à Sainte-Hélène ? Il accomplissait la promesse qu'il avait faite à ses braves, en leur faisant ses adieux à Fontainebleau : « J'écrirai les grandes choses que nous avons faites. Il dictait donc des mémoires, s'entretenait familièrement de sa prospérité passée avec les fidèles compagnons de son exil ; mais, toujours Empereur, quoique détrôné deux fois, il ne fit rien, ne dit rien, qui fût indigne du haut rang où la fortune et son génie l'avaient fait monter. Il tint fièrement à distance les commis-

« la nation est grande, noble, généreuse : ils « me traiteront comme je dois l'être. »

saires que les rois avaient envoyés à Sainte-Hélène pour surveiller sa conduite, ses démarches. Il n'eut aucun rapport avec le gouverneur sir Hudson-Lowe, qu'il accabla de ses dédains : c'est que, à l'égard de son illustre captif, sir Hudson-Lowe avait outrepassé, dans ses rigueurs, les ordres qu'il avait reçus de son gouvernement; il refusait à Napoléon la qualification d'Empereur, et l'appelait tout simplement Général. Le maréchal Bertrand proposa la dénomination de *patient*; cette expression, si énergiquement vraie, fut agréée par le gouverneur.

« La maladie dont Napoléon est mort, dit un de ses biographes, est la maladie de Sainte-Hélène. Il n'a pas été malade sept semaines, comme le dit la dépêche du gouverneur sir Hudson-Lowe, il a été malade pendant cinq ans. La correspondance et la relation de son chirurgien, le docteur O'Méara, prouvent que Napoléon était déjà dangereusement malade en 1818. »

Le 28 octobre de la même année, O'Méara écrivait au secrétaire de l'amirauté : « Je pense que la vie de Napoléon Bonaparte est en danger, s'il réside plus longtemps dans un climat tel que celui de Sainte-Hélène; surtout si les périls de ce séjour sont aggravés par la continuité de ces contrariétés et de ces violations, auxquelles il a été jusqu'à présent assujetti, et dont la nature de sa maladie le rend particulièrement susceptible d'être affecté (1). »

Dans une lettre au comte Bathurst, O'Méara écrivait en juin 1820 :

« Un temps bien court a trop malheureusement justifié mon opinion. Cette opinion était que la mort prématurée de Napoléon était aussi certaine, sinon aussi prochaine, si le même traitement était

(1) O'Méara, dernier chirurgien de Napoléon.

continué à son égard que si on l'avait livré au bourreau. »

Le 17 mars 1821, le comte de Montholon écrivait à la princesse Borghèse « que la maladie de foie dont Napoléon était attaqué depuis plusieurs années, et qui est endémique à Sainte-Hélène, avait fait depuis six mois des progrès effrayants; qu'il ne pouvait marcher dans son appartement sans être soutenu. A sa maladie de foie se joint une autre maladie également endémique dans cette île. Les intestins sont gravement attaqués. M. le comte Bertrand a écrit au mois de septembre à lord Liverpool, pour demander que l'Empereur soit changé de climat. Le gouverneur, sir Hudson-Lowe, s'est refusé à faire passer cette lettre à son gouvernement, sous le vain prétexte que le titre d'Empereur y était donné à Sa Majesté. L'Empereur compte sur Votre Altesse pour faire connaître à des Anglais influents l'état véritable de sa maladie. Il meurt sans secours sur ce rocher; son agonie est effrayante. »

Napoléon fut toujours grand et maître de lui jusqu'au bout; il souriait de compassion à ceux qui doutaient de sa fin prochaine. « Pourriez-vous joindre cela ? » disait-il à M. Moukhonse, officier anglais, après avoir rompu le cordon de la sonnette de son lit : « Aucun remède ne peut me guérir, mais ma mort sera un baume salutaire pour mes ennemis. J'aurais désiré revoir ma femme et mon fils, mais que la volonté de Dieu soit faite !... Il n'y a rien de terrible dans la mort; elle a été la compagne de mon oreiller pendant ces trois semaines, et, à présent, elle est sur le point de s'emparer de moi pour jamais.... Les monstres me font-ils assez souffrir! encore, s'ils m'avaient fait fusiller, j'aurais eu la mort d'un soldat.... J'ai fait plus d'ingrats qu'Auguste : que ne suis-je comme lui en situation de leur pardonner ! »

Le 7 mars, avait commencé la crise qui devait l'emporter. « Là, c'est là », disait-il, en montrant sa poitrine, et saisissant la main du docteur Antomarchi, et l'appuyant sur son estomac : « C'est un couteau de boucher qu'ils ont mis là, et ils ont brisé la lame dans la plaie.... »

Il disait et il répétait : « Le café fort et beaucoup me ressuscite, il cause une cuisson interne, un rongement singulier, une douleur qui n'est pas sans plaisir..... J'aime mieux souffrir que de ne point sentir.... Mon mal me mord, je pense que les insectes éclos de la fange contre-révolutionnaire bourdonnent : que, nouveau Prométhée, je suis cloué à un roc où un vautour me ronge. Oui, j'avais dérobé le feu du Ciel pour en doter la France; le feu est remonté à sa source et me voilà!... L'amour de la gloire ressemble à ce pont que Satan jeta sur le chaos, pour passer de l'enfer au paradis; la gloire joint le passé à l'avenir, dont il est séparé par un abîme immense. »

Le 1er mai, il s'était levé; mais une faiblesse l'obligea à se faire recoucher. Il avait fait placer en face de son lit le buste de son fils, sur lequel il avait constamment les yeux fixés. Le 3, les symptômes devinrent plus alarmants. Le 4, on eut quelque espoir.

Napoléon croyait fermement à l'immortalité de l'âme, aussi voulut-il sortir de ce monde en bon chrétien. La veille de sa mort, il fit dresser secrètement un autel dans la pièce voisine de sa chambre. Le chapelain fut appelé, le moribond se confessa, communia, après quoi il dit : « Je suis en paix avec tout le monde. » Le lendemain, 5 mai, à sept heures du matin, on l'entendit balbutier : « Rien à mon fils que mon nom!... Mon Dieu!... La nation française.... Mon fils... »

France... France... Ce furent les derniers mots qu'il prononça. A six heures du soir, au moment où le soleil quittait l'horizon, Napoléon croisa les bras avec effort, et prononça les mots *tête.... armée....* jeta un dernier regard sur le buste de son fils et expira, étant âgé de cinquante et un an, sept mois, vingt jours (1).

---

(1) *Extrait du testament de Napoléon.*

NAPOLÉON,

Ce jourd'hui 15 avril 1821, île de Sainte-Hélène, etc. Ceci est mon testament.

I

1° Je meurs dans le sein de la religion apostolique et romaine.....

2° Je désire que mes cendres reposent sur les bords de la Seine, au milieu de ce peuple français que j'ai tant aimé.

4° Je recommande à mon fils de ne jamais oublier qu'il est né prince français, et de ne jamais se prêter à être un instrument entre les mains des triumvirs (probablement l'Angleterre, l'Autriche et la Russie) qui oppriment les peuples de l'Europe. Il ne doit jamais combattre ni nuire en aucune manière à la France. Il doit adopter ma devise : *Tout pour le peuple français.* Je meurs prématurément, assassiné par l'oligarchie anglaise (la noblesse).

6° (Il pardonne à Marmont, Augereau, Talleyrand, La Fayette.)

7° (Il remercie tous les membres de sa famille de l'intérêt qu'ils lui ont porté, et il pardonne à Louis le libelle qu'il a publié en 1820).

8° Je désavoue le manuscrit de Sainte-Hélène... J'ai fait arrêter et juger le duc d'Enghien parce que cela était nécessaire à la sûreté,... à l'honneur du peuple français ;... dans une semblable circonstance, j'agirais encore de même.

II

Je lègue à mon fils les boîtes, ordres et autres objets, tels qu'argenterie, etc., etc. Je désire que ce faible legs lui soit cher, comme lui retraçant le souvenir d'un père dont l'univers l'entretiendra.

(Il lui lègue en outre les vases de sa chapelle, l'épée qu'il portait à Austerlitz, le sabre de Sobieski, son glaive de Consul, son poignard, son couteau de chasse, ses pistolets, le nécessaire d'or qui lui a servi le matin des journées d'Au-

Vers le commencement de février de la même année, une comète avait paru à Sainte-Hélène, chacun s'était empressé d'en parler à Napoléon, dans l'intention évidente de réveiller en lui quelque allusion qui pourrait lui faire plaisir. Un seul officier gardait le silence à ce sujet, ainsi que Napoléon. « Vous m'avez compris, vous, lui dit-il. Napoléon se rappelait, à cette occasion, qu'après la mort de Jules-César une comète fut observée à Rome.

« J'ai eu, » disait-il quelque temps après, un songe dont l'image me poursuit : « j'ai vu Joséphine parée de gloire dans le ciel.... ta place est ici près de moi, m'a-t-elle dit ; dans un mois, tu seras heureux à jamais. »

D'après le désir qu'avait manifesté Napoléon, son corps fut ouvert afin de constater la cause physique de sa maladie, et de profiter dans la suite de ce document dans le cas où son fils serait attaqué de quelque incommodité offrant des analogies avec le mal qui était sur le point de l'emporter lui-même : car Napoléon était persuadé qu'il mourrait d'une maladie semblable à celle qui avait enlevé son père.

Extrait du rapport des médecins, après l'autopsie du corps de Napoléon.

« A la première apparence, le corps paraissait très-gras, ce qui fut confirmé par une incision pratiquée vers le bas-ventre, où la graisse qui couvrait l'abdomen avait plus d'un pouce et demi d'épaisseur. Les poumons étaient très-sains ; le cœur était de la grandeur naturelle, mais revêtu d'une forte couche de graisse ; les oreillettes et les ventricules n'avaient rien d'extraordinaire, si ce n'est que les parties musculaires parais-

sterlitz, d'Iéna, d'Eylau, de Montmirail ; trente-trois tabatières ou bonbonnières, ses lits de camp, sa lunette de guerre, un de chacun de ses uniformes, douze chemises, ses deux montres, la chaîne de cheveux de l'impératrice, son médailler, l'argenterie et la porcelaine de Sèvres dont il a fait usage à Sainte-Hélène, ses fusils de chasse, quatre cents volumes choisis dans sa bibliothèque, le réveille-matin de Frédéric II, qu'il a pris à Postdam, ses deux sceaux, dont un de France, le manteau bleu qu'il portait à Marengo, etc., etc.

..... Il lègue 2 millions au comte Montholon ; 500,000 fr. au comte Bertrand, 400,000 à Marchand, son valet de chambre, dont les services qu'il lui a rendus « sont ceux d'un ami. » Viennent ensuite des dons de 100,000 fr. à MM. Saint-Denis, Noverraz, Pierron, l'abbé Vignali, Las-Cases, Lavalette, Larrey, le plus honnête homme qu'il ait connu, les généraux Brayer, Lefebvre-Desnouettes, Drouot, Cambronne, enfants de Mouton-Duvernet, idem de Labédoyère, idem du général Gérard, idem du général Chartran, idem du général Travot, aux généraux Lallemand aîné, comte Réal, Costa Bastalica, général Clausel, baron de Menneval, poète Arnault, colonel Marbot, baron Bignon, Poggi-di-Lavolo, chirurgien Emmery.

Dons de 50,000 fr. à Archambault, de 25,000 à Corsot et Chandelier.

Toutes ces diverses sommes, en cas de mort des légataires, seront payées à leurs veuves et à leurs enfants.

III

2° Je lègue mon domaine privé, moitié aux officiers et soldats restant de l'armée française qui ont combattu depuis 1792 à 1815, pour la gloire et l'indépendance de la nation,..... moitié aux villes et campagnes d'Alsace... qui auraient souffert par l'une ou l'autre invasion. Il sera de cette somme prélevé un million pour la ville de Brienne et un million pour celle de Méry.

Il lègue 10,000 fr. au sous-officier Cantillon, qui a essuyé un procès comme prévenu d'avoir voulu assassiner lord Wellington..... « Cantillon avait autant de droit d'assassiner cet oligarque, que celui-ci de m'envoyer pour périr sur le rocher de Sainte-Hélène. »

Ce testament est fort long, et comme il a été fait à plusieurs reprises, il offre des répétitions qui jettent beaucoup de confusion dans son ensemble.

saient plus pâles qu'elles ne devaient l'être.

« En ouvrant l'abdomen, on vit que la coiffe qui couvre les boyaux était extrêmement grasse; en examinant l'estomac, on s'aperçut que ce viscère était le siége d'une grande maladie : de fortes adhésions liaient toute la surface supérieure, surtout vers l'extrémité du pylore jusqu'à la surface concave du lobe gauche du foie; en séparant, on découvrit qu'un ulcère pénétrait les enveloppes de l'estomac à un pouce du pylore, et qu'il était assez grand pour y passer le petit doigt.

« La surface intérieure de l'estomac, c'est-à-dire presque toute son étendue, présentait une masse d'affection cancéreuse, ou des parties squirreuses se changeant en cancer, l'estomac était presque plein d'un liquide ressemblant à du marc de café.

La surface convexe du côté gauche adhérait au diaphragme; à l'exception des adhésions occasionnées par la maladie de l'estomac, le foie ne présentait rien de malsain.

Le reste des viscères abdominaux était en bon état.

« Ont signé :

Thomas Short, premier médecin; Arch. Arnott, médecin du 20ᵉ régiment; Francis Burton, médecin du 66ᵉ régiment; Chas. Michell, médecin de Vigo; Matthieu Lewingstone, médecin de la compagnie des Indes. »

Les personnes qui furent admises à voir le corps, se récrièrent sur la beauté et l'harmonie de ses proportions. Napoléon était fort maigre dans sa jeunesse, mais, parvenu à l'âge mûr, il avait acquis un embonpoint considérable, lequel avait diminué de beaucoup pendant la longue et cruelle maladie qui termina ses jours.

Avant de refermer le cadavre, on en tira le cœur et l'estomac, que l'on renferma dans des coupes d'argent contenant de l'esprit de vin.

L'opération terminée, le corps fut revêtu de l'uniforme des chasseurs à cheval de la garde impériale, orné de tous les ordres que le défunt avait créés ou reçus pendant son règne, après quoi il fut placé sur le lit de fer qu'il avait coutume de faire porter à sa suite dans ses campagnes; le manteau bleu brodé en argent qu'il portait à la bataille de Marengo lui servait de drap mortuaire.

Le 9 mai la pompe funèbre eut lieu dans l'ordre suivant :

Napoléon, fils aîné du grand maréchal, l'aumônier, le docteur Arnott, médecin de Napoléon, une voiture de deuil à quatre chevaux dans laquelle était le corps, douze grenadiers anglais pour descendre le cercueil au bas de la colline. Le cheval de Napoléon, les comtes Bertrand et de Montholon, portant le manteau bleu de Marengo en guise de drap mortuaire. La comtesse Bertrand en voiture avec sa fille, les domestiques du défunt, un groupe d'officiers anglais, le général Coffin, le marquis de Montchenu, commissaire du roi de France et de l'empereur d'Autriche, sir Hudson-Lowe, lady Lowe, en grand deuil, avec sa fille, en voiture; 3,000 hommes reçurent le corps au sortir de la maison mortuaire de Longwood.

Le cercueil dans lequel on avait renfermé les coupes contenant le cœur et l'estomac fut béni par le prêtre et descendu dans le caveau qui lui était destiné; douze salves d'artillerie annoncèrent au monde que Napoléon n'existait plus. Son tombeau fut confié à une garde d'officiers anglais.

Ainsi finit l'homme le plus extraordinaire des temps modernes, le rival de Charlemagne, de Louis XIV, de César, d'Alexandre, et leur supérieur à certains égards. Il n'a jamais existé de mortel dont la puissance ait égalé la sienne : 100 millions d'hommes, l'élite du genre humain, subirent plus ou moins sa domination pendant quinze ans. Considéré comme administrateur, son gouvernement fut irréprochable. A peine eut-il saisi le timon de l'État, que l'anarchie qui, depuis dix ans, désolait la nation française, s'évanouit comme l'ombre à l'approche de la lumière, comparable au feu qui fond et allie des métaux divers pour en composer un tout homogène. Napoléon, premier consul, fait rentrer dans le Sénat et sans exception les partis divers qui déchiraient le sein de la patrie. Il n'y a plus d'émigrés, de Jacobins, de Vendéens. La nation ne voit dans ces diverses factions que des enfants dociles d'un même peuple vivant en paix sous les mêmes lois; le premier Consul, couvrant d'un voile prudent les erreurs et les fautes du passé, appelle à lui sans distinction tous les hommes de mérite. Le royaliste et le juge de Louis XVI, s'asseyent sur le même tribunal, et rendent la justice de concert : le Vendéen a la confiance de Bonaparte, il obtient, comme le républicain, de l'avancement dans ses armées. Il n'a pas dormi deux nuits dans le palais des Tuileries, que le crédit public se réveille et renaît comme par enchantement.

Ainsi que Newton, Bossuet, Pascal, ainsi que tous les hommes supérieurs, Napoléon était naturellement religieux ; sa haute intelligence lui avait fait comprendre qu'on ne régit pas un peuple comme un troupeau de bêtes brutes ; à sa voix, les temples s'ouvrirent, les autels se relevèrent ; les prêtres trouvèrent protection et appui sous un gouvernement qui, ennemi déclaré de tout espèce de désordre, leur accorda autant et pas plus de liberté que les convenances n'en comportent dans l'exercice de leur saint ministère. Plus de querelles, plus d'animosité entre les diverses communions. Il fut également permis au catholique, au luthérien, au rabbin d'honorer le Créateur suivant ses convictions, et comme il l'entendait, mais avec défense de s'immiscer dans les rites des croyances dissidentes. Tout en laissant au temple de Sainte-Geneviève le nom de Panthéon, l'Empereur le rendit au culte catholique ; on consolida cet édifice sous son règne, et le chiffre de la patronne de Paris fut incrusté au centre du pavé du dôme ; celui qui, avec raison, s'était moqué des cérémonies ridicules des théophilanthropes, avait un sens trop droit pour souffrir que le culte du vrai Dieu fût banni à jamais de cette magnifique église.

Sous le régime impérial, l'industrie fut encouragée par tous les moyens possibles. On acheta à grands frais des machines, des métiers modèles aux étrangers : on donna des encouragements pécuniaires aux manufacturiers ; on promit un million de récompense au mécanicien qui trouverait le moyen de filer le lin à la mécanique. Il n'était pas rare de voir l'étoile d'honneur briller en même temps sur la poitrine du fabricant habile comme sur celle du général d'armée. Grâce au blocus continental, que les peuples de l'empereur des Français et de ses alliés regardèrent d'abord comme tyrannique, ne prévoyant pas les conséquences avantageuses qu'il aurait pour leurs intérêts, il se fit des prodiges dans les arts physico-chimiques, mécaniques, dans le travail des métaux, etc. C'est sous le règne de Napoléon que prit naissance cette industrie aussi étonnante qu'inattendue, des sucres indigènes. Si le monarque français n'eût pas la satisfaction de conduire ses légions victorieuses jusque sous les murs de l'Angleterre, il porta, par le blocus continental et par sa politique, un coup à cette nation dont la prospérité ne se relèvera jamais ; il apprit aux peuples du continent qu'ils pouvaient se passer d'elle.

Il est digne de remarque que les hommes extraordinaires, qui semblent nés exprès pour commander aux peuples, ont du goût pour tout ce que l'esprit humain est capable de produire d'utile, de grand et de beau : Alexandre bâtissait des villes, ne se lassait pas de relire Homère, comblait de biens Apelles, mettait des sommes énormes à la disposition de son précepteur Aristote et des autres savants de la Grèce pour fournir aux frais de leurs recherches et de leurs expériences. César voulait rebâtir Corinthe et Carthage, régulariser le cours du Tibre, dessécher les marais Pontins ; il construisait des amphithéâtres, provoquait la réforme du calendrier. Les institutions du demi-barbare Charlemagne ont obtenu le respect et l'admiration de la postérité. Que ne s'est-il pas fait de grand et de beau, en tout genre, pendant le long règne du grand roi Louis XIV ?

Il a suffi à Napoléon d'une douzaine d'années de toute-puissance, pour égaler sous ce rapport ses glorieux émules, ses prédécesseurs. Pendant cette courte période, on creusa des ports, des canaux ; le nombre des vaisseaux de haut bord fut doublé ; des routes magnifiques établirent, en serpentant sur les flancs des Alpes, des communications faciles entre la France et l'Italie, tous les palais des Rois de France furent restaurés et embellis ; on agrandit et l'on régularisa les jardins des Tuileries et du Luxembourg ; la place du Carrousel fut débarrassée des constructions qui la déparaient, et ornée d'une grille et d'un arc-de-triomphe. L'Empire vit jeter les fondations des palais de la Bourse, du quai d'Orsay, du temple de la *Gloire* devenu église de la Madeleine, de l'arc gigantesque de l'É-toile, dont la bâtisse dépassait en 1814 l'imposte de la grande arcade. La superbe colonne Vendôme est un monument de l'Empire. Sont aussi des constructions de l'Empire le beau pont d'Austerlitz, et surtout celui d'Iéna, le plus irréprochable de tous les ponts. Le palais du Louvre dont l'origine se perd dans l'obscurité des siècles, que François 1er entreprit de bâtir sur un plan nouveau et régulier qui dut une grande partie de ses murs à Louis XIV, que les règnes suivants délaissèrent presque tout à fait, fut repris et terminé par les architectes de Napoléon. C'est aussi pendant la domination de ce prince que la superbe porte Saint-Denis fut restaurée et que l'inscription *Ludovico magno* (à Louis le Grand) fut rétablie.

L'Empereur eut la satisfaction de voir son règne illustré par des savants du premier ordre, qu'il récompensait et qu'il chérissait comme des amis : c'étaient Monge, Lagrange, Laplace, Berthollet, Fourcroy, Vauquelin, Volta, Cuvier, Delambre, Thénard, Poisson, etc. Les lettres, il faut en convenir, ne brillèrent pas à la même époque d'un aussi bel éclat, à beaucoup près, que pendant le xviie siècle ; mais assurément ce ne fut pas la faute de celui qui tenait alors les rênes de l'État. C'est le génie qui faillit aux écrivains et non les honneurs et les récompenses : Napoléon était, pour le moins, aussi généreux, aussi magnifique que le fils de Louis XIII.

Les artistes en peinture furent plus heureux. C'est sous l'Empire que l'École française crayonna ses chefs-d'œuvre et atteignit son apogée. On ne saurait trop louer la plupart des tableaux sortis des ateliers de David, Gros, Gérard, Girodet.

En général, les artistes en sculpture ont de tout temps été médiocres en France ; ils le furent sous l'Empire.

Tout bien considéré, Napoléon est le

premier des guerriers qui ont étonné le monde. Pendant quinze ou seize ans, il promena le drapeau français des tropiques du Cancer au pôle Arctique, toujours en compagnie de la victoire. A peu près du même âge qu'Alexandre, il se montre comme lui, dès son début, capitaine consommé. Le roi de Macédoine était doué d'un courage supérieur; mais il faut bien convenir que souvent il manqua de prudence, qu'il fut aussi heureux que téméraire; il faut convenir aussi qu'il eut affaire à des peuples dégénérés, sans discipline, dégradés par un despotisme abrutissant, tandis que son armée, aguerrie par son père, se composait de l'élite des guerriers de la Grèce; ses lieutenants étaient tous des hommes du premier mérite, la plupart sexagénaires. Alexandre ne livra que cinq ou six batailles d'une grande importance. Napoléon disputa la victoire dans cinquante combats, la plupart décisifs et tous plus ou moins meurtriers. Qui sait enfin quel aurait été le sort d'Alexandre s'il ne fût pas mort à l'âge de trente-trois ans?

César est le grand capitaine qui peut seul soutenir le parallèle avec Napoléon; plusieurs qualités leur sont communes. Ils furent l'un et l'autre doués d'une activité prodigieuse; ils voyaient de loin, vite et bien, savaient réparer une faute, changer une disposition, prendre un parti sur-le-champ. Pour eux, quand les circonstances l'exigeaient, il n'y avait ni été ni hiver. Ils possédaient au suprême degré le talent de se faire obéir; leurs soldats ne voyaient en eux que des chefs incapables de faillir, des maîtres absolus de leurs vies et de leur sort. Ces deux grands hommes enfin eurent à combattre contre des adversaires capables, par leurs défaites, d'immortaliser leur triomphe.

César, il est vrai, ne survécut point à sa puissance; mais de combien s'en fallut-il qu'il n'échouât à Munda contre les débris du parti pompéien? Et si Pompée lui-même avait su profiter des avantages qu'il avait remportés avant la bataille de Pharsale, César n'aurait pas revu la ville de Rome. Et qui sait, au reste, si ce Romain aurait été plus heureux contre les Parthes que le fut après sa mort Antoine, son lieutenant.

César, grand homme de guerre, fut aussi un littérateur distingué. Bien des gens veulent aussi que Napoléon ait été un bon mathématicien et un écrivain du premier ordre : cela n'était pas, et cela ne pouvait pas être. Le jeune Bonaparte fut soldat en sortant de l'Ecole militaire, et dès ce moment, il ne s'appartint plus. Or, il faut du temps pour bien savoir les mathématiques et de l'exercice pour apprendre à tenir la plume; voilà pourquoi le style de Napoléon est très-incorrect. César, au contraire, avait près de 40 ans lorsqu'il parvint au commandement suprême des légions romaines; il avait donc eu tout le temps de perfectionner ses études. Disons, pour être vrai, que Napoléon avait apporté en naissant des facultés qui, étant développées, l'auraient placé au rang des savants du premier ordre.

Napoléon est mort malheureux. Eh bien! presque tous ceux qui sont dignes de lui être comparés ont fini misérablement. Annibal et Mithridate, étant sur le point de tomber au pouvoir des Romains, leurs implacables ennemis, se virent dans la nécessité d'avaler du poison; Alexandre fut empoisonné par le fils d'Antipater, son lieutenant; César fut assassiné par des conjurés, au nombre desquels était son fils Brutus; Pompée fut décapité sous les yeux de sa femme, par les ordres du roi d'Égypte; Scipion l'Africain mourut dans sa ferme, oublié par des concitoyens ingrats; Charles XII fut tué par les siens.

XIV

Honneurs rendus à la mémoire de Napoléon.

Enfin, le jour de la justice commença à luire pour les mânes du grand Empereur. Immédiatement après la révolution de 1830, on s'empressa de rétablir sa statue sur la colonne de la place Vendôme. On sait qu'en 1814, des vandales, profitant de l'appui que leur prêtait la présence des étrangers dans la capitale, voulurent d'abord renverser cette statue avec violence. On passa un câble autour de son cou; quelques centaines d'hommes, aidés de chevaux, firent de vains efforts pour l'arracher de son piédestal, ce qui fit dire à une bonne femme, témoin de cette ignoble profanation : « Si l'Empereur est aussi solide « sur son trône que sa statue l'est sur la « colonne, il n'est pas près d'en descen- « dre. »

La nouvelle statue représente Napoléon costumé à la moderne avec sa redingote, ses bottes, chapeau à trois cornes en tête. Cette composition n'est rien moins qu'héroïque, et généralement elle n'est point du tout du goût des personnes qui ont des connaissances dans l'art du dessin (1).

(1) L'ancienne statue représentait l'Empereur nu-tête, couronné de lauriers, vêtu d'un sayon (espèce de chemise), s'appuyant de la main droite sur une épée et tenant dans la gauche un globe surmonté de la statue de la Victoire.

On peut voir cette statue dans le Musée monétaire (Hôtel des Monnaies), salon *Napoléon*, qui contient un excellent modèle de la colonne Vendôme, ainsi que le masque en bronze de l'Empereur, copié fidèlement sur celui qui fut pris en plâtre à Sainte-Hélène par le docteur Antomarchi.

Le bronze de l'ancienne statue fait maintenant partie du cheval de Henri IV, qui orne le terre-plein du Pont-Neuf.

L'Empereur, à l'article de la mort, avait ardemment manifesté le désir d'être inhumé sur les bords de la Seine, *au milieu de ce peuple Français qu'il avait tant aimé*. Le comte Bertrand demanda au gouvernement anglais l'autorisation d'emmener en Europe les restes de son immortel ami; il ne l'obtint pas. Dans la suite, il s'adressa pour le même objet aux ministres de Louis XVIII. Il n'en reçut pas un refus absolu, seulement on lui fit entendre que l'arrivée en France des cendres de Napoléon serait indubitablement la cause ou le prétexte de troubles politiques qu'il était de la prudence du gouvernement de prévenir et d'éviter; mais que sitôt que l'état des esprits le permettrait, on ferait droit à sa demande.

Enfin en 1840, le gouvernement de Louis-Philippe obtint facilement de la Reine de la Grande-Bretagne la permission d'aller prendre à Sainte-Hélène les restes du prisonnier de sir Hudson-Lowe pour les porter en France; et le 12 mai 1840, M. de Rémusat, ministre de l'intérieur, annonça en ces termes la résolution que le gouvernement venait de prendre :

« Le roi a ordonné à son Altesse Royale le prince de Joinville de se rendre avec sa frégate à l'île de Sainte-Hélène pour y recueillir les restes mortels de l'empereur Napoléon.

« Nous venons vous demander de les recevoir dignement sur la terre de France et d'élever à Napoléon son dernier tombeau...

« Il fut empereur et roi, il fut le souverain légitime de notre pays; à ce titre, il pourrait être inhumé à Saint-Denis; *mais il ne faut pas à Napoléon la sépulture ordinaire des rois;* il faut qu'il règne et commande encore dans l'enceinte où vont se reposer les soldats de la patrie.....

« L'art élèvera sous le dôme, au milieu du temple consacré au dieu des armées, un tombeau digne, s'il se peut, du nom qui doit y être gravé... Désormais la France, et la France seule, possédera tout ce qui reste de Napoléon ; son tombeau n'appartiendra à personne qu'à son pays... »

L'assemblée, profondément émue par ces paroles, vota par acclamation un crédit spécial d'un million pour la translation des restes mortels de l'empereur Napoléon à l'église des Invalides et pour la construction de son tombeau.

Le 7 juillet 1840, à sept heures et demie du matin, la frégate la *Belle-Poule* et la corvette la *Favorite* appareillèrent de Toulon pour Sainte-Hélène.

La frégate était commandée par le prince de Joinville, capitaine de vaisseau ; il était accompagné de M. Charner, son lieutenant ; de M. Hernoux, son aide-de-camp ; de l'enseigne Touchard. Faisaient partie du voyage M. le comte de Rohan-Chabot, chargé de présider à l'exhumation ; les généraux Gourgaud et Bertrand ; l'abbé Félix Coquereau, aumônier de l'expédition ; MM. Saint-Denis, Noverraz, Pierron et Archambault, qui avaient été attachés à divers titres au service de l'Empereur, pendant son séjour à Sainte-Hélène.

Sur la *Favorite*, commandé par le capitaine Gayet, était M. Marchand, valet de chambre de l'Empereur.

On arriva à Sainte-Hélène. Le prince fut reçu avec tous les honneurs dus à son rang, et immédiatement il mit en rapport M. de Rohan-Chabot avec le général Middelemore, gouverneur de l'île. Il fut convenu que l'on procéderait à l'exhumation et à la translation des restes de l'Empereur sur la *Belle-Poule*, le 15 du courant.

Le tombeau de Napoléon, situé dans un lieu solitaire appelé la vallée du *Géranium*, était couvert de trois dalles en tuf, apportées d'Angleterre, placées au niveau du sol. Le monument, si l'on peut appeler de ce nom une simple tombe de village, était entouré d'une grille en fer, solidement fixée sur son soubassement ; deux saules pleureurs, dont un était mort, l'ombrageaient de leur triste feuillage. Le tout était entouré d'un grillage en bois ; tout près, et en dehors de cette enceinte est la fontaine dont l'eau fraîche et limpide plaisait tant à l'illustre captif.

Les travaux de l'exhumation commencèrent le 15 à minuit ; à neuf heures et demie, le cercueil fut découvert et déposé sur le sol à l'aide d'une chèvre. Ce cercueil se composait : 1° d'un coffre en acajou ; 2° d'un autre en plomb ; 3° d'un troisième en acajou ; 4° d'un quatrième en ferblanc légèrement rouillé. C'est dans ce dernier que se trouvait le corps de l'Empereur ; dans le principe, ce cercueil était intérieurement garni de satin ouaté, lequel s'étant par la suite détaché des parois qu'il tapissait, recouvrait les restes du défunt.

On observa que le corps avait conservé une position aisée, la tête reposait sur un coussin, et l'avant-bras et la main gauche sur la cuisse. Les paupières entièrement fermées présentaient encore quelques cils ; des poils d'une teinte bleuâtre qui avaient poussé depuis la mort, ombrageaient le menton ; la bouche, légèrement entr'ouverte, laissait voir trois dents incisives, d'une blancheur parfaite ; les doigts parfaitement conservés avaient des ongles longs, adhérents et très-blancs ; les bottes, s'étant décousues, laissaient passer les quatre doigts inférieurs de chaque pied. Le petit chapeau était placé en travers sur les cuisses ; les épaulettes et les décorations avaient perdu leur brillant, l'étoile d'officier de la Légion d'honneur avait seule conservé tout son éclat ; après deux minutes d'examen, le docteur Gaillard déclara qu'il serait prudent de refermer le cercueil, afin de soustraire ces restes précieux aux influences de l'air atmosphérique.

A trois heures, tous les travaux relatifs à l'exhumation sont terminés, et les restes mortels renfermés dans six cercueils : un en ferblanc, un deuxième en acajou, un troisième et un quatrième en plomb, séparés par des coins et de la sciure de bois, un cinquième en bois massif d'ébène, enfin un sixième, enveloppant tous les autres, en bois de chêne.

Le cercueil en bois d'ébène a été confectionné à Paris, par les soins du directeur des pompes funèbres. Sa forme rappelle celle des sarcophages antiques ; il est long de 2 mètres 56 centimètres ; sa hauteur est de 70 centimètres et sa largeur de 1 mètre 5 centimètres. Il porte sur son couvercle, pour toute inscription, le mot Napoléon en lettres d'or. Chacune de ses faces est décorée de la lettre N en bronze doré. Six forts anneaux en bronze servent à le saisir et à le déplacer.

Le cercueil total pesant 1,200 kilogrammes, fut placé sur le char funèbre par 43 artilleurs. Les demoiselles de l'île offrirent au commissaire français les drapeaux tricolores qui devaient servir à la cérémonie, et qu'elles avaient confectionnés de leurs mains, ainsi que le pavillon impérial qui flottait sur la frégate la *Belle-Poule*.

A trois heures et demie le cortége se mit en marche sous le commandement du gouverneur de l'île. MM. le comte Bertrand, baron Gourgaud, baron Las-Cases fils, et M. Marchand, portaient les coins du drap. Un détachement de milice, suivi d'une foule de peuple, fermait la marche, pendant laquelle les forts tiraient le canon de minute en minute.

Parvenu à James-Town, le convoi défila entre deux haies de soldats de la garnison, ayant leurs armes renversées. A cinq heures et demie, le cortége arriva au débarcadère ; là, le prince de Joinville, entouré de son état-major, reçut du gouverneur de Sainte-Hélène le cercueil impérial et le fit placer sur la chaloupe de *la Belle-Poule*. La précieuse dépouille passa à bord de la frégate entre deux haies d'officiers sous les armes. A ce moment les navires se pavoisèrent et les équipages se rangèrent sur les vergues pendant que leur artillerie multipliait les salves d'honneur. Sur *la Belle-Poule*, 60 hommes étaient sous les armes, les tambours battaient aux champs et la musique faisait entendre des airs nationaux. A six heures et demie, le cercueil fut déposé dans une chapelle ardente, ornée de trophées militaires, qu'on avait dressés à l'arrière du bâtiment.

Le dimanche 18, à huit heures du matin, on fit voile pour la France. Aucun accident remarquable ne signala, pendant les cinq premiers jours la marche de *la Belle-Poule* et de *la Favorite*; mais elles rencontrèrent, le 31 octobre, un navire de commerce, *le Hambourg*, dont le capitaine fit part au prince de Joinville des nouvelles d'Europe ; elles faisaient craindre une rupture prochaine entre l'Angleterre et la France. Ces bruits de guerre furent confirmés par le bâtiment hollandais *l'Egmont*, qui faisait route pour Batavia. Le prince de Joinville s'empressa de former un conseil de guerre où furent appelés les officiers de *la Belle-Poule* et de *la Favorite*; il s'agissait d'arrêter les dispositions nécessaires pour empêcher que le dépôt confié à l'honneur et au courage de la marine française ne lui fût enlevé par l'ennemi. Une résolution énergique fut bientôt adoptée. Il fallait d'abord mettre en batterie toutes les pièces que la frégate pouvait opposer à une attaque. On démolit la chambre provisoire qui avait été établie pour loger les membres de la commission de Sainte-Hélène; les cloisons, ainsi que les meubles qui garnissaient ces chambres, furent jetés à la mer; le quartier du bord où se trouvaient ces chambres prit le nom de *Lacédémone*. L'équipage se préparait aux éventualités d'un combat héroïque, d'une lutte désespérée, par de fréquents exercices et des branle-bas multipliés. Le 27 novembre, *la Belle-Poule* n'était plus qu'à cent lieues des côtes de France; elle n'avait rencontré aucune croisière anglaise; mais elle n'en persista pas moins dans les précautions que commande la prudence en temps de guerre.

Le 30 novembre, *la Belle-Poule* entra dans la rade de Cherbourg, et le 14 décembre, le bateau *la Dorade*, sur lequel on avait placé le cercueil, vint s'amarrer au quai de Courbevoie.

Le char qu'on avait préparé pour amener par terre les cendres de Napoléon aux Invalides se composait ainsi qu'il suit :

Quatre roues massives et dorées, sur l'essieu desquelles reposait un socle ou soubassement, ayant la forme d'un carré long ou plutôt d'une table épaisse; sur ce socle s'élevait une sorte de second soubassement arrondi sur le devant et formant une plate-forme demi-circulaire, sur laquelle on avait fixé un groupe de Génies supportant la couronne de Charlemagne; en arrière, s'élevait un dais semblable à celui d'un piédestal ordinaire, se terminant par une sorte de pied-douche quadrangulaire.

Enfin, quatorze statues plus grandes que nature, entièrement dorées, portaient un vaste bouclier sur leurs têtes, au-dessus duquel était placé le modèle du cercueil de Napoléon; le tout était voilé d'un long crêpe violet parsemé d'abeilles d'or.

A l'arrière du char s'élevait un trophée de drapeaux, de palmes, de lauriers, où se lisaient les noms des principales victoires de Napoléon.

Ce char, tout resplendissant de dorures, de riches draperies, était haut de 10 mètres (30 pieds), large de 5 mètres 80 centimètres (17 pieds) et long de 30 mètres; 16 chevaux, distribués en quatre groupes ou quadriges richement caparaçonnés, traînaient cet énorme corbillard, dont le poids était de 13,000 kilogrammes.

Malgré un froid soutenu de 10 degrés, la foule des spectateurs depuis Neuilly jusqu'aux Invalides était prodigieuse. Il y avait des maisons dont les toits en étaient couverts. Le cortége arriva aux Invalides vers une heure et demie; à deux heures il atteignit la grille d'honneur; le roi et tous les grands corps de l'Etat attendaient dans l'église des Invalides, qui, depuis le 16 jusqu'au 24, éclairée comme le jour de la cérémonie, resta ouverte au public.

D'après une décision prise par le gouvernement, les restes de Napoléon doivent reposer dans un magnifique monument qui s'élèvera au milieu du dôme des Invalides.

La France, satisfaite enfin dans son juste orgueil, environne d'un culte pieux les restes mortels de son héros.

Le nom de l'homme qui fut *grand comme le monde* appartient depuis longtemps à la postérité : son souvenir est impérissable.

BONAPARTE (Jérome), ex-roi de Westphalie, né à Ajaccio, le 15 décembre 1784, n'avait que neuf ans lorsqu'en 1793, sa famille se réfugia en France, par suite de son bannissement politique de la Corse.

Au sortir du collége de Juilly, où il fit ses études, il entra dans la marine en janvier 1800, où, l'année suivante, il obtint le grade de lieutenant. Son beau-frère, le général Leclerc, l'emmena à Saint-Domingue lors de la célèbre et funeste expédition qu'il commandait, et le renvoya peu de temps après, avec des dépêches importantes pour le premier Consul.

Sa mission remplie, Jérôme qui avait le commandement de la frégate l'*Épervier*, repartit sur-le-champ pour la Martinique, et, à la fin de 1802, par suite de la reprise des hostilités entre la France et l'Angleterre, il eut ordre d'établir une croisière devant la rade de Saint-Pierre et l'île de Tabago.

Quelques mois après, obligé par les forces ennemies de cesser sa surveillance, il se retira à New-Yorck, il y épousa en 1803, quoique mineur et sans le consentement de sa famille, mademoiselle Patterson, fille d'un commerçant de Baltimore. Ce mariage, comme celui de Lucien, déplut à Napoléon qui, malgré la douleur et la résistance de Jérôme, tendrement attaché à sa femme dont il avait un fils, le fit casser pour cause de minorité.

En 1805, il revint en France et courut plusieurs fois le risque d'être enlevé par les Anglais pendant la traversée.

L'Empereur le chargea immédiatement de se rendre à Alger pour y réclamer 250 Génois que le Dey retenait en esclavage.

A la suite de cette mission, qu'il remplit avec succès, il fut élevé au grade de capitaine de vaisseau. Du commandement d'un vaisseau de 74, il passa au commandement d'une escadre de huit vaisseaux de ligne qu'il conduisit, en 1806, à la Martinique.

Cette année même, rentré de France, il fut nommé contre-amiral.

En 1807, il quitta le mer pour prendre le commandement d'un corps de Bavarois et de Wurtembergeois, à la tête duquel il s'empara de la Silésie succès qui lui valut le grade de général de division, trois mois après la paix de Tilsitt.

Dans le mois d'août 1807, Jérôme épousa la princesse Frédérique Catherine, fille du roi de Wurtemberg, et six jours après (13 août), il fut créé roi de Westphalie. Les diverses puissances reconnurent ce nouveau monarque, qui reçut en même temps de l'empereur Alexandre la décoration de l'ordre de Saint-André de Russie.

Le roi Jérôme avait alors vingt-cinq ans et toute la fougue de la jeunesse. Fier de la position de son frère et de la sienne, il manqua souvent de modération et de prudence dans le choix de ses amis. Napoléon s'exprima sur son compte à Sainte-Hélène avec quelque sévérité. Il l'accusa d'avoir été prodigue ; mais ces défauts de l'âge n'altérèrent pas chez lui les qualités du cœur qui le firent aimer et regretter des Westphaliens. Distingué par un esprit pénétrant et un jugement sain, il commençait à y joindre l'entente des affaires publiques, lorsque les événements politiques vinrent rendre le prince à la vie privée.

Le roi de Westphalie fit la campagne de 1812 à la tête d'une division allemande qui se distingua aux combats d'Ostrowna et de Mohilow. Malheureusement il se laissa surprendre à Smolensk, faute désastreuse qui le fit reléguer à Cassel.

Les désastres de 1812 et de 1813 forcèrent Jérôme à quitter son royaume. La princesse son épouse ne le quitta pas dans les jours de l'adversité et l'accompagna à Paris; mais, au mois de mars 1814, les époux durent se séparer, Jérôme pour rejoindre l'impératrice Marie-Louise à Blois, et la reine pour rentrer dans les États de son père. C'est en quittant Paris, à peu de distance de cette capitale, sur la route de Fontainebleau, qu'elle fut attaquée par une bande armée que commandait un ancien Chouan, le marquis de Maubreuil, qui avait fait partie de sa maison en qualité d'écuyer. La princesse y perdit ses diamants, son argent et ses effets les plus précieux, qui lui furent enlevés.

Après l'abdication de l'Empereur, en 1814, Jérôme retourna à la cour de Wurtemberg. Il était à Trieste avec sa femme, quand la nouvelle de l'événement du 20 mars le ramena à Paris. Il avait obtenu de Murat une frégate sur laquelle il parvint à s'embarquer secrètement. Il assista à la cérémonie du Champ-de-Mai, le 1er juin, et le 2, il prit séance parmi les Pairs.

Ayant obtenu un commandement, il suivit Napoléon en Belgique et déploya dans plusieurs combats la plus grande bravoure, surtout dans le bois d'Hougoumont, où il culbuta deux fois l'élite des troupes anglaises, qui, protégées par un château fort où elles s'étaient établies, faisaient un feu des plus meurtriers. Enfin il resta maître du bois après avoir été blessé au bras.

A Waterloo, il fit des prodiges de valeur et ne quitta le champ de bataille que lorsque tout espoir eut été perdu. Napoléon le ramena à Paris.

Après la seconde abdication, Jérôme quitta secrètement la capitale, le 27 juin, et parvint, non sans peine, après avoir erré longtemps en Suisse et en France, à rejoindre sa femme qui s'était réfugiée chez son père. Il obtint de ce dernier le château d'Elvangen, mais à la condition de ne pas s'en éloigner et de ne conserver aucun Français à son service.

Au mois de juillet 1816, le roi de Wurtemberg conféra à son gendre le titre de prince de Montfort, et l'autorisa, dans le mois d'août suivant, à se rendre avec sa femme et ses enfants, un fils et une fille, au château de Bimbourg, près de Vienne, pour y voir sa sœur Caroline, veuve du roi Murat. Depuis ce temps jusqu'à sa rentrée en France, Jérôme résida alternativement dans un château près de Vienne et à Trieste. Son fils Jérôme, qu'il avait eu de mademoiselle Patterson, était négociant aux États-Unis. — La princesse Catherine de Wurtemberg mourut le 28 novembre 1835 : elle aimait tendrement son mari, qu'elle avait rendu père de trois enfants : Jérôme-Napoléon-Charles Bonaparte, qui mourut en 1847; Mathilde-Lætitia-Wilhelmine Bonaparte, née en 1820, mariée au prince Demidoff de San-Donato; et Napoléon-Joseph-Charles-Paul Bonaparte, ancien capitaine du 8e de ligne, au service de son oncle le roi de Wurtemberg et aujourd'hui représentant de la Corse à l'Assemblée législative.

Jérôme Bonaparte rentré en France à la suite des événements de février 1848, vécut quelque temps dans la retraite, à Paris, dans un appartement situé rue d'Alger, 3. La popularité toujours croissante de son neveu, le prince Louis, le forçait à beaucoup de réserve pour donner moins d'ombrage au gouvernement d'alors. Cet état cessa à la nomination de Louis à la présidence, par six millions de suffrages. — Jérôme reçut le 23 décembre 1848, sa nomination de gouverneur général des Invalides et celle de maréchal de France, le 1er janvier 1850.

BONCHAMP (Charles-Melchior-Artus de), né en Anjou en 1759, servit avec distinction dans la guerre d'Amérique. Il était capitaine au régiment d'Aquitaine, lorsque la Révolution, qu'il désapprouvait, lui fit quitter cette place. Il se retira dans un château près de Saint-Florent; c'est là que les insurgés de la Vendée vinrent le chercher pour le mettre à leur tête. Général prudent et habile, il battit quelquefois les troupes républicaines; mais ses collègues l'accusèrent souvent d'indécision et de tiédeur.

Le 17 septembre 1793, l'armée de la basse Vendée, commandée par Charette et Bonchamp, rangée en bataille sur le bord de la grande route de Tiffauges à Chollet, faisant face à Torfou, fut attaquée par les Républicains sous les ordres de Kléber. L'attaque fut si impétueuse que le village et la hauteur furent évacués presque aussitôt par les Vendéens et occupés par Kléber; mais la retraite de l'ennemi ne fut point une fuite; il se rangea derrière les haies et les fossés. L'affaire s'engagea de nouveau, et Kléber ayant l'avantage de la position, chargea les Vendéens à la baïonnette et les débusqua; mais les fuyards, au lieu de se jeter en arrière, filèrent par la gauche des Républicains pour les prendre en flanc et les tourner. Cette manœuvre nécessita la retraite de Kléber après cinq heures d'un combat sanglant où les deux partis montrèrent un égal courage et un grand acharnement. Les soldats qui composaient la colonne mayençaise se faisaient hacher plutôt que de rendre les armes. Cette colonne dut surtout son salut à la résolution héroïque de Chevardin, chef de bataillon des chasseurs de Saône-et-Loire. Kléber, déjà grièvement blessé et se sentant de plus en plus pressé par les Vendéens, arriva au pont de Boussay, y fit placer deux pièces de canon et dit à Chevardin : « Tu vas rester ici et défendre ce passage. Tu seras tué, mais tu sauveras tes camarades.—Oui, Général, » répondit avec une généreuse vivacité Chevardin, et il combattit et mourut au poste qui lui était assigné; mais le passage ne fut point forcé.

Après cet échec, le général en chef Canclaux ordonna au général Beysser de se porter sur Boussay. Charette et Bonchamp résolurent de l'attaquer. Ils se joignirent à Montaigu, et là, à la suite d'un combat où le général républicain, atteint d'un biscaïen, passa pour mort pendant quelques moments, sa colonne fut mise dans un désordre complet et s'enfuit, vivement poursuivie jusqu'à Aiglefeuille.

De Montaigu, Charette marcha sur Saint-Fulgent, où il battit de nouveau les Républicains, leur prit 22 canons, leurs bagages et de nombreuses munitions. Le lendemain, 22, Bonchamp et d'Elbée assaillirent près de Clisson le général Canclaux. Déjà Bonchamp s'était emparé des chariots, des ambulances et d'une partie de l'artillerie républicaine; mais Charette ne vint pas au rendez-vous, et les Vendéens furent vaincus à leur tour. Le 30 septembre, Kléber, placé sous les ordres de Canclaux, rencontra, à deux lieues de Montaigu, les avant-postes de Bonchamp et de d'Elbée. Ces généraux étaient campés de ce côté avec 40 mille hommes et une nombreuse artillerie. Kléber donna le signal de l'attaque. « Nous n'avons pas de canons, dirent quelques officiers. » — « Eh bien ! répondit le général, reprenons ici ceux que nous avons perdus à Torfou. » Après une lutte acharnée de deux heures, les Vendéens, troublés par l'impétuosité d'une charge à la baïonnette, se rompirent et furent mis en déroute.

Aux combats de Saint-Christophe (17 novembre) et de la Tremblaie, les Vendéens, commandés par Bonchamp, d'Elbée, Lescure et Larochejaquelein, f unt encore battus après une lutte sanglante. Lescure fut mortellement blessé.

A la bataille de Chollet qui eut lieu le 17., vingt-quatre mille Républicains combattirent contre quarante mille Vendéens découragés, très-mal armés et encore plus mal disciplinés. Il y eut peu de batailles où les masses se soient entre-choquées avec autant de fureur. Les Vendéens eurent longtemps l'avantage. Ce fut le jeune général Marceau qui décida la victoire à se ranger de son côté. « Jamais, dit Kléber, les Vendéens n'ont livré un combat si opiniâtre, si bien ordonné ; ils combattaient comme des tigres et leurs adversaires comme des lions. La perte des insurgés fut évaluée à 10,000 hommes tués. D'Elbée y fut blessé grièvement et Bonchamp mortellement. Ce dernier, porté à Saint-Florent, y expira le lendemain. La perte des Républicains fut considérable, surtout en officiers.

Madame de Bonchamp raconte ainsi dans ses Mémoires les derniers moments de son mari : « M. de Bonchamp, après sa blessure, avait été transporté à Saint-Florent, où se trouvaient 5,000 prisonniers renfermés dans l'église. La religion avait jusqu'alors préservé les Vendéens de représailles sanguinaires ; mais lorsqu'on leur annonça que mon infortuné mari était blessé mortellement, leur fureur égala leur désespoir ; ils jurèrent la mort des prisonniers. M. de Bonchamp avait été porté chez M. Duval, dans le bas de la ville. Tous les officiers de son armée se rangèrent à genoux autour du matelas sur lequel il était étendu, attendant avec anxiété la décision du chirurgien. Mais la blessure ne laissait aucune espérance. M. de Bonchamp le reconnut à la sombre tristesse qui régnait sur toutes les figures. Il chercha à calmer la douleur de ses officiers, demanda avec instance que ses derniers ordres fussent exécutés, et aussitôt il prescrivit que l'on donnât la vie aux prisonniers ; puis se tournant vers d'Autichamp, il ajouta : « Mon ami, « c'est sûrement le dernier ordre que je « vous donnerai, laissez-moi l'assurance « qu'il sera exécuté. » En effet, cet ordre, donné sur son lit de mort, produisi tout l'effet qu'on en devait attendre ; à peine fut-il connu des soldats que de toutes parts ils s'écrièrent : « Grâce ! « grâce ! Bonchamp l'ordonne ! » et les prisonniers furent sauvés.

BONET (Jean-Pierre-François, comte), né à Alençon, en 1768, soldat au moment de la Révolution, dans le régiment de Boulonnais (79ᵉ d'infanterie), sergent dans un bataillon de volontaires de son département, passa par tous les grades et fut nommé général de brigade. En 1794, il fit à l'armée de Sambre-et-Meuse, sous les ordres de Jourdan, les campagnes de 1794 et 1795, se signala au combat de la Chartreuse en Belgique, le 16 septembre 1794 et à toutes les affaires où il prit part. Il fit avec la même distinction les campagnes d'Allemagne et d'Italie de 96 à 99. Sa brillante conduite à la bataille de Hohenlinden, attira sur lui l'attention du premier Consul. Général de division, le 27 août 1803, il commanda la 26ᵉ division à Aix-la-Chapelle et fut envoyé au camp de Brest en 1804, sous les ordres d'Augereau. Il resta en non-activité jusqu'à la fin de 1807. Appelé alors au commandement d'Aranda, il se distingua surtout pendant la campagne de 1808 en Espagne, et pendant les années suivantes, à Santander, dans les Asturies, à l'attaque de Celdessajoras, à Gijon, à la bataille des Arapyles, qui fut livrée par Marmont, malgré les vives remontrances du général Bonet et dans laquelle celui-ci se battit héroïquement, enfin au combat de Penaranda, où il fut blessé très-grièvement.

En 1813, le comte Bonet commandait une division dans le corps de l'armée de Marmont, à la campagne d'Allemagne. Il prit une part active à la victoire de Lutzen, où il soutint plusieurs charges de cavalerie, à Bautzen, le 8 mai, sur les hauteurs de Dohna, et le 10, dans la plaine de Tœplitz.

Le 20 mars 1815, Napoléon lui confia le commandement de Dunkerque. Après le désastre de Waterloo, Bonet reparut un moment sous le ministère du maréchal Gouvion-Saint-Cyr, et fut appelé au commandement de la 13ᵉ division à Rennes. A l'arrivée du duc de Feltre au ministère, Bonet rentra dans la vie privée et fut mis à la retraite, le 16 février 1825.

Au commencement de 1831, Louis-Philippe le nomma commissaire extraordinaire dans les 4ᵉ, 12ᵉ et 13ᵉ divisions militaires, lui conféra, le 20 avril, le titre de grand-croix de l'ordre de la Légion d'honneur, et le créa pair de France, le 19 novembre suivant.

En 1832 il rétablit la tranquillité un moment troublée dans l'Ouest.

Nommé, cette même année, président de la commission spéciale, envoyée en Afrique, il en revint l'année suivante, après avoir dignement rempli sa mission.

Rentré dans le cadre de réserve, en 1835.

Son nom est gravé sur l'arc de triomphe de l'Etoile, côté sud.

BONNAIRE (JEAN-GÉRARD), né à Propet (Aisne), le 11 décembre 1771. Entré comme simple soldat dans la carrière militaire, il avait acquis tous ses grades par des actions d'éclat, et était parvenu à celui de général de brigade, lorsqu'il fut nommé, en 1815, commandant de la place de Condé. Après les désastres de Waterloo il refusa d'ouvrir les portes aux ennemis, et ceux-ci étaient déjà maîtres de Paris qu'il résistait encore aux Hollandais qui investissaient Condé. C'est alors que le colonel Gordon, Hollandais de naissance, naturalisé Français, pénétra dans la place avec des proclamations et des lettres signées par Bourmont et Clouet. Les habitants, exaspérés et excités encore, dit-on, par le lieutenant Miéton, aide-de-camp du général, firent feu sur Gordon et le tuèrent. On saisit cette occasion de punir le général de sa résistance; lui et son aide-de-camp furent traduits devant un conseil de guerre. Le lieutenant fut condamné à mort et fusillé le 30 juin 1816; quant au général, quoiqu'on ne pût le convaincre d'avoir participé à la mort de Gordon, il fut condamné à la déportation, et dégradé sur la place Vendôme en présence de la colonne dont les bas-reliefs représentaient quelques-uns de ses glorieux faits d'armes. Le brave général mourut de chagrin deux mois après dans la prison de l'Abbaye.

BONNARD (ENNEMOND), né à Saint-Symphorien d'Ozon (Basses-Alpes), le 30 septembre 1756, entra au service le 29 mars 1774, dans le régiment d'artillerie d'Auxonne, et y fut fait sergent le 4 septembre 1782. Bientôt après ce régiment fit partie des troupes envoyées par le gouvernement français au secours de la république naissante des États-Unis.

La paix de 1783 ramena ces troupes en Europe. Bonnard fit partie d'un détachement d'artilleurs envoyés à Naples comme instructeurs en 1787.

La révolution le fit revenir en France; il rejoignit son régiment en 1791, et y devint sergent-major le 18 mai 1792, lieutenant au choix le 11 septembre suivant, et adjudant-major au rang de capitaine le 15 février 1798.

Il avait fait, dans ces différents grades, les campagnes de 1792 et de 1793, lorsqu'il fut promu au grade de chef de bataillon au 2ᵉ régiment d'artillerie, le 3 ventôse an II. Il prit alors la direction du grand parc d'artillerie qu'on avait réuni à Guise. Élevé au grade de général de brigade le 24 prairial suivant, il commanda l'artillerie au siége de Charleroi, et rendit de grands services à la bataille de Fleurus.

Nommé commandant de l'artillerie du corps chargé de reprendre sur l'ennemi les places de Landrecies, du Quesnoy, de Valenciennes et de Condé, il reçut l'ordre, après la prise de ces places, de rejoindre l'armée de Sambre-et-Meuse. Il commanda l'artillerie de l'aile droite au combat de Spremont et à la bataille de Duren sur la Roër. Ce fut lui qui dirigea l'artillerie à l'attaque du fort de Wick, lors du siége de Maëstricht. Le 23 brumaire an III, il fut nommé général de division.

La campagne de l'an III devait s'ouvrir par le passage du Rhin ; le général Bonnard reçut l'ordre de tout préparer pour cette importante opération. C'était la division de Kléber qui devait tenter ce passage. On manquait d'artillerie et de tout ce qui était nécessaire pour l'effectuer ; Bonnard pourvut à tout ; les points de Dusseldorff et d'Urdingen se trouvèrent parfaitement préparés ; le Rhin fut franchi.

En l'an IV, ce général fut mis à la tête d'une division d'infanterie avec laquelle il investit la forteresse d'Ehrenbretstein et observa la basse Lahn.

En messidor de la même année, il eut le commandement de la réserve de l'armée de Sambre-et-Meuse, dont la division qu'il commandait précédemment faisait partie. Il prit position à Achembourg, le 15, passa la Lahn le 20, la Nidda le 23, et marcha sur Francfort. Le mois suivant, sa division fut attachée au corps de Marceau, qui devait investir Mayence, observer la garnison de Manheim et bloquer les forteresses d'Ehrenbretstein et de Kenigstein.

Après la paix de l'an V, il fut nommé au commandement des place et province du Luxembourg, et quelques mois plus tard, à celui de la Belgique ; et en l'an VII, il vint commander la 2ᵉ division militaire, qu'on lui accorda pour raison de santé ; mais il la quitta bientôt pour la 24ᵉ (Belgique). Bonnard parvint à faire disparaître les divisions qui agitaient ce pays, à calmer, à réunir tous les partis ; et ce n'est pas une des moindres obligations qu'on lui dut. En l'an VIII, on adjoignit à son commandement les 25ᵉ et 26ᵉ divisions militaires où se concentraient les forces qui formaient la gauche de l'armée gallo-batave. La paix le rendit à sa 24ᵉ division militaire, qu'il garda jusqu'en l'an X.

Pendant une partie de cette même année et pendant toute l'année suivante, il remplit les fonctions d'inspecteur général d'infanterie dans la 18ᵉ division militaire (Paris).

En l'an XII, le premier Consul le fit membre de la Légion d'honneur le 19 frimaire, commandant de l'Ordre le 25 prairial, et lui confia le commandement de la 22ᵉ division militaire, qu'il conserva jusqu'au 1ᵉʳ octobre 1814, époque à laquelle Louis XVIII l'admit à la retraite. La croix de Saint-Louis lui avait été donnée le 27 septembre précédent.

Il mourut à Tours le 15 janvier 1819. Son nom est inscrit sur l'arc de l'Étoile, côté nord.

BONNEMAINS (Pierre, vicomte de), né à Tréauville, arrondissement de Cherbourg, le 10 mai 1772. Elevé au collège de Valognes, il entra au service en qualité d'adjudant-major d'un bataillon de gardes nationaux de la Manche. Le 20 mai 1793, il passa sous-lieutenant dans les dragons de la Manche, depuis 12ᵉ dragons ; en 1797, il était capitaine aide-de-camp du général Tilly et fit plusieurs campagnes aux armées du Nord et de Sambre-et-Meuse.

Nommé chef d'escadron sur le champ de bataille, puis major du 16ᵉ de chasseurs à cheval, colonel du 5ᵉ chasseurs, en 1806 ; il fit les campagnes de 1806 et 1807, se distingua à Schleitz, à Lubeck, à Iéna, à Crivitz, à Friedland.

Officier de la Légion d'honneur en 1808, il passa en Espagne, se distingua à Burgos où il fut créé baron, à Truxillo, à Médelin, en 1809 à Talavéra et en 1812 à Algesiraz.

Général de brigade, le 6 août 1811, il resta en Espagne jusqu'au commencement de 1813, passa en Italie, fit sous le prince Eugène les campagnes de 1813 et 1814, commanda quelquefois l'avant-garde et se fit remarquer à Caldiéro et à Villa-Franca, contribua au succès de la bataille du Mincio et fut proposé pour le grade de lieutenant-général. Il était déjà commandeur de la Légion d'honneur et chevalier de la Couronne de fer.

Le 19 juillet 1814, il fut créé chevalier de Saint-Louis, commanda une brigade de cavalerie pendant les Cent-Jours ; il eut le commandement d'une brigade de cavalerie sous les ordres du maréchal Grouchy, et, jusqu'au dernier moment, témoigna de son dévouement à la cause de Napoléon.

Après Waterloo, il fut de nouveau désigné pour le grade de lieutenant-général ; mais cette nomination ne fut pas confirmée par le roi.

Pendant quelques années, le général Bonnemains resta dans l'ombre ; mais il finit par s'entendre avec les Bourbons, fut créé vicomte, fit la campagne d'Espagne et fut nommé enfin lieutenant-général le 22 juin 1823, puis gentilhomme de la chambre, commandant de la Corse, et grand officier de la Légion d'honneur.

Le général Bonnemains a fait plusieurs fois partie de la Chambre des Députés.

Envoyé en Algérie, en 1839, pour réorganiser la cavalerie, il fut placé, à son retour de cette mission, en 1840, dans le cadre de réserve.

BONNET (Guillaume), né à Genève en 1784, des religionnaires français réfugiés. Il prit du service sous le drapeau français en 1804 dans les vélites de la garde ; huit ans plus tard l'Empereur le faisait chef de bataillon à Moscou, dans le 18e de ligne. M. Bonnet avait reçu six blessures graves dans les guerres d'Allemagne, de Pologne et de Russie.

En 1815, le commandant Bonnet était à l'armée du Rhin et se distingua le 9 juillet à l'attaque du village de Mittel-Hausbergen, où il commandait 300 voltigeurs d'avant-garde.

Sous la Restauration, il fut d'abord mis en disponibilité, puis envoyé, comme major, au 20e léger. Sept ans plus tard, il fut nommé colonel à l'*ancienneté*.

En 1829, il publia à la Rochelle une brochure sur la formation et l'emploi de l'infanterie légère que l'on voulait transformer en infanterie de ligne.

En 1832, le colonel Bonnet fut envoyé en Vendée, lors des troubles qui y éclatèrent. Sa conduite fut telle que la garde nationale de Laval lui offrit une épée d'honneur.

Peu après, M. Bonnet reçut la croix de Commandeur.

Promu au grade de général de brigade le 12 août 1839, il est aujourd'hui en retraite.

BONY (le général François), né à Cressey (Côte-d'Or) le 20 décembre 1792, entra au service, le 12 septembre 1793, en qualité de volontaire dans le 10e bataillon de la Côte-d'Or. Incorporé depuis dans la 51e demi-brigade de ligne, peu de jours après il fut nommé lieutenant à l'élection. Il fit les campagnes de 1793 à l'an II aux armées de Rhin-et-Moselle, et celles de l'an III et de l'an V à l'armée d'Italie, et se trouva à la bataille de Castiglione, où il fut grièvement blessé, et à celle d'Arcole, où il mérita le grade de capitaine. Il se distingua encore à Hohenlinden, sous Moreau, et y prit deux pièces de canons. Peu après il fut décoré (25 prairial an XII) et nommé chef de bataillon. A Austerlitz, à la tête d'une compagnie de grenadiers, il fit 300 prisonniers. A Iéna, il reçut un coup de feu. En Espagne, il gagna la croix d'officier et le grade de major titulaire du 4ᵉ régiment de ligne (29 juin 1811). Rentré en France pour prendre le commandement des dépôts, il fut nommé colonel en second le 21 février 1813, rejoignit la grande armée et fut nommé le 10 août colonel du 13ᵉ régiment provisoire. Avec 800 hommes, il reprit Buntzlau défendue par trois régiments russes. Il était général de brigade à Leipzig; il y fut fait prisonnier après avoir eu trois chevaux tués sous lui, rentra en France en juin 1814, et fut créé chevalier de Saint-Louis et mis en disponibilité.

Le 22 mars 1831, il fut compris dans le cadre de réserve de l'état-major de l'armée et mis à la retraite le 1ᵉʳ janvier 1835. Il continua de remplir les fonctions de colonel de la garde nationale de Selongey (Côte-d'Or) et de maire de la même ville.

Le général Bony est encore chevalier de l'Ordre de la Réunion et commandeur de l'ordre de la Légion d'honneur.

BORDESOULLE (Etienne, baron, puis comte de Tardif de Pommeroux), né le 8 avril 1771, à Lizeray (Indre), entra au service le 27 avril 1789, comme simple chasseur à cheval dans le 2ᵉ; fit toutes les campagnes de la révolution, depuis 1792 jusqu'en l'an IX, aux armées du Rhin, de Rhin-et-Moselle, d'Allemagne, d'Angleterre, de Mayence, d'Italie, et s'y distingua par de nombreuses actions d'éclat. Major du 1ᵉʳ régiment de chasseurs le 6 brumaire an XII, il fut créé officier de la Légion d'honneur le 25 prairial, et servit au camp de Bruges en l'an XII et l'an XIII. Il fit les campagnes de l'an XIV à 1807, en Autriche, en Prusse et en Pologne, au 2ᵉ corps de la grande armée, et fut nommé colonel du 22ᵉ régiment de chasseurs, le 6 nivôse an XIV, par suite de sa brillante conduite à Austerlitz.

Le 9 juin 1807, à la tête de 60 hommes de son régiment, il traverse le passage de Guttsdat, charge un bataillon russe qui est entièrement pris et taillé en pièces et reçoit deux coups de baïonnette à l'avant-bras droit et dans la poitrine. Il se distingue encore à Heilsberg et à Friedland, et est créé général de brigade le 25 du même mois.

Le 1ᵉʳ août, il est employé dans le corps d'armée du maréchal Brune, et placé en décembre à la tête de la cavalerie légère attachée à la défense de Dantzig. Le 21 septembre 1808, il reçoit l'ordre de se rendre à Bayonne, et est promu en novembre au commandement d'une brigade de la division Lassalle (réserve de cavalerie de l'armée d'Espagne). En décembre, il détruit les débri de l'armée de Castanos, aux environs de Madrid, et contribue, le 28 mars 1809, au gain de la bataille de Medelin, en taillant en pièces, à la tête des 5ᵉ et 10ᵉ de chasseurs, 60,000 hommes d'infanterie espagnole, au moment où tout le corps du maréchal duc de Bellune opérait son mouvement de retraite, et où il avait lui-même reçu l'ordre de se retirer. Passé le 25 mai 1809, à l'armée d'Allemagne, il y prit le commandement d'une brigade de cavalerie du 4ᵉ corps, fut employé au corps d'observation de la Hollande en mai 1810, et investi du commandement de la 3ᵉ brigade de cavalerie légère de l'armée d'Allemagne, le 2 décembre.

En novembre 1811, il passa au corps d'armée d'observation de l'Elbe devenu 1ᵉʳ corps de la grande armée, et fut appelé en juin 1812 à la tête de la 2e brigade de cavalerie légère du même corps. Le 30 de ce mois, il battit à Soleschniki l'avant-garde du général Barclay de Tolly, et le 23 juillet, commandant l'avant-garde du maréchal prince d'Eckmühl, composée du 3e régiment de chasseurs et d'un régiment d'infanterie, il s'empara du Mohilow, y fit 900 prisonniers, se rendit maître de magasins, de bagages considérables et de plus de 600 bœufs destinés au prince Bagration. Il combattit encore à Smolensk, à la Moskowa, où il eut la mâchoire fracassée d'un coup de biscaïen, et à Krasnoë, où il s'empara de huit pièces de canon après avoir culbuté un corps de 1,500 hommes, enfonça un formidable carré d'infanterie, lui fit 300 prisonniers et dégagea le 9e de lanciers polonais, gravement compromis.

Élevé au grade de général de division le 4 décembre 1812, il fut appelé au commandement de la 1re division de cuirassiers du 1er corps de cavalerie de la grande armée, le 15 février 1813, et fit, à sa tête, la campagne de Saxe.

Déjà revêtu du titre de baron de l'Empire avec une dotation, il fut créé commandeur de la Légion d'honneur le 14 mai et se distingua à Lutzen, à Bautzen, à Dresde, où il dirigea avec habileté plusieurs charges vigoureuses, enfonça une douzaine de carrés ennemis, fit 6,000 prisonniers et contribua à refouler dans les montagnes de la Bohême, l'armée nombreuse qui menaçait de nous écraser; à Leipzig, où les 16, 17 et 18 octobre, il donna des nouvelles preuves d'intrépidité; à Hanau, où il soutint une partie de la retraite, et sut, avec peu de monde, imposer à une nombreuse cavalerie chargée de l'inquiéter. — Nommé commandant de deux divisions de cavalerie organisées à Versailles le 3 juin 1814, il coopéra au succès remporté sur le feld-maréchal Blücher, à Vauchamps, le 12 février, culbuta l'ennemi au combat de Villeneuve le 17, se trouva à la reprise de Reims le 13 mars, au combat de la Fère-Champenoise le 25, et à la bataille sous Paris le 30.

Après la première rentrée des Bourbons, il dut à son origine nobiliaire d'être nommé, en mai 1814, inspecteur général de cavalerie, chevalier de Saint-Louis le 2 juin, et grand officier de la Légion d'honneur le 23 août. Lorsque l'Empereur revint de l'île d'Elbe, il prit, le 12 mars 1815, le commandement provisoire des neuf escadrons de cavalerie de la 2e division militaire dirigée sur Châlons.

Le gouvernement royal le confirma dans ce commandement le 16 du même mois. Il suivit Louis XVIII à Gand, fut nommé chef d'état-major du duc de Berry le 25 juin 1815, pendant l'émigration, et rentra en France avec ce Prince dans le mois de juillet.

Louis XVIII le nomma grand-croix de la Légion d'honneur le 15 août et lui confia, le 8 septembre, l'organisation de cette belle cavalerie de la garde royale dont il eut le commandement. Il fit partie de la Chambre introuvable comme député de l'Indre, et fut créé, le 12 octobre, membre de la trop fameuse commission chargée d'épier la conduite des officiers des Cent-Jours. Le 3 mai 1816, il fut fait commandeur de l'ordre de Saint-Louis, et échangea son titre de baron, conquis sur le champ de bataille, contre celui de comte, que lui donnait la Restauration. Aide-de-camp honoraire du comte d'Artois, le 2 juin 1807, membre du comité des inspecteurs généraux le 25 octobre, il devint gentilhomme d'honneur du duc d'Angoulême le 2 juillet 1820, reçut la décoration de grand-croix de Saint-Louis le 1er mai 1821, et fut nommé gouverneur de l'École polytechnique, en conservant son emploi dans la garde royale, le 17 septembre 1822. Ce n'est pas peut-être un sabreur intrépide qu'il eût fallu à la tête de cette école modèle, mais plutôt un de ses anciens élèves, joignant à la même bravoure des connaissances plus étendues. Quoi qu'il en soit, on n'a pas oublié qu'il lui rendit le régime militaire qui est encore en vigueur, et lui donna cet uniforme sous lequel elle devait organiser la victoire populaire en 1830.

Appelé, le 16 février 1823, au commandement en chef des troupes de la garde employées à l'armée des Pyrénées, Bordesoulle fit le blocus et le bombardement de Cadix, et fut cité, le 31 août, à la prise du Trocadéro, victoire trop vantée par les amis de la Restauration, trop critiquée par ses ennemis, mais qui n'en reste pas moins, pour l'histoire impartiale, un brillant et audacieux fait d'armes.

Après la guerre, il fut créé pair de France le 9 octobre, et reçut la grand'-croix de l'ordre de Charles III d'Espagne, le 4 novembre de la même année. Ses opinions étaient franchement patriotiques et constitutionnelles. Ses conseils au duc d'Angoulême en obtinrent plusieurs actes qui furent agréables aux amis de la liberté : entre autres la fameuse ordonnance d'Andujar, imposée à Ferdinand VII, mais qui fut si traîtreusement exécutée par ce prince.

Au mois de décembre, il reprit le commandement de sa division de cavalerie dans la garde. A la mort de Louis XVIII, Charles X ne le conserva pas comme aide-de-camp honoraire dans la nouvelle liste, arrêtée le 4 novembre 1824. — Proclamé chevalier commandeur de l'ordre du Saint-Esprit, dans le chapitre tenu le 21 février 1830, il tenta vainement de conjurer les funestes résolutions du roi en juillet, et demeura, pendant les trois journées, à Saint-Cloud, prêt à défendre sa personne. Ce fut à Rambouillet seulement qu'il le quitta, continuant à exercer son commandement dans la garde dissoute jusqu'au 21 août, qu'il fut mis en disponibilité.

Compris dans le cadre de réserve de l'état-major général le 7 février 1831, il fut admis à la retraite le 14 mars 1832.

Depuis la révolution nouvelle, il vécut à l'écart, bien qu'il fît encore partie de la Chambre des pairs, où il paraissait à de rares intervalles.

Il mourut le 3 octobre 1837, à sa terre de Fontaine, près de Senlis.

BORNE DESFOURNEAUX (Edme-Étienne), né le 22 avril 1767, à Vezelay (Yonne), était sergent au régiment de Conti-infanterie, au moment de la Révolution de 1789.

Il avait été chargé au mois d'octobre de garder, avec un détachement de 13 hommes, un grand magasin de tourbes, près d'Amiens, lorsque, attaqué par 600 paysans armés, onze hommes de son détachement l'abandonnèrent. Seul, avec deux soldats, il se défendit héroïquement, et, quoique atteint de plusieurs blessures, il parvint à repousser les assaillants. Là municipalité d'Amiens, reconnaissante, lui décerna, en présence de la garnison assemblée, une montre d'or aux armes de la ville, avec cette inscription : *Au brave Desfourneaux*, et le ministre de la guerre le nomma sous-lieutenant le 26 décembre 1790.

Les volontaires du Pas-de-Calais l'appelèrent dans leurs rangs, et au mois de juin 1792, il s'embarquait pour Saint-Domingue, comme lieutenant-colonel du 48e régiment d'infanterie.

Appelé en janvier 1793, au commandement de la place de Saint-Marc, il emporta d'assaut le camp de Thilerier et montra la même résolution à la prise du fort d'Onanaminte, où il fut grièvement blessé. Nommé colonel de son régiment le 8 février et commandant en chef de la partie ouest, il se signala à la prise du fort de Lesce, s'empara de 14 pièces de canon, et fit éprouver à l'ennemi une perte de 4,000 hommes. Au commencement de l'an II, il chassa les Espagnols de la partie ouest de l'île, battit dans toutes les rencontres l'armée du gouverneur général Garcia, et reçut quatre blessures dans ces différents engagements. Il prit ensuite, avec 300 hommes du 106ᵉ régiment, le fort de la Crête-Sale, et y fit prisonniers les 700 Espagnols qui le défendaient.

A son retour en France, le Comité de salut public conféra à Desfourneaux le grade de général de division, le 21 frimaire an III, et le renvoya à Saint-Domingue, sous les ordres du capitaine général Lavaux; mais contrarié par les vents, et contraint de relâcher aux États-Unis, Desfourneaux ne put arriver à sa destination qu'en floréal an IV.

Après avoir commandé successivement la place du Port-au-Prince et les circonscriptions du Sud et de l'Ouest, il revint en France en l'an VI, prit en frimaire an VII le commandement de la Guadeloupe, fut rappelé en floréal et aborda les côtes de France en pluviôse an VIII.

Embarqué en pluviôse an IX, sur la frégate l'*Africaine*, pour aller porter des secours à l'armée d'Orient, il fut pris par les Anglais dans le détroit de Gibraltar, après un combat glorieux, où il vit périr à ses côtés trois de ses aides-de-camp, son frère et son neveu; blessé lui-même à la poitrine, il revint en France par suite d'échange, et repartit pour Saint-Domingue avec l'expédition du général Leclerc.

Débarqué au cap Français le 15 pluviôse an X, Desfourneaux prit d'assaut, le 14 ventôse, la ville de Gonaïves, força le général nègre Maurepas à mettre bas les armes avec ses 4,000 hommes et lui prit son artillerie.

Le 25 du même mois, il remporta à Plaisance une victoire complète sur la troupe de Toussaint-Louverture et lui fit 5,000 prisonniers.

Rentré en France au commencement de l'an XI, Bonaparte l'accueillit avec distinction, et lui dit en l'apercevant : « Général, vous vous êtes bien battu; vous avez fait de grandes choses à la tête de vos troupes ; je m'en souviendrai et je vous donnerai des preuves de ma confiance. »

Cependant l'Empereur ne tint point les promesses du premier Consul, et le général Desfourneaux cessa, depuis cette époque, d'occuper des commandements importants.

Nommé commandeur de la Légion d'honneur à la création de l'ordre, en juin 1804, et baron de l'Empire en 1808, il entra au Corps législatif en 1811, et y occupa plusieurs fois le fauteuil en qualité de vice-président. Louis XVIII le nomma grand-croix de la Légion d'honneur et chevalier de Saint-Louis, le 3 août 1814. Membre de la Chambre des représentants pendant les Cent-Jours, il commanda les troupes chargées de défendre les hauteurs de Montmartre, et cessa de servir à la seconde Restauration.

Le général Desfourneaux qui, depuis cette époque, n'avait sollicité aucun commandement, est mort à Paris, le 22 février 1849, à l'âge de 81 ans. Son nom est inscrit sur le côté ouest de l'arc de triomphe de l'Étoile.

BORELLI (Charles-Luce-Paulin-Clément, vicomte de), lieutenant-général, né à Villefort (Lozère), il reçut, comme fils de citoyen actif, un brevet de sous-lieutenant pour les hussards de la légion des Alpes, depuis 14ᵉ régiment de chasseurs à cheval, fit plusieurs campagnes en Vendée, sous les ordres de Hoche.

Parvenu au grade de capitaine, il entra dans l'état-major général, et servit en Italie, sous les généraux Scherer, Joubert, Moreau, Championnet et Masséna. Il fit ensuite les campagnes d'Austerlitz, d'Iéna et de Pologne, comme chef d'escadron, sous les ordres de Lannes. Blessé plusieurs fois, et honorablement cité dans les bulletins de l'armée, il fut nommé colonel d'état-major et envoyé en 1808 en Espagne; il était déjà officier de la Légion d'honneur après Friedland, il fut nommé adjudant-commandant. Le prince Murat le nomma sous-chef d'état-major général et l'envoya recevoir l'armée portugaise qui entrait en Espagne par Ciutad-Rodrigo. Il prit part au siége de Madrid, et fut nommé gouverneur de cette ville. Il remplissait les fonctions de sous-chef d'état-major de la cavalerie à la campagne de Russie, où il se distingua aux combats de Witepsk, Smolensk, Borodino, et fut nommé général de brigade à la Moskowa, et chef d'état-major général à la place du général Belliard. Il entra un des premiers à Moscou à la suite des Cosaques. Murat le cita comme un des plus habiles et des plus braves officiers de l'armée.

En 1813, il était chef d'état-major du maréchal Saint-Cyr, qui commandait en Saxe le 14e corps. Le 18 septembre, il détruisit totalement une colonne ennemie de 2,000 hommes. Il était dans Dresde quand cette ville capitula, et partagea le sort du maréchal Gouvion-Saint-Cyr, qui le cita avec le plus grand éloge. Rallié aux Bourbons en 1814, il leur resta fidèle jusqu'au dernier moment, et remplit pendant les Cent-Jours les fonctions de chef d'état-major de la garde nationale de Paris. Napoléon le nomma lieutenant-général; mais cette nomination ne fut pas confirmée par Louis XVIII.

En 1823, il fit la campagne d'Espagne comme chef d'état-major du maréchal Molitor, et fut créé grand officier de la Légion d'honneur.

Après la Révolution de 1830, il fut réintégré dans son grade de lieutenant-général (20 novembre 1831). Il fut employé plusieurs fois comme inspecteur général de cavalerie.

Mort en septembre 1849, âgé de 78 ans.

C'est le colonel Borelli (Charles-Hyacinthe-Jules), fils unique du général Borelli, qui a attaqué intrépidement et pris la lunette Saint-Laurent, au siége d'Anvers, à la tête des grenadiers du 65e de ligne. Le colonel Borelli a été promu au grade de général de brigade le 26 avril 1846. Il est aujourd'hui commandant de la Légion d'honneur, et il commande la 3e subdivision de la 14e division militaire.

Le général vicomte de Borelli était oncle maternel de M. Odilon-Barrot, président du conseil des ministres, en 1849.

BOTZARIS (Marco). Le héros de la Grèce moderne était issu d'une famille illustre de Souli (Épire). Il abandonna sa patrie conquise par Ali-Pacha pour se réfugier sous les drapeaux français, à l'ombre desquels il crut en sagesse et en valeur. De la taille ordinaire des Souliotez, qui est de cinq pieds environ, sa légèreté était telle qu'on le comparait au zéphyr. Nul ne l'égalait à la lutte, au jeu du disque; et quand ses yeux bleus s'animaient, que sa longue chevelure flottait sur ses épaules, et que son front rasé, suivant l'usage antique, reflétait les rayons du soleil, on l'aurait pris pour un descendant de ces Pélasges qui civilisèrent l'Épire. Il avait laissé sa femme et deux enfants sur la terre étrangère pour se livrer avec plus d'audace aux chances des combats. Mais sa femme Chrysé vint le rejoindre après l'insurrection de la Grèce, et voulut combattre à ses côtés.

Marco Botzaris obtint de nombreux et brillants succès contre les Turcs et fit reverdir dans sa patrie des lauriers flétris depuis 22 siècles. Peu de temps après la prise de Regniasa, il fit, avec une poignée d'hommes, poser les armes à 1,300 Turcs.

En avant de Missolunghi, il soutint, avec 600 Pallikares, les efforts de l'armée ottomane tout entière. Les Thermopyles pâliront un jour à ce récit. Retranchés auprès de Brionero, fontaine située à l'angle occidental du mont Aracynthe, ces braves, après avoir peigné leurs belles chevelures, suivant l'usage immémorial des soldats de la Grèce, se lavent dans les eaux de l'antique Aréthuse, et revêtus de leurs plus riches ornements, ils demandèrent à s'unir par les liens de la fraternité, en se déclarant *Ulamia*. Un ministre des autels s'avance aussitôt. Prosternés au pied de la croix, ils échangent leurs armes ; ils se donnent ensuite la main en formant une chaîne mystérieuse, et prononcent les paroles sacramentelles : *Ma vie est ta vie, et mon âme est ton âme.* Le prêtre alors les bénit, et ayant donné le baiser de paix à Marco Botzaris qui le rend à son lieutenant, ses soldats s'étant mutuellement embrassés, présentent un front menaçant.

C'était le 4 novembre 1822, au lever du soleil : on apercevait de Missolunghi et d'Anatolico le feu du bataillon immortel qui s'assoupit à midi. Il reprit avec une nouvelle vivacité deux heures après, et diminua insensiblement jusqu'au soir. A l'apparition des premières étoiles, on aperçut, dans le lointain, les flammes des bivouacs ennemis dans la plaine ; la nuit fut calme, et, le 5 au matin, Marco Botzaris rentra à Missolunghi, suivi de 22 Souliotes : le surplus de ses braves avait vécu.

A la faveur de cette héroïque résistance, le président du gouvernement, Maurocordato, avait approvisionné Missolunghi, et fait embarquer pour le Péloponèse, les vieillards, les femmes et les enfants. Marco Botzaris voulait pourvoir de la même manière à la sûreté de sa femme et de ses enfants ; mais Chrysé, son épouse, ne pouvait se résoudre à l'abandonner : elle lui adresse les adieux les plus déchirants, elle tombe à ses pieds avec les timides créatures qui le nommaient leur seigneur et leur père. Marco Botzaris les bénit au nom du Dieu des batailles ; il les accompagne ensuite au port ; il suit des yeux le vaisseau ; il tend les bras à sa femme ; hélas ! il la voyait pour la dernière fois.

Il périt peu de temps après, dans une bataille nocturne contre les Turcs, et sa mort fut aussi glorieuse, aussi sainte que sa vie. (*Extrait de* Pouqueville.)

BOUCHARD (André-Paul), amiral, est né en 1780, à Borme (Var). Son père était fabricant de bouchons et mourut, laissant son fils âgé de 13 ans. Des chagrins domestiques le forcèrent à prendre du service dans la marine. Bientôt il donna des preuves de son courage et de son intelligence ; au siége de Malte surtout, il se fit remarquer par son intrépidité.

Peu après, Bouchard fit partie de la malheureuse expédition de Saint-Domingue. Échappé comme par miracle à notre désastre, il passa aux États-Unis où il se livra d'abord à des opérations commerciales. Puis il visita divers États de l'Amérique. Il se trouvait à Buénos-Ayres le 25 mai 1810, et fut de ceux qui contribuèrent le plus à la Révolution. Les preuves de capacités qu'il avait données lui firent déférer le commandement de l'escadrille de cette république.

Le 3 juin, après plusieurs actions glorieuses contre les Espagnols, il reçut l'ordre de s'emparer de Montevidéo. Avec les sept bâtiments qu'il commandait, il battit la flotte ennemie forte de vingt-sept bâtiments de guerre, et le jour suivant, la ville se rendit aux patriotes.

Le Chili et le Pérou comptent aussi M. Bouchard au nombre de leurs libérateurs.

Tour à tour marin et cavalier, il déploya dans ses campagnes de terre et de mer la plus haute capacité.

En 1829, époque de son dernier commandement, l'amiral Bouchard s'empara de la place et de la citadelle de Guyaquil.

BOUCHOTTE (Jean-Baptiste-Noël), né à Metz, en 1754. — Lieutenant-colonel, commandant à Cambrai en 1792, il empêcha cette place de tomber au pouvoir des Autrichiens. Nommé ministre de la guerre en remplacement de Beurnonville, par le vote unanime de la Convention, il conserva ce portefeuille du 4 avril 1793 au 20 avril 1794 ; — créa onze armées ; — par ses soins 700,000 hommes furent levés, habillés, armés dans un délai de quatre mois. Il fit décréter les 14 et 16 août 1793 la levée en masse du peuple français ; — le 5 septembre 1793, il ordonna la formation de l'armée révolutionnaire licenciée le 27 mars 1794, et enfin le 5 octobre 1793, l'établissement du calendrier républicain.

Bouchotte, souvent persécuté, méconnu, oublié, mourut à Metz, en 1840, âgé de 86 ans.

BOUCHU (François-Louis, baron), né le 13 novembre 1771, à Is-sur-Tille (Côte-d'Or). Caporal dans le 2ᵉ bataillon de volontaires de son département, le 1ᵉʳ septembre 1791, il fit la guerre de 1792 à l'armée du Nord.

Prisonnier le 11 juin à l'affaire de Grinwel, près de Maubeuge, où il reçut une légère blessure, il obtint, à sa rentrée au corps le 24 décembre, le grade de sergent.

Nommé lieutenant dans la compagnie de canonniers du 2ᵉ bataillon de la Côte-d'Or, le 30 janvier 1793, il se trouva au combat de Rhinzabern, sous Landau (armée du Haut-Rhin). Le 26 mai suivant, dirigé sur l'armée du Midi, il prit part au siège de Toulon.

Passé à l'armée d'Italie après la reprise de cette place, il y servit depuis la fin de l'an II jusqu'au commencement de l'an VI. Capitaine en second le 15 prairial an II dans la compagnie des canonniers attachée à la 117ᵉ demi-brigade de ligne, devenue 75ᵉ, il se signala à la prise d'Oneille, au siège de Ceva (Piémont); au siège et au blocus de Mantoue en l'an IV et en l'an V, et combattit à Castiglione.

Pendant le blocus de Mantoue, il fit remonter, sous le feu des retranchements ennemis, les barques nécessaires à l'établissement du pont de l'île de Thé, et coopéra au passage du Tagliamento le 26 ventôse an V.

Capitaine de la 1ʳᵉ compagnie de pontonniers le 27 germinal de la même année, il suivit l'expédition d'Égypte, assista à la prise de Malte et d'Alexandrie, aux sièges de Jaffa, de Saint-Jean-d'Acre et du Caire.

Chargé, au siège de Saint-Jean-d'Acre, de diverses reconnaissances des approches de la place, il s'en acquitta avec autant de zèle que de talents, et resta constamment exposé au feu des batteries du port et des remparts de la ville.

Lorsque le général Bonaparte remit à Kléber le commandement en chef de l'armée d'Orient, il porta le commandant Bouchu sur la liste des officiers d'élite qu'il recommandait à son attention ; lui-même, après les événements de brumaire, n'oublia pas le brave de Saint-Jean-d'Acre, et il le nomma, le 5 floréal an VIII, chef de bataillon d'artillerie, et, quand cet officier supérieur rentra en France, il le chargea d'organiser à Strasbourg le 1er bataillon de pontonniers, dont il lui donna ensuite le commandement.

Nommé sous-directeur des ponts près le parc général d'artillerie des camps sur l'Océan, le 21 fructidor an XI, Bouchu fit les campagnes de l'armée des côtes des ans XI et XII, et reçut à Boulogne, le 25 prairial de cette dernière année, la décoration de la Légion d'honneur.

Colonel, le 3e jour complémentaire an III, et attaché provisoirement à l'état-major général de l'artillerie, il prit le commandement du 3e régiment d'artillerie à pied.

Pendant la campagne d'Allemagne de l'an XIV, en Prusse et en Pologne, en 1806 et 1807, il remplit les fonctions de directeur du parc général, et, le 7 mai 1807, il obtint la croix d'officier de la Légion d'honneur.

Chef de l'état-major général de l'artillerie de l'armée d'Espagne, le 10 décembre 1808, il commandait l'artillerie du 5e corps à la bataille d'Ocaña. Nommé général de brigade le 19 mai 1811, sur la proposition du maréchal duc de Dalmatie, pour sa conduite au siége de Badajoz et à la bataille d'Albuéra, il commanda l'artillerie du midi de l'Espagne à partir du 21 janvier 1813.

Appelé le 6 juillet à la direction des équipages de pont de la grande armée, il montra tant d'intelligence et de valeur à l'attaque du pont de Meissen, que l'Empereur crut devoir lui conférer le titre de baron de l'Empire.

Nommé en décembre au commandement de l'artillerie de la ville de Torgau, il fut fait prisonnier après une vigoureuse résistance, et ne rentra en France qu'après la première abdication de Napoléon. Commandant de l'École d'artillerie à Grenoble le 21 juin 1814, chevalier de Saint-Louis le 29 juillet suivant, il se trouvait à Grenoble au moment où l'Empereur fit son entrée dans cette ville au retour de l'île d'Elbe.

Le 8 juin 1815, il reçut l'ordre d'aller prendre le commandement de l'artillerie de l'armée des Pyrénées-Orientales.

Nommé, le 10 février 1816, commandant de l'École régimentaire de Valence, et de l'École polytechnique le 2 octobre suivant, il reçut, le 24 août 1820, la décoration de commandeur de la Légion d'honneur, et le 17 septembre 1822, celle de grand officier.

Louis XVIII l'attacha au comité consultatif de l'artillerie, et lui confia, le 23 avril 1823, la direction du parc d'artillerie des Pyrénées. Il soutint dignement au siége de Pampelune son ancienne réputation.

Le 30 octobre 1823, le roi l'éleva au grade de lieutenant-général, et le roi d'Espagne lui accorda, le 23 du même mois, la plaque de 4e classe de l'ordre de Saint-Ferdinand.

Attaché successivement, de 1816 à 1831, à l'inspection des troupes et au comité de son arme, placé en non-activité le 1er janvier 1837, et enfin admis le 13 août 1839 dans la section de réserve du cadre de l'état-major général de l'armée, il est mort à Antony, près de Paris, le 31 octobre suivant.

Son nom figure sur le côté ouest de l'arc de triomphe de l'Étoile.

BOUDET (JEAN, comte), général de division, naquit à Bordeaux, le 19 février 1769. Il entra au service à l'âge de seize ans, en sortit après quelques années ; plus tard, lors de la formation des gardes nationales, il entra comme lieutenant dans un bataillon de la Gironde; et se distingua par une rare bravoure au combat de Château-Pignon, en 1793. Il assista comme capitaine au siége de Toulon, et à la guerre de la Vendée en 1794 ; il avait été envoyé à la Guadeloupe, alors occupée par les Anglais ; il y prit le fort Fleur-d'Epée et la ville de Pointe-à-Pitre, vigoureusement défendus par l'ennemi. Le courage et les talents qu'il avait déployés dans cette expédition, le firent nommer dans la même année général de brigade. Il acheva la conquête de l'île par une longue série des plus brillants faits d'armes, et fut élevé, par le Directoire, en 1796, au grade de général de division. Au bout de deux ans, et après avoir mis l'île en état de défense, il revint en France pour prendre part à la campagne de Hollande, sous le commandement du général Brune. Après le 18 brumaire, il entra dans l'armée de réserve, commandée par Berthier et destinée pour l'Italie. Chef de l'avant-garde, il s'y distingua à la tête de sa division par un grand nombre d'actions d'éclat. Vers la fin de 1801 il alla à Saint-Domingue, sous les ordres du général Leclerc, et y contribua puissamment au succès des armes françaises. Sa conduite, dans cette sanglante et terrible expédition, ne saurait être assez louée. Il s'y montra constamment généreux et humain, et traita avec un égal ménagement les noirs et les hommes de couleur. De retour en France, le général Boudet fut envoyé en Hollande par l'Empereur, en 1804, pour tenter de là une descente en Angleterre ; mais la guerre de 1805 interrompit les préparatifs et l'appela sur les côtes d'Allemagne. En 1807 il prit part au siége de Colbert, sous les ordres de Murat, et s'empara, après la paix de Tilsitt, de la forteresse de Stralsund. En récompense de ses services, Napoléon lui conféra le titre de comte, et lui fit don d'un revenu de 30,000 francs sur la Poméranie suédoise. En 1809, le général Boudet assista à la prise de Vienne ; à Essling il résista pendant 36 heures à l'armée autrichienne. La veille du 5 juin 1809, sa division fut la première qui, de l'île de Lobau, attaqua les Autrichiens placés sur la rive gauche du Danube et effectua le passage ; et le 5 au soir, il avait, à la pointe de la baïonnette, pris possession d'Essling et de Gross-Aspern. De l'aveu de l'Empereur lui-même, ce fut à la conduite du général Boudet que nous dûmes la victoire d'Aspern. Mais les constants et pénibles efforts d'une carrière si bien remplie lui avaient attiré une goutte violente à laquelle il succomba le 14 septembre 1809.

Napoléon perdit en lui un de ses généraux les plus braves et les plus dévoués.

Son nom est gravé sur l'arc de triomphe de l'Etoile, côté est.

BOUGENEL (Jean-François), né à Paris, le 16 mai 1786, servit, dès l'âge de 14 ans, sur les vaisseaux de l'Etat, en qualité de novice ; plus tard il entra à l'école de Fontainebleau, où il fut d'abord élevé, et d'où il sortit, en 1806, sous-lieutenant au 19e de chasseurs à cheval ; il fut en outre attaché au prince de Neufchâtel, en qualité d'officier d'ordonnance, et fit toutes les campagnes jusqu'au 13 septembre 1813, qu'il fut fait prisonnier à Borra, en Saxe.

M. Bougenel conquit sur les champs de bataille les grades de capitaine et de chef d'escadron, et la croix de la Légion d'honneur.

Rentré en France en 1814, il fut mis en non-activité, reprit du service pendant les Cent-Jours, fit la campagne avec le 10e chasseurs, ou à l'état-major de la cavalerie ; il passa en 1816 dans les chasseurs de l'Isère et fut promu au grade de lieutenant-colonel du 6ᵉ chasseurs en 1827.

Après la Révolution de 1830, M. Bougenel fut nommé colonel du 6ᵉ lanciers, et le 24 août 1838, maréchal de camp, chargé du commandement de la subdivision militaire de Givet.

Le général Bougenel, chevalier de Saint-Louis, en 1822, est aussi commandeur de la Légion d'honneur. Il a été nommé général de division, le 28 décembre 1846. Il commande aujourd'hui la 4ᵉ division militaire et fait partie du comité de cavalerie.

BOUILLÉ (Louis-Joseph-Amour, marquis de), fils et frère des deux Bouillé qui participèrent à l'évasion de Louis XVI; M. de Bouillé est né le 1ᵉʳ mai 1769. Le grand Frédéric l'admit à l'Académie des gentilshommes de Berlin. A 18 ans, il fut nommé capitaine au *Royal-Pologne*, cavalerie; puis dans *Mestre-de-camp-général*, dragons, et enfin major en second aux hussards de Berdung, le 5 juin 1790.

En 1791, il devint lieutenant-colonel aide-de-camp de son frère, le chevalier de Bouillé. Il eut occasion de montrer sa bravoure dans quelques émeutes en 90 et 91, à Metz et à Nancy, et sauva la vie à plusieurs personnes. Le jour de l'arrestation du roi à Varennes, M. de Bouillé se trouvait près de son père, et il fut poursuivi comme lui, en vertu d'un décret de l'Assemblée nationale, mais il passa en Suède et devint aide-de-camp de Gustave III et adjudant-général. A la suite de l'assassinat de ce prince, M de Bouillé se rendit à l'armée de Condé, passa au service de Prusse et fut blessé au siège de Mayence.

En 1793 il leva à ses frais un régiment de hullans et combattit à l'avant-garde de l'armée anglaise jusqu'à la réforme de son corps, en 1796. Cette même année, lorsque le comte d'Artois voulut tenter une descente, il confia à M. de Bouillé le commandement en chef de la cavalerie. Après l'échec de cette expédition, il resta dans l'inaction jusqu'en 1802. Il obtint à cette époque sa radiation de la liste des émigrés et prit du service dans sa patrie en 1806.

Il ne tarda pas à se distinguer et montra tant de bravoure au siège de Gaëte en 1807, qu'il reçut la décoration de la Légion d'honneur.

Attaché au 9ᵉ corps de la grande armée, il assista aux combats livrés par ce corps et à la tête d'une avant-garde de chevau-légers de Linanges-Bavarois, battit le prince d'Anhalt, lui prit son artillerie et paralysa tous ses mouvements.

En 1808, il suivit en Espagne le général Sébastiani, en qualité de chef d'état-major, contribua au succès du combat de Ciutad-Real, fut élevé au grade de chef d'état-major général du 4ᵉ corps, se distingua dans divers rencontres, notamment à la bataille d'Almonacid, où il ajouta à la réputation de valeur et de capacité qu'il s'était faite. Cette brillante conduite lui mérita le grade de général de brigade, le 22 juin 1810, et le commandement d'un corps de dragons avec lequel il battit, le 19 avril et le 17 mai 1812, le général Freyre. Forcé, par le mauvais état de ses yeux, de quitter l'Espagne, il fut fait lieutenant-général à la rentrée des Bourbons et mis à la retraite.

BOURCIER (François-Antoine-Louis, comte), né le 23 février 1760, à la Petite-Pierre, près de Phalsbourg (Bas-Rhin). Lieutenant de cavalerie au commencement de la Révolution, il fut alors nommé aide-de-camp du duc d'Aiguillon, et passa en 1792 à l'état-major du général Custine. Devenu général de brigade, il fut nommé, en 1793, chef d'état-major de l'armée du Rhin, et élevé l'année suivante au grade de général de division.

Chargé de la conduite d'une division de cavalerie sous les ordres du général Moreau, il se distingua au combat d'Ingolstadt, et contribua par son talent et son courage aux résultats de la fameuse retraite de 1796. Nommé inspecteur de cavalerie le 3 août 1797, il fit les campagnes de Suisse et de Naples, où il commanda une colonne de cavalerie qui tailla en pièces les insurgés qui s'étaient rassemblés à Andria. Il fit la campagne de 1805, à la tête d'une division de dragons, et prit part aux batailles d'Elchingen et d'Ulm, ainsi qu'à celle d'Austerlitz, au succès de laquelle il contribua par de brillantes charges; il assista l'année suivante à la bataille d'Iéna, et fut nommé, après la prise de Berlin, inspecteur général du grand dépôt des chevaux pris à l'ennemi.

Envoyé en Espagne, il n'en revint que pour aller combattre à Wagram, où il donna des preuves d'un courage et d'une intrépidité extraordinaires. Plus tard il fit partie de l'expédition de Russie, et vint, après les revers qui l'accompagnèrent, s'établir à Berlin où il réorganisa la cavalerie française.

Il fut mis à la retraite en 1816; mais l'année suivante il fut rappelé au conseil d'État et employé en qualité de commissaire du roi près la régie générale des subsistances militaires. Il fit ensuite longtemps partie de la chambre des députés, et mourut en 1828.

BOURJOLLY (Le Pays de) (Jean-Alexandre), né à Saint-Dominique, le 24 mars 1791, est sorti des pages de Louis-Napoléon, roi de Hollande, pour entrer dans le 2° d'infanterie hollandaise, en qualité de sous-lieutenant, par décret du 25 mai 1807. Ce régiment, en 1808, faisait partie de l'armée d'occupation de Hanovre.

Commandant un détachement de 18 à 20 hommes sur les côtes de l'Ost-Frise, M. de Bourjolly se signala en reprenant aux Anglais un navire que la marée descendante avait laissé à sec; avec 12 hommes il s'en rendit maître. Saisissant le fusil d'un de ses fantassins, il tua lui-même l'officier : huit hommes furent tués dans cette petite affaire, et neuf furent ramenés prisonniers. Il avait alors 17 ans.

Passé au service de France en 1810, aide-de-camp du maréchal duc d'Istrie (Bessières), le 4 septembre; il fit les campagnes de 1810, 1811 en Espagne, 1812, en Russie et 1813 en Allemagne. Il fut décoré de l'ordre de la Légion d'honneur sur le champ de bataille de Lutzen. Le maréchal Bessières fut tué à ses côtés au moment où il lui donnait un ordre.

Devenu aide-de-camp du maréchal Soult, le 5 mai 1813, il fit les campagnes de 1813 et de 1814 en Espagne et en France, et se trouva à la bataille de Toulouse; il fut nommé chef d'escadron le 31 octobre de la même année; plus tard, pendant la campagne de 1815, il était encore aide-de-camp du maréchal Soult, à la bataille de Waterloo.

La Restauration arrêta une carrière commencée sous de si brillants auspices. Parvenu au grade d'officier supérieur à l'âge de 23 ans, M. de Bourjolly resta en demi-solde jusqu'en 1830, où il fut remis en activité et nommé chef d'escadron au 8° dragons, le 11 août 1831; il est devenu colonel du même régiment le 29 août 1835, et du 1er des chasseurs d'Afrique le 27 août 1839; le 21 juin 1840, il fut promu au grade de maréchal de camp.

M. de Bourjolly, grand officier de la Légion d'honneur, général de division depuis le 20 octobre 1845, est aujourd'hui inspecteur général et membre du comité de cavalerie; il a commandé successivement les 7°, 6° et 4° divisions militaires.

Il a fait les campagnes de 1807, 1808, 1809 en Hanovre et en Hollande; de 1811 en Espagne, de 1812 en Russie, de 1813 en Allemagne, de 1814 en Espagne, de 1815 en France, et, enfin, de 1830, 1839, 1840, 1841, 1843, 1844 et 1845 en Afrique.

BOURJOLLY DE SERMAISE (LE PAYS DE) (GUILLAUME-JEAN-MARIE-ÉDOUARD), né à Philadelphie, le 10 juin 1793. Il était sous-lieutenant au 2e régiment de chasseurs *italiens*, le 8 août 1811, et lieutenant au 3e régiment de la même arme, le 26 juillet 1813. Le 13 octobre de cette année, il fut nommé lieutenant-adjudant-major, et passa capitaine au service de France le 7 juillet 1814.

A la Restauration, 13 août 1814, il entra dans les mousquetaires, 1re compagnie, en qualité de maréchal-des-logis, le 19 mars 1815; il était chef d'escadron et passa avec ce grade aux chasseurs de l'Allier en 1816. Nommé lieutenant-colonel au 3e régiment de chasseurs le 30 avril 1831, et colonel du 6e régiment de la même arme le 3 février 1836. Il fut promu au grade de maréchal de camp le 22 avril 1846.

M. de Bourjolly de Sermaise est officier de la Légion d'honneur depuis 1821, et commande aujourd'hui la 2e subdivision de la 3e division militaire, à Nancy, (Meurthe et Vosges).

Il a fait les campagnes de 1812 en Russie, de 1813 en Illyrie et de 1814 en Italie. — Il a été blessé à l'épaule à la bataille du Mincio, en 1814.

BOURKE (JEAN-BAYMOND-CHARLES, comte), né à Lorient, le 12 août 1772, d'une famille irlandaise qui avait suivi les Stuarts en France, entra en 1787 dans le régiment de Walsh-infanterie, et fit partie à l'âge de 14 ans de l'expédition de Cochinchine. Il était, en 1792, à Saint-Domingue, où il fut blessé en défendant le poste de Genton. De retour en France, il passa à l'armée des côtes de Cherbourg, puis s'embarqua, en l'an VI, comme chef de bataillon dans la brigade étrangère qui fit partie de l'escadre qui conduisait en Irlande le capitaine de vaisseau Bompart. Fait prisonnier à bord du bâtiment qu'il montait, il fut échangé et remplaça, en l'an VIII, le général Lambert dans le commandement supérieur de Lorient.

Il prit part en l'an X, à la tête de 300 hommes de la marine, à l'expédition de Saint-Domingue, et fut nommé, à son retour, en l'an XV, lieutenant-colonel, aide-de-camp du général Davoût, qui commandait le 3e corps de l'armée d'Angleterre: il se distingua dans tous les engagements de la flottille française qui eurent lieu entre Flessingue et Ambleteuse, et principalement à l'affaire de Messidor, an XIII, sous le cap Grinez.

Depuis, Bourke soutint avec un rare courage l'honneur des armes françaises. A la bataille d'Austerlitz, avec une partie du 17e léger, il contint l'ennemi qui voulait prendre en flanc notre armée et déjoua toutes ses tentatives.

Dans la campagne de Prusse, il s'empara d'un équipage de pont sur la Saale, et porta les postes de cavalerie légère jusqu'à Freyberg. Cette belle action lui mérita le titre de commandant de la Légion-d'honneur.

Dans la deuxième campagne d'Autriche en 1809, sa rare intrépidité contribua puissamment à la prise de 3,000 Autrichiens qui défendaient une des portes de Ratisbonne. Sur le champ de bataille de Wagram, où il eut deux chevaux tués sous lui, il fut nommé général de brigade. L'armée anglaise ayant débarqué dans l'île de Walcheren, il se porta en toute hâte à Anvers, et entra à la tête de sa brigade, le 15 novembre 1809, dans le fort de Bath, et à Flessingue, le 15 novembre suivant. De 1810 à 1813, il se signala par des prodiges de valeur en Espagne, où il culbuta toutes les bandes de Mina. Nommé lieutenant-général et gouverneur de Wesel, le 7 novembre 1813, il ne consentit à rendre cette place aux Prussiens que sur l'injonction de Louis XVIII. De même en 1815, ce ne fut qu'en exécution des traités de Paris qu'il remit à l'armée russe la ville de Givet dont Napoléon lui avait confié la défense; il se retira alors avec le peu d'hommes qui lui restaient dans la citadelle de Charleroi, où il se maintint tant que dura l'invasion étrangère et qu'il eut ainsi la gloire de conserver à la France

En 1822, le général Bourke fit la campagne d'Espagne. Ce n'était pas un tacticien de premier ordre; mais son impétuosité et sa constance le rendaient terrible dans un coup de main. Rien ne put refroidir son ardeur, ni l'âge, ni les blessures, ni la richesse. Il aimait la France avec passion et donna de nouvelles preuves de son patriotisme. Aussi fut-il un des meilleurs soldats de cette légion irlandaise qui en renfermait de si braves et qui se montra fidèle à la France, sa patrie adoptive.

Bourke a été nommé successivement, depuis 1823, grand officier de la Légion d'honneur, pair de France, grand-croix de Saint-Ferdinand et de la Légion d'honneur, inspecteur-général d'infanterie. Il est mort à Lorient, en septembre 1847.

BOURMONT (Louis-Auguste-Victor, comte de Ghaisne) naquit au château de Bourmont, en Anjou, le 2 septembre 1773. Il était enseigne dans le régiment des gardes françaises depuis un an, lors de la révolution de 1789. Au licenciement de ce corps, cette même année, il retourna au château de Bourmont d'où il partit avec son père, vers la fin de 1790, pour se rendre à Turin, à l'appel du prince de Condé dont il était aide-de-camp. Sur la fin de 1791, M. Bourmont père mourut et son fils revint quelques mois en France auprès de sa mère, puis rejoignit le comte d'Artois à Coblentz. Le régiment des gardes françaises ayant été formé dans cette ville sous le nom d'hommes d'armes à pied, M. de Bourmont y fut nommé sous-lieutenant, grade équivalent à celui de capitaine. Au licenciement de l'armée des Princes il se retira à Bruxelles et après la bataille de Jemmapes, à Bois-le-Duc, en Hollande. En 1793, il obtint du prince de Condé la permission de passer dans la Vendée où il eut le commandement en second des troupes du vicomte de Scépeaux et le titre de major général. Chargé par M. de Scépeaux d'aller à l'armée de Condé solliciter la présence dans l'ouest d'un prince de la famille de Bourbon, il s'acquitta de sa mission, se remit en route pour retourner en Vendée et apprit la catastrophe de Quiberon avant d'y arriver.

Au mois de janvier 1796, le comte de Scépeaux chargea le comte de Bourmont d'aller en Angleterre exposer à Monsieur la situation des provinces royalistes. M. de Bourmont trouva le comte d'Artois à Édimbourg et reçut de ses mains la croix de Saint-Louis, en même temps que le duc d'Angoulême. Il avait alors 22 ans.

M. de Bourmont retourna en Vendée; mais, la paix ayant été conclue avec les chefs royalistes, il demanda au général Hoche la permission de retourner en Angleterre, permission qui, à ce qu'il paraît, ne lui fut point accordée. Il fut déporté en Suisse sous l'escorte d'un général républicain.

L'année suivante, M. de Bourmont entra dans de nouvelles menées et vint à Paris, déguisé, préparer, aidé de quelques autres, une conspiration dont Pichegru était l'âme. L'arrestation des chefs mililitaires comprima le mouvement préparé, M. de Bourmont se sauva à Londres, où il resta jusqu'en 1799, où la guerre civile recommença. Georges Cadoudal était au nombre des nouveaux chefs vendéens : M. de Bourmont eut lui-même le commandement des provinces du Maine, du Perche, etc. Cette fois, les soldats qu'il commandait n'étaient plus les anciens Vendéens, mais ces soldats, plus semblables à des brigands rendus célèbres sous le nom de *Chouans* qui, au besoin mettaient à contribution les caisses publiques, et pillaient les diligences. Avec une colonne de ces soldats, M. de Bourmont s'empara du Mans, le 15 octobre 1799 et pour la deuxième fois, depuis la révolution, cette malheureuse ville fut mise à sac par des Français.

Après la paix, qui fut de nouveau signée le 2 février 1800, M. de Bourmont se rendit à Paris, y épousa mademoiselle Becdelièvre, fille de l'ancien président du parlement de Bretagne, et parvint à se rendre utile au premier Consul, qui le consultait sur les affaires de l'Ouest.

Le 24 décembre 1800, lorsqu'eut lieu l'explosion de la machine infernale, il ne fut d'abord ni arrêté ni accusé publiquement de complicité avec les royalistes, mais, peu après, il fut compris dans la catégorie des royalistes qui, refusant de se rallier au gouvernement, furent mis dans des prisons d'État. On l'enferma dans la citadelle de Besançon. Il s'en évada vers la fin de 1804 et se réfugia en Portugal, où il resta malgré l'invasion de Junot, qui lui donna même à exercer les fonctions de chef d'état-major. Après la convention de Cintra, M. de Bourmont suivit l'armée française en France ; mais, arrivé en Bretagne, il fut arrêté et conduit à Nantes. Junot, dont il avait reçu la parole, le fit rendre à la liberté et le fit admettre dans l'état-major de l'armée, comme adjudant-commandant,

avec ordre de rejoindre l'armée à Naples. Le comte de Bourmont s'élança dans la carrière des armes qu'on ouvrait devant lui, prêta serment à l'Empereur, se conduisit avec distinction dans l'affaire de Bragance, alla à Milan, près du viceroi, puis à Inspruck, et fut dès lors associé à toutes les opérations du 4e corps jusqu'à la campagne de Russie.

Employé pendant les campagnes de 1813 et 1814, il reçut de Napoléon quelques missions importantes, et fut mentionné honorablement dans les rapports officiels de la bataille de Dresde. Il avait été nommé général de brigade au mois d'octobre 1813. En 1814 (février), l'Empereur l'ayant laissé à Nogent avec 1,200 hommes ; il barricada les rues, crénela les maisons, et repoussa toutes les attaques de l'ennemi, à qui il fit perdre 1,700 hommes. Ce fait d'armes lui valut le grade de général de division.

M. de Bourmont reconnut un des premiers les Bourbons, et fut nommé au commandement de la 6e division militaire, qu'il avait encore à l'époque du débarquement. L'ordre lui fut donné de se réunir au maréchal Ney, et il fut témoin de la défection de ses troupes. Pendant les Cent-Jours, M. de Bourmont se rendit à Paris, s'insinua de nouveau dans les bonnes grâces de l'Empereur, et obtint le commandement de la 6e division du corps d'armée commandé par le général Gérard. Cependant dès la promulgation de l'acte additionnel, auquel il refusa d'adhérer, il avait jugé la cause de Napoléon perdue et le retour de Louis XVIII infaillible. Dès lors sa conduite était tracée, et son départ pour Gand n'était plus que l'affaire du temps et des circonstances. Trois jours avant la bataille de Ligny sous Fleurus, le 14 juin, il abandonna ses drapeaux et se rendit auprès du roi, qui, après la bataille de Waterloo, lui donna le commandement de la frontière du Nord. Il figura ensuite dans les procès du maréchal Ney et du général Bonnaire, et contribua par ses dépositions à la condamnation du premier. En 1816, il fut nommé commandant de l'une des divisions de la garde royale. En 1823, il commanda en Espagne la division d'infanterie de la garde royale attachée au corps de réserve.

En 1829, il fit partie du ministère Polignac, et eut le portefeuille de la guerre.

Ce fut lui qui, en 1830, commanda l'expédition d'Alger. La flotte opéra son débarquement le 14 juin, et le 5 juillet Alger capitula. Il dut à ces événements de n'être pas impliqué dans le procès des ministres après la Révolution. Charles X venait de le nommer maréchal de France. Le nouveau gouvernement refusa de reconnaître ce titre, et envoya le général Clausel pour le remplacer en Algérie.

Le 3 septembre, M. de Bourmont, accompagné de ses deux fils, mit à la voile sur un bâtiment marchand, et se rendit en Angleterre auprès de Charles X, qui l'accueillit avec effusion. Depuis lors il essaya de ranimer la guerre de la Vendée, où il accompagna la duchesse de Berri. Il mit aussi son talent militaire au service de don Miguel, en Portugal. Ce dernier acte a autorisé le gouvernement à lui appliquer les dispositions du Code concernant les Français qui servent en pays étrangers sans autorisation. M. de Bourmont a cessé d'être Français, et a fixé sa résidence en Allemagne.

Il est mort le 27 octobre 1846 au château de Bourmont, dans l'Anjou, à l'âge de 73 ans.

Tel est l'homme que la France entière et Napoléon ont jugé sévèrement avant l'histoire. On connaît le mot accablant prononcé par l'Empereur à Sainte-Hélène : « Bourmont est une de mes erreurs. »

BOUSSARD (André-Joseph, baron), né à Binch, en Hainaut, le 13 novembre 1758, servit d'abord dans les troupes autrichiennes ; mais les troubles de la Belgique le rappelèrent bientôt dans sa patrie, où il servit, en qualité de capitaine, jusqu'en 1791. A cette époque il passa sous nos drapeaux.

Chef d'escadron au 20e dragons en 1793, il passa en Italie et s'y fit remarquer. Nommé chef de brigade, il suivit Napoléon en Egypte et se signala dans toutes les rencontres. Rentré en France avec le grade de général de brigade, il fit avec distinction la campagne de Prusse ; mais c'est surtout en Espagne qu'il donna des preuves d'une éclatante bravoure.

Chargé en 1810 d'arrêter le général O'Donnel qui cherchait à dégager Lérida assiégée par nos troupes, il le joignit, l'attaqua avec tant d'impétuosité que les colonnes ennemies débordées ne purent se mettre en ligne et s'enfuirent dans le plus affreux désordre.

La tentative de Bassecourt sur le camp de Vinaros fournit à Boussard une nouvelle occasion de gloire ; il fondit sur les assaillants à la tête de quelques escadrons de cuirassiers, les enfonça et les poursuivit jusqu'à Benicarlos. A la bataille de Sagonte, la cavalerie ennemie s'était emparée de nos pièces et faisait main basse sur les colonnes qui les appuyaient ; Boussard accourt, s'élance sur les Espagnols, les sabre, reprend nos canons et enlève l'artillerie des assaillants eux-mêmes. Comme cet intrépide général attaquait sans les compter tous les ennemis qu'il avait en tête, il rencontre vingt escadrons espagnols en bataille en avant de Torrente ; il n'avait avec lui qu'une soixantaine de hussards, et cependant il fait sonner la charge et se précipite sur l'ennemi avec un abandon sans exemple ; mais la disproportion était trop grande ;

il est entouré, couvert de coups de sabre, et eût péri sans le général Delort qui vint le dégager. Nommé général de division le 16 mars 1812, mais épuisé, couvert de cicatrices, il vint à Bagnères-de-Bigorre pour s'y rétablir, et y mourut le 11 août 1813.

BOUTEILLER (Charles-François-Romarie de), né à Nancy le 9 décembre 1786, était passé de l'École polytechnique à l'École d'application de Metz en septembre 1805 ; il avait fait ses premières campagnes en Prusse et en Pologne avec le 6ᵉ régiment d'artillerie à pied, aux siéges de Breslau, de Schweidnitz, de Neiss, de Silderberg et au combat de Glatz. Le 1ᵉʳ juillet 1810, il entra comme capitaine au 2ᵉ bataillon de pontonniers, et fit la campagne de Russie en qualité d'adjoint à l'état-major de l'artillerie de la grande armée. Il était à la bataille de Smolensk et à celle de la Moskowa, aux combats de Krasnoé, Malojaroslawetz ainsi qu'au passage de la Bérésina. Il eut pendant la retraite un doigt de la main gauche gelé, dont il subit plus tard l'amputation. Nommé chevalier de la Légion d'honneur le 21 avril 1813, est attaché avec le grade de capitaine chef de bataillon à l'artillerie à pied de la garde impériale pendant la campagne de Saxe ; il reçut un coup de feu dans l'épaule droite à Bautzen, et fut décoré de la croix d'officier le 6 septembre, après la bataille de Dresde.

Présent à Leipzig, à Hanau, à Brienne, à Arcis-sur-Aube, M. Bouteiller, qu'on avait placé à l'École de Metz à la première Restauration, commanda dans les Cent-Jours et durant tout le blocus l'artillerie de la garde nationale de cette ville. Successivement major du 2ᵉ à pied, commandant de l'artillerie à Thionville et secrétaire du comité consultatif de son arme, M. de Bouteiller, devenu lieutenant-colonel en 1825, eut en 1830 la direction administrative du dépôt central et de l'atelier de précision de Paris ; puis il commanda quelque temps comme colonel l'École d'application, et fit, en qualité de chef d'état-major général de l'artillerie les trois campagnes de 1831, 1832, 1833 en Belgique, les deux dernières au siége d'Anvers. Il obtint à cette occasion la décoration de commandeur de la Légion d'honneur et celle d'officier de l'ordre de Belgique. Nommé maréchal de camp le 27 février 1841, il quitta la direction de Metz, où il était employé depuis 1833, et commanda successivement les Écoles de Toulouse et de Metz. Promu au grade de général de division le 12 juin 1848, M. de Bouteiller était membre du comité d'artillerie et du conseil de perfectionnement de l'École polytechnique.

Il est mort à Paris dans l'exercice de ces hautes et importantes fonctions le 3 mars 1850, à l'âge de 63 ans.

M. de Bouteiller unissait à un mérite incontestable comme artilleur, à une instruction étendue et aux qualités de l'homme de cœur, un esprit fin et aimable, une grande bonté de caractère, une extrême modestie et une piété sincère. Établi à Melun depuis plusieurs années, il y jouissait d'une grande considération et de l'affection de toutes les personnes qui l'y ont connu.

BOYELDIEU (Louis-Léger, baron) naquit le 13 août 1774 à Monsure (Somme). Le 2 septembre 1791 il entra comme sous-lieutenant dans le 3ᵉ bataillon de volontaires de son département. Incorporé dans la 24ᵉ demi-brigade de ligne, devenu 61ᵉ, lieutenant le 4 février 1792, et capitaine le 25 prairial an II, il fit les guerres de la Révolution de 1792 à l'an v, et suivit sa demi-brigade en Égypte. De l'an vi à l'an ix, il se trouva aux batailles de Chebreiss et des Pyramides, suivit l'armée dans le Séid, et prit part à tous les combats que sa demi-brigade livra à Mourad-Bey.

Rappelé dans le Delta, il y combattit les Turcs et fut blessé à la prise du fort d'Aboukir. A la bataille livrée sous les murs d'Alexandrie, le 28 ventôse an ix, il reçut un coup de feu dans le cou, et obtint le grade de chef de bataillon, le 9 germinal suivant.

Rentré en France après la capitulation d'El-Arisch, il devint membre de la Légion d'honneur le 25 prairial an xii, fit la campagne de cette année et la suivante à l'armée des côtes de l'Océan, et passa avec son grade, le 18 fructidor an xiii, dans les grenadiers à pied de la garde consulaire. Sa conduite, pendant la campagne de l'an xiv, lui mérita, le 9 mars 1806, le grade de colonel, et le 14 du même mois la décoration d'officier de la Légion d'honneur.

Passé au commandement du 4ᵉ de ligne, il fit les guerres de 1806 à 1807 en Prusse et en Pologne, et reçut à Deppen, le 7 février 1807, un coup de feu dans le bras gauche; l'Empereur le nomma le 11 juillet commandant de la Légion d'honneur, et, l'année suivante, baron de l'Empire.

Pendant la campagne d'Allemagne de 1809, il combattit à Bergfried et à Wagram, fut blessé dans chacune de ces affaires et mérita d'être cité dans le *Bulletin officiel*.

Adjudant général de la garde, avec rang de général de brigade, le 21 juillet 1811, il suivit la grande armée en Prusse et en Saxe. Napoléon l'éleva, le 7 septembre 1814, au grade de général de division.

Il s'était fait remarquer à la bataille de Dresde à la tête d'une brigade de la jeune garde, et avait reçu un coup de feu à l'épaule gauche. La gravité de cette blessure ne lui permit pas de faire la campagne suivante.

Chevalier de Saint-Louis le 29 juillet 1814, et en non-activité le 1ᵉʳ septembre suivant, il est mort à Maison (Somme), le 17 août 1815.

Son nom est inscrit sur la partie Est de l'arc de triomphe de l'Étoile.

BOYER (Pierre-François-Xavier, baron), lieutenant-général, naquit à Belfort (Haut-Rhin), le 7 septembre 1772. Il partit comme volontaire à l'âge de vingt ans, dans un des bataillons de la Côte-d'Or. Peu de temps après il commandait, comme capitaine, une compagnie du 1ᵉʳ bataillon du mont Terrible, et devenait l'aide de camp du général Kellermann.

En 1796, il faisait la campagne d'Italie, en qualité d'adjudant-général. Plus tard, il suivait Bonaparte sur les bords du Nil et en Syrie. Il se distingua à la bataille d'Alexandrie, où il fut grièvement blessé.

Le 3 germinal an ix, il était général de brigade, et se disposait à prendre part à l'expédition de Saint-Domingue, comme chef d'état-major de l'armée. Il se comporta brillamment en Allemagne, aux batailles d'Iéna, de Pultusk, de Friedland et de Wagram.

Il devint en Espagne la terreur des guerillas. Sa division de dragons inspirait partout l'effroi.

Lieutenant-général le 16 février 1814, il fut placé à la tête du département du Mont-Blanc; il en fut chassé par la première Restauration, combattit l'étranger pendant tout le temps de l'invasion, et fut réformé sans traitement en 1816. Il vécut misérablement pendant plusieurs années. On l'autorisa enfin à passer au service du Pacha, vice-roi d'Egypte. La révolution de Juillet le rappela en France. Il commanda une division en

Afrique, lors de l'expédition de Clausel, dans la province de Tittery. On lui confia le commandement de la place d'Oran. Il y arriva précédé d'une grande réputation de sévérité qui lui avait valu en Espagne le surnom de *Cruel*. On eut quelque peine à croire que cet homme si doux, si affable dans son intérieur, eût jamais mérité qu'une telle épithète s'attachât à son nom; mais la dureté impitoyable avec laquelle il sévit contre les Maures, soupçonnés d'avoir des intelligences avec le Maroc, ne tarda pas à prouver qu'on n'avait nullement calomnié le général Boyer. Toutefois, notre situation exigeait peut-être ces manifestations énergiques et implacables. La province était dans une anarchie complète. Mascara était presque constituée en république; Tlemcen n'était qu'un vaste cirque où les Maures et les Coulouglis s'entre-déchiraient journellement; Mostaganem nous reconnaissait à peine. Le reste de la province nous était plus qu'hostile, et nous avions affaire à des ennemis tels que le marabout Mahyed-Dine, l'émir Abd-el-Kader, Mustapha-el-Mezary, Miloud-ben-Arrach, etc. La main de fer du général Boyer, tout en pesant sinistrement sur la ville, en y comprimant la révolte et la trahison par la terreur, faisait en même temps respecter notre drapeau aux ennemis extérieurs. Il est donc à peu près prouvé que la province eût regagné toute sa tranquillité s'il avait été maintenu à son poste. C'était peut-être le seul homme capable d'imposer aux Arabes, qui ne sont soumis qu'à ceux qu'ils craignent. La bénignité, la mansuétude du général Desmichels, qui remplaça le général Boyer, détruisit en quelques jours les effets de la vigoureuse administration de son prédécesseur.

Il est grand officier de la Légion d'honneur.

BOYER (Louis-Jacques-Jean, baron), né le 24 juin 1767, à Sarlat (Dordogne). Le 8 octobre 1791, il entra comme sous-lieutenant dans le 18e régiment d'infanterie de ligne, devint lieutenant le 1er octobre 1792, et passa avec ce grade, le 8 du même mois, en qualité d'adjoint à l'état-major de l'armée du Midi.

Le 19 juin 1793, il fut nommé chef de bataillon des côtes maritimes, et peu de jours après adjudant-général chef de bataillon provisoire.

Le 16 brumaire an II, le gouvernement lui envoya le brevet d'adjudant-général chef de brigade (colonel) pour le récompenser de ses services distingués pendant les campagnes de 1792 à l'an III, aux armées du Midi, des Alpes et d'Italie.

Réformé par suite de la réorganisation de l'état-major de l'armée, le 25 prairial an III, il ne reprit de l'activité que le 19 pluviôse an VI, et fut employé aux armées gallo-bataves du Rhin et d'Italie, de l'an VI à l'an XI.

Le 11 fructidor de cette dernière année, il reçut le brevet de **général de brigade** et fut appelé au commandement de la 1re subdivision de la 13e division militaire.

Le 6 nivôse an XII, le général Boyer passa de ce commandement à celui des côtes du Morbihan. Compris sur la liste de nomination des membres de la Légion d'honneur du 19 frimaire an XII, il fut nommé commandant de cet ordre le 25 prairial suivant, et peu de temps après électeur du département de la Dordogne.

Employé le 2 vendémiaire an XIV au camp volant de Rennes, composé de grenadiers réunis, il retourna, le 8 février 1806, dans le Morbihan, et fut désigné, le 9 janvier 1807, pour prendre le commandement du département des Côtes-du-Nord. Le général Boyer resta peu de temps dans cette résidence.

Le 6 février de cette année, l'Empereur lui confia la brigade d'avant-garde du camp de Pontivy. A la fin de décembre 1808, il reprit ses fonctions dans le département des Côtes-du-Nord.

Vers ce temps, Napoléon lui conféra le titre de baron de l'Empire. Passé au commandement de l'île d'Aix, le 29 juillet 1812, il prit, le 18 août suivant, celui de la 8ᵉ brigade des gardes nationales.

A la première Restauration, le général Boyer adressa sa soumission à Louis XVIII, qui le maintint dans son commandement de l'île d'Aix.

Au retour de l'île d'Elbe, l'Empereur retrouva dans ce chef de son choix tout le dévouement qu'il avait droit d'en attendre; aussi ne tarda-t-il pas à lui donner un emploi de confiance, en l'envoyant, le 22 mai 1815, dans le département de la Vendée, menacé par une nouvelle levée d'insurgés. Il montra la plus grande fermeté dans ces fonctions difficiles, et sut s'y concilier l'estime des habitants et l'affection des troupes placées sous ses ordres.

Mis en non-activité le 24 août suivant, il fut compris dans le cadre de disponibilité de l'état-major général de l'armée le 30 décembre 1818, et mis à la retraite le 1ᵉʳ décembre 1824.

Il est mort le 18 novembre 1828. Son nom est gravé sur le monument de l'Étoile, côté Nord.

BOYER DE REBEVAL (Joseph, baron), né à Vaucouleurs le 20 avril 1768, entra au service en 1787, fit avec distinction presque toutes les campagnes de la Révolution, et gagna tous ses grades par des actions d'éclat. Colonel d'un régiment de fusiliers-chasseurs en 1807, il fut chargé de faire le blocus de Colberg, en Poméranie. Le fort de Neugarten gênait les approches de la place; mais, situé au milieu de vastes marais, il n'était accessible que par un chemin creux que balayaient trois pièces de canon. Boyer ouvre l'attaque, et trouvant bientôt qu'elle est trop lente, indécise, il arme ses soldats de planches, de fagots, s'élance à travers la mitraille, arrive aux fossés, les comble, force les remparts et fait mettre bas les armes à la garnison.

M. Boyer combattit à la bataille d'Essling, fut nommé général de brigade le 6 juin, et commandant de la Légion d'honneur le 21 septembre suivant; puis il retourna en Espagne, fut fait adjudant-général de la garde sur la fin de 1811, et partit pour la campagne de Russie, où il fut blessé à la bataille de la Moskowa.

En 1803, il se distingua à la bataille de Wurtchen, à celle de Dresde, où il fut encore blessé et nommé général de division.

En 1814, il combattit avec valeur à Méry-sur-Seine, où il culbuta et mis en fuite plusieurs divisions ennemies, reçut deux nouvelles blessures à la bataille de Craonne, déploya la plus brillante valeur à Laon, à Arcis-sur-Aube, où il enleva le village de Torcy, et sous les murs de Paris.

Le général Boyer se battit encore héroïquement à Waterloo, et après le licenciement de l'armée, il se retira dans sa terre de Rebeval, où il mourut le 5 mars 1822.

BRACK (Antoine-Fortuné), élève de l'École militaire de la promotion de 1806, fit les campagnes de Prusse, de Pologne, d'Allemagne, de Russie, comme officier de hussards et comme aide-de-camp du général Colbert. Il obtint la décoration de la Légion d'honneur sur le champ de bataille de Wagram.

Pendant l'armistice de Dresde, en 1813, Napoléon le distingua d'une façon toute particulière, et le plaça dans les lanciers de sa vieille garde, où il resta jusqu'après Waterloo.

Laissé en non-activité pendant la Restauration, le colonel Brack fut rappelé en 1830, et nommé en 1832 colonel du

4ᵉ hussards, dont il fit le plus beau régiment de cavalerie légère de l'armée. Promu au grade de maréchal de camp, le 24 août 1838, il commanda l'École de Saumur jusqu'en 1840, et le département de l'Eure jusqu'en 1848.

Admis à la retraite depuis les événements de février, il fut rétabli sur les cadres comme disponible par un récent décret de l'Assemblée nationale.

Il est mort à Évreux, le 21 janvier 1850, dans sa soixante-unième année. Il était commandeur de la Légion d'honneur.

Indépendamment d'un courage chevaleresque éprouvé sur maints champs de bataille, le général Brack était doué d'un esprit plein de naturel et d'originalité qui le faisait rechercher dans le monde, et il possédait une connaissance parfaite de toutes les choses de son arme.

Après avoir composé son traité sur les *Avant-postes de cavalerie légère*, qui se trouve dans le porte-manteau de tout officier studieux, il avait traduit de l'allemand *la Tactique des trois armes*, de Decker. Le tome XXIII du *Spectateur militaire* contient sous le titre : *Faut-il deux infanteries?* un article où il s'attache à démontrer la nécessité de diviser l'armée en six armes distinctes, qu'on recruterait d'hommes ayant les conditions physiques ou les connaissances propres à chacune d'elles.

Enfin, au mois de juillet 1838, il avait entrepris la traduction libre et l'examen critique de l'ouvrage du comte de Bismark, intitulé : *Sedlitz, ou la cavalerie prussienne sous Frédéric le Grand*, travail où brillaient toute l'élégance de son style et la légèreté de son esprit, et qu'une cruelle maladie vint interrompre subitement en 1840.

Cet ouvrage a été continué avec non moins de talent par M. le colonel d'artillerie Tortel.

BRAYER (MICHEL-SYLVESTRE, comte), né le 31 septembre 1769 à Douai (Nord), soldat au régiment Suisse de Reinhart, le 20 avril 1782; adjudant-major, le 23 décembre 1793 dans le 3ᵉ bataillon de Puy-de-Dôme, devenu 38ᵉ demi-brigade, puis 103ᵉ d'infanterie de ligne; il fit les campagnes de 1792 à l'an IX aux armées des Ardennes, de la Moselle, d'Helvétie, du Danube et du Rhin, et passa capitaine de grenadiers, le 26 brumaire an XI.

Après s'être distingué aux affaires d'Emeding, en Brisgau, en l'an V, de Reichnau, le 16 ventôse an VII, et à plusieurs autres, le premier Consul le nomma chef de bataillon à la 103ᵉ demi-brigade, le 12 thermidor an VIII.

Le 18 germinal an XI, Ney, alors général en chef et ministre plénipotentiaire en Helvétie, lui fit décerner un sabre d'honneur, accompagné d'un certificat conçu dans les termes les plus honorables, surtout à propos de sa brillante conduite à la bataille de Hohenlinden.

M. Brayer fut nommé major du 9ᵉ régiment d'infanterie de ligne, le 30 frimaire an XII, et membre de la Légion d'honneur le 4 germinal suivant; il fit les campagnes de l'an XIV en Autriche, comme commandant de la 2ᵉ demi-brigade d'élite (58ᵉ et 81ᵉ de ligne), division des grenadiers d'Oudinot, 5ᵉ corps de la grande armée.

Au combat d'Hollabrün, il dispersa l'aile gauche de l'arrière-garde des Russes et leur prit 800 hommes à Austerlitz; il fit capituler 8,000 Russes engagés dans un défilé. Après la bataille, l'Empereur le nomma colonel du 2ᵉ régiment d'infanterie légère.

Commandant d'avant-garde du maréchal Lefebvre, en 1806 et 1807, il se distingua au siége de Dantzig, à la prise de l'île de Nehrung, où il reçut la croix d'officier de la Légion d'honneur; il contribua au succès de la bataille d'Heilsberg, fut grièvement blessé à Friedland.

Passé à la 1re division du 2e corps de l'armée d'Espagne, en 1808, il se signala à la bataille de Burgos et fut nommé commandeur deux jours après. Le 19 novembre, à San Vicente, il culbuta les Espagnols, leur tua beaucoup de monde et leur fit plus de 1,000 prisonniers.

Général de brigade, le 26 mars 1809, il contribua puissamment à la prise du camp retranché sous les murs d'Oporto, se distingua à la bataille d'Ocaña, et à tous les combats qui eurent lieu dans la Sierra-Morena. A la tête de deux régiments, il enleva la position de Pêna-Peras, regardée comme la clef de l'Andalousie.

Le 15 août 1811, il fut créé baron de l'Empire avec une dotation de 6,000 francs; chargé de se réunir au 2e corps en position devant Mérida, il traversa avec 5 bataillons d'infanterie et 2 régiments de cavalerie les plaines de l'Estramadure en présence de 15,000 hommes, commandés par la Romana. Le 5 août, au combat de Villagarcia, le général Brayer chargea à la baïonnette 5,000 Espagnols, s'empara du plateau qu'ils défendaient et décida le succès de cette journée.

Après la bataille de Gebora et la prise de Badajoz, il fut proposé pour une augmentation de dotation de 2,000 francs, en récompense de sa belle conduite à la bataille d'Albuhera, où il prit et reprit à la baïonnette une position tenue par les Anglais; obligé de céder au nombre, il commençait une troisième attaque, quand une balle lui fractura la jambe gauche. Il marchait encore avec des béquilles, lorsque, le 3 avril 1813, il alla rejoindre l'armée. Le 25 mai, au combat de Buntzlau, il rétablit un pont, le passa sous le feu de l'ennemi qu'il força à mettre bas les armes.

Général de division après la bataille de Dresde, où il fut blessé, il se trouva aux différents combats qui se livrèrent devant Leipzig. Dans la bataille du 19 octobre, un boulet tua son cheval et le blessa à la cuisse.

En 1814, il fit partie du corps d'armée du duc de Tarente, et se distingua particulièrement le 4 février à Châlons, à Montmirail, à la Ferté, à Bar-sur-Seine.

Mis en non-activité après l'abdication, une ordonnance royale du 8 juillet le nomma chevalier de Saint-Louis.

A l'entrée de Napoléon à Lyon, en 1815 (10 mars), le général Brayer, commandait cette place; il en partit le lendemain avec la division et passa le 22 mars la revue de l'Empereur sur la place du Carrousel.

Commandant d'une des divisions de la jeune garde, il se rendit le 18 mai à Angers avec deux régiments, et sa conduite, dans cette ville, fut à la fois ferme et prudente.

Créé chambellan de l'Empereur, gouverneur de Versailles et de Trianon, pair de France et comte de l'Empire avec dotation de 4,000 fr., il prit une part active aux opérations du général Lamarque dans la Vendée.

Au second retour de Louis XVIII, il fut compris dans l'acticle Ier de l'ordonnance du 24 juillet, et condamné à mort par contumace, le 18 septembre 1816. Le général Brayer, réfugié en Prusse, puis aux États-Unis, alla prendre du service à Buenos-Ayres. Parti de Baltimore avec le général Carrera, il commanda, en 1818, l'armée des indépendants dans le Chili. Les intrigues d'un cabinet étranger le forcèrent à quitter ce pays. De retour dans sa patrie, en 1821, le général Brayer rentra dans tous ses droits, titres, grades et honneurs; fut admis à la retraite le 1er janvier 1829, fut rappelé à l'activité le 4 août 1830, et nommé commandant de la 5e division (Strasbourg).

Grand officier de la Légion d'honneur en 1830, et pair de France en 1832, il remplit les fonctions d'inspecteur général de l'infanterie en 1833, 1834, 1835.

Lorsqu'il quitta Strasbourg, les habitants lui décernèrent une épée d'honneur.

Admis dans le cadre de vétérance, le 31 septembre 1835, il reçut la grand'croix de la Légion d'honneur, le 15 février 1836, et fut mis en non-activité.

Il est mort à Paris le 28 novembre 1840; son nom figure sur la partie Ouest de l'arc de l'Étoile.

Le général Brayer avait été compris dans le testament de Napoléon pour une somme de cent mille francs.

BRÉA (JEAN-BAPTISTE DE), né en 1790, entra, dès l'âge de huit ans, au lycée impérial, en sortit pour aller à l'École militaire. Sous-lieutenant le 9 mai 1807, lieutenant le 6 août 1809, capitaine le 28 novembre 1812. Chef d'escadron le 25 décembre 1816. Lieutenant-colonel le 31 décembre 1831.

M. de Bréa a fait les campagnes de 1807 et 1808 en Calabre, 1809 à la grande armée, 1810 et 1811 en Calabre; 1812 et 1813 à la grande armée, 1815 à Waterloo.

En avant de Holsauzen, à la prise de la redoute suédoise, le 16 octobre 1813, le général comte Charpentier, commandant la 36e division, 11e corps, détacha sa croix d'or et la remit au capitaine de Bréa, en signe de satisfaction, en présence de toute la division formée en colonne, et des généraux Meunier et Charras. Voici quelques mots sur ce brillant fait d'armes:

Le 16 octobre, à midi et demi, le général Charpentier reçut du maréchal Oudinot l'ordre de s'emparer de la redoute suédoise. De nombreuses coupures dans le terrain ne permettaient pas de conduire de l'artillerie dans sa direction. Son élévation prodigieuse, les canons dont elle était hérissée, 6,000 hommes d'infanterie qui la défendaient rendaient inexpugnable cette formidable position.

Cependant, sous le feu terrible que vomissait la redoute, la 36e division s'avance l'arme au bras et au pas cadencé, son général de division en tête. Les boulets frappent dans les rangs et y sèment la mort, sans que la moindre indécision, le moindre flottement, se laissent apercevoir dans la colonne. A demi-portée de mitraille, le général Charpentier ordonne d'accélérer le pas; mais, au pied de la position, le pas de charge se fait entendre; dès lors, c'est à qui le premier en atteindra le sommet. Cet honneur appartient aux capitaines de Bréa, Moricourt et Bonnet, tous trois du 22e d'infanterie légère qui formait tête de colonne. Ces braves se précipitent avec intrépidité dans la terrible redoute, sabrent les canonniers qui sont devant eux et s'emparent de leurs pièces. Le capitaine de Bréa crie gaîment à ses carabiniers : *Amis, doublez le pas, ce sont des Autrichiens!* Cette exclamation, qui peint l'audace et le caractère tout français de ce jeune officier, était fondée sur l'expérience. Les ennemis, frappés d'épouvante, abandonnent la position, et fuient avec tant de précipitation, que pas un des six mille ne se serait échappé si, comme à Lutzen, le manque de cavalerie ne se fût fait sentir.

Le général Charpentier témoignait sa satisfaction au capitaine de Bréa, lorsqu'un biscaïen enlève le schako de cet officier : quelques lignes plus bas, et c'en était fait du capitaine et du général

Le capitaine de Bréa, frappé de deux coups de feu, le 19 octobre 1813, fut laissé pour mort sur le champ de bataille de Leipzig.

Le 16 juin 1815, aux *Quatre-Bras*, à la tête de 140 carabiniers du 1ᵉʳ régiment d'infanterie légère, il chargea à la baïonnette un carré d'Écossais, et, dans cette action, signalée comme un des beaux faits d'armes de la journée, 45 carabiniers et 2 de ses officiers furent mis hors de combat.

M. de Bréa a été nommé chevalier de la Légion d'honneur, le 21 juin 1813, officier du même ordre le 17 mars 1815; chevalier de Saint-Louis le 25 août 1823; chevalier de l'ordre royal des Deux-Siciles, le 4 mai 1813; chevalier de l'ordre du Mérite militaire de Wurtemberg, le 25 août 1813, colonel le 6 janvier 1836, et maréchal de camp le 20 avril 1845.

Dans les funestes journées de juin 1848, le général de Bréa, placé à la tête d'un corps considérable de troupes, s'était emparé des positions occupées par les insurgés sur la rive gauche de la Seine, et avait rejeté ceux-ci hors des murs de Paris. Pour amener la cessation complète des hostilités, le 25 juin, le général, accompagné de M. Mangin, capitaine d'état-major et des chefs de bataillon Desmarets et Gobert, se dirigea vers la barrière de Fontainebleau, dernier rempart de l'insurrection.

Sur ce point, quatre barricades fermaient les côtés des boulevards intérieurs et extérieurs, et protégeaient les insurgés réunis sur les routes de Choisy et d'Italie. La barrière, fermée par une masse de pavés, laissait un étroit passage sur la droite.

Le corps de garde de l'octroi était peuplé d'une foule armée.

Le général de Bréa se présenta en dehors de la barrière, et après quelques paroles, pénétra au delà sur l'invitation qui lui fut faite. Aussitôt il fut entouré et saisi avec ceux qui le suivaient et devint le prisonnier des insurgés.

Des clameurs sinistres s'élevèrent et grossirent. Quelques-uns le prenaient pour Cavaignac. Les moins forcenés le firent entrer dans le poste de l'octroi, mais les cris des assaillants redoublant, on proposa de les conduire chez Dordelin, maire de la commune et propriétaire de l'établissement du *Grand-Salon*.

Arrivés dans cet endroit, les portes se refermèrent sur la foule furieuse. On essayait de faire fuir le général par le jardin, lorsque les insurgés pénétrèrent dans la maison et entraînèrent la victime au second étage.

Là, on exigea de lui un ordre écrit pour le départ des troupes. Le général succombant à la violence morale et physique, écrivit cet ordre d'une main mal assurée.

Pendant ce temps les commandants Gobert et Desmarets avaient été désarmés et cruellement maltraités.

Tous furent conduits au grand poste, où de nouvelles tentatives furent faites pour sauver le général, par une ouverture pratiquée à l'instant au mur du *violon*. Un enfant de quatre ans dénonça cette tentative. Les généreux défenseurs du général prirent la fuite.

Quelques minutes après des cris d'effroi se font entendre du côté de la barrière : Voilà la Mobile ! Peut-être était-ce le signal de l'exécution tant de fois annoncée. Toujours est-il qu'au même moment, six coups de fusil retentissent ; le général et son aide-de-camp Mangin tombent mortellement frappés.

Les misérables assassins pénètrent dans le corps de garde ; l'un d'eux enfonce la baïonnette de son fusil dans le ventre du général, un autre lui fracasse le crâne avec sa crosse.

MM. Desmarest et Gobert, qui avaient

échappé à la mort en se plaçant sous le lit de camp, parvinrent à s'éloigner de ce sanglant théâtre.

BRENIER DE MONTMORAND (Antoine-François, comte de), lieutenant-général, grand officier de la Légion d'honneur, né en 1767 à Saint-Marcelin (Isère), entra au service en 1786, et obtint, dans les premières années de la révolution, un avancement rapide. Il fit avec distinction toutes les campagnes de la République, et suivit, en 1807, le général Junot en Portugal, où sa valeur se signala, surtout à la bataille d'Almeïda. Sommé par les Anglais d'abandonner cette place, dont Masséna avait inutilement cherché à les éloigner, il en fit sauter les fortifications; et, le 10 mai, à la tête de la poignée de braves qui lui restaient, il s'ouvrit un passage à travers l'armée anglaise, et rejoignit l'armée du maréchal qui le croyait perdu.

Le grade de général de division fut la récompense de cette action d'éclat.

Depuis cette époque, il prit une part honorable à la campagne de 1813. Nommé, en 1814, commandant de la 16ᵉ division militaire, il mit Lille en état de défense. Il passa ensuite au commandement de la ville de Brest, où sa conduite, pendant les Cent-Jours, lui mérita une épée d'honneur que lui vota le conseil municipal.

Inspecteur général d'infanterie de 1816 à 1818, commandant supérieur de la Corse de 1820 à 1823, il obtint sa retraite en 1827, et mourut le 8 octobre 1832.

Son nom est inscrit sur l'arc de triomphe de l'Étoile, côté Ouest.

BRICE (Joseph-Nicolas-Noel), né à Lorquin (Meurthe), le 24 décembre 1783, fils d'un instituteur et élevé par son père. Soldat volontaire, le 9 mars 1803, dans le 14ᵉ régiment de chasseurs à cheval, était déjà maréchal-des-logis-chef, le 29 juillet 1804. Après la campagne d'Italie, il fut appelé dans les chasseurs à cheval de la garde, comme simple chasseur, et cependant, dès 1809, il était lieutenant en second et décoré. Deux fois il avait été blessé grièvement, à Eylau et à Wagram.

M. Brice fit les campagnes d'Autriche et de Russie en qualité de lieutenant en premier et de porte-étendard. Celles de 1814 et 1815, en qualité d'adjudant-major, de capitaine et de chef d'escadron.

Maintenu dans son grade après la rentrée des Bourbons, et placé sous les ordres de Lefebvre Desnoëttes, ex-général des chasseurs de la garde, il fut sur le point d'être arrêté, après le débarquement de Napoléon, et dut se placer sous la protection de son régiment.

Placé par l'Empereur à la tête du 2ᵉ corps des chasseurs volontaires de la Moselle, il fit à l'ennemi un mal incalculable, et fut mis hors la loi par un ordre du feld-maréchal prince de Wrède. Un jour, le colonel Brice fut sur le point d'enlever les empereurs de Russie et d'Autriche, et le roi de Prusse, à Sarrebourg.

Le 19 juillet, il signa une capitulation devenue indispensable avec le général Orloff.

Cette capitulation ne l'empêcha pas d'être condamné à mort. Il se réfugia à Bruxelles, puis en Allemagne; en 1819, M. Brice revint en France, et fit purger sa double contumace. On l'admit au traitement de réforme comme *chef d'escadron* seulement.

Le 2 août 1830, le maréchal Gérard lui confia le commandement du 3ᵉ régiment de cuirassiers qui se trouvait à Lille. En 1833, le 3ᵉ cuirassiers vint à Paris pour assister à l'inauguration de la statue de Napoléon sur la grande colonne.

« Prince, dit-il alors au jeune duc d'Orléans, si j'avais connu la position de la statue, j'aurais commandé le salut militaire à mon régiment. — Vous auriez bien fait, colonel, répliqua le prince. »

Le colonel tenait garnison à Haguenau lorsque éclata la tentative de Strasbourg. Il avait connu à Bade le prince Louis-Napoléon. Il en reçut une lettre d'appel; mais il ne crut pas devoir y répondre. Cependant, peu de jours après, il fut, sans enquête préalable, enlevé à son régiment et mis en retrait d'emploi.

Il fut remis en activité en mai 1837, et envoyé en Afrique comme commandant de place à Bone. Bientôt, ne pouvant obtenir la conservation de son titre de colonel de cavalerie, il demanda et obtint son retour en France, mais en non-activité par retrait d'emploi.

Le 28 février 1848, le colonel Brice fut promu au grade de général de brigade par le gouvernement provisoire.

Il est aujourd'hui officier de la Légion d'honneur, et commande la 4ᵉ subdivision de la 3ᵉ division militaire.

BRICHAMBAULT-PERRIN (Antoine-Charles de), né à Nancy (Meurthe), le 28 novembre 1777, d'une famille ancienne attachée aux ducs régnants, puis au roi Stanislas ; — fut admis à l'école militaire de Pont-à-Mousson en 1786 et en sortit en 1792. Il fit la campagne de 1793, comme soldat volontaire d'artillerie et passa à l'armée du Nord et de Sambre-et-Meuse sous le général Marescot, qui le nomma adjoint du génie.

Après les siéges de Charleroi, de Landrecies, du Quesnoy, de Maëstricht, de Valenciennes, il entra à l'école de Metz comme élève sous-lieutenant du génie (1794). Le comité de salut public le destitua en 1795, mais on le réintégra comme lieutenant le 30 octobre 1796.

En 1799, il servait à l'armée du Rhin, fut employé au blocus de Philisbourg, nommé capitaine le 18 août et aide-de-camp du général Marescot, qu'il suivit au camp de Boulogne, en Bavière, en Autriche, en Prusse et en Espagne.

En 1808, il rentra dans le corps du génie comme capitaine en premier, sollicita sa mise à la réforme en 1810, pour cause de santé ou par mécontentement.

En 1813, il se battit en duel avec M. d'Estournel, capitaine à l'état-major du prince Berthier, et, à la suite de ce duel, fut exilé à Nancy.

Lors de l'invasion de 1814, dès le jour de l'entrée des Russes à Nancy, il se déclara publiquement pour les Bourbons, offrit avec empressement ses services au comte d'Artois et en reçut sa nomination de lieutenant-colonel. De retour à Nancy, il composa plusieurs libelles très-condamnables contre l'Empereur.

En 1815, il suivit Louis XVIII à Gand en qualité de volontaire agrégé aux grenadiers à cheval commandés par le marquis de la Rochejacquelein à Gand ; le commandement du génie de la place lui fut confié.

Rentré avec le roi et appelé au commandement supérieur de Bouchain, il eut ordre de sommer cette forteresse : il la bloqua jusqu'à sa reddition avec des paysans qu'il avait organisés.

Nommé colonel en 1816, ingénieur en chef à Lille, directeur du génie à Lorient, puis à Nantes, il contribua puissamment à dissiper la sédition excitée dans cette ville en juin 1820.

En 1823, il fut attaché au 5ᵉ corps sous les ordres de Lauriston, comme chef du génie, et se distingua à Pampelune, à Saint-Sébastien, à Lérida.

Il fut mis à la retraite le 31 décembre 1826 avec le grade de maréchal de camp. Il était déjà chevalier de Saint-Louis, officier de la Légion d'honneur et chevalier de l'ordre de Saint-Ferdinand d'Espagne ; le roi l'avait créé baron en 1817.

M. de Brichambault s'était toujours occupé de travaux littéraires, il s'y livra exclusivement lorsqu'il fut mis à la retraite. Charles Nodier fait le plus grand éloge de ses productions dans une de ses appréciations littéraires.

BRICHE (André-Louis-Elisabeth-Marie, baron, puis vicomte), né à Neuilly-sous-Clermont (Oise), le 12 août 1772. Cavalier dans le 1er régiment de chasseurs à cheval le 1er avril 1790, sous-lieutenant le 15 septembre 1791, il fit la campagne de l'armée du Nord en 1792 ; lieutenant le 1er avril 1793, il continua de servir à la même armée jusqu'à l'an vi, devint capitaine le 25 ventôse an III, et passa le 28 germinal an VI, en qualité d'adjoint, à l'état-major général ; il avait été détaché pendant six mois, en l'an II, dans la Vendée, et avait été compris le 26 frimaire an IV dans la réforme du 4e escadron de son régiment ; c'est à cette époque qu'il obtint du général Moreau l'autorisation de servir à la suite de son corps jusqu'au 1er vendémiaire an VI.

Passé avec son grade à l'état-major de l'armée d'Italie, par ordre du général Leclerc, du 28 germinal même année ; il fut placé le 15 ventôse an VII dans le 11e régiment de hussards, et se fit remarquer à la bataille de la Trébia, en couvrant la retraite de l'armée avec une poignée de braves de toutes armes qu'il parvint à rallier. Il se distingua à Marengo.

Au passage du Mincio, il prit un major et plusieurs cavaliers, et Murat, alors général en chef, le nomma chef d'escadron provisoire le 11 prairial an IX. Le gouvernement confirma cette nomination le 23 frimaire an X. Major du 9e hussards le 6 brumaire an XII, et membre de la Légion d'honneur le 4 germinal suivant, il passa avec le grade de colonel le 13 janvier 1806 au 10e régiment de hussards, et fit avec ce corps les guerres de la grande armée de 1806 à 1807. A Saalfeld, le 11 octobre 1806, apercevant le 9e de son arme ramené par les Russes, il fit aussitôt sonner la charge, s'élança avec impétuosité sur l'ennemi, l'enfonça, s'empara de deux pièces de canon, et jeta le désordre dans la colonne commandée par le prince Louis-Ferdinand de Prusse, qui fut tué dans cet engagement.

Il combattit à Iéna. Quelques jours après, informé que le régiment de dragons prussiens de la reine s'était mis en mouvement pour venir le surprendre dans ses cantonnements, près de Torn, il fit monter son régiment à cheval, tomba sur l'ennemi, lui coupa la retraite et le défit entièrement.

En Pologne, il soutint sa brillante réputation et devint officier de la Légion d'honneur le 14 mai 1807.

Envoyé en Espagne, il arriva assez tôt pour prendre une part glorieuse au siége de Sarragosse. Après la prise de cette place, le 21 février 1809, il fut chargé du commandement d'un détachement composé du 10e hussards et de deux bataillons du 26e régiment d'infanterie, avec lequel il devait rétablir les communications entre l'armée du Midi et celle de la Catalogne, c'est-à-dire depuis Fraga jusqu'à Wals. Cette opération présentait de grandes difficultés ; Briche réussit. Napoléon, informé de ce succès, conféra à cet officier supérieur, le 15 août, le titre de baron de l'Empire, avec dotation, et le nomma général de brigade le 17 septembre 1809.

A la bataille d'Ocaña, le 18 novembre suivant, il chargea l'ennemi avec quatre régiments de cavalerie légère, et culbuta l'aile droite de sa ligne. Au mois de février 1810, il fit partie du 5e corps de l'armée d'Espagne. Au combat de Fuente de Cantos, le 15 septembre suivant, à la tête de sa brigade, qui ne comptait que 2,700 chevaux, il mit en déroute les Espagnols et les Portugais, leur prit 500 hommes dont le colonel du régiment de l'infante, un grand nombre d'officiers et six pièces de canon avec leurs attelages et leurs caissons.

Le 6 janvier 1811, il chassa de Merida la cavalerie espagnole, et, après avoir nettoyé la rive droite de la Guadiana, poussa sa colonne jusque sur Albuquerque, atteignit l'arrière-garde ennemie à la Botoa, et lui fit éprouver une déroute complète. Le 20, même mois, placé en observation à Talaveira-la-Roa, et attaqué inopinément par les Espagnols, il les repoussa jusqu'auprès de Badajoz. Le 19 février suivant, il contribua au gain de la bataille de Gébora et fut cité honorablement dans le rapport du duc de Trévise.

Il se signala de nouveau à la bataille d'Albuhera le 16 mai ; chargé du commandement de la cavalerie légère, il se porta rapidement à l'extrême droite de l'armée, pour garder un pont dont la possession eût permis à l'ennemi de tourner nos troupes de ce côté. Après avoir bivouaqué toute la nuit en présence de l'ennemi, il attaqua de bonne heure les avant-postes anglais en avant du ruisseau d'Albuhera, et parvint à les rejeter au delà du pont. Napoléon lui accorda, le 20 du même mois, la croix de commandeur de la Légion d'honneur.

Au commencement du mois d'octobre 1811, sa brigade fit partie d'une colonne dirigée par le général Gérard ; il parcourut avec elle le pays renfermé entre la Guadiana et le Tage, seconda puissamment cet officier général, et concourut à forcer le général Castaños à se retirer sur les frontières de Portugal.

Mis en disponibilité le 16 janvier 1812, il fut appelé le 23 octobre suivant au commandement de la brigade du premier ban, qui venait d'être organisée dans la capitale. Le 18 janvier 1813, Napoléon lui confia le commandement et la formation de la cavalerie qui devait faire partie du corps d'observation de l'armée d'Italie, stationné à Vérone. Employé en avril de la même année au 4ᵉ corps de la grande armée, il en commanda l'avant-garde, et il exécuta à la bataille de Lutzen une charge habile contre l'aile gauche victorieuse des alliés.

A l'affaire de Dresde, il perdit presque toute sa brigade, et l'Empereur lui donna le commandement d'une division de cavalerie wurtembergeoise.

Général de division le 19 novembre suivant, et placé à la tête de la 5ᵉ division de grosse cavalerie du 5ᵉ corps de réserve, il reçut vers le même temps la croix de l'ordre royal du Mérite militaire de Wurtemberg. La campagne de 1814 lui ouvrit un nouveau champ de gloire. Le 9 janvier, le duc de Bellune voulant s'établir à Epinal, Rambervilliers et Saint-Dié, envoya Briche avec sa division de dragons (la 1ʳᵉ) pour chasser l'ennemi de ces positions. Ce général parvint à s'emparer de Rambervilliers, après un combat de quelques heures : la division ennemie, poursuivie l'espace de deux lieues, laissa sur le champ de bataille 300 tués, blessés ou prisonniers. Le 12, il chassa les alliés de Saint-Mihiel, et se distingua d'une manière particulière aux combats de Saint-Dié. Le 29, il inquiéta la cavalerie du général Pahlen, en retraite sur Brienne, et lui fit quelques prisonniers. A la bataille de la Rothière, le 1ᵉʳ février, il ne céda le terrain à l'ennemi qu'après lui avoir fait éprouver des pertes considérables. Le 4, le général Michel, soutenu par sa division de dragons, surprend les alliés à Saint-Thiébault et les repousse vigoureusement jusqu'à Saint-Pierre-les-Vandes, malgré la supériorité de leurs forces. A la fin de l'action, Briche tombe sur les Autrichiens, en tue une centaine et leur fait 150 prisonniers. Le 27, au second combat de Bar-sur-Aube, il chasse du village de Villars la cavalerie légère du prince de Wurtemberg, et le force à se replier sur l'infanterie.

Le 18 juin 1814, Louis XVIII le nomma inspecteur général de cavalerie dans la 14ᵉ division militaire, le chargea de l'organisation du régiment de cuirassiers d'Angoulême et du 9ᵉ de chasseurs à cheval, et lui donna la croix de Saint-Louis le 19 juillet suivant.

Il commandait la 2ᵉ subdivision de la 9ᵉ division militaire (Montpellier) depuis le 15 janvier 1815, lorsqu'à la nouvelle du débarquement de Napoléon de l'île d'Elbe, le ministre de la guerre lui donna l'ordre de se rendre à Nîmes, où le duc d'Angoulême avait son quartier général. Le prince le laissa dans cette ville à la tête des troupes qui s'y trouvaient; mais il tenta vainement de les conserver à la cause des Bourbons. Il courut même les plus grands dangers dans la journée du 3 avril; ses épaulettes et ses décorations lui furent arrachées, et il faillit être massacré par ceux qu'il avait un instant commandés. Napoléon le destitua par un décret du 16 avril.

Appelé au commandement de la 9ᵉ division militaire le 20 juillet 1815, et nommé le 3 mai 1816 commandeur de l'ordre de Saint-Louis, il fit partie du conseil de guerre chargé de juger le général Mouton-Duvernet. Il présida la même année le collége électoral du département du Gard, et reçut de Louis XVIII le titre de vicomte, sur la proposition du duc de Feltre, alors ministre de la guerre. Le roi, pour le dédommager de ses pertes dans la journée du 3 avril 1815, lui accorda une indemnité de 3,000 fr.

Compris dans le cadre de l'état-major général de l'armée, le 30 décembre 1818, il conserva le commandement de la 9ᵉ division militaire, qu'il échangea le 23 janvier 1821 pour celui de la 4ᵉ, et fut fait grand officier de la Légion d'honneur le 1ᵉʳ mai suivant.

Mis en disponibilité le 13 juillet 1822, réemployé le 12 février 1823, et placé à la tête de la 8ᵉ division militaire, il est mort à Marseille le 21 mai 1825.

Son nom est inscrit sur l'arc de triomphe de l'Étoile, côté Sud.

BRIQUEVILLE (Armand-François, comte de), colonel de cavalerie et député.

La maison de Briqueville, l'une des plus anciennes de la monarchie, figure avec éclat dans les annales de la noblesse française; mais le plus illustre soldat de ce nom est celui qui fait l'objet de cette notice. Jamais les armées françaises ne comptèrent dans leurs rangs un plus brave officier, ni nos assemblées législatives un plus digne représentant du pays.

Armand de Briqueville naquit en 1785, à Briqueville, petit bourg de la Manche.

Tombé au pouvoir des républicains, son père mourut en criant *vive le roi!* Cependant, au moment de marcher au supplice, il dit en embrassant son fils : « Je donne ma vie aux Bourbons, mais ne les servez jamais, ce sont des ingrats. »

Briqueville entra à 17 ans à l'école de Fontainebleau, d'où il sortit avec le grade de sous-lieutenant de cavalerie. Depuis ce moment, sa vie ne fut marquée que par de brillants faits d'armes et d'héroïques actions.

Lieutenant de dragons en 1807, capitaine en 1808, chef d'escadron et officier d'ordonnance de Napoléon en 1812, lieutenant-colonel des lanciers de la garde impériale en 1813, il n'est pas un de ces grades qu'il ne gagnât à la pointe de son épée, pas un champ de bataille qu'il ne rougît de son sang, pas un combat où sa valeur ne conquît les acclamations de l'armée. En Italie, en Prusse, en Espagne, en Pologne, en Russie, en France, depuis Iéna jusqu'à Waterloo et sous les murs de Paris, il défendit son pays avec un dévouement digne des temps héroïques.

Après la chute de l'Empire, Briqueville, toujours fidèle à Napoléon, quitta le service, mais sa retraite fut précédée par un fait d'une admirable nationalité. Rencontrant Louis XVIII escorté par des cavaliers prussiens, le jeune colonel s'élance à la tête de ses lanciers vers l'officier prussien, lui intime l'ordre de lui céder la place, et s'adressant au roi : « Sire, lui dit-il, c'est sous la protection des Français que votre Majesté doit rentrer en France. » Il conduisit en effet la famille royale jusqu'au château de Saint-Ouen ; mais là il déclara respectueusement que ses affections et sa conscience lui faisaient un devoir de se retirer, et il donna sa démission malgré les bienveillantes instances du monarque.

Après le retour de l'île d'Elbe, Briqueville accomplit des prodiges à la bataille de Ligny, où il fut mis à l'ordre du jour de l'armée. Le 17 et le 18 juin, faisant partie du corps de Grouchy, il fut l'un des officiers qui insistèrent le plus énergiquement pour marcher sur le canon de Waterloo. Après ce grand désastre, le jeune colonel, frémissant d'indignation et de douleur, se précipita, entre Sèvres et Versailles, sur une colonne de cavaliers prussiens dont il fit un horrible carnage, et du milieu de laquelle il sortit la tête entr'ouverte par un coup de sabre et le poignet droit à demi abattu.

Criblé de blessures et d'infirmités, il fit partie de plusieurs conspirations contre les Bourbons, puis vécut dans la retraite jusqu'en 1827 que ses concitoyens l'envoyèrent à la Chambre des députés où il se montra le plus incorruptible adversaire de la Restauration. Après la révolution de 1830, il fit partie de l'opposition constitutionnelle, eut une rencontre avec le fils du maréchal Soult, à propos d'une attaque injurieuse contre le vieux maréchal, en sa qualité de major général de l'armée à Waterloo, et mourut le 20 mars 1844 à Paris, d'où il fut transporté à Cherbourg. Ses obsèques eurent lieu dans cette ville le 2 avril, avec une pompe extraordinaire.

BRO (le général Louis), né à Paris le 17 août, fils d'un notaire, s'embarqua à Toulon pour rejoindre l'expédition d'Égypte ; mais les croisières anglaises le forcèrent à rentrer.

Soldat volontaire en l'an x, dans le 1er régiment de hussards, il fit partie du détachement formant la garde du général Leclerc, commandant de l'armée expéditionnaire de Saint-Domingue. Il fut blessé à l'affaire du Haut-Cap, et nommé sous-lieutenant le 12 thermidor.

Renvoyé en France par suite de blessures graves, il devint aide-de-camp d'Augereau, et le suivit dans toutes les campagnes de 1805 à 1807. Après la bataille d'Eylau, il fut nommé capitaine au 7e de hussards, et assista aux journées de Friedland et de Wagram. Grièvement blessé dans cette dernière, et honorablement cité, il passa comme chef d'escadron (capitaine) aux chasseurs à cheval de la garde, et fit avec elle les campagnes de 1812 et 1813.

Nommé major le 28 juin 1813, M. Bro se distingua à la bataille de Montereau où il reçut la croix d'officier.

Le 5 avril 1814 il fut promu au grade d'adjudant-commandant, avec rang de colonel ; il prit, en cette qualité, en 1815, le commandement du 4e de lanciers, ancien 9e dragons, à la tête duquel, dans la campagne de Waterloo, il *écharpa* la brigade Ponsomby, tua cet officier général, et reprit l'aigle du 55⁰ régiment d'infanterie enlevée par les dragons de Ponsomby. Le colonel Bro fit des prodiges de valeur dans cette affaire et y fut grièvement blessé.

Sous la Restauration, qui lui contestait son titre de colonel, M. Bro fut cinq ans en disponibilité, et commanda en second la deuxième légion de la garde nationale parisienne.

A l'arrivée au ministère du général Gérard, M. Bro fut rappelé sous les drapeaux et reconnu dans son grade *depuis le 5 avril* 1814. Il fit, à la tête du 1ᵉʳ lanciers, la première campagne de Belgique en 1831, fut nommé maréchal de camp en 1832 et envoyé en Afrique où il reçut la plaque de grand officier de la Légion d'honneur. Le 6 août 1838 il fut rappelé en France et commanda le département de l'Hérault.

BRON DE BAILLY (ANDRÉ-FRANÇOIS), né à Vienne en Dauphiné, le 20 novembre 1757, d'une famille honorable du pays; il s'engagea avant l'âge de 20 ans, dans le régiment des dragons d'Artois, où il fut surnommé le *beau Bron*, tant la nature avait été pour lui prodigue de ses dons. Il n'était encore que sous-lieutenant en 1791, devint lieutenant en 1792, capitaine en 1793, chef d'escadron en l'an II, au 24ᵉ régiment de chasseurs à cheval, puis chef de brigade et commandant provisoire du 3ᵉ dragons; il éprouva, avant de rejoindre l'armée d'Italie, la jouissance la plus flatteuse pour son amour-propre, celle d'entrer, à la tête de son régiment, dans sa ville natale, d'où il était sorti soldat dix-huit ans auparavant. Il fut fait sur le champ de bataille commandant titulaire du 3ᵉ dragons. En Égypte comme en Italie, Bron se montra soldat intrépide, et le général en chef lui conféra le titre de général de brigade.

Le général Bron, nommé commandant de la Légion d'honneur, fut employé successivement en 1806, à l'armée de Naples, dont il commanda toute la cavalerie; en 1807 et 1808 à la grande armée; en 1810, 1811 et 1812 à l'armée d'Espagne.

Il fut fait prisonnier par les Anglais après avoir combattu vaillamment à Artago-Molinos, et ne recouvra sa liberté qu'à la chute de l'Empire en 1814. Depuis cette époque, le général Bron est constamment resté dans la vie privée. Son nom, déjà gravé sur la grande pyramide d'Égypte, a été inscrit *d'office* Sur l'arc de triomphe de l'Étoile, côté sud.

Mort le 18 mai 1847, à Batignolles-Monceaux, à l'âge de 90 ans.

BROUSSIER (JEAN-BAPTISTE, comte), né à Ville-sur-Saulx le 10 mars 1766. Destiné à l'état ecclésiastique, il s'enrôla, en 1791, dans le 3ᵉ bataillon de la Meurthe, et y fut nommé capitaine. Il fit ses premières armes sous Beurnonville dans les campagnes du Nord; il fut grièvement blessé à l'affaire de Vavrin, en l'an II.

Nommé chef de bataillon peu de temps après, il fut envoyé à l'armée de Sambre-et-Meuse, et chargé de la défense d'un poste important, où il fut atteint d'une balle à la tête.

Broussier passa, en 1797, à l'armée d'Italie, se distingua à la prise de Spezzia, pénétra un des premiers dans le fort de Chiusa, et fit prisonnier de sa main le général autrichien. Nommé chef de brigade à la suite de ces actions d'éclat, il fut employé à l'armée de Naples, puis chargé de diriger une expédition dans les Apennins. Il attira dans une embuscade une troupe de 12,000 paysans qui avaient fermé le défilé, et en fit un grand carnage dans le lieu même où les Samnites avaient fait passer les Romains sous les fourches Caudines.

Promu pour ce beau fait au grade de général de brigade qu'il reçut le même jour, il concourut en cette qualité à la conquête de Naples, détruisit entièrement l'armée du cardinal Ruffo, soumit toute la Pouille insurgée, et s'empara, après des assauts meurtriers, des villes de Trani et d'Andria, qu'il fut obligé de réduire en cendres.

En 1799, le Directoire le fit traduire pour crime de concussion, devant un conseil de guerre, avec Championnet, son général en chef; mais la révolution du 30 prairial an VII écarta les dangers qu'il courait, et il fut réintégré dans son grade. Il continua à servir avec beaucoup de distinction en Italie, jusqu'en 1803, époque où il fut nommé commandant d'armes de la place de Paris.

Élevé, en 1805, au grade de général de division, il retourna en Lombardie en 1809, y déploya encore autant de valeur que d'habileté, et eut une grande part à la victoire de Wagram.

Il fit ensuite, avec non moins d'éclat, les campagnes de Russie et de Saxe; et, aussitôt après les désastres de 1813, il vint s'enfermer à Strasbourg, dont l'Empereur lui avait confié le commandement. Il allait prendre, l'année suivante, celui du département de la Meuse, lorsqu'il fut atteint d'une apoplexie foudroyante qui mit fin à sa carrière, le 13 décembre 1814, à Bar-le-Duc.

Son nom est inscrit sur le monument de l'Étoile, côté nord.

BROUSSIER (Nicolas), né en 1774, à Ville-sur-Saulx, partit comme volontaire dans un de ces nombreux bataillons que le département de la Meuse envoya sur la frontière, au commencement de nos guerres d'indépendance, et reçut le baptême de sang sur le champ de bataille d'Arlon. Pendant la campagne de 1801, au passage du Mincio, il fut atteint d'une nouvelle blessure, en débusquant l'ennemi du village de Pazzolo, à la tête de quelques tirailleurs de la 43°. Légionnaire dès 1805, lorsqu'il était capitaine aide-de-camp du général Broussier, son cousin, et, chef de bataillon, pendant la campagne de 1809, il conduisit lui-même, le 29 juin, deux bataillons au secours du 24° régiment bloqué depuis trois jours dans le faubourg Saint-Léonard, à Gratz, par 10,000 Croates, et ramena le régiment sur le drapeau duquel l'Empereur fit inscrire la devise : *un contre dix.*

En 1813, Napoléon confia à Broussier le commandement du 9° de ligne, régiment composé d'enfants de Paris, à la tête desquels, le 2 mars 1814, il escalada les remparts de Parme, où il reçut un coup de baïonnette : il s'empara de la porte Saint-Michel par laquelle l'ennemi devait opérer sa retraite, et fit mettre bas les armes au régiment hongrois *Francesco-Carl.*

La Restauration, qui avait d'abord relégué Broussier dans la non-activité, lui donna, en 1819, le 5° régiment de ligne qu'il conduisit en Espagne, où sa belle conduite lui mérita, le 3 octobre 1823, le grade de maréchal de camp dans la division du Haut-Èbre. Broussier commanda le département de la Côte-d'Or, de 1831 à 1836.

Il se retira ensuite à Bar-le-Duc, où il est mort d'une attaque d'apoplexie foudroyante le 10 janvier 1850.

BRUAT (Armand), gouverneur des îles Marquises.

Né en Alsace en 1797, entra au service en 1811, à bord du vaisseau-école de Brest, où il fut remarqué pour sa hardiesse devenue proverbiale.

En 1815, il fit une campagne à Copenhague, au Brésil et aux Antilles, sur le brick *le Hussard*.

En 1817, il servait à bord de la corvette *l'Espérance*, qui tint trois ans la station du Levant, et fut nommé enseigne.

De 1819 à 1824 il fut officier de manœuvres sur *le Conquérant*, *le Foudroyant*, et sur la frégate *la Diane*.

En 1824, il fit une laborieuse campagne dans la mer du Sud, à bord de *la Diligente*, et contribua à la prise du pirate célèbre *la Quintanilla*. Au retour, il fut fait lieutenant de vaisseau, et embarqué sur *le Breslaw* comme officier de manœuvre.

En 1827, c'est *le Breslaw* qui, à Navarin, dégagea l'amiral russe, força le vaisseau qui combattait *l'Albion* de couper ses câbles et de se jeter à la côte, et fit couler la frégate que montait l'amiral turc et une autre frégate. Bruat fut décoré pour sa conduite dans cette action.

L'année suivante il obtint le commandement du brick *la Silène*, ce fut sur ce brick qu'il alla croiser jusque sous les forts d'Alger, et exécuter de nombreuses prises en vue du port. Ce fut aussi alors qu'en suivant le commandant d'Assigny, qui montait le brick *l'Aventure*, il fit naufrage sur les côtes d'Afrique. Sur 200 hommes de l'équipage français 110 furent massacrés. Le reste ne fut sauvé que par le dévouement et l'énergie des deux capitaines.

Bruat, prisonnier à Alger, fit passer à l'amiral Duperré une note sur l'état de la place. Cet acte patriotique l'exposait aux plus grands dangers.

Depuis 1830, la carrière militaire du capitaine Bruat fut des plus actives. Il fut attaché à la station de Lisbonne. C'est dans le Tage qu'en mai 1838 il reçut sa nomination de capitaine de vaisseau, et passa sous les ordres de l'amiral Lalande à bord de *l'Iéna*, et devint son capitaine de pavillon. C'est en cette qualité qu'il commanda ce vaisseau de 92 canons et fit la belle campagne du Levant.

De *l'Iéna*, il passa sur *le Triton* sous l'amiral Hugon, le quitta en juillet 1841, et fit partie du conseil des travaux de la marine à Toulon.

Il a été appelé, en 1843, au gouvernement des îles Marquises et au commandement de la subdivision navale.

BRUEYS (François-Paul, comte de) était lieutenant de la marine royale, au commencement de la révolution. Quoique noble, il n'émigra pas, et, en 1772, il eut le commandement d'un vaisseau qui fit partie de l'escadre conduite par l'amiral Truguet sur les côtes de Naples et de Sardaigne. Forcé de quitter sa place, comme noble, il fut rappelé sous le ministère de Truguet, qui lui donna l'ordre d'aller croiser dans l'Adriatique. La paix était conclue lorsqu'il arriva à Venise ; il fit voile pour les îles Ioniennes, et fut obligé, pour y vivre pendant une longue station, d'avoir recours à Ali-Pacha. La campagne d'Egypte ayant été résolue, Brueys reçut le commandement de la flotte qui devait porter l'armée. Il réussit à tromper les Anglais qui voulaient lui disputer le passage, et arriva heureusement dans la rade d'Aboukir. Aussitôt après le débarquement des troupes, il aurait dû ou entrer dans le port d'Alexandrie, ou retourner sans perdre de temps en France, à Malte ou à Corfou. Il n'en fit rien et s'embossa pour attendre les Anglais. Nelson jugea du premier coup d'œil qu'il pouvait séparer les vaisseaux français ; il passa audacieusement entre le rivage et la flotte, et plaça ainsi l'avant-garde entre deux feux.

Le combat fut terrible, mais la victoire se décida pour les Anglais. Dès lors Brueys ne chercha plus que la mort; atteint de deux blessures, il ne voulut pas descendre pour se faire panser : *Un amiral français*, dit-il, *doit mourir sur son banc de quart*. Bientôt un boulet vint le frapper, et il expira au moment où son vaisseau, l'*Orient*, sautait avec une explosion terrible.

BRUIX (Eustache), né à Saint-Domingue, en 1759, d'une famille distinguée, originaire du Béarn, s'embarqua comme volontaire sur un vaisseau marchand. Deux ans après (1778), il était garde de la marine, fit sa première campagne sur la frégate *le Fox*, et sa seconde sur la *Concorde*. Il servit dans les diverses escadres qui vinrent au secours des États-Unis, et fut fait enseigne de vaisseau. Nommé commandant du *Pivert*, il fut chargé, avec M. de Puységur, d'établir les cartes destinées à retracer les côtes et les débouquements de Saint-Domingue. Lieutenant de vaisseau et membre de l'académie de marine, en 1791, il fut renvoyé comme noble en 1793 ; employé de nouveau sous le ministère de Truguet qui lui confia *l'Éole* jusqu'au moment où il fut envoyé sur l'escadre de Villaret-Joyeuse, en qualité de major général. Il fit partie de l'expédition d'Irlande, et fut nommé contre-amiral, puis ministre de la marine. Masséna, assiégé dans Gênes, avait besoin de secours ; Bruix court à Brest où notre flotte était bloquée par les Anglais, profite d'un coup de vent qui disperse les vaisseaux ennemis, va ravitailler Gênes, rallie à son retour les Espagnols, et rentre avec eux dans le port de Brest. Après cette expédition hardie, Bruix rendit le portefeuille de la marine et prit le commandement de la flotte assemblée à l'île d'Aix, et qui devait faire voile pour l'Espagne. Mais l'ennemi renforça la croisière ; l'amiral tomba malade, et la paix d'Amiens vint empêcher la flotte de sortir. La guerre ayant de nouveau éclaté, Napoléon conçut le projet d'une nouvelle descente en Angleterre, et confia à Bruix le commandement de la flottille que devait transporter l'armée ; mais les forces de ce brave officier l'abandonnèrent, et il fut obligé de revenir à Paris où il mourut le 18 mars 1805, à peine âgé de 45 ans.

BRUN DE VILLERET (le général), né à Malzieu (Lozère), le 13 février 1773 ; il était destiné au barreau. Il se montra d'abord hostile aux idées révolutionnaires et dut se réfugier à Paris après le 18 fructidor. Il se jeta alors dans la carrière des armes, après avoir suivi des études mathématiques à l'École d'artillerie, fut l'aide de camp de Soult ; il se trouva à Austerlitz, à Iéna, à Eylau, à Friedland, et gagna sur les champs de bataille les épaulettes de capitaine et de chef de bataillon.

Le roi de Saxe, auprès de qui il fut envoyé comme négociateur, lui donna de sa main l'ordre de Saint-Henri.

Le commandant Brun fit ensuite la campagne d'Oporto avec le maréchal Soult, fut choisi pour aller rendre compte à l'Empereur de cette malheureuse mais glorieuse expédition, et fut chargé trois mois après de porter au maréchal le brevet de major général. Dans une nouvelle mission auprès de Napoléon, il reçut le double brevet de colonel et d'officier de la Légion d'honneur. C'est dans cette mission qu'attaqué par 400 guérillas, il se défendit pendant trois heures, avec une escorte de 60 hommes, derrière les débris d'un mur. Il fut délivré par la garnison de Ségovie accourue au bruit du feu.

Lorsque Napoléon rappela Soult en Allemagne, le colonel Brun de Villeret fut, dès son arrivée auprès de l'Empereur, élevé à la dignité de baron de l'Empire et au grade de général de brigade.

A la bataille de Wurchen, il enleva trois positions à l'ennemi à la tête de six bataillons de conscrits, et eut deux chevaux tués sous lui. Nommé gouverneur de Torgau, il y fut bombardé et contraint de se rendre. Torgau est une ville de 4,000 âmes; on y avait entassé 25 mille blessés, dont 18 mille périrent par l'épidémie ou par le feu du siége.

A sa rentrée en France, le général Brun de Villeret devint secrétaire général du ministère de la guerre, chevalier de Saint-Louis, commandeur de la Légion d'honneur. Pendant les Cent-Jours, ses alliances de famille l'empêchèrent de prendre du service. Il se retira à sa terre de Malzieu, où il donna asile et protection au maréchal Soult, après le 18 juillet 1815.

Après la seconde Restauration, on le vit successivement commandant militaire de la Lozère et de l'Ardèche, membre de la chambre des députés, général de division, commandant de la 19e division, pair de France, grand officier de la Légion d'honneur.

Le général Brun est mort en 1845.

BRUNE (Guillaume-Marie-Anne), maréchal de France, né à Brives (Corrèze) le 13 mars 1763.

Destiné au barreau, il cultivait les lettres à Paris à l'époque de la Révolution. Brune s'enrôla dans le 2e bataillon de Seine-et-Oise. Adjudant-major en 1791, et l'année suivante adjoint aux adjudants-généraux; adjudant-général et colonel en 1793; puis commandant d'avant-garde contre le général Wimpfen; il était général de brigade à la bataille d'Hondschoote.

C'est lui qui rétablit la tranquillité dans le Midi, dans cette même ville d'Avignon où il devait périr assassiné.

En Italie, sous les ordres de Bonaparte, Brune se distingua à Rivoli, à Saint-Michel, à Feltre, à Bellune, etc., et fut nommé général de division sur le champ de bataille.

Ambassadeur près de la cour de Naples, commandant en chef des troupes envoyées en Suisse, sa conduite lui valut les plus grands éloges et le commandement de l'armée d'Italie, en remplacement de Berthier et de Masséna, puis le commandement en chef de l'armée batave. La conduite de Brune dans cette campagne fut admirable et lui valut le gouvernement de la Hollande et une armure complète, présent de Bonaparte. De là il alla pacifier la Vendée, puis commander l'armée de réserve, dite des *Grisons*, et passa en Italie, où il continua à se distinguer.

Rentré au conseil d'État, il fut nommé président de la section de la guerre, ambassadeur à Constantinople, où il fonda les premières relations avec la Perse.

A son retour en 1805, il fut nommé maréchal de France et grand-croix de la Légion d'honneur, commandant l'armée des côtes de l'Océan, gouverneur des villes Anséatiques en 1807, puis disgracié.

Louis XVIII lui donna la croix de Saint-Louis en 1814. Pendant les Cent-Jours, il eut le commandement de l'armée du Var.

Sur la fin de juillet 1815, après avoir fait arborer le drapeau blanc à Toulon et s'être démis du commandement, Brune se rendait à Paris. Parvenu à Avignon, le 2 août, il fut assassiné à l'hôtel du Palais-Royal, près de la porte du Rhône, par les royalistes.

Ces forcenés outragèrent son cadavre, le traînèrent par les rues et le jetèrent dans le Rhône. Rejeté par le fleuve, il resta deux jours sans sépulture sur la grève. Ainsi périt un guerrier illustre, l'honneur de nos armées.

Napoléon a dit à Sainte-Hélène :

« Brune, Masséna, Augereau et beau-
« coup d'autres étaient des déprédateurs
« intrépides. »   (Las Cases.)

BRUNET-DENON (Vivant-Jean), né à Givry (Saône-et-Loire) le 9 mai 1778. Il accompagna son oncle, le savant Denon, membre de l'Institut d'Egypte. Il remplit dans cette campagne les fonctions de secrétaire de l'état-major de l'armée et revint en France avec Bonaparte.

En brumaire an VIII, le jeune Brunet s'enrôla dans le 9e régiment de dragons, et fut nommé sous-lieutenant après la bataille de Marengo.

Il devint successivement lieutenant, aide-de-camp de Murat, membre de la Légion d'honneur, fit les campagnes d'Ulm, de Vienne. A Austerlitz il fut blessé, eut un cheval tué sous lui et fut nommé capitaine.

Chef d'escadron pendant les campagnes de 1806-1807, il fut nommé colonel à Tilsitt le 1er juillet 1807.

En 1808, il fut créé baron de l'Empire; le 20 mars 1809, son régiment fut un des deux régiments de cavalerie légère qui passèrent les premiers le Danube et qui soutinrent l'attaque des Autrichiens pendant le passage du reste de l'avant-garde.

A Essling, il perdit les trois cinquièmes de son brave régiment, eut un cheval tué sous lui et le bras droit emporté.

L'Empereur lui donna la croix d'officier et le nomma commandant en second, directeur des études de l'École militaire spéciale de cavalerie qui allait s'organiser à Saint-Germain-en-Laye.

En 1814 (novembre), le colonel Brunet fut nommé maréchal de camp et chevalier de Saint-Louis.

Le 29 mai 1815, l'Empereur confirma ce grade et le nomma commandant en second des dépôts de cavalerie réunis en Champagne sous les ordres du général Defrance. Ces dépôts devaient suivre les mouvements de l'armée.

Le général Brunet fut mis à la retraite comme amputé le 1er août 1815. — Il fut placé dans les cadres de réserve le 15 septembre 1830.

BRUNO (Adrien-François, général, baron de), né à Pondichéry, le 10 juin 1771, fils de M. de Bruno, introducteur des ambassadeurs près Monsieur, frère du roi Louis XVI.

Enrôlé dans la cavalerie de la Nièvre, incorporé, depuis, dans le 4e de hussards, sous-lieutenant au 1er de hussards, puis lieutenant et capitaine, il protégea, en l'an VII, la retraite de l'armée après la bataille de Vérone, et soutint avec cent chevaux, pendant une journée, l'attaque de forces décuples; chef d'escadron au 12e de hussards en 1801, major au 10e de chasseurs à cheval, puis aide-de-camp de Louis-Bonaparte, roi de Hollande; lieutenant-général et grand écuyer de la couronne, et, après l'abdication de Louis, replacé dans les cadres de l'armée française comme général de brigade, le 11 novembre 1810; commandant provisoire de la 5e division de cuirassiers, et, après la bataille de la Moskowa où il se distingua, commandant de la 1re division des cuirassiers.

Après la retraite de l'armée jusqu'à l'Elbe, il commanda la cavalerie du 5e corps d'armée sous les ordres de Lauriston, puis celle du 2e corps commandée par Victor. Cette dernière était composée de 2 régiments de hussards westphaliens, du 11e d'infanterie légère, de 500 Cosaques polonais et de deux pièces de canon. Attaqué dans Reichenbach par les armées russes et prussiennes, les deux régiments de hussards westphaliens passèrent à l'ennemi; mais le général Bruno parvint à se maintenir dans sa position.

Envoyé en observation sur les bords de la Floë, à la suite de la bataille de Dresde, il fut fait prisonnier, et resta en Hongrie jusqu'en 1814.

Après le 20 mars 1815, le maréchal Davoût donna au général Bruno la brigade de cavalerie du corps du comte d'Erlon. Après les désastres de Waterloo, il rentra malade dans ses foyers. Pendant la Restauration, il commanda l'Hérault sous le ministère du maréchal Saint-Cyr, et la Moselle sous le ministère Latour-Maubourg.

Mis en disponibilité par le maréchal Soult, il fut rappelé en 1832 pour commander les Vosges, et fut mis à la retraite en 1833.

Il est commandeur de la Légion-d'Honneur, chevalier de Saint-Louis et décoré de l'ordre de Charles III.

BRUYÈRES (Jean-Pierre-Joseph, baron, puis comte), né le 22 juin 1772, à Sommiers (Gard), chasseur dans la 15ᵉ demi-brigade d'infanterie légère le 20 pluviôse an II, il fit les campagnes de la Révolution jusqu'à l'an IX, aux armées d'Italie, de réserve et à celle d'observation du Midi.

Adjoint aux adjudants-généraux le 1ᵉʳ nivôse an III, il fut promu sous-lieutenant au 3ᵉ bataillon de la 15ᵉ demi-brigade légère le 15 pluviôse suivant. Lieutenant le 16 pluviôse an IV, il passa en qualité d'aide-de-camp auprès du général de division Berthier (Alexandre) chef d'état-major de l'armée d'Italie, le 18 ventose an V, et devint capitaine au 7ᵉ régiment *bis* de hussards le 20 thermidor suivant.

Après la bataille de Marengo, où il fit des prodiges de valeur, il fut élevé au grade de chef d'escadron, passa dans le 7ᵉ régiment de hussards le 2ᵉ jour complémentaire an X et fut nommé major du 5ᵉ régiment de même arme, le 6 brumaire an XII. Il fit partie de l'armée des côtes de l'Océan en l'an XII et XIII, et c'est là que, le 4 germinal an XII, il reçut la décoration de la Légion d'honneur.

Colonel du 23ᵉ régiment de chasseurs à cheval le 27 pluviôse an XIII, il fit la campagne de l'an XIV à l'armée d'Italie, où il fut blessé d'un coup de feu à la cuisse le 12 brumaire, et celle de 1806 en Prusse, avec la grande armée. Il se distingua particulièrement à la bataille d'Iéna, obtint le 31 décembre 1806 le grade de général de brigade, et fit en cette qualité la guerre de Pologne.

Le 8 février 1807, à la tête d'une brigade de cavalerie légère, il mit en déroute une colonne de 6,000 Russes sur le champ de bataille d'Eylau. Un biscaïen qui passa entre son corps et son bras gauche lui occasionna une forte contusion. Le 9 juin suivant, au combat de Glottau, il chargea avec la même bravoure et le même succès la cavalerie et l'infanterie russes.

Fait officier de la Légion d'honneur le 11 juillet 1807, il eut, en 1808, le commandement d'une brigade de cavalerie légère à l'armée d'observation d'Allemagne, et reçut le titre de baron de l'Empire.

Il servit à la grande armée en 1809, et fut nommé commandant de la Légion d'honneur le 14 juin. A Wagram, le 6 juillet suivant, il se signala par des traits de la plus rare intrépidité, et reçut deux coups de feu, l'un très-grave et avec fracture à la cuisse droite, l'autre à l'épaule gauche. Cité à cette occasion comme un officier général de cavalerie de la plus haute espérance, l'Empereur l'éleva au grade de général de division le 14 du même mois.

Obligé de rentrer en France pour y soigner ses blessures, il quitta l'armée le 28 août; mais, à peine rétabli, il sollicita un commandement. L'Empereur lui donna celui de la 1re division de grosse cavalerie de l'armée d'Allemagne, le 17 octobre de la même année.

Placé le 8 avril 1811 à la tête de la cavalerie légère de la même armée, il passa à la cavalerie de réserve de la grande armée le 15 janvier 1812.

Pendant la campagne de Russie, il soutint sa réputation militaire. Le 28 juin, à la tête de sa division, il prit possession de Wilna, poursuivit l'ennemi sur la rive gauche de la Wilna et lui fit éprouver des pertes considérables. Le 25 juillet suivant, appuyé par la division du général Saint-Germain, il culbuta la cavalerie ennemie à deux lieues en avant d'Ostrowno, lui enleva ses batteries et sabra l'infanterie qui s'avançait pour soutenir son artillerie. L'ennemi abandonna au vainqueur huit pièces de canon et 600 prisonniers.

A la bataille de Smolensk, le 17 août, Bruyères, avec sa division, après avoir chassé un gros corps de cavalerie russe et de Cosaques postés sur le plateau même de Sloboda-Raczenka, y prit position, et s'y maintint malgré tous les efforts de l'ennemi.

Le 7 septembre, à la Moskowa, il pénétra dans les masses ennemies et il y fit un horrible carnage.

Il échappa aux désastres de la retraite et fut employé en 1813 au 1er corps de cavalerie de la grande armée. On le vit intrépide, aux batailles de Bautzen et Wurschen, les 20 et 21 mai, et il eut les deux cuisses emportées par un boulet de canon, le lendemain 22, au combat de Reichenbach.

Il mourut à Gorlitz le 5 juin suivant.

BUDAN DE RUSSÉ (César), général de brigade, commandant de la Légion d'honneur, né à Saumur (Maine-et-Loire), le 13 décembre 1787, d'une famille honorable qui lui fit donner une éducation distinguée. Admis à l'école militaire de Fontainebleau en l'an XIII, il en sortit comme sous-lieutenant le 23 septembre 1806, et passa dans le 14e régiment des chasseurs à cheval qu'il rejoignit en Italie. Il fit avec ce régiment toutes les campagnes de l'Empire jusqu'en 1814, et fut blessé grièvement à la bataille de Vittoria.

Après le licenciement de l'armée, en 1815, il entra dans les hussards de la garde comme capitaine, commandant un escadron; il ne quitta ce corps qu'à son licenciement, en 1830.

Rappelé au service en 1833, comme lieutenant-colonel, il a été nommé colonel du 7e dragons le 14 avril 1835.

Le 14 avril 1844, il a été promu au grade de général de brigade.

Il est aujourd'hui commandant de la Légion-d'Honneur, et commande l'école de cavalerie.

BUGEAUD DE LA PICONNERIE (Thomas-Robert), maréchal de France, duc d'Isly, est né à Limoges le 17 octobre 1784, de messire Ambroise Bugeaud, seigneur, chevalier de la Piconnerie, et de dame Françoise de Sutton de Cléonard, d'une famille illustre d'Irlande; à l'âge de 20 ans, il entra comme vélite dans les grenadiers à pied de la garde impériale, se distingua dans toutes les campagnes auxquelles il assista; il fut blessé au jarret au combat de Pulstuck en Pologne, en 1806, fut envoyé plus tard en Espagne, d'abord dans l'armée de Suchet, puis dans la division Lamarque; caporal à Austerlitz, sous-lieutenant, puis lieutenant au 64e de ligne dans la campagne de Pologne, capitaine au 116e de ligne, le 2 mars 1809; il était chef de bataillon en Espagne, en 1811, où il se montra avec éclat aux siéges de Lérida, de Tortose et de Tarragone. Au combat d'Ordal, en Catalogne, il avait reçu l'ordre de tenir tête au 27ᵉ régiment d'infanterie anglaise; il l'attaqua bravement et le mit en déroute ; ce fait d'armes lui valut le grade de lieutenant-colonel. Pendant la Restauration, le colonel Bugeaud célébra les Bourbons dans quelques pièces de vers, n'en retourna pas moins près de l'Empereur pendant les Cent-Jours, et fut envoyé à l'armée des Alpes à la tête du 14ᵉ de ligne.

Au second retour des Bourbons, Bugeaud se retira à Excideuil dans les propriétés de son père, marquis de Faverolle et seigneur de la Piconnerie ; il s'occupa d'agriculture et aussi de l'étude des belles-lettres. Au premier bruit de l'expédition d'Espagne il demanda du service et fut refusé ; dès lors il entra dans l'opposition et y resta jusqu'en 1831, qu'on l'envoya à la Chambre. Il venait d'être nommé maréchal de camp. Le nouveau général devint l'ami du pouvoir, qui l'envoya à Blaye garder et surveiller la duchesse de Berry. On sait qu'il s'acquitta très-scrupuleusement de ces fonctions, mais aussi très-honorablement, quoi qu'en aient dit quelques biographes : une lettre que lui écrivit la duchesse en fait foi. Il fut encore chargé d'accompagner sa prisonnière jusqu'à Palerme. De retour à Paris, il eut une rencontre avec M. Dulong, qui l'avait traité de *geôlier;* c'était le 27 janvier 1834. M. Dulong eut le crâne fracassé.

Dans l'insurrection d'avril 1834, il commandait la brigade qui réprima cette guerre des rues, mais il est faux qu'il se soit trouvé à l'épisode sanglant de la rue Transnonain.

Bientôt, le général Bugeaud fut envoyé en Algérie (6 juin 1836) avec la double mission de combattre Abd-el-Kader et de faire la paix avec lui. Il montra dans cette courte campagne toutes les qualités qui doivent distinguer un homme de guerre. Homme actif, prompt au coup de main, façonné en Espagne à la guerre des Guérillas, soigneux du soldat, veillant à son bien-être, populaire dans la troupe, brave et ne s'épargnant jamais, M. Bugeaud, par la rapidité même de ses mouvements, montre qu'il valait mieux qu'un autre dans cette poursuite de Bohémiens. On lui reproche comme impolitique et désastreux le traité de la *Tafna*, par lequel il reconnut à Abd-el-Kader, au nom de la France, le titre d'émir, traita avec lui comme avec un souverain indépendant, et marqua même la limite de ses États.

M. Bugeaud, lieutenant-général, depuis le 25 août 1836, et grand officier de la Légion d'honneur, fut nommé gouverneur général de l'Algérie au commencement de 1841. Investi de ces hautes fonctions, il voulut s'en rendre digne. Par des expéditions souvent hardies, toujours heureuses, par l'intrépidité de son action, il a consolidé notre puissance dans ce pays, pacifié plusieurs provinces, chassé les Arabes jusqu'aux confins du désert, et préparé les germes d'une colonisation sérieuse et féconde.

On connaît l'éclat de la bataille d'Isly (14 août 1844), où, avec des forces très-inférieures, il n'a point hésité à se précipiter sur une nuée de Marocains qu'il a culbutée en quelques heures. De tels faits honorent à la fois le général et son armée. Déjà maréchal de France, depuis le 17 juillet 1843, il fut nommé duc d'Isly.

Le conquérant devint colonisateur. Après avoir été l'effroi des Arabes, il devint leur idole.

La révolution de Février vint le surprendre dans la retraite où il était rentré depuis quelques mois. En face de nouveaux périls, il met encore une fois son épée au service de la France. Le Président de la République l'avait nommé commandant en chef de l'armée des Alpes ; plusieurs départements l'avaient envoyé à l'Assemblée législative. La gloire de sauver la civilisation et la société semblait la mission glorieuse réservée à sa vieillesse, lorsque, le 10 juin 1849, il fut cruellement enlevé par une attaque de choléra.

Le corps du maréchal Bugeaud a été déposé dans une chapelle sépulcrale de l'Hôtel des Invalides ; il se trouve placé au dessus du cercueil de l'amiral Duperré, tout près de celui du général Duvivier.

Le maréchal Bugeaud était un original et un homme d'esprit. Sa finesse et son habileté se cachaient, comme celles de Henri IV, sous les apparences de la bonhomie et de la gaîté.

Le 27 juin 1815, il était à Moustier, sur la Haute-Isère, lorsqu'il apprit le désastre de Waterloo et l'arrivée de 10,000 Autrichiens ; il n'avait, lui, que 1,700 hommes. — « Amis, dit-il, nous sommes 1,700 chasseurs contre 10,000 lapins, la proportion est excellente et la chasse sera bonne : c'est 3,000 pièces de gibier à laisser sur le carreau. » Il ne se trompait que de 40 ; 2,960 Autrichiens restèrent morts ou vifs en son pouvoir.

On connaît la chanson composée par nos soldats sur la *Casquette à Bugeaud*. En voici le sujet : Dans une marche forcée, sous une chaleur ardente, le maréchal aperçoit un tirailleur sans képy ; il avait laissé le sien dans un engagement, à des Kabyles qui voulaient lui couper *le moule*. — « Tu as bien fait, lui dit le maréchal, ta tête est bonne à garder ; » et il lui cède généreusement sa propre casquette. — Mais vous, maréchal, s'écrie le soldat confus, vous allez attraper un coup de soleil.

— « Non pas, mon ami ; car tu m'apporteras le burnous d'un des premiers Arabes qui nous attaqueront. »

Le tirailleur fit mieux : il enleva un drapeau ennemi au lieu d'un burnous. Le maréchal reprit sa casquette et donna la croix au brave.

Le 24 février 1848, lorsque Louis-Philippe lui retira ses pouvoirs de commandant en chef : — « Sire, lui dit-il laconiquement, Votre Majesté est *fichue*. » On sent que nous déguisons l'énergie du mot.

Un montagnard soutenait un jour, dans une réunion ministérielle, le droit qu'il s'arrogeait de s'écrier : Vive la république démocratique et sociale !

— « A quoi bon ? repartit le maréchal Bugeaud ; la république démocratique, vous l'avez ; la république sociale, vous ne l'aurez jamais ! C'est moi qui vous le dis, prenez-en note. »

A Lyon, un pompier ameutait la foule par des propos séditieux. Le maréchal qui passait, va droit à lui :

— « Tu es chargé, lui dit-il, d'éteindre le feu et non de l'allumer. Fais ton métier ou je ferai mon devoir. »

BUGET (Claude-Joseph, baron), né à Bourg, le 10 septembre 1770. Son père, chirurgien-major de l'hôpital de cette ville, l'avait destiné à l'état ecclésiastique ; mais la révolution chassa Buget du séminaire et le jeta dans les camps. Parti comme soldat, il fut nommé sous-lieutenant le 25 avril 1793, dans un des régiments de l'armée du Nord, et attaché à l'état-major de Dugommier, chargé du siége de Toulon. M. Buget se distingua à ce siége et fut nommé adjudant-général, chef de bataillon.

Le 14 juin 1794, il fut envoyé à l'armée d'Italie en qualité de chef de brigade. Il reçut sa première blessure le 6 germinal an vii sous les murs de Legnano, et le 27 floréal suivant, il fut de nouveau blessé à Marengo. Le premier Consul le récompensa de sa bravoure et de ses services par le grade de général de brigade le 8 germinal an ix. L'année suivante, il reçut de Bonaparte un sabre d'honneur et une lettre de félicitations.

Un peu plus tard, l'Empereur lui donna la croix de Commandeur, le titre de baron et une riche dotation en Westphalie.

Le général Buget continua à se couvrir de gloire dans toutes les affaires où il se trouva. A Friedland, il perdit la main droite emportée par un boulet; il en donna la nouvelle à sa femme dans une lettre écrite de la main gauche et empreinte d'un esprit de plaisanterie qui ne le quittait jamais. Treize jours après, on le revit à la tête de sa brigade, après l'amputation de l'avant-bras.

M. Buget fit la guerre d'Espagne et se fit remarquer aux siéges de Sarragosse et de Lérida; à ce dernier siége, un boulet emporta la moitié de son chapeau et brisa sa longue vue dans la main qui lui restait. Quelques jours après, montant le premier à l'assaut, flanqué de deux grenadiers, il eut sa montre brisée dans son gousset par une balle.

Rentré dans l'intérieur, il reçut le commandement supérieur de Belle-Isle et ensuite celui des Pyrénées-Orientales.

Employé à la défense de Paris, le 14 juin 1815, la Restauration le rendit à la vie civile le 18 octobre suivant.

Le maréchal Victor, ministre de Louis XVIII, le fit nommer lieutenant-général le 28 mars 1823.

M. Buget est mort dans sa retraite, à Perpignan, le 2 octobre 1839.

BULOW (Frédéric-Guillaume, baron de), comte de Dennewitz, général en chef de l'infanterie prussienne, célèbre par la part active qu'il prit aux grandes luttes de la Prusse contre Napoléon, naquit le 16 février 1755, dans la Vieille-Marche, à Falkenberg, domaine où résidait son père, fils de Guillaume Dietrich de Bulow, mort en 1737, ministre d'État prussien. Après avoir reçu une éducation distinguée dans la maison paternelle, il témoigna de bonne heure les dispositions les plus prononcées pour l'état militaire. A l'âge de 14 ans il entra au service avec le grade de lieutenant; et il était parvenu à celui de capitaine, lorsqu'en 1793 il fut nommé gouverneur du prince Louis-Ferdinand de Prusse, avec le titre de major, et fit en cette qualité la campagne du Rhin. Au siége de Mayence il donna de nombreuses preuves de bravoure, notamment en faisant échouer une division tentée contre Marienborn par les Français, et contribua beaucoup à la prise de cette place importante, en enlevant d'assaut le bastion de Zahlbach. Sa mission auprès du prince une fois terminée, il entra dans la brigade des fusiliers de la Prusse orientale, et y obtint le commandement d'un bataillon. Pendant la guerre de 1806-1807, il concourut, en qualité de lieutenant-colonel, sous les ordres du général Lestocq, à la défense de Thorn, et se distingua dans plusieurs affaires, notamment à celle de Walterdorf. En 1808 il passa général major, puis général de brigade, et fut nommé, en 1811, gouverneur de la Prusse orientale et occidentale.

Lorsque la Prusse, déchirant les traités qui la liaient à la politique de Napoléon, eut tourné ses armes contre la France, ce fut le général Bulow qui, le 5 avril 1813, remporta, près de Mœckern, le premier succès dont furent couronnés, dans cette guerre, les efforts des troupes prussiennes. En s'emparant, le 2 mai suivant, de Halle, il gagna la confiance de son armée et ranima l'enthousiasme du peuple, que la perte toute récente de la bataille de Lutzen avait singulièrement découragé. Peu de temps après, par l'avantage qu'il remporta à Huckau, sur le maréchal Oudinot, il mit une première fois à l'abri du danger la ville de

Berlin que les Français menaçaient déjà. A l'expiration de l'armistice (août 1813), son corps d'armée fut placé sous les ordres de Bernadotte, prince royal de Suède, commandant en chef de l'armée dite du Nord. Dans cette position dépendante, Bulow se vit souvent condamné à l'inaction par suite de la tactique temporisatrice adoptée par Bernadotte. Il sut cependant se dérober peu à peu à cette influence énervante, et agit de son propre mouvement toutes les fois que l'occasion s'en présenta. C'est ainsi, et à peu près contre l'avis du prince de Suède, qu'il livra la bataille de *Gross-Beeren*, dans laquelle il battit le maréchal Oudinot pour la seconde fois, et celle de Dennewitz, où, par ses excellentes dispositions, il repoussa le maréchal Ney accouru au secours de son collègue, sauvant ainsi une seconde et une troisième fois la ville de Berlin, et anéantissant du même coup une partie considérable des forces ennemies. Le roi de Prusse, en récompense de ces beaux faits d'armes, le nomma chevalier grand-croix de la Couronne de fer; et ses troupes, désormais pleines de la plus aveugle confiance dans l'étoile de leur chef, le saluèrent du surnom de *l'heureux général*. Après avoir été chargé pendant quelque temps de l'investissement de Wittemberg, il prit une part importante à la bataille de Leipzig. Débouchant de Paunsdorf et de Reudnitz, ce fut lui qui, le premier, dans la journée du 19 octobre, parut avec ses troupes aux portes de Leipzig, qu'il enleva de vive force. Pendant que les armées alliées poursuivaient l'armée de Napoléon dans sa retraite sur le Rhin, Bulow fut chargé d'occuper les provinces septentrionales de l'Allemagne, et d'observer militairement le Bas-Rhin et l'Yssel. Vers la fin de janvier 1814, il occupa rapidement la Hollande et la Belgique, à l'exception de quelques points où les Français se retranchèrent, et reçut l'ordre de venir opérer sa jonction avec l'armée qui manœuvrait en Champagne sous les ordres de Blücher. Ce qu'il exécuta, dès le 4 mars, en s'emparant, chemin faisant, de La Fère et de Soissons. Il prit part à la bataille de Laon, enleva Compiègne, et termina la campagne en occupant les hauteurs de Montmartre, lorsque les troupes alliées entrèrent dans Paris. Ce fut dans cette capitale que le roi de Prusse le créa *comte de Dennewitz*, et lui accorda une dotation en terres d'un million de francs.

Il fut nommé ensuite commandant supérieur de le Prusse orientale et occidentale.

A l'ouverture de la campagne de 1815, il reçut le commandement en chef du 4ᵉ corps qu'il amena en toute hâte à Blücher, et il lui aida ainsi à livrer la bataille de Waterloo.

Nommé, par suite de la part qu'il prit à cette affaire, chef du 15ᵉ régiment de ligne, qui dès lors porta son nom, il revint, le 11 janvier 1816, reprendre son poste à Kœnigsberg, et y mourut le 25 février de la même année.

Bulow n'était pas seulement un officier distingué, il n'était pas moins estimable comme homme et comme citoyen. Initié dès sa jeunesse à la théorie de la tactique, il en fit l'objet constant de ses études, sans pour cela négliger les beaux-arts. C'est ainsi qu'il composa plusieurs morceaux de musique sacrée.

Une statue lui a été élevée sur l'une des places publiques de Berlin, par ordre du roi Frédéric-Guillaume.

BUSTAMENTE (D. ANASTACIO, général), né au Mexique en 1780.

Lorsqu'en septembre 1810, Hidalgo et Allende poussèrent contre les Espagnols le premier cri d'indépendance, et que ce cri, partout répété, mit la Nouvelle-Espagne en feu, Bustamente, âgé de trente ans environ, exerçait à Guadalajara, à 150 lieues à l'ouest de Mexico, la profession de médecin. Forcé de se joindre aux Espagnols, contre ses concitoyens insurgés, il servit sous les ordres du général Calleja, et assista à la fameuse bataille du pont Calderon, le 17 janvier 1811, où 100,000 insurgés avec 103 bouches à feu, furent taillés en pièces par le général espagnol Calleja, qui n'avait avec lui que 6,000 hommes environ, dont la moitié d'une excellente cavalerie et 10 pièces de campagne.

La belle conduite de Bustamente à cette bataille attira sur lui l'attention publique, et ce fut le commencement de sa fortune militaire.

Nous ne suivrons pas Bustamente dans les sanglants épisodes de cette guerre acharnée; nous dirons seulement que, devenu général après s'être rangé parmi les indépendants, il se joignit, en 1821, au général Iturbide, le futur empereur du Mexique, et lui resta fidèle jusqu'à sa déchéance en 1823. A cette époque, le général Guadalupe Victoria fut le premier président de la République mexicaine. Pendant ce laps de temps jusqu'en 1828, Bustamente prit une part active dans les affaires de l'État. En décembre 1829, il commandait une division campée à Jalapa, lorsque ses soldats le choisirent pour renverser Guerrero, le second président élu. Il se mit en marche et s'empara de Mexico. Il conserva le pouvoir jusqu'en 1833. Santa-Anna, devenu président à cette époque, bannit du pays le général Bustamente, celui-ci séjourna trois ans à Paris où il se livra à l'étude.

En 1836, l'état du Texas se déclara de nouveau indépendant, et Bustamente, fatigué de son exil, repassa l'Atlantique pour demander du service contre cette province révoltée; il obtint mieux qu'il ne souhaitait, et, le 25 janvier 1837, il fut élu président de la République mexicaine; il conclut bientôt un traité définitif avec l'Espagne qui reconnut l'indépendance de la colonie.

Bustamente montra un grand courage dans deux circonstances qui suivirent : la première est le traité de l'amiral Baudin et l'affaire de *San-Juan d'Ulloa*, où il ne craignit pas d'affronter la colère de la France. La seconde est le siége de Mexico par Santa-Anna, et le danger de mort qu'il courut dans son propre palais dont la garnison révoltée s'était emparée.

L'année suivante, une nouvelle révolution, suscitée encore par Santa-Anna, le força à abdiquer le pouvoir entre les mains du congrès, et à revenir en France où il arriva en octobre 1842. Au mois de novembre suivant, il partit pour l'Italie, et vit aujourd'hui à Gênes sans faste et sans bruit.

BUZEN (Gérard-Servais), fils d'un médecin distingué, naquit à Schyndel (Brabant-Septentrional), le 22 septembre 1784.

Entré au service à l'âge de 19 ans, dans le 13° régiment de chasseurs à cheval, il fut bientôt sous-officier.

Blessé et fait prisonnier après la bataille d'Iéna, il fut conduit en Pologne, y resta longtemps dans un hôpital, parvint à s'évader, et rejoignit l'armée française. Le lieutenant-colonel de La Roche se l'attacha comme secrétaire. Deux ans après il devint maréchal-des-logis au 1er régiment de chasseurs, et lieutenant au 7e régiment le 26 juillet 1813. Il avait déjà fait sept campagnes et avait été blessé deux fois, et avait reçu la croix d'honneur.

En 1814, il rentra dans sa patrie, fut nommé lieutenant au 8e de hussards, assista à la bataille de Waterloo, fut promu au grade de capitaine en septembre

1815, et, deux ans après, devint aide-de-camp du général baron Duvivier, sous les ordres duquel il avait servi en France.

La révolution de 1830 le fit lieutenant-colonel et commandant supérieur de Mons, puis commandant militaire du Luxembourg. Menacé par les excursions de la garnison de la forteresse fédérale, il sut rendre la tranquillité à la province et reçut du gouvernement provisoire le titre de colonel.

En 1831, lorsque l'importante citadelle d'Anvers fut confiée au général Chassé, le colonel Buzen fut nommé commandant supérieur d'Anvers, où, malgré les menaces du général Chassé, il organisa les armements les plus formidables qui préservèrent la ville du bombardement, lors du siége de l'armée française.

Sa belle conduite lui valut le grade de général de brigade.

A la suite des pillages d'avril 1834, il fut appelé au commandement supérieur de Bruxelles.

Choisi par le roi comme ministre de la guerre, il était déjà l'un de ses aides-de-camp.

Une main inconnue alla fouiller dans la vie passée du général Buzen, et trouva qu'au lieu d'être inscrit comme *prisonnier* sur la matricule du 13ᵉ régiment des chasseurs à cheval, il avait été porté, en 1806, comme *déserteur*. On donna à ce fait, considéré sans correctifs, la plus grande publicité. L'on ajouta qu'il portait indûment la croix de la Légion-d'Honneur, et enfin qu'il n'était rentré dans sa patrie qu'en 1814 avec les Cosaques.

Son ancien général, le baron Duvivier, ayant gardé sur cette affaire un silence qui fut mal interprété, et quelques représentants de l'opposition s'étant rendus chez lui pour l'engager à confondre la calomnie, le général ministre, profondément affecté de cette démarche, se tua d'un coup de pistolet, laissant à un ami les documents nécessaires pour prouver la fausseté des accusations dont il avait été l'objet.

C

CABRERA (don Ramon), né à Tortose le 31 août 1810. Ses parents étaient de pauvres marins. Son éducation fut d'abord celle de tous les enfants de sa classe en Espagne. Il passa ses premières années à jouer au bord de l'Èbre et dans les rues de Tortose, avec la liberté illimitée du jeune sauvage.

Quand il fut un peu plus grand, on le destina à l'état ecclésiastique, et on le plaça comme clerc ou *famulo* chez un chanoine de la cathédrale nommé don Vincente Presivia.

Il n'y a pas d'université à Tortose ; ceux qui veulent étudier pour entrer dans les ordres, se placent ainsi chez des prêtres qu'ils servent à peu près en domestiques, et qui leur enseignent en revanche le latin, la théologie, et la philosophie d'Aristote.

Le caractère indépendant et dissipé du jeune Cabrera ne s'accommodait pas de cette vie studieuse et docile. Le bon chanoine épuisa en vain tous ses sermons pour le décider à garder quelque retenue : de tous les écoliers de Tortose, c'était bien le plus licencieux comme le plus déguenillé. Il aimait la lecture, non pas celle des livres de science, mais la lecture des livres les plus obscènes, qui, disait-il, apprend à connaître le monde et à l'exploiter.

Son goût passionné pour les femmes le jetait à tout moment dans toutes sortes de mauvaises aventures; parlait-on de quelque maison escaladée, de quelque alguasil battu, c'était sur lui que retombait la responsabilité du méfait.

Il était paresseux, débauché, querelleur, effronté, enfin un franc *tronero* (vaurien), si bien que quand vint pour lui le moment de solliciter le sous-diaconat, l'évêque don Victor Saez le lui refusa.

Le voilà donc sur le pavé à vingt-quatre ans, sans état, sans argent, avec une réputation détestable, ne sachant que devenir. Alors arriva à Tortose la nouvelle de la mort de Ferdinand VII. Ce fut un grand bonheur pour l'écolier désappointé, qui s'empressa de profiter de l'occasion.

Sept à huit jours après, vers la mi-octobre 1833, une conspiration fut découverte contre l'autorité de la reine Isabelle II; Cabrera en était. Le général Berton, gouverneur de la ville, ordonna des poursuites; le vicaire général don Mateo Sanpons informa contre lui. Il parvint à s'évader et se sauva dans les montagnes, refuge habituel de tous ceux qui ont affaire à la justice dans les villes. Là, il apprit que la forteresse de Morella était tombée au pouvoir d'une insurrection carliste, et il s'y rendit aussitôt pour s'enrôler.

Cette ville de Morella joue un grand rôle dans la vie de Cabrera; elle a été successivement le berceau, le siège et le tombeau de sa fortune.

C'est la capitale d'un petit pays nommé le Maestrozgo, parce que son territoire était autrefois une grande maîtrise d'un ordre de chevalerie. Le Maestrozgo est admirablement fortifié par la nature, et semble le désigner pour l'établissement d'une seigneurie féodale ou d'une république indépendante.

Il fait partie de la haute Sierra qui sépare les royaumes d'Aragon et de Valence, des montagnes escarpées et presque toujours couvertes de neige y enfermant de longs défilés et des vallées étroites.

C'est dans une de ces vallées qu'est bâtie Morella, sur un rocher qui se détache de la chaîne; le château occupe la pointe de ce rocher, qui s'élève de plus de trois cents pieds au-dessus du sol. Deux percées donnent entrée dans la vallée, l'une par Monroya, vers l'Aragon, l'autre par Villabona, vers le royaume de Valence. Cinq provinces confinent au Maestrozgo, comme des rayons autour du centre, l'Aragon, la Catalogne, le royaume de Valence, la Castille nouvelle et la Manche.

L'importance de ce point est très-connue dans ce pays; c'est sur lui que durent naturellement se porter les premiers efforts de la révolte.

Le baron de Herbès, ancien corrégidor de Valence, et l'alcade de Villaréal, don Joaquin Llorens, n'eurent pas plutôt appris la mort de Ferdinand VII, que, se plaçant à la tête de quelques bataillons royalistes, ils arborèrent l'étendard de Charles V, et se dirigèrent sur le Maestrozgo.

Ces deux chefs, renommés par leur noble naissance et leur position sociale, exerçaient une très-grande influence dans ces contrées; leur prestige attira beaucoup de monde dans les rangs des rebelles.

Le colonel don Victoria Sea, gouverneur de Morella, soit par sympathie d'opinions, soit qu'il ne se crût pas en état de se défendre, leur ouvrit les portes de la place, et ils y établirent leur quartier général.

Ce fut alors que Cabrera se présenta. On était dans les premiers jours de 1833. Il arriva dans cette ville, où il devait régner un jour, en mauvais costume d'écolier, des alpagattes aux pieds et un bâton à la main.

Comme il annonça qu'il savait écrire, on le fit caporal, et les armes manquant on lui donna un fusil de chasse. Les bandes carlistes furent bientôt attaquées par le général Berton, à la Pedrera, en face de Morella.

La jeune recrue montra une véritable bravoure dans cette dernière affaire, et reçut pour récompense le grade de sergent. On avance vite au commencement des insurrections, et les premiers venus, en courant les grands dangers, ont aussi les plus belles chances.

La vie militaire de Cabrera n'eut de durée que celle de la guerre civile. On a raconté diversement son début. On prétend, par exemple, qu'un jour il se présenta au quartier général de don Carlos (le prétendant), et demanda à lui remettre des dépêches importantes. Ces dépêches, il les avait enlevées à un courrier chargé de les porter au gouvernement de Madrid. Le malheureux courrier avait été assassiné.

Mina usant de représailles, fit arrêter à Tortose la vieille mère de Cabrera et ses trois sœurs et les fit mettre à mort (1836).

Ayant quitté l'armée carliste avec un certain nombre de soldats qu'il avait sous ses ordres, Cabrera se jeta dans le haut Aragon, où il répandit la terreur au nom de don Carlos, mais en refusant cependant d'obéir aux ordres des chefs carlistes.

Sa troupe ne tarda pas à devenir considérable et il se fit proclamer général par elle. Bientôt il obtint de don Carlos la confirmation de ce grade.

Longtemps on vit Mina et Cabrera, rivaux en politique, mettre leur amour-propre à lutter de cruauté envers les prisonniers que le sort de la guerre faisait tomber entre leurs mains.

Après s'être emparé d'une foule de villes, de bourgs et de châteaux dans la province de Valence et dans l'Aragon, Cabrera, se précipitant à la poursuite de Gomez, entra dans l'Andalousie, mais dédaigné par la petite cour de don Carlos, il rentra dans l'Aragon, y fut surpris par des forces de beaucoup supérieures, qui battirent et dispersèrent son armée. Lui même fut grièvement blessé et traqué de tous côtés par les christinos, qui le forcèrent à se cacher dans les bois. Un curé d'Almagon, village voisin des cantonnements ennemis, lui donna asile.

A peine guéri de sa blessure, il réorganisa son corps d'armée, et grâce à l'ordre et à la discipline qu'il sut établir dans les rangs, il compta bientôt sous ses ordres 10,000 hommes d'infanterie et 1,600 chevaux. Entrant avec la rapidité de l'éclair dans la province de Valence, il y battit complétement les christinos, le 18 février 1837, à Bunol, et le 19 mars suivant, à Burjazot, faisant dans ces deux rencontres une grande quantité de prisonniers et enlevant un butin immense.

Battu à son tour par les chasseurs d'Oporto, aux environs de Torre-Bianca, et blessé de nouveau grièvement, il n'échappa que miraculeusement à la mort. On n'avait pas encore pu extraire de son corps le plomb qui l'avait frappé, lorsque l'occupation de l'importante position de Villa-Réal par les christinos lui inspira l'audacieuse pensée de les y surprendre et de les en chasser.

Après s'être emparé du vieux château-fort de Contrarieje, non-seulement il résista avec énergie au général Oraa, envoyé pour arrêter ses succès, mais encore il favorisa puissamment la marche du prétendant sur Madrid, manœuvre hardie qui faillit lui ouvrir les portes de cette capitale. Le prince, reconnaissant, le nomma, par un décret de 1838, comte de Morella (Cabrera avait pris cette forteresse), lieutenant-général de ses armées, gouverneur général des provinces d'Aragon, de Valence et de Murcie.

Heureux dans presque toutes ses expéditions, Cabrera se vit enfin réduit à garder la défensive, après la trahison de Maroto. Quand l'impossibilité de soutenir plus longtemps la lutte força le prétendant à abandonner la partie et à se réfugier en France, Cabrera déclara fièrement qu'il continuerait la guerre pour son propre compte. Mais une grave maladie (1839) l'empêcha d'exécuter les vastes projets qu'il avait conçus, et le réduisit à rester inactif dans une forte position, au milieu des montagnes de la Catalogne et de l'Aragon, jusqu'au 6 juillet 1840, jour où Espartero le contraignit à se jeter avec les débris de sa troupe sur le territoire français.

Conduit d'abord au château de Ham, il fut rendu à la liberté quelques mois après, et alla, en 1841, rétablir sa santé aux îles d'Hyères.

Le général Cabrera quitta les îles d'Hyères pour l'Angleterre au mois de mai 1850. On apprit par le *Morning-Post* qu'il venait d'épouser, à Londres, miss Marianne-Catherine Richards, fille unique de feu Robert-Vanghan Richards. La cérémonie religieuse avait été célébrée à la chapelle catholique de Spanisch-Place, Manchester-Square, puis à la chapelle protestante de Saint-Georges, Hanovre-Square. A la cérémonie catholique le général avait pour témoin S. A. R. l'infant don Juan d'Espagne, frère du comte de Montemolin, et à la cérémonie protestante, il avait auprès de lui lord John Manners.

Miss Richards a, dit-on, une fortune de 25,000 livres (625,000 francs) de rente.

L'étonnement a été grand en France quand on a vu Cabrera. Petit et maigre, avec une barbe très-peu fournie, il a l'air d'un jeune homme doux et faible. Ses cheveux sont noirs et son teint très-brun. Il regarde rarement en face son interlocuteur, et jette souvent les yeux autour de lui avec une sorte d'inquiétude.

Sa physionomie est intelligente sans être précisément remarquable.

Quand il sourit, son visage prend une expression de finesse naïve qui n'est pas sans grâce. Il est extrêmement simple dans ses manières, même un peu embarrassé. Il paraît souffrant, et n'a plus cette extrême mobilité qui le portait autrefois, dit-on, à changer sans cesse de place. Son attitude, légèrement courbée, semble indiquer que sa poitrine est attaquée.

Cabrera n'a jamais eu aucune opinion politique. Il a embrassé la cause de don Carlos parce que c'était celle qui pouvait le mener à la fortune; il aurait suivi tout autre parti qui lui aurait donné plus de chances de succès; il l'a bien prouvé en ne tenant aucun compte des ordres qu'il recevait du prétendant.

On dit qu'il lui est arrivé quelquefois d'écrire de sa main au bas d'un ordre qu'il recevait de don Carlos : *Recibido pero non ejecutado todo por el servicio de Vuestra Majestad* (reçu, mais non exécuté, le tout pour le service de Votre Majesté), et de le renvoyer ainsi à son auteur.

Il était généralement très-aimé des populations de ses domaines. Autant il était cruel et exacteur pour tout le pays qui ne reconnaissait pas son autorité, autant il était protecteur et bienveillant pour celui qui lui était soumis.

Souvent brusque et hautain avec ses officiers, il se montrait toujours affable, prévenant même envers les paysans.

Il laissait carte blanche à ses troupes pour piller à leur gré hors de ses frontières; mais, dans le sein de son petit royaume, nul n'était admis à frapper la moindre contribution sans son ordre.

Il n'y a jamais eu autant d'argent dans le Muestrazgo que pendant sa domination. Tout ce qu'il recueillait dans ses excursions ou dans celles de ses lieutenants, au travers des provinces environnantes, il le dépensait dans le pays.

Quelques jours avant l'entrée de Cabrera en France, le 25 juin, une autre troupe et un autre général passaient la frontière du côté de Bayonne. Cette fois, ce n'était plus le chef qui entraînait ses soldats sur le sol étranger, c'étaient les soldats qui avaient forcé leur chef à y chercher un asile....

Ces hommes de fer, qui ont effrayé la ville de Bayonne de leur aspect farouche et sauvage, avaient brisé leurs armes à la frontière plutôt que de les livrer à l'étranger. Ils avaient pour général l'indomptable Balmaseda.

Balmaseda est l'homme vraiment fort de cette guerre. Né en Castille d'une famille distinguée, il était lieutenant-colonel à la mort de Ferdinand VII. Il prit aussitôt les armes pour don Carlos, et ne les a quittées qu'au dernier moment.

Doué d'une haute taille et d'une force herculéenne, il a toujours fait la guerre en partisan, à la tête d'un corps de cavalerie.

Si Balmaseda avait été moins inquiet, moins nomade, et que le sort l'eût appelé, au lieu de Cabrera, à être le chef de 30,000 hommes, il est probable qu'il aurait eu une autre fin. Aussi parlait-il avec dédain du comte de Morella : « Il se trouvera bien en France, disait-il amèrement, il pourra y faire de la musique à son aise; qu'on lui donne une guitare, et il ira chanter dans les rues. »

CAFFARELLI-DU-FALGA (Louis-Marie-Joseph-Maximilien), né à Falga (Haute-Garonne) le 17 février 1756. Il fit les premières campagnes de la Révolution à l'armée du Rhin où son mérite l'éleva rapidement aux premiers grades.

Destitué en 1792 et emprisonné pendant quatorze mois. Employé dans les bureaux du comité militaire, il reprit ensuite du service sous Kléber, en 1795.

Général de brigade et commandant du génie en Egypte.

Mort des suites d'une nouvelle amputation, le 9 avril 1799, à Saint-Jean-d'Acre, où son tombeau est conservé avec un soin religieux par les Arabes.

« Les soldats de l'armée d'Égypte, dans leurs accès de mauvaise humeur, en voulaient beaucoup au général Caffarelli, qu'ils croyaient un des auteurs de l'expédition. Il avait une jambe de bois, ayant perdu la sienne sur les bords du Rhin. A Saint-Jean-d'Acre, le général en chef perdit Caffarelli qu'il aimait beaucoup, et dont il faisait le plus grand cas. » (*Mémorial de Sainte-Hélène*, t. Ier.)

CAFFARELLI (Marie-François-Auguste-Louis) 5e frère du précédent, né le 7 octobre 1766 au château du Falga en Languedoc. Il servit d'abord dans les troupes sardes depuis 1783, revint en France en 1791, s'enrôla comme simple dragon dans le 15e régiment, devint aide-de-camp du général Dagobert, fut adjudant-général à l'armée de Sambre-et-Meuse et commanda la demi-brigade d'infanterie légère, surnommée l'*incomparable*. Il fit aussi la campagne d'Égypte. Aide-de-camp de Napoléon, général de brigade après Marengo, commandeur de la Légion d'honneur, en 1804, député auprès du pape pour l'inviter à venir sacrer l'Empereur, puis général de division et gouverneur des Tuileries, grand aigle de la Légion-d'Honneur, le 8 février 1806, pour sa belle conduite à Austerlitz, le mois suivant appelé au ministère de la guerre du royaume d'Italie, chevalier de l'ordre de la Couronne de fer, en 1807, comte de l'Empire avec une dotation de 25,000 francs sur les domaines de Hanovre, puis employé en Espagne, où il fit échouer une tentative de débarquement des Anglais à Luredo, battit quatre généraux espagnols, s'empara de Bilbao, fut nommé gouverneur de la Biscaye, en 1811, mit en déroute complète la bande de Mina et contribua à faire lever le siége de Burgos; en 1813 il reprit son service d'aide-de-camp auprès de l'Empereur qui, au moment de partir pour l'armée, lui confia le commandement des troupes restées à Paris, le gouvernement des palais impériaux et la garde de l'impératrice. En 1814, il accompagna jusqu'à Vienne Marie-Louise et son fils; à son retour il sollicita sa mise en non-activité, mais Louis XVIII lui envoya pour réponse les insignes de l'ordre de Saint-Louis en le nommant gouverneur militaire de la 13º division militaire. En janvier 1815, le duc de Bourbon l'envoya à Rennes *pour y faire tout le bien et empêcher tout le mal qu'il pourrait*. Le 22 avril il rentra en fonctions comme aide-de-camp, et prit le 2 juin le commandement de la 1ʳᵉ division militaire.

Il suivit l'armée derrière la Loire et fut licencié. Pair de France en 1831. En 1840 il fut rapporteur du projet de loi relatif à la translation des dépouilles mortelles de l'empereur Napoléon.

Le général Caffarelli, resté depuis cette époque étranger aux grands débats politiques, est mort le 24 janvier 1849 à Leschelle, près Guise (Aisne), âgé de 83 ans, après une maladie longue et cruelle. Il laisse une veuve, digne fille du comte d'Hervilly, deux filles et un fils que le gouvernement a appelé du conseil d'État à la préfecture d'Ille-et-Vilaine.

Le nom d'Auguste Caffarelli est inscrit sur l'arc de triomphe de l'Étoile, côté Sud.

CAMBACÉRÈS (Jean-Pierre-Hubert, baron) naquit le 13 novembre 1778 à Montpellier (Hérault). Cavalier, le 20 septembre 1793, dans le 14ᵉ régiment de chasseurs à cheval, il fit les campagnes de 1793 à l'an III aux armées des Alpes et des Pyrénées, assista au siége et à la bataille de Figuières, où il eut un cheval tué sous lui et reçut un coup de sabre sur la tête; aux siéges de Nice, de Lyon, de Toulon et de Bellegarde, il fut nommé sous-lieutenant au 23ᵉ régiment, le 16 pluviôse an III. Il rejoignit ce corps à l'armée de l'Ouest, se trouva au combat de Pontivy, et servit de l'an IV à l'an VII aux armées du Nord et de Sambre-et-Meuse. Il se fit remarquer au combat de Nassau, où une balle le frappa à l'épaule, aux batailles de Neuwied et de Zurich, au combat et à la prise de Schaffhouse; dans cette dernière affaire, une balle le blessa dans la cuisse, et il perdit un cheval tué sous lui. Lieutenant le 14 fructidor an VII, capitaine le 27 frimaire an VIII, envoyé à l'armée du Rhin, le 2 germinal, en qualité d'adjoint à l'état-major général, il prit part aux batailles de Stockach et de Moeskirch, le 13 et le 15 floréal. Blessé à Moeskirch d'un coup de sabre à l'avant-bras droit, et promu au grade de chef d'escadron, le 7 vendémiaire an IX, il donna de nouvelles preuves de valeur dans la journée du 10 frimaire, et à celle du 12, à Hohenlinden, à la tête d'un escadron de chasseurs, qu'il avait rejoint; il reçut dans cette dernière bataille un coup de sabre à la lèvre supérieure. Nommé adjudant-commandant, le 9 nivôse an XI, il passa le 12 vendémiaire an XII à la division de cavalerie, rassemblée au camp de Saint-Omer. Membre et officier de la Légion-d'Honneur, les 15 pluviose et 25 prairial an XII, et attaché dans le mois de vendémiaire an XIV au 4° corps de la grande armée, il fit en Allemagne et en Prusse les campagnes de l'an XIV à 1806. Général de brigade, le 10 juillet 1806, et employé le 24 septembre au 6° corps, il y passa le 1er février 1807, fit la campagne de Pologne, et partit pour l'Espagne en 1808. A cette époque Napoléon le créa baron de l'Empire. Le 25 septembre 1810, il prit le commandement du département d'Indre-et-Loire, qu'il quitta le 11 juin 1814 pour celui de l'Aveyron. Placé en non-activité le 25 septembre 1814, chevalier de Saint-Louis, le 17 juillet 1816, et compris comme disponible, le 30 décembre 1818, dans l'état-major général de l'armée, il fut admis à la retraite le 1er décembre 1824. Cet officier général est mort à Paris, le 5 septembre 1826.

CAMBRONNE (Pierre-Jacques-Étienne, baron, comte, puis vicomte), né le 26 décembre 1770, à Saint-Sébastien, près de Nantes. Destiné au commerce, il s'enrôla dans un bataillon de volontaires nantais, qui allait se battre contre les rebelles de la Vendée. D'une bravoure remarquable, il parvint rapidement au grade de capitaine. La Vendée pacifiée, il s'embarqua pour l'expédition d'Irlande; passa ensuite à l'armée des Alpes, puis à celle d'Helvétie, où il enleva une batterie russe avec une poignée d'hommes. Il vit périr à ses côtés le brave Latour-d'Auvergne, et refusa le titre de premier grenadier de France que ses soldats voulaient lui donner.

Il fut fait successivement chef de bataillon, colonel des tirailleurs de la garde. Il se battit pendant deux ans en Espagne, puis en Russie, et ramena son régiment après avoir assisté à toutes les batailles de 1813.

Nommé général de brigade, il prit part à toutes les opérations de la campagne de 1814, fut blessé plusieurs fois et suivit Napoléon à l'île d'Elbe.

Rentré en France, il fut fait comte, grand cordon de Légion-d'Honneur et lieutenant-général, mais il refusa ce dernier grade, et courut en Belgique à la tête d'un régiment de la vieille garde. A la bataille de Waterloo, il commandait une brigade qui soutint pendant tout le jour des masses prussiennes; sommé de se rendre, il répondit ce mot fameux : *La garde meurt et ne se rend pas!*

Des ergoteurs ont prétendu que la réponse de Cambronne fut non moins énergique, mais plus triviale; cette allégation est loin d'être prouvée, et le fût-elle, l'héroïsme du guerrier n'y perdrait rien.

Cette dernière réponse, impossible à répéter ici, aurait, dit-on, été prononcée par le général Michel.

On trouva Cambronne couvert de blessures au milieu de ses soldats.

Conduit en Angleterre, il écrivit à Louis XVIII pour obtenir la permission de rentrer en France. Il revint sans avoir reçu de réponse, fut arrêté, conduit à Paris, traduit devant le conseil de guerre et acquitté. Depuis, il a commandé la place de Lille et obtenu sa retraite, après avoir été créé vicomte par Louis XVIII au mois d'août 1822.

Il est mort le 28 janvier 1842. Son nom est inscrit sur la porte Nord de l'arc de l'Étoile.

Le roi Louis-Philippe, par une ordonnance du 5 décembre 1842, a autorisé la ville de Nantes à élever une statue en l'honneur de ce brave général.

CAMPREDON (Jacques-David, baron de), né à Montpellier le 13 janvier 1761, entra de bonne heure dans le corps royal du génie, et ne tarda pas à se faire distinguer par son exactitude et son application. Les connaissances qu'il acquit lui méritèrent un avancement rapide pendant les guerres de la République.

Chef de bataillon du génie en l'an v, distingué par le général en chef Bonaparte, et mentionné dans ses rapports, il fut promu au grade de général d'artillerie.

En l'an VIII, chargé d'achever et de perfectionner les ouvrages que Suchet avait fait élever à la tête du pont du Var, pour défendre cet important passage contre les Autrichiens, il s'acquitta de cette mission avec autant d'intelligence que de zèle, et se fit connaître comme un des officiers les plus habiles de son arme.

L'Empereur le fit, en l'an XII, membre de la Légion-d'Honneur le 19 frimaire, commandant de l'Ordre le 25 prairial, et lui confia, en l'an XIII, la direction des travaux de Mantoue.

Nommé commandant du génie à l'armée de Naples, il mérita des éloges pour sa belle conduite pendant le siége de Gaëte, qui fut pris en février 1806, et contribua puissamment aux brillants succès qu'obtint Masséna dans le cours de cette campagne. Le 15 août de la même année, Napoléon le récompensa de ses importants services en le nommant général de division.

Employé depuis, presque constamment en Italie, il passa au service de Naples, lorsque la couronne de cet État eut été placée sur la tête de Joseph. Revêtu, le 19 mai 1808, de la dignité de grand-croix de l'ordre des Deux-Siciles, il fut chargé, en 1809, du portefeuille de la guerre pendant l'absence du général Régnier.

En 1813, il accompagna en Russie les troupes napolitaines et se signala dans plusieurs rencontres avec l'ennemi.

Après la retraite, il se renferma dans Dantzig, où il commanda l'arme du génie pendant le siége. Ses lumières, son expérience et le courage qu'il déploya dans différentes sorties, furent d'un grand secours au général Rapp qui défendait la place. Ayant été fait prisonnier et conduit à Kiew, malgré les conditions stipulées dans la capitulation, il envoya, le 4 juin 1814, son adhésion aux actes du sénat.

La paix le ramena dans sa patrie, et, le 27 juin, il fut nommé chevalier de Saint-Louis; deux jours après, on l'éleva au rang de grand officier de la Légion-d'Honneur, et il reçut, le 24 septembre de la même année, la confirmation du titre de baron, qu'il tenait de la munificence impériale. Toutes ces faveurs ne l'empêchèrent pas de prendre sa retraite lors du licenciement de l'armée en 1815. Toutefois, Louis XVIII le nomma, le 24 août 1823, commandant de l'ordre du Mérite militaire. Quatre ans après, le 4 novembre 1827, il fut fait grand-croix du même ordre.

En 1825, il fut attaché à la commission chargée de prononcer l'admission des élèves à l'École polytechnique. Une ordonnance du 11 septembre 1835 l'appela à la Chambre des pairs, et il mourut le 11 avril 1837.

Son nom est gravé sur l'arc de triomphe de l'Étoile, côté Sud.

CANCLAUX (Jean-Baptiste-Camille, comte de), général en chef et pair de France, naquit à Paris le 2 août 1740. Entré au service en 1756, comme volontaire dans un régiment de cavalerie, Canclaux fit avec ce corps les guerres d'Allemagne de 1757 à 1762 qui lui valurent les grades de cornette et de capitaine, et devint successivement colonel en 1772, brigadier en 1784, et maréchal de camp en 1788. Il avait été fait chevalier de Saint-Louis en 1773.

Envoyé en Bretagne en 1791 et 1792, pour apaiser les mouvements insurrectionnels qui venaient d'y éclater, il s'y fit remarquer par sa modération et son esprit conciliateur.

Nommé lieutenant-général à la fin de cette année, la Convention nationale lui confia le commandement de l'armée de l'Ouest. Attaqué à Nantes par 60,000 Vendéens que commandait Cathelineau, Canclaux, qui avait à peine 4,000 hommes, parvint à repousser les assaillants; après plusieurs combats opiniâtres et meurtriers. Il venait de remporter de nouveaux succès sur l'armée royaliste à Montaigu et Saint-Symphorien, lorsque, le 3 septembre 1793, il apprit que la Convention venait de prononcer sa destitution.

Retiré dans ses propriétés à Saussay (Oise), il fut rappelé après la révolution du 9 thermidor an II, et on lui confia alors de nouveau le commandement en chef de l'armée de l'Ouest.

Canclaux seconda puissamment Hoche, lors de l'affaire de Quiberon, en lui envoyant à propos les renforts dont il avait besoin pour repousser le débarquement des émigrés français qui devait avoir lieu sur ce point.

Envoyé dans le midi, en 1796, pour y organiser l'armée destinée à passer en Italie, il fut nommé à la fin de cette année ministre plénipotentiaire à Naples, et remplit ces fonctions jusqu'en 1797.

Après la révolution du 18 brumaire, le premier Consul l'appela au commandement de la 4e division militaire, et le chargea, de concert avec le général Hédouville de la pacification de la Vendée.

Il obtint sous le Consulat et l'Empire la décoration de grand officier de la Légion-d'Honneur, un siège au sénat conservateur et le titre de comte de l'Empire.

Après la première abdication de Napoléon, Louis XVIII le nomma pair de France et le créa commandeur de l'ordre de Saint-Louis.

Il mourut à Paris le 30 décembre 1817. Son nom est inscrit sur le côté Ouest de l'arc de triomphe de l'Étoile.

CANUEL (Simon) naquit en 1767 et gagna tous ses grades militaires dans les guerres de la Vendée. Ainsi, de simple officier au 71e qu'il était, il devint tour à tour, grâce à la protection de Rossignol et de Kléber, adjudant-général, adjoint, adjudant-général, général de brigade et général de division. Il se distingua à Doué et à Savenay. Il se faisait remarquer alors par une grande exaltation révolutionnaire.

En 1796, le Directoire l'envoya à Lyon déclaré en état de siège.

Napoléon ne jugea pas à propos d'employer Canuel dans les armées actives. Il eut simplement le commandement de quelques places fortes, dans lesquelles il végéta obscurément. Aussi se montra-t-il des plus empressés à saluer le retour des Bourbons.

On le vit pendant les Cent-Jours se réfugier parmi les Vendéens insurgés, se placer dans les rangs des hommes qu'il avait jadis combattus et devenir chef d'état-major du marquis de Larochejacquelein, comme s'il eût été dans sa destinée de ne combattre jamais que contre des Français.

Louis XVIII conféra à Canuel le triste honneur de présider le conseil de guerre chargé de condamner le général Travot. Son zèle monarchique l'entraîna jusqu'à dénoncer comme attentatoires à la majesté royale les mémoires dans lesquels les avocats de l'accusé se bornaient à invoquer pour leur client le bénéfice de l'amnistie.

A cette même époque, Lyon revit Canuel comme gouverneur de la 19e division militaire. Sa conduite dans cette ville fut déplorable : il déploya contre ses anciens camarades un zèle exagéré. Le mouvement insurrectionnel qui éclata alors à Lyon et à Saint-Étienne fut excité et dirigé par des agents provocateurs. Canuel livra impitoyablement à la cour prévôtale ceux qui avaient eu l'imprudence d'y prendre part : plusieurs furent condamnés à mort et exécutés. Le colonel Favier et M. Charrier de Senneville dénoncèrent à l'opinion publique la conduite tenue par Canuel dans ces tristes circonstances. Le général leur intenta un procès et le gagna devant les tribunaux; mais l'opinion publique laissa justement à Canuel la responsabilité de ce système de provocation, et son nom resta condamné à la plus fâcheuse célébrité.

On le fit baron; mais Louis XVIII, mieux conseillé, chargea le duc de Raguse de faire une enquête sur ces événements. Canuel et le préfet du Rhône furent destitués.

A peu de temps de là, Canuel fut même arrêté, accusé de complot; mais, après une ordonnance de non-lieu, il fut remis en activité de service et compris dans le nombre des inspecteurs généraux de l'armée.

En 1823, il eut en Espagne le commandement d'une division. Il fut immédiatement appelé au commandement de la 21e division militaire à Bourges et nommé grand-officier de la Légion-d'Honneur. La Révolution de 1830 le trouva dans cette position. Sa radiation définitive du cadre des officiers ne se fit pas attendre. — Il est mort en 1841.

CARACCIOLI (Francesco), amiral napolitain distingué, entra de bonne heure dans la marine et fut quelque temps au service d'Angleterre.

En 1793, lors du coup de main des Anglais contre Toulon, il commandait l'escadre napolitaine, chargée d'agir de concert avec la flotte anglaise, et dans cette occurence, fit preuve d'autant d'habileté que de résolution.

En 1798, chargé de conduire la flotte napolitaine à Palerme, tandis que pour faire ce trajet, le roi de Naples se servait de l'escadre anglaise, commandée par Nelson, il fut traité par les courtisans avec la plus outrageante insolence. Justement irrité de procédés pareils, Caraccioli s'en revint à Naples, entra au service de la république parthénopéenne, et avec un petit nombre de bâtiments, fit complètement échouer un débarquement tenté par la flotte anglo-sicilienne.

Ruffo ayant réussi à rentrer à Naples, en 1799, fit arrêter Caraccioli, au mépris d'une capitulation formelle, et alors une junte que présidait Speziale l'ayant condamné à mort, il fut pendu au grand mât de sa frégate, et son cadavre jeté ensuite à la mer. La mort de l'amiral Caraccioli est restée une tache honteuse pour la mémoire de Nelson.

CARAMAN (Louis-Charles-Victor de Riquet, duc de), lieutenant-général en retraite, né en 1762. Se distingua de bonne heure à la carrière diplomatique. Sa famille lui fit faire à cet effet des voyages dans les principales parties de l'Europe. M. de Vergennes, ministre des relations extérieures, l'avait recommandé à ses agents diplomatiques : aussi fut-il bien reçu de Frédéric le Grand, de Joseph II, de Catherine II et de Gustave III. Il se lia avec le prince de Kaunitz, Potenkin, Poniatowski, Pitt et Fox.

Il connut à Constantinople le comte de Saint-Priest. Ses voyages durèrent cinq à six ans.

De retour en France, il épousa en 1785, mademoiselle de Mérode Westerloo, d'une grande famille des Pays-Bas, et en attendant une mission à l'extérieur, suivit la carrière militaire.

Après la campagne de 1792 et la mort du roi, il fut placé sur la liste des émigrés et tous les biens de sa famille furent confisqués. Dès lors il se vit forcé de vivre à l'étranger et d'y chercher des moyens d'existence.

Il servit comme major et comme colonel de cavalerie dans l'armée prussienne.

Appelé en France en 1801 par le comte de Caraman son père, il y vint comme officier prussien ; au moment où il voulait retourner en Prusse, il fut arrêté et mis au Temple sans motif connu. Il en sortit pour être envoyé à Yvrée, en Piémont. Détenu pendant cinq ans, on lui rendit sa liberté à condition qu'il quitterait le service de Prusse. On le maintint du reste sur la liste des émigrés. Louis XVIII lui rendit ses droits en 1814, mais non toute sa fortune.

Envoyé en ambassade à la cour de Prusse, il fut chargé de l'importante mission de recevoir les nombreuses colonnes de prisonniers que la Russie, la Pologne et la Prusse nous envoyaient.

L'année suivante le duc de Caraman fut nommé pair de France, ambassadeur à Vienne, chevalier des ordres du roi. Il assista au congrès d'Aix-la-Chapelle avec le duc de Richelieu, son ami, fut nommé plus tard ministre plénipotentiaire au congrès de Troppau, de Laybach et de Vérone.

De retour en France en 1828, il y reçut le titre de duc héréditaire.

Après la révolution de 1830, il se refusa à occuper aucune place active ; mais il continua d'assister à la Chambre des Pairs.

La conquête d'Alger occupait et divisait nos meilleurs esprits. Le duc de Caraman, voulant recueillir par lui-même les notions nécessaires pour former son opinion, passa en Afrique, parcourut nos possessions et accompagna le maréchal Clausel à Constantine. Dans cette malheureuse expédition, le duc de Caraman sauva quelques-uns de nos braves soldats, et se rendit utile autant qu'il le put.

Sous les murs mêmes de Constantine, il perdit son fils le marquis de Caraman, qui commandait l'artillerie en Afrique.

CARDENAU (Bernard-Augustin, baron de), né en 1766 d'une famille distinguée dans le barreau, entra au service en 1791. Nommé lieutenant dans le régiment d'Angoumois qui forma la 148e demi-brigade, il fut employé à l'armée des Pyrénées-Occidentales sous les ordres du capitaine Latour d'Auvergne, et détaché aux avant-postes de Solimont. Il contribua à la défense de ce poste.

Remarqué par le général en chef Muller, il fut chargé par lui de diriger la colonne qui devait, sur ce point, former l'attaque de l'armée espagnole. Il obtint un succès complet, et la prise des fameuses redoutes du Col de Baya et de Béra ouvrit l'entrée du territoire espagnol aux armées françaises. Il fut nommé, en récompense de sa belle conduite, adjudant-général. Il obtint ensuite le grade de colonel le 25 prairial an III, et ce fut en cette qualité qu'il combattit à Marengo à la tête du 101e régiment de ligne ; il y soutint plusieurs charges de cavalerie et ne put être entamé. Il eut dans cette affaire trois chevaux tués sous lui.

Après avoir fait la guerre d'Italie jusqu'à la paix d'Austerlitz, il fit partie de l'armée victorieuse qui entra dans le royaume de Naples, prit part au siège de Gaëte, et fut nommé général de brigade sur la proposition de Masséna le 1er mars 1807. Il fut en outre créé baron de l'Empire.

Louis XVIII le nomma plus tard chevalier de Saint-Louis.

Pendant les Cent-Jours, il commanda une brigade d'infanterie au blocus de Strasbourg.

Député des Landes en 1818, il siégea au centre gauche. Il fut réélu en juin 1830 : il était déjà mis à la retraite.

En 1831, il abandonna les affaires politiques et se retira dans une commune du département des Landes.

Le général Cardenau est mort à Thil, près de Dax (Landes), le 21 janvier 1841.

CAREL (Philibert-Flore), né le 7 mai 1789 à Troyes (Aube), entra au service comme fourrier dans le 27ᵉ d'infanterie légère, le 1ᵉʳ juin 1807, et fut successivement nommé sergent-major et sous-lieutenant pendant les campagnes de Prusse et d'Autriche.

Capitaine adjudant-major au début de la campagne de Russie, il fut grièvement blessé au combat de Walkowiski (Volhquie) et peu après nommé aide-de-camp du général en chef comte Grenier.

Le 12 février 1813, envoyé près du général saxon Gablentz qui, à l'affaire de Kalische (Pologne), avait été coupé et contraint de se retirer à Cracovie, il réussit, et, après 17 jours de marche, il revint à Bautzen rendre compte de sa mission au général en chef, après avoir éprouvé les plus grands dangers.

Le 7 octobre 1813, à Stasnitz, près Tarvis (Illyrie), il reçut l'ordre de placer un poste de 80 hommes sur la route de Feitritz. A peine entré dans le défilé des montagnes, il fut attaqué par trois compagnies autrichiennes formant l'avant-garde de huit bataillons. Il prit position et sut tellement en imposer à l'ennemi, qu'il se battit pendant une heure en conservant sa position et donna le temps au renfort d'arriver.

Cette action lui valut la croix et le grade de chef de bataillon.

En 1818, M. Carel était dans la légion des Deux-Sèvres avec le grade de chef de bataillon; il passa dans celle du Bas-Rhin, et fut mis en disponibilité en 1820.

Après les journées de juillet 1830, il rentra dans le 41ᵉ de ligne en qualité de lieutenant-colonel. Il passa quelques mois plus tard dans le 55ᵉ et fit la campagne d'Afrique.

Le 8 septembre 1832, M. Carel commandait une colonne détachée contre Ibrahim-Bey, qui se présentait devant Bone avec 1,500 hommes. Après trois heures de combat, Ibrahim dut se retirer laissant sur le champ de bataille un grand nombre de tués et de blessés. M. Carel fut, à cette occasion, promu au grade de colonel du 52ᵉ de ligne. Il était déjà officier de la Légion-d'Honneur.

Le 22 avril 1846, il fut nommé général de brigade.

Il est aujourd'hui en retraite.

CARNOT (Lazare-Nicolas-Marguerite), né à Nolay en Bourgogne, le 13 mai 1753, d'une famille distinguée dans le barreau. — Il entra au service dans l'arme du génie en 1771, à l'âge de 18 ans; il n'avait encore que le grade de capitaine en 1783, lorsqu'il écrivit l'éloge de Vauban qui fut couronné par l'Académie de Dijon. — Il refusa de brillants avantages dans les armées du grand Frédéric.

Député à l'Assemblée législative en 1791 par le département du Pas-de-Calais, — membre du comité militaire, — député à la Convention, il vota la mort de Louis XVI; — membre du Comité de salut public; chargé de diriger les opérations militaires, il organisa quatorze armées partout victorieuses.

Président de la Convention, il sortit du comité après le 9 thermidor; il y rentra le 15 brumaire suivant.

Après la Convention, il fut nommé à la nouvelle législature par 17 départements.

Élu Directeur, ce fut encore des opérations militaires qu'il s'occupa. Carnot fut proscrit au 18 fructidor. — Au 18 brumaire, le premier Consul le rappela et le nomma inspecteur général aux revues; puis ministre de la guerre. — Membre du Tribunat en 1802, il rentra dans la vie privée à la suppression de ce corps et publia le bel ouvrage de l'*Attaque et de la défense des places.*

Défenseur d'Anvers en 1813; — ministre de l'intérieur dans les Cent-Jours, — membre du gouvernement provisoire, — proscrit en 1815, Carnot est mort à Magdebourg, le 2 août 1823, à l'âge de 70 ans.

Carnot, entré très-jeune dans l'arme du génie, passait pour un original parmi ses camarades.

Il était chevalier de Saint-Louis lors de la Révolution, qu'il embrassa chaudement. — Il montra constamment une grande exaltation contre les nobles, ce qui occasionna plusieurs querelles singulières avec Robespierre qui, sur les derniers temps, en protégeait un grand nombre.

Il était travailleur sincère, sans intrigue et facile à tromper. Il n'avait aucune expérience de la guerre. Ses idées étaient fausses sur *toutes* les parties de l'art militaire. — Il montra du courage moral. Après thermidor, lorsque la Convention mit en arrestation tous les membres du Comité de salut public, excepté lui, il voulut partager leur sort. Cette conduite fut d'autant plus noble que l'opinion publique était violemment prononcée contre le Comité, et que, effectivement, Collot-d'Herbois et Billaud-Varennes étaient des hommes affreux. — Membre du Tribunat, il vota et parla contre l'Empire; mais sa conduite, toujours droite, ne donna point d'ombrage au gouvernement. — L'Empereur lui accorda une pension de 20,000 francs. — Tant que les choses prospérèrent, il ne dit mot, et se tint dans son cabinet; mais après la campagne de Russie, lors du malheur de la France, il demanda du service, et fut nommé général de division le 25 février 1814; la ville d'Anvers lui fut confiée, et il s'y comporta bien.

Carnot fut le seul qui combattit l'abdication de Napoléon, qui, selon lui, était le coup de mort de la patrie; il voulait qu'on se défendît jusqu'à extinction, en désespérés; il fut seul de son avis; tout le reste opina pour l'abdication : elle fut résolue, et alors Carnot, s'appuyant la tête de ses deux mains, se mit à fondre en larmes.

Après l'abdication, Carnot fut nommé membre du gouvernement provisoire, mais il y fut joué par les intrigants dont il était entouré.

Carnot est l'homme le plus honnête qui ait figuré dans la Révolution; il a quitté la France sans un sou.

Carnot participa à la création de l'École polytechnique, du Conservatoire des Arts-et-Métiers, du Bureau des longitudes, à l'introduction d'un système uniforme pour les poids et mesures, à l'établissement des télégraphes, enfin à la fondation de l'Institut. Nommé membre de ce corps savant en 1795, il en fut exclu après le 18 fructidor, et remplacé par le général Bonaparte; en 1803, l'Institut le rappela de nouveau dans son sein, pour l'exclure de nouveau en 1814.

Pendant les Cent-Jours et au milieu des dangers de la patrie, Carnot trouva encore l'occasion de doter la France d'une des plus belles conquêtes de la philanthropie moderne : l'institution de *l'enseignement mutuel.*

CARRA-SAINT-CYR (Jean-François, comte), général de division, né à Lyon le 17 décembre 1756.

Entré fort jeune dans le régiment d'infanterie de Bourbonnais, il fit avec ce corps les guerres de l'indépendance de l'Amérique. Rentré en France en 1784 ; le crédit dont il jouissait auprès du général Aubert-Dubayet lui procura un avancement rapide.

Nommé général de brigade en l'an II, il fit partie de l'armée des côtes de Cherbourg, et contribua à la pacification de la Vendée.

Rappelé à Paris, il fut employé au Ministère de la guerre.

En l'an IV, il accompagna son protecteur à l'ambassade de Constantinople, et demeura chargé, après six mois, des affaires de la République près de la Porte Ottomane.

En l'an VI, il épousa la veuve de Dubayet, reprit la carrière des armes, s'empara de la ville de Deux-Ponts, se signala à Fribourg, qu'il prit, à Marengo et à Hohenlinden.

Général de division après la rupture du traité d'Amiens, il commanda, en 1805, l'armée d'occupation dans le royaume de Naples, et fit 6,000 prisonniers autrichiens lors de la retraite de l'archiduc Charles.

A Eylau, où il se distingua, il obtint le titre de grand officier de la Légion-d'Honneur. Il fut nommé comte de l'Empire en 1808, et gouverneur de Dresde. Il était dans les provinces illyriennes en 1812, lorsque Napoléon le rappela pour lui donner la 32e division militaire (Hambourg), qu'il abandonna l'année suivante. En 1814, l'Empereur le chargea de la défense de Valenciennes et de Condé.

Louis XVIII le nomma chevalier de Saint-Louis et gouverneur de la Guyane française.

Admis à la retraite en 1824, il mourut à Vailly-sur-Aisne, le 5 janvier 1834.

Son nom figure sur la partie Est de l'arc de l'Étoile.

CARRELET (Gilbert-Alex.), fils et petit-fils d'officiers supérieurs de cavalerie, né à Saint-Pourçain (Allier), en 1789. Entra au service le 14 avril 1807, à l'École militaire, d'où il sortit sous-lieutenant le 23 juin 1808.

Il fut envoyé en Prusse, puis en Espagne, où il fit les campagnes de 1809, 1810, 1811. Fait lieutenant en 1810, sur le champ de bataille de Ciudad Rodrigo, après avoir eu la cuisse droite cassée par un biscaïen, il fut mis en retraite en 1812 pour blessures graves, et peu de temps après placé dans la gendarmerie.

Licencié avec l'armée de la Loire, après les campagnes de France en 1814 et 1815, il resta dans ses foyers jusqu'en mai 1818 qu'il rentra dans la gendarmerie.

Fait capitaine en 1822, et chef d'escadron à la suite des événements de 1830, il fut envoyé en Afrique en 1833, pour y organiser la gendarmerie. Il en est revenu en 1835 avec le grade de lieutenant-colonel, et a été appelé au commandement de la 8e légion de gendarmerie. Il fut nommé colonel quelque temps après.

M. Carrelet est aujourd'hui général de division, à la promotion du 10 juillet 1848, il est commandeur de la Légion-d'Honneur et commande la 7e division militaire.

CARTEAUX (Jean-François), général en chef, né à Allevant (Haute-Saône) en 1751. Fils d'un dragon au régiment de Thianges, il fut élevé dans les garnisons et suivit son père à l'Hôtel des Invalides où il reçut une éducation analogue à sa position. Le peintre Doyen ayant remarqué dans le jeune Carteaux des dispositions pour le dessin, le prit sous sa protection et lui fit faire d'assez rapides progrès. Cependant son goût dominant pour la carrière des armes le fit servir quelques années dans plusieurs régiments. Il revint plus tard reprendre la palette et les pinceaux, fit plusieurs tableaux d'histoire et de batailles qui furent remarqués, et parcourut ensuite plusieurs contrées de l'Europe.

Rentré en France, à l'époque de la

Révolution, il en embrassa les principes avec ardeur, et devint, en juillet 1789, aide-de-camp du général commandant la place de Paris.

Nommé lieutenant dans la garde nationale parisienne, il se distingua dans la journée du 10 août 1792, obtint d'abord le grade d'adjudant-général, et devint ensuite commandant d'une division de l'armée des Alpes.

Envoyé contre les insurgés du Midi, il les battit dans plusieurs rencontres et les força à se disperser.

Désigné par la Convention pour diriger l'armée de siége de Toulon, il quitta ce commandement pour passer successivement à ceux de l'armée d'Italie et de l'armée des Alpes.

Arrêté à Marseille par ordre du comité de salut public, il fut transféré et renfermé à la Conciergerie le 2 janvier 1794.

Rendu à la liberté après la journée du 9 thermidor, le gouvernement lui donna le commandement d'un corps d'observation en Normandie, destiné à soutenir l'armée du général Hoche dans l'Ouest. Destitué peu après, il protesta énergiquement contre cet acte, fut réintégré dans son grade, et défendit la Convention au 13 vendémiaire an IV (octobre 1795).

Le premier Consul le nomma, en 1801, l'un des administrateurs de la loterie nationale, et lui confia, en 1804, l'administration provisoire de la principauté de Piombino.

Rentré en France en 1805, il obtint de l'Empereur une pension de retraite, et vécut depuis entièrement éloigné des affaires.

Il mourut en 1813.

CASA-BIANCA (Raphael, comte de), naquit à Vescovato (Corse) le 27 novembre 1738.

Elevé dans la haine des Génois, et plaçant le bonheur de la Corse dans la réunion de cette île à la France, Casa-Bianca concourut à la soumission de son pays en servant dans les troupes que Louis XV y avait envoyées.

Nommé en 1770 capitaine de grenadiers dans le régiment d'infanterie de Buttafuoco, levé pour servir en France, il vint à Paris; mais les services qu'il avait déjà rendus auprès de ses compatriotes, décidèrent Louis XV à le renvoyer en Corse.

Fait capitaine au régiment Provincial-Corse, le 23 août 1772, il reçut en 1773 le brevet de major et fut chargé de plusieurs missions délicates par les gouverneurs de Narbonne et de Marbœuf, dont il justifia la confiance par sa conduite.

Promu, en 1777, lieutenant-colonel du régiment dans lequel il servait comme capitaine, il le commandait encore lorsque l'Assemblée constituante déclara la Corse partie intégrante du territoire français.

Envoyé à Paris, en 1790, pour remercier l'Assemblée au sujet de cette déclaration, il reçut, le 15 septembre 1791, le grade de colonel et le commandement du 49e régiment d'infanterie de ligne, ci-devant Berri.

Envoyé à l'armée du Nord, commandée par le maréchal de Rochambeau, il conduisit l'aile droite des troupes de la division Biron aux attaques dirigées contre Mons, et combattit constamment à la tête du bataillon de campagne de son régiment. Son intelligence et sa bravoure lui valurent les éloges du général Biron, en présence de l'armée.

Forcé de suivre le mouvement de retraite qui s'opéra alors, Casa-Bianca battit un corps de hulans, le poursuivit dans Quiévrain, escalada les murs de cette ville, fit enfoncer les portes, et s'en empara; mais les 8,000 hommes du corps de Biron, qui croyaient cette entreprise téméraire et impossible, admirent aisément la nouvelle de la défaite et de la mort de Casa-Bianca, se prirent de panique, se débandèrent et se sauvèrent jusqu'à Valenciennes; et, n'étant pas préparé à un siége, le brave Casa-Bianca dut abandonner la place qu'il avait si heureusement enlevée.

Le ministère le récompensa de ce beau fait d'armes, le 30 mai 1792, par le grade de maréchal de camp.

Envoyé à l'armée des Alpes, aux ordres du marquis de Montesquiou, il fut placé à l'avant-garde, s'empara de la grotte de Pont-de-Beauvoisin, rejoignit le corps principal de l'armée à Chambéry, enleva Chatelart, perça dans la Tarentaise, prit position au pied du petit Saint-Bernard, chassa les Piémontais de la Maurienne et de la Savoie, et assura de la sorte la conquête de ces deux pays.

Il se rendit en Corse, où Paoli lui donna le commandement en second d'Ajaccio.

Embarqué pour la Sardaigne, que l'on voulait surprendre, il investit Cagliari; mais l'insubordination, fomentée par une phalange, le contraignit de ramener ses troupes à Toulon. Vers ce temps, Paoli avait soulevé la Corse et y avait appelé les Anglais.

Enfermé dans Calvi, avec moins de 600 hommes, il y soutint pendant trente-neuf jours, un siége entretenu par l'amiral Hood et le général Stuart.

La place était dans un mauvais état de défense, mal approvisionnée en vivres et en munitions, en partie détruite par les boulets, les bombes, les obus des assiégeants; la garnison était réduite à 80 hommes. Casa-Bianca capitula et revint avec son monde à Toulon.

C'est devant le siége de Calvi qu'il avait été élevé, le 19 mars 1794, au grade de général de division. En 1795, il servit, sous Masséna, en Italie, puis sous le général en chef, Bonaparte, qui le chargea d'une expédition.

Les Anglais ayant évacué l'île à son approche, il prit le commandement du département de Liamone, qu'il quitta bientôt pour celui de Gênes, où il parvint à apaiser les factions. Employé en 1798 à l'armée de Rome, commandée par Championnet, il repoussa vivement l'armée napolitaine, et s'empara de Coni le 6 décembre.

En 1799, après avoir fait la guerre avec Masséna à l'armée d'Helvétie, il fut envoyé dans l'Ouest. Il s'occupait à faire fortifier Saint-Brieux, lorsque le premier Consul récompensa ses services, en le faisant nommer au Sénat conservateur.

En l'an XII, le 9 vendémiaire, il fut fait membre de la Légion-d'Honneur, et grand officier de l'Ordre, le 25 prairial; le 2 de ce dernier mois, un décret l'avait pourvu de la sénatorerie d'Ajaccio. L'Empereur l'éleva à la dignité de comte en 1808.

Lors des événements de 1814, il adhéra à l'acte de déchéance formulé par le Sénat, et reçut de Louis XVIII la pairie, le 14 juin, et la croix de Saint-Louis, le 21 décembre.

Napoléon, à son retour, le conserva à la Chambre des pairs, d'où l'élimina Louis XVIII, par son ordonnance du 24 juillet 1815.

Mis à la retraite le 1er septembre 1817, et réintégré dans sa dignité de pair, le 21 novembre 1819, il mourut le 28 novembre 1825.

CASSAGNE (Pierre, baron), maréchal de camp en retraite, né le 31 décembre 1763, à Toulouse (Haute-Garonne), entra comme soldat, le 1er mars 1779, dans le régiment d'Artois (48e d'infanterie), et y fut successivement nommé caporal le 1er septembre 1782, sergent le 16 août 1784, fourrier le 4 décembre 1786, et sergent-major le 1er décembre 1789.

Devenu adjudant sous-officier le 30 septembre 1791, il obtint le grade de lieutenant le 31 mai 1792, et celui de capitaine adjudant-major le 1er janvier 1793. Il prit une part distinguée aux guerres de 1792 à l'an v, à l'armée du Rhin, et y mérita le grade de chef de bataillon, qui lui fut conféré le 8 brumaire an II, avec ordre de prendre le commandement du 1er bataillon de la Corrèze, incorporé dans la 7e demi-brigade d'infanterie légère, devenue 3e demi-brigade en l'an IV, et 3e régiment de même arme en l'an XII. Le 6 messidor de la même année, il fut nommé chef de brigade de la 7e légère, et combattit vaillamment à la tête de ce corps à l'affaire qui eut lieu le 6 brumaire an III, et y fut blessé d'un coup de feu.

Le 25 thermidor an IV, au combat d'Oberkamlach, le chef de brigade Cassagne poursuivit vivement les émigrés de l'arrière-garde du prince de Condé, et leur fit quelques prisonniers. Celui-ci, qui occupait une mauvaise position sur les hauteurs de Meindelheim, sentit bientôt qu'il ne pouvait la garder; mais, avant de battre en retraite, il voulut essayer, à la faveur de la nuit, de réparer l'échec qu'il venait d'essuyer. En conséquence, le 26, à une heure du matin, il attaque vigoureusement les républicains, dont les avant-postes furent d'abord rejetés jusque vers le bois, en arrière de Kamlach. Le combat fut très-vif. Cassagne et sa demi-brigade, quoique accablés par le nombre, se défendirent avec acharnement, mais peut-être eussent-ils enfin succombé, si le 89e de ligne ne fût arrivé à leur secours. Dès ce moment, les républicains reprirent l'avantage, et les émigrés, battus, furent obligés de se retirer, laissant sur le champ de bataille un grand nombre des leurs, parmi lesquels se trouvaient cinquante chevaliers de Saint-Louis et huit officiers supérieurs des chasseurs nobles. Le 9 brumaire an V, dans une attaque que firent les Autrichiens, à huit heures du soir, sur les ouvrages de la tête de pont d'Huningue, ils emportèrent, après un combat opiniâtre, la demi-lune, et paraissaient vouloir s'y établir, lorsque le général Abatucci, se mettant à la tête des compagnies de grenadiers de la 89e, commandée par le chef de brigade Cassagne, sortit tout à coup de l'ouvrage à cornes, se précipita sur les Autrichiens, et les chassa de tous les postes dont ils s'étaient emparés. Mais ce brillant succès fut chèrement acheté par les Français, car c'est dans cette dernière attaque que le brave Abatucci reçut le coup mortel qui priva la patrie de ses glorieux services. Le 10 pluviôse suivant, dans une sortie que fit, à trois heures du matin, le général Dufour, commandant Huningue, depuis la mort du général Abatucci, le chef de brigade Cassagne, avec ses troupes formées en deux colonnes, attaqua les Autrichiens, les repoussa, détruisit leurs ouvrages, encloua leur artillerie, et ramena avec lui dans la place 2 pièces de canon et quelques centaines de prisonniers. Il se trouva à la reddition d'Huningue le 17 du même mois, et prit part à toutes les affaires qui terminèrent cette campagne sur le Rhin.

Passé, en l'an VI, à l'armée d'Angleterre, il servit à celle d'Italie de l'an VII à l'an IX inclusivement. Il fut blessé d'un coup de feu à l'affaire du 13 brumaire an VII, sous les ordres du général en chef Championnet, et ne démentit point la réputation qu'il s'était acquise dans les guerres précédentes.

Pendant le siége de Gênes, le 13 germinal an VIII, l'ennemi tenta d'enlever les troupes chargées de la défense de

Saint-Pierre d'Arena. Son plan, habilement combiné, fut exécuté avec audace; mais la valeur française fit tourner cette entreprise à la gloire de nos armes. Une heure avant le jour, le général ennemi fit passer la Polavéra au régiment de Nadasty, qui fila entre Saint-Pierre d'Arena et Rivarolo, et coupa, par cette manœuvre la 5e légère qui gardait ce poste, des 3e et 25e de même arme qui occupaient le premier. Les Autrichiens arrivant ainsi à l'improviste à Saint-Pierre d'Arena, enlevèrent tous les petits postes qui se trouvèrent sur leur passage, surprirent trois bataillons qu'ils rejetèrent sur les hauteurs, et profitèrent de ce premier succès pour prendre à revers le 2e bataillon de la 25e qui se trouvait en position à la Marine. Déjà le régiment de Nadasty avait fait quelques prisonniers de ce corps, lorsque Cassagne, à la tête de 2 bataillons de la 3 légère, le chargea avec vigueur et mit le désordre dans ses rangs. Déconcerté par cette brusque attaque, le chef de la colonne autrichienne, en voulant se retirer, tomba dans le piége que lui tendit un des officiers tombés en son pouvoir, et fut lui-même fait prisonnier avec 430 hommes de Nadasty.

Nommé général de brigade le 1er floréal suivant, et, confirmé dans ce grade par arrêté du premier Consul, du 4 brumaire an IX, Cassagne se distingua encore le 4 nivôse de cette dernière année, à la bataille de Pozzolo et au passage du Mincio, où il commandait une des brigades de la division Moncey.

Employé dans la 27e division militaire le 12 germinal an IX, et désigné pour la 23e dans le placement de l'an XI, il fut nommé lieutenant du capitaine-général de la Louisiane, le 28 vendémiaire de cette dernière année, mais il n'alla point remplir ces fonctions, et fut employé au commandement d'une brigade du camp d'Utrecht pendant les ans XII et XIII.

Créé membre de la Légion-d'Honneur le 19 frimaire an XII, il en fut nommé officier le 25 prairial suivant, et fut ensuite désigné par l'Empereur pour faire partie du collège électoral du département de la Haute-Garonne. Il fit les campagnes de l'an XIV avec la 1re division du 2e corps de la grande armée, et fut mis en disponibilité pendant l'année 1806.

Remis en activité pendant les six premiers mois de 1807, il reçut l'ordre de se rendre à Paris le 1er janvier 1808, fut créé baron de l'Empire le 19 mars suivant, et fut employé dans la 12e division militaire le 9 septembre de la même année. Revenu à Paris par ordre du 6 mars 1809, il fut investi du commandement supérieur de l'île d'Aix, le 22 du même mois, et se rendit sur-le-champ à son poste, ou il donna de nouvelles preuves de son zèle, de son dévouement et de sa fermeté, pendant l'exercice de ses fonctions.

Créé commandant de la Légion-d'Honneur, le 23 janvier 1811, il fut appelé au commandement de l'un des départements composant la 4e division militaire le 22 février 1812, et fut nommé gouverneur de la ville et citadelle de Verdun, le 20 janvier 1814. Après l'abdication de l'Empereur, il fit sa soumission au gouvernement royal, et reçut la croix de chevalier de l'ordre royal militaire de Saint-Louis, en 1814.

Mis en non-activité le 1er septembre de la même année, le général Cassagne fut chargé du commandement supérieur de Philippeville, le 12 juin 1815. A peine arrivé à son poste, il eut à le défendre contre les attaques des armées coalisées. Investie le 22 juin, la place de Philippeville n'avait pour sa défense qu'une force de 1534 hommes, se composant des gardes nationales de la Marne, de militaires en retraite du même département, d'un détachement du 88e régiment de ligne fort de 60 hommes, de 30 artilleurs du 6ᵉ régiment, d'une compagnie de 100 canonniers bourgeois et de 95 douaniers. Les gardes nationales et les militaires en retraite n'avaient aucun vêtement militaire ni gibernes; cette troupe était totalement dénuée de linge et chaussure, ce qui la décourageait et excitait la désertion. Les suites de la bataille de mont Saint-Jean avaient attaqué le moral de la garnison. Se soustraire au service en abandonnant la place, ou le faire mal, lorsque la surveillance arrêtait la désertion, tel était l'esprit qui l'animait alors, et c'est avec cette garnison, qui diminuait journellement, que le général Cassagne se maintint dans la place depuis le 22 juin jusqu'au 8 août. Le feu de l'ennemi avait allumé des incendies sur tous les points de la ville; une caserne avait été entièrement brûlée, une seconde très-endommagée, et les magasins de fourrages et les grains perdus, lorsque le commandant rassembla le conseil de défense pour délibérer sur la conduite à tenir dans ces difficiles circonstances. Ce conseil émit l'opinion de la remise d'une place qu'on ne pouvait plus défendre, et qu'on devait craindre de voir prendre de vive force; en conséquence, cette remise fut faite le 8 août.

Le gouvernement de la Restauration, auquel cette résistance prolongée était loin d'être favorable, crut cependant devoir soumettre à l'examen d'un conseil d'enquête, présidé par le lieutenant-général comte Maison, la conduite du général Cassagne et les circonstances qui avaient amené la reddition de la place de Philippeville, dont il était commandant supérieur. Ce conseil approuva à l'unanimité la conduite militaire du baron Cassagne, et celle des membres du conseil de défense, et les déclara sans reproches.

Le général Cassagne, admis à la retraite par décision royale du 4 septembre 1815, se retira dans ses foyers. Il est mort le 26 novembre 1833.

CASSAGNE (Victorin-Louis, baron de), né à Alau (Haute-Garonne), le 5 juin 1774. Il entra au service en qualité de lieutenant dans une compagnie franche, le 23 mars 1793, et devint capitaine dans le 8ᵉ bataillon de la Haute-Garonne, le 24 mars suivant. Il se distingua cette même année au passage de la Teta au village de Corneilla (Pyrénées-Orientales), et fit partie du siége de Figuières que prit le général Dugommier.

Après la paix, conclue avec l'Espagne, le capitaine Cassagne passa à l'armée d'Italie, en 1796. Commandant les éclaireurs de l'aile gauche du corps du général Masséna, il fut chargé de poursuivre les Autrichiens après leur défaite de Lonato, et fut blessé très-grièvement d'un coup de feu à la poitrine, le 3 août, près du lac de la Guardia. A la tête de ces mêmes éclaireurs, il fit mettre bas les armes à un corps de cavaliers ennemis, le 16 janvier 1797, près de Mantoue.

Pendant la campagne d'Égypte, il commanda les éclaireurs de la division Bon, et combattit à leur tête aux batailles de Chebreyss et des Pyramides.

Le 29 mai 1799, au siége de Saint-Jean-d'Acre, chargé d'attaquer un des ouvrages des assiégés, il combattit à outrance, perdit les deux tiers de son monde et égorgea là la totalité des Turcs qui défendaient le boyau. Il avait reçu cinq coups de poignard. Cette action lui valut le grade de chef de bataillon.

Le 21 mars 1804, à la bataille de Canope, il pénétra dans le camp des Anglais et y reçut un coup de feu qui lui traversa la cuisse. Le 29 mai suivant il fut nommé colonel du 25ᵉ de ligne. Pendant les années 1804 et 1805, le colonel

Cassagne, déjà officier de la Légion-d'Honneur depuis le 4 juin 1804, fut employé à l'armée des côtes, il passa ensuite à l'armée d'Allemagne et enleva au combat d'Auerstaedt deux pièces de canon à la cavalerie légère prussienne; il eut en cette affaire un cheval tué sous lui, un second blessé, et reçut lui-même une balle au front.

En récompense de sa haute valeur et de ses beaux faits d'armes, l'Empereur le fit général de brigade, le 7 juin 1807, et baron avec une dotation, le 8 mars 1808. Sa brigade, faisant partie de la division Vedel qui appartenait au corps d'armée du général Dupont, fut comprise dans la honteuse capitulation de Baylen. Cassagne refusa absolument d'*adhérer* et fit la plus vive opposition pour empêcher l'exécution. Malheureusement il n'était pas en position d'annuler la capitulation. Mais l'Empereur n'eut aucun doute sur le rôle honorable qu'il remplit dans cette affaire et lui conserva sa faveur.

Chargé de couvrir la gauche du blocus de Cadix, il força à la retraite un détachement anglais, battit un corps espagnol, lui fit de nombreux prisonniers et enleva un drapeau.

Commandeur de la Légion-d'Honneur, le 23 janvier 1813, et général de division, le 30 mai suivant, il appartenait au corps d'armée de d'Erlon et se distingua à la bataille de Vittoria. Après cette journée, il alla en Allemagne, et, à la tête d'une division du 1er corps, combattit à la bataille de Dresde et prit aux Russes cinq canons, un grand nombre de prisonniers et un équipage de ponts. Compris dans la capitulation de cette ville, il fut envoyé en Hongrie comme prisonnier de guerre.

A son retour il accepta ou subit la révolution accomplie; il était déjà chevalier de la Couronne de fer et Commandeur de l'ordre de la Réunion; il fut nommé chevalier de Saint-Louis et commanda le département de la Haute-Garonne. Pendant les Cent-Jours, Napoléon lui confia le corps d'observation des Pyrénées-Orientales.

A la seconde Restauration, il fut mis en non-activité, échappa avec beaucoup de peine aux fureurs des royalistes du Midi.

En 1830, le général Cassagne fut rétabli sur le cadre de disponibilité, le 3 janvier 1833, il passa à la 2e section du cadre de l'état-major général, le 15 août 1839. Il est mort à Toulouse, le 6 juillet 1841.

Son nom figure sur l'arc de triomphe de l'Étoile, côté Sud.

CASTANOS (dom Francisco-Xavier de), duc de Baylen, général espagnol, naquit en 1753 d'une famille distinguée de la Biscaye, et fut instruit dans l'art de la guerre par le célèbre général O'Reilly, son beau-frère, qu'il accompagna en Allemagne dans le voyage qu'il y fit pour apprendre la tactique à l'école du grand Frédéric.

En 1794, il servit avec distinction comme colonel dans l'armée de Navarre aux ordres du général Caro, fut nommé lieutenant-général en 1798, mais bientôt après, banni de Madrid pour son opposition au système pacifique du ministère espagnol.

Lors de l'invasion de l'Espagne par les Français, en 1808, il fut investi du commandement d'un corps d'armée sur les frontières de l'Andalousie où le général Dupont voulait pénétrer. Avec 9,000 hommes et 3,000 volontaires, il battit le général français dans une affaire dont la gloire revient en partie au suisse Reding, son lieutenant. La division française fut déclarée prisonnière, 20,000 hommes furent envoyés sur les pontons de Cadix et dans l'île de Cabréra. Les résultats de la honteuse capitulation de Baylen furent immenses. En novembre, même année, Castanos fut mis en déroute à Tudela.

En 1811, la Régence le nomma au commandement du 4ᵉ corps et gouverneur de plusieurs provinces ; la bataille de Vittoria dont le gain fut en partie dû à sa bravoure donna une nouvelle preuve de sa capacité ; privé de son commandement par la Régence, il écrivit au ministre de la guerre : « J'ai la satisfaction de remettre entre les mains du feld-maréchal Freyre, en vue des frontières de France, le commandement que je pris en 1811, sous les murs de Lisbonne. »

Capitaine général de la Catalogne en 1815, puis en 1823, conseiller d'Etat en 1825, puis président du conseil de Castille, il resta éloigné de la cour de 1833 à 1843.

A la chute d'Espartéro, on vit ce vieillard affaibli se jeter de nouveau dans la vie politique et même remplacer Arguelles, comme tuteur de la jeune reine mineure.

CASTELBAJAC (BARTHÉLEMY-DOMINIQUE-JACQUES-ARMAND de), né à Ricaud (Hautes-Pyrénées) le 12 juin 1787. Élève de l'École spéciale militaire, le 17 octobre 1806, sous-lieutenant provisoire le 22 février 1807, il partit pour la grande armée le 5 mars suivant, entra le 12 avril comme sous-lieutenant au 5ᵉ de hussards, passa lieutenant au 8ᵉ de la même arme le 11 septembre 1809, et devint, le 19, aide-de-camp du général Piré.

Capitaine au 127ᵉ régiment de ligne le 15 mai 1811, rentré aide-de-camp du général Piré le 9 mars 1812, chef d'escadron le 2 septembre 1813, au 16ᵉ régiment de chasseurs, passé le 1ᵉʳ août 1814 au 11ᵉ de la même arme, major le 29 août 1815, M. de Castelbajac fut successivement colonel du régiment de chasseurs des Pyrénées le 27 septembre 1815, colonel des dragons de la garde le 6 juin 1821 avec rang de maréchal de camp, et maréchal de camp titulaire le 29 octobre 1826.

Placé le 3 janvier 1828 à la tête de la 1ʳᵉ brigade de la 1ʳᵉ division du camp de cavalerie, et chargé le 23 mai 1830 de l'inspection générale de la cavalerie pour cette année dans les 10ᵉ, 11ᵉ, 12ᵉ et 21ᵉ divisions militaires, il a été nommé, le 19 août 1837, commandant du département de la Moselle, le 20 juin 1838 commandant de la 2ᵉ brigade de la division de cavalerie rassemblée à Lunéville le 22 janvier 1839, commandant la 1ʳᵉ brigade détachée, de cavalerie légère, du corps de rassemblement de la frontière du Nord ; il a repris, le 25 mai 1839, après le licenciement de ce corps, le commandement du département de la Moselle, et a été nommé lieutenant-général le 16 novembre 1840.

M. le général de Castelbajac, qui a rempli les fonctions d'inspecteur de cavalerie pour les années 1841 à 1847, avait été appelé le 1ᵉʳ octobre 1844 au commandement de la 11ᵉ division militaire, et a été admis à la retraite par le décret du gouvernement provisoire le 17 avril 1848.

Ce général a fait les campagnes de la grande armée en 1807, d'Espagne en 1808, d'Allemagne en 1809, de la grande armée en 1812 et 1813, de France en 1814, d'Algérie en 1841.

Il a été blessé d'un coup de feu à la jambe droite en Espagne, le 22 février 1809, d'un coup de sabre au bras gauche, à la bataille de Wagram le 6 juillet 1809, d'un coup de sabre à la cuisse droite à Ostrowno le 25 juillet 1812, d'une contusion à l'aine du côté droit, à la bataille de la Moskowa, le 7 septembre 1812, et d'un coup de lance à Brienne le 31 janvier 1814.

Il a été nommé chevalier de la Légion-d'Honneur le 15 décembre 1808, officier de l'ordre le 4 septembre 1813, commandeur le 14 juin 1820, et grand officier le 22 avril 1847.

En décembre 1849, il a été nommé envoyé extraordinaire et ministre plénipotentiaire en Russie.

CASTELLANE (Esprit-Victor-Élisabeth-Boniface, comte de), né le 21 mars 1788 à Paris. Son père était député aux États-généraux, Pair de France après la Restauration ; sa mère est de la famille de Rohan-Chabot de Jarnac.

Il entra au service le 2 décembre 1804, comme soldat au 5ᵉ régiment d'infanterie légère. Nommé sous-lieutenant le 24 février 1806, au 24ᵉ régiment de dragons. Il servit d'abord en Italie, puis à l'armée des Pyrénées, sous le général Mouton, entra avec lui en Espagne, en 1808, combattit à Rio-Secco, à Burgos, etc., fut nommé lieutenant aide-de-camp le 29 janvier 1808 et fit le service d'officier d'ordonnance de Napoléon pendant son séjour en Espagne à cette époque.

L'Empereur ayant quitté l'Espagne le 23 janvier 1809, son état-major le rejoignit bientôt en Allemagne. Le lieutenant Castellane assista aux batailles d'Abensberg, d'Eckmühl, de Ratisbonne, d'Essling, de Wagram et autres combats de cette grande campagne de 1809, et partout il se fit remarquer. C'est à Wagram qu'il fut décoré. Il fut ensuite chargé de missions importantes. Après celle qu'il remplit à Bayreuth, Napoléon le nomma son *brave jeune homme*, et le fit chevalier de l'Empire avec une dotation de 2,000 fr.

Capitaine le 18 février 1810, M. de Castellane fit la première partie de la campagne de Russie comme aide-de-camp du comte de Lobau. Il fut nommé chef de bataillon à Moscou le 3 octobre 1812 et aide-de-camp du comte de Narbonne, et assista aux batailles de Witepsk, de Smolensk, de la Moskowa, de Krasnoë, de la Bérésina, etc, etc.

Nommé colonel-major du 1ᵉʳ régiment des gardes d'honneur, le 21 juin 1813, M. de Castellane était devenu, en neuf ans, de simple soldat, colonel. Il resta sans activité jusqu'à la fin de 1815, époque à laquelle il fut chargé de former les hussards du Bas-Rhin (5ᵉ régiment). En 1822, il fut appelé au commandement des hussards de la garde royale, et prit rang à cette époque dans le cadre des maréchaux de camp.

En 1823, il commanda une brigade de cavalerie à Barcelone, où il fut cité honorablement, et en 1825, l'avant-garde de la division de Cadix, composée de 4 régiments et d'une batterie d'artillerie. Rappelé brusquement en 1827, il emporta les regrets des habitants de l'Andalousie.

En 1829, il fut chargé de l'inspection de sept régiments ; après les événements de juillet 1830, il inspecta dix régiments et dépôts d'infanterie et cinq de cavalerie ; en septembre 1831, il commanda dans la Haute-Saône le département et une brigade de cavalerie. Il assista au siège d'Anvers (1832) à la tête de la 1ʳᵉ brigade d'infanterie de la 2ᵉ division de l'armée du Nord. Le 30 janvier 1833, il fut nommé lieutenant-général, et prit, la même année, le commandement de la division active des Pyrénées-Orientales : il y joignit le commandement de la 21ᵉ division militaire en octobre 1835.

Il fut nommé pair de France le 3 octobre 1837, s'embarqua pour Alger en décembre suivant. Il déploya à Bone où le maréchal Vallée l'avait envoyé, une grande activité et beaucoup de sagesse.

Il reprit, sur sa demande, son ancien service dans les Pyrénées, le 18 mars 1838.

Le général comte de Castellane est grand-croix de la Légion-d'Honneur; chevalier de Saint-Louis, grand-croix de l'ordre de Charles III d'Espagne et commandeur de l'ordre de Léopold de Belgique.

Le 12 février 1850, le général de Castellane fut nommé au commandement de la 12e division militaire (Bordeaux) ; il reçut, en outre, le commandement supérieur des 14e et 15e divisions militaires dont les chefs-lieux sont Nantes et Rennes, en tout seize départements. Il est aujourd'hui commandant supérieur de la 6e division militaire (Lyon) en remplacement du général Gemeau.

CASTEX (BERTRAND-PIERRE, vicomte), lieutenant-général, né en 1771, à Pavie (Gers), entra au service en qualité de maréchal-des-logis en 1792, à l'organisation d'une compagnie départementale créée à Auch et incorporée un an après dans le 24e régiment de chasseurs à cheval.

Il commença ses premières campagnes aux Pyrénées-Occidentales, en 1793, et fit successivement, sous le Consulat et l'Empire, les campagnes d'Allemagne, de Prusse, de Russie et de France, y compris celle de 1815 en France, et celle de 1823 en Espagne.

M. Castex obtint tout son avancement dans le même régiment jusqu'au grade de major. Il fut nommé colonel sur le champ de bataille d'Iéna, le 14 octobre 1806, après une charge brillante exécutée à la tête du 7e chasseurs et sous les yeux de l'Empereur. A Wagram il enleva un carré d'infanterie, et pour ce fait d'armes fut nommé général de brigade, puis baron avec une dotation en 1807.

Sous la Restauration, il fut nommé grand officier de la Légion-d'Honneur en août 1820, commandeur en mai 1821, grand-croix de l'ordre de Saint-Louis en 1827, et grand-croix de l'ordre de Saint-Ferdinand en 1823.

Sa conduite dans la campagne de Russie, notamment au passage de la Bérésina, lui valut le grade de général major des grenadiers à cheval de la Garde.

Nommé général de division après la bataille de Dresde, il fit la campagne de 1814 à la tête d'une division de cavalerie de la Garde. En 1815 il commandait la division de cavalerie de l'armée de Lecourbe. En 1817, on lui confia la 6e division, et il fut créé vicomte.

Après la campagne d'Espagne en 1823, il fut chargé de plusieurs inspections et passa au commandement de la 5e division jusqu'en 1830. A la suite des événements de juillet, il se retira à la campagne.

Le général Castex siégea à la Chambre des députés de 1824 à 1827, comme représentant du Haut-Rhin.

Il est mort à Strasbourg le 19 avril 1842. Son nom est inscrit sur l'arc de triomphe de l'Étoile, côté Ouest.

CASY (JOSEPH-GRÉGOIRE), né à Auribeau (Var), le 8 octobre 1787, était destiné à l'étude de la médecine. Une escadre commandée par l'amiral Martin vint mouiller au golfe Juan; le jeune Casy, à peine âgé de dix ans, fut conduit à bord du vaisseau le Ça ira, avec ses camarades de pension. Il fut comme frappé de vertige de tout ce qu'il voyait : il sentit qu'il était marin.

Deux mois après il quitta furtivement son pensionnat, allant chercher à Cannes, sur un bâtiment de commerce une existence qui lui souriait. Le fugitif fut bientôt arrêté; mais son père, comprenant qu'il lutterait en vain contre une vocation si prononcée, fit diriger les études de son fils vers la marine militaire.

La République, née de la révolution de 1789, vit le jeune Casy s'embarquer comme simple novice pilotin; la République de 1848 le trouva vice-amiral et ministre de la Marine.

Embarqué à Toulon le 7 novembre 1803, il fut nommé aspirant le 23 septembre 1804 et enseigne de vaisseau le 12 juillet 1808. Mais déjà il avait fait l'expédition de Corfou, en 1807, sur *l'Annibal*, comme chargé des signaux; de plus, lorsque les vaisseaux russes *le Moscou* et *le Saint-Pierre* se réunirent à l'escadre française, il avait été choisi par l'amiral Gantheaume pour servir auprès du commandant russe pour les indications à donner dans le service des signaux et des évolutions nouvelles.

En 1805, il avait fait partie de l'état-major de la frégate *la Pomone*, montée par le prince Jérôme Bonaparte, ayant mission d'aller réclamer à Alger les esclaves gênois qui se trouvaient dans cette régence, lors de la réunion de la Ligurie à l'Empire.

En 1813, l'enseigne de vaisseau Casy fut détaché du *Donawert* avec 80 canonniers au cap Sepet, pour armer les batteries du Puy et du Marduy. Ces deux batteries, attaquées par l'escadre anglaise, donnèrent un feu si vif et si bien dirigé qu'elles désemparèrent un des vaisseaux anglais, au point qu'un autre vaisseau fut obligé de le remorquer loin du combat.

La Restauration arriva; la marine impériale s'évanouit, et avec elle les rêves de gloire de la plupart de nos jeunes marins; mais l'enseigne de vaisseau Casy, qui avait servi dans les escadres des amiraux Gantheaume, Allemand, Emeriau et Cosmao, fut du petit nombre des officiers maintenus dans l'activité.

Nommé lieutenant de vaisseau, le 16 juillet 1816, il embarqua successivement comme second sur les corvettes de charge *le Rhinocéros* et *la Ciotad*.

En 1819, il partit sur le vaisseau *le Colosse*, monté par le contre-amiral Jurien, qui allait avec une division établir des relations commerciales avec l'Amérique du Sud. De retour de cette longue campagne, il fut nommé chevalier de Saint-Louis, et fit sur la frégate *la Junon* le blocus des côtes de Catalogne en 1823.

La guerre d'Espagne terminée, le contre-amiral Rosamel, auquel il doit une partie de son avancement, l'appela à servir auprès de lui comme chef d'état-major de la frégate *la Marie-Thérèse*. C'est sous ses ordres qu'il fit cette longue campagne de *la Marie-Thérèse*, qui ne dura pas moins de quarante-deux mois.

Pendant cette campagne, M. Casy fut nommé successivement chevalier de la Légion-d'Honneur et capitaine de frégate (avril 1827), et publia son extrait analytique de la tactique navale, ouvrage qui manquait à la marine et qui fut accueilli avec beaucoup de faveur.

Après quelques mois de repos, il embarqua comme second sur le vaisseau *le Breslau*.

C'est de ce moment que date surtout la réputation de M. Casy comme organisateur et manœuvrier. Il mit en pratique sur ce bâtiment son système de la bonne répartition du personnel d'un vaisseau. *Le Breslau* se plaça au premier rang dans l'escadre du Levant. On sait la part brillante que prit, comme second de vaisseau, le capitaine Casy, à la reddition de Navarin, de Coron, de Modon et du fort de Morée.

L'on sait aussi par quelle mesure hardie *le Trident* se fit remarquer aux escadres anglo-françaises, envoyées aux Dardanelles, pour empêcher l'entrée de Diebitsch à Constantinople, après la victoire du Balcan. M. Casy avait été nommé, en 1828, au commandement de ce vaisseau monté par l'amiral Rosamel.

M. l'amiral de Rigny disait que si la France avait 60 vaisseaux organisés comme *le Trident*, elle serait avant dix ans la première nation du monde.

Après l'évacuation de la Morée, *le Trident* fit partie des expéditions d'Alger, de Tripoli et de Portugal. L'amiral Hugon, commandant une division de cinq vaisseaux, choisit *le Trident* pour y arborer son pavillon. Après que le Tage eut été forcé, l'amiral Roussin, qui commandait en chef l'expédition, fit complimenter le commandant Casy sur les manœuvres qu'il avait exécutées pendant l'action.

Le 9 janvier 1831, M. Casy fut nommé capitaine de vaisseau, et le 20 août suivant officier de la Légion-d'Honneur.

M. Casy se rendit alors à Cherbourg sur la frégate *la Calypso*, pour disposer la division navale qui devait opérer le blocus de la Hollande. Cette escadre, étant réunie à l'escadre anglaise, le contre-amiral Ducrest de Villeneuve confia à M. Casy le commandement de trois frégates.

Appelé au commandement du *Duquesne*, il fit partie de l'expédition anglo-française, qui se forma aux Dardanelles en 1833, après l'entrée des Russes à Constantinople et la bataille de Nézib. Plus tard les escadres s'étant séparées, *le Duquesne* alla prendre le commandement de la station de Napoli de Romanie. Il se joignit ensuite aux escadres d'évolution, sous les ordres des amiraux Hugon, Massieu de Clairval et du capitaine Gautier. M. Casy fut détaché de l'escadre pour commander une division de deux vaisseaux, d'une corvette, d'un bateau à vapeur, qu'il dirigea sur les côtes d'Afrique.

De retour de cette expédition, il fut nommé commandeur de la Légion-d'Honneur, en février 1836, et il quitta le commandement du *Duquesne* qu'il avait organisé comme *le Trident*.

En 1837, M. Casy reçut à bord du beau vaisseau *l'Hercule*, armé de cent canons, le prince de Joinville, en qualité de lieutenant de vaisseau. Comme fils du roi, le lieutenant de vaisseau fut traité avec le respect qui lui était dû; comme subordonné dans la hiérarchie militaire, il eut à se soumettre à toutes les exigences du service et d'une sévère discipline.

Dans cette campagne, toute d'apparat, le commandant Casy chercha à concilier à la France les vives sympathies des pays qu'il visitait, en même temps qu'il montrait à son lieutenant de vaisseau jusqu'à quel point il faut posséder les qualités de l'homme de mer.

Sans parler de la sortie de la rade de Rio-Janeiro, qu'il exécuta en louvoyant, chose jusqu'alors réputée impraticable, nous citerons celle bien plus hardie de New-Port avec un vent contraire.

Les officiers américains, ainsi que les pilotes, avaient déclaré que le louvoyage dans la baie, avec un vaisseau de cent canons, était *impossible*. Le commandant Casy, confiant dans les bonnes qualités du vaisseau, sûr du concours de ses officiers, du dévouement et de l'ardeur de l'équipage, et sachant la haute idée que cette manœuvre habilement exécutée donnerait de la marine française dans un pays où la marine est tout, voulut prouver que le mot *impossible* n'était pas français et affirma qu'il sortirait. Le jour du départ, le temps était beau, presque toute la population de New-Port voulut assister à cet imposant spectacle. Tandis qu'une nuée d'embarcations couvrait la rade, l'autre partie des habitants s'était répandue sur toute la côte. *L'Hercule* se mit en mouvement; il surmonta les premières difficultés, mais la plus grande de toutes restait à franchir, un commandement mal exécuté, un peu d'hésitation dans la manœuvre pouvait le compromettre. Le prince de Joinville voyait des embarcations n'oser se risquer entre l'avant du vaisseau et la roche la plus saillante. La population suivait avec anxiété la marche de *l'Hercule* parmi les rochers : sa manœuvre fut précise et la difficulté fut surmontée. Alors la population émerveillée fit retentir la plage des cris : *Vive la France!* tandis que l'équipage électrisé criait : *Vive le commandant!*

Déjà, en 1828, M. Casy avait fait, en présence des vaisseaux américains et anglais, son mouillage de Smyrne et son appareillage d'Ourlac, qui eurent tant de retentissement dans le Levant. Le capitaine Maitland, le même qui reçut Napoléon à bord du *Bellérophon*, s'écria en présence de son amiral Malcolm : « Thompson, Warm et Campbell sont comme moi de vieux matelots, il y a trente ans que nous sommes capitaines, et nous n'avons jamais vu un vaisseau manœuvrer avec plus de précision que *le Trident* à son entrée à Smyrne et à son appareillage d'Ourlac. »

Pendant sa relâche à New-Port, le commandant Casy sauva à ses armateurs le trois mâts *l'Alexandre* et sa cargaison, dont le capitaine s'était emparé à la suite de crimes qui ont fait tomber sa tête sur l'échafaud. Le commerce de Bordeaux reconnaissant décerna à M. Casy une épée d'honneur.

Le vaisseau *l'Hercule* a clos la carrière de M. Casy comme capitaine. Nommé en 1839 contre-amiral et major général de la marine à Toulon, il conserva ce poste jusqu'au commencement de 1841. Il fut appelé alors au commandement d'une division de l'escadre de la Méditerranée, ayant son pavillon à bord du trois ponts *le Souverain*. Il devint plus tard second commandant en chef d'une division de six vaisseaux qu'il conduisit à Brest ayant porté son pavillon sur *le Suffren*.

L'amiral Casy fut chargé, vers cette époque, de deux missions : l'une en Portugal qui le retint près de six mois dans le Tage, et l'autre à Tanger, où il devait demander des explications sur les coups de fusil que des soldats marocains avaient tirés sur les troupes du général Bedeau. Il eut mission en même temps d'observer les dispositions du Maroc à l'égard de la France.

Il quitta le commandement de son escadre, en février 1844, et vint s'établir à Paris, où il publia son travail sur l'organisation du personnel d'un vaisseau, ouvrage d'un praticien consommé.

Nommé préfet maritime à Rochefort, le 28 août 1844, M. Casy a été élevé au grade de vice-amiral le 17 décembre 1845. Il quitta cette préfecture le 20 janvier 1848. C'est pendant qu'il était préfet à Rochefort que les vols et les gaspillages de la marine furent découverts et punis.

Après la Révolution du 24 février, il fut nommé membre du conseil de l'amirauté par le Gouvernement provisoire, puis ministre de la marine, puis représentant du peuple à l'Assemblée nationale.

Le département du Var le nomma de nouveau son représentant à l'Assemblée législative où il siège encore.

CATHELINEAU (JACQUES), généralissime des armées vendéennes, né en 1759, au bourg de Pin-en-Mauge (Maine-et-Loire), était un pauvre marchand de laine, selon d'autres un tisserand, et vivant tranquillement au sein de sa famille où il se faisait remarquer par sa dévotion.

En mars 1793, des jeunes gens du district de Saint-Florent rassemblés pour tirer au sort, se soulevèrent contre l'autorité, battirent et dispersèrent la force armée, puis retournèrent tranquillement chez eux. Cathelineau, instruit de ces événements, abandonne sa chaumière, rassemble ses voisins et leur persuade que le seul moyen de se soustraire au châtiment qui les attend est de prendre ouvertement les armes et de chasser les républicains ; vingt-sept jeunes gens le suivent, s'arment à la hâte de tous les instruments qui leur tombent sous la main, et marchent sur Jallais, en sonnant le tocsin et en recrutant une foule de paysans qu'entraîne la voix de Cathelineau. Arrivé devant Jallais, défendu par 80 républicains et une pièce de canon, il s'empare du poste et enlève la pièce. Bientôt Chemillé est aussi emporté après une vive résistance ; cet exploit exalte toutes les têtes, de nombreux renforts viennent encore accroître la troupe de Cathelineau.

Dès le 14 mars, il compte déjà 3,000 hommes sous les armes, et le 15 il se présente devant Chollet où il est encore vainqueur. C'est alors que l'importance toujours croissante de la révolte décida les Vendéens à choisir pour chefs Bonchamp et d'Elbée.

Cathelineau conserva sous ces chefs un rang important et une immense influence sur les paysans qui le surnomment le *saint d'Anjou*, et il combattit avec sa bravoure ordinaire à Vihiers, Chemillé, Vezins, Beaupréau, Thouars, Parthenay, La Chataigneraye, Vouvant, Fontenay, Concourson, Montreuil et Saumur. Après la prise de cette dernière ville, l'insurrection avait pris un tel degré d'importance que les chefs royalistes crurent devoir, pour assurer l'accord dans leurs opérations, confier le commandement à un seul. Ils choisirent Cathelineau.

Le 27 juin 1793, le nouveau généralissime se présenta devant la ville de Nantes, à la tête de 80,000 hommes, tandis que Charette devait le seconder avec 30,000 insurgés du bas Poitou. Mais cette formidable expédition était mal combinée, elle vint échouer contre les courageux efforts des habitants et d'une garnison de 3,000 hommes. Le 29, Cathelineau fut renversé de cheval par une balle : cet événement entraîna la dispersion des Vendéens.

Cathelineau mourut de sa blessure douze jours après à Saint-Florent.

CAULAINCOURT (Armand-Augustin-Louis, marquis de), duc de Vicence, né à Caulaincourt en 1773, fils aîné du marquis de Caulaincourt, officier général.

Armand entra au service à 15 ans, fut successivement sous-lieutenant, lieutenant, capitaine, aide-de-camp de son père et officier d'état-major.

Destitué et mis en prison comme noble en 1792, il n'en sortit qu'à la réquisition qui l'appelait à l'armée où il servit pendant trois ans comme grenadier ; il fut réintégré dans son grade de capitaine en l'an III, sur la demande de Hoche ; aide-de-camp du général Aubert-Dubayet, il l'accompagna à Venise, puis à Constantinople. De retour en France avec l'ambassadeur ottoman, il fit la campagne d'Allemagne en l'an VII, alla six mois en mission diplomatique à Pétersbourg, 3e aide-de-camp du premier Consul ; général de brigade en l'an XI, général de division en 1805, grand écuyer de l'Empire, duc de Vicence, ambassadeur en Russie pendant quatre ans ; rappelé en 1811, il désapprouva constamment la malheureuse expédition de Russie. Ce fut lui que l'Empereur choisit pour compagnon de son voyage de Smorgoni à Paris. La confiance de Napoléon pour Caulaincourt s'accrut encore par ce tête à tête de quatorze jours et de quatorze nuits. Plénipotentiaire auprès des souverains alliés durant la campagne de Saxe, il signa l'armistice de Pleswitz, fut envoyé ensuite comme plénipotentiaire au congrès de Prague où il travailla vivement à amener la paix : ce ne fut ni sa faute, ni celle de Napoléon si elle ne fut pas conclue.

Sénateur en 1813 et ministre des relations extérieures, négociateur au Congrès de Chatillon, plénipotentiaire de

Napoléon pour le traité du 11 avril 1814, il porta son abdication au gouvernement provisoire; ministre des relations extérieures pendant les *Cent-Jours*, puis membre de la commission du gouvernement provisoire, puis porté sur la liste du 24 juillet, il en fut aussitôt rayé. — Il se retira alors des affaires publiques et mourut à Paris en 1827.

Caulaincourt fut *absolument* étranger à l'enlèvement du duc d'Enghien à Ettenheim, et par suite à la mort du prince.

« Bassano et Caulaincourt, deux hom-
« mes de cœur et de droiture. » (Las Cases, t. VII.)

Le nom du duc de Vicence figure sur l'arc de triomphe de l'Étoile.

CAULINCOURT (Auguste-Jean-Gabriel, baron, puis comte de), né le 17 septembre 1777 à Caulaincourt (Aisne), entra au service dans le régiment des cuirassiers du roi le 14 juin 1792, et fut nommé sous-lieutenant par arrêté du Comité de salut public le 8 germinal an III, pour servir en qualité d'aide-de-camp auprès du général Aubert-Dubayet. Le 7 fructidor suivant, il passa avec son grade dans le 12ᵉ de dragons, fut nommé lieutenant au 1ᵉʳ régiment de carabiniers, par arrêté du Directoire exécutif du 1ᵉʳ pluviôse an IV, et capitaine au 21ᵉ dragons le 9 pluviôse an V. C'est en cette qualité qu'il se trouva à la bataille de Stokack où il se distingua, et à celle d'Ostrach où, avec sa compagnie, il culbuta deux escadrons de hussards de Blankenstein, leur tua une vingtaine d'hommes et leur prit dix-sept chevaux. Il commanda sous les ordres du général Lecourbe, pendant les brillantes campagnes du Tyrol et dans les Grisons, les deux escadrons de cavalerie qui étaient attachés à la division de ce général, et il entra le premier à leur tête dans Schwitz, après avoir culbuté le régiment des chevau-légers de Toscane. Il fit également preuve de bravoure au combat de Muttenthal où il reçut un coup de lance.

Incorporé dans le 1ᵉʳ régiment de dragons le 28 frimaire an VI, il servit ensuite à l'armée d'Italie, et combattit avec la plus grande intrépidité à la bataille de Marengo, où il fut blessé d'un coup de feu à la tête. Nommé chef d'escadron au même régiment par le général en chef Masséna, le 12 thermidor an VIII, il fut confirmé dans ce grade par arrêté des consuls du 26 frimaire an IX, et se distingua, le 24 pluviôse suivant, en enlevant, avec 40 dragons seulement, le village de Vedo-Lago, défendu par 400 hommes d'infanterie autrichienne, auxquels il fit mettre bas les armes et qu'il ramena prisonniers. Promu chef de brigade au 19ᵉ de dragons le 6 fructidor de la même année, il rentra en France après la paix et vint tenir garnison dans la 16ᵉ division militaire.

Créé membre de la Légion-d'Honneur le 19 frimaire an XII, et officier de l'Ordre le 25 prairial suivant, il fut nommé, en l'an XIII, aide-de-camp du prince Louis-Napoléon, en conservant le commandement de son régiment. Il fit, à la tête de ce corps, les campagnes des ans XIV et 1806 en Autriche et en Prusse, avec la 4ᵉ division de dragons de la réserve de cavalerie de la grande armée, assista à la bataille d'Austerlitz, et reçut, en récompense de sa brillante conduite pendant cette journée, la croix de commandant de la Légion-d'Honneur par décret impérial du 4 nivôse an XIV. Lorsque Louis Bonaparte fut proclamé roi de Hollande, il le suivit comme aide-de-camp et fut nommé général de brigade le 10 août 1806.

Rentré avec ce grade au service de France, il fut employé à la division de cavalerie réunie à Poitiers le 11 février 1808, et entra en Espagne le 19 mars suivant. Envoyé avec une colonne de différentes armes pour réprimer l'insurrection qui s'était déclarée dans la province de Cuença, et pour y punir l'attentat commis sur un officier et sur quelques soldats français que la populace avait massacrés, il partit de Tarazona, et arriva le 3 juillet 1808 devant Cuença, où il trouva 4,000 Espagnols disposés à défendre cette position avec 4 pièces de canon. Il les attaqua aussitôt avec impétuosité, les culbuta, s'empara de leur artillerie, leur tua 7 à 800 hommes, et força le reste à se sauver dans les montagnes. A l'époque de la capitulation de Baylen, il parvint à ramener ses troupes à Madrid, quoique ses communications fussent interceptées. Ces deux faits d'armes furent consignés, avec éloge, dans le rapport général des opérations de la campagne de 1808. Il avait été créé baron de l'Empire par décret du 19 mars.

Employé en France et en Portugal pendant la campagne de 1809, il rencontra au mois de mars, près Chaves, 3,000 Portugais qu'il chargea vigoureusement. Après en avoir tué 300, il dispersa le reste et s'empara d'une pièce de canon. Quelques jours après, à l'affaire qui eut lieu devant Braga, il chargea 6,000 Portugais, en fit une horrible boucherie, entra pêle-mêle avec eux dans cette ville et prit une pièce de canon. A la bataille d'Oporto, sa brigade enleva deux drapeaux; à Peñafiel, dans une charge vigoureuse, il y prit encore un drapeau et tua à l'ennemi plus de 600 hommes. A Villa-Magna, près d'Amarante, commandant l'avant-garde des généraux Delaborde et Loison, il enfonça, avec un seul bataillon du 17e d'infanterie légère et le 19e régiment de dragons, un corps de 7,000 Portugais, et entra pêle-mêle avec eux dans Amarante. Il leur tua plus de 500 hommes et prit 2 pièces de canon. Le 12 mai, lorsque le général Loison jugea à propos d'évacuer la ville d'Amarante, il chargea le général Caulincourt de commander son arrière-garde, composée de trois bataillons et du 19e régiment de dragons ; il arrêta l'ennemi et fit échouer toutes ses tentatives. Les talents militaires dont il avait fait preuve déterminèrent le maréchal duc de Dalmatie, commandant les 2e, 5e et 6e corps réunis pour tenter le passage du Tage, à lui confier l'exécution de cette opération importante.

Le 8 août, sa brigade, composée des 18e et 19e de dragons se mit en mouvement pour traverser le fleuve, près et à la gauche de Puente del Arzobispo. A midi précis, en présence des maréchaux ducs de Dalmatie, de Trévise et d'Elchingen, sous le feu meurtrier de 3 batteries et devant 10,000 baïonnettes ennemies, le général Caulincourt, à la tête de ses troupes, exécuta son passage par un gué profond et difficile. Arrivés sur l'autre rive, les dragons français s'élancent aussitôt sur les batteries et s'en emparent en sabrant les canonniers sur leurs pièces. L'infanterie qui voulait se former en carré fut enfoncée et dispersée. Ce succès prodigieux paraissait assuré ; mais 4,000 hommes de cavalerie espagnole, qu'on croyait partie la veille pour combattre le maréchal duc de Bellune, près de Talavera de la Reyna, débouchèrent tout à coup du village d'Azulan, et accoururent au trot sur deux colonnes, pour arracher aux braves dragons français l'honneur de cette journée.

Toute l'armée française, qui bordait la rive droite, craignait alors que le général Caulincourt, qui n'avait avec lui que 500 chevaux au plus, ne fût écrasé par ces masses ennemies ; mais dans ce moment critique, son sang-froid ne l'abandonne pas, il calcule tout le danger de sa position et prend une résolution énergique qui seule lui offre une chance de salut. Il se porte sur la colonne de droite et aborde sa tête avant qu'elle ait pu se déployer. Les deux régiments de carabiniers royaux, vieille-bande, et un escadron des gardes du corps qui formaient la tête de cette colonne furent taillés en pièces, lâchèrent pied, et entraînèrent dans leur fuite tous les régiments qui les suivaient. La brigade française était à peine remise et reformée de ce choc terrible, que le général Caulincourt la lança sur la deuxième colonne, qui avait commis la faute de trop s'éloigner de la première, dans l'intention sans doute de le couper. Cette seconde colonne s'était déployée et reçut de pied ferme le choc de nos dragons; mais, quoique trois fois plus forte qu'eux, s'étant laissée déborder par sa droite, où étaient ses meilleurs régiments, elle fut enfoncée et éprouva le sort de la première. L'ennemi, cependant tenta de se rallier, mais la brigade de Marizy ayant effectué son passage sur la rive gauche et accourant pour soutenir le général Caulincourt, les Espagnols se mirent dans la plus épouvantable déroute et furent poursuivis l'épée dans les reins pendant plus de trois lieues. 10,000 hommes d'infanterie mis en fuite, ainsi que 4,000 hommes de cavalerie espagnole, organisée à grands frais sous les ordres du duc d'Albuquerque, qui espérait ôter à notre cavalerie sa supériorité, 25 pièces de canon prises, le passage du pont ouvert à l'armée française, tels furent les résultats de cette journée, dont le succès fut dû à la bravoure de 500 dragons français.

Le maréchal duc de Dalmatie, en rendant compte de cette glorieuse affaire, s'exprime ainsi dans le rapport qu'il adressa à l'Empereur :

« Le passage du Tage, au pont de l'Arzebispo, fait honneur à la 4ᵉ division de dragons commandée par le général Lahoussaye, mais particulièrement à la brigade Caulincourt. Ce général a montré dans cette affaire autant de sang-froid que de valeur, et il a prouvé qu'il était officier consommé dans son arme. »

L'Empereur, qui ne laissait jamais les belles actions sans récompense, le nomma général de division le 7 septembre 1809, et lui donna, le 29 novembre suivant, le commandement des cinq brigades de dragons composant la cavalerie du 8ᵉ corps de l'armée d'Espagne.

Parti en congé pour rentrer en France le 15 février 1810, il fut ensuite nommé gouverneur des Pages, grand cordon de l'ordre de la Réunion et comte de l'Empire. Appelé à faire partie de l'expédition de Russie, il fut nommé commandant du grand quartier général impérial le 7 juillet 1812; et le 7 septembre suivant, à la bataille de la Moskowa, le général Montbrun ayant été tué dans une charge, l'Empereur le remplaça dans le commandement du 2ᵉ corps de cavalerie par le général Caulincourt.

A peine investi de ce commandement, il reçut l'ordre d'attaquer une division russe et de pénétrer dans la grande redoute. Il se mit aussitôt à la tête de la division de cuirassiers du général Wathier, et voici en quels termes le 18ᵉ bulletin de la grande armée, daté de Mojaïsk, rend compte de ce beau fait d'armes et de la mort glorieuse de l'intrépide Caulincourt :

« Le général de division comte de Caulincourt, commandant le 2ᵉ corps de cavalerie, se porta à la tête du 5ᵉ régiment de cuirassiers, culbuta tout, entra dans la redoute de gauche par la gorge. Dès ce moment la bataille fut gagnée..... Le comte de Caulincourt, qui venait de se distinguer par cette belle charge, avait terminé ses destinées : il tomba frappé par un boulet. Mort glorieuse et digne d'envie !!! »

Ainsi périt, à l'âge de trente-cinq ans,

cet officier général de la plus belle espérance; les regrets de toute l'armée l'accompagnèrent dans la tombe.

Son nom figure glorieusement sur l'arc de triomphe de l'Étoile.

CAUX (Louis-Virtor de Blacquetot, vicomte de), lieutenant-général du génie, conseiller d'État, ministre, commandeur de Saint-Louis et de la Légion-d'Honneur, né à Douai, le 23 mars 1775.

Élève du collége de Juilly, il entra sous-lieutenant dans l'arme du génie le 1er mars 1793; s'associa dans plusieurs campagnes à la gloire des armées des Ardennes, du Rhin et de Rhin-et-Moselle. Il se distingua aux combats de Derbach, de Dillingen, à la bataille de Meresheim et au passage du Danube, aux affaires de Korich et de Bourgrieden.

Chef de bataillon en 1799 par ses talents et sa bravoure, il fut chargé par Moreau de régler, de concert avec le comte de Bubna, les conditions de l'armistice dans les places d'Ulm, d'Ingolstadt et de Phiiisbourg, occupées par les Autrichiens. Il fut employé successivement à l'armée des côtes de l'Océan, à la grande armée et à l'armée de réserve en 1806, où il remplit les fonctions de chef d'état-major du génie.

En 1807, il dirigea au ministère de la guerre les bureaux du personnel et du matériel du corps impérial du génie.

Il fut l'un des officiers supérieurs dont l'habileté fit échouer l'expédition des Anglais à Walcheren. Revenu au ministère, il y avait obtenu en 1813 le titre de baron et le grade de colonel.

Pendant l'invasion, il fut chargé par le duc de Richelieu de régler avec Wellington la répartition des troupes étrangères sur le territoire. Pour mettre des bornes à des vexations et à des exigences qui dépassaient le droit du vainqueur, il fit établir des officiers supérieurs français auprès des différents chefs de l'armée d'occupation.

Directeur des opérations militaires et de la gendarmerie, et conseiller d'État en 1817, il était maréchal de camp depuis le 20 avril 1814. Vicomte et commandeur de Saint-Louis en 1817, lieutenant-général le 30 juillet 1823, il avait toujours exercé au ministère de la guerre les plus hautes fonctions avant de recevoir ce portefeuille; il fut ministre, du 21 janvier 1828 au 8 août 1829. Il créa un conseil supérieur de la guerre sous la présidence du Dauphin. — Nommé pair de France en 1832.

Mort au mois d'août 1845, à l'âge de 70 ans.

CAVAIGNAC (Jacques-Marin, baron de Barayne, puis vicomte), frère du conventionnel Jean-Baptiste Cavaignac, né à Gordou (Lot) le 11 février 1774, entra au service à l'âge de 17 ans comme sous-lieutenant au régiment de Navarre Infanterie, il fit avec distinction les campagnes de la République et de l'Empire; se signala surtout au passage du Tagliamento, où Bonaparte le nomma chef d'escadron sur le champ de bataille, pendant la retraite d'Italie, sous les ordres de Moreau, au passage du Splugen et du Garigliano, et fut blessé plusieurs fois assez dangereusement.

A Austerlitz, Napoléon le nomma commandeur de la Légion-d'Honneur; il est aujourd'hui grand officier.

En 1806, il passa avec son frère le conventionnel au service de Murat, roi de Naples. Ce prince voulant faire une descente en Sicile, lui confia un des trois corps de son armée. Cavaignac seul débarqua, les autres étant retenus par les vents. On le rappela; mais le retour était difficile, les Siciliens le cernant par terre et les Anglais par mer. Cavaignac parvint cependant en passant sous le feu de l'ennemi, et à la vue des deux armées il descendit sur les côtes de la Calabre sans avoir perdu un seul bâtiment. Le roi de Naples l'embrassa en le félicitant et le nomma son premier aide-de-camp.

Après les événements de 1812, il quitta Naples avec son frère et rentra à la grande armée comme général de brigade. A Moscou il commandait la cavalerie du 11° corps, protégea la retraite et s'enferma dans la place de Dantzig avec les 1,800 hommes qui lui restaient.

Après la capitulation qui fut violée, Cavaignac fut envoyé prisonnier à Kiew, d'où il envoya sa soumission à Louis XVIII, il fut nommé lieutenant-général le 21 octobre 1814, commandant de Saint-Louis, baron de Barayne, puis vicomte, et enfin inspecteur de cavalerie. Le général Cavaignac se rallia également aux Bourbons de la branche cadette et fut nommé grand officier de la Légion-d'Honneur. Il est aujourd'hui en retraite.

Son nom figure sur l'arc-de-triomphe de l'Étoile, côté Sud.

CAVAIGNAC (Louis-Eugène de), frère de Godefroy de Cavaignac, le républicain de 1830 et des Journées de juin et d'avril, et fils de J.-B. Cavaignac, le conventionnel, né à Paris le 15 septembre 1802. Élève distingué de Sainte-Barbe et de l'École polytechnique en 1820, il était capitaine en second dans le deuxième régiment du génie, à la campagne de Morée.

En 1830, Louis-Eugène Cavaignac se trouvait à Arras, et il fut l'un des premiers à se déclarer pour le peuple. En 1831, il signa à Metz, le projet d'association nationale. En conséquence de cette démarche, le gouvernement le mit en non-activité. Heureusement ce ne fut pas pour longtemps, et, en 1832, il fut envoyé en Algérie, où il ne tarda pas à se signaler. Après le succès de l'expédition de Mascara, à laquelle le capitaine Cavaignac avait pris part, le maréchal Clausel, songeant à rentrer à Oran, voulut laisser une garnison française à Tlemcen qu'il occupait à l'extrémité ouest de l'Algérie, à une distance considérable de tous secours, au milieu des Kabyles entreprenants et belliqueux. Cavaignac fut désigné. On lui adjoignit 500 hommes déterminés, avec le titre de chef de bataillon provisoire. C'était en janvier 1836.

Cavaignac, livré à lui-même, se montra, dès lors, un homme supérieur. On ne saurait croire les ressources qu'il sut trouver dans son courage et dans son activité pour se maintenir intact dans cette position, entre le danger continuel d'être entouré et massacré et celui de mourir de faim. Cavaignac fit tête à tout. Il repoussa les attaques réitérées de nombreuses troupes et il fit des approvisionnements au moyen de ses excursions chez les tribus voisines. Enfin, il fut relevé en mai 1837, et le 4 avril suivant, le grade de chef de bataillon lui fut conféré à la sollicitation du maréchal Bugeaud. Le commandant Cavaignac quitta bientôt l'Afrique et revint en France où l'appelaient de graves intérêts et où le retint quelque temps le mauvais état de sa santé.

A peine rétabli, il retourna à Alger, fut de nouveau abandonné avec son bataillon dans Cherchell, exposé à des dangers plus grands et plus continuels qu'à Tlemcen, et il s'en tira avec une grande somme de gloire et une blessure grave. Blessé de nouveau devant Milianah, il fut nommé colonel de zouaves et continua à servir dignement la patrie par ses brillants faits d'armes.

On lui accorda enfin, en 1844, le titre de maréchal de camp qu'il avait si bien mérité.

Après la révolution de Février, un des premiers actes du gouvernement provisoire fut de l'élever au grade de général de division, en lui confiant le gouvernement de l'Algérie. Plusieurs fois on lui offrit le portefeuille de la guerre, mais il s'obstina longtemps à le refuser. Il ne finit par l'accepter, du 17 mai au 28 juin 1848, que lorsque le gouvernement provisoire eut cédé la place à une commission du pouvoir exécutif, composée de cinq membres ; on sait par quelles mesures rigoureuses il réussit à vaincre la terrible insurrection de juin, au bruit de laquelle, le 24 juin, un décret de l'Assemblée nationale lui délégua tous les pouvoirs exécutifs qu'il déposa le 28 juin. Le même jour l'Assemblée déclara qu'il avait bien mérité de la patrie et lui confia de nouveau le pouvoir exécutif avec le titre de président du conseil des ministres, qu'il conserva jusqu'au 20 décembre 1848.

La popularité beaucoup trop rapide du général Cavaignac, l'engouement de la bourgeoisie pour tous ses actes sans exception, se sont usés bien vite; notre nation est ainsi faite. Nul doute qu'après les journées de juin une immense majorité ne se fût prononcée en sa faveur pour la présidence de la République. Décembre arriva et M. Cavaignac échoua dans cette grande lutte électorale. Les popularités qui paraissent le plus solidement assises n'ont guère de durée en ces temps de troubles. La véritable gloire de M. Cavaignac ne procède point des guerres civiles et des barricades.

M. Cavaignac est membre de l'Assemblée législative ; il s'est tenu jusqu'aujourd'hui en dehors de toutes les affaires.

CERVONI (Jean-Baptiste), général de division, naquit à Soveria (Corse), en 1767. « Son père, Thomas Cervoni, était un des chefs les plus influents et les plus courageux de l'île, qui se réunirent au célèbre Paoli pour conquérir sur les Génois, et défendre contre les Français, l'indépendance de leur patrie et la liberté de leurs concitoyens. Fidèle à son pays et à son chef, il suivit Paoli dans l'exil, et s'établit avec sa famille en Toscane. Son fils reçut une éducation soignée, et donna de bonne heure les plus grandes espérances. Les sciences, les lettres, la poésie surtout, occupèrent et embellirent l'imagination la plus brillante et le caractère le plus aimable. Son goût pour les armes lui fit quitter l'université de Pise, où son père, qui le destinait à la magistrature, lui faisait étudier la jurisprudence. Il se rendit en France et entra, comme simple soldat, dans le régiment de Royal-Corse. Son père, pour lequel il avait le plus tendre et le plus respectueux attachement, le força à quitter l'état militaire, à reprendre l'étude des lois, et à suivre la carrière d'avocat à la Porta. En 1790, il fut nommé chef de l'une des divisions du directoire du département. » *Nous avons cité ce long passage de la Biographie nouvelle des Contemporains*, parce qu'il sert à rectifier tout ce que les historiens et les biographes ont écrit sur les débuts de Cervoni dans la carrière des armes. Il paraît que le jeune légiste obtint enfin le consentement de son père, puisqu'il rentra, en 1792, dans le régiment de Royal-Navarre-cavalerie avec le grade de sous-lieutenant. Le colonel de ce régiment, Casabianca, nommé général, le prit auprès de lui en qualité d'aide-de-camp ; mais, après la campagne des Alpes, Cervoni suivit, au siége de Toulon, le représentant du peuple Salicetti, son ami et son compatriote, y fut employé comme adjudant-général, et s'y fit remarquer à la tête de la colonne qui enleva la redoute anglaise, dont le succès décida de la prise de la place.

Promu au grade de général de brigade

le 25 nivôse an II, il eut ordre de se rendre à l'armée d'Italie, combattit avec distinction à la journée de Cairo, en Piémont, et ne se distingua pas moins, le 3 frimaire an III, à la bataille de Loano, où il mérita les éloges du général en chef Masséna, pour s'être emparé, à la tête de 1,300 hommes, des hauteurs réputées inaccessibles de Bardonetta et de Melegno. Lorsque, le 21 germinal an IV, le général autrichien, Beaulieu, commença ses opérations contre l'armée française par l'attaque des positions de Voltri, le général Cervoni, qui était chargé de les défendre avec 3,000 hommes, opposa à l'ennemi la plus vigoureuse résistance, et le contint pendant quelque temps; mais craignant de se voir déborder par les forces supérieures qui lui étaient opposées, il se replia en bon ordre sur la division Laharpe, et le rejoignit à Madona-di-Savone. Le 25 du même mois, il franchit la Bormida, attaqua l'aile gauche de l'ennemi, et contribua aux heureux résultats de cette journée, où la division du général Provera fut contrainte de mettre bas les armes; sur le rapport de Bonaparte, qui citait Cervoni avec éloges, ce général reçut du Directoire une lettre conçue dans les termes suivants :

« Les travaux de la dernière campagne avaient trop fait connaître votre courage au Directoire, pour qu'il ne sût pas d'avance qu'en vous faisant éprouver le premier échec, les Autrichiens vous ménageaient le premier avantage. »

Cervoni acquit de nouveaux titres à la reconnaissance de l'armée, le 21 floréal suivant, au célèbre passage du pont de Lodi. 30 pièces d'artillerie portaient la mort dans nos rangs; les grenadiers s'arrêtèrent un instant incertains, Cervoni, sentant combien cette indécision pouvait nous devenir funeste, se précipita avec Berthier, Masséna, Dallemagne, Lannes, et le chef de bataillon Dupas, pour se mettre à la tête de nos troupes, et les rappeler à leur courage habituel. Il donna de nouvelles preuves de courage aux batailles de Castiglione, d'Arcole, de Rivoli, et au siége de Mantoue. Élevé au grade de général de division, le 27 pluviôse an VI, il fit partie, peu de temps après, de l'armée destinée à l'invasion de Rome, et fut chargé, par le général Berthier, lors de l'insurrection de cette ville, d'annoncer au pape Pie VI que le peuple avait changé la forme du gouvernement. Cervoni remplit cette mission avec tous les égards, tous les ménagements qu'on doit au malheur. Il publia ensuite l'acte d'installation du gouvernement provisoire, obtint le commandement de la 2e division militaire, puis fut appelé, en l'an VIII, à celui de la 8e, composée des départements des Bouches-du-Rhône, des Basses-Alpes, des Alpes maritimes, du Var et de Vaucluse. Il sut se concilier, dans ce poste important, l'estime et l'affection de tous les habitants, par la modération de sa conduite. Créé membre et commandant de la Légion-d'Honneur, le 19 frimaire et 25 prairial an XII, le général Cervoni se fatigua du repos auquel il se voyait condamné, et sollicita de l'Empereur, en 1809, un commandement à la grande armée d'Allemagne. Il venait d'être nommé chef d'état-major du maréchal Lannes, lorsque, le 23 avril de la même année, un boulet de canon termina sa glorieuse carrière sur le champ de bataille d'Eckmühl.

La statue de Cervoni devait être placée sur le pont de la Concorde, avec celles de nos plus grandes illustrations nationales, suivant le vœu émis par Napoléon en 1810; mais les événements politiques empêchèrent la réalisation de ce projet.

Son nom est gravé sur l'arc de triomphe de l'Étoile, côté Est.

CHABANNES-LA-PALISSE (ALFRED-JEAN-ÉDOUARD de), né à Londres, le 13 janvier 1799. Dès la première Restauration, quoiqu'à peine âgé de 15 ans, il entra dans les gardes du corps, compagnie de Luxembourg, et accompagna les Bourbons pendant l'émigration des Cent-Jours.

A la deuxième Restauration, il entra en qualité de lieutenant dans les chasseurs à cheval de l'Allier, et y fut nommé capitaine. Il passa avec ce grade, en 1824, dans les chasseurs à cheval de la garde royale, il y remplissait les fonctions de capitaine commandant, lorsqu'éclata la révolution de Juillet. M. de Chabannes prit part aux événements de Paris, et fit partie des troupes qui couvrirent la retraite de Charles X au delà de Rambouillet.

Le 3 août, lorsque dans les plaines de Maintenon la garde royale eut été déliée de son serment de fidélité, lorsque plusieurs des corps étaient déjà en pleine dissolution, et que certains chefs cherchaient à entraîner les troupes à de nouvelles démonstrations en faveur de Charles X, M. de Chabannes fut le premier à proclamer dans son régiment que des devoirs nouveaux étaient imposés à l'armée, et qu'elle se devait à la patrie. Le régiment presque entier suivit son exemple et rentra à Melun dans le meilleur ordre sous le commandement du lieutenant-colonel Bureaux de Pusy. Par cet acte, M. de Chabannes contribua à prévenir la dispersion de ce beau corps, et à conserver intact à l'État le matériel qui lui avait été confié.

Après le licenciement de la garde royale, M. de Chabannes entra dans les rangs de la garde nationale de Paris, et consacra ses loisirs à l'instruction militaire de la 1re légion dont il faisait partie, et dans laquelle il fut élu lieutenant en premier.

En août 1831, aux premières menaces de guerre, il se rendit à la frontière du Nord, armé et équipé à ses frais, et fut admis comme volontaire dans le 12e régiment de ligne. Il était grenadier dans ce corps, lorsqu'à Saint-Trond (Belgique) il reçut avis de sa mise en activité à l'état-major de l'armée. L'année suivante il fut attaché à la maison du roi en qualité d'officier d'ordonnance (chef d'escadron).

Passé successivement au 2e de dragons et au 3e des chasseurs d'Afrique, avec le grade de lieutenant-colonel, M. de Chabannes fut cité à l'ordre de l'armée pour avoir tué de sa main deux cavaliers arabes dans une charge à l'affaire du 24 avril 1833, il fut de nouveau cité pour sa conduite dans la journée du 12 septembre suivant, et le 20 novembre 1834 pour avoir, avec une avant-garde de 400 chevaux, battu et détruit un corps de troupes régulières du bey de Constantine de plus de 1,000 hommes.

M. de Chabannes, attaché à la personne du duc de Nemours, lors des deux expéditions de Constantine, fut cité honorablement dans les rapports du maréchal Clausel, et à la suite de la deuxième expédition, nommé colonel du 10e de dragons.

Promu au grade de général de brigade le 20 avril 1845, et commandeur de la Légion-d'Honneur, il a été admis à la retraite.

CHABERT (THÉODORE, baron) naquit à Villefranche (Isère), le 16 mai 1758, et entra dans le régiment de Bourbonnais en décembre 1774. Ce vétéran des armées de la République et de l'Empire obtint un avancement rapide en défendant la cause de la Révolution. Il était général de brigade en l'an II, et servit à l'armée des Pyrénées lorsque Dumouriez le chargea, le 7 prairial, de s'emparer du col de Banyuls que défendaient vigoureusement les Espagnols. Il passa à l'armée du Nord, et pendant la campagne de l'an III, il commanda la place de Liége.

En l'an V, il servit à l'armée de Sambre-et-Meuse. Son élection, en l'an VI, au conseil des Cinq-Cents, par le département des Bouches-du-Rhône, interrompit sa carrière militaire.

Comme législateur il se fit remarquer par les opinions les plus ardentes. Le 19 thermidor, il proposa la formation d'une commission d'examen des marchés relatifs aux fournitures militaires, « marchés, disait-il, pour la plupart, fictifs et scandaleux. » L'année suivante, il s'opposa de toutes ses forces au rétablissement de l'impôt sur le sel; et, dans la séance du 22 vendémiaire an VII, il appuya un message du Directoire demandant une levée de 200,000 hommes pour former une armée d'expédition contre l'Angleterre. Il fit ensuite adopter l'établissement d'un hôtel des monnaies à Marseille. Le 16 brumaire, à l'occasion d'une motion sur les peines dont se rendraient passibles les déportés qui s'évaderaient du lieu de leur résidence, il exalta le 18 fructidor comme ayant sauvé la République.

Ce fut sur sa proposition que le conseil, en apprenant la prise de Turin, déclara que l'armée des Alpes avait bien mérité de la patrie, et qu'il serait pourvu, par une loi, au sort des soldats de cette armée.

Le 11 floréal, dans la discussion orageuse que souleva l'arrêté du Directoire qui traduisait les naufragés de Calais à un conseil de guerre, il soutint que les lois sur les émigrés rentrés en France sans autorisation leur étaient applicables, prétendant que leur naufrage n'avait été qu'un moyen pour s'introduire dans l'intérieur et y fomenter la guerre civile. A l'appui de cette opinion, il donna lecture d'une commission d'enrôlement délivrée au duc de Choiseul, l'un d'eux, par le gouvernement anglais.

Le général Chabert sortit du Corps législatif après le 18 brumaire, contre lequel il se prononça, et rejoignit l'armée du Danube, où il commanda la division du Saint-Gothard.

Revenu en France en l'an X, après avoir été employé à l'armée de Naples, il vota contre le consulat à vie. Cet acte d'opposition n'empêcha pas le premier Consul de le comprendre dans la promotion de la Légion-d'Honneur du 19 frimaire an XII, et de le nommer commandant de l'ordre le 25 prairial suivant.

En 1808, envoyé en Espagne, et attaché à la division Dupont de l'Étang, il commandait l'avant-garde à la malheureuse affaire de Baylen, et eut deux chevaux tués sous lui; mais ayant signé, avec les généraux Vedel et Marescot, la trop fameuse capitulation d'Andujar, il fut rappelé, mis en jugement et acquitté de la manière la plus honorable. Néanmoins, il cessa d'être employé, et demeura en état de surveillance, disgrâce que l'Empereur adoucit en le créant, en 1809, baron de l'Empire.

En 1814, le général Chabert oublia tout ressentiment pour ne songer qu'aux dangers de la patrie. Il offrit au général Desaix de servir comme volontaire sous ses ordres. Le 1er mars, il assura le succès du combat de Saint-Julien-sous-Genève, et le 30, à la bataille de Paris, sa brigade, placée dans le bois de Romainville, résista tout le jour aux attaques de deux divisions russes.

La paix le rendit encore une fois au repos; et comme il n'adhéra pas aux actes du Sénat qui rappelaient les Bourbons, il fut mis à la retraite le 24 décembre.

Les événements du 20 mars 1815 ranimèrent son patriotisme. Il organisa, de son propre mouvement, un corps de volontaires dans le Dauphiné, et marcha contre Loverdo et Gardanne, qui paraissaient vouloir défendre la cause royale. Il atteignit ce dernier sur les hauteurs de Gap, et l'un et l'autre, au lieu de combattre, s'embrassèrent aux cris de *vive l'Empereur*. Nommé quelques temps après lieutenant-général, il commanda une division de l'armée des Alpes jusqu'au second retour de Louis XVIII.

M. Chabert a été, en vertu de la loi du 15 novembre 1830, placé dans le cadre de réserve. Il alla résider à Grenoble.

Son nom est gravé sur l'arc de l'Étoile, côté Sud.

CHABRAN (Joseph), né à Cavaillon (Vaucluse), le 21 juin 1763, professait les mathématiques chez les Oratoriens, au commencement de la Révolution. Il embrassa avec chaleur la cause de la liberté, et entra dans la carrière des armes au moment où les puissances coalisées menaçaient de franchir les frontières de la France. Nommé capitaine au 5ᵉ bataillon des Bouches-du-Rhône, le 4 août 1792, il fit en cette qualité sa première campagne à l'armée d'Italie. Le 11 mai 1793, il obtint le grade de capitaine-adjoint provisoire à l'état-major de cette armée, combattit avec distinction à l'affaire de Pérus, à celle de Lignier, et devint chef de bataillon adjudant-général provisoire le 8 ventôse an II, puis adjudant-général chef de brigade, le 27 prairial an III. Chabran se signala surtout au passage du pont de Lodi, le 22 floréal suivant. Il fut, avec les généraux Masséna, Dallemagne, et le brave chef de bataillon Dupas, un des officiers de l'armée française qui décidèrent du succès de cette mémorable journée. Après avoir donné de fréquentes preuves de valeur à la bataille de Lonato, à la prise de Corona, au combat de Montebaldo, il mérita d'être cité honorablement dans les rapports du général en chef pour sa brillante conduite à Roveredo. Élevé au grade de général de brigade provisoire à la suite de cette affaire, le 18 fructidor an IV, il combattit ensuite vaillamment à la prise de Bassano.

Le 26 ventôse an V, il se distingua de nouveau au passage du Tagliamento, et y soutint, avec deux bataillons de grenadiers, les mouvements du corps de cavalerie commandé par Murat. Le gouvernement confirma sa nomination provisoire au grade de général de brigade, le 4 prairial suivant. Lors de l'insurrection de Vérone, le général Chabran se porta rapidement sur cette ville, s'en empara de vive force, fit un exemple sévère du chef de l'insurrection; mais il se montra aussi modéré que généreux envers les habitants, que les lois de la guerre livraient à sa discrétion. L'habileté dont il avait fait preuve en cette circonstance difficile, détermina le gouvernement à lui confier une mission plus épineuse encore. Le 26 vendémiaire an VI, il fut chargé de réprimer les désordres qui éclatèrent dans le département des Bouches-du-Rhône, ainsi que dans celui des Alpes. Il parvint à calmer les passions auxquelles ces malheureuses contrées étaient en proie, en alliant la fermeté aux moyens de conciliation. Le gouvernement lui décerna un sabre d'honneur sur la lame duquel étaient gravés ces mots : *A l'adjudant-général Chabran, avec le brevet de général de brigade, pour les batailles de Lodi, Lonato, Roveredo et Trente; le 10 vendémiaire an VI.*

En l'an VII, il eut ordre de se rendre à l'armée d'Helvétie, sous les ordres de Masséna, concourut, le 7 ventôse, au passage du Rhin, se porta sur l'ennemi qui se retirait dans la direction de Coire, culbuta d'abord ses colonnes à la baïonnette, et, secondé par la charge brillante que fit le 7ᵉ régiment de hussards, acheva ensuite de mettre les Autrichiens dans une déroute complète; il prit le général Auffemberg qui les commandait, 3,000 prisonniers, 3 drapeaux, 16 pièces de canon, un grand nombre de caissons, les magasins considérables de farine et de fourrages furent les trophées de cette journée, dans laquelle le général Chabran fit des prodiges de valeur. Le 12 floréal suivant, il engagea une action qui ne fut pas moins heureuse. Il occupait la position de Lucisteig, dans la gorge de la Lanquart, lorsque 2,000 Autrichiens, qui avaient débouché par Flaich, cherchèrent à tourner cette position. Chabran les laissa s'engager dans ces lieux difficiles, puis, se mettant à la tête d'un bataillon de la 109ᵉ demi-brigade d'infanterie de ligne, il attaqua impétueusement cette colonne, la força de mettre bas les armes, et fit 1,500 prisonniers. Promu, le 5 messidor au grade de général de division, il fut chargé, quelques mois plus tard, de favoriser l'attaque générale entreprise par la droite de l'armée française sur la gauche de l'archiduc Charles. Cette attaque avait pour objet de s'emparer du Saint-Gothard et de forcer les Autrichiens d'évacuer les cantons de Schweitz et d'Uri. Le 27 thermidor, Chabran franchit la Haute-Sild, surprit, repoussa les postes avancés sur la rive occidentale du lac de Zurich, s'empara des hauteurs de Zichtenschwyl et d'Hirzel, puis battit et détruisit presqu'en entier une forte colonne ennemie qui gardait la position entre Lacken et Notre-Dame-des-Ermites. Ces belles opérations favorisèrent les attaques du général Lecourbe sur tout le cours de la Reuss, depuis Altorff jusqu'au Saint-Gothard; mais les Autrichiens occupaient encore le camp retranché qu'ils avaient établi à Wolrand. Chabran l'attaqua, l'emporta à la baïonnette, et y fut grièvement blessé. Ce fut dans cette journée que le prince Charles, général en chef de l'armée autrichienne, dit, en parlant du général Chabran à ses officiers : « Ce général se mire dans ses grenadiers. » En effet, Chabran s'enorgueillissait de la bonne tenue de ses troupes.

A l'époque de la formation de l'armée de réserve, destinée à se porter en Italie, le premier Consul lui confia le commandement de la 5ᵉ division, composée de 4 à 5,000 hommes. Chabran pénétra dans la vallée d'Aoste par le petit Saint-Bernard. Arrivé devant le château du Bard, on le chargea du soin de faire le siège de cette place. Il fit monter dans le clocher d'une église des pièces de canon qui battaient violemment l'enceinte du fort et déterminèrent le commandant à capituler. C'est ainsi que fut assurée la libre communication de l'armée avec la France. Le général Chabran marcha aussitôt sur Ivrée, puis sur la rive gauche du Pô, et opéra une diversion qui contribua puissamment au succès de la bataille de Marengo, gagnée par les Français le 25 prairial an VIII.

Après la paix de Lunéville, il obtint le commandement du Piémont, et se fit remarquer dans ce nouveau poste par toutes les qualités qui distinguent l'habile administrateur; il rétablit la tranquillité, fit renaître la confiance dans les esprits, protégea la sûreté des routes, et empêcha qu'aucun abus, aucun acte arbitraire, ne provoquât de nouvelles révoltes. Appelé, au commencement de l'an XII, à la présidence du collége électoral du département de Vaucluse, il fut nommé membre et commandeur de la Légion-d'Honneur les 19 frimaire et 25 prairial de la même année. Une nouvelle coalition des puissances du Nord s'étant formée contre la France, Napoléon, prêt à soutenir une guerre dont les résultats devaient être décisifs pour le pays, confia au général Chabran le soin de surveiller les mouvements des Anglais, et le chargea de pourvoir à la défense des côtes de l'Océan et des îles qui en dépendent, depuis Nantes jusqu'à la Gironde. Lorsqu'il se fut acquitté de cette importante mission, l'Empereur lui donna le commandement du camp qu'il avait établi à Saintes, puis, en 1808, celui de la 10e division militaire. La sagesse et la modération avec laquelle il exerça ses nouvelles fonctions, le firent vivement regretter des habitants de Toulon, à l'époque où il fut obligé de les quitter pour se rendre à l'armée de Catalogne; c'était en 1808. Chabran entra dans cette province à la tête de cette division, et reçut l'ordre de réprimer l'insurrection qui avait éclaté à Tarragone. Il sortait de cette ville où il était parvenu à rétablir la tranquillité, lorsqu'il trouva au village d'Arbas une foule d'insurgés qu'il attaqua et mit en déroute. Il rencontra de nouveau les ennemis, au nombre de 20,000, à Molino del Rei, sur le Lobregat. Quoiqu'il n'eût que 4,000 hommes à leur opposer, il marcha aussitôt contre eux, les culbuta et les mit en pleine déroute. Nommé peu de temps après gouverneur de Barcelonne, le général Chabran se concilia l'affection des habitants de cette ville par une conduite pleine à la fois de sagesse et de fermeté, de courage et de modération. Aussi, à l'époque où il se disposait à rentrer en France, le conseil municipal de Barcelone lui vota-t-il une lettre de remercîment. Le général Chabran reçut sa retraite après le rétablissement des Bourbons, fut créé chevalier de Saint-Louis le 19 juin 1814, et obtint le titre de comte le 23 décembre suivant.

Retiré depuis cette époque à Avignon, dans le département de Vaucluse, il y vivait honoré et aimé, lorsqu'il mourut au commencement de février 1843, à l'âge de quatre-vingts ans.

Son nom est gravé sur le monument de l'Étoile, côté Sud.

CHAMBRAY (Georges, marquis de), général d'artillerie, né à Paris le 24 octobre 1783, d'une ancienne famille de Normandie. Entré à l'École polytechnique en 1801, puis comme élève sous-lieutenant à l'École de Metz en 1803, il devint lieutenant en second au 5e régiment d'artillerie en 1805, lieutenant en premier en 1806; lieutenant en premier dans l'artillerie de la garde impériale en 1809, capitaine dans l'artillerie à cheval de la garde en 1811, et chef de bataillon à l'état-major de l'artillerie en 1813.

Il a fait avec distinction les campagnes de Boulogne, d'Ulm et d'Austerlitz, celles de 1806 et 1807 à la grande armée, de 1809 en Poméranie, et de 1812 en Russie, où il fut fait prisonnier et dont il écrivit l'histoire.

Depuis cette époque, le marquis de Chambray a été major au régiment d'artillerie à pied de la garde royale en 1815; lieutenant-colonel en 1817, commandant de l'artillerie à Vincennes en 1823; puis colonel directeur d'artillerie à Perpignan en 1825.

Admis à la retraite en 1829, il a été élevé au grade de maréchal de camp, le 17 janvier 1830.

Outre l'histoire de la campagne de Russie, le marquis de Chambray a encore écrit la *Philosophie de la guerre*, — des *Mélanges littéraires* et un Traité pratique des arbres résineux des climats tempérés, avec atlas.

CHAMBURE (Auguste Lepelletier de), l'un des officiers les plus braves de nos armées impériales, naquit le 30 mars 1789, à Vitteaux (Côte-d'Or), fit les campagnes de Prusse, de Pologne et d'Espagne. Au siége de Dantzig, il commanda cette compagnie franche surnommée l'*Infernale*.

Envoyé à Presbourg comme prisonnier; après la capitulation de Dantzig il revint en France en 1815; il fit la campagne en qualité de commandant des voltigeurs de l'un des corps francs de la Côte-d'Or.

Condamné à mort en 1815, il se réfugia à Bruxelles. Après trois ans d'exil, il se constitua prisonnier et fut acquitté. Il vécut alors dans la retraite, ne revint à Paris qu'après la révolution de 1830 et fut nommé colonel d'état-major par le maréchal Soult et son premier officier d'ordonnance; il mourut en 1832 d'une attaque de choléra.

Le colonel de Chambure avait publié en 1826 et 1827 *Napoléon et ses contemporains*, 12 liv. in-4°, avec texte.

A Ciotad-Rodrigo, Chambure fait une audacieuse sortie avec 300 hommes seulement; il est attaqué par 1,800 fantassins, 1,200 cavaliers et trois pièces d'artillerie; l'engagement commençait à peine; un biscaïen lui fracasse l'épaule; il n'en continue pas moins un combat de quinze heures et se retire vers Salamanque avec 100 hommes qui lui restaient.

Au siége de Dantzig, le capitaine de Chambure forme sa compagnie *infernale* de cent hommes tirés des plus intrépides de tous les corps. On le voit débarquer la nuit sur les derrières de l'armée russe, égorger les sentinelles, enclouer les canons, brûler les magasins, détruire les parcs, mettre en péril la personne des généraux et regagner Dantzig en traversant le camp ennemi, marchant sur le ventre de tous ceux qui s'opposaient à son passage.

A son retour de l'Ile d'Elbe, Napoléon voulut voir le brave Chambure qui avait été criblé de blessures; il fut dès lors désigné pour commander un corps franc à la tête duquel il battit les ennemis en toute rencontre.

La seconde Restauration le condamna à une retraite définitive.

CHAMORIN (Vital-Joachim, baron), né le 16 août 1773, à Bonnelles (Seine-et-Oise); il entra au service le 23 décembre 1788, comme enrôlé volontaire dans le régiment de Champagne-Infanterie (7ᵉ de l'arme à l'organisation de 1791), il y fut nommé caporal et caporal-fourrier les 11 mars et 26 avril 1792. De cette époque à l'an IX, il combattit aux armées des Alpes, des Pyrénées-Orientales, du Rhin et d'Italie, et se trouva le 27 septembre 1792 à la prise de Nice, et le 14 février 1793 au combat de Saspello. Passé comme simple volontaire dans le 6ᵉ bataillon de l'Hérault le 8 juillet de cette dernière année, il y obtint le grade d'adjudant sous-officier le 15 du même mois, se rendit à l'armée des Pyrénées-Orientales et assista au siége de Campredon. Nommé sous-lieutenant le 3 brumaire an II, il entra le 11 floréal un des premiers dans la redoute de Montesquiou (camp de Boulou), où un biscaïen l'atteignit à la jambe gauche, et il reçut le grade de capitaine provisoire sur le champ de bataille. Confirmé dans ce grade par arrêté de la Convention nationale du 22 fructidor pour servir dans le 8ᵉ bataillon de la Côte-d'Or (amalgamé en l'an IV dans la 12ᵉ demi-brigade d'infanterie de ligne), il se trouvait à Lyon lorsqu'il fut envoyé en colonne mobile contre les rebelles de la Haute-Loire. Cette mission délicate qui dura depuis le 9 germinal jusqu'au 1ᵉʳ floréal an IV, eut un résultat satisfaisant et pacifique. A son retour à Lyon, le chef de sa demi-brigade lui confia le commandement des grenadiers du 2ᵉ bataillon. Il suivit bientôt après le mouvement des troupes dirigées sur l'armée d'Italie, et de l'an IV à l'an ix il prit part à toutes les opérations qui signalèrent cette mémorable époque. Le 7 fructidor an iv, à la tête d'un parti de grenadiers et de chasseurs, il culbuta l'ennemi et entra dans Borgo-Forte. Le 25 brumaire an v, il combattit au pont de Ronco et sur la chaussée d'Arcole, où la 12ᵉ demi-brigade se couvrit de gloire. Appelé à faire partie de l'expédition de Circeo, dans les États-Romains, il entra un des premiers à la tête des grenadiers polonais, dans Frasinone, prise d'assaut le 5 nivôse an vii. Le général Girardon, qui commandait cette expédition, demanda pour lui le grade de chef de bataillon. Il suivit à San Germano la brigade de cet officier général, et facilita pendant le trajet la prise d'un parc d'artillerie autrichien de 80 bouches à feu ; puis pendant la campagne de Naples, à la prise du château Saint-Elme, il rejeta les lazzaroni dans Naples, où ils furent faits prisonniers. Nommé aide-de-camp du général Sauret le 16 ventôse an viii, il passa provisoirement en la même qualité auprès du général Watrin le 22 floréal, et se signala à la prise d'Ivrée le 4 prairial suivant. Blessé d'un coup de feu à la hanche droite le 19 du même mois au combat de Montebello, il fut placé le 21 comme capitaine à la suite dans le 6ᵉ régiment de hussards, et maintenu dans ses fonctions d'aide-de-camp. Le 25, à la bataille de Marengo, il eut deux chevaux tués sous lui, en portant les ordres de son général à travers le feu de l'ennemi. Le 4 nivôse an ix, au passage du Mincio, il commandait les tirailleurs lorsqu'il reçut un coup de feu au côté droit de la poitrine ; malgré la gravité de sa blessure, il resta à son poste pendant toute la journée, traversa un des premiers la rivière, culbuta les Autrichiens sur la rive opposée, et se distingua encore dans la soirée à la prise du moulin de la Volta. Nommé provisoirement chef d'escadron sur le champ de bataille par le général en chef Brune, et attaché au 11ᵉ régiment de hussards, en continuant son service d'aide-de-camp, il suivit le général Watrin à l'Ile d'Elbe, lorsque cet officier général alla en prendre le commandement. Les Anglais opérèrent une descente dans la baie de Bagnaja le 11 floréal an ix. Le commandant Chamorin les repoussa vigoureusement ; mais, entraîné par son ardeur, les fuyards le contraignirent de monter sur une de leurs chaloupes. Tandis qu'ils faisaient force de rames, Chamorin se jeta à la mer et arriva sain et sauf sur la plage. Le 28 fructidor suivant, l'escadre de l'amiral Waren débarqua environ 3,000 hommes à la droite du camp des Français, vers Marciana. Après six heures d'un combat opiniâtre, le général Watrin força les Anglais de se rembarquer avec une perte de 1,200 hommes tués ou blessés. Le commandant Chamorin, à la tête d'une vingtaine d'hommes seulement, paralysa tous les efforts d'un bataillon ennemi qu'il repoussa, et auquel il fit vingt-cinq prisonniers.

Confirmé dans son grade de chef d'escadron le 1ᵉʳ nivôse an x, il accompagna Watrin à Saint-Domingue. Après la mort de ce général il rentra en France et fut placé, le 2 pluviôse an xii, comme chef d'escadron dans le 3ᵉ régiment de cuirassiers. Il fit partie de l'armée des côtes de l'Océan, où il reçut, le 25 prairial suivant, la décoration de la Légion-d'Honneur.

Passé avec son grade le 18 fructidor an xiii dans les grenadiers à cheval de la garde impériale, il fit les campagnes de l'an xiv à 1807 en Autriche, en Prusse et en Pologne. A Austerlitz, il s'empara d'un convoi russe dont il sabra et dispersa l'escorte. Créé officier de la Légion-d'Honneur le 14 mars 1806, il se fit remarquer à la journée d'Iéna, au combat de Hoff et à la bataille d'Eylau. Dans cette dernière affaire, il traversa deux fois les lignes ennemies sans recevoir la moindre blessure. Nommé, le 8 février 1807, colonel de cavalerie pour servir dans la ligne, il alla prendre le commandement du 26e régiment de dragons sur les bords de la Passarge. Le 10 juin suivant, à Heilsberg, il reçut un coup de feu à la jambe droite, et, malgré sa blessure, il conduisit lui-même toutes les charges de son régiment jusqu'à onze heures du soir ; le 14, il donna des preuves de bravoure et d'intelligence à la victoire de Friedland, et reçut des éloges sur la manière dont le 26e régiment de dragons avait rempli son devoir dans cette grande journée.

Dirigé sur l'Espagne, il passa la Bidassoa le 4 novembre 1808, prit part, le 10, à la bataille de Burgos, poursuivit, le 22, les troupes de Palafox à Calahorra et, le 23, à la bataille de Tudela, il mit en déroute dans un défilé une colonne de 8,000 Espagnols, lui enleva 4 pièces de canon avec leurs caissons et lui fit un grand nombre de prisonniers.

Passé momentanément sous les ordres du maréchal Ney, il se fit remarquer à Calatayud, et il devint le 11 décembre commandant de la Légion-d'Honneur. Il se trouva encore à Velès et à Truxillo les 13 et 20 janvier 1809, et reçut le 10 février le titre de baron de l'Empire avec une dotation de 4,000 francs de rente.

Le 28 mars, il exécuta plusieurs charges heureuses à la bataille de Medelin, où le 26e régiment de dragons se couvrit de gloire, et le 28 juillet il combattit à Talaveira della Reina. Enfin, le 19 novembre, arrivé dans la soirée sur le terrain d'Ocaña, il put encore contribuer à la victoire. Pendant les premiers mois de 1810, il poursuivit sans relâche et détruisit les bandes qui infestaient la Sierra-Morena. Le 25 avril, près d'Ignojoza, après avoir poursuivi et dispersé un fort parti d'insurgés, il arriva à la nuit tombante à l'extrémité d'un défilé où il aperçut les feux d'un bivouac ennemi. Ayant fait mettre pied à terre à une partie de ses dragons, il charge les Espagnols qui, se croyant surpris par une troupe nombreuse, s'enfuirent en désordre et abandonnèrent tous leurs bagages.

Cantonné à Cordoue vers le mois de mai, il fut envoyé en colonne mobile dans la Sierra-Morena et dans l'Estramadure, et défit plusieurs bandes de guérillas. Le 22 décembre, il reçut l'ordre de se rendre auprès du maréchal duc de Dalmatie, qui faisait alors l'investissement de la place de Badajoz. Pendant sa marche, il rencontra, le 31, à Azuaga, un fort parti espagnol qu'il culbuta et auquel il fit un grand nombre de prisonnier. Il assista ensuite aux siéges d'Olivenza et de Badajoz pendant les mois de janvier et de février 1811. Le 19 février suivant, à la bataille de Gebora, il enfonça, avec ses dragons, un carré de 3,000 hommes, et prit 6 bouches à feu. Après l'action, le duc de Dalmatie lui dit : « Ah ! vous voilà, colonel Chamorin ! on m'avait dit que vous étiez blessé, j'en aurais été vivement affecté ; l'armée a besoin de vos services, et vous lui avez montré aujourd'hui combien ils peuvent lui être utiles. Vous avez été, comme toujours, brave et habile, et votre beau régiment vous a vaillamment secondé. » Le 5 mars suivant, il fut nommé général de brigade, et le 25 il tomba glorieusement sur le champ de bataille de Campo-Mayor à la tête de son régiment ; c'était la veille qu'il avait reçu son brevet de général de brigade. En apprenant sa mort, le maréchal Soult s'écria en présence de son état-major : « J'en suis vraiment fâché, c'est un brave que je perds, c'était un de mes meilleurs officiers d'avant-garde. » Lord Beresford, qui commandait la cavalerie anglo-portugaise à l'affaire de Campo-Mayor, fit enterrer le brave Chamorin avec tous les honneurs militaires dus à son rang, et il écrivit au général Latour-Maubourg, commandant la division de dragons dont le 26ᵉ faisait partie, que Chamorin avait, dans cette journée, tenu une conduite au-dessus de tout éloge.

Son nom figure sur les tables de bronze de Versailles et sur le côté Sud de l'arc de triomphe de l'Étoile.

CHAMPIONNET (JEAN-ÉTIENNE), né à Valence en 1762. Il servit quelque temps en Espagne. Quelques railleries sur l'illégitimité de sa naissance l'avaient forcé à s'expatrier. Rentré en France en 1791, il continua la carrière militaire et fut nommé chef du 6ᵉ bataillon de la Drôme et chargé de réduire la révolte des Girondins dans le Jura.

Il se signala à l'armée du Rhin, surtout à la reprise des lignes de Weissembourg et au déblocus de Landau, et passa à l'armée de Sambre-et-Meuse avec le grade de général de division.

A la bataille de Fleurus, assailli par des forces quadruples, il repoussa le prince Charles, culbuta la cavalerie de Kaunitz, et, s'élançant à la suite des vaincus, les tailla en pièces à Marbas et leur enleva, après un combat sanglant, les hauteurs de Clermont.

Chargé de tenter le passage du Rhin, Dusseldorff, Wurtzbourg, Altenkirchen furent témoins de sa valeur et de son habileté. Les préliminaires de Léoben vinrent arrêter ses succès de ce côté ; mais chargé du commandement d'un corps d'armée dans le nord, il battit, en 1798, à Blakenberg, les Anglais venus pour bombarder Ostende ; il commandait l'armée de Rome forte de 13,000 hommes seulement et dut se replier devant les 60,000 hommes que Mack poussait devant lui. 7,000 Anglais, débarqués à Livourne sont dispersés ; bientôt il rentre en vainqueur à Rome, fait investir Capoue et s'empare de Gaëte. Capoue ayant capitulé le 10 janvier 1799, le 23 du même mois il entre à Naples et organise la République Parthenopéenne qui devait durer si peu.

Bientôt après, Championnet tombe dans la disgrâce du Directoire, et, destitué, le général en chef Championnet fut traduit devant un conseil de guerre, traîné de brigade en brigade jusqu'à Grenoble où il fut incarcéré jusqu'à la révolution du 30 prairial an VII.

Les nouveaux Directeurs l'envoyèrent commander l'armée des Alpes, qu'il dut réorganiser tout entière. Chargé de remplacer Joubert, après la funeste bataille de Novi, il s'établit dans la rivière de Gênes et s'y trouva bientôt acculé dans la position la plus difficile, sans munitions, sans argent, en face d'un ennemi nombreux. Heureusement le retour de Bonaparte vint relever son courage. Il envoya sa démission au Directoire dans une lettre où il signala le jeune général comme le seul homme qui pût sauver l'Italie.

Après le 18 brumaire, Championnet, dont la douleur et la honte avaient brisé l'âme, demanda et obtint son remplacement.

Retiré à Antibes, il y mourut le 10 janvier 1800.

CHANGARNIER (NICOLAS-ANNE-THÉODULE), âgé de 50 ans, né à Autun, d'une famille de gentilshommes royalistes. Il a l'honneur de compter parmi ses aïeux l'illustre guerrier qui défendit, en 1638, avec tant de bravoure et d'éclat, la place de Saint-Jean-de-Losne. Sorti sous-lieutenant de l'École militaire de Saint-Cyr, il entra, avec son grade, dans l'ex-garde royale, d'où il passa en qualité de lieutenant dans le 60ᵉ de ligne. Sa première campagne fut celle de 1823, en Espagne, où le maréchal Moncey le signala comme s'étant particulièrement distingué dans les combats de Jorda et de Caldès, livrés par le 4ᵉ corps. Il dispersa avec un faible détachement un gros parti de cavalerie espagnole et s'empara du cheval du chef de cette troupe après l'avoir tué de sa main. Ce brillant fait d'armes lui valut la croix d'honneur.

Il débarque, en 1830, en Afrique, avec l'épaulette de capitaine au 2ᵉ léger, et ses premières campagnes sur la terre algérienne n'offrent aucun trait saillant. Connu, cependant, dès lors pour un officier de mérite, il gagne tous ses grades à la pointe de l'épée sur divers champs de bataille. En 1836, lors de la première expédition de Constantine, il était chef de bataillon au 2ᵉ léger. C'est là le véritable point de départ de sa fortune militaire. Il commandait l'extrême arrière-garde, à Coudiat-Aty. Les premières lignes ayant fléchi, il forme sa troupe en bataillon carré. « Allons, mes amis, dit-il, voyons ces gens-là en face : ils sont six mille et vous êtes trois cents ; vous voyez bien que la partie est égale. »

Ses soldats, électrisés, attendent l'ennemi à portée de pistolet et le repoussent par un feu de deux rangs des plus meurtriers. L'ennemi, renonçant alors aux charges, reprit son système de tiraillement et fut pendant tout le reste de la journée contenu à distance, tant par le bataillon de Changarnier que par le brave 63ᵉ de ligne et quelques escadrons de chasseurs.

Ce fait d'armes remarquable passa d'abord inaperçu. Plus tard, le maréchal Clausel, dans son rapport au ministre de la guerre, crut devoir le signaler avec éloge.

L'héroïque commandant fut fait lieutenant-colonel, et vint passer quelques mois à Autun, sa ville natale, qui le reçut avec enthousiasme et fit exécuter un tableau reproduisant ce fait d'armes. Rentré en Afrique, Changarnier reçut le commandement supérieur du camp du Fondouck, point alors très-important, à l'Est d'Alger.

Lors de l'expédition des *Portes de fer*, dont le but était d'établir la grande communication qui devait relier Alger à Constantine, Changarnier accompagna le duc d'Orléans et eut un cheval tué sous lui, dans un combat d'arrière-garde.

En 1839, le colonel Changarnier commandait une colonne mobile à Boufarik. Plus de 2,000 Arabes essaient d'enlever le troupeau du camp. Le colonel court sur eux, les met en déroute, les poursuit et les culbute dans la Chiffa, après leur avoir tué un grand nombre d'hommes.

Quelques jours après, au combat d'*Ouad-Lalleg*, l'armée arabe, composée de l'infanterie régulière de l'Émir et de toutes les forces des deux kalifas de Médeah et de Milianah, avait pris position sur la berge de l'ancien lit de l'Oued-el-Kébir. Cette position était formidable ; il fallait, pour atteindre l'ennemi, traverser sous ses feux un ravin profond. Le 2ᵉ léger, ayant à sa tête l'intrépide Changarnier, le 23ᵉ de ligne, le 1ᵉʳ chasseurs, commandé par le brave Bourjolly, s'y précipitent, gravissent la berge opposée, sans tirer un coup de fusil et chargent les Arabes qui, effrayés, veulent se mettre en retraite, mais il était trop tard : nos colonnes les poursuivent la baïonnette dans les reins, les culbutent et les refoulent jusqu'au delà de la Chiffa.

Ce combat eut pour résultat de forcer l'ennemi de repasser la première chaîne de l'Atlas. Il fit tomber en notre pouvoir trois drapeaux, une pièce de canon, les caisses des tambours, 1,500 fusils et 300 cadavres de fantassins.

Le 29 janvier suivant, le colonel

Changarnier tailla en pièces plusieurs milliers de Kabyles avec 450 hommes seulement. Quelques jours après, il reçut la croix d'officier.

Le 3 mai 1840, à la prise de Cherchell par le maréchal Valée, qui avait sous ses ordres le duc d'Orléans, le 2ᵉ léger et son colonel eurent la principale part des fatigues et des dangers de l'opération. Le maréchal proclama que le brillant succès de ce combat était dû à l'habileté et à l'énergie du colonel Changarnier.

En récompense de ce fait d'armes, Changarnier eut l'honneur de former la colonne d'avant-garde pour l'attaque des hauteurs presque inaccessibles du Teniah de Mouzaïa. Au signal donné aux colonnes qui frémissaient d'impatience au pied de l'Atlas, chacune d'elles s'avance sous une grêle de balles; tous les retranchements dont se hérisse l'Atlas, sont successivement enlevés. Mais deux bataillons réguliers et d'innombrables troupes de Kabyles défendent la pointe formidable du pic. Les soldats du 2ᵉ léger sont parvenus, en se cramponnant des mains aux taillis et aux arbustes des roches, au pied des redoutes. Là, foudroyés par un feu terrible, les plus braves s'étonnent. Dans ce moment suprême, le colonel Changarnier plaçant froidement son épée sous le bras, s'écrie, en se tournant vers le 2ᵉ léger : « En avant, à la baïonnette ! » A sa voix, les rangs se resserrent, les redoutes sont enlevées, les Arabes sont culbutés dans les ravins, et le drapeau du 2ᵉ léger, si connu en Afrique, déploie ses glorieuses couleurs sur les plus hautes cimes de l'Atlas.

En juin 1840, il s'agissait de ravitailler Milianah étroitement bloquée par les Arabes. Le maréchal confia le commandement de cette dangereuse expédition à Changarnier. Un corps de cinq mille hommes fut mis sous ses ordres; les colonnes Bedeau et Gentil en faisaient partie. Changarnier part, le 22, avec un immense convoi, trompe la vigilance d'Abd-el-Kader et entre dans Milianah.

Héros au combat de Mouzaïa, il s'était montré chef habile, résolu, consommé dans le ravitaillement de Milianah. Colonel depuis neuf mois seulement, il fut nommé alors maréchal de camp.

En décembre suivant, le général Changarnier fut chargé de donner une leçon à Ben-Salem, l'un des plus habiles kalifas de l'Émir, en le forçant à lever le blocus de Cara-Mustapha, à l'Est d'Alger. Le 19, au point du jour, il tombe sur les Arabes qui, surpris, fuient en désordre sur la rive opposée du *Boudouaou;* mais Changarnier fait passer rapidement la rivière au 1ᵉʳ régiment de chasseurs d'Afrique que l'infanterie devait soutenir; il les aborde avec impétuosité, les coupe en deux, les sabre et les disperse dans toutes les directions. Beaucoup de morts, des prisonniers, des chevaux, des mulets, des armes, des bagages attestèrent sa victoire. Ben-Salem surpris, couché encore, s'était jeté à moitié nu sur un cheval.

Un nouveau ravitaillement de Milianah fut encore entrepris et opéré dans cette campagne par Changarnier, avec la même audace et le même bonheur.

Dans une autre expédition faite pour délivrer les environs de Milianah et pour retrouver la grande voie que suivaient les Romains pour franchir la première chaîne de l'Atlas, Chargarnier se distingua éminemment, s'empara du fameux col de Mouzaïa et battit des ennemis dix fois plus nombreux.

En 1841, au ravitaillement de Médéah (les ravitaillements ont été une des grandes difficultés de notre conquête), Changarnier reçut à l'épaule, dans un combat d'arrière-garde, une blessure à bout portant, que l'on crut d'abord mortelle. Néanmoins, il refusa de quitter le commandement de la colonne, et l'appareil placé, il remonta à cheval et continua à diriger le combat.

Après un court voyage en France, le général Changarnier revint en Afrique, où le général Bugeaud lui confia le commandement de l'une des trois divisions, des provinces d'Alger et de Tittery. Dans le courant d'avril et de mai 1842, il ravitailla encore une fois les places de Milianah et de Médéah. Il trouve le secret, tout en conduisant ces travaux, de faire des prises à l'ennemi par des détachements que la nuit il lance sur ses flancs.

Cependant, le général Bugeaud combina avec le général Changarnier une grande opération dans les montagnes, dans le but d'ouvrir et d'assurer nos communications entre Milianah et Médéah, et de permettre d'approvisionner ces places sans le secours des grosses colonnes, par le secours des indigènes eux-mêmes et sans escorte. Le général Changarnier dut pénétrer la chaîne des montagnes entre le Zaccar et la mer ; il entra par le col de Mali, plus difficile que celui de Mouzaïa. La colonne traversait un pays où jamais les Turcs n'avaient osé pénétrer, et n'avait souvent qu'un sentier sur lequel il fallait défiler homme par homme, cheval par cheval. L'arrière-garde était souvent attaquée par les Kabyles qui lui faisaient éprouver des pertes cruelles. Le général Changarnier en terminant cette laborieuse campagne de neuf jours, rendit lui-même hommage à l'énergie et au dévouement de sa division qui considérait les combats d'arrière-garde comme des dédommagements.

Le résultat fut l'occupation de Cherchell, de Milianah, de Médéah et d'un point derrière les montagnes de l'Est, par deux bataillons mobiles et quelques cavaliers, qui garantissait qu'aucun ennemi sérieux ne pouvait traverser les monts.

Le général Changarnier passa dans la vallée du Chéliff, reçut la soumission de nombreuses tribus et chassa jusqu'aux limites du désert, à 75 lieues d'Alger, les tribus non soumises. Plus de 60 mille têtes de bétail et 3,000 prisonniers restèrent en notre pouvoir.

Le 19 septembre 1842, il attaqua avec impétuosité une troupe nombreuse de Kabyles qui l'avaient enveloppé à l'improviste dans le ravin de l'Oued-Fodda et les tailla en pièces. Le maréchal gouverneur, en apprenant ce glorieux combat, s'écria : « Il n'y avait que Changarnier pour se tirer de là. »

Au commencement de 1843, le général Changarnier, par des manœuvres dont lui seul avait le secret, enveloppe le pays des Beni-Menacer que l'Émir avait soulevé et soumis pour toujours ces indociles et belliqueux montagnards.

Après cette opération, il rentra en France. Il était général de division depuis le 9 avril 1843.

En septembre 1847, M. le duc d'Aumale avait succédé au maréchal Bugeaud dans le gouvernement général de l'Algérie. Il désira avoir près de lui le général Changarnier dont il connaissait la rare capacité militaire.

On sait quels événements vinrent frapper le duc d'Aumale dans ses fonctions. On sait avec quelle dignité, avec quel patriotisme il s'inclina devant la volonté du gouvernement de la mère patrie qui lui donnait pour successeur le général Cavaignac ; mais avant de partir il confia les fonctions de gouverneur général par intérim au général Changarnier, qui sut remplir son mandat avec tact et dignité, et maintint l'ordre dans la colonie.

Appelé en France, il ne crut pas devoir accepter le portefeuille de la guerre qui lui était offert. Nommé gouverneur général de l'Algérie, puis général en chef de la garde nationale de Paris, il a été élu représentant du peuple par le département de la Seine, lors des élections du 4 juin. C'était la récompense de l'énergie qu'il avait montrée dans la matinée du 16 avril. Il a justifié ce choix par celle dont il a fait preuve dans les sanglantes journées de juin.

Le 29 janvier 1849 était depuis longtemps promis à une immense agitation et à de graves périls. Cette journée n'eut toutefois qu'une issue pacifique, résultat qu'il doit être permis d'attribuer à l'attitude du général Changarnier et à ses énergiques dispositions.

On connaît les services qu'il a rendus le 13 juin, tant à la cause de l'ordre qu'à la cause de l'humanité. Dès le 10, des signes nombreux, des faits d'une haute gravité avaient donné la certitude que l'on touchait à une crise et que la société allait encore une fois être mise en demeure de pourvoir à son salut par la force des armes. Changarnier mande à Paris par le télégraphe ou par des courriers extraordinaires des bataillons d'infanterie et des régiments de cavalerie tirés des garnisons voisines.

Le 12, une partie de la cavalerie devait surveiller et contenir toute tentative qui, de l'extérieur, aurait été faite pour favoriser l'insurrection.

Dans la matinée du 13, le général reçoit de son état-major des rapports unanimes pour signaler tout un plan d'insurrection devant aboutir à une révolution nouvelle. Ces rapports se succèdent avec rapidité, la colonne s'étend, se déroule et déjà touche de son front la place de la Madeleine et presque le palais de l'Assemblée. Jusque-là, Changarnier, sur lequel repose dans ces heures solennelles une double et terrible responsabilité, reste calme et impassible; mais le moment est venu; il monte à cheval à midi et demi et rencontre la colonne sur les boulevards. Les sommations légales sont faites: la colonne est chargée vigoureusement à droite et à gauche, un seul coup a suffi pour la disperser; la grande ligne des boulevards est dégagée et reprise. Les dispositions ont été si bien prises que sur les deux rives de la Seine, toutes les positions importantes sont occupées et mises en état de défense. Partout un réseau de fer comprime, en se resserrant, les tentatives isolées, partout l'ordre est maintenu ou rétabli, comme par une puissance électrique à laquelle rien ne saurait résister.

A trois heures et demie, le général Changarnier était rentré à son quartier général des Tuileries; une heure après il reparaissait à côté du président de la République et traversait les rangs de la population reconnaissante.

La postérité dira que le général, entouré de troupes nombreuses et dévouées, aurait pu obtenir des résultats plus décisifs; qu'il aurait pu frapper des coups d'autant plus terribles qu'ils étaient depuis plus longtemps suspendus, mais qu'il a reculé devant un triomphe acheté au prix de torrents de sang. Grâce au général Changarnier, Paris a pu échapper aux hommes de la guerre civile; il n'a point eu à célébrer de sanglantes funérailles. C'est donc à bon droit que la population a voulu lui décerner une épée d'honneur; le héros de Constantine et de Mouzaïa pourra la porter fièrement, car elle est pure du sang de ses concitoyens.

Le général Changarnier a reçu en août 1849 le cordon de grand officier de la Légion-d'Honneur. Depuis la levée de l'état de siège, il est commandant en chef des troupes de la 1re division.

CHANTREAU DE LA JOUBERDERIE (CHARLES-HENRI), ancien officier au régiment d'infanterie de Hainaut depuis 1788, avait embrassé la cause royale au commencement de la Révolution, et pris part à toutes les guerres de la Vendée et de la Bretagne.

Comme chef du comité général de cette dernière province, il fut un des membres les plus influents dans les réunions qui précédèrent le traité de paix de Lamabilais. Ce fut sur ses instances que les Représentants du peuple consentirent à comprendre dans la pacification les troupes et le pays commandés par Stofflet. A la reprise des hostilités, il tomba au pouvoir des républicains, et resta enfermé pendant quatre ans au château du Brouage.

Rendu à la liberté par le gouvernement consulaire, M. de Chantreau fut successivement membre du conseil général de la Vendée et commandant des gardes nationales de l'arrondissement de Fontenay.

Chevalier de Saint-Louis depuis 1796, il avait été promu au grade de maréchal de camp le 31 décembre 1827.

Il est mort à Luçon, dans les premiers jours de mars 1850, à l'âge de soixante-dix-neuf ans.

CHAPELLE DE JUMILHAC (Antoine-Pierre-Joseph, marquis de), lieutenant-général, né en 1764; entré au service en 1777, il alla rejoindre le comte d'Estaing dans la rade de Cadix, et obtint le grade de capitaine en 1783; à la paix qui suivit, le marquis de Jumilhac parcourut l'Europe en touriste, et, rentré en France en 1788, fut nommé major dans un régiment de hussards, et lieutenant-colonel de la Garde.

Incarcéré après le 10 août, il obtint sa liberté, se réfugia en Angleterre, et y prit du service. Lors de l'expédition de Quiberon il fut blessé de deux coups de feu et parvint à rejoindre les vaisseaux anglais.

Rentré en France après le 18 brumaire, il ne tarda pas à prendre du service, fut nommé chef d'état-major du 3ᵉ corps de cavalerie en 1811, et se distingua par sa bravoure dans la campagne de Russie.

En 1813, il combattit à Lutzen, repassa le Rhin à la suite de nos revers, et s'enferma dans Mayence.

Maréchal de camp en 1813, il fut élevé au grade de lieutenant-général au retour des Bourbons, leur resta fidèle pendant les Cent-Jours et rejoignit le comte d'Artois à Lyon.

Après la seconde Restauration, il commanda la 16ᵉ division à Lille.

Mort en 1826.

L'aîné de ses deux fils a succédé, comme possesseur d'un duché feude, au nom et au titre de pair du duc de Richelieu, son oncle.

Le second, le comte Louis-Armand de Chapelle de Jumilhac, a été substitué, lui et ses descendants mâles, à son frère le duc de Richelieu, dans le cas où la ligne directe de celui-ci viendrait à s'éteindre.

CHARBONNEL (Joseph-Claude-Jules-Marie, comte), lieutenant-général d'artillerie, né à Dijon le 24 mars 1775, entra au service en 1792, fit ses premières armes aux siéges de Lyon et de Toulon, et gagna devant cette dernière place les épaulettes de capitaine. Cité avec éloge pour les services qu'il avait rendus à la prise de Luxembourg, il assista ensuite au siége d'Ehrenbreitstein, puis au passage du Rhin, et il fut désigné pour faire partie de l'expédition d'Égypte. Il fut fait chef de bataillon sur le champ de bataille des Pyramides, et chargé du commandement de l'artillerie du Caire. Après avoir armé le château, et mis en état de défense les bouches du Nil, Charbonnel fut atteint, à Rosette, d'une ophthalmie qui l'obligea de revenir en Europe. Dans la traversée, il fut pris et conduit à

Janina, dont l'air salubre lui rendit bientôt l'usage de la vue. Le fameux Ali voulut le retenir à son service; mais Charbonnel trouva moyen de s'évader et aborda à Corfou. Le gouverneur turc l'y fit arrêter et conduire à Constantinople, d'où il regagna la France après quatre mois de détention.

Il fut nommé aussitôt colonel du 6ᵉ régiment d'artillerie légère, et fit la campagne de 1805; il passa l'année suivante en Prusse et se distingua à Iéna au passage de l'Oder, de la Vistule, de la Narrew, du Bug. Partout il donna des preuves d'habileté et de courage.

Nommé général de division à la suite des sages mesures qu'il sut prendre après la retraite de Moscou, il prit part aux batailles de Lutzen, de Bautzen, et combattit sur le *Bober*, à Gorlitz et à Leipzig.

Il fit ensuite la campagne de France et, à l'avénement des Bourbons, il devint inspecteur général d'artillerie pour le service des forges et des fonderies. Plus tard il fut nommé à la présidence de la commission mixte à laquelle fut confiée l'étude de l'approvisionnement de nos places de guerre, et des moyens à créer sur nos frontières pour un système offensif et défensif; en 1840, il fut placé dans la seconde section du cadre de réserve. Il fut élevé à la pairie le 22 décembre 1841.

Mort le 10 mars 1846 à l'âge de 71 ans.

Son nom figure sur le côté Ouest de l'arc de triomphe de l'Étoile.

CHARLES (Charles-Louis-Jean-Joseph-Laurent, le prince), archiduc d'Autriche, feld-maréchal-général, grand maître de l'Ordre teutonique, etc., troisième fils de l'empereur Léopold II et de Marie-Louise, fille de Charles III, roi d'Espagne, naquit à Vienne le 5 septembre 1771. Il reçut de bonne heure une éducation distinguée qu'il fortifia sans relâche par de sérieuses études. Le maréchal de Bellegarde lui enseigna les premiers éléments de la stratégie. Les événements qui agitaient l'Europe offrirent bientôt au jeune prince l'occasion d'en faire l'application sur les champs de bataille.

L'Autriche et la Prusse venaient de former la première coalition contre la France. A peine âgé de 21 ans, le prince Charles reçut le commandement de l'avant-garde de l'armée autrichienne sous les ordres du prince de Cobourg. Il se distingua par son courage dans cette première campagne, notamment à la bataille de Nerwinden, où il cueillit les premiers lauriers militaires. L'empereur François le nomma grand-croix de Marie-Thérèse et gouverneur des Pays-Bas; il combattit aux affaires de Charleroi, de Fleurus et d'Altenhoven.

Dans la seconde campagne, le jeune prince seconda avec talent les opérations du général Clairfayt.

C'est surtout dans la belle campagne du Rhin, en 1796, qu'il déploya les grandes qualités qui l'ont placé au rang des premiers hommes de guerre de l'époque.

L'histoire a recueilli cette longue suite de combats mêlés de succès et de revers; ce qui appartient au prince Charles, c'est l'exécution du beau mouvement qui repoussa le général Jourdan des frontières de la Bohême jusque sous les murs de Dusseldorff, et les audacieuses manœuvres qui forcèrent Moreau à repasser le Rhin. L'Autriche, délivrée de la crainte de l'invasion, la Bavière ramenée sous ses lois, la guerre reportée sur les frontières de France, la prise de Kehl et d'Huningue, tels furent les résultats obtenus par la tactique d'un général de vingt-cinq ans.

Reçu triomphalement à Vienne, le prince

Charles fut nommé *généralissime* des armées autrichiennes.

Il rencontra bientôt un redoutable adversaire. Le général Bonaparte, victorieux en Italie, allait franchir les Alpes noriques et se précipiter sur Vienne. Le prince Charles, marchant à sa rencontre, engagea avec lui sa première bataille sur les rives du Tagliamento, le 16 mars 1797, et lui opposa la plus vigoureuse résistance. Peu de jours après, au combat livré sur le col de Tarvis, le prince affronta la mort avec un courage héroïque, et ne céda devant Masséna qu'après les efforts les plus opiniâtres.

Bonaparte offrit la paix à son rival par une lettre célèbre qui témoigne de sa haute estime pour le prince. Quelques mois après, la paix de Campo-Formio était signée.

L'Europe fut de nouveau mise en feu. Rentré en campagne, le prince Charles battit le général Jourdan à Ostrach et à Stockach : dans ce dernier combat, on le vit mettre pied à terre et charger lui-même à la tête de ses grenadiers. Passé en Suisse, il fit assaut de manœuvres et d'audace avec Masséna ; il revint bloquer Philisbourg, et remporta, le 22 novembre 1798, la victoire d'Heingheim.

A la fin de cette campagne, dégoûté de voir ses plans militaires sans cesse traversés par le conseil aulique, il céda le commandement à son frère l'archiduc Jean, et se retira en Bohême.

Les victoires de Bonaparte le firent bientôt rappeler au commandement de l'armée autrichienne, qui se trouvait alors désorganisée. Le général Moreau était à 30 lieues de Vienne ; le prince Charles signa avec lui l'armistice de Steyer, qui fut suivi de la paix de Lunéville.

L'Autriche tira de nouveau l'épée contre la France. Le prince Charles, qui s'était prononcé contre la guerre, et qui ne fut point consulté sur les plans de la campagne, reçut le commandement de l'armée réunie en Italie sur l'Adige. Pendant que les troupes autrichiennes éprouvaient de nombreux revers en Allemagne, seul, il soutint en Italie l'honneur des armes de l'Empire ; à Caldiero, il déploya toutes les ressources de son talent, et ramena intacte l'armée qui lui avait été confiée.

Après la paix de Presbourg, il fut nommé chef du conseil aulique de guerre et généralissime des armées.

Il reprit les armes en 1809, et soutint contre Napoléon une lutte glorieuse. Au combat sanglant d'Aspern, son courage fut admirable ; chaque fois qu'il voyait ses soldats fléchir, il sautait à bas de son cheval, saisissait un drapeau et les ramenait au combat. Sa dernière bataille fut celle de Wagram, où les chefs des deux armées déployèrent tant de talents et de bravoure. A quelque temps de là, il se démit du commandement, après avoir adressé à ses soldats de touchants adieux.

Depuis, il vécut dans la retraite, emportant avec lui le renom d'un grand capitaine.

Comme son illustre rival Napoléon, il a retracé avec la plume les grandes choses qu'il avait exécutées avec l'épée, en consacrant une partie de ses loisirs à la composition de plusieurs ouvrages militaires fort estimés. Le prince Charles qui, chargé des pouvoirs de l'Empereur des Français, avait conduit à l'autel la jeune archiduchesse Marie-Louise, sa nièce, devenue l'épouse de Napoléon, servit de guide et de protecteur au fils du grand homme qu'il avait combattu. Il entoura de soins et de conseils le duc de Reichstadt qui lui témoignait les sentiments d'une affection toute filiale.

Il est mort à Vienne en 1847.

CHARETTE DE LA CONTRIE (François-Alphonse), général vendéen, né le

21 avril 1763, à Couffé, près d'Ancenis, (Loire-Inférieure). A seize ans il entra dans la marine et devint lieutenant de vaisseau. En 1790, il se maria avec une femme riche, quitta le service, puis alla rejoindre les émigrés à Coblentz, et en fut mal accueilli.

De retour à Paris en 1792, il se battit pour le roi le 10 août.

Il refusa de prendre part à la première insurrection vendéenne de 1793; mais les paysans l'ayant menacé de le tuer, il fut forcé de se mettre à leur tête, vainquit les républicains à Machecoul, se réunit ensuite à la grande armée vendéenne commandée d'abord par Cathelineau et ensuite par d'Elbée.

En 1795, Charette se soumit à la République et reprit les armes la même année. Tombé entre les mains du général Travot, il fut traduit devant un conseil de guerre, condamné à mort, et fusillé le 29 mars 1796.

Charette avait laissé à Napoléon l'impression d'un grand caractère; il fit des choses d'une énergie, d'une audace peu communes, et laissa percer le génie.

CHARON (VIALA), né à Paris, le 29 juillet 1794, entra à l'École polytechnique le 1er novembre 1811 et en sortit, pour être sous-lieutenant du génie à Metz, le 8 octobre 1813.

Il fut nommé lieutenant de la même arme le 23 mai 1815, capitaine le 10 février 1821, capitaine chef du génie à Bougie le 15 février 1835, chef de bataillon en Afrique le 31 décembre 1835, lieutenant-colonel directeur des fortifications en Algérie le 21 juin 1840, colonel commandant le génie de l'armée d'Afrique le 4 janvier 1842, maréchal de camp commandant supérieur du génie en Algérie le 24 juin 1845, directeur des affaires d'Algérie au ministère de la guerre le 3 juin 1848, général de division le 10 juillet 1848, gouverneur général de l'Algérie le 9 septembre 1848.

M. le général Charon a fait la campagne de 1814 et a concouru à la défense de Metz; il a fait la campagne de 1815 à l'armée du Nord et assista à la bataille de Waterloo, puis à celles de 1823, 1824, 1825, 1826, 1827, 1828 en Espagne où il assista au siége de Pampelume, puis commanda le génie à Saint-Sébastien, celles de 1831 et 1832 à l'armée du Nord et au siége de la citadelle d'Anvers, celles de 1835 à 1848 en partie et 1849 en Algérie.

Il eut pendant ces quinze années de nombreuses occasions de se signaler : on cite particulièrement les combats des 8, 9, 11 et 12 novembre 1835 à Bougie, après lesquels il fut cité dans les rapports du corps expéditionnaire; les combats de 1836 à Bougie, la défense de Blidah du 15 novembre 1839 au 9 juin 1840.

Il a pris une part glorieuse aux expéditions de Cherchell, de Médéah et de Milianah en 1840, ainsi qu'aux combats des 13 mai et 15 juin de cette année.

Il fut cité à l'ordre du jour de l'armée du 28 mai, et prit part aux expéditions de Togdempt, de Mascara en 1841, de Chélif en 1843 et de Flissas en 1844; il assista au combat du 17 mai 1844 dans les montagnes de Flissas.

M. le général Charon est l'un de nos plus illustres officiers généraux. Il a été créé chevalier de la Légion-d'Honneur le 30 octobre 1827, officier le 14 janvier 1833 et commandeur le 19 avril 1843. Il est aussi chevalier de Saint-Ferdinand d'Espagne, 1re classe, et commandeur de l'ordre de Léopold de Belgique.

CHARPENTIER (HENRI-FRANÇOIS-MARIE, comte) naquit à Soissons (Aisne), 23 juin 1769. Il appartenait à une famille de robe qui le destinait au barreau; mais enthousiaste de la Révolution et de ses principes, il s'engagea en 1792 dans le 1er bataillon de volontaires de l'Aisne, fut élu capitaine, passa à l'armée du Nord, et devint aide-de-camp du général Hatry.

Nommé en 1793 adjudant-général chef de bataillon, il assista, en cette qualité, au siége de Luxembourg le 19 prairial an III, et, après la capitulation de cette place, le général Hatry le chargea de porter à la Convention, avec les nouvelles de cet important succès, les drapeaux enlevés à l'ennemi.

Charpentier se présenta à la Convention dans la séance du 18 prairial, et reçut l'accolade fraternelle du président. Puis, sur le rapport de Cambacérès, l'assemblée rendit un décret portant que les vainqueurs de Luxembourg *n'avaient point cessé de bien mériter de la patrie.*

En l'an VII et en l'an VIII, Charpentier fit la campagne d'Italie comme chef de bataillon dans le 94e régiment de ligne. Il se distingua à la bataille de Novi; à celle de la Trébia, il eut deux chevaux tués sous lui et fut blessé au bas-ventre; enfin, il prit une part glorieuse à la campagne de Marengo. Récompensé de ses bons services par le grade de général de brigade, il devint chef d'état-major sous Moncey et sous Jourdan.

En l'an XII, le premier Consul le fit membre et commandant de la Légion-d'Honneur les 19 frimaire et 25 prairial, et le nomma ensuite général de division.

Employé en Espagne en l'an XIII, il se trouva à la bataille de Burgos. L'année suivante, l'Empereur l'appela au commandement d'une division à l'armée de Naples, et il remplit les fonctions de chef d'état-major de l'armée de Masséna.

En 1809, il fit la campagne d'Autriche, et se conduisit avec tant de distinction à la bataille de Wagram que l'Empereur lui conféra le titre de comte peu de jours après. En 1812, il était chef d'état-major du corps d'armée commandé en Russie par le prince Eugène, et lors de la prise de Smolensk, Napoléon le fit gouverneur des provinces conquises. A la fin de la retraite de Moscou, il passa chef d'état-major du corps de Davout.

Mis à la tête d'une division pendant la campagne de Saxe, en 1813, il fit successivement partie du corps d'armée du prince Eugène et de celui du maréchal duc de Tarente. A la bataille de Lutzen, Charpentier, qui tenait la droite du 11e corps, enleva aux Prussiens le poste important d'Ersdorf le 2 mai. Le 10 du même mois, il passa sur le pont établi sur l'Elbe, en culbutant l'ennemi. Le 11 et le 12, il enleva les positions de Fischbach, Copellemberg et Bischoff-Werda. Cette dernière affaire fut la plus remarquable; l'arrière-garde du général russe Miloradowitch dut se replier précipitamment sur Bautzen, en laissant sur le terrain 1,500 hommes tués ou blessés et 500 prisonniers. Le 20, il se battit à Bautzen; le 16 août, il défendit, mais en vain, le passage du Bober contre les Russes, et le 16 octobre il était à Wachau. Il prit une part glorieuse à cette bataille, attaqua Klenau en flanc et enleva une batterie ennemie au delà du ruisseau Liebert-Wolh'witz. Le 18, il se faisait remarquer devant Leipzig, et, le 21 novembre, avant de rentrer en France, il recevait la grand-croix de l'ordre de la Réunion.

Le 15 février 1814, il commandait à Essonne une division de la jeune garde nouvellement organisée. Le 17, il formait la réserve du général Alix. A la bataille de Craonne, le 7 mars, l'Empereur lui confia le commandement de l'infanterie du duc de Bellune et lui ordonna de passer, en colonne serrée, le ravin de Vauclère; il exécuta ce mouvement difficile avec beaucoup d'habileté, et parvint heureusement jusqu'au plateau d'Ailles, où les Russes l'attaquèrent vigoureusement. Appuyé par une batterie d'artillerie de la garde et par les divisions Boyer et Friant, Charpentier tint ferme, ne tarda pas à prendre l'avantage, chassa les Russes, et, avec 4 pièces de canon, il balaya le chemin de Chrévrigny, où venait de s'engager la gauche de l'ennemi serrée de près par le prince de la Moskowa.

Les Russes battirent en retraite sur Laon, où était Blücher, et les avant-postes ennemis s'établirent à Semilly, Athiès et Clacy. Le 9 mars, vers quatre heures du matin, le général Charpentier reçut l'ordre de concerter, avec les généraux Friant et Curial, une attaque contre ce dernier village. Le succès couronna les efforts de ces généraux, et 257 Russes, dont 7 officiers, tombèrent en leur pouvoir.

Après la déroute du duc de Raguse à Béry-au-Bac, Blücher ayant dirigé sur Clacy trois divisions et les hussards de Black, Charpentier repoussa cette attaque, que l'ennemi renouvela six fois de suite sans pouvoir parvenir à forcer la position.

Le lendemain 11 mars, l'armée française continua son mouvement de retraite sur Soissons. Arrivé dans cette ville, Napoléon s'occupa de sa réorganisation, et le commandement de l'une des nouvelles divisions fut remis au comte Charpentier; mais ce général n'eut plus l'occasion de se distinguer durant le mouvement rétrograde de nos troupes, et ses derniers efforts furent employés à défendre Paris dans la journée du 30 mars. Pendant cette dernière et déplorable affaire, il occupait La Chapelle, où il disputa le terrain pied à pied à l'ennemi.

Le 8 avril 1814, il donna son adhésion au nouveau gouvernement, et Louis XVIII le fit chevalier de Saint-Louis, grand officier de la Légion-d'Honneur et inspecteur général. En 1815, il courut se ranger sous l'étendard impérial et obtint le commandement de la 12e division militaire à Nantes. Ce retour subit sur lui-même ne pouvait que déplaire à Louis XVIII qui, à la seconde Restauration, ordonna de le rayer du cadre de l'état-major général. Cette disgrâce fut de courte durée; car à son retour de Suisse, où il était allé avec sa famille, il fut rétabli dans le cadre d'activité.

A partir de ce moment, le comte Charpentier se tint éloigné des affaires, et mourut le 14 octobre 1831, à Orgny, près Villers-Cotterets.

Parmi les noms illustres gravés sur les tables de l'arc de triomphe de l'Étoile, on lit celui de cet officier général, côté Sud.

CHARTRAN (J.-H.-S.), né à Carcassonne en 1779, entra au service à l'âge de quatorze ans, fit les campagnes de 1794 et 1795, à l'armée des Pyrénées-Orientales, passa à celle d'Italie après la paix de Bâle, et se distingua en diverses rencontres. Il servit ensuite sur le Rhin, à la grande armée, et fut fait colonel en 1813. Vainqueur, le 28 juillet, de 6,000 Russes, qui essayèrent de l'arrêter dans les gorges de Pina, il assista, le 30, à la bataille de Kinluc, se fit jour au milieu des colonnes ennemies, leur enleva 52 officiers supérieurs, dégagea son général de division et une partie des troupes tombées en leur pouvoir.

Nommé général de brigade pour ces beaux faits d'armes, il fut mis à la retraite par les Bourbons. Au retour de l'Empereur, Chartran fut chargé du commandement du département de l'Aude, et rencontra, en se rendant à sa destination, le baron Trouvé, avec lequel il eut une entrevue dont le détail, publié dans une intention coupable, produisit plus tard l'effet qu'on en attendait.

Il combattit vaillamment à Fleurus et à Waterloo, à la tête d'une brigade de voltigeurs de la garde. A Waterloo il attaqua des hauteurs qui semblaient inexpugnables. Repoussé trois fois, il revint trois fois à la charge et emporta la position.

Le général Chartran exécuta sa retraite en bon ordre, se rendit sous les murs de la capitale, passa la Loire et revint à Paris après le licenciement. Envoyé d'abord en surveillance à Lille, puis arrêté, traduit devant une commission militaire, il fut condamné à mort et exécuté. Il avait alors trente-six ans, comptait vingt-deux campagnes et un grand nombre d'actions d'éclat.

Les habitants de Lille lui ont élevé un monument par souscription.

CHASSÉ (David-Henri, baron de), descendant d'une famille originaire de France qui se fixa en Hollande, à la suite de la révocation de l'édit de Nantes, naquit à Thiel (Gueldre) le 18 mars 1765. Son père était major au régiment de Munster. Il entra au service des Provinces Unies en 1775, comme cadet; fut nommé lieutenant en 1781; capitaine en 1787; lieutenant-colonel en 1793; colonel en 1803; général-major en 1806, et lieutenant-général en 1814.

Après la révolution de Hollande de 1787, pendant laquelle il s'attacha au parti des patriotes, il s'expatria et prit du service dans les armées françaises, où il obtint, en 1793, le grade de lieutenant-colonel. Il se distingua aux batailles de Montpueron, Stad et Hooglède; rentra dans sa patrie en 1795, avec l'armée de Pichegru, et la quitta bientôt pour faire les campagnes d'Allemagne, en 1796, sous les ordres du général hollandais, Daendels. Les Anglais ayant fait, en 1799, une descente sur les côtes de la Hollande, le colonel Chassé commanda un corps de chasseurs hollandais, qui se battit pendant plusieurs heures avec acharnement contre les troupes anglaises beaucoup plus nombreuses.

Il assista au siége de Wurtzbourg; reprit une batterie sur les Autrichiens, et fit 400 prisonniers à l'affaire du 27 décembre 1800.

Il servit dans la guerre contre la Prusse, en 1805 et 1806, sous les ordres du général belge Dumonceau. Mais c'est surtout dans la guerre d'Espagne que le général Chassé se fit remarquer, et donna des preuves de la plus grande intrépidité; ce qui lui mérita, parmi les soldats, le nom de *général-baïonnette*, à cause de l'usage fréquent et heureux qu'il fit de cette arme. Pour récompenser les services qu'il venait de rendre, le roi Louis le créa baron avec une dotation de 3,000 florins sur ses domaines, et le nomma commandant de l'ordre royal de l'Union.

Pendant les six années qu'a duré cette guerre meurtrière, le général Chassé est toujours resté en Espagne, et s'est trouvé aux batailles de Durango, de Missa, d'Iboz, de Talaveyra, de la Reyna, d'Almonacid, où il contribua puissamment au succès de cette journée, d'Ocaña et du col de Maja dans les Pyrénées, où il sauva le corps d'armée du comte d'Erlon, à la tête des 8e, 28e et 34e de ligne, et du 16e d'infanterie légère. La décoration d'officier de la Légion-d'Honneur fut la récompense de ce fait d'armes, et le duc de Dalmatie (Soult) demanda pour lui le grade de lieutenant-général qu'il a obtenu en quittant le service de France. Napoléon le nomma baron de l'Empire, par décret du 30 juin 1811. Au mois de janvier 1813, il reçut l'ordre de partir en poste avec ses quatre régiments, pour aller rejoindre la grande armée aux environs de Paris.

Le 27 février, il attaqua avec les débris

de ces régiments, une colonne de 6,000 Prussiens, soutenue par une batterie de six pièces de canon, en position sur un plateau près de Bar-sur-Aube; et après la retraite de l'infanterie, il soutint à trois reprises les attaques les plus opiniâtres de la cavalerie. Il fut blessé à cette affaire, et dans les deux campagnes de 1813 et 1814, il eut trois chevaux tués et deux blessés. Il rentra dans sa patrie après la première capitulation de Paris, et le prince souverain de la Hollande l'admit dans son armée, le 20 avril 1814, avec le grade de lieutenant-général. A la bataille de Waterloo, en 1815, le général Chassé voyant la vieille garde se diriger sur une batterie anglaise qui avait interrompu son feu, faute de munitions, fit avancer au galop l'artillerie volante sous les ordres du général Vandersmissen, laquelle força les assaillants à se retirer en désordre, laissant le plateau du mont Saint-Jean couvert de morts et de blessés. Il sut profiter de cet avantage pour exécuter, à la tête de quelques bataillons belges et hollandais, une charge à la baïonnette qui, coïncidant avec le mouvement général de l'armée anglaise dans ce moment, eut le résultat le plus complet. Wellington a reconnu, par une lettre rendue publique, le service rendu, dans cette circonstance, par cet officier général.

Depuis lors, le général Chassé fut placé à la tête du 4e grand commandement militaire, dont le quartier général était à Anvers, avec le titre de général d'infanterie, le grade le plus élevé après celui de feld-maréchal.

Pendant l'insurrection de Belgique, il fut envoyé à Anvers, comme commandant en chef. Le 27 octobre 1830, au matin, la trêve que les habitants d'Anvers avaient conclue avec le général, pour traiter de la reddition de la citadelle occupée par la garnison hollandaise, avait été rompue par quelques coups de fusil tirés, *dit-on*, par les ordres secrets du général lui-même, qui voulait avoir un prétexte de mettre le feu à la ville, mais cette version est loin d'être prouvée. Quoi qu'il en soit, les bâtiments échelonnés le long des quais dans l'Escaut, et sur lesquels on tirait, répondirent par des bordées; et, à ce signal, le feu commença de la citadelle, où le général Chassé fit arborer le drapeau noir, et de la tête de Flandre. Le bombardement dura depuis trois heures jusqu'à dix heures et demie du soir. Cet acte d'une rigueur exagérée, reçut l'approbation du roi des Pays-Bas qui envoya au général Chassé la grand-croix de l'ordre militaire de Guillaume. Cependant, l'armistice conclu le 30 octobre entre les Hollandais et les Belges fut rompu le 1er août 1831 et les hostilités recommencèrent. Le roi des Belges, Léopold Ier, réclama l'intervention d'une armée française. Cette armée entra en effet le 10 août; mais dès le 13, les Hollandais rentrèrent dans leurs frontières, après avoir pris Louvain, et la campagne fut terminée. Le 15 novembre 1832, le maréchal Gérard franchit de nouveau la frontière, et, le 19, se trouva sous les murs d'Anvers.

Le 30 novembre, le maréchal somma le général Chassé de lui livrer la citadelle, et sur son refus commença le siége qui fut poussé avec vigueur. Après 24 jours et 25 nuits d'une lutte acharnée, Chassé capitula le 23 décembre et fut déclaré prisonnier de guerre avec les 5,000 hommes qui composaient la garnison.

CHASSELOUP - LAUBAT (François, comte, puis marquis de), né le 18 août 1754, à Saint-Servin (Charente-Inférieure). Entré au service comme volontaire, au commencement de la révolution, il était chef de bataillon du génie en 1794. Chargé en 1796 de diriger les sièges de Milan et de Mantoue et de réparer les fortifications de Pizzighitone, il déploya un tel talent que Napoléon le nomma général de brigade et peu après général de division.

Ce fut lui qui dirigea les travaux du siège de Dantzig et qui fit d'Alexandrie une des places les plus importantes de l'Europe.

Conseiller d'État en 1811, sénateur et comte de l'Empire après la retraite de Moscou

Créé pair de France sous la première Restauration et grand cordon de la Légion-d'Honneur, il vota contre la condamnation du maréchal Ney.

C'était, a dit Napoléon à Sainte-Hélène, un des meilleurs officiers de son arme ; homme d'une grande probité et d'un caractère inégal.

Mort à Paris le 6 octobre 1833. Son nom est gravé sur l'arc de triomphe de l'Étoile, côté Sud.

CHASSEREAUX (Thomas-Jean-Julien, baron), né à Bain (Bretagne), le 7 novembre 1763. Il entra au service le 23 octobre 1791, dans le 1er bataillon du Finistère, en qualité de capitaine ; il passa à l'armée du Nord en 1792, puis à celle du Rhin, fut créé chef de bataillon le 25 vendémiaire an VIII, revint à l'armée de l'Ouest en 1801, fut mis à la suite avec son grade et solde d'activité et passa le 29 septembre dans le 50e régiment de ligne.

Major du 32e le 22 décembre 1803, décoré le 15 avril 1804, il fit les campagnes de Prusse et de Pologne, fut fait colonel du 40e de ligne le 16 mai 1806, combattit à la bataille d'Iéna où il fut blessé et créé baron après la paix de Tilsitt.

Il fut de nouveau blessé à la bataille d'Ocaña en 1809, et nommé en décembre suivant commandeur de la Légion-d'Honneur ; sa belle conduite pendant toute la campagne d'Andalousie (1810) lui valut le brevet de général de brigade.

En 1814, Napoléon avait confié au général Chassereaux le commandement des troupes qui se trouvaient à Orléans ; Louis XVIII le conserva dans ce poste et le créa chevalier de Saint-Louis. Pendant les Cent-Jours, il organisa en dix jours dix bataillons qui furent dirigés sur Besançon, et fut mis à la tête d'une brigade faisant partie du camp placé entre Saint-Denis et la Villette.

Après le licenciement de l'armée, le général baron de Chassereaux se retira dans ses foyers, et fut mis à la retraite le 1er janvier 1816.

CHASTEL (Louis-Pierre-Aimé, baron), lieutenant-général de cavalerie, né à Veigy, près de Carouge, en Savoie, le 29 avril 1774. Il s'enrôla en 1792 dans la légion des Allobroges, servit sous les ordres de Dugommier, à l'armée des Pyrénées-Orientales, et du général Bonaparte en Italie et en Égypte où il découvrit le zodiaque de Denderah. Il fut nommé major en second des grenadiers à cheval de la garde impériale, en 1805, à la suite de la bataille d'Austerlitz où sa bravoure l'avait fait remarquer de l'Empereur. Il passa ensuite en Espagne ; se distingua à la bataille de Burgos ; obtint en novembre 1808 le brevet d'officier de la Légion-d'Honneur, fut appelé en 1812 à l'armée de Russie et mérita, par sa belle conduite à la bataille de la Moskowa, d'être honorablement nommé dans le bulletin en juin 1815. Le général Chastel était employé au 2e corps de l'armée du Nord.

Il est mort à Genève le 26 septembre 1826, âgé de 52 ans.

Le lieutenant-général Chastel a été regardé à juste titre comme un des meilleurs officiers de cavalerie de l'armée française, et Napoléon en faisait un cas tout particulier. — On cite de lui des charges de cavalerie aussi brillantes que celles de Murat.

Son nom figure sur la partie Ouest de l'arc de triomphe de l'Étoile.

CHASTELLUX (César-Laurent, comte de), maréchal de camp, issu de l'ancienne et illustre famille de ce nom, dont l'origine remonte au temps des croisades, est né à Versailles en 1780. A peine âgé de quatre ans, il suivit ses parents qui accomgnèrent à Rome Mesdames Victoire et Adélaïde, tantes de Louis XVI, par suite des troubles révolutionnaires.

Il entra au service de la Sicile en 1801, devint adjudant-général, sous-chef d'état-major en 1810, rentra en France à cette époque et vécut dans la retraite.

Chargé par Louis XVIII en 1814, d'organiser la garde nationale à cheval de Paris; créé colonel de cette légion et aide-major des chevau-légers du roi; colonel du 8ᵉ chasseurs au second retour des Bourbons.

Elevé au grade de maréchal de camp, le comte de Chastellux reçut en 1823 le commandement de la cavalerie du 5ᵉ corps de l'armée d'Espagne, sous les ordres du maréchal Lauriston; il fit le service de la tranchée au siège de Pampelune avec les généraux d'infanterie. Dirigé vers Saragosse, il atteignit le général Evariste San-Miguel à Trameled, et, avec des forces très-inférieures, le culbuta et le fit prisonnier.

Rentré en France, il commanda une brigade au camp de Lunéville, et fut nommé, en 1826, inspecteur général de cavalerie.

Député en 1820, il fut nommé Pair de France après la campagne d'Espagne.

Il protesta en 1830 contre le changement de dynastie et se retira dans ses domaines de l'Yonne.

CHATRY DE LA FOSSE (Gabriel-Henri), né à Caen, le 13 juillet 1779, Chatry de la Fosse avait été un des premiers de son département à répondre à la proclamation du premier Consul, au mois de ventôse, an VIII, qui appelait tous les conscrits sous les drapeaux. Il fit, avec le 9ᵉ régiment de dragons, la campagne de Marengo à la suite de laquelle il mérita le grade de maréchal-des-logis. L'année suivante, à l'affaire de Montebaldo, voyant que les tirailleurs se retiraient faute de cartouches, il courut à eux, leur donna les siennes, et vint en faire une nouvelle provision qu'il distribua lui-même sur toute la ligne, sans s'inquiéter du feu de l'ennemi. Quelques jours après, à Castel-Franco, comme deux sapeurs de son escadron étaient tombés au pouvoir d'un parti autrichien, il fondit au galop sur les ennemis, en tua deux, sabr le reste, délivra ses camarades et ramena deux prisonniers.

Nommé sous-lieutenant en l'an XI, Chatry de la Fosse servit avec distinction en Autriche et en Prusse, dans la réserve de cavalerie du prince Murat. A Wellingen, les bulletins nous le montrent avec son régiment culbutant douze bataillons de grenadiers autrichiens à la tête desquels Mack tente vainement de nous disputer le passage du Leck. A Austerlitz, il traverse deux fois les bataillons russes, portant partout l'épouvante et la mort. A Iéna, il poursuit les débris de l'armée prussienne, et à Eylau, dans une charge conduite par Murat en personne, et dont le souvenir est inscrit glorieusement dans les fastes du 9ᵉ dragons, il contribua à rompre trois fois la ligne des Russes.

Désigné pour entrer aux dragons de la garde, à leur formation, il reçut la croix de légionnaire en Espagne, le 26 mai 1808, et combattit dans les rangs de la vieille garde à Wagram et en Russie. Pendant les campagnes de 1813 et 1814, nous le retrouvons comme major du

3ᵉ régiment de chevau-légers, au 1ᵉʳ corps de cavalerie de la grande armée, en Saxe et en France.

Mis en non-activité au licenciement de 1815, il fut rappelé comme lieutenant-colonel aux dragons de la Garonne en 1816, prit le commandement des chasseurs de la Meuse (13ᵉ de l'arme) en décembre 1821, et servit à l'armée d'Espagne, puis à la division d'occupation de Cadix, de 1823 à 1828.

Il avait été fait commandeur de la Légion-d'Honneur le 17 octobre 1823.

Après les événements de 1830, le colonel Chatry de la Fosse obtint l'autorisation de passer au service de Belgique, où il organisa plusieurs régiments de cavalerie.

Créé maréchal de camp le 27 janvier 1833, il rentra en France en 1836 ; depuis cette époque jusqu'en 1840, date de son passage au cadre de réserve, il avait été employé successivement dans les subdivisions du Puy-de-Dôme, de la Haute-Garonne et de la Vienne, et avait eu, en 1837, le commandement de la 2ᵉ brigade d'infanterie rassemblée sur la frontière des Pyrénées-Occidentales.

Il était en retraite depuis le mois d'avril 1848, lorsqu'il mourut le 24 juin de funèbre mémoire, de cette même année.

Le fils du général Chatry de la Fosse, qui a débuté dans la carrière comme simple soldat dans les dragons de la garde en 1811, est aujourd'hui colonel du 8ᵉ régiment de dragons.

CHAUVEL (François-Pierre-Alexandre, baron), né à Honfleur (Calvados) le 23 décembre 1768, il entra au service le 14 juillet 1781. Sergent-major en 1789 et sous-lieutenant des grenadiers le 19 avril 1792, il fit, en cette qualité, les campagnes de 1792 et 1793 aux armées du Nord et du Centre. Lieutenant le 27 pluviôse an II et capitaine peu de jours après, il fut blessé à Fleurus et nommé chef de bataillon sur le champ de bataille.

Depuis, il se signala surtout au passage du Rhin, le 14 messidor an IV, et en l'an VII, à Berghem, où, à la tête d'un bataillon du 49ᵉ de ligne, il enleva 3 drapeaux et 4 pièces de canon aux Russes et fit prisonnier le général en chef Hermann, ainsi que son état-major ; puis à Castricum, à Nuremberg, à Austerlitz, où il reçut les épaulettes de colonel sur le champ de bataille, à Iéna, à Friedland, où il fut nommé officier de la Légion-d'Honneur, au passage du Tage et à la prise de Talaveira.

Ces deux faits d'armes lui valurent le grade de général de brigade, le 10 mars 1809 ; il se couvrit de gloire à la bataille d'Ocaña, où il eut deux aides-de-camp renversés à ses côtés, puis au combat meurtrier de Bion-Venida, et enfin pendant toute la campagne de Russie.

Le 5 novembre 1814, le roi le nomma chevalier de Saint-Louis. Il commandait en août 1815 le département de la Haute-Vienne, et fut mis à la retraite peu de temps après. Il avait reçu cinq blessures et assisté à 125 batailles ou grands combats et à quatre siéges.

CHEMINEAU (Jean). Le lieutenant général baron Chemineau, né le 26 avril 1771 à Grelet, près Angoulême, entra dans le 4ᵉ bataillon de la Gironde, en qualité de sergent-major, le 25 septembre 1791. Il fut fait sous-lieutenant le 11 juillet 1792, rejoignit l'armée du Nord à Hondscoote, y fut blessé grièvement et nommé lieutenant. — Capitaine le 17 août 1794, il combattit vaillamment sur le Rhin et en Italie, notamment à la défense du pont du Var.

Nommé chef de bataillon sur le champ de bataille, puis major au 61ᵉ de ligne en décembre 1803, il fut décoré le 26 mars suivant.

Il fit les campagnes d'Autriche et de Prusse et prit part au siége de Dantzig. Chargé de suivre l'ennemi qui fuyait sur Pillau, il se jeta sur les Russes, à la tête d'un escadron du 11ᵉ chasseurs, enleva 3 pièces de canon et fit 800 prisonniers.

Nommé officier de la Légion-d'Honneur après cette brillante affaire où il eut un cheval tué sous lui; il prit à Friedland le commandement de la brigade du général Cohorn qui avait été mis hors de combat, soutint les efforts des Russes et contribua au succès de la bataille; il eut pour récompense le grade de colonel du 76ᵉ de ligne. Créé baron en 1808 et général de brigade en juin 1811, il commanda en Portugal une des brigades du général Foy et se distingua dans la retraite qui suivit la funeste journée des Arapyles.

Les Anglo-Portugais avaient enfoncé, à Alba, un des carrés de notre arrière-garde. Le général Chemineau vit le danger, s'avança avec un bataillon du 69ᵉ, arrêta la cavalerie anglaise dont il fit un grand carnage et laissa au général Foy le temps d'accourir et de repousser l'ennemi.

En octobre suivant, la division Foy se présenta devant Palencia et somma la place qui promit d'ouvrir ses portes si le général Foy se présentait en personne; le général envoya un aide-de-camp précédé d'une trompette; les Espagnols firent feu sur eux. Le général Foy indigné ordonna l'assaut. Chemineau dispose ses colonnes; l'effet du canon lui paraît trop lent, il fait briser les portes à coups de hache, pénètre dans les rues, culbute et chasse les Espagnols, emporte le pont du Carriou qu'ils cherchent à défendre et s'empare des barils de poudre disposés pour le faire sauter.

Le général Chemineau se distingua depuis à Weissenfeld et à Lutzen où il fut très-grièvement blessé, fut amputé d'une jambe, et eut deux chevaux tués sous lui.

L'Empereur le nomma, en récompense, général de division (31 juillet 1813) et commandeur de la Légion-d'Honneur.

La Restauration le fit chevalier de Saint-Louis et le chargea du commandement de la Vienne, de la Charente-Inférieure et des Deux-Sèvres. Plus tard il fut admis à la retraite (15 avril 1832).

CLAPARÈDE (Michel), né le 28 août 1772, à Gignac (Hérault). Sa famille était ancienne dans la robe. Il s'engagea dans un bataillon de volontaires et suivit ce corps dans les Alpes. Son intelligence et son courage le firent nommer capitaine. Ayant suivi en Italie le général Bonaparte, il fut créé chef de bataillon, envoyé à l'armée du Rhin où, le 15 septembre 1800, il fut nommé adjudant-général.

A Saint-Domingue, où il suivit le général Leclerc, il se distingua en toutes les rencontres et mérita le titre de général de brigade. Revenu en France en 1804, il joignit l'armée à Boulogne, assista aux affaires d'Ulm et d'Austerlitz où il se trouva aux prises avec la droite de l'armée russe qu'il couvrit de mitraille et mit en déroute. Il se distingua de nouveau à Saalfeld, à Iéna, à Pulstuck, à Ostrolenka, à Borky, à Drewkenowo.

Nommé général de division, le 8 octobre 1808, il attaqua l'arrière-garde autrichienne, en avant d'Ebersberg, la rompit, s'élança sur les pièces et les troupes qui défendaient le pont de la Traun, précipita hommes et canons dans la rivière et déboucha avec une poignée de braves devant 30,000 Autrichiens que commandait Hiller. Sa position, néanmoins, ne tarda pas à devenir critique: le feu ayant détruit le pont et les maisons auxquelles il aboutissait, toute retraite était impossible. Ce ne fut qu'après trois heures d'un combat furieux qu'il fut secouru et dégagé. La division Claparède, est-il dit dans le bulletin qui rendit compte de cette affaire, seule et n'ayant que quatre pièces de canon, lutta, pendant trois heures contre 30,000 hommes et se couvrit de gloire. Cette action d'Ebersberg est un des plus beaux faits d'armes dont l'histoire puisse conserver le souvenir. Le général en vint de nouveau aux mains à Esling, fut blessé dans cette effroyable mêlée, et reçut bientôt après le commandement de la 1re division de l'armée de Dalmatie, qui concourut si vaillamment à fixer la fortune à Wagram.

Créé grand officier de la Légion-d'Honneur, il alla combattre en Espagne et en Portugal, y rendit de nouveaux services, fut rappelé à la grande armée en 1812 et chargé du commandement en chef d'un corps Polonais. Il assista à la bataille de la Moskowa, combattit à la Bérésina et y fut encore blessé.

Il continua à se distinguer pendant la campagne de 1813, rentra en France après les désastres de Leipzig, fit partie du corps du duc de Raguse et prit part à la bataille sous les murs de Paris.

Après le second retour des Bourbons, le général Claparède fut appelé au commandement de la place de Paris, et nommé inspecteur général des troupes de la 1re division militaire.

Appelé à la Chambre des pairs, il mourut à Montpellier (Hérault) le 23 octobre 1842.

Son nom est inscrit au côté Est de l'arc de l'Étoile.

CLARKE (Henri-Jacques-Guillaume), né à Landrecies le 17 octobre 1765, Irlandais d'origine.

Élève de l'École militaire de Paris, sous-lieutenant au régiment de Berwick en 1782; capitaine dans le régiment de colonel-général en 1784; employé de l'ambassade à Londres en 1790; chef d'escadron de cavalerie en 1792; colonel du 2e régiment de cavalerie légère; général de brigade en 1793; chef d'état-major de l'armée du Rhin et bientôt suspendu de ces fonctions en 1795; chef du bureau topographique de la guerre et nommé général de division par le Directoire, aussi en 1795; envoyé en mission secrète près de Bonaparte et chargé de le *surveiller;* disgracié en 1797; commandant de Lunéville lors du Congrès; chargé d'affaires près du roi d'Etrurie; conseiller d'État et secrétaire du cabinet de l'Empereur, pour la marine et la guerre; gouverneur de Vienne en 1805; ministre de la guerre en 1807; comte d'Hunebourg; duc de Feltre; pair de France en 1814; ministre de la guerre avant et après les Cent-Jours; Maréchal de France en 1817.

Mort le 28 octobre 1818, laissant une fortune de 8 millions.

Napoléon l'a jugé assez sévèrement comme militaire. Il ne lui reconnaissait aucun talent pour le commandement. — Clarke était grand travailleur.

En 1814, il abandonna vite son bienfaiteur et traita avec les Bourbons; mais Napoléon, qui ne pouvait croire à cette trahison, lui laissa son portefeuille. Il eut lieu de s'en repentir : tout ce qui tenait au département de la guerre alla de telle façon, que l'Empereur, sur la route de Fontainebleau, s'écriait : « Clarke est un vilain homme; on me l'avait dit; mais je n'aurais pas voulu le croire. »

Pendant les Cent-Jours, il se sauva à l'étranger et rentra à la suite des armées alliées.

Ce fut lui qui classa l'armée par catégories, provoqua l'établissement des cours prévôtales et persécuta pendant deux ans nos malheureux généraux.

Clarke n'a gagné aucun de ses grades sur le champ de bataille.

CLAUSEL (Bertrand), comte et maréchal de France, est né à Mirepoix (Ariège), le 12 décembre 1773. Volontaire en 1791, sous-lieutenant au 43e de ligne, capitaine de chasseurs à cheval en 1792, adjudant-général en 1793, chef d'état-major de la division Pérignon, général de brigade et commandant de Bologne, lors de la retraite de Schérer en Italie, général de division à l'armée de Saint-Domingue, gouverneur de Raguse en 1807, commandant en chef de l'armée française en Espagne après la bataille de Salamanque, commandant en chef de l'armée des Pyrénées pendant les Cent-Jours.

Compris dans l'ordonnance du 24 juillet 1814, il s'exila aux États-Unis. C'est à cette époque que Christophe et Péthion offrirent de grandes récompenses au capitaine du bâtiment qui sauverait Clausel.

Rentré en France en 1820, il fut envoyé à la Chambre des députés en 1827, coopéra à la Révolution de juillet, et fut envoyé en Afrique, en qualité de gouverneur général.

Rappelé en France en 1831, il reçut le bâton de maréchal, fut renvoyé en Algérie en 1832 jusqu'en 1836; il commandait la première expédition de Constantine et y eut un échec par manque de renforts.

Mort à Secourrieu (Haute-Garonne) le 21 avril 1842.

Les principaux titres de gloire du maréchal Clausel sont les campagnes de 1810 et de 1811 en Espagne, pendant lesquelles il soutint tout le poids d'une guerre terrible.

En 1812, il fit cette brillante retraite, dite de Portugal, comparée à la retraite de Ney en Russie.

Lors du retour de l'île d'Elbe, il opposa, à la tête de l'armée du Midi, une énergique résistance aux ennemis qui envahissaient les départements du Midi.

Le maréchal Clausel a été un de nos plus brillants hommes de guerre.

Son nom est gravé sur l'arc de l'Étoile, côté Ouest.

CLÉMENT DE LA RONCIÈRE (François-Marie, baron), né le 2 février 1773 à Amiens (Somme), entra comme soldat au 13e régiment de chasseurs à cheval le 1er mars 1793, et obtint, les 15 mai, 10 juin et 1er septembre de la même année, les grades de maréchal-des-logis, de sous-lieutenant et de lieutenant.

En l'an II et en l'an III, il servit aux armées du Nord et de Sambre-et-Meuse, et fut promu au grade de capitaine le 1er vendémiaire an IV. Pendant quelques mois, il remplit à l'armée du Rhin les fonctions d'officier d'état-major auprès du général Lefebvre, et le 12 messidor, étant rentré à son régiment, il le suivit en l'an V à l'armée d'Italie et à l'armée de Rome.

Nommé le 1er ventôse chef d'escadron, il se distingua à Modène, à la bataille de la Trébia, où il fut blessé d'un coup de feu à la jambe gauche. A Monte-Alto, il attaqua, avec 150 chevaux, une division de 6,000 hommes, dont 800 de cavalerie, la mit en déroute et lui fit 1,000 prisonniers.

Nommé colonel à la suite du 19e régiment de chasseurs le 1er messidor an VII, il prit le commandement du 16e dragons le 22 du même mois. Il fit la campagne de l'an VII à l'armée de Naples, et fut envoyé en l'an IX, à l'armée gallo-batave, où il servit jusqu'en l'an X sous Augereau. En l'an XII, tandis que son régiment, qui avait fait partie du camp de Compiègne, tenait garnison à Soissons, il reçut le 19 frimaire, l'étoile de membre de la Légion-d'Honneur et celle d'officier le 25 prairial. Il ne fut élevé au rang de commandant de l'ordre que le 4 nivôse an XIV.

L'empereur le fit général de brigade le 31 décembre 1806, et lui conféra le titre de baron en 1808.

Employé à la grande armée, il eut un bras emporté le 22 avril 1809 à la bataille de Ratisbonne. Il était à peine guéri de sa blessure, lorsque Napoléon lui donna à commander, le 10 juin, une brigade de la division d'Hautpoul à l'armée de réserve. Le 11, il le récompensa de ses services par le grade de général de division, et le 8 août, il lui confia le commandement de l'École spéciale de cavalerie.

Remplacé dans ce commandement le 20 août 1812, il reçut, le 8 septembre, celui de la 27e division militaire. Il occupait ce poste lors des événements de 1814, et fit sa soumission au nouveau gouvernement. Louis XVIII le fit chevalier de Saint-Louis le 24 juillet.

Mis à la retraite le 6 octobre 1815, M. Clément de la Roncière fut rappelé à l'activité le 7 février 1831, et fut nommé inspecteur général de cavalerie dans les 2e et 3e divisions militaires le 17 mars.

En 1834, Louis-Philippe lui confia une inspection générale de gendarmerie et l'attacha à la commission de cette arme. Il fit ensuite partie du cadre de réserve (2e section), puis enfin fut mis à la retraite.

Son nom est gravé sur le monument de l'Étoile, côté Est.

CLERC (Antoine-Marguerite, vicomte), né le 17 juillet 1774 à Lyon, maréchal de camp, grand-officier de la Légion-d'Honneur, chevalier de Saint-Louis et de la Couronne de fer.

Parti comme simple soldat en 1790, au 10e régiment de chasseurs à cheval, il fiait fourrier en 1793, maréchal-des-logis-chef en 1794. Il conquit l'épaulette de sous-lieutenant sur le champ de bataille en 1797.

Le vicomte Clerc a fait les campagnes du Rhin et d'Italie avec une rare bravoure.

Blessé en 1793, il avait eu le corps traversé d'un coup de feu et la main frappée d'un coup de sabre à l'affaire de la Reult, en 1794. La même année, une nouvelle blessure l'atteignit, et en 1895, un coup de sabre faillit le tuer.

Le maréchal-des-logis-chef Clerc fit partie, en 1795, d'un peloton qui, sous les yeux du général Desaix, enleva la grand'garde du régiment de Wurmser (hussards), et fit prisonniers 200 hommes d'infanterie. Ainsi, avant d'être nommé sous-lieutenant, il avait brillamment servi pendant six campagnes et reçu quatre blessures.

Le vicomte Clerc servit dans toutes les autres campagnes de la République et de l'Empire. Il fit dix-neuf campagnes de guerre aux armées du Rhin, d'Italie, des côtes de l'Océan, d'Ulm, d'Austerlitz, de Prusse, de Pologne, d'Espagne, d'Autriche, de Russie, de Saxe et de France.

Mort en décembre 1846.

COCHOIS (Antoine-Christophe), né le 19 décembre 1755, à Creutswald (Moselle. Fils d'un inspecteur des fermes du roi, il entra d'abord dans le corps de la gendarmerie rouge, à Lunéville, d'où il sortit le 15 mai 1772 pour s'engager ensuite comme simple canonnier dans le régiment de Strasbourg-Artillerie.

Incorporé, le 18 février 1774 dans le corps royal des carabiniers, il y devint maréchal-des-logis le 23 octobre 1782, et adjudant sous-officier le 23 avril 1785; le 26 décembre 1788, il était appelé à l'honneur de porter l'étendard du corps d'élite auquel il appartenait. Cochois fut nommé sous-lieutenant et lieutenant les 1ᵉʳ avril et 15 septembre 1791. Il se fit remarquer au début de la campagne de la Moselle, et reçut, le 1ᵉʳ juin 1792, les épaulettes de capitaine.

Dans le mois d'octobre 1793, étant à la tête de son escadron aux environs de Neukirchen, sur la Sarre, il courut au secours du 3ᵉ régiment de hussards, vigoureusement chargé par un corps de cavalerie considérable, attaqua l'ennemi avec impétuosité et le força à rebrousser chemin. Comme il le poursuivait avec plus d'audace que de prudence, on l'avertit qu'il allait tomber sous le feu d'une batterie vers laquelle l'ennemi se retirait : *Tant mieux*, dit-il, *s'il y a du canon, il y aura plus de gloire*. Il n'arrêta son mouvement de poursuite que quand il vit un grand développement de forces s'apprêter à lui faire un mauvais parti. Il se distingua de nouveau, le 30 novembre suivant, à l'attaque infructueuse de l'armée prussienne, retranchée à Kaiserlautern, fut blessé d'un coup de mitraille en poursuivant trop chaudement le reste de la cavalerie ennemie, échappée au carnage qu'en avait fait le 1ᵉʳ régiment de carabiniers. C'est vers cette époque que le capitaine Cochois refusa le titre de colonel, qui lui était offert par le 6ᵉ régiment de dragons (1). Le 1ᵉʳ de carabiniers, qui avait pris une part glorieuse aux brillantes affaires de 1793, passa à l'armée du Nord, où il fit, avec une grande valeur, les guerres des ans II et III. Le 5 floréal an II, ce corps était vers Avesnes-le-Sec, sous Bouchain, au moment de la déroute de nos troupes, et se vit pris en flanc par une colonne de 12 à 1,400 chevaux. Résolu de soutenir seul l'honneur de son arme, le brave Cochois se disposa à l'attaquer en l'absence du colonel, qui s'était porté sur un petit mamelon pour observer la marche des troupes ennemies. Le plus brillant succès couronna son audace : une partie de cette cavalerie resta sur le champ de bataille, tandis que l'autre s'enfuit épouvantée. Dans cet engagement, le vaillant capitaine tua de sa main le commandant ennemi qui l'avait manqué d'un coup de pistolet. Après ce combat, qui fit donner aux carabiniers le surnom de *Bouchers de l'armée*, Cochois se rendit à l'état-major général pour solliciter qu'il ne fût pas fait mention de lui dans le rapport sur cette affaire, afin, disait-il, de ne pas ajouter aux regrets de son colonel, le marquis de Jaucourt. Deux jours après, la division Chapuis, forte de 30,000 hommes, tenta, mais en vain, une attaque sérieuse sur Cateau-Cambresis. Là aussi, le 1ᵉʳ régiment, entouré d'ennemis, se battit avec le plus grand courage, repoussa toutes les attaques et rentra dans Cambrai avec deux bataillons qu'il avait sauvés. Démonté à la malheureuse affaire de Sainghien, le 21 du même mois (floréal), il resta au milieu de l'ennemi, dans le village de Baisieux, entre Lille et Tournay. Il parvint cependant à gagner une maison dont l'honnête habitant prit soin de le cacher et de le faire évader.

Après la prise de Boxtel, le 28 fructidor an II, la brigade de carabiniers, faisant une reconnaissance sur l'armée anglaise, que l'on supposait en position, se trouva tout à coup en face d'une très-forte avant-garde, qui venait elle-même reconnaître nos troupes. Le capitaine Cochois, à la tête de son escadron, qui s'était trop avancé, tomba avec tant de résolution et de vivacité sur les premières colonnes, qu'il les renversa. Ce mouve-

---

(1) Ce corps ayant appris que la brigade des carabiniers, appelée par le général Pichegru, allait arriver, supplia le général de lui donner un colonel pris parmi les officiers de cette arme. Pichegru en fit la proposition au capitaine Cochois, qui refusa. Ce fut le capitaine Fauconnet, du même régiment, que l'on nomma à sa place.

ment, qui avait démasqué l'entrée de la plaine, permit à la brigade de se déployer et d'arrêter l'avant-garde ennemie, qui se hâta de prendre la fuite. Nommé chef d'escadron le 10 messidor an III, Cochois fit les campagnes de l'an IV à l'an VII aux armées de Rhin-et-Moselle, d'Allemagne, d'Angleterre, du Danube et du Rhin, et reçut, le 12 vendémiaire, an VIII, le brevet de colonel. Le 30 prairial suivant, il exécuta, à la tête de son régiment, le famEUX passage du Danube, franchi par le 1er carabiniers, à pied et homme par homme, sur le mauvais pont de Blenheim. Arrivé sur la rive opposée, il attaque un corps de 4,000 hommes, infanterie et cavalerie, enfonce deux bataillons et culbute les escadrons qui cherchent à lui opposer de la résistance : 10 pièces de canon, 1 obusier, 50 hussards montés, 200 chevaux d'équipage, 1,500 hommes d'infanterie et 3 drapeaux furent le résultat de cette brillante charge. En apprenant cet heureux fait d'armes, le général Moreau s'écria : « Les carabiniers se sont couverts de gloire ! »

Le colonel Cochois reçut les éloges les plus flatteurs des généraux Lecourbe et Laval, témoins de cette vaillante action. Il fut nommé membre de la Légion-d'Honneur, le 19 frimaire an XII, et officier du même ordre, le 25 prairial suivant. La campagne de l'an XIV termina glorieusement la carrière militaire de ce brave; il se distingua dans cette audacieuse course de Nuremberg, à la poursuite de la cavalerie du prince Ferdinand, où, à la tête de 300 carabiniers, il joignit le corps ennemi, qui avait près de deux journées d'avance sur lui, l'arrêta par un combat brillant et donna le temps au 2e régiment d'arriver. Il reçut dans cette affaire un coup de pistolet dans les reins, et mérita une mention honorable et spéciale dans le rapport du prince Murat. Sa blessure n'était pas encore cicatrisée, lorsqu'il partit du dépôt avec un détachement qu'il avait formé et alla rejoindre son régiment; il eut la douleur de n'y arriver que le lendemain de la bataille d'Austerlitz. Il fut nommé général de brigade le 3 nivôse an XIV; mais ne pouvant continuer un service actif, il fut destiné à un commandement dans l'intérieur, et il resta, en attendant, à la tête de son régiment. Le général Cochois ne quitta le corps qu'au mois de juillet 1806, pour aller prendre le commandement de la place de Lyon, dont il était pourvu par décret du 13 juin. Il fut admis à la retraite, le 24 décembre 1814, et habitait Lyon en 1815, lorsque Napoléon fit son entrée dans cette ville. Il se retira depuis en Lorraine et fit choix de Nancy pour y fixer sa résidence.

COEHORN (Louis-Jacques, baron de), né à Strasbourg le 16 janvier 1771, de la famille du fameux Coehorn, surnommé le *Vauban* hollandais, embrassa le parti des armes à l'âge de 12 ans, était en 1789 lieutenant au régiment d'Alsace, capitaine en 1792; il fit les campagnes d'Amérique.

Revenu en France pour une maladie grave, on refusa de lui rendre son grade; il servit noblement, comme simple soldat, pendant six mois; Hoche le fit réintégrer; nul ne surpassait en courage cet intrépide officier. Il se distingua dans toutes les campagnes.

Après la prise de Kaiserslautern, il voulut réprimer les excès d'une colonne de chasseurs qui se livrait au pillage, il fut reçu par des huées. Indigné, Coehorn menace de punir de mort les pillards, on lui rit au nez : alors il en étend un à ses pieds d'un coup de feu et en blesse un autre. Dès le premier instant les mutins sont interdits, bientôt ils s'insurgent tous, Coehorn se retourne vers eux, leur fait de nouvelles menaces :

» mais, ajoute-t-il, si quelqu'un veut venger la mort de son camarade, me voilà prêt, » et il jette ses armes ; plusieurs de ces hommes se précipitent alors sur lui et lui font onze blessures. Quelques officiers parvinrent à grand'peine à lui sauver la vie.

A l'affaire d'Ebersperg (3 mai 1809), sa division, séparée du reste de l'armée, par l'incendie du pont sur la Traun, eut à lutter pendant trois heures et avec quatre pièces d'artillerie seulement contre 40,000 Autrichiens. Coehorn, devenu général depuis 1807, déploya en cette circonstance la plus grande valeur. Napoléon a comparé cette affaire, vu son importance, au passage du pont de Lodi.

Le général Coehorn se trouva aux batailles d'Aspern, d'Essling, de Wagram, et plus tard à celle de Lutzen et de Bautzen ; il eut la cuisse emportée par un boulet à la bataille de Leipzig, resta au pouvoir de l'ennemi et mourut de sa blessure à Leipzig.

COLAUD (Claude-Sylvestre, comte), fils d'un négociant de Briançon (Hautes-Alpes), naquit dans cette ville le 11 décembre 1754.

Il passa les premières années de son enfance en Corse, où son père avait transporté son commerce. Après avoir fait ses études au collège de la Ciotat, le jeune Colaud s'engagea dans un régiment de dragons à l'âge de 17 ans. Il était lieutenant aux chasseurs d'Alsace au commencement de la Révolution.

Nommé capitaine en 1792, Kellermann, qui appréciait déjà ses brillantes dispositions pour la carrière des armes, le prit auprès de lui comme aide-de-camp. Son premier exploit dans cette campagne lui valut le grade de colonel du 20ᵉ régiment de chasseurs à cheval.

Devenu peu de temps après général de brigade, il combattit sur la frontière du Nord, sous les généraux de Dampierre, Lamarche, Larcher. Lorsque les troupes de la coalition forcèrent le camp de Famars, le 23 mai 1793, Colaud commandait le corps des flanqueurs de gauche à l'abbaye d'Harmont. Il courut de grands périls dans cette journée ; pressé, enveloppé par les ennemis, on le somma plusieurs fois de se rendre. Il ne répondit à cette sommation que par un redoublement de valeur, parvint à couvrir la retraite de l'armée, et effectua paisiblement la sienne sur Bouchain. Le général Lamarche se plut à rendre hommage à ses talents, à sa rare intrépidité, et avoua que le salut des troupes était dû à l'habileté de ses manœuvres.

Il couvrit encore la marche rétrograde qui suivit la perte de Valenciennes et la déroute du camp de César.

A la bataille de Hondscoott, où il fit des prodiges de valeur, Colaud fut dangereusement blessé d'un coup de biscaïen. Le grade de général de division fut la récompense de ce dernier exploit. Aussitôt après son rétablissement, il se rendit à Toulon, où il réduisit les insurgés qui s'étaient emparés des armes de l'arsenal. Il rejoignit ensuite l'armée du Nord, aux ordres du général Pichegru, passa à l'armée de la Moselle, dont l'avant-garde lui fut confiée, coopéra puissamment à la prise de Trèves, s'empara des redoutes de Trubach, battit les Prussiens, les contraignit à repasser promptement la Nahe, et alla former le blocus de Mayence. Pichegru venait de quitter le commandement de Paris pour se rendre à l'armée du Rhin, lorsque le Comité de salut public invita Colaud à le remplacer. Ce général s'y refusa. En 1797, il se signala de nouveau à la bataille de Siegberg, livrée par le général Kléber. Le ministre lui écrivit à cette occasion : « C'est à vos dispositions sages et promptement exécutées qu'on est redevable des succès obtenus à la bataille de Siegberg; le Directoire en est instruit, et vous en témoigne sa satisfaction particulière. »

Au combat d'Amberg, au blocus de Mayence, à celui d'Erenbreitstein, le général Colaud donna de nouvelles preuves de sa valeur.

Appelé au commandement de la Belgique en 1798, il réprima par son énergie et l'activité de ses mesures l'insurrection qui venait d'éclater parmi les habitants de ce pays, nouvellement réuni à la République française. Bernadotte commandait le blocus de Philisbourg, lorsqu'il reçut l'ordre d'aller le remplacer.

Deux ans après, il contribua au succès de la mémorable bataille de Hohenlinden. Le premier Consul le présenta comme candidat au Sénat conservateur, le 9 janvier 1801. Reçu au nombre de ses membres, le 13 février suivant, le général Colaud fit partie, en 1805, de la députation chargée d'aller complimenter l'Empereur sur ses victoires. Immédiatement après, il quitta la toge sénatoriale pour aller commander les troupes françaises, sous Louis-Napoléon, en Hollande.

De retour à Paris, il n'y fit qu'un séjour de courte durée. Après la campagne de Vienne, pendant laquelle il combattit avec distinction, il se rendit à Anvers, le 11 août 1809, pour prendre le commandement de cette ville, lorsque Flessingue tomba au pouvoir des Anglais. A partir de cette époque, le général Colaud sembla faire cause commune avec le parti qui, dans le Sénat, protestait contre les vues ambitieuses de Napoléon. On lui attribue même quelques propos pleins d'aigreur et d'amertume contre ce monarque. Il fut un des premiers à voter sa déchéance.

Nommé pair de France le 4 juin 1814, chevalier de Saint-Louis le 27 du même mois, ce général se tint éloigné des affaires publiques pendant les Cent-Jours.

Après le second retour du roi, il rentra à la Chambre des pairs, où il plaida chaleureusement la cause de l'infortuné maréchal Ney. Colaud mourut à Paris le 3 décembre 1819.

COLBERT (PIERRE-DAVID dit ÉDOUARD, comte de), fils du comte de Colbert, riche propriétaire, né à Paris le 18 octobre 1774. Il entra au service le 23 août 1793 et fit la campagne de cette année à l'armée du Haut-Rhin, avec le bataillon de Paris, le *Guillaume-Tell*. Il passa de ce corps dans le 11ᵉ de hussards, fut maréchal-des-logis en septembre et sous-lieutenant en octobre 1793; employé dans la Vendée, il fut suspendu comme royaliste par le général Hoche.

Il suivit, comme volontaire, l'expédition d'Égypte et fut fait commissaire des guerres; puis reprit du service, fut blessé et nommé capitaine au 3ᵉ de dragons, puis enfin aide-de-camp du général Damas; adjudant-major des Mamelucks, aide-de-camp de Junot, qu'il suivit à l'armée des Côtes.

M. Colbert quitta Junot en 1807 et suivit le major général Berthier avec les mêmes fonctions. Il assista à la bataille d'Austerlitz, y fut blessé et fait chef d'escadron. A Iéna et à Pulstuck, il combattit vaillamment et fut fait colonel du 7ᵉ hussards. Il prit part aux batailles d'Eylau et de Friedland.

Créé baron en 1808, M. Colbert fut fait général de brigade le 9 mars 1809; il chargea et culbuta les hussards de Ott, à la bataille de Raab et tailla en pièces plusieurs escadrons de l'insurrection hongroise, et presque aussitôt accourut au secours du 9ᵉ hussards, que les Autrichiens étaient sur le point d'accabler.

A Wagram, le général Colbert reçut trois coups de feu à la tête et fut nommé commandant de la Légion-d'Honneur.

Attaché à la garde impériale en 1811, il forma le 2ᵉ lanciers et conduisit la brigade entière en Russie, sous les ordres du duc d'Istrie. Dans toutes les affaires il se distingua. A Bautzen, il rompit, culbuta les Russes et les tailla en pièces.

Le 25 novembre 1813, il fut nommé général de division.

Le général Colbert se conduisit vaillamment à Montmirail, à Champ-Aubert et à Nangis. Il se rallia aux Bourbons, fut créé chevalier de Saint-Louis et reçut le commandement du corps des lanciers de la garde royale.

Au retour de Napoléon, le général Colbert demeura indécis jusqu'au 23 mars. Lorsqu'il reparut aux Tuileries, l'Empereur lui dit d'un ton glacial : « Général Colbert, il y a trois jours que je vous attends. »

Toutefois, Napoléon lui confia un commandement dans la garde. Il combattit à Waterloo et y fut blessé.

Après le licenciement de l'armée de la Loire, les Bourbons gardèrent rancune à Colbert, qui rentra dans ses foyers.

En 1816, il y fut arrêté sans motif connu et détenu à l'Abbaye pendant deux mois. Devenu libre, il dut s'exiler. L'année suivante, il fut rappelé. Après dix ans de non-activité, il fut employé comme inspecteur général de cavalerie et commanda une division au camp de Lunéville. C'est lui qui fut chargé, après la Révolution de Juillet, du licenciement des huit régiments de cavalerie de l'ex-garde royale.

En 1834, le général Colbert devint aide-de-camp du duc de Nemours, accompagna ce prince en Afrique et fit partie de la première expédition de Constantine.

Pair de France en 1838, grand-croix depuis 1839, il fut blessé auprès du roi, en 1835, par la machine de Fieschi.

COLBERT (Louis-Pierre-Alphonse, comte), naquit le 29 juin 1776 à Paris (Seine). Il est le frère puîné du précédent. Volontaire le 22 vendémiaire an II, dans le 7ᵉ bataillon de Paris, dit *Guillaume-Tell*, il passa le 1ᵉʳ pluviôse suivant dans le 7ᵉ régiment de chasseurs à cheval, et le 17 thermidor an III dans la légion de police de Paris, qu'il quitta le 17 germinal an IV pour entrer dans le 11ᵉ régiment de hussards.

Nommé adjudant provisoire aux commissaires des guerres par le général en chef de l'armée d'Orient le 7 floréal an V, il devint commissaire des guerres le 1ᵉʳ vendémiaire an VII, et commissaire ordonnateur par nomination du capitaine-général de Saint-Domingue le 28 vendémiaire an XI.

Il servit de l'an II à l'an IX aux armées de l'Ouest, de Sambre-et-Meuse, d'Italie et d'Orient. Passé à Saint-Domingue, il y remplit les fonctions d'ordonnateur pendant les ans X et XI ; le premier Consul confirma sa dernière nomination par arrêté du 2 pluviôse suivant. Rentré en France, il fut nommé membre de la Légion-d'Honneur le 4 germinal an XII.

Il fit la campagne de l'an XII à l'armée des Côtes, celles de l'an XIII à 1808 aux armées d'Italie et de Naples. Le 14 novembre 1808, il abandonna la carrière administrative, et entra, à cette date, comme chef d'escadron dans le régiment des vélites à cheval de la garde de Joseph-Napoléon, alors roi des Deux-Siciles. Un décret impérial du 19 de ce mois l'autorisa à rester au service de ce prince. Il devint major de son régiment le 12 décembre de la même année, et colonel aide-de-camp du roi Murat le 28 février 1810.

Ayant donné sa démission du service de Naples le 15 décembre 1811, il fut réadmis au service de France le 11 janvier 1812 avec son grade de colonel, et placé à la tête du 9⁰ régiment *bis* de hussards, devenu le 12ᵉ, alors à l'armée d'Espagne, il le rejoignit.

A l'affaire de Barbastro, il enleva trois positions à l'ennemi, le poursuivit dans sa fuite, et le força à abandonner de nouveau et en désordre le lieu où il s'était rallié. Peu de temps après, il attaqua la colonne du général espagnol Saarfield, et, malgré la supériorité de ses forces, il la mit en pleine déroute.

Rentré en France au commencement de 1814, sa brillante conduite sous les murs de Lyon, contre l'armée autrichienne, les 11, 18 et 20 mars, lui mérita, le 3 avril, le brevet de général de brigade.

Louis XVIII le confirma dans ce grade le 9 juillet, le fit chevalier de Saint-Louis le 19 du même mois, et officier de la Légion-d'Honneur le 28 septembre suivant.

Appelé le 6 mars 1815 au commandement d'une brigade de l'armée organisée sous Paris pour arrêter la marche de l'Empereur, il suivit le mouvement des troupes sous ses ordres et se rangea sous le drapeau que Napoléon ramenait de l'île d'Elbe.

Le 31 du même mois, il était employé dans le 2ᵉ corps de l'armée du Nord.

La seconde Restauration ne lui tint pas longue rancune. Le ministre de la guerre le désigna, le 12 juillet 1818, pour être adjoint à l'inspection générale de la cavalerie stationnée dans la 12ᵉ division militaire (Nantes) : il remplit les mêmes fonctions l'année suivante.

Le 17 novembre 1824, il fut nommé membre de la commission de défense du royaume, et continua à être employé à à l'inspection des troupes.

A l'époque des événements de juillet 1830, le général Colbert commandait la 3ᵉ subdivision de la 8ᵉ division (Var), où il avait été appelé le 14 août précédent. Envoyé le 19 mars 1831 dans le département du Gard, il reçut le 20 avril suivant la croix de commandant de la Légion-d'Honneur. Il commandait le département de l'Hérault depuis le 29 juin 1835, lorsque le roi le nomma lieutenant-général, et le plaça, le 18 mai 1838, à la tête de la 13ᵉ division militaire.

Il est mort à Rennes dans l'exercice de son commandement, le 2 juin 1843.

Son nom est gravé sur l'arc de triomphe de l'Étoile, côté Ouest.

COLBERT (Auguste-Marie-François, comte), naquit à Paris, le 18 octobre 1777, entra de bonne heure et comme simple soldat, au service ; mais il ne tarda pas à devenir aide-de-camp de Grouchy, puis de Murat, et servit avec eux en Italie et en Égypte.

Il prit part successivement à l'affaire de Saléhieh et au siége de Saint-Jean-d'Acre, où il reçut une blessure très-grave.

De retour en France avec Desaix, Colbert passa en Italie et se conduisit avec distinction à Marengo. Ses faits d'armes lui méritèrent l'étoile de la Légion-d'Honneur qui lui fut accordée le 19 frimaire an XII, et le 3 nivôse suivant, il reçut sa nomination au grade de colonel du 10ᵉ régiment de chasseurs. Ce fut en cette qualité qu'il se distingua, l'année d'après, devant Ulm et à la bataille d'Austerlitz. Élevé au grade de général de brigade, l'Empereur le chargea presque aussitôt d'une mission importante à Saint-Pétersbourg.

En 1806, le général Colbert justifia la confiance que Napoléon avait en lui. L'immortelle bataille d'Iéna lui fournit l'occasion de déployer tout son courage et toute son habileté ; il donna dans cette journée des preuves de valeur, et nous lisons dans le 8ᵉ bulletin de la grande armée que, à la tête du 3ᵉ hussards et du 2ᵉ chasseurs, il fit sur l'infanterie ennemie plusieurs charges qui eurent le plus grand succès. A la fin de cette campagne, il épousa la fille du sénateur de Canclaux.

Au commencement de 1809, envoyé en Espagne, le général Colbert commandait la cavalerie d'avant-garde du corps du duc d'Istrie. Sur la route d'Astorga, non loin de Villa-Franca, il fit 2,000 prisonniers, s'empara de quelques convois de fusils et délivra des hommes tombés au pouvoir des Anglais. Ce succès fut le dernier qu'il obtint; car dans la même journée, le 3 janvier 1809, comme il faisait une reconnaissance avec quelques tirailleurs d'infanterie, il reçut une balle au front et tomba en s'écriant : « Je suis « bien jeune encore pour mourir ; mais « au moins ma mort est celle d'un soldat « de la grande armée, puisqu'en mou- « rant je vois fuir les derniers et les « éternels ennemis de ma patrie ! » On eût dit que Colbert avait le pressentiment de cette fin prématurée ; l'avant-veille de cette catastrophe, au moment où l'Empereur lui promettait de hautes destinées, il lui avait répondu : « Dépêchez- « vous, Sire, je n'ai que trente ans, il « est vrai, mais je suis déjà bien vieux. »

Par décret du 1er janvier 1810, Napoléon décida que la statue de Colbert, mort au champ d'honneur serait placée sur le pont de la Concorde. Ce projet ne fut point exécuté.

Son nom a été placé parmi ceux des guerriers qui décorent l'arc de triomphe de l'Étoile, côté Ouest.

COLLI-RICCI (Louis-Léonard-Gaspard-Venance), issu d'une famille noble du Piémont, naquit à Alexandrie, ancien département de Marengo, le 23 mars 1760.

Il entra dans le régiment de Montferrat en qualité d'enseigne, le 10 juin 1773, y devint sous-lieutenant-adjudant-major, le 10 juin 1774, lieutenant-adjudant-major, le 20 juillet 1775, et capitaine-lieutenant, le 2 mai 1781.

Le 27 juin 1786, il passa au régiment d'Acqui comme capitaine, et comme major au régiment de Mondovi, le 13 mars 1793. Il reçut le commandement du 2e bataillon de chasseurs, le 10 avril 1794, fut nommé lieutenant-colonel d'infanterie le 3 décembre de la même année, et chargé du commandement des troupes légères, le 10 mars 1797; avec le titre de chef d'état-major de la division auxiliaire réunie dans les environs de Novare.

Le 22 frimaire an VII, lors de la cession du Piémont, faite au Directoire par le roi Charles-Emmanuel IV, Colli passa au service de France.

Il avait fait les campagnes de 1792 à 1796 aux armées d'observation de Nice et de Tarano, sous le duc d'Aoste et sous les généraux Strassoldo et de Wins. En 1793, il avait concouru à la reprise des vallées du Var et de Tinée, et il était parvenu à opérer dans celle de la Stura, la jonction de 5,000 hommes qu'il commandait, du corps de Strassoldo, avec les troupes aux ordres de de Wins.

Le gouvernement lui avait accordé une pension et la croix de Saint-Maurice pour sa conduite à Rauss, le 6 avril 1794.

Le 16 du même mois, après l'enlèvement des postes de Tanarda et de Tanarella, il avait mis beaucoup d'habileté à couvrir la retraite par le col de Fenestrelle.

Blessé le 6 novembre en enlevant la redoute de l'Argentière, il l'avait encore été le 22 juin 1795, en forçant les trois camps au-dessus de Garessio, ce qui lui avait valu une seconde pension.

Enfin, après quelques autres faits militaires assez remarquables, quoiqu'il eût éprouvé de grandes pertes à la bataille de Mondovi, il avait obtenu, en 1798, une troisième pension pour ses succès contre les insurgés de Carino et de Montferrat.

Il prit rang dans l'armée française comme adjudant-commandant chef d'état-major. Nommé général de brigade le 16 floréal suivant; il servit sous Joubert et Moreau à l'armée d'Italie, dont il couvrit la retraite depuis Novi jusqu'à Pasturana.

A cette dernière affaire (28 thermidor), il reçut un coup de feu, deux coups de baïonnette et fut fait prisonnier. Ayant été échangé le 27 frimaire an IX, et envoyé de nouveau en Italie, il eut, le 12 germinal, un commandement dans la 27⁰ division militaire.

Promu général de division, le 27 fructidor an x; il se rendit, le 19 vendémiaire an XII, dans la 23ᵉ division militaire, dont il prit le commandement.

Membre et commandant de la Légion-d'Honneur les 19 frimaire et 25 prairial de la même année, il prit sa retraite le 21 mars 1806, et mourut à Alexandrie (Piémont), le 31 mars 1809.

Son nom figure parmi ceux des braves que l'on a gravés sur l'arc de triomphe de l'Étoile, côté Sud.

COLOCOTRONI (Théodore), général grec, né en 1769, dans le Péloponnèse.

Avant la Révolution grecque, il s'était acquis une grande réputation comme chef de partisans, on pourrait dire comme chef de bandits. Il se faisait remarquer surtout par son audace et par sa cruauté. Forcé de s'exiler, il prit tour à tour du service dans les armées de la Russie et de l'Angleterre.

Au moment où la Révolution grecque éclata (avril 1821), il habitait les îles Ioniennes, où il exerçait la profession de boucher; il s'embarqua alors, passa en Morée et devint un des chefs principaux de l'armée révolutionnaire.

Aussi habile que brave, il sut se défendre avec succès contre les attaques des Turcs, jusqu'à la bataille de Navarin; mais l'indépendance de la Grèce proclamée, il se montra l'un des ennemis les plus violents du roi Othon.

Accusé du crime de haute trahison, il fut condamné à mort; le jeune roi commua d'abord sa peine, puis lui accorda pardon complet et lui rendit ses grades, ses honneurs et ses propriétés.

Il mourut le 16 février 1843, âgé de 74 ans. Le jour de ses funérailles, il fut conduit à sa dernière demeure par la population d'Athènes, les troupes de la garnison, les dignitaires de l'État et les représentants des grandes puissances.

COMBES (Michel), né à Feurs (Loire), débuta dans l'art militaire à Austerlitz, et assista à la plupart des batailles de l'Empire.

Il était à Ulm, à Iéna, à Eylau, à Friedland, à Bautzen, et au mont Saint-Jean.

En 1831, lorsque la Romagne s'était insurgée contre le Saint-Siége, auquel elle demandait des réformes, impuissant à la réduire par ses propres forces, le pape implora l'appui de l'Autriche, et, à sa demande, six mille Autrichiens furent introduits à Bologne, le 28 janvier 1832.

Pour arrêter les suites de cette espèce d'invasion, le cabinet français résolut d'occuper Ancône. Un vaisseau, le *Suffren*, et deux frégates, l'*Artémise* et la *Victoire*, mirent à la voile, de Toulon, le 7 février 1832, sous les ordres du capitaine de vaisseau Gallois, et avec deux bataillons du 66ᵉ régiment, forts de 1,100 hommes, et commandés par le colonel Combes.

La division navale parut le 22 février en vue d'Ancône. La nuit venue, les dispositions sont faites pour le débarquement.

Une partie des troupes descend à terre à trois heures du matin, et marche sur la ville dont les portes étaient fermées. Une d'elles est enfoncée à coups de hache par les sapeurs du 66°, aidés de quelques matelots.

Les Français se précipitent dans la ville, partagés en deux colonnes, l'une dirigée par le colonel Combes, l'autre par un chef de bataillon. Les différents postes occupés par les soldats pontificaux sont désarmés, et à la point du jour toute la ville est au pouvoir des Français.

A midi, le colonel Combes se porte avec un bataillon à la citadelle, et somme le commandant de se rendre. Sur les réponses dilatoires de celui-ci, Combes s'écrie :

« Nous ne sommes point ici en enne-
« mis de Sa Sainteté; mais nous ne pou-
« vons permettre que les troupes autri-
« chiennes, qui sont en marche, vien-
« nent occuper la citadelle : de gré ou de
« force, il faut qu'elle soit à nous ! Voyez
« donc, commandant, si vous voulez
« prendre sur vous la responsabilité des
« hostilités qui vont s'engager entre le
« Saint-Siége et la France. Je vous
« donne deux heures pour délibérer sur
« ma demande. J'espère que votre déci-
« sion nous épargnera la douleur de voir
« tant de braves gens s'entr'égorger.
« Dans deux heures donc, la place ou
« l'assaut ! Soldat de la vieille garde, je
« n'ai jamais manqué à ma parole ! »

Ce langage et l'attitude du colonel Combes en imposèrent à la garnison, et, à trois heures de l'après-midi, il prenait possession de la citadelle.

Plus tard le colonel Combes fut envoyé en Algérie, où il commanda le 47° de ligne. Il prit part à presque toutes les affaires jusqu'à la prise de Constantine.

Le 13 octobre 1837, à 7 heures du matin, l'assaut de la place de Constantine fut ordonné. Dès que la première colonne, sous les ordres du colonel de Lamoricière, a dépassé la brèche, le colonel Combes s'élance pour la soutenir à la tête de la deuxième colonne. Il arrive sur la muraille, au moment même où une explosion terrible éclate et ravage les rangs des assaillants. Il prend aussitôt le commandement que le colonel de Lamoricière, blessé et privé de la vue dans l'explosion, cesse d'exercer.

Reconnaître l'état des choses, disposer ses hommes de manière à assurer la conservation du terrain déjà occupé, prescrire les mesures propres à agrandir le rayon d'occupation, déboucher dans la grande rue du Marché, et enlever une forte barricade, tout cela est pour Combes l'affaire d'un moment.

Mortellement atteint coup sur coup en plein dans la poitrine, il refuse de quitter le combat pour aller se faire panser, et continue encore à commander ses soldats. Après s'être assuré de la réussite complète du mouvement qu'il a ordonné, il se retire lentement du champ de bataille, et seul, calme et froid, comme sous le feu de l'ennemi, il regagne la batterie de brèche et vient rendre compte au général en chef et au duc de Nemours de la situation des affaires dans la ville. Son rapport terminé, il ajoute avec le plus grand sang-froid :

« Ceux qui ne sont pas mortellement
« blessés pourront se réjouir d'un aussi
« beau succès. Maintenant je vais à l'am-
« bulance, et si ma blessure n'est pas
« mortelle, je serai heureux de pouvoir
« verser encore mon sang pour mon
« pays. »

A le voir si ferme dans sa démarche, si naturel dans son attitude, si simple dans ses paroles, on n'aurait jamais supposé que ce fût là un homme quittant le lieu du carnage pour aller mourir. Le colonel Combes eut encore la force de retourner presque seul au bivouac de son régiment, et quelques minutes après, cette glorieuse victime était couchée sur son lit funèbre pour ne plus se relever.

Dans une visite que lui fit son ami, le général Boyer, Combes lui dit : « Mon « cher Boyer, reçois mes adieux ; tu diras « à Son Altesse Royale que je ne demande « rien pour ma femme, rien pour les « miens ; mais que, dans l'intérêt de mon « pays, je lui recommande quelques of- « ficiers de mon régiment dont voici les « noms... »

A peine le colonel avait-il achevé ces mots qu'il expira.

La piété des soldats pour leur chef a élevé à Constantine une tombe au brave colonel Combes. Ce monument, adossé à un marabout, regarde la porte Bad-el-Djédid et la brèche.

L'épitaphe suivante le décore :

Le 47ᵉ régiment de ligne,
A Michel Combes,
Son colonel,
Blessé à l'assaut de Constantine,
Le 13 octobre 1837, et mort le 15 du même mois.
Regrets éternels.

La ville de Feurs (Loire) avait décidé que la statue de Combes ornerait la principale place, et l'exécution en a été confiée au ciseau de M. Foyatier ; elle a été inaugurée le 16 octobre 1839.

Voici l'inscription gravée sur le monument, telle qu'elle a été arrêtée par l'Académie des inscriptions et belles-lettres :

A la mémoire
De Michel Combes, colonel du XLVIIᵉ régiment,
Qui monta sur la brèche de Constantine
A la tête de la seconde colonne d'assaut,
Continua de combattre et d'animer ses soldats,
Quoique blessé mortellement,
Et mourut après la victoire
Admiré de toute l'armée.
Cette statue
Est érigée dans sa ville natale ;

Et sous la base son cœur a été déposé
Par l'ordre
De Louis-Philippe Iᵉʳ, roi des Français.

Une loi du 18 mars 1840 a accordé à sa veuve une pension de 2,000 francs, à titre de récompense nationale.

COMPANS (Jean-Dominique, comte), né le 26 juin 1769, à Salière (Haute-Garonne). Il partit, comme volontaire, le 2 octobre 1789. Nommé capitaine dans le 3ᵉ bataillon des gardes nationales de son département, il se distingua aux armées des Alpes, d'Italie et des Pyrénées-Orientales. Devenu, en 1798 chef d'état-major de l'armée d'Italie, sa conduite dans tous les combats contre les Autrichiens et contre les Russes lui valut le grade de général de brigade. A Murazzo, à San Giacomo, à Montebello, il fit des prodiges de valeur, fut grièvement blessé à Austerlitz, et sut conquérir à Iéna le grade de général de division. Napoléon qui le regardait avec raison comme un de nos meilleurs généraux, ne tarda pas à lui donner d'autres témoignages de son estime, en le créant successivement grand-aigle de la Légion-d'Honneur, comte et grand-croix de l'ordre de la Réunion.

Compans continua à s'associer aux exploits de l'Empire, et il n'est guère de bulletins dans lesquels son nom n'ait été honorablement cité. Dans la campagne de Russie il faisait partie du corps du maréchal prince d'Eckmühl. Dans la retraite il fit des prodiges de valeur. A Lutzen il empêcha les Russes de déborder l'armée française ; à Bautzen, à Wachau, à Leipzig, il fit les plus héroïques efforts. Criblé de balles et de coups de sabre dans cette dernière bataille, il n'en prit pas moins part à la campagne de France et fut au rang des braves qui disputèrent le terrain pied à pied. Il arrêta pendant cinq jours l'armée alliée entre Sezanne et Meaux. C'est un des plus beaux faits de notre histoire militaire. Il vint ensuite prendre position à la butte de Beauregard, près de Belleville, et y fit tout ce qui dépendait de lui pour retarder la nécessité d'une capitulation. Napoléon ayant abdiqué, Compans dont l'habileté et le savoir égalaient la bravoure, fut nommé membre de la commission du contentieux de la guerre et appelé au conseil de la Guerre. Pendant les Cent-Jours il reprit les armes, et fut fait prisonnier à Waterloo ; peu de jours après il revint en France, et fut appelé à la Chambre des Pairs, le 17 août 1818.

Depuis plusieurs années, aux prises avec les infirmités, il s'était enseveli dans la retraite, lorsqu'il mourut, le 10 novembre 1845, à Blagnac près Toulouse, âgé de 77 ans.

Son nom est inscrit sur le côté Est de l'arc de triomphe de l'Étoile.

CONROUX (Nicolas, baron de Pépinville, né le 10 février 1770, à Douai (Nord), entra le 17 février 1786 dans le 6ᵉ régiment d'artillerie, où son père, Conroux (Germain), chevalier de Saint-Louis, était officier.

Il passa comme sous-lieutenant dans le 58ᵉ régiment d'infanterie le 22 août 1792, et lieutenant le 11 septembre suivant.

En 1793 il combattit à l'affaire d'Arlon avec la division commandée par le général Laage, et il prit part, en l'an II, à l'affaire de Kaiserslautern, au déblocus de Landau, à la reprise du Palatinat par le général Hoche, et à celle d'Arlon par l'armée de la Moselle.

Aide-de-camp du général Morlot le 5 floréal an II, il était à la bataille de Charleroi le 28 du même mois.

Dans cette journée, son général le chargea d'aller porter l'ordre de retraite à la 34ᵉ demi-brigade d'infanterie et au 14ᵉ régiment de dragons, qui allaient être cernés par l'ennemi.

Il se trouvait aussi, le 8 messidor an II, à la bataille de Fleurus, et aux journées de Juliers et de Maëstricht les 12 vendémiaire et 14 brumaire suivant.

Nommé capitaine de la 116ᵉ demi-brigade d'infanterie le 1ᵉʳ floréal, il fut employé à l'armée de Sambre-et-Meuse, et devint aide-de-camp du général Bernadotte le 1ᵉʳ brumaire an IV, et le 14 messidor il passa le Rhin avec l'armée française.

Il continua à servir sur le Rhin jusqu'en l'an V, époque à laquelle il passa avec son général à l'armée d'Italie. Il se trouva au passage du Tagliamento le 26 ventôse an V, et le 29 du même mois à la prise de Gradesca. Il obtint sur le champ de bataille le grade de chef de bataillon du 43ᵉ de ligne, et Bonaparte le cita avec éloges dans son rapport au Directoire exécutif.

Passé en qualité d'aide-de-camp auprès du général Championnet, commandant l'aile droite de l'armée d'Angleterre le 3 brumaire an VI, il fit partie des troupes qui s'opposèrent à une descente que les Anglais avaient tenté d'effectuer à Ostende.

Passé à l'armée de Naples, dont le général Championnet venait d'être nommé commandant en chef, il fut promu chef de brigade sur le champ de bataille le 10 pluviôse an VII, pour sa conduite distinguée lors de la prise de Naples; cette promotion fut confirmée, par arrêté du Directoire exécutif, le 17 thermidor suivant.

Il se signala encore à l'affaire de Fasano, et fut nommé adjudant-général sur le champ de bataille, par le général en chef de l'armée d'Italie, le 22 germinal an VIII, à l'affaire de Mondar. Cette nomination fut également confirmée par le premier Consul, le 30 germinal suivant, et le 3 floréal de la même année, il fut attaché en cette qualité à l'état-major de l'armée de l'Ouest, où il fit les campagnes des ans ix et x, sous les ordres du général en chef Bernadotte.

Le 21 floréal an x, Conroux adressa au premier Consul une demande pour obtenir le commandement d'un régiment de dragons ou de cavalerie. Cette demande contenait l'apostille suivante :

« Je *connois* l'adjudant-commandant Conroux depuis l'an ii, et j'ai été témoin, tant à l'armée de Sambre-et-Meuse qu'à celle d'Italie, de plusieurs faits éclatants qui l'ont fait distinguer. J'assure qu'il *justiffiera* d'une manière particulière la confiance du gouvernement, qui trouvera en lui talens pour l'administration d'un corps zélé et connaissances pour la discipline, ainsi qu'un absolu dévoûment. J. BERNADOTTE. »

A la suite de cette demande, l'adjudant-commandant Conroux fut placé, le 10 vendémiaire an xi, comme chef de brigade, à la tête de la 17e demi-brigade, devenue 17e régiment d'infanterie de ligne à l'organisation de l'an xii.

Employé à l'armée des côtes de l'Océan, sous les ordres du maréchal Davout, il fut créé membre de la Légion-d'Honneur le 19 frimaire an xii, et officier du même ordre le 25 prairial suivant.

Il faisait partie de la 1re division du 3e corps de la grande armée pendant la campagne de l'an xiv en Autriche. Le 9 brumaire, pendant la marche sur Ried et Haag, le 17e régiment de ligne, commandé par Couroux, engagea fortement l'action avec un corps russe dans les rangs duquel il mit quelque désordre, ce qui permit à la cavalerie française d'exécuter une charge qui compléta la déroute des Russes.

Nommé général de brigade le 3 nivôse an xiv, il eut un commandement en cette qualité au 7e corps de la grande armée le 25 février 1806, et fit la campagne de Russie.

Passé au commandement d'une brigade de la division de réserve des grenadiers Oudinot, le 9 novembre suivant, il prit une part glorieuse aux combats d'Ostrolenka, de Dantzig, d'Heilsberg et à la bataille de Friedland.

L'Empereur le nomma commandant de la Légion-d'Honneur par décret du 22 juin 1807, et le créa baron de l'Empire le 19 mars 1808, sous le nom de Pépinville.

Employé à l'armée d'Allemagne en 1809, et après s'être distingué à la bataille de Wagram le 6 juillet, il fut nommé général de division le 31 du même mois.

Employé en cette qualité à l'armée d'Anvers, le 24 août suivant, puis à celle du Nord le 26 septembre même année, il reçut l'ordre de se rendre à l'armée de Catalogne le 26 mars 1810, d'où il alla prendre le commandement de la 2e division du 9e corps de l'armée d'Espagne.

Le 27 juillet 1811, il remplaça le général Leval dans le commandement de la 4e division d'infanterie et de la 3e division de dragons. Le 31 mai 1812, le général espagnol Ballesteros passa la Guadalate entre Bornos et Arcos, et se porta sur le derrière de la position de Bornos, dans l'intention d'y surprendre les divisions aux ordres du général Conroux.

Mais le général Conroux, à la tête des 9e léger, 96e de ligne, un escadron du 5e chasseurs à cheval et un détachement du 2e de même arme, culbuta l'ennemi après lui avoir pris 600 hommes, 4 pièces de canon et deux drapeaux, et le força à repasser la Guadalate.

Le 10 novembre 1813, le général

Wellington déboucha avec un corps de 30,000 hommes derrière la montagne de la Rhune, et tomba sur la division Conroux qui défendait cette montagne, la redoute Sainte-Barbe et le camp de Sarre. Après la résistance la plus vive, la redoute fut prise par les ennemis.

Les troupes qui occupaient le sommet de la Rhune, voyant l'ennemi maître de ces retranchements, craignirent d'être forcées à leur tour, et, sans attendre d'ordre, elles abandonnèrent leur poste et descendirent dans la plaine; le reste de l'armée française fut bientôt forcé de battre en retraite.

Les ouvrages de seconde ligne construits en arrière d'Ascain, furent presque aussitôt enlevés par l'ennemi, et ce fut en les défendant que le brave Conroux tomba grièvement blessé d'une balle dans la poitrine.

Transporté à Saint-Esprit, près de Bayonne, il y mourut le lendemain 11 novembre 1813.

Son nom est gravé sur l'arc triomphal de l'Étoile, côté Est.

CORBET (Guillaume), général, commandeur de l'ordre de la Légion-d'Honneur et de l'ordre grec du Sauveur, né en Irlande, le 17 juillet 1779.

Naturalisé Français le 27 décembre 1814, il avait fait vingt campagnes dans les rangs de l'armée française et avait obtenu ses grades et décorations sur les champs de bataille.

Mis en non-activité sous la Restauration, il reprit du service à l'expédition de la Morée qu'il avait lui-même conseillée au gouvernement.

A son arrivée en Grèce, il fut nommé gouverneur des forteresses de la Messénie, puis de Nauplie, où régnait la plus affreuse anarchie. Le général Corbet sut rétablir l'ordre. La garnison française d'Argos ayant été assaillie un jour par les bandes de Colocotroni et autres chefs vendus à la Russie, Corbet s'y rendit aussitôt, battit les Palycares et leur tua 300 hommes.

A son départ pour la France, les primats de la Grèce lui offrirent un sabre d'honneur et une adresse.

Le général Corbet fut nommé alors au commandement du département du Calvados.

CORBIN (Joseph-Louis), né à Rennes (Ille-et-Vilaine). Son père, enseigne de vaisseau, servit sous la République et l'Empire, et fit partie de la marine de la garde. A la bataille de Bautzen, ayant eu un commandement dans l'artillerie de marine, qui, dans cette journée, acquit tant de gloire, il reçut trois blessures et mourut peu de jours après.

Le jeune Corbin sortit du lycée Napoléon en 1810, à l'âge de 17 ans, pour entrer dans les vélites, chasseurs à cheval, de la garde impériale; mais son peu de fortune lui laissant peu d'espoir d'avoir de l'avancement dans la cavalerie, il entra dans l'infanterie. Sous-lieutenant au 132e de ligne en 1813, il passa par tous les grades et fut promu colonel du 17e d'infanterie légère, le 18 mai 1833.

Le colonel Corbin fit la guerre six ans en Afrique et prit part à toutes les expéditions. Plus d'une fois on lui confia le commandement d'une brigade.

Au siége de Constantine en 1837, il commanda une des colonnes d'assaut, et lorsque les colonels Combes et Lamoricière furent mis hors de combat, le maréchal Vallée lui remit le commandement des troupes, qui marchèrent à la brèche, et de celles qui étaient déjà dans la place. Après une heure et demie de combat dans l'intérieur de la ville, pendant lesquelles il eut plusieurs officiers tués et blessés près de lui, M. Corbin s'empara des quartiers principaux, vainquit l'ennemi sur tous les points, et vint annoncer au général en chef la soumission entière de la garnison et des habitants.

Proposé, pour la seconde fois, pour le grade de maréchal de camp, il fut refusé sous prétexte qu'il était trop jeune. On lui accorda seulement la croix de commandeur de la Légion-d'Honneur qu'il avait gagnée sur la brèche d'une place emportée d'assaut.

Le 22 novembre 1839, il fut enfin promu au grade de général de brigade.

Il commande aujourd'hui une brigade d'infanterie à Paris.

CORBINEAU (Claude-Louis-Constant-Esprit-Juvénal-Gabriel), général de brigade, naquit à Laval (Mayenne), où son père était commissaire inspecteur des haras.

Il n'avait pas encore atteint sa seizième année, lorsqu'il fut admis, le 9 février 1788, dans la maison militaire du roi, en qualité de gendarme avec rang de sous-lieutenant, dans la compagnie des gendarmes de la Reine. Mais il n'y servit pas longtemps et fut réformé avec ce corps le 1er avril suivant.

Rappelé au service comme sous-lieutenant au 3e régiment de dragons le 15 septembre 1791, il fut nommé adjoint à l'état-major général de l'armée du Nord le 1er janvier 1792, passa en qualité d'aide-de-camp auprès du général Harville le 5 octobre, et obtint le grade de lieutenant dans le 3e de dragons le 12 du même mois. Il fit avec honneur les campagnes de 1792 aux armées du Nord et de la Moselle, fut promu au grade de capitaine le 4 mai 1793, et combattit sous les ordres de Dumouriez en Belgique.

Employé à l'armée du Nord pendant les ans II et III, il se signala par son audace et son intrépidité le 25 vendémiaire an II, à la bataille de Wattignies, où il fut blessé de plusieurs coups de sabre, dont un sous l'aisselle, deux à la tête et les autres au bras droit.

Au combat qui eut lieu près de Beaumont, le 7 floréal suivant, il exécuta plusieurs charges vigoureuses contre l'infanterie ennemie et reçut un coup de feu à la cheville du pied gauche.

Vers la fin de l'an III, il fut envoyé à l'armée de Sambre-et-Meuse, où il servit pendant une partie de l'an IV, et ayant été nommé chef d'escadron à l'état-major du général en chef Hoche le 1er floréal an IV, il alla rejoindre l'armée des côtes de l'Océan dans la Vendée, où il acheva la campagne de cette année.

Passé comme chef d'escadron dans la cavalerie de la légion des Francs le 10 vendémiaire an V, il fit partie de l'expédition d'Irlande, après laquelle il retourna à l'armée de Sambre-et-Meuse, dont le général Hoche alla prendre le commandement.

Incorporé avec sa compagnie dans les guides du général en chef Augereau le 1er brumaire an VI, il servit à l'armée d'Allemagne jusqu'au 10 thermidor suivant, époque à laquelle il fut amalgamé avec le 7e régiment de hussards, en vertu de l'arrêté du Directoire exécutif du 9 ventôse précédent, et fit alors partie de l'armée d'Helvétie.

Le 17 ventôse an VII, il se distingua au combat de Coire, où le corps autrichien du général Auffenberg fut mis en déroute, et sa brillante conduite pendant cette campagne ayant particulièrement fixé sur lui l'attention du général en chef Masséna, il fut nommé sur le champ de bataille chef de brigade du 5e régiment de chasseurs à cheval le 5 fructidor de cette même année.

Confirmé dans son grade pour commander provisoirement le régiment le 27 vendémiaire an VIII, il en devint titulaire par arrêté du 21 pluviôse suivant.

Il continua de servir avec la même

distinction pendant les ans VIII et IX aux armées du Danube et du Rhin, et combattit vaillamment à Hohenlinden, où il reçut deux coups de feu dont l'un l'atteignit à la hanche droite, et l'autre lui traversa la cuisse du même côté.

Après la cessation des hostilités, il alla tenir garnison à Mayence et à Coblentz pendant les ans X et XI, et fut employé à l'armée de Hanovre, sous les ordres de Bernadotte, pendant les ans XII et XIII.

Créé membre de la Légion-d'Honneur le 19 frimaire an XII et officier le 25 prairial suivant, il fut nommé écuyer cavalcadour de l'Impératrice par décret du 15 ventôse an XIII, en conservant le commandement de son régiment.

Il fit partie en l'an XIV de la brigade de cavalerie légère, commandée par le général Van Marisy, de la 2e division du 1er corps de la grande armée.

Le 19 vendémiaire an XIV, dans la marche du corps d'armée sur Munich, il s'empara des bagages de plusieurs généraux autrichiens et fit une centaine de prisonniers. Le 20, il entra à Munich à six heures du matin et chassa l'ennemi auquel on avait déjà fait 800 prisonniers.

Le 5 brumaire, au passage d'Inn, il poursuivit vivement l'ennemi et lui prit quelques hommes. A Austerlitz, il se couvrit de gloire, et mérita la décoration de commandant de la Légion-d'Honneur qui lui fut conférée par décret du 4 nivôse an XIV. Le 31e bulletin de la grande armée s'exprime en ces termes sur le compte de ce brave officier supérieur : « Le colonel Corbineau, écuyer de l'Empereur, commandant le 5e régiment de chasseurs, a eu 4 chevaux tués sous lui; au cinquième, il a été blessé lui-même, après avoir enlevé un drapeau. » Il donna de nouvelles preuves de son dévouement pendant la campagne de Prusse, et fut nommé général de brigade le 12 septembre 1806.

Parti de Pulstuck avec trois régiments de cavalerie légère pour se mettre à la poursuite de l'ennemi, il arriva le 1er janvier 1807 à Ostrowiecz, après avoir occupé Brock. Pendant sa marche, il fit à l'ennemi 400 prisonniers et lui enleva plusieurs voitures de bagages.

C'est en qualité d'aide-de-camp de l'Empereur qu'il fit la campagne de 1807; mais il ne remplit pas longtemps ces honorables fonctions, car il trouva une mort glorieuse sur le champ de bataille d'Eylau le 8 février 1807. Il fut *enlevé par un boulet*, dit le 68e bulletin, au moment où il allait porter un ordre de l'Empereur.

Son nom est glorieusement inscrit sur les tables de bronze au Musée de Versailles et sur la partie Ouest de l'arc de triomphe de l'Étoile.

CORBINEAU (Jean-Baptiste-Juvénal, baron, puis comte), né à Marchiennes (Nord), le 1er août 1776. Son père, inspecteur des haras, le destina à la carrière militaire; à peine âgé de 15 ans, il répondit à l'appel de la patrie et fut bientôt nommé sous-lieutenant au régiment de Berri-Cavalerie.

Lors de la formation de la garde impériale, M. Corbineau, dont le frère était aide-de-camp de l'Empereur, fut nommé capitaine des chasseurs; il reçut le grade de chef d'escadron à Eylau, où son frère fut emporté par un boulet, et fut appelé au commandement du 20e dragons avec lequel il passa en Espagne et se distingua en diverses occasions, notamment sous les murs de Burgos.

En 1809, M. Corbineau était à Wagram et y fut blessé. Il commanda la 6e brigade de cavalerie à la campagne de Russie, se trouva un moment coupé du reste de l'armée et ne dut son salut qu'à l'habileté de ses manœuvres, ou, selon quelques-uns, aux secours qu'il reçut du général bavarois de Wrède. C'est dans cette circonstance que le général Corbineau découvrit un point guéable de la Bérésina, qu'il dut indiquer plus tard à Napoléon. L'Empereur l'en récompensa en l'attachant à sa personne, en qualité d'aide-de-camp; toutefois le général conserva le commandement de sa brigade de cavalerie légère qui fit des prodiges à Kulm, le 30 août 1813. La conduite de M. Corbineau, en cette circonstance, lui mérita le grade de général de division.

Pendant la campagne de 1814, le général Corbineau fut un des aides-de-camp qui sauvèrent la vie à l'Empereur surpris, le 30 janvier, par une nuée de Cosaques, entre Brienne et Mézières. On a aussi attribué ce fait au général Gourgaud.

Le 30 mars, il reprit Reims occupé par l'armée russe, avec deux divisions de cavalerie seulement et huit pièces de canon; nommé gouverneur de la place, il la défendit le 8 et le 9 contre les attaques réitérées du général russe de Saint-Priest. Il n'avait avec lui que 200 hommes de garnison et la garde nationale qui combattit avec beaucoup de courage; cette glorieuse défense sauva momentanément l'armée et valut à Corbineau la croix de grand officier le 23 mars 1814.

Louis XVIII nomma Corbineau chevalier de Saint-Louis le 19 juillet 1814. Pendant les Cent-Jours, il reprit son service d'aide-de-camp de Napoléon et en reçut une mission spéciale pour Lyon, dont il s'acquitta avec le plus grand zèle, mais en militaire plus qu'en diplomate.

Le général Corbineau était à Waterloo aux côtés de l'Empereur au moment où il fut contraint de se jeter, ainsi que Ney et Soult et plusieurs généraux, dans le carré commandé par Corbineau.

M. Corbineau fut mal vu par les Bourbons jusqu'en 1825 et fut mis à la retraite à cette époque, avec défense de porter l'uniforme. La révolution de 1830 le releva de cet interdit; il fut chargé de la 16e division militaire (Lille), et plus tard créé pair de France (3 mai 1838).

C'est lui qui, le 6 août 1840, a fait arrêter à Boulogne le prince Louis-Napoléon, aujourd'hui président de la République française.

Le nom du général Corbineau est inscrit sur l'arc de triomphe de l'Étoile, côté Ouest. Mort à Paris en 1849.

CORRÉARD (Frédéric), né à Poyols (Drôme), le 9 septembre 1789, entra dès 1808 dans les dragons de la garde impériale en qualité de vélite; il fit la campagne d'Autriche, et combattit avec distinction à Essling et à Wagram où il eut un cheval tué sous lui.

Nommé en 1811 sous-lieutenant au 17e de son arme, il passa en Espagne où il gagna le grade de lieutenant et la croix d'Honneur sur le champ de bataille (1er mars 1813), ayant été l'un des premiers à enfoncer un carré ennemi.

Appelé en France en 1813, avec le grade d'adjudant-major, il se distingua, le 24 février 1814, dans une affaire contre les Autrichiens près de Troyes.

Adjudant-major en 1814 au premier régiment de dragons (dragons du Roi), il devint capitaine en juin 1815 et fut licencié après les désastres de Waterloo.

Le 3 janvier 1816, il fut appelé aux dragons du Doubs en qualité de capitaine adjudant-major, et fut incorporé en 1821 dans les hussards du Jura avec le grade de chef d'escadron major, et fut nommé, peu après, chevalier de Saint-Louis.

Le 12 août 1830, M. Corréard fut nommé lieutenant-colonel au 15e chasseurs (devenu 10e), d'où il passa plus tard au 3e des chasseurs d'Afrique avec le grade de colonel. Il prit part à l'expédition de Constantine où le 3e chasseurs se distingua par sa bravoure et sa grande résignation.

Rappelé en France après la campagne, M. Corréard prit le commandement du 4ᵉ chasseurs. Il était officier de la Légion-d'Honneur depuis 1831.

Le 22 avril 1847, il a été promu au grade de général de brigade et commande aujourd'hui (août 1849) la deuxième subdivision de la 6ᵉ division militaire.

Il est commandeur de la Légion-d'Honneur.

CORVISART – DESMARETS (Jean-Nicolas, baron), fils d'un procureur au parlement de Paris, naquit à Dricourt (Ardennes), pendant l'exil du parlement, le 15 février 1755; il fit ses humanités au collége Sainte-Barbe. Entraîné vers l'art de guérir, malgré les désirs de son père qui le destinait au barreau, il commença ses études médicales sous les célèbres professeurs de l'Hô'el-Dieu, et fut reçu en 1782 docteur-régent de la Faculté. Il se livra alors à l'enseignement. Médecin des pauvres de la paroisse Saint-Sulpice et suppléant de Desbois de Rochefort à l'hôpital de la Charité, il remplaça ce médecin célèbre en 1788. Il continua les leçons de Desbois d'une manière si brillante que, lors de la création de l'École de médecine, instituée par décret du 14 frimaire an III, il obtint la chaire de clinique interne de cette École. Deux ans après, il était professeur de médecine pratique au collége de France.

En l'an X, le premier Consul l'attacha à son service personnel, et, dès cette époque, il ne garda plus que le titre de professeur honoraire de la Faculté de médecine et du collége de France.

Membre et officier de la Légion-d'Honneur les 26 frimaire et 25 prairial an XII, il devint baron de l'Empire à l'institution de la nouvelle noblesse en 1808, et fit partie de la première nomination des commandeurs de l'ordre de la Réunion le 29 février 1812. L'Empereur l'aimait et l'appelait quelquefois auprès de lui pendant ses campagnes.

Admis à l'Académie des sciences en 1811 et à l'Académie de médecine en 1820, il appartint à presque toutes les sociétés savantes de l'Europe.

Il est mort à Paris le 18 septembre 1821, laissant quelques ouvrages estimés. Napoléon avait dit de lui : « C'est un honnête et habile homme. »

COSMAO (Julien-Marie, baron), né à Chateaulin (Finistère), le 27 novembre 1761, débuta dans la marine par une croisière dans les colonies; il avait alors 15 ans. En 1781, il prit part à deux combats sur le brick *l'Hirondelle*, et se fit remarquer par son intrépidité. Nommé lieutenant de frégate vers la fin de cette campagne, et capitaine de vaisseau le 4 avril 1793, alors qu'il commandait *le Tonnant*, il s'empara de la frégate anglaise *l'Alceste*, et le 23 ventôse an III, sur le même vaisseau, il se trouva, lui quatrième, exposé pendant trois heures et demie au feu de la flotte ennemie. Le 3 messidor suivant, à la tête d'une division, il combattit avec non moins d'intrépidité contre des forces supérieures dans le golfe de Fréjus. Constamment employé pendant toute la durée des guerres de la République à d'importantes et périlleuses missions, il fut nommé légionnaire et officier de l'Ordre les 15 pluviôse et 25 prairial an XII, et prit au commencement de l'an XIII le commandement du *Pluton*. Ce fut lui qui opéra, le 13 prairial, le débarquement des troupes chargées de l'attaque de l'îlot du Diamant. Pendant son retour, attaqué le 3 thermidor par la flotte de l'amiral Culder, il soutint le combat le plus acharné : le vaisseau espagnol *le Fermo*, serre-file de ceux de sa nation, démâté de son mât d'artimon, de son grand mât et de son petit mât de hune, allait tomber au milieu des bâtiments anglais, lorsque Cosmao, par une belle et audacieuse manœuvre, vint le couvrir par le travers, et s'exposer ainsi aux terribles effets de plus de 100 pièces vomissant la mitraille et les boulets. A Trafalgar, il soutint dignement sa réputation ; il manœuvrait de manière à empêcher l'ennemi de couper notre ligne de bataille, secourant ceux de nos vaisseaux par trop pressés, et quand la victoire se déclara pour Nelson, il rallia les débris de notre flotte, et, toujours combattant, il les réunit dans la baie de Rota. Il obtint pour récompense, du gouvernement espagnol, la grandesse de 1re classe, et de l'Empereur le grade de contre-amiral. Investi quelque temps après du commandement d'une escadre dans la Méditerranée, il ravitailla la place de Barcelone en vue d'une flotte anglaise considérable et lui livra d'honorables combats les 5 novembre 1813 et 10 février 1814.

Commandant de la Légion-d'Honneur depuis le 7 avril 1812, il devint chevalier de Saint-Louis le 5 juillet 1814. Pair de France, préfet maritime à Brest pendant les Cent-Jours, il prit sa retraite en 1816 et mourut à Brest le 17 février 1825.

COURIER (Paul–Louis), ou plus exactement Paul-Louis Courier de Méré, né à Paris le 4 janvier 1773.

Son père, qui vivait retiré dans ses terres, l'envoya à Paris pour y faire des études propres à lui ouvrir la carrière du génie militaire.

Ce jeune homme, qui s'était livré par goût à l'étude de la langue grecque, suivait les leçons de grec du collége de France, de préférence à celle des mathématiques ; cependant il subit ses examens, et le 6 octobre 1792 il fut admis élève sous-lieutenant à l'école d'artillerie de Châlons ; il en sortit le 1er juin 1793 lieutenant au 7e régiment de l'arme.

Il servit d'abord à l'armée de la Moselle, ensuite à celle du Rhin, puis, le 11 messidor an III, au camp devant Mayence il reçut son brevet de capitaine en second.

Le chagrin qu'il éprouva de la mort de son père, arrivée à cette époque, lui fit quitter brusquement l'armée ; mais, quelque temps après, réconcilié avec le ministre par l'influence de ses amis, il fut envoyé à Alby pour présider à la réception des boulets fournis à l'État par les forges de la contrée.

Envoyé en germinal an VI à l'armée d'Angleterre, et attaché à l'état-major d'un général d'artillerie, il visita les côtes du Nord, et, pendant un assez long séjour à Rennes, il ébaucha l'*Éloge d'Hélène*, imité plutôt que traduit d'Isocrate ; il arriva l'année suivante à l'armée d'Italie, au moment où les Napolitains évacuaient Rome, et manqua d'être tué au siége de Civita-Vecchia en parlementant avec les assiégés.

Il y courut un danger plus grand encore, lorsqu'à leur tour les Français abandonnèrent la cité papale.

Ce jour-là, étant allé visiter pour la dernière fois la bibliothèque du Vatican, il s'y oublia, et n'en sortit qu'à nuit close. Cette circonstance eût été favorable à sa sûreté, si, passant devant la lampe d'une madone, son uniforme ne l'eût trahi. Assailli par le cri de : *Morte al Giacobino*, il eût été infailliblement massacré, quand un coup de feu dirigé sur lui, au lieu de l'atteindre, frappa une vieille femme à ses côtés. Profitant de cet accident pour s'éloigner, il gagna son logement ; le lendemain, son ami Chiaramonte le conduisit au château Saint-Ange, dont les Français étaient maîtres. Transporté à Marseille sur une escadre anglaise avec la garnison de cette forteresse, Courier, dont la santé s'était altérée pendant son séjour en Italie, demanda de l'emploi à la direction d'artillerie de Paris, faveur que le ministère lui accorda le 17 germinal an VIII.

Nommé capitaine en premier le 11 germinal an X, et appelé à son corps, alors à Strasbourg, il y entretint une correspondance active avec l'helléniste Clavier et d'autres savants tant français qu'allemands.

Pendant ce temps, ses anciens camarades de l'École de Châlons, Duroc et Marmont s'occupaient de son avancement.

Ce fut en effet à leurs sollicitations que, le 6 brumaire an XII, le premier Consul le nomma chef d'escadron du 1er régiment d'artillerie à cheval en garnison à Florence.

Membre de la Légion-d'Honneur le 25 prairial an XII, il alla le 15 thermidor commander à Tarente 2 compagnies de son régiment, qui servaient à l'armée de Naples, et fit les campagnes des ans XIII et XIV sous les généraux Gouvion-Saint-Cyr et Reynier.

Chef d'état-major de l'artillerie du corps établi en Calabre le 19 vendémiaire an XIII, il remplit diverses missions que la situation du pays rendait souvent périlleuses.

En effet, à plusieurs reprises, il tomba entre les mains des Calabrais insurgés.

« Pour m'en tirer, il a fallu plusieurs miracles, » mande-t-il à M. de Sainte-Croix. « Une fois, ajoute-t-il, pour éviter pareille rencontre, je montai sur une barque, et ayant forcé le patron de partir par le mauvais temps, je fus emporté en pleine mer. Nos manœuvres furent belles. Nous fîmes des oraisons, nous promîmes des messes à la Vierge et à saint Janvier, tant qu'enfin, me voilà encore. »

Pendant la campagne de l'an XIV, il se signala à la bataille de San-Euphemia, et, à la tête d'un faible détachement, il battit à Cosenza une bande considérable d'insurgés.

C'était assez guerroyer, du moins pour lui, et nous le retrouvons au commencement de 1807 à Naples, traduisant les *Traités de Xénophon*, sur le commandement de la cavalerie et sur l'équitation, et vérifiant les préceptes d'hippiatrique de son auteur en galopant sans selle ni bride, sur un cheval sans fers; puis de Naples il court à Rome, qu'il quitte pour Florence, Brescia et Milan, explorant les bibliothèques, et causant avec les érudits, sans souci des devoirs de sa profession, et oubliant qu'il a ordre de se rendre sans retard à l'armée d'Italie.

Aussi, arrivé à sa destination, le 5 février, fut-il mis aux arrêts sans appointements.

Appelé le 5 mars suivant à Livourne, en qualité de sous-chef d'état-major d'artillerie, las de demander inutilement un congé, il finit par envoyer sa démission, que l'on accepta le 10 mars 1809; mais, à peine de retour à Paris, il regrette sa démarche, sollicite sa réintégration, et heureux de l'avoir obtenue provisoirement, il part en toute hate, oublie d'acheter un cheval, et assiste à pied à la bataille de Wagram.

« J'étais, en outre de cela, fort malade, écrit-il au général Gassendi, je me traînai cependant aux batteries de l'île d'Alexandrie, où je restai tant qu'elles firent feu. Les généraux me virent et me donnèrent des ordres, et l'Empereur me parla. »

Il quitte encore une fois l'armée, et gagne en toute hâte l'Italie. Mais, incorporé le 6 juillet dans le 2e d'artillerie à cheval, il s'était mis dans le cas d'être traité en déserteur, ce dont on le menaça; il s'attira, d'un autre côté, une non moins méchante affaire, en faisant, sans autorisation du préfet, imprimer à Rome une lettre adressée à M. Renouard, son libraire, dans laquelle il lui racontait des circonstances de sa querelle avec le sous-bibliothécaire de San-Lorenzo de Florence, qui l'accusait d'avoir sciemment maculé d'une tache d'encre une page d'un manuscrit du roman de Longus, *Daphnis et Chloé* : aussi eut-il deux ministres à ses trousses; mais l'Empereur, sur ce qu'on lui dit d'un officier retiré à Rome, qui faisait du grec, ordonna qu'on le laissât tranquille.

Nous ne suivrons pas Paul-Louis Courier dans ses courses scientifiques à travers l'Italie; il était à Paris en 1812, traduisant force grec, jouant à la paume, et passant les beaux jours, tantôt en Touraine, tantôt à Saint-Prix, dans la vallée de Montmorency.

Vivement affecté par les événements de 1814, il voulait quitter Paris pour toujours, mais un sentiment tendre l'y retint, et, le 12 mai, il s'unit à la fille aînée de M. Clavier.

C'est vers cette époque qu'il commença la publication de ses pamphlets.

Le plus vif intérêt s'attacha à Courier dès qu'il parut. Aussi avait-il tout ce qu'il faut pour se rendre populaire : une grande liberté d'opinion, une originalité piquante dans les formes du style, il faut dire aussi cette audace satirique qui fait jouir les petits de l'humiliation des grands, surtout cet art de rendre la vérité accessible à tous, simple, et, comme il disait, *vulgaire et villageoise*.

Dans quelques-uns de ces petits écrits où Courier mettait tant d'art à n'en pas laisser paraître, et réunissait si bien à cacher la malice de sa pensée sous une certaine bonhomie d'expression, l'écrivain disparaît. C'est Paul-Louis, bon paysan de la Touraine, qui cause avec ses voisins de son bois de Larçay, de ses vignes de Véretz; prenant de là occasion pour leur donner, en leur langage, une leçon non pas d'agriculture (ce qui l'eût peut-être embarrassé un peu), mais de morale et de politique.

C'est aussi Paul-Louis qui rédige la gazette de son village, toute innocente, si vous l'en croyez, et faite seulement pour les bonnes gens qui demeurent entre le *Pont-Clouet et le Chêne-Fendu*. Elle donne les nouvelles des champs : « les rossignols chantent et l'hirondelle arrive; » les détails et la vie rustique, comme M. l'abbé Delille, « Les vaches ne se vendent point. Les filles étaient chères à l'assemblée de Véretz, les garçons hors de prix. On n'en saurait avoir. Tous et toutes se marient à cause de la conscription. Deux cents francs un garçon, sans le denier à Dieu, sabots, blouse et un chapeau pour la première année. Une fille vingt-cinq écus. La petite Madelon les refuse de Jean Bedout, encore ne sait-elle boulanger ni traire. » Ailleurs, c'est l'histoire, oh! bien triste, d'Urbain Chevrier et de Rose Deschamps. Le bon journaliste en pleure.

Mais une gazette, même au village, ne peut toujours vivre de cette innocente vie. *Tout faiseur de journal doit tribut au malin.* Celle-ci d'ailleurs est de l'opposition, et, comme telle (ainsi que le disait Boileau, qui pouvait le savoir), *un peu née pour être mécontente.* Son rôle est de faire la méchante, la grosse voix, l'air grondeur. Point de ministres à la vente entre le *Pont-Clouet et le Chêne-Fendu*, et c'est dommage, mais on a le maire, faute de mieux.

« M. le maire est le télégraphe de notre commune : en le voyant on sait tous les événements. Lorsqu'il vous salue, c'est que l'armée de la Foi a reçu quelque échec; bonjour de lui veut dire une défaite là-bas. Passe-t-il droit et fier? la bataille est gagnée; il marche sur Madrid, enfonce son chapeau pour entrer dans la ville capitale des Espagnes. Que demain on l'en chasse, il nous embrassera, touchera dans la main, ami comme devant. D'un jour à l'autre il change, et du soir au matin est affable ou brutal. Cela ne peut durer, on attend des nouvelles, et, selon la tournure que prendront les affaires, on élargira la prison ou les prisonniers. »

Mais on dirait que, pour se venger de la *Gazette*, le maire en a fait le journal de la mairie. Voici bien la gravité officielle. On dirait des nouvelles de la cour dans le *Moniteur*. « M. le maire a entendu la messe dans sa tribune. Après le service divin, M. le maire a travaillé dans son cabinet avec M. le brigadier de la gendarmerie, ensuite de quoi ces messieurs ont expédié leur messager, dit le Bossu, avec un paquet pour M. le préfet en main propre. Nous savons cela de bonne part, et que le porteur doit revenir avec la réponse ou le reçu, même on l'a vu passer près de la Ville-aux-Dames, où il a bu un coup. Quant au contenu des dépêches, rien n'a transpiré; on soupçonne qu'il s'agit de quelques mauvais sujets qui veulent danser le dimanche et travailler le jour de Saint-Gilles.

« Madame, femme de M. le maire, est accouchée d'un gentilhomme, au son des cloches de la paroisse. »

Telle est la *Gazette* du village, moqueuse sans amertume, quelquefois naïve comme une fable du bonhomme. Ailleurs, au lieu de cette gaîté douce, de cet aimable enjouement, ce sera une humeur bouffonne et folle, comme dans la pièce diplomatique et dans quelques passages de la lettre à M. Renouard, ou plus souvent cette ironie aiguë comme la satire de Juvénal et de Gilbert, qui n'épargne rien dans la guerre qu'elle *croit* ne faire qu'aux préjugés : terrible à l'Académie qui le refuse, aux concurrents coupables de lui avoir été préférés, payant en sanglantes épigrammes ce qu'il doit de persécutions aux puissants du jour, et quelquefois touchant ses amis eux-mêmes de son arme seulement à demi émoussée.

Quelques années plus tard, il empruntait la même forme pour un tout autre sujet. Comme il s'était voué à la défense de tous les droits, il en réclamait un, « antique, se plaisait-il à dire, légitime, acquis et consacré par les premières lois de la raison et du bon sens; » le droit, pour les filles et les garçons d'Azay, de danser sur la place publique, non plus même (car il n'était pas homme à transiger) au son de la musette, comme Guillot et Perrette dans le refrain tourangeau, mais au violon, noblement, comme à la cour de Louis XIV. Paul-Louis n'avait pas, pour son compte, grand intérêt à la question : « Peut-être, dit-il quelque part, n'aurais-je pas dansé s'il m'eût été permis. » Et je le crois bien. Mais il parlait pour son village, du reste, prenant la chose assez gaîment. Tout le monde ne la prit pas ainsi. Quelques boutades faillirent lui coûter cher, mais il en fut quitte pour une simple réprimande; et, malgré les fulminantes réquisitions de l'accusateur, *homme impayable*, disait Courier, *et qui, par son adresse, eût fait mettre en prison les sept sages de la Grèce*, cette fois la condamnation manqua.

Quelque temps auparavant, il n'avait pas été aussi heureux. Son *simple discours* lui avait valu deux mois de prison et 200 francs d'amende. C'était à l'occasion de la souscription proposée pour l'acquisition du domaine de Chambord.

Courier était de ces esprits difficiles qui ne croient pas à la liberté des cadeaux faits aux princes, et qui trouvent un air de tribut aux plus volontaires, aux plus amoureuses offrandes. Venant de bas en haut, toute libéralité leur paraît suspecte. Ils ne donnent pas, disent-ils de nous, ils demandent.

Défiant comme tous les philosophes de cette école, Courier prétendait que ceux qui voulaient des terres et des châteaux pour un enfant, songeaient moins à lui qu'à eux-mêmes. On disait bien : C'est pour fêter une royale naissance; mais il demandait à la fêter gratis. « Nous gêner, disait-il au conseil de sa commune, et augmenter nos dettes pour donner au jeune prince une chose dont il n'a pas besoin! N'avons-nous pas nos chemins, nos pauvres, notre église, et, s'il nous reste quelque chose, le pont de Saint-Avertin?... Douze mille arpents de terre en clos que contient le parc de Chambord, c'est un joli cadeau à faire à qui les saurait labourer. »

Ainsi disait-il, sage s'il n'eût dit autre chose. Mais il était causeur. Qui dit le prince, songe à la cour. Courier voulait en donner, en passant, sa définition après La Fontaine. Puis on est si injuste envers messieurs les courtisans! Nul n'en dit le bien qu'il en pense. Courier surtout ne les aimait pas; aussi les attaquait-il jusque dans leurs ancêtres. Il prétendait avoir trouvé l'origine de toutes les grandes fortunes de cour, et c'était..... ce n'était pas la pureté des mœurs. Cela venait à l'occasion de Chambord, qu'il trouvait mal choisi pour y préparer un enfant au trône et aux bonnes mœurs. Il soutenait en grondant que l'air ne savait pas y être pur, et, pour former *l'esprit et le cœur* du roi au maillot, tout autre lieu lui paraissait préférable à celui où il fallait vivre au milieu des souvenirs de Henri III et de François Ier, des chiffres d'une Diane, d'un Châteaubriand, de mademoiselle de la Vallière, à qui il eût pu pardonner.

Pendant qu'il prêchait ainsi de son mieux en faveur de la morale, le sermon lui-même fut accusé d'immoralité. Il eut beau dire que lorsque le sens du discours ne pèche point, on ne peut pécher par les paroles. Le jeune homme *bien-disant* (M. Berville, son avocat) que Courier appelait toujours quand il lui fallait improviser, eut beau citer Nicole et Massillon, on lui prouva par la prison, qu'aujourd'hui comme du temps de Boileau, *nommer la luxure est une impureté*.

La prison convertit rarement. Ce fut à l'impression que cette condamnation lui laissa, qu'il dut plus tard le *Pamphlet des pamphlets*, le meilleur mais non pas le moins malin de ses écrits.

On a souvent comparé le style de Courier à celui des petites lettres de Pascal. Courier lui-même se faisait cet honneur sans trop de façon. Mais ce style parfait, s'il est ailleurs que dans les *Provinciales*, ce n'est point, quoi qu'en disent les faiseurs de notices, dans la lettre à M. Renouard qu'il faut le chercher. Ce n'est point non plus, malgré la prédilection de l'auteur, dans la lettre à l'Académie des inscriptions et belles-lettres, boutade d'amour-propre blessé, satire pleine de verve, mais de fiel, où le candidat refusé triomphe en déversant le mépris sur une compagnie à laquelle il trouvait honorable d'appartenir, puisqu'il avait sollicité ses suffrages. Cette colère qui dissimule mal, cette amère ironie qui se donne pour de la gaîté, mais qui trahit la haine, ce style rancuneux, ces outrageantes personnalités, tout ce qui, dans cette lettre, avait tant affligé les amis de Courier, ne pouvait être du solitaire de Port-Royal.

S'il l'a eu (et ne fût-ce qu'une seule fois, ce serait assez pour sa gloire d'écrivain), ce style jusqu'à lui réputé inimitable, c'est dans quelques pages du *Pamphlet des pamphlets*. L'art de se mettre en scène et de rendre ainsi la discussion dramatique, cette logique si vive et si pressante, toute en action, l'aisance du dialogue, cette fine moquerie qui est restée le modèle de la plaisanterie parfaite, ce qu'il y a d'excellent enfin dans la première des *Provinciales* (pour parler de celle qui se présente d'abord, se retrouve dans cette conversation trop courte de Courier avec M. A*** B***, honnête juré qui veut bien, en attendant l'heure du dîner qui va sonner, expliquer à l'écrivain qu'il vient de condamner sans l'avoir lu, l'énorme différence qu'il y a entre l'imprimé d'une feuille ou deux, qui est proprement le pamphlet, c'est-à-dire du poison, et l'écrit de trois feuilles, bien moins dangereux, puisque c'est déjà une brochure.

Mais ce n'est plus ce libraire parisien avec sa haine si cordiale contre les pamphlets, c'est sir John qui les défend avec enthousiasme. « Laissez dire, laissez-vous blâmer, condamner, emprisonner ; laissez-vous pendre, mais publiez votre pensée. Ce n'est pas un droit, c'est un devoir : étroite obligation de quiconque a une pensée de la produire et mettre au jour ! La vérité est à nous tous. » Cette vérité qui est le patrimoine commun, dépôt sacré dont chacun est comptable pour sa part, il veut pour elle, non de lourds volumes qu'on ne lit pas, mais des feuilles qui courent de main en main, *des pamphlets*, en un mot. Les pamphlets ! « de tout temps, ils ont changé la face du monde..... Oh! qu'une page pleine dans les livres est rare! Il n'y a point de pensée qu'on ne puisse expliquer dans une feuille et développer assez. Qui s'étend davantage, souvent ne s'étend guère ou manque de loisir, comme dit l'autre, pour méditer et faire court. »

Courier ne se peut analyser. C'est dans l'écrit même qu'il faut suivre le mouvement de ce style si vif, admirable d'entraînement et de véritable éloquence. La manière même de l'auteur a changé. Ce n'est plus cette naïveté villageoise, cette simplicité accorte et gracieuse; c'est quelque chose de rude, une certaine brusquerie de style qui va bien au sujet.

Les phrases se heurtent à dessein. Il semble les jeter telles qu'elles lui viennent, uniquement occupé de dire fort et vite et de *clore en peu de mots beaucoup de sens*.

Ce fut le dernier ouvrage de Courier. On connaît sa fin déplorable. Le 10 avril 1825, il surveillait la coupe d'un bois, au milieu duquel on le trouva mort, frappé d'un coup de feu dans la poitrine.

Cinq ans après, une jeune fille, Anne Greveau, témoin secret du crime, en révéla les détails; le coupable, précédemment acquitté, survécut peu de temps à cette révélation.

COUTARD (Louis-François, comte), lieutenant-général, né à Ballon (Sarthe), le 19 février 1769. Il n'avait encore que 18 ans lorsque le 13 mars 1787, il s'engagea comme soldat dans le régiment de Bresse (26e). Il acheta son congé le 1er septembre 1791 et entra le lendemain dans le 1er bataillon de la Sarthe. Le 13 janvier 1792, il passait dans la garde constitutionnelle du roi, qui remplaçait l'ancienne maison militaire. Le 30 mai suivant, cette garde fut licenciée, et Coutard rentra dans le bataillon de volontaires auquel il appartenait précédemment.

Capitaine le 11 janvier 1793, il se signala le 17 août suivant à la prise de la redoute de Jolimay, dans la forêt de Marmale, et reçut, pendant l'action, un coup de feu à la jambe droite.

Il fut promu au grade de chef de bataillon ; adjudant-général le 14 octobre même année. Le 23 fructidor an III, il rentrait avec son grade dans le bataillon de la Sarthe, incorporé depuis dans le 73e de ligne.

Le 14 ventôse an VII, à l'assaut d'Ortonomare (royaume de Naples), il pénétra le premier dans la ville sous le feu meurtrier de l'ennemi, par une embrasure armée de sa pièce de canon chargée à mitraille. Il commanda les grenadiers de l'aile droite à la bataille de Trébia le 13 prairial an VII, soutint pendant longtemps, avec une poignée de braves, les efforts d'un ennemi supérieur en nombre, et reçut dans cette action une blessure assez grave qui ne l'empêcha cependant pas de continuer à combattre. Au siège de Gênes, il gravit avec 50 hommes la montagne des Deux-Frères, sans tirer un coup de fusil, sauta dans les retranchements ennemis et s'en empara. Sa brillante conduite dans une vigoureuse sortie de la garnison, le 13 prairial an VIII, le fit nommer chef de brigade sur le champ de bataille. Il fit la campagne de l'an IX à l'armée des Grisons, et celles des ans X et XI sur les côtes de l'Océan.

Le 12 vendémiaire an XII, le premier Consul lui confia le commandement du 66e régiment de ligne, et le 19 frimaire suivant il le nomma membre de la Légion-d'Honneur. Le colonel Coutard fit, à la tête de son régiment, les campagnes de l'an XIV et de 1806 à l'armée du Nord; celles de 1807 à 1809 à la grande armée. Il resta bloqué dans Ratisbonne en juillet 1809, et fut fait prisonnier à la capitulation de cette place. « Après les batailles d'Abensberg et de Landshut, dit le capitaine Gallois dans un écrit nouvellement publié, Napoléon, changeant de direction marcha sur Eckmühl, où il battit complétement l'armée autrichienne. Il se présenta ensuite devant Ratisbonne le jour qu'il avait indiqué. Il croyait cette place occupée par le 65e régiment fort de quatre beaux bataillons; mais le colonel Coutard avait capitulé la veille. » Rendu à la liberté, il fut immédiatement remis en activité, et fit, avec son régiment, les campagnes de 1810 et 1811 aux armées d'Espagne et de Portugal. Il devint général de brigade le 6 août 1811. Napoléon le nomma ensuite baron de l'Empire et l'employa au corps d'observation de l'Elbe, devenu, le 18 janvier 1812, le 2e de la grande armée.

Pendant une partie de la déplorable retraite de Russie, il commanda avec beaucoup de distinction l'arrière-garde du 6e corps. Le 9 décembre, il fut blessé dans un engagement en avant de Wilna, dans lequel il soutint plusieurs attaques successives. Mis en disponibilité le 29 janvier 1812, il fut ensuite alternativement chargé du commandement du département de la Gironde et des Basses-Pyrénées.

Le 16 mars 1814, Louis XVIII lui confia le commandement supérieur de la place de Rochefort. Nommé lieutenant-général le 25 novembre 1814, il fut appelé le 2 juin 1815 au commandement des gardes nationales de Lille.

En 1816, le général Coutard fit partie du conseil de guerre chargé de juger le général Mouton-Duvernet. Le roi lui conféra le titre de comte et lui donna successivement le commandement des 3e et 13e divisions militaires. Des troubles éclatèrent à Brest à la fin de 1821 entre les missionnaires et les habitants; l'opposition accusa le général Coutard d'avoir mis trop facilement son épée au service de la sacristie. Le gouvernement récompensa son zèle: il l'appela, le 1er janvier 1822, au commandement de la 1re division militaire. Il occupait encore ce commandement au moment de la Révolution de 1830.

Compris, le 4 août, au nombre des généraux disponibles, et admis l'année suivante au traitement de réforme, il obtint sa réforme le 26 juin 1831. Depuis cette époque, le général Coutard a vécu éloigné des affaires publiques.

CRILLON - DES - BALBES - BERTON (Marie-Gérard-Louis-Félix-Rodrigues, duc de), né le 15 décembre 1782, issu de l'antique famille des Balbes-de-Quierts, en Piémont, dont un des membres vint s'établir à Avignon en 1456, et forma la souche de la branche française connu sous le nom de Crillon, illustrée par Louis-des-Balbes-Berton de Crillon, surnommé *le Brave* par Henri IV.

M. de Crillon émigra en 1793, mais jamais il ne porta les armes contre la France. Il fit ses premières armes en qualité d'aide-de-camp du général Dessoles; son avancement fut peu rapide.

A la rentrée des Bourbons, il fut nommé sous-lieutenant de la 7e compagnie de Mousquetaires et prit rang de colonel la même année, tout en conservant sa position de sous-lieutenant.

En mars 1815, il accompagna le roi à la frontière où sa compagnie fut licenciée. Il reprit son service en juillet, et à la suppression des compagnies rouges fut nommé colonel de la légion des Basses-Alpes, devenue en 1820, le 2e régiment d'infanterie légère. Il commanda neuf ans ce régiment et fit, en 1823, la campagne d'Espagne.

Le 8 juin, il se distingua à une affaire brillante dans la Sierra-Morena, à Despena-Peros, où la division Placencia fut culbutée. Le lendemain, le général espagnol, ayant rallié ses forces, occupait une position avantageuse et son feu maltraitait fort les Chasseurs de la garde royale, retenus au port d'armes par les difficultés du terrain. Le duc de Crillon fit tourner les hauteurs par ses compagnies de voltigeurs; à la tête du reste de son régiment, il franchit le ravin qui le séparait de l'ennemi et emporta la position au pas de charge.

A Xérès de la Frontera, il fut détaché avec un bataillon, occupa San-Lucar, y laissa garnison et alla s'emparer d'Algésiras que l'ennemi avait abandonné. Il y reçut sa nomination au grade de maréchal de camp à la date du 11 août 1823.

Dès 1820, le duc de Crillon avait succédé à la dignité de pair dont son père était revêtu: il combattit au Luxembourg la loi sur la réduction de la rente 5 p. % favorable à l'État mais défavorable à la masse des rentiers.

Il a exercé une inspection générale et présidé des collèges électoraux; le conseil général de l'Oise l'avait compté depuis longtemps au nombre de ses membres.

M. de Crillon est grand officier de la Légion-d'Honneur, chevalier de Saint-Louis et il est décoré de la croix de Saint-Ferdinand.

CURIAL (Philibert-Jean-Baptiste-François-Joseph, comte), naquit à Saint-Pierre d'Albigny, en Tarentaise, le 21 avril 1774.

Lorsque les Français eurent envahi sa patrie, en 1792, le jeune Curial embrassa la carrière des armes, et entra dans la légion des Allobroges, que la Convention envoya dans le Midi, sous le commandement du général Carteaux, pour poursuivre les insurgés fédéralistes de cette contrée. Il se rendit ensuite à l'armée d'Italie, puis en Égypte, où il fut promu successivement au grade de capitaine et à celui de chef de bataillon.

Nommé colonel du 88e régiment d'infanterie le 12 frimaire an XII, il reçut la décoration de la Légion-d'Honneur le 19 du même mois, celle d'officier le 25 prairial suivant, et combattit avec distinction à Austerlitz. Sa conduite pendant cette grande bataille lui mérita l'étoile de commandant de la Légion-d'Honneur, qu'il reçut le 4 nivôse an XIV, et le grade de colonel-major des fusiliers à pied de la garde impériale.

Curial se fit particulièrement remarquer à Eylau, signala de nouveau son courage à Friedland, fut élevé au grade de général de brigade, et obtint le titre de baron de l'Empire en 1808.

Ce fut lui qui décida du succès de la bataille d'Essling, en enlevant le village de ce nom qui avait résisté à sept attaques consécutives. Ce brillant fait d'armes lui valut le grade de général de division, que l'Empereur lui conféra le 5 juin 1809. Il fit la campagne de Russie à la tête des Chasseurs de la garde, et y déploya beaucoup de courage. Après avoir échappé aux désastres de cette expédition, il fut chargé par l'Empereur, en 1813, d'organiser 12 nouveaux bataillons de la jeune garde, dont le commandement lui fut confié. Il conduisit ces troupes en Saxe, assista, le 16 octobre, à la bataille de Wachau, où il s'empara de la position de Dolitz, culbuta l'ennemi dans la rivière de la Pleiss, et lui enleva un grand nombre de combattants, parmi lesquels se trouvait le général Merfeld.

Le 30 du même mois, il contribua puissamment à repousser les efforts des Austro-Bavarois qui voulaient couper la retraite de l'armée française à Hanau. Curial prit part à toutes les affaires de la campagne de 1814, particulièrement à celle de Craone, sous l'Empereur, et de Paris sous Mortier.

Ayant donné son adhésion aux actes du Sénat, il fut créé le 2 juin, par Louis XVIII, chevalier de Saint-Louis, Pair de France le 4, et grand officier de la Légion-d'Honneur le 14 juillet de la même année.

Devenu grand Cordon du même ordre le 14 juillet 1815, il obtint ensuite le commandement de la 19e division militaire.

A son retour de l'île d'Elbe, Napoléon l'employa dans son grade à l'armée des Alpes, sous les ordres du maréchal Suchet; mais ne l'appela point à la Chambre des Pairs, qu'il venait de créer.

A la seconde Restauration, le baron Curial reprit son siége au Luxembourg, fut créé gentilhomme de la chambre du roi, commanda, en 1823, une division en Catalogne, sous les ordres du maréchal Moncey, et devint commandeur de Saint-Louis (20 août 1823), premier chambellan et grand-maître de la garde-robe du roi.

Il assista au sacre de Charles X. Pendant le voyage de Reims, il fit une chute grave.

Depuis cette époque, sa santé s'altéra chaque jour davantage, et il mourut à Paris le 29 mai 1829.

Son nom est gravé sur l'arc de triomphe de l'Étoile, côté Est.

CUSTINE (ADAM-PHILIPPE, comte de), né à Metz en 1740. Sous-lieutenant à 17 ans, colonel à 22 ans, après la *guerre de Sept Ans*, où il se distingua assez pour être cité par le grand Frédéric; il échangea son régiment de dragons contre un régiment d'infanterie qu'il conduisit en Amérique, dans la guerre de l'indépendance. Sa belle conduite dans cette expédition lui valut au retour le grade de général de brigade et le gouvernement de Toulon.

Député aux États-Généraux et partisan des idées nouvelles.

Général en chef de l'armée du Rhin en 1792, il prit Spire, Worms, Mayence, passa le Rhin et entra dans Francfort. Repoussé par les Prussiens, il se retira derrière les lignes de Weissembourg; il réussit à s'excuser de cette retraite auprès de la Convention et reçut le commandement de l'armée du Nord.

A peine arrivé à son poste, il reçut l'ordre de se rendre à Paris, accusé par le Comité de salut public d'avoir livré sans défense Mayence, son artillerie et celle de Landau et de Strasbourg.

Il fut traduit au tribunal révolutionnaire, condamné et exécuté le 28 août 1793.

Custine était bon officier de cavalerie, mais général très-médiocre. Les excès du vin lui ont fait commettre beaucoup de fautes.

D

DAGOBERT (Louis-Simon-Auguste-Fontenelle), né à Saint-Lô, vers 1740, d'une famille noble, sous-lieutenant dans le régiment de Touraine, fit la guerre de Sept Ans.

Maréchal de camp en 1792.

Employé à l'armée d'Italie sous Anselme et Biron, il se distingua auprès de Nice et au col de Negro.

Au commencement de 1793, il passa à l'armée des Pyrénées-Orientales, sous le général de Flers, et y commanda un camp retranché de 8,000 hommes.

Attaqué le 19 mai par les Espagnols qu'il avait repoussés, il fut forcé d'abandonner cette position; mais le 30 juin, il arrêta une colonne de six mille hommes qui marchaient sur Perpignan.

Nommé commandant en chef de l'*armée centrale des Pyrénées*, après la destitution de de Flers, il s'empara de Puycerda et de toute la Cerdagne espagnole dans l'espace de vingt-quatre heures; battit de nouveau les Espagnols, le 4 septembre 1793, à Mont-Louis, leur enleva 14 pièces de canon et reprit sur eux une partie du Roussillon.

Nommé, à cause de ces succès, au commandement en chef de l'armée des Pyrénées-Orientales, il se fit battre, le 27 septembre par le général Ricardos.

Destitué pour cet échec, il se rendit à Paris pour rendre compte de sa conduite; fut emprisonné, mis en liberté et renvoyé à son poste.

Arrivé à Perpignan en mars 1794, il ne put obtenir de Dugommier que quelques bataillons, au lieu de 12,000 hommes d'infanterie et de 600 hommes de cavalerie qui devaient être mis à sa disposition. Il fit néanmoins une invasion en Catalogne, y enleva plusieurs positions ou places et mourut de maladie à Puycerda, le 18 avril 1794.

DAIGREMONT, ou plutôt d'AIGREMONT (Guillaume-François, baron), né le 1er avril 1770 à Paris, avait servi en qualité de soldat avant la révolution dans le régiment de dragons de la Rochefoucauld (11e de ligne), depuis le 1er juin 1788 jusqu'au 3 mars 1790. De retour à Paris au moment de l'organisation des volontaires nationaux, il fut nommé sous-lieutenant dans le 2e bataillon de première formation le 20 juillet 1791, lieutenant le 10 janvier 1792, et donna sa démission pour entrer, en qualité de sous-lieutenant dans le 20e régiment de cavalerie, le 25 du même mois.

Envoyé alors à l'armée du Centre, et l'année suivante à celle du Nord, il y obtint le grade de lieutenant le 1er avril 1793, et s'y distingua par deux actions d'une audace peu commune, et qui faisaient présager pour leur auteur un glorieux avenir.

Le 5 avril, il pénétra seul dans le village de Roncques, entre Lille et Menin, gardé par 600 hussards, et tua leur colonel d'un coup de pistolet, au moment où celui-ci donnait l'ordre de monter à cheval.

Le 14 juillet suivant, après un combat opiniâtre, il avait été assez heureux pour arracher un prisonnier français des mains des Autrichiens, lorsque, saisi lui-même par 15 hussards du régiment de Barcow, il parvint à leur échapper après une lutte terrible et à sauver son camarade.

Le général en chef Dampierre, témoin de cet acte de courage, le mit à l'ordre de l'armée, et en rendit compte à la Convention qui nomma Daigremont capitaine le 17 germinal an II ; il servit ensuite aux armées des Ardennes et de Sambre-et-Meuse pendant les ans IV et V.

En l'an IV, sur le Hunsruch, il s'empara d'une pièce d'artillerie française enlevée dans l'action par des hussards de Kaisers, et dégagea une compagnie d'artillerie légère coupée de sa division. Aux environs de Guimmenden, il combattit seul contre 30 cavaliers ennemis. Il cessa d'être employé du 9 brumaire an VI au 17 frimaire an VIII. La guerre éclata de nouveau avec l'Autriche ; il fut nommé le 1er nivôse an VIII aide-de-camp du général de division Gobert, qu'il suivit à l'armée de réserve. A la bataille de Marengo, il arrêta presque seul, et pendant quelques minutes, une colonne de 1,500 cavaliers, reçut plusieurs coups de sabre sur la tête et fut fait prisonnier sur la fin de la journée ; mais sa captivité ne dura que deux heures. Le 19 vendémiaire an X, il rentra au 20e régiment de cavalerie comme chef d'escadron, fut incorporé avec son régiment le 18 germinal an XI dans le 14e de cavalerie (28e de dragons), et, mis à la suite, il devint titulaire par son passage au 8e de cuirassiers le 12 pluviôse an XII, et fut nommé membre de la Légion-d'Honneur le 25 prairial suivant, après les campagnes d'Autriche, de Prusse et de Pologne.

Major au 1er régiment de cuirassiers le 27 avril 1807, il fut nommé colonel du 13e de l'arme le 13 février 1809. Il rejoignit immédiatement les escadrons de guerre en Espagne, et se trouva le 15 juin aux combats de Maria et de Belchitte, où on le vit fournir les charges les plus brillantes contre les Espagnols.

Officier de la Légion-d'Honneur le 8 juillet 1809 à la suite de cette affaire, il prit part le 25 novembre à l'expédition du mont Tremendad, et reçut au retour les félicitations du général Suchet.

L'année suivante, au siège et à la prise de Lerida, le 14 mai, sa conduite, à la tête du 13e de cuirassiers, lui valut de nouveaux éloges et bientôt après le titre de baron.

Général de brigade le 10 avril 1813, il contribua le 25 juin suivant, par une marche forcée de quinze lieues, faite le même jour, à faire échouer les projets des Anglais sur Valence. Contraint de rentrer en France le 29 septembre par le mauvais état de sa santé, il fut nommé le 18 décembre commandant du département de la Somme, et la Restauration, qui le maintint dans ce poste, le fit chevalier de Saint-Louis le 26 août 1814.

Mis en disponibilité le 3 avril 1815, et employé à l'inspection de la cavalerie le 28 mai, il fut choisi par Louis XVIII pour commander le département de l'Allier le 1er septembre suivant. Passé dans la 21 division militaire le 13 novembre 1818, il y obtint le commandement de la 2e subdivision le 22 avril 1818, passa à celui de la 1re subdivision le 29 avril 1820, et fut admis à la retraite le 17 décembre 1826.

Il est mort à Paris le 7 janvier 1827.

DALESME (JEAN-BAPTISTE, baron), fils d'un ingénieur de Limoges (Haute-Vienne), naquit dans cette ville, le 23 juin 1763. Jeune, plein d'ardeur et de patriotisme, on le vit accourir à la voix de la patrie, lorsqu'elle appela ses enfants à la défense des frontières menacées par la coalition. La confiance qu'il avait pu inspirer à ses concitoyens lui valut le commandement du second bataillon de la Haute-Vienne.

Ce fut en cette qualité qu'il débuta dans la carrière des armes. Après être parvenu rapidement au grade de général de brigade, il fit la campagne de l'an IV en Allemagne, et celle d'Italie sous les ordres du général Schérer. Il fut blessé à la cuisse le 5 germinal an VII, auprès de Castel-Nuovo.

Chargé par le gouvernement impérial de diriger les opérations de la conscription dans plusieurs départements, et particulièrement dans celui de l'Oise, le général Dalesme s'acquitta de cette difficile mission avec autant de douceur que de justice.

Elu membre du corps législatif en l'an IX, il fut nommé membre de la Légion-d'Honneur le 4 frimaire an XII, commandeur de l'Ordre et électeur du département de la Vienne le 25 prairial suivant et baron en 1808. Louis XVIII le fit chevalier de Saint-Louis et lieutenant-général le 16 août, et le 24 octobre 1814.

L'Empereur lui confia le gouvernement de l'île d'Elbe au mois d'avril 1815, gouvernement qu'il avait déjà possédé sous l'Empire.

Le général Dalesme jouissait d'un repos acheté au péril de longs et glorieux services, lorsqu'une mort inopinée vint, le 15 avril 1832, trancher le cours d'une vie entièrement consacrée à son pays, jeter la désolation dans sa famille et plonger ses amis dans une profonde affliction.

DALLEMAGNE (Claude, baron), né à Périeux en Bugey en 1754, s'engagea en 1773 comme simple volontaire dans le régiment de Hainaut, avec lequel il fit les campagnes d'Amérique ; il reçut le brevet d'officier en 1790 et fut nommé général le 22 décembre 1793. Il fit en cette qualité la campagne de 1796 à l'armée d'Italie, fut blessé au passage du Pô et à celui de l'Adda, décida la victoire de Lodi et mérita d'être cité avec éloge dans les rapports de Bonaparte, au siège de Mantoue et à la bataille de Lonato. « Le succès fut quelque temps incertain, » dit le général en chef en parlant de cette dernière action, « mais j'étais tranquille, la brave 32e demi-brigade, commandée par Dallemagne, était là. »

Dallemagne se fit encore remarquer par sa valeur dans une foule d'autres rencontres, et fut nommé général de division. Masséna le chargea en 1798 du commandement de l'armée de Rome.

Il fut envoyé après la rupture du traité de Campo-Formio à l'armée du Rhin ; mais sa santé le força bientôt à demander sa retraite.

Il devint membre du Corps législatif dont il fut nommé questeur an l'an XI, et membre, puis commandeur de la Légion-d'Honneur en l'an XII.

En 1807 le général Dallemagne reçut la croix de commandeur de l'ordre de la Couronne de fer, et le titre de baron en 1808.

Au mois de mars 1809 il commanda la 25e division militaire à Wesel, puis la 1re division de l'armée de Hollande qui fut opposée aux troupes anglaises, commandées par lord Chatam. Il répondit encore en cette circonstance difficile à la confiance de l'Empereur.

Il s'était retiré à Nemours, où il vivait dans une retraite absolue, lorsqu'il fut surpris par la mort le 25 juin 1813.

DALTON ou plutôt d'ALTON (Alexandre, baron, puis comte), né le 20 avril 1776 à Brives (Corrèze), entra au service en qualité de sous-lieutenant le 15 septembre 1791, dans le 88e régiment d'infanterie (ci-devant Berwick-Irlandais) au service de France, y fut nommé lieutenant le 10 novembre de la même année, fit la guerre sur le Bas-Rhin depuis le commencement des hostilités jusqu'au mois de ventôse an III, et se trouva au siége du fort du Rhin.

Aide-de-camp du général Hédouville, commandant l'armée des côtes de Cherbourg, le 17 germinal, capitaine à l'élection, le 7 prairial, dans la 159e demi-brigade; il quitta le général Hédouville au mois de vendémiaire an V pour suivre le général Hoche dans l'expédition d'Irlande; puis, il alla avec ce dernier général, en Allemagne, lorsqu'il obtint le commandement de l'armée de Sambre-et-Meuse. Après la mort de Hoche, le troisième jour complémentaire an V, le capitaine Dalton retourna auprès du général Hédouville.

Nommé chef de bataillon le 29 vendémiaire an VI, il passa cette même année avec lui à Saint-Domingue, d'où il revint au commencement de l'an VII pour faire la campagne d'Italie en qualité d'aide-de-camp du général Carra-Saint-Cyr.

En l'an VIII, il suivit à l'armée de réserve le général Alexandre Berthier, qui le plaça, comme chef d'escadron, à la suite du 10e régiment de dragons. Le général Murat qui l'avait placé sous ses ordres au passage du Pô et à la prise de Plaisance, le 16 prairial, fit le plus grand éloge de sa conduite, qui ne fut pas moins brillante à Marengo le 25 du même mois.

Il fit la campagne de l'an IX dans les Grisons, fut promu le troisième jour complémentaire chef d'escadron titulaire au 10e régiment de dragons, et partit pour rejoindre le détachement de son nouveau corps, qui était alors à Saint-Domingue. A son arrivée, le général Leclerc l'attacha à sa personne le 18 brumaire an X, et le nomma chef de brigade le 15 vendémiaire an XI, à la suite d'une affaire contre les nègres révoltés où il avait eu trois chevaux tués sous lui.

A son retour en France, adjudant-commandant le 10 prairial suivant, pour être employé auprès du ministre de la guerre, membre et officier de la Légion-d'Honneur les 15 pluviôse et 25 prairial an XII, il fit partie de l'armée des côtes de l'Océan jusqu'à la fin de l'an XIII; il servit en l'an XIV au grand quartier-général, combattit à Austerlitz, et obtint le 30 frimaire le commandement du 59e régiment d'infanterie de ligne.

Attaché au 6e corps de la grande armée pendant les années 1806 et 1807, il se trouva à Iéna, à Eylau et à Friedland, et tint garnison à Dantzig en 1808.

Promu général de brigade le 21 mars 1809, il rejoignit aussitôt l'armée d'Allemagne et prit part à toutes les grandes opérations de cette campagne. Frappé en 1812 d'un coup de biscaïen au combat de Smolensk, il obtint le 23 septembre l'autorisation de se retirer sur les derrières de l'armée pour guérir sa blessure. Napoléon qui, dans le cours de cette malheureuse campagne, avait fait plusieurs fois l'éloge de sa bravoure, lui conféra le titre de baron de l'Empire, et lui confia, le 10 juillet 1813, le commandement supérieur de la place et de la citadelle d'Erfurt, où il resta bloqué depuis le 25 octobre 1813 jusqu'au mois d'avril 1814. Il en sortit avec les honneurs de la guerre et ramena sa garnison en France.

Chevalier de Saint-Louis le 8 juillet 1814, commandeur de la Légion-d'Honneur le 23 août, comte, adjoint à l'inspection générale de l'infanterie dans la 1re division militaire le 30 décembre, il fut envoyé à Metz, en mars 1815, pour commander la 2e division du 1er corps sous les ordres du duc de Berri, et nommé lieutenant-général le 13 avril, avec ordre d'aller prendre le commandement de la 25ᵉ division d'infanterie au 9ᵉ corps d'observation (armée du Var). L'ordonnance du 1ᵉʳ août suivant annula sa nomination et le mit en non-activité comme maréchal de camp.

En 1816 et 1817, on l'employa comme adjoint à l'inspection général de l'infanterie dans la 1ʳᵉ division militaire, et le 27 mai 1818 on le comprit dans l'organisation du corps royal d'état-major.

Lieutenant-général le 25 avril 1821 et mis en disponibilité, le comte Dalton fut chargé d'une inspection d'infanterie en 1824 et resta en disponibilité de 1829 à 1830. En 1831, on lui confia le commandement des troupes à Alger. Il rentra en France l'année suivante.

Grand officier de la Légion-d'Honneur le 29 avril 1833, membre du comité d'infanterie et de cavalerie en 1834, et, en 1835 commandant de la 2ᵉ division militaire, le général Dalton a été placé dans le cadre de réserve de l'état-major général en 1841.

DAMAS-CRUX (Étienne-Charles, duc de), lieutenant-général, chevalier de Malte, de l'ordre du Saint-Esprit, grand-croix de l'ordre de Saint-Louis, officier de l'ordre de la Légion-d'Honneur. Né en 1754 au château de Crux, il fut reçu au berceau chevalier de Malte.

Il entra au service en 1770; en 1779, il passa aux Indes avec le grade de colonel, et y servit d'une manière brillante. Un régiment de Cypayes qu'on lui avait donné à commander ayant un jour lâchement pris la fuite, le jeune colonel s'opiniâtra à rester presque seul sur le champ de bataille, où, accablé par le nombre, il fut fait prisonnier.

La paix, conclue peu de temps après, entre la France et l'Angleterre, le rendit à la liberté et il revint en France. M. de Damas émigra pendant la révolution avec une grande partie des soldats qui avaient fait partie de son régiment et qui ne voulurent pas le quitter. Il ne revint dans sa patrie qu'en 1814.

En 1830 il refusa le serment et se retira de la vie publique, restant fidèle jusqu'au dernier moment à ses croyances et à ses affections politiques.

Mort le 28 mai 1846.

DAMAS (François-Étienne), né à Paris en 1764. Il se destinait à l'architecture. Ses connaissances en mathématiques le firent choisir pour aide-de-camp par le général du génie Meunier; il le suivit à l'armée du Rhin commandée par Custine. Il était dans Mayence assiégée en 1793 et se trouva près de son général lorsque celui-ci fut blessé mortellement, en traversant le Mein.

Nommé adjudant-général, chef d'état-major de Kléber, général de brigade le 6 décembre, il se distingua au passage du Rhin, où il enleva à la baïonnette une position des Autrichiens et eut la jambe traversée par une balle, au moment où, selon l'expression de Jourdan, *il montrait à l'armée le chemin de la victoire*.

Depuis il continua à figurer avec éclat dans toutes les rencontres où il se trouva.

En Égypte, à l'assaut d'Alexandrie, à la prise de Rosette, au combat de Chebreiss, à la bataille des Pyramides, au combat de Ghemélié. Il prit part à la destruction du camp des Mameluks devant El-Arich et fut atteint de la peste à Jaffa.

Nommé général de division, il commanda une partie de la haute Égypte après la mort de Kléber. Après la bataille imprudemment livrée par Menou, le général Damas fut mal traité dans les rapports envoyés à Paris et on le laissa cinq ans sans emploi. Murat le fit remettre en activité.

Il se distingua depuis à la campagne

de Russie, commanda dans Mayence en 1814, fut nommé par le roi colonel d'armes, commandant la garde royale de Paris (depuis gendarmerie royale), inspecteur général d'infanterie pendant les Cent-Jours, et conserva ces fonctions de 1816 à 1828, époque où il mourut à Paris.

DAMAS (CLAUDE-MARIE-GUSTAVE, comte de), né à Montbrison (Loire) le 26 décembre 1786. Il est le chef de la branche aînée de la famille de Damas, issu des Guy-Châtillon, comtes de Forez, anciens comtes de Syrie, d'Antioche, de Ptolémaïs et de *Damas*.

Ses parents, en émigrant en 1790, le laissèrent à un nourricier qui lui fit garder ses troupeaux. La tête de l'enfant noble fut néanmoins mise à prix; mais le père nourricier le déroba à toutes les recherches. Plus tard, sa mère rentrée furtivement, le conduisit dans un couvent de capucins du Valais, où il devint enfant de chœur.

Lors de la conquête de la Suisse, le jeune Damas rentra en France, s'engagea, devint sous-lieutenant de dragons, se distingua partout: en Allemagne, en Prusse, en Espagne, en Portugal, mérita la bienveillance de l'Empereur, et compta autant de blessures graves, de chevaux tués sous lui que de campagnes.

De retour à Hanau, après avoir fait les campagnes de Russie et de Saxe, il fut désigné dans le nombre des officiers chargés de présenter à l'impératrice les drapeaux pris aux Bavarois.

L'Empereur, à son arrivée à Paris, lui donna le commandement d'un corps de Partisans qu'il était chargé d'organiser à Lyon pour s'opposer à l'invasion.

Malgré le mauvais vouloir et la trahison du maréchal Augereau, il parvint, aidé par M. de Bondy, maire de Lyon, à réunir 3 à 4 mille hommes dont Augereau ne sut pas ou ne voulut pas tirer parti, mais qui, commandés par le brave Gustave de Damas, ne laissèrent pas de faire beaucoup de mal aux Autrichiens dans plus de vingt rencontres.

A la Restauration, il fut repoussé par sa famille, persécuté comme bonapartiste, exilé, emprisonné.

Après les Cent-Jours, les persécutions recommencèrent. M. de Damas dut, pour soutenir sa famille, devenir tour à tour maître d'armes, professeur de dessin, journaliste et jardinier fleuriste. Rallié à la Révolution de 1830, il ne tarda pas à faire de l'opposition à la royauté de Louis-Philippe; il fut mêlé aux événements de novembre 1831, emprisonné et forcé de se retirer en Suisse, après s'être échappé de sa prison.

Les patriotes italiens conspiraient alors pour l'affranchissement de l'Italie et du Piémont. L'adjudant-général Gustave de Damas reçut des communications des principaux chefs; des députations polonaises lui furent envoyées. On le nomma général de l'expédition. Mais, dégoûté bientôt de s'être mêlé de cette affaire, il envoya sa démission et fut remplacé par Ramorino.

Malgré les avis de M. de Damas, les conspirateurs essayèrent un mouvement qui fut très-malheureux. On eut de nouveau recours à lui et il rentra dans la conspiration, peut-être pour empêcher les patriotes de se perdre tout à fait, en tentant une nouvelle échauffourée; mais les magistrats de Genève le renvoyèrent comme dangereux. Il fut errant pendant quelque temps et finit par obtenir la permission de résider dans le pays de Gex.

DAMESME (ÉDOUARD-ADOLPHE-MARIE), né à Fontainebleau le 23 janvier 1807, était élève de l'École militaire de Saint-Cyr. Il en sortit en 1827 et fut placé comme sous-lieutenant, d'abord dans le régiment de Hohenlohe, puis après 1830, dans le 58ᵉ de ligne. Il fit comme lieutenant la campagne de Belgique en 1832. Il passa en 1833, aux bataillons d'infanterie d'Afrique, y devint capitaine, et se distingua dans toutes les laborieuses campagnes qui décidèrent la soumission de l'Algérie, par une bravoure poussée jusqu'à la témérité, une énergie extrême, un entraînement auquel rien ne résistait.

Il fut nommé chef du 2ᵉ bataillon d'infanterie légère d'Afrique en 1840, et reçut, en 1843, une blessure très-grave dans le bas-ventre, dont il ne s'est jamais complètement guéri.

Nommé lieutenant-colonel du 11ᵉ léger en 1844, il en devint colonel en 1847 et passa de là au commandement de la garde mobile.

On sait que c'est à l'attaque du Panthéon, le 24 juin 1848, qu'il reçut un coup de feu qui lui brisa la cuisse et a causé sa mort après amputation, en juillet suivant.

Il avait à peine 41 ans.

Damesme était un des plus braves et des plus estimables officiers de l'armée. Il était remarquable par sa parole brusque, sa bonté bourrue, ses allures toutes plébéiennes.

Sa mémoire sera éternellement mêlée à celle des terribles journées de juin.

DAMPIERRE (Auguste-Henri, marquis de), né à Paris en 1756 d'une famille déjà connue par ses services militaires. Nommé, jeune encore, officier dans le régiment des gardes françaises, il donna bientôt après sa démission, à propos d'une punition. Il alla d'abord en Angleterre, puis à Berlin, où il étudia la tactique prussienne.

De retour en France, il servit dans les régiments de Chartres et des chasseurs de Normandie. Admirateur de Frédéric, il l'imitait jusque dans ses ridicules. Il parut un jour à la cour avec une longue queue; Louis XVI, qui le vit, dit à M. de Biron : « Avez-vous vu ce fou avec ses manières prussiennes ? »

Dampierre sentit que ce mot connu des ministres nuirait à son avancement. Il avait une fortune considérable; il se retira dans ses terres où la Révolution le trouva.

Partisan des doctrines nouvelles, il reprit bientôt la carrière des armes. Après avoir été aide-de-camp de Rochambeau, il était en avril 1792, colonel du 5ᵉ dragons, sous les ordres de Biron, à la malheureuse rencontre de Quiévrain, où des cris d'alarme occasionnèrent une déroute. En cherchant à rallier les fuyards, Dampierre fut renversé et foulé aux pieds des chevaux. Il commandait une division de l'armée de Dumouriez à la journée de Valmy; mais ce fut la bataille de Jemmapes qui commença sa célébrité. Cette victoire est due en partie à l'audace avec laquelle, marchant à la tête du seul régiment de Flandre et du 1ᵉʳ bataillon des volontaires de Paris, il attaqua les six bataillons étrangers qui débordaient le corps du général Beurnonville. L'heureux Dampierre culbute ces bataillons, enlève les deux redoutes qu'ils gardaient, en tourne les canons contre les Autrichiens et rend ainsi à Beurnonville assez de liberté pour pouvoir prendre l'offensive.

Peu de mois après, Dampierre commit une grande faute. Lorsque Dumouriez entra en Hollande avec l'élite de l'armée, Dampierre, chargé de tenir tête à 50,000 Autrichiens avec 15,000 hommes seulement, ne concentra point ce faible corps, ne lui indiqua pas de point de ralliement et alla placer son quartier général loin des avant-postes, à Aix-la-Chapelle, où il apprit seulement après l'événement que sa ligne avait été forcée. Il se hâta de se replier sur Liége; le prince de Cobourg fit lever le siége de Maestricht, et l'armée rétrograda jusqu'à Louvain, où se rendit enfin Dumouriez.

Ce général voulut reprendre l'offensive et livra plusieurs combats où la valeur de Dampierre se fit encore remarquer et rendit assez de confiance au soldat pour qu'on pût risquer à Nerwinde un engagement général. Dampierre y commandait le centre de l'armée; il sut conserver ses positions et seconda avec succès les efforts de l'aile droite; mais, la retraite de l'aile gauche le laissant à découvert, il fut obligé de quitter le champ de bataille.

Dampierre rendait des services réels, mais on lui reprochait une ardeur inconsidérée et peu d'exactitude à exécuter les ordres du général en chef.

Après la défection de Dumouriez, il fut chargé du commandement en chef. Il n'avait que 30,000 hommes découragés contre des ennemis bien supérieurs; il réussit cependant à s'emparer du camp de Famars; mais il éprouva des pertes considérables en cherchant à dégager Condé.

Le 6 mai, il hasarda une attaque générale, deux ailes de son armée trop faible, mais pleine d'ardeur, s'avancèrent, l'une du côté de Valenciennes, l'autre jusqu'à Quiévrain, en renversant tout ce qui leur était opposé; mais le centre ne put soutenir le feu des batteries autrichiennes, et après des efforts opiniâtres, Dampierre fut réduit à se retirer pour n'être pas enveloppé. Le lendemain, Dampierre attaqua la réserve autrichienne retranchée dans le bois de Vicogne, eut pendant le jour des succès contestés, se mit, vers le soir à la tête d'une de ses colonnes, et eut la cuisse emportée par un boulet. La retraite se fit en bon ordre, mais Dampierre mourut le lendemain.

La Convention lui décerna l'honneur du Panthéon.

DAMRÉMONT, né à Chaumont (Haute-Marne), le 8 février 1783. Charles-Marie, comte Denys de Damrémont, fut admis à l'École militaire de Fontainebleau le 16 mai 1803.

En 1804, après avoir passé par les grades inférieurs, il sortit de cette école pour rentrer, en qualité de sous-lieutenant, dans le 12e régiment de chasseurs à cheval. Nommé, en 1807, lieutenant aide-de-camp du général Defrance, il passa avec le même grade auprès du général Marmont; et en cette qualité, il signa, en 1814, le traité de Chevilly. Dans les Cent-Jours, il fut nommé colonel.

Il avait fait les campagnes de 1806 et 1809 à la grande armée et en Dalmatie, celles de 1811 et 1812 en Espagne et en Portugal, et enfin celles de 1813 et de 1814 à la grande armée.

Resté sous les ordres du duc de Raguse, quand vint la Restauration, il ne tarda pas à être placé à la tête de la légion de la Côte-d'Or, et, dans ce commandement, continua à mériter la réputation d'un officier aussi sage qu'expérimenté.

Promu le 25 avril 1821 au grade de maréchal de camp, il fut, en 1823, appelé en cette qualité à un commandement dans le 5e corps de l'armée des Pyrénées.

Depuis 1825 jusqu'en 1829, il fut successivement employé comme inspecteur d'infanterie, membre d'une commission de révision de manœuvres de la même arme et fut attaché à une ambassade extraordinaire en Russie.

En 1830, il fit partie de l'expédition d'Afrique, où il commandait une brigade d'infanterie, et fut ainsi l'un des premiers à prendre possession de cette terre où il devait trouver une mort si glorieuse.

Le 13 décembre de la même année, il fut élevé au grade de lieutenant-général.

Après sa rentrée en France, il fut, le 6 février 1832, appelé à prendre le commandement de la 8ᵉ division militaire, et dans ce poste que l'esprit d'anarchie et de contre-révolution lui rendit quelquefois difficile, il montra une fermeté pleine d'habileté et de modération.

Ayant pu, par le long séjour qu'il avait fait dans la portion du territoire où l'on peut le mieux se renseigner sur les besoins de l'Algérie, acquérir sur l'administration de notre colonie des lumières particulières, il était l'un des officiers généraux le plus naturellement appelés à y prendre le commandement suprême, et le 12 février 1837, le roi le nomma gouverneur général des possessions françaises dans le nord de l'Afrique.

Les services qu'il rendit au pays dans cette position ont prouvé la sagesse de ce choix.

Le 1ᵉʳ octobre 1837 eut lieu la deuxième expédition de Constantine dirigée par le général Damrémont et le duc de Nemours. Ce dernier passa la Seybousse à la tête des trois premières brigades. L'armée arriva sous les murs de Constantine le 6; la brèche fut ouverte le 11, praticable le 12, et l'assaut donné avec un succès complet le 22 au matin; mais la veille, le général Damrémont avait été tué par un boulet, comme il se rendait à la batterie de brèche.

Le général était grand officier de la Légion-d'Honneur depuis 1827, et le 15 septembre 1835 il avait été élevé à la pairie.

Il laissa une veuve et deux enfants, dont un fils âgé de 15 ans. Il avait épousé la fille du général Baraguay-d'Hilliers dont le fils commandait à Saint-Cyr.

Le roi Louis-Philippe ordonna que les restes mortels du général Damrémont fussent déposés à l'hôtel royal des Invalides.

DANLOUP - VERDUN (le général Louis), officier de la Légion-d'Honneur et de la couronne de Westphalie, est né à Paris le 16 juin 1769.

Il entra au service en 1791 comme volontaire dans l'artillerie parisienne, et fut bientôt après nommé sous-lieutenant.

Capitaine en 1793, et aide-de-camp du général Tugnot.

Adjoint à l'état-major du maréchal Berthier en 1805. Il se distingua à Eylau; fut nommé chef de bataillon au 4ᵉ régiment de ligne le 2 février 1807, et décoré le 14 avril suivant, en récompense de sa belle conduite à la bataille d'Heilsberg, où il fut grièvement blessé.

Colonel aide-de-camp de Jérôme, roi de Westphalie, en juin 1808; commandant (général de brigade) des troupes westphaliennes à Hambourg.

Général de division en 1813, il rentra au service de France en janvier 1814, en qualité de général de brigade.

Après la rentrée des Bourbons, M. Danloup-Verdun fut créé chevalier de Saint-Louis et mis à la demi-solde.

Pendant les Cent-Jours, Napoléon lui confia le commandement des gardes nationales actives de la 18ᵉ division (corps de Lecourbe).

Après la journée de Waterloo, il fut mis à la retraite.

DANTHOUARD ou d'ANTHOUARD (Charles-Nicolas), petit-fils d'un aide-de-camp général du roi de Suède Charles XII, naquit à Verdun (Meuse), le 7 janvier 1773. Son père, ancien capitaine au régiment de Picardie, le fit admettre, le 1ᵉʳ septembre 1787, à l'École militaire de Pont-à-Mousson, en qualité de cadet gentilhomme. En 1789 il entra élève au corps royal d'artillerie, et devint, le 1ᵉʳ septembre, lieutenant à la suite dans le corps des mineurs. Le 30 juillet 1790, nommé lieutenant en second au 3ᵉ régiment d'artillerie, ci-devant régiment de Besançon, lieutenant en premier au 4ᵉ de la même arme, ci-devant Grenoble, il passa capitaine le 18 mai 1792, et remplit, pendant la campagne de cette année, les fonctions d'adjoint du parc à l'armée du Midi.

Au siège de Genève, que fit l'armée des Alpes, il commanda l'artillerie, et, l'année suivante, devant Lyon, il dirigea les travaux de siége. Dans cette circonstance, il reçut une blessure assez grave, sans cependant nécessiter une cessation, même momentanée, de service.

En l'an II, il retourna à l'armée des Alpes, où le général Dumas le nomma sous-directeur des parcs. Kellermann, qui remplaça Dumas en l'an III, envoya le jeune Danthouard prendre la direction de la manufacture d'armes de Chambéri, et commander le dépôt d'artillerie de cette ville.

Le même général le choisit en l'an V pour son chef d'état-major, emploi qu'il quitta quelque temps après pour rejoindre l'armée d'Italie, à laquelle il servit jusqu'au traité de Campo-Formio (26 vendémiaire an VI).

Le 30 floréal suivant, il accompagna le général en chef Bonaparte en Égypte. De cette mémorable expédition date la fortune militaire de M. Danthouard. Il se distingua au siège de Malte et à la prise d'Alexandrie. Chargé de diriger les éclaireurs de l'aile droite de l'armée marchant sur le Caire, il s'en acquitta avec beaucoup d'intelligence et de succès.

Sa conduite à la bataille des Pyramides lui mérita le grade de chef de bataillon, que le général en chef lui conféra le même jour. Lorsque l'armée eut pris possession du Caire, M. Danthouard devint directeur de l'artillerie de cette place. Attaché pendant la campagne de Syrie à la division du général Lannes, il déploya, aux siéges d'El-Arich, de Jaffa et de Saint-Jean-d'Acre, des talents de premier ordre.

Après la retraite, il fit partie d'un corps envoyé sur les côtes afin de s'opposer au débarquement des troupes turques. Un jour, suivi seulement de 50 hommes, il s'était écarté du centre de l'armée, 3,000 Arabes l'attaquèrent : ce ne fut qu'en faisant des prodiges de valeur que lui et 12 de ses soldats parvinrent à se dégager.

Kléber le nomma, le 16 messidor an VIII, chef de brigade, et Menou, en l'an IX, lui confia la direction de l'artillerie et des parcs d'Alexandrie ; il la conserva pendant la durée du siége de cette place. L'arsenal et les magasins qu'il fit construire dans cette ville servent encore aujourd'hui à la marine de Méhémet-Ali.

Au retour en France des débris de l'armée d'Orient, au commencement de l'an X, M. Danthouard fut nommé colonel du 1ᵉʳ régiment d'artillerie à cheval (1ᵉʳ frimaire). Il se rendit à l'armée d'Italie, que Murat commandait alors. Il se trouvait à Plaisance sous les ordres du général Jourdan, quand, le 19 frimaire an XII, le premier Consul le comprit dans la promotion de la Légion-d'Honneur de ce jour, et lorsque, le 25 prairial suivant, il le fit officier de l'ordre.

En l'an XII, ayant passé sous le commandement du vice-roi, ce prince l'attacha à sa personne, le 17 prairial, en qualité de premier aide-de-camp, et lui confia, dans son cabinet particulier, le travail relatif aux armées de terre et de mer, aux écoles militaires, aux ponts et chaussées.

C'est par son influence, et conformément à ses plans, que furent établis une école vétérinaire, un haras, une fonderie de canons, une manufacture d'armes. Nommé inspecteur des Pages, il forma pour eux une école d'instruction qui a fourni à l'armée des sujets excellents. Enfin, telle était l'estime que le vice-roi portait à M. Danthouard, qu'il le choisit pour l'accompagner à Munich, et assister à son mariage avec une princesse de Bavière.

Le 11 février 1806, l'Empereur l'éleva au grade de général de brigade; il le fit chevalier de la Couronne de fer à peu près vers la même époque. Napoléon l'envoya, quelques mois plus tard, prendre possession de la Dalmatie, acquise à la France par le traité de Presbourg; il rédigea sur ce pays et sur ses communications avec la Turquie, un mémoire dont l'Empereur se montra satisfait. Il fit ensuite à la grande armée la campagne de 1807.

L'habileté avec laquelle il dirigea ses batteries au siége de Dantzig, lui valut, le 4 juillet, la croix de commandeur de la Légion-d'Honneur, et d'être appelé auprès de Napoléon pour y remplir les fonctions d'aide-de-camp, mais le vice-roi ayant fait observer à l'Empereur qu'il lui était indispensable, il retourna à Milan.

En 1808, il inspecta les troupes des États romains, les licencia et les incorpora dans les corps du royaume d'Italie. Ensuite, il s'occupa de la réorganisation de l'armée et de l'amélioration des divers services. La guerre vint encore, en 1809, l'arracher à ses travaux.

Il fit, sous les ordres du prince Eugène, la campagne d'Allemagne, pendant laquelle il se distingua principalement le 14 juin, à la bataille du Raab, où il eut la main fracassée, et à celle de Wagram. L'armistice de Znaïm ayant suspendu les hostilités, il eut la mission de reconnaître les positions militaires des frontières de la Hongrie et de la Croatie.

A son retour, il reçut le titre de comte de l'Empire, et un décret du 21 juin 1810 le nomma général de division; puis il fut chargé, avec les commissaires autrichiens et bavarois, de fixer les limites du royaume d'Italie du côté du Tyrol.

Fait commandeur de la Couronne de fer le 20 avril 1811, il commanda en chef l'armée du vice-roi, et, en 1812, il eut sous ses ordres celle du 4e corps de la grande armée. Il assista aux principales affaires de la glorieuse mais funeste expédition de Russie.

Blessé, pendant la retraite, par un boulet qui lui enleva les chairs de la cuisse, on le plaça sur un mauvais cheval de cantinier, et, privé de secours et souvent prêt à périr de faim et de froid, il atteignit la ville de Thorn, où régnaient des fièvres typhoïdes qui mirent ses jours en danger. La vigueur de sa constitution le sauva; toutefois, il se trouva dans l'impossibilité d'accepter, l'année suivante, la direction des équipages de pont que l'Empereur lui avait conférée en remplacement du général Éblé. Quelques mois de séjour aux bains d'Albano ayant entièrement rétabli ses forces, il se rendit dans les provinces Illyriennes, dont Napoléon l'avait nommé gouverneur général le 16 juillet 1813. Mais l'Autriche s'étant déclarée contre la France, il prit le commandement de l'aile gauche de l'armée d'Italie; et lorsque Murat, qui venait d'entrer dans la coalition, marcha sur Parme et Plaisance, le Vice-Roi donna le commandement de ces deux villes au général Danthouard, qui ne le conserva que peu de temps, les succès rapides de l'ennemi dans le Nord ayant fixé le sort de la Péninsule avant qu'il se fût passé rien de décisif dans le Midi de l'Europe.

A la chute de l'Empire, le général

Danthouard adhéra aux résolutions du Sénat relatives à la déchéance de Napoléon et au rappel des Bourbons, se rendit à Paris, et fut chargé, le 1ᵉʳ juillet, de l'inspection des places de Metz et de Mézières.

Le 8 du même mois, le roi le fit chevalier de Saint-Louis, et, le 29, grand officier de la Légion-d'Honneur. Au mois de mars 1815, il inspecta toutes les places de l'Est au nom de l'Empereur.

En 1816, il présida, le 4 avril, le conseil de guerre devant lequel comparut le général Drouot, et fit partie, le 30 septembre, de celui qui jugea le général Delaborde; mais il se trouva heureux d'avoir à prononcer l'acquittement du premier et de contribuer de tout son pouvoir à faire adopter par ses collègues le moyen qui sauva la tête du second.

Les fonctions qu'il eut à remplir dans la suite convinrent mieux à son caractère et lui donnèrent l'occasion d'utiliser ses talents. Une ordonnance du 4 septembre 1816, sur l'organisation de l'École polytechnique, permettant le renouvellement annuel des conseils de perfectionnement et d'inspection, il fut nommé, en mars 1820, membre de l'un et l'autre de ces conseils.

Le 22 avril suivant, il entra au comité spécial et consultatif de l'artillerie pour la session de l'année. Deux ans après (mai 1822), les électeurs de la Meuse l'envoyèrent à la Chambre des Députés. Il siégea au centre gauche et ne se fit remarquer que dans les comités. Il ne fut pas réélu.

La révolution de Juillet obtint ses sympathies. Le 31 août 1830, le nouveau roi le nomma membre de la commission chargée d'examiner la situation de l'École polytechnique, et de proposer les moyens convenables pour en améliorer l'organisation et les études.

Le 1ᵉʳ mai 1831, il reçut le grand cordon de la Légion-d'Honneur, et, le 19 novembre, il devint pair de France.

M. Danthouard, pendant la session de cette même année, prit souvent la parole. Dans la discussion relative au projet de loi sur l'avancement de l'armée, il proposa plusieurs amendements empreints d'un esprit de justice, et qui décelaient des connaissances profondes en matière d'organisation militaire. Aussi, le public accueillit-il avec faveur, en 1832, sa nomination de président du comité d'artillerie. Atteint, à cette époque, d'une maladie grave qui mit ses jours en danger, il ne reparut à la tribune de la Chambre des Pairs que le 5 mars 1838, comme rapporteur de la commission chargée de l'examen d'une loi relative à l'acquisition, par voie d'échange, de la manufacture d'armes de Saint-Étienne.

Dans la séance du 13 juin, il demanda, mais sans succès, une loi sur l'état-major de l'armée. A cette époque, n'étant âgé que de soixante-cinq ans, il fut maintenu dans le cadre d'activité, et, par ordonnance du 3 août 1839, il entra dans la première section du cadre de l'état-major général de l'armée, où une ordonnance du 13 avril 1841 le conserva, puisqu'il se trouvait dans la catégorie des officiers généraux ayant commandé en chef. Il a depuis été mis à la retraite. Nous ne terminerons pas cette courte notice sur M. le général Danthouard, sans constater que c'est sous sa direction que le Musée d'artillerie est devenu le plus bel établissement de ce genre en Europe.

DARMAGNAC (Jean - Barthélemy - Claude-Toussaint, baron), né à Toulouse, le 1ᵉʳ novembre 1766. Il entra au service dans le 1ᵉʳ bataillon de la Haute-Garonne le 15 septembre 1791. Capitaine dès le 8 décembre suivant, il passa à l'armée d'Italie.

Chargé de défendre un poste dans le comté de Nice avec cent hommes, et attaqué par 3,000, il fit plus de prisonniers qu'il n'avait de soldats. Cette action lui valut le grade de chef de bataillon de la 21ᵉ demi-brigade, le 25 janvier 1794.

Partout intrépide et audacieux il fit un trait à peu près semblable à Carpenello, près de Bassano, où tombant à l'improviste avec une poignée d'hommes au milieu de 600 Autrichiens, il ne leur laissa pas le temps de se reconnaître, et appuyant la pointe de son sabre sur la poitrine de leur commandant, il exigea que ce corps se rendît aussitôt; les Autrichiens déconcertés par cette assurance mirent bas les armes. A cette époque, la 21ᵉ demi-brigade devint le 32ᵉ régiment de ligne.

Nommé colonel de la 32ᵉ demi-brigade, après la bataille des Pyramides, où il s'était battu comme un lion, il entra le soir au Caire avec 300 hommes, se plaça au centre de cette ville populeuse et s'y maintint jusqu'à l'arrivée de l'armée qui ne parut que le lendemain.

A Saint-Jean-d'Acre, il emporta d'assaut la Tour carrée et fut blessé dangereusement. — A Lisbèth, près de Damiette, 4,000 Osmanlis occupent une redoute qu'on ne peut attaquer sans passer sous le canon de leur escadre; le 2 novembre 1799, le colonel Darmagnac entreprend ce coup de main avec 600 hommes. Il place en réserve une partie de sa faible troupe et avec le reste court à la redoute. Un boulet renverse dix grenadiers; leurs camarades hésitent. « En avant, s'écrie Darmagnac, nous nous passerons des grenadiers! » Mais ces braves se raniment et tout le détachement se précipite dans la redoute que pourtant il faut quitter après un terrible combat; en repoussant les Français, les Osmanlis tombent dans l'embuscade. La réserve tire à bout portant;

Darmagnac fond de nouveau sur ce gros d'ennemis, le taille en pièces ou le prend à la vue de l'escadre ottomane qui n'ose pas tirer. Kléber envoya un sabre d'honneur à l'intrépide Darmagnac.

Après d'autres faits d'armes glorieux, il fut nommé général de brigade, le 27 avril 1801. De retour de France, il reçut un second sabre d'honneur avec le commandement d'un département.

Il se distingua de nouveau à Austerlitz, fut nommé gouverneur de la Carinthie, commanda la garde de Paris en 1806 et 1807, débuta à l'armée d'Espagne par la prise de Pampelune (17 février 1808), fut grièvement blessé au combat de Medina de Rio-Seco, en emportant un plateau fortement occupé et n'en resta pas moins à cheval pendant l'action. Le 19 juillet 1808, il était nommé général de division. Gouverneur de la Galice l'année suivante, puis de la Vieille Castille, etc., il se montra aussi bon administrateur qu'intrépide guerrier.

Il rendit encore de grands services à la bataille de Vittoria et surtout à la bataille de Toulouse.

En 1814, le général Darmagnac, commandant de la Légion-d'Honneur et chevalier de la Couronne de fer, fut créé chevalier de Saint-Louis par les Bourbons, et grand officier de la Légion-d'Honneur.

Il commanda la 11ᵉ, puis la 20ᵉ division militaire. — Il passa à la 9ᵉ le 23 janvier 1821.

Le 1ᵉʳ mai de cette année, le roi le créa commandeur de Saint-Louis et lui conféra quelque temps après le titre de vicomte en échange de celui de baron que lui avait accordé l'Empereur.

Mis en disponibilité le 28 août 1830, il fut admis au traitement de réforme en juillet 1831.

DARNAUD (Jacques, baron), lieutenant-général, né le 8 avril 1758 à Bricy-le-Boulay (Loiret), entra au service comme soldat le 10 août 1777, dans le régiment d'Anjou (36ᵉ d'infanterie), et y fut fait successivement caporal le 21 mai 1782, sergent le 1ᵉʳ août 1783, sergent-major le 17 septembre 1787, sous-lieutenant le 15 septembre 1791, et lieutenant le 25 août 1792.

Employé à l'armée du Rhin, il assista, le 30 septembre suivant, à la prise de vive force de Spire, et concourut à arrêter et à rallier une colonne de troupes qui, saisies d'une terreur panique, avaient pris la fuite. Il se trouva encore à la prise de Mayence le 21 octobre, à celle de Francfort-sur-le-Mein le 23, et à la retraite de l'armée sur Landau et sur Weissembourg au mois de mars 1793. Arrêté, le 11 août suivant, au camp de Roth, près de Weissembourg, par ordre des représentants du peuple Ruamp, Lacoste, Dujardin, Milhau et Boyer, pour être conduit devant le Comité de salut public, comme soupçonné de royalisme, il fut réclamé, au nom de tout le corps, par l'adjudant-major Bernadotte, depuis roi de Suède. Immédiatement mis en liberté, il fut nommé capitaine le 13 du même mois, et passa, avec son régiment, à l'armée du Nord. Il combattit constamment aux avant-postes, se fit remarquer par sa bravoure, et par sa présence d'esprit sauva, devant Cassel, deux bataillons français exposés à être pris ou détruits. Le 9 septembre de la même année, à Hondschoote, chargé du commandement du 1ᵉʳ bataillon, il s'empara d'une redoute armée de 9 pièces de canon et y fit 500 Anglais prisonniers qui, d'après le terrible décret de la Convention nationale, devaient être mis à mort sur-le-champ. Malgré le danger qu'il courait en ne se conformant pas à cet arrêt sanguinaire, il conduisit ses prisonniers au quartier général. Les représentants lui ayant demandé pourquoi il ne les avait pas fait fusiller, Darnaud répondit avec une noble fermeté : *Je suis toujours prêt à verser jusqu'à la dernière goutte de mon sang pour ma patrie, mais je ne puis être le bourreau d'un ennemi désarmé.*

Nommé adjoint aux adjudants-généraux, il combattit à l'attaque des villages de Saint-Vaast et de Saint-Aubert, le 9 germinal an II, et y affronta les plus grands dangers en ralliant la colonne de gauche de la division de Cambrai, que la cavalerie et l'artillerie ennemies, supérieures en force, avaient presque entièrement culbutée. Employé à l'armée de Sambre-et-Meuse en l'an III, il déploya une grande énergie dans la défense de Longwy, dont le commandement lui avait été confié par le général en chef Jourdan.

Le 7 floréal de cette année, il fut nommé chef de brigade de la 30ᵉ demi-brigade de bataille, dans laquelle avait été incorporé le 2ᵉ bataillon du 36ᵉ régiment.

Darnaud commanda cette demi-brigade pendant plus de quatre ans; il y rétablit l'ordre et la discipline, régularisa son administration et la conduisit avec succès sur tous les champs de bataille où elle fut appelée à combattre. A l'affaire de Lintz, il mit en fuite quelques troupes autrichiennes et les poursuivit vivement à la tête de 60 hommes d'infanterie, 25 dragons et deux pièces d'artillerie légère; mais ayant aperçu une très-forte colonne de cavalerie qui s'apprêtait à fondre sur lui, il prit position, fit jurer à sa troupe de mourir jusqu'au dernier plutôt que de se rendre et, disposant en avant ses deux pièces, il se défendit avec tant d'intrépidité que la cavalerie autrichienne fut obligée, non-seulement de renoncer à son attaque, mais encore de se réfugier dans les montagnes voisines pour échapper aux coups qui portaient le ravage et la mort dans ses rangs. Après avoir servi quelque temps au blocus d'Ehrenbreitstein, il reçut l'ordre de se porter sur Neuwied et d'y protéger la retraite de l'armée de Jourdan qui se disposait à repasser le Rhin.

Avec deux bataillons de la 30ᵉ demi-brigade, une compagnie d'artillerie légère et un régiment de chasseurs à cheval, il soutint les efforts d'un corps considérable de cavalerie qui, appuyé par une nombreuse artillerie, essaya vainement de l'entamer. Il résista pendant toute une journée et ne se décida à franchir le fleuve que lorsqu'il vit nos derniers bataillons en sûreté. Sa contenance ferme et tranquille, la précision des manœuvres, les charges vigoureuses qu'il fit exécuter lui valurent les éloges de la part du général en chef qui lui dit : *Je vous félicite, mon cher Darnaud, j'ai admiré vos belles manœuvres, vous aviez devant l'ennemi le même sang-froid que l'année dernière à la revue sur la place de parade de Cologne.*

A la prise de Francfort, Darnaud commanda cette ville, où, par le plus sévère maintien de la discipline, il sut faire chérir le nom français. Deux ans auparavant une garnison française avait été égorgée dans cette ville ; sous prétexte de venger l'assassinat de leurs compagnons d'armes, des malveillants excitaient nos troupes à l'incendie et au pillage. Déjà des symptômes alarmants se manifestaient dans la garnison, et sans Darnaud, qui fut obligé de lutter corps à corps avec des soldats mutinés de la 48ᵉ demi-brigade de ligne, la ville eût subi le sort le plus affreux. Son courage et son dévouement, secondés de l'appui des soldats de sa demi-brigade, qui lui étaient entièrement dévoués, suffirent pour apaiser ce commencement d'insurrection.

Ce fut par des traits nombreux d'une incorruptible probité et d'une scrupuleuse fidélité à remplir ses devoirs que le chef de brigade Darnaud dut les témoignages d'estime qu'il reçut d'une cité dont les magistrats et les habitants le regardaient comme le bienfaiteur.

Il servit au blocus de la place de Mayence, devant laquelle il arriva le 18 germinal an IV. Dans une sortie que fit la garnison ennemie, avec des forces infiniment supérieures, le 3 fructidor suivant, Darnaud, à la tête de la 30ᵉ demi-brigade, défendit la position entre le Mein et le Rhin, et eut la mâchoire inférieure fracassée par un éclat d'obus. Malgré la gravité de sa blessure, il ne voulut point quitter le champ de bataille, et ne cessa de combattre que lorsque les ennemis, repoussés partout, furent forcés de rentrer dans la ville, laissant le terrain couvert de leurs morts et de leurs blessés.

S'étant rendu à Francfort pour y soigner sa blessure, il y reçut de la part des habitants de nombreuses marques d'intérêt et d'affection, qui le récompensèrent dignement des soins qu'il avait pris pour préserver de tout malheur leurs personnes et leurs propriétés.

Appelé à l'armée d'Italie vers la fin de l'an IV, il y commanda sa demi-brigade avec un grand succès. Le 15 frimaire an VII, à Civita-Castellana, et le même jour à l'affaire de Falavi, il défit complètement les Napolitains, culbuta une division avec un seul bataillon, mit l'ennemi en déroute et lui prit 20 pièces de canon et 30 caissons. Le 18 nivôse suivant, à l'affaire d'Atricoli, à la tête de sept compagnies, il donna l'impulsion aux troupes dont il faisait partie, et détermina par son exemple et sa conduite les avantages de cette brillante journée.

Le 24 prairial, au combat et à la prise de Modène, Darnaud se comporta avec le sang-froid, la valeur et les talents militaires qui le distinguaient depuis longtemps, et la 3ᵉ demi-brigade mérita les plus grands éloges. A la bataille de Trébia, il traversa la rivière à la tête de sa brigade, formée en colonne serrée et l'arme au bras, sous un feu terrible d'artillerie. Electrisant sa troupe par son courage, il renverse tout ce qui s'oppose à son passage, perce la ligne ennemie, se porte à plus de 400 toises sur ses derrières, et s'empare de sept pièces de canon, dont il a affronté le feu. Mais n'étant pas appuyé sur ses ailes, il fut obligé de battre en retraite. Quoique blessé d'un coup de feu à la jambe gauche, il opéra son mouvement rétrograde dans le plus grand ordre, sans se laisser entamer et sans abandonner les canons qu'il avait pris. C'est à la suite de cette brillante affaire, qu'il fut nommé général de brigade, par arrêté du Directoire exécutif du 12 thermidor an VII.

Le 28 du même mois, à la bataille de Novi, il avait obtenu les succès les plus complets sur les Russes, qu'il avait mis en pleine déroute, lorsque le mouvement rétrograde des autres troupes de l'armée le força d'abandonner ces avantages. Néanmoins, tout en se retirant, il s'empara de deux pièces de canon, dont il tua les artilleurs qui les servaient avec une vigueur et une opiniâtreté dignes d'un meilleur sort.

A l'affaire de Bosco, le 2 brumaire an VIII, le général Darnaud détermina le succès de la journée. Avec l'infanterie seulement, il combattit un ennemi bien supérieur en nombre et qui avait de la cavalerie et de l'artillerie formidables. Il le tourna, le déborda par la gauche, chargea audacieusement sa cavalerie, en plaine, à la baïonnette, et le mena battant pendant plus de deux milles.

Le 13 du même mois, à l'affaire de Rivalta, il commandait une colonne d'infanterie qui fut entourée par l'ennemi. Mais par ses manœuvres hardies, il parvint à se dégager et à se retirer pendant l'espace de deux lieues, en plaine, sans avoir éprouvé d'autre perte que celle d'un officier, et après en avoir fait éprouver de considérables à l'ennemi, qui ne cessa de le harceler.

Le 15, il défendit le front de Novi pendant trois heures contre les attaques réitérées d'un corps très-nombreux de troupes autrichiennes; mais, obligé d'abandonner cette position, que l'insuffisance de ses forces ne lui permettait pas de garder plus longtemps, il se retira dans les montagnes voisines, espérant y attirer l'ennemi; cette tentative eut un plein succès. Les Autrichiens s'étant engagés dans les gorges, le général Darnaud les fit charger à la baïonnette, les mit en fuite, et leur enleva trois bouches à feu avec leurs caissons, après avoir tué beaucoup de monde. Un grand nombre de fuyards furent faits prisonniers.

Attaqué le 23 frimaire par des forces autrichiennes et russes très-supérieures, il fut obligé de quitter la ligne de Monte-Cornua. Ses troupes plièrent en désordre et s'enfuirent à travers les montagnes jusqu'à Nervi où il devint indispensable de s'arrêter et de s'opposer à l'ennemi, qui avait l'intention de s'emparer de ce débouché pour couper la retraite à une colonne qui se trouvait vers Recco et Sori, à quatre milles de distance. Le général Darnaud s'empressa de réunir 300 hommes de la 73ᵉ demi-brigade, commandés par le chef de bataillon Verney, qu'il plaça à un défilé, où 4 hommes auraient pu en arrêter 100, et il leur ordonna de tenir jusqu'à la dernière extrémité pour assurer la retraite de la colonne qui était encore à Sori. Après avoir fait toutes les dispositions nécessaires pour empêcher l'ennemi de pénétrer plus avant, le général Darnaud demanda des hommes de bonne volonté pour aller avec lui explorer le pays. Mais telle était alors l'intimidation que causait à la troupe le nombre considérable des ennemis, que deux hommes seulement se présentèrent. Ce manque d'énergie et de confiance ne change point les projets du général, il marche seul en avant de Nervi, avec les deux braves qui se sont offerts, et qui promettent d'affronter avec lui tous les dangers. Bientôt après, regardant en arrière pour s'assurer de la conduite des 300 hommes auxquels il a confié la garde de l'important débouché qu'il veut conserver, il s'aperçoit que l'ennemi s'en est rendu maître et qu'il s'empresse d'arriver et de s'établir dans les rues de Nervi. Ne prenant conseil que de son courage, Darnaud, le sabre à la main et suivi de ses deux intrépides compagnons, s'élance sur l'ennemi, qui fait feu sur eux. Personne n'est atteint, et après avoir porté le désordre dans les rangs des Impériaux, nos trois braves parviennent à les mettre en fuite.

C'est à ce trait d'une valeureuse audace que la colonne de Sori dut son salut, car elle ne pouvait éviter d'être faite prisonnière, les rues de Nervi ne permettant pas de former quatre hommes de front. Le chef de bataillon Verney qui, malgré son courage et ses efforts, n'avait pu parvenir à rétablir son bataillon qu'au plateau de Quinto, rendit lui-même justice au dévouement du brave général Darnaud, et le chef de brigade Wouillemont, qui commandait la colonne de Gori, s'exprimait ainsi dans le rapport qu'il fit de cette affaire : « L'ennemi, ayant porté toutes ses forces sur la brigade de gauche, et l'ayant forcée et suivie dans sa marche rétrograde jusqu'à Nervi, avait coupé celle de droite que je commandais. Le général de brigade Darnaud, par les efforts de son courage, ne dut presque qu'à lui seul l'avantage de me dégager et de me réunir à la 2ᵉ brigade, avec laquelle ce général se défendit dans Nervi, d'où il chassa l'ennemi, et prépara la glorieuse journée du lendemain. »

En effet, le 24, à l'affaire de la Castagna, le général Darnaud, avec ses troupes très-peu nombreuses, renverse les colonnes de l'ennemi. Atteint de trois coup de feu, mais sentant trop combien sa présence est nécessaire, il surmonte sa douleur, oublie ses blessures, et, chargeant à la tête de ses soldats, il culbute l'ennemi, lui enlève quatre pièces de canon et lui fait 1,200 prisonniers. Le 13 germinal suivant, la 8ᵉ demi-brigade d'infanterie légère, postée sur la montagne de Rua, en avant de Recco, fut obligée d'abandonner cette position et se retirait, vivement harcelée par un ennemi nombreux qui pénétra dans la ville de Recco. Le général Darnaud accourut sur le champ de bataille, et ne pouvant arrêter la déroute, arrache le fusil des mains d'un soldat : « Si tu es brave, » lui dit-il, « reste auprès de moi ; donne-moi des cartouches et mourons ensemble au poste de l'honneur. » Seul avec ce soldat, il fait feu sur l'ennemi, qui s'étonne de tant d'intrépidité. La demi-brigade, revenue d'un premier moment de faiblesse, et encouragée par l'exemple de son général, s'arrête, se rallie, et sur les pas de l'intrépide général Darnaud, elle charge à son tour l'ennemi, renverse tout ce qu'elle rencontre et reprend Recco, où elle complète sa victoire, en faisant prisonnière ou passant au fil de la baïonnette toutes les troupes qui s'y trouvaient.

Le 16 et le 17 du même mois, à Montefaccio, il combattit avec succès un ennemi toujours plus nombreux que lui et parvint à conserver à l'armée des munitions et de l'artillerie qu'il avait reçu l'ordre d'abandonner.

Employé au blocus de Gênes par les Autrichiens et les Anglais, il se signala dans toutes les affaires qui eurent lieu pour la défense de cette place. Malgré ses nombreuses tentatives, jamais l'ennemi ne put le forcer à se retirer dans Gênes, et toujours le général Darnaud occupa des positions qui s'en trouvaient éloignées de plus de trois milles. Par ce moyen, il conserva les moulins sans lesquels la place aurait manqué de farine, et des potagers considérables qui fournissaient abondamment des légumes à la garnison et aux habitants.

Le 21 floréal an VIII, il rompit la ligne de l'ennemi à Bisagno, l'attaqua par derrière sur le Monte-Cornua; et seulement avec 400 hommes du 1er bataillon de la 2e demi-brigade d'infanterie de ligne, il battit complétement 4,000 Autrichiens, fiers de l'avantage qu'ils avaient obtenu le matin sur la colonne qui avait été chargée de les attaquer de front. Tout ce que le général Darnaud rencontra fut fait prisonnier, les magasins de l'ennemi et quatre pièces de canon tombèrent en son pouvoir. Le 8 prairial suivant, à la tête de 2,000 hommes, il prit d'assaut plusieurs redoutes, et il poursuivait ses rapides succès, lorsque, arrivé à travers la mitraille et les boulets, au pied d'un dernier retranchement qu'il se disposait à enlever, il fut grièvement blessé à la jambe gauche d'un coup de feu qui nécessita l'amputation. Après sa guérison, il fut nommé commandant de la place de Gênes, toujours en état de blocus, et passa dans la division de Ligurie le 23 germinal an IX.

Le 3 floréal suivant, le gouvernement ligurien lui remit un sabre d'honneur en reconnaissance de ses services et de sa belle conduite avant et pendant le blocus de Gênes.

Le 1er fructidor an X, il fut mis en disponibilité et rentra en France; mais à son arrivée à Paris, il ne tarda pas à être employé, et le premier Consul lui confia le commandement du département de la Corrèze (20e division militaire) par arrêté du 1er vendémiaire an XI. Le général Darnaud exerça ces fonctions jusqu'au 4 brumaire an XII, époque à laquelle il passa dans la 14e demi-brigade militaire pour y commander le département de l'Orne.

Nommé membre de la Légion-d'Honneur le 19 brumaire an XII, il en fu créé commandeur le 25 prairial suivan et fut désigné pour faire partie du Collége électoral du département de l'Orne.

Par décret du 19 mars 1805, l'Empereur lui conféra le titre de baron avec une dotation de 4,000 francs de revenus. Le général Darnaud continua d'exercer ses fonctions dans le département de l'Orne; il eut même le commandement provisoire de la 14e division militaire, en l'absence du général Grandjean, le 13 mai 1811, et fut appelé, le 22 juin suivant, au poste de commandant de l'hôtel impérial des Invalides, où sa sollicitude pour les braves, comme lui mutilés au champ d'honneur, lui acquit de nouveaux droits à la reconnaissance nationale. Lors de l'invasion des armées coalisées, ce fut à ses soins et à sa fermeté que l'on dut la conservation d'une partie des plans en relief, en dépôt à l'hôtel, et dont les Prussiens voulaient s'emparer.

Après sa rentrée en France, Louis XVIII le nomma chevalier de Saint-Louis par ordonnance du 27 juin 1814, et lui conféra le titre de lieutenant-général honoraire, le 6 septembre suivant.

Nommé titulaire de ce grade, en conservant le commandement de l'hôtel des Invalides, le 1er juillet 1815, le général Darnaud fut créé grand officier de la Légion-d'Honneur le 24 août 1820, et commandeur de l'ordre royal militaire de Saint-Louis le 27 mars 1821.

Admis à la retraite le 10 octobre de cette dernière année, le général Darnaud a terminé son utile et glorieuse carrière le 3 mars 1830. Son nom figure dignement sur la partie Nord de l'arc de triomphe de l'Étoile.

DARRICAU (Augustin, baron), né à Tartas (Landes), le 5 juillet 1773, s'enrôla à l'âge de dix-huit ans dans le 1er bataillon des volontaires nationaux de son département. Devenu capitaine le 17 octobre 1791, il passa en cette qualité à l'armée des Alpes, fit les campagnes de 1792 et 1793, assista au siége de Toulon, puis servit avec la 77e demi-brigade, pendant les ans II, III, IV et V, aux armées d'Italie et d'Allemagne.

Durant le cours de cette campagne, il fut atteint d'un coup de feu à la jambe droite au combat de Mologne, le 14 messidor an III, se fit remarquer à la prise de Dégo le 25 germinal an IV, en s'élançant un des premiers dans la redoute, et eut en cette occasion le tibia de la jambe gauche fracturé par une balle.

Après avoir combattu pendant quelque temps à l'armée d'Helvétie, Darricau fit ensuite la campagne d'Orient, s'y distingua en plusieurs occasions, et fut promu au grade de chef de bataillon par le général en chef Kléber, le 30 vendémiaire an VIII. Attaqué impunément par une nuée d'Arabes, il soutint leur choc avec autant de sang-froid que de courage, les culbuta, les mit en fuite, puis en tua un de sa main et coupa le bras d'un autre.

Une blessure grave qu'il reçut à la cuisse droite, le 22 ventôse an IX, devant Alexandrie, l'empêcha de servir pendant un mois. Nommé colonel du 32e régiment de ligne par le général en chef Menou le 7 floréal suivant, Darricau revint en France avec les débris de l'armée d'Égypte, commanda son régiment à l'armée des côtes de l'Océan, fut décoré, le 19 frimaire an XII, de la croix de la Légion-d'Honneur, et combattit avec distinction à la grande armée d'Allemagne pendant les ans XIII et XIV. Ce fut lui qui battit à Aslach, entre Ulm et Albeck, la majeure partie des troupes du prince Ferdinand d'Autriche, lui fit 3,000 prisonniers et les ramena au camp français, à travers une légion de 6,000 hommes de cavalerie ennemie.

Le 16 vendémiaire an XIV, il enfonça à la baïonnette, à la tête de son régiment, une colonne de 6,000 Russes, qui menaçait, à Diernstein, les derrières du corps d'armée du maréchal Mortier. En récompense de ses services, le colonel Darricau fut créé, le 4 nivôse de la même année, commandeur de la Légion-d'Honneur. Il se signala de nouveau au combat de Halla, le 17 octobre 1806, s'élança le premier sur le pont de la Saale, où son cheval fut percé de plusieurs coups de baïonnette, chassa l'ennemi de toutes ses positions, puis lui enleva 3,000 hommes et 6 pièces de canon.

Il déploya le même courage à la journée de Morunghen le 27 janvier 1807.

Élevé au grade de général de brigade le 15 février suivant, il contribua au succès de la bataille de Friedland. Le général Darricau fut créé baron de l'Empire en 1808, et envoyé à l'armée d'Espagne, où il eut le commandement de la réserve à la bataille d'Espinosa. Il se battit ensuite avec sa valeur accoutumée à l'affaire de Somma-Sierra.

Le 3 décembre 1808, il concourut à la prise de Madrid, et marcha avec le corps d'armée que Napoléon dirigeait sur la Galice contre les Anglais le 22 du même mois.

Aussitôt après cette expédition, il se

rendit à Benavente avec sa brigade, se porta successivement sur les villes de Toro, Zamora, Salamanque dont il s'empara, et reprit sur les insurgés deux pièces de canon de la garde impériale qui étaient tombées en leur pouvoir.

Le général Darricau enleva aussi de vive force le pont et la ville d'Alcantara. Lors de la mort du général Lapisse, tué à la bataille de Talavéra de la Reina le 28 juillet 1809, il fut chargé du commandement provisoire des troupes de cet officier général, obtint le gouvernement de Séville le 10 mai 1810, et devint général de division le 31 juillet 1811.

Pendant que les maréchaux ducs de Dalmatie et de Trévise assiégeaient Badajoz, le général espagnol Ballesteros marchait sur Séville avec un corps d'élite, composé de 6,000 hommes d'infanterie et de 300 chevaux. Darricau, hors d'état de défendre cette grande cité, qui n'avait pour garnison que 1,500 fantassins et 400 chevaux, se retira avec toutes les administrations civiles et militaires dans la Cartuxa, vaste couvent de Chartreux que le maréchal duc de Dalmatie avait fait mettre à l'abri de toute insulte au commencement de cette campagne. Il était déterminé à défendre ce poste jusqu'à la dernière extrémité, et même à tirer sur la ville si les habitants se fussent révoltés ; mais les Sévillans restèrent calmes et attendirent dans une complète neutralité l'issue de cette expédition, qui fut sans résultat, car l'arrivée du duc de Dalmatie, avec sa colonne, força l'ennemi à abandonner sa position devant cette ville.

Le général Darricau eut, en janvier 1812, le commandement de la 6e division de l'armée du Midi, en Estradamure, sous les ordres du comte d'Erlon. C'est lui qui, dans la retraite d'Andalousie, s'empara de la ville ainsi que du fort de Chincella par assaut, il établit une batterie à trente toises du fort et contraignit la garnison à capituler.

A l'époque où l'armée anglaise fut obligée d'opérer sa retraite sur Ciutad-Rodrigo, Darricau attaqua avec sa division l'arrière-garde ennemie à San-Muños, la battit, la dispersa et lui fit un nombre considérable de prisonniers. Il se couvrit de gloire à la bataille de Vittoria, où il fut atteint d'un coup de feu à l'avant-bras. Après avoir puissamment contribué aux succès des combats livrés devant Bayonne, il commanda, le 9 février 1814, le département des Landes et en organisa la défense. Il combattit aussi à la journée d'Orthez, rejoignit l'armée française à Tarbes, où il fut chargé, le 20 mars, du commandement de la 1re division.

Le général Darricau se fit remarquer aussi à la bataille de Toulouse, où il repoussa, à la tête de cette division, toutes les attaques que les Anglais dirigeaient sur les trois points du canal, depuis la Garonne jusqu'à la route d'Albi. A la première rentrée des Bourbons, il fut créé chevalier de Saint-Louis et commandant supérieur de Perpignan.

Il occupait encore ce poste lorsque Napoléon revint de l'île d'Elbe. Le maréchal Pérignon, qui commandait à Toulouse, lui donna presque aussitôt l'ordre de livrer la citadelle de Perpignan aux troupes royales qui se présentèrent pour en prendre possession. Le général Darricau, au lieu de suivre les ordres du général, fit arborer le drapeau tricolore dans tout le département des Pyrénées-Orientales. Pour lui témoigner sa reconnaissance d'avoir préservé cette ville de la guerre civile, le conseil municipal de Perpignan lui offrit une épée riche et superbe, portant cette inscription : *La ville de Perpignan au lieutenant-général baron Darricau.*

L'Empereur, l'ayant rappelé à Paris,

lui donna le commandement des fédérés, qu'il organisa avec beaucoup d'activité. Mais quand on eut renoncé au projet de défendre la capitale contre les armées alliées, le général Darricau quitta le commandement qui lui avait été confié, et ne fut plus employé pendant la seconde Restauration, et se retira à Dax, où il mourut d'une maladie de langueur le 7 mai 1819, dans sa quarante-sixième année.

DARRIULE (Jean, baron), lieutenant-général, né à Arudy (Basses-Pyrénées), le 16 novembre 1774. Il entra au service le 17 brumaire an II, dans le 7e régiment d'infanterie légère, où il reçut ses grades jusqu'à celui de capitaine.

Passé en qualité de chef de bataillon au 25e de ligne, il entra plus tard dans le 1er régiment des grenadiers de la garde impériale et obtint successivement dans ce corps le grade de colonel et celui de maréchal de camp, et les titres de baron et de commandant de la Légion-d'Honneur. Cet avancement graduel et rapide annonce une conduite régulière et une bravoure remarquable.

Il fit les campagnes de l'an II et de l'an III à l'armée des Pyrénées-Occidentales; de l'an IV et de l'an V à l'armée d'Italie; fit partie de l'expédition d'Espagne pendant les années 1808, 1809, 1810, et passa ensuite à l'armée du Nord.

Le général Darriule adhéra aux actes du Sénat, en 1814, et fut nommé par le roi chevalier de Saint-Louis et commandant du département des Hautes-Pyrénées.

Pendant les Cent-Jours, il remplit les fonctions d'inspecteur général de l'instruction de la garde nationale de Paris.

A la révolution de Juillet, il fut remis sur le cadre d'activité et fut nommé, en 1831, commandant du département de la Seine et de la place de Paris, puis grand officier de la Légion-d'Honneur.

En 1832 (29 juillet), il reçut le grade de lieutenant-général.

DARU (Pierre-Antoine-Noel-Bruno, comte), l'homme dont Napoléon à Sainte-Hélène résumait l'éloge en ces termes: « il joint le travail du bœuf au courage du lion, » naquit à Montpellier (Hérault) le 14 janvier 1767. Sa famille n'était ni noble ni riche, mais elle était entourée de l'estime publique; son père occupait la place de secrétaire de l'intendance de Languedoc.

Le moment venu de choisir un état, il témoigna le désir d'entrer au service; son père lui obtint une sous-lieutenance dans un régiment de cavalerie: c'était en 1783.

Le sous-lieutenant qui avait rêvé peut-être le bâton de Fabert, ne tarda pas à s'apercevoir qu'il attendrait longtemps le brevet de capitaine; les ennuis inséparables de la vie de garnison, les difficultés qu'il éprouvait pour se livrer aux travaux littéraires, pour concilier le goût de l'étude avec les occupations et les devoirs de la sous-lieutenance, le dégoûtèrent du service militaire, et donnant sa démission de sous-lieutenant, il entra dans l'administration militaire. Il était commissaire des guerres en 1789. La Révolution le trouva disposé à accueillir, à seconder les principes d'une sage réforme. Quoique souvent dénoncé comme *modéré*, il fut conservé cependant à ses fonctions, parce qu'on avait besoin de ses talents, de sa capacité, de son expérience, si bien appréciés par tous les généraux aux armées de l'Ouest, de Sambre-et-Meuse, partout où l'appela le ministère de la guerre.

Dans les différents corps auxquels Daru fut attaché, jamais le soldat n'eut à se plaindre de ces cruelles privations qui décimaient les troupes et peuplaient les hôpitaux.

Sa réserve parut la preuve d'un secret penchant pour le royalisme, quoiqu'il ne fût pas noble, quoiqu'il n'eût pas émigré. Un ordre d'arrestation l'enleva même au milieu de l'armée, et conduit à Paris, il y attendit son jugement, ou plutôt il se prépara à la mort.

Il allait comparaître devant le tribunal révolutionnaire, lorsque la journée du 9 thermidor, en brisant la tyrannie sanglante de Robespierre et de ses complices, rendit la liberté à Daru.

Il ne cessait de demander à être envoyé à l'armée; mais il était toujours éconduit par des promesses qui ne se réalisaient pas. Enfin, les circonstances lui devinrent plus favorables; le ministre de la guerre avait besoin d'un administrateur intelligent, ferme et probe, afin de régulariser le service des subsistances militaires; il nomma chef de cette division si importante l'ancien commissaire des guerres qui était désigné à son choix par l'opinion publique. Daru entra d'abord au ministère de la guerre en l'an VI. Quelques mois lui suffirent pour établir un ordre parfait dans le service confié à sa surveillance.

Le tranquille travail des bureaux ne convenait pas à l'activité de Daru; il aimait le mouvement, l'agitation de la vie militaire; ils étaient même nécessaires à son tempérament. Il demanda et obtint la permission d'échanger la place de chef de division contre les fonctions de commissaire ordonnateur, et partit pour l'armée du Rhin. Il n'y resta pas longtemps, et fut forcé de revenir à Paris, pour remplir les fonctions de secrétaire général du ministre de la guerre.

C'est qu'un homme habile à discerner le vrai mérite, à lui assigner les postes spéciaux où il peut briller avec le plus d'éclat et rendre le plus de services, était alors à la tête du gouvernement.

Daru n'avait pas échappé à la perspicacité du premier Consul, qui le nomma secrétaire général du ministère de la guerre, avec le rang d'inspecteur aux revues, puis l'emmena avec lui en Italie.

Daru déploya, sous les yeux de cet excellent juge, les talents dont il avait déjà donné tant de preuves.

Après la bataille de Marengo, il reçut du général en chef de l'armée française une mission qui était un éclatant témoignage de l'estime et de la confiance qu'il lui avait inspirées : nommé l'un des commissaires chargés de veiller aux détails d'exécution de la convention signée par Mélas et Berthier, il ne tarda pas à revenir à Paris; il ne devait plus se séparer du chef de l'État.

Alors, quelques jours de paix et de bonheur avaient lui pour la France; un gouvernement régulier avait succédé à l'anarchie et au désordre; les arts et les lettres sortaient, pour ainsi dire, de leur tombeau, et le signal de leur résurrection était une hymne de reconnaissance au grand homme qui leur promettait une protection éclairée. Daru, admirateur du premier Consul, voulut aussi lui payer le tribut poétique de son enthousiasme, et il emprunta, pour le louer, une forme ingénieuse et délicate; il adressa à l'abbé Delille une épître pour l'engager à célébrer ses hauts faits et sa gloire.

Dis-moi, souffriras-tu qu'une Muse vulgaire
S'empare d'un sujet digne d'un autre Homère?

L'abbé Delille garda son inflexible silence; il ne voulut pas être l'Homère du premier Consul; mais s'il refusa des vers au chef de l'État, il rendit justice au mérite d'une versification élégante, à l'esprit du poëte. Le jugement du public ne fut pas moins favorable à l'épître de Daru; mais son poëme intitulé *les Alpes*, composition sans plan déterminé, ne réussit pas. Toutefois, cet ouvrage se distinguait par la même pureté de goût, la même correction qu'on avait louées dans la traduction en vers des *Odes d'Horace*, publiées quelques années auparavant.

Un nouveau théâtre s'ouvrit bientôt pour M. Daru, appelé au Tribunat; il apporta dans cette assemblée les leçons et les enseignements de son expérience dans tous les détails de l'administration de la guerre.

On ne doit pas s'étonner de voir Daru concourir dans les limites de son influence personnelle à l'établissement de l'Empire, car le premier Consul avait été son général et même son ami; et puis le nouvel Empereur légitimait son introduction par le génie et par la gloire.

Napoléon, empereur, ne fut pas ingrat envers ceux qui avaient favorisé sa promotion, mais Daru avait encore d'autres droits à la bienveillance du nouveau monarque; ce fut moins le membre du Tribunat que l'administrateur que Napoléon nomma membre de la Légion-d'Honneur le 4 frimaire an XII, et commandant le 25 prairial suivant.

La place de Daru était marquée au conseil d'État, et il s'y assit à côté des capacités dont l'Empereur s'entourait. Il prit une part glorieuse à toutes les discussions qui avaient lieu souvent devant Napoléon.

De l'an XII à 1806, Daru fut nommé successivement conseiller d'État, intendant général de la maison militaire de l'Empereur, intendant général de la liste civile, en remplacement de Fleurieu.

Commissaire général de la grande armée à l'ouverture de la campagne contre la Prusse, en 1806, il eut une tâche plus pénible à remplir après la bataille d'Iéna : L'Empereur le nomma intendant général des pays conquis, et ces fonctions comprenaient l'exécution terrible de la victoire. Il fallait que, suivant l'axiome militaire, la guerre nourrît la guerre. La Prusse vaincue, devait payer d'énormes contributions au vainqueur; un décret de l'Empereur en avait fixé le chiffre, et Daru se trouva investi d'un pouvoir dont il n'était pas en sa puissance d'adoucir la rigueur. Toutefois, s'il fut rigoureux, il ne fut point injuste et jamais on n'attaqua sa probité.

La campagne de 1809 terminée par la bataille de Wagram avait livré aux armées françaises les États héréditaires de l'empire d'Autriche et une grande partie de ses autres provinces. Daru fut investi à Vienne des mêmes fonctions qu'il avait remplies à Berlin. Il y montra le même droiture, la même modération.

En 1811, de Champagny, ministre des relations extérieures, avait encouru la disgrâce de l'Empereur; celui-ci voulut néanmoins compenser pour le ministre destitué la perte de son portefeuille; il le nomma intendant général des domaines de la couronne à la place de Daru, qui reçut le titre de ministre secrétaire d'État. Il le nomma comte de l'Empire et grand officier de la Légion-d'Honneur le 30 juin 1811.

Vers la fin de 1811 et au commencement de 1812, de graves symptômes de mésintelligence annonçaient l'imminence d'une rupture entre la France et la Russie. L'Angleterre, par ses intrigues et par son or, avait rallié le Czar à la cause de sa haine. De chaque côté on se préparait à la lutte. Napoléon partit et Daru l'accompagna.

Après la bataille de Smolensk, Daru, consulté par l'Empereur, était d'avis que l'armée s'arrêtât, se fortifiât dans cette ville; il ne la voyait pas sans crainte s'enfoncer au sein de la vieille Russie, en s'acharnant à la poursuite d'un ennemi qui se dérobait devant elle par une fuite calculée. Il objecta, au nom de son expérience, que les approvisionnements ne suivraient plus avec sécurité la marche de l'armée française, et que les convois ne pouvaient s'aventurer dans un pays où manquaient les lieux propres à recevoir des magasins.

L'incendie de Moscou justifia les craintes de Daru : « Que faire ? disait l'Empereur à Daru, en jetant les yeux sur les ruines fumantes de la cité sainte. — Rester ici, répondit Daru, nous loger dans ce qui reste de maisons, dans les caves ; recueillir les vivres qu'on pourra encore trouver dans cette ville immense ; presser les arrivages de Wilna, faire de ces décombres un grand camp retranché, rendre inattaquables nos communications avec les provinces lithuaniennes avec l'Allemagne, avec la Prusse, et recommencer au printemps prochain.

« — C'est un conseil de lion, s'écria l'Empereur. » Le conseil de lion ne fut pas suivi : Napoléon donna le signal de la retraite.

Pendant cette retraite, le général Mathieu Dumas, malade et dans l'impossibilité de continuer ses fonctions d'intendant général, fut remplacé par le comte Daru. Vers la fin de la campagne il crut devoir donner à ces fonctions le titre d'un ministère spécial dont elles avaient d'ailleurs l'importance.

En 1813, l'intendant général de la grande armée fut nommé grand aigle de la Légion-d'Honneur (22 novembre) et ministre chargé de l'administration de la guerre. Dans les campagnes de 1813 et 1814, Daru fut ce qu'il avait toujours été, actif, infatigable, fertile en ressources ; mais l'épuisement de la France imposait des limites à sa volonté. Cependant l'administration de la guerre, avec les faibles moyens dont elle pouvait disposer, sut pourvoir à toutes les nécessités des différents services ; elle ne put rien dans les malheurs qui amenèrent l'abdication de Fontainebleau.

Louis XVIII le nomma intendant général honoraire et lui donna la croix de Saint-Louis. Témoin et juge sévère des fautes de la Restauration, il seconda de ses vœux seulement le succès de la Révolution du 20 mars. Quand il vint saluer Napoléon aux Tuileries, l'Empereur lui serra affectueusement la main, car il savait qu'il pouvait toujours compter sur son dévouement.

Le désastre de Waterloo et la seconde Restauration forcèrent Daru de quitter définitivement la carrière administrative; il perdit toutes ses places, excepté celle qu'il occupait à l'Institut, où il avait succédé, en 1806, à Colin d'Harleville. Il échappa aux épurations de l'ordonnance de 1816.

Rendu à ses livres et à l'étude, Daru trouva le bonheur dans sa retraite studieuse. Il avait renoncé sans regret à la vie politique, il y fut rappelé par l'ordonnance royale du 5 mars 1819 qui le comprit dans la nombreuse promotion de Pairs nommés par le ministre Decazes, à la suite de la réaction contre le parti qu'on appelait alors *ultra monarchique.*

Quoique appartenant à l'opposition de la Chambre, les opinions et le langage de Daru repoussaient l'idée des hostilités systématiques qui compromettent le succès des meilleures causes. Les ministères Villèle et Polignac trouvaient en lui un rude, mais loyal adversaire.

Daru vit se préparer la révolution de Juillet, mais il mourut avant qu'elle s'accomplît. Une attaque d'apoplexie termina son existence le 5 septembre 1829. Il se trouvait alors à sa terre de Meulan.

Indépendamment de ses traductions du *Traité de l'orateur*, de Cicéron, et *des Odes d'Horace*, le comte Daru a publié plusieurs grands ouvrages et beaucoup de poésies; il a laissé surtout un ouvrage qui lui a survécu, et qui assurera sa mémoire contre l'oubli : c'est l'*Histoire de la République de Venise.* On ne connaissait de Venise que les souvenirs de sa grandeur et de sa décadence ; Daru arracha cette République au roman et à la poésie pour la restituer au domaine des faits et à la réalité. L'*Histoire de Bretagne* suivit de près celle de la *République de Venise*; mais elle est bien inférieure. L'historien s'est arrêté à la Révolution française, il est à regretter qu'il l'ait laissée incomplète. (*Extrait de la biographie de Daru, par* C. Saint-Maurice.)

DAUGIER (François-Henri-Eugène, comte), est né à Courteson, dans le comtat Venaissin, le 12 septembre 1764. Il débuta sur la corvette *la Flèche*, en 1782.

Plusieurs campagnes qu'il fit dans les Indes fixèrent sur lui l'attention du gouvernement. De retour en France, il se livra à l'étude de la tactique navale, s'embarqua, en 1787, sur un des paquebots destinés à faciliter les relations de nos ports avec les îles de l'Amérique, et fut promu au grade de lieutenant de vaisseau en 1789.

Après plusieurs années d'une navigation non interrompue, sa santé, gravement altérée, le força d'aller chercher, au sein de sa famille, le repos dont il éprouvait le besoin. Ses concitoyens l'avaient élu procureur de la commune de Courteson, lorsque la première coalition des Rois contre la France le rappela au service de la marine.

Le 5 janvier de l'année suivante, il fut nommé major général de l'escadre qui préserva Belle-Isle et Croix de la descente dont les menaçait la flotte anglaise aux ordres de lord Howe.

Les équipages, qu'un fatal concours de circonstances avait réduits au plus affreux dénûment, se révoltèrent avec une violence extrême, sous prétexte d'aller à Brest pour sauver le port de la trahison qui venait de livrer Toulon aux Anglais. Le péril était d'autant plus imminent, que l'escadre était en présence de l'ennemi. Daugier se rendit avec l'amiral à bord des vaisseaux insurgés, il harangua les marins, et parvint à calmer l'effervescence des esprits.

Le Comité de salut public crut devoir le destituer pour ménager l'ombrageuse susceptibilité du fanatisme populaire, mais sa réintégration suivit de près la perte de son emploi.

Le 1er germinal an III, il fut élevé au grade de capitaine de vaisseau. Villaret-Joyeuse, qui avait à ses ordres l'armée navale de l'Océan, lui confia le commandement de la frégate *la Proserpine*.

Daugier ayant participé avec cette frégate aux combats des 29 prairial et 5 messidor, fut chargé d'aller en rendre compte au gouvernement, qui lui donna quelque temps après la direction des convois de Nantes et de Rochefort, au nombre de soixante-quatre voiles. Ce fut dans cette circonstance qu'il ne craignit pas d'attaquer, avec quatre frégates, à l'entrée de la baie d'Audierne, une division anglaise composée d'un vaisseau et de trois frégates, pour laisser au convoi le temps de se réfugier dans la baie. Il commanda successivement *le Jupiter* et *le Batave*, et reçut l'ordre de se rendre à Lorient, pour y remplir les fonctions de chef militaire, fonctions qu'il fut obligé de quitter, en l'an X, pour venir siéger au Tribunat.

En récompense des services éminents qu'il avait déjà rendus, Napoléon le fit membre de la Légion-d'Honneur le 4 frimaire an XII, commandant de l'ordre le 25 prairial suivant, et électeur du département de Vaucluse, et le nomma commandant des marins de la garde et des quatre grands corps de la flottille destinés à opérer une descente en Angleterre.

En 1806, il fut chargé d'explorer le littoral de l'Adriatique.

Daugier, de retour à Paris, après avoir rempli cette périlleuse mission, apprit que les marins de la garde avaient subitement quitté les bateaux de la flottille pour se rendre en poste au siège de Dantzig. Il partit aussitôt afin d'aller se mettre à la tête de cette phalange d'élite, dont la valeur contribua si puissamment à la reddition de cette place. Après avoir assisté au siège de Stralslund, à l'attaque de l'île de Ruggen, Daugier fut appelé aux frontières d'Espagne, où se réunissaient les différents corps d'armée destinés à envahir la Péninsule.

Le 2 mai 1808, lors de l'insurrection du peuple de Madrid, il faillit être victime de son inviolable attachement à ses devoirs. Toujours à la tête des marins de la garde, il reçut l'ordre d'aller joindre en Andalousie le corps d'armée du général Dupont. Il eut un cheval tué sous lui à la bataille de Baylen, le 19 juillet.

Voici en quels termes s'exprime le général Foy, dans le récit qu'il fit de cette malheureuse journée : « Bientôt, arriva la dernière réserve des Français, le bataillon des marins de la garde impériale, du capitaine de vaisseau Daugier. Ils n'étaient que 300 hommes, mais 300 hommes que la crainte ne pouvait faire broncher. »

Après la convention d'Andujar, en 1809, Daugier revint en France pour solliciter sa retraite. Il obtint seulement un congé de l'Empereur à l'effet de rétablir sa santé délabrée. Napoléon, qui venait de le nommer préfet maritime de Lorient, lui dit publiquement, dans la salle des maréchaux : « Je sais l'éloge que les généraux ennemis ont fait de vous et des hommes de fer que vous commandiez. Cet éloge d'un ennemi en vaut bien un autre, monsieur Daugier. »

A la rentrée des Bourbons, en 1814, Louis XVIII le nomma contre-amiral et chevalier de Saint-Louis. Il reçut en même temps le titre de comte. A la seconde Restauration, Daugier fut successivement appelé à la préfecture maritime de Lorient (1814), de Rochefort (1817), et de Toulon. Il fut créé commandeur de Saint-Louis le 21 octobre 1818, puis grand officier de la Légion-d'Honneur, le 28 avril 1821.

Envoyé à la Chambre des Députés par le département du Morbihan (1815), il s'y montra constamment l'interprète fidèle, le défenseur éclairé de la marine, qu'il parvint ainsi à réhabiliter dans l'esprit de ceux qui n'avaient point été à portée de l'apprécier dans les dernières années de l'Empire.

En 1817, Daugier fut encore élu député par le département du Finistère, dont il avait présidé le collège électoral.

Dans la session de 1817-1818, il vota avec la minorité, ce qui n'empêcha pas le ministère de le reconnaître pour son candidat dans le département de Vaucluse, qui le choisit également en 1819 pour le représenter à la Chambre, où il resta jusqu'en 1827. A partir de cette élection, il se dévoua au ministère, qu'il crut devoir soutenir contre les attaques dont il était l'objet.

Lorsque Camille Jordan présenta un amendement important, le 29 juin 1820, dans la discussion de la loi sur les élections, la défection de Daugier et de cinq ou six autres de ses collègues fit rejeter cet amendement. Conseiller d'État et directeur du personnel de la marine en 1821, il eut bientôt le commandement de la marine à Toulon, reçut la grand'-croix de Saint-Louis le 20 août 1823, et fut promu au grade de vice-amiral en 1825. Réélu député par l'arrondissement d'Avignon, au mois de novembre 1827, il termina sa carrière législative lors de la dissolution de la Chambre de 1830, opérée par le ministère Polignac.

Il avait été nommé membre du conseil d'amirauté le 7 janvier 1827, et conseiller d'État en service extraordinaire le 12 novembre 1828. Admis dans le cadre de réserve par ordonnance du 1er mars 1831, il mourut à Paris, le 12 avril 1834.

DAUMESNIL (Pierre, baron), né à Périgueux le 14 juillet 1777. Volontaire à l'époque de la Révolution, il passa dans les guides de Bonaparte, chef d'escadron de la garde impériale en 1808, et bientôt après major. Il perdit sa jambe à Wagram, maréchal de camp et gouverneur de Vincennes en 1812, gouverneur de Condé à la première Restauration, et une seconde fois gouverneur de Vincennes dans les Cent-Jours.

Daumesnil était un de ces braves grenadiers qui donnèrent une preuve si touchante de leur dévouement héroïque au général en chef de l'armée d'Égypte, en le couvrant de leurs corps pour le garantir des éclats d'une bombe tombée à ses pieds.

Gouverneur de Vincennes lors de l'invasion de 1814, la capitale était occupée par les alliés depuis plusieurs semaines que Daumesnil tenait encore. On ne parlait, dans Paris, que de la gaîté de sa réponse aux sommations russes : « Quand vous me rendrez ma jambe, je vous rendrai ma place. » (*Mémorial.*) — « Nous vous ferons sauter, dit un des parlementaires. — Alors je commencerai, » répondit le brave général, en lui montrant une énorme quantité de poudre ; « nous sauterons ensemble. »

En 1815, Daumesnil commandait encore à Vincennes, l'ennemi voulut le corrompre et lui offrit un million. Ce marché fut rejeté avec mépris. « Mon refus, dit-il, servira de dot à mes enfants. » Cinq mois après il capitula avec les Bourbons et sortit de la forteresse avec le drapeau tricolore.

On le mit à la retraite ; en 1830, on le réintégra dans son commandement ; en 1831, il défendit les ministres de Charles X, confiés à sa garde et que le peuple voulait mettre à mort. « Vous n'aurez leur vie qu'avec la mienne, » dit-il à la foule ; et le peuple respecta le vieux guerrier.

Il fut ensuite nommé lieutenant-général, mais il mourut du choléra le 17 août 1832.

Les Chambres accordèrent une pension à sa veuve.

DAUTURE (Guilhem, baron), né le 28 juin 1770, à Pontacq (Basses-Pyrénées), entra au service comme sergent-major le 17 octobre 1791 dans le 1er bataillon des Basses-Pyrénées, incorporé en l'an II dans la 39e demi-brigade de bataille, amalgamée dans la 4e d'infanterie de ligne à l'organisation de l'an IV. Il fit les campagnes de 1792 en l'an III à l'armée des Pyrénées-Orientales, fut nommé sous-lieutenant le 26 frimaire an II, et se distingua, le 30 thermidor suivant, en mettant en déroute, avec une seule compagnie de grenadiers, tout le régiment de gardes wallonnes espagnoles ; il ramena au quartier général quarante-deux officiers prisonniers. Ce brillant fait d'armes lui valut l'épaulette de lieutenant le 16 fructidor de la même année.

A la tête de sa compagnie, il enleva, le 27 brumaire an III, une redoute armée de huit pièces de canon et défendue par deux bataillons portugais sous les ordres du comte de Crillon, qui lui remit ses drapeaux.

Capitaine le 16 floréal suivant, il repoussa vigoureusement les charges d'un escadron des gardes du roi d'Espagne, et lui fit éprouver de grandes pertes.

Passé à l'armée d'Italie, il prit part

aux guerres des ans IV et V et se signala aux affaires de Millésimo, du Pont de Barzanne. Au combat du faubourg de Saint-Georges, sous Mantoue, il entra un des premiers dans la redoute qui en défendait l'approche, et contribua à faire mettre bas les armes à un régiment de cuirassiers et à deux escadrons de hussards autrichiens qui se rendirent à discrétion. Dans ces différentes actions, il reçut trois coups de feu, au bras droit, à la poitrine et à la tête. A la bataille d'Arcole il eut la cuisse droite traversée d'un coup de feu.

Nommé sur le champ de bataille chef de bataillon à la 40ᵉ demi-brigade d'infanterie de ligne, le Directoire le confirma dans ce grade le 3 nivôse an V. Il servit à l'armée d'Angleterre pendant les ans VI et VII, et retourna en l'an VIII à l'armée d'Italie. Au passage du grand Saint-Bernard, il emporta d'assaut, avec son bataillon, la place d'Ivrée; à Romano, il soutint seul et repoussa plusieurs charges d'une nombreuse cavalerie; à Casteggio, il montra tant de bravoure que le major général Berthier le rendit l'objet d'un rapport spécial; à Marengo, il reçut un coup de feu à l'aine droite, et au passage du Mincio il mérita les éloges du général Lannes.

Le gouvernement consulaire l'employa à l'armée de l'Ouest pendant les ans X et XI, et à celles des côtes de Bretagne depuis l'an XII, jusqu'en 1806; major du 47ᵉ régiment de ligne le 30 frimaire an XII, membre de la Légion-d'Honneur le 4 germinal suivant, l'Empereur l'attacha, en 1807, au camp volant de Napoléonville.

Il fit les campagnes de 1808 à 1814 en Espagne et en Portugal. Le 29 mars 1809, à la prise d'Oporto, il enleva les batteries du centre avec quatre compagnies de voltigeurs du 47ᵉ, traversa la ville, s'empara du pont sur le Douro, et reçut un coup de sabre sur la figure dans une charge faite par un régiment de dragons anglais.

Le 11 mai, il couvrit la retraite de l'avant-garde de l'armée vivement poursuivie par les troupes anglaises l'espace de dix lieues; l'Empereur le récompensa de ses bons services en le nommant colonel du 9ᵉ d'infanterie légère le 10 février 1810, officier de la Légion-d'Honneur le 6 août 1811, et baron de l'Empire en 1812.

Il reçut un coup de feu dans la cuisse gauche, le 30 juillet 1813, en avant de Pampelune où il fit des prodiges de valeur, et obtint le grade de général de brigade le 25 novembre de la même année.

Mis en non-activité après l'abdication de l'Empereur, il devint cependant chevalier de Saint-Louis le 19 juillet, et commandeur de la Légion-d'Honneur le 27 décembre 1814. Remis en activité lors du retour de l'Empereur, et en demi-solde à la rentrée des Bourbons, il fit partie du cadre de l'état-major à l'organisation du 30 décembre 1818.

Le baron Dauture est mort à Pau (Basses-Pyrénées), le 12 avril 1820.

DAVOUT (Louis-Nicolas), duc d'Auerstadt, prince d'Ecmülh, maréchal de France, ministre, né à Aunoux en 1770.

Il sortit à 15 ans de l'école de Brienne et entra comme sous-lieutenant au régiment de Champagne-Cavalerie. Quelques années après, on le voit chef de bataillon du 3ᵉ régiment de volontaires de l'Yonne, dans l'armée de Dumouriez, et dans les années 1793, 1794 et 1795, général de brigade aux armées de la Moselle et du Rhin.

Ses talents et son intrépidité le firent distinguer par Moreau qui lui confia des commandements importants, et à qui il rendit des services signalés, particulièrement au passage du Rhin, le 20 avril 1797.

Davoût suivit Bonaparte en Égypte, s'y distingua et contribua puissamment à la victoire d'Aboukir.

Après cette bataille, le général en chef avait laissé à Lannes le soin de réduire le fort d'Aboukir; Lannes, ayant été blessé, céda le commandement à Menou. La garnison, ayant tenté une sortie, parvint à se loger dans les maisons voisines du fort; mais Davoût, qui commandait la tranchée, attaque les ennemis avec cinq bataillons, en tue 2,000, en culbute 10,000 dans la mer, où ils sont fusillés et mitraillés, rejette le reste dans la place et s'empare de vingt pièces d'artillerie que les chaloupes avaient mises à terre. Mustapha-Pacha lui-même fut pris avec les 200 hommes qui l'entouraient; restait le fort, défendu par le fils du pacha, son Kiaja et 2,000 hommes.

Le 30 juillet, Davoût, étant de tranchée, fait une attaque générale, et le 2 août la garnison se rend à discrétion.

De retour en France avec Desaix, Davoût fut nommé général de division, en 1802 commandant en chef des grenadiers de la garde consulaire, et en 1804 maréchal d'Empire.

En 1805, il reçut le commandement du 3ᵉ corps de la grande armée, avec lequel il prit une part glorieuse aux victoires d'Ulm, d'Austerlitz, d'Iéna, d'Eylau et de Friedland. Ce fut après la bataille d'Iéna qu'il reçut le titre de duc d'Auerstadt, en récompense de la savante manœuvre qu'il opéra près de ce village avec la droite de l'armée française.

Nous entrerons dans quelques détails sur l'un des plus beaux titres à la gloire du maréchal Davoût.

Pendant que la droite de l'armée prussienne était mise en déroute à Iéna, voici ce qui se passait à sa gauche :

Le duc de Brunswick, à la tête de 90,000 hommes, s'était porté dès le 13 octobre sur Naumbourg, pour occuper les défilés de Kœsen avant les Français. Son corps d'armée se composait de cinq divisions; celle qui était en tête de la colonne prit position sur les hauteurs, entre Auerstadt et Gernstedt. Son quartier général fut établi à Auerstadt; le roi de Prusse s'y trouvait en personne.

Dans la matinée du 13, le maréchal Davoût avait pris position en avant de Naumbourg, dont il venait de s'emparer. Son corps d'armée était fort de 24,000 combattants seulement. Le pont sur la rivière d'Unstruth, au-dessus de Naumbourg, était occupé par les Français, et le maréchal avait ordonné qu'on le coupât, si l'ennemi s'y présentait. Les Prussiens ayant fait un grand mouvement sur Naumbourg, il envoya un bataillon du 25ᵉ régiment au défilé de Kœsen, en lui ordonnant de se défendre jusqu'à la dernière extrémité, et s'occupa en même temps des moyens de le soutenir.

Jusqu'alors, le maréchal Davoût avait été appuyé par la cavalerie de Murat et par le corps d'armée de Bernadotte; mais le premier, ayant reçu l'ordre de se rapprocher d'Iéna, et le second de se porter sur Comburg et Dornburg, Davoût se trouvait obligé, avec 24,000 hommes environ, dont 1,500 de cavalerie seulement, de tenir tête à toute la gauche de l'armée prussienne, presque toute composée de corps d'élite et forte de plus de 90,000 hommes, dont 12,000 de cavalerie. Et il fallait que le maréchal défendît jusqu'à la dernière extrémité les défilés de Kœsen et le passage de la Saale; car, une fois maître de ces débouchés, le duc de Brunswick aurait pu facilement tourner l'armée française et la placer entre deux feux.

Le 14, à six heures du matin, la division du général Gudin était déjà formée au delà des défilés de Kœsen; les autres divisions se mirent successivement en ligne. Le brouillard était, comme à Iéna, extrêmement épais ; aussi le général Gudin s'avança-t-il jusqu'auprès de Hassenhausen sans voir l'ennemi et sans être vu. Mais il se trouva tout à coup à portée de l'avant-garde du général Blücher. Le général Gauthier, qui marchait en tête de la division Gudin, fit tirer sur cette colonne quelques pièces chargées à mitraille ; les escadrons et le bataillon de grenadiers ennemis furent dispersés ; l'artillerie à cheval qui les suivait fut mise en désordre ; six pièces de canon tombèrent au pouvoir des vainqueurs.

La cavalerie du général Blücher, qui déjà débordait la droite du maréchal Davoût, menaçait de la tourner et de l'envelopper. Le maréchal ordonna au général Petit d'aller, avec sa brigade (les 21e et 12e régiments de ligne), au secours du 25e régiment sur la droite de Hassenhausen. Pendant ce temps, le 85e régiment, soutenu par deux pièces de canon, se formait à la gauche. L'intervalle était occupé par des tirailleurs français, qui, jetés dans le village, faisaient beaucoup de mal à l'infanterie prussienne. Dix pièces de canon vinrent renforcer la droite du maréchal.

Le brouillard s'étant dissipé, un corps de cavalerie ennemi, après avoir tourné le village de Hassenhausen, se trouva sur le flanc et sur les derrières de la division Gudin qu'il chargea avec impétuosité dans tous les sens. Le général français ne perdit pas la tête : il forma aussitôt son infanterie en carrés pour donner à la division Friant, qui suivait, le temps d'arriver à sa hauteur. La cavalerie prussienne renouvela plusieurs fois sa charge sans aucun succès ; les carrés français foudroyèrent ces nombreux escadrons, qui s'enfuirent dans le plus grand désordre, après avoir éprouvé une perte énorme, et sans avoir pu parvenir à entamer un seul bataillon français. Cette cavalerie en déroute se jeta sur Spilberg, où elle fut vivement poursuivie par la cavalerie française.

En ce moment, le maréchal Davoût arriva avec quelques escadrons ; la division Friant l'accompagnait.

L'ennemi occupait une hauteur couronnée de bois, et que soutenait six pièces d'artillerie. Après avoir enlevé la hauteur sous le feu le plus vif, les troupes du général Friant occupèrent Spilberg. Le maréchal Davoût fit placer près du cimetière douze pièces d'artillerie qui prirent la ligne ennemie en écharpe, et lui firent beaucoup de mal. En même temps, le village de Popel était enlevé par le colonel Higonet qui prit aux Prussiens un drapeau et trois pièces de canon. Le maréchal Davoût, toujours à la tête de la division Friant qui marchait en colonnes serrées, se porta en avant, laissant Auerstadt sur sa gauche. Le feu des batteries que l'ennemi avait sur ce point n'empêcha pas le général Friant de continuer son mouvement ; il s'appuya à droite pour couper la retraite à l'ennemi.

Depuis quatre heures, la division Gudin luttait contre des forces supérieures, et se trouvait livrée à elle-même par le mouvement de la division Friant. Déjà elle commençait à céder du terrain quand la division Morand arriva à son secours. La première brigade de ce corps enleva, à la baïonnette, le village de Hassenhausen.

A onze heures du matin, le roi de Prusse ordonna une attaque générale ; le prince Henri, son frère, se mit à la tête d'un corps nombreux de cavalerie prussienne, et tomba avec impétuosité sur la division Morand, qui se défendait contre une division d'infanterie prussienne. Le prince Henri ayant été blessé dans une charge, ses troupes se replièrent et vinrent se ranger derrière l'infanterie, et le général Morand, les attaquant à son tour, les dispersa dans la plaine.

Tandis que ces événements se passaient à la gauche de l'armée française, le général Friant lança ses tirailleurs dans la direction des villages de Poppel et de Tauchwitz, qui obligèrent la brigade du prince Henri à se retirer.

Les trois divisions prussiennes engagées ayant été forcées de rétrograder, la droite de la division Morand gagna du terrain. Le général de Billy, à la tête du 61e régiment, s'avança vers la tête du ravin qui conduit à Rehausen. Une masse d'infanterie, soutenue par un grand nombre de bouches à feu, y était postée. L'engagement fut terrible, on était à portée de pistolet, et les rangs français étaient rapidement éclaircis par la mitraille. Le général de Billy y fut blessé mortellement. Mais tous les efforts de l'ennemi ne purent empêcher la division Morand de marcher en avant.

Les Prussiens firent renforcer leur droite pour arrêter les progrès de l'aile gauche des Français, tandis que quelques compagnies de tirailleurs filaient le long du vallon. Depuis que le duc de Brunswick avait été forcé de quitter le champ de bataille et avait eu un cheval tué sous lui, le roi de Prusse conduisait en personne toutes les attaques. La gauche des Français étant dégarnie de cavalerie, ce prince voulut tenter d'enfoncer l'infanterie pour tourner ensuite la division Gudin; mais le maréchal Davoût, devinant les intentions du roi de Prusse, envoya le général Morand pour empêcher cette manœuvre. Morand, disposant son artillerie sur un contre-fort qui dominait tous les environs, prit en flanc l'armée prussienne et mit le désordre dans ses rangs.

Le maréchal Davoût profitant du succès de ses deux ailes, fit avancer le centre de son corps d'armée, et faisant attaquer le village de Tauchwitz par le général Gudin, l'armée prussienne se retira en désordre laissant sur les hauteurs de Hussenhausen la plus grande partie de son artillerie.

Les deux divisions de réserve, commandées par le général Kalkreuth, se mirent alors en ligne. Le prince de Prusse, commandant les grenadiers, et le général Blücher qui avait rallié toute la cavalerie appuyaient le mouvement. Le général Kalkreuth tint ferme pendant quelque temps; mais, voyant sa droite débordée par le général Morand, et écrasée par la batterie de Sonemberg dont le feu plongeant balayait toute la plaine, il fut forcé de reprendre sa position première; le maréchal Davoût se rendit à l'aile droite qui achevait de décider la victoire par un mouvement de conversion, dirigea sa gauche sur le Sonnemberg, et envoya sur la gauche des plateaux d'Eckartsberg la division Gudin, qui débouchait des villages de Tauchwitz et de Poppel.

Une des deux divisions de réserve de l'armée prussienne étant presque tournée, prit position vers les quatre heures en avant d'Eckartsberg. Une forte batterie la soutenait. Le maréchal Davoût la fit attaquer par la Division Gudin qui se forma en bataille au pied de ces hauteurs. 400 hommes des 12e et 21e régiments gravirent, sous les ordres du général Petit, l'escarpement sans riposter au feu de l'artillerie qui pleuvait sur eux, et chargèrent à la baïonnette. Pence temps, le général Grandeau, en tête de la division Friant, arrivait par la droite sur le plateau avec le 111e régiment. A la vue de ce renfort, les Prussiens abandonnèrent précipitamment leur position, la dernière qui leur restât, laissant vingt-deux pièces de canon au pouvoir des Français. L'ennemi fut poursuivi jusqu'à la nuit; il éprouva une telle panique, que

T. I.

le général Vialannes, le chassant devant lui jusqu'à trois lieues du champ de bataille, ramassa sur son chemin, sans éprouver aucune résistance, un grand nombre de prisonniers, de chevaux et plusieurs drapeaux.

Ainsi, en résumé, la marche rétrograde de Bernadotte mit à même Davoût de se couvrir d'une gloire immortelle et de porter au plus haut point la réputation de l'infanterie française. — Le maréchal avait pris cent-quinze pièces de canon en batterie et fait 4 à 5,000 prisonniers, n'ayant avec lui que 900 chevaux, tandis que l'ennemi en avait 12,000 sous les ordres de Blücher.

Un ordre du jour fit connaître à l'armée que l'Empereur, voulant témoigner sa satisfaction à l'armée du maréchal Davoût (3ᵉ corps), par la plus belle récompense pour des Français, avait ordonné que ce corps entrerait le premier à Berlin le 25 octobre. En effet, dix jours après, Berlin vit entrer dans ses murs le maréchal Davoût à la tête du 3ᵉ corps qui avait battu la principale armée prussienne, commandée par le roi et le duc de Brunswick. Ce dernier était mourant. Le roi avait passé l'Oder.

Le titre de prince d'Eckmülh fut donné au maréchal sur le champ de bataille, dans la campagne d'Autriche en 1809.

Après la bataille de Wagram où il fit des prodiges de valeur, le prince d'Eckmülh, nommé commandant en Pologne, gouverna ce pays avec un despotisme outré qui lui mérita les reproches de l'Empereur.

Dans la campagne de Russie, il battit l'ennemi à Mohilow, et à la bataille de la Moskowa où il fut blessé et eut plusieurs chevaux tués sous lui, il donna de nouvelles preuves de sa bravoure et de son habileté.

Après la retraite de Moscou, il établit son quartier général à Hambourg (30 mai 1813); il y fut bientôt assiégé par l'ennemi victorieux. En vain, les armées russe, prussienne et suédoise, formant un total de 80,000 hommes, cherchèrent-elles à s'emparer de la place et à ébranler la fermeté du prince d'Eckmülh, leurs menaces et leurs efforts furent également inutiles. Ce ne fut qu'au mois d'avril 1814 qu'il consentit à remettre la place non aux généraux ennemis, mais au général Gérard, porteur des ordres de Louis XVIII.

Pendant la première Restauration, il vint se retirer dans sa terre de Savigny-sur-Orge.

Après le retour de l'île d'Elbe, appelé par Napoléon au ministère de la guerre, Davoût, de concert avec l'Empereur, organisa en trois mois l'armée française sur le pied où elle était avant les événement de 1814, et créa d'immenses ressources militaires pour la défense du pays.

Toutes les mesures avaient été prises pour que, dans le courant du mois d'août, 800,000 hommes fussent sur pied, armés et équipés. Tous les ordres, toutes les instructions émanés à ce sujet, du maréchal prince d'Eckmühl, peuvent être considérés comme des modèles d'organisation tant pour l'offensive que pour la défensive. A Paris, on fabriquait ou l'on réparait jusqu'à 2,000 fusils par jour; l'activité de toutes les manufactures d'armes fut quadruplée; le ministre de la guerre fit donner à la cavalerie 12,000 chevaux de gendarmes tout dressés, et quinze jours après ceux auxquels on avait payé comptant le prix de leurs chevaux, se trouvaient déjà remontés.

Après le désastre de Waterloo, Davoût reçut le commandement général de l'armée réunie sous les murs de Paris.

Le 3 juillet, il se disposait à livrer bataille à Wellington et à Blücher, et toutes les chances de succès qu'un général en chef peut prévoir lui étaient favorables, lorsqu'il reçut du gouvernement provisoire l'ordre de traiter avec l'ennemi. Ce même jour, il signa à Saint-Cloud la convention de Paris, d'après laquelle l'armée française devait se retirer derrière la Loire.

Le 6 juillet, le prince d'Eckmühl se mit à la tête des troupes qui abandonnaient la capitale; avant de partir, il avait fait disposer dans le fort de Vincennes environ cinquante mille fusils, en donnant des ordres pour que ce fort ne fût, en aucun cas, livré à l'étranger. Il avait aussi fait évacuer, sur la Rochelle, le musée d'artillerie, et, pendant sa route, il fit jeter dans les places fortes près de treize mille pièces de canon qui furent ainsi conservées à la France.

Le maréchal fit sa soumission au gouvernement royal le 14 juillet. Il remit le commandement de l'armée au maréchal Macdonald chargé de la licencier.

Quant il eut connaissance de l'ordonnance du 24 juillet, qui proscrivait les généraux Gilly, Grouchy, Excelmans, Clausel, etc., il écrivit au maréchal Gouvion-Saint-Cyr, ministre de la guerre, pour demander qu'on substituât son nom à celui de ces généraux, attendu qu'ils n'avaient fait qu'obéir à ses ordres.

Lors du procès du maréchal Ney, Davoût, interpellé sur l'extension que devait avoir la convention du 3 juillet, relativement au prince de la Moskowa, répondit avec courage que, si la sûreté des militaires qui se trouvaient alors à Paris n'eût pas été garantie par les alliés, il n'aurait pas signé la convention et aurait livré bataille

Davoût vécut jusqu'en 1818 dans la disgrâce des Bourbons. On alla jusqu'à faire enlever son portrait de la salle des maréchaux aux Tuileries.

Il rentra à la Chambre des Pairs, le 5 mai 1819, et se rallia complétement à la cause de la Restauration.

Davoût est mort le 1er juin 1823, de phthisie pulmonaire et dans les sentiments religieux qu'on lui avait toujours connus. Il fut enterré à Paris, au cimetière de l'Est, dans une sépulture qu'il avait fait préparer pour sa famille.

DEBELLE DE GACHETIÈRE (César-Alexandre, baron), naquit à Voreppe (Isère) le 27 novembre 1770. Entré comme canonnier au 6e régiment d'artillerie à pied le 1er juillet 1787, il passa, le 1er octobre 1789, dans le 1er régiment de chasseurs à cheval, où il devint brigadier le 15 mars 1791.

Nommé sous-lieutenant au 12e régiment de dragons le 15 septembre suivant, lieutenant le 10 mars 1793, adjoint aux adjudants-généraux le 18 nivôse an II, il prit rang de capitaine le 14 vendémiaire an V, fut promu chef d'escadron à la suite du 12e régiment de dragons le 29 pluviôse, et colonel du 11e de dragons le 1er germinal de la même année.

Membre de la Légion-d'Honneur le 19 frimaire an XII, l'Empereur le fit officier de l'Ordre le 23 prairial suivant, et général de brigade le 12 pluviôse an XIII. Debelle avait fait les campagnes de 1792 à l'an XIII aux armées du Nord, du Rhin, des Alpes, de Sambre-et-Meuse, d'Angleterre, de Hanovre et des côtes de l'Océan. Il s'était distingué aux combats d'Altenkirchen et de Salzbourg les 27 germinal an V et 23 frimaire an IX, et à la malheureuse bataille de Novi, perdue par Moreau le 23 thermidor an VII, il s'était fait remarquer par la défense des plateaux qui dominent cette ville.

En l'an XIII, employé dans les 7e et 28e divisions militaires les 11 ventôse et 29 messidor, il rejoignit l'armée d'Italie le 24 fructidor, et fut ensuite appelé à la grande armée, avec laquelle il fit les campagnes de l'an xiv, de 1806 et 1807; il reçut la croix de commandeur de la Légion-d'Honneur le 11 juillet de cette dernière année.

L'Empereur le créa baron de l'Empire en 1808 et l'envoya en Espagne; mais il le fit revenir en France le 2 août 1809, le mit en non-activité le 5 septembre suivant, sans qu'on ait jamais pu deviner le véritable motif de cette mesure de rigueur, et l'admit à la retraite le 15 mars 1812. Il ne prit aucune part aux événements de 1814; cependant il les accueillit avec joie et se prononça hautement, et dans toutes les circonstances, contre *Bonaparte*. Lorsqu'il connut le débarquement de Napoléon, le 7 mars, il courut à Grenoble pour offrir ses services au général Marchand, qui les refusa, parce qu'il n'était point en activité.

Le 9, le général Bertrand lui ayant ordonné, au nom de l'Empereur, de prendre le commandement du département de la Drôme, il obéit et se rendit à Valence, d'où il fut forcé de sortir; il y rentra le 15. Le 29, apprenant que les troupes aux ordres du duc d'Angoulême s'étaient portées sur Montélimart, il réunit 600 hommes et marcha sur ce point. Un combat s'engagea, pendant lequel un des gardes nationaux qu'il commandait le blessa d'un coup de baïonnette, l'accusant de tromper les siens et de trahir l'Empereur. Ses discours, ses indécisions justifiaient, il faut le dire, des soupçons de ce genre.

Le 24 avril, le commandement de la Drôme lui fut retiré, et il reçut celui du département du Mont-Blanc le 18 mai.

Au second retour du roi, compris dans l'ordonnance du 24 juillet, il se constitua prisonnier à Grenoble. Amené à Paris, il fut jugé par le deuxième conseil de guerre permanent, et condamné à mort le 24 mars 1816. Il se pourvut aussitôt en grâce. Louis XVIII commua sa peine en une détention de dix ans dans une prison d'État, et il partit pour la citadelle de Besançon.

Le duc d'Angoulême étant passé quelques mois après dans cette ville, et sachant l'état de dénûment du général, lui fit remettre une somme de 800 fr., montant du premier semestre d'une pension sur sa cassette.

A la demande du prince, le roi lui fit, le 16 juillet 1817, remise du temps de détention qu'il avait encore à courir, et le rétablit dans son grade et dans la jouissance de sa retraite. Debelle écrivit aussitôt au duc d'Angoulême et au ministre de la guerre pour protester de sa reconnaissance et de son dévouement au roi et à la famille royale, ce qu'il avait déjà fait au moment de son emprisonnement dans un Mémoire fort étendu, explicatif de sa conduite.

Il est mort le 19 juillet 1826. Son nom est inscrit sur le monument de l'Étoile, côté Nord.

DEBROC (Armand-Louis, baron), né le 16 février 1772, à Baugé (Maine-et-Loire), entra au service dans le régiment de Condé-Dragons (2ᵉ) le 1ᵉʳ mai 1788, et devint sous-lieutenant le 30 novembre même année, et lieutenant le 1ᵉʳ mars 1792. Le 14 septembre suivant, à l'affaire de la Croix-aux-Bois (Champagne), il reçut un coup de sabre qui le mit hors de combat.

Capitaine le 8 du même mois, il se trouva à la bataille de Nerwinde, où il fut encore atteint de deux coups de sabre à la tête et au bras gauche. Chef d'escadron le 3 germinal an III, il servit aux armées d'Allemagne, du Danube et du Rhin de l'an IV à l'an IX. Major du 5ᵉ régiment de dragons le 6 brumaire an XII, membre de la Légion-d'Honneur le 4 germinal, colonel du 13ᵉ de dragons le

13 floréal, officier de l'Ordre le 25 prairial de la même année, et aide-de-camp du prince Louis-Napoléon, qui l'avait eu sous ses ordres dans le 5ᵉ régiment de dragons, il fit la guerre de l'an xiv en Autriche.

Sa conduite à Austerlitz, où il fut blessé d'un coup de feu à la main gauche, lui valut le grade de commandant de la Légion-d'Honneur le 4 nivôse an xiv. Passé au service de Hollande en qualité de général de brigade le 1ᵉʳ juin 1806, il rentra au service de France comme colonel le 18 octobre 1808.

L'Empereur le nomma général de brigade le 26 février 1809, et lui confia, le 1ᵉʳ mars, le commandement des troupes à cheval qui devaient se réunir à Ulm. Il rejoignit ensuite l'armée d'Italie, se fit remarquer le 2 mai à Montebello, où il reçut un coup de feu à la tête, à Sacèle, le 9 du même mois, et aux batailles de Raab et d'Engersdorf. A Wagram, il culbuta le corps ennemi qui lui était opposé.

Debroc fut fait chevalier de la Couronne de fer et baron de l'Empire.

Il est mort à Milan le 11 mars 1810.

DE CAEN (Charles-Mathieu-Isidore, comte), né à Caen, le 13 avril 1769.

Il servit d'abord dans la marine royale, en qualité de canonnier, puis entra dans la carrière civile, et s'enrôla enfin en 1792, dans l'un des bataillons du Calvados.

Au siége de Mayence, il conquit les grades d'adjudant-sous-officier, de sous-lieutenant, de lieutenant et de capitaine.

Kléber, qui défendait la place, disait, en parlant de De Caen, « qu'il faudrait « lui compter autant de campagnes qu'il « y avait eu de jours de siége.

Il fit comme adjudant-général et chef de bataillon les campagnes de la Vendée, sous les ordres des généraux Canclaux, Dubayet, Moreau et Kléber.

Chargé en 1799 d'une reconnaissance importante sur les frontières du canton de Bâle, il y mérita le grade d'adjudant-général chef de brigade, et bientôt après celui de général de brigade.

A l'attaque de Frantzenthal, son impétuosité le porta jusqu'au centre de la place. Fait prisonnier, il fut rendu à la liberté sur parole et bientôt échangé.

En 1796, le général De Caen se distingua au passage du Rhin et au siége de Kehl. Le Directoire lui accorda un sabre d'honneur. Dans les campagnes suivantes, De Caen continua à se distinguer.

Au pont d'Erbach, devant Ulm (1800), il s'empara d'un convoi de 400 voitures de grains qui allait entrer dans la place. Il prit Munich, après avoir battu plusieurs fois le général Merfeld; il décida le gain de la bataille de Hohenlinden en conduisant pendant le plus fort de l'action 6.000 hommes à Moreau, qui ne les attendait pas. Ce fut au milieu de ces exploits qu'il fut nommé général de division.

Le premier Consul le nomma (1802) capitaine général des établissements français dans l'Inde. Il alla d'abord à Pondichéry, puis revint à l'île de France, et protégea pendant huit ans les établissements français, situés à l'est de l'Afrique, contre les attaques réitérées des Anglais et leur captura un nombre considérable de navires marchands.

En 1810, n'ayant avec lui que 1,200 hommes de garnison, il fut attaqué par une armée anglaise de 20,000 hommes. Il résista quelque temps, obtint une capitulation honorable, et en quittant l'île, reçut dans une adresse que lui votèrent les colons, l'expression de leur estime et de leur reconnaissance.

Il rentra en France vers le milieu de

1811, avec ses troupes et les équipages de ses quatre frégates. Cette même année, il reçut le commandement en chef de l'armée de Catalogne, et les succès qu'il obtint lui valurent, en 1812, les titres de grand-croix de l'ordre de la Réunion et de comte de l'Empire. Depuis longtemps, il était grand officier de la Légion-d'Honneur.

Chargé d'organiser en 1814 un corps d'armée sous le titre d'*armée de la Gironde*, et de reprendre Bordeaux aux Anglais, il apprit l'abdication de l'Empereur, et après la bataille de Toulouse, traita d'une suspension d'armes avec le général anglais qui lui était opposé.

Il était gouverneur de la 11e division en 1815, au moment où le duc et la duchesse d'Angoulême apprirent à Bordeaux le débarquement de Napoléon. De Caen se comporta dans cette circonstance critique à l'égard de la duchesse, qui, seule, resta à Bordeaux, avec une convenance parfaite. Après le départ de la princesse, il reçut dans la ville le général Clausel. Pour ce fait, il subit plus tard une captivité de 15 mois, après laquelle il fut mis en disponibilité.

A la révolution de Juillet, il fut nommé président d'une commission chargée d'examiner les réclamations des officiers éloignés de l'armée sous la Restauration.

Il est mort le 9 septembre 1832 à Montmorency, d'une attaque d'apoplexie foudroyante. Il était âgé de 63 ans.

Une loi spéciale (18 février 1835), a octroyé à sa veuve une pension extraordinaire de 3,000 francs.

Le nom du général De Caen est inscrit sur le côté Ouest de l'arc de l'Étoile.

DECONCHY (Vincent-Martel, baron), né à Guscard (Aisne), le 21 janvier 1768, entra au service en qualité de sous-lieutenant au 56e régiment d'infanterie le 1er avril 1792, et se trouva au bombardement de Lille par les Prussiens, du 29 septembre au 9 octobre de la même année.

En 1793, il assista au siége et à la bataille d'Anvers, au combat devant Tirlemont le 16 mars, à la bataille de Nerwinde le 18, à celle de la Montagne-de-Fer, livrée en avant de Louvain le 22, et fit toute la retraite de Belgique avec Dumouriez. Nommé adjoint aux adjudants-généraux le 1er mai, il prit part aux batailles des 8 et 9 mai, entre Valenciennes et Saint-Amand.

En l'an II, il passa à l'état-major particulier du général Pichegru, se trouva à l'affaire du 7 floréal, à la bataille de Mont-Cassel le 10, au combat de Pont-Chartrain, à la bataille devant Courtrai le 15 floréal, à celles des 28 et 29, au siége d'Ypres, à la bataille de Rousselaër en prairial, et au combat d'Oudenarde le 17 messidor. Incorporé dans la 111e demi-brigade d'infanterie le 26 du même mois, il assista le lendemain à l'attaque du canal de Malines, puis aux siéges de Crèvecœur et de Bois-le-Duc en vendémiaire an III. Chargé, lors du passage des fleuves de la Hollande, malgré l'infériorité de son grade, du commandement d'une avant-garde de 3 compagnies de grenadiers, il s'empara, le 7 nivôse an III, de la petite place de Bommel, après en avoir chassé le régiment de Hohenlohe, et fait quelques prisonniers; il passa de suite le Waal et prit toute l'artillerie qui en défendait le passage.

Lieutenant dans sa demi-brigade le 14 germinal, mais toujours détaché à l'état-major général, et compris dans l'organisation de la 37e demi-brigade le 27 pluviôse an VI, il quitta le quartier-général le 14 vendémiaire an V, pour entrer en qualité de lieutenant adjudant-major dans la 54e demi-brigade de bataille, alors en Hollande.

Capitaine adjudant-major le 14 vendémiaire an VII, il fut nommé le 17 fructidor aide-de-camp du général Boudet, employé dans la république batave, et se trouva aux affaires des 3e jours complémentaires an VII et 10 vendémiaire an VIII.

A la bataille de Castricum, le 14 du même mois, il se mit à la tête de 2 escadrons de hussards hollandais, et chargea un régiment de dragons anglais qu'il dispersa, et auquel il enleva toute son arrière-garde; le même jour, en conduisant un bataillon à la charge, il fit prisonnier de sa main un officier anglais. Cette brillante conduite lui mérita le grade de chef de bataillon sur le champ de bataille. De retour à Paris avec son général, il prit part aux événements des 18 et 19 brumaire.

Aide-de-camp du général de division Dupont le 14 germinal, il suivit l'armée de réserve en Italie, combattit à Marengo, assista au passage du Mincio et à la bataille de Pozzolo.

Membre de la Légion-d'Honneur le 25 prairial an XII, il fit ensuite les campagnes des ans XIII, XIV et 1806 aux camps de Saint-Omer et de Montreuil, ainsi qu'au 6e corps de la grande armée. Présent au combat d'Haslach, près d'Ulm, et à celui de Diernstein, il fut créé major du 56e régiment de ligne le 16 mai 1806, et rejoignit le dépôt de ce corps à Alexandrie (Piémont) dans le courant de la même année.

Colonel en second le 31 mars 1809, il organisa la 16e demi-brigade provisoire et la conduisit à l'armée d'Allemagne. En janvier 1810, il obtint le commandement provisoire du 25e régiment d'infanterie légère, au 6e corps d'Espagne, et arriva à Salamanque le 4 mai 1810. Nommé officier de la Légion-d'Honneur le 6 août, à la suite des affaires de Rodrigo et d'Almeida, il devint colonel titulaire du régiment le 17 septembre, et le commanda sans interruption pendant quatre campagnes consécutives.

Passé en Portugal, il forma l'arrière-garde avec son régiment, et eut à soutenir des combats très-vifs à Redinha, à Santa-Crux et à Four; le maréchal Ney, souvent témoin de sa résistance pendant les 31 jours que dura cette retraite, lui donna plusieurs fois des éloges. Dans la seule journée du 22 juillet 1812, il perdit plus de 300 hommes, et son régiment eût été anéanti sans le sang-froid et la présence d'esprit avec lesquels il sut résister aux efforts de l'ennemi et profiter des moindres avantages que lui offrait le terrain.

Général de brigade le 8 février 1813, il eut, avec le titre de baron de l'Empire, le commandement des troupes dans la province de Guipuscoa, et mission expresse de poursuivre avec activité les partisans espagnols. Par suite d'attaques habilement dirigées, il était parvenu à les expulser de la province, quand la défaite de Vittoria le força de se replier avec l'armée; il ramena sa brigade sans être entamée sur les bords de la Bidassoa, et fut à la même époque autorisé à se rendre à Paris pour y rétablir sa santé.

A peine rétabli, il sollicita et obtint le 5 août l'autorisation de rejoindre l'armée d'Italie. Le 3 décembre, une colonne de 3,000 hommes d'infanterie et de 300 chevaux fit un mouvement pour couper ses communications avec le prince Eugène; à cette vue, et sans se préoccuper de son infériorité numérique, il marche impétueusement à la rencontre de l'ennemi, le culbute sur tous les points et le force à repasser l'Adige à Rongo, après lui avoir tué 400 hommes et fait plus de 800 prisonniers. Le vice-roi le créa chevalier de la Couronne de fer.

Le 24 janvier 1814, chargé de couvrir la droite de l'armée à l'embranchement de l'Adige et du Castagnero, il eut à soutenir une double attaque dans cette position difficile ; mais, ayant prévenu et chargé l'ennemi à propos, il le força à faire retraite avec une perte considérable et resta maître des hauteurs qui assuraient la position de l'armée française. Le 10 février, il eut une affaire très-vive avec un corps autrichien de 6,000 hommes qu'il obligea encore à repasser l'Adige. Un armistice ayant été conclu entre les commandants des deux armées, le général Deconchy rentra en France avec un congé, le 23 avril, et se retira dans ses foyers.

La Restauration le rappela le 24 mai pour lui confier le commandement de la brigade formée à Paris des régiments du roi et de la reine (1ᵉʳ et 2ᵉ d'infanterie légère), le créa chevalier de Saint-Louis le 19 juillet, et commandeur de la Légion-d'Honneur le 29 du même mois. Il n'exerça aucunes fonctions pendant les Cent-Jours, fut remis en activité dans la 1ʳᵉ division militaire le 11 août 1815, et successivement employé à l'inspection des corps d'infanterie dans différentes divisions militaires de 1816 à 1820.

Nommé lieutenant-général le 21 avril 1821, chef de la 1ʳᵉ direction au ministère de la guerre le 1ᵉʳ mai, grand-officier de la Légion-d'Honneur le 13 décembre, membre du comité spécial et consultatif d'infanterie le 9 janvier 1822, et inspecteur général de son arme la même année.

Il obtint, le 7 février 1823, le commandement de la 7ᵉ division au 3ᵉ corps de l'armée des Pyrénées, et mourut à Berrio-Plano, pendant le blocus de Pampelune, le 26 août suivant.

DECOUZ (Pierre), lieutenant-général, baron de l'Empire, commandeur de la Légion-d'Honneur, né à Annecy en Savoie, le 18 juillet 1775, s'enrôla dès sa première jeunesse et obtint une sous-lieutenance dans les volontaires du Mont-Blanc, en 1793, peu de temps après la réunion de la Savoie à la France.

La grande bravoure dont il donna des preuves dans les campagnes d'Italie le fit entrer comme lieutenant dans le 69ᵉ de ligne.

Capitaine sur le champ de bataille des Pyramides, il fut chef de bataillon au siège de Saint-Jean-d'Acre.

Lannes en fit son aide-de-camp et lui confia une mission importante pour le pacha de Syrie qui lui valut le grade d'adjudant-commandant. A son retour d'Égypte, il fut nommé chef d'état-major de la 7ᵉ division militaire.

C'est à Grenoble qu'il épousa la fille d'un ancien juge de paix de Paris. Il fit ensuite la campagne de 1805 contre l'Autriche en qualité de sous-chef d'état-major du maréchal Lannes. A Austerlitz il eut deux chevaux tués sous lui, et montra tant de valeur que Napoléon le nomma colonel du 21ᵉ de ligne.

Ce fut à la tête de ce corps qu'il combattit avec sa vaillance accoutumée à Iéna, à Friedland, à Pultusk et à Ratisbonne. En 1809 il se distingua à Wagram par la prise de l'une des îles du Danube dans laquelle il s'empara d'un grand nombre de pièces d'artillerie et de 600 prisonniers, parmi lesquels se trouvait le colonel de Saint-Julien.

L'Empereur le nomma alors général de brigade et commandant de la légion, et un an après Murat lui confia le commandement d'Otrante. Plus tard Napoléon le chargea de veiller à la sûreté des ports de l'Adriatique.

Le roi Murat l'honora constamment de sa confiance et de son amitié, et voulut devenir le parrain de son fils ; mais l'Empereur le rappela en France en 1812 et lui donna en 1813 le commandement du 1ᵉʳ régiment de chasseurs à pied de la vieille garde.

Sa belle conduite à Lutzen et à Bautzen le fit nommer général de division.

Il commanda une division de la jeune garde aux batailles de Dresde et de Leipzig. Après la défection des Saxons et des confédérés du Rhin, il fit partie de l'arrière-garde, sous les ordres d'Oudinot, pour protéger la retraite de l'armée contre Bernadotte et ses Suédois.

Il défendit avec non moins de courage le sol de la patrie en 1814, mais blessé grièvement à Brienne (29 janvier 1814), au commencement de l'action, il refusa de quitter le champ d'honneur ; il reçut une seconde blessure, qui cette fois était mortelle. Il se fit transporter mourant à Paris, où il expira le 18 février suivant.

Decouz emporta dans la tombe l'estime de ses compagnons d'armes et les regrets de Napoléon.

DECRÈS (Denis), préfet maritime à Lorient, ministre de la marine en 1802, vice-amiral, sénateur, grand officier et chef de la 10ᵉ cohorte de la Légion-d'Honneur en 1804, inspecteur général des côtes de la Méditerranée, grand cordon de la Légion-d'Honneur en 1805, grand officier de l'Empire en 1806, duc en 1813.

Decrès naquit à Château-Vilain (Haute-Marne) le 18 juin 1761. Des traditions de famille, des études spéciales, un goût prononcé pour le service de la marine, le déterminèrent, bien jeune encore, à suivre cette brillante et périlleuse carrière. Il y fut admis comme aspirant, le 17 avril 1779 ; son zèle, son intelligence précoce le firent nommer garde de la marine en 1780.

Embarqué sur la frégate le *Richemond*, qui faisait partie de l'escadre aux ordres du comte de Grasse, il se signala dans les divers combats que cette armée navale eut à soutenir dans la mer des Antilles.

Il donna surtout des preuves d'une rare intrépidité à la journée du 12 avril 1781. La fortune avait trahi nos efforts, plusieurs de nos vaisseaux étaient déjà devenus la proie de l'ennemi, d'autres étaient désemparés ; il ne restait plus de chances de salut, on allait s'éloigner de ce lieu de désastre, lorsqu'une bordée brise les mâts du *Glorieux* et l'expose aux plus grands périls. A l'aspect de l'état de détresse de ce bâtiment, Decrès jure de le sauver. Il s'élance dans un canot, porte la remorque d'une frégate au *Glorieux*, et le préserve ainsi d'une ruine inévitable. Le jeune aspirant fut immédiatement promu au grade d'enseigne, et se concilia par cet acte de bravoure la bienveillance et l'affection de ses supérieurs.

L'année suivante, il se fit remarquer au combat où deux frégates s'emparèrent du vaisseau anglais *l'Argo*. Ses talents, ses services, les missions dont il s'était acquitté avec autant de zèle que de succès, lui valurent, le 25 mars 1786, le grade de lieutenant de vaisseau.

Embarqué bientôt après sous les ordres de M. Kersaint, pour aller constater la réalité des lacs de bitume de la Trinité espagnole, Decrès envoya au maréchal de Castries, alors ministre de la marine, le journal des opérations relatives à cette expédition.

De retour en France, au moment où la Révolution venait d'éclater, il reçut presque aussitôt l'ordre de se rendre à Brest, où il passa sur *la Cybèle* comme major de la division que M. de Saint-Félix conduisait dans les mers de l'Inde.

Le 6 février 1792, l'escadre, croisant en vue de la côte de Malabar, s'aperçoit qu'un bâtiment de commerce français, capturé par les Marattes, était amariné sous la protection du fort Coulabo. Decrès propose à l'amiral de l'enlever à l'abordage ; il arme trois canots de la frégate, part à la nuit tombante, se dirige vers le bâtiment, s'élance à bord avec ses marins, tue ou jette à la mer 150 Marattes qui veulent le défendre, et le ramène en triomphe au milieu des acclamations de l'escadre. Cette belle action augmenta l'estime et la considération que M. de Saint-Félix avait déjà pour ce noble caractère. Aussi, en 1793, lorsque la guerre venait d'éclater, que les colonies étaient en proie à toutes les convulsions de la métropole, l'amiral chargea-t-il Decrès d'aller en France pour rendre compte au gouvernement de leur situation, pour solliciter et amener promptement des secours. Il arriva le 10 février 1794 à Lorient, où il apprit tout à la fois que, promu au grade de capitaine au mois de janvier 1793, il avait été destitué par mesure générale.

Arrêté immédiatement, on le conduisit à Paris, où il fut assez heureux pour échapper à la présomption dont il était menacé. Il se rendit ensuite au sein de sa famille, où il vécut dans l'isolement jusqu'au mois de juin 1795, époque à laquelle il fut réintégré dans son grade et nommé au commandement du *Formidable*, qui devait faire partie de l'expédition de l'Irlande.

Cette tentative n'ayant pas réussi, on désarma l'armée navale, et Decrès resta dans l'inaction jusqu'au moment où les préparatifs d'une expédition à jamais glorieuse lui offrirent l'occasion de s'associer aux conquérants de l'Égypte. C'est de cette époque que date sa nomination au grade de contre-amiral.

Commandant en cette qualité l'escadre légère de l'armée navale aux ordres de Brueys, il fut chargé, à l'attaque de Malte, de protéger le débarquement des troupes et de soutenir un engagement avec les galères de l'île. Il paraît qu'ayant serré de trop près la côte, il fut un instant compromis sous le feu des batteries du fort La Valette ; mais il parvint bientôt, avec autant d'habileté que de bonheur, à se soustraire aux dangers qui le menaçaient.

Au combat d'Aboukir, il ne montra pas moins de dévouement et d'intrépidité. De l'arrière-garde où il se trouvait, il passa successivement sur deux vaisseaux du centre, et ne revint au sien que lorsqu'il le vit aux prises avec l'ennemi. Il lutta pendant deux heures et demie avec un acharnement inouï ; ses mâts étaient brisés, ses ancres perdues ; mais son ardeur, son courage, sa prodigieuse activité ne se démentirent pas un instant au milieu des périls qui l'environnaient ; il se réparait en combattant, et parvint enfin, à force de sang-froid, d'habileté, de persévérance, à rallier à son pavillon les débris de l'escadre dont il protégea la retraite jusqu'à Malte.

Les forces anglaises ne tardèrent pas à se réunir devant ce port pour en former le blocus. Decrès prit le commandement des avant-postes. Pendant dix-sept mois, nos troupes eurent à soutenir les assauts réitérés de l'ennemi. Mais chaque jour notre position devenait plus critique, une partie de l'île était tombée au pouvoir des Anglais, les subsistances devenaient très-rares, et le nombre des malades se multipliait avec une effrayante rapidité. Le contre-amiral, pour soulager la détresse de la garnison, fit embarquer 1,000 combattants et 200 malades à bord du *Guillaume Tell*, et appareilla sous le feu des batteries qui hérissaient la côte orientale de l'île. Il était désemparé avant d'avoir quitté le port. Les vaisseaux anglais, prévenus de son départ, l'attendaient dans leurs positions respectives. Leurs forces réunies étaient triples de celles que commandait Decrès ; mais le moment décisif était arrivé, et l'on ne pouvait se sauver que par une vigoureuse résolution. *La Pénélope* se présenta la première au combat; Decrès l'élude, fond avec impétuosité sur *le Lion*, le démâte, l'oblige de fuir vent en arrière, lorsque *le Foudroyant* arrive pour soutenir le bâtiment avarié ; l'action dura pendant une heure avec le plus grand acharnement. *La Pénélope* et *le Lion*, ayant réparé leurs avaries, reviennent à la charge avec une nouvelle opiniâtreté. *Le Guillaume Tell* est environné d'une ceinture de feu, ses mâts sont successivement abattus, la moitié de l'équipage est hors de combat. Une explosion de gargousses, qui a lieu au même moment sur la dunette, renverse le contre-amiral du banc de quart sur lequel il était monté. Après neuf heures et demie du plus terrible combat qui ait jamais été livré, Decrès, tout criblé de blessures, et cédant à la nécessité qui l'accable, amène enfin avec la conscience d'avoir tout sacrifié à la gloire de son pavillon. Les vaisseaux ennemis furent extrêmement maltraités dans cette lutte sanglante, et ne purent atteindre qu'à grand'peine Minorque, où ils relâchèrent en faisant eau de toutes parts. Cette glorieuse résistance valut à Decrès un *sabre d'honneur* des mains du premier Consul.

A son retour en France, Bonaparte le nomma préfet maritime de Lorient, et lui confia bientôt après le commandement de l'escadre de Rochefort. L'habileté avec laquelle le contre-amiral s'acquitta de ses diverses fonctions le fit appeler au ministère de la marine en octobre 1801. Ce poste était difficile dans la situation déplorable où se trouvaient nos forces navales.

Le désordre s'était introduit dans toutes les branches de l'administration; les employés qui en faisaient partie étaient ou des hommes incapables ou d'une profonde incurie. Les arsenaux manquaient d'armes, les magasins n'avaient ni approvisionnements, ni agrès. Tout, en un mot, se ressentait de l'instabilité des événements et de la désunion des hommes qui avaient longtemps présidé à nos destinées.

Le nouveau ministre embrasse d'un coup d'œil toutes les calamités qui pèsent sur notre marine. A sa voix, les produits affluent dans nos ports de mer, les services s'organisent avec célérité; des chantiers, des arsenaux, se construisent comme par enchantement, enfin le nombre de nos bâtiments s'accroît dans une proportion imposante.

Le premier Consul, satisfait de la vigilance, de l'activité de Decrès, le stimule, l'encourage, et le rassure sur les machinations dont il craint de devenir la victime. «La confiance, lui écrit-il (25 pluviôse an XI), que je vous ai témoignée en vous appelant au ministère, n'a pas été légèrement donnée; elle ne peut être légèrement atténuée. C'est la marine qu'il faut rétablir. La première année d'un ministère est un apprentissage. La seconde du vôtre ne fait que commencer. Dans la force de l'âge, vous avez, il me semble, une belle carrière devant vous, d'autant plus belle que nos malheurs passés ont été plus en évidence : réparez-les sans relâche. Les heures perdues dans l'époque où nous vivons sont irréparables.» Cette lettre produisit le résultat que Bonaparte en attendait. Le ministre, heureux de la confiance du premier Consul, dédaigna les obscures menées de l'intrigue, et s'efforça, par un redoublement de zèle, de constance, de dévouement, de réaliser les espérances que ses talents avaient fait concevoir au chef de l'État.

Cet homme, dont les conceptions hardies commençaient déjà à étonner le monde, faisait rassembler des troupes considérables sur les côtes de l'Océan pour tenter une invasion en Angleterre.

Decrès se mit à l'œuvre avec activité. Il créa de nombreuses compagnies d'ouvriers, multiplia les ateliers sur le littoral, s'occupa des munitions, des approvisionnements, satisfit à toutes les exigences, et bientôt des milliers de navires armés, équipés, pourvus de tout ce qui leur était nécessaire, furent prêts à mettre à la voile. Mais la descente ne s'effectua point; d'abord, parce que nos flottes, au lieu de venir la protéger, se rendirent à Cadix, et que les escadres anglaises, qui étaient dans les Indes, arrivèrent inopinément dans cette conjoncture. Ces malheureux événements semblaient être le prélude des désastres qui devaient nous assaillir.

Villeneuve, malgré les ordres du ministre de la marine, ne craignit pas d'affronter les Anglais, et une partie de la marine française périt à Trafalgar. Decrès fut profondément affecté de cette catastrophe, mais son courage n'en fut point ébranlé. Il trouva dans l'énergie de son caractère, dans la combinaison de son génie, des ressources inépuisables pour remédier à nos revers.

Il communiqua son ardeur, son héroïque constance à nos marins. Aussi exécuta-t-il de grandes et belles choses. Malgré la perte de plusieurs batailles navales, la prise de quelques-unes de nos colonies, l'insuccès de diverses expéditions, notre marine prit, sous son ministère, un rapide accroissement de forces. Pour en donner une idée avantageuse, il suffira de dire que de 55 vaisseaux dont elle se composait, en 1805 elle avait été portée à 103, et que le nombre de nos frégates était presque doublé. Le personnel des équipages présentait un effectif de 60,000 hommes sans les garnisons. Mais ce qui dépose éternellement en faveur de Decrès, ce sont les immenses travaux qu'il a sinon conçus, du moins fait exécuter à Venise, à Niewdep, à Flessingue, à Anvers, et surtout à Cherbourg, dont nous ne pouvions pas nous passer sans abandonner de fait la souveraineté de la Manche à l'Angleterre. Aussi, lorsqu'une partie de nos vaisseaux et de nos ports devint, en 1814, la proie de nos ennemis, Decrès éprouva-t-il un vif sentiment de douleur.

L'espoir de venger la France de cette humiliation, de lui faire recouvrer ces anciens monuments de sa puissance, fut sans doute le motif qui le décida à accepter de nouveau le ministère lors du retour de Napoléon en 1815.

A la seconde Restauration, il rentra dans la vie privée. Une instruction solide et variée, une rare perspicacité, toutes les ressources d'une conversation piquante, spirituelle, pleine d'agréments, faisaient rechercher encore dans la retraite l'homme d'État qui avait fait un si noble usage du pouvoir.

Fatal et triste exemple de l'incompréhensible destinée! Le marin intrépide qui, sur la dunette de son vaisseau, fut renversé par une explosion, s'est trouvé n'avoir survécu à ce danger que pour tomber vingt ans plus tard victime d'une autre explosion. Après lui avoir volé des sommes assez considérables, son valet de chambre résolut de le faire périr. Le 22 novembre 1820, il plaça des paquets de poudre sous les matelas de son maître, et, vers minuit, ayant allumé la mèche qu'il avait préparée à cet effet, l'explosion jeta le duc hors de son lit, tout couvert de contusions et de blessures. Son assassin, dont il invoqua d'abord le secours, ne lui répondit que par un cri d'effroi, et se précipita de la croisée dans une cour, où la violence de sa chute le fit expirer quelques heures après. Le duc Decrès fut si profondément affecté de cette catastrophe, qu'il mourut lui-même le 7 décembre 1820. (*Fastes de la Légion-d'Honneur.*)

DEDON (François-Louis), né à Toul (Meurthe), le 21 octobre 1762. Entré au service comme aspirant à l'École d'artillerie de Metz le 1er avril 1777, il en sortit le 15 juillet 1780, avec le grade de lieutenant, et devint capitaine le 17 mai 1787.

En 1792, il dirigeait l'artillerie d'une division de l'armée, successivement commandée par les généraux Kellermann et Custine; il se trouva au combat du 3 août devant Landau à la prise de Spire et de Mayence, et aux affaires du 2 décembre devant Francfort. A la fin de cette campagne, le général Custine lui confia la direction de l'artillerie de la place de Mayence.

L'année suivante, il assista aux combats du 19 juillet et à la bataille du 22, sous les murs de Landau, à la suite de laquelle il entra dans cette place pour y prendre le commandement en chef de l'artillerie. Dans une sortie de la garnison, il reçut un coup de feu à l'épaule gauche en dirigeant lui-même les troupes.

Il fit ensuite les guerres de l'an II et de l'an III à l'armée du Rhin, fut nommé, le 10 floréal an III, chef du bataillon de pontonniers, dont on lui avait confié l'organisation. Le général Moreau lui donna la direction des pontons destinés au passage du Rhin, sous le fort de Kehl, et il s'acquitta avec habileté de cette mission.

Après le siège de Kehl, auquel il prit part, il rendit le même service à l'armée du Rhin, en facilitant le 1er floréal an V, le même passage à Diersheim. Cette action lui mérita, le 21 prairial, le brevet de chef de brigade et le commandement du corps des cantonniers. La lettre ministérielle qui lui annonçait cette nomination contenait l'expression des témoignages les plus flatteurs de la part du gouvernement.

Passé sous les ordres du général Augereau, il fit avec l'armée d'Allemagne la campagne de l'an VI. L'année suivante, il fut chargé de diriger le blocus d'Ehrenbreistein, ainsi que le passage du Rhin vers Manheim et Philisbourg; il reçut à cette occasion une lettre de félicitation du Directoire.

Le colonel Dedon, passé à l'armée d'observation, commandée par Bernadotte, ne se fit pas moins remarquer à la prise de Manheim, puis, pendant la campagne d'Helvétie, sous Masséna, notamment au passage de la Limath, à Dieticon, lequel contribua si puissamment au succès de la victoire de Zurich. Il était parvenu à organiser une flottille sur le lac de Constance, qui décida la retraite des Russes. Après le passage de la Limath, le général Masséna embrassa Dedon, sur le pont même qu'il avait établi, en présence de toute l'armée, et lui conféra le grade de général de brigade. Cette nomination ne fut pas confirmée.

En l'an VIII, il était à l'armée du Danube, au nouveau passage du Rhin près de Schaffhouse, où il fut blessé au poignet gauche. Envoyé à l'armée du Rhin, commandée par Moreau, il y fit la campagne de l'an IX. A la paix de Lunéville, le premier Consul lui confia le commandement du 7e régiment d'artillerie à pied (12 prairial en IX), et lui envoya un sabre des manufactures de Versailles.

Appelé à la direction d'artillerie de Strasbourg, le 20 brumaire an XII, il fut nommé membre de la Légion-d'Honneur le 19 frimaire même année, et officier de cet Ordre le 25 prairial suivant.

Il organisa pendant les ans XII et XIII l'équipage d'artillerie de la grande armée, et fit construire quatre ponts sur le Rhin pour en faciliter le passage.

Nommé général de brigade, le 6 brumaire an XIV, il alla prendre le commandement de l'artillerie de l'armée du

Nord. En 1806, l'Empereur lui confia la direction générale des parcs d'artillerie de l'armée de Naples ; il y commanda l'artillerie au siége de Gaëte, où un éclat de bombe lui écorcha la jambe droite. Il rétablit et réorganisa les établissements napolitains avec un zèle et une promptitude remarquables, et le roi de Naples (Joseph) lui donna, le 3 novembre 1807, le grade de général de division et le titre de commandant en chef de l'artillerie des armées française et napolitaine.

Ayant reçu l'ordre de se rendre en Espagne, il y trouva, en 1808, des lettres de service du gouvernement français pour y commander en second, comme général de division, l'artillerie de siége et de campagne. Le 12 juillet l'Empereur le décora de la croix de commandeur de la Légion-d'Honneur.

Désigné, en 1809, pour prendre le commandement en chef de l'artillerie de siége de Saragosse et de l'armée d'Aragon, il donna dans ces deux circonstances de nouvelles preuves de capacité et de bravoure ; il avait réuni un équipage de soixante bouches à feu et fait construire sur le haut Ebre un pont de bateaux destiné à faire communiquer entre eux les différents quartiers de l'armée. Le siége avait commencé vers la fin de juin. Après une première attaque qui fut repoussée, il y eut une sorte d'interruption causée par l'insuffisance des troupes. Le 11 juillet les Français passèrent l'Èbre, grâce aux travaux exécutés par le général Dedon. La ville put être entièrement investie à la fin de juillet. Dedon établit sept batteries contre le couvent de Santa-Engracia menaçant le front entre ce couvent et la porte del Carmen et en flanc le couvent des Capucins. Le 1er août, le bombardement et un feu effroyable commencèrent. Ce feu dura jusqu'au 4. Des brèches étant ouvertes partout, l'assaut général commença. Après deux attaques repoussées, les assiégeants pénétrèrent dans Saragosse. Partagés en trois colonnes, ils éprouvèrent des pertes considérables et furent contraints de revenir sur le même point. Le 7 août les Espagnols reçurent un renfort de 3,000 hommes et des munitions. Pendant huit jours de suite le plus affreux combat se prolongea de rue en rue. Les Français n'occupèrent plus qu'un huitième de la ville. Les femmes espagnoles rivalisaient avec les hommes de patriotisme et de dévouement. On cite entre autres une femme du peuple nommée Augustina, la comtesse Zurita, jeune femme, belle et délicate, que l'on vit partout au milieu du feu le plus terrible des bombes, des obus et de la mousqueterie. Le 14 août le général Verdier, commandant les opérations de siége, fit rétrograder les troupes, les événements qui suivirent le désastre de Baylen l'appelant sur un autre point. Mais quatre mois après, les maréchaux Moncey et Mortier recommencèrent le siége. Saragosse fut investi une seconde fois sur les deux rives, le 19 décembre. Dans la nuit du 21 au 22, le général Dedon ouvrit une batterie sur les hauteurs qui dominaient le monte Correro. Cette position importante fut enlevée. Moncey envoya à Palafox une sommation. Le général espagnol y répondit par un refus. Le 2 janvier, Junot, duc d'Abrantès, vint prendre le commandement du siége. L'armée assiégeante se trouva diminuée pendant que Dedon disposait ses terribles moyens d'attaque. Le fort Saint-Joseph fut pris et plusieurs sorties repoussées. Cependant les forces des assiégés s'élevaient à 50,000 et les Français n'avaient que 22,000 hommes sans vivres et entourés d'ennemis extérieurs, tout l'Aragon étant en insurrection. Mortier fut chargé de disperser les insurgés, et

Lannes vint remplacer Junot. Le 27 les brèches étant praticables, Lannes ordonna un triple assaut à la suite desquels les couvents de Santa-Engracia, Saint-Joseph, etc., tombèrent en notre pouvoir. Les progrès des assiégeants étaient lents, la prise de chaque maison nécessitait un siége.

Plusieurs petits mortiers de six pouces que le général Dedon avait fait entrer dans l'artillerie pouvaient être aisément transportés partout où besoin était. En outre, ce général avait établi des pièces de douze, de quatre, et des obusiers dans plusieurs rues. Deux portes, le couvent de Jésus, le faubourg de l'Arabal furent pris. L'occupation des couvents de Saint-Lazare rendirent les Français maîtres du pont de communication et du faubourg. Le 19, le général Palafox envoya un parlementaire, mais ses propositions ne purent être accueillies. Le général Dedon fit mettre en batterie sur la rive gauche les 50 pièces qui avaient servi à l'attaque du faubourg et les dirigea contre les maisons du quai. Il fit charger de trois milliers de poudre chacun des fourneaux qui devaient éclater ensemble le lendemain, ce qui eût produit la plus épouvantable explosion. Le 20 février, la junte de Saragosse envoya une députation au maréchal Lannes. Il était temps. On avait terminé une mine énorme pour faire sauter toute la ville. La capitulation était signée, les Français montèrent par-dessus les décombres dans l'intérieur de la ville, où gisaient 5,000 cadavres sans sépulture; les habitants s'étaient retirés dans les caves. Les maisons ouvertes à jour ou écrasées, partout des ruines; plus de 100,000 individus entassés dans une ville qui n'en contenait ordinairement que 50,000. On trouva dans Saragosse 113 bouches à feu; plus de 80 avaient été prises par les assiégeants dans le cours du siége.

Le général Dedon, qui avait eu une part si glorieuse dans ce terrible siége, continua à se signaler dans les expéditions qui suivirent. Il se couvrit de gloire aux batailles de Talaveyra et d'Ocaña et fut nommé, le 2 décembre 1810, colonel général de l'artillerie du roi d'Espagne. Il prit part à l'expédition d'Andalousie et au passage de la Sierra-Morena; il conserva cet emploi jusqu'en 1813, et assista à l'expédition sur Torenès, à la retraite sur Valence, à l'expédition sur Salamanque, enfin, à la reprise de Madrid (1812).

Après la campagne de 1813, pendant laquelle il se fit remarquer à la bataille de Vittoria et dans toutes les affaires d'arrière-garde, depuis cette ville jusqu'à Kursum et au col de Maga, il alla prendre le commandement de l'artillerie du 4ᵉ corps de la grande armée, figura avec gloire aux batailles de Leipzig, aux combats de Kosen, d'Auerstadt et de Hanau. Il fit partie de l'arrière-garde jusque sur le Rhin. L'année suivante, il prit le commandement en chef des équipages de pont et se trouva enfermé dans Mayence.

Rentré en France après la reddition de cette place, l'Empereur refusa de le confirmer dans le grade de général de division. Dedon protesta énergiquement, mais inutilement contre cette décision. La cause de sa défaveur auprès de Napoléon fut attribuée, à cette époque, à la publication d'un Mémoire dans lequel il donnait les plus grands éloges aux talents militaires du général Moreau. On a vu plus haut qu'il avait servi sous ses ordres.

Une ordonnance royale du 1ᵉʳ juin 1814 le reconnut dans son grade de lieutenant-général pour prendre rang le 10 mai de cette année. Louis XVIII le nomma chevalier de l'ordre royal et militaire de Saint-Louis le 16 juillet suivant.

Admis à la retraite le 24 décembre, le roi lui confia une mission importante dans le Midi. Il avait été remis en activité le 17 mars 1815, mais la marche rapide de Napoléon le retint à Paris. L'Empereur lui ayant conservé sa position par décret du 1er mai, il fut réadmis à la retraite le 9 décembre 1815.

Le nom de cet officier est inscrit sur l'arc de triomphe, côté Est.

DEFRANCE (Jean-Marie-Antoine, comte), fils d'une fille du littérateur Chompré et de Jean-Claude Defrance, médecin de l'École militaire de Rebais en Champagne, et député à la Convention, au conseil des Cinq-Cents et au Corps législatif.

Il est né à Vassy en Champagne en 1771 et fut élevé à l'École militaire de Rebais.

Il se trouvait à Saint-Domingue lors de la première révolte des noirs, et servit dans les volontaires dits *dragons du cap*, et fut à son retour (1792) nommé sous-lieutenant au régiment de cavalerie royal-étranger.

Il servit à l'armée du Nord, fut nommé adjudant-général chef de brigade à l'armée des Ardennes et de Sambre-et-Meuse et chargé de missions importantes.

Il fit la campagne d'Helvétie comme chef d'état-major d'une division et nommé général de brigade sur le champ de bataille de Zurich (1799); mais il refusa et demanda le commandement d'un régiment de chasseurs à cheval, à la tête duquel il se distingua en Suisse.

Il passa ensuite en Italie sous les ordres de Moncey, et assista à toutes les affaires qui précédèrent la bataille de Marengo.

Pendant l'hiver de 1800 à 1801, il fit la campagne de l'armée des Grisons, sous Macdonald, et rentra en France après la paix de Lunéville.

En 1802, il fit partie du camp de Saint-Omer, et devint écuyer cavalcadour du premier Consul.

Nommé de nouveau général de brigade en 1803, il fit les campagnes de 1803 contre l'Autriche, et celles de 1806 et 1807 contre la Prusse.

Il se signala à Wagram (1809), où il commandait la brigade de carabiniers. Après avoir rempli à plusieurs reprises les fonctions d'inspecteur général de cavalerie, il fut nommé général de division en août 1811, et commanda en février 1812, dans le corps d'armée de Murat, la division de cavalerie dont les carabiniers faisaient partie.

Il rendit d'importants services pendant la retraite de Russie, fit la campagne de Saxe en 1813, à la tête d'une division de dragons et fut ensuite nommé inspecteur général des remontes pour toute l'armée.

En janvier 1814, il fut chargé du commandement en chef des quatre régiments des gardes d'honneur et se couvrit de gloire, le 11 février, à Montmirail.

Le 7 mars suivant, avec des forces bien inférieures, il repoussa le corps russe commandé par le comte de Saint-Priest, qui cherchait à s'emparer de Reims; mais, obligé, le 12, de se replier à son tour, il revint le lendemain à la tête de ses gardes d'honneur, attaqua la cavalerie russe, et la força de battre en retraite.

Nommé inspecteur général de cavalerie à la première Restauration, il présida, pendant les Cent-Jours, dans la 18e division militaire, aux remontes, et inspecta les dépôts de cavalerie, et fit partie de l'armée de la Loire.

Il fut maintenu dans son grade en 1816, et commanda, de 1819 à 1822, la 1re division militaire, à Paris. Il était écuyer cavalcadour du roi.

Le général Defrance est mort à Épinay le 6 juillet 1835.

Son nom est gravé sur le côté Est de l'arc de l'Étoile.

Il avait épousé mademoiselle Foncier, fille de l'un des plus riches bijoutiers de Paris.

DEIN (Louis-Paul-Marie, baron), né le 24 février 1768, à Rhétiers (Ille-et-Vilaine), prit du service le 15 août 1792 dans le 17ᵉ bataillon de volontaires nationaux des réserves qui, après avoir été embrigadé dans le 1ᵉʳ bataillon du 71ᵉ régiment d'infanterie, ci-devant Vivarais, et le 8ᵉ bataillon de Paris, forma, en l'an II, la 131ᵉ demi-brigade de bataille, amalgamée à l'organisation de l'an VI dans la 1ʳᵉ d'infanterie de ligne, devenue 1ᵉʳ régiment de même arme an l'an XII.

Promu adjudant-major le 21 septembre suivant, il fit les campagnes de 1792 à l'an III à l'armée du Nord, et prit le commandement d'une compagnie de grenadiers le 10 vendémiaire an II. Le 25 prairial de cette dernière année, sur la route de Rousselaër à Menin, il soutint seul la retraite de la brigade du général Salen.

Employé à l'armée du Rhin pendant les guerres des ans IV, V et VI, il passa en l'an VII à celle du Danube. Le 16 floréal, à l'affaire devant Zurich, il fut blessé d'un coup de feu à la jambe droite, et le 15 prairial suivant, devant la même place, il sauva 2 pièces de canon par son énergie et sa présence d'esprit. Les tirailleurs ennemis ayant pénétré sur la route qui communiquait à une redoute, empêchaient les pièces de partir, et la redoute n'était qu'à moitié armée ; l'officier d'artillerie craignant de ne pouvoir sauver ses pièces, s'apprêtait à les faire dételer et à les enclouer, lorsque le capitaine Dein s'y opposa. Il lui prescrivit de les tenir prêtes à partir, laissa un détachement pour garder la redoute, et, marchant avec le reste de sa compagnie, il balaya la route de tous les ennemis qui s'y trouvaient et fit passer les pièces. Mais pendant ce temps, la redoute avait été occupée par l'ennemi ; le capitaine Dein se retira alors à quelque distance en arrière, et ayant rassemblé le plus de monde qu'il put, il s'empara de la redoute qu'il perdit et reprit encore une fois dans la journée.

Chef de bataillon le 12 messidor, il fit à l'armée d'Italie les campagnes des ans VIII et IX.

Major du 15ᵉ régiment d'infanterie de ligne le 11 brumaire an XII, il alla rejoindre son nouveau corps à Brest.

Membre de la Légion-d'Honneur le 4 germinal suivant, il fit partie, en 1807, du camp de Saint-Venant. Colonel du régiment où il servait, le 28 juin 1808, et envoyé à l'armée d'Espagne, il reçut la croix d'officier de l'Ordre le 12 novembre de la même année. Baron de l'Empire le 15 août 1809, le mauvais état de sa santé l'obligea, en 1812, à renoncer au service actif. Placé le 13 août de cette année en qualité de commandant en second à l'École militaire de Saint-Cyr, il passa au commandement du Morbihan le 9 novembre 1813.

Mis en non-activité après l'abdication de l'Empereur, il demeura dans cette position jusqu'au 5 août 1822, époque à laquelle il obtint sa retraite avec le grade de maréchal de camp honoraire.

Il est mort à Plounevez-Lochrist (Finistère) le 31 mars 1831.

DEJEAN (Jean-François-Aimé, comte), né en 1749, à Castelnaudary, officier du génie, général de division en 1795, conseiller d'État, l'un des commissaires chargés de l'exécution des conventions signées à Marengo ; envoyé extraordinaire à Gênes et président de la *Consulta*, chargée d'organiser la République ligurienne.

Rappelé à Paris et nommé ministre directeur de l'administration de la guerre, le 12 mars 1802, il conserva ce portefeuille jusqu'au 2 janvier 1810. Grand trésorier de la Légion-d'Honneur, sénateur en 1812 et président à vie du collége électoral d'Indre-et-Loire.

Pair de France en 1814, gouverneur de l'École polytechnique, président du comité de liquidation de l'arriéré, directeur général des subsistances militaires, auteur de quelques opuscules sur les subsistances.

Il est mort le 12 mai 1824, à 75 ans.

« — Il était semblable, a dit le général Haxo dans son éloge funèbre, à ces hommes que l'antiquité présente à notre admiration également propres à la guerre et à l'administration de l'État ; grand dans le public et grand dans son intérieur. »

DEJEAN (Antoine-Alexandre), né à Chalabre (Aude), le 23 novembre 1765. Il entra au service comme lieutenant dans le 1ᵉʳ bataillon de son département le 11 novembre 1791. Il devint capitaine en 1792 et chef de bataillon le 27 mars 1793. Le 1ᵉʳ thermidor an IV, il obtint le commandement de la 13ᵉ demi-brigade devenue 80ᵉ. En l'an XII, cette demi-brigade fut incorporée dans le 34ᵉ d'infanterie de ligne, et le premier consul fit Dejean colonel de ce régiment, après l'avoir créé membre, puis officier de la Légion-d'Honneur et électeur de l'Aude.

Le 27 vendémiaire an XIII, le colonel Dejean fut promu au grade de général de brigade.

Il fit les campagnes de 1792, 1793, des ans II, III, IV et V, aux armées des Pyrénées-Orientales et d'Italie. Il se distingua à la prise de Figuières, au passage de la Bormida, aux batailles de Castiglione et de Roveredo, etc.

Le 10 août 1793, il prit aux Espagnols, à Corneilla-la-Rivière, cinq pièces de canon et deux obusiers ; le 27 brumaire an II, il enleva douze redoutes qui couvraient le fort de Figuières, dans l'une desquelles le général en chef La Union fut tué, et il entra le premier dans le fort.

Il servit dans les Grisons sous Macdonald, pendant les ans VIII et IX. Il effectua avec son régiment le premier passage des montagnes de Spuglen et de la Bérésina. A Inspruck, il culbuta plusieurs colonnes ennemies, défendant divers passages considérés comme inexpugnables. Nommé général de brigade il commanda à Marseille, puis le département des Bouches-du-Rhône, ses blessures ne lui permettant plus de service actif.

A l'arrivée des Bourbons, il se déclara leur partisan, et reçut la croix de Saint-Louis.

Au retour de l'Ile-d'Elbe, il eut, le 30 avril, le commandement de la place de Lille et fut remplacé le 14 juillet.

Commandant d'armes à Perpignan le 14 septembre suivant, il fut rappelé à Lille comme lieutenant du roi, le 18 novembre 1818, reçut la croix de commandeur en 1821, et fut admis à la retraite en 1832.

Son nom est inscrit au côté Sud de l'arc de triomphe de l'Étoile.

DELAAGE (Henri-Pierre), baron de Saint-Cyr, naquit le 23 janvier 1766, à Angers.

D'abord sergent et officier dans les canonniers volontaires d'Angers en 1789, il passa sous-lieutenant de grenadiers le 12 septembre 1791 au 1ᵉʳ bataillon de volontaires nationaux de Maine-et-Loire, avec lequel il partit pour l'armée de la Moselle.

Adjudant-major le 31 janvier 1792, il combattit à l'affaire de Grand-Pré le 14 septembre et fit partie de la garnison de Verdun. Quand cette ville se rendit au général prussien Kalkreuth, le 16 octobre, il resta dans la place avec 50 hommes afin d'enlever le corps du brave Commandant Beaurepaire, qui s'était donné la mort pour éviter de signer la capitulation, et à qui la Convention avait accordé les honneurs du Panthéon. Il rejoignit ensuite l'armée de Belgique, se trouva à Jemmapes et à l'affaire de Liége en Novembre où, s'apercevant que les tirailleurs français, hésitaient à pénétrer dans un bois défendu par l'ennemi, Delaage s'y précipita suivi seulement d'un tambour et mit en fuite les Autrichiens.

L'année suivante, il assista au combat de la Montagne-de-Fer, à la bataille de Nerwinde, et il prit part à toutes les fatigues des vingt jours de l'armée de Belgique. Il était au camp de Maulde, dans les premiers jours d'avril, lorsque Dumouriez excita son armée à marcher contre la Convention. Delaage ayant répondu à cette proposition par le cri de « Vive la liberté, périssent les traîtres ! » un officier du 4e hussards fondit sur lui le sabre à la main ; alors, faisant apprêter les armes à sa troupe, il intimida tellement le général en chef que celui-ci fit cesser la revue et s'éloigna. Nommé capitaine de la 5e compagnie de son bataillon le 5 avril suivant, il prit part à la bataille sous les murs de Valenciennes. Le 8 mai, il fut fait prisonnier par les Autrichiens lors de la capitulation de cette place le 28 juillet, et obtint bientôt après son échange, à condition d'être employé dans l'intérieur.

Adjoint à l'état-major le 27 septembre 1793, et envoyé à l'armée des Alpes, il se trouva au siége de Lyon, à la suite duquel les représentants lui décernèrent le grade d'adjudant-général chef de brigade provisoire le 8 frimaire an II. Confirmé à l'organisation du 25 prairial an III, envoyé dans l'Ouest après la prise de Lyon, il défendit l'artillerie de la division Beaupuy dans la déroute éprouvée à la Croix-des-Batailles ; et dans une mêlée sanglante où les Vendéens s'étaient emparés des canons des Républicains, quoique blessé et renversé par la chute de son cheval tué sous lui, il eut l'énergie de conserver le commandement de sa colonne et de reprendre son artillerie.

Dans une autre circonstance, Kléber, ralliant ses soldats près de Dole, dit à Delaage : « Tiens ferme une demi-heure à l'entrée du pont et l'armée est sauvée ! » Cet ordre fut ponctuellement exécuté. Kléber, qui demanda pour lui à la Convention le grade de général de brigade, lui ayant donné le commandement de son avant-garde, il partit de Châteaubriant, arriva en douze heures devant Angers qu'assiégeaient les Vendéens, et les contraignit, le 15 frimaire an II, à renoncer à leur attaque.

A la bataille du Mans, le 22 du même mois, il leur enleva vingt pièces de canon et soutint à cette époque différents combats sur les deux rives de la Loire : enfin, à la tête d'une colonne républicaine, il surprit dans le Bocage plusieurs divisions vendéennes et défit les troupes de Stofflet à Chemillé. Sur ces entrefaites, une révolte ayant éclaté à Paimbœuf parmi les troupes de terre et les soldats de marine, Delaage, après avoir couru de grands dangers, rétablit la tranquillité et força les équipages à se rembarquer.

Il était à Luçon quand il apprit que Charette s'efforçait de réunir des troupes pour protéger le débarquement de la flotte anglaise : à l'instant il marche sur lui, atteint son avant-garde à Saint-Vincent-sur-Laye, le défait et lui enlève ses magasins d'armes, de munitions et d'uniformes anglais. Remis de cet échec, Charette marche sur Luçon, et chemin faisant, attaque, le 3 vendémiaire an IV, le bourg de Saint-Cyr, défendu seulement par 400 républicains qui, retranchés dans une église, y font une défense héroïque pendant plusieurs heures. Delaage y accourt à la tête d'un détachement de 1,200 hommes d'infanterie et d'un escadron de chasseurs à cheval, se porte en colonne sur le centre des Vendéens, les fait charger vigoureusement, tue plusieurs chefs de sa main et délivre les 400 braves enveloppés dans le bourg. Le général en chef Hoche le félicita sur sa conduite, et ce fut en souvenir de ce beau fait d'armes que Napoléon lui permit d'ajouter à son nom celui de Saint-Cyr.

Le même jour il prit le commandement de la colonne de 1,500 hommes du général Boussard, tué dans cette affaire ; et chargé de poursuivre Charette à outrance, il lui enleva son artillerie, détruisit ses magasins à poudre, et obtint la soumission de plusieurs villes royalistes. Dans une de ces découvertes où il ne craignait pas d'aller lui-même pour se rendre compte de l'état des esprits et de la force de l'ennemi, reconnu par un parti royaliste, il reçut deux coups de sabre, et ne dut son salut qu'à l'arrivée de deux officiers républicains.

Le mauvais état de sa santé l'obligea de donner sa démission le 3 thermidor an IV, et ce ne fut qu'à la nouvelle insurrection vendéenne qu'il demanda l'autorisation de reprendre du service : à cette occasion, le ministre Bernadotte lui écrivait : « Quand on a fait un aussi bon emploi de ses armes, on ne doit pas les quitter. »

Il fut donc envoyé le 21 thermidor an VII, dans la 22e division militaire, faisant alors partie de l'armée d'Angleterre : à la tête des gardes nationales actives du pays et d'un détachement de la 28e demi-brigade de ligne, il battit les Vendéens dans différentes rencontres. Escorté seulement par 14 hommes, il tomba près de Noailles dans une embuscade de 300 Vendéens qui, dès la première charge, le mirent presque hors de combat ; cependant il put saisir le fusil d'un chasseur de sa troupe, blessa le chef ennemi et parvint à se dégager. Une autre fois, attiré à Chemillé dans le désir d'obtenir la soumission de quelques révoltés, il faillit être assassiné pendant la nuit ; mais au lieu de prendre la fuite, il chargea les assaillants, se fit jour au milieu d'eux et regagna le poste où se trouvaient ses soldats. Dans une autre circonstance, il cerna un rassemblement dans Moulins-sous-Châtillon, s'empara de 15 chefs et dispersa le reste.

La Vendée pacifiée, il passa en Italie le 14 floréal an VIII, y fut employé dans la division Monnier, et combattit à Marengo le 25 prairial : dans cette journée mémorable, et lors de la seconde attaque de Castel-Ceriolo, ayant éparpillé ses tirailleurs comme il l'avait vu faire aux Vendéens, il réussit à s'emparer des pièces d'artillerie qui foudroyaient sa division. Après la paix de Lunéville, admis au traitement de réforme le 1er vendémiaire an X, et porté sur le tableau des adjudants-commandants le 9 fructidor an XI, il se rendit le 14 nivôse an XIII au cantonnement de Saintes, puis au camp de Saint-Omer.

Delaage, légionnaire le 15 pluviôse an XII, officier de l'Ordre le 25 prairial suivant, et attaché, le 13 ventôse an XIII, à la réserve des camps sur les côtes, servit dans le 5e corps de la grande armée en Autriche, en Prusse et en Pologne, pendant les ans XIV, 1806 et 1807, se trouva à Wertingen, à Ulm, à Hollabrünn et à Austerlitz, où le maréchal Lannes le chargea d'aller rendre compte à Napoléon de la position du 5e corps, à la suite d'un mouvement des Russes. Il était aussi à l'affaire de Saalfeld et à la bataille d'Iéna, au combat de Pustulck, le 26 décembre 1806, pendant lequel, le général Treilhard ayant été blessé, Delaage prit le commandement provisoire de la division, avec laquelle il poursuivit les Russes dans leur retraite sur Ostrolenka et leur prit des caissons, des bagages et 160 traînards : puis, à l'affaire en avant de Tikoczin, deux régiments français de cavalerie légère se trouvant ramenés par des forces très-supérieures, il chargea si impétueusement les Russes avec le 21° régiment de chasseurs, qu'il arrêta leur poursuite et dégagea plusieurs officiers entourés par les Cosaques.

Créé baron de l'Empire dans le cours de 1808, il prit au mois d'octobre de la même année le commandement de la cavalerie du 5° corps de l'armée d'Espagne. Il se distingua l'année suivante au siége de Saragosse et à la bataille d'Ocaña, et fut cité honorablement dans les rapports des maréchaux Lannes, Soult, Mortier et Suchet.

Mis en disponibilité pour cause de santé le 21 mai 1811, à peine rétabli, un ordre du 12 janvier 1812 lui prescrivit de se rendre à Mayence pour y remplir les fonctions de chef d'état-major de la 1re division du 3° corps, avec lequel il fit la campagne de Russie sous les ordres du maréchal Ney.

Chargé de l'attaque de Krasnoë le 2 août, et d'enlever les deux ouvrages qui flanquaient l'enceinte de Smolensk le 17 du même mois, il s'apprêtait, à la bataille de la Moskowa, à prendre avec une brigade deux redoutes au centre de la ligne des Russes, lorsque deux graves blessures le contraignirent à se retirer sur les derrières de l'armée. Un décret rendu à Moscou le 18 octobre le nomma général de brigade. A sa rentrée en France, il fut chargé, le 17 juin 1813, du commandement du Calvados. Conservé dans cet emploi à la paix de 1814, et successivement chevalier de Saint-Louis le 29 juillet, et commandeur de la Légion-d'Honneur le 14 février 1815, il fut mis en non-activité à dater du 1er de ce même mois. Napoléon, à son retour, lui confia le commandement du département des Deux-Sèvres, où des troubles venaient d'éclater. Ses efforts pour éviter cette nouvelle guerre civile ne furent pas complétement vains : il réprima quelques manifestations qui eurent lieu à Thouars le 19 juin. Après la signature de l'acte de pacification, le général Delaage, ayant remis à M. d'Autichamp son commandement sur la rive gauche de la Loire, retourna dans le département des Deux-Sèvres, où il reçut le 8 août l'ordre de se retirer dans ses foyers.

Compris comme disponible dans le cadre de l'état-major général le 30 décembre 1818, et mis prématurément à la retraite le 30 août 1826, la révolution de 1830 se rappela ses loyaux services et l'employa dans le département de Maine-et-Loire dès le 19 août.

Placé par son âge dans le cadre de disponibilité le 22 avril 1831, il a été admis à la retraite par l'ordonnance du 5 avril 1832.

Le général Delaage est mort à Angers le 22 décembre 1840.

DELABORDE (HENRI-FRANÇOIS, comte), fils d'un boulanger, naquit à Dijon (Côte-d'Or), le 21 décembre 1764, et fit ses études au collége de cette ville. Il les avait à peine terminées, lorsqu'il s'engagea. A l'époque de la révolution, il était parvenu au grade de sous-officier. En 1792, il entra dans le 1er bataillon des volontaires de la Côte-d'Or, fut élu lieutenant de sa compagnie, et se rendit avec son corps à l'armée que commandait Lafayette. La première fois qu'il se distingua, ce fut le 3 juin, au combat de Glisuelle, près Maubeuge, où, pendant l'action, il remplaça son commandant qui venait d'être tué.

Le 23 août de la même année, il refusa de signer la capitulation de Longwy, que ses habitants refusèrent de défendre, et sa protestation contre cet acte de pusillanimité fut insérée le 7 septembre dans le 2ᵉ bulletin de la Convention nationale.

L'année suivante, il se trouva au combat de Ruzabern (17 mai 1793), après lequel son bataillon se mit en route pour rejoindre l'armée des Pyrénées-Orientales. Carteaux, que la Convention avait chargé de soumettre les Marseillais révoltés par suite des événements du 31 mai, le retint et l'envoya contre les rebelles. Delaborde les atteignit et les mit en pleine déroute au village de Lépin, près d'Aix.

Nommé quelque temps après général de brigade et gouverneur de l'île de Corse, il ne se rendit pas à cette destination; Dugommier lui ayant confié le commandement de la 1ʳᵉ division de l'armée devant Toulon, il contribua à la prise de cette ville en enlevant le camp retranché des Anglais.

Arrivé en l'an II à l'armée des Pyrénées, il s'empara, le 7 thermidor, des redoutes de Biviata et de Vera, situées sur les montagnes qui entourent la Bidassoa, et, le 14 du même mois, de concert avec Moncey, il se rendit maître de Biva, de Beriat et d'Aya; puis, tous les deux, par une marche hardie, ils tournèrent le camp espagnol de Saint-Martial.

Le 26 vendémiaire an III, il battit complétement le général Filanghieri, et s'empara de cette célèbre vallée de Roncevaux, où furent défaits les lieutenants de Charlemagne. A cette affaire, le général Delaborde commandait la fameuse *colonne infernale*, composée de troupes venant de la Vendée.

Après le combat de Bergara, livré le 8 frimaire an III, il passa à l'armée de Rhin-et-Moselle, et, au mois de thermidor an IV, il traversa le Rhin à Neufbrisach, où les habitants lui témoignèrent leur reconnaissance pour l'ordre et la discipline qu'il avait su maintenir dans ses troupes; ensuite il occupa le Brisgau et prit possession des villes frontières abandonnées par les Impériaux.

En l'an VIII, promu général de division, il occupa la ligne comprise entre Oggersheim et Germersheim.

A l'affaire du 25 brumaire, il attaqua l'ennemi devant Philisbourg, lui enleva 5 canons et lui fit 1,000 prisonniers. Dans la même année, après la paix de Lunéville, il fut nommé gouverneur de la 3ᵉ division militaire et y rétablit l'ordre et la discipline.

Le 19 frimaire an XII, le général Delaborde, qui commandait alors la 13ᵉ division militaire, se trouva compris dans la nomination des membres de la Légion-d'Honneur, et, le 25 prairial suivant, il reçut le brevet de commandant de l'ordre, puis encore, en l'an XIII, le 4 vendémiaire, il fut nommé grand officier, après avoir fait, à Rennes, la distribution des aigles d'honneur accordées aux officiers et soldats de sa division.

Vers la fin de 1807, le général Delaborde rentra dans le service actif, et prit part à la seconde expédition de Portugal en 1809.

En avril 1809, le général Freyre, commandant les troupes portugaises, ayant été massacré, ainsi que son état-major, pour s'être retiré devant l'armée du maréchal Soult, comme ses instructions le lui prescrivaient, un officier hanovrien, le baron d'Ében, fut improvisé général et se disposait à livrer bataille pour obéir aux exigences de ses propres soldats; mais le maréchal Soult ne lui en laissa pas le temps, et l'attaqua le 20 mars au matin ; le centre de l'armée était formé de la division du général Delaborde. Au signal donné par une batterie placée sur le front de la ligne, la division Delaborde marcha l'arme au bras sur les Portugais, sans riposter à leur feu. Intimidés par cette confiance, les Portugais se dispersèrent et prirent la fuite, le général Delaborde les poursuivit, ainsi que la division de dragons du général Lorge, et en fit une horrible boucherie. Cette poursuite continua jusqu'à deux lieues au delà de Braga. Les Français s'emparèrent de cette place, de l'artillerie de l'ennemi, de ses bagages, de ses munitions, et de plusieurs drapeaux.

Le 29 du même mois, la division Delaborde enleva plusieurs redoutes et s'empara de 50 pièces de canon. Elle arriva à l'entrée d'Oporto et réussit par là à couper l'extrême droite de l'armée ennemie. Ces troupes furent bientôt en pleine déroute, et le général Delaborde pénétra dans la ville.

Junot confia au général Delaborde le commandement de la 1re division qui occupa Lisbonne le 2 décembre, et le nomma ensuite gouverneur de cette capitale. On se rappelle combien cette campagne fut désastreuse pour nos troupes. Les Portugais, stimulés par les Anglais et des bandes d'insurgés espagnols, se soulevèrent en 1808, et le 3 août un corps d'armée d'Anglais débarqua à Figuières, se mit en mouvement et s'avança sur Lisbonne. Dès que Junot en fut averti, il donna le commandement de la ville au général Travot, et fit partir le général Delaborde avec 2 bataillons du 70e régiment, 150 chasseurs du 26e et 5 pièces de canon. Ces troupes, renforcées à Obidos et à Péniche, avaient pour but de ralentir les progrès de l'ennemi et de reconnaître le terrain propre à un engagement général. Delaborde ayant appris que les Anglais commandés par sir Arthur Welesley, depuis lord Wellington, occupaient Lecrias, prit position le 14 août en avant du village de Rolica. Le lendemain les Anglais commencèrent l'attaque et furent repoussés. Revenus deux jours après, Delaborde, blessé dès le commencement de l'action, et qui n'avait à opposer à près de 4,000 assaillants que 1,900 hommes, lutta pendant cinq heures avec avantage ; mais ne recevant pas du général Loison le secours qu'il en attendait, il opéra sa retraite en bon ordre. Ce beau fait d'armes, joint à tant d'autres preuves de courage et d'habileté, donna un nouvel éclat à la réputation déjà si brillante du général Delaborde qui, cette même année fut élevé à la dignité de comte.

Passé ensuite sous les ordres du duc de Dalmatie, il se distingua de nouveau, le 30 mars, à la bataille de Carvalho-da-Este, ainsi qu'à la prise d'Oporto. Après la retraite de Portugal, pendant laquelle les dispositions qu'il prit au combat de Vimeiro furent jugées un chef-d'œuvre de tactique, il revint en France où il resta jusqu'en 1812. Alors il passa à l'armée de Russie et prit le commandement d'une division du corps du duc de Trévise.

A son retour, il fut nommé gouverneur du château de Compiègne, et en 1813 grand-croix de l'ordre de la Réunion.

En 1814, il commanda les deux subdivisions de Toulouse.

Le général Delaborde adhéra aux changements qui suivirent l'abdication de Fontainebleau, perdit sa place de gouverneur de Compiègne, en dédommagement de laquelle le roi lui accorda 10,000 francs de pension, le nomma, le 24 octobre, chevalier de Saint-Louis, et le conserva dans son commandement divisionnaire. Il s'y trouvait encore au 20 mars 1815; mais il n'envoya son adhésion au rétablissement de l'Empire que le 4 avril.

Dans un rapport qu'il adressa au ministre de la guerre, il expliqua cette soumission tardive par les obstacles que lui opposait la présence du baron de Vitrolles, commissaire du roi, annonçant qu'il venait de le mettre en état d'arrestation. L'Empereur, qui ne douta pas avec raison de la loyauté du comte Delaborde, l'attacha à sa personne en qualité de Chambellan, et le nomma, le 2 juin 1815, pair de France et gouverneur des divisions de l'Ouest.

Compris dans la liste de proscription du 24 juillet 1815, il fut mis en jugement au mois de septembre de la même année. Madame Delaborde publia un mémoire justificatif, et son avocat, parmi ses moyens de défense, fit ressortir une équivoque que les membres du conseil s'empressèrent d'adopter. L'ordonnance du 24 juillet portait *Laborde*, tandis que le général se nommait *Delaborde*. Ils le déclarèrent non coupable.

Depuis cette époque, le comte Delaborde ne participa en rien aux affaires publiques.

Il mourut le 3 février 1833, laissant un bel héritage de gloire à sa patrie, et un beau nom à inscrire sur l'arc de triomphe de l'Étoile, où il a été placé au côté Ouest.

DELAPORTE (René-Jacques-Henri, baron), né à Bazoches (Loiret), le 17 juin 1776. Il s'engagea à l'âge de 16 ans dans le 2ᵉ bataillon des volontaires du Loiret, d'où il passa dans le 14ᵉ dragons. En l'an v, il fut incorporé dans les Guides à cheval de l'armée d'Italie. En l'an viii, et au retour d'Égypte, il entra dans les grenadiers à cheval de la garde consulaire, assista à la bataille de Marengo comme sous-lieutenant porte-étendard, et fut nommé lieutenant, puis capitaine sur le champ de bataille.

A Eylau, où il se distingua, il fut grièvement blessé. Après avoir fait la première campagne d'Espagne en 1808 et celle d'Allemagne en 1809, il fit la campagne de Russie où il gagna les grades de chef d'escadron et de lieutenant-colonel.

Le 28 septembre 1813, il fut blessé à Altembourg de huit coups de sabre et fait prisonnier; mais peu après il fut dégagé par ses intrépides grenadiers.

M. Delaporte fut de nouveau blessé à la bataille de Craone à la tête du 2ᵉ régiment des grenadiers de la garde. L'Empereur le créa baron; décoré depuis 1804, il avait eu la croix d'officier le 14 avril 1810.

A Waterloo, il combattit au milieu de ce bataillon sacré qui *mourait et ne se rendait pas*. Il y reçut quatre blessures.

M. Delaporte ne fit aucun service pendant la Restauration. Il administrait, comme maire, une petite commune des environs d'Orléans.

En 1830, il fut nommé colonel du 11ᵉ dragons et commandeur de la Légion-d'Honneur.

En 1836, il obtint le grade de maréchal de camp et le commandement du département de la Nièvre.

Il était chevalier de Saint-Louis depuis 1814.

Mort à Orléans en février 1848.

DELCAMBRE (Victor-Joseph, baron de Champ-Vert), né le 10 mars 1770 à Douai. Grenadier au 9ᵉ bataillon de volontaires de son département le 26 septembre 1792, caporal, sergent et sergent-major les 1ᵉʳ, 7 et 8 octobre, sous-lieutenant le 12 mai 1793, il passa le 5 nivôse an ii à l'emploi d'adjoint aux adjudants-généraux.

De 1792 à l'an vi, il servit aux armées du Nord, de la Moselle et de Sambre-et-

Meuse, où il devint lieutenant le 14 germinal an IV et capitaine le 14 vendémiaire an VI. Dans cet intervalle, il prit part à l'affaire du Cateau et à l'attaque de nuit des redoutes qui couvraient la route de Mons, devant Maubeuge, et reçut dans cet engagement un coup de feu au pied droit.

En l'an II, il était aux combats de Dinan et de Neufchâteau, au siége, à la bataille et à la prise de Charleroi, à la bataille de Fleurus et au combat de Nivelles.

L'année suivante il se trouvait à la bataille de Julien, au passage de la Roër, au siége de Maëstricht, où il fut atteint d'un éclat de bombe à la jambe gauche, au passage du Rhin, en l'an IV et en l'an V aux combats de Zulzbach et de Walfring, au second passage du Rhin et à la bataille de Neuwied.

Adjoint près l'état-major général le 16 messidor an VI, et choisi le 13 fructidor suivant pour remplir les fonctions d'aide-de-camp auprès du général Grenier; il le suivit en Italie, combattit à Centalo le 6 brumaire an VIII, où il fut blessé, ainsi qu'à Genola le 13 du même mois.

Nommé chef de bataillon sur le champ de bataille, il continua à se faire remarquer en l'an VIII pendant les opérations de l'aile gauche de l'armée du Rhin, et, en l'an IX, à la bataille de Hohenlinden.

Fait membre de la Légion-d'Honneur le 25 prairial an XII, employé à l'armée d'Italie de l'an XIV à 1808, promu adjudant-commandant (colonel) le 30 mai 1809, la brillante conduite qu'il déploya à l'assaut du fort Malborghetto et à la bataille de Wagram, lui mérita, le 9 juillet, son élévation au grade de colonel du 23ᵉ régiment d'infanterie légère.

Baron de l'Empire le 15 août suivant, chevalier de la Couronne de fer, et envoyé en 1810 à l'armée de Catalogne, il se distingua sous les murs de Figuières et au combat d'Alta-Fulla le 24 janvier 1812. Il fit encore remarquer son régiment à Mataro, à Caza-Massana, au col Sainte-Christine et au Mont-Serrat.

Entré le 24 janvier 1813 dans la garde impériale comme colonel-major du 5ᵉ régiment de la jeune garde, officier de la Légion-d'Honneur le 13 février, général de brigade le 23 juillet suivant et employé au 13ᵉ corps de la grande armée le 1ᵉʳ août, le général Delcambre, qui en commandait l'avant-garde, tandis qu'il se dirigeait de Swerin sur Hambourg, défendit le passage du pont de Buken, sur la Stecknitz, avec quatre compagnies du 30ᵉ de ligne contre 2,000 Russes, auxquels il fit éprouver une perte considérable.

Pendant ce temps, les événements se précipitaient, Paris capitula, et, bientôt après, Louis XVIII fit son entrée dans la capitale.

Le lendemain arrivait M. Delcambre, porteur de l'acte par lequel le 13ᵉ corps annonçait son adhésion au rétablissement des Bourbons.

Chevalier de Saint-Louis le 29 juillet 1814, en non-activité le 1ᵉʳ septembre, commandeur de la Légion-d'Honneur le 27 décembre suivant, et attaché le 17 mars 1815 au 2ᵉ corps commandé par le duc de Berry, le général Delcambre fut appelé le 23 avril aux fonctions de chef d'état-major général du 1ᵉʳ corps de l'armée du Nord.

Le roi lui donna, le 16 février 1816, le commandement du département de la Meuse, que les Prussiens occupaient; il reçut en outre le titre de vicomte le 12 février 1824, et fut décoré de l'Aigle Rouge par le roi de Prusse le 30 septembre suivant.

Compris le 30 décembre 1818 dans le cadre de l'état-major général de l'armée, il commandait depuis 1820 à Châlons-sur-Marne, lorsque le roi Charles X, étant venu se faire sacrer à Reims, le général Delcambre présida à l'établissement du camp formé aux environs de la ville, et reçut, à cette occasion, la croix de grand officier de la Légion-d'Honneur.

Inspecteur général d'infanterie en 1829, ensuite appelé au commandement de Strasbourg, cet officier général fut mis en disponibilité le 6 août 1830, et compris le 22 mars 1831 dans le cadre d'activité de l'état-major général, jouit de la solde de retraite depuis le 11 juin 1832.

Son nom est placé sur le côté Nord de l'arc de triomphe de l'Étoile.

DELEGORGUE (François-Joseph-Augustin), fils d'un homme de loi d'Arras, qui lui fit donner une éducation distinguée, naquit dans cette ville le 27 novembre 1757. Il s'engagea, le 5 mars 1776, dans le 25e régiment, ci-devant Poitou, et devint caporal le 11 décembre 1779. Fait sergent le 8 février, et fourrier le 21 septembre 1783, il obtint, le 11 juin 1786, le grade de sergent-major. Dans cet intervalle, il avait servi à bord du vaisseau *la Bourgogne*, capitaine Dorvilliers, en 1779.

Le 28 janvier 1791, il s'embarqua sur le vaisseau *l'Apollon*, capitaine Behague, destiné pour la Martinique, et revint en France le 16 mai suivant. Le 15 septembre de la même année, il fut nommé sous-lieutenant de grenadiers. Lieutenant le 12 juin et capitaine le 1er mai 1702, il fit les campagnes de cette année et de 1793 à l'armée de Sambre-et-Meuse.

Il se trouva, le 18 mars 1793, à la bataille de Nerwinden, où un coup de feu lui traversa la cuisse, tandis qu'à la tête de son régiment il enlevait le village de ce nom; on le guérit de cette blessure, mais il resta boiteux.

Nommé, le 27 pluviôse an II, chef de bataillon, et le 19 fructidor an III chef de la 49e demi-brigade, plus tard la 13e, il fut à cette époque investi du commandement d'Aire et de Bergues. Employé à l'armée des côtes de Cherbourg, il rejoignit en l'an IV celle d'Italie, et reçut une nouvelle, mais légère blessure, le 27 germinal an V (17 avril 1797), pendant le massacre des Français à Vérone.

Le général Balland, qui commandait dans cette place, prévoyant une révolte, se renferme avec le petit nombre de troupes placées sous ses ordres dans le fort Saint-Félix et dans les deux autres châteaux. Les insurgés, ulcérés par les maux d'une guerre et excités encore par les prêtres, se trouvèrent réunis au nombre de 30,000, partie dans Vérone, partie dans les environs; 3,000 Esclavons y campaient sous divers prétextes. La haine contre les Français allait croissant. Balland, en se renfermant dans les forts, n'avait laissé à la garde des portes que le nombre d'hommes nécessaire. Les agents de l'administration et environ 600 malades se trouvaient sans défenseurs.

Le lundi 17 avril, seconde fête de Pâques, après vêpres, le tocsin sonna en même temps à Vérone, à Vicence, à Padoue. Ce ne fut qu'avec de grands dangers que, dans ces deux dernières villes, les Français échappèrent au massacre; mais à Vérone, les rues et les places publiques se remplirent de paysans fanatiques; tous les Français isolés, tous ceux qui vivaient dans les maisons particulières furent assassinés, sans distinction d'âge, d'état, ni de sexe. Des femmes enceintes furent égorgées sans pitié; les malades et les blessés furent massacrés dans les hôpitaux; plusieurs Véronais soupçonnés d'être partisans des Français périrent dans d'affreux tourments. Des bandes de forcenés s'emparèrent des portes de la ville, après avoir fait main basse sur les sentinelles et les postes qui les gardaient.

Dans cette horrible journée, que l'on nomma *les Pâques véronaises*, Delegorgue sauva la vie à un grand nombre de ses compatriotes, ce qui lui valut les félicitations du général en chef Bonaparte, qu'il accompagna l'année suivante en Égypte. Arrivé le premier au Marabout, lors du débarquement de l'armée, le premier aussi il entra le lendemain (14 messidor an VI) dans Alexandrie. Il se distingua pendant toute la durée de cette guerre, particulièrement le 29 ventôse an VIII, à Héliopolis où, sur le champ de bataille même, Kléber le nomma général de brigade, nomination que le premier Consul confirma le 19 fructidor suivant. En l'an IX, il fit partie de la division du général Friant, et fut l'un des signataires de la capitulation d'Alexandrie, après laquelle il revint en France avec les débris de l'armée d'Orient.

Membre de la Légion-d'Honneur le 19 frimaire an XII, et le 25 prairial commandant de l'Ordre, Delegorgue, qui commandait alors le département de la Manche, passa, le 6 brumaire an XIV, à la grande armée, et en 1806 à l'armée d'Italie.

Au mois de juin de la même année, il se trouvait sous les ordres du général Marmont, lorsque le 17, près de Raguse, marchant à l'avant-garde, accompagné de peu de soldats, il fut assailli par un parti de Monténégrins. A la première décharge, il a la cuisse fracassée et tombe; quatre de ses grenadiers le placent sur leurs épaules et l'emportent. Les Monténégrins les poursuivent et bientôt les atteignent. Delegorgue qui reconnaît l'impossibilité d'échapper à ces barbares, engage ses compagnons à l'abandonner, ils refusent; mais deux d'entre eux ayant été blessés: «N'oubliez pas, leur dit-il, que je suis votre général; je vous ordonne de me déposer à terre et de vous éloigner.» Les braves qui venaient de résister à la prière de leur chef, obéirent à son commandement, et à peine l'avaient-ils quitté, que sa tête, séparée de son corps, devint un trophée de victoire pour l'ennemi.

Son nom est gravé côté Sud de l'arc de triomphe de l'Étoile.

DELESALLE (JOSEPH-AUGUSTIN, chevalier) naquit le 22 mars 1773 à Neuve-Église (ancien département de la Lys) de parents français.

Réquisitionnaire dans le 3e régiment de dragons le 8 septembre 1793, il fit ses premières armes dans le Nord, devint brigadier à l'armée de Sambre-et-Meuse le 9 pluviôse an IV, brigadier-fourrier en Italie le 4 brumaire an V, et reçut un coup de sabre au poignet droit au combat de Sainte-Justine, près de Feltre, le 24 ventôse suivant.

Maréchal-des-logis en Helvétie le 9 germinal, et adjudant sous-officier le lendemain, il s'embarqua pour l'Égypte au commencement de l'an VI.

A l'affaire de Salahieh, le 24 thermidor, enveloppé par une troupe nombreuse de Mamelucks, il reçut plusieurs coups de sabre, et parvint à se dégager après avoir tué un cavalier qui le pressait vivement.

Nommé sous-lieutenant le 1er pluviôse an VII, il fit partie de l'expédition de Syrie.

Surpris, le 23 ventôse, dans une reconnaissance en Jaffa et Saint-Jean-d'Acre, par un détachement nombreux de cavaliers turcs qui, après une lutte désespérée, lui tuèrent presque tout son monde, il reçut plusieurs coups de sabre au bras droit, aux reins, au côté droit et un dernier à la main qui lui fit tomber son arme, fut terrassé, fait prisonnier et conduit, garrotté, à la queue d'un cheval devant Djezzar, pacha d'Acre, qui, ne pouvant s'empêcher d'admirer sa bravoure, lui fit grâce de la vie et le remit au commodore Sydney-Smith.

Renvoyé en France le 26 germinal de la même année, nommé lieutenant le 26 pluviôse an x, et adjudant-major le 10 floréal, il prit rang de capitaine le 10 brumaire an xII, et devint membre de la Légion-d'Honneur le 25 prairial.

De l'an xiv à 1807, pendant les campagnes d'Autriche, de Prusse et de Pologne, successivement attaché au 1er corps et à la réserve de cavalerie de la grande armée, il se trouva, le 26 octobre 1806, à l'affaire du bois de Zedenich en Prusse, où, cerné par un groupe de hussards, il en tua plusieurs et dégagea le général Becker, qui, lui-même, fut sur le point d'être pris.

Nommé chef d'escadron, il combattit à Eylau : démonté dans une charge audacieusement poussée au milieu de l'infanterie et de la cavalerie russe, il se remit à pied à la tête de son escadron et le ramena au pas dans les lignes françaises sans que l'ennemi osât l'entamer.

Le 3 mars 1807, à l'affaire de Guttsdadt, il donna de nouvelles preuves de sa bravoure : à la sortie d'un défilé, son régiment, qui formait l'avant-garde de la division, trouva le chemin barré par un corps de 1,800 Cosaques qui se disposaient à attaquer son extrême gauche, quand, par un changement de front aussi prompt qu'imprévu, il dissipa l'ennemi en un instant et laissa le chemin libre à la division française.

A la bataille de Friedland, le 14 juin 1807, à la tête du 1er escadron du régiment, il fit une charge brillante sur une batterie ennemie et l'enleva après avoir tué un officier sur sa pièce ; en continuant sa charge, il eut à résister aux attaques des Cosaques et des hussards qui soutenaient l'artillerie, et au retour il essuya le feu d'une embuscade d'infanterie.

Après la paix de Tilsitt, il fut envoyé à l'armée de Portugal, où il eut durant trois mois le commandement provisoire d'un régiment de cavalerie formé d'hommes appartenant au 2e corps ; pendant cette campagne, il remplit plusieurs missions difficiles, à la tête de détachements d'infanterie et de cavalerie, sur les frontières de Portugal du côté de Bragance et dans la province de Zamora, et s'en acquitta toujours à la satisfaction du général Millet, dans la brigade duquel il était placé.

Fait officier de la Légion-d'Honneur le 15 janvier 1809, il combattit encore à San-Carpio dans la vieille Castille, où il reçut un coup de feu qui lui fracassa le genou droit et le rendit dès lors incapable de monter à cheval.

Chevalier de l'Empire le 11 juillet 1810, admis à la retraite le 1er janvier 1811, et désigné pour un commandement d'armes de 4e classe, il fut envoyé en cette qualité à la citadelle de Lille le 9 octobre de la même année.

Il conserva cet emploi jusqu'au 30 avril 1815, et reçut à cette époque le commandement de la place d'Hesdin ; il fut mis de nouveau à la retraite le 19 janvier 1816.

Lieutenant-colonel honoraire le 1er juillet 1820, il est mort à Lille, le 17 juillet 1838.

DELLARD (JEAN-PIERRE, baron), naquit le 8 avril 1774 à Cahors (Lot). Volontaire le 31 août 1792 dans une compagnie franche de son département, il devint fourrier peu de temps après, et entra par incorporation, le 1er octobre suivant, avec ce grade, dans le 23e bataillon de volontaires, amalgamé plus tard dans la 36ᵉ demi-brigade de ligne.

Il fit les campagnes de 1792 et 1793 aux armées de Hollande et du Nord, assista à l'occupation de la place de Geertruidenberg, et prit part à toutes les affaires qui eurent lieu en avant de Lille.

Dans une découverte qu'il avait été chargé de faire sur Lanoi, au mois d'août 1793, il fondit le premier sur une centaine d'Autrichiens et les força à prendre la fuite. Dans un engagement qui eut lieu le 29 septembre de la même année, il reçut une blessure à la jambe droite. Le 29 floréal an II, il contribua à la prise de 400 Autrichiens, et tomba au pouvoir de l'ennemi le 3 prairial suivant au combat de Templeuve, près de Tournay.

Rendu à la liberté dans le mois de frimaire an IV, il rejoignit son régiment à l'armée de Sambre-et-Meuse. Adjudant-major le 1ᵉʳ messidor même année, il prit rang de capitaine le 1ᵉʳ messidor an V, commanda à Bâle le dépôt général des conscrits, et rentra à son corps après avoir incorporé environ 15,000 jeunes soldats.

Il se fit remarquer à l'armée d'Helvétie en l'an VI et en l'an VII, notamment dans les journées des 27 et 28 thermidor de cette dernière année à Insielden et au pont du Diable. Placé à la tête de quelques braves, il poursuivit 2,000 Autrichiens jusque sur les bords du lac de Zurich, où il les força de mettre bas les armes. Le 10 fructidor suivant, il concourut à l'attaque du pont d'Uznach, et enleva le lendemain, à la tête des grenadiers de son bataillon, celui de Nasel.

Chargé par le maréchal Soult, la veille de la victoire de Zurich, de reconnaître la rivière de la Linth, au-dessous du lac, il s'acquitta de cette mission avec autant d'intelligence que de valeur ; organisa lui même un corps de 200 nageurs, armés de piques, de sabres et de pistolets. Le jour de la bataille, il franchit la rivière avec ses braves, s'empare des redoutes et des retranchements autrichiens, encloue les pièces ennemies, jette l'épouvante dans ses rangs et tue le général en chef Hotze dans son quartier général. Avant d'effectuer ce passage, il avait adressé à sa petite troupe l'allocution suivante : « Vous allez vous couvrir de gloire en portant dans un instant l'épouvante et la mort dans les rangs ennemis ; vous ne pouvez pas faire de prisonniers ; égorgez donc tout ce que vous rencontrerez. Marchez réunis, suivez mes traces en silence. Vaincre ou mourir, tel est notre mot d'ordre. Je vous rallierai sur la rive droite par un coup de sifflet. »

Cette action d'éclat valut à Dellard le grade de chef de bataillon sur le champ de bataille, et un beau cheval dont le général Soult lui fit présent. Le lendemain, aidé seulement de son domestique, il prit 50 Autrichiens qu'il conduisit au quartier général. La confirmation de sa nomination comme chef de bataillon ayant été retardée, il fut de nouveau promu à ce grade sur le champ de bataille du 12 floréal suivant par le général Moreau, commandant en chef de l'armée du Danube, pour sa belle conduite à la prise du fort de Hoentwill. Le premier Consul le confirma dans son grade le 29 vendémiaire an X, pour prendre rang de sa première nomination (4 vendémiaire an VIII).

Au passage du Rhin, à la tête d'un bataillon de la division Vandamme, il exécuta la première attaque contre la cavalerie autrichienne, placée sur le plateau en avant de Stockach (15 floréal an VIII), et soutint le lendemain, pendant plus d'une heure, à Mœskirch, le feu d'une batterie formidable placée au centre de l'armée ennemie.

Placé quelques jours après à la tête

d'un détachement composé de son bataillon, de cavalerie et d'artillerie légère, et chargé d'éclairer la marche de la division Vandamme sur le Lech, il passa ensuite le Danube près de Dillingen, marcha sur Donawerth et suivit de près le corps autrichien du général Kray. Il repassa le Danube à Donawerth, se porta sur Neubourg, et de là sur le Tyrol, dans la direction de Dorneubirch. Cet officier supérieur coopéra à la prise d'Immenstadt, et établit, avec son bataillon, des communications entre cette ville et la place de Bregentz, sur le lac de Constance.

Aussitôt qu'il apprit la reddition de Feldkirch, et la rupture de l'armistice conclu entre le général Moreau et le commandant de l'armée autrichienne, Dellard rejoignit le corps du général Lecombe, qui formait l'aile droite de l'armée, et s'empara d'Ober-Auerdorff, point important par sa position dans la vallée de Kustein. Major du 46e de ligne le 20 brumaire an XII, membre de la Légion-d'Honneur le 4 germinal suivant, il fit les campagnes de l'an XIV, et servit en 1806 au camp de Boulogne, où il devint, le 10 février 1807, colonel du 16e léger. Il fit, à la tête de ce corps, les guerres de 1807 et 1808 à la grande armée, en Prusse et en Pologne, et prit une part glorieuse à la victoire de Friedland.

Après la paix de Tilsitt, le 16e léger rétrograda sur Berlin, où il cantonna pendant un an. Le 18 août 1808, le colonel Dellard quitta le camp de Mitrow, et se rendit en poste, avec son régiment, à l'armée d'Espagne où il arriva le 29 octobre. Le 11 novembre suivant, le 16e léger battit seul l'aile gauche de l'armée espagnole, commandée par le général Black. Ce régiment, fort de 2,000 hommes, et posté d'une manière désavantageuse, détruisit ou dispersa 15,000 Espagnols qui occupaient les hauteurs d'Espina de los Monteros. Au moment de marcher à l'ennemi, le colonel Dellard s'adressant à sa troupe, lui dit : « Brave 16e, votre immortelle réputation commande ma confiance : c'est à moi de gagner aujourd'hui la vôtre ; j'y parviendrai et je vous ferai faire de belles choses si vous exécutez en silence et avec calme les mouvements que je vous commanderai. » Atteint d'une balle en abordant le premier les colonnes ennemies, il continua de commander. Dans une revue passée à Burgos, le 22 du même mois, Napoléon accorda douze décorations au 16e léger ; cette distribution se faisait sous les yeux de l'Empereur ; il se retourna vivement vers Dellard et lui dit : « Vous ne demandez donc rien pour vous, colonel. — Sire, répond ce dernier, ma récompense est dans celle que Votre Majesté vient d'accorder aux braves que je commande. » L'Empereur le nomma le même jour officier de la Légion-d'Honneur, et peu de temps après baron de l'Empire.

Il se distingua particulièrement au passage du Sommo-Sierra et à la prise de Madrid ; une balle lui traversa le bras gauche au moment où il prenait d'assaut la caserne des gardes du corps. Après avoir rétabli sa santé aux eaux d'Aix-la-Chapelle, il alla reprendre le commandement de son régiment à Tolède. Il commanda l'Arzobispo, d'où il observa et éclaira les routes de Truxillo et d'Estella ; rendit compte le premier de la marche de l'ennemi sur Ocaña, et manœuvra avec le premier corps pour empêcher les ennemis les Espagnols de passer le Tage. Il occupa successivement différentes villes et s'empara d'Agado. Il se signala à la défaite des insurgés dans la Sierra-Morena, à la prise de Séville et à Puerto-Santa-Maria. Le roi Joseph lui fit offrir, en son nom, un anneau de grand prix.

Il assista au siége de Cadix jusqu'au mois de juillet 1810, et passa ensuite avec trois bataillons d'élite, sous les ordres du général Latour Maubourg commandant une division de cavalerie à Médina-Sidonia. Chargé des reconnaissances sur Gausin et Saint-Roch, surpris et environné sur les hauteurs de Ximena par cent-soixante insurgés embusqués, il les délogea avec quatre voltigeurs qui l'accompagnaient, et rejoignit sa colonne après avoir bien reconnu la position de l'ennemi. Ses nombreuses blessures et les fatigues de cette guerre longue et difficile le forcèrent à rentrer en France dans les derniers mois de 1810 pour y rétablir sa santé.

Nommé commandant d'armes à Ostende, le 23 janvier 1811, l'Empereur l'appela, en 1812, à faire partie de l'expédition de Russie. Dans la journée du 11 novembre, il défendit, avec 250 hommes d'infanterie contre 2,000 hommes de cavalerie et quatre pièces de canon, les approvisionnements considérables qu'il avait formés dans le château de Clementina, et qu'il fit partir jusqu'à Smolensk; ces provisions devinrent l'unique ressource de la grande armée au moment de sa retraite.

De retour en France, il alla commander la place de Bayonne. Il y reçut le brevet de général de brigade, daté de Dresde, le 8 août 1813, et l'ordre de se rendre à Magdebourg. A peine arrivé sur le Rhin, il y trouva des lettres de service qui le nommaient gouverneur de Cassel et commandant supérieur des forts de Montébello, de Saint-Hilaire, ainsi que des avant-postes chargés de la défense de Mayence. Il conserva ce commandement pendant la durée du blocus de cette place.

Louis XVIII lui confia le commandement de la place de Valenciennes : il contribua, pendant les Cent-Jours, à la conservation de ce boulevard de la patrie. Sous la seconde Restauration, le gouvernement le maintint dans ce commandement. En 1818, il passa à celui de Cherbourg. Il avait été nommé chevalier de Saint-Louis le 11 octobre 1814. Le 20 août 1823, Louis XVIII lui donna le commandement de Besançon. — Il est mort dans cette ville le 7 juillet 1832.

DELMAS (Antoine-Guillaume), né en 1767 à Argentat (Corrèze), entra dès l'âge de onze ans au régiment de Touraine et fit la guerre d'Amérique ; mais ses passions ardentes le jetèrent bientôt dans des écarts tels que, malgré l'affection de son colonel, le vicomte de Mirabeau, il fut forcé de quitter son corps en 1788.

Choisi unanimement, en 1791, pour commandant d'un bataillon de volontaires de la Corrèze, il acquit promptement une brillante réputation à l'armée du Rhin, où on le vit un jour aller chercher un drapeau au milieu de la cavalerie ennemie, tuer de sa main deux hussards qui le défendaient, et le rapporter aux applaudissements de toute l'avant-garde. Son habileté et son courage lui valurent bientôt le grade de général de brigade et le commandement de toute l'infanterie de l'avant-garde.

Envoyé à Landau, Delmas y fut menacé de destitution par le représentant du peuple, et dénoncé par les Jacobins de cette ville, il parvint à s'y soustraire. Dès la levée du blocus il alla combattre sur la ligne de Kaiserslautern. Les clubs jacobins de Spire renouvelèrent les dénonciations de Landau. Il acheva glorieusement sa journée sur le champ de bataille, alla se constituer prisonnier et fut conduit à Paris ; mais l'armée le réclama bientôt.

Rentré en ligne à la tête d'une division et faisant la reconnaissance de la place de Bois-le-Duc, qui est couverte par des marais et des inondations, il se trouve tout à coup devant le fort d'Orthem, découvre un point dégarni de palissades et remarque dans la garnison une sorte d'hésitation. Il dit alors à ses officiers et à huit hussards qui l'accompagnaient : « Mes amis, le fort est à nous ; qui m'aime me suive ; » et lançant son cheval, il franchit le fossé, gravit le parapet et entre le premier dans le fort. Les 50 hommes qui le défendent, étonnés d'une telle audace, sont sabrés, repoussés au delà de l'enceinte, et poursuivis jusque sur les glacis de la place que le général fit canonner par l'artillerie de sa division, placée dans le fort d'Orthem. Ce fait énergique amena la capitulation du fort important de Crève-Cœur.

Vers la fin de 1795, Delmas commandait une division à l'armée du Rhin sous les ordres de Moreau. Il rentra en France à la suite d'une blessure grave, passa à l'armée d'Italie, combattit les Tyroliens, reçut le commandement en chef des mains de Joubert et le garda jusqu'à l'arrivée de Schérer.

Il se couvrit de gloire et rendit d'éminents services à la bataille de Magnano.

Le Directoire lui ayant offert le commandement de la 1re division (Paris), il refusa, reçut du gouvernement une armure complète en témoignage de ses éclatants services, alla de nouveau se distinguer à l'armée du Rhin, retourna en Italie comme lieutenant du général en chef, prit en 1801 le commandement des troupes en Piémont et fut condamné peu après à une sorte d'exil qui dura dix ans.

Frappé de nos malheurs en 1813, il alla offrir son épée à l'Empereur, combattit avec le même courage et fut blessé mortellement à Leipzig, laissant un nom qui vivra dans nos fastes militaires.

DELORT (Marie-Joseph-Raymond, baron), né à Arbois, en 1773 ; s'enrôla en 91 dans le 4e bataillon des volontaires du Jura et fit toutes les campagnes de la Révolution. Partout Delort donna des preuves d'un rare courage. Il reçut plusieurs blessures à Austerlitz.

Il fut nommé colonel du 4e dragons en 1805 et chevalier de l'Empire avec dotation en 1808. Cette même année il passa en Espagne, se trouva à plusieurs siéges et batailles, enleva à Pont-du-Roi 25 pièces de canon et tous les bagages de l'ennemi dans une charge des plus hardiés. Le 23 mars 1810 il mit complétement en déroute, à Vaudrell, l'avant-garde espagnole.

Le 9 avril, à Villafranca, il battit une colonne ennemie et fit le colonel prisonnier. Une autre fois il arrêta sept escadrons espagnols avec un escadron de son régiment et sauva une division italienne ; il fut grièvement blessé dans cette charge. Le jour de l'assaut de Tarragone, il poursuivit les fuyards jusqu'à la mer et les sabra sous le feu des croisières anglaises. Son régiment de dragons, conjointement avec une brigade italienne, ramena une colonne de 9,700 prisonniers où se trouvaient le gouverneur de Tarragone et plusieurs généraux.

Delort fut nommé général de brigade en 1811. A la bataille de Sagonte, il culbuta l'ennemi et fut cité avec éloge par le maréchal Soult. Le 2 juillet 1812 O'Donnel attaqua avec 12,000 hommes le général Delort détaché à Castalla avec 1,500 hommes ; mais le mouvement de retraite fut exécuté si habilement et suivi d'une charge si heureuse, que toute la ligne ennemie fut mise dans le plus grand désordre et que le général anglais Roche fut forcé d'abandonner l'attaque du château d'Ibi. Cette affaire fut une des plus brillantes de la guerre d'Espagne.

En 1813 Delort couvrit avec précision et vigueur la retraite de Suchet.

Il se trouva à la bataille de Montereau et força sur la route de Melun quatre régiments à se rendre prisonniers, après avoir sabré lui-même leur général. Napoléon le fit pour ce fait général de division.

En 1815 il contribua par les belles charges des cuirassiers à la victoire de Ligny; deux jours après, il fit à Waterloo des efforts inouïs et reçut un coup de feu et huit balles dans ses habits.

A la seconde Restauration il se retira dans sa ville natale.

Après la Révolution de juillet, Delort obtint enfin le brevet de lieutenant-général que lui avait refusé la Restauration. Il fut nommé à cette époque chef d'état-major de l'armée d'Afrique, sous le maréchal Clauzel; il y resta jusqu'en 1831.

Pendant la Restauration, le général Delort avait consacré ses loisirs à la traduction des Odes d'Horace. A son retour d'Algérie il fut successivement chargé du commandement de plusieurs divisions militaires et élevé à la dignité de pair de France.

Il est mort le 28 mars 1846, à la Chaussée-Saint-Victor près Blois, à l'âge de 73 ans. Il a légué à la ville d'Arbois une somme de 70,000 francs, dont 35,000 à l'hospice.

Son nom est inscrit sur l'arc-de-triomphe, côté Ouest.

DELORT DE GLÉON (Jean-François, baron), né le 24 octobre 1766, à Pouzols (Aude), entra au service le 12 janvier 1792 comme sous-lieutenant dans le 51ᵉ régiment d'infanterie, et fit partie du camp de Jalès, dont les troupes concoururent à former, à la fin de la même année, l'armée d'Italie.

Nommé lieutenant le 14 mars 1793, et adjudant chef de bataillon le 6 vendémiaire an II, il se distingua au premier combat de Gilette, en Italie, livré, le 26, contre les Autrichiens qui y furent complètement battus.

Élevé au grade d'adjudant-général chef de brigade le 25 prairial an III, il servit en cette qualité depuis le mois de messidor à l'armée des Alpes et d'Italie, et réformé lors de la suppression de l'armée des Alpes proprement dite, le 28 ventôse an IV, il resta sans fonctions jusqu'en l'an VIII, prit part à la journée du 18 brumaire, sous les ordres du général Lefebvre, et présida le 2ᵉ conseil de guerre à Paris du 15 nivôse au 25 germinal.

Rappelé à l'activité et envoyé à l'armée de réserve comme chef d'état-major d'une division, réformé de nouveau le 1ᵉʳ vendémiaire an X par suite de la suppression de l'état-major de l'armée d'Italie, qu'il avait suivi pendant la campagne de l'an IX, il fit partie du tableau des 180 adjudants-commandants désignés par l'arrêté des Consuls du 7 nivôse.

Appelé successivement au commandement des places de Gavi et de Savone, les 18 prairial et 30 thermidor an XI, légionnaire et officier de l'Ordre les 15 pluviôse et 25 prairial an XII, le 28 fructidor suivant il eut, à l'armée d'Italie, le commandement de la brigade stationnée à Rimini, avec laquelle il fit la campagne d'Italie et de Naples de l'an XIV à 1806 inclusivement.

Il était chef de l'état-major à Naples et investi du commandement de cette ville lorsqu'un ordre du mois de janvier 1807 l'appela à la grande armée, où il prit part au combat et à la prise du pont de Bergfied le 3 février, au combat de Hoff le 6, enfin à la bataille d'Eylau le 8 du même mois.

Chargé, à la cessation des hostilités, du commandement du dépôt général du

4ᵉ corps de la grande armée à Francfort-sur-l'Oder, il resta en cantonnement pendant l'année 1808, devint en 1809 chef d'état-major de la 1ʳᵉ division d'infanterie de l'armée du Rhin, et reçut le titre de baron de l'Empire le 15 août 1810.

Ayant été appelé à faire partie de la grande armée de Russie, et promu au grade de général de brigade le 23 septembre 1812, il fut tué par les Russes, près la porte de Kowno, à Wilna, le 10 décembre de la même année.

DELOSME (Louis-Pierre, baron), né le 12 mars 1768 à Tournon (Ardèche), fit ses premières études à l'École militaire, et suivait les cours de droit à Paris lorsque la Révolution éclata.

Volontaire dans la garde nationale parisienne, le 14 juillet 1789, et appointé dans cette garde le 6 avril 1790, il devint troisième sergent de compagnie le 8 novembre, premier sergent au mois d'août 1791, et sous-lieutenant le 17 février 1792.

Le 25 mai suivant, il entra avec son grade dans le 1ᵉʳ bataillon du 91ᵉ régiment d'infanterie, embarqua pour l'expédition de Sardaigne sur la frégate *la Caroline*, et fut promu, le 21 novembre, lieutenant par ancienneté dans le même corps (165ᵉ demi-brigade d'infanterie par l'amalgame du 10 vendémiaire an II, puis 45ᵉ demi-brigade de ligne, le 1ᵉʳ floréal an IV.)

Passé sur la frégate *la Melpomène*, il se distingua dans le combat du 30 vendémiaire au 1ᵉʳ brumaire an II contre le vaisseau anglais *l'Agamemnon*, et y reçut un coup de biscaïen dans la main gauche.

Chargé, le 25 du même mois, du commandement des troupes de débarquement sur les côtes de la Corse, et destinées à la contre-attaque du poste de Farinole, il pénétra dans les retranchements, reçut un coup de feu à travers le corps, et obtint le grade de capitaine par arrêté du représentant Lacombe Saint-Michel.

Présent, le 23 nivôse suivant, au combat de *la Melpomène* contre les frégates anglaises *la Léda* et *le Romulus*, il prit également part au siège de Calvi soutenu contre les Anglais pendant les mois de Prairial et de Messidor, y commanda le fort Mosello, et reçut, le 2 thermidor, une blessure à la jambe gauche.

Envoyé deux fois en parlementaire, il y régla les conditions de la capitulation qui eut lieu le 14 du même mois.

Adjoint à l'adjudant-général Léopold Berthier, chef d'état-major de l'armée de Rome, le 15 nivôse an VI, il servit en cette qualité pendant les ans VI et VII, et obtint, le 1ᵉʳ messidor, le grade de chef de bataillon à la 45ᵉ demi-brigade de ligne.

Nommé membre de la Légion-d'Honneur le 25 prairial an XII, et attaché à l'état-major du 2ᵉ corps de la grande armée par ordre du 15 fructidor an XII, il fit en cette qualité les campagnes de l'an XIV à 1806 en Autriche et en Prusse, et fut promu adjudant-commandant le 31 mai de cette dernière année.

En congé à Paris, au mois de juin 1809, pour cause de santé, il obtint, le 21 avril 1810, un ordre de service pour l'état-major de l'armée de Portugal, fit en qualité de chef d'état-major de la 1ʳᵉ division d'infanterie les campagnes d'Espagne en 1811, 1812 et 1813, et fut créé baron par décret du 15 août 1811. Il fut, le 25 novembre de cette année, élevé au grade de général de brigade en même temps qu'à celui d'officier de la Légion d'Honneur.

Employé à Bayonne pendant la campagne de France, et mis en demi-solde le 1ᵉʳ septembre 1814, il concourut pendant les Cent-Jours à l'organisation des gardes nationales de la 5ᵉ division militaire.

Mis en non-activité sous la seconde

Restauration, disponible le 1er avril 1826, et admis à la retraite à compter du 1er janvier 1825, il se retira à Paris et obtint le grade de lieutenant-général honoraire le 1er novembre 1826.

Il est mort en 1828 le 29 septembre, à Tournon (Ardèche).

DELZONS (Alexandre-Joseph, baron), fils d'un magistrat, né à Aurillac en 1775; s'engagea en 1791 dans un bataillon de volontaires du Cantal, et fut nommé lieutenant de grenadiers.

Il fit les campagnes de 1792 et 1793 à l'armée des Pyrénées-Orientales, et fut nommé capitaine en 93; blessé au combat de la Jonquière en 1794, il se signala de nouveau au siége de Roses.

Le 1er bataillon du Cantal ayant été incorporé dans le 8e chasseurs à pied, dit des Vosges, Delzons suivit ce régiment en Italie. Il prit d'assaut la redoute de Montenotte le 12 avril 1796, s'empara, le 14, d'une batterie sur le plateau de Dégo, se fit remarquer au passage du pont de Lodi, traversa le Mincio sous le feu de l'ennemi, et lui enleva les pontons parqués sur la rive opposée.

Fait prisonnier près de Mantoue, il fut échangé huit jours après. Il fut blessé à l'affaire du 17 novembre près de Rivoli, et à la bataille de Rivoli il résista, avec sa compagnie, à un régiment autrichien. On le nomma chef de bataillon sur le champ de bataille.

Le 2 juillet 1798, Delzons pénétra l'un des premiers dans Alexandrie en Égypte, enleva les retranchements d'Embabeh. Il fut promu chef de sa demi-brigade; il avait alors 23 ans.

Delzons se prononça contre la capitulation d'Alexandrie, et, rentré en France, il fut nommé par Bonaparte général de brigade. Il prit en cette qualité une part active aux campagnes de 1804, 1805 et 1806.

En 1809, il commandait la brigade de droite du corps de Marmont qui se trouvait en Dalmatie, et assez éloigné de la grande armée. Delzons donna, dans le conseil réuni par Marmont, le conseil d'opérer, sans délai, un mouvement de retraite, de marcher sur la Croatie, et de combattre les dix-neuf bataillons autrichiens qui en défendaient les frontières. Le général Delzons contribua au succès de ce mouvement qui fut opéré et décida la victoire de Bilay, le 21 mai.

Le 5 juillet suivant, il eut deux chevaux tués sous lui, enleva une position formidable le 12, et décida encore le succès du combat de Znaïm.

Après le traité de Vienne en 1809, Delzons organisa la province Illyrienne de Karlstadt, fut nommé général de division le 15 février 1811, et peu après commandant en chef par intérim de l'armée d'Illyrie.

En 1812 il fit, sous les ordres d'Eugène, la campagne de Russie, et se distingua surtout aux journées d'Ostrowno et de la Moskowa. Le 24 octobre, pendant la retraite, il fut chargé de s'emparer du passage de la Louja qui devait faciliter l'occupation de Maloïaroslawitz; Delzons fit rétablir les ponts détruits et parvint à y faire passer sa division. Il attaque alors les hauteurs de la ville et s'en rend maître. Cependant l'armée russe se dirige sur ce point et en chasse les régiments français. A cet instant, le prince Eugène donne ordre à la division Delzons de reprendre la ville. Le général s'élance à la tête du 84e régiment. Les Russes remplissaient en masse le chemin creux qui monte à la ville. Delzons s'y enfonce tête baissée; les Russes rompus sont renversés en cédant, et bientôt nos baïonnettes brillent sur les hauteurs. Delzons est sûr de la victoire, il n'a plus qu'une enceinte de bâtiments à envahir; mais les soldats hésitent; lui s'avance; il les encourage du geste, de la voix et de son exemple, lorsqu'une balle le frappe au front et l'étend par terre. On vit alors son frère se jeter sur lui et le couvrir de son corps, mais une seconde balle l'atteint lui-même et tous deux expirent ensemble.

Le général Delzons fut enterré le lendemain 25 octobre sur le champ de bataille. — Son nom est inscrit sur le côté Est de l'arc de l'Étoile.

DEMARÇAY (MARC-JEAN, baron), né en Poitou le 11 août 1772, entra fort jeune dans la carrière des armes et fut nommé capitaine d'artillerie le 30 septembre 1793.

Il fit les principales campagnes de la révolution, y compris celle d'Égypte, et donna partout des preuves de courage et de capacité.

Devenu colonel, il se distingua à Austerlitz où il fut nommé commandeur de la Légion-d'Honneur.

Napoléon lui confia ensuite la direction de l'École d'artillerie et du génie de Metz. Il l'envoya en Hollande en 1807 comme major-général et premier inspecteur des corps de l'artillerie et du génie.

Après avoir servi deux ans en Espagne, il demanda sa retraite à cause de ses nombreuses blessures. Il rentra alors dans ses foyers et s'occupa de travaux agricoles. Il ne reparut sur la scène politique que pendant les Cent-Jours, comme colonel de la garde nationale de Poitiers.

Le département de la Vienne l'envoya à la Chambre en 1819. Il siégea à l'extrême gauche et s'opposa avec énergie à l'exclusion prononcée contre l'abbé Grégoire et contre Manuel en 1823. M. Demarçay fut, jusqu'à sa mort, arrivée le 22 mai 1839, l'un des plus fougueux défenseurs de la cause démocratique.

DEMBARRÈRE (JEAN, comte), général de division du génie, naquit à Tarbes (Hautes-Pyrénées), d'une famille noble, le 3 juillet 1747. En 1768, il entra avec le grade de lieutenant en second à l'École du génie de Mézières. Nommé ingénieur deux ans après, et capitaine de la même arme en 1777, il devint commandant du génie à Brest en 1792.

Appelé à l'armée du Nord lors des premières hostilités, il concourut, avec le capitaine Lauriston, à la défense de Valenciennes, qui ne se rendit qu'après quarante jours de bombardement. La conduite de Dembarrère durant ce siège lui valut le grade de chef de brigade, et il suivit, en cette qualité, la garnison qui fut envoyée dans la Vendée.

Au combat de Doué, le 27 fructidor an II, il fit les savantes dispositions de bataille qui permirent au général Santerre de vaincre d'Autichamp et Talmont. Général de division le 28 pluviôse an III, il demanda et obtint de quitter l'armée de l'Ouest. On l'envoya d'abord à Metz, puis, peu de temps après, à l'armée de l'Ouest, et ensuite à l'armée d'Italie, où il eut le commandement en chef de l'arme du génie.

Quand cette armée éprouva à son tour des revers qui l'obligèrent à se concentrer, en floréal an VIII, sur les rives du Var pour arrêter l'ennemi prêt à envahir la Provence, Dembarrère fut chargé de diriger les fortifications sur toute la ligne, et notamment celles de la tête du pont du Var, qu'il défendit en personne sous le feu le plus meurtrier.

Il seconda puissamment les efforts du général en chef Rochambeau, particulièrement dans la journée du 30 floréal an VIII, où les Autrichiens, repoussés par deux fois, perdirent tout espoir d'effectuer leur passage. Il fut nommé membre et commandant de la Légion-d'Honneur les 19 et 25 prairial an XII. Dembarrère continua à servir activement, soit à l'armée, soit comme inspecteur général jusqu'au 12 pluviôse an xiii, époque de son élévation à la dignité de sénateur. C'était la récompense de près de quarante ans de travaux. L'Empereur le créa comte de l'Empire en 1808.

En 1811, il présida le collège électoral des Hautes-Pyrénées. On lit dans un livre intitulé : *Monsieur de Talleyrand*, tome IV, page 251 : « Que ce sénateur était sous l'influence du prince de Bénévent, et que, dès 1813, il était dans une conspiration ourdie contre le chef de l'Empire. » Lors des événements de 1814, il prit part aux délibérations du Sénat, qui arrêta la formation d'un gouvernement provisoire, la déchéance de Napoléon et le rappel des Bourbons. Aussi, fut-il compris dans la première promotion de chevaliers de Saint-Louis et de pairs de France faite par Louis XVIII le 4 juin 1814. Le 23 août suivant, il fut nommé grand officier de la Légion-d'Honneur.

Napoléon, à son retour de l'île d'Elbe, l'éloigna de la Chambre, mais Louis XVIII l'y réintégra après les Cent-Jours. Dembarrère s'abstint de voter dans le procès du maréchal Ney. Il prit rarement la parole, et mourut à Paris le 3 mars 1828.

Son nom est gravé sur le monument de l'Étoile, côté Nord.

DEPANIS (Barnabé-Louis-Paulin), né à Toulouse le 14 janvier 1787, entra au service le 5 novembre 1805 en qualité d'élève de l'École spéciale militaire de Fontainebleau. Après la bataille d'Iéna, un ordre de Napoléon appela deux cents élèves de cette École qu'il appelait sa poule aux œufs d'or, et M. Depanis partit en poste avec ses compagnons le 9 novembre 1806 et rejoignit le quartier général impérial à Posen.

Nommé sous-lieutenant au 16e d'infanterie légère, il assista au combat de Golymin, et le 8 février 1807, à la sanglante bataille d'Eylau. Son régiment y fut presque détruit, plus de quarante officiers y perdirent la vie ; le jeune Depanis en fut quitte pour une contusion, et il put commander la compagnie après la mort du capitaine et du lieutenant. Il se battit encore à Friedland et fut témoin de l'entrevue de Tilsitt.

En 1809, le 16e d'infanterie légère fit partie du 1er corps, et se trouva, le 10 novembre, à Espinosa devant 20,000 Espagnols retranchés sur une montagne. L'action fut engagée et le 16e eut les honneurs de la journée ; il gravit et enleva des positions inaccessibles et culbuta l'ennemi. Le 22 novembre, M. Depanis fut fait lieutenant sur le champ de bataille de Burgos.

Le 2 décembre, il perdit 40 hommes de sa compagnie à la prise de Madrid. L'embarquement des Anglais à la Corogne, la prise de Toro, de Zamora, l'occupation de Salamanque, l'assaut d'Alcantara dont le pont, défendu par vingt pièces de canon, fut franchi avec une audace inouïe, la glorieuse bataille de Talavera, telles sont les actions éclatantes du 16e, et M. Depanis en revendique une bonne part.

Nommé adjudant-major le 3 avril 1810 au blocus et sous le canon de Cadix, il soutint sa réputation aux batailles de Chiclana et d'Albuera, au combat de Calanas (3 juillet 1811), où, avec deux officiers et quinze dragons, il fit mettre bas les armes à trois compagnies d'infanterie, au siége de Tarifa et à la désastreuse bataille de Vittoria où il fut blessé.

Le 11 octobre 1813, le maréchal Soult nomma chef de bataillon au 64e de ligne M. Depanis alors capitaine aide-de-camp du général Saint-Pol. Un décret impérial du 25 novembre le nomma chevalier de la Légion-d'Honneur après six présentations antérieures.

M. Depanis assista aux sanglants combats qui eurent lieu sur la Nive et l'Adour; le 13 novembre, à la bataille de Saint-Pierre-d'Irrube, il marchait au pas de charge sur une batterie anglaise qui balayait la route lorsqu'un coup de feu lui traversa la poitrine et lui fracassa l'articulation supérieure du bras gauche.

La première Restauration le laissa à la demi-solde. Pendant les Cent-Jours, il reprit le commandement de son bataillon. Ayant dix blessures ouvertes, il ne put assister aux funérailles sanglantes de Waterloo, se retira derrière la Loire et fut de nouveau licencié.

Retiré à Toulouse dans sa famille, il y fut persécuté comme bonapartiste et fut rappelé le 15 novembre 1826 comme major au 32ᵉ de ligne, et reçut la croix de Saint-Louis, par rang d'ancienneté.

Le 11 septembre 1830, M. Depanis fut nommé lieutenant-colonel au 32ᵉ, puis officier de la Légion-d'Honneur en 1831.

Pendant l'insurrection de la Vendée en 1832, il commandait les arrondissements d'Ancenis et de Châteaubriant, et y mérita les éloges de tous par sa conduite.

Le 24 mars 1834, il fut nommé colonel du 9ᵉ de ligne, et le 26 avril 1841, il fut promu au grade de général de brigade.

M. le général Depanis est aujourd'hui à la retraite. Il comptait trente-quatre ans de service et dix campagnes de l'Empire; il n'avait que 26 ans lorsque sa carrière militaire s'est trouvée brisée.

DEPONTHON (CHARLES-FRANÇOIS, baron), né à Éclaron (Haute-Marne) le 26 août 1777.

A sa sortie de l'École du génie de Metz en 1796, il rejoignit l'armée d'Italie et assista au siége de Mantoue, aux batailles de Castiglione et de Saint-Georges, aux passages de la Piave et du Tagliamento et au siége de Rome.

En 1798, il accompagna Bonaparte en Égypte et se trouva aux prises de Malte et d'Alexandrie, fut chargé des travaux du siége du Caire, et défendit Alexandrie contre les Anglais.

Légionnaire à la création de l'ordre, et officier d'ordonnance de l'Empereur en 1806, Deponthon dirigea, comme chef de bataillon, les siéges de Glogau, de Breslau, de Neiss, de Stralsund, et coopéra à la prise du camp retranché de Glatz.

A la suite de deux missions en Russie, Napoléon l'attacha à son cabinet, et lui confia la reconnaissance des embouchures de l'Ems, du Welser et de l'Elbe.

Après les campagnes de Russie et de Saxe, pendant lesquelles il commandait le génie du 5ᵉ corps, Deponthon se jeta dans Hambourg, où, en qualité de général de brigade de son arme, il tint tête aux Russes jusqu'à la paix de 1814.

Pendant les Cent-Jours, il eut la direction des travaux de défense de la capitale.

Membre du Comité des fortifications et inspecteur du génie sous la Restauration. Lieutenant-général depuis le 24 août 1838, et grand officier de la Légion-d'Honneur. Il avait été maintenu dans le cadre d'activité en 1842 et admis à la retraite au mois de mai 1848.

Il est mort à Saint-Dizier, le 29 août 1849, à l'âge de 72 ans.

DERMONCOURT (PAUL-FERDINAND-STANISLAS, baron), naquit le 3 mars 1771 à Crécy-au-Mont (Aisne). En 1789, il concourut à la prise de la Bastille, et entra immédiatement après dans les grenadiers de la garde nationale de Paris, compagnie Odiot, quartier de la butte Saint-Roch.

Volontaire dans le 3ᵉ bataillon de l'Aisne le 4 septembre 1791, sergent de grenadiers et sergent-major les 4 avril et 3 juillet 1792, il fit la campagne de cette année à l'armée du Nord, se trouva au combat de Quiévrain, et embarqua à Lorient pour la Martinique, avec le général Rochambeau. Arrivé à Saint-Domingue, il parvint à ramener aux commissaires de la Convention, Polverel et Santhonax, les troupes qui tenaient encore pour d'Esparbès, gouverneur dépossédé.

Le 1er novembre, à la tête de sa compagnie, tous les officiers étant malades, il s'empara du morne Pellé sur les noirs, et les força de fuir.

Mis à l'ordre de l'armée, le 19 décembre, pour ce fait de guerre, il reçut le même jour le grade de lieutenant, et celui de capitaine le 28.

Il partit, le 1er octobre 1793, pour Philadelphie, afin d'y rétablir sa santé. Pris par des corsaires bermudiens, rejeté en mer par une tempête, il gagna enfin Philadelphie, où la fièvre jaune sévissait d'une manière si cruelle, qu'en deux mois elle enleva 22,000 colons.

Atteint de ce mal affreux, il eut le bonheur d'échapper à ses suites. Il profita, pour rentrer en France, du départ d'un grand convoi de la baie de Chesapeake, qui eut lieu le 2 floréal an II, et il arriva à Brest le 23 prairial.

Emprisonné pendant quelques jours comme tous ceux qui venaient d'outre-mer, attaché ensuite à l'armée des côtes de Brest, il combattit à Quiberon le 23 messidor, et retourna à Brest, où il remplit les fonctions d'adjudant de place. Le 12 vendémiaire an IV, il était à Paris, et le 13, il défendait la Convention au combat de Saint-Roch.

Nommé le 23 germinal an IV aide-de-camp du général Alexandre Dumas, il se rendit avec lui en Italie, puis, après la bataille de Rivoli et la reddition de Mantoue, il le suivit dans le Tyrol. Au passage du Lavis, il sauva la vie à l'aide-de-camp Lambert, que le torrent entraînait. S'apercevant qu'une redoute, défendue par 60 Autrichiens, et placée à la tête du village de Faner, situé à mi-côte, incommodait la division, il se mit à la tête de 50 grenadiers, se porta au-dessus de la redoute, la prit à revers, s'en empara, et ramena les Autrichiens prisonniers.

Il se distingua à l'enlèvement du pont de Newenark et à la prise de Bolgiano. On marchait sur Brixen. L'ennemi était posté à Clausen, sur l'Eisach, et l'entrée de cette petite ville se trouvait défendue par un pont couvert de 200 mètres de longueur. La fusillade engagée sur ce pont ne permettait pas à la cavalerie de passer. L'aide-de-camp Dermoncourt mit pied à terre avec une vingtaine de dragons, et, sous le feu de l'ennemi, dégageant le pont en jetant dans l'Eisach tout ce qui l'encombrait, livra le passage au général Dumas et à toute sa colonne, et Bixen tomba bientôt au pouvoir de nos troupes. En avant et à une lieue de cette ville, le général Dumas se trouva seul à lutter contre un escadron ennemi; son aide-de-camp Dermoncourt se précipita aussitôt à son secours et reçut une blessure grave à l'épaule. Le général en chef Bonaparte, informé par le général Joubert de la belle conduite de ce brave officier pendant la campagne, le cita avec éloges dans son rapport au gouvernement.

Passé comme capitaine dans le 3e régiment de dragons le 6 brumaire an VI, il servit en Suisse, s'embarqua à Toulon le 30 floréal avec l'armée expéditionnaire d'Orient, et fit les campagnes d'Égypte et de Syrie jusqu'en l'an IX. A la bataille d'Aboukir, le 7 thermidor an VII, le colonel Duvivier, qui avait la cavalerie sous ses ordres, ayant été tué, le capitaine Dermoncourt lui succéda dans ce commandement jusqu'à son remplacement par le général Roise, et se conduisit avec autant d'intelligence que de courage.

Durant l'action, il reçut une balle dans la poitrine qui le renversa sur la croupe de son cheval; il n'évita le danger que parce que son manteau était roulé en croix devant lui, et fut blessé d'un coup de feu à la cheville gauche. Quoique sa blesure le fît beaucoup souffrir et l'empêchât de se chausser, le général en chef le chargea de conduire des chameaux chargés d'argent à Rahmanié, puis à Alexandrie, avec des dépêches secrètes pour le général Marmont et l'amiral Gantheaume, dont il devait lui porter les réponses au Caire. Il remplit sa mission malgré les attaques répétées des Arabes; la réponse de l'amiral était verbale, elle se bornait à ce peu mots : *Le vent est bon*. Le capitaine Dermoncourt la reporta exactement au général en chef, qui bientôt après cinglait vers la France. Il se signala à la bataille d'Héliopolis, près de Coraïm, où il secourut Kléber, et à la reprise du Caire.

Le général en chef Menou reconnut ses services en le nommant chef d'escadron au 14e de dragons le 4 messidor an VIII.

A la seconde bataille d'Aboukir, le 30 ventôse an IX, frappé d'un coup de feu à la gorge, il ne quitta point le commandement, rallia son corps et soutint la retraite avec une grande énergie. Revenu en France en vertu de la convention d'Alexandrie, confirmé dans son dernier grade par le premier Consul, le 15 ventôse an X, il passa dans le 22e régiment de cavalerie; mais ce régiment ayant été incorporé dans les cuirassiers, on l'envoya dans le 21e de dragons, le 13 pluviôse an XI. En l'an XII le premier Consul le nomma, le 23 frimaire, major du 11e de cuirassiers, et le 4 germinal membre de la Légion-d'Honneur.

Il servit à la grande armée, de l'an XIV à 1807. Fait colonel du 1er de dragons, le 5 avril de cette dernière année, il mena son régiment au feu pour la première fois, le 12 juin, à la bataille d'Heilsberg, et pour la seconde fois, le 14, à Friedland. A la fin de cette bataille, l'Empereur fit appeler Sopransi, aide-de-camp du prince du Neufchatel : « Allez dire au colonel du 1er régiment que je suis content de lui. » Baron de l'Empire, avec dotation, le 17 mars 1808, officier de la Légion-d'Honneur, le 4 octobre suivant, il entra immédiatement en Espagne avec la division Latour-Maubourg, et y resta jusqu'en 1811. Sa retraite de Tarragone, au mois de décembre 1808, est un des plus beaux faits d'armes de nos campagnes d'Espagne. Le 29 juillet 1809, à Talaveira de la Reina, où il commanda sa brigade, il eut la cuisse droite traversé d'un coup de feu. Forcé d'interrompre son service, il le reprit au mois d'octobre, et reçut, le 29 décembre, dans la Sierra-Morena, une balle morte au genou droit. A Madrilejos, au Trocadéro, à Chiclana, il fit preuve de bravoure, d'activité et de talents militaires. Le 1er régiment de dragons étant devenu 1er de chevau-légers-lanciers, le colonel Dermoncourt quitta l'Andalousie, le 9 octobre 1811, et entra en France pour procéder à l'organisation du nouveau corps, organisation qu'il compléta à Chartres. Il quitta cette ville le 12 mai 1812, et rejoignit la grande armée à Moscou le 11 octobre. Il se battit le 21 à Malo-Jaroslawetz.

Au commencement de 1813, il prit à Mayence le commandement d'un régiment de marche, et se rendit à l'armée près de Bautzen. Au combat de Rechenbach, il fit plusieurs charges heureuses et eut un cheval tué sous lui. C'est pendant l'armistice que l'Empereur l'éleva, le 22 juillet, au grade de général de brigade, et lui confia le commandement de la cavalerie du 5e corps.

Il se trouva aux affaires de Goldberg,

de Lœwenberg, de Leipzig et de Hanau, et l'Empereur lui donna la croix de commandeur de la Légion-d'Honneur, le 4 décembre; le 25 il était à Neufbrisack, chargé de surveiller les travaux et les approvisionnements de cette place. Au moment de l'investissement, et lorsqu'il se disposait à se retirer avec sa brigade sur Schelestadt, il reçut l'ordre suivant : « Par ordre du général Grouchy, lieutenant de la droite de l'armée, il est ordonné au général Dermoncourt de se jeter de sa personne dans la place de Neufbrisack et de la défendre jusqu'à la dernière goutte de son sang. Le général de division Grouchy. » Et les Autrichiens n'y sont pas entrés.

Après l'abdication, il fit sa soumission à Louis XVIII, qui le nomma chevalier de Saint-Louis, le 17 septembre, l'employa au quartier général de la 5ᵉ division militaire, le 23 du même mois, et lui confia, le 10 octobre, le commandement supérieur de Neufbrisack, qu'il lui retira le 2 janvier 1815. Au retour de l'île d'Elbe, l'Empereur le rétablit, le 25 mars, dans ce commandement. Il soutint avec succès le second blocus de Neufbrisack. Remplacé, le 6 octobre 1815, on le mit à la retraite, le 26 septembre 1821. Relevé de cette position à la Révolution de 1830, il reçut, le 7 mars 1831, le commandement du département de la Haute-Loire, et celui de la Loire-Inférieure, le 24 avril 1832.

Le ministre avait envoyé le général Dermoncourt dans la haute Bretagne avec l'intention de mettre fin aux agitations qu'il avait volontairement laissé grandir jusqu'alors. A peine arrivé à Nantes, le général s'aperçut qu'on ourdissait une grande conspiration et qu'elle ne tarderait pas à éclater; qu'un chef y était attendu, et que ce chef devait être madame la duchesse de Berri. Il fit ses dispositions militaires. La princesse parvint en Vendée, le 16 mai, et les Bretons apprêtèrent leurs armes. Cependant il n'y eut point unanimité parmi eux, puisque de douze divisions dont on voulait composer l'armée royale, sept se prononcèrent contre le soulèvement, soit parce qu'on manquait de fusils et de munitions, soit parce que les événements du Midi n'étaient point de nature à encourager, soit enfin, comme l'écrivait, le 17, M. de Coislin à la duchesse, qu'une prise d'armes sans le concours de l'étranger parût devoir amener l'entière destruction du parti royaliste en France. Madame la duchesse de Berri persista et ordonna à tous d'être prêts pour le 24. Le commandement en chef était déféré à M. de Bourmont. Mais celui-ci pensait comme M. de Coislin, et les royalistes de Paris, qui partageaient l'opinion de MM. de Coislin et de Bourmont, avaient envoyé M. Berryer à la duchesse, afin de l'éclairer sur sa position; de là l'indécision des ordres et des mouvements. La duchesse, malgré sa promesse à M. Berryer, se décida à agir, et la prise d'armes fut fixée par elle, d'accord avec M. de Bourmont, à la nuit du 3 au 4 juin.

Pour le général Dermoncourt, auquel les détails échappaient, la guerre civile était imminente. Il prit aussitôt son parti; c'était de s'emparer des chefs et de multiplier ses postes à l'effet d'empêcher les rassemblements.

Le 4, le tocsin se fit entendre, et la guerre commença, guerre d'embuscade et de surprise, qui coûte du sang et qui se prolonge sans résultats définitifs.

Marches et contre-marches, visites et attaques des châteaux, combats partiels, arrestation de quelques chefs, poursuite incessante des autres, direction militaire qui ne laisse aucun repos, et qui exige une activité et une intelligence peu communes, voilà ce que fit et fit faire le général Dermoncourt pendant la durée de ce mouvement insurrectionnel, particulièrement jusqu'au jour (le 16) où la duchesse, déguisée en paysanne, crut prudent de chercher un asile secret à Nantes, mis en état de siége le 15.

Deutz, arrivé à Paris, s'était entendu avec M. de Montalivet, puis avec M. Thiers. M. Thiers l'avait envoyé à Nantes, accompagné d'un officier de police nommé Joly, et précédé d'un nouveau préfet, M. Maurice Duval.

Deutz vit la duchesse une première fois, le 31 octobre, et la seconde et dernière fois le 6 novembre, sous le prétexte de communications graves que, dans l'émotion qu'il avait éprouvée lors de l'entretien du 31, il avait entièrement oublié de lui faire.

Le 6, en quittant la duchesse, il alla porter ses renseignements à M. Maurice Duval; on investit aussitôt la maison, les policiers firent leur office, et après seize heures de recherches, la duchesse sortit de sa cachette, où il lui était impossible de rester plus longtemps, et demanda le général Dermoncourt. En le voyant, elle courut à lui : « Général, lui dit-elle, je me rends à vous, et me remets à votre loyauté. — Madame, répondit le général, Votre Altesse est sous la sauve-garde de l'honneur français. »

Et le général eut pour madame la duchesse de Berri, la nièce du roi, tous les égards dus à son sexe et à ses malheurs; le général la conduisit ensuite au château, et la fit respecter durant le trajet, car on entendait de fâcheux murmures dans le peuple.

Le surlendemain, tandis que le général se rendait au château de la Chaslière pour s'emparer de M. de Bourmont, qu'on disait s'y trouver, l'embarquement de la duchesse pour Blaye eut lieu, et le général ne la revit plus.

On avait donné la pairie (11 octobre) à M. Maurice Duval, ancien préfet, ayant d'honorables antécédents. Il était naturel que le général s'attendît à voir récompenser ses longs et anciens services par le grade de lieutenant-général, auquel il avait tant de droits : on prononça sa réadmission à la retraite, le 1er avril 1833, conformément à la loi. Il alla résider à Batignolles, près de Paris.

DERY (Pierre-César), né à Saint-Pierre (Martinique), le 2 février 1768, entra dans la marine le 4 mars 1780, en qualité de pilote à bord de la frégate *l'Iphigénie*, et le 6 juillet de l'année suivante, il passa comme garde-marine surnuméraire sur la corvette *l'Élise*.

Fait prisonnier sur ce bâtiment le 13 septembre 1782, il ne tarda pas à être échangé. Il continua de servir en Amérique jusqu'en 1783, et fut réformé le 17 juillet 1786.

Le 6 octobre 1788, il s'engagea dans le 12e de chasseurs à cheval, et devint successivement brigadier-fourrier le 21 mars 1791, maréchal-des-logis le 1er janvier 1793, et le 7 mars suivant, au combat de Saint-Trond, il s'empara de 2 caissons et reçut deux coups de sabre.

Sous-lieutenant le 1er juillet de la même année, et lieutenant le 1er ventôse an II, il combattit à la seconde bataille de Fleurus, le 8 messidor suivant, et y fut encore blessé de deux coups de sabre. Au combat de Kreuzenach, le 19 brumaire an III, il s'empara de 2 pièces de canon.

Dery, qui déjà avait donné de nombreuses preuves de valeur pendant les campagnes de l'an III à l'an VII, se fit particulièrement remarquer en Souabe et en Italie en l'an VIII; et le 20 floréal, il s'empara de vive force d'un convoi de 180 voitures, et, le 3 prairial, il arrêta pendant quatre heures, à la tête de 12 hommes seulement, 2,000 cavaliers qui se dirigeaient sur Tortone, les chargea dix fois et leur enleva 7 hommes.

Blessé d'un coup de feu et prisonnier à Marengo, il fut nommé capitaine le 5ᵉ jour complémentaire an ix, passa à l'emploi d'adjudant-major le 22 ventôse an x, et fut nommé, le 26 frimaire an xii, membre de la Légion-d'Honneur.

Il fit les guerres de l'an xiv et de 1806 en Prusse et en Pologne, et obtint le grade de chef d'escadron le 10 février 1806, et celui de colonel du 5ᵉ hussards le 30 décembre de la même année.

Le 4 février 1807, il fut blessé au combat de Watherdorff, en chargeant l'ennemi à la tête de son régiment.

Il reçut la croix d'officier de la Légion-d'Honneur le 14 mai 1807, et fut nommé chevalier de l'ordre de Wurtemberg le 1ᵉʳ juillet suivant, en récompense de ses services pendant la dernière période de la campagne de Pologne. La guerre de 1809 en Autriche lui fournit de nouvelles occasions de se signaler.

Il était général de brigade depuis le 6 août 1811, lorsqu'il périt glorieusement pendant la campagne de Russie.

Voici en quelles circonstances :

L'Empereur avait ordonné tous les préparatifs de retraite sur Kaluga et Smolensk. Le 18 octobre, il reçut pendant une revue une dépêche du roi de Naples, qui lui apprenait que Kutusof venait de l'attaquer à l'improviste avec la totalité de ses forces, plus de 100 mille combattants, tandis que Murat n'en comptait que 20 mille. Napoléon acheva rapidement la revue et donna immédiatement l'ordre de départ. Le soir même, l'armée bivouaqua sur la vieille route de Kaluga; mais l'attaque de Kutusof contre Murat avait pleinement réussi. Le roi de Naples avait sous ses ordres la division Claparède qui occupait Winkowo; à droite et à gauche de ce village deux divisions de cavalerie; le corps de Poniatowski campait à une demi-lieue de Winkowo,

et le corps de cavalerie de Sébastiani, dont le général Dery faisait partie, occupait Teterinka. Le corps de cavalerie de Saint-Germain, la division Dufour et le corps de cavalerie du général Nansouty venaient ensuite; celui de Latour-Maubourg était placé en observation.

Le 17 octobre, Kutusof fit passer la totalité de son armée sur la rive gauche de la Nara. Platof, à la tête de ses nombreux régiments de Cosaques manœuvra de façon à déborder entièrement la gauche de Murat. Le bois qui couvrait la position favorisait si bien ce mouvement que Murat n'en fut pas instruit. Le 18, au point du jour, Platof lança ses Cosaques sur le corps de Sébastiani. Ainsi surpris, le général français perdit ses bagages, son artillerie et une partie de ses troupes. Le général Dery fut tué dans cette circonstance, en chargeant les Cosaques à la tête de sa brigade. En même temps, les Russes attaquaient sur le reste de la ligne. Platof cherchait à s'emparer du défilé de Sparkublia, seule retraite du roi de Naples ; Bagawout et Strogonow se dirigèrent sur la grand'route entre Winkowo et Sparkublia. Osterman et les autres corps russes manœuvraient pour tourner la droite des Français. Murat voulant arrêter le mouvement de Bagawout et de Strogonow, se précipita avec les carabiniers sur la tête de la colonne de Bagawout et la culbuta. Surpris d'une attaque aussi vigoureuse, le général russe s'arrêta et engagea un feu d'artillerie.

Dès lors, maître de ses mouvements, le roi de Naples put régler sa retraite. Claparède et Latour-Maubourg chassèrent Platof du défilé, et rétablirent la communication. La retraite s'effectua, non sans pertes, mais moins malheureusement qu'on pouvait le craindre, d'après les commencements du combat.

DESAIX DE VOYGOUX (Louis-Charles-Antoine), né le 17 du mois d'août 1768, à Saint-Hilaire d'Ayat, près Riom, en Auvergne, d'une famille noble. Il venait d'achever ses études à l'École militaire d'Effiat, quand il entra, à peine âgé de 15 ans, en qualité de sous-lieutenant, dans le régiment de Bretagne, où il se fit remarquer par un caractère grave et studieux. Lorsque les guerres de la Révolution éclatèrent, il entra en campagne avec son régiment. Son zèle et son activité le firent bientôt distinguer par les généraux Victor de Broglie et Custines qui lui conférèrent les grades d'aide-de-camp et de capitaine adjoint à l'état-major. Ayant montré une rare bravoure et une grande présence d'esprit à la prise des lignes de Weissembourg, il fut nommé gégnéral de brigade.

Desaix exerça promptement une salutaire influence sur l'esprit des soldats. Il leur donna surtout l'exemple de la constance et de la bravoure: aussi l'avaient-ils surnommé *le guerrier sans peur et sans reproche*.

Moreau, juste appréciateur du mérite militaire, le nomma général de division dans l'armée de Rhin-et-Moselle le 2 septembre 1794 ; Desaix eut la plus grande part aux victoires de cette brillante campagne de l'an IV, qui a illustré le nom de Moreau.

Bonaparte s'associa Desaix pour son expédition d'Égypte, à la prise de Malte, à la bataille de Chebreïss. A celle des Pyramides, il développa de si grands talents et une si merveilleuse bravoure que le général en chef lui fit solennellement présent d'un poignard d'un très-beau travail et enrichi de diamants, sur lequel étaient gravés les noms des combats que nous venons de citer; mais de tous les témoignages d'estime qu'il reçut de Bonaparte, celui qui le flatta le plus, fut l'ordre d'aller faire la conquête de la Haute-Égypte, et d'y achever la destruction des Mamelucks : cette entreprise était périlleuse et difficile, il l'exécuta avec courage et succès. Il livra divers combats à Sonaguy, à Thèbes, à Sienne, à Gosseys; partout il triompha. Son administration fut telle, qu'elle lui valut de la part des vaincus eux-mêmes, le glorieux titre de *Sultan juste*.

Il sut procurer aux hommes éclairés chargés de reconnaître ce pays, tous les renseignements qu'il avait recueillis en recherchant lui-même, en homme instruit, les ruines et les monuments importants.

C'est dans ces circonstances que Desaix, rappelé par Kléber de la Haute-Égypte, signa, par ses ordres, avec les Turcs et les Anglais, un traité en vertu duquel il s'embarqua pour revenir en Europe. A peine était-il arrivé à Livourne, que l'amiral anglais Keith le déclara prisonnier, au mépris des conventions, et joignit l'insulte à la perfidie en affectant de confondre Desaix avec les soldats qui l'accompagnaient. Desaix ne répondit à ces lâchetés que par ces mots :

« Je ne vous demande rien, que de me délivrer de votre présence. Faites, si vous le voulez, donner de la paille aux blessés qui sont avec moi. J'ai traité avec les Mamelucks, les Turcs, les Arabes du grand Désert, les Éthiopiens, les noirs du Darfour, tous respectaient leur parole lorsqu'ils l'avaient donnée, et ils n'insultaient pas aux hommes dans le malheur. »

Délivré par un ordre supérieur des mains de l'amiral Keith, Desaix écrivit de Toulon au premier Consul : « Ordonnez-moi de vous rejoindre, général ou soldat, peu m'importe, pourvu que je combatte à côté de vous. Un jour sans servir la patrie est un jour retranché de ma vie. » Et peu de temps après, sans même avoir revu sa famille, il partit pour l'armée d'Italie.

Arrivé à l'armée la veille de la bataille de Marengo, il y commanda la réserve qui changea la face des affaires. Les ennemis avaient tourné nos ailes et enfoncé notre cavalerie, lorsque ses deux divisions arrivèrent à la course d'une distance de deux lieues. Bientôt les Autrichiens sont repoussés; Desaix se trouve vis-à-vis d'une colonne de 5,000 grenadiers hongrois; il marche à sa rencontre, ne démasque son artillerie qu'à portée de pistolet, et par le plus terrible feu de mitraille, ébranle et arrête la colonne. Déjà l'aile gauche de l'armée ennemie est coupée, lorsqu'une balle frappe Desaix au milieu de la poitrine. Il tombe dans les bras du colonel Lebrun et expire en laissant tomber, dit-on, ces paroles : « Allez dire au premier Consul que je meurs avec le regret de ne pas avoir assez fait pour vivre dans la postérité. » — Le même jour, à la même heure, Kléber périssait assassiné au Caire.

On fait mourir Desaix de plusieurs manières : Walter-Scott par une balle à la tête; le *Mémorial de Sainte-Hélène* par un boulet de canon; les *Mémoires de Napoléon* par une balle au cœur; le général Mathieu Dumas, Simien Despréaux, qui a écrit son éloge, et Decayrol qui l'a fait embaumer à Milan, le font mourir par un coup de feu dans la poitrine. Cette version paraît la véritable; mais Desaix a-t-il pu parler et a-t-on pu recueillir ses paroles? Decayrol assure qu'il tomba sans témoins aucuns, et que, sa division ayant plié un moment, les colonnes autrichiennes ont dû lui passer sur le corps. Bourienne, témoin oculaire, affirma qu'il disparut au milieu d'une si grande confusion, que les circonstances de sa mort n'ont pu être constatées; mais Bourienne est-il plus sincère que bienveillant? Au reste, la mort de Desaix n'en est pas moins glorieuse.

Le premier Consul fit transporter au couvent du mont Saint-Bernard, la dépouille mortelle de Desaix. Son tombeau, dont les marbres ont été transportés à cette hauteur par les soins de l'habile ingénieur Polonceau, se trouve à l'entrée de l'église de l'hospice; il est dû au ciseau de Moitte, célèbre sculpteur; mort en 1810.

Sa statue colossale en bronze décorait la place des Victoires; mais elle a été renversée comme le monument élevé dans les plaines de Marengo. Néanmoins la reconnaissance nationale lui a consacré un cénotaphe entre Kehl et Strasbourg, et une fontaine, surmontée d'un buste, sur la place Dauphine, à Paris.

Desaix avait 32 ans lorsque la mort vint le surprendre. Général en chef et même conquérant, il n'avait pas d'argent, et l'on dut payer son écot à Neufbrisach. Voici en quels termes en parlait Napoléon :

« De tous les généraux que j'ai eus sous moi, Desaix et Kléber ont été ceux qui avaient le plus de talents; surtout Desaix; Kléber n'aimait la gloire qu'autant qu'elle lui procurait des richesses; Desaix ne rêvait que la guerre et la gloire; les richesses et les plaisirs n'étaient rien pour lui... C'était un petit homme d'un air sombre, à peu près d'un pouce moins grand que moi, toujours vêtu avec négligence, quelquefois même déchiré, méprisant les jouissances et même les commodités de la vie. Droit et honnête dans ses procédés, les Arabes l'avaient appelé le *Sultan juste*. La nature l'avait formé pour faire un grand général; c'était un caractère tout à fait antique. Sa mort est la plus grande perte que j'aie faite. »

Quelques mots de Desaix achèveront de le peindre : Un jour, à l'armée du Rhin, nos bataillons commençaient à plier; le jeune héros se jette au-devant d'eux avec sa réserve : Quelques officiers lui demandent s'il n'avait pas ordonné la retraite. — Oui, répondit-il, mais celle de l'ennemi.

Après la destitution de Pichegru, le général Michault à qui l'on destinait le commandement, conduisit Desaix chez le député Leman : « Voilà, dit-il, l'homme qu'il nous faut pour général en chef; il est adoré du soldat. — Comment, répond Desaix, c'est pour cela que tu m'as amené? A moi le commandement, à moi qui suis le plus jeune des officiers! Représentant, tu ne commettras pas une pareille injustice à l'égard de vieux militaires qui ont beaucoup mieux mérité que moi de la patrie. » Et il sortit après avoir refusé formellement.

DESBRUSLYS (NICOLAS-ARNAULT DE RIGNAC, baron), né le 7 août 1757 à Brives-la-Gaillarde (Corrèze), entra comme élève à l'école des Mineurs de Verdun, le 28 septembre 1774.

A la suppression de cette école, le 25 septembre 1775, il passa comme surnuméraire dans les gardes du corps du roi (compagnie de Noailles), et fut nommé le 4 juillet 1780 lieutenant en second au 3e régiment d'artillerie.

Embarqué à Brest en 1781, pour une expédition dans l'Inde, qui échoua deux fois, il rejoignit son régiment en Bretagne.

Lieutenant en premier, le 1er septembre 1783, et capitaine dans les troupes coloniales, le 7 mai 1786, il accompagna l'envoyé extraordinaire du gouvernement français près le sophi de Perse.

Rentré en France en 1787, il reprit rang dans le 1er régiment d'artillerie, le 27 janvier 1788, et fut nommé lieutenant en premier, aide-de-camp du premier inspecteur général de l'artillerie, capitaine en second au 2e régiment d'artillerie, et adjoint à l'état-major général de l'armée du centre, les 11 avril et 8 août 1791, 6 et 8 février 1792, et il obtint du général Dumouriez, le 1er septembre de cette dernière année, le grade d'adjudant-général lieutenant-colonel.

Le 14 du même mois, à l'affaire de la Croix-aux-Bois, il rallia plusieurs fois et conduisit à l'ennemi les bataillons qui avaient été rompus pendant l'action.

Dans la même journée, il sauva, par une retraite habilement préparée, quatre bataillons qui allaient être enveloppés par l'ennemi, et, le lendemain, les équipages de l'armée attaqués par trois escadrons ennemis.

Adjudant-général-colonel, le 8 octobre suivant, il assista au siège de Namur en qualité d'adjudant-général de tranchée, conduisit la colonne à l'attaque du fort Vilatte, et monta l'un des premiers à l'assaut de ce fort, qui fut emporté de vive force.

Il reçut une blessure au bras droit par un éclat d'obus, le 26 novembre.

Chef d'état-major général de l'armée des Ardennes, le 26 janvier 1793, et chargé de diriger les travaux de siège pendant le blocus de Maëstricht, un boulet de canon vint l'atteindre à la cuisse droite, le 27 février.

Général de brigade provisoire, le 7 août, il remplit en même temps les fonctions de chef d'état-major des trois armées du Nord, de Belgique et des Ardennes.

Le 13 mai il avait été confirmé dans son grade par le conseil exécutif, lorsqu'une nouvelle décision du 10 août, le suspendit de son emploi. Arrêté, conduit à Paris et incarcéré dans la prison de l'Abbaye, il ne recouvra sa liberté que le 9 thermidor an II. L'émigration de deux de ses frères, en 1791, avait été le motif de cette détention.

Mis de nouveau en état d'arrestation, le 22 du même mois, comme ancien chef d'état-major du général Custines, accusé d'avoir livré la frontière par la levée du Camp-de-César, puis élargi, le 19 frimaire an III, il reçut enfin l'ordre de se rendre à l'armée de l'Ouest.

Rappelé presque aussitôt à Paris, il défendit, le 1er prairial, la Convention nationale contre le peuple insurgé, et fut blessé à côté du représentant Feraud, l'une des victimes de cette journée.

Renvoyé, le 26 germinal, à l'armée du Nord, le gouvernement l'employa, le 25 pluviôse an V, dans les 1re et 16e divisions militaires, et lui confia le commandement des côtes.

Le 28 messidor an VI, il alla rejoindre l'armée dite d'*Angleterre*, qu'il quitta, le 21 nivôse an VII, pour reprendre le commandement en chef provisoire des 1re et 16e divisions militaires jusqu'à l'arrivée du général Pilles.

Passé à l'armée du Rhin, le 26 frimaire an VIII, il se fit remarquer aux journées de Fribourg et de Biberach, suivit Moreau devant Ulm, maintint et défendit la communication par le Saint-Gothard entre les armées du Rhin et d'Italie.

Au mois de vendémiaire an X, il prit le commandement intérimaire de la division Souham.

Mis à cette époque à la disposition du ministre de la marine, il reçut de ce ministre, le 25 nivôse, l'ordre de se rendre à Rochefort pour s'y embarquer sur la frégate *la Thémis*, et passer à l'île de France, sous le commandement du général Magallon.

Celui-ci ayant été rappelé en France, un arrêté du capitaine général Decaen nomma Desbruslys lieutenant du capitaine général et commandant de l'île de la Réunion (île Bourbon). Il y reçut, le 4 germinal an XII, la décoration de membre de la Légion-d'Honneur, et le 13 juillet 1808, le brevet de général de division.

Une dépêche du général Decaen, du 9 octobre 1809, annonça au gouvernement que le général Desbruslys venait de se suicider.

Voici les faits qui ont amené sa fin tragique.

Le 21 septembre 1809, les Anglais envahirent le bourg Saint-Paul, dépendant de l'île de la Réunion ; le général Desbruslys, qui ne pouvait disposer que de 50 hommes de troupes de ligne et de 800 gardes nationaux, se retira devant l'ennemi dans la direction de Saint-Denis, laissant au capitaine Saint-Mihiel l'ordre de parlementer avec les Anglais.

Une convention signée à Saint-Paul, le 23, et portant suspension d'armes, fut présentée à sa signature le lendemain, et il refusa de la ratifier.

Le jour suivant, 25, il se brûla la cervelle et on trouva près de lui un billet ainsi conçu :

« Je ne veux pas être traître à mon
« pays ; je ne veux pas sacrifier des ha-
« bitants à la défense inutile de cette île
« ouverte. D'après les effets que j'entre-
« vois de la haine ou de l'ambition de
« quelques individus tenant à une secte
« révolutionnaire, la mort m'attend sur
« l'échafaud... Je préfère me la donner.
« Je recommande à la Providence et aux
« âmes sensibles ma femme et mes en-
« fants. »

Madame Desbruslys obtint, en 1811, une pension de 1,000 francs.

DESBUREAUX (CHARLES-FRANÇOIS, baron), naquit le 13 octobre 1755 à Reims (Marne).

Soldat dans le régiment de la Reine-Infanterie le 20 décembre 1773, caporal le 25 mars 1774, il fit la campagne navale de 1778; sergent le 26 septembre 1780, fourrier en 1781, il obtint son congé absolu le 21 avril 1784.

Élu chef de division de la garde nationale de Reims, il fut chargé, lors de l'invasion de la Champagne par les armées ennemies, en mars 1792, de l'organisation et du commandement des troupes de nouvelle levée.

L'activité, l'habileté qu'il déploya dans cette circonstance lui valurent le grade d'adjudant-général chef de bataillon le 1er octobre de la même année.

Il servit d'abord en cette qualité au camp de Châlons, et passa successivement aux armées des Ardennes, du Nord, de la Moselle et de Rhin-et-Moselle, pendant les campagnes de 1792 à l'an III.

Général de brigade le 16 août 1793, et général de division le 20 septembre suivant, il se trouva au déblocus de Maubeuge, puis il prit le commandement de trois divisions destinées à l'attaque de Charleroi; il passa ensuite avec un corps de troupes de 16,000 hommes à l'armée de la Moselle pour le déblocus de Landau et à la reprise des lignes de Wissembourg.

Le 4 prairial an II, il soutint la division Ambert, vivement attaquée par les Prussiens devant Kayserslautern, arrêta l'ennemi et opéra sa retraite sans avoir été entamé.

Vers cette époque se forma l'armée de Sambre-et-Meuse, et le général Desbureaux reçut l'ordre de défendre le pays compris entre la Sarre et la Moselle, de couvrir les places de Sarre-Libre et de Thionville, et de se jeter dans cette dernière place pour la défendre jusqu'à la dernière extrémité en cas de siége.

Lors de la marche de l'armée de la Moselle sur Trèves, il commandait la division du centre; il fit à l'ennemi un grand nombre de prisonniers, emporta de vive force la batterie du pont de Consarbruck. L'armée se porta ensuite sur Mayence et passa l'hiver devant cette dernière place.

Non compris dans le travail d'organisation du 25 prairial an III, il rentra dans ses foyers avec le traitement de réforme le 1er messidor suivant. Remis en activité le 5 thermidor an VII, il eut alors le commandement de la 12e division militaire.

Les Vendéens avaient repris les armes: Desbureaux parvint à rétablir l'ordre dans sa division, non sans avoir battu et dispersé de nombreux rassemblements d'insurgés, notamment le 12 brumaire an VIII aux Aubiers, où il leur avait tué 500 hommes.

Il reçut, le 11 frimaire, l'ordre de se rendre à l'armée gallo-batave; à son arrivée à Paris, il trouva un contre-ordre qui le renvoyait dans l'Ouest, où l'insurrection avait reparu, et il y resta jusqu'au 1er ventôse an IX, époque à laquelle il fut de nouveau placé en traitement de réforme.

Mis à la disposition du ministre de la marine le 30 brumaire an X, il partit pour Brest le 18 nivôse suivant, afin de prendre le commandement de la deuxième expédition de Saint-Domingue.

Rentré en France le 20 germinal an XI, et maintenu dans le traitement d'activité par décision du premier Consul du 30 messidor suivant, il fut nommé membre de la Légion-d'Honneur le 4 germinal an XII, et appelé au commandement de la 7e division militaire le 30 fructidor an XIII.

Passé à celui de la 5e, le 10 novembre 1806, il reçut le titre de baron le 5 août 1809, et la décoration d'officier de la Légion-d'Honneur le 27 décembre de la même année.

Il continua d'exercer ses fonctions jusqu'à ce que Napoléon revînt de l'île d'Elbe; mais une ordonnance royale du 4 septembre 1815 prononça son admission à la retraite.

Il est mort à Paris le 26 février 1835.

DESGENETTES (Nicolas-Réné, Dufriche, baron), né le 23 mai 1762 à Alençon (Orne), était fils d'un avocat au parlement de Rouen.

Après avoir terminé ses études classiques à Sainte-Barbe et au collége du Plessis, il suivit les cours du collége de France, et s'adonna ensuite avec ardeur à l'étude de la médecine.

Ce fut dans le but de se perfectionner dans l'exercice de cet art qu'il fit plusieurs voyages tant en Angleterre qu'en Italie, où ses bonnes manières le mirent en rapport avec les savants les plus distingués.

Revenu en France dans le cours de 1789, il fut reçu docteur à Montpellier, à la suite d'une thèse remarquable ayant pour titre : *Essai physiologique sur les vaisseaux lymphatiques* ; ce n'était point son premier ouvrage, il avait déjà publié plusieurs écrits parmi lesquels on citait son *Analyse du système absorbant ou lymphatique*, et avait été reçu membre de la Société des sciences de Montpellier et correspondant de l'Académie royale de médecine.

Mais les événements de 1792 et du commencement de 1793 ayant soulevé l'Europe contre la France, Desgenettes, animé d'un désir ardent de servir la patrie, de toutes parts menacée, sollicita et obtint au mois de février 1793 d'être envoyé à l'armée réunie sur les frontières d'Italie, et il y déploya une activité et un courage qui le placèrent dans la suite au premier rang des médecins militaires.

En effet, durant cette première campagne, toujours aux avant-postes, il s'occupa d'un travail important sur la réorganisation des hôpitaux.

Le 24 nivôse an II, il prit la direction de l'hôpital d'Antibes, sur lequel affluaient tous les malades, revint à l'armée le 30 fructidor pour y diriger en chef le service de la division de droite,

alors à Loano, et les représentants le chargèrent, le 2 nivôse an III, d'organiser le service médical de l'expédition maritime destinée à reconquérir la Corse tombée au pouvoir des Anglais.

Après cette expédition il rejoignit l'armé active à Albenga, où il apprit que sur la demande de Barras, et à la recommandation de Bonaparte, il avait été nommé, le 7 brumaire an IV, médecin de l'hôpital du Val-de-Grâce et de la 17e division militaire (Paris).

L'année suivante, le général Bonaparte, qui avait apprécié son mérite, fit des démarches réitérées auprès du Directoire pour se l'attacher ; mais par un esprit de mesquine jalousie, les directeurs retinrent Desgenettes à Paris, sous prétexte qu'il était plus utile à la République dans une école qu'aux ambulances.

Ce fut pendant cette période de repos que Desgenettes rédigea son mémoire sur l'utilité des pièces anatomiques artificielles, dans lequel, après en avoir tracé l'histoire, et donné des détails sur la magnifique collection de Florence, il engagea le gouvernement français à fonder à Paris un établissement analogue.

Cependant, il est pénible de dire que, dans ses fonctions de professeur, le savant n'était récompensé de ses sacrifices de fortune et de santé que par l'indifférence et l'ingratitude ; quatre fois il donna sa démission dans le cours du mois de floréal an V, et quatre fois le ministre refusa de l'accepter.

Bonaparte, de retour à Paris après la paix de Campo-Formio, revit Desgenettes, et obtint cette fois du Directoire que son protégé fût attaché à l'armée d'Angleterre le 23 nivôse an VI ; on sait que l'organisation de cette armée sur les côtes de l'Océan n'avait, pour but, que de cacher les préparatifs de l'expédition de la Méditerranée ; aussi, dès le 1er pluviôse, Desgenettes reçut-il l'ordre de se rendre à Toulon pour y remplir, dans l'armée du général Bonaparte, les fonctions de médecin en chef.

A peine arrivé en Égypte, Desgenettes eut à lutter avec les maladies nombreuses que faisaient naître dans l'armée un climat brûlant, des bivouacs continuels et le manque d'eau potable.

L'expédition de Syrie fut résolue. Le monde en connaît les particularités et les résultats. Malgré tant de glorieux faits d'armes, malgré ces prodiges de bravoure dont les souvenirs brillent encore aujourd'hui dans ces contrées comme autant de météores, ce résultat fut malheureux. Alors on vit apparaître dans les rangs de l'armée française la peste, ce fléau aussi funeste aux masses d'hommes par l'effroi qu'il inspire, que par son souffle empoisonné.

Bientôt tout fut perdu, hors l'honneur. L'honneur de la médecine en reçut toutefois un éclat immortel; l'héroïsme de la médecine balança l'héroïsme militaire : c'est que le courage enfante le courage; et tandis que Larrey court, avec les siens, se précipiter jusqu'au pied de la brèche, sous le feu de l'ennemi, pour secourir les malheureux blessés, Desgenettes, mû par ce froid courage que donne le sentiment du devoir; Desgenettes parcourt avec calme des quartiers et des hôpitaux qu'a peuplés la peste; il connaît tout le danger, il le brave, il le déguise; il donne le change aux esprits par de faux noms; la sérénité de ses traits et de ses paroles passe dans le cœur des malades, et, pour achever de raffermir les imaginations ébranlées, il prend une lancette, la trempe dans le pus d'un bubon, et s'en fait une double piqûre dans l'aine et au voisinage de l'aisselle : deux légères inflammations se succèdent. Ce fait est consigné par Desgenettes lui-même dans son *Histoire médicale de l'armée d'Orient*. On le retrouve en termes explicites dans la relation publiée par Berthier : quoi de plus authentique; et cependant, quoi de plus équivoque? Dans des conversations particulières, dans des solennités publiques, Desgenettes, dit-on, l'a hautement désavoué.

N'en croyons point un homme qui fait de sa propre gloire une abjuration si gratuite; peut-être a-t-il craint d'avoir des imitateurs, et de compromettre des existences par une épreuve qui avait épargné la sienne, et n'était, du reste, à ses yeux d'aucune portée scientifique. Quoi qu'il en soit, faute ou réalité, l'effet qu'il cherchait fut produit; la tranquillité qui revint dans les esprits, rendit la maladie plus légère, et multiplia les guérisons.

Un des premiers soins de Bonaparte en Égypte est de créer des lazarets et d'imposer des quarantaines; on en vint jusqu'à détruire, par le feu, et les effets des pestiférés et même les barraques qu'avaient habitées un moment des corps d'armée, où quelque ombre de peste avait paru. Était-ce raison, était-ce préjugé? Préjugé, qui l'oserait dire de Napoléon; qui l'oserait dire de Desgenettes? Et dans tous les cas, n'est-ce pas pour nous une raison nouvelle d'admirer la mâle résolution qui les porta l'un et l'autre, Napoléon à visiter l'hôpital de Jaffa, à s'y mêler avec les infirmiers, à se faire infirmier lui-même pour soutenir, pour relever comme il convenait dans leur lit des pestiférés moribonds; Desgenettes, à descendre faute d'auxiliaires, ou plutôt à s'élever jusqu'à leurs fonctions les plus humbles, jusqu'à fouiller dans un souterrain fangeux, jusqu'à remuer et déplacer des amas d'immondices, de haillons, de lambeaux en pourriture, dont il importait que le voisinage du camp fût délivré : travail fatigant qu'il fallait faire à genoux, et si infect que Desgenettes était contraint de l'interrompre à chaque instant pour s'aller mettre à quelques pas de là dans un courant d'air pur, afin d'y respirer un peu et d'y reprendre la connaissance prête à lui échapper.

Un jour Berthollet venait de lui exposer ses idées sur les voies que prend le miasme pestilentiel pour pénétrer dans l'économie. Selon Berthollet, la salive en est le premier véhicule. Ce même jour, un pestiféré que traitait Desgenettes, et qui allait mourir, le conjura de partager avec lui un reste de potion qui lui avait été prescrite ; sans s'émouvoir et sans hésiter, Desgenettes prend le verre du malade, le remplit et le vide : action qui donna une lueur d'espoir au pestiféré, mais qui fit pâlir et reculer d'horreur tous les assistants : seconde inoculation plus redoutable que la première, de laquelle Desgenettes semblait lui-même tenir si peu de compte.

A son retour en France, vers la fin de fructidor an IX, Desgenettes fut désigné pour être médecin en chef à l'hôpital militaire d'instruction de Strasbourg ; mais sa nouvelle qualité de professeur adjoint à l'École de médecine de Paris, et le besoin de stabilité après une campagne pénible, lui firent demander la faveur de continuer ses fonctions de médecin à l'hôpital du Val-de-Grâce, et le premier Consul approuva la proposition qui lui en fut faite le 8 nivôse an X.

La même année, nommé membre de l'Institut et membre associé des Sociétés de médecine de Marseille et de Montpellier, il publia, vers le commencement de l'an XI, son *Histoire médicale de l'armée d'Orient*, qui produisit une grande sensation dans le monde savant, et qui, depuis, a obtenu les honneurs de trois éditions.

Membre de la Légion-d'Honneur le 25 prairial an XII, et membre, en l'an XIII, de la commission envoyée, par l'Empereur, en Toscane, pour étudier le caractère de l'épidémie qui régnait alors, il fut en l'an XIV en Espagne avec d'autres médecins français pour y faire des recherches sur la fièvre jaune, et reprit ses fonctions au Val-de-Grâce en janvier 1806.

Depuis la reprise des hostilités, les fatigues de trois campagnes consécutives avaient introduit dans l'armée de nombreuses maladies.

Le 6 avril 1807, Desgenettes reçut de l'Empereur l'ordre de rejoindre le grand quartier général ; son fils unique était mourant ; il cessa de lui donner des soins et partit dans les vingt-quatre heures ; le père eut le dévouement sublime d'oublier momentanément sa douleur pour ne songer qu'à ses devoirs de citoyen.

Après la paix de Tilsitt, il demanda à rentrer dans la vie privée pour se consacrer tout entier à sa famille ; mais Napoléon refusa de consentir à un tel sacrifice.

Desgenettes quitta Berlin avec un congé, au mois de mai 1808, et revint à Paris, d'où il repartit au mois d'octobre pour accompagner l'Empereur en Espagne, où ce dernier avait jugé sa présence nécessaire.

Baron de l'Empire en 1809, et employé à la grande armée pendant la campagne de Russie, il fut fait prisonnier à Wilna, pendant la retraite, le 10 décembre 1812.

Ayant réclamé sa liberté en qualité de non combattant, Alexandre lui fit donner une escorte d'honneur de Cosaques de sa garde qui le reconduisit jusqu'aux avant-postes français, à Magdebourg, le 25 mars 1813.

Il en partit pour Paris, chargé d'une mission secrète du Vice-Roi auprès de Napoléon, s'en acquitta, et repartit dans le courant d'avril pour aller reprendre ses fonctions de médecin en chef de la grande armée.

Il était enfermé dans Torgau, quand un décret impérial du 5 octobre 1813 le nomma médecin en chef de la garde impériale; mais les circonstances ne lui permirent pas d'entrer dans l'exercice de ses nouvelles fonctions.

Après la capitulation de la place, le 2 janvier 1814, il se disposait à revenir en France, quand, au mépris des traités, il fut de nouveau retenu prisonnier dans Dresde.

Ce ne fut qu'à la fin de mai qu'il put rentrer à Paris, où il apprit que le ministre Dupont lui avait retiré son titre de médecin de la garde.

Tandis qu'il était en butte à ces persécutions de la part de l'administration militaire, on tentait d'un autre côté de le dépouiller de sa chaire d'hygiène à la Faculté de médecine de Paris, dont le Consulat l'avait doté en récompense de sa conduite devant Saint-Jean-d'Acre. Pour pallier ces iniquités, on le nommait commandant de la Légion-d'Honneur.

Le maréchal duc de Dalmatie, à son avénement au ministère, le rendit à ses fonctions de médecin en chef et de professeur à l'hôpital du Val-de-Grâce, et Napoléon, à son retour, le remit en possession de ses titres d'inspecteur en chef du service de santé et de médecin en chef de la garde, et le nomma le 20 mai médecin en chef de l'armée du Nord.

Après avoir assisté à la bataille du mont Saint-Jean, il revint à Paris avec l'armée, reprit son service au Val-de-Grâce le 1er juillet, et ne cessa ses fonctions d'inspecteur général qu'en janvier 1816, à la suppression de ce titre.

Après la Révolution de 1830, le baron Desgenettes fut nommé, le 14 novembre, maire du Xe arrondissement de Paris, et en remplit les fonctions jusqu'aux élections municipales de 1834.

Nommé, le 2 mars 1832, médecin en chef des Invalides, il y est mort le 3 février 1837, au milieu de ses vieux compagnons qui furent toute sa vie l'objet de sa sollicitude.

DESMICHELS (Louis-Alexis, baron), né le 15 mars 1779, à Digne (Basses-Alpes). Soldat au 13e régiment de hussards en l'an II, il passa en l'an IV, dans la compagnie des guides à cheval de l'armée d'Italie, fit la campagne d'Égypte et y devint brigadier.

De retour en France avec Bonaparte, il fut nommé maréchal-des-logis, se distingua à Marengo, et entra comme sous-lieutenant dans les chasseurs à cheval de la garde des consuls.

A la bataille d'Ulm, cet officier, alors lieutenant, surprit devant Nuremberg l'arrière-garde autrichienne, et, à la tête de 30 chasseurs, fit mettre bas les armes à 300 hommes d'infanterie. Après ce premier succès, il fondit avec son peloton sur un gros bataillon, et pris 400 hommes et 2 drapeaux à l'ennemi. Au bruit de la fusillade, de dragons de la Tour vinrent charger les vainqueurs; mais ils furent bientôt mis en déroute et abandonnèrent 25 pièces de canon, une caisse militaire et 150 prisonniers. Après cette action, le lieutenant Desmichels fut nommé capitaine, officier de la Légion-d'Honneur, et quelque temps après, colonel du 31e de chasseurs à cheval.

Il se distingua également dans le cours de la campagne de 1813, en Italie, et fit avec une grande distinction, la campagne de France de 1815.

Pendant les Cent-Jours, il commanda en Belgique le 4e régiment de chasseurs à cheval. Licencié le 25 novembre 1815, il fut remis en activité en 1821 et promu colonel du régiment de chasseurs des Ardennes (3e chasseurs).

Maréchal de camp le 30 juillet 1823, il commanda la 2e subdivision de la 7e division militaire (Drôme), puis la 1re (Hautes-Alpes). Il était déjà commandeur de la Légion-d'Honneur.

Après la Révolution de Juillet, Louis-Philippe lui confia le département du

Finistère, et en 1832, une brigade de cavalerie aux environs de Weissembourg.

En 1833, il commanda en Afrique la province d'Oran. Depuis l'occupation de cette ville, les Garabats, dont les nombreuses et belliqueuses tribus habitaient la vallée de la Sig, à douze lieues d'Oran, n'avaient cessé de lutter contre la domination française : le général Desmichels résolut de se débarrasser de ces dangereux voisins. Il dirigea contre eux (8 mai) 2,000 hommes de toutes armes, et enleva quatre de leurs camps. 300 Arabes furent tués, les douars détruits, les femmes, les enfants faits prisonniers, les troupeaux enlevés.

Dans le même mois, 10,000 Arabes, dont 9,000 cavaliers, vinrent camper à trois lieues d'Oran : le général Desmichels fit jeter, en avant de la place, les fondations d'un blockaus, destiné à couvrir les fortifications non encore achevées. Le 27, les colonnes arabes attaquèrent la ville et le blockaus; Abd-el-Kader les commandait. Après un combat acharné, il dut lever le camp, après avoir perdu 800 hommes; les Français comptaient deux morts et 30 blessés.

Le 5 juin de la même année, le général Desmichels s'empara du pont d'Arzew, dont l'occupation devait faciliter l'attaque de l'importante ville de Mostaganem, occupée par les Turcs.

Le 27 juillet, à la tête de sa petite division, il entra dans cette ville et s'y fortifia. Attaqué par les Kabyles, il les repoussa avec énergie et leur fit essuyer des pertes considérables.

Dans le moment où Mostaganem se défendait si glorieusement, le général avait détaché contre les parjures Zmélias, le colonel de l'Étang. L'expédition réussit; mais, attaqué au retour par les Arabes exaspérés, le corps expéditionnaire allait succomber sous le nombre, lorsque le général Desmichels accourut et le dégagea.

Après plusieurs actions d'éclat, ce général fut remplacé à Oran par le général Trézel, et reçut, en récompense de sa conduite, sa promotion au grade de lieutenant-général le 31 décembre 1835.

En disponibilité jusqu'en 1837, M. Desmichels fut appelé l'année suivante au commandement de la 17e division militaire (Corse). Il fit ensuite partie du comité de cavalerie.

DESPEAUX (Éloi, baron), né à Auteuil, près Beauvais (Oise), le 14 octobre 1761, entra au service comme soldat au régiment de Flandre, le 2 novembre 1776 et passa par tous les grades de sous-officier dans ce régiment. Il se trouvait à Versailles lorsque les Parisiens y vinrent chercher le roi.

Après la bataille de Jemmapes, il fut nommé capitaine adjudant-major au 9e bataillon du Nord, et se distingua à la défense du camp de Famars, où il fut grièvement blessé et nommé chef de bataillon sur le champ de bataille. Nommé général de brigade le 3 septembre 1793, il fut chargé d'une mission sur la Sambre, y fut blessé de nouveau, et peu de jours après, créé général de division (19 mars 1794).

Un avancement aussi rapide s'explique par le courage reconnu de M. Despeaux plutôt que par sa capacité militaire. Il avait, d'ailleurs, une supériorité incontestable dans les manœuvres de l'infanterie.

Après la conquête de la Belgique et de la Hollande par Pichegru, le général Despeaux fut nommé commandant supérieur de Tournai, puis d'Anvers et du Brabant occidental, où il dut surveiller la suppression des maisons religieuses. En 1798, le Directoire lui confia la 18e division militaire (Dijon).

Membre de la Légion-d'Honneur le 4 floréal an XIII, il reçut le 8 mai 1809 le commandement d'une division à l'armée d'observation de l'Elbe, à Hanau, et commanda même quelque temps en chef, après le départ de Junot. De là il parut quelques jours au siège de Flessingue, et fut chargé, le 20 septembre 1809, de la 20ᵉ division (Périgueux).

A la suite des événements de 1814, le général Despeaux commanda à Metz et le 25 mars 1815 au Quesnoy.

A la première Restauration, il fut créé chevalier de Saint-Louis, et à la seconde on le mit en disponibilité, et il fut chargé deux fois seulement de tournées d'inspection. Plus tard, il fut mis à la retraite.

Le 11 juin 1819, le roi le créa baron, et, en novembre 1821, commandeur. Il était officier depuis le 21 janvier 1814.

DESPINOY (Hyacinthe-François-Joseph, comte), né à Valenciennes, le 22 mai 1764, entra au service le 18 juillet 1780, comme cadet-gentilhomme dans le régiment de Barrois, sous-lieutenant en juillet 1784, lieutenant en septembre 1791, capitaine des grenadiers en mai 1792; fit partie de l'expédition contre le comté de Nice avec le général Anselme; chef de bataillon en 1793, se distingua aux combats de Sospello, de Lantosca, de Belvéder, etc.

Adjudant-général cette même année, il assista au siège de Toulon avec Dugommier qui le fit son chef d'état-major. L'adjudant-général Despinoy se montra brillamment en plusieurs occasions pendant le siège, et y fut nommé général de brigade, après avoir reçu une blessure fort grave.

Après sa guérison, il alla reprendre son service à l'armée des Pyrénées-Orientales auprès de Dugommier qui faisait le siège de Collioure, et se distingua de nouveau. Le 3 novembre 1794, il présenta à la Convention vingt-six drapeaux et deux guidons pris à l'ennemi. Ses discours à cette occasion furent d'un *républicanisme pur et exalté*.

De retour à l'armée, il se signala par d'autres exploits. Au siège de Puycerda, avec 600 hommes, il résista pendant dix heures à des forces décuples, vit la moitié de son monde et la plupart des officiers tués ou blessés, fut lui-même atteint d'une balle au bras et fait prisonnier.

Rendu à la liberté à la paix avec l'Espagne, il alla rejoindre Bonaparte en Italie, se battit bravement à Mondovi, fut nommé général de division, commanda tour à tour à Milan et dans la Lombardie autrichienne. Sa conduite à Milan fut surtout digne d'éloges. C'est lui qui emporta le château de Milan (messidor 1796), après 48 heures de tranchée ouverte.

Quelque temps après, le général Despinoy reçut la mission de détruire le fort de Fuentès et fut investi du commandement de la forteresse d'Alexandrie.

Vers ce temps, et pour *des torts qui doivent avoir été graves, mais qui ne sont pas connus*, Bonaparte retira sa *confiance* au général Despinoy, et le Directoire, refusant de faire droit à ses réclamations, le mit à la retraite le 13 octobre 1796.

Néanmoins Bonaparte, devenu premier Consul, lui confia, en 1801, le commandement de Perpignan, et en 1803, celui d'Alexandrie; il le nomma membre, puis commandeur de la Légion-d'Honneur, mais jusqu'au dernier jour de son règne, il lui refusa un service *d'activité réelle*.

M. Despinoy rendit de vrais services à Alexandrie, en purgeant le pays des brigands qui l'infestaient. En quittant Alexandrie, en 1814, il ramena avec lui la garnison forte de 5 régiments, un bataillon de sapeurs et une compagnie de pionniers, et, en outre, 15 pièces d'artillerie et 32 caissons pleins de vivres. Le roi le créa en récompense chevalier de Saint-Louis et commandant de Strasbourg. Il interrompit ces fonctions pendant les Cent-Jours et les reprit au retour des Bourbons.

Chargé du commandement de la 1re division militaire (Paris) le 10 janvier 1816, le général Despinoy eut le triste avantage de faire oublier les violences de son prédécesseur le général Maison, de le faire regretter. Il appela sur lui les haines de tous les anciens soldats, envers lesquels il se montra d'un dureté inexorable. Le roi lui conféra le titre de *comte* le 2 mars 1816 et de commandeur de l'ordre de Saint-Louis le 3 mai suivant.

Le 21 janvier 1819, M. Despinoy fut mis en non-activité, mais le 23 janvier 1821, on lui confia la 20e division militaire (Périgueux), puis la 10e (Toulouse), enfin la 12e (Nantes). — Il fut en outre nommé, le 17 août 1822, grand officier de la Légion-d'Honneur.

Le général Despinoy se montra hostile à la Révolution de 1830. Il résista quelque temps à Nantes et tenta de soulever la Vendée.

Arrêté par les troupes du général Lamarque, il fut bientôt remis en liberté, et peu après admis à la retraite.

DESAILLY ou **DESSAILLY** (baron), né le 27 décembre 1768 à Oisy (Pas-de-Calais), entra en 1784 au 15e régiment d'infanterie légère.

Il se trouva, le 23 août 1792, au combat du camp de Maulde; en 1793, le 9 septembre, au siége de Dunkerque; en l'an II, au combat de Rousselaer; et en l'an III, au siége de Graves, du 7 brumaire au 8 nivôse.

Il servit ensuite à l'armée qui, sous les ordres de Pichegru, conquit la Hollande. Passé dans le courant de la même année à l'armée de Sambre-et-Meuse, il assista le 22 fructidor au passage du Rhin, et au siége de Mayence en vendémiaire an IV. En l'an V, son régiment, devenu la 15e demi-brigade d'infanterie légère, fut envoyé à l'armée d'Italie. Desailly, par la valeur qu'il déploya le 26 ventôse au passage du Tagliamento, et le 28 du même mois, à la prise de Gradisca, mérita, le 6 germinal, le grade de chef de bataillon. Employé à l'armée de Naples, commandée par Championnet, il se fit de nouveau remarquer, le 14 frimaire an VII, au combat de Civita-Castellana; puis, retourné quelque temps après à l'armée d'Italie, il eut un cheval tué sous lui à la bataille de la Trebia, à la suite de laquelle, le 6 messidor, il fut nommé chef de brigade.

De retour en France à la paix, il fut nommé, le 19 frimaire an XII, membre de la Légion-d'Honneur, le 25 prairial suivant, officier, et commandant de l'ordre le 4 nivôse an XIII. Le 14 vendémiaire an XIV, il combattit à Wertingen, le 24 du même mois à Ollabrunn, et le 11 frimaire à Austerlitz.

Il contribua, le 6 juin de l'année suivante, à la reddition de Kœnigsberg, devint baron de l'Empire en 1811; prit une part glorieuse, le 19 et le 22 avril 1809, aux batailles de Tann et d'Eckmühl, et fut récompensé de ses services le 8 juin, par le grade de général de brigade. Le 6 juillet suivant, à Wagram, un même coup de canon le blessa à l'épaule droite et tua son cheval.

Le général Desailly, employé en Russie dans la division Gudin, concourut le 18 août 1812, à la prise de Smolensk; mais, ayant eu la cuisse gauche fracassée deux jours après à l'enlèvement de Valutina-Gora, cette blessure l'obligea, le 13 mai 1813, à demander sa retraite. Depuis cette époque jusqu'au 22 mai 1830, date de sa mort, son nom est demeuré étranger aux événements qui se sont passés en France. On l'a inscrit sur l'arc de triomphe de l'Étoile, côté Ouest.

DESSAIX (Joseph-Marie, comte), général de division, naquit à Thonon (Savoie, ancien département du Mont-Blanc), le 24 septembre 1764. Fils d'un médecin, il prit le grade de docteur en médecine à Turin, et vint exercer son art à Paris. Il adopta les principes de notre Révolution, entra, au mois de juillet 1789, dans la garde nationale parisienne, retourna à Thonon en 1791 pour y faire germer les idées françaises, revint à Paris en 1792, et concourut avec Doppet, dans le dessein commun de porter la liberté en Savoie, à la formation de la société de la *Propagande des Alpes*, nommé presque aussitôt *Club des patriotes étrangers*. « Ce n'était point assez, dit Doppet dans ses Mémoires, p. 55, de faire des dons patriotiques et de faire des vœux pour le triomphe de la liberté, nous résolûmes de former une légion composée de Suisses, de Savoisiens et de Piémontais, pour aller partager aux frontières les lauriers des légions françaises. Nous nous présentâmes à l'Assemblée nationale le 31 juillet 1792. Chargé d'y porter la parole, je demandai la levée et l'organisation d'une légion franche, sous le nom de *Légion des Allobroges*. J'ai oublié de dire que, voyant depuis quelque temps la société composée de Suisses et de Savoisiens, nous lui avions ôté le nom de *Club des patriotes étrangers* pour lui donner celui des *Allobroges*. Ce fut la raison qui nous fit adopter le nom d'*Allobroges* pour la légion. L'Assemblée législative décréta la levée et l'organisation de la légion des *Allobroges*. Presque tous les membres de notre société s'étaient fait inscrire dans la liste des soldats Allobroges avant que de présenter notre demande à l'Assemblée nationale; mais, dès que le décret fut connu, les Savoisiens vinrent en foule se faire inscrire, et l'on y reçut beaucoup de Suisses et quelques Piémontais qui se trouvaient à Paris. » Dessaix, nommé capitaine dans cette légion le 7 août, commandait le noyau de sa compagnie dans la journée du 10 août. Malgré les dangers qu'il y avait peut-être à courir en protégeant les gardes suisses, objet de la fureur populaire, il parvint à en sauver un assez grand nombre qui, par reconnaissance, demandèrent à être incorporés dans sa compagnie. Il fut fait chef de bataillon le 13. Suivant le décret, l'organisation définitive de la légion devait avoir lieu à Grenoble; Dessaix et Doppet conduisirent donc leur troupe dans cette ville. Au mois de septembre, la légion entrait à Chambéri avec le général Montesquiou; et au mois de novembre, Dessaix succédait à Doppet dans le commandement de cette troupe. En juin 1793, il marcha contre les Marseillais avec l'armée des Pyrénées-Orientales, fut nommé colonel le 17 août, entra le 25 à Marseille et se rendit ensuite à Toulon. Sa conduite au siége de cette place parut digne de récompense aux représentants du peuple, qui voulurent le nommer général de brigade; mais il refusa un avancement qu'il croyait ne pas avoir mérité. En l'an II, il servit à l'armée des Pyrénées, et se distingua, le 13 floréal, en repoussant avec sa légion, forte de 1,500 hommes, les attaques de 8,000 Espagnols, auxquels il fit éprouver une grande perte. Le 17, il contribua à la prise de Saint-Laurent de la Monga. Il s'empara de Campredon le 19 prairial.

Après s'être trouvé aux différents combats qui signalèrent la fin de cette campagne, il passa à l'armée d'Italie au commencement de l'an III. Au mois de nivôse, il enleva les redoutes de Saint-Jean, en Piémont, et reçut un coup de baïonnette à la tête. Ses soldats voulaient fusiller les prisonniers qu'ils venaient de faire, mais il les sauva au péril de ses jours.

Le 11 thermidor, il fut blessé à la retraite de Salo. Le lendemain, il pénétra dans cette ville, s'empara de deux pièces de canon, de deux drapeaux et de 200 Autrichiens, poursuivit l'ennemi et délivra le général Guieux et 300 Français. Il se rendit maître de Rocca-d'Anfo le 19, et de Stora le 23. Le 1er fructidor il reçut une blessure en s'emparant d'une redoute armée de deux canons; il courut de grands dangers le 19, dans une reconnaissance sur l'Adige. Le 22, il prit San-Michaeli; le 1er jour complémentaire, le général Vaubois lui ordonna de tenir jusqu'à la dernière extrémité au plateau de Rivoli. Il fit ses dispositions en conséquence; mais, cerné par des forces supérieures, couvert de blessures, il tomba au pouvoir des Autrichiens, qui le conduisirent en Hongrie. Après une captivité de sept mois, il revint en Italie à la suite d'un échange, et fut élu, en germinal an VI, par le département du Mont-Blanc, député au Conseil des Cinq-Cents, où il ne se fit remarquer que par des opinions républicaines des plus avancées.

Malgré son opposition au mouvement de Brumaire, le premier Consul lui conserva le commandement de son corps, devenu 27e demi-brigade légère et l'envoya en Hollande. Il commanda successivement Nimègue, Berg-op-Zoom, Rotterdam, Dusseldorf, le grand duché de Berg, Aschaffembourg, Francfort, La Haye, Breda.

Le 11 fructidor an XI, le premier Consul lui conféra le grade de général de brigade, et le nomma en l'an XII, les 19 frimaire et 25 prairial, membre et commandant de la Légion-d'Honneur. Employé à la grande armée en l'an XIV, il se distingua à la prise d'Ulm. En 1809, il commanda une brigade de l'armée d'Italie sous les ordres du prince Eugène, fut blessé le 10 avril, au passage du Tagliamento, prit le commandement de l'avant-garde de l'armée, se trouva à la bataille de la Piave le 8 mai, et à toutes les affaires qui eurent lieu jusqu'à la jonction avec la grande armée, et fut créé comte de l'Empire et général de division le 9 juillet, quelques jours après la bataille de Wagram, où il avait été blessé à la cuisse. Dans un déjeuner qu'il fit à Vienne, Napoléon le salua du surnom d'*intrépide*. En 1810, il eut le commandement d'Amsterdam, et reçut, le 30 juin 1811, la décoration de grand officier de la Légion-d'Honneur; l'Empereur le fit aussi électeur du département du Léman. Employé en 1812 au 1er corps de la grande armée, il fut blessé, le 22 juillet à Mohilow, concourut à la prise de Smolensk, combattit, le 7 septembre, à la bataille de la Moskowa, eut bientôt après le bras fracassé par un biscaïen, dut céder sa division au général Rapp, et reçut, au commencement d'octobre 1812, le commandement de Berlin, commandement qu'il conserva jusqu'au 26 février 1813. Il était dans ses foyers depuis plusieurs mois, lorsque, le 4 janvier 1814, l'Empereur le chargea d'une partie de la défense des Alpes. Obligé de se replier, il rejoignit le corps d'Augereau. Les faits de guerre qui lui sont propres pendant cette courte campagne, pour être obscurs, n'en méritent pas moins d'être cités, et c'est avec un sentiment de reconnaissance justement apprécié, que ses compatriotes l'appelèrent alors le *Bayard de la Savoie*. Dessaix se soumit aux événements politiques de l'époque, et reçut la croix de Saint-Louis le 27 juin 1814. Napoléon, à son retour de l'île d'Elbe, lui donna le commandement de Lyon, puis celui d'une division de l'armée des Alpes, sous Suchet.

Après la seconde abdication, il se réfugia dans le pays de Gex, d'où il revint à Thonon. Arrêté au mois de mai 1816 et conduit au fort de Fenestrelles, il n'en sortit qu'au mois de septembre suivant, et sur un ordre du roi de Sardaigne. Il se retira à Ferney-Voltaire, où son frère exerçait la profession d'avocat.

En 1821, quand les patriotes piémontais voulurent secouer le joug qui pesait sur eux, ils jetèrent les yeux sur lui pour commander les forces de l'insurrection ; mais, soit raison de santé, soit tout autre motif, il laissa ce commandement aux généraux Guillaume de Vaudoncourt et Belloti.

Il accueillit la révolution de 1830, et fut nommé, par ordonnance du 12 novembre, commandant de la garde nationale de Lyon.

Dessaix est mort le 26 octobre 1834. Son nom est gravé parmi ceux de la face Nord de l'arc de triomphe de l'Étoile.

DESSEIN et non DESSAINT (BERNARD); naquit le 19 mars 1762 à Orthez (Basses-Pyrénées). Le 14 juin 1777, il entra comme soldat dans le régiment d'infanterie de Brie (24e), et servit sur les côtes de Bretagne de 1780 à 1783. Caporal le 8 juillet 1780, sergent le 10 juin 1781, fourrier et sergent-major les 16 mars et 29 août 1783, il passa, le 20 novembre 1788, en qualité de quartier-maître-trésorier dans le régiment d'Angoumois-Infanterie (80e), devint lieutenant et capitaine les 12 janvier et 19 juin 1792, et fit les campagnes des Pyrénées-Occidentales de 1792 à l'an III.

A l'affaire de Sarre, le 1er mai 1793, faisant partie d'un détachement de 150 hommes, commandé par le brave Latour-d'Auvergne, qui arrêta l'armée espagnole, culbuta sa cavalerie et soutint pendant une heure et demie les efforts de la colonne d'attaque, il fut blessé de deux coups de feu au commencement de l'action. Le 22 juin suivant, il contribua, à la tête de 100 hommes, à la prise des retranchements de la Croix-des-Bouquets, et obtint le grade de chef de bataillon le 27 nivôse an II.

Il se fit remarquer, le 17 pluviôse suivant, devant Saint-Jean-de-Luz, où il remplissait les fonctions d'officier supérieur de jour. Appelé à l'état-major du général Muller le 4 floréal même année, il reçut le 21 prairial le grade de général de brigade, et fut placé, en cette qualité, à la tête de l'avant-garde de l'armée.

Chargé le 7 thermidor du commandement de la colonne d'attaque dans la vallée de Bastan, il franchit avec impétuosité les retranchements ennemis et contribua au gain de cette journée. Le 14 du même mois, il eut une part brillante au combat de Fontarabie et à la prise de cette place; le 16, il assista à la reddition de Saint-Sébastien, dont il prit le commandement le lendemain. Il se distingua aux affaires de Burguet les 25 et 27 vendémiaire an III, et participa à la défaite du duc d'Ossuna.

Le 8 frimaire suivant, il se fit remarquer au combat de Bergara, où le général Moncey battit complètement l'armée du général espagnol Ruby. Chef de l'état-major général de l'armée le 19 ventôse, il devint général de division le 25 prairial même année.

Quand le général Moncey eut conçu le projet d'envahir le Guipuzcoa et la province de Biscaye, il confia le commandement de la 1re division au général Dessein. Cette division, qui formait l'avant-garde, se mit en marche dans la nuit du 23 au 24 messidor, débusqua l'ennemi des fortes positions qu'il occupait, et lui prit treize pièces de canon et ses magasins. Poursuivis jusqu'à Durango, les Espagnols laissèrent encore en avant de cette ville douze bouches à feu, deux cent quatre-vingt caissons de cartouches d'infanterie, cinquante barils de poudre, six mille gargousses à mitraille et deux mille fusils.

Le 1er thermidor, les Espagnols, poursuivis jusqu'à Bilbao et Portugalette, abandonnèrent soixante pièces de canon, un grand nombre de munitions de guerre et des magasins considérables. Après cette glorieuse expédition, le général Dessein reprit ses fonctions de chef d'état-major général.

La paix ayant été conclue avec l'Espagne, l'armée évacua ce pays le 22 fructidor an III. Replacé à la tête de la 1re division, le général Dessein, dirigé sur la Vendée, où il arriva le 7 vendémiaire an IV, fut appelé, le 25 du même mois, au commandement de la 4e division de l'armée de l'Ouest. Le 19 ventôse suivant, le Directoire exécutif lui confia le commandement en chef de l'armée des côtes de l'Océan, que l'état de sa santé ne lui permit pas de conserver. Il quitta l'armée avec un congé de convalescence.

Le 8 nivôse an X, le premier Consul le nomma inspecteur aux revues, et membre de la Légion-d'Honneur le 4 germinal an XII. Passé dans la 9e division militaire (Montpellier) le 9 octobre 1811, il y resta jusqu'au 2 janvier 1815, date de son admission à la retraite.

Louis XVIII lui avait donné la croix de Saint-Louis le 1er novembre 1814.

Il est mort le 30 septembre 1823, à Ortez (Basses-Pyrénées).

DESSOLLES (Jean-Joseph-Paul-Augustin, marquis), né à Auch (Gers) le 3 juillet 1767. Reçut une brillante éducation sous la direction de son oncle qui fut évêque de Digne, puis de Chambéry.

Il entra au service en 1792, où on le voit adjudant-général, sous les ordres de Bonaparte, pendant les premières campagnes d'Italie. Il est bientôt élevé au grade de général de brigade. Le 5 germinal an VII, il bat, dans la Valteline, les Autrichiens qui avaient des forces doubles des siennes, leur tue 1,200 hommes, en prend 4,000 et dix-huit pièces de canon; il assista à la fatale journée de Novi, aux célèbres combats de Sainte-Marie où il fut nommé général de division, et de Lodi, où il mérita le glorieux surnom de *Decius français*, et assista à toutes les batailles, tous les combats, sièges, passages, etc., jusqu'à la paix de Lunéville.

Nommé conseiller d'État à cette époque; puis il reçut le commandement en chef provisoire de l'armée de Hanovre. Remplacé par Bernadotte, il fut en disponibilité jusqu'en 1808, fut chargé alors du commandement d'une division de l'armée d'Espagne, et se distingua à l'affaire de Tolède, à la bataille d'Ocaña, au passage de Sierra-Morena, à Despeña-Perros, etc. Il s'empara de Cordoue qu'il gouverna de façon à se concilier les cœurs.

En 1812, l'Empereur le nomma chef de l'état-major du corps d'armée du vice-roi d'Italie; arrivé à Smolensk, sa santé l'obligea à revenir à Paris.

En 1814, le gouvernement provisoire le nomma général en chef de la garde nationale et de toutes les troupes de la 1re division; le comte d'Artois le nomma membre du conseil d'État provisoire; et le roi, ministre d'État, pair de France, major général de toutes les gardes nationales du royaume, commandeur de Saint-Louis, grand cordon de la Légion-d'Honneur. Ces faveurs furent la récompense de ses efforts auprès de l'empereur Alexandre pour repousser la régence de Marie-Louise et rétablir les Bourbons.

Pendant les Cent-Jours, Dessolles se tint éloigné des affaires et reprit tous ses emplois à la seconde Restauration. Le 28 décembre 1817, il fut nommé président du conseil des ministres, et, lorsqu'il quitta le ministère, reçut de la reconnaissance publique le beau titre de *Ministre honnête homme.*

Il mourut en novembre 1828 à sa terre de Montluchet.

DESVERNOIS (Nicolas-Philibert, baron), né le 23 septembre 1771 à Lons-le-Saulnier ; entra au service le 2 septembre 1792 dans le 1er corps de hussards dits *de la liberté* (7e bis de l'arme en l'an II, puis 28e régiment de dragons en l'an XII), partit pour l'armée du Rhin, où il combattit jusqu'en l'an III, et obtint les grades de brigadier le 13 octobre, de brigadier-fourrier le 28, et de maréchal-des-logis le 12 avril 1793.

Le 17 mai suivant, il commandait un peloton de tirailleurs près de Landau, son cheval fut tué sous lui d'un coup de feu qui le blessa lui-même à la jambe gauche.

Dans la nuit du 18 vendémiaire an II, étant de grand'garde en avant de la Rébut, il culbuta les deux postes de hussards hongrois qui se trouvaient en avant de la porte d'Oggresheim.

Nommé sous-lieutenant le 8 fructidor suivant, il se fit remarquer dans plusieurs affaires de l'an III, et fut attaché ensuite à l'armée d'Italie en l'an IV et en l'an V.

Le 19 floréal, au combat de Fombio, il mit en déroute, à la tête de son peloton composé de 25 hommes, une colonne de plus de 200 hulans et hussards hongrois qui protégeaient la retraite de l'armée autrichienne. L'ennemi eut 30 hommes tués, 17 prisonniers, et nous laissa 33 chevaux.

Le 21 du même mois, à la bataille de Lodi, chargé d'aller reconnaître un gué pour le passage de la cavalerie dans la rivière de l'Adda, il exécuta sa mission sous le feu de l'ennemi.

Le lendemain, 22, à l'instant ou Pizighitone se rendait aux troupes françaises, et à la suite d'une charge sur les hulans, il entra le premier dans Crémone, combattit et fit un prisonnier dans la ville.

Au combat de Borghetto, le 11 prairial, il commandait un des pelotons du régiment et fit quelques prisonniers à l'armée napolitaine.

Le 13 pluviôse an V, aux combats d'Imola, Faënza et Forli en Romanie, après avoir fait une multitude de soldats prisonniers, il rentra avec son détachement dans les rangs de son régiment qu'il trouva placé en colonne sur la route.

Il reçut alors un coup de mitraille qui lui fit une forte contusion au genou droit, et, malgré sa blessure, il fit plusieurs officiers et soldats prisonniers, parmi lesquels se trouvait un colonel, et obligea l'ennemi à abandonner deux pièces de canon, deux caissons, huit chevaux et leurs attelages.

Dirigé sur Civita-Vecchia, le 7 prairial an VI, il embarqua pour l'Égypte, assista à la prise de Malte et prit part aux différentes actions qui eurent lieu en avant du Caire.

Le 15 messidor, se trouvant avec douze cavaliers à la citerne de Beda, dans la basse Égypte, il protégea la retraite de plus de cent soldats qui étaient venus faire de l'eau à cette citerne, et qu'attaquaient à l'improviste une multitude de Bédouins.

Le 24 thermidor, commandant le peloton d'avant-garde à la bataille de Salahieh, où son régiment se signala, il battit les Mamelucks d'Ibrahim-Bey.

Nommé lieutenant le 1er vendémiaire an VII, et capitaine le 1er frimaire suivant, il fit partie de l'expédition de la haute Égypte.

Le 3 pluviôse, envoyé avec un fort détachement pour soutenir une partie du régiment qui se trouvait dangereusement engagé, il fit une charge vigoureuse sur le flanc des Mamelucks de Mourad-Bey et les dispersa. Rappelé par Desaix pour déloger l'ennemi qui s'était jeté dans un grand canal desséché, et qui y inquiétait par son feu les carrés de l'infanterie française, il s'élança à la tête de sa colonne, et donna la première impulsion; mais bientôt enveloppé par de nombreux ennemis, il reçut plusieurs coups de sabre, perdit son cheval frappé de plusieurs coups de feu et de deux coups de poignards, et fut mis lui-même hors de combat.

Maîtres du canal après une lutte acharnée, les Français recueillirent leurs blessés, parmi lesquels se trouvèrent le capitaine Desvernois et le commandant Rapp, aide-de-camp du général en chef.

Desvernois, guéri de ses blessures, était le 13 germinal de la même année à la tête de l'avant-garde du régiment qui avait ordre de s'enfoncer jusqu'à deux lieues dans le désert de Birembra, près de Coust, sur la rive orientale du Nil.

Le 29 du même mois, commandant encore l'avant-garde du régiment à Bénéade, il s'empara de neuf cents chameaux appartenant à des caravanes qui avaient pris les armes et faisaient cause commune avec les Mamelucks et les habitants du pays.

Le soir du même jour, l'ennemi renfermé dans Bénéade et pressé par les flammes, se détermina à une sortie générale. Placé en embuscade avec sa troupe, Desvernois fondit sur les assiégés et leur tua plus de 300 hommes.

Le capitaine Desvernois se trouva à la bataille d'Héliopolis, le 29 ventôse an VIII, aux combats de Belbeis et de Coraïm, les 1er et 2 germinal, aux sièges du Caire et de Boulac, le même mois, à l'attaque du fort d'Aboukir et du camp d'Alexandrie au mois de thermidor.

Rentré en France et employé à l'intérieur pendant les ans X, XI et XII, il fut nommé membre de la Légion-d'Honneur le 25 prairial an XIII; il passa à Turin en l'an XIII, fit la campagne de l'an XIV en Italie, celles de Naples et des Calabres en 1806, et obtint, par décret du roi Joseph (17 septembre), le grade de chef d'escadron pour remplir les fonctions d'aide-de-camp auprès du général Mathieu-Dumas, ministre de la guerre à Naples.

Décoré de l'ordre des Deux-Siciles en 1807, et promu major le 1er février 1808, puis colonel le 2 décembre de la même année, il reçut le titre de baron avec un majorat en 1809, et le grade de maréchal de camp le 3 juillet 1813.

De retour en France au mois de mai 1814, il resta en non-activité comme colonel de cavalerie, obtint son admission au service de France avec le même grade par ordonnance du 21 janvier 1816, fut nommé chevalier de Saint-Louis le 20 janvier 1819, et admis à la retraite le 8 juin 1823.

Retiré à Lons-le-Saulnier, il y obtint le 15 octobre suivant, le grade de maréchal-de-camp honoraire, et reçut le 1er mai 1831, la croix d'officier de la Légion-d'Honneur.

DEVILLIERS (Claude-Germain-Louis, vicomte), né le 3 septembre 1770. Il fit comme chef de bataillon la désastreuse campagne de 1799, qui nous enleva l'Italie, et fut blessé au combat de Monte-Faccio, où les soldats français insurgés, voulant réparer leur faute et recouvrer leurs drapeaux que le général Saint-Cyr leur avait enlevés, combattirent avec la plus grande intrépidité, rompirent et culbutèrent du premier choc les Autrichiens. Le 26 septembre 1800, le chef de bataillon Devilliers, à la tête de six compagnies de carabiniers de la 25e légère, passa le Mincio malgré la mitraille, et prit poste pour couvrir les tirailleurs.

Colonel du 6e d'infanterie de ligne en 1809, général de brigade et baron au siége de Dantzig. Il y donna des preuves d'une grande valeur. La capitulation de cette place ayant été violée, ses défenseurs souffrirent une dure captivité dans les provinces glacées de la Russie ; le général Devilliers partagea le sort de ses compagnons d'armes.

Rentré en France, en 1814, il reçut la croix de Saint-Louis, le commandement du dépôt du Mont-Blanc, et fut promu, le 27 décembre, au grade de commandeur de la Légion-d'Honneur.

Dans la nuit du 5 au 6 mars 1815, ayant reçu du général comte Marchand l'ordre de se rendre à Grenoble, il partit de Chambéry, avec quatre bataillons, deux du 7e de ligne, commandés par Labédoyère, et deux du 11e, commandés par le colonel Durand. Ces troupes, qui avaient reçu une distribution d'eau-de-vie, se trouvaient depuis trois heures en position sur le rempart qui fait face à la route de Gap, par où l'on présumait que Napoléon devait arriver, et le général Devilliers était chez le commandant de la division, lorsqu'on vint l'avertir que le 7e régiment de ligne, commandé par Labédoyère, sortait de Grenoble et marchait aux cris de *vive l'Empereur!* Le maréchal de camp Devilliers courut aussitôt sur les pas des déserteurs, et en fit rétrograder une centaine ; mais arrivé à la tête du corps, ses ordres, ses prières, ses menaces furent inutiles.

Le général Devilliers doit à cet épisode de s'être trouvé plus tard dans la circonstance la plus critique de toute sa vie ; il fut appelé comme témoin dans le procès du malheureux Labédoyère.

M. Louis Devilliers fut nommé vicomte, lieutenant-général le 25 avril 1821, commandeur de Saint-Louis la même année, enfin grand officier de la Légion-d'Honneur.

On lui confia plus tard la 13e division militaire.

DIGEON (ALEXANDRE-ELISABETH-MICHEL, vicomte), fils d'un fermier général, naquit à Paris, le 27 juin 1771. Il entra au service comme sous-lieutenant dans le 104e régiment d'infanterie, d'où il passa quelques mois après avec le même grade dans le 9e régiment de chasseurs à cheval. Nommé chef d'escadron au 19e de dragons, Digeon fut blessé d'un coup de baïonnette à l'attaque du pont de Kehl ; il le fut plus tard à Trébia sans vouloir abandonner un seul instant le commandement de son régiment dont il se trouva investi par la mort de son colonel ; à la fin de cette bataille si disputée, le cheval de Digeon, tué sous lui, le laissa au pouvoir de l'ennemi. A la bataille de Marengo, un frère puîné de Digeon, qui devint aussi lieutenant-général, s'étant distingué dans l'artillerie de la garde consulaire, le premier Consul, à son retour à Paris, envoya le général Bessières chez M. Digeon, pour le complimenter et le rassurer sur une blessure qu'il avait reçue. M. Digeon n'hésita pas à demander pour la récompense de son jeune fils l'échange et le rappel sous les drapeaux de son fils aîné. Le vainqueur de Marengo fit aussitôt de Digeon l'objet d'un cartel particulier ; celui-ci rentra dans sa patrie et fut nommé colonel du 26e chasseurs. Ce régiment prit part aux grandes affaires de 1805, notamment de Lensberg et d'Austerlitz, où il prit trois étendards. Digeon reçut la décoration de commandeur de la Légion-d'Honneur le lendemain de cette bataille, où il fut blessé. Il le fut de nouveau près de Stralsund en 1807 ;

élevé au grade de général de brigade, cette même année, il commanda avec la plus grande distinction les 20ᵉ et 25ᵉ de dragons aux batailles d'Heilsberg et de Friedland. Appelé en Espagne l'année suivante, il s'y fit remarquer le 23 novembre dans un combat contre Castaños. Devenu en 1812 gouverneur civil et militaire des provinces de Cordoue et de Jaën, le général Digeon parvint par une administration sage, à gagner la confiance des habitants que les ravages de la guerre avaient irrités et réduits à la plus profonde misère. Pendant six mois entiers, plus de 7,000 individus furent arrachés aux horreurs de la famine. La brillante conduite de M. Digeon, pendant la retraite périlleuse de l'Andalousie, lui mérita, le 3 mars 1813, le grade de lieutenant-général. Il se trouva en cette qualité à la bataille de Vittoria, où il fut blessé pour la cinquième fois. A la fin de cette même année il passa à l'armée de Catalogne sous le maréchal Suchet, et fut chargé du commandement de toute la cavalerie et de la première division d'infanterie. Détaché en 1814 à l'armée de Lyon, commandée par Augereau, il rendit à cette ville, par un brillant fait d'armes, un service important. Le 20 mars, les Autrichiens s'étaient avancés jusqu'au faubourg de Saint-Just ; on commençait à se battre dans les rues, et cette grande cité, ouverte de toutes parts, se voyait au moment d'être enlevée de vive force. Le général Digeon, vers qui était dirigée la plus vigoureuse attaque, reprend tout à coup l'offensive, s'empare d'une batterie, taille en pièces le régiment de Hiller, et ramène près de 400 prisonniers. Ce coup de vigueur arrêta sur-le-champ les progrès de l'ennemi. L'occupation de Lyon, qui pouvait être si désastreuse dans cette journée, n'eut lieu que le lendemain et en vertu d'une capitulation.

Après la Restauration, Digeon fut employé comme inspecteur général de cavalerie ; il se trouvait en cette qualité à Nevers lors du débarquement de l'Empereur. Le ministre de la guerre l'ayant désigné pour commander une division de cavalerie, il s'empressa de venir joindre Monsieur à Lyon, où il arriva le 8 mars ; après beaucoup d'efforts inutiles pour maintenir les soldats, il partit de cette ville avec le duc de Tarente, lorsque toutes les troupes eurent abandonné leurs chefs pour rejoindre Napoléon. Le roi nomma aussitôt Digeon aide-de-camp de Monsieur. Il ne prit point de service pendant les Cent-Jours. Au retour du roi, il fut nommé commandant de la division de cavalerie de la garde royale, et plus tard créé pair de France avec le titre de vicomte. Dans la Chambre haute, il appuya constamment la politique du côté droit et le système ministériel qui s'ensuivit. Dans les procès politiques, il vota pour les partis les plus rigoureux. Au mois de mars 1823, en l'absence du duc de Bellune, il fut chargé *par intérim* du portefeuille de la guerre ; trois mois après il fut nommé ministre d'État et membre du Conseil privé, puis commandant en chef de l'armée d'occupation.

Le général Digeon est mort le 2 août 1826, à sa terre de Ronqueux, près Paris. Il avait épousé peu de temps avant sa mort une demoiselle de la maison de Saulx-Tavannes.

DIGONNET ou DIGONET (Antoine), naquit à Crest (Drôme), le 23 janvier 1763.

Soldat à l'armée du général Rochambeau, puis caporal, sergent et sergent-major dans le 39ᵉ de ligne, il assista au siége d'York, où il fut blessé à la jambe droite pendant les guerres d'Amérique, de 1779 à 1783.

Rentré en France, il fut nommé adjudant-major au 2ᵉ bataillon des Landes, en octobre 1792, et passa en 1793 à l'armée des Pyrénées-Orientales.

Il se distingua lors de l'enlèvement du camp de Mandaris, occupé par l'armée espagnole, sous le commandement du marquis de Saint-Simon.

La Bidassoa, Fontarabie, Saint-Sébastien furent également témoins de sa valeur.

Nommé commandant le 1ᵉʳ mai 1793, il fut appelé à commander le 4ᵉ bataillon des Landes, avec lequel il prit, en l'an II, une part active à tous les combats qui obligèrent les Espagnols d'abandonner les importantes positions d'Altobiscar.

Blessé au bras droit dans la journée du 17 pluviôse, il devint général de brigade le 25 germinal, et servit en cette qualité dans la division Marbot.

C'est lui qui guida l'avant-garde au combat où 15,000 Espagnols furent battus par 4,000 Français, et assista, en l'an III, à la bataille d'Yursum.

Dès que la paix eut été signée avec l'Espagne, Digonet reçut l'ordre de se rendre à l'armée de la Vendée, où il fit la campagne de l'an III à l'an IV.

Dans le cours de cette campagne, il battit Charette près de Saint-Fulgens, et l'obligea de fuir avec les débris de sa bande.

C'est à la suite de cette déroute que Charette tomba entre les mains du général Travot. Il obtint le même succès contre Stofflet qui, lui-même, tomba quelque temps après au pouvoir du général Ménage.

Hoche, parvenu à pacifier les départements de la Vendée, de l'Orne, de la Manche, du Calvados, fit le plus grand éloge de Digonet, dans le rapport qu'il adressa au Comité de salut public.

Pendant les ans V et VI, il commanda les départements de la Charente-Inférieure et des Deux-Sèvres.

Lorsque les Chouans reprirent les armes, en l'an VII, il s'avança contre le général Bourmont, qui s'était emparé du Mans, le força d'évacuer cette ville, poursuivit les rebelles, battit dans le département de la Sarthe un autre de leurs chefs, le força de prendre la fuite, et se rendit maître de toute l'artillerie qu'ils avaient enlevée au Mans.

Appelé à l'armée du Rhin, commandée par Moreau, il prit part à la bataille d'Engen, à celle de Maëstricht, à l'affaire de Biberach.

Après avoir franchi le Saint-Gothard à la tête de l'avant-garde de l'armée destinée à envahir l'Italie, il commandait une brigade dans la division Lapoype, lorsque ce général se porta sur Marengo.

En l'an IX, il servit sous les ordres de Brune, général en chef de l'armée d'Italie, et chassa les Autrichiens de la vallée Camonica, de la Valteline, du comté de Borméo.

Membre de la Légion-d'Honneur le 23 vendémiaire an XII, il fut fait commandant de l'Ordre le 25 prairial suivant.

Le général Digonnet servit encore en Italie et en Allemagne, jusqu'en 1810, époque à laquelle il quitta la carrière des armes.

Il est mort à Modène le 17 mars 1811.

DODE DE LA BRUNERIE (Guillaume, vicomte), maréchal de France, né à Saint-Geoire (Isère), le 30 avril 1775, entra le 11 mars 1794, en qualité de sous-lieutenant, à l'École du génie de Metz, en sortit lieutenant, fit avec une grande distinction les campagnes de 1795 à 1804 aux armées du Rhin, d'Égypte et d'Italie.

Il se signala à la bataille de Rastadt et à la défense du pont d'Huningue.

Colonel en 1803, général de brigade

et baron de l'Empire en 1809, il s'était distingué dans tous les combats, surtout à Iéna. Employé en Espagne en 1808 et 1810, il montra au siége de Saragosse beaucoup de talents et une rare intrépidité.

Chargé en 1811 d'inspecter les côtes depuis Brest jusqu'à la Loire, il reçut les félicitations de l'Empereur. Il commandait le génie du corps d'armée de l'Océan, lorsqu'il eut, au commencement de 1812, l'ordre de se rendre à Mayence. Après la campagne de Russie, il se renferma dans Glogau et s'y défendit.

Nommé général de division le 5 décembre 1812, il fut chargé en 1813 du commandement du génie sur l'Elbe; bientôt après il fut appelé pour remplir les mêmes fonctions au 11ᵉ corps et presque immédiatement en Italie.

En 1817, le général Dode fut chargé d'inspecter les frontières des Pyrénées, des Alpes et des côtes de la Méditerranée.

Il fit partie de l'armée d'Espagne en 1823, et fut nommé grand officier de la Légion-d'Honneur, pour sa conduite à la redoute du Trocadéro.

Au retour de cette campagne, il fut nommé membre du comité des fortifications, pair de France et vicomte, puis membre de la commission mixte des travaux publics, inspecteur général des fortifications, président du comité, directeur supérieur honoraire des fortifications de Paris. — Maréchal de France le 17 septembre 1847.

DOGUEREAU (JEAN-PIERRE, vicomte de), né à Orléans, le 11 janvier 1774.

Élève d'artillerie en 1793, lieutenant à l'armée du Rhin en 1794, capitaine en 1798, se distingua en cette qualité aux siége de Jaffa, de Saint-Jean-d'Acre, à Aboukir et au Caire, chef de bataillon en 1800 sur les côtes de l'Océan et à la grande armée; colonel le 9 mars 1806, et commandeur de la Légion-d'Honneur le 11 juillet 1807. En 1809, le colonel Doguereau aîné commandait en Espagne le 2ᵉ régiment d'artillerie à pied et y donna de nombreuses preuves de talents et de courage.

Directeur de l'artillerie à Paris et chevalier de Saint-Louis à la première Restauration. Maréchal de camp le 26 avril 1821 et vicomte, il fut chargé du commandement de l'École d'artillerie de La Fère et du commandement supérieur de la place.

Il est mort le 20 août 1826.

DOGUEREAU (LOUIS, baron de), né à Dreux le 11 juillet 1777.

Entré à l'École d'artillerie en 1794, lieutenant à l'armée du Rhin en 1795, capitaine en Égypte et blessé à Saint-Jean-d'Acre, chef de bataillon en 1803, major dans la garde impériale en 1806, colonel en 1807 et envoyé en Espagne, comme chef d'état-major de l'artillerie du général Sébastiani. Il eut un cheval tué sous lui à la bataille de Talaveyra.

En 1811, il donna sa démission et reprit du service quand l'ennemi menaça notre territoire. Napoléon le nomma colonel d'artillerie à cheval dans la garde impériale. Ce corps se couvrit de gloire pendant la campagne de 1814.

Le roi nomma M. Doguereau maréchal de camp, commandeur de la Légion-d'Honneur et chevalier de Saint-Louis.

Pendant les Cent-Jours, il commanda l'artillerie du 3ᵉ corps à Mézières.

A la seconde Restauration, il fut placé à la tête de l'École d'application d'artillerie à Metz. Nul n'était plus digne ou plus capable d'occuper ce poste. Il possède à un degré élevé le talent de diriger une institution régimentaire.

Le général Doguereau, Louis, fut nommé général de division à la promotion du 9 janvier 1833.

Élu membre de la Chambre des députés par le collége électoral de Blois, puis réélu en 1839, il devint président du comité d'artillerie le 19 avril 1841, et grand-croix de la Légion-d'Honneur le 28 avril 1843.

DOMMANGET (Jean-Baptiste, baron), né le 17 octobre 1769 à Possesse (Marne), était clerc de notaire lorsque la Révolution éclata. Mû par le sentiment d'un patriotisme qui ne s'est pas démenti un seul instant pendant sa longue et honorable carrière, il s'enrôla, comme soldat, le 11 mai 1791, dans le 23ᵉ régiment de cavalerie, fit la campagne de 1792, en Champagne, et celle de 1793 à l'armée de Sambre-et-Meuse.

Brigadier-fourrier le 1ᵉʳ avril de cette dernière année, il devint adjoint aux adjudants-généraux le 1ᵉʳ nivôse an II, et fut promu au grade de lieutenant de cavalerie le 14 messidor suivant.

En quittant l'armée de Sambre-et-Meuse, Dommanget devait être placé en qualité d'adjoint auprès de l'adjudant-général Cottin, mais cet officier supérieur, affaibli par l'âge, n'était plus en état de faire la guerre; aussi le jeune lieutenant chercha-t-il un emploi qui lui offrît quelques chances de danger et de gloire. Le général Durand, qui commandait une brigade de la division Garnier à l'armée d'Italie, et qui connaissait la bravoure et la capacité de Dommanget, s'empressa de l'appeler auprès de lui en qualité d'aide-de-camp; mais il ne remplit ces fonctions que pendant deux mois : un événement funeste priva la France des services du brave général Durand. La cause de sa mort et les circonstances qui l'accompagnèrent sont empreintes d'une telle fatalité que ce fait doit trouver place dans cette notice. Le 22 fructidor an II, l'ennemi devait attaquer la brigade Durand au col de Fremcmorte. Dès le matin, Dommanget avait été envoyé en reconnaissance pour observer les mouvements de l'ennemi. Il vint rendre compte à son général que les Autrichiens ne bougeaient pas et que tout était tranquille. Vers trois heures de l'après-midi survint un orage des plus violents; le lieutenant Dommanget était couché entre le général Durand et le capitaine Bodard, de la 84ᵉ demi-brigade, sous une tente adossée à un mur de rocaille; la foudre touche sur ce mur qui s'écroule et ensevelit la tente sous ses ruines. Dommanget en fut quitte pour quelques contusions, mais, lorsqu'on retira des débris le général Durand et le capitaine Bodard, ils étaient morts. Après cette déplorable catastrophe, Dommanget servit pendant quelque temps à l'état-major de la division Garnier.

Confirmé dans son grade de lieutenant le 4 pluviôse an III, et attaché en cette qualité, le 11 vendémiaire an IV, au 15ᵉ régiment de chasseurs à cheval, il fut employé comme adjoint auprès de l'adjudant-général Dalons le 20 floréal suivant.

Depuis 1793 jusqu'en l'an VI, il fit avec distinction les guerres d'Italie.

Nommé capitaine-adjoint le 14 vendémiaire an V, il passa avec son grade à la suite du 5ᵉ régiment de dragons le 4 prairial, et y devint capitaine titulaire le 13 thermidor de la même année. Il servit en l'an VII contre les insurgés de la Belgique.

Nommé chef d'escadron au même régiment le 13 pluviôse an VIII, le premier Consul le désigna pour faire partie de l'armée de réserve avec 500 dragons du 5ᵉ, lors du passage du Saint-Bernard. A son arrivée à Milan, il alla rejoindre à Lodi la division Duhesme, dont il forma depuis l'avant-garde. Cette division s'étant approchée de Crémone, Dommanget rencontra à peu de distance de la ville un bataillon autrichien établi sur la route, et qui voulut opposer quelque résistance ; chargé vigoureusement par les braves dragons du 5ᵉ, il fut culbuté, sabré et fait prisonnier. La légion de Bussy, qui était en réserve, attendit la charge des Français et la soutint assez bien ; mais, enfin, rompue et sabrée, le commandant Dommanget la mena battant pendant plus d'une lieue au delà de Crémone, sur la route de Mantoue. Pour cette brillante affaire, le 5ᵉ dragons reçut quatre sabres d'honneur. Le lendemain de la prise de Crémone, le général Duhesme rejoignit le gros de l'armée avec sa division, et laissa le commandant Domanget dans la place, afin d'observer, d'éclairer les routes de Mantoue et de Brescia, et de couvrir le blocus de Pizzighitone. A la fin de la campagne, le 5ᵉ de dragons rentra en France, et, au mois de floréal an IX, il fit partie de l'armée de la Gironde. Cette armée auxiliaire des Espagnols fut portée sur les frontières du Portugal depuis Ciudad-Rodrigo jusqu'à Alcantara sur le Tage.

Au mois de nivôse an X, le régiment rentra en France et alla tenir garnison à Joigny, où il resta jusqu'à la réunion du camp de Compiègne, au mois de vendémiaire an XII.

Major du 8ᵉ régiment de dragons le 6 brumaire, et membre de la Légion-d'Honneur le 4 germinal suivant, Dommanget ne voulut point rester au dépôt lorsque les troupes de l'armée des côtes de l'Océan se portèrent sur le Rhin. Il demanda au ministre de la guerre d'aller commander les escadrons de guerre de dragons montés, puisque le colonel était aux dragons à pied de la division Baraguay-d'Hilliers. Le ministre fit quelques difficultés ; Dommanget lui offrit alors de déposer ses épaulettes de major et de reprendre celles de chef d'escadron pour aller rejoindre l'armée. « Retournez à votre dépôt à Chantilly, lui répondit le ministre, vous y recevrez mes ordres. » Vingt-quatre heures après, Dommanget était en route. Il ne put atteindre la grande armée qu'au delà de Munich, le 8 brumaire an XIV. Le 8ᵉ régiment de dragons appartenait à la division Beaumont. Le jour de son arrivée au corps, le major Dommanget, faisant tête de colonne de la division, rencontra à quelque distance de Munich un bataillon de l'arrière-garde ennemie, posté sur la lisière d'un bois, pour arrêter le mouvement de la division française. Le major Dommanget le chargea aussitôt ; en moins de dix minutes, il l'enfonça et lui fit mettre bas les armes. Au delà du bois se trouvait un régiment de hussards autrichiens, il le culbuta et le mena battant jusque dans les rues de Bied. Sa belle conduite dans cette journée et à l'affaire de Lambach, qui eut lieu le lendemain, fut citée dans les bulletins de l'armée.

A la bataille d'Austerlitz, le 8ᵉ régiment de dragons chargea sur l'artillerie russe, qui était fortement défendue, et, en se repliant, il se jeta sur un corps d'infanterie ennemie, le sabra, lui fit poser les armes, et prit le général russe Langeron, que le major fit conduire à l'Empereur.

Pendant tout le reste de cette campagne et la suivante, Dommanget donna de nouvelles preuves de son courage, et, le 20 septembre 1806, il obtint le grade de colonel et le commandement du 10ᵉ régiment de dragons. Le 27 octobre suivant, il chargea, avec une grande résolution, près du village de Wickmansdorff, les dragons de la reine de Prusse, qui, avant de partir pour Iéna, étaient venus, par fanfaronnade, aiguiser leurs sabres sous les croisées de l'ambassadeur français. Il les rompit, passa le défilé pêle-mêle avec eux, et quoiqu'il n'eût sous ses ordres que trois cents chevaux, il obligea ce régiment, fort de 550 hommes à déposer les armes. Au moment où le 10ᵉ de dragons ramenait les prisonniers, parmi lesquels se trouvait le général major de Zastro, le prince Murat arrivait avec la division Beaumont. Le régiment fut accueilli par les cris de *Vive le 10ᵉ !* et le prince félicita le colonel sur la prise qu'il venait de faire.

Après avoir assisté aux combats de Prentzlau, de Lubeck, de Hoff, etc., cet officier supérieur se trouva à la bataille d'Eylau, où il eut un cheval tué sous lui. Il combattit à Friedland avec sa valeur habituelle, et, démonté, foulé aux pieds des chevaux, criblé de coups de sabre sur la tête, il eût infailliblement péri, si ses dragons ne fussent venus le retirer des mains des hussards ennemis. Il reçut à cette occasion, le 14 juillet 1807, la croix d'officier de la Légion-d'Honneur des mains de l'Empereur, qui accorda vingt-huit décorations à son régiment.

Créé baron de l'Empire le 19 mars 1808, avec dotation, il fit les campagnes de 1808 à 1811 en Espagne et en Portugal, et se signala surtout au combat d'Alba de Tormès le 28 novembre 1809. Le 12 janvier 1811, pendant la retraite du général portugais Silveyra, l'avant-garde du général Claparède, commandée par le colonel Dommanget, chargea l'arrière-garde portugaise près de Mondin, la culbuta et la rejeta au delà de la Coura. A la bataille de Fuentes de Oñora, il eut un cheval blessé sous lui, et le général Montbrun, commandant la division de dragons, le proposa pour le grade de général de brigade, que l'Empereur lui accorda par décret impérial du 6 août 1811.

Rentré en France à la fin du mois de novembre suivant, et appelé, le 13 mars 1812, au commandement de la 3ᵉ brigade de cavalerie légère du 3ᵉ corps de la réserve de cavalerie, composée des 1ᵉʳ et 2ᵉ régiments de chevau-légers bavarois et du régiment de chevau-légers du prince Albert de Saxe. Il fit la campagne de Russie. Il eut une affaire d'avant-garde assez brillante au delà de Minsk, et une autre à Babinowisk, entre Orscha et Witepsk. Le 16 août, sous Smolensk, il sabra et culbuta un corps de cavalerie régulière russe. Le 27, l'ennemi ayant été forcé d'abandonner Wiasma, il attaqua son arrière-garde, qui se sauva dans les bois. Le 7 septembre, à la Moskowa, il chargea avec une rare intrépidité une masse énorme de cavalerie russe en avant de la grande redoute. Dans la mêlée, où il fit des prodiges de valeur, le général Domanget fut atteint d'un coup de sabre sur la tête et d'un autre coup qui lui ouvrit la joue droite dans une largeur d'environ trois pouces, et lui abattit presque entièrement la lèvre supérieure. Cette blessure, quoique très-grave, ne l'empêcha pas de suivre la grande armée jusqu'à Moscou, d'où il se retira avec elle. Ses services pendant cette campagne furent récompensés par la croix de commandeur de la Légion-d'Honneur, le 28 mars 1813.

A peine rétabli de ses blessures, l'Empereur lui confia le commandement d'une brigade de cavalerie légère, composée de régiments de marche. Au delà de l'Elbe, l'Empereur passa en revue cette brigade, et donna au général Dommanget la décoration de chevalier de la Couronne de fer, le 15 mai : « Vous étiez de la vieille armée d'Italie, lui dit-il, cette croix vous est bien due. »

Après la bataille de Wurtschen, Dommanget envoya ses escadrons de marche rejoindre les régiments auxquels ils appartenaient, et alla prendre le commandement de la 2ᵉ brigade (2ᵉ lanciers, 11ᵉ et 12ᵉ chasseurs) de la division Roussel-d'Husbal, du 2ᵉ corps de réserve de cavalerie. Le 16 juillet suivant, le roi de Saxe lui adressa la croix de commandeur de l'ordre de Saint-Henri, avec une lettre autographe, par laquelle ce monarque le remerciait des soins qu'il avait pris de son régiment de chevau-légers du prince Albert pendant la campagne de Russie. Le 10 août de la même année, le roi de Bavière le nomma commandeur de l'ordre du Mérite militaire de Maximilien-Joseph. Le 26, le général Roussel-d'Husbal ayant été grièvement blessé à la tête, le général Dommanget prit le commandement de la division. Le 12 octobre, vers Zerbst, entre Dessau et Postdam, il rencontra quelque infanterie qui fut culbutée, et ensuite les équipages de l'armée suédoise, qui avaient passé l'Elbe à Dessau. Les troupes qui gardaient ces équipages furent sabrées et mises en fuite, et les bagages, caissons, voitures, etc., furent immédiatement détruits. Le général Dommanget était à l'extrême gauche de l'armée, lorsque, le 16 octobre, au combat près de Leipzig, il dégagea le 9ᵉ régiment de chasseurs à cheval, un bataillon de vélites toscans et 3 pièces de canons qui observaient et défendaient un passage de rivière à trois lieues à gauche et en avant, mais qui, débordés par des forces beaucoup trop considérables, allaient tomber au pouvoir de l'ennemi. Le 30, il prit une part très-active au combat de Hanau, et exécuta plusieurs charges, couronnées d'un plein succès.

Pendant la retraite, se portant tantôt à gauche, tantôt à droite pour protéger les flancs de l'armée, il repoussa constamment les tentatives de l'ennemi, et après avoir repassé le Rhin à Mayence, il fut placé à Andernach pour observer et garder la rive gauche avec sa brigade.

Le général Dommanget soutint sa brillante réputation pendant la campagne de France. Le 3 février 1814, au combat de la Chaussée, il soutint les efforts de l'ennemi, et donna le temps au corps d'armée d'opérer sa retraite. Le 14, au combat de Vauchamps, il détruisit complétement un carré russe, qui s'était formé au bord de la route, près du bois d'Etoges. Le 2ᵉ lanciers et le 11ᵉ chasseurs s'y couvrirent de gloire. Après cette brillante affaire, la voix publique lui décernait le grade de général de division, mais il se vit préférer, sur la désignation du général commandant le corps de cavalerie, un ancien aide-de-camp de Bernadotte, qui ne possédait pas les mêmes titres que lui. Ce passe-droit fit un mauvais effet dans sa brigade, qui avait su apprécier depuis longtemps les droits de son général à un avancement bien mérité. Dirigé sur différents points par des marches rapides, le général Dommanget trouva l'occasion de se distinguer encore, notamment aux combats de Vandœuvre, de Bar-sur-Aube, de Villenave, etc.

Le 30 mars, au matin, l'Empereur quitta Troyes pour revenir sur Paris. Le général Dommanget reçut l'ordre de former l'avant-garde de l'escorte de l'Empereur, et il l'accompagna jusqu'à Sens.

L'abdication de Fontainebleau fit cesser les services du général Dommanget. Cependant Louis XVIII le nomma chevalier de Saint-Louis, le 31 juillet 1814, et le mit en non-activité le 1ᵉʳ septembre suivant. Au retour de Napoléon, le 20 mars 1815, il se porta à sa rencontre et l'escorta depuis la Cour-de-France jusqu'à Paris. Dès le 21, Dommanget reçut l'ordre de partir de Paris à la tête des 1ᵉʳ et 5ᵉ de lanciers et 4ᵉ de chasseurs, pour aller prendre position aux environs de Landrecies et de Maubeuge. Vers la fin de mai, il prit le commandement d'une autre brigade, composée des 4ᵉ et 9ᵉ de chasseurs, à la tête desquels il se signala de nouveau à Ligny, à Fleurus et à mont Saint-Jean.

Après les déplorables résultats de cette campagne, le licenciement de l'armée vint mettre un terme à la carrière militaire de ce brave officier général. Rentré dans ses foyers au mois d'août, on le mit en non-activité et on le soumit à la surveillance de l'ombrageuse police de cette malheureuse époque. On avait trouvé trois lettres de lui dans le portefeuille de l'Empereur, tombé au pouvoir des ennemis.

En 1817 le général Dommanget se vit plus particulièrement en butte aux tracasseries du pouvoir, et comme son nom avait été écrit dans quelques lettres saisies lors de la conspiration de Lyon, et qu'on trouva dans ses papiers une lettre d'*invitation à dîner* de madame de Lavalette, on vit là des motifs suffisants pour le mettre en état d'arrestation. Conduit le 1ᵉʳ juillet à la prison de la Préfecture de police, il resta au secret pendant trente-cinq jours. Après plusieurs interrogatoires par-devant le grand prévôt du département de la Seine, assisté de M. Reverdin, juge au tribunal du même département, on le transféra à la Force avec ses compagnons de captivité, le général Jullienne de Bellair et M. Antoine Chedelle, négociant de Lyon. Les charges n'ayant pas paru suffisantes pour le renvoyer avec ses coaccusés devant la cour prévôtale de Lyon, on les autorisa à se retirer sur parole dans la maison de santé de Cartier, faubourg Poissonnière. Enfin, au mois d'octobre suivant, le général Dommanget obtint sa liberté, mais il n'en demeura pas moins l'objet de l'attention active de la police. Frappé avec 150 autres officiers généraux par l'ordonnance du 1ᵉʳ décembre 1824, il fut mis à la retraite à compter du 1ᵉʳ janvier 1825, après plus de trente-trois ans de bons services, vingt campagnes et de nombreuses blessures.

Lors de la révolution de Juillet, le nouveau gouvernement le plaça, le 22 mars 1831, dans le cadre de réserve, et l'admit de nouveau à la retraite, le 1ᵉʳ mai 1832.

Son nom est inscrit sur le côté Nord de l'arc de triomphe de l'Étoile.

Le général Dommanget est mort à Paris, le 10 février 1848, entouré de l'estime et de la vénération de tous ceux qui l'ont connu; et si, comme tant d'autres, il n'a pu léguer une grande fortune à ses enfants, il leur a laissé du moins quelque chose de plus précieux : un nom sans tache et de nobles souvenirs.

DOMBROWSKI (JEAN-HENRI), célèbre général polonais, issu d'une famille ancienne. Fit ses premières armes dans l'armée de l'Électeur de Saxe où il servit de 1788 à 1791. Il revint en Pologne pour prendre part à la campagne de 1792, se fit remarquer dans la guerre de l'indépendance de 1794. Kosciuszko lui avait confié le commandement de l'aile droite du camp retranché de Varsovie. Après avoir tenu tête avec autant de talent que de courage aux armées prussiennes et moscovites, il fut fait prisonnier ainsi que les autres généraux polonais et conduit devant Suvarow qui le reçut avec distinction et lui fit obtenir des passeports pour l'Allemagne. Dombrowski refusa le titre de lieutenant-général que Frédéric, roi de Prusse lui offrit, se rendit sur les bords du Rhin et fut présenté à Cologne au général Jourdan qui obtint pour lui du Directoire (18 novembre 1795), la formation de la première légion polonaise. Les cadres furent promptement remplis ; une seconde légion fut organisée à Strasbourg. Ces légions se composaient chacune de quatre bataillons, quatre escadrons et une compagnie d'artillerie à cheval. La première légion commandée par Dombrowski fut appelée de bonne heure à prendre part aux brillants faits d'armes de l'armée française d'Italie. Elle entra à Rome le 3 mai 1798, à Naples en 1799. Macdonald ajouta à cette légion la 8e demi-brigade légère. C'est avec cette petite division qui n'avait pas 3,600 hommes que Dombrowski vint rejoindre en juin 1797 sur la Trebbia l'aile gauche de l'armée française. Il soutint avec un admirable sang-froid le feu de l'artillerie ennemie. Débordée par les forces supérieures russes, puis enfin enveloppée, la légion polonaise se forma en carré, se défendit longtemps avec le courage du désespoir et fut presque détruite. Dombrowski fut atteint d'une balle dans la poitrine et ne dut son salut qu'à l'exemplaire de l'*Histoire de la guerre de trente ans*, par Schiller, qu'il portait toujours avec lui. La légion polonaise se renforça avec les hommes tirés des dépôts; Joubert y réunit la 17e légère et la 55e de ligne. Avec cette division, Dombrowski donna, sous les ordres de Gouvion Saint-Cyr et de Masséna, de nouvelles preuves de dévouement et de capacité.

Après la bataille de Marengo, Bonaparte ordonna la formation de deux nouvelles légions polonaises que Dombrowski fut chargé d'organiser à Milan.

A la paix d'Amiens, il passa au service de la république italienne en qualité de général de division et contribua à hâter l'organisation militaire de ce pays.

En 1806, Napoléon annonçant le projet de rétablir la Pologne, Dombrowski reparut, après quinze ans, dans ces mêmes palatinats où il avait cueilli ses premiers lauriers. En moins de deux mois 30,000 hommes furent levés et équipés par ses soins; deux divisions furent réunies sous les ordres de Dombrowski et firent partie du corps du maréchal Mortier. Renforcé ensuite par un corps de troupes badoises, Dombrowski fut employé au siège de Dantzig jusqu'à sa reddition. Après la paix de Tilsitt, il resta en Pologne à la tête d'un corps d'armée nationale et établit son quartier général à Posen. A la reprise des hostilités en 1809, l'armée autrichienne, devenue quatre fois plus forte, ayant forcé le prince Joseph Poniatowski d'évacuer Varsovie, Dombrowski organisa des corps volants sur les derrières de l'ennemi et lui fit beaucoup de mal. En 1812, il commanda une des trois divisions du 5e corps polonais et resta dans la Russie blanche. Il occupa Mohilow sur le Dniéper et se montra de tous côtés, poussant ses partisans dans toutes les directions avec une admirable activité. Quand l'armée française évacua Moscou, Dombrowski fut chargé de maintenir les communications entre Minsk et Wilna. C'est cet infatigable général qui, avec les débris du corps de Poniatowski, contribua avec succès à couvrir les ponts de la Bérésina, le 26 novembre. Il y fut grièvement blessé et ne rentra à Varsovie que vers la fin de décembre 1812. — En 1813, Dombrowski forma une nouvelle légion polonaise sur les bords du Rhin et avec elle reparut en automne dans le 7e corps. Cette division se couvrit de gloire dans toutes les rencontres et surtout à Leipzig.

Après l'abdication de Napoléon, Dombrowski, séduit par les belles paroles de l'empereur Alexandre, fit partie du comité des généraux à qui le vainqueur confia le soin de réorganiser l'armée polonaise, et en 1815, il fut élevé au grade de colonel général de cavalerie, nommé sénateur palatin et décoré des ordres de la première classe de Saint-Wladimir et de Sainte-Anne. Depuis ce temps, retiré du service, accablé de blessures et d'infirmités, il s'occupa à écrire l'*Histoire des légions polonaises d'Italie*.

Il a fini ses jours le 16 juillet 1848, dans ses terres situées dans le grand duché de Posen qui passa en 1815 sous le joug de la Prusse.

DOMON (Jean-Simon, baron, puis vicomte), né le 2 mars 1774, à Maurepas (Somme), entra au service le 6 septembre 1791 dans le 4ᵉ bataillon de volontaires nationaux de la Somme et fut envoyé en 1792 à l'armée du Nord, où il devint lieutenant le 12 mai 1793, et capitaine le 4 juin suivant.

Amalgamé dans la 2ᵉ demi-brigade d'infanterie en germinal an II, il passa en qualité d'aide-de-camp provisoire auprès du général Compère le 12 floréal et eut un cheval tué sous lui au combat livré à la même époque entre l'abbaye de Flens et le village de Coutiches.

Successivement employé aux armées de Rhin-et-Moselle, de Sambre-et-Meuse, d'Angleterre, du Danube et du Rhin, il donna, dans maintes circonstances, les preuves de la plus rare intrépidité.

Le 3 prairial an II, s'étant mis à la tête d'une compagnie de grenadiers qui venait d'être repoussée du village de Héchier, il saisit une échelle qu'il appliqua sur les retranchements, y pénétra le premier, malgré un coup de sabre qu'il reçut à la main droite, et s'empara d'une pièce de canon.

Au siége de Nimègue, le 18 brumaire an III, l'ennemi étant parvenu, lors d'une sortie, à pénétrer dans le camp français où plusieurs compagnies avaient déjà lâché pied, Domon rallia les fuyards et repoussa les assiégés dans leurs murs.

Au passage du Wahal, le 3 messidor an III, il eut le commandement d'une colonne chargée d'enlever une redoute contre laquelle on avait déjà vainement dirigé plusieurs attaques; il s'empara de la position du premier élan, et tua plusieurs canonniers sur leurs pièces.

Dans une autre circonstance, comme un détachement de hussards du 5ᵉ régiment faisant boire ses chevaux dans la Meuse, avait été surpris par 400 Hollandais sortis à l'improviste du fort de Saint-Michel, Domon s'élança au milieu des assaillants, suivi seulement de son soldat d'ordonnance, les mit en déroute et leur fit 22 prisonniers.

Pendant la même campagne, lors d'une reconnaissance aux environs d'Odenzuel, il enleva 25 chevaux aux hussards du Salm et de Hompech ; enfin, à l'attaque du château de Bentheim, chargé de se porter sur le village de Gilham, il y fit prisonniers 10 Hessois avec leur commandant.

Domon suivit son général à l'armée du Rhin, et se trouva à la bataille de Neuwied ; le 30 vendémiaire an V, il emporta une redoute frisée et palissadée, eut son cheval tué sous lui, reçut plusieurs balles dans ses vêtements, et fut cité dans le rapport du général Hoche.

Au combat livré en avant de Dettingen, à l'armée du Danube, le 4 germinal an VIII, on le vit déployer tour à tour les talents d'un chef et l'intrépidité d'un soldat : démonté au milieu de l'action et blessé à la jambe gauche par un éclat d'obus, il eut assez de courage pour remonter à cheval et conserver son poste pendant trois heures.

Voyant, à la fin de la journée, son général blessé et sur le point d'être fait prisonnier, il rassembla quelques braves, et, sabrant autour de lui avec autant d'énergie qu'au commencement de l'affaire, il parvint à le dégager et à le conduire aux ambulances.

Tant de courage et de dévouement ne restèrent point dans l'oubli : tandis que le Directoire, par son arrêté du 1ᵉʳ prairial an VII, élevait Domon au grade de chef de bataillon, Masséna, par un ordre du jour du 12 du même mois, le nommait chef d'escadron au 5ᵉ régiment de hussards.

Dans le courant de l'an XI, il fut envoyé en Hanovre, et passa le 23 frimaire an XII au 3ᵉ régiment de hussards, alors au camp de Montreuil, où, le 25 prairial suivant, il obtint la décoration de la Légion-d'Honneur.

Employé au 6ᵉ corps pendant la campagne d'Autriche, il se trouva au combat d'Elchingen, près d'Ulm, le 23 vendémiaire an XIV, où il eut le cou traversé par une balle en chargeant à la tête de son régiment sur deux bataillons auxquels il enleva cinq pièces de canon.

Promu au grade de major au 7ᵉ régiment de hussards, le 7 janvier 1807, il continua la guerre de Pologne avec la réserve de cavalerie de la grande armée jusqu'à la paix de Tilsitt, et vint, à la fin de 1807, tenir garnison à Ruremonde.

Il avait été élevé au grade d'officier de l'Ordre le 3 juillet précédent, et désigné en janvier 1808 pour commander le régiment de hussards de la division de réserve de Poitiers ; mais une nouvelle disposition de l'Empereur ayant prescrit aux majors de rester aux dépôts de leurs corps, il reçut contre-ordre.

Nommé, le 7 avril 1809, au grade de colonel en second, il reçut l'ordre de conduire le 7ᵉ régiment de hussards au 3ᵉ corps de l'armée d'Allemagne, et combattit à la tête de ce corps à Wagram les 5 et 6 juillet, à Znaïm le 10 du même mois, devint colonel du 8ᵉ hussards le 10 août, et fut créé baron de l'Empire au mois d'octobre.

Employé au corps d'observation de la Hollande pendant les années 1810 et 1811, il fit la première partie de la campagne de Russie avec le 1ᵉʳ corps de cavalerie, fut nommé général de brigade à Witepsk, le 7 août 1812, en récompense de sa conduite distinguée aux combats d'Ostrowno, les 25, 26 et 27 juillet, où la cavalerie, engagée par Murat, fit des prodiges de valeur.

Maintenu dans son nouveau grade au 1ᵉʳ corps de cavalerie, le général Domon devint, dès ce jour, le compagnon et l'ami du roi de Naples, qui obtint de l'Empereur, à son départ de Moscou, le 20 octobre, l'autorisation de prendre Domon à son service avec les titres de lieutenant-général et de capitaine de ses gardes.

Arrivé à Naples au mois de mars 1813, il y fut nommé colonel-général de la cavalerie du royaume, et repartit avec le roi pour aller prendre le commandement d'une brigade de cavalerie légère à la grande armée.

Blessé grièvement à la jambe en passant le Bober à Lœvemberg, le 21 août, action pour laquelle il obtint la croix de commandeur de la Légion-d'Honneur, il retourna bientôt à Naples avec Murat ; mais quand il apprit la honteuse défection de ce monarque et son alliance avec l'Autriche, il se hâta de donner sa démission, le 21 janvier 1814, et revint à Paris le 21 mars où il fut attaché à la vieille garde.

Chevalier de Saint-Louis le 29 juillet, et en non-activité le 19 août, il fut désigné, à la nouvelle du retour de Napoléon, pour accélérer l'organisation des volontaires royaux ; mais il renvoya sa lettre de service en prétextant son incapacité pour mener à bien un semblable travail.

Le 19, un nouvel ordre lui prescrivit de se rendre à Châlons-sur-Marne pour y prendre le commandement de 8 régiments de cavalerie ; arrivé le 21 dans cette place, il y trouva toute la garnison, composée des 12ᵉ de ligne et 5ᵉ hussards, en pleine défection ; et, presque tous les officiers nommés par le Roi ayant abandonné leur poste, le général Domon prit le commandement des troupes actives de la 2ᵉ division militaire, et les porta sur Rethel afin de pourvoir à la défense de cette partie de la frontière.

Le 6 avril, il obtint le commandement de la 6ᵉ division de cavalerie au 3ᵉ corps de l'armée du Nord, et prit part aux combats de Fleurus, de Wavres et de Namur, les 15, 16 et 17 juin.

A la bataille de mont Saint-Jean, le 18 juin, sa division, destinée à se porter en arrière de la droite, pour s'opposer à la marche du corps prussien qui avait échappé à Grouchy, eut à soutenir, après les combats de la journée, le premier choc de Blücher, et s'y couvrit de gloire.

Quand la retraite fut ordonnée, il ramena le reste de son monde en bon ordre sous Paris, passa la Loire le 5 août, et fut envoyé par le maréchal Macdonald à Montpellier pour y préparer le licenciement de 5 régiments de l'armée du Midi.

Mis en non-activité le 1ᵉʳ octobre, éloigné de Paris comme suspect, il reçut l'ordre de se rendre à Péronne, où il vécut dans la retraite jusqu'à la fin de 1822.

Les préparatifs de la guerre d'Espagne amenèrent son rappel à l'activité; il fut désigné, le 12 février 1823, pour commander une division de cavalerie au 2ᵉ corps de l'armée des Pyrénées, et montra, dans cette campagne, les talents d'un officier de cavalerie expérimenté.

Arrivé à Baza le 25 juillet, il marcha contre Ballesteros, qu'il rencontra le 28 aux environs de Montelegiar dans la position d'El-Castillo : ayant su à propos prendre l'ennemi à revers par sa gauche, il seconda parfaitement le mouvement de front opéré par le maréchal Molitor, et fit éprouver à l'ennemi des pertes considérables.

A la fin de la campagne il reçut l'ordre de Saint-Ferdinand le 20 octobre, quitta Grenade le 28, et rentra en France où le roi le créa vicomte et commandeur de Saint-Louis le 2 novembre. Grand officier de la Légion-d'Honneur le 29 octobre 1828. Il est mort à Paris le 5 juillet 1830.

DONNADIEU (Gabriel, le vicomte), fils d'un officier de carabiniers, naquit à Nîmes le 11 novembre 1777. Entré dans la carrière des armes sous Lukner et Pichegru, il était capitaine de dragons à l'armée du Rhin, sous Moreau, et vint présenter à la Convention un drapeau qu'il avait enlevé aux Prussiens. Il fut blessé le 15 juillet 1796 à la tête d'un détachement du 8ᵉ des hussards, et fut mentionné avec éloge par Moreau.

Nommé lieutenant-colonel, il se signala par la haine qu'il portait à Bonaparte, fut arrêté en 1801, à la suite d'un banquet séditieux et détenu plusieurs années. En 1806, il rentra dans l'armée et fut envoyé sur les côtes de Brest. Adjudant-général le 25 septembre 1806, colonel du 47ᵉ régiment d'infanterie, il fit les campagnes d'Autriche et de Prusse et fut nommé général de brigade, le 6 août 1811 et envoyé en Portugal. Là, il fut compromis dans une nouvelle conspiration contre l'Empereur, en faveur de Moreau. Acquitté faute de preuves, il resta sous la surveillance de la haute police, à Tours, jusqu'en 1814.

Les Bourbons lui donnèrent le commandement du département d'Indre-et-Loire, qu'il conserva jusqu'au 20 mars.

A cette époque, se voyant méprisé des troupes qui le regardaient comme traître, il abandonna son poste, se rendit à Bordeaux, auprès de la duchesse d'Angoulême, puis à Gand, auprès de Louis XVIII, qui le nomma lieutenant-général, grand officier de la Légion-d'Honneur, et le 22 juin suivant *commissaire extraordinaire* pour les départements du Midi. Cette dernière ordonnance est datée de Londres et signée Marie-Thérèse (duchesse d'Angoulême).

Ici commence pour le général Donnadieu une carrière toute nouvelle, dont l'histoire n'est pas de notre ressort. Il nous suffira de dire qu'il fut à la tête de la sanglante réaction de 1815 et 1816, se montra royaliste frénétique et proscripteur implacable. Il commanda la 7e division militaire, fut créé vicomte et commandeur de l'ordre de Saint-Louis, à la suite des troubles sanglants et des exécutions de l'Isère. Privé de son commandement peu de temps après, il vint à Paris et y fut souffleté publiquement par le colonel Duchamp qu'il avait fait destituer.

Nommé député en 1820, remis en activité en 1822, il commanda une division en Espagne en 1823, passa ensuite au commandement de la 4e division militaire à Tours, fut nommé grand-croix de Saint-Louis par Charles X, fut rayé du cadre d'activité en 1830 et porté au cadre de réserve, en attendant sa retraite qui fut liquidée le 15 mars 1838.

Dès lors, le général Donnadieu vécut éloigné des affaires publiques; mais, ayant publié un ouvrage intitulé : *De la vieille Europe, des Rois et des Peuples de notre époque*, il fut poursuivi pour offenses envers la personne du roi, et condamné le 24 juillet 1837, par la cour d'assises de la Seine, à deux ans de prison et 5,000 francs d'amende, et après l'expiration de sa peine, à l'interdiction des droits mentionnés dans les trois premiers paragraphes de l'art. 42 du Code pénal.

DONZELOT (François-Xavier, comte), né le 6 janvier 1764 à Mamirole (Doubs), s'engagea en 1783 comme simple soldat dans le régiment Royal-Marin, alors en Corse, fut employé successivement à l'état-major du gouvernement militaire de l'Alsace, au ministère de la guerre, et fut nommé, en 1792, sous-lieutenant au 21e régiment de cavalerie, passa, en 1793, lieutenant au 22e chasseurs à cheval, puis adjudant-général chef de bataillon dans la même année, et adjudant-général chef de brigade le 4 juin 1794.

Il fit avec distinction les campagnes de la Révolution sous Pichegru, son compatriote et son ami, et sous Moreau. En 1797, il fut blessé deux fois à l'attaque du pont d'Huningue.

Nommé chef d'état-major à l'expédition d'Irlande, il fit la campagne d'Égypte, et se signala à la bataille de Sediman, à la bataille d'Héliopolis et au siège du Caire. Dans le dernier conseil de guerre de 1799, il parla contre l'évacuation de l'Égypte et proposa de faire la guerre dans la haute Égypte, à la manière des Mameluks, en attendant des renforts. Nommé général de brigade le 23 juillet 1799, il fut employé à l'état-major de Berthier, alors ministre de la guerre, puis aux camps de Bayonne, de Brest et à l'armée d'Italie en 1804 et 1805. Il fit sous Masséna les campagnes de 1806 à 1807, assista au siège de Gaëte et fut nommé général de division le 6 décembre 1807.

En février 1810, Napoléon le nomma gouverneur général des îles Ioniennes. Son administration fut pleine de sagesse et de modération.

Rappelé en 1814, Louis XVIII le nomma grand officier de la Légion-d'Honneur. — Il prit une part brillante à la bataille de Waterloo, se retira en ordre sur la Loire, avec sa division, et remplaça le maréchal Soult comme major-général.

Inspecteur général en 1816, gouverneur civil et militaire de la Martinique le 31 octobre 1817, il demanda son rappel en 1825, et fut admis à la retraite le 1er mai 1832. — Retiré au château de Ville-Evrard, il y est mort le 11 juin 1843. — Son nom est inscrit sur le côté Est de l'arc de triomphe de l'Étoile.

DORLODOT DES ESSARTS (Charles-François), né en 1786 dans les environs de Sainte-Ménehould (Meuse).

Volontaire en septembre 1803 dans les troupes du génie, resta à l'École régimentaire du génie à Metz jusqu'en mars 1805. Envoyé à cette époque, comme caporal, à une compagnie de mineurs du camp de Zeist (Hollande), d'où il partit pour l'Allemagne, assista à la prise d'Ulm et se distingua en diverses circonstances, notamment à Breslau, Glogau, etc.

Adjudant du génie en 1808, il vint en Espagne, assista comme officier au siége de Saragosse, après lequel il fut nommé lieutenant de sapeurs.

En 1809, il accompagna le général Dode en qualité d'aide-de-camp et assista au blocus de Cadix. Chargé d'une mission particulière par le maréchal Soult, pour le prince major-général, il partit de Séville en septembre 1811, traversa toute l'Espagne à cheval, soutint plusieurs combats avec son escorte contre les Guérillas, et arriva à Paris après 21 jours de marche.

En 1812, il assista à la prise de Wilna et au combat de Polotsk, à la suite duquel il fut chargé par Gouvion-Saint-Cyr de porter à l'Empereur la nouvelle de cette victoire. Il trouva Napoléon à Moscou, fut décoré de sa main, et retourna annoncer à Gouvion-Saint-Cyr sa nomination au grade de maréchal.

Pendant la retraite, il prit part à la confection des ponts de la Bérésina, qu'il traversa un des derniers, et fut nommé capitaine.

En 1813, il combattit à Lutzen, à Bautzen, à Leipzig, à Hanau, où il eut un cheval tué sous lui. Il alla ensuite rejoindre en Italie le général Dode.

En 1814, M. Des Essarts fut employé au comité de la guerre, assista à la prise du Trocadéro. En 1823, comme chef de bataillon, il reçut la croix de Saint-Louis et celle de Charles III d'Espagne.

Lieutenant-colonel au 1er régiment du génie en 1830 et officier de la Légion-d'Honneur en 1834, il fut nommé colonel du 2e régiment en 1838 et général de brigade le 22 avril 1846.

Il est aujourd'hui commandeur de la Légion-d'Honneur et en retraite.

DORNÈS (Joseph, baron), né le 28 janvier 1760, à Camboulan (Aveyron), entra au service, le 5 août 1778, dans le 21e régiment de cavalerie et devint brigadier, puis adjudant sous-officier, les 15 septembre et 5 octobre 1754.

Il embrassa avec chaleur les principes de la Révolution de 1789, et fut nommé sous-lieutenant et lieutenant les 25 janvier et 17 juin 1792. Sa conduite distinguée au début de la campagne du Nord lui mérita, le 26 janvier 1793, le grade de capitaine et celui de chef d'escadron le 1er juillet de la même année.

Il se fit remarquer aux différentes armées de la République, de 1793 à l'an VI, et particulièrement à l'armée du Rhin en l'an IV, lors de la retraite de Moreau, durant laquelle il fut signalé par son courage, son activité et sa vigilance. Il se rendit en Italie avec son régiment, lorsque Moreau vint s'opposer aux progrès de Souvarow, et assista aux combats les plus importants de cette époque.

Le 4 thermidor an IX, il passa dans le 23e de cavalerie, incorporé, le 16 pluviôse an XI, dans le 1er régiment de cuirassiers. Le premier Consul le nomma, le 6 brumaire an XII, major de ce régiment, et membre de la Légion-d'Honneur le 4 germinal suivant. Il fit la brillante campagne de vendémiaire an XIV, et reçut, le 6 nivôse, le grade de colonel du 12e régiment de cuirassiers, à la tête duquel il prit part, durant les guerres de 1806 et 1807 en Prusse et en Pologne, à toutes les affaires les plus importantes, et surtout à la bataille de Friedland, où son régiment, chargé de la défense de l'un des postes les plus périlleux, éprouva des pertes considérables, mais se couvrit de gloire. Le 12ᵉ de cuirassiers reçut des récompenses nombreuses, et le colonel Dornès, nommé officier de la Légion-d'Honneur le 14 mai 1807, reçut, le 19 mars 1808, le titre de baron de l'Empire avec une dotation en Westphalie. Cette dernière distinction était d'autant plus flatteuse que peu de colonels l'avaient obtenue à cette époque.

Il servit en Autriche en 1809, toujours à la tête du 12ᵉ de cuirassiers, qui soutint sa belle réputation aux batailles d'Essling et de Wagram. Le colonel Dornès eut un cheval tué sous lui à cette dernière bataille, à la suite de laquelle il fut promu (30 août) général de brigade, et envoyé (26 septembre) à Luxembourg en qualité de commandant du département des forêts. Au moment de l'expédition de Russie, l'Empereur l'appela à la grande armée pour y prendre le commandement d'une brigade de cuirassiers.

A la Moskowa, il faisait partie de la division successivement commandée par les généraux Caulincourt et Montbrun, tous deux morts sur le champ d'honneur pendant l'action. Son cheval reçut trois balles dans le corps au moment où sa brigade s'élançait sur les retranchements russes et contribuait à emporter d'assaut 14 pièces de canon qui défendaient la redoute.

Le général Dornès devait obtenir un nouvel avancement à raison de sa brillante conduite, lorsqu'il mourut à Wilna, treize jours avant l'entrée des Russes dans cette ville. Agé de cinquante-deux ans, il avait servi son pays avec honneur pendant trente-cinq ans, avait fait quinze campagnes et avait assisté aux batailles les plus importantes de la République et de l'Empire. Il passait pour un excellent officier de cavalerie, et était connu pour sa sévérité à maintenir la discipline en campagne, et pour son désintéressement.

DORSENNE (Jean-Marie-François Lepaige, comte), né à Ardres (Pas-de-Calais), en 1773, partit comme volontaire en 1792, et fut élu capitaine par ses camarades le 13 septembre suivant.

Il fit avec distinction les campagnes de 92, 93, ans II, III, IV et V, et fut nommé chef de bataillon sur le champ de bataille le 3 germinal an V. Il fit en cette qualité les campagnes des ans VI, VII en Égypte, fut blessé au combat de Kelé et fut nommé en l'an VIII colonel de la 61ᵉ demi-brigade.

Il resta encore en Égypte pendant les ans VIII, IX et X, et revint sur le continent pour y faire les campagnes des ans XII et XIII. Il se signala à la bataille d'Austerlitz et fut nommé général de brigade le 4 nivôse an XIV.

Il contribua au gain de la bataille d'Eylau en se précipitant sur l'ennemi, à la tête d'un bataillon de la garde. Nommé en 1808 colonel des grenadiers de la garde, il passa en Espagne avec son régiment, fut ensuite à la grande armée et se fit remarquer à Ratisbonne pendant la campagne de 1809. A Essling, il soutint avec la garde qu'il commandait, tous les efforts de l'ennemi, lui imposa par sa contenance et protégea la rentrée de nos troupes dans l'île de Lobau. Dans cette journée, le général Dorsenne eut deux chevaux tués sous lui; l'un d'eux, en tombant, le renversa et lui fit éprouver à la tête une contusion qui, dans la suite, devait enlever à l'armée un de ses plus intrépides soldats.

Il se signala encore à la bataille de Wagram, et fut nommé général de division le 5 juin 1809.

Revenu à Paris après la paix de Vienne,

il fut envoyé en Espagne avec 20,000 hommes de la garde impériale. Il succéda le 8 juillet 1811 au maréchal Bessières, dans le poste difficile de commandant en chef de l'armée du Nord. En Espagne, dans le mois d'août suivant, il battit et dispersa l'armée de Galice et força l'armée anglaise à évacuer les positions qu'elle occupait ; il parcourut ensuite la Navarre et la Biscaye et rétablit partout l'ordre et la tranquillité.

Depuis la bataille d'Essling, le général Dorsenne ressentait de violentes douleurs de tête ; mais surmontant ses souffrances, il continuait de diriger les opérations. Ainsi, on le vit se faire porter en litière pour commander en personne le siége d'Astorg.

Ce fut son dernier exploit : sa santé se trouvant de plus en plus altérée, il fut contraint de revenir à Paris, où il succomba le 24 juillet 1812, à la suite de l'opération du trépan. Il était à peine âgé de 39 ans. — Son nom est sur la partie Ouest de l'arc de triomphe.

DOUMERC (Jean-Pierre, baron) général de division, né le 7 octobre 1767, entra dans un régiment de cavalerie au commencement de la Révolution, se fit remarquer par sa conduite militaire, obtint tous ses grades à l'armée, et reçut en l'an XII, les 19 frimaire et 25 prairial, les étoiles de membre et d'officier de la Légion-d'Honneur : il était alors colonel du 9ᵉ cuirassiers et servait dans les Vosges.

Il combattit à Austerlitz, et en récompense de la bravoure et de l'intelligence dont il avait fait preuve dans cette journée, l'Empereur le nomma, le 4 nivôse an XIV, commandant de la Légion-d'Honneur.

Élevé au grade de général de brigade le 31 décembre 1806, il continua de servir avec beaucoup de distinction et fut fait baron de l'Empire en 1808, et général de division le 30 novembre 1811.

En 1812, il commanda à la grande armée de Russie la 3ᵉ division de cuirassiers, du corps du maréchal Saint-Cyr, laquelle eut à défendre, en octobre et en novembre, les deux rives de la Dwina du côté de Polotsk et le passage de la Bérésina.

Pendant les campagnes de 1813, en Saxe, et de 1814 en France, il signala maintes fois son courage, particulièrement devant Dresde et à Vauchamps.

Lors des événements politiques de 1814, il adhéra aux actes du Sénat, et Louis XVIII le fit chevalier de Saint-Louis (1ᵉʳ juin), inspecteur général pour les 9ᵉ, 10ᵉ et 11ᵉ divisions militaires, et grand officier de la Légion-d'Honneur (17 janvier 1815).

Quand revint Napoléon, il le nomma, au mois d'avril, inspecteur général de la 1ʳᵉ division militaire et membre de la commission instituée pour l'examen des nominations faites depuis le mois de mars 1814. Il demeura sans emploi durant la seconde Restauration; mais, après les journées de Juillet, il fut accueilli par le gouvernement nouveau qui lui conféra le commandement de la 18ᵉ division militaire (Dijon).

Admis au traitement de retraite au mois de décembre 1832, Louis-Philippe lui conféra, le 4 mai suivant, la dignité de grand'croix de la Légion-d'Honneur.

Mort en avril 1847. Son nom est inscrit sur la face Nord de l'arc de triomphe de l'Étoile.

DROUET (Jean-Baptiste, comte d'Erlon), maréchal de France, né à Reims, le 29 juin 1765, s'enrôla en 1792 dans un bataillon de volontaires nationaux, et fit, en qualité d'aide-de-camp du général Lefebvre les campagnes de 1793, 1794,

1795 et 1796, aux armées de la Moselle et de Sambre-et-Meuse.

Il servit ensuite dans l'armée de Hanovre comme général de brigade, fut nommé général de division en 1803, se signala à la bataille d'Iéna, à la prise de Halle (1806), à la bataille de Friedland où il fut blessé et où il se trouvait en qualité de chef d'état-major du corps d'armée du maréchal Lannes.

Il fût cette même année décoré du titre de grand officier de la Légion-d'Honneur.

En 1809, il contribua puissamment à la soumission du Tyrol.

De 1810 à 1814, il combattit en Espagne et en Portugal et y obtint de nombreux succès. Après la déroute de Vittoria, il devint l'un des lieutenants du maréchal Soult et se trouva aux batailles de l'Adour, d'Orthez et de Toulouse.

Sous la première Restauration, le général Drouet fut nommé chevalier de Saint-Louis, grand cordon de la Légion-d'Honneur et commandant de la 16e division militaire.

Il fut arrêté, le 13 mai 1815, comme complice de Lefebvre-Desnouettes qui avait formé le projet de rassembler toutes les forces qui se trouvaient dans le Nord de la France, pour tenter un coup de main sur Paris; mais les événements qui suivirent le rendirent bientôt à la liberté et lui permirent de s'emparer de la citadelle de Lille.

Pendant les Cent-Jours, il fut nommé pair de France et reçut le commandement du 1er corps de l'armée du Nord. A la journée de Fleurus (16 juin), il se promena toute la journée avec 20,000 hommes de Ligny aux Quatre-Bras, à cause des ordres opposés qu'il avait reçus de Napoléon et de Ney, et de la sorte ne put être d'aucune utilité ni à l'Empereur ni au maréchal. S'il eût pu donner contre l'ennemi sur l'un de ces deux points, l'armée anglaise ou l'armée prussienne était écrasée. Le 18, à Waterloo, il fit des prodiges de valeur, et néanmoins, dit Napoléon, il s'y rendit inutile. « Si le soir il eût connu la position de Grouchy et qu'il eût pu s'y jeter, il lui eût été possible, au jour, avec cette magnifique réserve, de rétablir les affaires et peut-être même de détruire les alliés par un de ces prodiges, de ces retours de fortune qui lui étaient si familiers, et qui n'eussent surpris personne. Mais il n'avait nulle connaissance de Grouchy, et puis il n'était pas facile de se gouverner au milieu des débris de cette armée : c'était un torrent hors de son lit, il entraînait. » (Las Cazes.)

Après la capitulation de Paris, Drouet d'Erlon se rendit avec son corps d'armée au delà de la Loire. Compris dans l'ordonnance du 24 juillet, il fut assez heureux pour gagner la frontière et arriver à Bayreuth où il trouva un asile. Plus tard, il établit une brasserie dans les environs de Munich. Rentré en France plusieurs années après, il vécut dans la retraite jusqu'à la Révolution de 1830.

Depuis, il a été pendant deux ans gouverneur général des possessions françaises dans le Nord de l'Afrique, puis commandant de la division militaire dont Nantes est le chef-lieu; il était pair de France depuis le 19 novembre 1831.

Une ordonnance royale du 9 avril 1843 l'éleva à la dignité de maréchal de France.

Son nom est gravé sur le côté Est de l'arc de triomphe de l'Étoile.

DROUOT (Antoine, comte), né à Nancy, le 11 janvier 1774, de parents pauvres. Il termina ses études au collège de Nancy en 1792, entra le 1er juin 1793 à l'école d'artillerie en qualité d'élève sous-lieutenant, et un mois après fut nommé sous-lieutenant au 1er régiment d'artillerie; il fit toutes les campagnes de la Révolution dans cette arme, notamment celle d'Égypte, et parvint au grade de colonel-major dans l'artillerie à pied de la garde impériale, grade qu'il occupait en 1809. Il fut nommé ensuite général de brigade et aide-de-camp de l'Empereur, le 26 janvier 1813. En 1815 il suivit Napoléon à l'île d'Elbe et en fut nommé gouverneur. Devenu, à son retour commandant général de la garde impériale, il a été compris ensuite dans l'ordonnance du 24 juillet 1815, traduit devant un Conseil de guerre et acquitté après avoir prononcé ces paroles :

« Quand j'ai connu l'ordonnance du 24 juillet, je me suis rendu volontairement; j'ai couru au-devant du jugement que je devais subir. Si je suis condamné par les hommes qui ne jugent les actions que sur les apparences, je serai absous par mon juge le plus implacable, ma conscience. Tant que la fidélité aux serments sera sacrée parmi les hommes, je serai justifié ; mais quoique je fasse le plus grand cas de leur opinion, je tiens encore plus à la paix de ma conscience. J'attends votre décision avec calme.... »

Napoléon élevait au plus haut point les talents et les facultés du général Drouot. « Tout est problème dans la vie, disait-il ; ce n'est que par le connu qu'on peut arriver à l'inconnu. » Or il connaissait déjà comme certain dans Drouot tout ce qui pouvait en faire un grand général. Il le croyait supérieur à beaucoup de ses maréchaux. Il n'hésitait pas à le croire capable de commander cent mille hommes : « et peut-être ne s'en doutait-il pas, ajoutait-il, ce qui ne serait qu'une qualité de plus. » (LAS CAZES.)

« Drouot vivrait aussi satisfait avec 40 sous par jour qu'avec le revenu d'un souverain. Plein de charité et de religion, sa probité et sa simplicité lui eussent fait honneur dans les plus beaux jours de la République romaine. » (O'MÉARA.)

« Il n'existait pas deux officiers dans le monde pareils à Murat pour la cavalerie et à Drouot pour l'artillerie. » (O'MÉARA.)

Entre mille actions d'éclat de Drouot il faut citer la grande part qu'il eut à la victoire de Lutzen, où il commandait la fameuse artillerie légère de la garde, sa conduite à la bataille de Bautzen, où il fut nommé général de division, et l'affaire de Nangis, en 1814, où il franchit le défilé de Vauclor sous le feu de 60 pièces d'artillerie. Ce fait d'armes, l'un des plus beaux de la campagne, suffirait pour l'immortaliser.

Drouot a refusé tout service et tout traitement, et il est rentré dans la vie privée. Son refus a été dicté par la crainte de se voir rappelé à l'activité et de se trouver, dans la prospérité, dans les honneurs, lorsque son bienfaiteur gémissait sur un rocher de l'Atlantique. En 1824 il accepta une pension de retraite qui lui fut offerte par le gouvernement en récompense de ses services.

En 1833, le duc d'Orléans (Louis-Philippe) lui avait offert la place de gouverneur des princes ses fils. Drouot avait cru devoir refuser.

Il avait commencé à écrire les mémoires de son temps, mais les infirmités, une cécité complète, interrompirent son travail. Ce brave général est mort à Nancy, le 24 mars 1847.

Il avait été nommé légionnaire le 5 août 1804, officier de la Légion à Wagram, commandeur à la Moskowa, grand officier le 23 mars 1814; grand-croix le 18 octobre 1830; baron de l'Empire le 14 mars 1810; comte de l'Empire le 24 octobre 1813; pair de France par décret impérial le 2 juin 1815; pair de France par ordonnance royale le 19 novembre 1831.

Il était général de division depuis le 3 septembre 1813.

DUBOIS DE CRANCÉ (Edmond-Louis-Alexis), général de division. Né à Charleville en 1747, lieutenant des maréchaux de France; député du tiers-état aux Etats-généraux; membre de l'Assemblée constituante (comité militaire), membre de la Convention dont il fut président, il s'y fit remarquer par l'exaltation de ses opinions démocratiques; dans le procès de Louis XVI il rejeta l'appel au peuple et vota pour la mort; membre du Conseil des cinq-cents; il avait présenté en 1791 un projet de constitution militaire et un rapport sur le recrutement où l'on trouve la première idée de la *conscription*; il fit décréter que les hommes de couleur seraient libres en mettant le pied sur le sol français; ce fut lui qui dirigea le siége de Lyon, comme commissaire de la Convention.

Ministre de la guerre du 14 septembre 1799 au 10 novembre de la même année, il fit adopter plusieurs projets pour l'organisation générale de l'armée, l'embrigadement des troupes et la formation de l'*infanterie légère*.

Il se retira après le 18 brumaire qu'il combattit de toutes ses forces, quoiqu'il fût devenu un des plus fougueux réactionnaires.

Il est mort à Rethel, le 29 juin 1814, âgé de 67 ans.

DUBOIS (Jacques-Charles, baron), frère de *Dubois-Thainville*, chargé d'affaires de la République française et commissaire général des relations commerciales à Alger, naquit le 27 novembre 1762 à Reux (Calvados).

Il s'enrôla volontairement, le 3 mars 1781, dans le régiment de Colonel-Général-Dragons (5ᵉ de l'armée en 1791), y devint brigadier dans la compagnie de Laurençon, le 17 mars 1784, et obtint son congé absolu le 3 mars 1789. Il reprit du service en 1792, et entra en qualité de sous-lieutenant, le 25 janvier, dans le 16ᵉ régiment de dragons.

Compris dans le détachement de 200 hommes que ce régiment envoya à Saint-Domingue, il partit le 12 juin suivant, et fut nommé lieutenant le 17 décembre.

Il fit dans cette colonie ou sur mer les campagnes de 1792 à l'an II, et obtint le grade de capitaine le 12 juin 1793.

Lors de la retraite de l'escadre de Saint-Domingue, les consuls français de New-York et de Baltimore firent connaître au ministre des relations extérieures la conduite pleine de sagesse et de fermeté que le capitaine Dubois avait tenue pour rétablir l'ordre et la discipline parmi les troupes embarquées sur l'escadre, et lui attribuèrent la plus grande part dans le succès des mesures prises à cet effet.

Rentré en France en l'an III, il servit en Vendée sous les ordres de Canclaux et de Hoche, et fit les campagnes des ans IV et V aux armées de Sambre-et-Meuse et du Rhin.

Pendant les ans VI et VII, il prit part aux guerres d'Italie et de Naples.

Le 19 frimaire an VII, à l'affaire d'Otricoli (armée de Naples), il sauta dans un ravin avec son chef de brigade, un capitaine, un sous-lieutenant et un dragon, pour tâcher de débusquer un bataillon ennemi qui, par son feu, inquiétait nos troupes. Démonté pendant l'action, il combattit à pied et fit une vingtaine de prisonniers qu'il ramena au quartier général à l'aide de quelques dragons.

Employé aux armées de Batavie et Gallo-Batave en l'an VIII et en l'an IX, il tint garnison dans la 1ʳᵉ division militaire pendant les ans X et XI, et fut promu au grade de chef d'escadron dans le 3ᵉ régiment de dragons, le 10 vendémiaire an XII.

Il reçut le 25 prairial la décoration de

la Légion-d'Honneur, et fit de l'an XIV à 1807 avec la réserve de cavalerie de la grande armée les campagnes d'Autriche, de Prusse et de Pologne; il passa major, le 24 septembre 1806, dans le 5ᵉ régiment de dragons.

Le 4 février 1807, à la tête de la compagnie d'élite, il alla reconnaître une colonne d'infanterie russe qui filait dans un ravin; ayant atteint son arrière-garde, il la chargea avec vigueur, la culbuta et lui fit des prisonniers.

L'audace et l'intrépidité dont il fit preuve dans cette rencontre excitèrent l'admiration de toute l'armée, et lui valurent les éloges les plus flatteurs du prince Murat.

Nommé colonel du 7ᵉ régiment de cuirassiers, le 25 juin 1807, et baron de l'Empire, le 17 mars 1808, il fit la campagne de 1809 en Allemagne, se distingua, le 22 mai, à Essling; et le 6 juillet suivant à Wagram, il chargea un carré d'infanterie ennemie à la tête d'un peloton du 7ᵉ cuirassiers.

Officier de la Légion-d'Honneur, le 8 octobre 1811, il se couvrit de gloire pendant la campagne de Russie, et reçut, le 7 février 1813, le grade de général de brigade.

Appelé en cette qualité au commandement du dépôt général de cavalerie de Brunswick le 1ᵉʳ avril suivant, il fut mis en non activité le 1ᵉʳ septembre 1814, et nommé chevalier de Saint-Louis, le 21 janvier 1815.

Rappelé à l'activité au retour de l'île d'Elbe, il commanda une brigade de cavalerie à la bataille du mont Saint-Jean, où il fut blessé d'un coup de sabre, en soutenant la retraite.

Admis à la retraite, le 6 octobre, il se retira à Villeneuve-sur-Yonne, et y vécut loin des affaires publiques.

A la révolution de Juillet 1830 il prit provisoirement le commandement de la 18ᵉ division militaire, et fut le 11 du mois d'août chargé de celui de la 2ᵉ subdivision de cette division.

Commandeur de la Légion-d'Honneur, le 20 avril 1831, il fut admis à la retraite, le 1ᵉʳ mai 1832, et se retira à Sens.

DUBOUCHAGE (François-Joseph-Gratet, vicomte), général d'artillerie, né à Grenoble le 1ᵉʳ avril 1749. Il entra dans l'artillerie en 1763. Il était chef de brigade le 1ᵉʳ novembre 1784, et deux ans plus tard sous-directeur, à Brest, de l'artillerie de marine.

Maréchal de camp et inspecteur général de son arme le 1ᵉʳ juillet 1792, ministre de la marine après le renvoi de Roland, puis ministre des affaires étrangères.

Destitué le 10 août comme antirévolutionnaire. Il conseillait à Louis XVI la résistance; ce prince préféra se retirer au sein de l'Assemblée.

Le vicomte Dubouchage l'y accompagna donnant le bras à la Reine et tenant Madame par la main.

Le 13 août il quitta Paris, mais il n'émigra point. Il fut arrêté quelques jours en 1805, comme soupçonné d'avoir des intelligences avec Londres.

Nommé commandeur de Saint-Louis en 1814, il resta inactif en apparence pendant les Cent-Jours.

Ministre de la marine le 27 septembre 1815, il déplaça de bons officiers pour en nommer d'incapables: tel était le commandant de *la Méduse.*

Il eut l'idée heureuse de créer une École de marine, mais il la plaça à Angoulême; il rétablit la caisse des Invalides.

Il se montra contraire à l'ordonnance du 5 septembre, et, par suite de cette opposition, dut remettre son portefeuille au comte Molé, le 22 juin 1817.

Il fut nommé pair de France, ministre d'État avec 20,000 francs de traitement.

Il mourut le 12 avril 1821.

DUBREIL (Marie-Anne-Jean-Alexandre-Paschal), baron de Fregoze, naquit le 25 octobre 1763 à Montauban (Tarn-et-Garonne). Cadet-gentilhomme dans le régiment de Vermandois-Infanterie (62e) le 10 mars 1778, sous-lieutenant le 3 octobre 1779, et lieutenant le 11 janvier 1788, adjudant-major, capitaine adjoint aux adjudants-généraux, adjudant-général lieutenant-colonel et adjudant-général colonel les 7 et 12 février, 11 mai, 1er août et 1er septembre 1792 ; on le suspendit de ses fonctions le 1er juin 1793, comme appartenant à la noblesse.

Remis en activité le 14 juillet de la même année, il obtint, le 25 brumaire an II, le grade de général de brigade provisoire à l'armée des Pyrénées-Orientales. Il était employé à Toulouse pour surveiller les établissements militaires, lorsque, sur de fausses dénonciations, les représentants du peuple Milhaud et Soubrany prononcèrent, le 4 ventôse suivant, sa destitution et sa réclusion jusqu'à la paix. Toutefois, les démarches faites en sa faveur changèrent cette destitution en une simple suspension ; on lui laissa la liberté. Un rapport de la commission du Comité de salut public, du 25 fructidor an II, prononça la levée de cette suspension, et, le 28 thermidor an V, il fut réintégré dans le grade d'adjudant-général chef de brigade, et admis à jouir en cette qualité du traitement d'officier réformé, en attendant qu'il y eût possibilité de l'employer.

Nommé sous-inspecteur aux revues dans la 10e division militaire (Toulouse) le 9 ventôse an VIII, et inspecteur le 26 vendémiaire an IX, il reçut le 4 germinal an XII la décoration de la Légion-d'Honneur.

Le 1er septembre 1806, le ministre l'appela comme chef de division à la direction générale des revues ; il lui confia, le 23 novembre 1807, une mission spéciale à Corfou, et le 6 octobre 1809 une mission extraordinaire à Naples.

Il était rentré au ministère de la guerre, le 15 janvier 1810, en qualité de chef de la division de l'habillement, et avait été créé baron de l'Empire le 3 mai suivant, sous le nom de *Fregoze*.

Inspecteur aux revues dans la 1re division militaire le 28 septembre 1814, Louis XVIII le nomma chevalier de Saint-Louis le 17 janvier 1815, et ordonna son admission à la retraite le 9 décembre de la même année.

DUBRETON (Jean-Louis, baron), né à Ploërmel, en Bretagne, le 18 janvier 1773, entra au service à 16 ans, dans le bataillon auxiliaire des colonies, le 1er mars 1790 ; lieutenant des gardes-côtes, puis sous-lieutenant et lieutenant au 78e régiment d'infanterie en 1791, il était adjudant-major en 1793, et deux ans après capitaine de grenadiers dans la 143e demi-brigade.

Il fit les campagnes de 1792 à 1796 aux armées du Nord et de la Vendée, passa dans la 52e demi-brigade et fit toutes les campagnes jusqu'en 1800.

Chef de bataillon au 11e léger, après le passage du Mincio, en 1801, il fit la campagne de Saint-Domingue et y fut nommé colonel en 1803. A l'évacuation de cette île, où il s'était distingué, il fut fait prisonnier par les Anglais, mais il parvint à rentrer en France et y prit le commandement du 5e léger. Il continua à se faire remarquer en Hollande et en Allemagne et fut nommé général de brigade, le 6 août 1811, puis envoyé en Espagne où il eut le commandement de la province de Santander. Il y soutint avec honneur plusieurs combats contre les Espagnols et les Anglais, évacua cette province, après la bataille de Salamanque, et commanda une brigade d'infanterie dans la vieille Castille.

En 1812, les Français ayant évacué Valladolid, se retirèrent sur Burgos, devant les forces trop nombreuses de Wellington. Le général Souham, commandant en chef, à la place de Clausel qui avait été blessé à la bataille des Arapyles, avait laissé dans le château de Burgos une garnison de 1,800 hommes, sous les ordres du général Dubreton. Burgos, construit sur une colline oblongue, présentait un poste fortifié, couvrant le seul dépôt de munitions et de vivres qui restait à l'armée de Portugal. Convaincu de l'importance de ce château, Wellington avait résolu d'en faire le siège. L'armée française s'étant mise en marche le 18 septembre pour continuer sa retraite, et l'ennemi ayant suivi ce mouvement, la ville et le château furent bientôt enveloppés, et la ville occupée en partie.

Le 19, les Anglo-Portugais s'approchant à la faveur des escarpements que l'artillerie ne pouvait apercevoir, refoulèrent tous les postes sur l'ouvrage à cornes et enlevèrent les redans que les ingénieurs français avaient commencés. Ils purent ainsi s'établir sur les travaux avancés, non encore terminés et restèrent en position à portée de pistolet.

Pendant la nuit, Wellington voulant s'emparer de l'ouvrage dit *Saint-Michel*, qui était en mauvais état et peu susceptible d'être défendu, rassembla ses colonnes et à la faveur du terrain les dirigea sur ce point. Un bataillon de ligne défendit vigoureusement son poste contre l'attaque de 4 bataillons anglais; mais forcé de céder au nombre, il dut, pour se retirer dans le château, se faire jour à la baïonnette à travers les ennemis. Il perdit 142 hommes et les assiégeants 420.

Le château n'étant pas assez vaste pour contenir tous ses défenseurs, le général Dubreton avait fait camper sa garnison entre les deux lignes de redoutes qui entouraient la colline. Les assiégeants munis d'échelles, se présentèrent en force dans la nuit de 22 au 23, pour emporter le camp retranché. Ils avaient marché sur deux colonnes, l'une du côté de la ville, et la seconde sur le pont du chemin de Saint-Amler. Cette dernière donna l'assaut avec une grande vigueur, mais elle fut reçue très-résolûment par 5 compagnies du bataillon qui avait défendu l'ouvrage de Saint-Michel. Les assaillants furent culbutés et mis en fuite, tant par la fusillade que par des obus chargés que l'on allumait à la main et que l'on jetait ensuite dans le fossé.

La colonne qui attaqua du côté de la ville n'eut pas plus de succès; elle ne put parvenir à descendre la contrescarpe. Cette attaque infructueuse avait coûté beaucoup de monde à l'ennemi. Des cadavres encombraient les fossés pêle-mêle avec les échelles apportées pour l'escalade.

Les Anglo-Portugais employèrent alors la sape et la mine; mais la garnison faisant pleuvoir des grenades et des combustibles de toute espèce, les empêcha de continuer leur travail.

Le 29, à une heure du matin, les assiégeants mirent le feu aux fourneaux établis sous le terre-plein du camp, près du magasin à poudre; mais les poudres ayant été placées trop bas dans les fourneaux, la brèche ne fut pas praticable, et un feu très-meurtrier accueillit la colonne qui se présenta pour donner l'assaut. Dans le même moment échoua également l'attaque d'une autre colonne sur un autre point.

Bientôt après, les assaillants tentèrent de faire une brèche dans la muraille avec 3 pièces de gros calibre; mais ces pièces furent aussitôt démontées par le feu des assiégés.

Le 4 octobre, l'ennemi fit sauter la partie basse du camp retranché. Une terrible explosion eut lieu ; les Portugais s'élancèrent à la nouvelle brèche, tandis que celle qui avait été ouverte le 29 était envahie par une colonne de grenadiers anglais. Malgré le feu à bout portant que les assiégés dirigeaient sur ces deux ouvertures, ils furent forcés de se retirer, et le camp retranché tomba au pouvoir de l'ennemi.

Le général Dubreton ordonne le lendemain une sortie. Deux compagnies de voltigeurs et un détachement de pionniers marchèrent résolûment à l'ennemi, le chargèrent à la baïonnette, reprirent la plus grande partie du camp retranché, s'y maintinrent jusqu'à ce que les pionniers eussent complétement détruit les travaux commencés par les assiégeants, et se retirèrent ensuite emportant les gabions et les outils abandonnés par les tirailleurs.

Les Anglo-Portugais ne tardèrent pas à rentrer dans le camp retranché ; ils poussèrent leurs travaux jusqu'à près de 5 toises de la ligne française et perdirent beaucoup de monde à la construction de cet ouvrage. Cependant, l'ennemi continuait ses travaux souterrains sur les autres points, le général Dubreton ordonna une nouvelle sortie dans la nuit du 7 au 8 octobre, 3 compagnies de grenadiers, 2 sections de voltigeurs et un détachement de pionniers et de tirailleurs s'avancèrent avec rapidité, passèrent à la baïonnette tout ce qui se trouva dans les ouvrages, à l'exception de 6 officiers et de 36 soldats anglais qui furent faits prisonniers, puis ils se retirèrent en bon ordre.

Le lendemain, les assiégés se rétablirent derrière les parapets retournés du camp retranché, et dirigèrent sur la place un feu terrible. Bientôt la brèche fut praticable.

Le 18, huit bataillons divisés en trois colonnes furent réunis dans les tranchées pour donner l'assaut. A quatre heures, une mine fit explosion et détruisit tout le mur crénelé qui défendait le poste de San-Romano. Les trois colonnes ennemies profitèrent de ce moment pour s'élancer. Le poste français qui gardait San-Romano mit le feu en se retirant à une fougasse pratiquée sous la chapelle de San-Romano. L'édifice tout entier s'écroula et 2 bataillons anglais furent complétement anéantis. L'explosion, jointe au feu de la demi-lune qui prenait en flanc la colonne d'attaque, causa aux ennemis une si grande perte qu'ils se retirèrent dans le plus grand désordre. Pareil échec fut éprouvé par la seconde colonne. L'ennemi ne réussit d'abord que dans l'attaque de la brèche du côté de Saint-Michel, où il avait placé ses meilleures troupes. Là les assaillants emportèrent la brèche et la seconde enceinte, quelques-uns pénétrèrent même dans le corps de la place. Bientôt la chance tourna : Le général Dubreton, ralliant sa garnison, chargea l'ennemi établi dans la troisième ligne et le chassa aux cris de *vive l'Empereur !*

La garnison fit les 19, 20 et 21 de nouvelles sorties où elle eut toujours l'avantage. Le 22, les Anglo-Portugais firent sauter le magasin à poudre qu'ils avaient établi sur les hauteurs de Saint-Michel. La fusillade ayant cessé presqu'en même temps, les Français s'aperçurent que l'ennemi était en pleine retraite ; en effet, le même jour Burgos vit entrer dans ses murs l'avant-garde de l'armée française.

Le siége de Burgos avait duré 35 jours, et l'intrépidité du général Dubreton et de sa garnison avait fait échouer tous les efforts de l'ennemi, qui y avait perdu près de 2,500 hommes. Les Français eurent 600 hommes hors de combat.

Ce beau fait d'armes fut mis à l'ordre du jour de l'armée. Après le rapport circonstancié qui en fut fait au ministre de la guerre, l'Empereur nomma M. Dubreton général de division le 23 décembre 1812.

En 1813, le général Dubreton se distingua de la manière la plus éclatante à la bataille de Hanau.

Après la première Restauration, il fut nommé chevalier de Saint-Louis et commandant supérieur de Valenciennes.

Le 28 mars 1815, il remit cette place au colonel Marbot, envoyé par l'Empereur.

Après la seconde Restauration, le roi créa le général Dubreton commandeur de Saint-Louis et lui confia la 5e division (Strasbourg), puis en 1817 la 13e.

Le 5 mars 1819, il fut créé pair.

DUCHAND DE SANCEY (Auguste-Jean-Baptiste), né à Grenoble, le 11 mai 1780, de parents riches. Entré à l'École polytechnique le 1er décembre 1796, il fut nommé officier d'artillerie le 13 mars 1798; mais un certificat de civisme, qui lui fut refusé, sans doute à cause de l'opinion de ses parents, le priva du grade qu'il avait mérité et le força à sortir de l'école. Il concourut alors pour une place de lieutenant en second dans l'artillerie de la marine, et fut reçu le 2 juillet 1798. Il fit en cette qualité une campagne sur mer, fut fait prisonnier, envoyé à Port-Mahon, et parvint à s'évader en octobre 1801. Il fut plus tard envoyé à l'École d'application de Châlons d'où il passa au camp de Boulogne, et plus tard à l'armée de Naples. Il fit la campagne d'Austerlitz sous Masséna.

En 1807, il fut envoyé à l'École d'équitation de Versailles, qu'il quitta le 21 juillet 1808, pour être attaché à la maison militaire de Napoléon, en qualité d'officier d'ordonnance avec le grade de capitaine. Il fit avec l'Empereur la campagne de Galice, assista aux premiers travaux du siège de Saragosse, et eut occasion, devant Madrid, de sauver la vie au duc de Saint-Simon, émigré français, pris les armes à la main dans la ville, et condamné à mort par le conseil de guerre.

Le capitaine Duchand nommé chef d'escadron le 16 janvier 1809, passa dans le corps d'armée du général Sébastiani, assista aux batailles de Talavéra, d'Almonacid, fut fait légionnaire et passa, en 1810, au 8e corps (armée d'Aragon), sous les ordres de Suchet, et prit part à tous les sièges qui ont porté si haut la gloire de cette armée. Il se distingua surtout au siége de Lérida et au siége de Tortose, où il commanda son arme à l'attaque de gauche, en janvier 1811. A peine guéri des blessures reçues au siége de Valence, le 30 novembre 1811, il allait rejoindre la grande armée en Russie; il en rencontra les débris sur l'Oder.

Il combattit à Bautzen (1813), sous les ordres de Ney, et passa au 12e corps, commandé par Oudinot, en qualité de chef d'état-major d'artillerie. Il rendit des services importants, fut créé officier de la Légion-d'Honneur le 8 juillet, major le 17 août et baron de l'Empire le 19 novembre.

A Leipzig, il soutint avec 12 bouches à feu, en avant de cette ville, l'effort de 25,000 hommes, soutenus par 30 pièces de canon, qui voulaient s'emparer du pont. Il fut autorisé à prendre le nom du terrain sur lequel il avait combattu, et s'appela dès lors le baron Duchand de Sancey.

Encore souffrant de sa blessure, il prit peu de part à la campagne de France. Louis XVIII le nomma, en 1814, lieutenant-colonel du 4e régiment d'artillerie à cheval.

Il était à Valence en 1815, lors du débarquement de Napoléon; aussitôt il alla le rejoindre à Grenoble et l'accompagna jusqu'à Paris.

M. Duchand fit la campagne de Waterloo en qualité de colonel-major de l'artillerie à cheval de la garde impériale. Son régiment se couvrit de gloire; le colonel Duchand se précipita avec six bouches à feu sur un carré écossais, l'aborda à portée de pistolet avec tant de promptitude, que Napoléon, témoin de ce fait, dit avec un intérêt mêlé d'émotion : *Ne dirait-on pas que Duchand déserte ?*

Lorsque l'armée fut retirée derrière la Loire et eut reçu l'ordre de prendre la cocarde blanche, le colonel Duchand donna sa démission, qu'on s'empressa d'accepter; car il était considéré alors comme un homme hardi et dangereux.

Bientôt il se vit persécuté, emprisonné, puis forcé de s'exiler. Chassé de l'Italie et de la Bavière, la Bavière lui offrit enfin un asile. Rentré en France en 1817, il fut de nouveau emprisonné sans motif pendant trois mois.

Le 4 septembre 1830, il fut promu au grade de général de brigade, reçut peu après la croix de commandeur, le 11 juin 1831, et la direction de l'École d'artillerie de Metz. Il dirigea ensuite l'École de Vincennes, siégea au comité d'artillerie à dater de 1836, et obtint le grade de lieutenant-général le 11 mars 1840.

Cette nomination sembla au moins prématurée à quelques officiers généraux qui en firent l'observation au duc d'Orléans; mais le prince leur répondit : « Duchand n'est point un courtisan, cela est vrai; mais on le trouve toutes les fois qu'on a besoin de lui. »

Le général Duchand, qui remplissait chaque année les importantes fonctions d'inspecteur, reçut la croix de grand officier de la Légion-d'Honneur le 21 mai 1843, et se trouva investi, le 25 février 1848, par le commissaire provisoire de la guerre, du commandement de la forteresse de Vincennes, qu'il a gardé jusqu'au moment de son admission à la retraite, prononcée par l'arrêté du 17 avril 1848.

Il est mort à Paris le 5 janvier 1849, à l'âge de 69 ans. On a de lui plusieurs écrits remarquables sur l'artillerie, notamment des *Observations sur la nécessité de changer le but en blanc des canons de siége*, qui ont été publiés dans le *Spectateur militaire* de 1843.

DUCHASTEL (LOUIS-CLAUDE, baron), né à Saumur (Maine-et-Loire), le 2 mars 1772. Son père était président de l'élection de cette ville.

Il suivait un cours de droit à l'université d'Angers lorsque la Révolution éclata.

Il s'enrôla alors comme volontaire dans le 1er bataillon de Maine-et-Loire en septembre 1791. Il fit les campagnes de 92 et 93, combattit au camp de la Lune, à Valmy et à Jemmapes.

Vers la fin de 1793, il entra dans le 7e régiment de chasseurs à cheval et fut bientôt nommé capitaine par le représentant du peuple Cara. Il fit alors les campagnes de la Vendée. Il suivit le premier Consul en Italie comme capitaine au 12e régiment de hussards.

Chef d'escadron sur le champ de bataille de Montébello, il se fit remarquer à Marengo, au passage du Mincio et fit partie du corps d'occupation des Abruzzes.

Plus tard il fit les campagnes d'Ulm, d'Austerlitz et d'Iéna, comme chef d'escadron au 12e de dragons, passa comme major au 19e et fut chef d'état-major des gouvernements de Valladolid et de Salamanque.

Colonel du 21e de chasseurs en 1810, il commanda pendant trois ans ce brave régiment et se signala à Vittoria et à Toulouse.

En 1814, son régiment fut incorporé dans le 5e chasseurs, qu'il commanda jusqu'à son licenciement, le 1er janvier

1816. Il obtint sa retraite le 15 septembre 1821.

Le 12 août 1830, M. Duchastel fut rappelé au service comme colonel du 6ᵉ chasseurs. Le 2 avril 1831, il fut nommé maréchal-de-camp et mis à la retraite en 1834, après avoir commandé successivement dans les départements de la Somme, de la Haute-Saône et de l'Oise, puis enfin une brigade de la division de cavalerie de réserve de l'armée du Nord. Il avait alors 62 ans.

Le général Duchastel avait été décoré au camp de Boulogne. L'Empereur l'avait nommé successivement officier de la Légion-d'Honneur et baron de l'Empire. Le roi Louis-Philippe le fit grand officier.

DUFOUR (George-Joseph), né à Saint-Seine en 1758, entra volontairement dans le régiment de Nivernais, et partit dans les premiers jours de la Révolution à la tête d'un bataillon de la Charente. Se trouvant dans Verdun en 92, au moment où les Prussiens s'en emparèrent, il fut au nombre des officiers qui refusèrent de signer la capitulation.

Il coopéra à la prise de Namur, fut blessé à Nerwinde, et fit la guerre de Vendée en qualité de général de brigade.

En 94, il se distingua à la défense du pont de Huningue, et aux actions que livra l'aile droite de l'armée. Après le passage du Rhin près de Strasbourg, ce fut lui qui vint complimenter à Bâle le général Bonaparte qui se rendait, en 98, à Rastadt.

En 1799, il ouvrit la campagne sous les ordres de Bernadotte, et se jeta dans Mayence menacée par le prince Charles. A l'armée de Hollande, il contribua à repousser les Anglais et les Russes.

Placé dans le parti démocratique du Conseil des cinq-cents, le général Dufour fut porté sur la liste des candidats destinés à remplacer les directeurs Merlin, la Réveillère et Treilhard, renversés au 30 prairial.

Depuis le 18 brumaire, il ne fut plus employé que dans l'intérieur. Il commandait à Nantes en 1809, lorsque Napoléon cessa de l'employer. Le républicain Dufour s'était souvent montré hostile au gouvernement impérial.

Retiré à Bordeaux, il offrit ses services à Napoléon à son retour de l'île d'Elbe. Il fut représentant de la Gironde à la chambre des Cent-Jours, et parut au Champ de Mai comme commandant des gardes nationales de ce département.

Après le second retour des Bourbons, le général Dufour fut arrêté, conduit à l'Abbaye, et détenu jusque vers la fin de 1816.

Il mourut à Bordeaux en 1820.

DUGOMMIER (Jean-François-Coquille), naquit à la Basse-Terre (Guadeloupe) en 1736, et entra au service à l'âge de 13 ans; il y obtint quelque avancement et mérita la croix de Saint-Louis.

Commandant général des gardes nationales de la Martinique à l'époque de la Révolution.

Arrivé en France en 1792, il fut employé comme général de brigade à l'armée d'Italie où il obtint le grade de général de division. Chargé du siége de Toulon vers la fin de 1793, il dirigea ce siége, après le rappel du général Carteaux, avec beaucoup d'habileté et de vigueur. Il passa bientôt après au commandement de l'armée des Pyrénées-Orientales, et fut tué près de Saint-Sébastien par un éclat d'obus, le 17 novembre 1794.

Voici en quels termes le duc de Bellune a raconté cette mort glorieuse :

« Du côté de la France, la montagne

Noire s'élève presque à pic; sa pente va se perdre, à droite, dans le ruisseau de Darnuys, à gauche dans l'Obregal.

« Le comte de La Union, général en chef des troupes espagnoles, avait garni de retranchements toutes les hauteurs à la gauche de Darnuys et sous la montagne; pas une éminence qui n'eut sa batterie.

« La mauvaise saison approchait. La Union paraissait décidé à la passer derrière ses 80 et quelques redoutes; mais Dugommier, lui, avait résolu de se rendre maître de toutes ces positions formidables. Son plan était arrêté, et l'exécution en fut fixée au 27 novembre 1794.

« Pour mieux suivre les chances du combat, Dugommier s'était rendu à quatre heures du matin sur la montagne Noire, au centre de la ligne de bataille, avec le représentant Delbrel et tout son état-major.

« Dès que le jour permit de distinguer les objets, une pareille affluence de monde sur ce point fit présumer à l'ennemi que le général en chef s'y trouvait, et il y dirigea bombes et obus avec acharnement.

« L'action était engagée; les opérations prescrites s'exécutaient avec précision et rapidité : Dugommier le vit et alla s'établir, pour déjeuner, au pied d'un mur en pierre sèche, qui formait une espèce de petit enclos, sur le sommet de la montagne; près de lui se tenaient plusieurs de ses officiers, et le nègre Patoche son domestique, ou plutôt son ami le plus dévoué et le compagnon le plus fidèle de tous ses périls. Le représentant Delbrel était à cinquante pas de là dans une batterie d'où nous faisions feu sur le Castillet.

« Dugommier, tout en prenant de bon appétit son repas du matin, observait avec attention les mouvements de ses troupes et ceux de l'ennemi. Tout à coup, il lui semble que l'attaque de sa gauche se ralentit.... Il se lève...., en ce moment un obus, parti des redoutes de Pasamilens, passe en sifflant au-dessus de notre batterie, et rase le mur du petit enclos. Dugommier tombe; on accourt, on le soulève, on l'examine. Il avait trois côtes brisées et l'épaule droite emportée. Il n'était plus, le vaillant capitaine, le vertueux citoyen, le père de l'officier et du soldat.

« Le représentant Delbrel fit transporter à Bellegarde le corps du nouveau Turenne, et il fut enseveli dans la citadelle qu'il avait rendue à la France.

« Le brave Dugommier prit le commandement du siége de Toulon le 20 novembre. Il avait quarante ans de service. C'était un des riches colons de la Martinique, officier retiré. Au moment de la Révolution, il se mit à la tête des patriotes et défendit la ville de Saint-Pierre. Chassé de l'île par les Anglais, il perdit tous ses biens.

« Il avait toutes les qualités d'un vieux militaire; extrêmement brave de sa personne, il aimait les braves et en était aimé. Il était bon, quoique vif, très-actif, juste, avait le coup d'œil militaire, du sang-froid et de l'opiniâtreté dans le combat. » (*Mémorial de Sainte-Hélène*.)

DUHESME (Guillaume-Philibert, comte), né le 7 juillet 1766 à Bourgneuf (Saône-et-Loire), commandant de la garde nationale de son canton jusqu'en 1791, époque à laquelle il entra, comme capitaine, dans le second bataillon de Saône-et-Loire. Cette même année il équipa 200 hommes à ses frais, et Dumouriez lui confia le commandement de ce bataillon.

Il commandait la place de Ruremonde pendant que l'armée traversait la Meuse; assura les communications avec la Hollande en conservant le poste de Herstadt, et à la suite de la bataille de Nerwinde brûla un pont sur la Hoo, en présence d'une colonne ennemie. Le 6 juillet 1793, au combat du bois de Villeneuve, les grenadiers français se découragèrent et abandonnèrent leurs rangs. Duhesme, blessé de deux coups de feu, mit un genou en terre pour se soutenir, présenta la pointe de son sabre aux fuyards, et parvint à rétablir l'ordre et à obtenir quelques avantages sur l'ennemi. Ce trait de courage lui valut le grade de général de brigade.

Lorsqu'il fut guéri de ses blessures, il fut placé à la tête de l'avant-garde et s'empara de la Capelle où il se maintint. A la journée de Grandjean, il ramena au combat les troupes qui se repliaient en désordre, et, malgré la blessure qu'il reçut en marchant à leur tête, il continua de commander la colonne qui protégeait la retraite. Le 6 prairial, les troupes se portaient sur Charleroi, et Duhesme, à la tête de sa brigade, débouchait d'un bois dans une plaine battue par la mitraille et défendue par une forte ligne de cavalerie, lorsque, apercevant quelque hésitation dans les rangs de ses grenadiers, il descendit de cheval, et, saisissant le fusil d'un soldat, se mit en ligne avec un des pelotons les plus opposés, et chargeant à la baïonnette, força l'ennemi à battre en retraite.

A l'attaque du pont de Marchiennes, dont l'abord était défendu par une nombreuse artillerie, il employa des espèces de matelas roulants qui permirent aux canonniers de faire avancer leurs pièces, et, malgré le feu de l'ennemi, il détruisit leurs retranchements. Il effectua alors le passage de vive force.

La veille de la bataille de Fleurus, il commanda une manœuvre qu'exécuta le colonel Bernadotte et à laquelle on dut la défaite de l'aile droite des Autrichiens.

Placé au centre de l'armée il contribua plus directement à cette victoire.

Il commanda le corps chargé de l'investissement de Maëstricht, en l'absence de Kléber, repoussa l'ennemi dans cinq sorties, et fut nommé général de division, le 8 novembre 1794. Il fit la guerre de la Vendée sous les ordres de Hoche, passa à l'armée du Rhin sous les ordres de Pichegru, se distingua partout, principalement à la défense de Kehl, à Biberach, à Schussenvied. Dans la campagne de l'an V, à l'armée de Rhin-et-Moselle, sous les ordres de Moreau, il eut la main droite percée d'une balle à l'affaire de Diersheim, au moment où, précédant ses soldats, il battit la charge sur un tambour avec le pommeau de son épée. En 1798, il fut chargé d'aller offrir au gouvernement les drapeaux conquis par nos armes.

Il commandait l'aile gauche de Championnet lorsqu'il s'empara de Cerrita del Tronto, de Pescara; il contribua puissamment à la prise de Naples, et fut chargé, par Championnet, du commandement militaire de la Pouille et des Calabres : il y battit un parti de 12,000 hommes et se rendit maître des villes insurgées.

Duhesme partagea ensuite la disgrâce de Championnet ; mais bientôt après il reçut le commandement des Alpes, puis, au printemps de 1800, il passa à l'armée de réserve organisée à Dijon.

Le 3 décembre, il commandait l'aile gauche de l'armée d'Augereau, et contribua aux succès de Burg, d'Éberach, de Bamberg, etc.; il passa ensuite au commandement de la 19ᵉ division.

En 1806, il fit partie de l'armée chargée de la conquête du royaume de Naples. Il fit paraître à cette époque un *Précis historique de l'infanterie légère*, etc. ouvrage très-estimé, réimprimé en 1814.

Il quitta en 1808 l'armée de Masséna

pour aller prendre un commandement en Espagne et y rendit de grands services en 1810 ; il quitta le commandement de la Catalogne et rentra en France, où il tomba dans la disgrâce de l'Empereur par suite de dénonciations relatives à son administration en Espagne.

En 1814, il commandait une division dans le corps d'armée du duc de Bellune, et un décret de Napoléon lui accorda le titre de Comte.

Le 1er février, sa division fut presque entièrement prise au combat de la Rothière. Cet échec fut bientôt réparé ; il se couvrit de gloire à Montereau. Le 1er juin, Louis XVIII le nomma inspecteur général d'infanterie, puis après chevalier de Saint-Louis.

A son retour de l'île d'Elbe, Napoléon le créa Pair, et lui donna le commandement de la jeune Garde. Il combattit héroïquement à la tête de cette troupe d'élite le 18 juin 1815, à la journée de Waterloo, y fut blessé mortellement, se retira dans une maison de Genappe où il expira.

Son nom est gravé sur l'arc de l'Étoile, côté Sud.

DULAULOY (Charles-François-Randon, comte), né à Laon, le 9 décembre 1764, d'une famille distinguée, entra dans l'artillerie en 1780, comme élève. il était capitaine en 1788, commandant l'artillerie du camp de Paris, lors de l'invasion des Prussiens ; se distingua dans la guerre de la Vendée et fut reçu colonel en 1793, puis général de brigade en 1794 ; il présenta à la Convention la capitulation de Niewport dans la fameuse séance du 8 thermidor an III, et fut employé à la direction du mouvement des armées par le Comité de salut public ; fut chef d'artillerie aux armées du Nord, de Sambre-et-Meuse et de l'Ouest, défendit Tortone en Italie et eut le commandement de Gênes et de la Ligurie.

Il organisa en 1808 l'école d'artillerie de Metz ; général de division en 1803 à l'armée de Hanovre, il revint commander l'artillerie en Italie, dans le royaume de Naples.

Il passa au 4e corps de la grande armée en 1806, se distingua à Eylau, à Heilsberg, à Friedland en 1807, et reçut la croix de grand officier. Créé Comte de l'Empire en 1808 et envoyé en Espagne, il eut une grande part aux combats qu'y livra le 2e corps. Détaché en Hollande lors de l'invasion anglaise, il revint à la grande armée et fit les campagnes de 1811 et de 1812. Nommé colonel commandant de l'artillerie de la Garde impériale, grand cordon de l'ordre de la Réunion, il se couvrit de gloire à Lutzen, où, à l'exemple de Travot, il contint et chargea toute la ligne ennemie avec l'artillerie légère, à Bautzen où il attaqua le centre de l'armée ennemie avec les réserves de l'artillerie de la garde, enfin aux batailles de Dresde et de Leipzig.

Conseiller d'État le 5 décembre 1813 et chambellan de Napoléon le 7.

Louis XVIII utilisa les talents du général Dulauloy dans les inspections générales d'artillerie et lui donna le grand cordon.

Dans les Cent-Jours, Napoléon le créa Pair et gouverneur de Lyon.

Il fut mis à la retraite à la seconde Restauration.

Le comte Dulauloy est un de nos généraux les plus distingués ; il était très-sincèrement attaché à Napoléon.

DULONG DE ROSNAY (Louis-Étienne, comte), né en 1780 à Rosnay (Aube), était simple lieutenant de hussards au siège d'Ancône (janvier 1798), où sa belle conduite le fit citer avec éloges.

Plus tard commandant de la place de Pesaro, il déploya tant de prudence et de fermeté, qu'après la capitulation qu'il avait été obligé de conclure avec les Anglais, Bonaparte le combla publiquement d'éloges.

Il fit, avec la même distinction, les campagnes suivantes, assista aux batailles de Marengo et d'Austerlitz; il fut promu, en 1813, au grade de général de brigade.

Créé, par le roi, grand officier de la Légion-d'Honneur, puis lieutenant-général, il n'accepta pas d'emploi pendant les Cent-Jours, et devint, au second retour de Louis XVIII, lieutenant commandant de la compagnie des gardes dite *écossaise*.

Il prit, en 1823, le commandement de la 17e division militaire (Bastia); fut nommé en 1825 grand-croix de Saint-Louis, et plus tard gentilhomme de la chambre.

Le comte Dulong mourut à Paris le 19 mai 1828.

DUMANOIR–LE–PELLEY (PIERRE-ÉTIENNE-RÉNÉ-MARIE, comte), Vice-Amiral, né à Granville (Manche), le 2 août 1770, entra dans la marine en 1787 comme élève de port, et servit en Amérique jusqu'en 1790. Nommé sous-lieutenant de port, il monta les frégates *la Pomone* et *la Néréide*, fit une campagne à la côte d'Afrique, passa sur la flûte *le Dromadaire*, en qualité d'enseigne, et partit pour Cayenne. Lieutenant en 1790 et adjoint à l'état-major de l'amiral Martin, il prit part, sur *le Sans-Culotte*, au combat que cet amiral livra aux Anglais sur l'Océan. En l'an III, il obtint le grade de capitaine de vaisseau et le commandement *du Berwick*, fit partie de la division du contre-amiral Richery qui s'empara d'un grand convoi sur la Méditerranée, et fut chargé ensuite d'aller détruire les établissements de pêche anglais à Terre-Neuve.

Il serait peut-être juste de dire pour expliquer l'avancement rapide de cet officier, que son oncle, Pléville-le-Pelley, dirigeait alors le ministère de la marine.

Il était chef de division et commandait sous les ordres du contre-amiral Bouvet, le vaisseau *la Révolution*, lors de l'expédition d'Irlande au mois de frimaire an V, expédition malheureuse dans laquelle personne n'avait fait son devoir. Au moment où la frégate amirale, montée par Morard de Galles et Hoche, rencontra *la Révolution*, qui manœuvrait pour le retour, *le Scévola* coulait bas d'eau; Dumanoir recueillit une partie de l'équipage.

En l'an VI, il concourut aux préparatifs du départ de la flotte pour l'Égypte, monta le vaisseau *le Dubois*, et fut chargé de la direction du convoi attaché à l'armée; arrivé à Alexandrie, le général en chef le nomma commandant du port.

Le 18 thermidor de l'année suivante, le général en chef lui ordonna, ainsi qu'au contre-amiral Gantheaume, mais sans les mettre dans sa confidence, d'accélérer les approvisionnements des deux frégates ex-vénitiennes, *la Muiron* et *la Carrère*, déjà armées et équipées, et de lui donner avis des mouvements de la croisière anglaise. Le 4 fructidor, le général en chef arriva à Alexandrie; le 5, il monta à bord de *la Muiron*, le 6, on mit à la voile; *la Muiron* portait le général Bonaparte, le contre-amiral Gantheaume, Berthier, Andréossi, Monge, Berthollet, Denon, Lavalette et Bourienne; *la Carrère*, qui accompagnait, avait à bord le chef de division Dumanoir, Lannes, Murat, Marmont et Parceval-Grandmaison. Le 17 vendémiaire an VIII, on débarqua à Fréjus.

Élevé au grade de Contre-Amiral quelques mois plus tard, il commanda, de l'an IX à l'an XI, plusieurs divisions à Brest, à Cadix et à Saint-Domingue. A l'époque du combat d'Algésiras (messidor an IX), il était chargé, à Cadix, des détails aux armements : on lui reprocha alors de ne pas avoir, par son manque d'énergie et d'activité, fait secourir à temps le contre-amiral Linois à la suite de la journée d'Algésiras. En l'an XII, il fut fait membre de la Légion-d'Honneur le 17 frimaire, commandant de l'Ordre le 25 prairial suivant, et électeur du département du Finistère. A la mort de l'amiral Latouche, le 2 fructidor an XII, Dumanoir commanda provisoirement l'escadre de Toulon, et il espérait conserver ce commandement, mais l'Empereur y appela le vice-amiral Villeneuve. On ne sut dans le temps à quoi attribuer cette mesure ; la lettre suivante en indique le motif :

Saint-Cloud, 10 fructidor an XII.

« Monsieur Decrès, ministre de la marine,

« Il me semble qu'il n'y a pas un moment à perdre pour envoyer un amiral commander l'escadre de Toulon. Elle ne peut être plus mal qu'elle n'est aujourd'hui entre les mains de Dumanoir, qui n'est ni capable de maintenir la discipline dans une aussi grande escadre, ni de la faire agir. Il me paraît que, pour commander cette escadre, il n'y a que trois hommes : Bruix, Villeneuve et Rosily...

« NAPOLÉON. »

Dumanoir se trouva au combat livré par Villeneuve à l'amiral Calder, sous la latitude du cap Finistère, à cinquante lieues en mer, le 3 thermidor an XIII, au retour des Antilles.

A Trafalgar, le 29 vendémiaire an XIV, il resta spectateur immobile de l'action, quoiqu'il eût sous ses ordres les vaisseaux *le Formidable*, *le Dugay-Trouin*, *le Montblanc* et *le Scipion*, et s'éloigna sans avoir combattu. Le 13 frimaire, étant arrivé en vue du cap Villano, il soutint, contre le commandeur Strachan, un combat qu'il avait cherché à éviter, perdit ses quatre vaisseaux, et blessé à la tête, tomba au pouvoir des Anglais. Il resta quelque temps prisonnier sur parole et revint en France. Renvoyé devant un conseil d'enquête, puis au mois de mars 1809, devant un conseil de guerre maritime, il fut acquitté.

Jusqu'en 1811, l'Empereur refusa de l'employer, tant l'opinion publique et la sienne propre éprouvaient de prévention contre lui ; mais à cette époque il le nomma commandant de la marine à Dantzig, et le chargea de la direction des convois sur la Vistule. Pendant le blocus de Dantzig il rendit des services. Après un an de siège, la place capitula et Dumanoir, qu'un éclat de bombe avait blessé à la tête, fut emmené prisonnier à Kiow. C'est de là qu'il envoya son adhésion aux actes du sénat qui prononçaient la déchéance de l'Empereur et le rappel des Bourbons.

Rentré en France au mois de juillet 1814, le roi le fit chevalier de Saint-Louis en 1815 ; créé comte le 6 septembre, il commanda la division navale qui conduisit le marquis de Rivière, ambassadeur de Louis XVIII à Constantinople. Une ordonnance du 22 août 1816 avait réduit le nombre des contre-amiraux de 21 à 12 ; en 1817, on dressa, conformément à cette ordonnance, la liste de ceux de ces officiers généraux qui devaient être conservés, et Dumanoir y figura le premier.

Le 24 avril de la même année, il fut élevé à la dignité de grand officier de la Légion-d'Honneur. En 1819, Louis XVIII le nomma vice-amiral, et en 1820, le 23 août commandeur de Saint-Louis.

Dumanoir avait été élu par le département de la Manche en 1815, et avait siégé au centre. Réélu en 1816, il avait conservé son mandat jusqu'en 1822.

Il est mort subitement à Paris, dans la nuit du 6 au 7 juillet 1829.

DUMAS (ALEXANDRE DAVY DE LA PAILLETERIE) homme de couleur, naquit à Jerémie (Saint-Domingue) le 25 mars 1762, du marquis Alexandre Davy de la Pailleterie et d'une négresse africaine. Il s'engagea à 14 ans dans le régiment de la Reine, et sous le nom de Dumas, obtint tous ses grades sur le champ de bataille. Il n'était que simple brigadier, lorsqu'au camp de Maulde, il tomba dans une embuscade de chasseurs tyroliens qu'il intimida par sa contenance et dont treize furent amenés par lui au général Dumouriez, qui le nomma maréchal-des-logis, et peu après lieutenant de hussards. Elevé ensuite au grade de lieutenant-colonel, Dumas, à la tête d'une légion franche d'hommes de couleur et de noirs, se distingua surtout à Mouveaux près de Lille, où, à la tête d'une patrouille de 14 hommes il surprit un poste de 40 soldats hollandais, dont trois furent tués de sa main et 16 faits prisonniers.

Créé général de brigade à la suite de ce brillant coup de main, il fut chargé de la défense du Pont-à-Marque, par lequel communiquaient deux ailes de l'armée française. Il repoussa les colonnes qui vinrent l'assaillir, et fut promu au grade de général de division le 13 septembre 1793.

Appelé au commandement en chef de l'armée des Pyrénées-Orientales, il la quitta presque aussitôt pour passer à celle des Alpes. Il monta au pas de charge le mont Saint-Bernard, hérissé de redoutes, et s'empara des canons qu'il dirigea sur-le-champ contre l'ennemi. Cette opération terminée il exécuta l'attaque du mont Cénis, qu'il emporta d'assaut, s'empara de tous les bagages des ennemis et de 30 pièces de canon, et fit 1,700 prisonniers.

Nommé en 1794 général en chef de l'armée de l'Ouest, il assiégea Mantoue en 1796, battit le général Wurmser dans une sortie, le força à rentrer en désordre dans la forteresse et passa ensuite dans le Tyrol avec sa division noire.

A l'affaire de Brixen, l'ennemi était près de s'emparer d'un pont nécessaire au passage de l'armée française ; Dumas s'en aperçoit, court en toute hâte et arrive seul au milieu du danger. Aussitôt il se place en travers avec son cheval, soutient les efforts de la cavalerie ennemie, tue trois hommes, en met plusieurs hors de combat, reçoit plusieurs blessures et donne aux siens le temps d'arriver.

Mis à l'ordre du jour pour l'intrépidité qu'il avait déployée en cette circonstance, et surnommé par le général en chef l'*Horatius Coclès du Tyrol*, il concourut ensuite à l'attaque de la gorge d'Inspruck et harcela l'ennemi jusqu'à Sterzing, à quinze lieues du champ de bataille.

Après le traité de Campo-Formio, il revint en France et s'embarqua bientôt pour l'Égypte. Il y prit part aux affaires de Chebreiss, des Pyramides. Menacé de faire naufrage lors de son retour en Europe, il relâcha à Tarente, où le gouvernement de Naples le retint deux ans prisonnier avec le célèbre Dolomieu. Dix hommes entrèrent dans son cachot pour l'assassiner ; Dumas saisissant sa canne à dard, menaça de mort le premier qui s'approcherait, et de la vengeance de Bonaparte ceux qui oseraient attenter à ses jours. Son regard et sa voix avaient produit leur effet sur les dix brigands ; ils s'enfuirent épouvantés, comme le soldat cimbre à l'aspect de Marius.

A son retour en France, Dumas encourut la disgrâce du premier Consul pour ses opinions républicaines. Il ne reçut même pas la croix d'Honneur, et l'*Horatius Coclès français*, après trois années de souffrances, causées par ses blessures, et plongé dans le plus grand oubli, mourut à Villers-Coterets, le 26 février 1806. Alexandre Dumas, l'un de nos plus illustres écrivains, est son fils.

DUMAS (LE COMTE MATHIEU), né à Montpellier, le 23 septembre 1758. Entré au service à 15 ans en qualité de sous-lieutenant, dans le régiment de Médoc, nommé capitaine et aide-de-camp de Rochambeau, il le suivit en Amérique. Il visita l'Archipel en 1784, pour reconnaître l'état militaire du Levant. Envoyé à Amsterdam en 87 pour défendre cette ville contre les Prussiens. Aide-de-camp du maréchal de Broglie en 89, et de Lafayette après la prise de la Bastille. Directeur du dépôt de la guerre en 91, puis commandant des gardes nationales de la province, fut chargé de ramener Louis XVI à Paris, après son arrestation à Varennes. Maréchal de camp et commandant de la 3ᵉ division militaire, il organisa la 1ʳᵉ compagnie d'artillerie à cheval qui ait existé en France. Député à l'Assemblée législative. Directeur des dépôts des plans de campagne pendant la Terreur; député au Conseil des cinq-cents en 95. Provoqua l'établissement des Conseils de guerre aux armées. Proscrit au 18 fructidor et réfugié à Hambourg. De retour en France après l'établissement du Consulat, il organisa l'armée de réserve qui fit la conquête de l'Italie, il se distingua au passage du Saint-Bernard, et fut conseiller d'État à la paix. Ce fut lui qui proposa la *création de la Légion-d'Honneur;* grand officier de la Légion et général de division en 1803. Ministre de la guerre à Naples, sous Joseph Bonaparte, puis grand Maréchal du palais et grand dignitaire de l'ordre des Deux-Siciles.

Il assista au passage du Danube le 4 juillet, à la bataille de Wagram, et fut chargé de l'exécution des conditions de l'armistice de Znaïm. Intendant de la grande armée en 1812; blessé et fait prisonnier à Leipzig en 1813, il ne rentra en France que sous la Restauration.

Louis XVIII le nomma successivement conseiller d'Etat honoraire, commissaire de la vérification des titres des anciens officiers, directeur général de la comptabilité des armées, commandeur de Saint-Louis, grand-croix de la Légion-d'Honneur.

Pendant les Cent-Jours il reprit ses anciens titres et d'autres encore que Napoléon y ajouta, et fut mis en retraite, le 4 septembre 1816; nommé conseiller d'État et président du comité de la guerre en 1819, il fut rayé du service ordinaire à cause de son vote dans les élections de 1822; député de Paris en 1828, il fut l'un des 221 en 1830. Inspecteur général des gardes nationales du royaume, conseiller d'Etat ordinaire et pair de France en 1831.

Le général Mathieu Dumas a publié entre autres ouvrages: *Précis des événements militaires* de 1799 à 1814, ouvrage très-estimé.

Il est mort à Paris, le 17 octobre 1837, âgé de 84 ans, en laissant la réputation d'un général habile, d'un législateur consciencieux et d'un écrivain distingué.

DU MERBION (PIERRE-JADART), né à Montmeillant en 1737, s'engagea en 1754 dans le bataillon des milices de Mazarin.

Général de division sous les ordres du général en chef Biron. Commanda par *intérim* l'armée d'Italie en 1794. Il quitta le service lorsque son successeur Schérer fut arrivé, et se retira dans une solitude où il mourut à l'âge de 63 ans, en 1797; il en avait servi 43.

« Ce général, vieux capitaine de grenadiers, avait obtenu le grade de colonel, de général de brigade et de division dans les campagnes de 1792 et 1793 à l'armée d'Italie.

« C'était un homme de 60 ans, d'un esprit droit, brave de sa personne, assez instruit, mais rongé de goutte et constamment au lit. » (NAPOLÉON.)

DUMONCEAU (JEAN-BAPTISTE), comte de Bergendaël, maréchal de Hollande, général belge au service de France, membre de la seconde chambre des Pays-Bas, etc., né en 1760 à Bruxelles. Il s'était d'abord destiné à la profession d'architecte, pour laquelle il avait des dispositions marquées, et fit ses premières armes en 1788 comme volontaire. Son avancement dans cette carrière fut la récompense du plus brillant service; devenu en peu de temps colonel d'un corps désigné sous le nom de *Canaries* (à cause de la couleur de son uniforme), il se signala en maintes occasions, notamment aux affaires de Falmagne et de Mont-d'Anselemme.

Il fut nommé général de brigade après sa belle défense des approches de Lille contre le jeune comte de Bouillé; il passa ensuite, en qualité de lieutenant-général, au service de la République batave, et plus tard fut revêtu de hautes distinctions par Louis Napoléon, roi de Hollande, quoiqu'il eût fait preuve d'une grande indépendance d'opinion.

Dans les diverses situations où il se trouva placé ultérieurement, Dumonceau se montra par-dessus tout l'homme de son pays; et au rétablissement définitif de la paix, il vint à Paris donner sa démission du service de France, et fixa sa résidence dans sa patrie, où il s'est vu entouré de la considération publique jusqu'à son dernier jour.

A une haute valeur Dumonceau joignait des talents très-distingués comme tacticien. Il a également rempli avec habileté quelques fonctions diplomatiques et administratives. Sa probité sévère lui avait mérité le surnom de *général sans tache*, sous lequel il était désigné par les soldats.

Il mourut à Bruxelles le 29 décembre 1821.

DUMONT D'URVILLE (JULES-SÉBASTIEN-CÉSAR), né à Condé-sur-Noireau (Calvados) le 23 mai 1790.

Il entra dans la marine en novembre 1807, à la suite de brillants examens, débuta à Brest sur le vaisseau *l'Aquilon*, passa successivement sur *l'Amazone*, *le Suffren*, *le Borée* et *la Ville de Marseille*, et parvint en 1812 au grade d'enseigne de vaisseau.

Le premier voyage de M. d'Urville eut lieu sur la *Ville de Marseille*, qui conduisit en 1814 le duc d'Orléans à Palerme, et qui l'en ramena avec sa famille.

En 1819, il accompagna le capitaine Gauthier dans ses belles reconnaissances de la Méditerranée. L'année suivante, la reconnaissance complète du périple de la mer Noire fut exécutée.

M. d'Urville fut le premier à signaler à l'ambassadeur français à Constantinople, la Vénus de Melos, qui venait d'être exhumée, et c'est sur la notice qu'il en avait tracée, que cette belle statue fut achetée par M. de Marcellus.

Nommé lieutenant de vaisseau en 1821, il s'unit à M. Duperré pour mettre à exécution un voyage de découvertes tracé par ces deux officiers et approuvé par le gouvernement.

Il en résulta le voyage de *la Coquille*,

de 1822 à 1825. M. Duperré, plus ancien en grade, eut le commandement. M. d'Urville rapporta au Muséum plus de 3,000 espèces de plantes, dont 400 nouvelles, et 1,200 espèces d'insectes, dont 300 nouvelles.

M. de Chabrol, ministre de la marine, ayant confié à M. d'Urville une nouvelle exploration de la mer du Sud, le commandement de *la Coquille*, devenue *l'Astrolabe*, lui fut confié avec le grade de capitaine de frégate ; il remit à la voile en avril 1826. Son expédition procura à la géographie et à la navigation la reconnaissance positive de plus de 4,000 lieues de côtes les moins connues du globe sur la Nouvelle-Islande, la Nouvelle-Bretagne et la Nouvelle-Guinée ; elle assura la position de près de 200 îles ou îlots, dont une soixantaine n'avaient encore figuré sur aucune carte. Les immenses récoltes d'histoire naturelle, amassées durant tout le cours de la campagne, furent déposées au retour au Muséum d'histoire naturelle, et le Musée maritime s'enrichit d'une foule d'objets des peuples sauvages.

Le grade de capitaine de vaisseau fut accordé à M. d'Urville. Ce fut lui qui fut chargé du commandement du vaisseau qui transporta Charles X sur la terre étrangère. Il obtint dès lors du gouvernement anglais la reconnaissance du nouveau pavillon français, et, à son retour, il fit la proposition de réclamer à l'Angleterre les restes de Napoléon.

Pendant plusieurs années, le gouvernement de Juillet laissa M. d'Urville dans un repos qui semblait une disgrâce. Il obtint enfin d'exécuter un nouveau voyage dès longtemps projeté. *L'Astrolabe* et *la Zélée* partirent de Toulon le 11 septembre 1837, et le 13 novembre mouillèrent dans la rade de Rio-Janeiro. Le 11 janvier 1838, elles quittèrent la Terre de Feu et s'avancèrent vers les glaces antarctiques. Les premières furent rencontrées dès le 59e degré ; au 64e de latitude Sud, ce ne fut plus des montagnes flottantes, mais une barrière compacte qui se prolongeait à perte de vue. A force de travaux, les navires remontèrent vers le nord et découvrirent une côte de 120 milles d'étendue, qu'on nomma la terre *Louis-Philippe*. Le 7 mars, ils sortirent des glaces, et, le 7 avril, ils firent relâche à Valparaiso.

M. d'Urville quitta cette rade le 29 mai, séjourna, du 26 août au 3 septembre, à Nouka-Hiva, archipel des Marquises, et fit le relèvement complet des îles Salomon du 18 au 26 novembre. Le 6 novembre, il avait revu Vanikoro (îles Nitendi), lieu célèbre par le naufrage de Lapérouse. Le 1er janvier 1839, *l'Astrolabe* et *la Zélée* arrivèrent à Gouaham, le 5 février à Amboine, le 1er juin à la pointe Sud de Bornéo, le 8 juin à Batavia, le 6 octobre à Lampongs (Sumatra). C'est dans ces parages que les deux équipages éprouvèrent un premier, un cruel désastre : la maladie enleva 17 hommes, et le capitaine d'Urville se vit contraint de laisser 16 malades à Hobart-Town vers les premiers jours de décembre. Ayant appris dans ce port que les capitaines James Ross et Crozier étaient en route pour le pôle Antarctique, le commandant ne voulut pas laisser aux Anglais seuls l'honneur d'une tentative et se décida à faire une nouvelle *pointe* vers le Sud.

Le 1er janvier 1840, *l'Astrolabe* et *la Zélée* remirent à la voile ; le 15, elles coupèrent la route de Cook en 1773, et depuis ce moment se trouvèrent dans un espace de mer que jamais navire n'avait sillonné ; le 16, par 60 de latitude et 141 de longitude, on vit la première glace, masse de 50 pieds de hauteur sur 200 d'étendue ; le 17, les glaces avaient de 100 à 130 pieds sur 3 à 400 toises d'étendue. La terre était à 8, à 10 milles de là ; c'était un immense ruban s'étendant à perte de vue du S. S.-E. à l'O. S.-O., haut de 2 à 300 toises, entièrement couvert de glace et de neige ; on était par 66°,38 latitude et 138°,21 longitude Est, sous le cercle polaire antarctique et à peu de distance du pôle magnétique ; c'était une haute et puissante barrière qui fermait la route aux navires. M. d'Urville annonça à son équipage que cette terre porterait désormais le nom de *Terre Adélie*, du nom de sa femme. Le 27 janvier, forcé de renoncer à tous projets d'exploration de la terre Adélie, dont on avait tracé environ 150 milles d'étendue, il se porta au Nord, sous toutes voiles possibles, pour s'échapper du labyrinthe où il se trouvait engagé ; ainsi, le 1er février 1840, par 65°,20 latitude et 128°,121 longitude Est, il dit un adieu définitif à ces régions sauvages, et mit le cap au Nord pour rallier Hobart-Town, où il arriva le 17 février.

Il visita encore la Nouvelle-Zélande, la Nouvelle-Calédonie, le détroit Torrès-Timor, toucha à l'île de France et revint en France. Le gouvernement acquitta en partie la dette du pays en élevant M. d'Urville au grade de contre-amiral.

Le 8 mai 1842, un convoi parti de Versailles pour Paris, par le chemin de fer de la rive gauche de la Seine, éprouva, à la hauteur de Meudon, un accident épouvantable qui coûta la vie à M. d'Urville. L'essieu de la machine qui était en tête vint à se briser, la locomotive s'arrêta court, la seconde locomotive vint lui donner une violente impulsion et la poussa devant elle l'espace de 150 pas. La force de cette impulsion fut telle que la seconde machine monta sur la première, brisa le foyer et couvrit la route de charbons ardents. A leur tour, les wagons arrivèrent sur la seconde locomotive, poussèrent le premier wagon sur elle, le second sur le premier et ainsi de suite jusques et y compris le cinquième. Le convoi était sorti des rails, les voitures se renversèrent les unes sur les autres fermant toutes les issues, enlevant toutes les chances de salut, et au-dessous de ces voitures amoncelées se trouvait le foyer de l'incendie que le vent alimentait encore. En peu d'instants, l'incendie s'éleva à une hauteur prodigieuse et l'intérieur des wagons devint une fournaise ardente. Quand le feu eut perdu son intensité, on se précipita au secours des victimes ; trente-neuf cadavres défigurés furent couchés sur le tertre qui borde le chemin ; on ne trouva ensuite que des fragments informes de corps humains, des troncs sans membres, des jambes et des bras séparés du tronc. Parmi ces débris, on reconnut les tronçons des corps du contre-amiral d'Urville, de sa femme et de son fils âgé de 14 ans.

Telle fut la fin de l'illustre navigateur.

DUMOULIN (Pierre-Charles) naquit le 14 mai 1749 à Paris.

Grenadier le 1er janvier 1776 dans le régiment de Barrois (91e d'infanterie), il fit partie de l'expédition de Genève sous M. de Jaucourt, et obtint son congé le 1er janvier 1782.

Admis le 1er novembre suivant dans la compagnie des gardes des impositions de Paris, il y devint lieutenant le 10 juillet 1787, et fut nommé le 15 décembre 1791 adjudant-major du bataillon de la garde nationale de Saint-Méry.

Élu capitaine au 1er bataillon de la commune de Paris le 5 septembre 1792, il en devint le chef le 16 du même mois, et le conduisit à l'armée des Ardennes, où il se distingua dans différents petits combats livrés à l'ennemi sur les hauteurs de Bretteville et près du pont de Favergier, et pendant le siège de Namur, où, le 27 septembre, le général

Monnet lui confia le soin d'enlever le château d'Achts, près Simeg.

Passé à l'armée du Nord au commencement de 1793, il assista au siége de Maëstricht depuis les premiers jours de février jusqu'au 2 mars, époque à laquelle l'armée fut obligée de battre en retraite.

Il se distingua aux batailles de Tirlemont, Nerwinde et Louvain, les 16, 18 et 22, et ramena sa troupe au camp de Maulde le 27.

Embrigadé dans la 162e demi-brigade d'infanterie le 17 germinal an II, il se trouva le 28 à l'affaire de Cateau-Cambrésis, protéga la retraite de toute la division Goguet, engagée depuis le matin contre des forces considérables, et sauva vingt-deux pièces de canon déjà entourées par l'ennemi.

Les affaires du bois de Tupigny, en floréal, celle du camp de l'Equelle, près Guise, le siége de Landrecies en messidor, ceux du Quesnoy et de Valenciennes en thermidor et fructidor, mirent bientôt au grand jour toute sa valeur et ses talents militaires, et lui valurent le grade de chef de brigade de la 162e le 4 fructidor.

Attaché depuis cette époque à l'armée de Sambre-et-Meuse, il se trouva le deuxième jour complémentaire à la bataille de Sprimont, où, ses soldats ayant montré de l'hésitation, il saisit le drapeau du 1er bataillon, fit battre la charge, et, s'élançant à la tête de ses soldats, il chassa l'ennemi du champ de bataille.

Dirigé sur l'armée de Rhin-et-Moselle, il combattit le 20 brumaire an IV, à Franckenthal, où sa demi-brigade soutint pendant trois heures et demie le choc de l'armée autrichienne, et sauva la division Beaupuy, menacée d'une destruction totale. Le lendemain, 21, il reçut, à l'attaque de la ville, une blessure au pied gauche.

Chef de la 104e demi-brigade à l'organisation du 1er ventôse an IV, il se trouva au passage du Rhin les 5 et 6 messidor, combattit à Offenbourg, à Reuchen, à Rastadt, à Ettingen et à Ingolstadt.

Envoyé en Helvétie en l'an VI, il formait l'avant-garde à l'attaque des Grisons le 16 ventôse an VIII.

A la bataille de Zurich contre les Russes, les 3 et 4 vendémiaire an VIII, il força le passage de la Harr, et battit l'ennemi dans deux engagements partiels à Andelfigen les 14 et 15 du même mois.

Rentré en France à la paix de Lunéville il partit de Cologne en floréal an XI, pour l'expédition de Hanovre, et reçut la décoration d'officier de la Légion-d'Honneur, à l'avant-garde de cette armée, le 25 prairial an XII.

Créé général de brigade le 12 pluviôse an XIII, et employé dans le département de la Dyle (24e division) le 11 ventôse, il y fit marcher la conscription arriérée, tout en se conciliant l'estime et la confiance des habitants par son caractère, ses manières et sa franchise.

Envoyé dans la 15e division militaire le 12 janvier 1808, et de là au camp de Boulogne le 10 avril 1809, il prit le 25 avril le commandement de deux demi-brigades provisoires de gardes nationales formées à Saint-Omer, qu'il conduisit dans l'île de Cadzand dans les premiers jours d'août, pour s'opposer aux tentatives des Anglais dans l'Escaut. Une fièvre violente qu'il gagna dans cette île le contraignit de se faire transporter à Gand, où il mourut le 11 septembre 1809.

Le général Dumoulin possédait, outre les qualités précieuses d'un officier de détail, un ascendant immense sur le moral des soldats qui, sous ses ordres, n'avaient jamais reculé d'un pas.

Sa perte fut sentie par Napoléon, qui traita sa femme comme la veuve d'un officier mort sur le champ de bataille.

DUMOURIEZ (Charles-François), né à Cambrai le 25 janvier 1739, d'une ancienne famille parlementaire de Provence qui portait le nom de Duperrier.

Dumouriez vient, par corruption, de *Mouriez*, nom de la femme de sa bisaïeul. Le père de Dumouriez était commissaire des guerres. Il fit sa première campagne à 19 ans, comme cornette de cavalerie dans le régiment d'Escars, et il était parvenu au grade de capitaine, lorsqu'à la paix de 1763, il se trouva compris dans une réforme nombreuse, n'ayant recueilli de sept années d'un brillant service et de 22 blessures qu'un brevet de pension de 600 livres qui ne lui fut jamais payé et la croix de Saint-Louis. Dans cette situation précaire, il alla offrir ses services à la République de Gênes qui faisait la guerre en Corse; il fut refusé. Il alla trouver Paoli, qui le repoussa également. Il tenta alors de révolutionner la Corse au profit de la démocratie; il n'eut pas plus de succès. Enfin, il alla présenter au duc de Choiseul un plan pour la conquête de l'île; le ministre le repoussa durement.

Mais le beau-frère de la Dubarri le fit rentrer en grâce; le duc de Choiseul accorda à Dumouriez une gratification de 18 mille livres, et lui confia une mission secrète à la cour de Madrid.

Au retour de cette mission, il reçut un brevet d'aide-major général pour aller faire la guerre en Corse, sous MM. de Chauvelin et Devaux.

En 1770, on le chargea d'une autre mission secrète en Pologne, auprès des chefs du parti de l'indépendance, réunis à Éperies en Hongrie. Dans ces entrefaites, le duc de Choiseul mourut, et il se trouva sans instructions. Il se plaça alors à la tête d'un parti de confédérés, attaqua 5,000 Russes commandés par Suvarow, qui battit et dispersa sa troupe. D'Aiguillon, successeur du duc de Choiseul, le rappela en 1772. Il alla alors aider Gustave III dans sa lutte contre l'aristocratie suédoise. Cette mission lui avait été donnée par le duc de Broglie, ministre de la correspondance secrète de Louis XV. D'Aiguillon, qu'on n'avait point informé, le fit arrêter à Hambourg et enfermer à la Bastille, puis au château de Caen, d'où il ne sortit qu'à la mort du roi. Louis XVI lui rendit son grade de colonel et l'envoya à Lille enseigner l'exercice à la prussienne, puis, peu après, le fit gouverneur de Cherbourg, où il dirigea pendant onze ans, avec talent et activité, les travaux du nouveau port.

On l'avait nommé pendant ce temps brigadier en 1787, maréchal de camp en 1788, et commandant de la garde nationale de Cherbourg.

En 1789, il vint à Paris, se lia avec Lafayette, Mirabeau, et adopta avec circonspection les principes de la Révolution, se fit recevoir aux Jacobins en 1790, se fit donner néanmoins un commandement en Vendée en 1791, fut nommé lieutenant-général par ancienneté et ministre des relations extérieures en 1792; fit licencier la garde constitutionnelle de Louis XVI, provoqua la déclaration de guerre au roi de Hongrie, opéra le renvoi des ministres Roland, Servan et Clavière; fut chargé un moment du ministère de la guerre, en sortit le 15 juin et alla commander à l'armée du Nord, sous les ordres de Lukner, la division du camp de Maulde; enfin, après le 10 août, par l'influence de Danton, son ami, il prit le commandement de l'armée des Ardennes, que Lafayette venait de quitter.

Dumouriez n'avait à opposer au duc de Brunswick, qui avait 60,000 hommes, qu'environ 28,000 hommes. Les ennemis menaçaient Verdun: il s'empare des défilés de l'Argonne, seul moyen d'arrêter leur marche. Le 4 septembre 1792, il écrit à Paris la dépêche suivante:

« Verdun est pris, j'attends les Prussiens. Les défilés de l'Argonne sont les Thermopyles de la France ; mais je serai plus heureux que Léonidas. » Il s'y maintint en effet. L'armée prussienne, retardée par plusieurs causes, donna le temps à Kellermann de rejoindre Dumouriez, le 19 septembre, avec 27,000 hommes, et à Beurnouville de lui amener 10,000 hommes. Le 20, les Prussiens furent attaqués et la victoire de Valmy les força à la retraite. Dumouriez pouvait détruire cette armée en déroute, il ne fit que la suivre sans l'inquiéter, ne voulant pas enlever à Louis XVI, dont il n'avait jamais été l'ennemi, tout espoir d'être protégé à l'extérieur.

Il fit même prévenir secrètement le roi de Prusse que Custine allait envahir ses États. Au reste, son intérêt personnel était dans la balance : la Prusse lui abandonnait la Belgique, qu'il devait posséder avec le titre de *duc de Brabant*.

Dumouriez se rendit à Paris, se fit donner le commandement de l'armée du Nord, fit paraître le 26 octobre, à Valenciennes, une proclamation qui excitait les Belges à se soulever contre l'Autriche, et se disposa, le 3 novembre, à attaquer l'armée autrichienne sur les hauteurs fortifiées de Jemmapes ; mais ce sont les Autrichiens eux-mêmes qui l'attaquent, le 6, et ils sont battus, et la Belgique est conquise.

Dumouriez repartit pour Paris, pour essayer de sauver Louis XVI, a-t-il dit, mais ses projets ambitieux l'occupaient davantage. Il voulait s'assurer le commandement, faire ratifier certains marchés avec les Belges, etc. Mal reçu des Montagnards, il s'attacha aux *Girondins*. Eux comptaient sur lui, lui espérait sur eux. Le 26 janvier 1793, il quitta Paris. Arrivé à Amiens, il y apprit la rupture de la France avec l'Angleterre, et conséquemment avec la Hollande. Il commence à l'instant l'invasion de cette république avec 13,500 hommes mal équipés. Bréda et Berg-op-Zoom tombent en son pouvoir ; mais le 18 mars, la journée de Nerwinde qui eut pour lui toutes les conséquences de la défaite la plus complète, renversa tous ses projets. La Convention, au sein de laquelle une foule d'accusations s'étaient élevées contre lui, décréta qu'il serait traduit à sa barre, et bientôt (2 avril) Dumouriez voit arriver à son quartier général (au bourg de Saint-Amand) pour lui signifier ce décret, le ministre Beurnonville, accompagné de Camus, Lamarque, Bancal et Quinette, commissaires de la Convention.

Dumouriez, qu'ils trouvèrent entouré de son état-major, leur demanda quelle était leur mission. Les députés refusèrent de s'expliquer devant un aussi grand nombre d'officiers et demandèrent à passer dans une pièce voisine. Dumouriez y consentit, mais les officiers exigèrent que la porte restât ouverte. Camus lui lut alors le décret de la Convention. Dumouriez répondit qu'il ne pouvait quitter son armée dans l'état de désorganisation où elle se trouvait. Camus déclara que l'ordre était impératif ; Dumouriez répondit qu'il ne serait pas assez sot pour se livrer lui-même aux tigres qui brûlaient de l'immoler à Paris. Puis il engagea les commissaires à prendre un arrêté par lequel ils déclareraient que, obéissant à une impérieuse nécessité, ils avaient jugé qu'il était dangereux d'enlever un général en chef à une armée battue et en retraite. Il les quitta ensuite, passa avec Beurnonville dans la salle où étaient les officiers de son état-major. — Les commissaires s'y présentèrent un instant après. — « Voulez-vous obéir à la Convention ? dit Camus. — Non. — Eh bien ! vous êtes suspendu de vos fonctions, vos papiers vont être saisis et votre personne est arrêtée. — C'est trop fort, s'écria Dumouriez ; à moi ! hussards! » Les hussards de Berchiny se présentèrent : « Arrêtez ces hommes-là, » leur dit-il en allemand. Beurnonville demanda à partager le sort des députés. — « Oui, répondit-il, je vous rends un service; je vous sauve du tribunal révolutionnaire. » Puis après avoir offert quelques aliments à ses prisonniers, il les envoya à Tournay, au quartier général des Autrichiens.

Le lendemain, il harangua ses troupes qui restèrent muettes. Dumouriez, abandonné par une grande partie de ses soldats, poursuivi par l'autre comme traître, n'échappa qu'avec peine à la mousqueterie très-vive qui l'accompagna presque jusqu'aux retranchements de l'armée autrichienne, et fut rejoint peu de jours après par environ 1,500 hommes, que le prince de Cobourg prit à la solde de l'Autriche.

Dumouriez, voyant un peu tard combien il avait eu tort de compter sur les promesses des ennemis de la France, quitta le camp autrichien, se rendit en Franconie, d'où il fut durement éconduit par l'Électeur de Cologne, puis à Stuttgard, où il ne fut pas mieux accueilli, puis, sous un nom supposé, en Suisse, en Italie, en Angleterre; mais tout séjour lui était interdit dès qu'il était reconnu. Enfin, il se fixa à Nériss, près de Hambourg, sur le territoire danois.

En 1800, il alla en Russie offrir à Paul 1er ses services contre la France, mais Paul se prononça tout à coup pour la France contre l'Angleterre.

Depuis 1800, il vécut d'une pension considérable que lui payait le gouvernement anglais pour prix des conseils qu'il lui donnait.

En 1803, à l'époque du camp de Boulogne, il alla habiter l'Angleterre. En 1805, il fit un voyage en Prusse. En 1807, il s'était lié avec Gustave, et il était question de lui donner le commandement de l'armée suédoise, lorsque la paix de Tilsitt le força de retourner en Angleterre.

En 1808, il alla offrir ses services au Portugal menacé par la France. Il parcourut l'Espagne, donna aux Espagnols le système des guérillas, et composa pour eux un ouvrage qui, traduit sous le titre de *Pardidas de guerillas*, fut longtemps leur manuel.

De 1812 à 1814, il fut le conseiller du ministère Castlereagh et de Wellington.

La Restauration n'osa ni le rappeler, ni l'employer. Il resta en Angleterre et continua à recevoir une pension de 1,200 liv. sterl. et une somme annuelle de 10,000 francs, qu'un de ses anciens amis lui fit remettre jusqu'à sa mort.

Au mois de mars 1822, il quitta sa résidence de Little-Ealing et alla demeurer à Turville-Park, dans le comté de Buckingham. On lui acheta un troupeau, des vaches.... Il avait 84 ans.

Il mourut le 14 mars 1823. Ses restes sont déposés dans l'église de Henley.

DUMOUSTIER (Pierre), né à Saint-Quentin, le 17 mars 1771. S'engagea comme simple soldat, en 1792, dans le 6e hussards, passa par tous les grades et fut nommé en 1804 colonel du 43e de ligne avec lequel il parut à Ulm, Austerlitz, Iéna, Pultusk, Ostrolenka. Après cette dernière campagne, il passa en Espagne, revint en 1809 à la grande armée, commanda les chasseurs à pied de la garde à Wagram, retourna en Espagne en 1810 à la tête de quatre divisions de la jeune garde, et fut fait général de division en 1811. Il combattit en 1812, à Lutzen et à Dresde. Rentré dans ses foyers à la Restauration, on le mit en surveillance à la Révolution de 1830. Il commandait les gardes nationales de la 12e division dont le gouvernement nouveau lui confia le commandement.

Il est mort à Nantes le 14 juin 1831.

DUNESME (Martin-François, baron), né le 17 mars 1767 à Vieux-les-Asfeld (Ardennes), entra au service comme sergent-major le 22 septembre 1791 dans le 1er bataillon des Ardennes, incorporé en l'an XI dans la 102e demi-brigade d'infanterie de bataille devenue, en l'an IV, 106e demi-brigade de ligne et 106e de cette arme à l'organisation de l'an XII.

Il fit aux armées des Ardennes et du Nord la campagne de 1792, et passa capitaine le 15 mai de cette même année.

Le 4 mars 1793, à l'affaire d'Hesmin, petit village situé entre Hervé et Liége, l'armée française se reposant dans un défilé fut surprise par les Autrichiens ; le capitaine Dunesme court à sa compagnie, la rassemble, se précipite sur l'ennemi à la baïonnette, lui tue une cinquantaine d'hommes, met toute sa ligne en déroute, et ne rejoint son bataillon qu'après avoir entièrement dégagé la colonne.

Dans cette action, il s'élança seul au milieu des rangs ennemis, et alla y chercher deux soldats autrichiens qu'il ramena prisonniers.

Le 16 du même mois, en avant de Tirlemont, il tomba à l'improviste sur les postes autrichiens qu'il força à une retraite précipitée.

Le 20 vendémiaire, à Châtillon, les royalistes étant venus attaquer une colonne républicaine placée en avant de cette ville, et l'ayant mise en déroute, le capitaine Dunesme, qui était de garde au quartier général, ne quitta son poste que le dernier, soutenant la retraite avec son détachement.

Parvenu à quelque distance hors de la ville, il aperçut un des drapeaux des rebelles et résolut de s'en emparer. Il s'élance aussitôt, mais mal soutenu par les siens, il se trouva seul au milieu des ennemis.

Chargé alors par les royalistes, accourus en grand nombre, il eût infailliblement succombé, si le nommé Hoclet, son ancien fourrier, alors canonnier à cheval dans la légion de Westermann, ne fût accouru à son aide.

Ce brave soldat, malgré le feu meurtrier des Vendéens, parvint jusqu'au capitaine, le fit monter sur un cheval qu'il conduisait en main, et l'aida ensuite à se faire jour à travers la foule des ennemis.

De retour à sa compagnie, Dunesme soutint encore la retraite avec une poignée de braves jusqu'au bois des Chèvres, où on avait rallié quelques centaines de républicains auxquels il se joignit pour reprendre l'offensive, et les royalistes, attaqués à leur tour, furent obligés de prendre la fuite.

Le 3 brumaire suivant, Dunesme soutint seul, avec sa compagnie, pendant plus d'une heure, la retraite de l'armée, et fut même assez heureux pour arracher des mains des Vendéens un grand nombre d'habitants qu'ils étaient sur le point d'immoler à leur fureur.

Il reçut dans cette circonstance une forte contusion au genou droit, et serait devenu victime de son dévouement sans l'intrépidité de l'aide-de-camp Cavaignac qui l'emporta sur son cheval après l'avoir retiré de dessous les baïonnettes ennemies.

Il fit ensuite la campagne de l'an III à l'armée des côtes de Brest, et fut blessé au bras droit en chargeant avec sa compagnie.

Nommé le 24 brumaire an IV chef de bataillon dans le même corps, il passa, en l'an V, à l'armée du Rhin, en l'an VI à celle d'Helvétie, et servit, en l'an VII aux mêmes armées et à celle d'Italie.

Le 20 prairial an VII, avec un bataillon de conscrits qu'il menait pour la première fois au feu, il attaqua l'ennemi sur l'Albis, près de Zurich, lui tua 500 hommes et reprit une position que la division Soult avait été obligée d'évacuer.

Le 27 thermidor suivant, il débusqua les Autrichiens du petit Saint-Bernard, après leur avoir tué ou blessé une centaine d'hommes et fait 20 prisonniers. Le 13 fructidor de la même année, à Suze, où il commandait quatre compagnies formant la colonne de droite, il enleva 150 prisonniers à l'ennemi, et le 30 du même mois, à Rivoli, il fit encore 150 prisonniers.

Le 13 brumaire an VIII, au combat de Savigliano, il se fit jour à travers les bataillons ennemis, leur enleva une pièce de canon, en reprit une autre, et fit mettre bas les armes à 250 Autrichiens.

Le 16 germinal, au combat de Montefaccio, près de Gênes, où il commandait la colonne du centre, il fit 300 prisonniers et eut sa capote criblée de balles. Le 25 du même mois à Albissola, après avoir dégagé le général en chef Masséna, il se battit seul contre plusieurs Autrichiens et en terrassa trois, qu'il força de se rendre. A Volta, le 28, il mit en déroute, avec 30 hommes seulement, un bataillon autrichien fort de 700 combattants; et il fut blessé, le 10 floréal suivant, d'un coup de feu à la cuisse au combat des Deux-Frères.

Rentré en France après le siége de Gênes, on l'employa dans la 9e division militaire.

Retourné à l'armée d'Italie en l'an IX, Il tint garnison à Cornegliano, pendant les ans X et XI, devint major du 96e régiment d'infanterie de ligne le 30 frimaire, et membre de la Légion-d'honneur le 4 germinal an XII.

Il fit les campagnes de 1807, 1808 et 1809 à la grande armée, et fut nommé colonel du 25e régiment de ligne, le 10 novembre 1807.

Baron en 1808 avec une dotation de 4,000 livres de rente, le 12 juillet 1809 il reçut la croix d'officier de la Légion-d'Honneur et fit les campagnes de Russie et de Saxe en 1812 et 1813.

Général de brigade le 13 juillet 1813, il fut tué d'un coup de feu, le 30 août suivant, à la bataille de Kulm, au moment où, à la tête des troupes qu'il commandait, il perçait la ligne prussienne pour reprendre le village d'Hellendorf.

DUPAS (Pierre-Louis, comte), né le 13 février 1761 à Évian (ancienne province de Chablais en Savoie), entra au service du roi de Sardaigne en qualité de soldat dans Piémont-Dragons, et passa le 30 mars 1787 au service de la république de Genève, où il obtint son congé avec le grade de sergent-fourrier en 1786.

Le 1er août 1787 il fut admis au service de France comme soldat dans le régiment suisse de Châteauvieux, dont il rejoignit le 1er bataillon à Corte (Corse). De retour en France, en 1788, il passa aux grenadiers du 2e bataillon, et entra le 13 juillet dans la garde nationale parisienne soldée, et ensuite, le 3 septembre, aux grenadiers du bataillon de l'Estrapade, où il reçut le brevet et la médaille de garde française pour s'être distingué à la prise de la Bastille.

Sorti de ce corps le 25 avril 1791, et breveté, le 1er août 1792, chef de bataillon lieutenant-colonel de la division de gendarmerie à pied du 6e arrondissement de Paris, composée de vainqueurs de la Bastille, il donna sa démission pour aller aux frontières, lorsque la patrie fut déclarée en danger, et obtint du ministre Servan, le 13 du même mois, une place d'adjudant-major dans la légion des Allobroges, qu'il rejoignit à l'armée des Alpes.

Devenu capitaine titulaire le 1er décembre suivant, à son retour de la première campagne de Savoie, il fut nommé, le 10 août 1793, chef de bataillon commandant les carabiniers de cette légion, assista au siége de Toulon, et remplit momentanément les fonctions d'aide-de-camp auprès du général en chef Carteaux.

Rentré à son corps après la destitution de ce général, il passa, en l'an II, à l'armée des Pyrénées-Orientales, prit part à l'expédition de Cerdagne, fut envoyé dans les Pyrénées-Occidentales, et se trouva, en l'an III, à la conquête de la vallée d'Arau.

Compris en qualité de commandant du 3ᵉ bataillon dans l'organisation de la 4ᵉ demi-brigade de troupes légères ou demi-brigade des Allobroges, le 16 brumaire an IV, il servit à l'armée d'Italie après la paix avec l'Espagne, et commanda les deux bataillons des carabiniers réunis, lors du passage du Pô, les 18 et 19 floréal an IV.

Le 21 du même mois il passa le premier le pont de Lodi à la tête de 200 carabiniers allobroges et de la 29ᵉ légère, et décida la victoire.

Le général en chef, Bonaparte, fit le plus grand éloge de sa conduite dans cette affaire, et lui décerna un sabre d'honneur, l'année suivante, en récompense de ce brillant fait d'armes.

Dupas, lors de l'organisation de la 27ᵉ légion en prairial an IV, commanda le 5ᵉ bataillon de grenadiers de l'armée à l'expédition de Livourne et au siége de Mantoue.

Il passa ensuite au 8ᵉ bataillon et commanda le 1ᵉʳ, le 22 brumaire an V, à l'affaire de Caldiéro, où il reçut quatre coups de feu dans la main gauche et au bras droit.

Rentré au 1ᵉʳ bataillon de la 27ᵉ légère, le 23 nivôse an V, il fut blessé par une balle dans la cuisse droite le 25, en poursuivant le général autrichien Provera.

Le 22 floréal an VI, il s'embarqua pour l'Égypte, et fut nommé chef de bataillon dans les Guides à pied du général Bonaparte, à la prise de Malte, le 25 prairial suivant.

Il obtint, le 23 nivôse an VII, avec le grade de chef de brigade provisoire, à la suite de la 69ᵉ, le commandement de 1ʳᵉ classe de la citadelle du Caire, dont il soutint le siége pendant trente-quatre jours, sans moyen de défense et avec une garnison de 200 écloppés, contre les habitants révoltés et 2,000 Osmanlis, auxquels il enleva 3 queues de pacha, 5 drapeaux et des armes, trophées qui furent transportés à Paris et suspendus à la voûte du dôme des Invalides.

Débarqué à Marseille avec l'armée d'Orient, le 1ᵉʳ vendémiaire an X, Dupas fut nommé par le premier Consul adjudant supérieur du palais du gouvernement, le 28 ventôse, obtint la confirmation de son grade de chef de brigade, le 15 germinal suivant, et devint colonel des Mamelucks, le 12 floréal an X. Promu au grade de général de brigade, le 11 fructidor de la même année, il partit le 12 vendémiaire an XII, pour la 15ᵉ division militaire, en qualité de commandant supérieur des côtes, depuis la Seine jusqu'à la Somme, entra le 24 frimaire au corps des grenadiers de la réserve, rassemblé à Arras, revint à l'état-major du palais, le 3 germinal, et retourna au corps des grenadiers de la réserve, le 11 floréal, en vertu des ordres du premier Consul.

Membre de la Légion-d'Honneur de droit, le 1ᵉʳ vendémiaire an XII, et commandeur à la promotion du 25 prairial suivant, il devint sous-gouverneur du palais de Stupinis, en Piémont, le 1ᵉʳ jour complémentaire de la même année, et commanda une brigade de la division de grenadiers d'Oudinot au 5ᵉ corps de la grande armée.

Général de division et grand cordon de l'ordre du Lion de Bavière, après la bataille d'Austerlitz, le 3 nivôse an XIV, il reçut, le 15 septembre 1806, l'ordre d'aller prendre à Mayence le commandement des 14e régiment de ligne et 28e léger, en attendant l'arrivée de deux autres régiments, et fit les campagnes de 1806 à 1807 en Prusse et en Pologne, ayant sous ses ordres une division du 8e corps commandé par le maréchal Mortier.

Chevalier de la Couronne de fer après Friedland, le 25 décembre de la même année, il passa en 1808 en Danemark, et reçut le titre de comte de l'Empire.

L'année suivante il commandait à l'armée d'Allemagne une division des corps du prince de Ponte-Corvo, avec laquelle il combattit à Essling et à Wagram. Deux jours après cette bataille, il se trouvait encore en ligne avec 23 hommes du 5e léger qui restaient seuls de toute sa division.

En disponibilité pendant les années 1810 et 1811, le comte Dupas, employé à la grande armée en 1812, aux corps des maréchaux Augereau et Gouvion Saint-Cyr, passa, le 1er juin 1813, au corps d'observation de Mayence ; mais le mauvais état de sa santé le contraignit à rentrer en France, le 13 septembre.

Il obtint sa retraite le 25 novembre suivant, et mourut à Fernay (Ain), le 6 mars 1823.

DUPERRÉ (Victor-Georges), est né à La Rochelle, le 20 février 1775. Parti d'abord comme pilotin d'un navire de commerce (*le Henri IV*), il passa en 1795 dans la marine militaire, en qualité d'enseigne, et après une longue captivité et un embarquement sur le vaisseau *le Vétéran*, commandé par Jérôme Bonaparte, il fut fait capitaine de frégate en 1806. Sa belle défense de Syrène (1808) contre une frégate et un vaisseau anglais fixa sur lui l'attention de l'Empereur et lui valut la croix d'Honneur et le grade de capitaine de vaisseau. Chargé en cette qualité de coopérer à la défense de l'île de France contre les Anglais, il s'acquitta si bien de cette mission que, malgré la capitulation de la colonie, l'Empereur crut devoir le créer baron de l'Empire et commandeur de la Légion-d'Honneur, du 20 août au 20 septembre 1810. Devenu contre-amiral en 1812, il fut chargé du commandement des forces navales dans l'Adriatique et défendit Venise contre les forces de la coalition.

La Restauration adopta la gloire de M. Duperré et récompensa ses exploits d'un autre règne par la croix de Saint-Louis.

Après les Cent-Jours, pendant lesquels il contribua à sauver Toulon des dangers de la convoitise anglaise, il fut chargé du commandement de la station navale des Antilles, et fut nommé grand officier de la Légion-d'Honneur.

En 1824, lors de la guerre d'Espagne, il contribua à la reddition de Cadix, et pour ce signalé service fut fait vice-amiral. Survint enfin la célèbre campagne d'Afrique à laquelle le baron Duperré prit une si glorieuse part. Chargé du commandement de la flotte et du transport des troupes confiées au général Bourmont, il décida, par ses habiles manœuvres, du sort de la campagne et partagea avec le général en chef l'honneur de la prise d'Alger. Créé Pair de France, le 16 juillet 1830, il vit cette nomination annulée par les événements de la Révolution ; mais le roi Louis-Philippe se hâta de confirmer, par une nouvelle ordonnance du 13 août suivant, une récompense si méritée, et à laquelle il ajouta le titre d'amiral.

Depuis cette époque, le baron Duperré, parvenu au plus haut point de gloire, a été tour à tour président du Conseil d'amirauté et ministre de la marine et des colonies. Sa santé l'avait forcé de donner sa démission, le 7 février 1842.

Il est mort, sans fortune, le 2 novembre 1846. Sa dépouille mortelle a été déposée dans les caveaux de l'hôtel royal des Invalides.

DU PETIT-THOUARS (ARISTIDE-AUBERT), capitaine de vaisseau.

Né en 1760, près de Saumur, il entra dans la marine en 1778, se distingua à Ouessant, au fort Saint-Louis du Sénégal, au combat de la Grenade, etc.

Après avoir fait plusieurs courses et croisières comme commandant *du Tarleton*, il forma le projet d'aller à la recherche de La Pérouse. Il mit à la voile le 2 août 92, sauva de la faim quarante Portugais qu'il trouva dans l'île de Sel, l'une des îles du Cap-Vert, perdit le tiers de son équipage par la maladie, perdit son bâtiment et fut arrêté et envoyé prisonnier à Lisbonne.

Après une très-longue captivité il partit pour l'Amérique Septentrionale, il y resta jusqu'au retour de la tranquillité en France. De retour à Paris, le Directoire lui confia le commandement *du Tonnant*, vieux vaisseau de 80, compris dans la flotte de l'expédition d'Égypte. A la bataille d'Aboukir il se battit avec intrépidité contre les vaisseaux anglais, et signala une mort glorieuse par des circonstances plus glorieuses encore : mutilé par un boulet et se sentant mourir, il se fit mettre dans un tonneau de son pour arrêter l'effusion du sang et prolongea son existence. Tant que ses forces le lui permirent il continua de donner des ordres, et il cria en expirant : *équipage du Tonnant, n'amenez jamais votre pavillon !*

DUPHOT (LÉONARD), né à Lyon au faubourg de la Guillotière, vers 1770. Entra au service à 15 ans; fit partie de l'un des bataillons de volontaires nationaux créés au commencement de la Révolution.

Nommé chef de bataillon adjudant-général en l'an II.

Général de brigade à l'armée d'Italie; il se trouvait à Rome à la suite de l'ambassadeur Joseph Bonaparte. Il y fut tué le 8 nivôse an VI, à côté de l'ambassadeur, dans une émeute contre les Français. Le lendemain Duphot devait épouser la belle-sœur de Joseph, qui devint l'épouse du roi de Suède.

« Le jeune Duphot était un général de la plus belle espérance. Il était la vertu même. » (*Mémorial.*)

DUPONT-CHAUMONT (PIERRE-ANTOINE), général de division. Né à Chabannais (Charente), le 27 décembre 1759, s'enrôla, le 18 mai 1775, dans le 52ᵉ régiment d'infanterie (ci-devant La Fère), où il devint sous-lieutenant le 26 juin 1776, lieutenant en second le 15 mars 1783, et lieutenant en premier le 18 novembre 1785. Il servait en cette qualité dans la compagnie des chasseurs du même régiment, le 29 juin 1789, lorsqu'il fut aide-de-camp du général Lafayette, avec rang de capitaine d'infanterie, le 17 avril 1791. Promu au grade de lieutenant-colonel du 24ᵉ régiment d'infanterie, le 6 octobre suivant, Dupont-Chaumont reçut le brevet d'adjudant-général le 21 mars 1792, combattit en cette qualité à l'armée du Nord, et assista, le 29 avril de la même année, à la funeste expédition de Tournay, où il fut atteint d'un coup de feu au bras droit. La valeur qu'il déploya dans cette journée lui valut la croix de Saint-Louis, qui lui fut décernée par un décret de l'Assemblée législative, rendu sur le rapport de Carnot. Colonel du 24ᵉ régiment de ligne le 16 mai 1792, Dupont-Chaumont se distingua à la bataille de Jemmapes, le 6 novembre, y fut blessé d'une balle au bras gauche, et se rendit à l'armée du Nord le 8 mars 1793, où il fut élevé au grade de général de brigade le 15 mai suivant. C'est vers ce temps qu'on lui confia le commandement de la place de Douai et de son arrondissement. Il la préserva des atteintes de l'ennemi, grâce aux bonnes dispositions qu'il prit pour la défendre.

Malgré ses brillants services, Dupont-Chaumont fut suspendu de ses fonctions pendant le régime de la terreur, et ne fut remis en activité que le 20 frimaire an III, époque à laquelle il commanda le camp de Marly, près de Paris.

Une escadre anglaise parut sur les côtes de l'Ouest et fit craindre une descente de leur part; la Convention y envoya le général Dupont-Chaumont pour prendre le commandement des départements menacés, et comprimer le feu de la rébellion. La sagesse de ses mesures empêcha l'ennemi de rien entreprendre.

Nommé ensuite inspecteur général, il parcourut successivement les places du Nord, de la Hollande, passant tous les corps en revue, et laissant partout des traces d'une connaissance profonde dans l'organisation et l'instruction particulière aux armes de l'infanterie et de la cavalerie. Lorsque le gouvernement consulaire s'éleva sur les ruines du Directoire, le premier Consul, qui avait été à portée d'apprécier les talents du général Dupont-Chaumont, lui confia, le 27 brumaire an VIII, le commandement de la 14ᵉ division militaire à Caen. La terreur y régnait encore, ainsi que l'insurrection des chouans; la fermeté qu'il déploya dans ce poste écarta promptement ces deux fléaux. Nommé de nouveau, le 14 frimaire de la même année, inspecteur général de l'infanterie de l'armée du Rhin, il ouvrit bientôt la campagne de l'an VIII, sous les ordres d'Augereau, dont il seconda les opérations. Mis encore une fois en inactivité, le 2 nivôse an X, il fut pourvu, le 5 germinal an XI, du commandement de la 27ᵉ division militaire, à Turin, en remplacement du général Rivaud, devint membre de la Légion-d'Honneur le 19 frimaire an XII, et commandant de l'Ordre le 25 prairial suivant. Dupont commandait encore à Turin en 1805, quand Napoléon alla se faire couronner roi d'Italie.

Quelques démêlés élevés entre lui et le général Menou, gouverneur général du Piémont, lui ayant fait désirer son changement de résidence, il passa en Hollande, et devint ministre plénipotentiaire auprès de Louis Bonaparte, lorsque ce prince eut été proclamé souverain de ce royaume. Il l'accompagna en 1806 en Prusse, reprit ses fonctions d'inspecteur général d'infanterie le 20 mars 1809, et obtint presque aussitôt le commandement du camp de Boulogne. Après avoir été remis de nouveau en activité le 14 septembre suivant, il eut ordre de se rendre en Italie en 1810, et fut mis à la retraite le 25 juin 1812. Cette disgrâce valut à Dupont-Chaumont, en 1814, les faveurs du gouvernement royal. Il devint inspecteur de l'École royale militaire de La Flèche, le 30 juillet, et le lendemain gouverneur de celle de Saint-Cyr, et grand officier de la Légion-d'Honneur.

Ayant obtenu sa retraite définitive en 1817, il se retira dans une propriété qu'il avait à Chaillot, où il mourut le 16 février 1838.

DUPONT DE L'ÉTANG (Pierre, comte), naquit à Chabannais en 1765. Il était en 1792 aide-de-camp du général Théobald Dillon; il fut ensuite, à l'armée de Dumouriez, aide-de-camp d'Arthur Dillon, et se distingua dans la campagne de l'Argonne et au passage des Islettes. Général de brigade en 1793, il contribua puissamment à la bataille d'Hondscoote, et, par ses conseils, rendit d'importants services aux généraux Lamorlière et Houchard.

Appelé par Carnot au Comité de salut public, et employé comme chef du bureau topographique, il fut nommé général de division en 1797 et directeur du dépôt de la guerre.

Il contribua à renverser le Directoire, servit Napoléon en Italie, comme chef d'état-major de l'armée de réserve et se signala à Marengo. En 1805, avec sa seule division, il battit, devant Ulm, toutes les forces du général Mélas; deux jours après, il fit vingt mille prisonniers au prince Ferdinand qui était sorti d'Ulm avec 25,000 hommes. Après la prise de cette place, Dupont battit le général Kutusoff; dans la campagne de Prusse, il s'empara de Halle; avec trois régiments seulement, il battit le prince de Wurtemberg qui avait 22,000 hommes, et à l'attaque de Bransberg, il mit en déroute un corps de 10,000 hommes, auquel il fit 2,000 prisonniers et prit seize pièces de canon. Il battit les Prussiens à Bartenshein, contribua à la prise de Lubeck et se signala à Friedland.

Après la paix de Tilsitt, Dupont fut envoyé en Espagne. Avec une division de 7,000 hommes, il battit 36,000 Espagnols devant Cordoue et s'empara de la ville; il y était encore lorsque le général Cassanos, avec 40,000 hommes, menaça de couper ses communications avec Madrid. Dupont rétrograda jusqu'à Andujar où il reçut des secours qui lui permettaient de commencer la retraite. Il resta à Andujar et perdit un temps précieux; quand enfin il décampa de cette ville et arriva à Baylen, il se trouva cerné par toute l'armée espagnole. Au lieu de se tirer de ce mauvais pas à force de courage et d'héroïsme, Dupont signa une capitulation déshonorante pour la France et pour ses soldats, le 22 juillet 1808; 20,000 Français durent mettre bas les armes; ils devaient être transportés en France, mais la capitulation fut violée et on les envoya mourir sur les pontons de Cadix. Les résultats de cette capitulation furent immenses. L'Espagne allait être pacifiée, elle se releva plus fière.

Dupont fut traduit devant une haute cour impériale, mais la procédure n'était pas terminée quand Louis XVIII remonta sur le trône. Dupont sortit de prison pour passer au ministère de la guerre (13 mai 1814) : son administration fut déplorable. Remplacé par Soult le 13 décembre 1814, on lui confia la 22e division militaire. Destitué pendant les Cent-Jours, il fut réintégré après la rentrée des Bourbons, fut député en 1815 et 1816, vota avec le centre gauche et mourut à Paris en 1840.

DU PONT (Pierre-Louis), né en Belgique en 1795. Fut successivement élève du lycée de Bruges, de l'École d'artillerie organisée à La Flèche en 1812 et de l'École militaire de Saint-Cyr. Il entra dans l'armée française en qualité de lieutenant au 2e régiment d'artillerie, prit part aux campagnes de 1814 et 1815 et fut grièvement blessé dans la dernière.

Après la paix de 1815, il rentra en Belgique, le gouvernement hollandais lui fit perdre tous ses droits d'ancienneté, aussi était-il encore lieutenant en 1830; dans ce grade, il a rempli les fonctions d'adjudant-major et d'instructeur dans le corps de l'artillerie. Lorsque la Belgique se sépara de la Hollande en 1830, il obtint la démission de son grade dans l'armée des Pays-Bas et vint offrir ses services à son pays. Le nouveau gouvernement le créa major, puis lieutenant-colonel après la campagne de 1831, colonel en 1836, général-major et ministre de la guerre en 1843. Il organisa la plus grande partie des batteries de campagne, commanda l'artillerie de l'armée de l'Escaut en 1831, fut chef d'état-major de l'artillerie de l'armée et en même temps chef du corps d'artillerie de campagne qui devint le 1ᵉʳ régiment d'artillerie. Pendant le siége d'Anvers, en 1832, il eut le commandement des batteries du Nord de l'Escaut.

Le général Du Pont avait été nommé chevalier de la Légion-d'Honneur pendant les Cent-Jours, et, cette nomination fut confirmée par l'ordonnance du 28 novembre 1831. Une autre ordonnance royale du 12 janvier 1845 l'a nommé commandeur.

Il est officier de l'ordre de Léopold.

Distingué par ses connaissances, le général Du Pont a la réputation d'un bon ministre de la guerre.

DUPPELIN (Jean, baron) naquit le 3 avril 1771 à Phalsbourg (Meurthe).

Soldat au 89ᵉ régiment d'infanterie (Royal-Suédois) le 1ᵉʳ juin 1787 et congédié le 1ᵉʳ juin 1791, il entra comme sergent le 8 août suivant dans le 3ᵉ bataillon de volontaires de la Meurthe, où il devint adjudant sous-officier le 16 mars 1792, et adjudant-major le 15 juillet 1793.

Il avait fait les campagnes de 1792 à 1793 à l'armée des Ardennes.

Au commencement de l'an II, il était à l'armée du Nord ; il passa le 7 nivôse de cette année au commandement de la compagnie des grenadiers de son bataillon, et servit de l'an III à l'an VI devant Mayence, sur le Rhin et en Helvétie.

Il reçut deux coups de feu à l'affaire de Guersbach, le 4 messidor an IV, devint chef de bataillon à la 106ᵉ demi-brigade de ligne le 1ᵉʳ floréal an VII, et combattit en Italie de l'an VII à l'an IX.

Pendant le siége de Gênes, il reçut quatre coups de feu le 16 germinal sur le Montefaccio, et fut signalé à l'ordre de l'armée.

Major du 67ᵉ de ligne le 30 frimaire an XII, il devint membre de la Légion-d'Honneur le 4 germinal suivant.

Il fit les guerres d'Italie des ans XIII et XIV, passa le 1ᵉʳ mai 1806 chef de bataillon dans les grenadiers à pied de la garde impériale, et colonel du 85ᵉ régiment de ligne le 20 octobre de la même année.

Duppelin fit, à la tête de ce corps, les campagnes de 1806 et 1807 à la grande armée, et devint officier de la Légion-d'Honneur le 21 septembre de la même année, et baron de l'Empire ; vers le même temps, l'Empereur l'employa au 3ᵉ corps de l'armée d'Allemagne, et lui confia, le 19 juin 1811, le commandement d'une brigade d'infanterie.

Passé au 1ᵉʳ corps de la grande armée au commencement de 1812, il mourut à Thorn (Prusse), le 25 janvier 1813.

DURAND, baron **D'HERVILLE** (Jean-Baptiste-Michel-René), né le 19 avril 1749 à Paris (Seine), entra le 11 janvier 1769 au corps royal de l'artillerie de l'Inde.

Employé successivement à l'île de France et à Ceylan, de 1770 à 1777 ; il fit les campagnes des Indes de 1778 à 1784, pendant lesquelles il assista à plusieurs siéges, batailles et combats sur mer et reçut cinq blessures.

Capitaine le 28 août 1780, il se fit remarquer à la bataille de Goudelour, le 13 juin 1783.

Capitaine commandant au 8ᵉ régiment d'artillerie le 1ᵉʳ mai 1786, il reçut la croix de Saint-Louis le 10 janvier 1788 ; chef de brigade d'artillerie (major) le 27 janvier 1791, lieutenant-colonel le 1ᵉʳ juillet 1792, et colonel le 14 du même mois ; il rentra en France à la fin de l'an IV, après un séjour de vingt-huit ans dans l'Inde.

Il fit la campagne d'Allemagne en l'an V, passa l'année suivante à la direction d'artillerie de la place de Lille, puis à celle de La Rochelle en l'an VIII, chargé en l'an X du commandement du parc de l'armée d'Espagne, il prit, en l'an XI, celui de l'armée des côtes de Brest.

Nommé membre de la Légion-d'Honneur le 15 pluviôse an XIII, il obtint la croix d'officier de l'Ordre le 25 prairial de la même année. Il rendit d'importants services pendant les campagnes de 1805 à 1807, en Allemagne, en Prusse et en Pologne, en qualité de directeur de l'artillerie du 7ᵉ corps de la grande armée. Le 19 mars 1808, l'Empereur lui conféra le titre de baron.

Le colonel Durand-d'Herville passa dans le mois d'avril suivant à la direction de l'artillerie de Paris et de la 1ʳᵉ division militaire. Commandant de l'artillerie à Passau, en 1810, il fit deux nouvelles campagnes en Allemagne, vint reprendre en 1813 la direction de Paris, et fut élevé au grade de maréchal-de-camp le 8 janvier 1814.

Louis XVIII lui donna la croix de commandeur le 10 septembre 1814, et l'admit à la retraite le 24 décembre de la même année.

Il est mort le 19 juin 1830.

DUROC (Gérard-Christophe-Michel), duc de Frioul, né à Pont-à-Mousson le 25 octobre 1772 ; son père était capitaine, chevalier de Saint-Louis.

Duroc fit ses études à l'école militaire de Pont-à-Mousson, entra ensuite à l'école d'artillerie de Châlons.

Lieutenant le 1ᵉʳ mars 1792 ; capitaine le 1ᵉʳ frimaire an III ; capitaine-commandant en l'an V ; aide-de-camp du général Lespinasse, et ensuite du général en chef Bonaparte ; chef de bataillon et chef de brigade dans la campagne d'Égypte. Après le 18 brumaire, envoyé en mission diplomatique à Berlin ; premier aide-de-camp du premier Consul à Marengo ; général de brigade et gouverneur des Tuileries ; général de division en 1805 ; grand maréchal du palais sous l'Empire ; sénateur, duc de Frioul.

Duroc fut souvent chargé de missions fort importantes ; il fit néanmoins toutes les campagnes avec Napoléon, et fut tué par un boulet le 13 mai, après la bataille de Wurtchen.

Le baron Fain a ainsi raconté sa mort :

« La bataille de Wurtchen est gagnée. — L'armée française poursuit l'armée ennemie qui se retire en combattant. Les alliés finissent par nous abandonner le passage de Reichembach ; mais la victoire nous fait acheter ses moindres faveurs ; le général Bruyères vient d'être emporté par un boulet. L'armée ressent vivement cette perte, et chacun répète avec douleur : « C'est encore un ancien soldat d'Italie ! »

« Nous retrouvons l'ennemi posté sur les hauteurs, en arrière de Reichembach. L'Empereur, qui est sans cesse sur les pas de l'avant-garde, arrive et fait encore déployer des troupes pour attaquer. Les boulets sifflent de nouveau, et bientôt après l'ennemi se met en retraite. Napoléon ne peut cacher un mouvement d'humeur en voyant cette arrière-garde lui échapper toujours. « Comment ! dit-il, après une telle boucherie, aucun résultat ! Point de prisonniers, ces gens-là ne me laisseront pas un clou ! » Dans ce moment, un chasseur à cheval ajoute en s'adressant au grand maréchal : « Duroc ! la fortune nous en veut bien aujourd'hui. »

« La journée n'était pas finie.

« Le quartier impérial devait s'arrêter à

Reichembach ; le grand maréchal y avait fait marquer les logements. Mais l'Empereur apprenant que l'ennemi tient encore du côté de Markersdorf, rejoint de nouveau l'avant-garde. On se dirigea sur le Landserone, dont le pic domine toute la contrée, et l'on trouve l'ennemi en position derrière le ravin de Markersdorf.

« L'Empereur ordonne au prince de la Moskowa d'attaquer ; il veut pousser jusqu'à Gorlitz ; mais le mouvement éprouva des délais. Les troupes saxonnes qui devaient y prendre part n'arrivant pas, Napoléon envoie aide-de-camp sur aide-de-camp pour qu'on se presse ; il aperçoit, à gauche, une hauteur d'où il pourra voir ce qui se passe, et il descend rapidement par le chemin creux du village pour gagner la route qui conduit sur cette éminence. On le suivait en trottant, au milieu d'un nuage épais de poussière, serrés quatre par quatre, et chacun distinguait à peine son voisin. Sur la première file se trouvaient le duc de Vicence, le duc de Trévise, le maréchal Duroc et le général de génie Kirgener. Dans ce moment les troupes du maréchal Ney débouchent du village. L'ennemi tire trois coups de canon, et l'un des boulets vient frapper un arbre auprès de l'Empereur. Parvenu sur le plateau qui domine le ravin, Napoléon se retourne pour demander sa lunette, et ne voit plus que le duc de Vicence qui l'ait suivi. Le duc Charles de Plaisance accourt bientôt après ; il est pâle et dit un mot à l'oreille du grand écuyer. L'Empereur demande ce que c'est. Le duc de Plaisance a peine à parler ; il finit par dire que le grand maréchal vient d'être tué. « Duroc ! s'écrie l'Empereur ; cela n'est pas possible, il était tout à l'heure auprès de moi. »

« Cependant le page arrive avec la lunette ; des aides-de-camp surviennent et la nouvelle est confirmée.

« Le boulet qui a frappé l'arbre a ricoché d'abord sur le général Kirgener, et ensuite sur le duc de Frioul. Kirgener a été tué raide ; Duroc n'est pas encore mort. Les docteurs Larrey et Yvan et tout ce qui se trouve là d'officiers de santé sont accourus ; mais les efforts de l'art seront impuissants. Le boulet a déchiré les entrailles : on vient de transporter le mourant dans une des premières maisons de Markersdorf. »

« Sur ces entrefaites, le colonel Gourgaud était venu annoncer, de la part du maréchal Ney, que l'ennemi ne présentait plus qu'une faible arrière-garde ; l'Empereur se porte machinalement à la suite de ses troupes, et reste encore près d'une demi-heure à observer le mouvement qui s'opère au delà du village.

« Cependant il a ordonné que la garde s'arrêtât : on a fait dresser la tente du quartier impérial dans un champ, sur la droite de la route, avant de descendre à Markersdorf. Enfin, l'Empereur revient de ce côté. Il rentre dans le carré de sa garde et passe le reste de la soirée, assis sur un tabouret devant sa tente, les mains jointes et la tête baissée, gardant le plus morne silence. Le général Drouot fait demander des ordres pour l'artillerie. « A demain tout ! » est la seule réponse qui s'échappe de ce cœur oppressé.

« Les maréchaux et les principaux officiers de l'armée et de la maison impériale se tenaient à quelque distance dans l'attitude de la douleur.

« Toute l'armée prend la part la plus vive aux peines qui absorbent en ce moment les pensées de l'Empereur. La garde a les yeux tristement fixés sur lui : « Pauvre homme, disent les vieux grenadiers, il a perdu un de ses enfants ! »

« A la nuit close, quand toute l'armée a pris position, l'Empereur sort du camp, accompagné seulement du prince de

Neufchâtel, du duc de Vicence et du docteur Yvan. Il veut voir Duroc et l'embrasser une dernière fois. Cette scène a été déchirante.....

« Duroc mourut dans la nuit.

« La nouvelle que Duroc a cessé de souffrir arrive à Napoléon à son quartier général de Gorlitz. L'Empereur ordonne que son corps soit transporté à Paris pour y être déposé sous le dôme des Invalides. Il veut acheter de ses propres deniers la maison où Duroc est mort, et charge le pasteur du village de placer, à l'endroit où fut le lit du maréchal, une pierre monumentale qui dise à la postérité :

« *Ici le général Duroc, duc de Frioul, grand maréchal du palais de l'empereur Napoléon, frappé d'un boulet, a expiré dans les bras de son Empereur et de son ami.*

« La garde et la conservation de ce monument sont une charge qui doit grever désormais la propriété de la maison, et c'est à cette condition que Napoléon en fait don à celui qui l'occupe actuellement comme locataire. Le pasteur, le juge et le donateur sont appelés et reçoivent les fonds nécessaires à l'accomplissement de la volonté de Napoléon.

« Les instructions de l'Empereur ne furent point remplies. — Un ordre de l'état-major russe fit saisir, entre les mains du pasteur Hermann, à Markersdorf, la somme destinée à élever un monument à la mémoire d'un guerrier mort sur le champ de bataille. » (*Manuscrit de* 1813.)

— « Napoléon, au siége de Toulon, distingua et s'attacha un jeune officier du train, qu'il eut d'abord beaucoup de peine à former ; mais dont il a tiré depuis les plus grands services ; c'était Duroc, qui, sous un extérieur peu brillant, possédait les qualités les plus solides et les plus utiles ; aimant l'Empereur pour lui-même, dévoué pour le bien, sachant dire la vérité à propos. Grand maréchal, il avait mis le palais sur un pied admirable et dans l'ordre le plus parfait. A sa mort, l'Empereur pensa qu'il avait fait une perte irréparable, et une foule de personnes l'ont pensé comme lui. L'Empereur disait que Duroc seul avait eu son intimité et possédé son entière confiance. » (MÉMORIAL.)

— « Duroc avait des passions vives et tendres qui répondaient peu à sa froideur extérieure. J'ai été longtemps pour le savoir, tant son service était exact et régulier. Ce n'était que quand une journée était entièrement close, quand je reposais déjà, que la sienne commençait.

« Duroc était pur et moral, tout à fait désintéressé pour recevoir, extrêmement généreux pour donner. (MÉMORIAL.)

— « Duroc influait plus qu'on ne pense sur la détermination de l'Empereur ; sa mort a peut-être été, sous ce rapport, une calamité nationale ; elle fut une des fatalités de la carrière de Napoléon. » (LAS CAZES, MÉMORIAL, tome 2.)

— Napoléon avait résolu de rendre aux cendres de Duroc des honneurs extraordinaires. — Ce fut sous le nom de Duroc qu'il fit, en 1815, le voyage de la Malmaison à Rochefort ; et s'il lui eût été permis de vivre en Angleterre, il aurait porté le titre et le nom de *colonel Duroc*.

Le nom de Duroc est inscrit au côté Est de l'arc de triomphe de l'Étoile.

DUROSNEL (ANTOINE-JEAN-AUGUSTE-HENRI, comte), né à Paris le 9 novembre 1771, est fils d'un chef de bureau au ministère de la guerre. Il reçut une éducation soignée et fut destiné à la carrière militaire.

D'abord aide-de-camp du général d'Arville, il passa rapidement par tous les grades, et fut nommé, sous le Directoire (27 juillet 1799), colonel du 16e régiment de chasseurs à cheval. Il fit, en 1800, la campagne d'Allemagne, se distingua à la bataille de Moskirch, où il enfonça et détruisit une force triple de la sienne; à Hohenlinden, et en 1805, au combat d'Ems.

Sa conduite à Austerlitz lui mérita le grade de général de brigade ; il s'en rendit digne de nouveau dans la journée d'Iéna, où ses charges impétueuses dégagèrent l'Empereur un moment exposé.

En 1807, il se distingua encore au combat de Glottau (Pologne), où il défit complétement l'arrière-garde des Russes.

Commandant de la Légion-d'Honneur, le 14 mai 1807, puis chevalier de l'ordre du Lion de Bavière, il fut créé comte en 1808, et gouverneur de l'École militaire des Pages. Bientôt Napoléon le choisit pour l'un de ses aides-de-camp le 30 juin 1810, et le fit commandant des gendarmes de la Garde. La même année, il suivit l'Empereur en Espagne, et s'y fit remarquer en détruisant une colonne anglaise avec 400 cavaliers de la Garde impériale.

Le 16 avril 1809, il fit la campagne d'Autriche et fut nommé général de division le 16 avril. Il combattit au passage de la Traunn, sur le pont d'Ebersberg, ainsi qu'à la bataille d'Essling, où il fut blessé et fait prisonnier ; ce qui le fit passer pour mort au moment de l'armistice.

Le général Durosnel fut nommé grand officier de la Légion-d'Honneur en 1811, et reçut peu après l'ordre de l'Éléphant du Danemark. Il fit la campagne de Russie comme aide-major général, et c'est lui qui fut chargé de surveiller toute la cavalerie de la plus grande armée des temps modernes. Après la prise de Dresde en 1813, il fut nommé gouverneur de cette ville et y resta jusqu'à la capitulation.

A la première Restauration, le comte Durosnel fut fait chevalier de Saint-Louis.

Pendant les Cent-Jours, Napoléon l'ayant nommé Pair de France et commandant en second de la garde nationale de Paris, les Bourbons le laissèrent en non-activité après leur retour.

Après la révolution de Juillet, la ville de Meaux l'envoya à la Chambre des députés, où il vota avec les centres. En mai 1832, il reçut la croix de grand officier et fut enfin nommé Pair de France, président du conseil général de Seine-et-Marne, aide-de-camp de Louis-Philippe.

Un mal incurable, suite de la retraite de 1812, retenait chez lui le général Durosnel quand, le 24 février 1848, la société s'écroula tout à coup comme dans un abîme. C'est ce mal profond qui, un an après ce désastre, a terminé à 77 ans, le 5 février 1849, la noble carrière de ce général.

DURRIEU (Antoine-Simon, baron), né en 1775 à Grenade (Landes). Il se joignit en 1793 au corps de mille hommes qui, armés à leurs frais, partirent de Bayonne pour garder à la frontière les positions que la troupe de ligne ne pouvait occuper. Il était capitaine à l'armée des Pyrénées-Orientales. La paix faite avec l'Espagne, il passa en Italie et combattit dans le Tyrol avec Joubert et Belliard. Plus tard, il était devant Malte, et il se distingua à la bataille des Pyramides.

Revenu en France pour cause de santé, il combattit courageusement à Marengo et au Mincio ; mais par une sorte de fatalité, il resta capitaine pendant quatorze années de travaux (depuis 1793) dans les guerres les plus actives. Enfin, ayant été blessé en Calabre, sous Masséna, il fut fait chef de bataillon, et dix-huit mois après colonel sur le champ de bataille de Wagram. A la campagne de Russie, il était chef d'état-major général du prince

Eugène, qui remarqua sa conduite à la bataille de la Moskowa.

La défense de Glogau fut confiée au colonel Durrieu; il prit une part glorieuse aux batailles de Lutzen et de Bautzen; devenu général de brigade, il se renferma avec un fort détachement dans Torgau sur l'Elbe, où une fièvre épidémique consuma 25,000 hommes. Attaqué par les Prussiens, il leur résista.

Rentré en France, lors de l'invasion, il était en 1815 chef de division au ministère de la guerre. Il combattit à Fleurus et fut blessé à Waterloo.

Le général baron Durrieu, chevalier de Saint-Louis et de la Couronne de Fer, grand officier de la Légion-d'Honneur et promu au grade de général de division le 22 février 1829, fut depuis chargé de la 17ᵉ division militaire (Ajaccio).

DURUTTE (Joseph-François, comte), général de division, naquit à Douai (Nord), le 14 juillet 1767.

Après avoir fait d'excellentes études, il entra au service en 1792, dans le 3ᵉ bataillon du Nord, et se distingua sous les murs de Menin, de Courtrai et à la bataille de Jemmapes. Devenu lieutenant, puis capitaine en récompense de la valeur qu'il déploya en 1793, à l'assaut du fort de Klumdert, Durutte, major de tranchée au siège de Williamstadt, obtint le grade d'adjudant-général, qu'il ne voulut pas accepter, ne croyant pas l'avoir suffisamment mérité.

Il était chef d'état-major d'une division lors de la journée d'Hondscoote, où il fit des prodiges de valeur. Chef d'état-major, en l'an II, du corps du général Michaud, Durutte occupa la ville d'Ypres; il passa ensuite avec le titre de sous-chef d'état-major à l'armée du Nord, sous les ordres de Moreau, combattit peu de temps après sous ceux de Souham, dans l'Over-Yssel, la Frise et la Zélande, puis commanda en l'an VII l'avant-garde du général de division Daendels, dans le Nord-Hollande.

Sa brillante conduite à la bataille de Bergen, à la retraite de Beverwick, au combat de Castricum, lui valut le grade de général de brigade. Mœskirch, Biberach, Hohenlinden, furent également témoins de ses exploits.

Lors de la paix de Lunéville, il eut le commandement du département de la Lys, reçut les étoiles de général de division le 9 fructidor an XI, devint membre de la Légion-d'Honneur le 19 frimaire an XII, et commandant de l'Ordre le 25 prairial de la même année. Appelé au commandement du camp de Dunkerque, il obtint ensuite celui de la 10ᵉ division militaire à Toulouse.

Il occupait encore ce poste en l'an XIV, lorsqu'il fut envoyé à l'île d'Elbe, menacée, disait-on, par les Anglais et les Russes. Après y être resté pendant trois ans, le général Durutte fit la campagne de 1809 contre les Autrichiens. L'Empereur l'avait alors créé baron de l'Empire.

Entré en Italie, sous les ordres du prince Eugène, ce fut lui qui débloqua Venise, ouvrit les portes de Trévise à l'armée française, s'empara du fort de Malborghetto, culbuta à Saint-Michel le corps de Giulay, et concourut au succès de la bataille de Raab. Créé chevalier de la Couronne de Fer le 17 juillet 1809, il se signala de nouveau à Wagram.

A l'époque où Napoléon réunit la Hollande à la France, le général Durutte fut nommé gouverneur d'Amsterdam. Il organisa peu de temps après la 32ᵉ division militaire, mit en état de défense la côte, depuis le Texel jusqu'à l'Ems, se rendit dans le Mecklembourg, dans la Poméranie, et de là à Berlin, et reçut le titre de gouverneur de cette ville. Lorsque Durutte quitta ce gouvernement, le roi Guillaume lui fit don de son portrait comme un témoignage de satisfaction de la conduite pleine de mesure qu'il avait tenue pendant son séjour dans la capitale de la Prusse.

Appelé à Varsovie pour y organiser la 32e division de la grande armée, il franchit bientôt le Bug, opéra sa réunion avec le 7e corps et se porta avec Schwartzemberg sur la Bérésina.

Ce fut lui qui, au pont de Wolkowisk, soutint glorieusement pendant toute la nuit les attaques réitérées des colonnes ennemies, fortes de 33,000 hommes. Arrivé sur le Bug, après la désastreuse retraite de Moscou, le général Durutte s'arrêta à Varsovie pour ranimer le moral des troupes affaissé par nos désastres.

L'affreuse épidémie qui régnait en Pologne l'ayant obligé de quitter ce royaume, il se dirigea sur Kalisch, où il contint le corps d'armée de Winzengerode, sauva une division saxonne, et assura la retraite du 7e corps. Quand il pénétra dans Glogau, il n'avait rien perdu de son artillerie. Le 9 mars 1813, il parvint à recueillir un corps de Bavarois qui le suivit dans une retraite de quarante lieues qu'il fit de l'Elbe à la Sala. Cette retraite fit le plus grand honneur à ses talents militaires.

Arrivé à Iéna le 1er avril, le général Durutte rejoignit le prince Eugène dans le Hartz, prit position avec les 3,000 hommes qui lui restaient, à Elbrengade, où ses troupes furent bientôt renforcées par 6,000 recrues et une division saxonne. A la bataille de Lutzen, il concourut à la diversion décisive faite par le prince Eugène, combattit avec sa valeur accoutumée dans les champs de Bautzen, et reçut l'ordre d'aller camper sur les frontières de la Saxe et de la Bohême.

Ce fut à cette époque que Napoléon lui conféra le titre de comte de l'Empire. Aussitôt que les hostilités eurent recommencé, sa division résista avec succès, à Wistoch, à la cavalerie ennemie. L'échec qu'il éprouva à la bataille de Dennevitz, livrée le 6 septembre 1813, ne l'empêcha pas de soutenir seul à Leipzig, au moment où il venait d'être abandonné par les Saxons, les efforts réunis de l'armée suédoise et du corps de Winzengerode. Après avoir sauvé à Freygbourg la presque totalité de l'artillerie de l'armée, Durutte arriva sous les murs de Haguenau le jour même où les Prussiens venaient d'attaquer le maréchal Marmont. Quand ces deux généraux se furent repliés sur Metz, en 1814, Durutte défendit vaillamment cette ville contre 40,000 alliés qui la cernaient. Il entretint, malgré des forces aussi importantes, des communications libres entre Luxembourg, Thionville, Sarrelouis, Sarrebruck, Bitch, etc. S'il avait été secondé par quelques-uns des chefs sous ses ordres, nul doute qu'il n'eût pris en flanc, comme il en avait conçu le projet, l'armée ennemie qui couvrait les plaines de la Champagne.

Le bruit ayant couru à cette époque que Metz s'était rendu, Napoléon demanda vivement à l'un de ses aides-de-camp : « Qui commande dans cette ville ? — C'est Durutte, lui fut-il répondu. — Je n'ai jamais fait de bien à cet homme-là : Metz est toujours à nous. » En effet, les troupes étrangères n'y pénétrèrent pas.

Dès que le général Durutte eut reconnu le gouvernement de Louis XVIII, ce souverain le confirma, dans son commandement de la 3e division, le créa chevalier de Saint-Louis le 27 juin, puis grand officier de la Légion-d'Honneur le 23 août de la même année. Le maire de Metz se rendit ensuite à la tête du corps municipal, accompagné d'un nombreux cortége d'officiers de la garde municipale, chez le commandant de la 3ᵉ division militaire, pour lui offrir, au nom de la ville, une épée d'or, en reconnaissance des services éminents que ce général lui avait rendus pendant le blocus.

Le général Durutte n'hésita point à se prononcer en faveur de Napoléon lors de son retour de l'île d'Elbe. « L'apparition de Napoléon, dans les circonstances présentes, est un malheur, dit-il à haute voix devant son état-major, cependant, il n'y pas à balancer : le pays est menacé d'une nouvelle invasion, notre devoir est de vaincre ou de mourir. »

L'Empereur lui ayant confié le commandement de la 4ᵉ division du premier corps formant l'avant-garde de la grande armée, le comte Durutte déploya un grand courage à Waterloo, où il reçut un coup de sabre qui lui fit une large blessure à la tête, et un autre qui lui abattit le poignet droit.

Mis à la retraite après le second retour des Bourbons, il se retira dans une propriété qu'il possédait en Flandre, et y mourut le 18 août 1837, à la suite d'une longue et douloureuse maladie.

DUVAL DE BLAREGNIES (Édouard-Hubert, baron), longtemps connu sous le nom de DUVAL DE BEAULIEU. qui est celui de sa famille. Il est né le 17 mai 1789 à Mons. Lors de son passage dans cette ville, à l'époque de son couronnement, Napoléon le désigna pour entrer dans les Pages, d'où il passa, en 1806, dans le 4ᵉ hussards en qualité de sous-lieutenant, puis dans le 5ᵉ avec le même grade. Il fit les campagnes de Prusse et de Pologne, fut blessé à Tilsitt ; envoyé en Espagne en 1808, il eut deux chevaux tués sous lui dans cette campagne ; rappelé à l'armée du Nord, nommé lieutenant, puis capitaine, il se distingua pendant toute la campagne de Russie, reçut la croix de la Légion-d'Honneur ; et fut attaché comme capitaine au 3ᵉ régiment des gardes d'honneur.

Nommé chef d'escadron, en 1814, il quitta le service de la France pour celui des Pays-Bas, fut nommé major du 5ᵉ de dragons, lieutenant-colonel, en 1819, dans le 3ᵉ cuirassiers, et peu après donna sa démission et rentra dans ses foyers.

Aux événements de 1830, les Montois le nommèrent commandant supérieur de la garde urbaine, et deux mois plus tard général commandant militaire de la province du Hainaut.

Il a été en disponibilité en 1841. Le général Duval est commandeur de la Légion-d'Honneur et officier de l'Ordre de Léopold.

DUTAILLIS (Adrien-Jean-Baptiste-Amable RAMOND DU BOSC, comte), né à Nangis (Seine-et-Marne) le 12 novembre 1760. Elève du génie en 1773, il prit du service comme cadet dans le corps de Nassau-Siegen, en 1779, et assista aux affaires de Jersey et de Cancale. En 1789 il entra dans la garde nationale parisienne comme capitaine adjudant-major du bataillon des Filles-Saint-Thomas. Capitaine au 14ᵉ bataillon d'infanterie légère, il combattit à Jemmappes, à Verviers, à Liége ; fut employé en Italie sous les ordres de Berthier ; après la bataille de Castiglione, il fut chargé par Bonaparte d'apporter à Paris les drapeaux pris à l'ennemi, et reçut du Directoire le titre de chef de bataillon et des pistolets d'Honneur. Il eut un cheval tué à Rivoli et un à Arcole ; prit part aux affaires de Balsano et de Brixen, repoussa avec *six hommes* un corps d'Autrichiens qui fermait le passage, perdit quatre de ses hommes, eut son cheval et ses vêtements criblés de balles et arriva, lui troisième, à Balsano où il avait une mission pour Joubert. Nommé colonel, le 23 brumaire an VI, il eut un cheval tué sous lui à Marengo, fut quelque temps aide-de-camp de Berthier, et fut nommé général de brigade en 1804. Il fit les campagnes de 1805 et de 1806, et signa, comme chef d'état-major du 2ᵉ corps, la capitulation de Magdebourg, assiégé par le maréchal Ney, qui y trouva 16,000 prisonniers, des munitions immenses et 800 bouches à feu.

Le général Dutaillis eut le bras emporté, le 6 juin 1807, au combat de Deppen, où son corps d'armée, fort de 15,000 hommes, eut à se défendre contre 40,000 Russes. Le 29 du même mois il fut nommé général de division.

Chargé dans la campagne de 1809 du commandement supérieur de Munich, il reçut du roi de Bavière la grande décoration de l'ordre de Maximilien-Joseph, fut créé comte, et au mois de janvier 1811 candidat au Sénat, par le collége électoral de Seine-et-Marne. Pendant la campagne de Russie il fut investi du commandement supérieur de Varsovie, et lors de la retraite de celui de Torgau, où il devint gouverneur, le 17 novembre 1813, à la mort du comte de Narbonne.

En 1814, le général comte Dutaillis fut nommé chevalier de Saint-Louis et vécut dans la retraite.

DUVIVIER (Franciade-Fleuras), né le 7 juillet 1794, à Rouen, entra à l'École polytechnique en 1812; il prit part, en 1814 à la défense de Paris, il était sergent-major et commandait une section de huit pièces. Sorti de l'École le deuxième jour de sa promotion, il passa à l'École d'application de Metz. Au sortir de cette École il devint successivement lieutenant, capitaine, chef du génie en Corse, aux Îles d'Hyères, à Saint-Pierre (Martinique).

En 1830, il suivit l'expédition d'Alger comme capitaine du génie et fut nommé commandant de l'un des deux bataillons de Zouaves, on y incorpora les 5,000 volontaires parisiens qui arrivaient des barricades. Le commandant Duvivier fut chargé de les discipliner. Ce fut plus tard le 67ᵉ de ligne. Avec eux, en 1831, Duvivier couvrit la retraite de nos troupes à l'expédition de Médéah. Commandant supérieur de Bougie en 1833, lieutenant-colonel en 1834, il commanda les Spahis, à Bône; en 1835 et 1836, il remplit à Alger les fonctions d'Agha des Arabes. Déjà il était au premier rang de nos bons officiers d'Afrique.

A la fin de 1836, il fut de l'expédition de Constantine, attaqua avec 400 hommes la porte de Coudiat-Aty; il serait entré dans la ville s'il eût été soutenu.

L'année suivante on l'envoya avec 400 hommes, à Guelma, fonder une ville au milieu de populations exaltées par notre échec devant Constantine. Il remplit sa mission et se fit aimer des Arabes.

Nommé colonel, il assista à la prise de Constantine, occupa, en 1838 et 1839, le camp de Blidah qu'il fit fortifier, et obtint le grade de général de brigade. Pendant la *Guerre sainte* proclamée par Abd-el-Kader, il repoussa constamment, avec une poignée de braves, les attaques incessantes des Arabes.

En 1840, il enleva, à la tête de sa brigade, la position la plus difficile de Mouzaïa, le passage du Téniah. Chargé d'occuper Médéah, il engagea 900 Français contre 5,000 Arabes, commandés par l'Émir et tua 500 de ces derniers. — En 1841, il demanda et obtint son retour en France, et se livra à l'étude dans la retraite. Il fit paraître plusieurs savants ouvrages.

Le 25 février 1848, le gouvernement provisoire le chargea de l'organisation de 24 bataillons de garde nationale mobile. Il résigna ces fonctions pour être représentant du peuple à l'Assemblée nationale.

Il fut tué en défendant l'ordre dans les funestes journées de juin.

Le général Duvivier était le *Paul-Louis Courier* de l'armée, on l'avait surnommé le général à pamphlets.

DUVIVIER (RÉNÉ-CHARLES), né à Ernée (Mayenne), le 28 octobre 1785. Élève à l'École spéciale militaire, le 20 juillet 1803; sous-lieutenant au 39e de ligne. le 22 décembre 1803, et lieutenant le 25 août 1806 ; il obtint dans le même régiment les grades d'adjudant-major, le 20 mars 1808; de capitaine adjudant-major, le 13 octobre 1808, devint aide-de-camp du général Marcognet, le 22 août 1809; chef de bataillon au 124e de ligne, le 15 novembre 1812 ; lieutenant-colonel au 10e léger, le 13 août 1823; colonel du 32e de ligne, le 22 août 1830, et enfin maréchal de camp le 31 septembre 1835.

M. Duvivier a été promu au grade de lieutenant-général, le 22 avril 1846.

Il est aujourd'hui inspecteur général d'infanterie et commande la 15e division militaire.

Le général Duvivier est chevalier de la Légion-d'Honneur depuis le 1er octobre 1809 ; il a été créé officier, le 29 juin 1813, et commandeur le 19 août 1832. Il est en outre chevalier des ordres de Saint-Louis et de Saint-Ferdinand d'Espagne, 2e classe.

Il a fait les campagnes des ans XII, XIII et XIV (cette dernière campagne est comptée double) à bord de la flottille et à la grande armée; les campagnes de 1806, 1807 et 1808 à la grande armée, celles de 1809, 1810 et 1811 en Espagne et en Portugal, celles de 1812 et 1813 à la grande armée ; fait prisonnier et conduit en Russie, il rentra dans sa patrie le 26 juillet 1814 et fit la campagne d'Espagne en 1823.

Avec des états de service aussi brillants, le général Duvivier peut citer encore plus d'une blessure reçue en combattant courageusement. Le 22 frimaire an XIV il reçut un coup de feu au combat d'Esslingen ; près d'Ulm il fut blessé d'un autre coup de feu à l'avant-bras droit, à la bataille de Friedland, le 14 juin 1807; enfin il fut blessé d'une balle à la cuisse gauche au combat de Tumamès en Espagne, le 28 octobre 1810.

D'Y DE RESIGNY (M.-J.-L.). Entra à l'École militaire en 1805 et en sortit sous-lieutenant au 7e régiment de chasseurs à cheval. Il fit toutes les campagnes de la grande armée, soit en Espagne soit à l'armée du Nord. L'Empereur qui l'avait remarqué, se l'était attaché en qualité d'officier d'ordonnance, avec le grade de chef d'escadron.

En 1815, M. de Resigny eut le glorieux et triste avantage d'accompagner Napoléon jusque sur *le Bellérophon*, d'où il fut transféré, avec six autres officiers et dix hommes du service de l'Empereur, à bord d'une corvette qui marchait de conserve avec *le Bellérophon ;* plus tard, il fut réuni aux généraux Savary et Lallemand et conduit avec eux, comme prisonnier de guerre, à Malte où il resta jusqu'au mois d'août 1816, époque à laquelle il recouvra sa liberté.

M. de Resigny vécut dans la vie privée jusqu'en 1830. Il reprit alors du service et fut attaché au 6e régiment de hussards comme lieutenant-colonel. En janvier 1832, il fut nommé colonel du 1er régiment de dragons. Le 18 décembre 1841, il a été promu au grade de général de brigade.

M. de Resigny est aujourd'hui commandeur de la Légion-d'honneur, et il commande la 5e subdivision de la 3e division militaire.

E

ÉBERLÉ (Gaspard), né le 11 juin 1764, à Schelestadt (Bas-Rhin), entra le 25 septembre 1781 dans le régiment du Maine (28ᵉ d'infanterie). Caporal le 1ᵉʳ mai 1787, sergent le 16 mars 1792, il devint sergent-major le 7 novembre suivant.

Il fit avec distinction les campagnes de 1792, 1773 et de l'an II, à l'armée d'Italie. Le 28 vendémiaire an II, à l'attaque de Gillette, son capitaine fut mis hors de combat; Éberlé prit aussitôt le commandement de la compagnie, il tua un soldat piémontais et lui enleva une capote d'officier qu'il portait avec lui. Après s'en être revêtu, il s'avança vers une redoute occupée par 300 hommes et somma le commandant ennemi de faire mettre bas les armes à sa troupe. Celui-ci trompé par le costume, s'imagina qu'il avait affaire à un officier d'un grade élevé suivi par des forces considérables et il se rendit à discrétion avec ses 300 hommes. Sur le rapport que fit de cette action le général en chef Dugommier, Éberlé fut nommé adjudant-général chef de bataillon le 13 brumaire, et adjudant-général chef de brigade le 1ᵉʳ frimaire suivant. Le 25 du même mois à la prise de la redoute anglaise, pendant le siège de Toulon, il s'élança un des premiers à l'assaut, son exemple entraîna les chasseurs d'avant-garde et contribua puissamment au succès de cette entreprise. Passé à l'armée des Pyrénées-Orientales, il se distingua au siége de Collioure et de Port-Vendre.

Le 14 floréal an II, quoiqu'il n'eût avec lui que cinq compagnies de chasseurs et une de grenadiers du 28ᵉ régiment d'infanterie, il sauva, pendant la nuit, la première batterie dirigée sur le fort Saint-Elme, et força par sa résistance opiniâtre une forte division ennemie à battre en retraite. Le 22 du même mois, à l'escalade de ce fort, il aida à placer les échelles, s'empara de la porte du fort pour y attacher le pétard, et fut grièvement blessé d'un coup de feu qui lui traversa le genou droit. Le 5 brumaire an III, il fut blessé d'un coup de feu à l'épaule droite en chargeant la cavalerie espagnole sur la grande route de Figuières. Le 30 du même mois, avec 300 chasseurs à pied et la compagnie de grenadiers du 28ᵉ, il enleva à la baïonnette la redoute formidable de Nostra-Signora del Roure et s'empara de vive force du pont des Moulins.

Passé en l'an IV à l'armée d'Italie, il commandait l'avant-garde de la division Masséna, lorsque le 24 vendémiaire il s'empara, avec une seule compagnie d'éclaireurs, de la redoute et du camp de Rocbarbenne où il fit 400 prisonniers. Nommé le 13 brumaire suivant, chef de la 56ᵉ demi-brigade de ligne, devenu 85ᵉ, le brave Éberlé, à la tête d'une colonne de 700 éclaireurs, enleva plusieurs redoutes, perça la ligne de l'armée ennemie et fit 2,000 prisonniers. Le 29 germinal de la même année il commandait l'avant-garde de la division Serrurier à l'attaque de Mondovi. Atteint de trois coups de feu, dont un lui traversa la jambe droite, il continua de diriger les troupes sous ses ordres jusqu'à la fin du combat. Le 1ᵉʳ frimaire an V, à la reprise de Rivoli, il marcha à la tête de son corps formé en colonne serrée contre l'ennemi qui avait déjà battu deux demi-brigades de la division Joubert et qui s'avançait pour s'emparer de l'ancienne redoute espagnole; il parvint à couper sa ligne, culbuta 400 hommes dans l'Adige et fit 1,500 prisonniers.

Dans le courant de la même année, à l'expédition du Tyrol, il prit sa part de gloire dans tous les avantages obtenus par le général Joubert. A la tête d'une seule compagnie de grenadiers de la 85e demi-brigade, il força le passage d'un pont dans des gorges très-difficiles, fit 500 prisonniers et s'empara de l'artillerie et des équipages de l'ennemi. La 85e demi-brigade fut désignée pour faire partie de l'expédition d'Égypte. Son valeureux chef Éberlé se signala de nouveau à la descente du Gizo (île de Malte), ainsi qu'à la célèbre bataille des Pyramides. A son retour, en l'an VII, le navire qui le transportait avec 22 Français convalescents comme lui, fut forcé, par les vents contraires, de relâcher sur les côtes de Calabre dans le port de Crotone. A peine venait-il d'y entrer que le port se trouva cerné par des corsaires barbaresques. L'équipage et les passagers furent obligés de se réfugier dans la citadelle, mais bientôt ils y furent assaillis par les insurgés qui le sommèrent de se rendre à discrétion. Éberlé, qui avait pris le commandement de la petite troupe, l'excita, par son exemple, à faire une vigoureuse résistance, et ce fut à la fermeté qu'il déploya dans cette circonstance qu'il dut d'obtenir une capitulation honorable pour ses compagnons et pour lui.

Le 27 pluviôse an VIII, il fut appelé au commandement de la première demi-brigade provisoire de l'armée d'Orient (composée des 3e bataillons, des 9e, 13e et 85e demi-brigades de ligne). C'est à la tête de ce corps qu'il prit part, sous les ordres immédiats du général Delmas, aux opérations de l'armée d'Italie. Le 5 nivôse an IX, il montra la plus éclatante bravoure au passage du Mincio; il eut le bras droit emporté par un obus et fut amputé sur le champ de bataille. Le premier Consul lui décerna, le 25 germinal an IX, un sabre d'honneur à titre de récompense nationale. Le 12 germinal an X, il fut nommé général de brigade et employé comme commandant d'armes à Nice, département des Alpes maritimes.

Classé comme membre de droit dans la 5e cohorte de la Légion-d'Honneur, il en fut nommé commandant le 25 prairial an XII, et lorsque l'Empereur institua cette vaillante et glorieuse noblesse dont les titres se trouvaient inscrits en caractères sanglants sur tous les champs de bataille de l'Europe, le général Éberlé fut créé chevalier de l'Empire. En 1814, il commandait encore à Nice, et les habitants de cette cité conserveront toujours le souvenir des services qu'il leur rendit, notamment dans la nuit du 14 au 15 mai de cette même année, où, par sa conduite ferme et dévouée, il préserva la ville de l'incendie et du pillage. Le 20 du même mois, il rentra en France, emmenant avec lui, des magasins de Nice, dans la place d'Antibes, 3 bouches à feu et 6 caissons approvisionnés, malgré tous les obstacles que lui opposèrent les armées ennemies auxquelles il sut imposer par sa contenance.

En non-activité le 1er septembre 1814, l'Empereur, à son retour de l'île d'Elbe, le nomma commandant supérieur de la place de Briançon et du département des Hautes-Alpes, par décret du 26 avril 1815. Il eut le bonheur, malgré la position difficile dans laquelle il se trouva pendant plusieurs mois, de conserver à la France un de ses principaux boulevarts, et d'empêcher l'ennemi d'entrer dans aucune des places fortes de son commandement, dans lesquelles se trouvaient des magasins immenses et plus de 50 millions de matériel. Le rapport détaillé des opérations et de la conduite du général Éberlé dans cette circonstance fut soumis au ministre de la guerre le 15 novembre 1815; mais les services qu'il venait de rendre au pays n'étaient pas de la nature de ceux qui pouvaient obtenir les bonnes grâces du gouvernement de cette époque : aussi le vieux guerrier fut-il mis à la retraite par ordonnance royale du 5 juin 1816. Mort le 16 février 1837.

ÉBLÉ (Jean-Baptiste, comte), naquit le 21 décembre 1768, à Saint-Jean de Rozbach (Moselle). Fils d'un officier de fortune, qui servait au régiment d'Aussone, il devait, comme son père, passer sa vie dans les camps ; aussi entra-t-il, à neuf ans (21 décembre 1767), comme canonnier dans le régiment où servait son père. En 1791, c'est-à-dire après vingt-quatre ans de service, il était capitaine en second. Il servit, dans l'armée de Dumouriez jusqu'au mois de juillet 1793.

Quand l'Europe coalisée menaça les frontières de la France, il se trouvait à Naples, où il avait été envoyé pour organiser l'artillerie.

Un des premiers il forma une compagnie de canonniers à cheval; élevé bientôt au grade de chef de bataillon, il fut attaché à l'état-major au mois d'avril de la même année.

Les flots de volontaires qui se précipitaient alors sous les drapeaux avaient apporté avec eux la confusion dans les rangs de l'armée. Grades, emplois, étaient offerts au plus habile, au plus entreprenant. C'est ainsi que le chef de bataillon Éblé commandait une division à la bataille d'Hondscoote et au déblocus de Dunkerque. Élu général de brigade, le 27 septembre 1793, le 15 octobre suivant, sa belle conduite à la journée de Wattignies lui mérita le grade de général de division, dont il avait déjà rempli les fonctions.

L'émigration avait privé la France de tous les officiers spéciaux; l'artillerie surtout était dans le plus déplorable dénûment; Éblé se chargea de la recréer. Par son intelligence et son activité, plus de 2,000 fourgons se trouvèrent approvisionnés, et Lille vit se rassembler sous ses murs un magnifique parc de siège.

C'est pendant cette terrible guerre des Pays-Bas qu'il imagina de partager les bouches à feu entre les différentes divisions de l'armée, formant ainsi des parcs de réserve et des dépôts de munitions sur toutes les lignes d'opérations, système dont l'expérience a démontré l'utilité, et qui depuis fut constamment suivi. Lorsque Moreau vint prendre le commandement en chef de cette brave armée que Dumouriez venait d'abandonner, le général Éblé était à la tête de l'artillerie; il la dirigeait au siége d'Ypres, en juin 1794, et en juillet à celui de Nieuport. C'est par ses conseils que fut placée une batterie de 42 bouches à feu à 200 toises des glacis. Les ravages de ces canons, dont tous les coups portaient sur les quartiers les plus riches, forcèrent la garnison à capituler après trois jours de tranchée.

Il conduisit les siéges de l'Écluse, de Bois-le-Duc, de Crève-Cœur, de Nimègue, qui, grâce à ses soins, se rendirent avant que les neiges et les glaces ne fussent venues apporter à ces diverses places un secours devant lequel l'artillerie serait devenue impuissante.

En général habile, il sut profiter du grand froid des années 1794 et 1795 : tous les fleuves et tous les canaux de la Hollande étaient gelés. Il y lança hardiment son artillerie. Ainsi s'effectua en quelques semaines cette prodigieuse conquête de tout un pays qui avait si courageusement et si longuement résisté à la majestueuse royauté de Louis XIV.

Éblé fut ensuite envoyé à l'armée du Rhin, dont Moreau venait de prendre le commandement en chef. Ce général s'exprimait ainsi qu'il suit sur le compte d'Éblé dans une lettre adressée à la Convention : « La conduite du général Éblé est vraiment très-active, on ne peut concevoir comment il a pu suffire à cette énorme consommation de poudre et de boulets que nous avons envoyés. » Il faut ajouter que, dans tous ces combats, il ne perdit pas un seul canon, et que l'artillerie qui, ordinairement, compromet les retraites, décida du succès de celle de Moreau.

En 1797, le général Éblé commanda seul l'artillerie dans le fort de Kelh, pendant le long et mémorable siége que fit de cette place l'armée autrichienne sous les ordres de l'archiduc Charles. Il prouva qu'il n'était pas moins savant dans l'art de défendre les places que dans celui de les attaquer.

Bientôt, nous le voyons en présence de difficultés nouvelles : il est à Rome où il doit commander l'artillerie de l'armée que Championnet conduit à la conquête du royaume de Naples. Mais cette artillerie n'existe pas ; heureusement les ennemis ont des canons et nos soldats sont là pour les leur enlever. Éblé compose ses équipages de campagne avec les pièces prises aux Napolitains. Gaëte lui fournit des canons pour assiéger Capoue, et cette place se rend le 10 janvier 1799 ; Éblé en prit possession, surveilla l'exécution de *l'important* article de la capitulation, qui mettait au pouvoir de l'armée française toute l'artillerie de l'arsenal de la place. La prise de possession par les Français de cet important matériel détermina la soumission de Naples, et, le 23 janvier, les Français entraient dans la seule capitale de l'Italie qu'ils n'eussent pas encore visitée en vainqueurs depuis le commencement de l'ère révolutionnaire.

En 1800, il alla rejoindre Moreau à l'armée du Rhin, et une fois encore il mérita les témoignages les plus honorables de sa satisfaction : « On ne saurait, écrivait Moreau, trop faire l'éloge de l'artillerie, qui, par son organisation et la manière dont elle est manœuvrée dans les combats, s'est acquis l'estime de tous les corps de l'armée. C'est un hommage bien juste à rendre au général Éblé qui la commande, et qui doit être compté dans cette arme comme un des meilleurs officiers de l'Europe. »

Quand fut signée la paix de Lunéville, le général Éblé ramena en France la plus belle artillerie qu'on eût encore vue, et déposa dans les arsenaux de Metz, Strasbourg et Neufbrisach, d'énormes approvisionnements d'acier, de fer et de bois, en même temps qu'il remettait dans les caisses des directions de ces villes des sommes considérables, produits de la vente des objets d'artillerie pris sur l'ennemi.

La République batave s'était engagée, par une convention spéciale, à entretenir à ses frais une armée française sur son territoire. Attaché à cette armée en 1803, Éblé fut chargé de tous les détails de l'organisation de l'armée placée sous ses ordres. Il passa l'année suivante au commandement des équipages de l'armée de Hanovre, laquelle devint ensuite le 6ᵉ corps de la grande armée. C'est alors qu'il fut nommé gouverneur de la province de Magdebourg, où il laissa d'honorables regrets lorsqu'il quitta cette province pour aller inspecter, en 1808, toute la ligne qui s'étend depuis Huningue jusqu'à Anvers.

A cette époque, l'Empereur lui conféra le titre de baron. L'année suivante, il passa au service de Westphalie, comme ministre de la guerre du roi Jérôme. Ses sages mesures et son activité déconcertèrent les projets insurrectionnels du major Schill, et c'est en récompense de ce service que Jérôme le nomma colonel général de ses gardes du corps.

Cependant, tout en passant au service de Westphalie, Éblé, toujours général de division dans l'armée française, avait refusé de prêter serment au souverain étranger.

Napoléon lui donna la direction de l'artillerie de l'armée de Portugal, sous les ordres du maréchal Masséna.

Le siége de Ciudad-Rodrigo, l'investissement d'Alméida, la création de deux équipages de pont signalèrent la présence de l'infatigable Éblé. Les auteurs des *Victoires et Conquêtes* ont dit à ce sujet et avec justice : « Avec le maréchal Ney, le général Éblé, le brave 4ᵉ bataillon de la flottille, les troupes de l'artillerie et tout le 6ᵉ corps, il n'y avait rien d'impossible à exécuter.

Le 7 février 1812, il fut nommé commandant en chef des équipages de pont à la grande armée qui s'ébranlait pour envahir la Russie.

Ce fut lui qui, pendant la retraite, sauva l'armée à la Bérésina. Il fut chargé de construire deux ponts de bateaux; le général Chasseloup, commandant du génie, devait jeter le troisième. Éblé avait su conserver autour de lui, et en bon ordre, 400 pontonniers, 6 caissons d'outils, 2 forges de charbon. L'ordre qu'il avait reçu le 25 novembre, à 6 heures du soir, était exécuté le lendemain à une heure après-midi : celui donné à l'artillerie ne le fut point.

Aussi humain qu'il était prévoyant, le 29 novembre, il tarda de deux heures à brûler ses ponts, et sauva encore un nombre considérable de ses camarades.

Le général Lariboissière, commandant en chef de l'artillerie de la grande armée, était mort, le 18 décembre, à Kœnigsberg : Éblé, nommé à sa place, et chargé de réorganiser le service, ne lui survécut que trois jours. Il mourut, le 21 décembre, dans la même ville. Le général comte Éblé avait été nommé membre de la Légion-d'Honneur le 23 vendémiaire an XII, grand officier de l'Ordre le 25 prairial de la même année, chevalier du Lion de Bavière, et grand commandeur de l'ordre royal de Westphalie.

La nouvelle de sa mort n'était pas encore parvenue en France, le 3 janvier 1813, quand Napoléon le nomma premier inspecteur général de l'artillerie.

ELBÉE (N. Gigot d'), général des armées vendéennes, né à Dresde, en 1772, d'une famille française établie en Saxe. Il vint en France en 1777, y fut naturalisé, entra dans un régiment de cavalerie, parvint au grade de lieutenant, donna sa démission en 1783, se maria, et dès lors vécut retiré dans un bien de campagne près de Beaupréau en Anjou.

Il suivit les princes à Coblentz; mais il revint pour obéir à la loi qui ordonnait aux émigrés de rentrer.

En 1793, les paysans de Beaupréau le décidèrent à se mettre à leur tête. Sa troupe se grossit de celles de Bonchamp, Cathelineau et Stofflet. Après la mort de Cathelineau il fut généralissime; c'est en cette qualité qu'il se trouva, le 30 juillet 1793, à la bataille de Luçon gagnée par les Républicains et dans laquelle il s'exposa aux plus grands dangers et contribua à sauver l'armée vendéenne d'une complète déroute. Une seconde défaite des Vendéens à Luçon, le 13 août suivant, fut encore plus meurtrière.

On sait qu'après une alternative de bons et de mauvais succès, l'armée royale fut complétement défaite à Chollet par le général Kléber. D'Elbée, blessé grièvement dans cette dernière bataille, fut d'abord transporté à Beaupréau, puis à Noirmoutier; trois mois après les *bleus* s'étaient emparés de cette île; il fut traduit devant une commission militaire, condamné à mort et fusillé sur la place publique du bourg de Noirmoutier, où on l'avait amené dans un fauteuil, parce que ses quatorze blessures ne lui permettaient pas de se tenir debout.

Au jugement de plusieurs biographes, d'Elbée fut un homme pieux, d'un courage constant et froid, mais sans talents militaires. Il n'avait aucune habitude des hommes, et se bornait à mener ses soldats à l'ennemi, en leur disant : « Mes enfants, la providence vous donnera la victoire. » Aussi l'avaient-ils surnommé le général *la Providence*.

ÉMÉRIAU (MAURICE-JULIEN, comte), né à Carhaix, en Bretagne, le 20 octobre 1762. Il commença sa carrière dans la marine comme volontaire d'honneur quelque temps avant la guerre d'Amérique. Il fut fait sous-lieutenant de vaisseau en 1786 et lieutenant en 1791; il fut ensuite promu au grade de capitaine de vaisseau, et bientôt à celui de chef de division. En 1803, il fut nommé préfet maritime à Toulon; en 1811, il commanda l'escadre de ce port, et le 7 mars 1813, il fut élevé au grade de vice-amiral et eut le titre d'inspecteur général des côtes de la Ligurie.

Au retour de Napoléon de l'île d'Elbe, il fut nommé pair; il a été mis en retraite en 1816.

Les actions d'éclat de M. Émériau sont trop nombreuses pour les citer toutes : il était au combat d'Ouessant où il gagna la décoration de Cincinnatus; il était au combat mémorable que soutint Lamotte-Piquet dans la baie du Fort-Royal, à la Martinique, contre une escadre anglaise.

En 1792, chargé du commandement de la corvette *le Cerf*, avec le grade de lieutenant de vaisseau, il faisait partie de la station de Saint-Domingue. Après l'incendie du Cap, les habitants se jetèrent à bord des bâtiments de commerce avec les débris de leur fortune. Ce fut Émériau qui conduisit à la Nouvelle-Angleterre ce nombreux et lamentable convoi. Là, il échangea son commandement contre celui de la frégate *l'Embuscade*, réunit autour de lui jusqu'à quatre cents bâtiments de commerce et rallia le contre-amiral Vanstabel qui arrivait à Norfolk avec sa division. On dirigea aussitôt sur la France. Ce convoi, outre 100 millions de denrées coloniales, portait encore cinq cent mille barils de farine, achetés aux États-Unis par les soins d'Émériau : la France était alors en proie à la plus affreuse disette. L'importance du convoi s'accrut encore pendant la traversée par la prise de quarante bâtiments richement chargés. Au moment où la division s'approchait de Brest avait lieu le funeste combat du 13 prairial an II; c'est à cet engagement qu'elle dut d'échapper à la surveillance de l'armée anglaise et d'entrer saine et sauve dans le port.

Émériau fit des prodiges de valeur à la bataille d'Aboukir, résista longtemps à quatre vaisseaux ennemis et s'empara du vaisseau *le Vangard*, monté par Nelson. C'est à lui que 4,000 Français, détenus dans l'île de Cabréra, durent leur délivrance. Enfin, tous les grades, toutes les distinctions qu'il obtint furent la récompense de quelque action d'éclat.

Comme tant d'autres de ses vieux compagnons d'armes, c'est du roi Louis-Philippe que le vice-amiral a reçu la dernière récompense de ses longs et honorables services. En 1831, il a été de nouveau élevé à la dignité de Pair de France; il avait alors 69 ans.

Son nom est inscrit sur l'arc de triomphe de l'Étoile, côté Sud.

ERNOUF (JEAN-AUGUSTIN, baron), naquit le 29 août 1753 à Alençon (Orne), reçut une éducation distinguée et embrassa avec ardeur la carrière des armes. Nommé lieutenant dans le 1er bataillon de volontaires de son département, le 24 septembre 1791, capitaine le 22 mars 1792, et le 5 mai 1793 aide-de-camp du général Barthel à l'armée du Nord, il obtint le 30 juillet suivant le grade d'adjudant-général chef de bataillon, après les affaires de Rosbruge et d'Ost-Cassel, dans la Flandre maritime.

Nommé par les Représentants du peuple commandant du camp de Cassel, le 16 septembre de la même année, pendant qu'il était occupé à fortifier ce poste important, le duc d'York mettait le siége devant Dunkerque et bloquait la ville de Bergues, alors dépourvue de garnison. Ernouf parvint à jeter un millier d'hommes dans la place, rejoignit Houchard, qui marchait au secours de Dunkerque, instruisit ce général de la force et de la direction de l'ennemi, puis, se mettant à la tête d'une colonne, il fit lever le camp anglais qui cernait Bergues. Le pouvoir exécutif, appréciant la part qu'Ernouf avait prise au succès, l'éleva, le 21 septembre 1793, au grade de général de brigade, et le nomma, le 30 du même mois, chef d'état-major de l'armée du Nord.

Ce fut encore par ses conseils que le général en chef, Jourdan, ayant trouvé le prince Cobourg par derrière le bois de Wattignies, le contraignit à repasser la Sambre et à lever le siége de Maubeuge : ce service important lui valut sa promotion au grade de général de division, le 23 frimaire an II. Mais Jourdan, demeuré dans l'inactivité, par suite du mauvais état des chemins, fut rappelé par le Comité de salut public, et Ernouf partagea la disgrâce de son général, qu'il suivit bientôt après à l'armée de Sambre-et-Meuse en qualité de chef d'état-major, par ordre des représentants Gilet et Guyton, du 16 messidor an II.

L'envahissement de Charleroi, le passage de la Sambre, et la victoire de Fleurus, furent dus en partie au général Ernouf. Dans ces différentes circonstances, il seconda parfaitement le général en chef Jourdan, et pendant la retraite de l'armée de Sambre-et-Meuse il sauva le parc d'artillerie qui avait pris une fausse direction. Nommé, le 26 fructidor an V, directeur du dépôt de la guerre, auquel on réunit le cabinet topographique et historique, presque alors attaché au Directoire, il fit, à la même époque, partie du comité militaire, chargé de tracer la nouvelle ligne de défense des frontières du Rhin à la Meuse. Il quitta la direction du dépôt, le 22 vendémiaire an VII, pour aller occuper les fonctions de chef d'état-major à l'armée du Danube, qu'il commanda au départ du général en chef, et dont il dirigea la retraite vers la Kintzing, où il prit position jusqu'à l'arrivée de Masséna. Alors envoyé à l'armée des Alpes pour opérer son incorporation dans l'armée d'Italie, il devint inspecteur des troupes d'infanterie dans cette contrée, fut en la même qualité employé dans l'Ouest, au commencement de l'an VIII, puis, après le traité de Lunéville, il alla au même titre à Turin, à Gênes, à Milan et à Naples, et revint à Paris, le 17 ventôse an XI. Légionnaire, le 15 pluviôse an XII, grand officier de l'Ordre le 25 prairial suivant, le premier Consul le nomma, vers cette époque, capitaine général de la Guadeloupe.

La plus affreuse anarchie régnait alors dans cette colonie; les nègres marrons y commettaient impunément de nombreux assassinats, et les hommes de couleur, en insurrection permanente contre les blancs, les chassaient impunément de leurs propriétés; cette situation se compliqua par la rupture du traité d'Amiens, qui appela de nouveau la guerre dans ces contrées. En moins d'une année, le général Ernouf rétablit l'ordre, remit l'agriculture en vigueur, et releva les batteries des côtes ; mais si son administration fut sage et habile, il ne put échapper à l'accusation d'avoir commis quelques dilapidations. Quelque temps après, il se rendit maître de l'île suédoise de Saint-Barthélemy, où les rebelles de Saint-Domingue faisaient un commerce interlope, et, de 1809, de nombreux corsaires sortirent des ports de la colonie. La totalité des navires pris sur l'ennemi s'éleva à 734, et le produit de leur vente à 80 millions. La guerre avec l'Espagne et la prise de la Martinique fut un signal de mort pour la Guadeloupe ; bloquée de tous côtés par les forces maritimes des Anglais, elle vit tomber successivement en leur pouvoir les petites îles de sa dépendance et se trouva bientôt réduite à la plus affreuse misère. La majeure partie des troupes avaient péri, et les habitants désespérés parlaient chaque jour de se rendre ; dans ces circonstances, 11,000 hommes de troupes anglaises, commandés par le général Becwith, opérèrent une descente sur les côtes de la Capestère, et attaquèrent le général Ernouf par trois côtés à la fois ; celui-ci battit l'ennemi sur deux points, mais ayant perdu la moitié de son monde, il fut contraint de signer, le 6 février 1810, une capitulation, par suite de laquelle lui et ses malheureux compagnons furent conduits en Angleterre.

Atteint d'une maladie déclarée mortelle, il obtint l'autorisation de rentrer en France, débarqua le 27 avril 1811 à Morlaix, et obtint son échange quelques mois après. Napoléon, irrité de la perte de la Guadeloupe, avait rendu, le 18 juillet 1811, un décret prononçant la mise en accusation du général Ernouf comme accusé d'abus de pouvoir, de concussion et de trahison. Le résultat de la commission d'enquête, présidée par le maréchal Moncey, fut envoyé au comte Regnault-Saint-Jean-d'Angely, procureur général de la haute Cour impériale qui, aux termes de la constitution, avait le droit exclusif de juger les capitaines généraux ; mais les conclusions du procureur général furent, que la haute Cour n'était pas suffisamment organisée pour entamer une procédure. On renvoya donc l'affaire devant la Cour de cassation pour assigner une juridiction au général, et le ministère public conclut à son renvoi davant le tribunal de première instance. Cette nouvelle procédure n'eut aucune suite, et cette affaire, qui retint vingt-trois mois le général Ernouf en captivité, eut pour premier résultat son exil à cinquante lieues de la capitale, sans pouvoir obtenir qu'un conseil de guerre prononçât sur son sort.

Louis XVIII, à son retour en France, rendit une ordonnance, où il était dit qu'en considération des difficultés immenses qu'on éprouvait à recueillir les témoignages, et en raison surtout des services rendus par le général Ernouf à sa patrie, la procédure dirigée contre lui serait annulée.

Créé chevalier de Saint-Louis, le 20 août de la même année, et nommé inspecteur général d'infanterie, le 3 janvier 1815, il se rendit en cette qualité à Marseille, où il se trouvait lors du débarquement de Napoléon à Cannes. Le duc d'Angoulême lui avait confié le commandement du 1er corps de son armée ; mais la défection d'une partie de ses troupes et la nouvelle de la capitulation de ce prince à La Palud l'obligèrent, le 11 avril, à les licencier. Il revint alors à Marseille, où les dispositions prises par le maréchal Masséna, en faveur de la cause impériale, le déterminèrent à se rendre à Paris. Destitué par un décret impérial du 15 avril 1815, il vit mettre le séquestre sur son hôtel à

Paris et les scellés sur ses papiers; mais au retour des Bourbons une ordonnance le rétablit dans ses droits et dans ses propriétés. Louis XVIII lui accorda, le 3 mai 1816, le titre de baron avec la croix de commandeur de l'ordre de Saint-Louis, et lui conféra, le 11 novembre de la même année, le commandement de la 3e division militaire (Metz), dont le territoire était presque entièrement occupé par les troupes alliées, et où il sut par ses efforts entretenir la bonne harmonie entre les habitants et les soldats étrangers.

Vers la même époque il accompagna le duc d'Angoulême lors de la reprise de Thionville par les troupes françaises. Il avait été envoyé à la Chambre des députés par le département de l'Orne, en 1815. Élu par le département de la Moselle, en 1816, il obtint en 1818 l'autorisation de venir siéger à la Chambre des députés, et quitta le commandement de la 3e division lors de son admission à la retraite, le 22 juillet 1818. Il est mort à Paris, le 12 septembre 1827.

ERNOUF (Gaspard-Augustin), fils du précédent, naquit le 8 décembre 1777 à Alençon (Orne). Volontaire dans le 1er bataillon de ce département le 1er octobre 1791, il partit pour l'armée du Nord et se trouva, en 1793, aux affaires de Respon et de Hondscoote contre les Anglais, ainsi qu'au déblocus de Maubeuge, où il reçut un coup de feu qui lui fit une forte contusion au bras.

Nommé adjoint aux adjudants-généraux le 6 frimaire an II, il assista à la bataille de Fleurus et passa, le 5 pluviôse an IV, en qualité de sous-lieutenant, dans le 2e régiment de chasseurs à cheval à l'armée de Sambre-et-Meuse.

Dans une reconnaissance qu'il fit sur la route d'Aschaffenbourg, le 6 messidor de la même année, il enleva, à la tête d'un détachement de 8 cavaliers, un parti ennemi de 30 hommes qui gardait un dépôt de 450 sacs de farine et de 2,000 sacs d'avoine.

Devenu lieutenant le 5 pluviôse an V, et capitaine le 5 thermidor an VI, il servit à l'armée de l'Ouest en l'an VII, se rendit à la fin de prairial an VIII à celle d'Italie, et fit les campagnes des ans IX et X au corps d'observation du Midi et dans le pays de Naples.

Attaché en l'an XII à la réserve de cavalerie de l'armée des côtes de l'Océan, il y fut nommé membre de la Légion-d'Honneur le 25 prairial, et passa l'année suivante en Hanovre, d'où il partit dans le courant de l'an XIV pour rejoindre la grande armée.

S'étant cassé la jambe en tombant de cheval pendant la route, il fut recueilli chez le maréchal Lefebvre, qui le prit pour son aide-de-camp le 15 mai 1806, et lui fit obtenir le grade de chef d'escadron devant Dantzig, le 17 mars 1807.

Employé en Espagne en 1808 et à la grande armée d'Allemagne en 1809, il fut mis en non-activité après la paix de Vienne, par suite de la rentrée du maréchal Lefébvre au Sénat.

Le 22 octobre 1813, rappelé en activité et envoyé en qualité d'officier supérieur au corps d'armée d'Italie, il y fut fait adjudant-commandant chef d'état-major à la demande du Vice-Roi, le 15 mars 1814.

Rentré en non-activité à la paix et créé chevalier de Saint-Louis le 24 août suivant, officier de la Légion-d'Honneur le 17 janvier 1815, il n'exerça aucun emploi dans les Cent-Jours et fut admis à la retraite le 11 février 1824. Une ordonnance royale du 19 mai lui conféra le grade honorifique de maréchal de camp.

ESGRIGNY (Jean-René de Touerme, comte d'), est né en 1770, d'une ancienne famille noble qui compte plusieurs brigadiers des armées dans les dix-septième et dix-huitième siècles. Il embrassa de bonne heure la carrière militaire ; quitta la France à la suite des troubles révolutionnaires et fit les campagnes de la Révolution sous les ordres du prince de Condé.

La bravoure, dont il donna des preuves en plusieurs occasions, lui fit obtenir la croix de Saint-Louis le 25 août 1796.

Après le retour des Bourbons en 1814, le comte d'Esgrigny fut élevé par le roi Louis XVIII au grade de maréchal de camp et nommé aide-de-camp du prince de Condé, qu'il avait toujours suivi fidèlement aux jours du malheur.

Il fut ensuite appelé au commandement militaire du département de Saône-et-Loire, et nommé, le 29 octobre 1828, commandant de l'ordre de Saint-Louis.

A la Révolution de 1830, M. d'Esgrigny fut admis à la retraite et rentra dans la vie civile.

ESPAGNE (Jean - Louis - Brigitte , comte d'), général de division, naquit à Auch (Gers), le 16 février 1769. Entré le 6 juillet 1787 comme soldat au régiment de la Reine-Dragons, depuis 6ᵉ de l'armée; il fut nommé capitaine le 2 septembre 1792, aux hussards dits les *Défenseurs de la liberté et de l'égalité*, depuis 6ᵉ régiment. Lieutenant-colonel le 30 novembre et adjudant-général le 23 septembre 1793, il acquit ces différents grades aux armées de Champagne et du Nord, sous les généraux Luckner, Rochambeau, Dumouriez; et à celle des Pyrénées-Orientales sous Labourdonnaie.

Ce fut à l'armée de Sambre-et-Meuse que, nommé le 26 frimaire an V, chef de brigade, il prit le commandement du 8ᵉ régiment de cavalerie (cuirassiers). Il fit avec ce régiment, à l'armée de Mayence, sous Haty, la campagne de l'an VI et celle de l'Allemagne sous Augereau, et partie de celle de l'an VIII à l'armée du Danube, que commandait Jourdan.

Le Directoire l'ayant nommé le 22 messidor, général de brigade, et l'ayant envoyé servir sous les ordres du général Muller, à l'armée d'observation, sa présence à cette armée fut de courte durée.

Le 7 thermidor de la même année, il rejoignit l'armée du Rhin, où, d'abord sous Lacombe et ensuite sous Moreau, il se distingua, le 15 floréal an VIII, à la bataille de Moeskirch ; le 30 prairial, à celle d'Hochstedt, et le 8 messidor au combat de Neubourg. Chargé à cette dernière affaire d'attaquer l'ennemi sur les hauteurs d'Unterhausen, il s'avança sur ce plateau avec les 1ᵉʳ et 3ᵉ bataillons de la 84ᵉ demi-brigade; après quelques efforts, la redoute fut enlevée, mais d'Espagne, blessé au bras, dut quitter le champ de bataille. L'année suivante, il combattit, le 12 frimaire, à Hohenlinden.

Mis en non-activité le 1ᵉʳ vendémiaire an X, il eut, le 6 brumaire suivant, un commandement dans la 21ᵉ division militaire, et il en était encore investi lorsqu'il fut nommé, les 17 frimaire et 25 prairial an XII, membre et commandant de la Légion-d'Honneur.

Promu au grade de général de division le 12 pluviôse an XIII, il alla à l'armée d'Italie prendre le commandement de la cavalerie légère. Le 12 brumaire an XIV, en poursuivant l'ennemi sur le chemin de Lonujo, il lui fit 600 prisonniers et parvint à gagner Leybach dans les derniers jours du mois.

Passé en 1806 à l'armée de Naples, il eut pour mission de faire rentrer dans le devoir les insurgés calabrais, commandés par *Fra-Diavolo*, le plus déterminé et le plus féroce des galériens que Sidney-Smith, repoussé de l'île de Procida, avait débarqué sur le territoire napolitain, pour venger sa défaite par le meurtre, le pillage et l'incendie.

Quelque temps après, rappelé à la grande armée, d'Espagne y reçut, le 22 novembre 1806, le commandement de la 3e division de cuirassiers, avec laquelle il prit, le 10 juin 1807, une part glorieuse, et fut grièvement blessé à la bataille d'Heilsberg, L'Empereur saisit cette occasion pour récompenser ses services en le faisant, le 11 juillet, grand officier de la Légion-d'Honneur, puis, en 1808, comte de l'Empire,

Ce fut en opérant une des charges qui décidèrent le succès de la bataille d'Essling, le 22 mai 1809, que d'Espagne fut frappé par un boulet; porté dans l'île Lobau, il y mourut le soir de cette grande journée, des suites de sa blessure. Sa statue équestre, que l'Empereur, par décret du 1er janvier 1810, destinait à décorer le pont de la Concorde, a été transportée, en 1816, à l'hôtel des Invalides. Son nom est inscrit sur le côté Est de l'arc de triomphe de l'Étoile.

ESPARTERO (Don BALDOMERO), comte de Luchana, duc de la Victoire, duc de Morella, grand d'Espagne de 1re classe, ex-généralissime des armées espagnoles et ex-président du conseil de régence, etc., est né en 1793, à Granatula, petit village de la Manche; il est le neuvième fils d'un voiturier Manchegue. Il entra au couvent pour y faire ses études en 1808. Il avait 16 ans. Il s'enrôla dans un bataillon composé d'étudiants et de séminaristes, se distingua par sa bravoure, fut reçu à l'École militaire de l'île Saint-Léon, et en sortit sous-lieutenant, fit partie en 1814 d'une expédition dirigée contre les insurgés de l'Amérique du Sud, fit rapidement son chemin, à force de mérite et d'intrépidité. Colonel en 1824.

Passionné pour le jeu, il s'y fit une fortune considérable; il était d'une adresse incroyable au maniement de toutes les armes. Chargé de rapporter en Espagne les drapeaux conquis, il reçut le grade de brigadier, et épousa la fille d'un riche propriétaire de Logrono. Il se déclara en faveur d'Isabelle II, et fut nommé commandant général de la province de Biscaye; il fut battu plusieurs fois par Zumalacarreguy, ce qui ne l'empêcha pas, vu sa bravoure et son mérite, de devenir maréchal de camp et lieutenant-général.

Le 17 septembre 1836, un décret le nomma, après le départ de Cordova, général en chef de l'armée d'opérations du Nord. Vice-Roi de Navarre et capitaine général des provinces basques, il se montra négociateur et temporisateur plus qu'homme de guerre; réorganisa l'armée espagnole indisciplinée et démoralisée, remporta sur le parti carliste une victoire signalée à Luchana, avec le secours, il est vrai, de 150 artilleurs anglais, et délivra Bilbao.

En mai 1839, il s'empara par un coup de main des positions formidables des carlistes, acheva de les mettre en déroute, et termina, le 29 août, par la convention de Bergara, cette guerre civile qui avait duré sept ans: Don Carlos et bientôt Cabrera passèrent en France. C'est là que finit la vie militaire d'Espartero.

Le 1er septembre 1840, à la suite d'une insurrection grave qui avait éclaté à Madrid, la reine régente abdiqua et Espartero fut nommé chef d'une régence provisoire. La dissolution des cortès fut prononcée; les nouvelles cortès confirmèrent son titre de Régent. La tutelle même fut enlevée à Christine: Espartero régna et gouverna attendant la majorité d'Isabelle II.

Le traité de Bergara, signé le 3 août 1839, mit fin à la guerre des carlistes et des christinos; mais il ne détruisit pas les germes de discorde qui naissaient des mauvaises institutions de l'Espagne. Les mécontentements ne tardèrent pas à se traduire en émeutes; l'une d'elles éleva Espartero au niveau de la reine régente ; une seconde émeute lui donna la première place et renversa Christine.

Espartero savait manier le sabre, il ne sut pas tenir le sceptre ; aussi, l'esprit public ne tarda pas à réagir contre lui. Au mois d'octobre 1841, Barcelone qui l'avait porté sur le pavois, s'insurgea contre son despotisme militaire, mais cette tentative prématurée ne servit qu'à alourdir le joug du Régent.

Don Martin Zurbano, fils d'un muletier, ex-contrebandier, homme dévoué à Espartero, fut pour le Régent un dogue bien dressé, dans ses premières luttes du pouvoir et de la nation. Cette sanguinaire soumission fut poussée si loin, que le nom de Zurbano devint en horreur à l'Espagne, et que plusieurs villes mirent sa tête à prix.

Ce fut dans ces circonstances que le Régent nomma Zurbano maréchal de camp, et bientôt après commandant supérieur de la province de Girone. Espartero aimait les dévouements aveugles, il approuva solennellement les excès féroces de Zurbano en le nommant, en août 1843, grand-croix de l'ordre d'Isabelle, et en octobre, Inspecteur général des douanes, avec des pouvoirs très-étendus.

Cependant les esprits s'agitaient de plus en plus à Barcelone, les Anglais profitant des troubles de l'Espagne, inondaient ce pays de leurs marchandises; les manufacturiers de la Catalogne étaient menacés d'une ruine complète. Dans le mois de novembre de cette année, Barcelone s'insurgea, une lutte sanglante y eut lieu, dans laquelle les troupes perdirent plus de 500 hommes; mais des vaisseaux anglais, arrivés depuis peu dans le port, aidèrent le Régent à soumettre la ville rebelle.

Après un bombardement de treize heures, après avoir reçu 817 bombes, après avoir vu ses plus beaux quartiers détruits, Barcelone se rendit le 4 décembre et ouvrit ses portes aux troupes du Régent. Zurbano y entra un des premiers, les chefs de l'insurrection étant en fuite, les milices furent décimées; Barcelone fut frappée d'une contribution de 12 millions de réaux; les prisons furent remplies; mais ces rigueurs causèrent en Espagne une indignation générale. Les Cortès qui protestèrent furent dissoutes le 4 janvier et remplacées par une Chambre non moins hostile au gouvernement.

Le 1er mai, le ministère donna sa démission en masse. Le ministère Lopez, qui lui succéda, ayant manifesté l'intention de secouer le joug de l'Angleterre, dut se retirer encore devant la volonté d'Espartero; mais le Congrès déclara à l'unanimité que ce ministère avait bien mérité de l'Espagne.

Les nouveaux ministres que choisit Espartero, furent hués par la foule en se rendant au Congrès ; à leur sortie, le peuple les accueillit à coups de pierres.

Le lendemain, les Chambres furent prorogées, puis dissoutes par un décret du 26 mai 1843. Dès ce moment, le ministère et le régent étaient perdus dans l'opinion publique; les députés portèrent rapidement dans les provinces tout leur mécontentement. Partout ils représentèrent Espartero comme un usurpateur futur du trône d'Isabelle, comme un dictateur impitoyable, et partout les esprits s'agitèrent et se préparèrent à l'insurrection. Malaga, Grenade et d'autres villes se soulevèrent : Zurbano faillit être massacré dans Barcelone; une junte se constitua, qui déclara la province de Barcelone indépendante du gouvernement de Madrid.

Ces événements inquiétaient le Régent, il comprit qu'il y avait danger sérieux et se décida à agir; le 15 juin, presque toute la Catalogne était debout, plusieurs villes s'étaient prononcées dans l'Aragon, dans la province de Valence, en Murcie et en Andalousie; décidément la fortune d'Espartero se voilait, la réprobation générale qui le frappait s'accrut encore par la nomination de Zurbano au grade de lieutenant-général.

Le 20 juin, il partit de Madrid avec 6,000 hommes pour Valence, et Zurbano se dirigea sur la Catalogne; mais les villes continuèrent à se soulever, l'armée lui échappait par fractions; les hommes qu'il avait comblés de faveurs s'unissaient à ses ennemis pour le renverser. Au 1ᵉʳ juillet, il ne restait au Régent que l'Aragon, l'Estramadure, la Nouvelle-Castille et la Manche.

Ce qui aggravait sa position, c'est que ses coffres étaient vides et qu'aucun impôt n'arrivait à Madrid. Sûre de sa puissance, la junte de Barcelone forma un gouvernement provisoire; elle convoqua le ministère Lopez dans ses murs. En attendant l'armée de ce ministère, elle le constitua dans la personne du général Serrano. Le premier acte émané de Serrano fut celui qui prononça la déchéance du régent.

Cependant les progrès de l'insurrection furent connus à Madrid où Mendizabal gouvernait en l'absence du Régent. Celui-ci organisa un système de terreur qui arrêta tout murmure; mais voyant la marche des choses et en prévoyant le dénoûment, il avait conseillé à Espartero de rappeler le ministère Lopez. Le Régent refusa. « Non, je ne céderai point, dit-il; que le sabre en décide : ma destinée est de tomber comme un chef de bande (*como un bandolero*) sur un champ de bataille. »

Le général Ramon Narvaez, exilé par e Régent et son ennemi personnel, commandait une partie des troupes au service de la junte. Le 5 juillet, il occupait Daroca, sur la grande route de Saragosse à Madrid, et coupait ainsi la capitale et le Régent du principal corps d'armée qui lui restât fidèle. Cette lutte entre l'Espagne et Espartero ne pouvait se prolonger longtemps.

Le 22 juillet, Madrid étant menacé de trois côtés, Mendizabal dut songer à son salut et chercher un asile à l'hôtel de l'ambassadeur anglais. Le 23 au matin, le général Narvaez fit son entrée à Madrid à la tête de son corps d'armée; il y fut reçu avec joie. L'armée défila sous le balcon de la jeune reine, heureuse d'être libre enfin. La milice fut désarmée, mais personne ne fut arrêté.

Les Esparterotistes purent quitter Madrid sans être inquiétés; Zurbano lui-même en sortit sans obstacle. Cependant Espartero faisait bombarder Séville que les habitants défendaient avec courage. Le 25, le Régent ayant appris la reddition de Madrid et la marche rapide des troupes expédiées par Narvaez, se décida à fuir. Le 26 au point du jour, il quitta le camp avec quelques affidés, la caisse de l'armée et 400 cavaliers dévoués et se dirigea rapidement sur Cadix, poursuivi de près par le général Concha. Il faillit être pris près du port Sainte-Marie; il dut se jeter précipitamment dans la première barque qu'il trouva sur le rivage et gagner le large, se dirigeant sur le vaisseau anglais *le Malabar*, qui était à l'ancre dans la baie.

Il comptait se faire conduire à Cadix; mais cette ville s'étant soumise à la junte, le rôle d'Espartero était fini; il lui restait à demander un dernier asile à l'Angleterre, ce qu'il fit.

Après le mariage d'Isabelle II, il y eut une amnistie qui permit à Espartero de revoir sa patrie. Il y vit dans la retraite.

ESPERRONNIER (François-Dominique-Victor-Édouard), né à Narbonne (Aude) en 1789. Son père était magistrat. Élève de l'École polytechnique en 1807, il passa sous-lieutenant élève à l'École d'application de l'artillerie et du génie en 1809.

Parti en 1810 pour l'armée d'Espagne et nommé lieutenant dans le 6ᵉ d'artillerie à pied, il fut cité honorablement aux siéges de Badajoz et de Campo-Mayor, et à la bataille d'Albuera, où il commandait une batterie. Aide-de-camp du général Bouchu, commandant l'artillerie du 5ᵉ corps en 1811, il fit en cette qualité la fin de la campagne de 1811, celle de 1812 et se signala dans plusieurs combats, notamment au siége de Chinchilla, qui lui valut la décoration, en février 1813.

Nommé capitaine en second le 28 juin, il fut employé à la manufacture d'armes de Kligenthal, puis à l'armée d'Allemagne, où il remplit les fonctions d'adjoint à l'état-major de l'artillerie, fut détaché auprès du directeur général des équipages des ponts, et coopéra à la construction du pont de bateaux à Meissen (Dresde). A la bataille de Dresde, il sauva ce pont en y ramenant les troupes et en les y maintenant, malgré le feu de l'ennemi.

M. Esperonnier se trouva à la bataille de Leipzig, coopéra à la belle défense de Torgau, où il enleva un canon au fort de Zinna.

Prisonnier de guerre en Silésie, après la capitulation de Torgau, M. Esperonnier rentra en France en 1814, et fut employé comme aide-de-camp du général Bouchu, commandant de l'École d'artillerie de Grenoble.

En 1815, il fut d'abord envoyé à l'armée des Alpes, puis au corps d'armée des Pyrénées-Orientales.

Adjoint à la direction d'artillerie de Paris en 1717, il fut classé au 1ᵉʳ régiment d'artillerie à cheval, et, en 1819, il fut employé à l'École polytechnique, comme capitaine en premier et aide-de-camp du général directeur de l'Ecole.

En 1827, il fit la campagne et fut nommé chef d'escadron pour sa conduite au siége de Pampelune.

Envoyé sur sa demande en 1828 au corps d'expédition de la Morée, M. Esperonnier y commanda l'artillerie jusqu'en 1835. Il reçut du gouvernement grec la croix de commandeur de l'ordre du Sauveur.

Rentré en France comme lieutenant-colonel et nommé sous-directeur d'artillerie à Toulon, il fut député en 1834, commandant en second de l'Ecole polytechnique en 1835, réélu député en 1837, promu au grade de colonel en 1838.

Député par réélection en 1838 et 1839, il siégea toujours au centre gauche.

Le 5 juin 1846, le colonel Esperonnier fut nommé général de brigade, puis commandeur de la Légion-d'Honneur.

Mis à la retraite par le gouvernement provisoire, il en fut relevé par le décret du 31 août 1849.

ESPERT DE LATOUR (Jean-Baptiste, baron), né le 1ᵉʳ juillet 1764 à la Garde (Ariége), entra au service comme capitaine d'une compagnie franche de son département le 1ᵉʳ octobre 1792, et fit la campagne de cette année à l'armée des Pyrénées-Orientales. Passé au 4ᵉ bataillon de l'Ariége le 13 mai 1793, il y devint chef de bataillon le 15 vendémiaire an II et servit dans la même armée pendant les guerres de 1793 et des ans II, III et IV. Au siége de Roses, il fut blessé d'un coup de feu au menton et d'un coup de sabre au bras gauche.

A la paix avec l'Espagne, il passa en Italie avec la 11ᵉ demi-brigade provisoire, qu'il commandait alors comme le plus ancien chef de bataillon; cette 11ᵉ provisoire fut incorporée dans la 27ᵉ légère le 4 nivôse an V. Le 7 pluviôse, à l'affaire de Bassano, où il commandait la 27e. légère, qui formait l'avant-garde de la division Augereau, il reçut un coup de feu à la joue droite et un autre à la cuisse. Le 10 ventôse suivant, Bonaparte lui confia le commandement de la place de Boulogne, et, le 26 pluviôse an VI, le général Alexandre Berthier le nomma commandant de la province d'Umbria, en Romagne; mais il retourna à Bologne le 4 prairial suivant. Le 2 germinal an VII, il dirigea l'avant-garde de la division qui marcha sur la Toscane, et commanda la place de Florence le 6 du même mois.

Pendant le temps qu'il exerçait ses fonctions à Florence, le commandant Espert marcha plusieurs fois à la tête des détachements envoyés contre les insurgés d'Arezzo et d'autres lieux, et chaque fois, il les battit, les dispersa, leur prit leur artillerie, et fut assez heureux pour maintenir la tranquillité dans cette contrée. Lors de l'évacuation de la Toscane, le 17 messidor suivant, il conduisit à Gênes l'arrière-garde de la division. Appelé le 16 thermidor, il retourna à Gênes le 3 nivôse an XIII. Il fit partie de l'état-major du général en chef Masséna.

Le 28 germinal de la même annnée, à Voltri, où il commandait dix-sept compagnies de grenadiers formant la réserve, il reçut un coup de feu à la jambe gauche. Le 22 floréal suivant, envoyé sur une barque pour porter des ordres à l'aile droite de l'armée, il fut pris par un corsaire autrichien sous le cap Noli. Echangé le 24 prairial de la même année, il vint reprendre ses fonctions au quartier général de l'armée d'Italie. On lui confia le 3 thermidor le commandement de Lucques, qu'il conserva jusqu'à l'évacuation de cette place. Mis en réforme le 8 messidor, et rappelé à l'activité, il reprit le commandement de Bologne le 10 ventôse an X.

Placé comme chef de bataillon à la suite, le 1er germinal, dans la 34e demi-brigade, il passa comme titulaire dans la 110e le 7 prairial, et dans le 55e régiment d'infanterie de ligne le 11 fructidor an XI. Major du 108e régiment de la même arme le 30 frimaire an XII, et membre de la Légion-d'Honneur le 4 germinal, il fit les campagnes de Prusse et de Pologne, et se distingua, le 16 février 1807, à Ostrolenka, où il fut nommé officier de la Légion-d'Honneur.

Sa brillante conduite à Friedland lui valut le grade de colonel à la suite, le 28 juin. Le 10 novembre de la même année, l'Empereur le nomma colonel titulaire du 42e d'infanterie de ligne, et, le 17 mars 1808, il lui accorda une dotation de 4,000 francs de rente. Il fit la campagne de 1809 avec la grande armée, et fut très-grièvement blessé au bras gauche, le 14 juin, à la bataille de Raab.

Passé à l'armée d'Espagne, il fit les guerres de la Catalogne et d'Aragon jusqu'en 1814. Chargé, par le général Souham, de tourner la position de l'ennemi, à la tête du 42e, il concourut, après trois heures d'une vive fusillade, à la prise de Santa-Colonna et à la déroute complète des Espagnols, qui perdirent 2,000 hommes tués, blessés ou prisonniers. Le 20 février 1810, à l'affaire de Vich, en Catalogne, le 42e de ligne soutint, depuis huit heures du matin jusqu'à quatre heures du soir, les efforts de l'armée espagnole, forte de 12,000 hommes d'infanterie et de 1,200 cavaliers. Renforcé par le 3e bataillon du 1er léger, le colonel Espert fit battre la charge et enfonça le centre de l'ennemi, prit un drapeau, six cents chevaux, et fit deux mille huit cents prisonniers, dont cent trente-quatre officiers. Dans cette affaire, il reçut quatre coups de feu; le premier perça son chapeau, le second lui enleva une épaulette, le troisième brisa son sabre et le quatrième emporta le talon de sa botte.

Il se fit encore remarquer aux siéges de Girone, d'Hostatrich et de Tortose, et fut nommé commandeur de la Légion-d'Honneur le 7 mai 1811. A la prise d'assaut de Taragone le 28 juin suivant, il mérita d'être honorablement mentionné, par le général en chef, à l'ordre de l'armée. Elevé au grade de général de brigade le 6 août de la même année, pour être employé en cette qualité à l'armée de Catalogne, il se trouva au combat d'Altafulla le 23 janvier 1812, attaqua les Espagnols de front et les mit dans une déroute complète. Quelques jours après, posté à San-Celoni, il chassa de Villa-Major le fameux chef de bande Milans et lui fit éprouver des pertes considérables. Le 19 septembre, se rendant d'Arom del Mar à Mataro, avec le 5ᵉ de ligne, le 23ᵉ léger et un escadron du 29ᵉ de chasseurs à cheval, il fut attaqué sur les hauteurs de San-Vicente par 3,000 Espagnols commandés par ce même Milans. Après un engagement très-vif, les insurgés furent culbutés, poursuivis au delà des montagnes jusqu'à la nuit, et perdirent 350 hommes.

Le 2 novembre suivant, au combat de Garrigica, il chassa brusquement les Espagnols des retranchements qu'ils occupaient sur les hauteurs, et leur enleva successivement cinq positions. En 1813 et en 1814, il commanda la division de Cerdagne, et ne déposa les armes qu'après l'abdication de l'Empereur.

Mis en non-activité et nommé chevalier de Saint-Louis le 24 août 1814, lors du retour de Napoléon, au mois de mars 1815, il fut employé dans la 19ᵉ division militaire à Lyon. Replacé dans la position de non-activité après la seconde Restauration, le baron Espert de Latour mourut le 13 octobre 1815.

ESTÈVE (Jean-Baptiste, baron) naquit le 2 janvier 1768 à Entrecastreaux (Var). Soldat dans le régiment de Normandie-Infanterie, il obtint son congé le 31 décembre 1790. Admis comme gendarme national à la résidence de Brignolles (Var), le 20 septembre 1792, il fit partie de la deuxième division de gendarmerie organisée en guerre à Fontainebleau, et rejoignit l'armée du Rhin au commencement de 1793. En l'an II, il passa à l'armée de la Moselle, se trouva au combat de Tripstadt, où il se rendit maître d'une batterie ennemie en se précipitant au galop sur les canonniers qu'il sabra et mit en fuite, et, à l'affaire de Kaiserslautern, il chargea vivement un corps de hussards ennemis.

L'année suivante, à la prise du fort Merlin, devant Mayence, comme il se trouvait en ordonnance auprès du général Argoud, il reçut deux coups de feu, dont un à la cheville et l'autre à la cuisse droite.

A son retour dans l'intérieur, il fut nommé sous-lieutenant dans la légion de police le 15 frimaire an IV; et, après le licenciement de ce corps, il se rendit à Dunkerque, où le général Quantin le nomma, le 17 vendémiaire an V, capitaine dans la 2ᵉ légion des Francs, dite *des Déserteurs étrangers*, avec laquelle il embarqua sur la flotte destinée à une descente en Irlande. Cette expédition ayant échoué, et la légion des Francs ayant été dissoute le 20 messidor de la même année, Estève, mis en subsistance dans la 20ᵉ demi-brigade de bataille le 20 thermidor suivant, se trouvait à Paris aux journées des 18, 19 et 20 fructidor, et y fut employé utilement par le général Augereau.

Choisi pour aide-de-camp par le général Quantin le 3 messidor an VI, et capitaine à la suite de la 14ᵉ légère le 26 prairial an VII, il fit une partie de la campagne de l'an VIII à l'armée du Danube, où il exerça successivement les emplois de commandant de place à Morat et à Arau, et devint, au mois de ventôse, chef d'état-major de général Broussier, à Berne.

Attaché ensuite au corps du général Lannes, il pénétra en Italie avec l'armée de réserve et se trouva au passage du Pô à la tête d'une compagnie de la 28e de ligne. Comme une partie de cette demi-brigade fléchissait devant l'ennemi et faisait retraite dans la petite plaine qui s'étend entre les deux digues, Estève accourut avec sa compagnie, rallia les fuyards et culbuta l'ennemi sous les yeux du général Lannes. A la bataille de Montebello, il conduisit toute la 28e à l'ennemi, et à Marengo il courut à la tête des troupes jusque sous le feu des batteries autrichiennes, où il eut deux chevaux tués sous lui. Nommé le 1er messidor an VIII capitaine adjoint à l'état-major de l'armée d'Italie, il fut fait chef de bataillon le 27 germinal an IX, par un arrêté du premier Consul, à qui le général Lannes avait plusieurs fois vanté sa bravoure.

La deuxième jour complémentaire de la même année, admis avec son grade dans la 11e demi-brigade légère, il la suivit à Saint-Domingue, fut atteint de deux coups de feu, l'un à la poitrine et l'autre au bras, pendant la marche du général Hardy de Doudon à la plaine du Nord, le 9 germinal an X, et se maintint à la tête des carabiniers, malgré ses deux blessures : il reçut, à la suite de cette affaire, un sabre d'honneur des mains du général en chef. De retour en France à la fin de l'an XI, et le 12 germinal an XII incorporé dans le 2e régiment de la garde de Paris, il reçut la décoration d'officier de la Légion-d'Honneur le 25 prairial de la même année, étant de droit membre de l'Ordre depuis le 1er vendémiaire précédent, comme ayant à cette époque reçu une arme d'honneur.

Employé en Hollande en l'an XIII, et promu au grade de major du 1er régiment de la garde de Paris le 12 juillet 1806, il en conduisit un des bataillons de guerre en Espagne au mois d'octobre 1807. Il était à l'affaire du pont d'Arcole, qu'il enleva d'assaut le 7 juin 1808, à la prise de Cordoue le même jour, et au combat d'Andujar, où, après avoir résisté trois jours aux troupes espagnoles, il fit retraite sur Baylen. Bien qu'il eût combattu victorieusement dans la journée du 19 juillet depuis trois heures du matin jusqu'à deux heures de l'après-midi, il eut le malheur de se voir compris dans la capitulation signée le 23, un décret du 13 du même mois lui avait conféré le grade de colonel à la suite du régiment. Retenu comme prisonnier de guerre en violation de la capitulation, et conduit avec ses malheureux compagnons sur le ponton *la Vieille-Castille*, en rade de Cadix, il parvint à s'échapper avec une centaine de braves dans la nuit du 15 au 16 mars 1810, fut recueilli sur la plage par l'armée française, et prit, le 1er novembre 1810, le commandement du 118e régiment de ligne, à la tête duquel il reçut un coup de feu au côté gauche à la bataille de Salamanque, le 22 juillet 1812.

Baron de l'Empire dans le cours de cette campagne, il passa en qualité de major au 4e régiment de voltigeurs de la jeune garde le 24 janvier 1813, rejoignit la division de la jeune garde à la grande armée, fut nommé chevalier de l'ordre de la Réunion et général de brigade le 23 juillet 1813, et placé au 4e corps à la réorganisation qui suivit la bataille de Leipzig, le 15 novembre suivant, il fit encore la campagne de France, se retira dans ses foyers, où Louis XVIII lui envoya la croix de Saint-Louis le 13 août 1814, et admis à la solde de retraite le 15 mars 1815; il fut placé dans le cadre de réserve de l'état-major général le 22 mars 1831 ; puis rentra dans sa position de retraite le 1er mai 1832. Il est mort le 14 février 1837.

ÉVAIN (Louis-Auguste-Frédéric, baron), né le 15 août 1775 à Angers, entra, le 1er septembre 1792, comme élève sous-lieutenant à l'école d'artillerie de Châlons, passa lieutenant en second au 6e régiment d'artillerie à pied, le 1er juin 1793, servit à l'armée du Nord pendant les campagnes de 1793 à l'an III, obtint le grade de lieutenant en premier, le 13 nivôse an II, et celui de capitaine en troisième, le 20 germinal en III.

Envoyé en résidence sur les côtes de Normandie au commencement de l'an IV, il y servit jusqu'en l'an VII, fit les campagnes des ans VIII et IX à l'armée du Rhin et fut nommé capitaine en deuxième, le 13 frimaire an IX. Détaché en cette qualité, le 19 floréal de la même année, à l'état-major d'artillerie de l'École d'application de Châlons, il passa capitaine en premier, le 1er pluviose an X. Aide-de-camp du général Éblé, le 8 pluviôse an XI, il servit pendant les ans XI et XII aux armées de Batavie et de Hanovre, devint chef de bataillon, le 6 brumaire an XII, puis chef de l'état-major général du génie au camp d'Utrecht, le 16 frimaire. Le 24 du même mois, il entra au 6e régiment d'artillerie à pied, fut attaché le 11 ventôse à l'équipage d'artillerie de l'armée de Hanovre, et membre de la Légion-d'Honneur, le 25 prairial ; il fut appelé, le 4 messidor de la même année, auprès du général Gassendi, chef de la 6e division du ministère de la guerre.

Nommé, le 11 ventôse an XIII, sous-directeur du génie à Paris, et désigné, le 16 messidor suivant, pour travailler au Code militaire, il devint colonel, le 9 février 1809, et attaché en cette qualité à la 6e division (artillerie) du ministère de la guerre, il remplit les fonctions de commissaire près l'administration des poudres et salpêtres, par décision du 28 mars 1809, et celle de membre du comité central, le 3 juin 1811. Administrateur habile et intègre, l'Empereur récompensa, par le grade de général de brigade (12 avril 1813) l'étonnante activité avec laquelle il organisa le matériel de l'artillerie, anéanti par nos désastres de 1812 en Russie.

Conservé chef de la direction de la division de l'artillerie au ministère de la guerre, pendant la première et la seconde Restauration, il fut nommé chevalier de Saint-Louis, le 27 juin, et officier de la Légion-d'Honneur, le 29 juillet 1814, puis baron à la fin de la même année. Le 26 septembre 1815, envoyé à Douai, commandant de l'École d'artillerie, il vint reprendre au ministère de la guerre son ancienne position à la direction d'artillerie, par décision du 1er mai 1817, et passa la même année directeur de l'artillerie et du génie au même ministère. Promu maréchal de camp par ordonnance du 15 avril 1818, et chargé avec ce nouveau grade de tout ce qui avait rapport au cours normal d'enseignement mutuel établi à la caserne de Babylone, à Paris, le roi l'éleva au grade de lieutenant-général, le 3 janvier 1822, et l'appela aux fonctions d'inspecteur général de l'artillerie. Il avait reçu, le 18 mai 1820, la croix de commandeur de la Légion-d'Honneur. Mis en disponibilité pour cause de santé, le 9 mars suivant, et admis, sur sa demande, à la retraite, le 7 avril 1824, il se retira à Paris.

Réintégré en 1830 sur le cadre de réserve, le baron Évain alla porter ses talents en Belgique, y reçut des lettres de naturalisation et fut nommé ministre de la guerre. Il n'était pas possible, a dit un biographe anglais, de rencontrer, pour administrer ce département, un homme plus capable que cet officier plein d'expérience, dont les longs et utiles services avaient été si hautement appréciés par Napoléon et mis à profit par Louis XVIII. Cet homme recommandable, et d'une probité irréprochable, est mort le 30 décembre 1832. Le roi Louis-Philippe l'avait nommé, le 8 juin précédent, grand officier de la Légion-d'Honneur.

EXELMANS (Remi - Joseph - Isidore, baron), né à Bar-sur-Ornain (Meuse), le 13 novembre 1775, entra fort jeune comme volontaire au 3e bataillon des volontaires de la Meuse, le 6 septembre 1791. Il fut nommé sous-lieutenant le 22 octobre 1793, lieutenant, le 19 juin 1798, aide-de-camp du général Éblé, le 22 octobre 1798. Le 13 avril 1799 il était capitaine provisoire au 16e dragons. Il se distingua au début par plusieurs actions d'éclat qui le firent remarquer de Murat, dont il devint bientôt l'aide-de-camp et l'ami. Il fut nommé chef d'escadron en octobre 1803, et colonel du 1er chasseurs le 27 décembre 1805. Après le combat de Wertingen (1805) où il eut trois chevaux tués sous lui et fit des prodiges de valeur, il fut chargé de présenter à Napoléon les drapeaux pris sur l'ennemi. Napoléon lui fit l'accueil le plus flatteur et lui dit : « Je sais qu'il est impossible d'être plus brave que vous; je vous fais officier de la Légion-d'Honneur. » Exelmans fut nommé quelque temps après colonel du 1er régiment de chasseurs, à la tête duquel il prit Posen, en 1806. Il fut nommé général de brigade à Eylau, le 14 mai 1807 et attaché à l'état-major de Murat, qu'il suivit en Espagne comme aide-de-camp; arrêté par les guérillas, il fut transféré en Angleterre, où il resta jusqu'en 1811. Le 24 décembre 1811, il fut nommé major de chasseurs à cheval de la garde impériale et des grenadiers à cheval, le 27 juillet 1812; il fit la campagne de Russie et gagna son titre de général de division à la bataille de la Moskowa (8 septembre 1812). Sa brillante conduite dans la campagne de 1813 lui valut le cordon de grand officier de la Légion-d'Honneur; il fit des prodiges de valeur dans la campagne de France.

Sous la première Restauration, on surprit de lui une lettre à Murat assez compromettante. L'ordre de l'arrêter fut donné; il s'évada d'abord, puis se constitua prisonnier dans la citadelle de Lille. Un conseil de guerre l'acquitta à l'unanimité, le 23 janvier 1815.

Au retour de l'île d'Elbe, Exelmans fut nommé Pair de France et commandant en chef du 2e corps de cavalerie. Il se battit en héros à Waterloo. Le 2 juillet, l'armée réunie sous les murs de Paris attendait le signal d'une bataille qui eût été une revanche de Waterloo.

Blücher, à qui l'on n'opposait qu'un simulacre de défense, avait passé la Seine sur le pont du Pecq, conservé par les soins du journaliste Martainville, et paraissait vouloir se répandre, avec ses troupes, sur la partie Sud-Ouest de Paris. Nos généraux, témoins de cette marche aventureuse, jugèrent unanimement que les Prussiens s'étaient compromis. Ce fût dans ce moment que l'Empereur déclara au gouvernement qu'il était sûre d'écraser l'ennemi, si on voulait lui confier le commandement de l'armée. Par ordre du prince d'Eckmühl, le général Exelmans fut dirigé sur les traces des Prussiens avec 6,000 hommes; un corps de 15,000 hommes d'infanterie, sous le commandement du général Vichery, devait le suivre par le pont de Sèvres et lier ses mouvements avec 6,000 fantassins du 1er corps, et dix mille chevaux d'élite qui devaient déboucher par le pont de Neuilly. Mais au moment d'exécuter ces dispositions, dont le succès eût indubitablement entraîné la perte de l'armée prussienne, le prince d'Eckmühl donna contre-ordre. Le général Exelmans soutint seul le combat, avec cette valeur bouillante qui le distinguait. Il attaqua l'ennemi en avant de Versailles, le précipita dans une embuscade, le tailla en pièces et lui enleva ses armes, ses bagages, ses chevaux. Les généraux Strulz, Piré, Barthe, Vincent, les colonels Briqueville, Faudoas, Saint-Amant, Chaillou, Simonnet, Schmid, Paolini et leurs braves régiments, firent des prodiges de valeur, et furent intrépidement secondés par les citoyens des communes voisines qui avaient devancé en tirailleurs, sur le champ de bataille, l'arrivée de nos troupes, et qui, pendant l'action, combattirent à leurs côtés.

Cependant, Exelmans, non soutenu, fut obligé de rétrograder devant le gros de l'armée prussienne qu'il trouva à Louveciennes près de Marly. Devant des forces disproportionnées et dans ce pays coupé et boisé, sa petite cavalerie ne pouvait se mouvoir ni combattre. Il revint sur Montrouge, la rage dans le cœur, laissant les Prussiens s'établir sur la rive gauche de la Seine; le lendemain, 3 juillet, l'armistice conclu fit cesser les hostilités.

Exelmans fut proscrit par l'ordonnance du 24 juillet, et rétabli dans le cadre de l'état-major général, le 1er septembre 1819. Il a été inspecteur général de cavalerie le 7 mai 1828 et le 8 août 1830. En 1830 il avait été réintégré à la Chambre des pairs.

Il est aujourd'hui (août 1849) grand-croix et grand chancelier de la Légion-d'Honneur en remplacement du maréchal Molitor.

F

FABRE (François, baron). Son père, qui était lieutenant de grenadiers dans le régiment de Soissonnais-Infanterie, et qui avait obtenu par sa bravoure la croix de Saint-Louis, fut tué au siége de Mahon en 1756 (1).

François Favre naquit dans un cantonnement près de Monaco le 27 septembre 1755; mais le colonel de Soissonnais, voulant le faire participer immédiatement à la solde d'enfant de troupe, fit antidater l'époque de sa naissance.

(1) Son grand-père, gendarme de la Maison du Roi, chevalier de Saint-Louis, a été tué à la bataille d'Etlingen. Son bisaïeul, lieutenant au régiment de Soissonnais, fut tué au siége de Fontarabie. Cette curieuse filiation se trouve consignée dans les registres matricules du régiment de Soissonnais.

Enrôlé dans la brigade d'artillerie de Cosne, devenue régiment de Toul (7e d'artillerie) le 1er janvier 1763, il y devint sergent le 1er octobre 1770. Il fit partie en 1778, du camp de Vaussière, commandé par le maréchal de Broglie. Embarqué au Havre, en juin 1779, pour faire partie de l'expédition dirigée par le maréchal de Vaux, il fut nommé lieutenant le 7 juillet même année. Cette expédition n'ayant pas eu lieu, Favre fut dirigé sur les côtes de Normandie, où il servit de 1780 à 1782.

Le 18 août 1768, le conseil d'administration de son régiment lui confia l'emploi de quartier-maître-trésorier, qu'il occupa avec zèle et probité jusqu'au 1er avril 1791, époque à laquelle il fut promu au grade de capitaine. Passé en

1792 au commandement en troisième de l'École des élèves, il y fut utilement employé pendant deux ans. Il avait reçu, le 1" janvier 1791, la croix de chevalier de Saint-Louis.

Nommé chef de bataillon sous-directeur d'artillerie à Strasbourg, le 10 brumaire an II, et chef de brigade directeur des forges le 15 ventôse même année, Favre a fait les guerres des ans II, III et IV dans la Vendée, où il fut, en outre, employé extraordinairement, pendant cette période, par le Comité de salut public, par le ministre de la guerre et par celui de la marine : il s'est trouvé aux attaques dirigées contre les insurgés aux environs de Chollet et de Saint-André.

Dans l'incendie de Meudon, en germinal an IV, il fut grièvement blessé au pied droit, en se précipitant au milieu d'une explosion de 164 obus, afin d'intercepter une communication qui allait porter le feu à 170 mille de ces projectiles et à un magasin contenant 30 milliers de poudre. Ce fait a été considéré comme une action d'éclat par le Comité de salut public, qui le consigna dans le registre de ses délibérations, et en fit faire une mention honorable dans les journaux du temps.

Passé à l'armée de Sambre-et-Meuse, il s'y fit remarquer, en l'an V et en l'an VI, aux batailles de Neuwied, à l'assaut de la redoute d'Esterdorff, au blocus d'Erhenbreistein et de Mayence, et dans toutes les affaires partielles qui eurent lieu devant ces deux places. La campagne d'Allemagne de l'an VII ne lui fit pas moins d'honneur : il s'y signala dans les diverses rencontres avec l'ennemi et reçut les encouragements les plus flatteurs de la part des officiers généraux sous les ordres desquels il servait.

Rentré dans l'intérieur au commencement de l'an VIII, il fut chargé par le ministre de la guerre de l'inspection des forges de la République. Envoyé à l'armée des côtes de l'Océan en l'an XI, il y reçut le 19 frimaire an XII, la croix de la Légion-d'Honneur et le 25 prairial suivant celle d'officier du même ordre.

Pendant ces dernières campagnes, il s'empara, sur les côtes de Calais, d'une chaloupe canonnière anglaise, la Woidlar, armée de 18 caronades de vingt-quatre. Le colonel Fabre était employé à Maëstricht à la fin de l'an XIII, lorsqu'il reçut l'ordre de se rendre à la grande armée, où il fit les campagnes de l'an XIV à 1807 avec le 1" corps de l'armée de réserve.

Désigné pour faire partie de l'armée d'Espagne, il assista au siége de Girone en juillet et août 1808, et y fut blessé deux fois. La même année, il fit prendre le large, avec 2 seules pièces de bataille bien dirigées, à une frégate anglaise et à 3 chaloupes canonnières espagnoles qui interceptaient le passage des colonnes françaises ; il s'est trouvé dans les combats et affaires partielles qui ont précédé et suivi le blocus et l'attaque de la place de Barcelone ; il y reçut une blessure, eut ses habits criblés de balles et un cheval tué sous lui. Le 4 février 1811, il se défendit corps à corps contre trois Espagnols qui cherchaient à le faire prisonnier, et reçut dans cette lutte cinq blessures à la tête et au genou. Vers ce temps, Napoléon le nomma baron de l'Empire. Après les guerres de 1809 à 1811, il passa à l'armée de Catalogne, où il servit jusqu'en 1814.

Rentré en France à la fin de cette année, il adressa sa soumission à Louis XVIII, qui le nomma commandeur de la Légion-d'Honneur le 17 mars 1815. Mis à la retraite de maréchal de camp le 6 octobre suivant, il reçut, le 11 décembre 1816, le brevet honorifique de ce grade.

Il avait, lors de sa mise à la retraite,

cinquante-deux ans de service, non compris huit années d'enfant de troupe. Il est mort le 21 décembre 1827.

FABVIER (CHARLES-NICOLAS, baron), né à Pont-à-Mousson en 1783. Élève de l'École polytechnique, il entra au 1er régiment d'artillerie en 1804, fit ses premières armes en Allemagne et fut blessé à l'affaire de Crems et Diernstein, ce qui lui valut, si jeune encore, la croix d'honneur. Il fut chargé d'une mission de confiance en 1807, et fut au nombre des officiers que l'Empereur envoya au sultan Selim pour défendre sa capitale contre les Anglais.

Le lieutenant Fabvier obtint de se joindre au général Gardanne, plénipotentiaire près du Shah de Perse que Napoléon voulait dérober à l'influence de l'Angleterre et de la Russie. On l'envoya à Ispahan pour y fonder un arsenal et y créer un matériel d'artillerie. Le Shah récompensa ses succès et son zèle par la décoration de l'ordre du Soleil.

Fabvier rentra en Europe par la Russie. A la fin de 1809, il servit comme volontaire à l'armée polonaise, sous Poniatowski. Arrivé à Vienne, il fut nommé capitaine dans la garde impériale.

Aide-de-camp du duc de Raguse en 1811, ce maréchal l'envoya, quoique blessé, en Russie, rendre compte à l'Empereur de la bataille de Salamanque. Il arriva au quartier général le 6 septembre 1812, veille de la bataille de la Moskowa. Il y fut blessé grièvement à l'assaut de la grande redoute. On l'avait vu s'arracher au sommeil au bruit du canon, s'armer d'un fusil, combattre au premier rang de nos tirailleurs, remplacer le premier chef qui venait de tomber et aller recevoir deux balles en s'élançant au plus fort du danger. L'Empereur le récompensa en le nommant chef d'escadron au 6e corps. Il fit la campagne de Saxe en 1813, fut élevé au grade de colonel d'état-major et nommé baron de l'Empire; servit avec distinction dans la campagne de France, et signa, le 31 mars 1814, la capitulation de Paris, au nom de Mortier et Marmont.

Au retour de l'Empereur, il fit partie comme volontaire des corps de partisans qui se levèrent pour défendre les frontières.

En 1817, il accompagna le duc de Raguse à Lyon, comme chef d'état-major.

Mis à la réforme, et quelque temps après en disponibilité pour cause de *libéralisme*, il fut arrêté au mois d'août 1820, comme prévenu d'avoir pris part à la conspiration militaire que jugeait alors la Cour des pairs, mais il fut remis en liberté par défaut de charges. Cité ensuite à la requête du ministère public, comme témoin, il fit une déposition remarquable, et refusa de faire connaître un nom qui lui était demandé par le procureur général. La Cour le condamna pour refus à 500 fr. d'amende.

En 1822, accusé d'avoir tenté de favoriser l'évasion des quatre sergents de La Rochelle, il fut acquitté; mais, découragé, il quitta la France en 1823 et alla porter aux Grecs le secours de son épée et de ses conseils. Débarqué à Navarin, il y établit aussitôt un magasin à poudre et indiqua les réparations à faire aux fortifications de la citadelle.

Il fit ensuite un voyage en Angleterre pour y ranimer l'intérêt attiédi des philhellènes. Il en ramena plusieurs officiers français. Arrivé dans le Péloponnèse, le gouvernement lui offrit, avec le titre de général, le commandement supérieur des troupes régulières. Le colonel refusa; il se contenta d'organiser, comme volontaires, quelques bataillons. Quant aux services qu'il rendit aux Grecs, il en fut payé par l'ingratitude et les dégoûts de toute espèce.

De retour en France en 1828, il fut chargé en 1829 d'accompagner l'expédition de Morée.

En 1830 (26 juillet), il revenait d'Italie lorsqu'il fut entraîné à prendre une part active aux événements des trois jours. D'abord chef d'état-major du général Gérard, il fut nommé le 4 août commandant de la place de Paris, donna sa démission en 1831, rentra en disponibilité avec le titre de lieutenant-général.

M. le général Fabvier est aujourd'hui représentant du peuple à l'Assemblée législative.

FARINE (Pierre-Joseph), né à Danrichard (Franche-Comté), le 2 octobre 1770; il entra, le 9 octobre 91, dans le 2ᵉ bataillon des volontaires du Doubs, se distingua au blocus de Landau, était déjà adjudant-général (division Saint-Cyr) au blocus de Mayence, passa le Rhin avec Moreau, se fit remarquer à Rendchen, Radstadt, Hotlingen, Neubourg, etc., etc. Il fut assez heureux pour établir une communication avec l'armée de Sambre-et-Meuse, d'après l'ordre qu'il en avait reçu de Desaix. Chargé, dans la retraite de Moreau, de ramener à Huningue le parc général, les prisonniers, les bagages, etc., il fut rencontré par l'avant-garde du général autrichien, Meerfeld, combattit à outrance contre des forces bien supérieures, reçut dans la mêlée plusieurs coups de sabre si violents, qu'il fut renversé de cheval, fait prisonnier et conduit en Bohême; mais il avait sauvé le convoi. Il fut six mois captif à Thérésienstadt, fut échangé, nommé aide-de-camp du général Michaud en 97, se distingua avec lui en 1800, au passage du Mincio. Il fit, comme chef d'escadron au 23ᵉ dragons, la campagne de 1805 sous Masséna, et se distingua au passage du Tagliamento. En 1806, il fit la campagne de Naples. Commandant de place à Salerne, major du 59ᵉ dragons en 1807, et colonel du 4ᵉ de même arme le 7 avril 1809, il appartenait au 1ᵉʳ corps de l'armée d'Espagne. Après un grand nombre d'actions d'éclat au siége de Badajoz (1811), à la bataille d'Albuera, etc., il eut deux chevaux tués sous lui à Usagré, tomba au pouvoir de l'ennemi, fut conduit en Angleterre, s'en échappa bientôt; servait au mois de mars 1814 en Russie, sous le maréchal Macdonald, dont il protégea la retraite. Il eut part à la belle et longue défense de Dantzig. Fut nommé, le 26 juin 1813, général de brigade, commanda la première ligne de cavalerie qui chargea si rapidement les quatre redoutes russes à Pitzkendorf, et qui s'en empara. Le 2 janvier 1814, la garnison ayant été forcée de se rendre prisonnière, le général Farine suivit son sort et fut emmené à Kiew en Ukraine, d'où il envoya, le 4 juin, son adhésion à la déchéance de Napoléon.

Le Roi le nomma chevalier de Saint-Louis et commandant de la Légion-d'Honneur.

L'Empereur lui confia, en 1815, la 4ᵉ brigade de la 3ᵉ division de cuirassiers. Le 16 juin, à la bataille de Fleurus, cette brigade et une partie de la division Lefort firent une charge qui décida la retraite des Prussiens. Le général Farine y fut blessé. A Waterloo il eut trois chevaux tués sous lui, et fut blessé de nouveau. Dans cet état il se retira dans ses foyers. En décembre 1815, il fut chargé du licenciement de plusieurs corps de cavalerie dans la 21ᵉ division.

Il fut inspecteur de cavalerie en 1816 et 1817. En 1818 il commandait le dépôt général des remontes à Caen; il reçut, le 1ᵉʳ mai 1821, le titre de vicomte, et fut nommé, en 1822, inspecteur d'armes pour la cavalerie.

Il est mort en 1833.

FAUCHER (César et Constantin, frères), généraux de brigade, nés jumeaux à la Réole, le 12 septembre 1760. Ils étaient, en naissant, d'une ressemblance si parfaite, qu'elle trompait quelquefois leurs parents eux-mêmes. Plus tard, dans leurs garnisons, ils furent obligés de porter à leur boutonnière une fleur différente. Ils étaient bons, braves, aimables, instruits, éloquents, Ils reçurent des leçons de Voltaire; et Necker, Bailly, Mirabeau, les honorèrent de leur estime et de leur amitié. Jamais ils ne se quittèrent, ni dans leurs jeux, ni dans leurs études, ni dans les combats. Leur esprit, comme leurs traits, avait une ressemblance parfaite.

Au 1er janvier 1775, ils entrèrent aux chevau-légers; un peu plus tard, ils passèrent comme lieutenants dans un régiment de dragons. A cette époque, ils se firent tous deux recevoir avocats. En 1791, César fut élu président de l'administration et commandant des gardes nationales de la Réole, et Constantin, commissaire du Roi, puis président de la municipalité du chef-lieu de ce district.

En 1793, ils formèrent un corps franc d'infanterie, sous la désignation d'*enfants de la Réole*, et se dirigèrent sur la Vendée où ils recommencèrent leur carrière militaire. Leurs talents, leur bravoure, les firent parcourir rapidement tous les grades; on les nomma en même temps généraux de brigade; mais les nombreuses blessures qu'ils avaient reçues les obligèrent à quitter le service. Au moment de quitter l'armée, on les accusa de fédéralisme, et déjà on les conduisait à l'échafaud, lorsqu'un représentant osa leur faire grâce en faisant casser le jugement qui les avait condamnés à mort. Rendus à la liberté, ils se firent transporter en litière à la Réole où leur convalescence fut très-longue.

En 1800, Constantin fut nommé sous-préfet de la Réole, et César membre du conseil général de la Gironde.

Démissionnaires en 1803, ils restèrent étrangers aux affaires publiques jusqu'en 1814. Durant les Cent-Jours, ils furent nommés chevaliers de la Légion-d'Honneur et employés en qualité de maréchaux de camp à l'armée des Pyrénées-Orientales.

Bientôt après, César fut nommé représentant par les électeurs de la Réole, et Constantin maire de la même ville; puis, lors de l'état de siége du département de la Gironde, commandant des arrondissements de la Réole et de Bazas.

Le 22 juillet 1815, le général Clausel ordonna aux frères Faucher de cesser leurs fonctions, le drapeau blanc venant d'être arboré à Bordeaux. Bientôt ils furent arrêtés et emprisonnés comme convaincus d'avoir formé un dépôt d'armes. Le 9 août, ils furent transférés à Bordeaux; interrogés le 18 et le 19, ils furent, le 22 septembre, traduits devant un conseil de guerre. On leur refusa le délai nécessaire pour trouver un défenseur; plusieurs avocats s'étaient refusés, ils se défendirent mutuellement; ils le firent avec une grande éloquence et n'eurent pas de peine à réduire à leur juste valeur les charges que l'on faisait peser sur eux. Cependant ils furent condamnés à mort. Le 26, le conseil de révision confirma le jugement qui fut exécuté le lendemain.

Les frères Faucher s'embrassèrent avant de sortir de prison, craignant qu'au dernier moment leur sensibilité n'affaiblît leur courage. Ils allèrent à pied en se donnant le bras jusqu'à une prairie désignée pour le lieu du supplice. Pendant le trajet, qui fut au moins d'une heure, ils conservèrent le même sang-froid. Ils saluaient en souriant les personnes de leur connaissance qui s'étaient mises aux croisées pour les voir passer;

ils refusèrent de se laisser bander les yeux et de se mettre à genoux. César commanda le feu. Tous deux tombèrent sous les balles, et une même mort réunit ceux qu'aucune circonstance n'avait séparés.

FAUCONNET (Jean-Louis-François, baron), général de division, né à Revigny (Meuse), le 24 décembre 1750, prit du service dans la compagnie des gendarmes d'Artois, le 29 mars 1766, eut le rang de sous-lieutenant de cavalerie le 18 juin 1770, fut incorporé dans les gendarmes de Monsieur le 1er avril 1776, eut le rang de lieutenant de cavalerie le 29 mars 1784, et, réformé avec le corps le 1er avril 1788, mis à la suite des carabiniers le 15 du même mois, devint lieutenant surnuméraire au 2e régiment de cette arme le 19 avril 1789, lieutenant le 1er avril 1791, capitaine le 15 mai 1792, et chef de brigade du 6e régiment de dragons le 13 prairial an II.

Il servit, de 1792 à l'an II, aux armées de Belgique, de la Moselle, de Rhin-et-Moselle et du Nord. En l'an III, il passa de l'armée du Rhin à celle de Sambre-et-Meuse, et, en l'an VI, à l'armée du Rhin, sous Pichegru, Jourdan et Moreau. Il se trouva à un grand nombre d'affaires et se conduisit toujours en brave soldat.

Lors du premier passage du Rhin, faisant partie de la division Baupuy, il marcha sur Welstadt; mais, surpris et vigoureusement chargé par les cuirassiers d'Anspach, il voulut, au milieu de la mêlée, secourir le général Baupuy, déjà blessé de quelques coups de sabre, le ramena en effet et reçut plusieurs blessures qui le mirent hors de combat. « Si le beau dévouement est louable quand on est victorieux, quels éloges ne mérite-t-il pas dans une circonstance difficile où celui qui s'immole sait bien qu'on parlera peu de lui (1)! » Il reprit deux jours après, malgré l'état de ses blessures, le commandement de son régiment, et combattit, le 10 du même mois, à la bataille de Renchen, où, par une charge impétueuse faite de front, il porta le désordre dans les rangs des Autrichiens, et les força d'abandonner un grand nombre de morts sur le champ de bataille. A la demande du général Baupuy, et sur le rapport du général Moreau, Fauconnet fut nommé, le 22, général de brigade. Il fit encore la campagne de l'année suivante.

Le Directoire décida, par arrêté du 23 fructidor an V, que cet officier général cesserait d'être employé. La décision du Directoire reposait sur les relations que le général Fauconnet était accusé d'avoir entretenues avec des émigrés. Il expliqua, dans un mémoire justificatif du mois de nivôse an VI, que ces prétendues relations se bornaient à la rencontre qu'il avait faite à une table d'hôte, à Neustadt, d'un envoyé du prince de Hohenlohe à l'ambassadeur de Prusse à Paris, au retour de sa mission. Le Directoire maintint sa décision, quant à l'activité, mais il lui rendit une demi-justice en l'admettant, le 13 ventôse an VI, au traitement de réforme de son grade.

Lors du Consulat, il demanda à rentrer dans l'armée, il s'appuya des bons témoignages de plusieurs généraux, et de certificats souscrits par des corps entiers qui attestaient la franchise et la loyauté de son caractère et la solidité de ses principes républicains; Desaix et Moreau joignirent leurs démarches aux siennes, et il fut appelé à l'activité le 7 germinal an VIII. Dans une de ses lettres au ministre, Desaix disait que le général Fauconnet « avait acquis des connaissances parfaites dans l'arme de la cavalerie. » En non-activité de nouveau le 1er vendé-

---

(1) *Spectateur militaire*, t. V, p. 200.

miaire an X, le premier Consul l'employa, le 7 frimaire suivant, dans la 7ᵉ division militaire, puis dans la 4ᵉ le 1ᵉʳ vendémiaire an XI.

En l'an XII, le 19 frimaire, il fut nommé membre de la Légion-d'Honneur, et commandeur le 25 prairial suivant ; il était alors à la tête de la réserve de cavalerie rassemblée à Saint-Omer. Il fit la campagne de l'an XIV à la grande armée, 2ᵉ division de grosse cavalerie, et fut élevé au grade de général de division, le 7 janvier 1807, pour être employé dans le service des places. Inspecteur de cavalerie dans la 25ᵉ division militaire, le 11 novembre suivant, il reçut le commandement d'armes d'Anvers, le 29 janvier 1808, fut créé baron de l'Empire quelques mois après, resta à Anvers jusqu'à la fin du blocus, revint en France, et fut mis en demi-solde le 1ᵉʳ juin 1814.

Envoyé à Lille, le 31 décembre 1814, comme commandant d'armes de la place, il organisa, pendant les Cent-Jours, les gardes nationales actives de Dunkerque. Admis à la retraite le 1ᵉʳ août 1819, il mourut à Lille le 22 octobre 1819.

FAULTRIER (Simon de), général de brigade, né à Metz (Moselle), le 22 août 1763, d'un père officier général d'artillerie, se destina de bonne heure à la carrière des armes, subit un examen à l'École de cette ville, puis entra dans un régiment d'artillerie, où il devint lieutenant en 1781, et capitaine en 1790.

Les armées du Nord, de la Moselle et de Sambre-et-Meuse lui fournirent, pendant les ans II, III et IV de la République, de nombreuses occasions de signaler sa valeur et d'acquérir de l'avancement. Promu au grade de chef de bataillon en récompense de l'habileté avec laquelle il avait dirigé l'artillerie aux batailles d'Arlon et de Fleurus, Faultrier continua de servir en Allemagne jusqu'en l'an VIII, époque à laquelle on l'envoya à l'armée d'Italie avec le grade de colonel, qui lui avait été accordé en l'an VI.

Ce fut lui qui, au siége de Vérone, en l'an IX, fit sauter un magasin à poudre au moyen d'un obus adroitement dirigé. Grièvement blessé à ce siége par un boulet de canon, le colonel Faultrier revint en France, reçut le commandement de l'artillerie à Bruges, fut nommé général de brigade en l'an X, et en l'an XI commandant de l'artillerie à Valence.

Il devint membre de la Légion-d'Honneur le 19 frimaire an XII, et officier de l'Ordre le 25 prairial de la même année.

En 1807, il se rendit à Strasbourg pour y remplir les mêmes fonctions, commanda en 1808 l'artillerie du 2ᵉ corps d'observation de la Gironde, sous les ordres du général Dupont, et fit ensuite partie de l'armée d'Espagne, où il rendit des services importants.

Appelé de nouveau à Strasbourg en 1810, pour y commander l'artillerie, il y resta jusqu'en 1812, époque à laquelle il fut mis à la retraite. Le général Faultrier est mort en 1815.

FAURE DE GIÈRE (Chrétien-François-Antoine, baron), né le 20 janvier 1769 à Lille (Nord).

Entré comme élève à l'École d'artillerie le 1ᵉʳ septembre 1783, il en sortit le 1ᵉʳ septembre 1785 avec le grade de lieutenant en second dans le régiment d'artillerie de Strasbourg (5ᵉ), et fut successivement nommé lieutenant en premier dans le 6ᵉ régiment d'artillerie à pied le 1ᵉʳ avril 1791, capitaine en second dans le 4ᵉ le 6 février 1792, et capitaine commandant le 1ᵉʳ avril 1793. Sa conduite distinguée à l'armée des Alpes et à celle d'Italie, de 1793 à l'an V, le fit mettre souvent à l'ordre de l'armée.

Chef de bataillon le 5 thermidor an

VI, il fit partie de l'armée d'Orient et se signala pendant les campagnes d'Égypte et de Syrie, notamment à la bataille des Pyramides, où il se battit corps à corps avec un chef de Mamelucks, s'empara de son sabre et le força à la retraite. Le 11 floréal an VII, Faure reçut les épaulettes de colonel, et passa, le 1er pluviôse an X, au commandement du 4e régiment d'artillerie à cheval.

Il devint membre de la Légion-d'Honneur le 19 frimaire an XII, officier du même ordre le 25 prairial suivant, et fut nommé, peu de temps après, électeur du département de l'Isère. Il fit les campagnes de la grande armée de l'an XIV à 1807, et fut désigné, l'année suivante, pour prendre le commandement de la 2e division d'artillerie, sous les ordres du général Macdonald. Napoléon, sur le compte qui lui fut rendu de sa conduite à la journée de Wagram, lui conféra le titre de baron de l'Empire; il reçut vers le même temps la décoration de la Couronne de Fer.

Nommé général de brigade le 23 juin 1811, il fit la campagne de Russie, et mourut de fatigue à Berlin, le 2 février 1813.

FAVEROT (François-Jacques-Guy, baron), naquit le 7 décembre 1773 à Pontivy (Morbihan). Grenadier au premier bataillon du Morbihan le 1er septembre 1791, caporal le 15 octobre, sergent le 10 novembre, il passa comme sous-lieutenant, le 1er décembre de la même année, dans le 41e régiment d'infanterie (ci-devant de la Reine) avec lequel il fit les campagnes de 1792, 1793 et de l'an II à Saint-Domingue.

Lieutenant de grenadiers et capitaine au même corps les 21 février et 6 septembre 1793, prisonnier de guerre, par les Espagnols, au fort Dauphin le 10 pluviôse an II, et rentré en France par échange vers la fin de l'an III, il fut envoyé, le 26 messidor de cette année, à l'armée des côtes de l'Océan, où il servit comme capitaine-adjoint à l'état-major pendant les campagnes des ans III et IV. Il reçut du général Hoche, comme témoignage de sa satisfaction, un sabre d'honneur.

Passé avec son grade dans les chasseurs à cheval de Lamoureux, le 22 brumaire an V, il prit part, en l'an V et en l'an VI, aux expéditions d'Irlande. Fait prisonnier par les Anglais sur la frégate *l'Immortalité*, le 29 vendémiaire an VII, il demeura en captivité jusqu'à l'échange, qui eut lieu quelque temps après.

Placé comme capitaine-adjoint à l'état-major de l'armée de l'Ouest le 11 floréal suivant, il passa avec son grade à la suite du 3e régiment de dragons le 2 prairial de la même année, et fit les campagnes des ans VIII et IX dans l'Ouest et dans les 14e et 15e divisions militaires. Entré comme chef d'escadron titulaire au 12e régiment de chasseurs à cheval le 6 fructidor an IX, il devint major du 25e de la même arme le 6 brumaire an XII, et membre de la Légion-d'Honneur le 4 germinal suivant.

Il servit en l'an XIV à l'armée d'Italie et en Allemagne. Officier de la Légion-d'Honneur le 22 août de cette dernière année, il fit la guerre en Illyrie et en Dalmatie pendant l'année 1810, obtint le grade de colonel du 15e régiment de chasseurs à cheval le 14 octobre 1811, et le titre de baron de l'Empire vers la même époque.

Employé en Espagne de 1812 à 1814, il fut blessé de trois coups de sabre, à la tête, à l'épaule et au bras gauche, en chargeant la cavalerie anglaise devant Villadrigo le 28 octobre 1812.

Maintenu à la tête de son régiment à la réorganisation du 15 octobre 1814, il reçut la croix de Saint-Louis le 26 du même mois. Colonel des hussards du Haut-Rhin (6e régiment) le 24 janvier 1816, chargé de l'organisation de ce corps et fait commandeur de la Légion-d'Honneur le 1er mai 1821, il fut promu au grade de maréchal de camp le 13 octobre suivant; le roi lui confia une inspection de cavalerie en 1823.

Attaché en 1823 au 2e corps de l'armée des Pyrénées, il reçut la plaque de 4e classe de l'ordre de Saint-Ferdinand d'Espagne le 23 novembre 1823.

Mis en disponibilité à la révolution de juillet 1830, il commanda le département de la Haute-Marne en 1832 et 1833, passa dans le cadre de vétérance le 7 décembre 1835, dans celui de non-activité le 28 août 1836, et enfin, le 4 août 1839, dans celui de réserve.

FÉLIX DE SAINT-MAIME (JEAN-BAPTISTE-LOUIS-PHILIPPE de), comte DU MUY, baron de l'Empire, né le 21 décembre 1755 à Ollières (Var).

D'abord connu sous le nom de comte de Saint-Maime, il entra au service comme chevau-léger surnuméraire de la garde du roi, avec rang de sous-lieutenant le 16 décembre 1766, et passa avec ce grade dans le régiment mestre-de-camp général de cavalerie le 16 juillet 1769. Ayant obtenu le brevet de capitaine le 19 juin 1771, il fut nommé titulaire de ce grade le 5 mai 1772, et fut fait colonel du régiment de Soissonnais-Infanterie le 29 janvier 1775, à peine âgé de 19 ans.

Le 5 août suivant, le roi accorda au jeune colonel une pension annuelle et viagère de 760 livres, sur les fonds de l'extraordinaire des guerres, et le 9 novembre, il lui fit don, sur les mêmes fonds d'une gratification annuelle de 4,000 livres, qui fut convertie en pension viagère par brevet du 30 janvier 1778.

Un nouveau brevet du 1er avril 1779 confondit ces deux pensions en une seule de 4,760 livres.

Le comte de Saint-Maime servit au camp de Saint-Roch pendant l'hiver de 1779 à 1780, et fit les guerres de 1780 à 1783 inclusivement dans l'Amérique Septentrionale, sous les ordres de Rochambeau. Les services qu'il rendit au siége d'York (Virginie), lui valurent, le 5 décembre 1781, une lettre de satisfaction de la part du ministre de la guerre, la croix de chevalier de Saint-Louis le 2 avril 1782, et une nouvelle pension viagère de 3,000 livres sur le trésor royal, par décision du 13 avril 1783.

Le 13 juin suivant, le ministre, en lui adressant encore des témoignages de satisfaction de la part du roi, lui donna l'assurance qu'il serait compris dans la promotion des brigadiers d'infanterie avec les colonels de 1772, et à son retour en France, il en reçut en effet le brevet, qui lui fut conféré par le roi le 8 janvier 1784. C'est à dater du 22 mai suivant que le comte de Saint-Maime prit le titre de comte du Muy, nom de la branche aînée de sa famille, et qui depuis la mort du maréchal du Muy, son oncle, devait s'étendre en la personne de Madame de Créqui.

Promu au grade de maréchal de camp le 9 mars 1788, il en exerça les fonctions pendant cette même année au camp de Saint-Omer, commandé par le prince de Condé, et à celui de Frascati, sous les ordres du maréchal de Broglie.

Lorsque la Révolution éclata, le général du Muy, tout imbu des idées libérales qu'il avait puisées en Amérique, adopta franchement les principes de cette régénération de la société française. Chargé comme inspecteur général de la vérification des comptes des régiments, le 12 août 1790, il fut investi du commandement en chef du département du Finistère le 19 février 1791, et s'acquitta avec zèle et dévouement de la mission qui lui avait été confiée. Employé ensuite avec son grade dans la 8ᵉ division militaire, il fut nommé lieutenant-général le 6 février 1792, et fut pourvu du commandement de la 7ᵉ division militaire le 15 du même mois.

Quelques troubles ayant eu lieu dans le Midi vers cette époque, et le gouvernement craignant que le rassemblement de Marseillais qui s'était porté sur Aix avec de l'artillerie et y avait désarmé le régiment suisse d'Ernest, ne voulût marcher sur Avignon, prescrivit le 6 mars suivant au général du Muy; de se rendre immédiatement à son poste et d'établir son quartier général dans cette ville, et autorisa cet officier général à tirer des 7ᵉ, 8ᵉ, 9ᵉ et 19ᵉ divisions militaires toutes les troupes qui lui seraient nécessaires. Le général du Muy eut à peine le temps de se rendre à son poste; par décision du 25 du même mois, le roi nomma Witgenstein au commandement de cette réunion de troupes, qui prit le nom d'*armée du Midi*.

Le général du Muy retourna dans sa division et fut chargé, au mois d'avril suivant, du commandement en chef des neuf départements qui devaient former l'armée des Pyrénées.

Mais bientôt après, le ministre de la guerre lui donna la mission délicate de ramener en Suisse le régiment d'Ernest, et il lui fut prescrit d'en prendre le commandement et de le conduire lui-même jusqu'à la frontière, où il le remettrait ensuite entre les mains de de Diesbach, qui devait venir le recevoir.

Les instructions du ministre lui enjoignaient en outre de le ramener en France, ou, si cela ne se pouvait, d'empêcher au moins qu'il n'entrât au service d'aucune puissance ennemie, ainsi que le désir en avait déjà été manifesté par plusieurs ambassadeurs étrangers. Le général du Muy exécuta fidèlement les intentions du ministre et obtint que le régiment d'Ernest, devenu Watteville, ne serait engagé au service d'aucun souverain étranger.

Pendant le temps qu'il négociait cette affaire, le général Montesquiou, commandant en chef l'armée des Alpes, sous les ordres duquel avait été placé le général du Muy, signala son absence aux commissaires de l'Assemblée nationale, qui, sans en examiner les motifs, prononcèrent sa suspension et le remplacèrent dans le commandement qui lui avait été conféré. Le ministre de la guerre adressa à l'Assemblée nationale une réclamation conçue dans les termes suivants :

« Monsieur le président, j'ai appris avec peine que les commissaires de l'Assemblée nationale à l'armée du Midi ont destitué M. Félix du Muy, lieutenant-général, sous le prétexte qu'il était absent. Ils ignorent sans doute qu'il avait une mission particulière en Suisse. Par une dépêche que je reçois aujourd'hui, datée de Huningue, il m'apprend qu'il sera bientôt à Paris pour rendre compte de sa mission. Je prie l'Assemblée de regarder la destitution de cet officier comme une erreur involontaire et en conséquence non avenue.

« Servan. »

L'Assemblée fit droit à ces justes observations, et il ne fut donné aucune suite à l'arrêté des commissaires. Vers la fin de septembre, le général du Muy fut chargé du licenciement des régiments suisses de Vigier et de Steigner. Porté sur la liste des candidats pour le ministère de la guerre, il fut dénoncé à la Convention nationale, dans sa séance du 3 octobre 1792, par le représentant Chabot, comme ayant excité la guerre civile à Avignon. Cette accusation absurde, que démentaient d'ailleurs les faits et la conduite du général, fut cependant accueillie; il fut rayé de la liste, et ce fut Pache qui fut nommé.

De retour à Paris, le général du Muy s'empressa de demander de l'activité, et il fut envoyé, au mois de mars 1793, à l'armée des Alpes, où il commanda le département du Mont-Blanc et l'avant-garde de l'armée dans la Tarentaise et la Maurienne.

Détaché au siége de Lyon, il prit le commandement en chef des troupes, le 23 août, en remplacement du général Kellermann, qui était parti pour s'opposer aux progrès des Piémontais.

Pendant la courte durée de son commandement, quelques affaires assez importantes eurent lieu, et le général du Muy trouva l'occasion de faire preuve de courage en entrant deux fois le premier dans les redoutes qui furent enlevées de vive force, et dans l'une desquelles il fut blessé d'un coup de feu. Tandis qu'il témoignait ainsi de son dévouement, un arrêté du 19 du même mois le suspendait de ses fonctions comme suspect. Indigné d'un pareil procédé, il réclama vivement contre un acte que ne motivaient ni ses antécédents, ni son patriotisme éprouvé; mais il ne put obtenir justice et fut même admis à prendre sa retraite par un arrêté du 7 pluviôse an III.

Cependant, à force de persévérance, il parvint enfin à se faire réintégrer, et, par arrêté du 25 ventôse suivant, le Comité de salut public décida qu'il serait employé comme commandant en chef les forces militaires destinées à agir dans les Indes-Occidentales.

Il se rendit aussitôt à Brest et fit tous les préparatifs convenables pour l'embarquement des troupes qui devaient faire partie de l'expédition. Il n'attendait plus que les derniers ordres, lorsqu'un nouvel arrêté du Comité de salut public, en date du 14 fructidor de la même année, vint lui conférer provisoirement le commandement de l'armée du Midi, qui devait être formée dans le département du Gard; mais cette dernière nomination fut annulée par la lettre suivante, qui lui fut adressée le 4ᵉ jour complémentaire an III :

« Général, le Comité de salut public a reçu des renseignements qui lui prouvent la nécessité de revenir sur la mesure qu'il avait prise de vous envoyer dans le Midi pour y commander provisoirement en chef, jusqu'à l'arrivée du général Canclaux, les troupes destinées à contenir les malveillants. L'expédition de Saint-Domingue paraît être beaucoup moins reculée qu'elle ne le semblait d'abord, et comme vous y êtes destiné, il est essentiel que vous ne vous éloigniez pas. Vous voudrez bien, en conséquence, remettre au Comité les instructions qui vous avaient été données pour le commandement provisoire de l'armée du Midi, et regarder comme non avenu l'arrêté relatif à l'échange de vos chevaux de Brest, contre d'autres à prendre dans les dépôts de la République.

« Salut et fraternité,

« Les membres du Comité de salut public,

« CAMBACÉRÈS, président; MERLIN de Douai, L.-M. REVEILLÈRE-LEPEAUX, LETOURNEUR (de la Manche), C. BERLIER, MAREC. »

L'expédition ayant été indéfiniment ajournée, le général du Muy, après être resté quelque temps encore à Brest, fut nommé le 15 germinal an IV, inspecteur général des troupes d'infanterie de l'armée de Sambre-et-Meuse. A son arrivée au quartier général, le général en chef lui confia le commandement du corps qui était dans le Hundsrück, et qui formait l'aile droite de l'armée.

Il remplissait ces fonctions, lorsque le nommé Alexandre, ancien commissaire des guerres à l'armée des Alpes, et en ce moment commissaire du gouvernement, celui-là même qui avait déjà été cause de la suspension du général en 1793, par sa dénonciation calomnieuse, renouvela ses attaques contre lui avec plus de perfidie. Il adressa le 25 vendémiaire an V, au ministre de la guerre, une lettre dans laquelle se trouvaient articulés quinze chefs d'accusation contre le général du Muy.

Ce tissu de mensonges présentait le général comme ayant pris des objets de toute nature dans les magasins de l'État pour les appliquer à son usage personnel, et l'accusait d'avoir échangé contre du numéraire les mandats qui lui avaient été délivrés pour ses frais de poste, d'avoir fait repeindre par réquisition sa voiture à Nuremberg, de s'être fait donner à Schwenfurth deux foudres de vin, d'avoir pris quelques boisseaux de braise à la manutention de Bonn, lors de son passage dans cette ville, etc. Imputations toutes aussi absurdes que mensongères, et qui cependant furent accueillies par le ministre de la guerre, mais avec une légèreté telle que, sans examiner le plus ou moins de fondement de la dénonciation dont le commissaire Alexandre se rendait coupable, il provoqua par un rapport l'arrêté dont le texte est ainsi conçu :

« Le Directoire exécutif arrête ce qui suit : Le général de division du Muy, employé comme inspecteur général près l'armée de Sambre-et-Meuse, est destitué de ses fonctions. Le ministre de la guerre fera examiner sa conduite et le traduira sur-le-champ par-devant un conseil de guerre, pour y être jugé sans délai d'après les pièces que le Directoire lui transmet et celles que l'examen de sa conduite pourra lui procurer.

« L.-M. Reveillère-Lepeaux. »

Le général du Muy comparut donc devant un conseil de guerre tenu à Dusseldorf, le 13 nivôse an V, sous la présidence du général de division Desjardin; et l'adjudant-commandant Maurice Mathu, *rapporteur, déclara à l'unanimité* que cet officier général était pleinement déchargé des accusations portées contre lui, et que d'après les débats et les pièces produites, lesdites accusations étaient *fausses et calomnieuses*.

Par arrêté du 7 pluviôse suivant, le Directoire exécutif réintégra le général du Muy dans son grade, et ordonna au ministre de la guerre de proposer sa mise en activité lorsque l'occasion s'en présenterait. Néanmoins il resta en disponibilité jusqu'au 24 prairial an VI, époque à laquelle il fut employé par le général en chef Bonaparte à l'armée d'Orient.

Il s'embarqua, le 30 du même mois, sur le vaisseau *le Guerrier*, fit les campagnes des ans VI, VII et VIII en Égypte et en Syrie, et fut chargé de l'organisation des légions nautique et maltaise pendant son séjour en Afrique.

Rentré en France le 1er messidor an VIII, le premier Consul lui confia le commandement de la 21e division militaire (Poitiers), par décision du 24 vendémiaire an IX, et il en prit possession le 12 brumaire suivant.

L'état de sa santé exigeant qu'il fît usage des eaux, le ministre de la Guerre lui adressa l'autorisation nécessaire à cet effet le 16 floréal; mais il ne voulut point en profiter, et voici en quels termes il faisait connaître le 26 du même mois les motifs qui l'empêchaient de s'absenter.

« Ce qui me retient plus encore au quartier général, c'est l'intention de m'unir par un vœu public et solennel au suffrage qui doit perpétuer la reconnaissance nationale envers le premier Consul en perpétuant son autorité. Quoiqu'un dévouement général assure à Bonaparte ce témoignage d'estime et de gratitude, je serais fâché que mon vœu et ma satisfaction personnelle ne servissent pas d'exemple dans un pays où m'a placé la confiance du gouvernement. »

Le 20 messidor de la même année, le premier Consul lui donna le commandement de la douzième division militaire (Nantes), et il se rendit immédiatement à son poste. Membre de la Légion-d'Honneur, le 19 frimaire an XII, il en fut créé commandant le 25 prairial suivant, et fut désigné par l'Empereur pour faire partie du collége électoral du département du Var, où il possédait de grandes propriétés. Le 21 ventôse an XIII, il fut appelé au commandement de la subdivision de Seine-et-Oise, faisant partie de la 1re division militaire.

Le général du Muy exerçait encore ces fonctions lorsque l'armée, rassemblée sur les côtes de l'Océan, fut dirigée à marches forcées contre l'Autriche qui voulait tenter de nouveau la chance des combats. Plein de patriotisme et de dévouement à l'Empereur, il demanda à être employé plus activement, et lui adressa à cet effet une supplique le 28 fructidor an XIII.

Cette demande n'eut pas le résultat qu'il s'en était promis; mais le 23 novembre 1806, le major général, prince de Neufchâtel, lui expédia de Berlin l'ordre de se rendre sur-le-champ au quartier général de la grande armée. A son arrivée, il fut très-bien accueilli par l'Empereur, qui le nomma gouverneur général de la Silésie. Pendant son séjour dans cette province, le général du Muy travailla avec une bienveillance infatigable à soulager les habitants des maux que la guerre lui avait fait souffrir; il protégea leur industrie et leurs propriétés, et s'acquit, par sa conduite équitable, leur estime et leur reconnaissance.

Le 13 mai 1807, le général Kleist qui, mis en déroute la veille, avait rallié ses troupes, vint attaquer le prince Jérôme Napoléon, et reprit sur les Bavarois le village de Canth. Il se disposait à poursuivre ce premier avantage, lorsque le général du Muy, sorti de Breslau à la tête d'environ 1,100 Français, dragons, chasseurs et hussards qui étaient venus pour se remonter en Silésie, tomba à l'improviste sur la colonne prussienne et la mit en déroute. 150 hussards à pied reprirent Canth de vive force et délivrèrent les prisonniers bavarois que l'ennemi avait faits le matin. Le général du Muy conserva son gouvernement jusqu'à la formation de l'armée du Rhin, vers la fin de 1808, époque à laquelle il fut créé baron de l'Empire.

Par décret du 9 novembre 1808, l'Empereur lui confia le commandement de la 7e division militaire (Grenoble), et le 14 avril 1809 il lui donna celui de la 8e division (Marseille), qu'il conserva pendant les premiers temps de la Restauration.

Louis XVIII le nomma grand officier de la Légion-d'Honneur le 29 juillet 1814, et commandeur de Saint-Louis le 23 août suivant. Mais s'étant rendu à Paris dans les premiers jours de décembre, il apprit que par décision royale du même mois il était admis à la retraite, et qu'il était remplacé dans le commandement de la 8e division par le général Lapoype.

Cette retraite, motivée sur son âge et sur l'ancienneté de ses services, quand l'officier appelé à le remplacer se trouvait dans les mêmes conditions que lui, le blessa profondément. Néanmoins, lors du débarquement de l'Empereur, au mois de mai 1815, on lui donna le commandement de la 18e compagnie de volontaires royaux dits *Gardes du roi*, composée d'officiers en non-activité. Ce retour tardif du pouvoir ne cicatrisa point la blessure faite à l'amour-propre du général, aussi, dès le 24 du même mois écrivait-il à l'Empereur une demande de réintégration dans ses anciennes fonctions de commandant de la 8ᵉ division militaire.

Mais l'Empereur en avait déjà disposé en faveur du maréchal Brune, et, d'ailleurs, le nombre d'officiers généraux portés sur le tableau d'activité et qui se trouvaient encore sans destination ne permettait pas de rappeler au service les généraux en retraite; il demeura dans sa position.

A la seconde rentrée des Bourbons, le général du Muy fut nommé pair de France par ordonnance royale du 17 août 1815. Depuis lors, il prit part aux travaux de la Chambre et s'y fit remarquer par la sagesse de ses opinions et par les sentiments de patriotisme qui l'animaient. Il est mort à Paris le 6 juin 1820.

FÉLIX (Dominique-Xavier, baron), né le 29 novembre 1763 à Vézelise (Meurthe), entra comme canonnier, le 12 février 1779, dans le régiment de Besançon-Artillerie, devenu 3ᵉ régiment d'artillerie à pied.

Il fit les campagnes de 1779 à 1783 sur les côtes de Bretagne et de Normandie, pendant la guerre d'Amérique, et obtint le grade de sergent le 15 juin 1785.

Lorsqu'en 1791, les bataillons de volontaires s'organisèrent pour voler à la défense de nos frontières menacées, ses camarades du 3ᵉ bataillon du Nord l'élurent, le 4 septembre, premier lieutenant-colonel.

Il fit, en cette qualité, la campagne de 1792 à l'armée du Nord, fut promu adjudant-général le 19 août, et prit une part glorieuse à la bataille de Valmy et à celle de Jemmapes, où il commandait l'infanterie de l'aile droite. Passé à l'armée de la Moselle, il devint colonel du 22ᵉ régiment d'infanterie; et fut nommé général de brigade le 8 mars.

Suspendu le 1ᵉʳ juin de la même année, et réintégré le 13 prairial an III, on l'employa dans la 1ʳᵉ division militaire, et il obtint sa retraite le 19 thermidor an III.

Relevé de sa position de retraite, et admis au traitement de réforme le 3 thermidor an V, il se vit plus tard appelé au service actif comme administrateur militaire.

Inspecteur aux revues le 9 ventôse an VIII, il servit en cette qualité à l'armée d'Italie, pendant les ans VIII et IX.

Passé à cette époque dans la 2ᵉ division militaire (Mézières), et créé membre de la Légion-d'Honneur le 4 germinal an XII, il alla reprendre les mêmes fonctions à l'armée d'Italie pendant les campagnes des ans XIII, XIV, et 1806, et fut nommé officier de la Légion-d'Honneur et maître des requêtes au conseil d'État le 22 décembre 1807.

Le 19 mars 1808, l'Empereur l'appela dans la Garde impériale, avec le rang d'inspecteur en chef.

Depuis ce moment, il prit part à toutes les campagnes de la Garde, reçut le titre de baron de l'Empire et, avec la croix de la Couronne de Fer, celle de commandeur de la Légion-d'Honneur le 24 janvier 1814.

Au retour des Bourbons, le comte d'Artois l'attacha, le 23 avril, à la commission chargée de donner son avis sur les propositions et les affaires que le ministre de la guerre lui renvoyait.

Louis XVIII le confirma dans ses fonctions de maître des requêtes au conseil d'État, le fit chevalier de Saint-Louis le 28 juin de la même année, et lui conféra en outre l'emploi d'inspecteur aux revues des quatre compagnies rouges de sa maison militaire.

Après le 20 mars 1815, Napoléon lui confia de nouvelles fonctions; mais, au second retour du roi, il cessa d'être employé, et on l'admit à la retraite le 1er janvier 1816.

Elevé à la dignité de grand officier de la Légion-d'Honneur par ordonnance royale du 1er novembre 1828, il vivait retiré dans sa terre de Rouge-Maison, près de Vailly (Aisne), lorsqu'il fut assassiné, à coups de couteau, par un de ses domestiques, le nommé Venturini (Jean-Pierre), le 6 décembre 1839.

Il ne succomba pas de suite à ses nombreuses blessures, et mourut le lendemain 7, après avoir légué, par son testament, une somme de 20,000 francs à la ville de Vailly, 4,000 francs à l'église, et chargé le général vicomte de Latour-Foissac, son légataire universel, de remettre 10,000 francs au département de l'Aisne pour la direction à donner sur le territoire de Vailly, au chemin de grande vicinalité d'Urcel à Fère-en-Tardenois.

FEREY (Claude-François, baron de Rozengath), naquit à Auvet (Haute-Saône), le 20 septembre 1771. Le 19 mars 1787, il entra comme soldat dans le 11e régiment de chasseurs à cheval.

Brigadier le 20 février 1788, maréchal-des-logis le 20 juillet 1790, il passa le 9 décembre 1791 dans la garde constitutionnelle de Louis XVI, où, d'abord simple garde, il devint rapidement brigadier et maréchal-des-logis.

Ce corps ayant été dissous le 30 mai 1792, Ferey, nommé, le 9 juillet suivant sous-lieutenant au régiment du roi, fut élu, le 12 du même mois, adjudant-major au 9e bataillon des volontaires de la Haute-Saône, avec lequel il fit à l'armée du Rhin la campagne de cette année et se trouva dans Mayence lorsque, le 22 avril 1793, les Prussiens formèrent le blocus de cette place. Blessé pendant ce siège d'un coup de feu au genou gauche, il fut nommé, le 1er juillet, capitaine de grenadiers du bataillon des chasseurs francs de Mayence, que l'on dirigea sur la Vendée aussitôt après la capitulation qui eut lieu le 23. Le 4 août, choisi pour aide-de-camp par le général Marigny, il n'en remplit les fonctions que durant peu de jours.

A la suite d'un combat entre Tiffauge et Clisson, pendant lequel, remplaçant les deux commandants de son bataillon, mortellement blessés, il soutint la retraite de l'armée, les généraux Canclaux et Kléber lui décernèrent, le 1er septembre, le grade de chef de bataillon. Il fit les campagnes de l'an II à l'an V, aux armées de l'Ouest et des côtes de l'Océan, et celle de l'an VI à l'armée de Sambre-et-Meuse.

Le 25 germinal, il se distingua au passage du Rhin, à Neuwied ainsi qu'au combat devant Wisbaden. A cette dernière affaire, il fit mettre bas les armes au bataillon des chasseurs du Loup et à 300 Croates.

Employé l'année suivante à l'armée d'Angleterre en l'an VIII et en l'an IX, et celle d'Italie, il se signala de nouveau à la bataille de Montebello, et, quelques jours après, devant Alexandrie. Envoyé en l'an X à l'armée du Portugal, il fut nommé, le 11 fructidor, général de brigade, et attaché en l'an XI à la 2e division d'infanterie au camp de Saint-Omer. En l'an XII, il devint membre et commandant de la Légion-d'Honneur les 19 frimaire et 25 prairial. Il fit partie du 4e corps de la grande armée en l'an XIV, et prit part aux glorieuses campagnes d'Allemagne et de Pologne.

Promu le 3 octobre 1810, au grade de général de division, il montra une grande valeur au combat de Fuentès-da-Onara et à celui de Foz-Arunce les 15 mars et 5 mai 1811, et fut tué le 22 juillet 1812 à la bataille des Arapyles.

Son nom est inscrit sur le côté Ouest de l'arc de triomphe de l'Étoile.

FÉRINO (Pierre-Marie-Barthélemy, comte), né à Caravaggio, dans le Milanais, en 1747, était fils d'un sous-officier du régiment de Bender; il servit très-jeune dans ce corps, et fit la guerre de Sept-Ans. Entré au service en 1768, il obtint en 1779 le brevet de capitaine. Dix ans plus tard, une injustice commise envers lui, et l'explosion de la Révolution française, dont il partageait les principes, le détermina à venir en France. Il avait alors 42 ans.

Le 1er août 1792, il fut nommé lieutenant-colonel de la ci-devant légion de Biron, qui prit le nom de *chasseurs du Rhin*, et partit avec son régiment le 13 décembre 1792 pour l'armée du général Custine.

Nommé général de brigade au mois de décembre de la même année et général de division le 23 août 1793, il fut destitué quelque temps après pour avoir, dit le duc de Rovigo dans ses Mémoires, fait observer trop rigoureusement la discipline par les troupes qui étaient sous ses ordres : étrange cause de destitution pour un général ; aussi se vit-il bientôt réintégré dans ses fonctions.

En l'an IV, il fut employé à l'armée de Rhin-et-Moselle, commandée par Moreau. Le 25 thermidor, la division Férino, forte de 23 bataillons et de 17 escadrons, qui formaient le tiers de l'armée, après avoir traversé les montagnes de la Forêt-Noire, s'était emparée de Lindau et de Bregentz, sur le lac de Constance, et s'était avancée par Stobach, avec 16 bataillons et 14 escadrons, sur Memmingen.

A Bregentz, on prit 5 mortiers, 4 coulevrines, 22 pièces de canon et 40,000 sacs d'avoine, d'orge et de farine. Ce fut dans cette journée que Férino eut, avec le corps de Condé, une affaire extrêmement vive; on se battit avec acharnement, mais les bonnes dispositions faites par Férino donnèrent la victoire aux Républicains. Durant la fameuse retraite de Bavière, après être resté seul avec sa division pendant quarante-huit jours, il rejoignit le corps de l'armée sans avoir perdu un seul de ses canons, et emmenant avec lui des prisonniers.

De retour en France après cette immortelle campagne, Férino reçut l'ordre du général Hoche de marcher sur Paris avec ses troupes, afin de favoriser les projets du Directoire. Férino opposa un ordre du ministre de la guerre. Ce trait lui fit honneur ; il voulait bien combattre les ennemis de la patrie, mais non se faire un instrument de discorde et de guerre civile.

Le 9 ventôse an VIII, il commandait la première division de l'armée de Mayence aux ordres du général Jourdan. Le 11 germinal, la division Férino se porta sur Neustadt, et se plaça de manière à interdire à l'ennemi l'entrée de la vallée de ce nom ; mais le 14, les Autrichiens ayant attaqué avec avantage, Férino opéra sa retraite avec ordre sur Freybourg et Neufbrisach.

Bonaparte, bon juge du mérite de ses généraux, donna à Férino, immédiatement après le 18 brumaire, le commandement de la 8e division militaire. Il purgea le département de l'Ardèche des brigands dont il était infesté, service qui lui valut de la part de Berthier, ministre de la guerre, les éloges les plus flatteurs.

Nommé en l'an XII, membre et grand officier de la Légion-d'Honneur les 19 frimaire et 25 prairial, il devint sénateur le 16 pluviôse an XIII. Napoléon lui donna la sénatorerie de Florence, puis le nomma gouverneur de la ville d'Anvers et le fit comte de l'Empire en 1808.

En 1813, il fut chargé de l'organisation des gardes nationales de la Hollande, et adhéra en 1814 aux actes du Sénat. Maintenu par Louis XVIII dans tous ses honneurs et ses grades, Férino reçut en outre la croix de Saint-Louis. Dans une audience qu'il obtint du roi le 17 juin 1814, il eut avec ce monarque une conversation qui mérite de devenir historique : « Je vois avec grand plaisir, lui dit le roi, un aussi bon général, un homme aussi recommandable, quoique vous ayez refusé de me servir dans une conjoncture importante, et que vous ayez même désobéi à votre général en chef. » Férino témoignant toute la surprise que lui causait un pareil reproche, le roi s'empressa d'ajouter : « Vous rappelez-vous, général, l'ordre qui vous fut donné à ***, par M***, aide-de-camp de Moreau, de faire faire à votre division un mouvement en avant des Autrichiens? vous refusâtes de l'exécuter. — Oui, Sire ; mais cet ordre m'était donné de vive voix et me paraissait d'ailleurs tout à fait contraire aux premières règles de l'art militaire. Je répondis à l'aide-de-camp que je n'effectuerais pas le mouvement à moins d'un ordre formel de la main même de Moreau. — Son aide-de-camp revint auprès de vous, reprit Louis XVIII, avec l'injonction formelle de prendre les positions prescrites, et vous refusâtes d'obéir. — Cela est vrai, Sire, et j'admire à quel point Votre Majesté connaît et se rappelle des détails aussi particuliers ; mais le général Moreau ne voulut jamais donner cet ordre par écrit, et dans la position qu'il m'était enjoint de prendre, le sort de la division que je commandais était compromis à tel point que je regardai comme un devoir de ne pas obtempérer ; car un général qui eût été d'accord avec les Autrichiens pour me faire battre, ne m'eût pas prescrit d'autres mesures. — Vous avez deviné, dit Louis XVIII, j'étais d'accord avec Moreau ; il était à moi depuis l'an IV. »

Férino mourut à Paris le 28 juin 1816. Son nom est gravé sur l'arc de triomphe de l'Etoile, côté Est.

FERNIG (Louis-Joseph de), né en 1735 d'une famille noble d'Alsace, fit avec distinction les campagnes du Hanovre (1755-1762), et quitta le service pour se livrer aux lettres. Ce fut à Mortagne, où il demeurait, que se tirèrent les premiers coups de fusil entre les Français et les Autrichiens. Fernig y avait été nommé, en 1789, commandant de la garde nationale. Lors de la formation du camp de Maulde, Dumouriez le nomma capitaine-commandant les Guides. Fernig combattit à Valmy, à Jemmapes et à Nerwinde. Il suivit Dumouriez dans sa fuite, rentra en France en 1802 et mourut en 1816.

FERNIG (Jean-Louis-Joseph-César, fils du précédent, comte de), né le 12 août 1772, à Mortagne (Nord), était lieutenant-colonel lorsqu'en 92 il passa à l'ennemi avec Dumouriez. Il servit en Danemark, rentra en 1798, et fit, comme volontaire à l'état-major de l'armée du Rhin, les campagnes des années VI, VII, VIII. Chef de bataillon à l'armée des Grisons, il obtint sa radiation de la liste des émigrés. Nommé lieutenant-colonel, il commanda en Zélande, en Espagne, et, en 1811, à la grande armée, il fit, comme adjudant-commandant et sous-chef d'état-major de Berthier, la campagne de Russie. Pendant la retraite, il fit partie de l'Escadron sacré. En Pologne, il servit sous Eugène avec les mêmes fonctions, et rendit de grands services à Lutzen en enfonçant la réserve des alliés. Il fut promu, le 14 juin 1813, au grade de général de brigade.

Les Bourbons le mirent d'abord en disponibilité et lui confièrent ensuite une brigade à la campagne d'Espagne de 1823 et le titre de gouverneur de Barcelone. Rentré en France après dix-huit mois d'une sage administration, il parcourut toute l'Europe, de 1826 à 1828, et les notes qu'il recueillit rendirent de grands services à la science. En 1829, il y eut une mission à Naples, fut mis en disponibilité en 1831 et à la retraite le 8 mai 1835.

FERNIG (Félicité et Théophile de), sœurs du précédent, étaient âgées l'une de seize ans et l'autre de treize, lorsqu'elles se placèrent en 92 dans les rangs de la garde nationale de Mortagne, et se battirent contre les Autrichiens. Instruite par Bournonville, la Convention leur envoya deux chevaux richement caparaçonnés. Ces deux sœurs, douées d'une grande beauté, s'attachèrent à la fortune de Bumouriez qui leur donna deux commissions d'officiers d'état-major et les prit pour aides-de-camp. Elles combattirent en cette qualité à Valmy, à Jemmapes, à Anderlecht, à Nerwinde, et firent plusieurs actions glorieuses.

Entraînées dans la fuite de Dumouriez, elles reprirent le costume de leur sexe. Plus tard elles vinrent à Paris demander leur radiation de la liste des émigrés, furent mal reçues et ne rentrèrent qu'en 1802.

Théophile mourut en 1818 à Bruxelles où sa sœur s'était mariée.

Le général Guilleminot a épousé une autre sœur plus jeune du général Fernig.

FERRAND (Marie-Louis), né à Besançon en 1753, fit, comme volontaire, en Amérique, les guerres de l'indépendance. De retour en France, il entra dans un régiment de dragons; il était chef d'escadron en 93. Arrêté alors comme *Fayettiste*, il fut mis en liberté après le 9 thermidor. Nommé bientôt général de brigade, il commanda aux armées de l'Ouest, des Ardennes et de Sambre-et-Meuse.

A la paix d'Amiens, il commanda le département du Pas-de-Calais, et fit partie de l'expédition de Saint-Domingue.

En moins de quatre mois, cette colonie fut soumise, mais, en novembre 1802, une insurrection générale éclata; la fièvre jaune emporta le général Leclerc, Ferrand fut chargé de défendre la partie française de la colonie. Investi par Dessalines à la tête de 22,000 noirs, il le battit le 18 mars 1803.

Ferrand se maintint pendant près de cinq ans, et se montra administrateur et guerrier. A la rupture entre la France et l'Espagne, le gouverneur de Porto-Rico lui suscita une insurrection, le 7 novembre 1808, Ferrand, à la tête de 500 soldats, fut attaqué par plus de 2,000 rebelles. Le premier choc fut terrible. Bientôt la cavalerie ennemie débordant les deux ailes de la colonne française, les rangs furent rompus, la plupart des officiers et des soldats furent tués, et le reste s'enfuit. Ferrand, réduit au désespoir, se fit alors sauter la cervelle d'un coup de pistolet.

FERRAND DE LA CAUSSADE (Jean-Marie-Begais), né à Montflanquien en 1736, était, à 20 ans, lieutenant au régiment de Normandie-Infanterie, assista au siège de Berg-op-Zoom, à la prise du fort Hillo, à la bataille de Laufelt; à Clostercamp, il se signala par sa bravoure, et fut grièvement blessé. Cette belle conduite lui valut le grade de capitaine. Il devint ensuite major-commandant de Valenciennes en 1792; les habitants de Valenciennes, qui l'avaient pris en affection, le nommèrent commandant de la garde nationale. Maréchal de camp dans la même année, il commanda l'aile gauche de l'armée du Nord à la bataille de Jemmapes, et contribua au succès de cette journée par l'intrépidité avec laquelle il emporta à la baïonnette les villages de Carignan et de Jemmapes, et par l'habileté qu'il déploya en manœuvrant sur le flanc droit de l'ennemi.

Après la victoire il fut nommé commandant de Mons.

Général de division le 15 mars 93, il reçut de Dumouriez l'ordre de se rendre à Condé et à Valenciennes ; mais il ferma les portes de ces places aux troupes du général transfuge, et les conserva ainsi à la France. Bientôt Ferrand fut investi par 150,000 coalisés commandés par le prince de Cobourg, le duc d'York, et le général Ferraris ; il n'avait avec lui que 9,000 hommes. Avec une si faible garnison, il défendit Valenciennes pendant trois mois, et ne capitula qu'en désespoir d'être secouru, après avoir soutenu quatre assauts et défendu trois brèches praticables dans le corps de la place.

Ferrand, destitué comme ancien noble, fut arrêté et détenu jusqu'après le 9 thermidor. Le premier Consul le nomma préfet de la Meuse-Inférieure, mais ses infirmités le forcèrent à la retraite en 1804.

Il mourut à la Planchette, près Paris, en 1805. Il a publié : *Précis de la défense de Valenciennes.*

FÉRY (Michel), général de brigade, né à Châlons (Marne), le 18 juin 1757, s'enrôla dans le régiment de dragons d'Artois, le 24 août 1781.

Lorsque la Révolution éclata, le jeune Féry fut nommé capitaine de la garde nationale de Chaurou (Creuse), et en remplit les fonctions jusqu'au 15 mars 1792. De retour dans sa ville natale, au moment où s'opérait l'organisation des bataillons de volontaires qui devaient marcher aux frontières, il obtint, le 8 septembre de la même année, le grade d'adjudant-major dans les quatre premières compagnies du bataillon de la Marne, et devint chef de ce bataillon, le 11 novembre suivant.

Féry combattit en 1792 et 1793 à l'armée de la Moselle ; il avait déjà fait, en l'an II, la guerre de la Vendée, lorsque les insurgés de ce pays, au nombre de 400 hommes de cavalerie, et de 3,000 fantassins vinrent l'attaquer au bivouac d'Emoutiers-les-Moufflets. Cet officier n'avait sous ses ordres qu'une dizaine de chasseurs du 15° régiment et 400 hommes d'infanterie dont la plupart n'avaient pas encore vu le feu. Forcé de céder au nombre, il effectua en bon ordre sa retraite sur Saint-Cyr, en arrêtant plusieurs fois l'ennemi, à qui il tua un de ses chefs. Cette belle conduite lui mérita le grade de chef de la 143° demi-brigade, qui lui fut conféré le 1ᵉʳ jour complémentaire de l'an III.

En l'an IV il se rendit à l'armée de l'Ouest, où il servit jusqu'en l'an VIII. Le 5 pluviôse, Féry repoussa à Grandchamp, près de Vannes, avec 300 hommes de la 52° demi-brigade, dont il avait alors le commandement, 1,200 rebelles, soutenus par 2 pièces de canon. Le corps qui était sous ses ordres fut désigné, le 5 fructidor, pour se rendre à l'armée d'Italie. La solde des troupes était arriérée. Les ennemis de la République, profitant de cette circonstance, entraînent une partie de la demi-brigade à la révolte. Un grand nombre de soldats du 1ᵉʳ bataillon arrachent le drapeau des mains de leur commandant et vont camper sur la place de l'église de Vannes. Informé de ce désordre, le chef de brigade Féry monte à cheval, quoique malade, se présente aux factieux, leur ordonne de rendre le drapeau et de rentrer dans leurs rangs. Les coupables persistent dans leur rébellion. Indigné de cette résistance, Féry met pied à terre et s'élance vers le drapeau le pistolet à la main. A l'instant, 60 baïonnettes sont croisées sur sa poitrine. Loin de se laisser intimider par ces démonstrations menaçantes, il s'efforce de se frayer jour jusqu'au drapeau, fait feu sur les rebelles, en tue un, en blesse un autre, et est aussitôt percé de trois coups de baïonnette. Les soldats de la demi-brigade qui ne soutenaient pas la cause des révoltés, s'indignent de cet horrible attentat. Le chef de brigade Féry se rend aussitôt auprès des deux autres bataillons qui avaient été rassemblés, et leur adresse l'allocution suivante : « Le 1er bataillon vient de se déshonorer ; mais vous resterez fidèles au gouvernement, et vous saurez apprécier justement ces misérables instigateurs, éternels ennemis de nos lois, de la paix, et qui n'ont pas rougi d'entasser les mensonges et les calomnies pour vous écarter de l'honorable sentier que vous avez parcouru jusqu'à ce jour. » Intimidés par l'énergie de leur chef et par le nombre de leurs camarades restés fidèles, les rebelles rendent le drapeau et rentrent dans le devoir.

En récompense de son généreux dévouement, Féry fut promu au grade de général de brigade par le général Bernadotte, et fut confirmé dans ce grade, par le premier Consul, le 10 vendémiaire an IX.

Lorsque l'armée d'Italie passait le Mincio, le 5 nivôse an IX, le général Féry, qui commandait toujours la 52e demi-brigade, marcha sur Valeggio, où se trouvait une division autrichienne de 14,000 hommes, sous les ordres du général Bellegarde, fondit sur l'ennemi avec impétuosité, lui enleva 4 pièces de canon, un obusier, fit prisonniers 8 à 900 hommes, en tua presque autant, et entra à Valeggio après avoir perdu lui-même 400 combattants.

De retour en France, Féry fut employé, en l'an XI, dans la 18e division militaire, devint membre de la Légion-d'Honneur le 19 frimaire an XII, et commandant de l'Ordre le 25 prairial de la même année. Investi, en l'an XIV, du commandement de la 15e division militaire, il en exerça les fonctions pendant deux ans, fut ensuite mis à la retraite, et mourut en 1811 à la suite d'une longue et douloureuse maladie.

FEZENZAC (RAYMOND - AIMERY - PHILIPPE-JOSEPH, DE MONTESQUIOU, duc de), descendant de l'ancienne famille des MONTESQUIOU-FEZENZAC, dont l'origine remonte à 890, et qui a produit plusieurs hommes remarquables dans les armes et dans la diplomatie ; le duc Raymond de Fezenzac est né à Paris le 26 janvier 1784. il s'engagea en 1804 comme simple soldat ; il avait à peine vingt ans, il passa par tous les grades et devint lieutenant pendant la campagne d'Allemagne de 1805. Choisi comme aide-de-camp par le maréchal Ney, il le suivit dans la campagne de Prusse, se trouva aux journées d'Eylau et d'Iéna, puis en Espagne, en 1808, assista aux siéges de Saragosse et de Madrid, à l'affaire de la Corogne et remplit dans cette campagne les missions les plus périlleuses. Après avoir rejoint en 1809 la grande armée en Autriche, il fut nommé capitaine, puis chef d'escadron ; l'Empereur, en récompense de ses services, le créa baron de l'Empire.

Lors de l'expédition de Russie, il commanda le 4e régiment de ligne à la bataille de la Moskowa. Pendant la retraite il faisait partie du corps du maréchal Ney. Quoique son régiment, décimé par la rigueur du climat et par l'ennemi, se trouvât réduit à 30 officiers et 200 soldats, le duc de Fezenzac repoussa les attaques incessantes de l'ennemi avec un courage héroïque ; il fut alors créé colonel.

Le maréchal Ney écrivit au ministre de la guerre une lettre dans laquelle il rendait l'hommage le plus honorable à la bravoure du duc de Fezenzac.

Élevé au grade de général de brigade

par l'Empereur, il prit part à la prise de Hambourg par Vandamme, qui rendit également le témoignage le plus flatteur de sa conduite. A la bataille de Kulm, en 1813, le général de Fezenzac donna de nouvelles preuves de valeur. La brigade qu'il commandait fut presque entièrement détruite par le feu de l'ennemi. Il fut fait prisonnier à Dresde, et rentra en France lors de la paix de 1814.

Après la seconde Restauration il fut nommé major général de la garde royale, en 1815; promu au grade de lieutenant-général, le 23 juillet 1823, et appelé, en 1830, au commandement de la division de réserve de l'armée d'Afrique.

Les services éminents rendus au pays par le duc de Fezenzac l'ont fait élever à la Pairie en 1832. Il fut nommé, en 1838, ambassadeur en Espagne, poste qu'il occupa jusqu'en 1839.

A la tribune de la Chambre des pairs, le duc de Fezenzac a prononcé plusieurs discours extrêmement remarquables, notamment sur la question algérienne, sur les affaires d'Espagne en 1840, et les fortifications de Paris en 1841.

Le roi l'a nommé grand-croix de la Légion-d'Honneur en 1839.

FILANGIERI (CHARLES), prince de Satriano, lieutenant-général, directeur général du génie, de l'artillerie, du dépôt de la guerre et des écoles militaires du royaume des Deux-Siciles.

Descendant d'un de ces preux normands qui, avec les fils de Tancrède de Hauteville, s'emparèrent du royaume des Deux-Siciles; vers le xie siècle, Charles Filangieri a eu pour père le célèbre Gaëtan Filangieri, auteur de l'ouvrage intitulé *Science de la législation*, et qui est regardé comme le Montesquieu de l'Italie.

La conquête du royaume de Naples par les Français en 1799, détermina le départ du jeune Filangieri pour la France; à son arrivée à Paris, le premier Consul, voulant honorer la mémoire de l'illustre auteur de *la Science de la législation*, le fit admettre au Prytanée, pour y achever ses études. Le jeune élève s'y fit remarquer par de grands succès, principalement dans les sciences mathématiques. Au commencement de 1802, nommé sous-lieutenant dans une demi-brigade d'infanterie de ligne, il fit, d'une manière brillante, les campagnes auxquelles son régiment prit part, et se distingua surtout à la grande journée d'Austerlitz, où il reçut trois blessures.

Le royaume de Naples ayant été occupé une seconde fois par les armées françaises, Charles Filangieri fut mis par Napoléon, en 1806, à la disposition de Murat qui venait de monter sur le trône de Naples. Filangieri fut d'abord envoyé au siége de Gaëte, puis au corps chargé de la conquête des Calabres. Appelé ensuite auprès de Joseph Bonaparte, devenu roi d'Espagne, il fit la guerre de la Péninsule avec le grade de lieutenant-colonel; mais un duel qu'il eut à Burgos, avec le général Franceschi, et dans lequel ce dernier fut tué, ayant fait encourir à Filangieri la disgrâce du roi Joseph, il revint à Naples. Murat l'y accueillit avec empressement, lui confia le commandement d'un régiment et ne tarda pas à remarquer en lui les qualités d'un officier de la plus haute distinction.

Élevé au grade de général de brigade en 1813, il reçut le commandement de l'avant-garde de l'armée napolitaine qui, par suite de la défection de Murat, vint combattre les Français et le prince Eugène jusque sur la rive droite du Pô. Mais de nouveaux événements, le retour de l'île d'Elbe et la déchéance de Murat arrêtée au congrès de Vienne, rallièrent les armes de ce dernier à la cause de la France. Dans la campagne de 1815, au passage du Panaro, dans le duché de Modène, passage que l'armée autrichienne, sous les ordres du général Bianchi, défendit avec une grande opiniâtreté, le général Filangieri se signala d'une manière héroïque. Comme Bonaparte à Arcole, on le vit s'élancer et franchir le premier le pont si vigoureusement défendu; il fut retrouvé couvert de blessures et presque mort sur le champ de bataille, où Murat le nomma lieutenant-général, grade qui est le plus élevé dans l'armée napolitaine.

Le roi Ferdinand et ses successeurs appréciant les talents militaires du général Filangieri, sa longue expérience et l'estime dont il jouit lui ont successivement confié l'inspection générale de l'infanterie, celle de la garde royale et, depuis 1834, la direction générale de l'artillerie, du génie, du dépôt de la guerre et des Écoles militaires. Les progrès rapides dont ces armes spéciales lui sont redevables, ont rendu désormais européenne la réputation du général Filangieri.

En 1819, ce brave militaire a pris le titre de Satriano à la mort de son oncle dont il était l'héritier.

FITEAU (Edme-Nicolas, comte de Saint-Étienne), général de brigade, né le 9 août 1792 à Saint-Léger-le-Petit (Cher), entra au service comme enrôlé volontaire dans le 4e régiment de chasseurs à cheval le 19 août 1789, et fit, en cette qualité, la campagne de 1792 à l'armée des Alpes, fut nommé brigadier-fourrier le 15 juillet 1793, et entra avec ce grade dans les partisans de l'armée du Rhin.

Il fit à cette armée les guerres de 1793 et des ans II et III. Promu maréchal-des-logis le 18 nivôse an II, il fut fait lieutenant-quartier-maître le 10 pluviôse suivant, et le 6 ventôse, à la tête de 4 hommes, dans les bois de Kayserlautern, il se fit jour à travers quinze cavaliers qui fermaient le défilé, et les mit en fuite. Incorporé comme lieutenant dans le 7e régiment *bis* de hussards le 11 prairial de la même année, il servit avec distinction à l'armée d'Italie pendant les ans IV, V et VI; le 12 prairial an V, près de Valeggio, avec un peloton de 25 hommes il mit en déroute deux escadrons napolitains et fit prisonnier le prince Cutto qui les commandait.

Le 1er ventôse an VI, il fut nommé capitaine, et s'embarqua avec l'armée expéditionnaire d'Orient le 25 floréal suivant. Il prit part aux opérations de l'armée en Égypte et en Syrie pendant les ans VI, VII, VIII et IX, et se distingua surtout dans une expédition dirigée par le général Lagrange, dans laquelle il montra la plus grande résolution en se lançant intrépidement, avec vingt-cinq hussards seulement, dans le camp des Mamelucks, qu'il mit en fuite et auxquels il enleva tous leurs bagages.

Nommé chef d'escadron provisoire le 21 vendémiaire an VII, il se fit encore remarquer, le 3 pluviôse suivant au combat de Samananhout et dans plusieurs autres rencontres avec les Arabes et les Mamelucks, et fut promu, par le général en chef, au grade de chef de brigade provisoire du 3e régiment de dragons le 1er vendémiaire an IX. Le 19 ventôse suivant, il rallia un peloton de tirailleurs qui battait en retraite, le ramena au combat, fit à sa tête plusieurs charges vigoureuses, et fit quelques prisonniers. Le 21, il soutint avec une grande énergie la retraite de l'armée et chargea audacieusement les tirailleurs jusque dans le camp ennemi. Enfin, le 30 du même mois, à la bataille d'Alexandrie, à la tête de son régiment, il culbuta la première ligne et fut blessé de deux coups de feu au bras droit.

Rentré en France après la capitulation d'Alexandrie, le 3ᵉ régiment de dragons vint tenir garnison à Versailles pendant les ans X et XI, et fit partie de la deuxième réserve de l'armée des côtes de l'Océan, pendant les ans XII et XIII. Confirmé dans ces deux derniers grades par arrêté du premier Consul, du 10 vendémiaire an XII, et maintenu comme colonel à la tête du 3ᵉ dragons, Fiteau fut créé membre et officier de la Légion-d'Honneur les 19 frimaire et 25 prairial an XII. Il fit les campagnes de l'an XIV et de 1806, en Autriche et en Prusse, avec la 1ʳᵉ brigade de la 2ᵉ division de dragons, à la réserve de cavalerie de la grande armée. Il se trouva au passage du Lech, à la prise de Wels, au passage de la Traunn et à la mémorable journée d'Austerlitz, et partout il fit preuve de bravoure et de capacité.

Créé commandeur de la Légion-d'Honneur le 4 nivôse an XIV, en récompense ce ses brillants services, il fut appelé à exercer les fonctions de colonel-major des dragons de la Garde impériale le 13 septembre 1806, peu de temps après la création de ce corps d'élite, dans lequel il servit jusqu'au 25 mars 1809, époque à laquelle il fut nommé général de brigade et commandant de la 2ᵉ brigade de la 2ᵉ division de cuirassiers (général Saint-Sulpice), à la réserve de cavalerie de l'armée d'Allemagne.

Blessé grièvement le 6 juillet suivant, à la bataille de Wagram, où il se couvrit de gloire, l'Empereur lui conféra le titre de comte de Saint-Étienne, avec une dotation. A peine convalescent, il fut appelé au commandement du département du Léman (7ᵉ division militaire), le 5 août 1810. Mais le général Fiteau était d'une organisation très-faible, et les souffrances que lui occasionnaient ses blessures avaient encore altéré ses facultés intellectuelles; dans un moment d'aliénation, il se tua d'un coup de pistolet dans son appartement, à Genève, le 14 décembre de la même année.

FLAHAUT DE LA BILLARDERIE (Auguste-Charles-Joseph, comte de), né à Paris, le 20 avril 1785, fils d'un officier général, il entra à l'âge de 15 ans dans un corps de volontaires à cheval, organisé pour accompagner le premier Consul en Italie. Il devint capitaine aide-de-camp de Murat, puis chef d'escadron dans un régiment de chasseurs à cheval, colonel aide-de-camp du prince de Neufchâtel; il combattit, avec distinction, en Portugal, en Allemagne, en Espagne et en Russie. Promu au grade de général de brigade en 1813, il devint aide-de-camp de Napoléon, se signala à la bataille de Dresde et fut alors élevé au grade de général de division (24 octobre 1813). Il se rendit le 22 février 1814 auprès des plénipotentiaires russes, autrichiens et prussiens pour traiter d'un armistice, mais ses propositions ne furent pas acceptées. Le titre de comte et le grade de commandeur de la Légion-d'Honneur lui furent accordés dans la même année. Le général Flahaut, après le retour de l'île d'Elbe, avait repris son service auprès de l'Empereur; il fut nommé Pair de France, et défendit à la Chambre, après le désastre de Waterloo, le rapport du ministre de la guerre attaqué par Ney, donna des détails sur les opérations de Grouchy, certifia que ce maréchal avait alors 40,000 hommes sous ses ordres, et appuya avec chaleur la proposition de Lucien en faveur de Napoléon II.

Après la seconde Restauration, Talleyrand fit rayer son nom de la liste des personnes qui devaient être exilées de France. Toutefois on engagea M. de Flahaut à s'éloigner pour quelque temps. En 1830, il reprit sa place à la Chambre des Pairs et dans les rangs de l'armée;

il a depuis exercé quelques missions diplomatiques, il est grand-croix de la Légion-d'Honneur. Madame de Flahaut, dont les romans ont obtenu tant de succès, et qui épousa en seconde noces M. de Souza, était la mère du général.

FLAYELLE (Louis-François-Joseph), baron de Bourdonchamp, né le 29 novembre 1762 à Vendégis-aux-Bois (Nord). Après avoir servi pendant deux ans dans la garde nationale de Lille, il suivit pendant trois autres années un cours de mathématiques dans cette ville, fit quelques études préliminaires à l'École du génie, et entra dans cette arme en qualité d'adjoint le 29 avril 1792; il se trouva au siége de Lille, aux attaques du pont Rouge, de Warneton et de Warvick, sur la Lys; au siége de la citadelle d'Anvers, au passage de la Meuse, à Wessin, et à la prise de Ruremonde.

A la suite de cette glorieuse campagne, Flayelle fut nommé lieutenant de 1re classe le 28 novembre 1792, et capitaine de 5e classe le 1er janvier 1793. Chargé, dans le mois de mars suivant, de soutenir la retraite de Dumouriez, il s'acquitta de cette mission avec autant de courage que de talent.

Passé à l'armée du Midi en l'an II, il partagea les dangers et les privations des troupes chargées du siége de Toulon, fut nommé capitaine de 4e classe le 16 brumaire, et se distingua le 17 frimaire aux trois assauts de la redoute anglaise, où il conduisait la colonne de gauche à la tête des chasseurs des Vosges. Le 18 pluviôse, il reçut l'ordre de se rendre à Maubeuge, menacé par l'ennemi, qui déjà avait ouvert la tranchée sur la rive gauche de la Sambre, où il fut atteint d'une balle à la jambe droite. Le 4 fructidor, il obtint le brevet de chef de bataillon. Dans le cours de cette campagne, il s'était trouvé aux siéges de Charleroi, de Landrecies et du Quesnoy, et à la prise de Valenciennes, où il commandait la principale attaque. Passé à l'armée de Sambre-et-Meuse le 1er vendémiaire an III, il se signala au siége de Maëstricht, pendant lequel il conduisit avec sa bravoure accoutumée l'attaque de Wick.

Chef de brigade le 19 brumaire, il était retourné dans la place du Quesnoy, lorsqu'un arrêté du Comité de salut public, du 14 floréal, lui prescrivit de se rendre à l'armée des Pyrénées-Occidentales. Il y commanda la ville et la citadelle de Saint-Sébastien, les ports du passage de Guataria et le camp retranché établi sous les murs de la place. Aux combats de Salvatiéra, avec 25 dragons qu'il fit embusquer, il prit deux bâtiments anglais chargés de 400 tonneaux remplis de chanvre et d'eau-de-vie, et se distingua encore aux affaires de Miranda, de Fuente-Alaro, lors de l'expédition de la Biscaye et de la vieille Castille sur les bords de l'Elbe.

Rappelé par ordre de la commission du mouvement des armées, il arriva à Lille, le 20 frimaire an IV, pour y remplir les fonctions de sous-directeur des fortifications. Désigné, le 4 floréal an V, pour faire partie de l'armée de Rhin-et-Moselle, il se rendit immédiatement à son poste; mais le repos de cette armée ayant permis au colonel Flayelle de continuer son service à Lille, il y resta jusqu'au 1er vendémiaire an VI, époque à laquelle il obtint du ministre de la guerre l'autorisation de se rendre à Metz, avec la faculté de suivre l'instruction de l'École du génie. Il avait été quelque temps auparavant employé aux travaux du fort de Kehl et dans les avant-postes.

Le 25 messidor an VII, il alla prendre à l'armée du Rhin le commandement du génie du centre, fut nommé sous-directeur des fortifications le 14 thermidor suivant, et fit partie des armées du Danube et d'Helvétie. Il fut attaché à l'armée de réserve de Dijon, depuis le 7 germinal jusqu'au 18 thermidor an VIII. Il se trouva à la bataille de Châtillon, dans la vallée d'Aoste, avec le général Lannes.

Le 5 prairial, il reçut du général Berthier l'ordre de faire une reconnaissance sur le fort de Bard et de s'assurer du point le plus praticable en cas d'assaut. Il s'acquitta de cette mission sous le feu de l'ennemi, et le général en chef, au retour de cette reconnaissance, lui promit une paire de pistolets d'honneur.

Le 13, il établit avec une grande célérité un pont volant destiné au passage du Tésin à Buffalo. Le premier Consul en fit témoigner sa satisfaction au colonel Flayelle. Il assista, le 24 floréal, à la célèbre bataille de Marengo. A la fin de cette brillante campagne, il fut envoyé à Mézières en qualité de sous-directeur des fortifications, et le 9 frimaire an X à Givet, avec le titre de directeur.

Membre de la Légion-d'Honneur le 19 frimaire an XII, et officier de cet ordre le 25 prairial suivant, il fut nommé électeur du département du Nord, et président du collége électoral du premier arrondissement de celui des Ardennes, le 14 fructidor de la même année.

Il a fait depuis les campagnes de l'an XII, à l'armée des côtes de l'Océan; celles de l'an XIV et 1806 à la grande armée; s'est signalé aux batailles d'Ollabrunn et d'Austerlitz, les 24 brumaire et 11 frimaire an XIV, et aux affaires de Znaïm, de Wischau et de Rausnitz. Il rentra en 1808 à sa résidence de Givet.

En 1809 et 1810, il fit de nouveau partie de l'armée des côtes de l'Océan. L'Empereur l'avait décoré, le 31 juillet 1809, de la croix de commandeur de la Légion-d'Honneur, et lui avait conféré, l'année suivante, le titre de baron de Bourdonchamp. Le 1ᵉʳ novembre 1814, Louis XVIII lui donna la décoration de chevalier de Saint-Louis. Il commandait encore le génie à Givet et à Charlemont pendant les blocus de ces places en 1814 et 1815.

Le colonel Flayelle a été nommé chevalier de l'ordre de Sainte-Anne de Russie (2ᵉ classe), en novembre 1818. Admis à la retraite le 30 janvier 1822, il mourut le 22 mars 1830.

FONTAINE (Louis-Octave, baron), naquit le 7 novembre 1762 à Saint-Rémy (Haute-Saône).

Il s'engagea en 1778, et prit part à la guerre d'Amérique de 1779 à 1782, sous les ordres de Rochambeau, et se distingua au siége de Pensacola en 1781.

Brigadier-fourrier dans la 32ᵉ division de gendarmerie le 7 août 1792, il partit immédiatement pour l'armée du Nord.

Blessé au siége de Menin d'un coup de baïonnette à la poitrine, il fut nommé sous-lieutenant dans le 19ᵉ régiment de chasseurs à cheval le 1ᵉʳ mai 1793, et fit les guerres de la Vendée aux différentes armées de l'Ouest, depuis l'an II jusqu'à l'an V.

Capitaine adjoint aux adjudants-généraux le 28 brumaire an II, adjudant-général chef de brigade le 25 prairial an III; il fit partie de l'expédition d'Irlande.

Il se fit principalement remarquer le 20 fructidor, à la bataille de Castelbar où, à la tête de 40 chasseurs à cheval du 3ᵉ régiment, il fit mettre bas les armes à un régiment anglais et lui enleva 4 pièces de canon.

Sa conduite dans cette journée lui mérita le grade de général de brigade, qui lui fut conféré par le général en chef sur le champ de bataille.

Le Directoire ne confirma point cette nomination, quoiqu'il eût donné des pouvoirs au général Humbert pour récompenser les braves qui se distingueraient.

Fait prisonnier quelques jours après au combat de Connangen, où le général en chef n'ayant plus avec lui que 1,000 hommes environ, fut forcé de capituler, Fontaine revint en France le 4 nivôse an VII, par suite d'échange.

Il fut aussitôt envoyé à l'armée du Danube, sous les ordres du général Jourdan.

Le 30 ventôse, à la bataille d'Ostrach, le général Lefebvre comptait encore, outre les troupes qu'il avait directement sous ses ordres pour la défense de sa position, sur un bataillon de la 58e, 4 compagnies de la 25e légère, 3 escadrons du 5e hussards, un du 1er de chasseurs, et 2 du 17e de dragons; ces troupes, commandées par l'adjudant-général Fontaine, avaient été dirigées la veille sur Hoskirch.

Fontaine ayant reçu l'ordre de se replier sur Ostrach, mais ayant été prévenu par l'ennemi, il se trouva à l'entrée du village pris entre deux feux.

Ne pouvant tenter le passage sans être entièrement défait, il profita d'une brume épaisse qui dérobait sa colonne aux yeux de l'ennemi, et remontant l'Ostrach par la rive droite de ce ruisseau, sur lequel il ne trouva aucune issue praticable, il fut forcé de s'avancer jusqu'à Riedhausen où, après avoir soutenu un combat avec une forte colonne autrichienne, il parvint à opérer sa jonction avec la 2e division.

Cette retraite, à la fois dangereuse et difficile, et qui exigeait un grand sang-froid et beaucoup de courage, fit infiniment d'honneur à l'adjudant-général Fontaine, qui reçut à cet égard les éloges les plus flatteurs de la part du général en chef.

Passé à l'armée du Rhin, il se trouvait au blocus de Philisbourg, lorsque, le 10 fructidor de la même année, l'ennemi fit une sortie avec l'intention de détruire les ouvrages qui se trouvaient à Klein-Hollande, sur la rive gauche du Rhin.

Le général Laborde envoya à sa rencontre l'adjudant-général Fontaine, avec 125 hommes d'infanterie et 22 cavaliers, pour repousser cette tentative.

Après un combat de deux heures, dans lequel il montra beaucoup de zèle et de talent, cet officier força l'ennemi à rentrer dans la place avec une perte de 25 hommes tués et de 30 faits prisonniers.

Aux affaires de Bruchshall et de Dourlach, il fut blessé de plusieurs coups de sabre.

Se trouvant à Paris, le 18 brumaire an VIII, les services qu'il rendit dans le cours de cette mémorable journée lui valurent un sabre de la manufacture de Versailles, dont le premier Consul lui fit présent comme un témoignage de sa reconnaissance et de sa satisfaction.

Employé le 20 pluviôse suivant à la 26e division militaire, commandée par le général Loval, qui fut chargé, pendant cette campagne, de la direction supérieure de la défense des places d'Ehreimbrestein, de Cassel, de Mayence, de Dusseldorff, Fontaine fut plusieurs fois chargé de missions importantes qui furent couronnées d'un plein succès.

Le 1er vendémiaire an X, il reçut des lettres de service comme chef d'état-major de la 24e division militaire, et il en exerça les fonctions jusqu'au 5 brumaire an XII, époque à laquelle il fut employé au camp de Saint-Omer, d'où il passa à celui de Brest le 5 frimaire suivant.

Membre de la Légion-d'Honneur le 23 vendémiaire, il passa comme chef d'état-major de la 2e division de grosse cavalerie de la grande armée, le troisième jour complémentaire de l'an XII, et fit en cette qualité les campagnes d'Autriche, de Prusse et de Pologne, de l'an XIV à 1807.

Il se distingua à Austerlitz et fut nommé, en récompense, officier de la Légion-d'Honneur le 4 nivôse an XIV.

Employé à la division de réserve de cavalerie le 15 mars 1808, il fut envoyé en Espagne le 17 octobre suivant, et le 11 mars 1809, ayant été attaché à l'état-major du prince de Neufchâtel (Alexandre Berthier), major général de la grande armée, il prit part aux opérations de l'armée d'Allemagne pendant la guerre de 1809.

Baron de l'Empire et dirigé sur l'Espagne le 19 mai 1810, il rentra en France quelque temps après pour y soigner sa santé, délabrée par suite des fatigues de la guerre et fut employé auprès du général Bailly de Monthion, aide-major général de l'armée.

Il est mort à Paris le 17 mai 1812.

FORESTIER (GASPARD-FRANÇOIS, baron), naquit à Aix (Savoie), le 14 mars 1767.

Volontaire le 24 septembre 1792 dans le 1er bataillon du Mont-Blanc, sergent le 1er février 1793, il fut élu capitaine le 5 avril suivant dans ce même bataillon, bientôt après 5e demi-brigade provisoire qui passa de l'armée des Alpes à celle des Pyrénées-Orientales.

A l'affaire du 27 frimaire an II, sur la montagne des Alberès, au poste appelé *la Tour de la Massane*, il se défendit avec 150 hommes contre une colonne de 500 Espagnols, et les empêcha de se porter sur les derrières de la division, déjà aux prises avec un ennemi supérieur.

Le 30 du même mois, au combat livré sous le fort Saint-Elme, son bataillon avait perdu beaucoup de monde, et le drapeau, après être passé entre les mains de plusieurs officiers et sergents, qui tous avaient été tués, était tombé au pouvoir des gardes wallonnes, lorsque le capitaine Forestier s'élança au milieu des ennemis, saisit l'étendard français et le rapporta au bataillon.

Après la paix avec l'Espagne, il alla en Italie avec sa demi-brigade (18e de bataille), y devint adjoint provisoire à l'adjudant-général Guillet, et fut employé dans la 9e division militaire le 21 pluviôse an V.

Confirmé dans cet emploi le 1er prairial suivant, placé successivement dans les 7e et 8e divisions militaires, et le 11 vendémiaire an IX, aide-de-camp auprès du général Frégeville, inspecteur de cavalerie, qu'il accompagna cette année en Italie, il se rendit dans la 9e division en l'an XI, fut compris comme membre de la Légion-d'Honneur dans la promotion du 25 prairial an XII, et obtint le grade de chef d'escadron, en conservant ses fonctions, le 3 messidor de la même année.

A la fin de l'an XIII, il suivit de nouveau son général en Italie, fit la campagne de 1806 dans le pays de Naples, et fut assez gravement blessé au bras et au genou en montant à l'assaut de Civitta del Tronto.

Rentré en France avec l'autorisation du roi de Naples pour y rétablir sa santé, il rejoignit la grande armée le 16 mai 1807, assista en qualité de major de tranchée au siège de Stralsund, où il reçut un coup de feu à la jambe droite, revint à Paris à la fin de février de 1808, et partit au mois de juillet pour rejoindre le corps d'observation des Pyrénées-Orientales, devenu 2e corps de l'armée d'Espagne.

Adjudant-commandant le 28 août et officier de la Légion-d'Honneur le 4 septembre de la même année, à la suite de l'affaire de Rio-Seco, il fut grièvement blessé d'une balle dans le cou à la bataille d'Oporto le 29 mai 1809, et se rendit à Madrid, où il resta employé en vertu d'un ordre du roi du mois de février 1810.

Employé au 5ᵉ corps d'Espagne en 1810, il devint sous-chef de l'état-major général de l'armée du Midi en janvier 1812, et l'Empereur l'ayant nommé général de brigade le 30 mai 1813, il rentra en France au mois de juillet, et fut désigné le 22 octobre pour servir au corps d'observation d'Italie.

Pendant la campagne de 1814, il commandait une partie de l'avant-garde de l'armée du Vice-Roi, et dans une affaire où ce prince s'était réfugié au milieu d'un bataillon carré cerné par une cavalerie nombreuse, et manquant de cartouches, il parvint à se dégager par un mouvement hardi. Dans l'après-midi du même jour, il enleva, à la tête du 84ᵉ régiment, le village de Pozzolo, sur le Mincio, défendu avec opiniâtreté par 6,000 Autrichiens.

De retour en France à la paix, il fut nommé chevalier de Saint-Louis le 29 juillet 1814, rentra dans ses foyers le 1ᵉʳ septembre, obtint le 27 décembre la décoration de commandeur de la Légion-d'Honneur, et fut investi le 30 du même mois des fonctions d'inspecteur d'infanterie dans la 16ᵉ division militaire (Lille).

Commandant du département de l'Hérault le 10 juin 1815, il sut y maintenir l'ordre dans ces temps difficiles et se vit classer de nouveau dans la non-activité le 1ᵉʳ septembre. Naturalisé Français le 26 mars 1817, il fut admis à la retraite le 1ᵉʳ janvier 1825.

Le général Forestier est mort à Paris le 24 avril 1832.

FORESTIER (François-Louis, baron), naquit le 3 mars 1776 à Aix (Savoie). Chasseur le 13 août dans l'infanterie légère de la légion des Allobroges à l'armée des Alpes, fourrier le 14 septembre, sergent-major le 8 octobre et lieutenant le 9 décembre de la même année, il fut blessé à la jambe droite par un éclat d'obus pendant le siége de Toulon, le 15 vendémiaire an II, en défendant avec une compagnie de chasseurs qu'il commandait, le poste de la Grille-de-Fer, en face du fort Rouge, attaqué par un bataillon piémontais.

Fait capitaine dans les carabiniers à pied de sa légion le 14 prairial an II, à l'armée des Pyrénées-Occidentales, il soutint, le 30 messidor, avec deux compagnies d'élite, la retraite de la division Charlet par les montagnes de Canigou, défendit Campredon et empêcha dans la nuit une colonne considérable d'Espagnols de pénétrer dans cette ville avant qu'elle n'eût été complétement évacuée par les Français.

Amalgamé dans la 4ᵉ demi-brigade de troupes légères le 16 brumaire an IV, il passa en Italie bientôt après, et se trouva le 25 germinal à l'assaut de la redoute de Saint-Jean, sur les hauteurs de Céva, où il eut la jambe gauche cassée d'un coup de feu, en tête de sa compagnie.

Incorporé dans la 27ᵉ légère le 16 vendémiaire an V, sans quitter l'armée d'Italie, il fit partie des expéditions de Rome et de Naples, et chargé, en qualité d'adjoint à l'état-major, le 6 pluviôse an VII, par le général Duhesme de se rendre en mission de Pescaro dans les Abruzzes, au quartier général de Championnet, dans les environs de Capoue, il traversa la ligne ennemie et 80 lieues de pays insurgé, et, après avoir perdu la moitié de son escorte, il parvint à sa destination. Dès cette époque, le général en chef lui promit le grade de chef d'escadron.

Employé à l'armée des Alpes après la retraite de l'armée de Naples, il se trouva, le 6 frimaire an VIII, à l'affaire de Pignerolla, où, sous les ordres de Duhesme il fit prisonniers, avec une dizaine de hussards, 300 Autrichiens qu'il ramena sous le feu de l'ennemi ; il eut en outre un cheval tué sous lui et fut cité à l'ordre de l'armée. Le 18 prairial, ayant rejoint l'armée de réserve, il fut envoyé en partisan de Crémone à Brescia, et surprit en route un poste autrichien considérable auquel il enleva 25 chevaux qu'il ramena au quartier général.

Quelques jours après, il passa le premier l'Adda en tête d'un détachement de soixante hommes, surprit les bagages et une partie des ponts volants de l'ennemi, et facilita ainsi le passage de la division française.

Enfin, dans la même campagne, il se trouva aux différentes charges de cavalerie devant Crémone et à Marengo.

Devenu aide-de-camp du général Duhesme le 23 fructidor, il fit la campagne de l'an IX à l'armée gallo-batave et se distingua le 30 frimaire à l'affaire de Neukischen, en traversant la ligne autrichienne pour aller au secours d'un bataillon de la 29e légère cerné de tous côtés, et le ramena sans avoir été entamé.

Promu au grade de chef d'escadron et maintenu auprès de son général par arrêté du 1er fructidor an XI, membre de la Légion-d'Honneur dans la promotion du 25 prairial an XII, il resta auprès du général Duhesme à Lyon pendant les ans XIII, XIV et partie de 1806. Envoyé cette année dans le royaume de Naples, il y devint aide-de-camp du général César Berthier le 22 juillet, et passa dans la division des Sept-Iles, où il fut créé adjudant-commandant le 22 juin 1807.

Au commencement de 1809, il était à l'armée d'Italie ; il rejoignit avec elle la grande armée d'Allemagne, reçut un coup de feu à la cuisse droite à la bataille de Raab, et fut créé baron de l'Empire le 15 août, puis officier de la Légion-d'Honneur le 22 du même mois.

Après la paix de Vienne, il revint en Italie avec le corps d'armée du Vice-Roi, repartit avec le 4e corps en 1812 pour l'expédition de Russie, reçut un coup de biscaïen à la jambe gauche à Krasnoë, prit le 18 octobre 1813, à l'armée d'Allemagne, et à la mort du général Vial, le commandement de la 6e division du 2e corps, et se trouva le 30 au sanglant combat de Hanau où, malgré ses pertes récentes, il parvint à faire 900 prisonniers.

Promu au grade de général de brigade le 19 novembre 1813, il suivit le mouvement de retraite de Frankenthal en France, fut grièvement blessé au combat de Brienne le 29 janvier 1814, et succomba peu de temps après à ses blessures.

FOUCHER (Joseph-Désiré), né à Quélaineil (Mayenne), le 17 avril 1786. Entra dans les vélites grenadiers à pied de la Garde impériale le 4 juillet 1804 ; devint caporal des fusiliers grenadiers de la Garde le 15 juillet 1807 ; sergent le 1er mai 1808 ; sergent-major au 1er régiment des tirailleurs de la Garde le 11 juin 1809 ; lieutenant au 2e des tirailleurs de la Garde le 22 juin 1809 ; lieutenant en premier, sous-adjudant-major aux grenadiers à pied de la Garde impériale le 28 février 1813 ; capitaine adjudant-major ayant rang de chef de bataillon le 22 janvier 1814 ; chef de bataillon de la légion de l'Orne le 5 août 1817 ; lieutenant-colonel du 11e léger le 20 novembre 1823 ; colonel du 45e de ligne le 27 décembre 1829 ; maréchal de camp le 31 décembre 1835, lieutenant-général le 22 avril 1846.

M. le général Foucher a commandé la 1re division le 4 mai 1848 ; il passa au commandement de la 2e le 10 juillet suivant. Il est membre de la commission de défense nationale depuis le 17 mai 1848.

Il a été nommé membre de la Légion-d'Honneur le 5 juin 1809, officier le 22 février 1814, commandeur le 18 avril 1834.

Il est chevalier de l'ordre de Saint-Louis et de celui de Saint-Ferdinand d'Espagne (2ᵉ classe).

M. le général Foucher est l'une des plus belles gloires militaires de cette époque. Il a fait avec beaucoup de distinction les campagnes de 1804 au camp de Boulogne; celle de l'an XIV en Autriche (campagne double), de 1806 et 1807 en Prusse et en Pologne, de 1808 en Espagne, de 1809 en Autriche et en Espagne, de 1810 et 1811 en Espagne (il fut blessé le 18 octobre 1810 à Viana), celle de 1812 en Russie, de 1813 en Saxe, de 1814 en France où il fut blessé au combat d'Arcis-sur-Aube, la campagne de 1815 en Belgique, de 1823 en Espagne, et enfin de 1830, 1831, 1832 aux Colonies.

M. le général Foucher a une tenue et un physique militaire des plus remarquables.

FOULER (Albert - Louis - Emmanuel, comte de Relingue), né le 9 février 1769 à Lillers (Pas-de-Calais), entra aux Petites-Écuries comme Page du roi le 1ᵉʳ avril 1786, et passa comme sous-lieutenant de remplacement dans le régiment de Navarre (5ᵉ d'infanterie) le 12 septembre 1787. Devenu sous-lieutenant titulaire au même corps le 1ᵉʳ mai 1788, il fut fait lieutenant le 1ᵉʳ septembre 1791 et obtint le grade de capitaine le 1ᵉʳ mai 1792.

Employé à l'armée du Nord, il y fit la campagne de 1792, sous Luckner, et passa en qualité d'aide-de-camp auprès du général de division Pully le 23 mars 1793. Il fit avec cet officier général les guerres de 1793, ans II et III, aux armées de la Moselle et de Sambre-et-Meuse, et fut nommé adjoint aux adjudants-généraux Mortier et Drouet le 26 ventôse an III. Il servit en cette qualité pendant les ans IV, V et VI à l'armée de Sambre-et-Meuse.

Le 6 thermidor an IV, à l'affaire de Schweinfurt, il fut blessé d'un coup de feu au pied droit. Capitaine dans le 19ᵉ régiment de cavalerie le 26 ventôse an VII, il fut envoyé à l'armée de Mayence et fait prisonnier le 27 floréal de la même année, à Meinbischoffsheim, par un parti de hussards de Sekler. Échangé quelque temps après, il fut nommé chef d'escadron au 21ᵉ régiment de chasseurs à cheval le 29 brumaire an VIII, et fit la campagne de cette année à l'armée d'Italie.

Promu au grade de chef de brigade du 24ᵉ régiment de cavalerie le 4 brumaire an IX, il commanda ce corps à l'armée gallo-batave et passa en la même qualité, le 29 brumaire an X, dans le 11ᵉ régiment de cavalerie, devenu 11ᵉ de cuirassiers. Membre de la Légion-d'Honneur le 19 frimaire an XII, il en fut créé officier le 25 prairial suivant, et fut désigné pour faire partie du collège électoral du département du Pas-de-Calais.

Lors de l'organisation de la maison militaire de l'Empereur, le colonel Fouler fut nommé écuyer, et il fit les campagnes d'Autriche, de Prusse et de Pologne de l'an XIV à 1807, avec la 2ᵉ division de grosse cavalerie de la grande armée. La brillante conduite qu'il tint à Austerlitz lui valut la croix de commandeur de la Légion-d'Honneur le 4 nivôse an XIV. Nommé général de brigade le 31 décembre 1806, et employé à la grande armée, il se distingua à Heilsberg, où il fut blessé d'un coup de lance. Créé comte de l'Empire sous le titre de comte de Relingue le 23 mars 1808, il prit le commandement d'une brigade de la division de cuirassiers du général d'Espagne pendant la campagne de 1809 en Allemagne.

Le 21 mai, à Essling, il fit plusieurs belles charges, enfonça deux carrés, s'empara de plusieurs pièces de canon; mais ayant été blessé de plusieurs coups de sabre à la tête et renversé de son cheval, il fut fait prisonnier. C'est cette circonstance qui fit annoncer sa mort dans le 10ᵉ bulletin. Revenu au quartier général le 22 juillet, l'Empereur le chargea, le 30 octobre suivant, de la formation des régiments de cavalerie de la 2ᵉ division de réserve de l'armée d'Espagne ; cette mission, heureusement accomplie, il reprit son service d'écuyer près de l'Empereur le 2 février 1810.

Il fit encore la campagne de 1814 en France, il reçut le grade de général de division sur le champ de bataille de Saint-Dizier. Mis en non-activité au retour des Bourbons, il fut nommé commandant d'escadron dans la 1ʳᵉ compagnie de mousquetaires de la maison du roi le 6 juillet 1814, et confirmé dans son grade de général de division le 19 du même mois.

Chevalier de Saint-Louis et grand officier de la Légion-d'Honneur le 19 mars 1815, il fut admis à la retraite le 9 septembre de la même année.

Il est mort le 17 juin 1831. Son nom est inscrit sur l'arc de triomphe de l'Étoile, côté Nord.

FOURNIER (Joseph-Augustin), marquis d'Aultanne, général de division, naquit à Valréus (Vaucluse), le 18 août 1759. En 1775, il entra comme cadet-gentilhomme au régiment de Conti-Infanterie, devint capitaine en 1790, et fit en cette qualité les premières campagnes de la Révolution. Adjudant-général en l'an IV, et attaché à l'état-major général de l'armée de Sambre-et-Meuse, il se trouva, le 16 messidor, à l'affaire de Salzberg et le 4 fructidor au combat d'Amberg.

En l'an VIII, il remplit les fonctions de chef d'état-major d'une division de l'armée en Helvétie; combattit, le 3 vendémiaire, à la bataille de Zurich, et fut nommé, le 16 nivôse, général de brigade.

A la tête d'une brigade de cavalerie de la division Montrichard, le 12 floréal, il culbuta, à la bataille d'Engen, l'infanterie autrichienne, la poursuivit jusqu'au delà de Stockach et lui fit mettre bas les armes. Il se trouva, le 12 frimaire an IX, à la bataille de Hohenlinden.

Investi en l'an X du commandement de Sarre-Libre (13ᵉ division militaire), il occupait encore ce poste les 19 frimaire et 25 prairial an XII, dates de sa nomination dans la Légion-d'Honneur comme membre et commandeur. Lié avec Moreau, il cessa d'être employé lors de la condamnation de ce général.

Remis en activité à l'ouverture de la campagne d'Autriche de l'an XIV, il se distingua, le 11 frimaire, à la bataille d'Austerlitz. En 1806, il se signala de nouveau, le 14 octobre, à Iéna, et le 26 décembre à Pulstuck. Nommé le 31 du même mois général de division, il assista, le 8 février 1807 à Eylau, et le 14 juin à Friedland.

Après le traité de Tilsitt, l'Empereur le nomma gouverneur de Varsovie, le fit baron de l'Empire en 1808, et l'envoya en Espagne en qualité d'aide-major général de l'armée. Il commanda Tolède. Il se fit ensuite remarquer, le 11 janvier 1813, à l'attaque de Saint-Étienne de Baïgorry, et le 10 avril 1814 à la bataille de Toulouse. Il envoya son adhésion aux actes du Sénat, reçut la croix de Saint-Louis le 13 août, et fut nommé l'un des inspecteurs généraux de l'armée.

Louis XVIII lui conféra le titre de marquis.

Rallié sincèrement à la cause royale, d'Aultanne y demeura fidèle au 20 mars 1815. Il suivit dans le Midi le duc d'Angoulême, et stipula, comme chef d'état-major de ce prince, les conditions de la capitulation de Pont-Saint-Esprit. Appelé le 10 avril à Paris par ordre du ministre de la guerre, il fut envoyé en surveillance à Saint-Marcellin (Isère). Le roi, quoique absent, voulut récompenser sa fidélité, et par une ordonnance datée de Gand, le 4 avril, l'avait fait grand officier de la Légion-d'Honneur.

A son retour à Paris, il lui donna le commandement de la 7e division militaire, puis, le 16 juillet, celui de la 2e division; mais il le refusa, demanda sa retraite et se retira dans ses propriétés du département de Vaucluse, où il mourut le 7 janvier 1828. Son nom est inscrit sur l'arc de triomphe, côté Ouest.

FOY (Maximilien-Stanislas), né à Ham (Somme), le 3 février 1775. Admis à l'École d'artillerie de La Fère dès l'âge de 15 ans, il en sortit sous-lieutenant en second au 3e régiment d'artillerie. Il fit ses premières armes en 1792, sous Dumouriez, et obtint successivement par sa bravoure et sa belle conduite les grades de capitaine et de chef d'escadron; il fut nommé adjudant-général sur le champ de bataille de Diessenoffen en 1800, et justifia de plus en plus cet avancement dans les campagnes suivantes.

Lors de la mise en jugement du général Moreau, une adresse où la conduite politique de ce dernier était incriminée fut présentée à la signature du colonel Foy, qui refusa de l'apposer en disant : « Qu'il était militaire et non pas juge. » Peu de temps après, il vota négativement pour l'établissement du gouvernement impérial, lorsque le suffrage de l'armée fut invoqué. Il continua de signaler sa valeur, ses talents et ses vertus militaires en Italie, en Allemagne et en Portugal.

Nommé général de brigade en 1809, Foy fut choisi par le maréchal Masséna pour défendre auprès de Napoléon la cause de l'armée de Portugal arrêtée sur les bords du Tage par des obstacles qu'il ne dépendait pas de sa valeur et de son dévouement de surmonter. C'est à la manière non moins noble qu'habile, dont il remplit cette mission honorable, qu'il dut d'être mieux apprécié par le chef du gouvernement, qui le renvoya à l'armée avec le grade de général de division. Placé dans une position plus avantageuse, le général Foy, pendant la retraite de Portugal et les campagnes suivantes en Espagne, notamment à la bataille des Arapyles ou de Salamanque, 22 juillet 1812, au passage du Duero, à Torde-Sillas, dans les affaires qu'il eut à soutenir après la catastrophe de Vittoria; le général Foy, disons-nous, quelque temps investi d'un commandement en chef, développa toute l'étendue de ses connaissances et des ressources de son génie, et obtint un rang distingué parmi les habiles lieutenants du plus grand capitaine du siècle. Blessé pour la quinzième fois sur le champ de bataille de Waterloo, il resta à son poste jusqu'à la fin de cette désastreuse journée.

Nommé en 1819 inspecteur général d'infanterie dans les 2e et 16e divisions militaires, le général Foy fut élu le 11 septembre de la même année membre de la Chambre des députés par le département de l'Aisne.

Sur ce nouveau théâtre parurent avec le plus vif éclat le savoir et l'éloquence du guerrier citoyen, dont l'étude avait été l'unique délassement sous la tente. Foy en consacra les fruits à la défense des principes constitutionnels, des libertés publiques, et jusqu'à sa mort, arrivée le 28 novembre 1825, il ne cessa de justifier les promesses qu'il avait faites à ses commettants. Un concours immense de citoyens de tous les rangs accompagna spontanément le convoi du général distingué, de l'illustre orateur.

Une souscription fut ouverte dans toute la France pour doter ses enfants et pour l'érection d'un monument à sa mémoire. Cette souscription atteignit un million.

« Les généraux qui semblaient réservés au plus brillant avenir étaient Gérard, Clausel, Foy, Lamarque, etc., c'étaient mes nouveaux maréchaux. »

(*Napoléon à Sainte-Hélène.*)

FRANCESCHI-LOSIO (FRANÇOIS), naquit le 3 juillet 1770 à Milan. Nommé, sur la demande du général Bonaparte, sous-lieutenant adjoint à l'état-major de l'armée d'Italie le 13 frimaire an IV, et entré comme lieutenant dans le 15e régiment de dragons le 4 prairial an V, il devint capitaine aide-de-camp du général Masséna, en Helvétie, le 21 prairial an VI, fut grièvement blessé à l'affaire de Feldkirch, et le premier franchit le Rhin à la nage, près d'Aymos, lors de la prise de Coire, dans les Grisons, le 17 ventôse an VII.

Chef d'escadron en conservant ses fonctions auprès de Masséna, le 22 prairial suivant, il vint à l'aile droite de l'armée d'Italie, où, par sa fermeté et à l'aide d'un détachement de la 25e demi-brigade et de quelques Guides du général en chef, il arrêta la désertion de deux demi-brigades auxquelles le dénûment avait fait oublier leur devoir.

Pendant le blocus de Gênes, il prit part à toutes les sorties, eut un cheval tué sous lui en chargeant les Autrichiens à Cogoletto, et fut le seul officier de l'état-major de Masséna qui réussit à porter des ordres au général de division Soult, qui se trouvait coupé du reste de l'armée au poste de la Madone.

Rentré d'Italie en France après la paix de Lunéville, et compris comme officier de la Légion-d'Honneur dans la promotion du 25 prairial an XII, Franceschi fut nommé colonel par l'Empereur le 3 ventôse an XIII, et passa au service de Naples, en 1806, avec le titre d'écuyer du roi Joseph qu'il suivit en Espagne en 1808.

Nommé aide-de-camp de ce prince, il parvint au grade de général de brigade et fut, quelques temps après, tué en duel à Vittoria par le fils du célèbre Filangieri, comme lui aide-de-camp du roi, par suite de quelques discussions sur les affaires de service.

FRÉGEVILLE (CHARLES-LOUIS-JOSEPH, marquis de), est né au château de Frégeville (Tarn), le 1er novembre 1765. Son frère, plus âgé de quatre ans, venait d'être nommé *cadet* au régiment des Dragons-Condé, lorsqu'il périt victime d'une affreuse catastrophe. Charles de Frégeville, âgé de 12 ans seulement, lui fut substitué et joignit son régiment sur les côtes de Bretagne. Le jeune soldat fit le service dans les grades subalternes pendant deux ans, et fut nommé sous-lieutenant le 11 juillet 1779.

En 1781, il acheta une compagnie et fut créé capitaine au régiment des Dragons-Condé. Il employa dès lors une partie de ses semestres à voyager en Prusse et en Allemagne; il apprit la langue de ces pays et étudia principalement la stratégie de leurs armées. De retour en France, il se mit, le 17 mai 1790, à la tête de la garde nationale à cheval de Montpellier pour réprimer des troubles à Nîmes et à Beaucaire.

Nommé, en 1785, capitaine de remplacement, c'est-à dire sans traitement, il fut nommé en 1792 (20 janvier), capitaine au 3e régiment de chasseurs à cheval, et le 20 avril suivant, lieutenant-colonel du régiment *modèle* Chamborant-Hussards, 2e de l'arme.

Charles de Frégeville fit la campagne suivante sous Lafayette et y commença sa réputation.

Le colonel Halzan et le premier lieutenant-colonel Hock, tous deux hostiles aux idées nouvelles, avaient résolu de passer à l'ennemi avec tout le régiment qui se trouvait alors sur la frontière des Ardennes. Lafayette était absent ; on avait éloigné Frégeville comme patriote, mais celui-ci averti à temps, accourut et fit tant que le régiment, un instant ébranlé, refusa de partir et de suivre au camp autrichien son colonel, le lieutenant-colonel en premier et huit officiers qui émigrèrent seuls. En récompense, Charles de Frégeville fut nommé colonel de ce même régiment. Il ne tarda pas à se signaler par sa belle conduite : ainsi, sous Dumouriez, lors de la retraite de Grand-Pré, il conduisit ses hussards en habile capitaine et se battit en soldat intrépide. On sait que Dumouriez avait, en cette occasion, 20,000 hommes en retraite devant une armée de 100,000 Prussiens ou Autrichiens; Frégeville qui formait l'arrière-garde, chargea plusieurs fois la cavalerie ennemie et la tint en échec. Peu de jours après, il se couvrit de gloire à Valmy, de même qu'à Jemmapes, à Halle, à Bruxelles, à Tirlemont et devint l'exemple de l'armée.

Peu de temps avant sa fuite, Dumouriez alla le trouver au camp de Maulde et lui confia ses desseins : son plan consistait à enlever le Dauphin du Temple, à le proclamer roi au milieu de son armée et à confier la régence au duc de Chartres (général Égalité) aujourd'hui Louis-Philippe. Le colonel Frégeville consentit à se prêter à ses vues. Sous prétexte de refaire son régiment, de prendre des hommes du dépôt, ou d'empêcher la désertion, il fut convenu que le colonel se rendrait à Cambrai, puis à Pont-Saint-Maxence : à peine était-il en marche qu'il reçut un second ordre de Dumouriez pour l'arrestation de Bouchotte, alors officier supérieur de hussards et depuis peu commandant de la place de Cambrai, où il présidait le club populaire. Frégeville s'apprêtait à s'acquitter de cette commission lorsqu'un courrier extraordinaire instruisit les autorités que Dumouriez avait émigré, qu'il était déclaré traître à la patrie, mis hors la loi, et que tout officier qui exécuterait des ordres de lui serait condamné à mort. Frégeville se contenta de déchirer le mandat d'arrestation qu'il avait reçu; mais un colonel, qui avait connu cet ordre, fit part à Bouchotte des dangers qu'il avait courus. Ce commandant de place se borna à écrire au général Dampierre, successeur de Dumouriez, de délivrer Cambrai d'un régiment qu'il considérait comme très-suspect. Dampierre qui comptait sur le patriotisme du 2ᵉ hussards, confia à Frégeville le commandement de toutes les troupes qui couvraient Valenciennes ; ce colonel s'y conduisit de la manière la plus distinguée ; mais bientôt rappelé au quartier général, Dampierre lui communiqua un ordre qui lui prescrivait de l'envoyer à Paris pour rendre compte de sa conduite. On sait ce qu'étaient alors ces sortes d'appel à Paris : c'était l'échafaud en perspective, et cependant il partit. Heureusement le Comité de salut public avait été prévenu avantageusement par les représentants du peuple, il renvoya Frégeville à son régiment.

Le 15 mai 1793, il fut nommé général de brigade à l'avant-garde de l'armée des Pyrénées-Orientales. Cette avant-garde était de 3,000 hommes et l'armée de 11,000 à peine. Avec des forces si inférieures, le général Frégeville fit souvent tête à l'ennemi et remporta divers avantages; mais un jour, n'ayant avec lui que 400 hommes, il fut enveloppé par environ 3,000 hommes et fait prisonnier avec ses aides-de-camp. Après deux ans d'une dure captivité, il fut rendu et alla résider à Montpellier en attendant un ordre de service. A peine arrivé dans cette ville, une insurrection y éclata, le général parvint à l'apaiser à force de sagesse et par les voies de conciliation. La ville reconnaissante le nomma député de l'Hérault au conseil des Cinq-Cents.

Au 18 brumaire et dans les journées qui suivirent, le général Frégeville joua un rôle très-actif. Le 19 brumaire, on le vit, aidé de deux de ses collègues, enlever le président Lucien de son fauteuil et le porter dans la cour, pour le soustraire aux vengeances de la faction anarchiste. Le même jour, ce fut lui qui décida Bonaparte à paraître devant environ cent cinquante membres du conseil des Cinq-Cents, réunis dans une salle pour prendre une décision quelconque sur l'événement de la veille. C'est dans cette réunion que l'on décida qu'un décret nommant trois Consuls, parmi lesquels serait le général Bonaparte serait soumis à l'approbation du conseil des Anciens.— Séance tenante on nomma une commission de vingt-cinq membres pris dans chaque conseil, chargée de rédiger une constitution et on lui accorda trois mois pour la formuler. Frégeville fut du nombre de ceux que choisit le conseil des Anciens. La constitution acceptée, le général passa au Corps législatif. Nommé général de division le 28 mars 1800, il reçut la mission d'organiser vingt-cinq régiments dans un rayon de trente-huit lieues de Paris. Toutes ces forces promptement réunies furent dirigées vers l'Italie. Cependant Frégeville préférant le service actif à la législature, alla prendre le commandement des troupes légères du général Brune, et se distingua par des charges brillantes au passage du Mincio et du Tagliamento. On le vit ensuite gouverneur de la 9ᵉ division militaire, commandant une division sous Masséna, et quand le roi Joseph réunit sous ses ordres les armées de Masséna et de Gouvion-Saint-Cyr, ce fut Frégeville qui commanda en chef toute la cavalerie composée de quatre divisions. Pendant que Gouvion-Saint-Cyr faisait le siége de Gaëte, il réussit à s'emparer de Civitella del Tronto, située dans une position inexpugnable.

Ainsi, en un seul jour et avec neuf cents combattants et quelques pièces de quatre, il enleva une place que le duc de Guise avait en vain assiégée à la tête de 6,000 hommes et d'une artillerie formidable. La prise de Civitella del Tronto et celle de Gaëte, entraînèrent la soumission du royaume. Le général Frégeville fut nommé gouverneur de tout le pays comprenant l'Adriatique, depuis les États Romains jusqu'aux côtes de la Calabre, et le roi Joseph demanda pour lui le cordon de grand officier. Après la paix de Tilsitt (1807), Frégeville tomba dans la disgrâce de l'Empereur et resta sans emploi jusqu'en 1814. Louis XVIII le nomma le 8 juillet chevalier de Saint-Louis, et le 27 décembre grand officier de la Légion-d'Honneur dont il était commandeur depuis 1804. Il dut sa faveur aux Tuileries à sa conduite en 1793, conduite qu'il eut soin de faire constater par le duc d'Orléans et par Dumouriez alors à Londres. On laissa seulement ignorer à Louis XVIII la question de régence.

Pendant les Cent-Jours, Napoléon lui confia la cavalerie du 2ᵉ corps d'observation des Pyrénées-Orientales.

A la seconde Restauration, ce commandement lui fut ôté par le duc d'Angoulême irrité de ce qu'il refusait de procéder au licenciement du corps de cavalerie. Le ministre de la guerre, maréchal Gouvion-Saint-Cyr à qui il se plaignit, lui donna l'inspection générale de vingt-cinq régiments de l'armée de la

Loire. Le général Frégeville eut à combattre les ordres occultes du duc d'Angoulême et de son chef d'état-major, le duc de Damas. Le projet du prince était de désorganiser l'armée ; il réussit, et le général Frégeville fut mis à la retraite.

On sait que le duc d'Angoulême était soupçonné à cette époque de vouloir se former un royaume indépendant sous le nom de *royaume de l'Occitanie*.

Le général Frégeville fut remis en disponibilité ; en 1833, il reçut définitivement sa retraite.

Il était à Paris en 1834, et se trouva à la revue du 28 juillet, à cinq pas du roi et derrière le général Lachasse-Vérigny, au moment de l'explosion de la machine Fieschi.

Le marquis Charles de Frégeville avait inspiré une passion très-vive à la baronne de Krudner, la fameuse illuminée à qui appartient l'idée de la *sainte-alliance*.

Le général de Frégeville est mort à Paris en avril 1841. Son nom est inscrit sur l'arc de triomphe, côté Ouest.

FRÈRE (le comte Georges), né le 2 octobre 1764, à Montréal (Aude). Il était pharmacien au commencement de la Révolution. Entré au service en 91, il mérita deux ans après le commandement du 2ᵉ bataillon de l'Aude.

Les armées des Pyrénées et d'Italie où il fit les campagnes qui précédèrent le traité de Campo-Formio furent témoins de sa valeur. Il fut blessé aux redoutes de Sezia, à l'entrée dans le Piémont. Chef de bataillon à la 1ʳᵉ demi-brigade de ligne, il fut encore blessé au combat de Bassano, en 1796, lorsque ce régiment se précipitant sur les pièces qui défendaient le pont de la Brenta, les enleva, passa le pont et pénétra dans la ville malgré la résistance opiniâtre des bataillons de grenadiers, élite de l'armée autrichienne. Le général Bonaparte cita honorablement le commandant Frère dans son rapport au Directoire et le fit colonel de son régiment. Il passa en cette qualité à l'armée de l'Ouest, en Hollande, à l'armée du Rhin, qu'il quitta pour venir commander la Garde des consuls. Promu le 12 septembre 1802 au grade de général de brigade, il fit partie du corps d'armée qui s'empara du Hanovre en 1803.

Il combattit en Autriche, en Prusse et en Pologne, dans les campagnes de 1804 à 1807, et fut cité avec distinction dans les bulletins de l'armée. Le général contribua à la prise de Lubeck et entra un des premiers dans cette place. Dans la campagne de Pologne, il fut chargé de défendre le passage important du pont de Spanden, sur la Passarge ; sept fois la droite des alliés, forte de dix mille hommes, marcha sur les retranchements, et sept fois elle en fut repoussée par le général Frère qui n'avait avec lui que le 27ᵉ régiment d'infanterie légère et quatre pièces de canon. Cette glorieuse défense qui coûta à l'ennemi plus de mille hommes, eut lieu le 5 juin 1807 et fut un des plus brillants faits d'armes de la campagne. Le général Frère reçut l'année suivante le titre de comte de l'Empire, la croix de commandeur, le grade de général de division et un commandement en Espagne.

Le 7 juin il marcha sur Ségovie, et arrivé à un quart de lieue de cette ville, il envoya un parlementaire pour inviter les magistrats à faire rentrer les insurgés dans le devoir. Les Espagnols, forts de cinq mille hommes et soutenus par trente pièces d'artillerie, ayant accueilli le parlementaire à coups de canon, le comte Frère ordonna aussitôt l'attaque. La place fut emportée de vive force ; beaucoup d'Espagnols périrent dans le combat, un grand nombre furent pris et l'on s'empara des canons.

Le général Frère prit part au siége de Saragosse en qualité de chef d'état-major du maréchal Lannes, avec lequel il retourna en Autriche. Il y donna de nouvelles preuves de valeur et de talent, et fut grièvement blessé à la bataille de Wagram. De retour dans la Péninsule, il se signala encore aux siéges de Tortose et de Tarragone, revint en France en 1813, fut appelé au commandement de la 13ᵉ division (Rennes), et ensuite de la 16ᵉ à Lille.

Après la première Restauration, le comte Frère fut nommé chevalier de Saint-Louis, demeura à peu près inactif pendant les Cent-Jours, et n'en perdit pas moins son commandement.

Il mourut, le 16 février 1826, de douleur et de regrets de la mort de son fils unique tué en duel.

Son nom est gravé sur l'arc de triomphe de l'Étoile ; côté Sud.

FRÉSIA (MAURICE-IGNACE), baron d'Ogliano, d'Oglianto ou d'Oglianico, général de division, issu d'une famille noble du Piémont, naquit à Saluces (Stura), le 1ᵉʳ août 1746.

Admis à l'École militaire de Turin au mois d'octobre 1758, le jeune Frésia entra comme cornette dans le régiment de dragons au service du roi de Sardaigne le 17 avril 1766, et devint aide-major le 26 avril 1776, capitaine le 7 août de la même année, major le 27 septembre 1787, lieutenant-colonel du régiment de Chablais (dragons) le 3 août 1790, et enfin colonel du même régiment le 15 mars 1793.

Pendant la guerre que la Sardaigne soutint contre la France, Frésia combattit dans les rangs de l'armée piémontaise avec toute l'ardeur du guerrier qui se dévoue à la défense de son pays. Il commandait en l'an IV les chevau-légers du roi avec le grade de brigadier, lorsque les États du souverain furent envahis par l'armée française, sous les ordres de Bonaparte. Frésia continua à donner des preuves de dévouement à son prince jusqu'à la paix de Cherasco ; mais quand Charles-Emmanuel fut obligé en l'an VI d'abandonner le Piémont pour se retirer en Sardaigne, Frésia s'empressa d'offrir ses services à la France, qui les accepta, et se rendit à l'armée d'Italie, où ses talents et sa bravoure le firent remarquer.

Chargé, à l'ouverture de la campagne de cette année, du commandement d'une brigade de dragons dans la division du général Hatry, il se trouva, le 6 germinal, à la bataille qui eut lieu sous les murs de Vérone. A l'affaire du 16 il culbuta, à la tête de deux faibles escadrons, un régiment autrichien, le mit en désordre et le força de mettre bas les armes. Il obtint alors le commandement de toutes les troupes piémontaises qui ne cessèrent, sous un tel chef, de rivaliser de gloire avec les nôtres.

Après avoir déployé la plus grande valeur au combat de Verdorio, sur l'Adda, où il eut à lutter contre les Russes et les Autrichiens, dont les forces étaient décuples, il fut forcé de céder au nombre et de se rendre avec 2,500 hommes, plutôt fatigués que vaincus.

Rendu bientôt à l'armée française, le général Frésia continua de prendre part à ses brillants succès, et fut nommé général de brigade par arrêté du 13 germinal an X. Au mois de germinal an XI, il fut investi, dans la 19ᵉ division militaire, du commandement du département de la Haute-Loire jusqu'au mois de messidor suivant, époque à laquelle il se rendit à Montpellier pour y organiser la légion du Midi, composée de Piémontais. Ce fut lui que le général Fréville, commandant la 9ᵉ division militaire, envoya à Paris, le 2 floréal, pour porter à l'Empereur le vœu des militaires de la division. Le général Frésia se rendit ensuite à Auxonne, y continua ses fonctions; puis organisa dans cette ville 3 bataillons, dont 2 furent embarqués sur la flotte de Rochefort.

Créé membre de la Légion-d'Honneur le 19 frimaire an XII, il fut nommé commandant de l'Ordre le 25 prairial de la même année. L'Italie fut témoin de ses exploits pendant les campagnes de l'an XIV et de 1806, qu'il fit sous les ordres du maréchal Masséna. S'étant rendu peu de temps après à la grande armée en Prusse, avec une division de cuirassiers, Frésia obtint le grade de général de division le 3 juin 1807, et commanda en cette qualité un corps de cavalerie étrangère à la bataille de Friedland. Au mois de décembre de la même année, il reçut l'ordre d'aller prendre le commandement de la cavalerie du 2ᵉ corps d'observation de la Gironde, avec lequel il entra en Espagne. Son courage et ses talents ne purent l'empêcher de subir toutefois la funeste capitulation de Baylen, signée par le général Dupont; mais il ne fut point enveloppé dans la disgrâce de la plupart des généraux qui avaient assisté à cette malheureuse affaire.

A sa rentrée en France, Napoléon le nomma baron de l'Empire, commandant de la 18ᵉ militaire (Dijon), le chargea, en 1809, d'une mission importante près de la cour de Toscane, et lui donna l'ordre de se rendre à la grande armée, à la tête des régiments de cavalerie organisés en Italie.

Après la campagne d'Autriche, il revint dans la Péninsule pour prendre le commandement de la 4ᵉ division militaire du royaume. Lors de la mort de l'amiral Villaret-Joyeuse, Frésia obtint le gouvernement provisoire de Venise, fit la campagne de Saxe, en 1813, à la tête d'une division de cavalerie, puis devenu commandant des provinces Illy-riennes, dont Fouché était gouverneur général, il mit dans un état de défense respectable les châteaux de Leybach et de Trieste. Dès que ces provinces eurent été évacuées, il passa en Piémont pour reprendre le commandement de l'une des divisions de l'armée de réserve qui s'organisait dans ce pays.

Chargé, le 1ᵉʳ février 1814, de défendre la ville et la rivière de Gênes, où il se soutint jusqu'au 18 avril, malgré la vigueur des attaques et la faiblesse de ses moyens, il conclut alors, avec l'amiral anglais Bentink, la convention la plus honorable, et sortit de Gênes avec les honneurs de la guerre. Ayant ramené ses troupes en France, une ordonnance du roi le créa chevalier de Saint-Louis.

Admis à la retraite le 24 décembre de la même année, et naturalisé Français le 7 décembre 1815, il fixa sa résidence à Paris, où il mourut en 1826.

FRESSINET (Philibert, baron), né à Marigny (Saône-et-Loire) en 1769, embrassa de bonne heure l'état militaire. Adjudant-général en 1797 dans les campagnes d'Allemagne, de Suisse et d'Italie en 1799. Sa conduite à la bataille de Taufers lui valut le grade de général de brigade. Après avoir secondé Championnet en Piémont, et donné de nouvelles preuves de courage et d'habileté dans toutes les rencontres et surtout à Gênes, au passage du Mincio et sur les bords du Tagliamento, il partit en 1802 avec l'expédition de Saint-Domingue. Ce fut lui qui eut la commission de conclure avec Christophe et Toussaint-Louverture la négociation qui amena leur soumission. Néanmoins Leclerc le renvoya en Europe pour des motifs mal connus. A son retour en France, il fut exilé et ne reprit du service que cinq ans après. Il obtint en 1812 un commandement dans le 6ᵉ corps, joignit le prince Eugène et contribua puissamment à sauver l'armée, lors de la défection des Prussiens. Le 15 avril 1813 il se signala près de Magdebourg et parvint, après plusieurs combats glorieux, à opérer la jonction de l'armée du vice-roi avec celle de Napoléon. A Lutzen, avec une poignée d'hommes, il enleva aux Russes le village d'Ersdorf.

Napoléon le fit général de division, baron, commandeur de la Légion-d'Honneur (il n'était même pas légionnaire), et commandeur de l'ordre de Wurtzbourg.

Fressinet se distingua de nouveau au passage de l'Elbe, à Bautzen, à Leipzig. En 1814 il rejoignit l'armée d'Italie et se signala sur le haut Mincio. Pendant les Cent-Jours il rendit de grands services d'organisation dans l'intérieur. Ce fut lui qui, en 1815 rédigea l'adresse énergique envoyée par l'armée sous Paris à la Chambre des représentants. Les désastres de Waterloo ne l'avaient pas fait désespérer du salut de la France.

Banni par l'ordonnance du 24 juillet, il se retira à Bruxelles, passa ensuite à Buenos-Ayres, à Rio-Janeiro, où il connut l'ordonnance de rappel en France; Mais arrêté en 1820 (3 juin) comme *prévenu d'être suspect*, il fut enfermé pendant six semaines à la Conciergerie.

Une maladie de langueur l'enleva en 1821.

FRIANT (Louis, comte), né à Villers Morlancourt (Picardie) le 18 septembre 1758, était colonel à la bataille de Fleurus, où il se distingua. Général de brigade à l'armée de Sambre-et-Meuse sous Kléber qui lui confia 12,000 hommes pour le siège de Maëstricht, il coopéra à la prise de Luxembourg, et Jourdan lui donna le commandement de la province de ce nom. Après plusieurs actions d'éclat sur le Rhin, il servit en Italie sous Bernadotte (1796) et se battit avec intrépidité au passage du Tagliamento et à la prise de Gradiska.

En Égypte, le général Friant rendit de grands services, et Kléber le nomma général de division. Il fit la campagne de 1805 sous Davoût, eut quatre chevaux tués sous lui à Austerlitz, se distingua à Auerstaëdt, à Eylau, à Eckmühl, et fut créé Comte en 1808. Il assista en 1809 à la bataille de Wagram, et plus tard commanda les grenadiers à pied de la Garde impériale.

En Russie, il commandait une division du 1er corps, contribua à la prise de Smolensk, s'empara du village de Seminskoe le jour de la bataille de la Moskowa et détruisit une colonne russe.

Ses blessures le forcèrent à l'inaction jusqu'au mois d'août 1813. Il prit alors le commandement de la 4e division de la jeune garde, se fit remarquer à Hanau, et en 1814 à Champ-Aubert et dans plusieurs rencontres.

Le 2 juin, Napoléon le créa Pair. Le 18 à Waterloo il fut blessé en chargeant à la tête d'une division de la Garde.

Louis XVIII le mit à la retraite après 23 ans de service. Il est mort le 24 juin 1829.

Son nom est inscrit sur le monument de l'Étoile, côté Nord.

FRIRION (François-Nicolas-Mathias, baron), né le 7 février 1766, à Vandières (Meurthe), entra au service en 1782, comme volontaire, chef de bataillon en 94; adjudant-général en 96; il fut en cette qualité envoyé à l'armée d'Helvétie, en Italie, sous Schérer. Rappelé sur le Rhin en 1799, Moreau le nomma général de brigade sur le champ de bataille à Hohenlinden.

Il était à la paix commandant du département du Bas-Rhin (1802), et servit plus tard à l'armée d'Italie sous Masséna, puis en Danemark. Il commandait une brigade de la grande armée à Essling. Le maréchal Lannes, présent à ses manœuvres pendant cette journée, lui dit : « Général, vous vous couvrez de gloire, vous et votre brigade ; je rendrai compte de votre conduite à l'Empereur. » Fririon se distingua encore au passage du Danube, à Wagram et au pont de Znaïm.

L'Empereur lui accorda le brevet de général de division, et le titre de baron avec un supplément de dotation.

En 1810 il était chef de l'état-major général en Portugal.

Rentré en France, il devint inspecteur de la 1re division militaire. Sous la Restauration, il remplit les fonctions d'inspecteur général d'infanterie.

Il mourut le 24 mai 1821. Son nom est inscrit sur l'arc de triomphe, côté Est.

FRIRION (JOSEPH-FRANÇOIS), né en septembre 1771, à Pont-à-Mousson (Meurthe), entra comme soldat en 1791 au régiment d'Artois (48e d'infanterie). Promu par élection au grade de sous-lieutenant, il se fit remarquer dès les premières campagnes du Rhin, en sauvant la caisse et les papiers de ce corps, déposés dans une maison incendiée par l'ennemi. Après le siége de Kehl, où il fut nommé capitaine des grenadiers, il passa en Italie, arriva au siége de Civita-Vecchia et à la bataille de Trebia, fut appelé en 1800 à l'état-major de l'armée du Rhin et reçut de Moreau le brevet de chef de bataillon sur le champ de bataille de Mœrskirch.

Membre de la Légion-d'Honneur à la création de l'ordre en 1804, Fririon commanda le 69e de ligne à Gustadt, à Deppen et à Friedland, où un biscaïen le blessa au flanc gauche et fut nommé officier de l'Ordre le 18 février 1808.

Passé en Espagne en 1809 avec le 6e corps, il défit à Carracedo, le 26 avril, les 2,400 guérillas du partisan Norillo, et combattit l'année suivante à Busaco, où il soutint, pendant toute la journée, le feu de l'armée anglo-portugaise. Sa brillante conduite à la bataille de Fuentès de Onoro, où il fut blessé au bras gauche, lui mérita le grade de général de brigade le 22 juin 1811.

Présent en 1812 aux combats d'Alicante, de Castelleros, de Huerta et à la malheureuse bataille des Arapyles, Fririon entra ensuite dans la province de Palencia avec l'ordre de lever une contribution de huit millions pour subvenir aux ressources de l'armée de Portugal.

Après la bataille de Vittoria, il couvrit la retraite de l'armée, et remplaça le général Foy, blessé à Orthez, dans le commandement de sa division, qu'il ramena en France, et à la tête de laquelle il combattit à la bataille de Toulouse.

Pendant les Cent-Jours, il eut le commandement d'une brigade à l'armée du Rhin et prit part au combat livré aux Autrichiens devant Strasbourg le 28 juin 1815.

Mis à la retraite à la seconde Restauration, il fut replacé dans le cadre d'activité en 1830 et commanda successivement les départements de l'Allier, de la Haute-Saône et du Bas-Rhin.

Rentré dans la position de retraite en octobre 1833, il s'était retiré à Strasbourg, où il est mort en mai 1849.

FUGIÈRE (JEAN-URBAIN) naquit le 8 février 1752 à Valence (Drôme). Soldat dans le régiment de Barrois-Infanterie le 22 mai 1770, caporal le 15 février 1773, sergent le 25 avril 1775, il fit sur mer les campagnes de 1780 et 1781, à la suite desquelles il obtint le grade de sergent-major, le 20 juin de cette dernière année. En cette qualité, chargé d'une classe d'exercice, il s'acquitta de cette tâche de manière à mériter des propositions d'avancement ; mais préférant prendre son congé, il rentra dans ses foyers le 15 avril 1784.

Élu capitaine dans le 3ᵉ bataillon de volontaires nationaux de la Drôme, le 12 octobre 1791, il partit bientôt après pour l'armée des Alpes, et, à la tête de 3 compagnies d'élite, il repoussa les troupes piémontaises dans les sept excursions qu'elles firent sur le bourg de Seez, situé au pied du petit Saint-Bernard, les 14, 18, 19, 23 et 30 octobre, 5 et 12 novembre 1792 : il était alors sous les ordres du général Dubourg.

Chef de bataillon le 4 août 1793, il vint au siège de Lyon, et, le 5 septembre, le directoire du district de Roanne l'envoya mettre en réquisition la force armée, les subsistances, les munitions et les chariots nécessaires à l'armée.

Dans cette mission, il sut respecter les personnes et les propriétés, laissant l'agriculteur et l'artisan à leurs travaux, évitant d'affamer les localités et s'attachant surtout à ne point outre-passer la sévérité de la loi. Il tint la même conduite pendant tout le temps qu'il commanda l'avant-garde à Montbrison et à Villefranche (Aveyron). Il parvint à dissiper, sans coup férir, un rassemblement de 600 individus armés, action qui lui valut un certificat de civisme des représentants Châteauneuf-Randon et Paganel. Il rejoignit ensuite avec son bataillon l'armée des Pyrénées-Orientales, où il arriva dans les premiers jours de l'an II, et, toujours aux avant-postes, il repoussa le 30 brumaire an III, avec une poignée d'hommes, une forte colonne ennemie qui tentait de prendre en flanc la division Sauzet.

Nommé chef de la 18ᵉ de bataille le 25 prairial an III, il assista en cette qualité au combat de Roveredo, où il eut un cheval tué sous lui. A la bataille de Rivoli, le général en chef passant devant sa troupe lui dit : « Brave 18ᵉ, je vous connais, l'ennemi ne tiendra pas devant vous. » La bataille fut gagnée et Fugière obtint l'honneur de faire broder ces paroles sur son drapeau.

Le 13 ventôse an VI, il fut chargé, avec 1,500 braves, d'emporter le pont de Munich, poste formidable défendu par 22 pièces de canon et 7,000 hommes ; Fugière s'en empara en peu d'instants, et fut fait général de brigade en considération de sa belle conduite à cette affaire.

Attaché à la division Régnier pendant l'expédition d'Égypte, il assista à tous les combats qui précédèrent la conquête du Caire, ainsi qu'à la bataille des Pyramides, où il fit preuve d'une grande valeur.

Le 7 thermidor an VII, à la bataille d'Aboukir, chargé d'attaquer par la droite les retranchements relevés par l'ennemi au bord de la mer, il fut atteint par une balle à la tête et reçut un autre coup de feu au bras gauche : il se retirait tout sanglant du champ de bataille, lorsqu'un boulet lui emporta ce même bras et nécessita l'amputation immédiate à l'articulation, opération douloureuse qui le mit un moment en danger de mort, et qu'il subit courageusement au milieu du feu et en présence du général en chef.

En récompense de sa belle conduite, le général en chef lui fit don de son propre sabre, sur lequel il avait fait graver : « Bataille des Pyramides, bataille d'Aboukir, le général en chef Kléber au général de brigade Fugière, au nom du Directoire exécutif. »

Rentré en France après la capitulation d'Alexandrie, il débarqua à Toulon avec l'armée, où il apprit que, dès le 29 frimaire an IX, le premier Consul avait pris un arrêté pour lui confier le commandement en chef de la succursale d'invalides qu'on devait incessamment établir dans la 8ᵉ division militaire. Bonaparte lui confirma lui-même cette nouvelle par une lettre datée de Paris du 8 frimaire an X, et ainsi conçue : « J'ai reçu, citoyen général, votre lettre de la quarantaine : au poste d'Avignon, comme à la tête de la 18e, vous ferez toujours votre devoir avec honneur et d'une manière distinguée. Comptez sur mon estime et les sentiments que j'ai pour vous.

« BONAPARTE. »

Le 24 ventôse an X, le général Fugière fut définitivement installé dans son nouveau poste, où il reçut les décorations de membre de la Légion-d'Honneur le 25 prairial an XII et d'officier de cet Ordre le 5 nivôse an XIII. Napoléon, à son passage à Lyon, le 24 germinal de la même année, le créa commandeur de la Légion-d'Honneur; et le 18 février 1812, il reçut l'ordre de cumuler son commandement des Invalides avec celui du département de Vaucluse.

Le général Fugière est mort le 16 décembre 1813.

G

GALITZIN (DMITRI), général en chef de cavalerie, gouverneur militaire de Moscou, etc. Fils du prince Wladimir Galitzin, petit-fils du prince Galitzin, ambassadeur à Londres, et descendant de Guedemyn, grand-duc de Lithuanie, le prince Dmitri Galitzin naquit le 29 octobre 1771 dans le gouvernement de Moscou. Il vint en France terminer ses études commencées dans son pays. La Révolution de 1789, dont il vit les premiers événements, le forcèrent à retourner en Russie, où il embrassa la carrière des armes ; Catherine II occupait alors le trône. Entré dans le régiment de la garde à cheval, le prince Galitzin se trouva, avec le célèbre général Souwaroff à la prise de Prague, et y fit preuve d'un grand courage. A 28 ans il était lieutenant-général. Il commandait le régiment de cuirassiers de Saint-Georges à Mittau. Il entra, en cette occasion, dans l'intimité de Louis XVIII. Lorsque la Russie associa ses armes à celles de la Prusse contre Napoléon, en 1807, le prince Galitzin reçut le commandement d'une division de l'armée russe ; il prit part à la grande bataille d'Eylau et à plusieurs autres affaires où il se signala par ses talents militaires et son intrépidité. Sa conduite au combat de Golomyn lui fit obtenir la croix de Saint-Georges. Il fit ensuite la campagne de Finlande, en 1809, celles de 1812 et de 1813, où il commanda un corps de grosse cavalerie; il était à la sanglante bataille de Leipzig, et se trouva mêlé à toutes les opérations militaires de la campagne de 1814. D'une ardeur infatigable, il fut constamment sur le champ de bataille, à Montmirail, à Champ-Aubert, à Saint-Dizier. Après la prise de Paris, l'empereur Alexandre lui conféra le titre de général en chef.

En 1820 le prince Galitzin fut nommé gouverneur général militaire de Moscou; son administration a laissé les traces les plus marquées de sa capacité et de la sollicitude avec laquelle il embrassa tous les intérêts confiés à sa garde. Les Français résidant à Moscou furent l'objet de la protection spéciale du gouverneur général.

En 1832, lors de l'invasion du choléra, son dévouement et sa conduite en général furent tels que la ville lui éleva un monument destiné à en perpétuer le souvenir.

Le prince quitta la Russie en mai 1843 et se rendit aux eaux de Carlsbad, puis de là à Paris, où il mourut le 8 avril 1844.

Il a laissé deux fils : les princes Waldemar et Boris Galitzin.

GALZ DE MALVIRADE (Léonard-Jacques-Stanislas, baron de), maréchal de camp, commandant le département de Lot-et-Garonne, commandeur de l'ordre de la Légion-d'Honneur, chevalier de Saint-Louis, chevalier de Saint-Ferdinand d'Espagne.

Le baron de Malvirade était premier Page de l'Empereur à 18 ans; après l'avoir vu couronner en France et en Italie, il le suivit au camp de Boulogne et sur tous les champs de bataille de la grande armée dans la campagne de 1805. A Austerlitz, l'Empereur lui donna l'épée du premier général russe qui fut pris, et le nomma lieutenant. Il gagna le grade de capitaine sur le champ de bataille d'Eckmühl, d'Essling et de Wagram.

Après avoir servi deux ans dans le 7e hussards, il fut nommé officier d'ordonnance de l'Empereur.

Ce fut pendant la campagne de Russie qu'il reçut la croix d'Honneur et fut fait chef d'escadron. Après la campagne de Saxe il partagea le sort de la garnison de Dresde dont la capitulation fut violée par l'ennemi. Après sa captivité, il fut nommé officier de la Légion-d'Honneur.

Sous la Restauration, devenu lieutenant-colonel, il se distingua au combat de Calders en 1823, et fut reçu dans les grenadiers de la garde. Après 1830 il fit encore la campagne de Belgique, et il était à la tête du 10e de dragons lorsqu'il fut nommé maréchal de camp.

Mort au mois de mars 1847.

GAMBIN (Jean-Hugues, comte), naquit le 15 mai 1764 à Paris (Seine), soldat le 25 juillet 1785 dans le régiment d'Angoulême (34e d'infanterie), caporal le 19 mars 1786, sergent le 7 octobre 1787, et sergent-major le 11 novembre 1791, il passa avec son grade, le 22 décembre suivant, dans la garde constitutionnelle du roi, y resta jusqu'au 30 mai 1792, et le 4 septembre suivant il entra comme sergent-major dans le 1er bataillon des Gravilliers, où il fut nommé capitaine adjudant-major, le 15 du même mois.

Il fit le campagnes de 1792 à l'an IX aux armées des Ardennes, du Nord, des Alpes, d'Italie et des Grisons, et donna des preuves de courage et de dévouement, le 1er décembre 1792, lors de l'incendie qui éclata dans le parc d'artillerie de Louvain.

Chef de bataillon le 1er avril 1793, il servit au siége de Valenciennes, où, l'ennemi s'était emparé dans la nuit du 25 au 26 juillet du chemin couvert et de quelques ouvrages extérieurs qui couvraient le corps de la place.

Plusieurs compagnies de grenadiers, commandées pour chasser l'ennemi des postes qu'il occupait entre la porte de Cardon et celle de Mars, intimidées par la grandeur du péril, restent un moment indécises.

Le chef de bataillon Gambin, remplissant les fonctions de commandant temporaire, saisit le fusil d'un grenadier et leur dit : « Eh quoi ! grenadiers ! vous craignez ces gens-là. Suivez-moi ! » En même temps il s'élance dans les retranchements, et animés par son exemple, les grenadiers imitent son intrépidité, et les ouvrages sont emportés en un instant;

mais le brave commandant est atteint d'un coup de feu qui lui traverse la cuisse droite et le met hors de combat.

Amalgamé dans la 80ᵉ demi-brigade, le 10 brumaire an VI, il se fit remarquer en l'an VII aux affaires du poste des Barricades et de Fossano. Après avoir tenu garnison à Wissembourg, pendant l'an X, il servit en l'an XI en Helvétie, et passa par incorporation dans le 34ᵉ régiment d'infanterie de ligne le 1ᵉʳ brumaire an XII.

Major du 53ᵉ de ligne le 30 frimaire, et membre de la Légion-d'Honneur le 4 germinal de la même année, il fit les campagnes de l'an XIV et de 1806 avec la 5ᵉ division d'infanterie de l'armée d'Italie.

Promu colonel à la suite du 53ᵉ de ligne le 24 décembre 1807, et placé le 1ᵉʳ mai 1808 comme colonel titulaire à la tête du 84ᵉ de même arme, il fit en cette qualité la campagne de 1809 en Italie et en Allemagne, et c'est sous ses ordres que le corps qu'il commandait ajouta à son illustration par un des faits d'armes les plus éclatants de cette époque.

Deux bataillons du 84ᵉ, forts au plus de 1,100 combattants, avaient été laissés dans la ville de Gratz; le 26 juin, le général autrichien Giulay se présenta devant cette place avec un corps de 10 à 12,000 hommes.

Le colonel Gambin plaça ses deux bataillons dans un des faubourgs de la ville, repoussa toutes les attaques de l'ennemi, le culbuta partout, lui prit 500 hommes, 2 drapeaux, et se maintint dans sa position pendant 14 heures.

C'est sur le champ de bataille de Wagram qu'il présenta à l'Empereur les drapeaux pris à Gratz: « Colonel, lui dit Napoléon, je suis content de la bravoure de votre régiment et de la vôtre, vous ferez graver sur vos aigles : UN CONTRE DIX. »

Le 84ᵉ régiment reçut en outre 96 décorations de la Légion-d'Honneur et un décret impérial du 15 août conféra au colonel le titre de comte, avec une dotation de 10,000 fr. de rente.

Général de brigade commandant d'armes le 5 mars 1811, et employé en cette qualité à Rome le 19 juin suivant, il exerça ces fonctions jusqu'au 16 mars 1813, époque à laquelle il obtint sa retraite.

Le 25 avril 1821 il reçut la croix de Saint-Louis, et le 19 août 1823 celle d'officier de la Légion-d'Honneur.

Il est mort le 18 mai 1835 à Toulon (Var).

GANTEAUME (HONORÉ, comte), vice-amiral, né à la Ciotat en 1759, se destina de bonne heure au service de la marine et débuta dans la guerre d'Amérique. Il était officier auxiliaire en 1778, et devint sous-lieutenant de vaisseau en 1786. Élevé au grade de capitaine de vaisseau après sa sortie des prisons d'Angleterre, où il avait été conduit au commencement de 1793, il fut chef de division en 1795; contre-amiral sous le Directoire, il fut nommé préfet maritime à Toulon. Quelque temps après vice-amiral, et en 1808 inspecteur général des côtes de l'Océan. Le roi le nomma pair de France le 17 août 1815.

Il mourut à Aubagne le 28 novembre 1818. De tous nos officiers de marine c'est celui qui réunit le plus de titres et d'honneurs. Il est vrai qu'il comptait 49 années de service pour l'État ou pour le commerce, plus de 20 campagnes, 10 commandements généraux ou particuliers, plusieurs combats et quatre blessures.

Napoléon en a porté un jugement sévère quand il a dit à Sainte-Hélène : « Ganteaume n'était qu'un matelot, nul et sans moyens. »

GARDANNE (Gaspard-Amédée), né le 24 avril 1758 à Solliers (Var), entra au service, le 1er mars 1779, comme lieutenant dans les canonniers gardes-côtes, et y resta jusqu'au 30 septembre 1780, époque de son passage dans les Gardes du corps du roi. Sorti de ce corps en 1784, il se retira dans ses foyers et ne pensait plus à reprendre les armes lorsque la Révolution éclata.

Une coalition formidable menaçait l'indépendance de la patrie et de nombreux volontaires accouraient aux frontières pour repousser l'agression. Le patriotisme de Gardanne ne fit point défaut dans cette circonstance solennelle ; il offrit ses services, fut élu deuxième chef de bataillon du 1er bataillon du Var, le 16 septembre 1791, et eut le commandement de ce même bataillon le 31 novembre 1792. C'est en cette qualité qu'il fit les campagnes des Alpes, et préluda par des actes de bravoure aux titres nombreux qu'il s'est acquis depuis à la gloire militaire et à la reconnaissance de la patrie.

Adjudant-général chef de brigade par arrêté des représentants du peuple Ricord, Fréron, Barras et Robespierre jeune, en date du 13 septembre 1793, il fut confirmé dans ce grade par décret de la Convention du 23 germinal an II, et prit une part active aux opérations du siége de Toulon.

Passé à l'armée d'Italie, l'adjudant-général Gardanne se distingua le 9 messidor an III. Envoyé par le général Dallemagne pour suivre les mouvements de l'ennemi qui avait projeté de s'emparer du camp de Sabion (Piémont), pour descendre ensuite à Tende, cet officier général reconnut qu'il était urgent de faire rétrograder l'ennemi, et il chargea Gardanne de diriger cette opération. Ce dernier partit avec un bataillon de tirailleurs et un détachement de la 165e demi-brigade, franchit avec intrépidité des précipices affreux, chargea les Piémontais, les culbuta avant même qu'ils eussent eu le temps de se reconnaître et leur fit éprouver des pertes considérables.

Nommé provisoirement général de brigade, au mois de brumaire an IV, par le représentant Fréron, il se signala, le 11 prairial suivant, au passage du Mincio. L'avant-garde ennemie, forte de 4,000 fantassins et de 1,800 cavaliers, défendait l'approche de Borghetto. Mis en déroute par notre cavalerie, les Autrichiens se hâtent de passer le pont et d'en couper une arche. L'artillerie légère engage aussitôt la canonnade. Le pont est raccommodé sous le feu de l'ennemi ; mais une cinquantaine de grenadiers impatients d'aborder l'ennemi, se jettent à la nage tenant leurs armes et leurs fourniments au-dessus de leur tête et ayant de l'eau jusqu'au menton. Le général Gardanne, *grenadier par la taille comme par le courage* (selon les expressions du rapport du général en chef Bonaparte), était alors à leur tête. Les Autrichiens, épouvantés de tant d'audace, prennent la fuite ; le pont est rétabli ; les grenadiers passent le Mincio et s'emparent de Valeggio, quartier général de Beaulieu, qui venait d'en sortir à l'instant même. Le 18 thermidor an IV, à la bataille de Castiglione, le général Gardanne tourna l'ennemi, fondit sur lui, le mit en déroute, et par ce mouvement hardi contribua puissamment au succès de cette affaire.

Le 25 brumaire an V, à la première journée d'Arcole, il fit 400 prisonniers ; à la seconde, 2,500, parmi lesquels se trouvait un général-major, et il enleva 11 pièces de canon et 2 drapeaux. Le 27, au moment où l'ennemi faisait son mouvement pour s'emparer du pont, le général en chef Bonaparte donna l'ordre à Gardanne d'aller s'embusquer dans un bois, à la droite du pont, avec 2 bataillons de la 32ᵉ demi-brigade, pour défendre le passage de l'Adige. Dès que les Autrichiens parurent, Gardanne les attaqua avec impétuosité ; il les culbuta, leur fit 2,000 prisonniers et rejeta les fuyards dans l'Adige, où un grand nombre se noyèrent. Au moment où il débouchait du bois, il fut blessé par un coup de feu, mais il n'en continua pas moins à diriger sa colonne. Confirmé dans son grade de général de brigade, par arrêté du Directoire, en date du 10 germinal an V, il continua de faire la guerre en Italie et ne démentit point la belle réputation qu'il s'était acquise dans les campagnes précédentes.

Il se distingua surtout, le 23 floréal an VII, à Bassignana, où il contribua au succès de cette journée. L'état de faiblesse numérique auquel se trouvait réduite l'armée française l'ayant obligé à prendre des positions plus resserrées, le général Gardanne alla s'enfermer dans Alexandrie. Il défendit longtemps cette place contre une armée de 15,000 Austro-Russes ; mais le mauvais état des fortifications et le manque d'approvisionnements paralysèrent ses généreux efforts, et il se vit forcé de rendre la place aux ennemis. Au commencement de l'an VIII, Gardanne vint à Paris et prit une part très-active aux événements de la journée du 18 brumaire ; aussi le Corps législatif le comprit dans son décret au nombre de ceux qui avaient bien mérité de la patrie, en faisant un rempart de leur corps au général Bonaparte. Celui-ci, devenu premier Consul, n'oublia point les services de Gardanne ; il le nomma général de division le 15 nivôse an VIII.

Appelé au commandement de la 6ᵉ division d'infanterie de l'armée de réserve, le 10 floréal suivant, il combattit avec une rare valeur, le 17 prairial, au passage du Pô. Le 23, après la bataille de Montebello, l'avant-garde était en marche pour passer la Scrivia : Gardanne rencontre l'ennemi qui défendait les approches de la Bormida et les trois ponts qu'il avait près d'Alexandrie ; il l'attaque aussitôt, le culbute et lui fait une centaine de prisonniers. Le 25, à Marengo, il fut chargé de s'emparer, avec sa division, du village de ce nom et l'emporta après une courte résistance. Il suivit vivement les Autrichiens jusqu'à leurs retranchements sur la Bormida, leur enleva 2 pièces de canon et prit position à la cassine de Pedrebona, en avant de Marengo, et à égale distance de ce village et de la Bormida. Dans cette journée mémorable, le général Gardanne surpassa la réputation qu'il s'était faite jusqu'alors. Les services qu'il y rendit lui valurent la mention honorable que le gouvernement fit de lui dans son arrêté du 7 messidor, ainsi conçu : « Les Consuls de la République, voulant donner une preuve de la satisfaction du peuple français au général de division Gardanne, qui s'est conduit à la bataille de Marengo avec autant de bravoure que d'intelligence, arrête ce qui suit : Le ministre de la guerre fera donner au général Gardanne un sabre sur lequel seront inscrits ces mots : *Bataille de Marengo, commandée en personne par le premier Consul. — Donné, par le gouvernement de la République, au général Gardanne. — Le premier Consul, signé Bonaparte.* Le général Gardanne contribua encore, sous les ordres du général Brune, aux passages du Mincio, de l'Adige, de la Brenta et à toutes les victoires de cette courte mais glorieuse campagne de l'an IX, qu'il avait fallu faire pour assurer enfin la paix.

Rentré en France le 12 thermidor an IX, le général Gardanne fut nommé commandant de la 20ᵉ division militaire le 4 fructidor suivant. Le premier Consul lui confia le commandement des troupes françaises employées dans la république de Gênes, le 7 floréal an X, et le 18 messidor an XI, il le chargea de celui des corps français stationnés dans la république italienne.

A la création de la Légion-d'Honneur, Gardanne, membre de droit, fut classé dans la 8e cohorte et fut créé commandont de l'Ordre le 25 prairial an XII. Il continua d'exercer les fonctions dont il était revêtu jusqu'au 21 fructidor an XIII, époque à laquelle il passa au commandement d'une des divisions de l'armée d'Italie sous les ordres de Masséna, qui le cita avec les plus grands éloges pour ses talents et sa bravoure lors du passage du pont du vieux château de Vérone, le 26 vendémiaire an XIV.

Gardanne se distingua le 17 brumaire suivant au combat de Caldiero. Passé en 1806 au 9e corps de la grande armée, il rendit des services signalés pendant les campagnes de Prusse et de Pologne.

Après la paix de Tilsitt, il revenait en France par la Silésie, lorsqu'il fut atteint d'une fièvre pernicieuse à Breslau, où il mourut le 14 août 1807.

La France perdit en lui un de ses meilleurs citoyens, un de ses plus intrépides défenseurs. La douleur de l'armée l'accompagna dans sa tombe.

GARDANE (CLAUDE-MATHIEU) naquit à Marseille en 1766. Sous-lieutenant à quatorze ans dans le premier régiment de chasseurs à cheval, il fut fait lieutenant le 21 janvier 1792, capitaine le 28 mai 1793, et chef d'escadron le 20 messidor an II.

Nommé par le Directoire, le 14 prairial an IV, chef de brigade, il prit le commandement du 9 régiment de chasseurs à cheval.

Moreau, général en chef de l'armée d'Italie, témoin de sa valeur à Bassignana le 23 floréal an VIII, le fit, sur le champ de bataille même, général de brigade, grade dans lequel il fut confirmé par arrêté directorial de 27 vendémiaire an VIII.

Il fit avec distinction les campagnes de 1792, 1793, ans II, III, IV, V, VI, VII et VIII, et fut blessé plusieurs fois, notamment au siége de Gênes, le 20 germinal an VIII, d'un coup de feu au genou gauche.

Gouverneur des Pages le 8 vendémiaire an XIII, et aide-de-camp de l'Empereur le 2e jour complémentaire de la même année, il se trouva en cette qualité à Austerlitz, à Iéna et à Eylau.

Le roi de Perse, Feth-Aly-Schah, ayant réclamé l'assistance de l'Empereur contre la Russie et l'Angleterre, Napoléon fit son gouverneur des Pages ministre plénipotentiaire en Perse, le 10 mai 1807.

Le peu de connaissance des usages du pays, et surtout l'indolence du général Gardane, firent échouer les espérances qu'on pouvait avoir de cette importante mission.

Revenu en France en 1809, l'Empereur lui accorda le titre de comte de l'Empire, avec une dotation de 25,000 francs sur les domaines de Harburg et Moisburg (Hanovre), et, au mois de décembre, l'envoya comme général de brigade au 8e corps de l'armée d'Espagne.

Passé ensuite au 9e corps, il fut suspendu et renvoyé dans ses foyers pour n'avoir point effectué une expédition dont il était chargé en Portugal.

Le 5 janvier 1811, le major général prince de Wagram écrivit au ministre de la Guerre :

« J'ai l'honneur de vous prévenir que, d'après les ordres de l'Empereur, je donne l'ordre à M. Drouet, comte d'Erlon, commandant le 9e corps d'armée, de désigner un officier général pour prendre le commandement du corps de troupe que commande maintenant le général Gardane sur les derrières de l'armée de Portugal, et je donne l'ordre au général Gardane de partir ensuite, de sa personne, pour revenir en France. »

Le Général Gardane répondit au prince de Wagram la lettre suivante, datée de Balaruc, le 29 avril 1811 :

« J'ai l'honneur de rendre compte à Votre Altesse, le 7 février, de Salamanque, de l'expédition dont j'ai été chargé en Portugal. Votre Altesse y aura vu que Son Excellence le comte d'Erlon avait envisagé que l'on ne devait rien hasarder ; que le 25 novembre il avait rétrogradé sur l'Espagne ; que le 25, il n'y avait pas de pont sur le Zezere ; que son Altesse le prince d'Essling venait de quitter Villa-Franca, Torresvedras, etc.; que le 25 je me trouvai en mesure de passer le Codès, qui est à cinq journées de l'Espagne, ayant à Guarda, sur mes derrières, Sylveira, qui dans une seule marche pouvait m'arrêter sur toutes les communications vers l'Espagne. — J'ai dû m'arrêter à Balaruc, attaqué de rhumatismes, de fièvre et de fatigue ; j'y suis depuis un mois, sans un soulagement apparent. »

Il paraît que les explications du général Gardane ne satisfirent pas l'Empereur, puisqu'il ne l'employa plus.

Louis XVIII, moins difficile, le réintégra dans ses fonctions le 12 juin 1814.

Chargé du commandement d'une brigade de l'armée du duc d'Angoulême, et placé sous les ordres du général Ernouf, il ne tarda pas à rejoindre les troupes impériales.

Ce dévouement ramena Napoléon, qui l'attacha, le 7 juin, à la défense de la Somme.

Retraité le 4 septembre 1815, il est mort au mois de janvier 1818.

GARNIER-LABOISSIÈRE (Pierre), né à Chassiecq, département de la Charente, le 10 mars 1754, entra à l'École militaire en 1769, et fut nommé sous-lieutenant dans Custine-Dragons le 1er juin 1772. Réformé à la formation de 1776, il fut réadmis au corps, avec son grade de sous-lieutenant, le 15 juin 1777 ; il prit rang de capitaine le 3 juin 1779, et devint capitaine de remplacement dans Montmorency-Dragons le 28 avril 1788, et quand ce régiment prit le titre de 2e régiment de chasseurs à cheval, le 17 septembre 1791, il y resta comme capitaine et le suivit à l'armée du Rhin.

Au combat de Spire, le 30 septembre 1792, à la tête de douze de ses chasseurs, il fit trois cents prisonniers Autrichiens. Le 1er décembre suivant, il reçut, en récompense de cette action d'éclat, le grade de chef de brigade. Il exerçait les fonctions de général de brigade avec l'autorisation des représentants du peuple à l'armée du Rhin, depuis le 8 mai 1793, lorsque, dans une charge de cavalerie qui eut lieu le 25 messidor an II, et dans laquelle il eut un cheval tué sous lui, il tomba au pouvoir des Prussiens.

Échangé au mois de germinal an III et nommé général de brigade le 25 prairial de la même année, il fut successivement employé aux armées de Rhin-et-Moselle et d'Allemagne. Il fut blessé à l'affaire de Roth, le 19 frimaire an IX, d'un coup de feu à l'épaule droite. Le 23 nivôse an VI, il passa à l'armée d'Angleterre, et le 29 thermidor à celle de Mayence. Il servit ensuite, comme général de division nommé le 5 ventôse an VII, en Italie et en Suisse pendant les ans VII, VIII et IX, et eut le commandement de l'armée de réserve depuis le 22 thermidor an VIII jusqu'à la fin de la campagne de l'an IX dans les Grisons.

Mis en non-activité le 1er vendémiaire an X, il fut nommé inspecteur général d'infanterie le 7 nivôse, puis de nouveau inspecteur général de cavalerie le 8 ventôse. Le premier Consul le fit entrer au Sénat le 7 fructidor an X. A l'époque de la création de la Légion-d'Honneur, il en fut nommé membre le 9 vendémiaire an XII, et grand officier le 25 prairial suivant.

Il avait été pourvu de la sénatorerie de Bourges par un décret du 2 de ce dernier mois, et devint Chambellan de l'Empereur au mois de pluviôse an XIII. En 1807, le 20 mars, l'Empereur lui confia le commandement de la 4e légion de réserve de l'intérieur, et l'envoya, au mois d'octobre, présider le collège électoral de la Charente ; il lui conféra le titre de Comte en 1808.

Appelé au commandement supérieur de Strasbourg, le 8 mars 1809, il mourut à Paris, le 14 avril, avant d'avoir pu se rendre à sa destination.

GAULTIER DE KERVÉGUEN (Paul-Louis) naquit le 22 mars 1737 à Brest (Finistère). Élève ingénieur de la marine en 1755, il fut employé aux travaux du port de Rochefort et aux fortifications de l'île d'Aix jusqu'en 1762.

Embarqué à Brest en 1763 pour l'expédition de Rio-Janeiro, il passa à Saint-Domingue l'année suivante, et devint aide-de-camp du comte d'Estaing.

En 1765, le gouvernement l'attacha comme ingénieur-géographe militaire à la légion dite de *Saint-Victor*.

Rentré en France en 1768, il reçut l'ordre de se rendre en Corse ; il y obtint, le 18 novembre 1769, le brevet de capitaine d'infanterie, et fut chargé, en 1778, de la carte topographique des côtes de l'Océan, jusqu'au 13 avril de cette année.

Envoyé en Amérique avec le titre de maréchal-général-des-logis des troupes de débarquement, il se trouva à l'attaque du fort Sainte-Lucie en 1779, et à l'assaut du fort de l'île de Grenade, fut blessé d'un coup de feu à la cuisse, et devint, la même année, chevalier de Saint-Louis,

De retour sur le continent à la fin de cette campagne, et nommé lieutenant-colonel le 20 décembre 1779, il continua de diriger la carte topographique des côtes de l'Océan jusqu'en 1785, et en 1786, on l'admit dans l'association américaine de Cincinnatus.

Promu le 15 novembre 1791 au grade d'adjudant-général colonel, il devint chef d'état-major général à l'armée des Pyrénées-Occidentales.

Général de brigade le 8 mars 1792, il passa l'année suivante à l'armée d'Italie avec les mêmes fonctions, reçut du représentant du peuple attaché à cette armée, le 7 ventôse an II, le brevet de général de division, et fut confirmé dans ce grade le 25 prairial an III.

De l'an VI à l'an VIII, il eut l'inspection générale de l'infanterie de l'armée d'Italie, et il commanda par intérim cette armée pendant les premiers mois de l'an VII.

Inspecteur en chef aux revues le 18 pluviôse, membre de la Légion-d'Honneur le 4 germinal an XII, officier de l'Ordre le 27 nivôse an XIII, et électeur dans le département de la Seine, il obtint sa retraite le 6 juin 1807.

Il est mort à Paris le 3 mai 1814.

GAUTHIER (Jean-Pierre, dit LECLERC), né le 25 février 1766 à Semonsel (Jura), entra comme dragon dans le 18e régiment le 15 avril 1783.

Nommé brigadier le 16 janvier 1788, il obtint le grade de maréchal-des-logis le 8 juillet 1791. Successivement promu à ceux de maréchal-des-logis et sous-lieutenant les 1er janvier et 1er avril 1793, ans II et III à l'armée des Pyrénées-Occidentales, il y devint lieutenant le 1er germinal an II, et capitaine le 1er floréal suivant. Envoyé en l'an IV à l'armée de la Vendée, sous les ordres de Hoche, il prit part aux opérations de celle d'Italie pendant les guerres de l'an V et de l'an VI.

Au mois de floréal de cette dernière année, le capitaine Gauthier-Leclerc s'embarqua avec l'armée expéditionnaire d'Orient. Sa brillante conduite, pendant toute la durée de cette guerre, lui valut le grade de chef d'escadron le 22 fructidor an VII ; il se distingua encore le 17 ventôse an IX, au débarquement des Anglais à Aboukir, et, le 19 floréal suivant, le général en chef Menou lui fit adresser la pièce suivante : « Sabre d'honneur accordé au citoyen Leclerc, chef d'escadron au 18e régiment de dragons. — Le général en chef voulant donner un témoignage de la satifaction du gouvernement au citoyen Leclerc, chef d'escadron au 18e régiment de dragons, pour la conduite distinguée qu'il a tenue à l'armée d'Orient, accorde au citoyen Leclerc un sabre d'honneur. Il jouira, à dater de ce jour, des doubles appointements attachés aux cent sabres, conformément à l'ordre du jour du 14 pluviôse an VII. »

Revenu en France après la convention d'Alexandrie, Gauthier-Leclerc fit partie des troupes rassemblées sur les côtes de l'Océan pendant les ans XII et XIII. Classé comme légionnaire de droit dans la 6e cohorte de la Légion-d'Honneur, il fut nommé officier de l'Ordre le 25 prairial an XII. Il servit ensuite à la grande armée pendant les campagnes d'Autriche et de Prusse, et se fit surtout remarquer par son intrépidité à la bataille d'Austerlitz où il fut blessé.

Nommé major du 9e régiment de dragons le 19 juin 1806, il obtint le grade de colonel en second commandant le 11e régiment provisoire de dragons le 31 mars 1809. Ce corps s'organisait à Orléans ; c'est de là que le colonel Gauthier-Leclerc partit pour l'Espagne, où il fit la guerre depuis cette époque jusqu'en 1812. Passé le 15 mars 1810 au commandement du 9e provisoire de dragons, il devint disponible à la dissolution de ce corps, le 29 mai suivant.

Après avoir servi pendant quelque temps à la suite du quartier général, il fut appelé au commandement du 25e régiment de dragons le 23 août 1811.

Nommé major du 2e régiment des lanciers de la Garde impériale, le 12 janvier 1813, il fit avec distinction la campagne de Saxe et fut élevé au grade de général de brigade le 26 décembre de la même année, en récompense de ses bons services. Attaché à la division de cavalerie du général Saint-Germain, le 11 février 1814, il passa à la 6e division de grosse cavalerie du corps du maréchal duc de Trévise le 28 mars suivant.

Sous la première Restauration, il fut employé à Avignon, et au retour de l'Empereur de l'île d'Elbe, il reçut le commandement d'une brigade avec laquelle il fit la campagne des Cent-Jours.

Après les désastres de Waterloo, ce général se retira dans ses foyers et fut admis à la retraite le 6 octobre 1815.

GAUTHERIN (Pierre-Edme, baron) naquit le 12 août 1770 à Troyes (Aube). Soldat dans le régiment de Neustrie (10e d'infanterie le 20 octobre 1788, il passa en qualité de caporal le 29 septembre 1892 dans l'infanterie de la légion des Allobroges, où il fut nommé sergent le 4 octobre et lieutenant le 6 décembre à l'armée des Alpes.

Adjoint à l'adjudant-général Montmeau le 14 juillet 1793, il devint aide-de-camp du général Carteaux le 24 septembre suivant, et se trouva aux attaques d'Ollioules et au siège de Toulon, durant lequel il fut promu, le 25 brumaire an II, capitaine des Guides à l'armée des Alpes.

Le 12 pluviôse an III, il passa comme chef d'escadron provisoire dans le corps des hussards des Alpes ou de la Mort, entra au 1er régiment de hussards de l'armée d'Italie le 5 prairial an IV, obtint le grade de chef d'escadron titulaire dans ce corps, le 7 brumaire an V, et prit part à tous les combats par la division du général Bernadotte, qui le chargea souvent de reconnaissances qu'il effectua avec succès.

En l'an VI, se trouvant dans les États romains, puis dans le pays de Naples, le général Championnet l'envoya à la recherche de deux divisions sur le sort desquelles on avait conçu de l'inquiétude, et qu'il était important de rallier à l'armée. Il partit donc de San Germano à la tête de 25 chasseurs à cheval du 25e régiment, rencontra au village de Venasco une partie de l'avant-garde napolitaine qu'il fit prisonnière avec tous ses bagages, et, le lendemain, passant le Volturno à la nage, il arriva à sa destination, n'ayant perdu qu'un seul homme de sa troupe et après avoir parcouru un espace de trente lieues d'un pays insurgé.

Le jour de la prise de Naples, il fut chargé d'attaquer avec une compagnie de grenadiers de la 11e demi-brigade la porte de Capoue, qu'il enleva le 7 pluviôse an VII ainsi que deux pièces de canon qui la défendaient. Cette action lui valut le grade d'adjudant-général en chef, grade dans lequel le Directoire le confirma le 27 du même mois.

Rentré à l'armée d'Italie, il eut pendant six mois, à la division Watrin, le commandement provisoire d'une brigade d'avant-garde avec laquelle il obtint divers succès. Devenu chef d'état-major de l'aile droite de l'armée d'Italie, sur la demande du général de division Soult, il servit directement sous ses ordres dans toutes les actions qui eurent lieu avant et pendant le blocus de Gênes jusqu'au moment où son général fut blessé et fait prisonnier.

Employé dans la 2e division militaire (Metz), le 4e jour complémentaire an XI, et fait membre de la Légion-d'Honneur le 15 pluviôse et officier de l'Ordre le 25 prairial suivant, il rejoignit, le 2 vendémiaire an XIV, le corps d'armée de réserve commandé à Mayence par le maréchal Lefebvre, et prit le 16 octobre 1806 le commandement du 9e régiment de hussards, à la tête duquel il reçut une balle au front à la bataille de Friedland le 14 juin 1807. En 1808, il entra en Allemagne avec le corps de réserve, et en 1809 il assista à la bataille de Wagram.

Promu au grade de général de brigade le 21 octobre 1809, il commanda la 11e brigade de cavalerie légère de l'armée d'Italie le 25 décembre 1811, et passa au mois de mars 1812 au 3e corps de réserve de cavalerie de la grande armée, avec lequel il fit la campagne de Russie, et fut promu le 11 octobre 1812 au grade de commandeur de la Légion-d'Honneur.

Le 11 novembre suivant, étant tombé presque mourant au pouvoir de l'ennemi, il ne rentra en France que le 6 août 1814, reçut la croix de chevalier de Saint-Louis le 30 du même mois, et, le 30 décembre, il reprit de l'activité en qualité d'adjoint à l'inspection de cavalerie de la 16e division militaire.

Au retour de l'île d'Elbe, l'Empereur l'attacha le 5 avril à la 5e division du corps d'observation de la Moselle, devenu 4e corps de l'armée du Nord; il fit avec ce corps la campagne de Waterloo, et le suivit sur la Loire.

Mis en non-activité le 1er octobre, il eut à faire différentes inspections de cavalerie en 1818 et 1819.

Nommé lieutenant-général honoraire le 23 mai 1825, il fut remis dans le cadre de disponibilité au mois de mars

1831, et fut mis à la retraite le 1er avril 1833.

Le général Gautherin a été nommé grand officier de la Légion d'Honneur le 29 avril 1833.

GAVOTY (Célestin-André-Vincent, baron) naquit le 22 janvier 1772 à Toulon (Var), sous-lieutenant de remplacement le 18 juillet 1785, il devint sous-lieutenant titulaire le 1er juillet 1787 dans le 2e bataillon d'infanterie légère.

Lieutenant le 15 septembre 1791, et capitaine le 1er juin 1792, il fit les campagnes de 1792 à l'an IX, aux armées des Alpes et d'Italie, et dans l'île de Malte.

Adjoint aux adjudants-généraux le 28 brumaire an II, il fut chargé, le 28 frimaire suivant, par le commandant de l'avant-garde, de diriger la colonne qui devait traverser les barricades, enlever tous les postes sur la route et attaquer le camp des Piémontais, établi sur le plateau du village de Cambus.

Cette expédition, conduite avec vigueur, réussit complètement, et quoique blessé au côté gauche, et ayant eu un cheval tué sous lui, le capitaine Gavoty ne continua pas moins de marcher à la tête des bataillons de l'Aude et de l'Isère, avec lequel il s'empara du camp ennemi après avoir fait une centaine de prisonniers.

Aide-de-camp du général Vaubois le 30 floréal an IV, il prit part en cette qualité à l'expédition de Livourne au mois de messidor suivant, et se trouva à la bataille de Roveredo et à la prise du camp retranché de Mori le 18 fructidor de la même année, au combat de Saint-Michel le 12 brumaire an V, ainsi qu'à la bataille de Rivoli.

Après le traité de Léoben, il accompagna le général Vaubois en Corse, où il était envoyé pour soumettre les rebelles, et au mois de pluviôse an V il fit partie de l'expédition d'Égypte.

Prisonnier des Anglais le 18 fructidor an VIII, il fut échangé peu de temps après ; fut promu chef de bataillon aide-de-camp le 4 brumaire an IX ; employé comme adjoint à l'état-major de la 8e division militaire le 21 frimaire suivant, on le plaça le 30 vendémiaire an X à la suite de la 12e demi-brigade d'infanterie légère, où il devint chef de bataillon titulaire le 7 ventôse an XI.

Major du 3e régiment d'infanterie légère le 30 frimaire an XII, et membre de la Légion-d'Honneur le 4 germinal suivant, il fit les campagnes de l'an XIV à 1806 à l'armée d'Italie, et celles de 1807 à 1808 à la grande armée.

Colonel de la 15e demi-brigade de réserve le 31 mars 1809, il fit la guerre dans le Tyrol pendant cette même année, et passa ensuite à l'armée d'Espagne, où il servit pendant les années 1810 et 1811.

Colonel titulaire du 31e régiment d'infanterie légère le 8 décembre 1810, il obtint sa retraite le 26 août 1811, et le même jour la décoration d'officier de la Légion-d'Honneur.

Après l'abdication de l'Empereur, le colonel Gavoty qui commandait une des légions de la garde nationale de Marseille, fut nommé chevalier de Saint-Louis le 5 novembre 1814, et le 9 du même mois maréchal de camp honoraire.

Le rétablissement de sa santé lui permettant de reprendre du service actif, il prit de l'emploi à l'armée royale du Midi par décision du duc d'Angoulême du 19 mars 1815, et par ordonnance du 22 novembre suivant le roi le nomma maréchal de camp titulaire.

Employé en cette qualité dans le département de la Corrèze le 21 janvier 1816, il passa dans celui du Calvados le

26 juin de la même année, et reçut le commandement de l'École militaire de La Flèche le 9 avril 1817.

Inspecteur d'infanterie les 10 février et 16 juin 1819, et appelé au commandement de la 3ᵉ subdivision (Vaucluse) de la 8ᵉ division militaire le 21 avril 1820, il passa à celui de la 1ʳᵉ subdivision (Bouches-du-Rhône) dans le courant de 1824, et reçut la croix de commandeur de la Légion-d'Honneur le 29 octobre 1828.

Compris dans le cadre de réserve de l'état-major général de l'armée par décision du 12 mars 1831, on l'admit à la retraite le 1ᵉʳ mars 1834.

GAY (Louis, chevalier, puis baron) naquit le 23 août 1772 à Lyon (Rhône).

Il entra comme capitaine dans le 1ᵉʳ bataillon du Mont-Blanc, incorporé le 26 germinal an II dans la 5ᵉ demi-brigade provisoire, amalgamée en l'an IV dans le 18ᵉ de ligne, devenu 18ᵉ régiment de l'arme en l'an XII.

Il fit les campagnes de 1793 à l'an III à l'armée des Pyrénées-Orientales, celles des ans IV, V et VI en Italie et en Suisse, et servit de l'an VII à l'an IX en Égypte et en Syrie, où il reçut un coup de feu à la jambe droite.

Fait chef de bataillon par le général en chef Menou le 11 prairial an IX, le premier Consul le confirma dans ce grade le 16 messidor an X.

Major du 35ᵉ régiment d'infanterie de ligne le 11 brumaire an XII, et membre de la Légion-d'honneur le 4 germinal suivant, il servit en Hollande pendant les ans XII, XIII et XIV, et en Italie de 1806 à 1809. Colonel le 31 mars 1809, et chevalier de l'Empire avec dotation, le 15 août, il prit le commandement du 79ᵉ régiment de ligne, le 24 septembre suivant, et commanda ce corps en Illyrie pendant l'année 1810. Passé à l'armée d'Espagne, il y fit les guerres de 1811 au commencement de 1814, et obtint la croix d'officier de la Légion-d'Honneur le 10 février 1813.

Nommé par l'Empereur général de brigade le 26 février 1814, il soutint le 20 mars de la même année, devant Calune, les efforts de l'ennemi avec 2 bataillons du 79ᵉ, et sut conserver sa position malgré la supériorité numérique des assaillants, et reçut vers cette époque le titre de baron de l'Empire.

Louis XVIII le fit chevalier de Saint-Louis le 20 août de la même année et le mit en non-activité le 1ᵉʳ octobre suivant.

Employé à l'organisation des gardes nationales de la 7ᵉ division militaire le 3 mai 1815, il passa à l'armée des Alpes le 10 du même mois, et fut replacé dans le cadre de non-activité le 1ᵉʳ septembre.

Compris comme disponible dans le cadre de l'état-major de l'armée le 30 décembre 1818, et admis à la retraite le 1ᵉʳ janvier 1825, il demeura dans cette position jusqu'à la Révolution de 1830.

Placé comme disponible dans le cadre d'activité des officiers généraux le 22 mars 1831, il fut admis définitivement à la retraite le 1ᵉʳ janvier 1834.

Il est mort le 7 mars 1838 à Macon (Saône-et-Loire).

GAZAN DE LA PEYRIÈRE (Honoré-Théophile-Maxime, comte), né à Grasse (Var), le 29 octobre 1765. Sous-lieutenant aux canonniers gardes-côtes d'Antibes à l'âge de quinze ans ; garde du corps (compagnie Écossaise) en 1786 ; fit sous les ordres de Moreau, à l'armée du Rhin, ses premières campagnes jusqu'en 1796, où il fut promu au grade de général de brigade en récompense de son brillant courage à la journée d'Ettlingen. En 1799, nommé général de division, il servit en Suisse, sous Masséna qu'il accompagna en 1800 à l'armée d'Italie. Gazan se signala à la tête du 2e corps. Après la paix il fut nommé commandant de la première subdivision de la 27e division militaire en Piémont.

En 1805, en récompense de sa belle conduite à l'immortel combat de Diernstein, il fut fait grand officier de la Légion-d'Honneur. Il contribua à la défaite de l'armée prussienne à Iéna ; battit les Russes à Novogorod en 1807 ; concourut au succès de la bataille d'Ostrolenka, et reçut le titre de comte de l'Empire en 1808. Il se distingua de nouveau en Espagne au double siége de Saragosse ; résista avec un très-faible corps à Ballesteros qui lui en opposait un trois fois plus fort, et culbuta, le lendemain, l'avant-garde espagnole.

A la première Restauration il resta en activité ; mais se trouvant accidentellement à Grasse lors du débarquement de l'Empereur au golfe Juan, il partit pour Paris, reprit du service et fut nommé pair de France. Le 4 juin 1815, le duc de Dantzig et lui furent chargés de porter à l'armée l'adresse des représentants.

Le général Gazan passa du commandement de la 16e division militaire qu'il avait alors, à celui de la 2e ; il cessa peu de temps après d'être en activité et ne remplit aucune fonction publique jusqu'en 1831, époque à laquelle il fut nommé membre de la Chambre des Pairs.

Son nom est inscrit sur le monument de l'Étoile, côté Sud.

GAZAN (MARIE-JOSEPH), né à Antibes en 1785. Il avait débuté dans la carrière diplomatique comme attaché à la légation de Malte ; mais son goût prononcé pour les armes et l'exemple des généraux Vial et Gazan, ses parents le détournèrent bientôt de son premier choix et il entra, en 1804, à l'École spéciale de Fontainebleau, comme sous-lieutenant. Il servit en Autriche, en Prusse, en Pologne sous les généraux Bernadotte, Augereau et Victor, et reçut deux blessures graves à Iéna et à Eylau.

Passé en Espagne avec le corps de Bellune il fut fait capitaine et légionnaire après la bataille de Talaveyra et de Reyna où un biscaïen lui avait fracassé le bras. Blessé une quatrième fois au combat de Chiclona en mars 1811, il accompagna le général Vial à l'armée d'Allemagne, en qualité de chef de bataillon aide-de-camp, reçut un éclat d'obus à la tête à la bataille de Dresde et eut son cheval tué sous lui par un boulet à l'attaque du village de Probo-Rheyda ; à la première journée de Leipzig sa brillante conduite dans cette bataille lui mérita la croix d'officier. Sous la Restauration ses graves blessures ne lui permettant pas un service actif, car il avait subi deux fois la douloureuse opération du trépan, le commandant obtint la lieutenance des îles Sainte-Marguerite, et passa en 1821 à l'état-major de la place de Paris où il devint colonel. Nommé maréchal de camp le 31 décembre 1835, il remplaça l'année suivante le général Cubières dans le commandement des troupes françaises à Ancône, où régnait encore ce terrible fléau qui ne devait l'épargner alors que pour le frapper dix ans plus tard. A son retour en France en 1839, il fut employé dans le département de l'Eure, puis il commanda une brigade de la division hors Paris, où ses nouveaux services lui valurent le grade de lieutenant-général le 20 avril 1845. Appelé, à la fin de cette année, à la direction du personnel et des opérations militaires au ministère de la guerre, le général Gazan se fit remarquer, autant par ses connaissances administratives, que par un caractère plein d'aménité dans ses relations avec les militaires et les fonctionnaires de tous grades et de toutes classes. Après la révolution de Février il quitta le ministère et demanda sa retraite en formant le vœu patriotique de pouvoir, en cas de guerre, reprendre un commandement actif, afin de consacrer à la République ce qui lui restait encore de force et de santé.

Il est mort du choléra, à Paris, le 12 juin 1849, laissant après lui d'unanimes regrets ; car il avait tout à la fois la bravoure d'un soldat, l'urbanité d'un homme du monde et l'érudition d'un savant.

GEMEAU (Auguste-Pierre-Walbourg), né à Paris le 4 janvier 1790.

Élève à l'École militaire, le 5 mai 1808, sous-lieutenant au 25e léger, le 24 mars 1809, sous-adjudant-major au 4e régiment des voltigeurs de la Garde impériale, le 19 septembre 1809 ; lieutenant adjudant-major, le 17 février 1811 ; lieutenant aide-de-camp du général Mouton-Duvernet, le 9 janvier 1812 ; capitaine aide-de-camp du même général, le 25 mars 1813 ; chef de bataillon à la suite de l'état-major général le 2 avril 1813 ; chef de bataillon au 6e léger le 26 août suivant ; il passa avec le même grade au 1er régiment d'infanterie de la Garde royale le 24 février 1819 ; lieutenant-colonel du 7e régiment d'infanterie de ligne, le 22 juillet 1823 ; colonel du 20e léger le 23 mai 1825 ; maréchal de camp le 9 janvier 1833, et enfin lieutenant-général le 20 octobre 1845.

Cet officier général, l'une de nos plus belles gloires militaires, a fait la campagne de 1809 en Allemagne, celles de 1810, 1811 et 1812 en Espagne, celle de 1813 à la grande armée. Il a assisté en 1814 au siége de Phalsbourg, a fait la campagne de 1815 à la grande armée, de 1823 en Espagne, et de 1832 à l'armée du Nord. Il fut blessé d'un coup de feu au bas-ventre à la bataille de Leipzig le 18 octobre 1813, et d'un coup de feu au genou à la bataille de Fleurus, le 16 juin 1815.

Il a commandé successivement les 5e, 7e et 6e divisions militaires.

Un décret du 15 juin 1849 l'a nommé commandant supérieur de toutes les troupes stationnées dans la 6e division militaire, en y comprenant celles qui font partie de l'armée des Alpes.

Le général Gemeau fut nommé chevalier de la Légion-d'Honneur le 15 octobre 1814 ; chevalier de Saint-Louis le 17 janvier 1815 ; officier de la Légion-d'Honneur le 10 juillet 1823, commandeur le 25 avril 1840, grand officier le 24 octobre 1848.

Il est en outre décoré de l'ordre de Saint-Ferdinand d'Espagne (2e classe) depuis 1823.

Un nouveau décret du Président de la République a envoyé le brave général Gemeau de Lyon, où il a laissé les plus honorables souvenirs, à Rome, où il remplace le général Baraguay-d'Hilliers.

GENCY (Claude-Ursule, baron), né à Meulan (Seine-et-Oise), entra dans le 15e régiment d'infanterie, ci-devant Béarn, le 11 février 1783.

Caporal le 15 août 1785, il fut congédié le 21 février 1788, et reprit du service le 1er janvier 1791.

Capitaine de la compagnie des chasseurs de Meulan, compagnie qui fut le noyau du 9e bataillon de Seine-et-Oise, il en prit le commandement en qualité de chef de bataillon le 16 septembre 1792.

Confirmé dans le grade de chef de brigade le 1er germinal an II, il passa, le même jour, avec son bataillon, à la 26e demi-brigade de ligne.

Fait général de brigade provisoire par les représentants du peuple, le 30 thermidor an II et confirmé le 25 prairial an III, il fut employé à l'armée des côtes de Brest en pluviôse de la même année, à l'armée expéditionnaire d'Irlande le 16 brumaire an V, à l'armée de Sambre-et-Meuse le 11 pluviôse suivant, dans la 17ᵉ division militaire en frimaire an VI, à l'armée d'Angleterre le 13 germinal de la même année ; enfin, à l'armée de réserve, devenue armée d'Italie, le 9 germinal an VIII.

Compris sur le tableau de l'état-major général le 8 germinal an IX, il fut mis en disponibilité le 12 messidor suivant, et en non-activité le 1ᵉʳ vendémiaire an X.

Envoyé à l'armée du Nord le 18 octobre 1806, il fit ensuite partie de celle d'Anvers.

Le 1ᵉʳ septembre 1809, il reçut le commandement du département de la Seine-Inférieure le 24 octobre 1810, et celui du Helder le 18 février 1812.

Il avait été fait membre de la Légion-d'Honneur le 23 vendémiaire an XII, et officier de l'Ordre le 25 prairial même année.

Blessé au bras devant Châlons, il se soumit aux Bourbons, et eut de Louis XVIII le commandement du département de l'Eure, avec la croix de Saint-Louis le 24 août 1814.

Lieutenant-général honoraire le 8 février 1825, Napoléon, à son retour de l'île d'Elbe, le maintint dans le commandement du département de l'Eure le 31 mars.

A la seconde Restauration, Louis XVIII le nomma lieutenant-général titulaire le 1ᵉʳ juillet.

Placé en non-activité le 8 décembre 1815, et en disponibilité le 1ᵉʳ avril 1820, il fut admis à la retraite par ordonnance du 1ᵉʳ septembre 1824, à compter du 1ᵉʳ janvier 1825 ; et obtint le 15 février suivant une pension de 6,000 fr.

Chargé d'une inspection générale extraordinaire le 8 août 1830, mis en disponibilité le 1ᵉʳ novembre, compris dans le cadre de réserve le 7 février 1831 ; passé dans le cadre d'activité, disponible le 20 mars de cette dernière année, il fut définitivement retraité conformément à l'ordonnance du 5 avril, le 1ᵉʳ mars 1832.

Il fut nommé le 8 mai 1835 grand-croix de la Légion-d'Honneur. Son nom figure sur l'arc de triomphe de l'Étoile.

GENGOULT (Louis-Thomas, baron) naquit le 20 décembre 1767 à Toul (Meurthe).

Soldat au régiment d'Austrasie (8ᵉ d'infanterie) le 11 juillet 1784, caporal le 11 juin 1789, fourrier le 12 juin 1790, il passa avec ce dernier grade dans la garde constitutionnelle du roi le 1ᵉʳ janvier 1792.

Licencié avec ce corps le 5 juin suivant, il entra le 20 juillet de la même année comme soldat dans le 7ᵉ bataillon de la Meurthe, devenu 110ᵉ demi-brigade de ligne en l'an II, et 16ᵉ demi-brigade de même arme en l'an IV, et y fut reconnu capitaine le 28 du même mois.

Il fit les campagnes de 1792 à l'an IX aux armées de la Moselle, de Sambre-et-Meuse, de Batavie et du Rhin, et passa chef de bataillon le 11 nivôse an IV.

Démissionnaire le 6 prairial suivant, par suite de l'arrêté du Directoire exécutif du 30 ventôse même année, il rentra au service en qualité de chef de bataillon du 1ᵉʳ auxiliaire de la Meurthe le 14 thermidor an VII, en vertu de la loi du 14 messidor précédent, fut incorporé dans la 42ᵉ demi-brigade le 28 pluviôse an VIII, et entra dans la 50ᵉ le 7 germinal suivant.

Employé en l'an XI sur le Rhin et en l'an XII à l'armée de Hanovre, il devint major du 103ᵉ régiment d'infanterie de ligne le 30 frimaire de cette dernière armée et membre de la Légion-d'Honneur le 4 germinal suivant.

Il fit les campagnes des ans XII, 1806 et 1807, à la grande armée, eut la jambe cassée en deux endroits au siége de Stralsund, et obtint le grade de colonel du 56° d'infanterie de ligne le 13 mai 1806.

Créé baron de l'Empire le 17 mars 1808, il fit la campagne de 1809 en Allemagne, fut blessé d'un coup de boulet à la tête le 22 mai à la bataille d'Essling, et reçut en récompense de sa conduite la croix d'officier de la Légion-d'Honneur le 16 juin 1809.

Attaché en 1810 à la même armée, et au corps d'observation de la Hollande et promu général de brigade le 6 août 1811, il prit immédiatement le commandement d'une partie des troupes du camp de Boulogne.

Employé au 3° corps de la grande armée au mois de février 1812, il fit la campagne de Russie.

L'Empereur le nomma commandant de la Légion-d'Honneur le 2 septembre suivant.

Le 7 du même mois, à la Moskowa, il eut l'omoplate droite atteinte d'un coup de biscaïen. Le 12 avril 1813 il servit au 1er corps de la grande armée et fit la campagne de Saxe; le 12 mai, à l'affaire de Reicherstiegerland, il força l'ennemi de se rembarquer en toute hâte, après lui avoir tué ou blessé 400 hommes, fait autant de prisonniers et enlevé six pièces de canon.

Il fit encore la guerre de 1814 en France.

Mis en non-activité après l'abdication de l'Empereur, par décision royale du 1er septembre 1814, et nommé chevalier de Saint-Louis le 29 octobre de la même année, il reprit du service pendant les Cent-Jours au 3° corps d'observation le 6 avril 1815.

Sa nomination au grade de lieutenant-général, signée par le gouvernement provisoire le 5 juillet, ayant été annulée par ordonnance royale du 1er août, on le replaça à la non-activité au mois d'octobre suivant.

Inspecteur général d'infanterie dans la 13° division militaire le 14 septembre 1816, il remplit les mêmes fonctions dans les 2° et 3° divisions par décision du 15 juillet 1818.

Maintenu comme disponible sur le cadre de l'état-major général le 1er janvier 1819, on l'admit à la retraite le 1er janvier 1825, conformément aux dispositions de l'ordonnance du 1er décembre 1824.

Remis en activité après la révolution de Juillet, placé dans le cadre de réserve le 22 mars 1831, et le 19 novembre suivant élevé de nouveau au grade de lieutenant-général pour prendre rang du jour de sa nomination en 1815, il prit définitivement sa retraite le 11 mai 1833, et se retira à Toul (Meurthe), où il mourut au mois de juin 1846.

GÉRARD (ÉTIENNE-MAURICE, comte), maréchal de France, naquit à Damvilliers (Meuse), le 4 avril 1774. Son père était huissier royal et audiencier de sa Prévôté. Il débuta sous Dumouriez en qualité de volontaire en 1791. Au commencement de l'an V (1796 à 1797) Bernadotte se l'attacha comme aide-de-camp. Il l'emmena sur le Rhin et en Italie, puis à Vienne, où le jeune capitaine prouva une grande fermeté, lors de la sédition officielle qui fit courir des dangers à l'ambassadeur. A Austerlitz, Gérard était colonel; il y fut blessé en chargeant avec intrépidité à la tête de ses escadrons, et reçut le titre de commandeur de la Légion-d'Honneur. Il fit la guerre de Prusse en qualité de général de brigade. Depuis la paix de Tilsitt jusqu'en 1809 il remplit les fonctions de chef de l'état-major de Bernadotte, à Wagram il commandait la magnifique cavalerie saxonne; il était en Portugal en 1810 avec le comte d'Erlon et ne revint à la grande armée qu'en 1812. A la journée de Valontina, le général Gudin, expirant, demanda à Napoléon comme dernière grâce que sa division fût confiée à Gérard, et l'Empereur l'accorda. Les Russes vaincus et fugitifs, se glorifiaient de n'avoir cédé qu'à l'invincible Garde impériale, et c'était la division Gérard qui les avait vaincus. A la Moskowa, cette division se couvrit encore de gloire.

A la Bérésina, Gérard commandait en second, sous les ordres de Ney, le corps formé pour protéger les débris épars de l'armée. Souvent ces deux braves eurent à soutenir, avec des armes éparses, le choc de toute une armée. Gérard commanda ensuite l'arrière-garde, composée de 12,000 Napolitains et de 3 bataillons de conscrits. Jamais général ne déploya autant de ressources, d'activité et de fermeté au milieu d'immenses obstacles. Il arriva à Francfort-sur-l'Oder sans avoir fait de trop grandes pertes; mais alors le sort de ses troupes, à peu près isolées, parut désespéré. Les environs de Francfort étaient inondés par les Russes, la population était en pleine insurrection contre les Français, et pour comble de malheur Alexandre s'y trouvait en personne avec des forces considérables et le fit sommer, par un de ses aides-de-camp, d'évacuer la ville. Gérard répond fièrement *qu'il n'évacuera pas*, et manœuvre avec tant d'habileté que trois jours après il était en paisible retraite sur l'Elbe. Il prit ensuite le commandement des avant-postes.

Dans la campagne de Saxe, il commanda une division du 11ᵉ corps. A la journée de Bautzen il se trouvait placé en avant de la Sprée, de manière à se lier avec le corps de l'extrême droite. Après le combat le plus meurtrier, ce corps fut forcé de se replier. Macdonald jugeant que ce mouvement rétrograde compromettait son avant-garde, commandée par le général Gérard, lui envoya l'ordre de se replier : « Au contraire, répondit celui-ci à l'adjudant-commandant Bourmont, porteur de l'ordre, au lieu de se retirer, il faut avancer; qu'on me donne seulement une brigade de renfort, et je réponds du succès de la journée. » A l'instant il donna l'ordre d'attaquer; en deux heures les positions abandonnées furent reprises, et la victoire de Bautzen fut arrachée des mains de l'ennemi.

Guéri d'une blessure qu'il reçut quelques jours après, Gérard reprit le commandement de sa division, lorsque l'armistice de Plezowitz fut rompu. Au combat de Goldberg, il renouvela, sous les ordres de Lauriston qui commandait en l'absence du duc de Tarente, ce qu'il avait fait aux bords de la Sprée. Sa division faisait l'extrême gauche, et le général en chef, se voyant forcé à sa droite et au centre, lui envoya à plusieurs reprises l'ordre de faire sa retraite; mais Gérard, au lieu de se retirer, attaqua vivement les Prussiens et les culbuta. Après cette affaire, quoiqu'il ne fût lieutenant-général que depuis moins d'un an, et qu'il fût le plus jeune officier de ce grade, il reçut le commandement du 11ᵉ corps, et fut forcé de le garder pendant toute la campagne, malgré ses nobles et modestes représentations sur cette préférence. Il la justifia et sut se la faire pardonner par ses camarades.

A la bataille de Katzbach, le général Gérard, quoique blessé d'une balle à la cuisse, ne quitta pas le champ de bataille. A la seconde journée de Leipzig il reçut à la tête une blessure plus grave, qui vainquit sa courageuse obstination. Il fut cependant assez tôt rétabli pour prendre part à la campagne de France. Il fut nommé commandant du corps des réserves de Paris, uniquement composé de conscrits. A la bataille de la Rothière il commandait l'aile droite, et malgré les attaques opiniâtres d'un ennemi supérieur en nombre, il garda toutes ses positions et n'abandonna qu'à minuit, et par ordre formel de l'Empereur, la défense du pont de Dieuville. L'action de Montereau avait commencé à neuf heures du matin, et les diverses attaques avaient été repoussées; vers une heure, un aide-de-camp porte au général Gérard l'ordre de se mettre à la tête des troupes. Celui-ci fait aussitôt de nouvelles dispositions, ordonne un mouvement général, enlève toutes les positions de l'ennemi, le poursuit l'épée dans les reins, et lui prend un grand nombre de canons, de drapeaux et de prisonniers.

Le 22 mars 1815, Gérard était inspecteur général d'infanterie en Alsace; peu de temps après, Napoléon le nomma Pair de France et lui confia le commandement de l'armée de la Moselle. Il reçut au commencement de juin l'ordre de se rendre à marches forcées sur la frontière du Nord, et le 16 il s'immortalisait à la bataille de Ligny, où le succès de ce combat important fut le résultat de ses habiles dispositions autant que de son intrépidité personnelle et de celle de ses troupes. Le 18 il était dans la direction de Wavres lorsqu'on entendit le canon du côté de la forêt de Soignies. Les commandants des divers corps s'étaient alors réunis en conseil; le général Gérard voulait que, suivant les principes généraux de la guerre, on fût droit au canon, en passant la Dyle sur le pont de Munster. Grouchy ne se défendit de cette opinion que par des ordres contraires et positifs de l'Empereur. Ce mouvement aurait changé le résultat de la bataille de Waterloo. Avant la fin de la journée, Gérard reçut une cinquième blessure. Une balle lui traversa la poitrine au moment où, à la tête de l'infanterie, il allait attaquer le village de Bielge. Il voulut néanmoins partager le sort du reste de l'armée et se fit transporter au delà de la Loire.

L'Empereur destinait à ce brave général le bâton de maréchal.

A son retour à Paris, les ministres de la guerre et de la police l'engagèrent à voyager quelque temps. Il partit. Rentré en France en 1817, il se retira dans sa terre de Villers-Creil (Oise). Député en 1822, 1823 et 1827, il siégea à gauche.

En 1830, la commission de l'Hôtel-de-Ville, puis le lieutenant-général le nommèrent commissaire au département de la guerre et enfin ministre, du 11 août au 16 novembre 1830. Il avait déjà provoqué, le 1er août, le rétablissement des couleurs nationales; le 11 août, il fit opérer la dissolution de la garde royale et de la maison entière de Charles X, et le 16 août la reconstitution de la Garde municipale; le 27 août, il signa la dissolution du Conseil supérieur de la guerre. Le 17 août, il fut élevé à la dignité de maréchal; prit au mois d'août 1831 le commandement de la courte expédition de Belgique, dont il assura les résultats en retournant assiéger Anvers.

Il fut admis en 1833 à la Chambre des Pairs dont il avait été créé membre le 11 octobre 1832.

Le 18 juillet 1834, le maréchal Gérard reprit le portefeuille de la guerre avec la présidence du Conseil. Le 10 août 1834 parut le travail sur l'organisation de la justice en Algérie. Il réorganisa et augmenta l'armée. Sorti du Cabinet le 29 octobre, il fut, après la mort du maréchal Mortier, nommé grand chancelier de la Légion-d'Honneur, le 4 février 1836, et le 11 septembre 1838 commandant général de la garde nationale du département de la Seine. Il fut appelé à la grande chancellerie le 21 octobre 1842, en remplacement du duc de Reggio.

Depuis la Révolution de 1848, le maréchal Gérard vit dans la retraite la plus absolue et n'occupe aucune fonction.

GÉRARD (François-Joseph, baron); né le 19 octobre 1772 à Phalsbourg (Meurthe); il entra en 1787 dans le 5e (depuis 4e) de hussards; il fut assez longtemps dans les grades subalternes, mais les guerres de l'Empire lui fournirent l'occasion de déployer tout son talent et de s'élever aux premiers grades. Devenu major du 3e hussards le 6 brumaire an XII, il obtint le 4 germinal suivant la décoration de la Légion-d'Honneur.

Colonel du 2e hussards le 7 octobre 1806, il fit partie de la grande armée en 1806 et 1807.

Le 17 mars 1807 il repoussa 1,500 Prussiens, sortis de Glatz, les rejeta dans la place, leur prit 100 hommes et 2 bouches à feu.

Passé en Espagne en 1808, il devint général de brigade le 10 mars 1809, baron de l'Empire et commandeur de la Légion-d'Honneur le 31 octobre suivant.

Rappelé en France à la fin de 1811, il fit les campagnes de 1812 et 1813 à la grande armée. Il seconda le maréchal Ney au passage et à la bataille de la Bérésina, en maintenant pendant une journée les nuées de Cosaques qui cherchaient à l'entamer.

Général de division le 29 septembre 1813, dans une sortie de Dresde, à la tête d'une brigade de cavalerie, il chargea vigoureusement l'ennemi, et le mit en fuite.

Fait prisonnier en violation de la capitulation de Dresde, le 14 novembre 1813, il ne rentra en France qu'en mai 1814.

Le 5 septembre 1814 le Roi le nomma commandant supérieur de Landau (5e division militaire). Le 18 mai 1815 l'Empereur lui confia le commandement de la 4e division militaire.

Mis à la demi-solde lors du licenciement général, en 1815, il fut bientôt rappelé, et dans les années 1819 et 1820 il remplit les fonctions d'inspecteur général de cavalerie. Il fut mis à la retraite en 1824; mais la Révolution de 1830 le rappela à l'activité. Il reçut le commandement d'une division de cavalerie à la formation de l'armée du Nord. Il fut nommé aide-de-camp de Louis-Philippe, puis aide-de-camp du duc de Nemours, le 14 septembre 1832.

Gérard venait de passer la revue d'un régiment de cavalerie en garnison à Beauvais, lorsqu'il fut subitement atteint du choléra, le 17 septembre 1832; il succomba le lendemain à la violence du mal. Il n'avait que 55 ans. Son nom est inscrit sur le côté Nord de l'arc de l'Étoile.

GICQUEL DES TOUCHES (Auguste-Marie), né le 26 août 1784 à Rennes (Ille-et-Vilaine), entra comme marin sur la frégate *la Gentille*, faisant partie de l'escadre de l'amiral Villaret-Joyeuse, qui combattit l'escadre anglaise de l'amiral Howe, le 13 prairial de la même année. Le 25 vendémiaire an III, il embarqua sur la flûte *le Ferme*, destiné pour la Guadeloupe.

Aux attérages de cette île, ce bâtiment rencontra une division de frégates anglaises qui le forcèrent à faire côté dans la baie de Saint-François. Deux de ces frégates canonnèrent le fort et *le Ferme*. Le capitaine s'étant enfui, l'équipage en fit autant. Le jeune Gicquel, repoussé quand il voulut s'embarquer, resta seul sur le pont, où il fut pris, ainsi que le lieutenant et quinze autres qui s'étaient cachés dans la câle et qui se montrèrent quand ils entendirent les Anglais.

La frégate *le Québec* les conduisit au Fort-Royal Martinique, d'où ils furent transférés en Angleterre et de là en France. Le 15 vendémiaire an V, il monta le vaisseau *le Nestor*, de l'escadre de l'amiral Morard de Galles, destiné pour l'Irlande. Novice le 1er fructidor an VI, aspirant de 2e classe le 20 germinal an VII, il fit sur les vaisseaux *le Jean-Bart* et *le Tyrannicide* devenu *Desaix*, les campagnes des amiraux Bruix, Ganteaume et Linois, ans VII, VIII et IX, dans l'Océan, la Méditerranée et Saint-Domingue.

A bord du *Desaix*, il assista à trois combats, et se distingua surtout à celui d'Algésiras, le 17 messidor an IX. Dans ce combat opiniâtre et meurtrier, la perte des Anglais fut plus considérable que celle de leurs adversaires. Le jeune Gicquel resta constamment sur la dunette et fixa l'attention de son commandant, qui demanda pour lui à l'amiral Linois le grade d'enseigne de vaisseau, quoique n'ayant pas 17 ans accomplis. Dans le mois de nivôse an X, *le Desaix* naufragea sur les récifs de Picolet (Saint-Domingue); M. Gicquel parvint, par sa présence d'esprit, au milieu des nombreux travaux que commande un pareil événement, à sauver la mâture de ce vaisseau, qui, sans ses soins, serait infailliblement tombée sur le pont, où elle aurait occasionné de graves malheurs. Il revint en France sur le vaisseau *la Révolution*, de l'escadre Ganteaume. Embarqué à Brest le 13 prairial suivant sur le vaisseau *l'Intrépide*, destiné pour Saint-Domingue, il passa aspirant de 1re classe le 11 frimaire an XI. Dans cette campagne laborieuse, il mérita l'estime de son commandant, qui lui confia le commandement d'un bateau armé, pour garder un gué, dans la rivière de Galifet, que les noirs, révoltés, menaçaient de passer pour attaquer le haut Cap. Il voulut lui faire donner un ordre d'enseigne de vaisseau provisoire, mais M. Gicquel déclina cette faveur, préférant n'être officier, qu'entretenu. Dans le retour en France, il demeura chargé de la route du vaisseau et des observations nautiques.

Nommé enseigne de vaisseau le 3 brumaire an XII, et membre de la Légion-d'Honneur le 15 pluviôse suivant, il continua ses services sur *l'Intrépide*, et fit les campagnes de la Méditerranée, des Antilles et d'Espagne. Son capitaine lui donna une grande marque de confiance en le choisissant pour commander la compagnie de débarquement, ce poste revenant à un lieutenant de vaisseau. Il se trouva sur *l'Intrépide* aux combats du Finistère et de Trafalgar, les 3 vendémiaire an XIII et 14 vendémiaire an XIV. *L'Intrépide*, qui s'était signalé au combat du 22 juillet, sous le commandement du brave Deperrone, s'illustra encore plus dans celui que nous décrivons. Son nouveau commandant, le capitaine Infernet, se plaça dans cette journée au rang des marins français dont les noms seront à jamais célèbres. *L'Intrépide* combattit deux, trois, quatre et jusqu'à cinq vaisseaux ennemis à la fois. Enfin, démâté de tous ses mâts, ayant plus de la moitié de son équipage mis hors de combat, et entouré de sept vaisseaux anglais, le courageux Infernet attendit encore pour se rendre, que *l'Intrépide* fût près de couler sous ses pieds.

Dans les deux affaires citées plus haut, l'enseigne Gicquel commanda l'artillerie et la manœuvre du gaillard d'avant; il persévéra tellement dans la réparation des avaries pendant le combat de Trafalgar, que le mât de misaine de son vaisseau ne tomba que le dernier. Il ne donna pas moins de preuves d'activité et d'un courage éclairé dans les trois jours qui suivirent cette bataille mémorable. Étant le plus ancien des officiers qui restaient à bord après l'action, il fit respecter son autorité par l'équipage, et surtout par les deux cents Anglais qui avaient amariné le vaisseau. Tout en s'efforçant de le diriger vers la côte de Cadix, il sut faire maintenir ce navire à flot, au milieu de la tempête qui s'éleva après le combat. C'est donc à lui que le reste de ce brave équipage (300 hommes dont 80 blessés) dut son salut.

Enfin, le troisième jour, le vent ayant molli, le contre-amiral anglais Northkest, qui montait *le Britannia*, vaisseau à trois ponts, se trouvait près de *l'Intrépide*, ordonna de l'évacuer, en prescrivant de laisser M. Gicquel à bord pour diriger cette opération, après quoi il lui serait présenté : « ayant l'intention de lui rendre la liberté en le faisant mettre sur la côte d'Espagne, à la première occasion, en récompense de sa noble conduite. »

Le sort en décida autrement, et peu s'en fallut que cet officier ne devint victime de son dévouement. Les trois cents Français qu'il avait eu le bonheur de sauver étaient heureusement évacués, lorsque la brise fraîchit de nouveau, et *le Britannia* s'éloigna. Ce ne fut qu'à neuf heures du soir, le vaisseau à moitié coulé, que le vaisseau anglais *l'Orion*, capitaine Codrington, à bord duquel se trouvait le commandant Infernet, passa assez près de *l'Intrépide* pour en avoir connaissance et envoyer un canot à bord. Le commandant Codrington, à qui le commandant Infernet avait beaucoup parlé de l'enseigne Gicquel, fit à ce dernier l'accueil le plus gracieux.

Conduit en Angleterre, il y resta cinq ans et demi. C'est alors que l'amiral Northkest, y opérant son retour, le fit échanger en mars 1811. Les officiers de *l'Intrépide*, réunis à bord du *Britannia*, écrivirent de ce vaisseau une lettre à l'enseigne Gicquel, par laquelle ils le complimentaient et le félicitaient de son parfait dévouement, tant durant le combat qu'après.

Envoyé en mission à Anvers et à Toulon, il trouva dans cette dernière ville sa nomination de lieutenant de vaisseau, du 11 juillet 1811, et un ordre de destination pour Gênes, afin d'y former le 68ᵉ équipage de haut bord, destiné à armer le vaisseau *l'Agamemnon*, qu'il quitta l'année suivante, pour remplir les fonctions de second à bord de *la Dryade*, capitaine Baudin. Sur cette frégate, il prit une part active au combat dit du *Romulus*, entre les îles d'Hyères et le goulet de Toulon, le 13 février 1814. Il quitta cette frégate dans le mois de mai suivant, et monta, en août, sur *l'Amphitrite*, destinée pour Pondichéry. Appelé en février 1815 au commandement de la gabare *l'Infatigable*, destinée pour la station de Saint-Pierre et Miquelon, Terre-Neuve, il reçut par suite de changements apportés par les Cent-Jours, l'ordre de remonter à Rochefort, d'y déposer son chargement et de se rendre à Bayonne pour y prendre des bois de construction. Dans un second voyage qu'il fit à Bayonne, afin d'y armer une flottille, et au moment où il quittait les passes de Monmousson, la gabare *l'Infatigable*, chassée par une frégate et une corvette anglaises, se vit forcée de relâcher dans la Gironde, où elle resta jusqu'à la rentrée du Roi en France.

A la Restauration, il reçut la croix de Saint-Louis, et prit, au commencement de 1816, le commandement de la flûte *la Salamandre*, et ensuite celui de la gabare *la Loire*, destinée pour le Sénégal, et fit voile dans le mois de juin suivant en compagnie de la frégate *la Méduse*, dont le naufrage eut une si affligeante célébrité. Ce désastre n'aurait pas eu lieu sans doute, si M. de Chaumareix eût continué sa route avec *la Loire*, ou s'il eût suivi les conseils écrits que M. Gicquel lui avait remis avant de quitter l'île d'Aix.

C'est à cette époque qu'il proposa l'installation du magasin général à bord des bâtiments, mode dont on a bientôt reconnu les excellents effets, et qui est depuis longtemps réglementairement établi à bord des navires de l'État.

De retour en septembre 1817, à Brest, il traduisit de l'anglais une foule d'instructions nautiques de la Manche, des côtes de l'Amérique du Nord; un long Mémoire sur les courants de l'Atlantique, et, sous le titre *Essai*, il compléta le Manœuvrier de Bourdé de la Ville-Huet. L'on doit également à M. Gicquel les *Tables comparatives des principales dimensions des bâtiments de guerre français et anglais*, ouvrage fort estimé, que les auteurs des *Victoires et Conquêtes* indiquent comme guide aux marins. Les *Annales maritimes* contiennent aussi de lui un travail relatif à quelques modifications sur les constructions navales, sur le gréement, la mâture, sur l'installation des bâtiments de l'État, sur leur arrimage, sur l'artillerie, telle que la substitution du 30 au 36, et les avantages qui en découleraient, etc., modifications qui ont toutes été adoptées et mises en pratique plus ou moins promptement, et qui sont depuis 1844 réglementaires.

Promu capitaine de frégate le 1er septembre 1819, il se vit appelé par le ministre pour installer et armer la frégate *la Jeanne-d'Arc*, construite sur des plans nouveaux; il demeura à son bord comme second, et navigua, en 1821, dans la Méditerranée et dans l'Archipel, au moment où les Grecs levaient l'étendard de la liberté. Dans un voyage qu'il fit à Alexandrie, en Égypte, il présenta au ministre de la marine sur cette contrée, des observations politiques et commerciales d'un ordre assez élevé pour être soumises au conseil des ministres.

Par ordonnance royale du 3 juillet 1822, il fut nommé rapporteur du conseil de guerre chargé d'examiner la conduite du capitaine Epron, pour la perte de la frégate *l'Africaine*. Dans le mois de décembre suivant, il reçut l'ordre de se rendre à Toulon, pour y prendre le commandement du brick *le Cuirassier*, et d'aller croiser entre les îles Baléares et le cap Palos d'Espagne. Il était alors question de faire entrer dans ce pays une armée française afin d'y rétablir l'autorité royale. Revenu à Toulon, il appareilla le 13 avril pour aller à la recherche de la frégate *la Junon*, qui croisait de Barcelone à Malaga, à l'effet de remettre à son capitaine, qui commandait les forces navales sur les côtes méridionales de l'Espagne, des paquets très-pressés et qui lui donnaient avis que l'armée française était entrée en Espagne sous les ordres du duc d'Angoulême.

Appelé, le 23 juin 1824, au commandement de la corvette de charge *la Moselle*, il se rendit dans la mer Pacifique et fournit des approvisionnements aux navires français qui y stationnaient.

Élevé au grade de capitaine de vaisseau le 19 août 1827, il prit de nouveau, après les événements de 1830, le commandement de *la Guerrière*. Nommé le 18 avril 1831, directeur des mouvements du port de Brest, et officier de la Légion-d'Honneur le 27 juillet 1832, M. Gicquel rend chaque jour des services très-utiles au pays, et a reçu une foule de témoignages de satisfaction des différents ministres qui ont tenu le portefeuille de la marine. On ne récapitulera pas ici les améliorations qu'il a apportées dans sa direction; cependant on ne saurait passer sous silence l'organisation des gabiers de port (autrefois les gardiens volants) et des pompiers de la marine, celle du matériel d'incendie, etc.

Nous devons dire aussi que plusieurs fois des marins, tombés à la mer par suite d'accident, ont dû la vie au courage et à l'humanité de cet officier supérieur. Les matelots de *l'Intrépide* n'ont pas oublié, sans doute, le dévouement dont il fit preuve, le 23 messidor an XIII, en arrachant un de leurs camarades à une mort certaine, au péril de sa propre vie.

M. Gicquel des Touches a été créé commandant de la Légion-d'Honneur le 28 avril 1841.

GILLY (JACQUES-LAURENT, comte), né à Fournès (Gard), en 1769, se fit remarquer aux armées des Alpes et des Pyrénées-Orientales, à la bataille de Thun, à la défense du château de Puycerda (1795), fit les campagnes de 1796 à 1798, à l'armée d'Italie; était général de brigade en 1799, aux armées du Danube, des Grisons, etc., et commanda le 12 mai 1801, une division en Portugal. Il fit avec distinction les guerres de 1807, 1808 et 1809 à la grande armée; reçut un coup de feu à Wagram, fut nommé général de division le 16 août, et prit, le 11 mars 1810, le commandement général des îles de la Zélande.

Il fut nommé baron de l'Empire en janvier 1814.

A la première Restauration, le général Gilly venait de lever à la hâte, dans le département du Gard, un corps de volontaires royalistes, lorsqu'il retourna sous les drapeaux de l'Empereur; il en reçut la mission d'aller dissiper les rassemblements de Nîmes et de Montpellier.

Le duc d'Angoulême effectua précipitamment sa retraite sur Montélimart; ce fut alors qu'eut lieu la convention conclue à la Paluc, entre le général Daultanne au nom du prince, et le colonel Saint-Laurent au nom de Gilly : elle portait en substance, que l'armée royale serait immédiatement dissoute et que le Duc aurait la liberté de s'embarquer au port de Cette pour Barcelone. Napoléon approuva la conduite du général dans cette circonstance difficile, le nomma comte de l'Empire et lui confia le commandement de la 9ᵉ division militaire, avec le titre de commissaire extraordinaire du gouvernement impérial. Le département du Gard le nomma en outre son représentant à la Chambre des députés.

Après le désastre de Waterloo, Gilly passa en Amérique. Proscrit le 24 juillet 1815, le premier conseil de guerre de la 1ʳᵉ division le condamna à mort le 25 juin 1816.

Gilly retourna en Europe en 1819; le 2 février 1820, il arriva à Paris et alla se constituer prisonnier à l'Abbaye; mais, à la sollicitation du duc d'Angoulême, des lettres de grâce lui furent accordées.

Mis à la retraite le 1ᵉʳ décembre 1824, il est mort le 15 août 1829.

Son nom est inscrit sur l'arc de triomphe de l'Étoile, côté Ouest.

GILOT (JOSEPH), général de division, né à Chatenay (Isère), le 16 avril 1734, entra comme soldat au régiment Royal-Infanterie, le 11 novembre 1750. Il fut nommé grenadier le 6 mars 1755, sergent le 5 septembre 1759, fourrier le 1ᵉʳ septembre 1764, porte-drapeau le 14 avril 1764. Incorporé dans le 24ᵉ régiment d'infanterie, par l'effet du dédoublement du régiment royal, il devint sous-lieutenant de la compagnie auxiliaire le 7 juin 1776, sous-lieutenant de grenadiers le 8 avril 1779, lieutenant en second le 25 mai 1780, premier lieutenant le 6 juin 1781, capitaine en second le 2 mai 1790, capitaine de grenadiers le 15 septembre 1791, lieutenant-colonel dans le 22ᵉ régiment d'infanterie le 5 février 1792, maréchal de camp le 6 décembre suivant, général de division le 27 mai 1793.

Soldat, il fit la guerre de *Sept-Ans*, et se trouva, en 1755, à la prise d'assaut de Port-Mahon ; officier général et employé à l'armée du Rhin en 1792, il fut chargé en 1793 de la défense de Landau. Jusque-là on ne voit que le militaire brave, zélé, intelligent ; à Landau, il se montra homme de dévouement patriotique.

« Le général Wurmser, commandant les troupes impériales sur le haut Rhin, lui ayant fait proposer un jour une entrevue, le général Gilot voulut bien y consentir et fixa le lieu du rendez-vous. Les deux généraux s'y trouvèrent au jour marqué, accompagnés de quelques officiers. M. Wurmser déclara au général français que son corps d'armée, joint à celui des Prussiens, sous les ordres du prince de Hohenlohe, n'étant qu'à une lieue et demie de Landau, pourrait entreprendre le siége à toute heure, mais qu'il serait fâché d'être, malgré lui, la cause de sa ruine et de celle des habitants ; il rappela au général Gilot ce qu'il devait, disait-il, à son nouveau roi Louis XVIII ; enfin, il lui promit de le recommander fortement à Sa Majesté impériale, ajoutant que, dans le cas d'un refus, il ne lui serait pas difficile d'obtenir par la force la fin de sa proposition.

« Le général Gilot répondit avec autant de décence que de modestie, et déclara que la défense de la place lui ayant été confiée par la nation, il ne la rendrait qu'avec la vie. Les deux généraux prirent alors congé l'un de l'autre ; un des officiers français s'écria en s'en allant : *Notre général ne sera pas un Dumouriez*. Gilot, de retour à Landau, renouvela avec toute la garnison le serment qu'il avait fait devant le général Wurmser, de s'ensevelir sous les ruines de la ville, plutôt que de se rendre. Une seconde sommation, qui lui fut faite au commencement de mai, eut le même sort que la première.

« Le général Gilot en ayant donné lecture à la parade, la proposition de l'ennemi ne servit qu'à augmenter l'ardeur des troupes et leur confiance dans leur général..... Le général Gilot, élevé dans les camps, était à la fois le père et l'ami de ses frères d'armes ; il voyait tout et faisait tout par lui-même (1). »

Après plusieurs sorties vigoureusement et heureusement conduites, Gilot, appelé à l'armée active, fut suspendu de ses fonctions par les représentants Ruamps et Malarmie. Réintégré en messidor an III, il fit les campagnes des ans III et IV à l'armée des côtes de Cherbourg, et pendant les ans V et VI, il commanda la 4ᵉ division militaire, qu'il quitta, au commencement de l'an VII, pour la 17ᵉ ; mais il retourna à la 4ᵉ à la fin de la même année. En l'an XII, il fut nommé membre et commandant de la Légion-d'Honneur les 19 frimaire et 25 prairial.

Sa conduite, pleine de droiture, d'humanité et d'intelligence, le fit estimer des habitants de la Meurthe et du gouvernement, aussi conserva-t-il son commandement jusqu'en 1812, époque de sa mort.

Son nom est inscrit sur l'arc de triomphe de l'Étoile, côté Nord.

GIRARD dit VIEUX (baron) naquit à Genève en 1750, d'une ancienne famille du pays, entra fort jeune dans les gardes suisses au service de la France, et resta pendant douze années dans ce corps.

Il retourna à Genève, où il prit parti dans les discussions politiques qui tourmentaient ce petit État, et fut exilé. Retiré en France, il prit parti pour la Révolution et rentra au service comme chef de bataillon du 3ᵉ bataillon de la

(1) *Galerie Militaire*, an XIII, t. IV, p. 186 et 188.

Gironde. En l'an II, Pichegru le fit nommer général de brigade. En cette qualité, il prit part à la bataille de Geisberg, clef de la position de l'ennemi.

En l'an V, lors de la retraite de l'armée de Rhin-et-Moselle, sous les ordres de Moreau, Girard se battit à Biberach le 18 vendémiaire; il reçut l'ordre de se porter, avec une brigade du centre de l'armée sur le village d'Ogeltshausen, et ensuite celui de tourner la position de Groth, pendant l'attaque du général Saint-Cyr; et il attaqua vaillamment la colonne autrichienne du baron d'Aspres, qu'il rejeta sur Emmendingen, après lui avoir tué 200 ou 300 hommes.

Ce fut à ce sujet que Moreau écrivit au général Girard cette lettre si flatteuse : « J'ai trop de plaisir à me rappeler le passage du val d'Enfer, pour ne pas rendre la justice la plus éclatante au courage et aux talents de celui que je chargeai de cette opération importante. Vous en confier l'exécution, c'était vous dire combien je vous appréciais. Son succès, en justifiant ma confiance, vous donne des droits à la bienveillance du gouvernement et des amis de l'État. »

Ce fut à la même époque que Girard opéra la réunion de Genève à la France. L'année suivante, il quitta cette ville et reçut le commandement du département du Pas-de-Calais, puis celui de la 16ᵉ division militaire. En l'an XII, il devint membre et commandant de la Légion-d'Honneur les 19 frimaire et 25 prairial. Il fit la campagne de 1809 et montra tant de valeur et d'intelligence à Essling et à Wagram, que l'Empereur le créa baron de l'Empire et grand officier de la Légion-d'Honneur le 16 juillet de la même année.

Le général Girard, dit *Vieux*, mourut à Arras le 2 mars 1811. Le décret du 20 février 1806 portait que l'église Sainte-Geneviève de Paris servirait de lieu de sépulture aux dignitaires de la Légion-d'Honneur; mais la distance qui séparait Paris d'Arras ayant été un obstacle à l'exécution du décret, toutes les autorités civiles, militaires et judiciaires, convoquées par le préfet, se rendirent au quartier général du baron Girard, dit *Vieux;* M. l'évêque d'Arras, accompagné de ses grands vicaires, s'y rendit également. Le préfet et les différents fonctionnaires firent autour du cercueil une marche lente et solennelle. Parmi eux était le ministre protestant qui avait assisté le général dans ses derniers moments. Le corps fut ensuite placé sur un char funèbre au-dessus duquel flottait le drapeau du département. Les fonctionnaires suivaient le char, rangés dans l'ordre prescrit par le décret du 24 messidor an XII. La troupe et les gardes nationaux venaient ensuite. Arrivés sur le lieu de la sépulture, les assistants prononcèrent quelques discours, et les décharges de mousqueterie se firent entendre aussitôt après. Le cœur du général Girard fut envoyé au grand chancelier de la Légion-d'Honneur pour être placé à Sainte-Geneviève.

Son nom est inscrit sur le monument de l'Étoile, côté Est.

GIRARD (Jean-Baptiste, baron), né le 21 février 1775 à Aulps (Var). Après avoir servi avec distinction depuis 1793, il révéla, surtout à Austerlitz, dans le corps de cavalerie commandé par Murat, les hautes capacités qui devaient faire de lui l'un de nos meilleurs généraux d'avant-garde. Napoléon disait de Girard à Sainte-Hélène : « C'était un des plus intrépides soldats de l'armée française : il avait évidemment le feu sacré. »

Nommé sous-chef de l'état-major de la réserve de cavalerie, il prit part à la campagne de Prusse de 1806, devint général de brigade le 13 novembre de cette année, et suivit son corps d'armée en Pologne, ensuite il passa à l'armée d'Espagne et reçut en 1809 le brevet de général de division par sa belle conduite à Arzobispo, où il fut blessé, comme plus tard à la journée d'Ocaña.

Napoléon l'appela à la grande armée en 1812. A Lutzen, Girard reçut deux blessures. Il prit cependant part aux batailles de Dresde, de Leipzig et de Hanau.

Il donna son adhésion à Louis XVIII en 1814, et se replaça, un des premiers, sous les drapeaux de Napoléon en 1815. Nommé pair de France le 2 avril, il reçut immédiatement l'ordre d'aller prendre le commandement d'une division, à la tête de laquelle il fut tué à Ligny.

GIRARDON (Antoine) naquit à Chaumont (Haute-Marne) le 1er février 1758. Le 25 avril 1776, il entra comme simple soldat dans le régiment de Brie, passa caporal le 25 septembre 1778, et fit avec distinction les campagnes d'Amérique de 1780 à 1783. Le 29 avril 1781, il prit part au combat naval devant la Martinique, puis à la prise de Tabago, au siége d'York, au combat de Saint-Christophe, et à la prise de cette île en février 1782.

Nommé en 1789 commandant de la garde nationale de Chaumont, il ne tarda pas à être chargé des fonctions administratives du directoire du district; mais, lors de l'organisation de la garde nationale active, il reçut, avec le grade de chef de bataillon, le commandement du 1er bataillon de réquisition de Chaumont, et passa successivement, par suite des embrigadements dans les 170e et 12e demi-brigades de ligne.

Employé à l'armée de Rhin-et-Moselle, il se trouva, en l'an II, à l'affaire de Geisbourg, et en l'an III, à l'attaque du pont de Manheim. Envoyé en l'an IV à l'armée d'Italie, il y fit la campagne de l'an V, et fut, le 21 frimaire, promu chef de brigade de la 12e demi-brigade de ligne. L'année suivante, il commanda Venise, sous les ordres de Serrurier, depuis le 3 vendémiaire jusqu'au 18 nivôse.

Appelé à l'armée de Rome, commandée par Gouvion-Saint-Cyr, Girardon se trouva, au mois de floréal, à l'affaire de Citadel-Castello, et marcha contre les insurgés, qu'il battit le 11 thermidor à Farentino. Il eut après cet avantage le commandement des provinces révoltées du Latium et des Marais Pontins, alors connus sous le nom de département de Circo.

Placé dans la division de Macdonald, employé à l'armée de Naples, il fut chargé, au siége de cette ville, de s'emparer du fort Saint-Elme, et remplit cette mission dangereuse avec non moins d'habileté que de bravoure. Cette brillante action, et les talents qu'il déploya dans la suite, lui valurent, le 10 floréal an VII, le grade de général de brigade et le commandement en chef des troupes que Macdonald laissa dans le territoire de Naples lors de l'évacuation du royaume.

Ces troupes qui s'élevaient à peine à 4,600 hommes, disséminées sur une vaste étendue, eurent à se défendre non-seulement contre des populations animées par le fanatisme religieux, mais encore contre les Anglais, unis aux Portugais et aux Turcs, débarqués à Brindes, au mois de prairial. Forcé d'évacuer le fort Saint-Elme le 22 messidor, il concentra ses forces dans Capoue, dont les alliés ne tardèrent pas à former le siége. Cette place, presque démantelée, et tellement dépourvue de munitions, que Girardon se vit dans la nécessité de fondre en balles la couverture de la cathédrale, fut défendue avec opiniâtreté; mais après avoir battu l'ennemi dans dix sorties, principalement les 8 et 15 messidor, pendant lesquelles il perdit 8 pièces de canon, 3 drapeaux, 1 guidon, le manque de vivres obligea le général français à capituler le 11 thermidor.

Girardon, employé à son retour en France dans les départements de l'Ouest, sous le général en chef Hédouville, fut confirmé dans son grade de général de brigade par arrêté du 26 vendémiaire an VIII, et par arrêté du premier Consul du 8 germinal an IX.

Nommé membre et commandeur de la Légion-d'Honneur les 19 frimaire et 25 prairial an XII, alors qu'il commandait le département de Maine-et-Loire, il devint, le 12 pluviôse an XIII, général de division, et retourna quelque temps après à Naples, où il mourut en 1807.

GIULAY (IGNACE, comte de), feld-maréchal autrichien, né d'une famille noble d'Allemagne, entra de bonne heure dans la carrière, devint officier général en 1790 et commandant du corps de Vukaslowich en Croatie. Il se distingua dans les guerres de la Révolution contre les Français, surtout en 1796, à l'attaque du camp de Kempten.

Nommé feld-maréchal et quartier-maître général du prince Ferdinand, il déploya une grande valeur en 1805 et fut fait prisonnier à Ulm. En novembre de la même année, il fut chargé de se rendre auprès de Napoléon, qui se trouvait à une courte distance de Vienne, pour lui proposer un armistice, il fut délégué avec le comte de Stadion et le prince Jean pour rédiger les articles du traité de paix qui fut conclu à Saint-Pétersbourg le 27 décembre 1805.

Gouverneur de la Croatie en 1806, commandant de l'armée d'observation du Frioul en 1809, démissionnaire cette même année; rentré en fonctions, se montra avec distinction et fut blessé à la bataille de la Piave; commandait en 1812 un des trois corps destinés à couvrir les provinces de la Gallicie, de la Transylvanie et du Bannat; il se signala de nouveau dans la campagne de France, surtout à Bar-sur-Aube contre Mortier, à La Ferté contre Macdonald, etc.

En 1815, il passa le Rhin avec le 3ᵉ corps d'armée autrichien et entra en France par la Suisse. Il demeura longtemps dans la Côte-d'Or et y maintint assez la discipline.

Il était commandant des provinces autrichiennes de l'Est en 1818.

FIN DU PREMIER VOLUME.

www.ingramcontent.com/pod-product-compliance
Lightning Source LLC
Chambersburg PA
CBHW060507230426
43665CB00013B/1430